涉边防海警刑事犯罪研究

（上册）

赵桂民　徐　宏　著

知识产权出版社
全国百佳图书出版单位

图书在版编目（CIP）数据

涉边防海警刑事犯罪研究/赵桂民，徐宏著．—北京：知识产权出版社，2015.6

ISBN 978－7－5130－3219－3

Ⅰ.①涉…　Ⅱ.①赵…　②徐…　Ⅲ.①海防—警察—行政执法—案例—中国　Ⅳ.①D924.114

中国版本图书馆CIP数据核字（2014）第281570号

内容提要

本书案例丰富，边防和海警刑事执法中的案例种类详实多彩，简单案例和复杂案例相结合，复杂疑难案例分析详细、适当。案例列举始终贯穿海警刑事执法思维与理念，将海警刑事执法理论与实务相结合，不断探索，对边防和海警刑事执法中的复杂、疑难、重大问题的解决提出了合法、合情、合理的解决方案和建议，并对相关问题的理解、认定和发展取向提出了展望。

责任编辑：龚　卫　崔　玲　　**责任校对：**韩秀天

封面设计：开　元　　**责任出版：**刘译文

涉边防海警刑事犯罪研究（上册）

SHE BIANFANG HAIJING XINGSHI FANZUI YANJIU（SHANGCE）

赵桂民　徐　宏　著

出版发行：知识产权出版社有限责任公司　　**网　　址：**http://www.ipph.cn

社　　址：北京市海淀区马甸南村1号（邮编：100088）　　**天猫旗舰店：**http://zscqcbs.tmall.com

责编电话：010－82000860转8120　　**责编邮箱：**gongwei@cnipr.com

发行电话：010－82000860转8101/8102　　**发行传真：**010－82000893/82005070/82000270

印　　刷：三河市国英印务有限公司　　**经　　销：**各大网上书店、新华书店及相关专业书店

开　　本：720mm×1000mm　1/16　　**总印张：**55.5

版　　次：2015年6月第1版　　**印　　次：**2015年6月第1次印刷

总字数：1205千字　　**总定价：**148.00元（全二册）

ISBN 978-7-5130-3219-3

目　录

绪 论

西方大国的兴衰历程和近代中国的屈辱史表明，海兴则国强，海衰则国弱。在全球化和陆上资源日益枯竭的今天，海洋正日益成为人类生存和未来发展所依赖的生命线，海洋对各国的价值日益凸显，战略地位不断提升，特别是进入21世纪后，各国围绕海洋的角逐日益激烈。

我国既是陆地大国，也是海洋大国。海洋蕴藏着丰富的自然资源，这对于增进各国战略资源储备，保持本国可持续发展，具有重大的战略意义和现实价值。随着我国经济的迅速发展和日益融入国际经济体系之中，国家经济利益正在向海洋拓展和延伸，海洋资源是我国可持续发展的重要支撑，海洋也是我国对外贸易的重要命脉。海洋是中国实现可持续发展的重要空间和资源保障，关系人民福祉，关乎国家未来。我国海洋总面积约350余万平方公里，在辽阔的海洋国土上，岛屿密布，资源丰富，海上通道纵横，既是我国安全的海上屏障，也是我国实现和平发展的资源宝库，是我国通向世界的战略通道。开发、利用和保护海洋，建设海洋强国，是国家重要发展战略。坚决维护国家海洋权益、保护海洋环境、开发海洋资源的任务繁重，加强海事军事力量和武装执法力量是维护我国海洋大国的必要保障。

在国家发展对海洋的依赖增强的同时，我国海洋国土安全面临严峻形势。

21世纪是开发利用海洋的新世纪，与开发和利用相伴的是对海洋的管理。各沿海国家在开发利用海洋的同时，都纷纷加强海上执法力量的建设，加大对自己管辖海域的控制力度。我国是一个沿海大国，作为海上重要执法力量的海警部队，其规模在亚洲乃至世界上也是名列前茅的，但是要对我国约350万平方公里的管辖海域面积实施有效的管理和控制，及时妥善地处置各种事件，就需要提高海警部队处置各种事件的能力，实现海警部队跨越式发展，这既是海警部队建设发展的目标，也是当前海警部队全面建设的工作重点。

当前，维护国家海洋权益的形势严峻。由于历史的原因，我国与相邻及相向的韩国、日本、越南、菲律宾、朝鲜等沿海国家都存在海上划界和岛礁主权争议。进入21世纪，争夺海洋战略地位与资源的斗争日趋激烈，各国纷纷调整海洋权利主张，推动海洋向国土化方向发展。当前，我国维护海洋权益和利益面临十分严峻的形势，一方面管辖海域国土化成为国际大趋势；另一方面，东亚“海洋圈地运动”进逼瓜分我国管辖海域。在我国管辖海域内，海洋资源遭受掠夺、海上突发性侵权、外国军舰非法侵入等事件频频发生。我国享有历史权利的传统渔场被瓜分、蚕食，驱赶、撞沉、抓扣我国渔船的事件屡见不鲜，尤其是在南海海域，经常发生外国军警袭击、抢劫、抓扣我国渔船，抓捕和打死、打伤我国渔民的事件。有些国家的船只擅自进入我国管辖海区，从事海洋调查和科学研究，甚至进行刺探我国沿海情报的间谍活动，不仅扰乱了我国渔民海上生产、生活秩序，侵犯了我国渔民的合法权益，威胁到渔民的生命财产安全，而且损害了我国政府的声誉，影响了我国沿海地区的安全与稳定。因此，为维护国家主权和海洋权益免受侵害，保护我国生产作业船舶的安全，迫切需要提高海警部队海上执法能力，把海警部队建成一支强大的、具有较高的处置各种事件能力的综合性海上执法队伍，提高海警综合执法能力。

近年来，随着国内“海洋经济”的地位与日俱增和海洋资源的利用、海运航线的开发，沿海地区已成为我国经济最发达，经济活动最活跃的地区。我国管辖海域内各种违法犯罪分子活动频繁，尤其是越界捕捞作业、海盗、抢劫、走私、偷渡、贩枪、贩毒、恐怖、损坏海上通信及养殖设备等违法犯罪活动越来越突出，这对我国海洋经济的高速发展和渔民生命财产安全构成了威胁。而且，海上违法犯罪分子的作案手段越来越高明，实施海上犯罪的装备也越来越先进，尤其是走私船，其船速快、抗风能力强，并配备大功率电台，有的还配有卫星导航设备，其海上犯罪活动越来越向国际化、智能化、专业化发展。此外，中韩、中日渔业协定生效后，我国沿海一线的渔船外海传统作业区域进一步缩小，导致了大量的渔船由外海传统作业渔场，退到渔业资源已经严重衰竭的近海渔场作业，使得近海渔场船多鱼少的情况日益突出，船舶密度越来越大，由各种渔事、海事纠纷引发的群体性治安案件越来越多，严重影响了海上正常的生产秩序。因此，只有不断提高海警部队海上执勤执法能力，才能更有利、高效地打击海上违法犯罪活动，才能更好地维护海上治安秩序。[1]

面对日益复杂的海上治安状况，公安边防海警部队以严厉打击海上走私、偷渡等违法犯罪活动为突破口，立足边防主业，忠诚履行职责，不断加强与国际、国内执法机关的交流合作，提高协同作战能力，加大打击走私、偷渡活动力度，维护了海上治安秩序，创造了安全、有序的海上治安环境。但是，由于体制、机制等各种问题的存在，海警行政执法和刑事执法还有待进一步加强和完善。因此，维护我国的海洋权益，保障我国渔民生命财产安全，加强与他国的交流与合作，有效打击海上各种违法犯罪活动，维护海上治安秩序，加强海警部队建设，提高海警部队的处置能力，是当前海警部队亟待解决的问题。

[1] 陈俊名．提高海警海上执法能力对策研究［J］．河北公安警察职业学院学报，2012（4）．

第一章　边防海警刑事执法

第一节　边防海警概述

一、边防海警的含义

（一）边防

边防，是指国家为保卫国家主权、安全和领土完整，维护海洋权益，防御敌人侵犯和人员、牲畜、物资等非法越境，依据国际法和国内法在边境地区、管辖海域和领空所采取的军事、政治、行政等防卫措施和管理活动。

边防部队包括解放军边防部队和公安武警边防部队。公安边防部队是公安队伍的重要组成部分，也是公安机关的一个警种。公安边防部队是指驻扎在边境、沿海地区和开放口岸，担负边境、沿海地区和海上治安管理以及边防检查任务的人民武装警察部队，是一支重要的武装执法力量。公安边防部队隶属于国务院，由国务院、中央军委双重领导，实行武警现役体制。公安边防部队由公安部门管理，武警总部对列入武警部队序列的边防部队的军事、政治、后勤工作实施指导。《2013 年中国国防白皮书：中国武装力量的多样化运用》指出，公安边防部队是国家部署在边境沿海地区和口岸的武装执法力量，担负保卫国家主权、维护边境沿海地区和海上安全稳定、口岸出入境秩序等重要职责，遂行边境维稳、打击犯罪、应急救援、边防安保等多样化任务。公安边防部队在边境一线划定边防管理区，在沿海地区划定海防工作区，在毗邻香港、澳门陆地边境和沿海一线地区 20 ~ 50 米纵深划定边防警戒区，在国家开放口岸设立边防检查站，在沿海地区部署海警部队。

根据《2008 年中国的国防》白皮书，公安边防部队在各省（自治区、直辖市）设立公安边防总队 30 个（北京未设），在边境和沿海地区（市、州、盟）设公安边防支队 110 个，在沿海地区设海警支队 20 个。在开放口岸设现役边防检查站207个，在边境沿海地区县（市、旗）设公安边防大队310个，在沿边沿海地区乡（镇、苏木）设边防派出所1 691个，在边境主要通道、要道设边境检查站46个，在边境地区的重点地段、方向部署机动队113个。

（二）边防海警

海警是公安边防海上巡逻警察部队的简称。2006年，国家批准海警的英文名称翻译为China Coast Guard。海警部队，即中国人民武装警察海警部队，是在海上执行边防保卫任务的执法武装，是公安机关维护国家海洋权益、海域治安秩序和国家主权的海上行政和刑事武装执法力量。具体而言，公安边防海警部队是以军事手段执行国家海上安全保卫任务，坚决贯彻国家政策，依法实施海上边防管理、海上治安管理，打击海上走私、贩毒、偷越国（边）境、抢劫、贩枪等各种违法犯罪活动，将经济、政治和法律手段与军事预防措施结合起来的军事组织。

公安边防海警部队是公安机关的重要组成部分，是公安机关海上执法的主要力量。公安边防海警部队隶属于公安部边防管理局（四局），是公安边防部队的重要组成部分，编制列入武警序列，是由公安部门领导和管理的现役部队。

国家在沿海的辽宁、河北、天津、山东、江苏、上海、浙江、福建、广东、海南和广西壮族自治区等省、市、自治区设立公安边防总队，在沿海公安边防总队下设海警支队和海警大队。公安海警部队在全国共有20个海警支队，警力1万余人，分布在我国11个省18 400公里的海防线上。海警部队部署在北起鸭绿江口，南至南海的我国广大海域，是亚洲各国中人数最多、实力较强的执法队伍。除了部队编制外，海警部队主要编制有218型巡逻舰（130）吨和海豹高速巡逻舰，2006年自行建造1001号公安边防巡逻舰。同年，海军又移交海警部队2艘千吨级053H型高速巡逻舰导弹护卫舰，经改造后以海警1002号、海警1003号的名义正式服役。海警部队拥有各类船艇300余艘，大型舰艇的投入使用，一定程度上改善了中国海警部队在较远海域的执法能力。中国海警还着手建立海上空勤任务体系，与民间直升机合作，初步采取海上空勤单位任务支援模式。[1]

长期以来，我国形成了以海洋管理部门、渔政管理部门、海事管理部

[1] 童伟华．海上恐怖主义犯罪及海盗犯罪的刑事规制［M］．北京：法律出版社，2013：182.

门、地方公安和公安边防部门、海关、国土资源部门、矿产部门、文物部门、旅游部门、卫生防疫部门、民政部门、环保部门、地方人民政府以及石化、石油企业为主的分散型行业管理执法队伍。面对海上多龙管理混乱的局面，为了克服弊端，统一执法，提高执法效能，根据党的十八大会议精神要求，按照新一轮“大部制”改革方案及2013年3月14日第十二届全国人民代表大会第一次会议通过的《国务院机构改革和职能转变方案》，将国土资源部国家海洋局及其中国海监、公安部边防海警、农业部中国渔政、海关总署海上缉私警察队伍及其职责进行整合，重新组建了国家海洋局，由国土资源部管理，主要职责是拟订海洋发展规划，实施海上维权执法，监督管理海域使用、海洋环境保护等，并以中国海警局名义开展海上维权执法，同时接受公安部业务指导。根据2013年6月9日国务院办公厅关于《国家海洋局主要职责内设机构和人员编制规定》，国家海洋局内设海警司（海警司令部、中国海警指挥中心），组织起草海洋维权执法的制度和措施，拟订执法规范和流程，承担统一指挥调度海警队伍开展海上维权执法活动具体工作，组织编制并实施海警业务建设规划、计划，组织开展海警队伍业务训练等工作；内设人事司（海警政治部），承担机关和直属单位的人事管理、机构编制、教育培训工作，拟订海洋人才队伍建设规划和政策，组织起草海警队伍党的组织建设、干部队伍建设的政策规定，指导开展思想政治工作，承担海警队伍干部考核、任免等工作；内设财务装备司（海警后勤装备部），承担机关和直属单位预决算、财务、国有资产管理，起草并组织实施海警队伍基建、装备和后勤建设的规划、计划，拟订经费、物资、装备标准及管理制度，组织实施装备物资采购。根据上述规定，设置国家海洋局北海分局、东海分局、南海分局，履行所辖海域海洋监督管理和维权执法职责，对外以中国海警北海分局、东海分局、南海分局名义开展海上维权执法。3个海区分局在沿海省（自治区、直辖市）设置11个海警总队及其支队。中国海警局可以直接指挥海警总队开展海上维权执法。

海警人员既是军人也是警察。对海警这一双重角色，应当明确：第一，就部队内部关系来说，应强调军人角色；第二，就供给、待遇，包括政治待遇而言，应强调军人角色；第三，就执行军事性任务，包括与军地交往来说，应强调军人角色；第四，在执法活动、公共行政管理主要是治安管理中，应强调警察角色；第五，在处理与司法机关、公安机关的关系时，应强调警察角色；第六，在处理涉外警务合作事宜时，应强调警察角色。虽然海警具有双重身份，但在特定时间、特定地点的执勤执法中，其身份只能是一种，而不能是两种，否则，必然发生角色冲突。军事性是保证警察性的，军人素养、军事管理、军队保障体制都应该促进警察性任务的完成，而不能让军事性成为执法任务的障碍。[1] 海警虽然实行现役制，但作为公安行政执法力量，其公安属性使其具备了军队所不具有的行政执法权，现役制并不能掩盖其维护公共治安的行政属性。[2] 有必要指出，在我国现行体制下，海警执法不仅仅具有行政属性，同时也具有司法属性，特别是在刑事侦查和刑事执行活动中的体现尤为明显。

二、边防海警的任务和职能

（一）边防海警的任务

2007 年 12 月施行的《公安机关海上执法工作规定》第 2 条规定："公安机关海上执法任务，由公安边防海警承担，公安机关其他部门配合，但法律、法规另有规定的除外。" 2009 年 8 月施行的《中华人民共和国人民武装警察法》（以下简称《人民武装警察法》）第 2 条第 1 款规定："人民武装警察部队担负国家赋予的安全保卫任务以及防卫作战、抢险救灾、参加国家经济建设等任务。" 第 7 条列举规定了人民武装警察部队执行的安全保卫任务。海警部队主要依靠船艇完成海上执法任务。海警部队的主要任务是：在我国领海和毗连区内进行治安巡逻和检查，依法在海上实施船舶治安管理，查处海上违法活动，重点打击海上抢劫、走私、偷渡、贩枪、贩毒等违法犯罪活动，防范和打击境外敌对势力、敌对分子、恐怖组织和黑社会组织从海上对我国的渗透和破坏活动，维护国家主权和海洋权益，保护公共财产和人民生命财产安全。

（二）边防海警的职能

海警部队主要负责近海海上治安。边防海警的职能有：①执行人民民主专政的职能。边防海警在海防工作区、口岸的范围内，正确行使专政与民主两个方面的职能，担负完成党和人民在新时期赋予边防海警部队保卫沿边和海上、出入境口岸安全的伟大使命。②履行武装性的国家行政管理相关职能。边防海警部队是一支用枪杆子执法护法的部队，履行武装性的

---

[1] 张保平．海警执法理论与实务［M］．北京：群众出版社，2011：12.

[2] 张沪生．我国海警基本法问题初论［J］．第三届中国军事法学青年学子论坛——边海防法律制度研究论文集，2013：269.

安全保卫工作，是国家安全保卫工作的一个组成部分。③处理海上涉外任务的职能。这是海警一项很强的外事联系交涉活动，也是一项经常性工作。在海上执勤工作中，边防海警要严格遵照国家对外工作的方针和政策，代表国家正确处理涉外事务，维护国家主权，增进与各国人民的友好关系。

三、边防海警执法的依据

执法，顾名思义是指掌管法律，手持法律做事，传布、实现法律。在日常生活中，人们通常在广义与狭义这两种含义上使用这个概念。广义的执法或法的执行是指国家行政机关、司法机关及其公职人员依照法定程序实施法律的活动。狭义的执法是指法的执行，则专指国家行政机关的公职人员依法行使管理职权、履行职责、实施法律的活动。依据即根据、依托、出处、来源。执法依据，就是执法部门作出执法行为所依据的法律规范等根据。海警执法依据就是海警为实现执法目的，针对特定的对象和事项据以作出一定行为的法律根据。此处的法律是从广义的角度理解的，即一切具有法定立法权的机关制定和发布的具有普遍约束力的规范性文件。

海警部队海上执法的依据有宪法、法律、法规、规章、法律解释和国际条约、习惯等。宪法是国家的根本大法，是海警执法所依据的根本来源。法律是最基本的法源，如刑法、刑事诉讼法、行政处罚法、治安管理处罚法、领海及毗连区法、专属经济区和大陆架法、人民警察法、人民武装警察法等。2009 年的《人民武装警察法》为武警部队执行任务和行使职权提供了法律依据与法律保障。法规是重要的执法依据，包括行政法规和地方性法规，如警械和武器条例。在海上执法中，规章是最主要的法源，如公安机关办理刑事案件程序规定、公安机关办理行政案件程序规定、沿海船舶边防治安管理规定、公安机关海上执法工作规定等。国际条约对我国有约束力，是海上执法的法律补充，如联合国海洋法公约、制止危及海上航行安全非法行为公约、禁止非法贩运麻醉品和精神药物公约等。

四、边防海警执法职责与执法权

（一）边防海警的执法职责

海警执法职责是法律规范规定的海警的职务和责任。根据 2007 年《公安机关海上执法工作规定》第 6 条的规定，边防海警应当履行以下具体的职责：①预防、制止、侦查海上违法犯罪，维护国家安全和海域治安秩序；②负责海上重要目标的安全警卫；③参与海上抢险救难，保护公共财产和公民人身财产安全；④依照规定开展海上执法合作；⑤法律、行政法规及公安部依法赋予的其他职责。

（二）边防海警的职权

海警执法权限是在其职责范围内履行工作责任时所享有的权力范围。根据2007年的《公安机关海上执法工作规定》第3条第2款规定："沿海公安边防总队、海警支队和海警大队办理海上治安案件和刑事案件，分别行使地（市）级人民政府公安机关、县级人民政府公安机关和公安派出所相应的职权。"第4条规定："对发生在我国内水、领海、毗连区、专属经济区和大陆架违反公安行政管理法律、法规、规章的违法行为或者涉嫌犯罪的行为，由公安边防海警根据我国相关法律、法规、规章，行使管辖权。"第7条规定：公安边防海警履行前条规定的职责时，可以依法行使下列职权：（一）对海上发生的违反公安行政管理法律、法规、规章的治安案件进行调查处理；（二）对海上发生且属于公安机关管辖的刑事案件进行侦查；（三）对违反公安行政管理法律、法规或者涉嫌犯罪的人员，以及与违法犯罪行为有关的工具或者物品，采取登临、检查、执行逮捕、扣留等措施；（四）为防止和惩处在我国陆地领土、内水、领海内从事危害安全、走私、偷越国（边）境等违法犯罪行为，在毗连区内实施管制；（五）对违反公安行政管理法律、法规或者涉嫌犯罪的外国船舶实施紧追；（六）法律、法规规定由公安机关行使的其他职权。第8条规定："对有违法犯罪嫌疑的人员，公安边防海警可以依照《中华人民共和国人民警察法》和《公安机关适用继续盘问规定》，行使当场盘问、检查权和继续盘问权。海警支队经报请公安边防总队批准，可以在符合条件的海警大队设置候问室。"第9条规定："为及时有效地制止违法犯罪行为，公安边防海警可以依照《中华人民共和国人民警察使用警械和武器条例》的规定，使用警械和武器。"根据国际、国内有关法律、法规的规定，公安边防海警主要享有以下权力：①行政管理权和治安管辖权，如行政案件的调查权、处理权、处罚权（如限制自由、没收非法财物）。②刑事管辖权，如主管案件的侦查、调查权。③毗连区内特定事项的管制权。④登临权（临检权）、检查权、紧追权与堵截权、盘问权、验证权、追捕权、押解权。⑤使用武器、警械权。⑥武装监护权。⑦防卫作战与自卫还击权。⑧豁免权。⑨法律法规赋予的其他权力。公安边防海警部队主要负责保卫国家领土主权安全和海洋权益，行使沿海船舶边防治安案件以及所有在海洋发生的治安行政案件的调查处理权，防范打击境外敌对势力、敌对分子潜入潜出、黑社会组织的渗透破坏、偷渡、走私、贩枪、贩毒及其他违法犯罪活动，在我国管辖海域内行使偷越国（边）境、运送他人偷越国（边）境、组织偷越国（边）境以及走私、贩卖、运输毒品和走私制毒物品等刑事案件的侦查权，维护海洋安全稳定，开展军事演习警戒，对海洋违法犯罪嫌疑人员和船舶依法实施检查、押解、扣留等强制性措施；当有充分证据认为其他国家或地区的船舶和人员在我国政府管辖的水域内违反我国法律、法规和规定时，有权采取必要措施，依法追究法律责任，并对其行使紧追权和登临权，承担其他赋予的公安机关职权和部队任务。

人民武装警察部队是国家武装力量的组成部分，具有军队的性质，武警部队是以军事力量来履行警察任务，因此，武警职权属于一种特殊的警察权。而警察权属于行政权，因此，武警职权也是一种特殊的行政权，同时，因为在我国警察权也具有刑事司法的性质，因此，武警职权也具有刑事司法权。同样，作为武警组成部分的边防海警，也是如此，海警职权具有行政权与刑事权的双重性。

军人以执行命令为天职。既然海警是军人，当然海警也要执行命令，而且很多海警勤务是通过命令的形式下达的。有时，执行命令与执法行为交织在一起，需要厘清二者的关系。第一，要明确执行命令行为与执法行为是两种不同性质的行为，没有孰大孰小的关系；第二，上级机关和有关领导应注意它们的区别，在什么事权范围内使用命令，在什么事权范围内按执法程序，要正确把握，不能把任何对下属的指示、要求都简单化为命令的形式；第三，作为下属和执法人员也要明确它们的区别，特别是明确它们之间在执法方式上的差别。执行命令与执法行为的不同，一般来说，执行命令要对发布命令的人负责，执法行为要对法律负责；执行命令行为更重视结果，执法行为更重视程序；错误或不当执行命令行为要受到军纪追究，错误或不当执法行为要受到法律追究，或者纪律追究。[1]

---

[1] 张保平．海警执法理论与实务［M］．北京：群众出版社，2011：13．

第二节　边防海警刑事执法概述

一、边防海警刑事执法的含义和特征

（一）边防海警刑事执法的含义

海警刑事执法是指海上公安边防武装警察部队依照法律的规定，执行和适用刑事法律，履行海防刑事职责的行为或者活动。这种执法活动包括立案、侦查和执行等，依据的法律包括刑法、刑事诉讼法、领海及毗连区法、专属经济区和大陆架法、警察法、人民武装警察法以及国际法等。在我国的刑事司法活动中，就刑事程序而言，公安机关是主要的立案和侦查机关，海警是海上刑事执法力量，行使公安机关相应的职责，其海上刑事司法活动也是立案和侦查。因此，在狭义上，海警刑事执法是指海上公安边防海警部队依照法定程序和要求，为查获犯罪嫌疑人、惩罚犯罪并保障无罪的人不受刑事追究所进行的立案、侦查等活动的总称。

（二）边防海警刑事执法的特征

边防海警刑事执法除了具有一般刑事执法的特征外，还具有自身的特征。

（1）确定性。刑事执法的程序通常是确定的，执法程序由国家刑事法律加以规定。海警刑事执法程序是根据刑事诉讼法的规定，履行刑事诉讼法赋予的职能，行使立案和侦查权，其具体的权力的行使刑事诉讼法已明确规定，其采取的拘留、逮捕等强制措施，讯问犯罪嫌疑人、勘验、搜查、扣押、通缉等活动应遵循法律规定的程序。

（2）连续性。刑事执法程序由许多具体的步骤构成，这些步骤既相互联系又相互分离，且以一定的顺序衔接成一体，不得颠倒和间断。海警刑事执法立案程序和侦查程序是紧密相连的，只有立案后才能侦查。立案程序和侦查程序各自也有具体的程序规定，其行为也是前后相接的。

（3）时间性。刑事执法活动本身要求高效率、快节奏，尽快完成刑事执法任务。因此，海警刑事执法活动的程序有十分严格的时间限制。海警刑事执法的每一步骤都要在一定的时间内完成，整个执法活动都要符合法定的时间要求。

长期以来，在我国刑事执法过程中普遍存在重实体法轻程序法的倾向和做法。随着我国民主与法治的不断发展，对刑事执法活动的内容，如适用法律、执法决定、执法形式等必须符合法律的规定外，对刑事执法的程序提出了更高、更严的要求，包括执法主体是否合法、是否执行了法定的程序、法定手续是否齐全、法律文书是否正确、送达是否及时等等。刑事执法程序在现代社会的刑事执法活动中具有极为重要的作用。海警刑事执法程序有助于提高海警刑事执法效率，使其有章可循，以达到刑事执法规范化、制度化和法律化的目标。海警刑事执法程序还有利于保障公民、法人和其他社会组织在刑事执法和刑事法适用中的合法权利，促进海警依法执法。此外，重视海警刑事执法程序还有利于促进刑事执法民主、公开和公正的实现，便于社会依法对海警刑事执法活动实行监督，避免对海警刑事执法活动进行各种违法或不当的干预。

（4）法定性。海警刑事执法主体是依法能够以自己名义实施海上刑事执法权并能独立地承担由此产生的法律责任的组织，即海上边防武警部队，其既是国家公安机关，也是国家部队，同时具有公安性和军事性。海上边防武警部队代表国家实施刑事执法活动，单个武警人员不能成为海警刑事执法的主体。

二、边防海警刑事执法的主体和内容

（一）边防海警刑事执法的主体

2007 年的《公安机关海上执法工作规定》第 2 条规定：“公安机关海上执法任务，由公安边防海警承担，公安机关其他部门配合，但法律、法规另有规定的除外。”第 3 条第 1 款规定：“本规定所称公安边防海警，是指沿海公安边防总队及其所属的海警支队、海警大队。”据此，公安边防海警，是指沿海公安边防总队及其所属的海警支队、海警大队。沿海公安边防总队、海警支队和海警大队办理海上刑事案件，分别行使地（市）级人民政府公安机关、县级人民政府公安机关和公安派出所相应的职权。因此，海警刑事执法的主体是沿海公安边防总队及其所属的海警支队、海警大队。

作为海上执法主体，海警除了具备职权要素、名义要素、责任要素和组织要素四个特征外，还具有授权性、公安性和准军事性。[1]

《公安机关海上执法工作规定》第 21 条规定："公安边防海警管辖的案件应当由具有执法资格的警官承担，士兵可以协助执行任务，但不得从事讯问、询问、调查等执法办案活动。"因此，海警刑事执法人员是具有刑事执法资格的海警警官，包括海警支队和海警大队的警官。海警警官必须是被任命为排级以上职务或者初级以上专业技术职务，且被授予相应警衔的边防武装警察。隶属于海警的文职干部和士兵不能作为海上执法人员。根据《中国人民解放军文职干部条例》第 2 条的规定，文职干部是不授予军衔的现役军人，是国家干部的组成部分。文职干部不能作为海上执法人员可能是执法岗位的编制问题，也就是说，目前在公安边防海警执法岗位上未编制文职干部。[2] 海警刑事执法警官要根据 2011 年施行的公安部《公安机关人民警察执法资格等级考试办法》的规定积极参加各类执法资格考试，取得执法资格。

（二）边防海警刑事执法的内容

2007 年的《公安机关海上执法工作规定》第 6 条规定："公安边防海警依法履行下列职责：（一）预防、制止、侦查海上违法犯罪活动，维护国家安全和海域治安秩序……"海警刑事执法包括对刑事案件的立案、侦查、预审、采取强制措施和刑事判决的执行等活动。立案是指海警部门认为有危害社会的犯罪事实发生，而且应当追究刑事责任时，决定作为刑事案件进行立案的行为过程。主要内容包括：对控告、检举和犯罪分子自首的材料加以审查，看有无犯罪事实发生，应否追究刑事责任，从而决定是否立案。侦查是指海警部门在办案中，依法进行的专门调查工作和所采取的强制措施。专门调查工作主要包括：讯问犯罪嫌疑人；询问证人或被害人、勘验和检查与犯罪有关的场所、物品、尸体、人身；搜查犯罪嫌疑人以及可能隐藏罪犯或者罪证的人的身体、物品、住所；扣留与案件有关的物品和文件；指派或聘请具有专门知识的人对与案件有关的专门性问题进行鉴别、判断；通缉在逃罪犯等；采取的强制措施有拘传、取保候审、监视居住、拘留和逮捕。对法院判决的刑罚执行权体现在对拘役、有期徒刑、无期徒刑、驱逐出境等刑罚的执行。

---

[1] 李佑标. 海上执法工作实务指南［M］. 北京：中国人民公安大学出版社，2013：42－43.

[2] 李佑标. 海上执法工作实务指南［M］. 北京：中国人民公安大学出版社，2013：45.

第三节　边防海警刑事执法管辖

一、边防海警刑事执法管辖权

边防海警海上执法管辖权是国家海上司法管辖权和执行权的重要组成部分。海警执法管辖，是指公安边防海警在执法过程中，对符合受理条件的案件，确定应由何级、何地公安边防海警受理的法律制度。海警执法管辖包括治安行政管辖和刑事管辖两个方面。海警刑事管辖是海警执法管辖在刑事案件管辖方面的体现。

2007 年的《公安机关海上执法工作规定》第 10 条第 1 款规定："沿海公安边防总队的管辖海域由公安部边防管理局划定。海警支队的管辖海域由公安边防总队划定，报公安部边防管理局和所在地省、自治区、直辖市公安厅、局备案，并通报海军、海关、渔政、海事、海监等相关部门。"为了贯彻落实 2007 年《公安机关海上执法工作规定》的要求，便于公安边防海警执法办案，公安部边防管理局于 2007 年 12 月发布了《关于划定公安边防海警执法办案管辖范围的通知》，对沿海公安边防海警管辖海域的范围进行了划定。根据 2007 年 9 月最高人民法院、最高人民检察院、公安部《关于办理海上发生的违法犯罪案件有关问题的通知》第 2 条第 3 款的规定，沿海省、自治区、直辖市公安边防总队的管辖海域由公安部边防管理局划定，并抄送最高人民法院、最高人民检察院。海警支队的管辖海域由其隶属的省、自治区、直辖市公安边防总队划定，报公安部边防管理局和所在省、自治区、直辖市公安厅、局备案，并抄送所在地省、自治区、直辖市高级人民法院、人民检察院。

二、边防海警刑事执法实体管辖

海警刑事执法实体管辖的原则有属地管辖原则、属人管辖原则、保护管辖原则和普遍管辖原则。属地管辖原则是刑事执法实体管辖的基础，属人管辖原则、保护管辖原则和普遍管辖原则是补充原则。

根据《刑法》第 6 条的规定，凡在中华人民共和国领域内犯罪的，除法律有特别规定的以外，都适用本法；凡在中华人民共和国船舶或者航空器内犯罪的，也适用本法；犯罪的行为或者结果有一项发生在中华人民共和国领域内的，就认为是在中华人民共和国领域内犯罪。2007 年的《公安机关海上执法工作规定》第12条第1款规定："海上发生的刑事案件，由犯罪行为发生海域海警支队管辖。"因此，管辖的标准是"犯罪行为发生海域"，包括犯罪行为发生海域和犯罪结果发生海域。根据《刑法》第7条的规定，中华人民共和国公民在中华人民共和国领域外犯本法规定之罪的，适用本法，但是按本法规定的最高刑为3年以下有期徒刑的，可以不予追究。中华人民共和国国家工作人员和军人在中华人民共和国领域外犯本法规定之罪的，适用本法。根据上述规定，我国公民在我国领域外犯我国刑法规定之罪的，不论按照当地法律是否认为是，也不论其所犯罪行侵犯的是何国或者何国公民的利益，原则上都适用我国刑法。只是按照我国刑法的规定，该公民所犯之罪法定最高刑为3年以下有期徒刑的，可以不予追究。属人管辖一般是指国家对于具有本国国籍的人的管辖，不论有关的行为发生在何处。这种管辖还扩大到国家对于具有本国国籍的法人、航空器、船舶和外太空发射物及其所载人员的管辖。当具有中国国籍的人在领域外犯罪后进入海警执法区域内，海警有权进行刑事管辖。根据《刑法》第8条和第10条的规定，外国人在中华人民共和国领域外对中华人民共和国国家或者公民犯罪，而按本法规定的最低刑为3年以上有期徒刑的，可以适用本法，但是按照犯罪地的法律不受处罚的除外。凡在中华人民共和国领域外犯罪，依照本法应当负刑事责任的，虽然经过外国审判，仍然可以依照本法追究，但是在外国已经受过刑罚处罚的，可以免除或者减轻处罚。因此，不论本国人还是外国人，其在国外的犯罪行为，只要侵犯本国国家利益或者本国公民的权益，就适用本国刑法。保护管辖的实质意义在于，保护本国国家利益与本国公民的权益。外国人在我国领域外对我国国家或公民犯罪后进入我国海警执法海域时，海警就可以进行刑事管辖，当然，根据刑法的规定，海警行使刑事保护管辖权时，要严格按照刑法规定的管辖条件。通常情况下，除非国家明确授权，海警对保护管辖的犯罪并不采取主动的作为形式，如果在执勤中发现犯有保护管辖的罪行的犯罪嫌疑人，应逐级上报，按照上级确定的原则处理，不应擅自扣留和侦办。[1]普遍管辖原则以保护各国的共同利益为标准，认为凡是国际公约或者条约所规定的侵犯各国共同利益的犯罪，不管犯罪人的国籍与犯罪地的属性，缔约国或参加国发现犯罪人在其领域之内时便行使刑事管辖权。根据国际公约及各国刑法的规定，适用普遍管辖原则受到一定限制。根据《刑法》

---

[1] 张保平．海警执法理论与实务［M］．北京：群众出版社，2011：265.

第9条的规定，对于中华人民共和国缔结或者参加的国际条约所规定的罪行，中华人民共和国在所承担条约义务的范围内行使刑事管辖权的，适用本法。因此，根据普遍管辖原则行使刑事管辖权时，定罪量刑的法律根据是国内刑法，而非国际条约，因为国际条约没有对罪行规定法定刑，而是要求缔约国或参加国将条约所列的罪行规定为国内刑法上的犯罪。我国现在主要对犯侵略罪、战争罪、反人道罪、非法使用武器罪、灭绝种族、劫持人质、国际贩卖人口、酷刑罪、劫持航空器、危害民用航空安全、危害海上航行安全、破坏海底电缆、管道罪、海盗罪、毒品犯罪、非法获取和使用核材料罪等采取普遍管辖。通常情况下，除非国家明确授权，海警对普遍管辖的犯罪并不采取主动的作为形式，即一般不应到公海缉拿海盗、抓捕贩毒船舶等。如果在执勤中发现犯有普遍管辖的罪行的犯罪嫌疑人，海警应予扣留，经逐级上报后，按照上级确定的原则管辖或移送，或侦办。侦办普遍管辖的犯罪，并无特别的程序，仍应按照我国刑事诉讼法和刑法的规定进行侦办，确定罪名。如海盗行为，属于抢劫，按抢劫罪名移送起诉，属于杀人，按杀人罪名移送起诉，但不是按海盗罪名起诉。[1]

三、边防海警刑事执法诉讼管辖

刑事执法诉讼管辖包括职能管辖、级别管辖、地域管辖和优先管辖、移送管辖、协商管辖、指定管辖、专门管辖等。

职能管辖是对海上刑事案件由哪个部门进行管辖，即部门管辖权力分工。2007年《公安机关海上执法工作规定》第4条规定："对发生在我国内水、领海、毗连区、专属经济区和大陆架违反公安行政管理法律、法规、规章的违法行为或者涉嫌犯罪的行为，由公安边防海警根据我国相关法律、法规、规章，行使管辖权。"第7条规定："公安边防海警履行前条规定的职责时，可以依法行使下列职权：……（二）对海上发生且属于公安机关管辖的刑事案件进行侦查；……（四）为防止和惩处在我国陆地领土、内水、领海内从事危害安全、走私、偷越国（边）境等违法犯罪行为，在毗连区内实施管制……。"第10条第2款规定："沿海地区水上公安机关、港航公安机关管辖区域不变。"边防海警管辖除了法律规定的其他机关管辖的海上刑事案件以外的案件，其他机关管辖的海上刑事案件包括国家安全机关、人民检察院、人民法院、军队侦查机关、海关缉私部门

---

[1] 张保平．海警执法理论与实务［M］．北京：群众出版社，2011：264.

管辖的海上特定刑事案件。

级别管辖是上下级边防海警之间在受理海上刑事案件上的权限分工。2007 年《公安机关海上执法工作规定》第 3 条第 2 款规定："沿海公安边防总队、海警支队和海警大队办理海上治安案件和刑事案件，分别行使地（市）级人民政府公安机关、县级人民政府公安机关和公安派出所相应的职权。"第 12 条第 1 款规定："海上发生的刑事案件，由犯罪行为发生海域海警支队管辖。"据此，海警大队没有海上刑事案件管辖权，因为其行使的是公安派出所相应的职权，不具有独立的刑事案件侦查主体资格。[1]

地域管辖解决的是确定同级部门在案件管辖权限上的分工。优先管辖是为了避免对同一案件海警之间发生管辖争议而拖延案件的处理。为了适应各种案件的复杂情况，海警之间可以根据案情移送管辖案件。2007 年《公安机关海上执法工作规定》第 12 条第 1 款规定："海上发生的刑事案件，由犯罪行为发生海域海警支队管辖。"第 12 条第 4 款规定："如果由违法犯罪嫌疑人居住地或者主要违法犯罪行为发生地公安机关管辖更为适宜的，可以由违法犯罪嫌疑人居住地或者主要违法犯罪行为发生地的公安机关管辖。"据此，同时几个海警都有管辖权的，由最初受理的边防海警管辖。如果由违法犯罪嫌疑人居住地或者主要违法犯罪行为发生海域的海警管辖更为适宜的，可以由违法犯罪嫌疑人居住地或者主要违法犯罪行为发生海域的海警管辖。海域不同于陆地，鉴于各省或各地区管辖海域划界不清或重叠的情况，2007 年《公安机关海上执法工作规定》第 11 条规定："在划定管辖海域时，应当充分考虑执法办案工作的需要，可以不受行政区划海域划分的限制。"

协商管辖，是海警之间对管辖有争议的案件，通过对话和商讨约定解决管辖权。指定管辖是由于某些特定情形由海警上级指定下级对海上刑事案件行使管辖权。2007 年《公安机关海上执法工作规定》第 12 条第 2 款、第 3 款、第 4 款规定："同一省、自治区、直辖市内跨海警支队管辖海域的治安案件和刑事案件，由违法犯罪行为发生海域海警支队协商确定管辖；协商不一致的，由公安边防总队指定管辖。跨省、自治区、直辖市管辖海域的治安案件和刑事案件，由违法犯罪行为发生海域公安边防总队协商确定管辖；协商不一致的，由公安部边防管理局指定管辖……对管辖有争议或者情况特殊的治安案件和刑事案件，由地（市）级、省级公安机关

[1] 李佑标．海上执法工作实务指南［M］．北京：中国人民公安大学出版社，2013：73.

或者公安部指定管辖。”

四、边防海警刑事管辖的地域范围

海警刑事执法的地域范围，是海警在办理刑事案件时管辖的海域。海警是公安机关的重要组成部分和海上执法的主要力量。海警在维护海上治安秩序，打击海上走私、贩毒、偷越国（边）境等违法犯罪方面起着十分重要的作用。为充分发挥海警的职能作用，维护海上治安秩序，保卫沿海地区人民群众的生命财产安全，维护国家领海主权和利益，2004 年公安部《公安部关于海警执法有关问题的通知》规定海警“对发生在我国管辖海域内的组织他人偷越国（边）境，运送他人偷越国（边）境，偷越国（边）境，走私、贩卖、运输毒品和走私制毒物品的刑事案件行使侦查权”。据此，我国管辖海域就是海警行使刑事执法权的地域范围。2007 年《公安机关海上执法工作规定》第 2 条规定：“公安机关海上执法任务，由公安边防海警承担，公安机关其他部门配合，但法律、法规另有规定的除外。”第 4 条规定：“对发生在我国内水、领海、毗连区、专属经济区和大陆架违反公安行政管理法律、法规、规章的违法行为或者涉嫌犯罪的行为，由公安边防海警根据我国相关法律、法规、规章，行使管辖权。”第 10 条第 2 款规定：“沿海地区水上公安机关、港航公安机关管辖区域不变。”第 11 条规定：“在划定管辖海域时，应当充分考虑执法办案工作的需要，可以不受行政区划海域划分的限制。”同样，2007 年《关于办理海上发生的违法犯罪案件有关问题的通知》第 2 条也规定，对省、自治区、直辖市公安边防总队及其下设的海警支队管辖海域的划分，应当充分考虑执法办案工作的需要，可以不受行政区划海域划分的限制。其他法律法规也对我国管辖的领域和公安机关管辖的海域进行了规定。《2013 年中国国防白皮书：中国武装力量的多样化运用》指出，公安边防部队作为海上重要武装执法力量，对发生在我国内水、领海、毗连区、专属经济区和大陆架违反公安行政管理法律、法规、规章的违法行为或者涉嫌犯罪的行为行使管辖权。海警管辖的地域范围受到国家在不同海域的权利的影响。有关海域的法律地位不同，沿海国享有权利有很大差别，海警只能在我国宣示的权力范围内开展执法活动。[1] 海警对管辖事项的地域范围应是我国享有管辖权的内海、领海、毗连区、专属经济区和大陆架。在内海、领海海

---

[1] 张保平．海警执法理论与实务［M］．北京：群众出版社，2011：65.

域，海警有完全的管辖权，在毗连区、专属经济区和大陆架，海警只在管制的范围内有管辖权，对超出国家宣示范围的事项，海警无权进行管辖。因此，边防海警的刑事执法工作的地域范围具体如下：在我国政府对外公布的领海线和毗连区线以内，各地在本省、自治区、直辖市管辖海域以内；跨辖区或介入公海海域需要报公安部批准。不准进入有争议的海域；禁止进入我国香港特别行政区海域和我国台湾地区控制海域；禁止进入外国海域。

五、边防海警刑事管辖的案件范围

近年来，我国管辖海域内各种违法犯罪分子活动频繁，尤其是走私、偷渡、抢劫、贩枪贩毒、盗窃、打架斗殴等各种违法犯罪活动有日益加剧之势。

公安海警部队是公安机关部署在海上的一支具有行政和刑事执法职能的队伍，担负着海上治安管理，打击海上走私、偷越国（边）境、贩运枪支毒品、海上抢劫和海盗等违法犯罪活动，实施海上治安管理，维护国家领海主权和海洋权益，保护人民生命财产安全等任务。

据2008年7月报道，2000年以来，海警部队共查获走私案件7 600起、案值6.75亿元，查获偷渡案件3 058起、抓获偷渡分子13 784人，查获海盗案件7起、抓获海盗分子8人，海上110接处警10 700次，抢救人员9 300人，挽回经济损失3.5亿元。2008年12月，在江苏太仓召开的公安海警执法工作座谈会提供的情况表明，自2007年12月1日《公安机关海上执法工作规定》施行一年来，“海上110”接处警951次，抓获犯罪嫌疑人234名。江苏海警侦办的“12·17”故意伤害案、浙江海警侦办的“5·7”盗窃案等诸多复杂案件得以顺利破获。[1] 一年来海南海警部队共侦破海上刑事案件9宗，抓获犯罪嫌疑人47人，打掉犯罪团伙1个。[2]《2008年中国国防》白皮书指出，公安海警部队建立健全海上执法机构，充实执法人员，完善执法制度，改善船艇装备，共破获海上刑事案件41起，实施海上抢险救助115起，救助遇险人员238人。《2010年中国国防》白皮书指出，公安边防部队扎实开展边境防控、反恐维稳斗争，加强口岸

---

[1] 黄金衔．公安边防部队加强海警建设维护海上和谐［EB/OL］．Http：//news. xinhuanet. com/newscenter/2008－12/03/content_ 10450371．htm.

[2] 黄晓华．海南海警部队海上执法　南中国海上筑起钢铁长城［EB/OL］．Http：//www. Hi. chinanews. com/news/2008－12－15/1607．html.

检查和海上管控，严厉打击偷渡、贩毒、走私等犯罪。2009 年以来共破获各类案件 3.7 万起，缴获非法枪支 3 845 支。《2013 年中国国防白皮书：中国武装力量的多样化运用》指出，公安边防部队在边境一线划定边防管理区，在沿海地区划定海防工作区，在毗邻香港、澳门陆地边境和沿海一线地区 20 至 50 米纵深划定边防警戒区，在国家开放口岸设立边防检查站，在沿海地区部署海警部队。近年来，对边境地区和口岸实行常态化严查严管严控，防范打击“三股势力”、敌对分子的分裂破坏和暴力恐怖活动。集中整治海上越界捕捞活动，强化海上治安巡逻执法，严厉打击海上违法犯罪活动。2011 年以来，共破获各类案件 47 445 起，缴获各类毒品 12 357 千克，缴获非法枪支 125 115 支，查获偷渡人员 5 607 人次。从上述报道和统计数字可以看出，我国海上犯罪数量越来越多，种类不同，海警侦查的犯罪案件的数量也随之增加，管辖的刑事案件性质也不同。

2012 年《公安机关办理刑事案件程序规定》第 24 条规定：“交通公安机关管辖交通系统的机关、厂、段、院、校、所、队、工区等单位发生的刑事案件，港口、码头工作区域内、轮船内发生的刑事案件，水运航线发生的盗窃或者破坏水运、通信、电力线路和其他重要设施的刑事案件，以及内部职工在交通线上工作时发生的刑事案件。”第 27 条规定：“海关走私犯罪侦查机构管辖中华人民共和国海关关境内发生的涉税走私犯罪案件和发生在海关监管区内的非涉税走私犯罪案件。”

1998 年最高人民法院、最高人民检察院、公安部、司法部、海关总署《关于走私犯罪侦查机关办理走私犯罪案件适用刑事诉讼程序若干问题的通知》规定：“根据《国务院关于缉私警察队伍设置方案的批复》（国函〔1998〕53 号）和《国务院办公厅关于组建缉私警察队伍实施方案的复函》（国办函〔1998〕52 号），海关总署、公安部组建成立走私犯罪侦查局，纳入公安部编制机构序列，设在海关总署。”缉私警察是对走私犯罪案件依法进行侦查、拘留、执行逮捕、预审的专职刑警队伍，走私犯罪侦查局既是海关总署的一个内设局，又是公安部的一个序列局，实行海关与公安双重垂直领导、以海关领导为主的体制，按照海关对缉私工作的统一部署和指挥，部署警力，执行任务。走私犯罪侦查机关在中华人民共和国海关关境内，依法查缉涉税走私犯罪案件和发生在海关监管区内的走私武器、弹药、核材料、伪造的货币、文物、贵重金属、珍贵动物及其制品、珍稀植物及其制品、淫秽物品、固体废物和毒品等非涉税走私犯罪案件，接受海关调查部门、地方公安机关（包括公安边防部门）和工商行政等执法部门查获移送的走私犯罪案件。

1998年《关于印发〈公安部刑事案件管辖分工规定〉的通知》第2条第（9）项规定："铁道、交通、民航、林业公安机关的案件管辖分工仍按现行规定执行。海关走私犯罪侦查局的案件管辖范围，按有关规定执行。"2002年最高人民法院、最高人民检察院、海关总署《关于办理走私刑事案件适用法律若干问题的意见》规定："根据刑事诉讼法的规定，走私犯罪案件由犯罪地的走私犯罪侦查机关立案侦查。……对发生在海（水）上的走私犯罪案件由该辖区的走私犯罪侦查机关管辖，但对走私船舶有跨辖区连续追缉情形的，由缉获走私船舶的走私犯罪侦查机关管辖。"

2007年《公安机关海上执法工作规定》第5条规定："公安边防海警在开展海上执法工作中，应当加强与外交、海军、海关、渔政、海事、海监等相关部门的协作和配合。"第10条第2款规定："沿海地区水上公安机关、港航公安机关管辖区域不变。"第17条规定："公安边防海警查获涉嫌涉税走私违法犯罪案件的，应当将涉案违法犯罪嫌疑人，连同查获的走私货物、物品和走私运输工具，一并移送所在地海关缉私部门依法处理。"

2008年3月11日，公安部边防管理局司令部《关于海上交通事故案件管辖问题的批复》中规定："根据《中华人民共和国海上交通安全法》和《中华人民共和国渔港水域交通安全管理条例》规定，海上交通事故应当按照事故发生海域分别由国家港务监督机构、渔政渔港监督管理机构依法调查处理。如果相关主管机构认为涉嫌犯罪并移交公安机关，公安机关应当受理并进行审查，对于有犯罪事实需要追究刑事责任的，应当立案侦查。案件发生在公安边防海警管辖海域的，由公安边防海警管辖；如果案件发生在其他海（港、水）域的，由有关公安机关管辖。"

根据上述规定和其他有关的法律法规的规定，在沿海地区，除了沿海的陆地和沿海水域的地方公安机关、边防派出所、海事公安机关、海关走私犯罪侦查机关等水上公安机关和港航公安机关、铁路林业公安机关管辖的刑事案件外，其他所有的刑事案件应由海警管辖。

1998年《公安部刑事案件管辖分工规定》规定了边防管理局管辖《刑法》规定的下列案件（共4种）："《刑法》分则第六章妨害社会管理秩序罪中的下列案件：第三节妨害国（边）境管理罪中的下列案件：1. 组织他人偷越国（边）境案（第318条）2. 运送他人偷越国（边）境案（第321条）3. 偷越国（边）境案（第322条）4. 破坏界碑、界桩案（第

323条)。”1998年《关于印发〈公安部刑事案件管辖分工规定〉的通知》规定：“……（五）《刑法》规定的组织他人偷越国（边）境案、运送他人偷越国（边）境案、偷越国（边）境案和破坏界碑、界桩案由边防管理部门管辖，边境管理区和沿海地区以外发生的上述刑事案件由刑事侦查部门管辖。边防管理部门在边境管理区和沿海地区查获的走私、贩卖、运输毒品案和走私制毒物品案，由边防管理部门管辖。对其中跨省、自治区、直辖市和具有涉外因素的毒品犯罪案件，需要禁毒部门协助侦查的，禁毒部门应当主动、积极配合或移交禁毒部门处理。（六）各侦查部门在办案过程中发现《刑法》第280条中规定的伪造、变造公文、证件、印章的犯罪，往往与其他犯罪相关联，应当一并立案侦查，不再移交。（七）《刑法》第305条、第306条、第307条、第308条规定的妨害司法活动的案件由刑事侦查部门管辖，但各侦查部门在办理其他案件过程中发现此类犯罪的，应当一并立案侦查，不再移交。”

2000年《公安部关于公安边防部门办理刑事案件有关问题的通知》第4条规定：“公安边防支队级以上单位在立案、侦查、采取刑事强制措施等方面行使相应的县（市）级以上公安机关的审批权限。县（市）公安边防大队办案，由所属县（市）公安机关负责人审批；地区（市、州、盟）公安边防支队（含海警支队、巡逻艇支队、广东边防五、六、七支队、特检站）办案，由支队（站）负责人审批；省（自治区、直辖市）公安边防总队办案，由总队负责人审批；侦办跨省（自治区、直辖市）案件，由省（自治区、直辖市）公安边防总队组织、指挥、协调或者直接立案侦查，报公安部边防管理局备案；侦办跨省（自治区、直辖市）重特大案件，由公安部边防管理局组织、指挥、协调或者直接立案侦查。”

2000年《公安部关于妨害国（边）境管理犯罪案件立案标准及有关问题的通知》规定：“《刑法》规定的组织他人偷越国（边）境案、运送他人偷越国（边）境案、偷越国（边）境案和破坏界碑、界桩案由公安机关边防部门管辖。县（市）级公安机关边防大队、刑事侦查部门在所属公安机关的领导下，按管辖分工具体承办发生在本管辖区境内的妨害国（边）境管理犯罪案件；地（市）级以上公安机关边防支队、刑事侦查部门及海警支队负责侦查重大涉外妨害国（边）境管理犯罪案件、重大集团犯罪案件和下级单位侦查有困难的犯罪案件，其中，省级以上公安机关边防部门、刑事侦查部门主要负责协调、组织、指挥侦查跨区域妨害国（边）境管理犯罪案件。”

海警是边防部门内设机构之一，作为边防部门的组成部分，在理论上，享有对边防部门管辖的所有刑事案件的管辖权。2004 年《公安部关于海警执法有关问题的通知》第 1 条、第 2 条、第 3 条规定："海警对发生在我国管辖海域内的组织他人偷越国（边）境，运送他人偷越国（边）境，偷越国（边）境，走私、贩卖、运输毒品和走私制毒物品的刑事案件行使侦查权。对发生在我国管辖海域内非海警管辖的违法犯罪案件，海警发现犯罪线索或接到群众报案、举报、控告的，应予受理，并依法及时移送有管辖权的部门处理；对不属于自己管辖但必须采取紧急措施的，海警应先依法采取紧急措施，然后办理相关手续移送有管辖权的部门处理。海警管辖的一般的刑事案件，由犯罪行为发生地海警大队办理；重大、复杂、涉外或跨海警大队管辖海域的刑事案件，由犯罪行为发生地海警支队办理；同一省（自治区、直辖市）内跨海警支队管辖海域的刑事案件，由犯罪行为发生地海警支队协商确定一个海警支队办理，协商不成的由省（自治区、直辖市）公安边防总队指定一个海警支队办理；跨省（自治区、直辖市）管辖海域的刑事案件，由犯罪行为发生地公安边防总队协商确定一个海警支队办理，协商不成的由公安部边防局指定一个海警支队办理；对跨省（自治区、直辖市）管辖海域的重特大刑事案件，由公安部边防局指定一个公安边防总队办理或直接立案侦查。在办理治安案件和刑事案件中，海警大队行使派出所一级的审批权限，经大队负责人批准后，以所在地派出所的名义作出决定；海警支队行使县级公安机关的审批权限，经支队负责人批准后，以所在地县（市、区）公安（分）局的名义作出决定。"

2007 年《公安机关海上执法工作规定》第 2 条规定："公安机关海上执法任务，由公安边防海警承担，公安机关其他部门配合，但法律、法规另有规定的除外。"第 4 条规定："对发生在我国内水、领海、毗连区、专属经济区和大陆架违反公安行政管理法律、法规、规章的违法行为或者涉嫌犯罪的行为，由公安边防海警根据我国相关法律、法规、规章，行使管辖权。"第 6 条规定："公安边防海警依法履行下列职责：（一）预防、制止、侦查海上违法犯罪活动，维护国家安全和海域治安秩序。"第 7 条规定："公安边防海警履行前条规定的职责时，可以依法行使下列职权：……（二）对海上发生且属于公安机关管辖的刑事案件进行侦查；（三）对违反公安行政管理法律、法规或者涉嫌犯罪的人员，以及与违法犯罪行为有关的工具或者物品，采取登临、检查、执行逮捕、扣留等措施；（四）为防止和惩处在我国陆地领土、内水、领海内从事危害安全、走私、偷越国（边）境等违法犯罪行为，在毗连区内实施管制；（五）对违反公安行政管理法律、法规或者涉嫌犯罪的外国船舶实施紧追……”2007 年最高人民法院、最高人民检察院、公安部《关于办理海上发生的违法犯罪案件有关问题的通知》规定：“公安机关海上执法任务由沿海省、自治区、直辖市公安边防总队及其所属的海警支队、海警大队承担。在办理海上治安行政案件和刑事案件时，公安边防总队行使地（市）级人民政府公安机关的职权，海警支队行使县级人民政府公安机关的职权，海警大队行使公安派出所的职权，分别以自己名义作出决定和制作法律文书。海上发生的刑事案件，由犯罪行为发生海域海警支队管辖；如果由犯罪嫌疑人居住地或者主要犯罪行为发生地公安机关管辖更为适宜的，可以由犯罪嫌疑人居住地或者主要犯罪行为发生地的公安机关管辖；对管辖有争议或者情况特殊的刑事案件，可报请上级公安机关指定管辖。同一省、自治区、直辖市内跨海警支队管辖海域的行政案件和刑事案件，由违法犯罪行为发生海域海警支队协商确定管辖；协商不成的，由省、自治区、直辖市公安边防总队指定管辖。”

2008 年公安部边防管理局《关于海上执法工作若干问题的意见》规定，海上发生的违法犯罪案件，由案件发生海域的公安边防海警管辖。如果由违法犯罪嫌疑人居住地公安机关管辖更为适宜的，可以由违法犯罪嫌疑人居住地的公安机关管辖。案件发生海域包括：违法犯罪行为实施海域，违法犯罪结果发生海域。海上发生的刑事案件，由案件发生海域的海警支队管辖。涉及外国或者我国港、澳、台地区人员、船舶、组织的刑事案件，由案件发生海域的公安边防总队管辖。公安边防海警办理有困难的重大、复杂、涉外违法犯罪案件，可以提请地（市）级、省级公安机关或者公安部协调，指定地方公安机关办理。对查获的涉嫌涉税走私违法犯罪案件或者发现违反渔业、海洋环境、海洋资源管理等违法行为，应当及时移交海关缉私部门或者相关主管部门处理。边防派出所管辖区域不变，仍按原执法海域管辖近海违法犯罪案件。几个公安边防海警都有权管辖的海上治安行政案件或者刑事案件，由最初受理的公安边防海警管辖。必要时，可以由主要违法犯罪行为发生地的公安边防海警管辖。管辖有争议的，由其共同上级机关指定管辖。案件移交管辖前，应当与案件接受单位进行协商或者按照双方确定的移交办法进行。协商不成的，可以提请地（市）级、省级公安机关或者公安部协调。公安边防海警应当与地方公安机关及有关主管部门建立海上执法协商机制，并根据各地实际，确定海上治安行政和刑事案件的管辖、移交种类和方式。

根据上述规定，除了法律、法规另有规定的，海警作为刑事执法部门，对发生于我国管辖海域且属于公安机关管辖的所有刑事案件享有刑事管辖权，包括危害国家安全的犯罪案件、危害公共安全的犯罪案件、破坏社会主义市场经济秩序的犯罪案件、侵犯公民人身权利和民主权利的犯罪案件、侵犯财产的犯罪案件、破坏社会管理秩序的犯罪案件、危害国防利益的犯罪案件等刑事案件。这至少在理论上是成立的，在实践中也是可能的。当然，除了沿海地区外，对于发生在边境管理区并由边防部门管辖的复杂刑事案件，海警也可享有管辖权，理论上也是可能的。随着人类对海洋、太空和地下的开发和利用，未来人类可能主导宇宙，海警也会不断发展演变，只要有人类足迹的地方，对各种犯罪行为，不排除海警对所有的刑事案件行使管辖权的可能。

第四节　边防海警刑事执法的诉讼原则

海警刑事执法作为刑事执法的一种，应该也必须遵循刑事执法一定的原则，包括基本原则和特有原则。基本原则，是指贯穿于全部刑事法律规范，指导和制约刑事法律适用和刑事执法活动的具有全局指导性和根本性，并体现我国刑事法制基本性质和基本精神的基本准则。这些原则是由《宪法》《刑事诉讼法》《刑法》《人民警察法》《公安机关办理刑事案件程序规定》《公安机关海上执法规定》《公安部关于海警执法有关问题的通知》等法律法规规章规定的，是由多项原则组织而成的规范体系。海警在刑事执法中应遵循的原则具体包括依法行使侦查权的原则（职权原则），依靠群众原则（坚持群众路线原则），以事实为根据以法律为准绳的原则，对一切公民在适用法律上一律平等原则，分工负责、互相配合、互相制约原则，接受法律监督原则，严格遵守法律程序的原则，保障诉讼参与人的诉讼权利原则，使用本民族语言文字进行诉讼原则，犯罪嫌疑人有权获得辩护的原则，依法不追诉原则，国家司法主权原则（追究外国人刑事责任适用我国刑事诉讼法的原则），维护国家海洋权益原则，高度集中统一原则和遵守国际条约原则等。海警刑事执法的各项原则是一个互相关联、互相统一的整体，违背其中任何一项原则，都是对法制的严重破坏，都是对执法程序的严重违反，因此，海警在刑事执法中必须准确理解，认真贯彻执行。这些原则有利于海警在刑事执法中贯彻和掌握刑事执法的各项制度和程序，便于解决执法中出现的新问题，也有利于总结执法经验，对于保证执法质量、实现执法任务具有重要的意义。

一、依法行使侦查权的原则（职权原则）

《刑事诉讼法》第3条规定：“对刑事案件的侦查、拘留、执行逮捕、预审，由公安机关负责。检察、批准逮捕、检察机关直接受理的案件的侦查、提起公诉，由人民检察院负责。审判由人民法院负责。除法律特别规定以外，其他任何机关、团体和个人都无权行使这些权力。人民法院、人民检察院和公安机关进行刑事诉讼，必须严格遵守本法和其他法律的有关规定。”这一规定确立了侦查权、检察权、审判权由专门机关行使的原则。按照刑事诉讼法的规定，除了人民法院直接受理的自诉案件以及人民检察院自行侦查的刑事案件案外，大多数刑事案件都由公安机关负责侦查。侦查权是搜集证据、揭露和证实犯罪、查获犯罪嫌疑人、实施必要的强制措性措施的权力。另外，拘留、逮捕的执行也统一由公安机关负责进行。侦查（侦破案件）、拘留、执行逮捕和预审是侦查活动的最主要和最集中的表现。公安机关必须依法行使职权，严格遵守法定程序。这里的“依法”，既包括刑事诉讼法，也包括刑法和人民警察法等相关法律。公安机关必须严格遵循法定的立案和侦查等程序的具体操作规范和要求，履行法律规定的义务和职责，不得违法。否则，对于公安机关的越权行为，任何公民都有权抵制，并向有关机关告发，乃至要求赔偿。当然，若不违法，则任何公民和机关团体企事业单位都无权拒绝公安机关行使职权的行为，否则，也应依法受到相应处理。海警作为刑事执法的主体，同样享有与公安机关相同的权力，行使公安机关相应的职权。对海上发生地刑事案件的侦查、拘留、执行逮捕、预审，由海警负责。海警进行刑事诉讼，必须严格遵守刑事诉讼法、刑法和其他法律的有关规定。

二、依靠群众原则（坚持群众路线原则）

《刑事诉讼法》第6条规定：“人民法院、人民检察院和公安机关进行刑事诉讼，必须依靠群众。”这是依靠群众原则的法律依据，在法律上确立了刑事诉讼活动依靠群众的原则。这一原则是我国几十年来刑事诉讼活动的经验总结，是我国刑事诉讼独具特色的一项原则。依靠群众的原则主要是指公、检、法机关在刑事诉讼活动中要坚持群众观点和群众路线，相信群众、依靠群众、深入群众，倾听群众的意见和建议，接受群众的监督，借助群众的智慧与力量，采取向群众进行调查研究等工作方法，完成刑事诉讼法规定的任务。依靠群众原则是群众路线在刑事诉讼中的体现。群众路线是党的根本路线，也是刑事执法工作的根本路线。刑事执法活动既需要有精通业务的专门工作人员也需要广大群众的密切配合。海警刑事执法要贯彻群众路线的原则，就要相信群众、依靠群众，深入群众调查研究，迅速查清事实真相，收集有力证据，使执法活动建立在客观事实的基础之上。贯彻依靠群众原则，必须正确处理海警与依靠群众的关系，注重依靠群众与海警执法部门相结合，注意发动和组织群众同犯罪行为做斗争，虚心倾听群众的意见，自觉接受群众的监督。公安边防海警工作，从根本上说就是群众工作。坚持群众工作，是边防海警适应新形势新任务的必然要求。依靠群众原则要求依靠群众发现犯罪、调查犯罪，便利和保障群众参与侦查活动，接受群众对侦查活动的监督。[1]

三、以事实为根据，以法律为准绳的原则

《刑事诉讼法》第 6 条规定：“人民法院、人民检察院和公安机关进行刑事诉讼，必须依靠群众，必须以事实为根据，以法律为准绳。”这项原则充分反映了我国刑事诉讼法的根本要求和客观规律，是实事求是思想路线和社会主义法制原则在刑事诉讼中的集中体现。以事实为根据，以法律为准绳，二者互相联系，密不可分，相辅相成。以事实为根据是指在适用刑事法律时，刑事执法机关及其公职人员在刑事执法活动时必须以客观事实为依据，把对犯罪行为的处理建立在符合客观事实的基础上，而不是以任何主观想象、主观分析和判断为依据，要以事实为依据，就必须坚持从实际出发，调查研究，重证据不轻信口供，严禁刑讯逼供和以威胁、引诱、欺骗以及其他非法方式搜集证据，反对公安司法人员主观臆测、虚构事实、伪造证据。以法律为准绳是指在适用刑事法律时，刑事执法机关必须严格按照刑法、刑事诉讼法和其他法律的规定办事。以法律为准绳既包括以刑事实体法为准绳，也包括以刑事程序法为准绳。公安司法机关不能法外执法、徇私枉法、出入人罪。首先，要按照法律的规定确定案件的性质，划清合法与违法、一般违法与犯罪、此种犯罪与他罪以及一罪与数罪等的界限；其次，对违法犯罪者，无论处罚轻重宽严都要符合法律规定的幅度，在法律规定的幅度内选择最适当的处罚；最后，要严格按照法律规

[1] 李佑标．海上执法工作实务指南［M］．北京：中国人民公安大学出版社，2013：28－29.

定的权限和程序适用刑事法律规范。海警在办理刑事案件过程中同样也要遵循这一原则，必须重证据、重调查研究，以刑事法律规范为标准，不轻信口供，严禁刑讯逼供，严格依法办案。

四、对一切公民在适用法律上一律平等原则

《刑事诉讼法》第6条规定："人民法院、人民检察院和公安机关进行刑事诉讼，对于一切公民，在适用法律上一律平等，在法律面前不允许有任何特权。"这一原则的基本含义是指我国刑事诉讼法对于全体公民同等适用，不存在任何例外，也不准搞任何特权或歧视，法律面前人人平等。这一原则的基本内容是公安、司法机关在办理刑事案件时，不受民族、种族、性别、职业、社会出身、宗教信仰、教育程度、财产状况、居住期限等因素的影响，对一切公民的合法权益都应依法给予保护，对一切公民的违法犯罪行为，都应依法予以追究，在法律面前，不允许任何人拥有超越法律之上的特权。平等，是指公民法律地位的平等，而不是其权利、义务的完全对等。在刑事诉讼中，由于公民所处的诉讼地位不同，其享有的诉讼权利和承担的诉讼义务有所不同。对于一切公民在适用法律上一律平等与在法律规定的范围内区别对待并不矛盾，在法律范围内区别对待正是实现了在适用法律上一律平等的原则。坚持这项原则，是为了使当事人在刑事诉讼中的各项权益得到有力的法律保障，特别是对被告人，往往更能体现法律的理念。海警在刑事执法中要坚持这一原则，反对和防止特权，反对歧视，维护法治的尊严。

五、分工负责、互相配合、互相制约原则

《刑事诉讼法》第7条规定："人民法院、人民检察院和公安机关进行刑事诉讼，应当分工负责，互相配合，互相制约，以保证准确、有效地执行法律。"这是调整人民法院、人民检察院和公安机关在刑事诉讼中的相互关系的重要原则。分工负责是指公安机关、人民检察院、人民法院在进行刑事诉讼活动时，根据法律应当有明确的分工，三机关应当在法律规定的职权范围内行使职权，各尽其职，各负其责，既不可混淆、不能互相取代，也不应互相推诿。分工负责的实质是分权，也就是将国家所独享的犯罪追究权根据功能的不同划分为三种相对独立的权力：侦查权、检察权和审判权，并将其分别赋予三个国家机关独立行使。分工负责在刑事诉讼中具体体现在诉讼职能的分工和案件管辖上的分工。互相配合是指公安机

关、人民检察院、人民法院在进行刑事诉讼时，应当在分工负责的基础上，相互支持，协调一致，通力合作，共同完成追究犯罪、惩罚犯罪，保障涉讼公民的合法权益，保障无罪的公民不受刑事追究的任务，而不能各行其是，画地为牢，甚至互相拆台。互相制约是指公安机关、人民检察院、人民法院进行刑事诉讼应当按照职责分工，相互制约、相互制衡，以防止发生错误或及时纠正错误，从而保证准确实施法律，正确惩罚犯罪，保障无罪的公民不受刑事追究，做到不枉不纵、不错不漏，防止权力的滥用导致司法腐败。分工负责、互相配合、互相制约是一个完整的统一的整体，三者相辅相成、密切配合、不可分割、辩证统一，任何一项均不可偏废。分工负责是前提和基础，没有分工，配合和制约就无从谈起，而互相配合与互相制约是分工负责的落实和保障，一个问题的两个方面，两者均不可偏废。分工负责、互相配合、互相制约的最终目的是为了保障正确有效地执行法律。全面贯彻这一原则，既可以充分发挥公、检、法各自的职能，保证顺利完成惩罚犯罪的任务；又可以防止任何一个机关武断专横和滥用职权，防止和减少冤、假、错案。公安机关内部在刑事执法中也必须分工负责、互相配合。公安机关内部有关部门对涉及海上发生地刑事案件必须按照法律规定管辖和移送。海警在刑事执法中必须在法律规定的范围内行使职权，履行自己的职责，与人民检察院、人民法院、国家安全部门、和公安机关内部刑事侦查部门、治安管理部门、经济犯罪侦察部门、技术侦查部门、禁毒部门、海关缉私部门等相互配合，相互制约，以准确有效地进行执法活动，打击各种犯罪活动。

六、接受法律监督原则

《刑事诉讼法》第 8 条规定："人民检察院依法对刑事诉讼实行法律监督。"这是宪法关于"中华人民共和国人民检察院是国家的法律监督机关"的规定在刑事诉讼法中的具体化。任何国家权力如果缺乏制约和监督，势必会被滥用。而刑事诉讼涉及公民重要的人身和财产等基本权利，公安司法机关的执法活动是否公正、是否合法，直接影响公民的基本权利和社会利益，因此，法律特别赋予人民检察院对刑事诉讼的法律监督权，对于维护公民的合法权益，保证诉讼的合法与公正具有重要意义。根据我国现行刑事诉讼的规定，人民检察院对刑事诉讼的监督，是全方位、全过程的监督，贯穿于刑事诉讼的始终。一方面，对参加刑事诉讼活动的所有主体，包括作为国家专门机关的法院、公安机关，作为当事人的犯罪嫌疑人、被告人，以及作为其他诉讼参与人的辩护人、证人、鉴定人等，人民检察院都有权实行监督；另一方面，从侦查、起诉、审判到执行的整个过程，人民检察院都要实施监督。检察院在侦查阶段对公安机关实行监督，主要表现在：①立案监督。根据《刑事诉讼法》第111条规定，人民检察院认为公安机关应当立案而不立案或被害人认为公安机关应当立案侦查的案件而不立案侦查的，可以向人民检察院提出，人民检察院应当要求公安机关说明理由。人民检察院认为公安机关不立案理由不能成立的，应当通知公安机关立案，公安机关接到通知后应当立案。②侦查行为监督。即人民检察院对公安机关的侦查活动是否合法进行监督。同时，人民检察院还通过对公安机关提请批准逮捕的案件进行审查，以监督公安机关的逮捕是否符合法律规定的条件；并对逮捕的执行情况进行监督，对人民检察院批捕或不批捕的，公安机关应当立即逮捕或立即释放，并将执行情况及时通知人民检察院。③侦查结果监督。人民检察院对公安机关移送起诉的案件进行审查起诉，以监督公安机关的侦查结果是否符合法律规定。海警在刑事执法中，必须接受检察机关的立案监督、侦查行为的监督、侦查结果的监督和刑罚执行的监督。同时，海警在办理有关刑事案件、行使侦查权的过程中，还要接受公安机关内部的监督，包括公安机关其他部门的监督和公安边防部门的内部监督。海警要自觉接受监督，既保障当事人的合法权益，保障自身办案质量，也保证准确有效地执行法律。

七、严格遵守法律程序的原则

《刑事诉讼法》第3条第2款规定："人民法院、人民检察院和公安机关进行刑事诉讼，必须严格遵守本法和其他法律的有关规定。"这一规定是严格遵守法律程序原则的法律依据。严格规范国家专门机关及其工作人员权力的行使，将刑事诉讼活动纳入法制轨道，一方面有利于防止办案人员有法不依、滥用职权、恣意妄为；另一方面有助于加强刑事诉讼中人权保障，维护当事人和其他诉讼参与人的合法权益。这一原则要求：首先，以立法的形式建立结构完整、设置科学的刑事诉讼程序。其次，在司法实践中公安司法机关进行刑事诉讼必须严格遵守法律程序，以保证及时、正确处理刑事案件。因为法律程序的内容就是刑事诉讼法关于国家专门机关和诉讼参与人的诉讼权利和义务、诉讼的阶段和顺序、诉讼的方式和手续等方面的具体规定。最后，严格遵守法律程序，不仅应当遵守刑事诉讼法中的基本原则和制度，而且要求严格遵守立案、侦查、起诉、审判和执行等各个诉讼阶段的具体程序规定。只有严格按照法律规定程序办案，才能保证案件质量。海警部门人员应当做到有法必依、公正司法、严格执法，更新诉讼观念，克服重实体轻程序重结果轻过程的错误观念，重视程序正义的独立价值，纠正一切不依法办案的现象，制止违背法律程序的行为。根据这一原则，海警部门还应及时办理案件，严格遵守办案期限的规定，尽可能迅速地推进刑事诉讼程序，使案件得到及时处理。刑诉法为实现这一原则，应当规定各项基本的诉讼行为以及诉讼阶段的时间限制，尤其是对嫌疑人、被告人实施人身强制措施的实现时限，应有明确而严格的规定，超时限羁押是不允许的。而且法定羁押期限时间不能过长，以使未定罪嫌疑人、被告人所承受的人身自由权限制被设定在必需的限度内。海警办理刑事案件应该严格按照法律规定的诉讼行为和办理案件的诉讼期日的期限进行，切实保护社会利益和保障诉讼参与人的合法权益，顺利实现刑事诉讼的目的和任务。

八、保障诉讼参与人的诉讼权利原则

《刑事诉讼法》第 14 条规定："人民法院、人民检察院和公安机关应当保障犯罪嫌疑人、被告人和其他诉讼参与人依法享有的辩护权和其他诉讼权利。诉讼参与人对于审判人员、检察人员和侦查人员侵犯公民诉讼权利和人身侮辱的行为，有权提出控告。"这是保障诉讼参与人的诉讼权利原则的法律依据。这一原则包括以下内容：公安司法机关不得以任何方式剥夺诉讼参与人所享有的法定权利，并且有义务保障诉讼参与人充分行使其诉讼权利；对未成年犯罪嫌疑人、被告人的诉讼权利应当给予特殊保护；诉讼参与人有权对侦查人员、检察人员、审判人员侵犯其诉讼权利和人身侮辱的行为提出控告，有权使用法律手段维护自己的诉讼权利；诉讼参与人的诉讼权利应当保障，并不意味着诉讼参与人可以放弃其应承担的诉讼义务。海警在刑事执法过程中要切实保护诉讼参与人的诉讼权利，保障他们能够在不同的诉讼活动中充分行使自己的诉讼权利，不允许以任何借口加以限制或剥夺。这一原则有利于防止和克服海警执法人员的主观主义思想和作风，及时发现和纠正办案过程中产生的缺点和错误，准确惩罚犯罪分子、保障无罪的人不受刑事追究，保障刑事执法活动的顺利进行，还有助于维护海警在人民群众中的形象，使海警执法活动取得人民群众的理解、信任和支持。

九、使用本民族语言文字进行诉讼原则

《刑事诉讼法》第 9 条规定："各民族公民都有使用本民族语言文字进行诉讼的权利。人民法院、人民检察院和公安机关对于不通晓当地通用的语言文字的诉讼参与人，应当为他们翻译。在少数民族聚居或者多民族杂居的地区，应当用当地通用的语言进行审讯，用当地通用的文字发布判决书、布告和其他文件。"我国是一个多民族的社会主义国家，各民族的政治地位和法律地位完全平等。这一原则充分体现了民族平等和保障各民族公民行使诉讼权利的精神。这一原则包括以下内容：各民族公民，无论当事人，还是辩护人、证人、鉴定人，都有权使用本民族的语言进行陈述、辩论，有权使用本民族文字书写有关诉讼文书；公、检、法机关在少数民族聚居或多民族杂居的地区，要用当地通用的语言进行侦查、起诉和审判，用当地通用的文字发布判决书、公告、布告和其他文件；如果诉讼参与人不通晓当地的语言文字，公、检、法机关有义务为其指派或聘请翻译人员进行翻译。海警在刑事执法活动中，要切实保障各民族公民充分使用其民族语言文字进行诉讼的权利，不得强迫诉讼参与人接受某种不公正待遇的条件。对于不通晓当地通用的语言文字的诉讼参与人，海警应当为他们提供翻译；在少数民族聚居或者多民族杂居的地区，海警应当使用当地通用的语言进行讯问和询问；海警对外公布的诉讼文书，应当使用当地通用的文字。贯彻这一原则，有利于实现民族平等，巩固民族团结；有利于各民族诉讼参与人排除语言文字上的障碍有效行使诉讼权利，切实维护自己的合法权益；有利于海警部门准确、及时地查明案件事实，对案件作出正确处理。

十、犯罪嫌疑人有权获得辩护的原则

辩护是指犯罪嫌疑人、被告人及其辩护人针对控诉一方的指控而进行的论证犯罪嫌疑人、被告人无罪、罪轻，减轻或免除罪责的反驳和辩解，是保护其合法权益的诉讼行为。犯罪嫌疑人、被告人有权获得辩护是我国宪法和刑事诉讼法的重要原则。这一原则的基本内容有：犯罪嫌疑人、被告人享有为自己辩解、维护自己合法权益及依法得到辩护人为自己进行辩护的权利；公安机关、人民检察院、人民法院有责任和义务依法保障犯罪嫌疑人、被告人行使该项权利。这一原则有利于确保犯罪嫌疑人、被告人充分参与诉讼，有效地对抗刑事追诉活动；确保公安机关、检察机关和法

院严格依法进行诉讼活动，避免使犯罪嫌疑人、被告人的自由和权益受到无理的限制和剥夺，依法维护犯罪嫌疑人、被告人的诉讼权利；确保犯罪嫌疑人、被告人以及社会公众对国家专门机关的诉讼活动保持最大限度的信任和尊重以树立司法公正的威信与声誉。根据刑事诉讼法的规定，海警在刑事执法中要切实保障犯罪嫌疑人的辩护权，保障其随时聘请律师的权利，保障律师的执业活动，为律师在侦查阶段参与刑事诉讼提供便利。海警部门在对犯罪嫌疑人依法进行第一次讯问后或者采取强制措施时，应当告知犯罪嫌疑人有权聘请律师为其提供法律帮助、代理申诉、控告、申请强制措施等并记录在案。在押的犯罪嫌疑人提出聘请律师的，羁押等有关部门应及时将其请求转达办理案件海警部门，海警部门应当及时向其委托的人员或者所在律师事务所转达该项请求。犯罪嫌疑人仅提出聘请律师的要求，但提不出具体对象的，海警部门应当及时通知当地的律师协会或者司法行政机关为其推荐律师。在办理刑事案件的过程中，律师提出会见犯罪嫌疑人的，海警和看守所等应当在法律规定的期间内安排会见，律师会见在押犯罪嫌疑人需要聘请翻译人员的，海警部门应当提供翻译。在侦查阶段，律师会见在押的犯罪嫌疑人时，海警部门不得派员在场，也不得派员监听。

十一、依法不追诉原则（依照法定情形不予追究刑事责任的原则）

依照法定情形不予追究刑事责任，是指符合《刑事诉讼法》第 15 条规定的情形，不追究刑事责任，已经追究的，应当撤销案件，或者不起诉，或者终止审理，或者宣告无罪。《刑事诉讼法》第 15 条规定：“有下列情形之一的，不追究刑事责任，已经追究的，应当撤销案件，或者不起诉，或者终止审理，或者宣告无罪：（一）情节显著轻微，危害不大，不认为是犯罪的；（二）犯罪已过追诉时效期限的；（三）经特赦令免除刑罚的；（四）依据刑法告诉才处理的犯罪，没有告诉或撤回告诉的；（五）犯罪嫌疑人、被告人死亡的；（六）其他法律规定免予追究刑事责任的。”犯罪嫌疑人、被告人在事实上没有实施犯罪和在法律上不构成犯罪的情况，亦应不追究刑事责任。海警在刑事执法中发现具备上述六种不需要追究刑事责任的情形之一的，在立案前发现的，应不予立案，在立案后的侦查阶段发现的，应当撤销案件，终止侦查程序，防止对不应当追究刑事责任的人错误地进行追究，提高诉讼效率，防止随意扩大追究范围，保障公民的合法权益。

十二、国家司法主权原则（追究外国人刑事责任适用我国刑事诉讼法的原则）

《刑事诉讼法》第16条规定："对于外国人犯罪应当追究刑事责任的，适用本法的规定。对于享有外交特权和豁免权的外国人犯罪应当追究刑事责任的，通过外交途径解决。"这项原则明确了我国刑事诉讼法对外国人的效力，是刑事诉讼法适用范围的规则，体现了刑事诉讼中的国家主权原则。这一原则要求无论是在我国领域内犯罪的外国人（包括无国籍人），还是在我国领域外对我国国家和公民犯罪的外国人，只要根据我国刑法的有关规定，应当追究刑事责任的，就应当适用我国刑事诉讼法的规定予以追诉。这是国家属地管辖原则及安全原则的体现，也是一国主权的象征。但根据国际条约和有关国际惯例，对享有外交特权和豁免权的外国人在我国犯罪应当追究刑事责任时，只能通过外交途径解决，而不受我国的司法管辖。海警刑事执法过程中，必须严格执行此原则，以体现和维护我国的司法主权，保护我国国家和公民的利益，维护我国的法律尊严，妥善处理我国与外国的关系，防止因对刑事案件的处理不当而影响我国同其他国家之间平等正常的交往。

十三、依法维护国家海洋权益原则

海洋是经济全球化的动脉和纽带，国际贸易量的95%是由海上运输来承担的。同时，海洋本身是人类可持续发展的重要战略空间。以资源为例，海洋里的矿物资源、生物资源是陆地的1 000倍左右。海洋权益属于国家的主权范畴，它是国家领土向海洋延伸形成的权利。或者说，国家在海洋上获得的属于领土主权性质的权利，以及由此延伸或衍生的部分权利。国家在领海区域享有完全排他性的主权权利，这和陆地领土主权性质是完全相同的。海洋权益是国家在海洋上所获得的利益。当然，利益是受国家法律保护的。一般来说，海洋权益的内涵主要有：一是海洋政治权益，如海洋主权、海洋管辖权、海洋管制权等，这是海洋政治权益的核心。二是海洋经济权益，主要包括开发领海、专属经济区、大陆架的资源，发展国家的海洋经济产业等。三是海上安全利益，主要是使海洋成为国家安全的国防屏障，通过外交、军事等手段，防止发生海上军事冲突。四是海洋科学利益，主要是使海洋成为科学实验的基地，以获得对海洋自然规律的认识等。此外，还有海洋文化利益，如海上观光旅游、举办跨海域的文化活动等。在我国管辖海域之外，在世界大洋上仍然拥有权利和利益。主要享有国际海洋法上的各项公海自由，包括航行自由、建造人工岛屿和其他设施的自由、捕鱼自由、科学研究自由等。国际海底区域及其资源是人类共同财产，我国与其他国家一样共同对其资源享有权利。还拥有国际合作的权利，如通过有关领域的合作进行海洋技术开发与转让，实施海洋保护，促进我国的海洋事业发展。当然，在我国充分享有海洋权益和自由的同时，也要承担起相应的义务，包括在我国管辖的海域内外，都应尊重其他国家的合法权利和自由。在公海上，各国对海洋环境的保护和保全、和平利用国际海底区域、海上救助以及合作制止海盗等，均应承担相应的义务。我国于1996年批准了被誉为“海洋宪章”的《联合国海洋法公约》。根据国际法的一般原则和《联合国海洋法公约》的有关规定，我国可以享有广泛的海洋权益，拥有颁布必要的法律和规章、建立相应制度的权利。20世纪80年代以来，我国政府相继制定和颁布实施了一系列海洋法律法规，主要包括《海洋环境保护法》《海上交通安全法》《渔业法》《领海及毗连区法》《涉外海洋科学研究管理规定》《专属经济区和大陆架法》等。目前，我国有海监、渔政、港监、海警、海关等执法队伍，分属国家海洋局、农业部、交通部、公安部、海关等不同部门。各执法队伍各执其法，致使海上行动难以协调，执法力量分散，装备也相对落后，不能完全担负海上维权执法任务。因此，强化政府部门的海洋综合管理和统一海上执法队伍，是适应新的海洋形势的需要，是我国海洋开发与保护的需要，是执行公约、维护我国海洋权益、确保国家海上安全的需要。海警作为海上的一种武装执法部队，享有海事刑事司法权，对涉及海上的犯罪行为要严格执法，坚决打击海上各种犯罪行为，维护我国的各种海洋权益。

十四、高度集中统一原则

集中统一是武警部队的领导权和指挥权由一定的组织和或者人员统一行使。高度集中统一历来是军事活动中所必须遵循的一条原则。高度集中统一原则是武警部队的特点和所担负的特殊任务决定的。武警部队是战斗、执法、执勤的武装集团，军事活动和执法活动决定了其行为规则必须体现出高度集中、统一和严明的特点，以有效地保证军事活动和执法任务的胜利或者完成，保障武警部队具有严整的军容、协调一致的行动、英勇顽强的作风，以巩固和提高部队的战斗力和执法的能力。公安边防武警海警部队作为武装执法部门，必须按照高度集中统一的原则，高标准、严要求、集中统一进行刑事执法活动，提高执法能力，保证刑事执法活动的顺利完成。

十五、遵守国际条约原则

遵守国际条约原则，是指公安司法机关办理涉外刑事案件过程中，凡是我国缔结或者参加的国际条约的规定，除声明保留的条款外，都必须严格遵守。国际条约是主权国家之间订立的多边或者双边协议。依国际法上有“条约必须遵守”的法理，国际条约同国内刑事诉讼法一样遵守或优先执行国际条约。因此，遵守国际条约原则是我国在涉外刑事诉讼中所应当承担的国际义务。我国涉外刑事诉讼遵守国际条约原则采用以下方式：凡是我国缔结或者参加的国际条约，除声明保留的条款以外，都必须严格遵守。如果我国的刑事法律与我国缔结或者参加的国际条约有冲突，应当适用国际条约的有关规定。海警部门在办理涉外刑事案件时，应严格遵守涉外刑事诉讼管辖、涉外刑事诉讼强制措施的适用、涉外刑事诉讼文书的送达、涉外刑事案件的侦查和执行以及涉外刑事司法协助的有关规定。对于涉外刑事案件，应当根据案情的需要对外国籍犯罪嫌疑人、被告人采取强制措施，旨在及时迅速、认真全面地处理案件，维护国家主权。对外国籍犯罪嫌疑人、被告人采取有关的强制措施，应当遵守我国刑事诉讼法和相关司法解释，以及有关国际法的规定，保障外国犯罪嫌疑人的合法权益。

第二章　妨害国（边）境管理秩序罪的理论与实务

第一节　组织他人偷越国（边）境罪

武警边防部队具有刑事执法权，包括边防海警部队，每年发现、查获、破获或者立案侦查的组织他人偷越国（边）境案非常多，例如以下几个案例。

案例1：2002年11月，被告人管某德以办理赴港劳务为名，先后收取了庄某红、李某发、马某华、朱某奎和王某静每人人民币17 000元，作为办理证件、往来食住及找工作的费用。2003年4月的一天，管某德找被告人熊某，要求熊某帮其办理上述5人的赴港证件，并许诺事成后付给熊某人民币1万元作为报酬，被告人熊某答应了管某德的请求。熊某持管某德提供的上述5人真实身份资料到安徽省国际交流公司办理香港通行证，但一直拖到2003年7月都不能办理。2003年8月的一天，被告人熊某带着上述5人真实身份资料到深圳，以人民币5 000元委托一名自称深圳市"远航"旅行社的人办理了庄某红、李某发、朱某奎、马某华、王某静的《中华人民共和国港澳通行证》共5本。2003年8月19日，管某德、熊某在深圳口岸边防检查站托人"保关"，但因5人的《中华人民共和国港澳通行证》有问题，从而使管某德、熊某组织庄某红、李某发、朱某奎、马某华、王某静从深圳口岸边防检查站出关未能成功。2003年8月，被告人管某德为了尽快将5人送出境，便与熊某商量。8月29日下午2时许，管某德、熊某带领5人来到顺德港，企图让他们持上述证件从顺德港出境。被告人管某德、熊某为了试探能否出关，同时防止被一网打尽，决定安排李某发、王某静先行出境。李某发、王某静在出境检查中被边防检查站值勤人员发现所持证件有问题而将他们扣留，并根据两人的交代在顺德港大堂二楼的西餐厅将管某德、熊某、庄某红、朱某奎、马某华抓获；并起获庄某红《中华人民共和国港澳通行证》（号码 H0865962582）、李某发《中华人民共和国港澳通行证》（号码 H0865962535）、朱某奎《中华人民共和国港澳通行证》（号码 H0865962562）、马某华《中华人民共和国港澳通行证》（号码 H0865962550）、王某静《中华人民共和国港澳通行证》（号码 H0865962593）。经佛山市顺德区公安局鉴定，5 人的《中华人民共和国港澳通行证》均是伪造的。2004 年 5 月 20 日佛山市顺德区人民法院作出（2004）顺刑初字第 697 号刑事判决，判决被告人管某德、熊某犯组织他人偷越边境罪。原审被告人管某德、熊某不服，提出上诉。广东省佛山市中级人民法院认为，上诉人管某德、熊某无视国家法律，非法组织他人偷越边境，侵犯了我国对边境的正常管理秩序，均已构成组织他人偷越边境罪。二上诉人否认犯罪之诉及辩护人的辩护意见，缺乏事实和法律依据，不予采纳。原审判决认定事实和适用法律正确，量刑适当，审判程序合法。2004 年 7 月以（2004）佛刑终字第 409 号裁定：驳回上诉，维持原判。

案例 2：2007 年 1 月，上海奥夏会展服务有限公司 57 岁的女子王某芳为非法牟利，与意图偷渡的孙某约定，由王某芳安排孙某前往法国打工。之后，王某芳为孙某申请了新加坡签证，并安排孙某前往香港，通过“走活”护照以便于骗取出国签证。同年 4 月，王某芳通过他人为孙某提供虚假材料、虚构身份、进行签证前的“培训”，前往捷克领事馆骗取签证。同年 5 月 16 日，孙某在 29 岁的女子夏某安排下从浦东机场出境至捷克，后回国。同年 8 月，夏某带领孙某使用伪造的签证申请材料，共同至意大利领事馆骗取了签证，并向孙某承诺在偷越出境后可滞留法国。其间，孙某向王某芳支付 1.2 万元，向夏某支付 5.8 万元。同年 8 月 18 日，孙某持上述出境证件欲乘飞机飞往巴黎再转机至罗马时，被浦东出入境边防检查站工作人员查扣。经查，王某芳还和夏某联手或单独采取伪造邀请函、申请材料和骗取签证等手段，安排他人出境，但最终都被边检人员查扣。2007 年 8 月 13 日，王某芳、夏某被公安机关抓获。法院认为，王某芳单独或与夏某结伙，组织他人偷越国境，其中王某芳组织他人偷越国境 4 次，夏某参与组织他人偷越国境 2 次，其行为均已构成组织他人偷越国境罪，且属共同犯罪。被告人王某芳在共同犯罪中起主要作用，属主犯。2008 年 4 月被告人王某芳和夏某分别被上海市闵行区人民法院判处有期徒刑 7 年和 2 年缓刑 2 年，并处罚金。

案例 3：2006 年至 2007 年，被告人申某雄为牟利，组织在韩国没有亲属关系的中国公民，以探亲的形式偷越国境到韩国务工，在沈阳市皇姑区先后雇佣被告人金某哲、申某姬、崔某浩、崔某等人伪造赴韩国探亲签证的材料，骗取韩国探亲签证。被告人申某雄负责从韩国联系可以作为邀请人的户籍资料，联系想要去韩国打工的中国公民。被告人金某哲负责沈阳市办公地点日常工作的管理。被告人申某姬负责财务、伪造韩方女性邀请人的邀请书、韩国身份证及编写出境人员培训资料。14 名被告人伪造 200 余枚韩国人印章，通过其制作假的亲属关系公证书，用电脑打印亲属关系图、邀请书等文字材料，将已经准备好的出国材料上传到韩国驻沈阳领事馆的网页上，为准备出国人员进行网上预约及收发传真等工作。被告人金某哲将上述伪造的签证材料以所谓的“雪梅公司”的名义送到辽宁省中国国际旅行社、沈阳市青年国际旅行社等旅行社，再由旅行社将签证材料递交到韩国驻沈阳总领事馆。被告人申某雄通过金慧明（另案处理）找到韩国驻沈阳领事馆雇员袁某波、黄某玉、金某燕、王某伟（均另案处理）等人为其所办签证提供便利，从而骗取赴韩国的探亲签证。被告人申某雄等人先后组织了 106 人偷越国境。上述人员中拒签、尚未出境、出境时被边防机关查扣的共56 人，持该签证出境至韩国的共50 人。2008 年6 月2 日，辽宁省沈阳市中级人民法院一审以组织他人偷越国境罪，分别判处韩国籍被告人申某雄、金某哲、申某姬有期徒刑 15 年、10 年、7 年，并处驱逐出境。其他 11 名被告人分别被判处有期徒刑 5 至 10 年。

案例 4：38 岁的余某明是福清市港头镇人，丈夫早年偷渡国外，自己则在家乡企图通过组织偷渡活动发横财。2001 年 7 月，她预谋组织 4 人偷渡国外，但在一出租房内集结时被福清边防官兵查获。余某明在监视居住期间潜逃，从此行走于各地，成为职业“蛇头”。2002 年 12 月，她伙同他人组织 10 人偷渡，但这批偷渡人员在前往福州长乐机场途中被查获。2004 年 4 月，她伙同薛某等 7 名大小“蛇头”再次组织 10 人偷渡，但福清边防机关早就在福清、长乐以及沈阳、大连等地布下天罗地网，一举将 16 名涉案人员抓获。在上述两次作案中，躲在幕后操纵指挥的余某明皆侥幸逃脱。2003 年 10 月，当地政府悬赏 3 万元缉拿余某明。2005 年 3 月 22 日，余某明躲在大连遥控组织指挥又一起偷渡活动时，被福清边防机关抓获，涉案的其他 4 名“蛇头”和 5 名偷渡者也落入法网。2006 年 2 月福清市人民法院一审判处余某明有期徒刑 15 年，并处罚金 20 万元。同案的其他 4 名小“蛇头”也受到法律的严惩。

案例 5：黑龙江省双城市农民张某打算到韩国打工，便通过亲戚找到李某。李某称可以为张某办理商务考察签证。双方商定，等张某到韩国找到工作后，再由张某在国内的亲属向李某支付人民币 7 万元。李某和本案另一名组织者康某与韩国籍组织者陈某取得联系，三人商定用虚假的职业身份和购货协议书，骗取赴韩国进行商务考察的签证，从中牟利。李某拿到张某的护照、身份证、照片等办理签证所需资料之后，与康某一起将资料交给了陈某。陈某为张某编造了沈阳市某公司总经理的身份，骗取了韩国的商务考察签证。2005 年年底，张某同另外两名女子（另案处理）欲乘秦皇岛至韩国仁川的“郁金香”号客船偷渡，在接受秦皇岛边防检查站检查员询问时，因神色慌张引起了检查员的注意而被查获。秦皇岛边防支队迅速立案侦查，终将涉案人员全部抓获。河北省秦皇岛市中级人民法院依法对河北省首例涉外偷渡案作出一审判决，以组织他人偷越国境罪分别判处李某有期徒刑 2 年，缓刑 3 年；陈某（韩国公民）有期徒刑 6 个月 20 天，驱逐出境；姜某有期徒刑 1 年，缓刑 2 年；康某免予刑事处罚，并对 4 人处以数额不等的罚金，4 名被告人当庭表示不再上诉。

案例 6：2009 年，一个专门从首都机场运送他人偷越国境的团伙公诉至二中院，这个团伙 2 年中将 13 名偷渡客经首都机场运送出国。在 18 名被告人中，有 12 名首都机场的内部人员为偷渡提供了内应。2007 年 12 月 28 日，4 名偷渡客搭乘机场内部工作用车来到首都机场停机坪上，混入乘摆渡车到达的登机乘客中，并从 4 名新加坡人的手中拿到登机牌，准备冒名登上飞往加拿大的国航航班。现场边检人员当即将 4 人抓获。经查，4 名偷渡客经“蛇头”安排，在机场外搭乘有机场特别通行证的中国国际货运航空公司工作用车到达停机坪。涉案的 4 名新加坡人也为“蛇头”所雇，他们办理了正常的购票登机手续，在停机坪上与 4 名偷渡客“调包”，再搭乘工作用车驶离。组织偷渡的是北京首都机场航空安保公司西区业务部四科通道警卫员朱某林，国货航北京运营基地国内室、国际室业务袋司机米某山。机场多名内部人员提供了协助，其中国货航的 2 名业务袋司机，一人负责开车将偷渡客运进机场停机坪，另一人开车拉着朱某林和米某山在机场停机坪内转悠，进行遥控指挥。国航的摆渡车司机按朱、米二人的安排，确保摆渡车和偷渡客乘坐的内部车一同到达飞机下。另两名机场安保公司通道警卫员和航空器监护员，负责查看机下是否有负责抽查的边检人员。但这次偷渡行动中，他们均没有注意到在场的边检人员。检方查实，2006 年 2 月至 2007 年 12 月，该团伙共作案 8 次，欲组织 26 名偷渡客偷越国境。其间，因遇边防检查等原因，他们成功 4 次，并将 13 人偷运至加拿大。每成功偷渡一次，内部人员会得到几千元到几万元不等的酬劳。检方以组织、运送他人偷越国（边）境罪，对18名被告人提起了公诉，其中除12名机场工作人员，还包括3名让偷渡客冒名登机的韩国留学生。

一、组织他人偷越国（边）境罪的概念和犯罪构成

组织他人偷越国（边）境罪，是指违反国（边）境管理法规，组织他人偷越国（边）境的行为。本罪具有如下构成特征：

本罪侵犯的客体是国家对国（边）境的正常管理秩序。国境，是指国家行使主权的领土空间界线，即我国与邻国划定的疆界。边境，是指靠近边界线的一定区域，一般是指大陆与我国香港、澳门、台湾地区在行政区划上的交界，有时也指我国与邻国尚未划定而双方实际控制的边界线。国（边）境的划分，在刑法上具有两重意义：其一是地理上的实际国（边）境。地理上的国境是我国与其他国家之间的国界，而地理上的边境则是由于历史原因而形成的我国内地与港、澳、台地区之间的管理线。出入地理上的国（边）境以实际地跨越作为标志。其二是法律上拟制的国（边）境。拟制的国（边）境通过国家在对外开放口岸和指定口岸对出入境人员设置的边防检查得以体现。“法律上的出入境，以是否通过边防检查为依据。边防检查是拟制的国（边）境的标志。”[1] 国（边）境管理涉及一国的主权和领土完整。我国为了维护国家的安全和主权，维护社会秩序，促进国际间的正常交往，历来重视对国（边）境的管理。根据《中华人民共和国公民出境入境管理法》和《中华人民共和国外国人入境出境管理法》[2] 等法律、法规的规定，任何人出入我国国（边）境均须持核发、有效的护照、签证或者其他出入境证件，在我国设立的边境口岸经审验后才能出境。行为人非法组织他人偷越国（边）境的行为严重破坏了这种国（边）境管理秩序，因此必须予以惩处。

本罪的犯罪对象是“他人”，即被组织人，是指被组织偷越国（边）境的人，也就是在组织者安排下参与偷越国（边）境活动的人员。他人包括自愿偷越者、被诱骗偷越者和被胁迫偷越者，被组织人不分男女和国籍，一般是中国公民，也没有人数限制，只要组织他人偷越国（边）境的要件具备，即使组织了一人偷越国（边）境，其犯罪依然成立，当然，被

---

[1] 宁小平．对偷越国（边）境的理解［N］．法制日报，1999-3-9.

[2] 这两部法律已被2012年第十一届全国人大常委会第27次会议通过，自2013年7月1日起施行的《中华人民共和国出境入境管理法》代替。

组织人不以组织他人偷越国（边）境论处，而应按其情节决定是否以偷越国（边）境罪论。[1]

本罪在犯罪客观方面表现为行为人非法组织他人偷越国（边）境的行为。本罪的加重情节有：组织他人偷越国（边）境集团的首要分子；多次组织他人偷越国（边）境或者组织他人偷越国（边）境人数众多的；造成被组织人重伤、死亡的；剥夺或者限制被组织人人身自由的；以暴力、威胁方法抗拒检查的；违法所得数额巨大的；有其他特别严重情节的。非法，是指行为人违反《中华人民共和国公民出境入境管理法》《中华人民共和国外国人入境出境管理法》和《边防检查条例》等法律、法规的有关规定，擅自组织他人偷越国（边）境。组织，是指采取策划、鼓动、煽动、串连、拉拢、引诱、欺骗、强迫等手段，策划、联络、安排行为。本罪中的组织，一般表现为采取动员、串连、拉拢、煽动、策划、联络、诱骗甚至胁迫等手段和方法，策划、领导、指挥他人偷越国（边）境以及为偷越国（边）境进行准备、制造条件，如拟订偷越计划，安排运送工具，确定偷越方式，制订联络方法，引导偷越地点等安排偷渡的各项事务，不论采取什么手段和方法，以及组织者是否直接参与偷越国（边）境，都是组织行为。例如，被告人唐某新、梁某平、梁某华、周某绿于2005年4月间预谋偷渡新西兰，商定由唐某新负责准备偷渡船只，梁某平、梁某华、周某绿负责组织偷渡人员及筹备资金。其间，经梁某平、梁某华、周某绿等人联系，共联系组织偷渡人员46名，偷渡经费共18万元。2005年8月25日18时许，唐某新将桂北渔88043号船驾驶到北海市冠头岭附近海域抛锚，梁某平、梁某华、周某绿将偷渡人员分批用小船运送上桂北渔88043号船。当被告人一伙将桂北渔88043号船驶至北纬度21°25′422″东经108°58′949″时被广西公安边防总队海警第一支队官兵查获。当时桂北渔88043号渔船的普通渔船船舱里，有老人、妇女和婴儿共54人。案发后，唐某新退赃款5.9万元。广西北海市银海区人民法院认为，被告人唐某新、梁某平、梁某华、周某绿违反国家出入国境管理法规，共联系组织了46人偷渡国境，人数众多，四被告人的行为均已构成组织他人偷越国境罪。在共同犯罪活动中，被告人唐某新起主要作用，是本案的主犯；被告人梁某平、梁某华、周某绿是从犯，且有悔罪表现。2006年3月22日上午，银海区人民法院依法对唐某新、梁某华等组织他人偷越国境案进行公开宣

---

[1] 张保平，等．边防刑事执法理论与实务研究［M］．北京：群众出版社，2006：26.

判，法院以组织他人偷越国境罪判处被告人唐某新有期徒刑 7 年，并处罚金 2 万元；判处被告人梁某平有期徒刑 3 年，缓刑 4 年，并处罚金 1.5 万元；判处被告人梁某华、周某绿各有期徒刑 3 年，缓刑 3 年，并各处罚金 1.3 万元、1.1 万元。[1] 本案中，上述各行为相互联系、密切配合，构成一个完整的共同组织他人偷越国（边）境的行为。偷越，是指不在规定的地点出入国（边）境，而在不允许通过的地点秘密进出国（边）境，或者虽在规定的地点，但以伪造的出入境证件或其他欺骗手段混出入国（边）境。偷越国（边）境，是指被组织人没有按照国家出入境管理的规定，未经申请获批准办理相关手续，按组织者的计划安排和指挥引导，非法偷进出我国国境、边境的行为。组织偷越的地点，可以是边境口岸，也可以是非边境口岸。偷越国（边）境既可以是组织境内人员偷渡至境外，也可以是组织境外人员偷渡至境内。组织他人偷越国（边）境是指领导、策划、指挥他人偷越国（边）境或者在首要分子指挥下，实施拉拢、引诱、介绍他人偷越国（边）境。多次组织他人偷越国（边）境或者组织他人偷越国（边）境人数众多的，这里的多次，一般是指 3 次以上，这里的人数众多，一般指 10 人以上。造成被组织人重伤、死亡的，是指组织他人偷越国（边）境的行为的本身过失而引起了被组织者重伤、死亡结果的发生，如由于运输工具出现故障等原因导致被组织人重伤、死亡或者导致被组织人自杀等。如果组织者对所造成的被组织者重伤、死亡结果持故意心理时，则应另定故意杀人罪或故意伤害罪，与组织他人偷越国（边）境罪实行并罚。以暴力、威胁方法抗拒检查的，是指对边防、海防、海关等依法执行检查任务的人员采取身体强制或打击，造成一般的伤害或轻伤害的行为或采用暴力相威胁方法抗拒检查。如果行为人故意采用杀、伤方法抗拒检查，致人重伤或死亡的，应依法定罪判刑，然后同组织他人偷越国（边）境实行并罚。实施前述犯罪行为，对被组织人有杀害、伤害、强奸、拐卖等犯罪行为，或者对检查人员有杀害、伤害等犯罪行为的依照数罪并罚的规定处罚，即杀害、伤害、强奸、拐卖等犯罪与组织他人偷越国（边）境罪是数罪关系，对该条款规定的情况，应当按照组织他人偷越国（边）境罪和另外实施的故意杀人、故意伤害、强奸、拐卖妇女、儿童的犯罪行为，分别定罪判刑，然后实行并罚。

---

[1] 柳金红，侯应蓉. 广西 4 “蛇头” 组织 46 人偷渡新西兰受审［EB/OL］. http://old.chinacourt.org/public/detail.php?id=196241.

本罪的犯罪主体是一般主体，即达到16周岁的刑事责任年龄、具有刑事责任能力，实施了组织他人偷越国（边）境行为的自然人。本罪犯罪主体没有国别及居住地的限制，不论是中国公民（包括港澳台地区的居民）还是外国人或者无国籍人，也不论是边境地区的居民还是内地来边境地区的居民，均可构成组织他人偷越国（边）境罪。从司法实践中看，境外人员实施本罪行为的占有相当比例。需要注意的是，对于组织他人偷越国（边）境罪，我国《刑法》第318条仅规定，组织他人偷越国（边）境的，构成组织他人偷越国（边）境罪，立法上并未要求须多次实施组织他人偷越国（边）境或者须专门从事组织他人偷越国（边）境的人，才能成为本罪的犯罪主体。因而行为人不管是一次还是数次组织他人偷越国（边）境，不管是专门从事还是偶尔为之，不管是初犯还是累犯，只要实施了以煽动、拉拢、诱使、串连等方式，有计划地策划、指挥他人偷越国（边）境行为的，均应构成本罪。从《刑法》分则规定的组织他人偷越国（边）境罪的条款来看，并没有明确单位可以构成本罪，因而组织他人偷越国（边）境罪的犯罪主体只能限定为自然人。作出这样的规定，与组织他人偷越国（边）境犯罪的形式发展变化有密切关系。此类犯罪从20世纪80年代中期兴起后，组织者均为自然人，随着偷渡活动手段、方式的不断发展变化，以及受到高额利润的驱使，一些船务公司、远洋航运公司、出国中介公司、旅行社与犯罪团伙相勾结，牟取非法利益，由单位集体决策或负责人决定实施组织他人偷越国（边）境犯罪。虽然上述犯罪行为具有明显“以单位名义实施，违法所得归单位所有”的单位犯罪特点，但由于我国刑法只对“骗取出境证件罪”规定了单位犯罪，对组织他人偷越国（边）境罪则没有规定，不能实行“双罚制”，使刑法在面对单位实施的此类犯罪活动略显无奈，在实践中非常不利于有效惩治此类犯罪活动。

本罪的犯罪主观方面是直接故意，即明知自己的行为违反了国（边）境管理法规而故意实施组织他人偷越国（边）境行为的主观心理状态。其主观目的是要将他人非法送出或引进国（边）境，但主观上不一定必须具备以牟利为目的。虽然行为人通常是为了牟利，但刑法并没有将牟利目的规定为本罪的主观要件，故是否具有牟利目的，对本罪的成立没有影响。司法实践中，有的行为人实施本罪的目的并非均为了牟取非法利益，而是为寻求政治目的、宗教目的甚至为逃避我国法律制裁等而实施了组织他人偷越国（边）境的犯罪行为。间接故意不构成本罪。

二、组织他人偷越国（边）境罪犯罪构成要件的理解

（一）如何理解“组织”的行为性质

对于“组织”，2002年最高人民法院《关于审理组织、运送他人偷越国（边）境等刑事案件适用法律若干问题的解释》[1] 和2012年《最高人民法院、最高人民检察院关于办理妨害国（边）境管理刑事案件应用法律若干问题的解释》都将“组织他人偷越国（边）境”解释为：领导、策划、指挥他人偷越国（边）境或者在首要分子指挥下，实施拉拢、引诱、介绍他人偷越国（边）境等行为。在司法实践中，组织行为多表现为煽动、串连、策划、联络他人偷越国（边）境以及为偷越国（边）境进行准备、制造条件的行为，例如，安排他人偷越国（边）境的交通运输工具；为他人偷越国（边）境进行出谋划策，拟定具体行动计划并面授机宜；确定偷越国（边）境的时间、路线，指示偷越国（边）境的具体地点等。行为人只要实施了上述系列组织他人偷越国（边）境行为方式的一种或全部，均构成本罪，且均只以一罪论处。考虑到司法实践中，随着组织他人偷越国（边）境犯罪的日益猖獗，实施组织偷越国（边）境犯罪活动的绝大多数是犯罪集团，即所谓的“人蛇集团”，为此，最高人民法院的2012年解释第1条对“组织”行为，按照犯罪分子在“人蛇集团”中所起作用的不同，分两个层次进行界定，第一层是对领导、策划、指挥他人偷越国（边）境的行为，明确规定系组织行为，这是司法实践中最为典型的组织行为；第二层次是拉拢、引诱、介绍他人偷越国（边）境等行为。准确把握解释上述第二层的规定，应注意两点，一是对领导、策划、指挥者之外的其他人员，如果不是在首要分子指挥之下实施拉拢、引诱、介绍他人偷越国（边）境等行为的，不宜认定为组织行为；二是注意把握“组织”行为的特征，严格掌握“组织”行为的范围。司法实践中，考虑到组织他人偷越国（边）境犯罪环节众多，参与人员情况复杂，在首要分子指挥下，“拉拢”“引诱”“介绍”是组织行为的三种主要方式。对于在组织他人偷越国（边）境犯罪活动中实施的其他一般协助行为，不宜认定为“组织”行为。

---

[1] 已被2012年《最高人民法院、最高人民检察院关于办理国（边）境管理刑事案件应用法律若干问题的解释》取代。

（二）如何理解“偷越”的行为性质

所谓“偷越”，从字面理解应为偷偷地越过，即不公开地、秘密地越过。本罪中，所谓偷越，是指“不具备合法出入国（边）境条件而非法出入国（边）境，侵犯我国国（边）境管理秩序的行为”。一般认为，“偷越”有两种基本表现形式：一是无证出入国（边）境，包括不履行必要的手续、不在规定的口岸、关卡私自出入国（边）境。二是伪证出入国（边）境，即虽然经过规定的口岸、关卡出入，但是以伪造证件或者其他手段蒙骗过关。对于行为人以骗得的合法出境证件在国家指定的边防口岸及关卡出入境的行为是否构成偷越国（边）境，司法实践与理论中，均存有不同观点，为在司法实践中统一认识，最高人民法院公布了“顾国均等人组织他人偷越国境案例”，[1] 在该案例中，明确指出了行为人隐瞒真实意图，骗取真实合法的出境证件出境的行为侵犯了国家的国（边）境管理秩序，是一种偷越国（边）境的行为。但该案例公布后，仍有反对意见质疑，认为“在使用骗取的合法证件出境的情况下，由于证件是合法的，其出境行为并非违反出入境管理的行为，当然也就不存在偷越国（边）境的问题”。[2] 对此，笔者认为最高院颁布的案例具有相当的指导意义，在司法实践中正确界定偷越国（边）境行为的表现形式，关键在于准确理解和把握偷越国（边）境行为的内涵和构成特征。

偷越国（边）境是指违反我国国（边）境管理法规，非法出入国（边）境的违法行为，其中情节严重的，则构成偷越国境罪。按照最高人民法院2002年《关于审理组织、运送他人偷越国（边）境等刑事案件适用法律若干问题的解释》的规定，“情节严重”是指具有在境外实施损害国家利益的行为、偷越国（边）境3次以上的、拉拢引诱他人一起偷越国（边）境的、因偷越国（边）境被行政处罚后1年内又偷越国（边）境的以及有其他严重情节的情形之一的行为。2012年最高人民法院、最高人民检察院《关于办理妨害国（边）境管理刑事案件应用法律若干问题的解释》又增加了“勾结境外组织、人员偷越国（边）境的”行为。上述解释第6条还规定：具有下列情形之一的，应当认定为刑法第六章第三节规定的“偷越国（边）境”行为：①没有出入境证件出入国（边）境或者

[1] 最高人民法院刑事审判第一庭．刑事审判指导［C］．北京：［出版者不详］，2004（2）：33.

[2] 陈兴良．使用骗取的合法证件出境行为之定性研究［C］//陈泽宪．刑事法前沿（第二卷），北京：中国人民公安大学出版社，2005：466.

逃避接受边防检查的；②使用伪造、变造、无效的出入境证件出入国（边）境的；③使用他人出入境证件出入国（边）境的；④使用以虚假的出入境事由、隐瞒真实身份、冒用他人身份证件等方式骗取的出入境证件出入国（边）境的；⑤采用其他方式非法出入国（边）境的。由此可见，偷越国（边）境一般应作为违法行为由公安机关等部门给予治安处罚等制裁措施。偷越国（边）境行为妨害的是我国对出入国（边）境的正常管理秩序，违反了我国为了维护国家主权、安全和秩序、有利于国际交往所制定的加强对出入国（边）境管理的法规，而这些法规主要是由 2012 年《中华人民共和国出境入境管理法》及相关的法律法规、实施细则等组成。而行为人在主观故意的支配下实施偷越国（边）境行为则是认定的关键。“偷越”行为，从刑法理论上分析，一般指“表现为不在出入境口岸、边防站等规定的地点出入国（边）境，或者使用伪造的出入境证件及其他蒙骗手段在规定的地点出入国（边）境的行为”。但是，由于司法实践的客观性，笔者认为，既然有关出入境管理法律法规、实施细则都规定编造虚假情况，提供假证明，骗取真实合法的出境证件的，均是违反我国对出入境正常管理秩序的行为，并且刑事司法解释和判例也予以认定，那么，对这些行为予以定罪应当是符合法意的。司法实践中尽管偷越国境的手段和方法多种多样，既有不在规定口岸、关卡而非法出入国边境的，也有在国家指定的口岸、关卡及边防站采用伪造、变造、冒用的出入境证件甚至真实的出入境证件或其他欺骗手段蒙混出入国边境，无论行为人最终采用了什么方法，只要其违反国家对国（边）境管理的相关法规，实施了非法出入境的行为，其实质均是偷越国（边）境。因此，当今，偷越的表现还应包含第三种形式，即“使用骗取的合法证件出入国（边）境”。偷越不应从形式上解释，更应从实质上解释，从而偷越应包含形式上的偷越和实质上的偷越，这就准确地把握了偷越的实质。有必要指出，边防、海关等人员对明知持有骗取的合法证件偷越国（边）境人员予以放行的，是否构成帮助犯，这涉及刑法上的中性行为或中立行为，学术界存在争议。对这种行为，应当区分中立行为与帮助行为的区别，我国《刑法》在第 415 条还规定了放行偷越国（边）境人员罪，笔者认为，中性行为不一定都成立帮助犯，也不一定都一律构成“放行偷越国（边）境人员罪”，这个问题有必要进一步探讨。

三、组织他人偷越国（边）境罪罪数形态的认定

（一）组织他人偷越国（边）境罪与非罪的认定

1. 组织他人偷越国（边）境罪与违法行为的界限

一般来说，只要实施了组织他人偷越国（边）境的行为，就可以构成犯罪，就应该按照组织他人偷越国（边）境案件立案侦查。但是，如果引诱、介绍他人偷越国（边）境的行为不是在首要分子指挥下的行为，而是个人的行为，则不构成组织他人偷越国（边）境罪，只是应予行政处罚的一般违法行为。

2. 组织他人合法出境后转道偷渡行为的认定

当前，传统的集体乘船或陆地边境越境的偷渡方式逐步被摒弃，加之公民申领护照与以前相比更为宽松和便捷，持合法护照、签证合法出境、然后再转道前往第三国成为新兴的偷渡方式。

对这类情况是否应以偷越国（边）境罪追究刑事责任，学术界和司法实务部门的意见很不一致。有人认为，这种情况不能定罪，因为行为人持合法、有效证件，在国家规定口岸出境，遵守了国家国边（境）管理秩序，并没有实施偷越国（边）境行为，其取道第二国，前往第三国，妨害的是第二国、第三国的国（边）境管理秩序，因此，不应对此类行为依照我国刑法追究刑事责任。有人则认为，由于此类情况大多是以假邀请函骗领的护照或以贿赂手段取得的签证，应该认定为骗取出境证件罪。也有人认为，将行为人组织人员出境的行为与其后续行为作为整体来看，应认定为组织他人偷越国（边）境罪。

笔者赞同将此类行为认定为组织他人偷越国（边）境罪的观点。第一，根据刑法主客观相统一的原则，犯罪的成立不仅要求在客观上实施了危害社会的行为，而且要求主观上具有犯罪的故意或过失，还要求主客观的内容具有一致性。从上述行为看，其在主观上是为了组织他人偷越国（边）境前往其他国家，在客观上，具有合法出境然后再偷渡其他国家的行为表现。第二，其持有合法护照、签证并在规定的口岸出境，是组织他人偷越国（边）境的预备行为，犯罪预备行为发生在中华人民共和国领域内，根据《刑法》总则第 6 条第 3 款的规定，犯罪的行为或者犯罪结果，有一项是在中华人民共和国领域内发生的，就认为是在我国领域内犯罪。犯罪行为既包括犯罪的实行行为，也包括犯罪的预备行为，犯罪结果包括有形结果也包括无形结果，既包括全部结果也包括部分结果。第三，从其

行为的最终结果来看，对我国国（边）境管理秩序具有现实危害，而社会危害性是犯罪最本质、具有决定意义的特征。这种合法出境后转道偷渡的人员一旦被查获，势必引起有关国家对我国正常出入境人员的严格检查，甚至采取歧视性措施，进而影响我国人员正常的出入境秩序，因此，组织他人合法出境后转道偷渡最终结果仍会对我国的国（边）境管理秩序造成严重危害。第四，这种情形是当前组织他人偷越国（边）境犯罪呈现的新特点，在有关国家中转途中，由于运输条件差、环境恶劣，常常会造成偷渡人员伤残、死亡等事故，从加大打击此类犯罪活动的力度、保护偷渡人员合法权益以及更好地维护国家对外形象的角度考虑，也应对其追究刑事责任。

（二）组织他人偷越国（边）境罪与彼罪的认定

1. 组织他人偷越国（边）境罪与走私罪的界限

这两罪有着本质的区别。①侵犯的客体不同，组织他人偷越国（边）境罪侵犯的客体是国家对国（边）境的正常管理秩序；而走私罪侵犯的客体是国家的对外贸易管理制度，其走私的对象是指国家禁止、限制进出口的任何物品。②客观方面有所不同。前者是非法组织他人偷越国（边）境；而后者则是非法携带、运输国家禁止、限制进出口的物品进出国（边）境。两者相同点在于都是非法进出国（边）境，两罪从构成特征上看不难区分，但司法实践中存在着以走私为目的，组织他人偷越国（边）境的行为，对此如何处理，笔者认为，走私是目的行为，组织他人偷越国（边）境是为达到走私目的的手段行为，根据本法关于牵连犯的处罚原则，应以其所犯罪行中的重罪论处。

2. 组织他人偷越国（边）境罪与运送他人偷越国（边）境罪的界限

①组织他人偷越国（边）境罪在客观方面表现为通过拉拢、串连、诱使、煽动等方式，有组织、有计划地安排他人偷越国（边）境的行为；而运送他人偷越国（边）境罪在客观方面则表现为，行为人采用步行的方式陪伴偷渡者或者用车辆、船只、航空器等交通运输工具将偷渡者带出或者运送出入国（边）境的行为。因而，如果行为人组织了一批人偷越国（边）境后，又运送另一批人偷越国（边）境的，则具备了两种犯罪的构成要件，应以组织他人偷越国（边）境罪和运送他人偷越国（边）境罪两个罪名，实行数罪并罚；但如果行为人既组织、又运送同一批人偷越国（边）境的，则属刑法理论中的牵连行为，根据牵连犯“从一重罪处断”的原则，以组织他人偷越国（边）境罪论处，这样也符合2012年最高人

民法院、最高人民检察院《关于办理妨害国（边）境管理刑事案件应用法律若干问题的解释》中“实施组织他人偷越国（边）境犯罪，同时构成骗取出境证件罪、提供伪造、变造的出入境证件罪、出售出入境证件罪、运送他人偷越国（边）境罪的，依照处罚较重的规定定罪处罚”的规定；对于直接参与组织他人偷越国（边）境而分工负责运送的，亦应以组织他人偷越国（边）境罪定罪量刑。②在犯罪主观方面，组织他人偷越国（边）境罪与运送他人偷越国（边）境罪虽然都是故意犯罪，但故意的内容明显不同。前者是行为人明知自己采取煽动、拉拢、串联、诱使、指挥、介绍、招募等方法，有计划地策划、指挥、安排他人偷越国（边）境的行为，会发生有计划、有组织地使他人偷越国（边）境的结果，积极地希望这一结果的发生；而后者则是行为人明知自己运送他人偷越国（边）境的行为会发生将他人偷运出入国（边）境，从而破坏国家对出入国（边）境的正常管理秩序的危害结果，却仍然希望这结果发生。简言之，前者的故意内容是组织他人偷越国（边）境，后者故意的内容是运送他人偷越国（边）境。

3. 组织他人偷越国（边）境罪与偷越国（边）境罪的界限

偷越国（边）境罪，是指违反国（边）境管理法规，偷越国（边）境，情节严重的行为。它们的区别有：①犯罪主体不同。组织他人偷越国（边）境罪的主体尽管是一般主体，但实际上，只有偷越国（边）境犯罪活动的组织者，即从事组织他人偷越国（边）境犯罪活动的“蛇头”，才能构成组织他人偷越国（边）境罪；而偷越国（边）境罪的犯罪主体在立法上无任何特殊要求，只要是达到刑事责任年龄、具备刑事责任能力，实施了偷越国（边）境行为的自然人，均可成为偷越国（边）境罪的犯罪主体。所以，如果不是从事组织他人偷越国（边）境犯罪活动的“蛇头”有组织、有计划地煽动、拉拢、串连、动员、安排他人偷越国（边）境，而是在共同偷越国（边）境的过程中，出于江湖义气或亲友私情，为个别偷越国（边）境的人员提供有关帮助的行为，不构成组织他人偷越国（边）境罪，其中情节严重者，以偷越国（边）境罪的共犯处理。②犯罪客观方面的表现形式不同。组织他人偷越国（边）境罪在客观方面表现为，以拉拢、串连、诱使、煽动等方式，有组织、有计划地安排他人偷越国（边）境的行为；而偷越国（边）境罪在客观方面则表现为，违反国（边）境管理法规，偷越国（边）境的行为。由于《刑法》将组织他人偷越国（边）境罪这种原本是偷越国（边）境罪的组织犯罪的形式独立规定为一种犯罪。因此，如果数个行为人共谋集体偷越国（边）境，或者在他人决定偷越国（边）境后，为其提供各种物质条件予以帮助的，只能按偷越国（边）境罪的共同犯罪处理。但是，如果他人原本没有偷越国（边）境的意图，而行为人通过劝说、动员、串连、拉拢、策划、指挥等手段使他人偷越国（边）境，对行为人应以组织他人偷越国（边）境罪论处。

值得研究的问题是，组织他人偷越国（边）境行为与偷越国（边）境行为相互交织，即组织他人偷越国（边）境的行为人自身也参与被组织的共同偷越国（边）境行为的，应当如何定性处理。司法实践中，对此有不同认识，第一种意见认为，“组织他人偷越国（边）境与偷越国（边）境交织在一起，两者之间便形成牵连关系，应按从一重罪论处，即以组织他人偷越国（边）境论处，而不实行数罪并罚”。第二种意见认为，组织他人偷越国（边）境与偷越国（边）境是两种不同的行为，同时成立犯罪的，应实行数罪并罚。第三种意见认为，“对于组织他人偷越国（边）境构成犯罪，行为人又参与偷越国（边）境的，不排除以组织他人偷越国（边）境罪与偷越国（边）境罪两罪并罚。但是，对于组织他人偷越国（边）境与自身偷越国（边）境相互伴随的情形，则可考虑按照吸收犯高度行为吸收低度行为的原则，以组织他人偷越国（边）境罪定罪”。❶

笔者认为，上述三种意见中，除第一种意见因为组织他人偷越国（边）境行为并不必然伴随组织者自己也偷越国（边）境行为发生，即两者并不存在内在的、必然的逻辑联系，不能以牵连犯论处外，第二、三种意见在司法实践中均有一定合理性，实际上，组织他人偷越国（边）境行为与组织者自身亦参与偷越国（边）境交织的情形比较复杂，应当分别不同情况予以区别对待，具体包括：

第一，行为人实施组织他人偷越国（边）境的行为，出于使他人顺利偷渡的考虑，行为人自身亦参与偷越国（边）境，从而使其能够在偷越国（边）境的全部过程中控制、管理、帮助其他偷渡人员的，在这种情况下，行为人偷越国（边）境的行为是其组织他人偷越国（边）境行为的自然发展与延伸，此即刑法上所称的吸收犯，❷ 应按吸收犯高度行为吸收低度行为的处理原则，最终对行为人以组织他人偷越国（边）境罪论处。

第二，如果行为人自身出于偷越国（边）境为考虑，在具体实施偷越

❶ 田宏杰．组织他人偷越国（边）境罪法律适用疑难问题研究［J］．法律适用，2003（7）．

❷ 曹坚．偷越国（边）境犯罪的司法适用疑难问题［J］．四川警官高等专科学校学报，2005（6）．

国（边）境的过程中，实施了一定的策划、安排、协作等行为的。此类行为与组织他人偷越国（边）境犯罪中的组织行为具有一定的本质区别。行为人之所以实施一定的策划、安排、协作行为，其最终目的是为了使自己能够顺利偷越国（边）境，其行为的落脚点是自己偷越国（边）境罪，至于客观上帮助了其他人员偷越国（边）境，纯粹是具有共同犯罪中互相配合、彼此帮助的性质。因此，应当抓住行为人行为的最本质特点，认定为偷越国（边）境罪无疑较为符合客观实际。例如，被告人陈某欲偷越国境，经与同样欲偷渡出境的陶某联系后，由陈某利用其精通英语的特长，从他人处取得并制作前往某国的虚假商务邀请材料和境内单位的派遣函等申请材料，由陈某虚构系某公司总裁，陶某系其助理的身份，共同赴某国领馆骗取签证，最终两人偷渡出境。其后，陈某回国，再度使用相同方法偷渡时被抓获。某区法院最终认定陈某的行为构成偷越国（边）境罪。笔者认为，法院的判决是符合法律规定的。因为本案中陈某本身作为一名欲偷渡出境人员，其与陶某组成临时性的偷渡组合，分工合作，相互配合，虽然陈某对偷渡活动进行了策划，实施了翻译有关证件、为共同偷渡人虚构角色并骗领签证等带有一定组织性质的行为，但是这种组织行为应区别以组织他人偷越国（边）境罪中的组织行为。因为按照刑法主客观相一致的定罪原则，陈某之所以实施一定的策划、安排、协作行为，其最终目的是为了使自己能够顺利偷越国（边）境，至于客观上帮助了其他人员偷越国（边）境，至多具有共同犯罪中相互配合、彼此帮助的性质。对此，应以偷越国（边）境罪论处，如若对陈某以组织他人偷越国（边）境罪论处，则有客观归罪之嫌了。

第三，行为人出于自己偷渡和组织他人偷渡的主观故意，并在客观上实施了组织他人偷越国（边）境和自身参与偷越国（边）境两种行为的。根据犯罪构成理论，行为人出于两个犯罪意图，并客观上实行了两种行为，分别符合组织他人偷越国（边）境罪与偷越国（边）境罪两个犯罪构成，应对行为人以组织他人偷越国（边）境罪和偷越国（边）境罪予以两罪并罚。实践中要注意考察行为人的主观意图：①为了便于实施组织他人偷渡犯罪而自己也偷渡；②为了使自己成功偷渡而实施策划、安排、协作其他人员共同偷渡的行为；③自己本身就想偷渡，同时还有组织他人偷渡的打算。在前两种情形下，行为人的偷渡行为依附于组织他人偷渡行为，或组织他人偷渡行为依附于自己的偷渡行为，因而只认定为组织他人偷越国（边）境罪或偷越国（边）境罪一罪；在第三种情形下，行为人的偷渡行为与组织他人的偷渡行为相对独立，因而应认定为偷越国（边）境罪和组织他人偷越国（边）境罪两罪。[1] 例如，2008 年 8 月至 2010 年 1 月，被告人张某以“来回机票免费，免费吃饭、住宿，有专人接送，不需要带现金可凭身份证签单去境外实施赌博”为诱饵，欲组织多人偷越国境赌博，后其与境外赌场的经纪人黄某联系，先后 5 次组织 12 人偷越国境至老挝磨丁开发区“皇京锦伦大酒店”赌博；张某亦与被组织者一起偷越国境赌博。法院合议庭对被告人张某行为的定性存有不同意见：一种认为被告人张某先组织他人偷越国境后又与被组织者共同偷越国境，张某的组织行为与偷越国境行为两者之间形成牵连关系，根据刑法理论中牵连犯的处罚原则，应按从一重罪处罚，即应以组织他人偷越国境罪追究其刑事责任；另一种意见认为被告人张某在组织他人偷越国境活动中，不仅先后组织了 12 人偷渡，而且张某事先与境外赌场的经纪人联系带领偷渡者偷越国境赌博，在行为上构成刑法理论上的吸收犯，应依照重行为吸收轻行为的处理原则，对被告人张某以组织他人偷越国境罪论处。笔者对上述两种意见持有不同认识。最高人民法院《关于审理组织、运送他人偷越国（边）境等刑事案件适用法律若干问题的解释》规定：领导、策划、指挥他人偷越国（边）境或者在首要分子指挥下，实施拉拢、引诱、介绍他人偷越国（边）境等行为的，属于《刑法》第 318 条规定的“组织他人偷越国（边）境”。由此推知，“组织”行为包括首要分子的行为、首要分子指挥下的拉拢、引诱、介绍他人积极参加行为和其他领导、策划或指挥行为，即一般共同犯罪中的组织行为和单独犯罪中的组织行为。本案中张某与境外经纪人联系，由境外赌场实施接送被组织者等主要的组织行为，张某仅实施了前期的召集被组织者的行为，在与境外赌场取得联系后，张某又作为被组织者接受赌场的“一条龙”服务，同其他被组织者一起偷越国境赌博。笔者认为被告人张某组织他人偷越国境的行为与自身偷越国境的行为之间不存在手段与目的、原因与结果的逻辑关系，二者不是牵连关系，而是相对独立的行为，亦不存在包容关系，故张某实施的行为既不是牵连犯，也不是吸收犯，其主观上存有组织他人偷越国境和自己偷越国境两个犯罪故意，且客观上实施了组织行为和偷越国境行为，分别符合了组织他人偷越国境罪和偷越国境罪的犯罪构成，应当对被告人张某以组织他人偷越国境

---

[1] 曹坚．偷越国（边）境犯罪的司法适用疑难问题［J］．四川警官高等专科学校学报，2005（6）．

罪和偷越国境罪两罪并罚。[1]

4. 组织他人偷越国（边）境罪与骗取出境证件罪的界限

骗取出境证件罪，是指行为人以劳务输出、经贸往来或者其他名义，弄虚作假，骗取护照、签证等出境证件，为组织他人偷越国（边）境使用的行为。两罪在很多方面都有共同之处，如二者都有组织他人偷越国（边）境的目的，二者侵害的客体都包括国家对出入境的正常管理秩序。但二者在许多方面是不同的。

（1）从犯罪客体看，骗取出境证件罪侵犯的是国家机关关于出境证件的正常管理秩序和国家机关对出入国（边）境的正常管理活动，组织他人偷越国（边）境罪侵犯的是国家机关对出入国（边）境的正常管理活动。

（2）从犯罪客观方面的特征看，骗取出境证件罪表现为行为人弄虚作假，以劳务输出、经贸往来或者其他名义，骗取护照、签证等出境证件，为组织他人偷越国（边）境使用的行为。组织他人偷越国（边）境罪则表现为领导、策划、指挥他人偷越国（边）境或者在首要分子指挥下，实施拉拢、引诱、介绍他人偷越国（边）境等行为，突出表现为组织他人偷越国（边）境活动中的组织性和计划性。组织他人偷越国（边）境罪，其犯罪方法是多种多样的，骗取出境证件只是其中的一种犯罪方法；而骗取出境证件罪，其所骗取的出境证件只能是为组织他人偷越国（边）境使用，因此这两种犯罪有交叉重合之处。但是，两者的立法角度是不同的。前者强调的是组织他人偷越国（边）境的行为，后者强调的是骗取出境证件的行为，后者实际上是前者的预备行为，鉴于这种行为易于使组织他人偷越国（边）境犯罪得逞，故《刑法》将它规定为一个独立的罪名，予以严厉的处罚。因此在实践中应当划清两者之间的界限。

第一，行为人只要实施组织他人偷越国（边）境的行为，无论是采取骗取出境证件方法还是采取其他方法，都构成本罪。行为人骗取出境证件后，又持骗取的证件亲自组织他人偷越国（边）境的，此种情形，在刑法理论与实务中存有争议：第一种观点认为此种行为应以骗取出境证件罪与组织他人偷越国（边）境罪实行数罪并罚；第二种观点认为此种行为属于牵连犯，根据牵连犯“从一重罪论处”原则，以组织他人偷越国（边）境

[1] 李忠正．组织他人偷越国境罪与偷越国境罪的认定［N］．江苏经济报，2012－3－7（B03）．

罪予以处罚;[1] 第三种观点认为此种情况属于吸收犯，根据吸收犯的理论，对行为人以组织他人偷越国（边）境罪论处。笔者同意上述第三种观点。理由主要由以下两点:

其一，行为人尽管在骗取出境证件与组织他人偷越国（边）境两个犯罪故意的支配下，实施了骗取出境证件与组织他人偷越国（边）境的两个犯罪行为，分别符合两个独立成罪的犯罪构成，但是，在此种骗取出境证件为组织他人偷越国（边）境使用的情况下，骗取出境证件的目的即为组织他人偷越国（边）境使用，两者联系紧密，而骗取出境证件行为的实施实质是为组织他人偷越国（边）境犯罪的顺利完成起着准备工具、制造条件的作用，即系组织他人偷越国（边）境犯罪的预备行为，已失去了独立的意义，若将犯罪的预备行为从整体犯罪中分离出来，与组织他人偷越国（边）境的犯罪行为实行两罪并罚，明显有违刑法罪刑相适应原则，对行为人而言过于严苛，有失公允。因此，笔者认为，第一种观点不足取。

其二，在刑法理论界与实务界中，有不少学者均同意第二种观点，认为由于骗取出境证件罪只是以组织他人偷越国（边）境的目的为必要条件，并不要求一定实际实施组织他人偷越国（边）境的行为，组织他人偷越国（边）境罪的犯罪构成也不要求必须以骗取出境证件为前提条件，因而这种行为实际上符合两个罪的构成要件。但由于此种情形下，行为人骗取出境证件的行为是组织他人偷越国（边）境的手段行为，而最终是为了其组织他人偷越国（边）境的目的行为服务，因而从刑法理论来看，两者之间具有牵连犯手段行为与目的行为的牵连关系，此种情况应以牵连犯的处断原则，按从一重罪处罚的原则处理，不能按照吸收犯处断，这样处理也符合 2012 年最高人民法院、最高人民检察院《关于办理妨害国（边）境管理刑事案件应用法律若干问题的解释》第 8 条的规定。但笔者认为，此种情况仍应属于吸收犯。如前所述，骗取出境证件行为系作为组织他人偷越国（边）境犯罪的预备行为，而组织他人偷越国（边）系犯罪的实行行为，实行行为吸收预备行为是吸收犯的基本原则，并且吸收犯的理论即要求“社会危害性相对大些、刑度相对高些的犯罪行为吸收社会危害相对小些，刑度相对低些的犯罪行为，亦即高度行为吸收低度行为，这是吸收犯区别于其他犯罪形态的本质特征”。从立法精神看，刑法修订后将组织

[1] 王明辉，杜鹃．偷越国（边）境案件的法律适用问题探究［J］．黑龙江省政法管理干部学院学报，2007（2）．

他人偷越国（边）境罪与骗取出境证件罪相分离，单独列罪，并处以相对较重的刑罚，从中可以体现当前组织他人偷越国（边）境罪的社会危害性高于骗取出境证件罪的社会危害性，立法者的重点侧重惩治组织他人偷越国（边）境的行为。根据吸收犯高度行为吸收轻度行为的原则，亦应以组织他人偷越国（边）境罪论处。

尽管从结果上看，此种情况无论以牵连犯或吸收犯论处，均应定组织他人偷越国（边）境罪，且传统刑法理论认为，“吸收犯与牵连犯存在交叉，牵连犯是实行从重罪从重处罚原则，因此，在牵连犯中，存在重罪吸收轻罪的问题，在某种意义上，牵连犯往往是吸收犯。”[1] 但笔者以为，以吸收犯论处，更符合刑法理论。因为，刑法上所言的牵连犯，其本质在于目的行为或方法行为以及结果行为之间具有牵连关系，要求各行为主观上具有牵连意图，而客观内容上又具有因果关系，至于各行为之间孰轻孰重，不影响牵连关系的形成，因此，各行为之间大多表现为并列或平行状态。吸收犯强调的是一种高度行为吸收轻度行为的吸收关系，这种关系较之牵连关系更为紧密，表现为“各个行为属于实施某种犯罪的同一过程中，前行为系后行为发展的必经阶段，或者后行为是前行为发展的当然结果”，亦即一个行为可以为另一行为所包容。因此，在骗取出境证件后又亲自组织他人偷越国（边）境的，在骗取出境证件和组织他人偷越国（边）境的两种行为中，社会危害性有着明显不同，前者是实施后者行为的必经阶段，且能为后者所包容，此种情况更符合吸收犯的本质，应以吸收犯实行行为吸收预备行为的原则，即以组织他人偷越国（边）境罪论处。

另外，2012 年最高人民法院、最高人民检察院《关于办理妨害国（边）境管理刑事案件应用法律若干问题的解释》第 8 条规定：“实施组织他人偷越国（边）境犯罪，同时构成骗取出境证件罪、提供伪造、变造的出入境证件罪、出售出入境证件罪、运送他人偷越国（边）境罪的，依照处罚较重的规定定罪处罚。”按照上述解释，实施组织他人偷越国（边）境行为同时构成骗取出境证件罪的，应按照处罚较重的罪即组织他人偷越国（边）境罪处罚。

在学术上，理论上的不同观点和争议是完全正常的。司法实践中，法院在对相似案件进行处理时，可能只是采纳了其中一种观点。例如，2008

---

[1] 陈兴良．刑法适用总论（上卷）［M］．北京：法律出版社，1999：707.

年某市北市区人民检察院指控：2007 年 4 月，被告人谭某、郭某、郭某某、舒某、冯某、邢某通过保定市某信息咨询工作室，以日韩游的名义组织崔某、苑某、张某等 32 人（其中被告人郭某直接介绍的 8 人）赴韩国非法打工，利用替头护照（其中替头护照 4 人）、假在职证明、假营业执照等虚假签证材料，经被告人邢某通过某海洋国际旅行社骗取出国签证，并于2007 年4 月6 日组织32 人由北京机场乘飞机出国到日本，4 月9 日在韩国首尔机场入关时，被韩国边检查扣，26 人被遣返，6 人入境韩国。公诉机关提供了相关证据证实指控犯罪事实，认为6 被告人明知许某等32 人要出国打工，为牟取不正当利益而组织、策划这些人以旅游的方式骗取护照、签证以掩盖非法滞留韩国打工的目的，客观上为出国打工人员积极组织、策划以及为偷越国境进行准备、制造条件。6 被告人行为构成组织偷越国境罪。本案被告人郭某委托的律师辩称，郭某的行为构成骗取出境证件罪，不是组织他人偷越国境罪。根据法庭调查和公安侦查材料，在本案中郭某只是为出国人员办理了假身份证，盖假公章，为他们非法出境使用。至于他们后来出境，郭某根本没有参与。他在咨询工作室不管外部事务，也没有和冯某谈过此次出境的事情，更不认识舒某、邢某等人。此次事件中，这批出境人员持有的都是合法的旅游签证，并且他们出境行为并非由谭某、郭某等6 人组织和带领的。因此，其行为更符合骗取证件罪的犯罪构成。被告人谭某、冯某的辩护人分别辩解他们的行为应为骗取出境证件罪，不是组织他人偷越国境罪。

法院经审理查明，2006 年4 月，被告人谭某、郭某共同经营保定市某信息咨询工作室办理出国商务签证咨询业务。许某等30 人欲进入韩国非法打工找到该公司，其中被告人郭某生明知许某等 8 人要出国打工，而将其介绍到该信息公司办理出国签证。被告人谭某、郭某在明知他人到韩国非法打工目的后，承诺以日韩旅游为名办理出国签证帮助他人出国，如出国成功收取60 000 ~65 000 元费用不等。出国打工人员将护照交与该信息公司，谭某联系冯某以日韩游名义办理出国签证。冯某明知出国人员去韩国非法打工，对签证资料进行审核，郭某负责联系制作假身份证、制作假在职证明、假营业执照等虚假签证材料。欲往韩国非法打工者崔某、苑某（2 人使用替头护照）经他人介绍也找到冯某办理签证。冯某找舒某办理许某、崔某等32 人的出国签证，舒某又找到邢某，在明知办理出国签证人员可能非法滞留韩国的情况下，邢某通过北京某签证部办理了32 名出国人员赴日本旅游签证，舒某联系日本地接。出国打工人员向万通公司缴纳6 万至15万不等出国费用后于2007年4月4日到达北京某招待所，冯某召集出国打工人员开会，要求注意个人形象，掩饰非法打工者身份，逼过韩国边防检查，并介绍其妻子金某随同出行。2007年4月5日被告人谭某、冯某又再次重申注意事项，被告人舒某为出国打工人员兑换了日元。2007年4月6日，北京某旅行社导游李某和金某带领32名非法出国务工人员在北京乘坐飞机经韩国去往日本。在日本旅游4日后于2007年4月9日乘飞机飞往韩国，在韩国首尔机场入关时，有6人进入韩国，韩国边检扣留26人后被遣返。经核查，被遣返人员中有的人持替头护照。另查明，被告人谭某为办理签证给付冯某144万元（其中现金54万元，转账90万元），冯某给付舒某71万元（其中现金56万元、转账15万元），给付邢某67.705万元（分二笔转账），舒某给金某145万日元（折合人民币约9万余元）支付日本接待旅行社。邢某支付办理签证费用和机票款15万元。该批出国打工人员被遣返后，被告人谭某配合公安机关联系冯某退还涉案资金，被告人冯某、舒某、邢某积极退还涉案资金。邢某退回52万元（其中退给舒某19万元，退回公安机关33万元）。舒某退给冯某45万元，另给付了邢某25万元后被公安机关扣压；冯某退回谭某74万元（其中有邢某19万、舒某45万、冯某10万）。保定市北市区检察院发还部分被遣返人员65.11万元。被告人舒某、邢某主动投案，被告人郭某接办案民警电话通知后主动到专案组接受调查。被告人冯某在保定市看守所羁押期间，揭发他人犯罪行为查证属实。上述事实，有经庭审举证、质证的证据证实。法院认为，被告人谭某、郭某、冯某、舒某、邢某、郭某某为牟取非法利益，明知出国人员去往韩国非法打工，而以旅游的名义，弄虚作假，骗取签证等出境证件，组织他人偷越国境去韩国非法务工，其行为侵犯了国家对国境的正常管理秩序，构成组织他人偷越国境罪。其中被告人谭某、郭某、冯某、舒某、邢某组织他人偷越国境人数众多，公诉机关指控罪名成立。被告人谭某和郭某明知出国人员到韩国非法务工，通过万通信息咨询工作室与出国人员商谈出国事宜及收费情况；被告人冯某对签证材料进行审核，被告人郭某具体办理骗取签证的虚假材料；签证办好后谭某、郭某又联系出国打工人员、收取出国费用；冯某安排出国人员在北京集合，并和谭某召集出国人员开会，要求出国打工人员掩饰真实身份和打工目的；冯某安排其妻子金某随团帮助收取护照，上述客观行为均印证被告人谭某、郭某、冯某明知出国人员非法务工之目的，且积极组织、运作、联系、安排出国人员以旅游名义办理签证非法滞留韩国，其行为属于组织他人偷越国境罪中的组织行为。本案被告人骗取出境证件的目的是将出国打工人员以旅游名义送入韩国境内非法务工，骗取出境证件是手段行为，组织他人偷越国境是目的行为。根据刑法原理牵连犯从一重罪处罚的原则，对本案被告人应以组织他人偷越国境罪论。被告人谭某、冯某积极谋划、协调联系、运作组织将他人以旅游名义送往韩国非法务工，在组织他人偷越国境犯中起领导、策划、指挥的主要作用，是主犯。被告人郭某、舒某、邢某、郭某某的行为构成组织他人偷越国境罪的共犯，根据其在共同犯罪活动中的地位、实际参与犯罪的程度、对犯罪结果所起的作用，4 被告人在共同犯罪中起次要作用，系从犯……2008 年 7 月法院一审判决被告人谭某、冯某、郭某、舒某、邢某、郭某某犯组织他人偷越国境罪。本案中，法院采纳了上述第二种观点，认为被告人骗取出境证件的行为是手段行为，组织他人偷越国境的行为是目的行为，属于牵连犯，根据牵连犯“从一重罪论处”原则，以组织他人偷越国（边）境罪予以处罚。

第二，行为人实施骗取出境证件行为，只要是为组织他人偷越国（边）境使用，无论是自己使用还是提供给他人使用，无论行为人是否是他人偷越国（边）境的组织者，如果尚未实行组织他人偷越国（边）境的行为，都定骗取出境证件罪，不可按组织他人偷越国（边）境罪的预备行为处罚。

第三，行为人与组织他人偷越国（边）境的组织者有预谋，由行为人实施骗取出境证件行为，并提供给组织他人偷越国（边）境的组织者的。此种情况下，行为人实质上已参与了实施组织他人偷越国（边）境的行为，但考虑到刑法已对骗取出境罪单独定罪，故即使从理论上，行为人系组织他人偷越国（边）境犯罪的共犯，仍应以骗取出境证件罪对其论处。但是，如果行为人不仅参与合谋、分工，并按其分工为组织者骗取了出境证件，同时还实施了其他组织行为的，在这种情况下，行为人的主观故意已不限于为组织者骗取出境证件，而是扩大为共同地组织他人偷越国（边）境的故意，其实施的骗取出境证件是实现其组织他人偷越国（边）境目的的一个不可或缺的条件，亦即犯罪的预备行为，如前文所述，行为人出于两个故意，实施了两个独立成罪的行为，作为预备行为的骗取出境证件被实行行为组织他人偷越国（边）境所吸收，最终应以行为人所实施的重罪即组织他人偷越国（边）境罪处罚。

（3）从犯罪主体看，骗取出境证件罪的犯罪主体既可以是自然人，也可以是单位。骗取出境证件罪是妨害国（边）境犯罪中唯一可以由单位实施的犯罪，在司法实践中，单位实施骗取出境证件行为更为便利，成功机会亦愈高。而组织他人偷越国（边）境罪的犯罪主体只能是自然人。如果单位既实施骗取出境证件的行为，又实行了组织他人偷越国（边）境的行为，应定骗取出境证件罪，因为单位不是组织他人偷越国（边）境的主体。

5. 对以组织他人偷越国（边）境为名绑架勒索赎金或者进行诈骗的行为的认定

在组织他人偷越国（边）境犯罪案件中，有些犯罪分子利用一些人急于出国的愿望和梦想，以能够帮助其出国打工为幌子，骗取其信任，当将其带到目的地时，再将其绑架以勒索赎金。这种情况由于犯罪分子并无组织他人偷越国（边）境的故意和行为，在绑架者主观意识中，组织他人偷越国（边）境只是一个幌子和引人上钩的手法，因此，这种情况不构成组织他人偷越国（边）境罪，而应以绑架罪或者诈骗罪等罪名处理。[1] 例如，福建省长乐市的杨某来到王某家里，以他有办法弄到护照去美国，到美国后再支付所需费用57 000美元为幌子，打动了王某及其父母。按照杨某的要求，王某乘机飞往南宁，但到南宁后不久，接应人员即将其扣住，并以暴力殴打王某，要王某打电话告知家里称自己已到美国，速向指定账户付50万元。策划指挥这次绑架行动的杨某又亲自打电话到王某家里，威胁付款，王某家人察觉有异，遂向边防派出所报案，很快杨某及其他同伙被抓获，王某也得到解救。在杨某的住处，查出了王某交给“蛇头”的全部资料，包括16张照片，可见杨某并未为他办过任何证件，所谓引带王某偷渡国外，只是幌子，目的是将人骗出后绑架勒索，因此，在此案中，杨某虽被认为是“蛇头”，并赢得了王某对他的信任，但杨某的行为不构成组织他偷越国（边）罪，而构成绑架罪。

（三）组织他人偷越国（边）境罪与数罪的认定

1. 对法条中规定的数罪的认定

所谓罪数形态，也就是刑法学中的一罪和数罪问题。区分一罪和数罪的基本标准就是刑法规定的犯罪构成要件。根据这个标准，来确定一个行为是一罪还是数罪，是牵连犯还是竞合犯或者是其他形态。准确了解一罪和数罪问题有助于准确理解和把握立法精神和法律规定。《刑法》第318条第1款在规定组织他人偷越国（边）境罪的刑事责任时，规定“有下列

---

[1] 张保平．边防刑事案件侦查的理论与实践［M］．北京：中国人民公安大学出版社，2004：220.

情形之一的，处七年以上有期徒刑或者无期徒刑，并处罚金或者没收财产：……（三）造成被组织人重伤、死亡的；（四）剥夺或者限制被组织人人身自由的；（五）以暴力、威胁方法抗拒检查的……”该条第 2 款规定：“犯前款罪，对被组织人有杀害、伤害、强奸、拐卖等犯罪行为，或者对检查人员有杀害、伤害等犯罪行为的，依照数罪并罚的规定处罚。”这些规定就涉及一罪和数罪问题。

对于第 1 款第（3）项、第（4）项、第（5）项的规定是属于牵连犯、竞合犯抑或包容犯，存在一些不同的见解，❶ 但刑法分则将这几种情况规定为组织他人偷越国（边）境罪的加重情节，也就是说在组织他人偷越国（边）境过程中，有造成被组织人重伤、死亡的，剥夺或者限制被组织人人身自由的，以暴力、威胁方法抗拒检查的，虽然也触犯了刑法分则规定的其他罪名（造成被组织人重伤、死亡，也触犯了刑法关于过失致人死亡、重伤的规定；剥夺或者限制被组织人人身自由，同时也触犯了刑法关于非法拘禁的规定；以暴力、威胁方法抗拒检查，也触犯了刑法关于妨害公务的规定），但按照《刑法》第 318 条的规定，成立组织他人偷越国（边）境罪的结果加重犯，不以数罪论处，对行为人仍应定组织他人偷越国（边）境罪，适用《刑法》第 318 条第 1 款关于加重处罚的规定。

在刑法分则中，具体条文规定的“致人重伤”“致人死亡”的条款甚众。尽管使用的为同一法律术语，但含义并不尽相同。在理论上大致可以归为以下三类：一是作为结果犯中的构成要件的结果，二是作为结果加重犯的加重结果，三是作为情节加重犯的严重情节。❷ 从《刑法》第 318 条规定看，刑法规定行为人实施组织他人偷越国（边）境罪之基本构成要件，又发生被组织者重伤或者死亡等加重结果的情形，属于结果加重犯。结果加重犯只有一个行为，因此在理论与实务中，均认为应属于实质一罪。至于对该结果加重犯中“致人重伤、死亡”的加重结果的罪过形式如何认定上，应由过失构成，包括直接故意与间接故意在内的故意不能构成本罪加重结果的罪过形式。因为组织他人偷越国（边）境罪的结果加重犯的法定最高刑是无期徒刑，而故意杀人罪、故意伤害罪的法定最高刑都是死刑，因而如认为组织他人偷越国（边）境的结果加重犯对加重结果在主观上存在故意，无疑与罪责刑相适应的原则精神相悖。❸

---

❶ 田宏杰．妨害国（边）境管理罪［M］．北京：中国人民公安大学出版社，2003：95.
❷ 莫宏宪，邹世发．刑法语境中的“重伤、死亡”［J］．甘肃政法学院学报，2003（6）.
❸ 田宏杰．妨害国（边）境管理罪［M］．北京：中国人民公安大学出版社，2003：122.

至于在组织他人偷越国（边）他人偷越国（边）境过程中，被组织者自残或者自杀的，不宜认定组织他人偷越国（边）境致人重伤、死亡。因为，根据罪责刑相适应原则，要将结果归为行为人的行为与结果的发生之间具有刑法上的因果关系。尽管从事实上看，在组织他人偷越国（边）境中被组织者自残或者自杀的，行为人的组织行为与被组织者的伤亡结果之间存在间接的因果关系，但两者并不存在引起与被引起的合乎客观规律的联系。因为从社会生活的一般观念来判断，组织行为人并不能当然预见其组织行为会引起被组织者的自杀或者自残结果的发生，所以从法律上评价，组织者的行为与被组织者的自杀或自残行为的发生不存在必然性联系。此外，在加重结果犯的场合，行为人对加重结果的罪过形式应是过失，但在组织他人偷越国（边）境中，从一般的情形判断，行为人在主观上对被组织者自残或自杀的行为的发生并无预见的可能，因而若要令其承担结果加重的刑事责任，应属于客观归罪，有违刑法原则与精神。所以，对组织他人偷越国（边）境过程中被组织者自杀或自残的，不能认定为组织他人偷越国（边）境致人重伤、死亡。对此类结果的发生，行为人只承担该罪基本犯的刑罚，但在司法实践中，对于被组织者有自杀或自残情节发生的，可作为量刑中的酌情从重处罚情节考量。[1]

《刑法》第 318 条第 2 款的规定很明确，也就是行为人在犯有组织他人偷越国（边）境罪的同时，对被组织人有杀害、伤害、强奸、拐卖等犯罪行为，或者对检查人员有杀害、伤害等犯罪行为的，属于数罪形态，应以数罪论，依照数罪并罚的规定进行处罚。具体来说：

第一，行为人在组织他人偷越国（边）境时，对被组织人有杀害行为的，按照组织他人偷越国（边）境罪和故意杀人罪数罪并罚。行为人在组织他人偷越国（边）境的过程中，凡是实施了故意杀害行为的，应以组织他人偷越国（边）境罪与故意杀人罪实施数罪并罚，此处规定的杀害仅限于故意杀害的行为，不包括过失致人死亡。

第二，行为人在组织他人偷越国（边）境时，对被组织人有伤害行为的，按照组织他人偷越国（边）境罪和故意伤害罪数罪并罚。《刑法》第 318 条第 1 款第（3）项规定的“造成被组织人重伤、死亡的”和第 2 款规定的“对被组织人有杀害、伤害”，从表面上看，两者好像是矛盾的，其实存在着本质上的差别：前者规定的是危害结果，指行为人在实施组织他

[1] 许利飞，周凯．组织他人偷越国（边）境罪罪数问题研究［J］．人民司法，2005（2）．

人偷越国（边）境过程中，过失“造成被组织人重伤、死亡”的结果；而后者规定的是危害行为，指行为人在实施组织他人偷越国（边）境过程中，对被组织人故意实施杀害、伤害行为。所以，对过失造成被组织人“重伤、死亡”的，按重罪处罚；而对被组织人有“杀害、伤害”行为的，实行数罪并罚。在这里，过失致人重伤、死亡与故意进行杀害、伤害，是能否进行数罪并罚的关键。如果在组织他人偷越国（边）境过程中，行为人基于伤害的故意实施伤害被组织者的行为，却过失致被组织者死亡的，应依《刑法》第318条第2款的规定，以组织他人偷越国（边）境罪与故意伤害（致人死亡）罪数罪并罚。因为，虽然客观上出现了被组织者死亡的后果，且行为人主观上对被组织者的死亡亦为过失，但其是基于伤害的故意实施伤害他人的行为而致人死亡，该行为属于故意伤害致人死亡的情形。由于《刑法》第234条规定，故意伤害致人死亡的，其刑罚幅度可以从10年以上有期徒刑乃至无期徒刑和死刑，如对上述情形以《刑法》318条第1款第（3）项即组织他人偷越国（边）境致人死亡评判，则最高只能判处无期徒刑，显属罪刑失当，有违罪责刑相适应原则。所以，这种情形不属于组织他人偷越国（边）境罪的结果加重犯，而应依《刑法》第318条第2款之规定，以组织他人偷越国（边）境罪与故意伤害罪实行并罚。❶

第三，行为人在组织他人偷越国（边）境时，对被组织人有强奸行为的，按照组织他人偷越国（边）境罪和强奸罪数罪并罚。

第四，行为人在组织他人偷越国（边）境时，对被组织人（妇女、儿童）有进行拐卖的行为的，按照组织他人偷越国（边）境罪和拐卖妇女、儿童罪数罪并罚。

第五，行为人在组织他人偷越国（边）境时，有对检查人员进行杀害、伤害行为的，按照组织他人偷越国（边）境罪和故意杀人罪、故意伤害罪数罪并罚。有观点认为，这里的杀害、伤害行为仅限于故意杀害与故意伤害的行为，不包括过失致人死亡或重伤。另有观点认为，对检查人员的杀害、伤害行为还应包括过失致人死亡、过失致人重伤。笔者认为，这里的杀害、伤害限于故意，并且是重伤和死亡，如是轻伤，应该构成妨害公务罪，按照组织他人偷越国（边）境罪和妨害公务罪数罪并罚。这里的杀害、伤害也不包括过失。由于妨害公务罪的法定客观行为方式即表现为

---

❶ 许利飞，周凯．组织他人偷越国（边）境罪罪数问题研究［J］．人民司法，2005（2）．

暴力方式，因而行为人在妨害公务的过程中，过失致检查人员重伤、死亡的，应能为妨害公务罪的构成要件所涵盖，行为性质仍然属于妨害公务罪的范畴。但若故意杀害、伤害检查人员的，则其行为已远远超出了妨害公务罪的构成范围，从而在犯罪性质上也发生了根本变化，已从单纯的妨害公务行为改变为故意杀害、故意伤害行为，最终亦应以故意杀人罪、故意伤害罪定罪论处。但轻伤也能为妨害公务罪的内涵所包含，所以，这里的伤害不包括轻伤。行为人在组织他人偷越国（边）境的过程中，过失致被组织者或者检查人员重伤、死亡的，如在组织偷渡过程中，因交通工具安全性能差、气候条件恶劣、偷渡途中因准备仓促，食物及药品短缺等原因致被组织人死亡、重伤，或者在与检查人员的拉扯过程中，使检查人员不慎倒地摔成重伤或死亡，抑或不慎使检查人员掉入水中死亡等，均应以组织他人偷越国（边）境罪的结果加重犯论处，而不能实行数罪并罚。

需要说明的是，《刑法》第 318 条第 2 款中的“等犯罪行为”是指除条文中已叙明的罪名外的其他与组织他人偷越国（边）境行为的实施有密切关系的，且与杀害、伤害、强奸、拐卖等行为性质相当的故意犯罪，如猥亵等犯罪行为。

2. 对为帮助犯罪分子逃避法律制裁而积极为其出谋划策，使犯罪分子偷越国（边）境的行为的认定

有学者认为，这属于窝藏罪和组织他人偷越国（边）境罪的牵连犯，应按牵连犯的处断原则处理。另有学者主张，这种行为属于想象竞合犯，应从一重罪即组织他人偷越国（边）境罪处罚，其窝藏包庇行为可作为从重量刑的情节。笔者赞成后一种观点。因为构成牵连犯的前提条件在于行为人实施了两个可以分别独立成罪的行为。但在上述情形中，行为人主观上虽然具有两个犯意，即窝藏故意和组织他人偷越国（边）境的故意，但其在客观上只实施了一个危害行为，即组织犯罪分子偷越国（边）境。这一行为既触犯了窝藏罪的《刑法》规定，又符合组织他人偷越国（边）境罪的构成特征，应同时构成窝藏罪和组织他人偷越国（边）境罪两罪，此即想象竞合犯的典型案例，按照“从一重罪处断”的想象竞合犯的处理原则，最终应以组织他人偷越国（边）境罪定罪处罚。[1]

---

[1] 田宏杰．组织他人偷越国（边）境罪法律适用疑难问题研究［J］．法律适用，2003（7）．

四、组织他人偷越国（边）境罪犯罪形态的认定

（一）组织他人偷越国（边）境罪的犯罪预备

我国《刑法》第 22 条第 1 款规定："为了犯罪，准备工具、制造条件的，是犯罪预备。"因此，组织他人偷越国（边）境罪的预备形态是指已经为组织他人偷越国（边）境的实施进行了犯罪预备行为，由于行为人意志以外的原因而未能着手实施组织他人偷越国（边）境罪的实行行为的犯罪未完成形态。构成组织他人偷越国（边）境罪的预备形态，需要具备以下条件。

（1）行为人已经为组织他人偷越国（边）境罪的实行进行犯罪预备行为。这种预备行为包括：为实施组织他人偷越国（边）境而制订计划、方案；为实施组织他人偷越国（边）境而进行物质资料上的准备，如准备资金、交通运输工具、虚假证明文件；为组织他人偷越国（边）境，逃避出入境边防检查对被组织者进行培训等。

（2）行为人尚未着手实施组织他人偷越国（边）境罪的实行行为。组织他人偷越国（边）境罪的实行行为，就是刑法分则所规定的组织他人偷越国（边）境罪犯罪构成要件的组织行为，包括领导、策划、指挥他人偷越国（边）境或者在首要分子指挥下，实施拉拢、引诱、介绍他人偷越国（边）境等行为。行为人尚未实行这些行为。

（3）行为人尚未着手实施组织他人偷越国（边）境的实行行为是行为人意志以外的原因。如行为人被他人或有关部门发现而被制止，没有找到或者没有接近犯罪对象，相关材料没有完成和落实，犯罪时机不具备，行为人对是否可以着手实施组织他人偷越国（边）境发生认识错误等。

（二）组织他人偷越国（边）境罪的犯罪未遂

《刑法》第 23 条第 1 款规定："已经着手实行犯罪，由于犯罪分子意志以外的原因而未得逞的，是犯罪未遂。"组织他人偷越国（边）境罪的既遂和未遂如何区分，实践中有不同的认识。[1] 第一种观点认为，如果被组织者在组织者的安排下偷渡成功，则组织他人偷越国（边）境罪构成既遂，反之，即使组织他人偷越国（边）境的组织行为已实施完毕，只要被组织者的偷越国（边）境行为未取得成功，就是未遂；第二种观点认为，

---

[1] 田宏杰．妨害国（边）境管理罪［M］．北京：中国人民公安大学出版社，1998：106．宣炳昭．刑法各罪的法理与实用［M］．北京：中国政法大学出版社，2002：303．

只要行为人劝说、诱使、串联等安排被组织者偷越国（边）境的行为实施完毕，且被组织者接受了这样的安排，不管被组织者在组织者的安排下偷越国（边）境的行为是否成功，即为既遂，反之，行为人虽然实施了组织行为，但由于行为人意志以外的原因，被组织者未听从其劝说，未接受其安排，说明组织他人偷越国（边）境的实行行为未能实施完毕，即为未遂；第三种观点认为，对现行《刑法》第318条第1款前半段所规定的组织他人偷越国（边）境罪的基本犯罪构成，宜以被组织者在组织者安排下偷越国（边）境是否成功作为区分组织他人偷越国（边）境罪既遂与未遂的标准，而第318条第1款后半段所规定的组织他人偷越国（边）境罪的加重构成的情况下，不论被组织者在组织者的安排下偷越国（边）境行为是否获得成功，只要行为人组织行为实施完毕，即以既遂论；第四种观点认为，现行《刑法》第318条第1款前半段组织他人偷越国（边）境罪的基本犯罪构成的情况下，应以被组织人是否被行为人组织起来偷越国（边）境作为既遂与未遂的区分标准，后半段作为组织他人偷越国（边）境罪的加重构成，只要发生了法定加重情节或法定加重结果，不论被组织者是否被组织起来偷越国（边）境，都应视为既遂。从我国刑法理论和《刑法》第318条规定的立法精神，笔者认为第四种理解更符合组织他人偷越国（边）境罪的内在规律性。[1]

（三）组织他人偷越国（边）境罪的犯罪中止

我国《刑法》第24条第1款规定："在犯罪过程中，自动放弃犯罪或者自动有效地防止犯罪结果发生的，是犯罪中止。"因此，组织他人偷越国（边）境罪的犯罪中止，就是行为人在实施组织他人偷越国（边）境罪的犯罪构成要件的行为过程中，自动放弃犯罪或者自动防止犯罪结果发生的犯罪未完成形态，包括两种情况，一是自动放弃犯罪的犯罪中止，二是自动有效防止犯罪结果发生的犯罪中止。组织他人偷越国（边）境罪的犯罪中止的构成需要具备三个条件。第一，从时间方面来看，必须是在犯罪过程中放弃组织他人偷越国（边）境的继续实行，也就是在实行劝诱、煽动、串联、欺骗、动员等组织行为过程中放弃犯罪。第二，从放弃犯罪行为的主动性来看，是行为人自动放弃组织他人偷越国（边）境罪的继续实行或者有效地防止了他人偷越国（边）境这一结果的发生。但自动性并非

---

[1] 具体争议观点和评述参见田宏杰．组织他人偷越国（边）境罪法律适用疑难问题研究［J］．法律适用，2003（7）．张松涛．组织他人偷越国境犯罪既、未遂辨析［J］．人民司法，2009（10）．

不接受任何外界影响，如行为人在动员某人参加偷渡的过程中，在对方的劝告下，放弃或者退出组织他人偷越国（边）境的活动，对方的劝告虽然对行为人的幡然悔悟起了一定的作用，但只要不是使用强制力，仍应视为行为人自动放弃犯罪。在有效性上，必须主要是行为人本人的行为防止了人偷越国（边）境这一结果的发生，而不是被组织者的主动放弃或别人的阻止。第三，从放弃行为的彻底性来看，必须是行为人彻底放弃组织他人偷越国（边）境罪的实行，而不是暂时中断，或者出于策略考虑暂时停止犯罪计划的实施。彻底性并不是说行为人以后不会另生犯意不再实施此种犯罪。

组织他人偷越国（边）境犯罪常常是群体性犯罪，行为人在已经成功地劝诱数人参加偷渡，但是在尚未完成原计划人数的情况下，自动中止组织其他人的工作，是否属于犯罪中止？笔者认为，在这种情况下，如果行为人自动防止他人偷越国（边）境行为的发生，仍应属于犯罪中止，如果行为人虽然没有完成原定计划，但仍继续实行组织他人偷越国（边）境的行为，不应视为犯罪中止，而是犯罪既遂。

五、组织他人偷越国（边）境罪共同犯罪的认定

（一）介绍他人偷越国（边）境的行为的认定

司法实践中，经常遇到在偷越国（边）境的组织者与偷越国（边）境人员之间牵线搭桥的人。对于介绍他人偷越国（边）境的行为是否属于组织行为，理论界和实务部门颇有争议。第一种观点认为应定组织他人偷越国（边）境罪；第二种观点认为应定偷越国（边）境罪；第三种观点认为不构成犯罪；第四种观点认为应具体情况具体分析，分别认定为组织他人偷越国（边）境罪的共犯，偷越国（边）境罪及不构成犯罪；第五种观点认为在介绍他人偷越国（边）境罪的情形下，介绍人一般情况下对偷越国（边）境的组织者和偷越国（边）境者都是明知，那么介绍行为既帮助了组织他人偷越国（边）境的行为，又帮助了偷越国（边）境的行为，形成了组织他人偷越国（边）境罪共犯与偷越国（边）境罪共犯的竞合，应择一重罪论处，故按组织他人偷越国（边）境罪的共犯认定。[1]

这种“介绍”他人偷越国（边）境的情况在司法实践中较为常见，也

---

[1] 龚培华，肖中华．刑法疑难争议问题与司法对策［M］．北京：中国检察出版社，2002：544.

比较复杂，关键是看介绍人是否具有组织他人偷越国（边）境行为的故意。2012年《最高人民法院、最高人民检察院关于办理妨害国（边）境管理刑事案件应用法律若干问题的解释》第1条规定：领导、策划、指挥他人偷越国（边）境或者在首要分子指挥下，实施拉拢、引诱、介绍他人偷越国（边）境等行为的，应当认定为《刑法》第318条规定的“组织他人偷越国（边）境”。由此看来，只有在首要分子的指挥下实施介绍他人偷越国（边）境等行为的，才属于刑法中组织他人偷越国（边）境的行为，当然，在介绍过程中介绍人可能使用煽动、拉拢、引诱、欺骗、联络等手段，不论其是否得到好处，也不论其是否是“人蛇”集团的成员，只要有此种条件下的介绍行为，就构成组织他人偷越国（边）境罪。如果偷越国（边）境的人为了自己不交或者少交偷渡费又介绍他人偷渡的，有的甚至在组织、运送过程中承担管理、指挥等角色的，应构成偷越国（边）境罪和组织他人偷越国（边）境罪两罪。如果介绍人不知道他人是在组织偷越国（边）境，而是在受到组织他人偷越国（边）境犯罪分子的欺骗或者在认识错误的情况下，误以为对方是在组织劳务输出等合法活动而介绍亲邻朋友参与偷渡的，由于不具备偷越国（边）境的故意，根据刑法主客观相统一的原则，不构成组织他人偷越国（边）境罪。❶

实际上，这种“介绍”行为在司法实践中一般表现为两种形式，一是受企图偷越国（边）境人员之托，为其物色组织对象，引荐组织者；二是按照组织者的意图，为其寻找愿意偷渡的人员，并将愿意偷渡者引荐给组织者。对于前者，如果仅仅是介绍行为，即仅在组织者与被组织者之间牵线搭桥，而且每次为组织者介绍的被组织者人员不多，按照罪刑法定原则，不宜认定构成组织他人偷越国（边）境罪。但如行为人所介绍的人实施偷越国（边）境的行为构成了犯罪，则可对介绍人以偷越国（边）境罪的共犯论处。对于第二种情况，介绍人员为组织者充当说客，为组织者招募偷渡人员，此时，其行为实际上已对组织者犯罪行为的实施起到了不可代替的作用，而且从上述2012年解释中看，介绍行为本身也是组织行为的一种体现，且行为人具有帮助组织他人偷越国（边）境的故意，因此，在后一种情况中，介绍行为构成组织他人偷越国（边）境犯罪的共犯，对介绍人应定组织他人偷越国（边）境罪。

---

❶ 张保平．妨害国（边）境管理犯罪侦查实务［M］．北京：中国人民公安大学出版社，2001：19.

在无首要分子指挥的情况下，其介绍行为应当如何定性？第一种意见认为，应以偷越国（边）境罪的共犯定罪处罚。第二种意见认为应区分介绍行为是否以牟利为目的，以牟利为目的的，应认定为组织他人偷越国（边）境罪；反之，则以偷越国（边）境罪的共犯论处。笔者倾向于第一种意见，因为刑法并没有将牟利的目的规定为组织他人偷越国（边）境罪的必备构成要件，以是否具有牟利的目的作为判断介绍行为是否组织他人偷越国（边）境罪的标准，有违罪刑法定原则。在司法实践中，在无首要分子指挥下实施的介绍行为，如果被介绍人偷越国（边）境，情节严重已构成犯罪，对介绍人应以偷越国（边）境罪的共犯论处；如果被介绍人的偷越国（边）境行为尚未达到犯罪的程度，对介绍人的介绍行为则不应作为犯罪处理。

（二）对应欲偷越国（边）境人员的请求而予以组织其偷越国（边）境的行为的定性

偷越国（边）境人员积极主动地寻找到一些曾出过国的人员，请求其帮助偷越国（边）境，此类人员利用自身对出国手续等的熟悉，帮助他人偷越国（边）境，能否认定为组织他人国（边）境？有人认为，组织他人偷越国（边）境行为主要表现为积极的组织行为，但也不排斥消极的帮助行为。所谓消极的组织行为是指虽不具备动员、串联、拉拢等积极组织行为的特征，但应偷越国（边）境人员的请求而予以组织的行为。对于此类行为也应认定为组织他人偷越国（边）境罪。但是，对于单纯的帮助他人偷越国（边）境的行为，应以偷越国（边）境罪的共犯论处。[1]

有学者指出，首先，应当肯定的是，单纯的帮助行为，即为他人偷越国（边）境提供物质或者精神帮助的行为，不是这里所说的“组织”行为，自不可能构成组织他人偷越国（边）境罪，情节严重的，可以偷越国（边）境罪的共犯论处。其次，只要是组织行为，无论是积极的组织行为，还是消极的组织行为，在偷越国（边）境活动中其实都起着组织、策划、指挥作用，且均以作为而不是不作为的形式表现出来。因而两者在本质上并无二致，仅仅是在促使行为人实施组织行为的内心起因即犯罪动机不同罢了。从这个意义而言，积极的组织行为和消极的组织行为的划分，并没有什么实际的意义。[2] 笔者认为，首先，行为人若应欲偷越国（边）境人

---

[1] 龚培华．妨害国（边）境犯罪司法问题研究［J］．人民检察，2001（11）．

[2] 田宏杰．组织他人偷越国（边）境罪法律适用疑难问题研究［J］．法律适用，2003（7）．

员的请求，出于种种目的而应允为其介绍有组织他人偷越国（边）境能力的犯罪分子的，其介绍行为如能认定属于组织他人偷越国（边）境罪的共同犯罪，构成组织他人偷越国（边）境罪当无异议。单纯地提供帮助行为，即为他人偷越国（边）境提供物质帮助和精神帮助，如提供运输工具等，由于行为人并未实施领导、策划、指挥或在首要分子指挥下实施拉拢、引诱、介绍他人偷越国（边）境行为，对情节严重的应认定为偷越国（边）境罪的共犯，而不应认定为组织他人偷越国（边）境罪中的组织行为。其次，只要行为人实施了除介绍以外的组织行为，无论是积极的组织行为，还是应人要求继而实施的组织行为，其在偷越（边）境活动中实际都起了组织、策划、指挥的作用，且均以作为而不是不作为的形式表现出来，因而两者在本质上并无二致，仅仅是在促使行为人实施组织行为的内心起因即犯罪动机的不同。

（三）对个别行为人未在“首要分子”的指挥下，实施了拉拢、引诱、介绍他人偷越国（边）的行为的认定

有学者认为，在司法实践中，实施组织他人偷越国（边）境犯罪活动的绝大多数是犯罪集团，即所谓的“人蛇集团”，因此，有关司法解释针对的是犯罪分子在犯罪集团中的不同作用，分了两个层次作了阐述。据此，个别行为人实施了策划、指挥、拉拢、引诱、介绍他人偷越国（边）境行为的，因不存在犯罪集团，且没有证据表明系在“首要分子”的指挥下实施上述行为的情况下，对行为人不应以组织他人偷越国（边）境罪论处。对其只能按照案件具体情况，以偷越国（边）境罪的共同犯罪论处。笔者认为，上述观点是值得商榷的。个别行为人实施了策划、指挥、拉拢、引诱他人偷越国（边）境行为的，仍应构成组织他人偷越国（边）境罪。具体理由如下：

（1）组织他人偷越国（边）境罪中的“组织”行为与共同犯罪中组织犯的组织行为有所区别。刑法理论上，根据共同犯罪中各犯罪人的分工不同，常将其分为四类，即组织犯、教唆犯、实行犯、帮助犯。其中，组织犯是指在犯罪集团中实施组织、策划、指挥组织行为的犯罪人，即共同犯罪中的首要分子。刑法总则规定的组织行为和刑法分则规定的组织行为既有联系又有区别，两者的联系是：第一，两者都可能存在于集团犯罪中；第二，两者在客观行为方式上都极为相似，其组织行为都表现为领导、策划、指挥行为；第三，两者在主观上都是故意。两者的区别是：其一，总则规定的组织犯的组织行为只能存在于集团犯罪中，分则规定的组织行为则可以分为两类，一类也存在于集团犯罪中，另一类则可以存在于集团犯罪、一般共同犯罪和单独犯罪中。其二，总则规定的组织行为和实行行为有严格的划分，亦即正是相对于集团犯罪中实行犯的实行行为才区分出、独立出犯罪集团中组织犯的组织行为；而分则规定的组织行为则都是实行行为，有部分组织行为具有双层性，同时是分则规定的实行行为，又是总则规定的组织行为。[1] 组织他人偷越国（边）境中的组织行为与共同犯罪中组织犯的组织行为，两者虽名字相同，但存在本质差异：前者针对与其不构成共同犯罪关系的欲实施偷越国（边）境者而言，亦即其组织性体现在对偷越国（边）境者偷渡行为的领导、策划、指挥；后者则是针对其同属某一犯罪集团或其他共同犯罪中的其他犯罪人而言，亦即其组织性体现在对犯罪集团或共同犯罪中教唆犯、实行犯、帮助犯的犯罪活动进行统一组织、策划、指挥上。由于组织他人偷越国（边）境罪中的组织行为与共同犯罪中的组织行为存有上述本质差异，导致本罪具有属于任意共同犯罪，而非必要共同犯罪的特点。换言之，本罪可由二人或者二人以上共同犯罪的形式实施，但不以此为必要，一人单独组织他人偷越国（边）境的亦构成本罪。只有在以犯罪集团形式实施的组织他人偷越国（边）境的案件中才存在前述之组织犯。

（2）对此类行为以组织他人偷越国（边）境罪论处，亦符合有关解释本意及罪刑相适应原则。虽然从司法实践情况来看，组织实施偷越国（边）境犯罪活动的绝大多数是犯罪集团，即“人蛇”集团，刑法设组织他人偷越国（边）境罪的主要目的亦是为了惩治和防范由“人蛇”集团实施的组织他人偷越国（边）境活动，但这并不意味着，组织他人偷越国（边）境罪只能由犯罪集团实施，或者说《刑法》第 318 条规定的组织他人偷越国（边）境罪仅限于那些由犯罪集团组织实施的偷越国（边）境活动。一方面，从现行立法和有关司法解释的规定本身来看，它们均没有明确限定组织他人偷越国（边）境罪中的组织行为必须是以犯罪集团的形式实施。另一方面，从法理上看，也不应对《刑法》第 318 条做这样的限制解释，因为，犯罪集团实施的组织他人偷越国（边）境行为与其他个人组织偷越国（边）境行为在性质上相同，社会危害程度亦没有区别，理应得到基本相同的刑罚评价，如果认为在犯罪集团中或者在首要分子的指挥下

---

[1] 林跃河，林童，林贵文．论组织他人偷越国（边）境罪的“组织行为”［J］．中共伊利州委党校学报，2007（4）．

实施策划、指挥等行为的可以构成组织他人偷越国（边）境罪，而个别行为人实施的类似行为只能以偷越国（边）境罪的共犯论处，则明显有违罪刑相适应的刑法基本原则。此外，行为人一人或者二人以上以普通共同犯罪形式实施的组织他人偷越国（边）境行为，与“人蛇”集团的首要分子指挥下实施的组织他人偷越国（边）境行为在社会危害性上基本相当，如果认为后者应以组织他人偷越国（边）境罪论处，最高可处 15 年有期徒刑，而前者却至多认定为偷越国（边）境罪的共犯，最高仅得处以 1 年有期徒刑，也同罪刑相适应的刑法原则相抵触。

（四）行为人既有组织行为又有运送行为的认定

1997 年《刑法》将组织他人偷越国（边）境罪与运送他人偷越国（边）境罪分别规定为两个独立的罪名，因此，一般情况下应分别定罪处罚。但当行为人既有组织行为又有运送行为时，就要看组织行为和运送行为是否在整体上是一个连续的不间断的行为还是两个独立的行为。如果行为人在一个案件中起了组织作用，又在另一案件中实施了运送行为，则应当将其视为是两类不同的行为，应以组织他人偷越国（边）境罪和运送他人偷越国（边）境罪两罪定罪，予以数罪并罚。如果在案件中行为人组织、运送的是同一批人员，那么组织行为和运送行为在整体上就是起同一作用的行为，若组织行为是主要行为或者运送行为是组织行为的有机组成，那么组织行为吸收运送行为，以组织他人偷越国（边）境罪定罪处罚，若运送行为是主要行为或者组织行为服务于运送行为，则运送行为是重行为，同样根据“重行为吸收轻行为”或者“主行为吸收次行为”的理论，应以运送他人偷越国（边）境罪论处，那种笼统认为组织行为重于运送行为然后根据吸收犯的处理原理统一认定为组织他人偷越国（边）境罪的做法是不合适的。

如果运送者与组织他人偷越国（边）境罪的犯罪人不属于同一个犯罪组织，该运送者与组织他人偷越国（边）境罪的犯罪分子之间只是松散的联系，运送者并没有参与诸如引诱、拉拢、招集偷渡人员的行为的，在这种情况下，运送者构成的是运送他人偷越国（边）境罪而不是组织他人偷越国（边）境罪。司法实践中，也存在多个组织他人偷越国（边）境犯罪组织以“转承包”的形式，收取了偷渡人员的“过境费”后，又将其交给其他招募偷渡人员的偷渡团伙。对于这种形式，两者之间都具有共同组织他人偷越国（边）境犯罪的故意，且分别实施了相关的“组织”行为，两者构成了共同犯罪，且均为组织他人偷越国（边）境共同犯罪中的实行犯。另外，如果犯罪团伙内部对组织他人偷越国（边）境共同策划，但具体分工不同，有的犯罪分子专门负责骗取护照、签证等出入境证件，有的负责提供伪造、变造的出入境证件，这些骗取或者伪造的出入境证件的行为也应当属于犯罪的实行行为。

例如，被告人黎某系某省海边渔民，但他不甘心日出而作、日落而息的捕鱼生涯，便四处借款做生意，然而由于经验不足，连本带利赔了个精光。穷困潦倒之际，他看到一则关于美籍华人衣锦还乡的报道，遂怦然心动，萌生偷越国境外逃美国之念。思虑良久，黎某深感自己人单力薄，认为须团结一些“志同道合”的人，方能成功。于是，黎某便到处拉拢、游说，最终纠集了张某、王某等18人。黎某与他们约定，每人交给他500元人民币作为补偿，由他负责驾驶自家机动帆船，一同偷渡至香港，然后投靠香港专门从事偷渡活动的“蛇头”。随后他们又数次集合商议偷渡事宜。1997年12月初，黎某又同秘密潜入大陆的香港偷渡集团成员方某取得联系，双方商定了具体时间，至时由方某带人在香港接应，黎某等19人每人交偷渡费1.5万美元，由偷渡集团负责将他们偷渡至美国。1997年12月25日深夜，黎某、张某、王某等19人按照约定聚齐，由黎某驾船出海。但当船行至某海面时，不慎撞坏机件，被我边防部队抓获。

问题：对于被告人黎某之行为应如何定性，在案件的审理过程中，出现了如下几种不同观点：

第一种观点认为，被告人黎某之行为构成偷越国（边）境罪。因为被告人黎某为了实现其“美国发财梦”，置国家出入境管理法规于不顾，与香港偷渡集团相勾结，拉拢、引诱张某、王某等共18人，一起偷渡，其行为已严重侵犯国家对国（边）境的正常管理秩序，符合《刑法》第322条之规定，应当以偷越国（边）境罪论处。

第二种观点认为，被告人黎某之行为构成组织他人偷越国（边）境罪。因为被告人黎某为了寻求偷渡伙伴，到处拉拢、游说，最终纠集到张某、王某等计18人；黎某进而还与香港偷渡集团取得联系，策划、拟定了具体的偷渡计划，确定偷渡的时间、地点和方法，并如期亲自驾驶自家机帆船，妄图偷渡至香港，投靠偷渡集团，实现其“美国发财梦”，其行为侵犯了国家对国（边）境的正常管理秩序，符合《刑法》第318条之规定，应当以组织他人偷越国（边）境罪论处。

第三种观点则在同意被告人黎某构成偷越国（边）境罪的基础上，进一步认为其行为还符合运送他人偷越国（边）境罪的构成特征。因为被告人黎某无视国家出入境管理法规，与香港偷渡集团相勾结，在收取他所拉拢、游说来的张某、王某等18人每人500元人民币的补偿费之后，亲自驾驶自家机帆船，妄图运送他们一同偷渡至香港，投靠偷渡集团，然后辗转赴美实现其“发财梦”，其行为符合《刑法》第321条之规定，构成了运送他人偷越国（边）境罪。但是，持该观点者进而指出，被告人黎某之行为系同时触犯偷越国（边）境罪与运送他人偷越国（边）境罪，属于一行为触犯两罪名的想象竞合犯之情形，应当从重罪以运送他人偷越国（边）境罪论处。

评析：所谓偷越国（边）境罪，是指违反出入国（边）境管理法规偷越国（边）境，情节严重的行为。此罪侵犯的客体是国家对出入国（边）境的正常管理秩序；在客观方面表现为偷越国（边）境，情节严重的行为；主体是一般主体，既可以是中国人，也可以是外国人或无国籍人；主观方面是故意。所谓组织他人偷越国（边）境罪，是指以煽动、拉拢，策划等方式组织他人偷越国（边）境的行为。其客体是国家对出入境的正常管理秩序；客观方面表现为组织他人偷越国（边）境的行为；主体为一般主体，但必须是偷越国（边）境的组织者，即俗称的“蛇头”；主观方面只能由故意构成，并且往往具有牟取暴利的目的。所谓运送他人偷越国（边）境罪，是指故意使用车、船等交通工具或者徒步带领等方法非法运送他人偷越国（边）境的行为。其客体是国家对出入国（边）境的正常管理秩序；客观方面表现为，行为人实施了运送他人偷越国（边）境的行为；主体为一般主体；主观方面只能由故意构成。掌握了偷越国（边）境罪、组织他偷越国（边）境罪以及运送他人偷越国（边）境罪的构成特征之后，下面再结合具体案情，对被告人黎某所实施的行为略作剖析。

第一种观点认为被告人黎某之行为构成偷越国（边）境罪，有其合理之处。因为被告人黎某确实主观上有偷越国（边）境的故意，客观上实施了偷越国（边）境的行为，并且系与境外偷渡集团相勾结而引诱、介绍多人共同偷渡，属情节严重，符合偷越国（边）境罪之构成特征。此处需要补充的是，黎某等因撞坏机帆船机件，为我边防部队抓获，未能达到偷渡香港之目的，当属偷越国（边）境罪之未遂。然而综合整个案情看，第一种观点显然未能对被告人黎某的行为作出全面的、准确的评价，它忽略了其在共同偷越国（边）境的犯罪中所实施的组织、运送行为，混淆了彼此间的界限。事实上，被告人黎某之行为还符合组织他人偷越国（边）境罪与运送他人偷越国（边）境罪的构成特征。

诚然，偷越国（边）境罪与组织他人偷越国（边）境罪、运送他人偷越国（边）境罪彼此之间确实存在诸多相同点，比如，侵犯的客体同为国家对出入国（边）境的正常管理秩序；犯罪的主观方面都出于故意；犯罪的主体都为一般主体等。但它们并不能完全等同，彼此之间还是有区别的，这主要体现在犯罪的客观方面：偷越国（边）境罪表现为偷越国（边）境情节严重的行为，组织他人偷越国（边）境罪表现为组织他人偷越国（边）境的行为，而运送他人偷越国（边）境罪则表现为运送他人偷越国（边）境的行为。

具体到本案中，一方面，被告人黎某为了寻求偷渡伙伴，到处拉拢、游说，纠集到张某等 18 人；然后他还与香港偷渡集团取得联系，策划、拟定了具体的偷渡计划，确定了具体的偷渡时间、地点和方法，其行为符合组织他人偷越国（边）境罪之构成特征；另一方面，被告人黎某在收取一些补偿费之后，便驾驶自家机帆船，运载张某、王某等 18 人，共同偷渡，其行为亦符合运送他人偷越国（边）境罪。因此，第二、三种观点亦各有其合理性，当然也有其片面性。

既然被告人黎某实施的行为已分别构成偷越国（边）境罪、组织他人偷越国（边）境罪以及运送他人偷越国（边）境罪，那么，对被告人黎某究竟应如何定罪处罚呢？这涉及一罪与数罪的基本理论。实践中，运送他人偷越国（边）境的，行为人自己也常常是偷越国（边）境者，在此情况下，由于行为人所实施的一行为同时触犯偷越国（边）境罪与运送他人偷越国（边）境罪，因而属于一行为触犯两罪名的想象竞合犯，应当依照想象竞合犯“从一重罪处断”原则，以运送他人偷越国（边）境罪处断。本案中，被告人黎某所实施的行为便属于此种情况，故其偷越国（边）境的行为应当被运送行为所吸收，而仅以运送他人偷越国（边）境罪论处。

然而被告人黎某既实施了组织他人偷越国（边）境行为，又实施了运送他人偷越国（边）境的行为，是否应实行数罪并罚呢？事实上，我国 1979 年《刑法》第 177 条规定的组织、运送他人偷越国（边）境罪是选择性罪名，行为人实施了其中一种犯罪行为的，就应定相应的罪名；如果行为人既组织又运送他人偷越国（边）境的，则定为组织、运送他人偷越国（边）境罪，而不实行数罪并罚。但是，修订后的刑法典则将组织、运送他人偷越国（边）境的行为分别规定为两个相互独立的罪名，并有独立的法定刑。因此，对于既组织又运送他人偷越国（边）境的，究竟应如何定罪，尚须做具体分析。如果运送他人偷越国（边）境只是组织他人偷越国（边）境的有机组成部分，则应按组织他人偷越国（边）境罪定罪处刑，因为这种情况下，既组织又运送同一批人偷越国（边）境的行为，属于罪数理论中的牵连犯，应按重罪吸收轻罪的原则处理。如果组织、运送是两个互不相干的独立犯罪，则应分别定罪，数罪并罚。具体到本案，被告人黎某首先实施了拉拢、游说等组织张某、王某等18人偷越国（边）境的行为，然后又亲自驾驶自家机帆船运载张某、王某等18人共同偷渡，其运送他人偷越国（边）境的行为系组织他人偷越国（边）境行为的有机组织部分，属于上述牵连犯之情形，故对被告人黎某只应以其中重罪组织他人偷越国（边）境罪定罪处罚。

综上所述，被告人黎某之行为已分别构成偷越国（边）境罪、运送他人偷越国（边）境和组织他人偷越国（边）境罪，只是由于其中偷越国（边）境罪与运送他人偷越国（边）境罪属于想象竞合犯，当以其中重罪即运送他人偷越国（边）境罪处断；而运送他人偷越国（边）境罪与组织他人偷越国（边）境罪又属于牵连犯，只应以其中重罪即组织他人偷越国（边）境罪处断，所以对于被告人黎某之行为最终只需以组织他人偷越国（边）境罪论处。

（五）对“人蛇集团”的认定和处理

“人蛇集团”是专门从事组织他人偷渡的一种共同犯罪的组织，因此，对其要根据刑法关于共同犯罪的规定和相关条文关于具体罪名的规定进行认定和处理。我国刑法对共同犯罪规定了一般共同犯罪和集团犯罪两种形式，并分别规定了处罚原则。所以，对“人蛇集团”要区分是一般共同犯罪组织还是犯罪集团。鉴于“人蛇集团”不是严格的法律概念，因此，对“人蛇集团”的性质只能按照刑法关于共同犯罪的规定和理论进行界定。对符合犯罪集团条件的“人蛇集团”按照犯罪集团认定，否则按照一般共同犯罪组织认定。不管其实施的是一般共同犯罪还是集团犯罪，都要根据刑法对共同犯罪人的规定按照其成员的地位和作用进行定性和处罚，也就是按照主犯、从犯、胁从犯和教唆犯等不同犯罪人进行认定和处以刑罚。

主犯是指组织、领导犯罪集团进行犯罪活动或者在共同犯罪中起主要作用的犯罪分子。对组织、领导犯罪集团的首要分子，按照集团所犯的全部罪行处罚。对于首要分子以外的其他主犯，应当按照其所参与或者组织、指挥的全部犯罪处罚。从犯是指在共同犯罪中起次要或者辅助作用的犯罪分子，对于从犯，应当从轻、减轻处罚或者免除处罚。胁从犯是指被胁迫参加犯罪的犯罪分子，对胁从犯，应当按照他的犯罪情节减轻处罚或者免除处罚。教唆犯是指以劝说、利诱、授意、怂恿、收买、威胁以及其他方法，将犯罪意图传送给他人，使之决意实施其所教唆的犯罪的犯罪分子，教唆他人犯罪的，应当按照他在共同犯罪中所起的作用处罚，教唆不满十八周岁的人犯罪的，应当从重处罚，如果被教唆的人没有犯被教唆的罪，对于教唆犯，可以从轻或者减轻处罚。在打击“人蛇集团”的司法实践中，要注意两个问题。一是“人蛇集团”往往并不单纯地组织偷渡，还可能有骗取、伪造、变造、出售出入境证件，运送他人偷越国（边）境等犯罪活动，对这类“人蛇集团”的首要分子和主犯应当按照“人蛇集团”所犯的全部罪行进行定罪处罚。如果“人蛇集团”只构成组织他人偷越国（边）境罪，则对其首要分子按照《刑法》第 318 条第 1 款第（一）项的规定处罚。二是对于教唆犯，由于教唆犯并不是独立的罪名，而是共同犯罪的一种，因此，教唆别人组织他人偷越国（边）境的，就构成组织他人偷越国（边）境罪的共犯，按照组织他人偷越国（边）境罪定罪并根据其所起的作用处罚。❶

对组织他人偷越国（边）境犯罪，认定帮助犯的标准应是，行为人应组织犯或者实行犯的要求，提供运输工具、为偷渡人员和组织他人偷渡的犯罪分子牵线搭桥帮助介绍、为犯罪分子介绍运送者等行为的人员。但如果这些帮助者在整个组织他人偷越国（边）境的犯罪活动中有劝说、拉拢偷渡人员行为的，则属于实行犯，因为按照 2012 年最高人民法院、最高人民检察院《关于办理妨害国（边）境管理刑事案件应用法律若干问题的解释》的规定，劝说等行为已属于刑法分则所规定的构成要件的行为。对于在组织者与偷渡人员中牵线搭桥的“介绍”行为是否均作为组织他人偷越国（边）境罪的共犯论处，要区分情况认定。此外，如果行为人应组织他人偷越国（边）境犯罪分子的请求，为其运送已经组织好的偷渡人员，这种运送行为虽然在表面上也是“帮助”他人实施犯罪，但其性质则是独立的运送他人偷越国（边）境罪的实行行为，应当以运送他人偷越国（边）境罪定罪处罚。另外，如果应组织他人偷越国（边）境的犯罪分子的要求，为其骗取出境证件或者提供伪造、变造的出入境证件，并不与犯罪分子共同策划具体组织他人偷越国（边）境犯罪事宜的，本来也是属于组织他人偷越国（边）境罪的帮助犯，但鉴于《刑法》第 319 条、第 320 条已

---

❶ 张保平，等．边防刑事执法理论与实务研究［M］．北京：群众出版社，2006：35.

经将这两种起辅助作用的帮助行为规定为独立的“骗取出境证件罪”和“提供伪造、变造的出入境证件罪”，那么，行为人则应以独立的罪名惩处，而不再作为组织他人偷越国（边）境罪的帮助犯处理。

司法实践中，有学者认为，本罪主要打击的是专门从事有组织地进行组织他人偷越国（边）境犯罪集团的首要分子，即俗称的“蛇头”，故其他在“蛇头”的指挥下，从事部分“组织行为”的人或偶尔为之地从事了“组织”行为的人不应成为本罪的犯罪主体。笔者认为，立法上并没有要求必须是多次或专门从事组织他人偷越国（边）的行为才构成本罪。此外，根据前述2012年最高人民法院、最高人民检察院的解释的要求，不管行为人是一次还是多次组织他人偷越国（边）境，也不管行为人是受人指使偶一为之抑或专门从事此类行为的，只要行为人实施了以策划、煽动、拉拢、引诱、串联等方式，有计划、有组织地安排他人偷越国（边）境的，都可以成为本罪的犯罪主体，构成组织他人偷越国（边）境罪。

第二节　运送他人偷越国（边）境罪

一、运送他人偷越国（边）境罪的概念和犯罪构成

运送他人偷越国（边）境罪，是指违反出入国（边）境管理法律法规，非法运送他人偷越国（边）境的行为。

运送他人偷越国（边）境罪的犯罪客体是国家对出入国（边）境的正常管理秩序。行为对象是除己之外的他人。他人不分男女，既可能是中国人，亦可以是外国人；既可以是1人、2人，也可以是3人以上的多人，但不包括行为人自己。被运送人不能以运送他人偷越国（边）境罪论处，而应根据其犯罪情节是否严重决定是否以偷越国（边）境罪追究刑事责任还是予以行政处罚。

运送他人偷越国（边）境罪的犯罪客观方面是非法运送他人偷越国（边）境的行为。非法，是指违反有关出入国（边）境的管理法规，如《中华人民共和国公民公民出境入境管理法》《中华人民共和国外国人入境出境管理法》、国务院批准公安部的《中国公民因私事往来香港地区或者澳门地区的暂行管理办法》等。运送，是指以车、船、航空器等交通工具或徒步引领、遥控指挥、暗中监送等其他方法，将越境的违法犯罪分子偷运送出或接入国（边）境的行为。有下列情形的加重处罚：多次实施运送

行为或者运送人数众多的；所使用的船只、车辆等交通工具不具备必要的安全条件，足以造成严重后果的；违法所得数额巨大的；有其他特别严重情节的。多次实施运送行为，是指 3 次或者 3 次以上实施运送行为。人数众多，一般是指运送他人偷越国（边）境人数在 10 人以上。不具备必要的安全条件，足以造成严重后果，主要是指使用简陋、破旧、报废的船只、车辆等交通工具，有可能在运行中发生倾覆、毁坏的严重后果或者通风状况很差、生活条件恶劣而导致疾病流行，致人死亡等严重后果的发生。

当前，运送他人偷越国（边）境的行为手段多种多样，不断翻新，其中通过调换登机牌伺机偷运他人出境就是一种。例如，年届 40 的被告人刘某户籍香港，曾居住在加拿大，来沪后并无正当职业。2007 年 10 月 3 日，刘某在他人的安排和指示下，在上海浦东国际机场，用其本人所持有的香港特别行政区护照办理了前往加拿大多伦多市的 AC088 航班的登机牌，并在通过安全检查之后，采用调换登机牌的方式，欲运送另一人郑某乘坐上述航班偷越国境至加拿大。可谁知，后郑某及刘某先后在登机口被边防民警抓获。2008 年 2 月 14 日，上海市徐汇区人民法院对首例运送他人偷越国境的案件作出一审判决：被告人刘某犯运送他人偷越国境罪，被依法判处拘役 6 个月，并处罚金人民币 1 万元。❶

运送他人偷越国（边）境罪的犯罪主体是一般主体，即为年满 16 周岁且具有刑事责任能力的自然人。既可以是中国人，也可以是外国人。

运送他人偷越国（边）境罪的犯罪主观方面是故意，即明知自己的行为是在运送他人偷越国（边）境而为之，并且希望或者放任这种结果产生的心理态度。构成本罪并不要求行为人有营利目的。至于其动机可多种多样，如出于营利、迷恋女色、碍于情面、迫于威胁等，但动机如何，并不影响本罪成立。例如，2005 年 5 月开始，被告人李某在明知福建籍人员陈某钦、池某琴等人准备偷渡出国打工的情况下，伙同其他同案人在福建省福州市某小区、某酒店等处为陈某钦、池某琴等人提供偷渡时可能会应用到的相关英语培训，便于顺利偷渡；2005 年 11 月 8 日，李某将陈、池二人送到福州长途汽车站，并安排二人乘坐长途客车到广州以偷渡出境；

❶ 潘文婕．机场实施调包计 偷越国境获刑罚［EB/OL］．http：//www.chinacourt.org/article/detail/2008/02/id/288362.shtml.

同年 11 月 10 日，陈某钦、池某琴分别持与其身份不符的加拿大护照和美国护照从广州白云国际机场乘坐飞机出境，准备经日本偷渡去美国，途中在日本东京转机时被日本警方查获遣返回国。2006 年 2 月下旬，李某在明知福建籍人员薛某钦准备偷渡出国打工的情况下，伙同其他同案人在福建省福州市某招待所、某酒店等处为薛某钦等人提供偷渡时可能会应用到的相关英语培训，便于顺利偷渡；2006 年 2 月 26 日李某带薛某钦到广州，并为薛某安排食宿、转交署名为华某伟的我国台湾地区护照、台胞证，拿取偷渡用的配套机票；次日，李某带薛某钦到广州白云国际机场，安排薛某钦持本人的护照和署名为华某伟的我国台湾地区护照办理了广州至金边及广州至墨尔本的登机牌，并用薛本人护照及柬埔寨的签证办理了边检出关手续，进入了广州白云国际机场国际航班候机室后，薛某钦使用去墨尔本的登机牌登上墨尔本的航班企图偷渡去澳大利亚时被查获。2006 年 3 月 27 日，李某从深圳出境时被公安人员抓获。广州市白云区人民法院认为，被告人李某无视国家法律，运送他人偷越国（边）境，其行为已构成运送他人偷越国（边）境罪。李某在明知他人准备偷渡出国的情况下，积极对偷渡人员进行英语培训以应付通关的需要，且将非法出境人员送至离境口岸，转交与出境人员身份不符的虚假证件，并安排食宿，拿取机票，为运送他人偷越国（边）境提供切实帮助，其行为主客观均符合运送他人偷越国（边）境的犯罪特征。法院以被告人李某犯运送他人偷越国（边）境罪，判处有期徒刑 1 年 6 个月，并处罚金 5 000 元。宣判后，李某认为原判认定事实部分不清，量刑过重，提出上诉。中级人民法院裁定驳回上诉，维持原判。本案中，在两次运送他人偷越国境的犯罪中，李某主观上都是明知的，还积极采取各种措施和办法，希望侵犯国家对出入国（边）境的正常管理秩序，犯罪故意心态十分明显。

二、运送他人偷越国（边）境罪罪数形态的认定

（一）运送他人偷越国（边）境罪与非罪的认定

出境入境的交通运输工具载运偷越国（边）境人员是否是运送他人偷越国（边）境的行为？

笔者认为，出境入境的交通运输工具载运偷越国（边）境人员是属于何种性质的行为，不能一概而论，应当具体分析，关键是看运送者是否明知，是否故意。如果有人偷藏于出境入境交通运输工具的某个部位希图蒙混过关，而交通运输工具的负责人或者驾驶人员并不知情，或者

在交通运输工具行驶过程中交通运输工具的负责人或者驾驶人员才发现，并及时将情况上报或者申报，则不构成运送他人偷越国（边）境罪。如果出境入境的交通运输工具的负责人明知载有偷越国（边）境人员而拒不申报，应按运送他人偷越国（边）境的行为论处，当然，是根据刑法给予刑事处罚，还是根据刑法补充规定给予行政处罚，可以根据其情节和危害后果来处理。❶ 如某年 9 月，江苏公安边防总队侦破的南某运送他人偷越国（边）境案中，虽然偷渡人员是“蛇头”南某用快艇送上船的，但是作为船员的韩国籍船员安某、李某明知他们都是偷越国（边）境人员，仍予以接应并藏匿到船员房间，就构成了运送他人偷越国（边）境罪；如果不明知，或者一旦知悉后，及时向边防检查站报告的，不构成犯罪，可以按照《出境入境边防检查条例》的规定和《外国人入出境管理法实施细则》的规定对相关责任人员予以行政处罚。❷ 藏匿的偷越国（边）境人员，按照《刑法》第 322 条的规定和有关司法解释的规定判断是否符合偷越国（边）境罪的构成要件，如果符合则以偷越国（边）境罪认定，无论既遂还是未遂，都依照此罪处罚；如果不构成犯罪，则按照有关出入境管理法律、法规、细则或行政处罚法等的规定给予行政处罚。

（二）运送他人偷越国（边）境罪与彼罪的认定

1. 运送他人偷越国（边）境罪与组织他人偷越国（边）境罪的界限

运送他人偷越国（边）境罪与组织他人偷越国（边）境罪的犯罪主体都是一般主体，侵犯的客体都是国家对出入境活动的正常管理秩序，但二者也有一些不同。①犯罪客观方面的表现形式不同。运送他人偷越国（边）境罪在客观方面则表现为，行为人采用步行、徒步引领等方式陪伴偷渡者或者用车辆、船只、航空器等交通运输工具将偷渡者带出或者接入国（边）境的行为；而组织他人偷越国（边）境罪在客观方面表现为领导、策划、指挥他人偷越国（边）境或者在首要分子的指挥下实施拉拢、串连、诱使、煽动、介绍等方式，有组织、有计划地安排他人偷越国（边）境的行为。②犯罪主观方面不同。组织他人偷越国（边）境罪只能

---

❶ 张保平．妨害国（边）境管理犯罪侦查实务［M］．北京：中国人民公安大学出版社，2001：44．

❷ 2012 年 6 月 30 日第十一届全国人大常委会第 27 次会议通过、自 2013 年 7 月 1 日起施行的《中华人民共和国出境入境管理法》颁布后，尚未颁布新的“出境入境管理法实施细则”，可按照新的《中华人民共和国出境入境管理法》的规定对相关责任人员予以处理。

由直接故意构成，但运送他人偷越国（边）境罪虽然大多数情况是由直接故意构成，但也有个别情况可以由间接故意构成，而且故意的内容，前者是组织的故意，后者是运送的故意。对于既组织又运送他人偷越国（边）境的行为如何定罪，应作具体分析。③法定刑不同。运送他人偷越国（边）境罪的法定刑轻于组织他人偷渡罪的法定刑。

行为人既实施了组织他人偷越国（边）境的行为又实施了运送他人偷越国（边）境行为的认定。第一，行为人组织了一批人偷越国（边）境后，又运送另一批人偷越国（边）境。由于行为人实施了两个行为，分别符合了组织他人偷越国（边）境罪和运送他人偷越国（边）境罪的构成要件，且由于犯罪对象并不同一，这两个行为之间也不存在内在的逻辑联系，所以均应单独给予充分的评价，即以组织他人偷越国（边）境罪和运送他人偷越国（边）境罪两个罪并罚。第二，行为人组织和运送同一批人偷越国（边）境。对于此种情形应如何处理，理论上主要存在两种观点：一种观点认为应按照牵连犯的原则从一重处断，定为组织他人偷越国（边）境罪，其运送行为可以作为量刑中的从重情节；另一种观点认为这种情形下的组织他人偷越国（边）境行为是运送他人偷越国（边）境行为的必经阶段，而运送他人偷越国（边）境行为则是组织他人偷越国（边）境行为的自然发展结果。两行为实际上已经构成刑法理论上的吸收犯，按照高度行为吸收低度行为的处理原则，应当按照组织他人偷越国（边）境罪论处。笔者认为该种情形不应数罪并罚。因为鉴于犯罪对象的同一，这里的组织行为和运送行为之间就建立了一种逻辑上的联系。其实，这两种观点的分立直接反映出刑法理论中对牵连犯与吸收犯界定上的分歧。牵连犯和吸收犯的界限探讨本身就是一个较为复杂的问题。但这两种观点在定罪原则和所形成的结论上是基本相同的。无论是处理牵连犯的从一重处断原则还是处理吸收犯的高度行为吸收低度行为原则，其共同之处都是要以其中的重罪来定罪，而不是数罪并罚。一般来讲，由于组织他人偷越国（边）境罪的法定刑较高，所以通常情况下，要以组织他人偷越国（边）境罪论处。[1] 笔者认为，这里的运送行为本身就是组织他人偷越国（边）境行为的有机组成部分，本应构成一个罪，即组织他人偷越国（边）境罪。

---

[1] 王明辉，杜鹏．偷越国（边）境案件的法律适用问题探究［J］．黑龙江省政法管理干部学院学报，2007（2）．

2. 运送他人偷越国（边）境的人本身也偷越国（边）境行为的认定

运送他人偷越国（边）境的人，其运送行为是非法的，其出入国（边）境的行为往往也是非法的，行为人在运送他人偷越国（边）境时，也必然偷越了国（边）境，实际上是一个行为触犯了《刑法》的两个条款，既可构成运送他人偷越国（边）境罪，也可以构成偷越国（边）境罪，这种情况在刑法理论上称为法条竞合，按法条竞合现象的处理原则，其行为不再构成独立的偷越国（边）境罪，而应以运送他人偷越国（边）境罪论处，[1] 不实行数罪并罚。

（三）运送他人偷越国（边）境罪与数罪的认定

《刑法》第 321 条第 3 款规定："犯前两款罪，对被运送人有杀害、伤害、强奸、拐卖等犯罪行为，或者对检查人员有杀害、伤害等犯罪行为的，依照数罪并罚的规定处罚。"在运送他人偷越国（边）境犯罪过程中，对被运送人有杀害、伤害、强奸、拐卖等犯罪行为，或者对检查人员有杀害、伤害等犯罪行为的，运送他人偷越国（边）境罪与杀人、伤害、强奸等这几种犯罪是独立的数罪关系，因此，应当按照运送他人偷越国（边）境罪和另外实施的故意杀人、故意伤害、强奸、拐卖妇女、儿童等犯罪行为，分别定罪判刑，然后实行数罪并罚。这里的"等犯罪行为"与《刑法》第 318 条组织他人偷越国（边）境罪第 2 款中的"等犯罪行为"相同，是指除条文中已叙明的罪名外的其他与运送他人偷越国（边）境行为的实施有密切关系的，且与杀害、伤害、强奸、拐卖等行为性质相当的故意犯罪，如猥亵、抢劫等犯罪行为。例如，被告人马某峰按照车某和（在逃）的安排，纠集被告人马某强、崔某保、孙某明、徐某峰等 4 名渔船驾驶员，驾驶车某和的 185 马力渔船预谋运送偷渡人员出海。24 日，上述 5 被告人按计划驾船出海等候。当晚 92 名偷渡人员被车某和用小渔船先后送到被告人所驾船上，5 人遂轮流驾船驶往韩国方向的指定接头海域。7 月 26 日上午，偷渡人员金某析失踪；中午，5 名被告人采用拳打、搜身等手段，分别对 91 名偷渡人员实施了抢劫，共劫得人民币 2 800 元，韩币近 16 万元及价值人民币 3 222 元的手表、金戒指、金耳环、鹿鞭等物品。27 日下午，在渔船驶至指定海域等候韩国"蛇头"接应期间，偷渡人员张某哲见韩国船一直未来接应，且所带财物遭到抢劫，深感失望而跳海自杀，幸被船员救起。7 月 30 日，船舶终被韩国水警发现并遣返。威海环翠区法院

---

[1] 张保平，等．边防法制通论［M］．北京：中国人民公安大学出版社，2004：185.

经公开审理认为，被告人马某峰伙同被告人马某强、孙某明、崔某宝、徐某峰运送他人偷越国境，且运送人数众多，已构成运送他人偷越国境罪；在运送过程中，5 被告人以暴力威胁劫取他人财物的行为，又构成抢劫罪。5 被告人均一人犯两罪，依法应数罪并罚。❶ 遂判决 5 名被告人构成运送他人偷越国境罪和抢劫罪，并判处罚金。本案中，5 名被告人在运送 92 名偷渡人员过程中又实施了抢劫行为，应按照《刑法》第 321 条第 3 款的规定构成送他人偷越国境罪和抢劫罪，并数罪并罚。本案中有多处从重处罚的情节：如本案中被运送的人数众多，竟达 92 人；造成被运送人重伤、死亡，这里的造成重伤、死亡的结果在主观上都是过失，如果是故意杀害、伤害，则构成故意杀人罪和故意伤害罪，本案中 1 名偷渡人员失踪可能是其本身的过失行为或者故意行为造成的，或者是包括运输人员在内的其他人员的故意行为或者过失行为造成的，考虑当时的环境只能推定为死亡，另一名偷渡人员因运送人员的抢劫行为造成自杀未遂，属于结果加重情节；运送所使用的普通渔船不具备必要的安全条件，一次运送 92 人，足以造成严重后果，且 1 人失踪。

三、运送他人偷越国（边）境罪犯罪形态的认定

（一）运送他人偷越国（边）境罪的犯罪预备

我国《刑法》第 22 条第 1 款规定："为了犯罪，准备工具、制造条件的，是犯罪预备。"因此，运送他人偷越国（边）境罪的犯罪预备形态是指已经为运送他人偷越国（边）境罪实施了准备工具、制造条件的行为，但由于行为人意志以外的原因而未能着手实施运送他人偷越国（边）境罪的实行行为的犯罪停止形态。构成运送他人偷越国（边）境罪的预备形态，需要具备以下条件。①行为人已经为运送他人偷越国（边）境罪的实行进行了犯罪预备行为，其表现形式通常是两个方面，一是为运送他人偷越国（边）境准备工具，主要是交通运输工具，也包括通信工具和其他工具，有的行为人为运送他人偷越国（边）境进行准备时，往往盗窃、抢劫船舶、车辆、手机等交通和通信工具，则构成牵连犯，按择一重处原则，以盗窃罪、劫持船只、汽车罪、抢劫罪等论处，不再追究运送他人偷越国（边）境罪的刑事责任；二是为运送他人偷越国（边）境制造其他便利条

❶ 王东普．一起运送他人偷越国（边）境案的法律适用［J］．河南公安高等专科学校学报，2002（3）．

件，如准备车辆、船舶所用油料，人员食物、饮用水甚至炊事工具，观察、确定下船出海的时间、地点以及运送车辆运行的路线等。②行为人尚未着手实施运送他人偷越国（边）境罪的实行行为。运送他人偷越国（边）境罪的实行行为，就是《刑法》分则所规定的运送他人偷越国（边）境罪犯罪构成客观要件的运送行为，而行为人尚未实行这些行为。③行为人尚未着手实施运送他人偷越国（边）境的实行行为是行为人意志以外的原因。如行为人被他人或有关部门发现而被制止，行为人对是否可以着手实施运送他人偷越国（边）境发生认识错误等，如行为人本来想第二天用渔船运送偷渡者出境，但晚上天气预报说第二天有台风海浪，于是被迫放弃运送行为。

（二）运送他人越境途中被抓获的犯罪既遂与未遂的认定

《刑法》第23条第1款规定："已经着手实行犯罪，由于犯罪分子意志以外的原因而未得逞的，是犯罪未遂。"对运送他人偷越国（边）境罪的既遂与未遂的界定及其界限，学界存在不同的看法[1]：有的认为运送他人偷越国（边）境罪是行为犯，只要行为人实施了运送他人偷越国（边）境的行为，不管是否已经送出或接入国（边）境，犯罪即告既遂；有的认为运送他人偷越国（边）境罪是结果犯，只有运送他人偷越国（边）境成功，犯罪才告既遂；还有的认为，刑法典关于运送他人偷越国（边）境罪的规定有基本构成和加重构成之分，就基本构成而言，应以运送他人偷越国（边）境结果的发生为既遂的标准，就加重构成而言，只要实施加重构成的行为，即为既遂，这种情况则不存在未遂问题。根据我国刑法规定和刑法理论，将刑法关于运送他人偷越国（边）境罪的规定分为基本构成和加重构成两部分，并分别确定既遂和未遂问题应当是适宜的。这样，作为基本构成的运送他人偷越国（边）境罪，是以将被运送者送出或者接入作为既遂，由于行为人意志以外的原因未能成功地将被运送者送出或接入国（边）境，则构成运送他人偷越国（边）境罪的未遂。如李某根据"蛇头"的安排，准备将网罗到的偷渡人员运送到停泊在公海的母船上，但由于公安边防部门获取了情报，在小船刚刚下海时就被截获，这就是未遂。作为加重构成的运送他人偷越国（边）境罪，只要实施了运送行为，且符合刑法规定的加重处罚情节，即为既遂，无所谓未遂。那么，在基本构成

[1] 田宏杰．妨害国（边）境管理罪［M］．北京：中国人民公安大学出版社，2003：279．参见宣炳昭．刑法各罪的法理与实用［M］．北京：中国政法大学出版社，2002：307．

情况下，具体来说，运送到什么位置算是既遂，是以运送到目的地作为既遂的标志还是只要运送出我国国（边）界线就算既遂？运送到目的地不能作为既遂的标志，因为所谓的目的地情况较为复杂，有的迂回多个国家才到达目的地。但是否以运送出国（边）界线作为既遂的标志则要具体分析。从空港运送他人偷渡的，以偷渡者搭乘的航班进入有关国家或地区并履行了入境检查手续为既遂，如果飞机虽已抵达有关国家或地区但被运送者未能成功通过入境检查而被原机遣返，应为未遂；从陆地运送他人偷越国（边）境的，应以实际越过国（边）界线为既遂；就通过海上途径运送他人偷越国（边）境而言，如果是通过客轮运送的，应以轮船抵达对方港口并履行了入境检查手续为既遂，如果船舶虽已抵达对方海港，但被运送者未能成功通过入境检查而被原船遣返，应为未遂；如果是通过专门的偷运船运送的，应以运送船舶进入有关国家或地区的领海或靠近海岸，人员实际进入对方主权管辖范围为既遂。之所以作这样的区别，是因为客轮与偷运船具具有完全不同的法律地位，乘坐客轮或航班出入境人员（包括被运送人）均应履行出入境手续，否则，出入境法律行为的过程没有完成，但使用或搭乘偷运船舶的人员不可能履行任何出入境手续，只要人员到达目的地，就算完成了运送行为，就是既遂。❶

因为运送的方式方法变换无穷，即使是从空港运送他人偷越国（边）境，也不能一概而论，其运送行为的既遂未遂的区分也要根据不同的临界点来确定。根据刑法规定，所谓运送他人偷越国（边）境罪，是指使用一定的交通工具将他人送达出境的行为。“运送”一词从字面理解，就是把人或者物资运到别处。单纯从法条上理解，很难认定该罪是结果犯、举动犯还是行为犯，需将法条的含义与该罪的相关本质属性结合起来理解，才能恰当地把握该罪的犯罪形态。例如，被告人陈某为非法牟利，企图采用调换登机牌等手法，运送偷渡人员王某至加拿大。两人事先约定好后，陈某来到浦东国际机场，持上海至温哥华的航班机票办理登机手续后，进入候机厅。与此同时，王某也持上海至马尼拉的航班机票办理登机手续后进入候机厅。两人随即将各自所持的航班机票和登记牌相互调换。此后，陈某、王某在分别等候登机时，被边检人员当场查获。被告人陈某的行为构成运送他人偷越国境罪，当无疑义，但是其行为是犯罪的既遂还是未遂，主要有三种不同意见：第一种意见认为，被告人陈某虽实施了运送他人偷

---

❶ 张保平，等．边防刑事执法理论与实务研究［M］．北京：群众出版社，2006：48.

越国境的犯罪行为，但是实际上并未将王某成功地运送到加拿大，应认定陈某的行为是运送他人偷越国境罪的未遂犯；第二种意见认为，运送他人偷越国境罪是举动犯，只要运送他人偷越国境的行为一经着手实施，不论偷渡人员是否成功偷越国境，即应认定为犯罪既遂。被告人陈某已经着手实施购买至加拿大的机票的行为，应成立运送他人偷越境罪的既遂犯；第三种意见认为，运送他人偷越国境罪是行为犯，只有行为人实施了刑法分则规定的运送他人偷越国境罪的犯罪行为，才构成该罪的既遂。被告人陈某为达到运送他人偷越国境的目的，实施了混入机场、调换登机牌等一系列行为，已经实施完毕运送他人偷越国境罪所必需的“运送”行为，应成立该罪的既遂犯。对该案的处理，笔者赞成第三种意见。❶

第一，运送他人偷越国境罪不是结果犯。结果犯要求不仅实施具体犯罪构成客观要件的行为，还必须发生法定的危害结果才构成既遂。运送他人偷越国境罪侵犯的是国家对出入国境的管理制度，该罪本质上并不要求一定要将他人非法运送出（入）国境才能侵犯国家的出入境管理制度，只要行为人实施一定的非法运送行为，就有可能实质侵犯国家出（入）境管理制度。如果以将他人成功运送出（入）国境为该罪的既遂标准，一方面，无形中增加了该罪的构成要件，有超越法条含义之嫌；另一方面极大地扩展了该罪达到既遂的时空间，有轻纵犯罪之嫌。

第二，运送他人偷越国境罪是行为犯，而非举动犯。第二种意见和第三种意见虽都认为陈某的行为是犯罪既遂，但是依据的理由各不相同，前者认为该罪是举动犯，后者则认为是行为犯。行为犯以实行法定的犯罪行为作为犯罪构成的必要条件。举动犯，又称即时犯、即成行为犯，也是以着手实施法定的某种具体犯罪的实行行为作为犯罪构成必要条件。这两种犯罪形态较容易混淆，两者区别的关键是：举动犯的既遂以着手实行犯罪为标志，而行为犯只有当实行行为达到一定程度时，才过渡到既遂状态。通俗地理解，行为犯有一个从量变到质变的过程，要求行为人实施的法定犯罪行为具有一定的发生发展的变化。虽然法条没有将危害结果作为犯罪构成的必要条件，也没有将实施完毕实行行为作为犯罪既遂的标志，但是，不意味着只要行为人着手实施犯罪的实行行为，就达到犯罪的既遂状态。运送行为本身就是一个过程，就国际飞机旅客运输而言，行为人需实

---

❶ 曹坚．偷越国（边）境犯罪的司法适用疑难问题［J］．四川警官高等专科学校学报，2005（6）．

施购买机票、领取登机牌、填写出（入）境登记卡、通过边检检查、候机、登机等若干环节。运送他人偷越国境罪的这些客观特点决定了其不可能是举动犯。

第三，必须选择合适的临界点区分运送他人偷越国境罪的既遂与未遂。运送他人偷越国境不可能一经实施具有运送性质的行为就达到犯罪的既遂，也不可能只有在偷渡者登上运输工具后才能认定实施完毕运送行为。应根据案情的不同，以不同方式的运送行为是否实施完毕作为该罪既未遂的临界点。即使是飞机旅客运输，既未遂的临界点也可能不一致。例如，有的犯罪分子是采取事先伪造护照的方式，企图蒙混过关，在通过安检时被查获，此时行为人的“运送”主要体现为伪造护照、欺骗安检人员，只要该“运送”已经实质实施，应认定为犯罪既遂。就本案而言，陈某的“运送”主要表现为与王某互换机票和登记牌，只要已经实施互换行为，就应认定“运送”行为实施完毕。

（三）运送他人偷越国（边）境罪的犯罪中止

《刑法》第 24 条第 1 款规定：“在犯罪过程中，自动放弃犯罪或者自动有效地防止犯罪结果发生的，是犯罪中止。”因此，运送他人偷越国（边）境罪的犯罪中止，就是行为人在实施运送他人偷越国（边）境罪的犯罪构成要件的行为过程中，自动放弃犯罪或者自动有效地防止犯罪结果发生的犯罪未完成形态，包括两种情况，一是自动放弃犯罪的犯罪中止，二是自动防止犯罪结果发生的犯罪中止。运送他人偷越国（边）境罪的犯罪中止的构成需要具备三个条件。第一，从时间方面来看，必须是在犯罪过程中放弃运送他人偷越国（边）境的实行，也就是行为人实施准备运送的工具、制造运送的条件阶段开始，到运送他人偷越国（边）境人员的车辆、船舶越过国（边）境之前这一过程中放弃犯罪。第二，从放弃犯罪行为的主动性来看，是行为人自动放弃运送他人偷越国（边）境罪的实行或者有效地防止了他人偷越国（边）境这一结果的发生。自动性要求行为人必须出于自己的意志，无外力强制或外力不足以迫使行为人放弃。第三，从放弃行为的彻底性来看，必须是行为人彻底放弃运送他人偷越国（边）境罪的行为，而不是暂时中断或者停止犯罪，彻底性也不意味着行为人以后不会另生犯意不再实施运送他人偷越国（边）境犯罪。实践中，有的“蛇头”为了试探边防巡逻船艇的动静，让船老大驾驶偷渡船到领海后又折返回来，有时几次往返，以投石问路，探听虚实，这种情况不构成犯罪中止。

四、组织和运送他人偷越国（边）境的部分共同犯罪的认定

关于共同犯罪的成立条件，理论界存在三种学说，即严格犯罪共同说、部分犯罪共同说、行为共同说。严格犯罪共同说认为，共同犯罪中的特定犯罪是同一故意犯罪，只有数名被告人的罪名完全一致，才能构成共同犯罪。部分犯罪共同说认为，共同犯罪中的特定犯罪是指构成要件重叠部分，即使数名被告人触犯不同罪名，若不同罪名的构成要件存在重叠部分，则在此限度内可以构成共同犯罪。行为共同说则立足于主观主义刑法理论，认为只要多名行为人的行为对于各自的犯罪能够在客观层面提供帮助，就可以成立共同犯罪。我国刑法规定共同犯罪是指2人以上共同故意犯罪，既未说明此处的故意是否为同一故意，也未说明此处的犯罪是否指同一罪名。但是从共同犯罪的分类来看，我国刑法理论通说以共同犯罪能否任意形成为标准，将共同犯罪分为任意共同犯罪和必要共同犯罪。这种分类方法实际是以个罪的构成要件特征判断每个罪名能否成立共同犯罪。由此可见，我国刑法实际是将触犯同一罪名作为共同犯罪的前提，系采严格犯罪共同说。但是近年来，部分犯罪共同说逐渐为我国刑法理论界、实务界所接受，主要基于以下理由：

第一，从立法层面来看，我国刑法逐渐出现一种将帮助行为单独定罪的趋势。如组织卖淫罪与协助组织卖淫罪、组织卖淫行为与协助组织卖淫行为存在实质上的共犯关系，但却构成不同罪名。关于这种立法趋势的理由，有观点认为是帮助行为的常态化和类型化。[1] 在这种背景下，理论界有学者提出将共同犯罪分为异名共同犯罪和同名共同犯罪的观点，[2] 这实际是为实务界接受部分犯罪共同说提供了法律根据与理论支撑。

第二，从审判实践来看，部分犯罪共同说能够解决司法实践中的现实难题。实践中，经常出现犯罪分子在犯罪行为的不同阶段与不同人员合作，参与各方构成不同犯罪的情形，若依照严格犯罪共同说，数名犯罪分子不能认定为共同犯罪，但是就各阶段犯罪行为而言，参与各方既有共同故意又有共同行为，不认定共同犯罪显失妥当。部分犯罪共同说可以化解此类矛盾。从理论层面来看，部分犯罪共同说并未动摇共同犯罪的理论根

---

[1] 茹士春．论帮助行为的单独定罪——以协助组织卖淫罪与组织卖淫罪的切分为例［J］．中国刑事法杂志，2011（1）．

[2] 郑伟．就这样动摇了共同犯罪的根基——论组织卖淫罪与协助组织卖淫罪的怪异区分［J］．法学，2009（12）．

基。共同犯罪理论旨在区分共同犯罪参与人的参与程度、范围以及所发挥的作用，以实现均衡量刑。根据我国刑法规定，共同犯罪要求1人以上既有共同故意，又有共同行为。部分犯罪共同说认为，触犯不同罪名的数名被告人构成共同犯罪的前提是不同犯罪的构成要件存在重叠部分。

第三，就行为层面而言，只要存在重叠部分，就意味着数名被告人存在共同行为；就主观层面而言，由于行为总是分阶段进行，虽然不同阶段行为统一于一个目的，但不同阶段的行为总是在不同的故意支配下进行，在某一阶段行为发生重合时，数名行为人的故意内容通常相同。

运送他人偷越国（边）境罪中，运送行为是实行行为，但指使他人运送偷渡人员偷越国（边）境的行为通常可以构成运送他人偷越国（边）境的共犯。二者相比即可发现，指使他人运送偷渡人员偷越国（边）境的行为既符合组织他人偷越国（边）境罪实行犯的客观构成要件，又符合运送他人偷越国（边）境罪共犯的客观构成要件，而且组织他人偷越国（边）境的故意包括运送他人偷越国（边）境的故意，因此组织他人偷越国（边）境罪与运送他人偷越国（边）境罪的构成要件存在重合部分，分别触犯上述两个罪名的行为人可以构成共同犯罪。

例如，被告人印度尼西亚籍陈某珍为非法牟利，伙同他人组织我国福建省人员陈某、戴某某偷渡。在两名偷渡人员入境印度尼西亚后，陈某珍为两人提供伪造的印度尼西亚护照等材料，还让两人练习伪造护照上的印度尼西亚文签名、教授两人学习印度尼西亚词汇应付检查等，并指使被告人邵某霖带领两名偷渡人员从印度尼西亚雅加达出发，经由马来西亚吉隆坡、中国上海、多哈偷渡至巴西。2010年6月23日，邵某霖带领两名偷渡人员搭机由印度尼西亚雅加达经马来西亚吉隆坡前往我国上海，在吉隆坡至上海途中，邵某霖将假护照等交给两名偷渡人员，企图带领两人以虚假身份入境中国后再偷渡至巴西。2010年6月24日7时许，邵某霖及偷渡人员抵达上海浦东国际机场后被边检民警截获。同年6月28日，陈某珍在珠海拱北口岸被抓获。上海市第一中级人民法院认为，被告人陈某珍违反中华人民共和国出入境管理法规，非法组织他人偷越国境，其行为已构成组织他人偷越国境罪；被告人邵某霖违反中华人民共和国出入境管理法规，非法运送他人偷越国境，其行为已构成运送他人偷越国境罪。陈某珍的辩护人所提我国法院对陈某珍不具有刑事管辖权的辩护意见与法相悖，不予采纳。对陈某珍犯组织他人偷越国（边）境罪，判处有期徒刑2年6个月，并处罚金人民币3万元及驱逐出境；对被告人邵某霖犯运送他人偷越国（边）境罪，判处有期徒刑9个月，并处罚金人民币1万元及驱逐出境。一审宣判后，被告人陈某珍、邵某霖均提出上诉。二审期间邵某霖撤回上诉。二审法院经审理，裁定准许邵某霖撤回上诉；驳回陈某珍的上诉，维持原判。

本案的争议焦点是，外籍人员在我国境外组织并指使帮手运送他人偷越我国国（边）境，我国法院对实施此类行为的外籍人员是否具有刑事管辖权？被告人陈某珍的辩护人提出：《刑法》第8条规定：外国人在中华人民共和国领域外对中华人民共和国国家或者公民犯罪，并且按本法规定的最低刑为3年以上有期徒刑的，可以适用本法。本案被告人陈某珍是具有印度尼西亚国籍的外国人，虽然其实施的策划、指挥行为构成侵犯我国边境管理秩序的组织他人偷越国（边）境罪，但是由于刑法规定组织他人偷越国（边）境犯罪的法定最低刑为有期徒刑2年，并且陈某珍实施的犯罪行为均发生在我国境外，故我国法院对被告人陈某珍不具有刑事管辖权。本案被告人陈某珍伙同他人为两名偷渡人员提供用于偷渡伪造的印度尼西亚护照、电子机票行程单、出入境卡，亲自教授两名偷渡人员用简单的印度尼西亚语应付海关检查等行为，并指使邵某霖运送两名偷渡人员偷越我国国（边）境，由于上述行为均在同一目的支配下实施，故应视为一个整体的组织行为，构成组织他人偷越国（边）境罪；被告人邵某霖按照陈某珍指使，实施了运送他人偷越国（边）境的行为，构成运送他人偷越国（边）境罪。鉴于陈某珍指使行为与邵某霖的运送行为密不可分，而且两人的主观目的均为成功运送偷渡人员出入我国国（边）境，因此两名被告人构成共同犯罪。《刑法》第6条规定的是属地管辖原则，其中第6条第1款规定：凡在中华人民共和国领域内犯罪的，除法律有特别规定的以外，都适用本法。《刑法》第8条规定的是保护管辖原则，外国人在中华人民共和国领域外对中华人民共和国国家或者公民犯罪，而按本法规定的最低刑为3年以上有期徒刑的，可以适用本法。由于陈某珍触犯的组织他人偷越国（边）境罪最低刑为2年有期徒刑，只有认定陈某珍在中华人民共和国领域内犯罪，我国法院才对陈某珍的犯罪行为具有刑事管辖权。《刑法》第6条第3款规定：犯罪的行为或者结果有一项发生在中华人民共和国领域内的，就认为是在中华人民共和国领域内犯罪。就本案而言，如上所述，陈某珍与邵某霖构成共同犯罪。按照共同犯罪理论，共同犯罪中各行为人的行为可以被视为一个整体。鉴于邵某霖系在我国境内被抓获，其犯罪行为地为我国境内，则可以认定陈某珍的犯罪行为地也为我国境内。据此，我国法院依法对被告人陈某珍具有刑事管辖权。[1]

第三节　偷越国（边）境罪

一、偷越国（边）境罪的概念和犯罪构成

偷越国（边）境罪，是指违反出入国（边）境管理法律法规，偷越国（边）境，情节严重的行为。

在实践中，偷越国（边）境行为往往被称为“偷渡”，偷渡我国台湾地区的则叫“私渡”，有的地方还把偷渡我国香港、澳门地区的叫“外流”，这些提法都不是严格的法律术语，因此，在法律文书和司法活动中不宜使用“偷渡”“私渡”“外流”等用语，更不能把偷越国（边）境罪简称为“偷渡罪”或“偷渡犯罪”。[2]

偷越国（边）境罪侵犯的客体是国家对出入国（边）境的正常管理秩序。国（边）境是出入国家的门户，为了维护国家主权、安全和社会管理秩序，我国政府采取了许多措施来加强对出入国（边）境的管理。一切中国公民或外国人出入境时，都应向有关主管部门提出出境或入境的申请，并办理一切有关手续，违反上述法律规定，非法出入国（边）境者，都是对我国出入国（边）境管理秩序的侵犯，这是法律所不允许的。本罪的行为对象是国（边）境，它是国境和边境的统称，包括国境和边境。国境，是指我国与邻国的交界。边境，是指靠近边界线的一定区域，一般指大陆与我国香港、澳门、台湾等地区的分界。严格来说，行为对象不同于犯罪对象。关于本罪的犯罪对象，刑法理论的通说认为本罪没有犯罪对象，有学者认为犯罪对象是国（边）境，有的认为是国家对国（边）境的管理活动。

偷越国（边）境罪在客观方面表现为偷越国（边）境，情节严重的行为。偷越国（边）境，是指违反国（边）境管理法律法规，不依法办理出入国（边）境手续或者不在指定地点出入国（边）境的行为。偷越国（边）境的表现形式多样，既包括偷越出国（边）境也包括偷越入国（边）境；既包括偷越国境，也包括偷越我国港、澳、台地区边境。偷越

---

[1] 周欣，张金玉．我国法院对境外运送他人偷越国（边）境的外籍人员具有刑事管辖权［J］.人民司法，2012（6）.

[2] 张保平，等．边防刑事执法理论与实务研究［M］．北京：群众出版社，2006：54.

国（边）境的手段和方法可以是多种多样的，一般表现为在不准通过的地点秘密出入境，有用船偷渡的，也有靠车马或步行偷越的；有的虽然是在指定的口岸、关卡等地点通过，但伪造、涂改、冒用出入境证件或用其他蒙骗手段蒙混过关的，如躲藏在进出国（边）境飞机、船只、汽车、集装箱、行李箱或货柜里等。无论采取什么方法，只要实施了非法出入境的行为，都是偷越国（边）境的行为。如果行为人仅只是涂改、伪造了出入境文件，还没有进一步实施偷越国（边）境行为的，不能构成本罪，而可能触犯其他罪名，如伪造公文、证件、印章罪。此外，构成本罪还必须是情节严重的行为。2002 年最高人民法院《关于审理组织、运送他人偷越国（边）境等刑事案件适用法律若干问题的解释》第 5 条将“情节严重”解释为：在境外实施损害国家利益的行为的；偷越国（边）境 3 次以上的；拉拢、引诱他人一起偷越国（边）境的；因偷越国（边）境被行政处罚后 1 年内又偷越国（边）境的；有其他严重情节的。2012 年最高人民法院、最高人民检察院《关于办理妨害国（边）境管理刑事案件应用法律若干问题的解释》第 5 条规定“情节严重”的情形有：①在境外实施损害国家利益行为的；②偷越国（边）境 3 次以上或者 3 人以上结伙偷越国（边）境的；③拉拢、引诱他人一起偷越国（边）境的；④勾结境外组织、人员偷越国（边）境的；⑤因偷越国（边）境被行政处罚后 1 年内又偷越国（边）境的；⑥其他情节严重的情形。理论上，其他严重情节主要有：偷越国（边）境影响国家声誉或引起涉外纠纷等危害后果的；以暴力方法偷越国（边）境的；以暴力、威胁等方法抗拒边防检查的；非法偷越造成恶劣政治影响的；偷越到与我国关系紧张的或敌对的国家以及正与我国交战的国家的；偷越国（边）境动机恶劣的；因违法犯罪为逃避法律追究而偷越国（边）境的；多次偷越国（边）境屡教不改的；偷越国（边）境后，在境外参加特务、间谍或其他反动组织，泄露国家机密的；国家机关工作人员偷越国（边）境的等。例如，王某琴系重庆长寿人，因想出国打工，但自己难以在旅行社办下签证，就产生了用其姐姐的身份信息办理签证的想法。2006 年 5 月至 2009 年 6 月，王某琴利用姐姐的户口簿在她手中之机，办理了姓名为姐姐、照片为她自己的第二代身份证（身份证上的信息除了照片为王某琴外，其余均为其姐姐的信息），后持该身份证办理了出国护照。王某琴先后用该护照 5 次出入国（边）境，分别到新加坡、马来西亚等地。今年 8 月，王某琴回国后，因为护照记录页用完了，持该护照到长寿区公安局更换内页，结果被细心的民警查获。重庆市长寿区检察院依法对其以偷越国（边）境罪提起公诉，2009 年 10 月 15 日该区法院依法对此案宣判，一审以偷越国（边）境罪判处王某琴拘役 4 个月，缓刑 6 个月，并处罚金 1 000 元。[1] 又如，2007 年 4 月 26 日，贵州籍女子周某为了达到去新加坡的目的，弄虚作假，以临安女子何某燕之名向户口管理机关申办了照片为周某的第二代身份证。同年 5 月 10 日，周某持该身份证冒用何某燕户口资料，骗办了因私普通出国护照。截至 2008 年 2 月，周某持该护照前往新加坡 3 次，进出我国（边）境 6 次。2008 年 3 月，周某向公安机关自首。浙江省临安市人民法院审理后认为，周某的行为已构成偷越国（边）境罪，鉴于其有自首情节，依法可以从轻处罚。2008 年 6 月 17 日，法院以偷越国（边）境罪判处被告人周某拘役 4 个月，缓刑 6 个月，并处罚金 1 万元。[2]

这两个案件发生在 2006 ~ 2009 年，不适用 2012 年最高人民法院、最高人民检察院《关于办理妨害国（边）境管理刑事案件应用法律若干问题的解释》，而适用 2002 年最高人民法院《关于审理组织、运送他人偷越国（边）境等刑事案件适用法律若干问题的解释》，按照后者的规定，“偷越国（边）境 3 次以上”属于情节严重。在第一个案例中，王某琴已 5 次偷越国（边）境，因此，属于《刑法》第 322 条规定的情节严重情况，构成偷越国（边）境罪。在第二个案例中，周某冒用他人之名办理第二代身份证，骗取护照进出我国（边）境 6 次，已经属于“情节严重”。2004 年实施的《居民身份证法》第 18 条第 1 款规定，伪造、变造居民身份证的，依法追究刑事责任。《刑法》第 280 条第 3 款规定了伪造、变造居民身份证罪，从刑法条文内容理解，该罪属行为犯，即只要实施了伪造或变造居民身份证的行为即构成犯罪，但目前尚无司法解释对伪造、变造多少份居民身份证才构成犯罪作出规定。从案件情况看，可以解释（尽管解释不合理）为因为王某琴、周某的犯罪情节轻微，依照《刑法》第 13 条规定的“情节显著轻微危害不大”，不认为是犯罪，不构成伪造、变造居民身份证罪（如果构成，需要解释伪造、变造的含义，并判断是否符合伪造、变造居民身份证罪的构成要件）。依照《居民身份证法》第 17 条的规定，使用骗领的居民身份证或者使用伪造、变造的居民身份证的，由公安机关处

[1] 沈义，段敬杨．冒出姐姐身份办假证　多处偷越国境被判刑［N］．检察日报，2009 - 10 - 28（2）．

[2] 临法，李光．弄虚作假骗取证件　偷越国境被判刑罚［EB/OL］．http：//www. chinacourt. org/article/detail/2008/06/id/308944. shtml.

200 元以上 1000 元以下罚款，或者处 10 日以下拘留，有违法所得的，没收违法所得。根据第 18 条第 2 款的规定，有本法第 16 条、第 17 条所列行为之一，从事犯罪活动的，依法追究刑事责任（2011 年修订的《居民身份证法》第 17 条、第 18 条与 2004 年《居民身份证法》第 17 条、第 18 条的规定相同）。在不构成伪造、变造居民身份证罪的条件下，王某琴、周某使用了虚假的第二代身份证办理了出国护照，但并不构成《刑法》第 319 条规定的骗领出境证件罪，又不构成其他犯罪。因此，其办理虚假身份证、办理护照并利用骗领的护照等出境证件偷越国（边）境，只能构成偷越国（边）境罪。

最高人民法院、最高人民检察院《关于办理妨害国（边）境管理刑事案件应用法律若干问题的解释》规定的“情节严重”还有“3 人以上结伙偷越国（边）境的”。例如，驻深圳的广东公安边防某支队 13 日通报，该支队侦查人员经过近 10 个小时的设伏，于 12 日凌晨破获一起特大外籍团伙偷渡案，当场抓获 12 名涉嫌偷渡香港的外籍人员。据驻守粤港边界一线的广东边防某支队侦查人员介绍，11 日有群众举报称深圳市南山区某宾馆内聚集了大批外籍人员，极有可能是从事偷渡活动。接报后，该支队迅速成立专案组，兵分两路进行前期侦查，一方面到举报地点进行前期侦查，另一方面派人到可能从事偷渡活动的前海边界地段设伏。11 日晚 11 时左右，大批外籍人员离开宾馆，乘坐面包车前往前海边界地段。12 日零点刚过，几十名潜伏官兵采取行动，将 12 名外籍偷渡客全部抓获。经初步审讯，12 名偷渡人员每人向境内外“蛇头”交纳 38 462 孟加拉塔卡（约合人民币 4 000 元）左右的“费用”后，于数天前从广州白云机场进入中国境内，随后乘坐火车到达深圳某宾馆汇集，准备偷渡到香港做“黑工”，不料却被公安边防官兵抓获。本案中，12 名外籍偷渡客从外国偷渡到中国，侵犯了我国的国境管理秩序，人数显然较多，符合“3 人以上结伙偷越国（边）境的”的规定，构成了偷越国境罪。[1]

偷越国（边）境罪的犯罪主体是一般主体，即达到刑事责任年龄，具有刑事责任能力，并实施了偷越国（边）境行为的自然人。中国公民和外国人、无国籍人均可构成本罪。例如，广西公安边防总队发布消息称：该总队根据掌握线索，组织协调崇左边防支队，在崇左边境成功破获一起特

---

[1] 深圳边防抓获 12 名涉嫌偷渡香港的外籍人员［EB/OL］. http://roll.sohu.com/20120513/n343067030.shtml.

大组织运送他人偷越国境案，捣毁一个涉及境外、广西、广东三地的组织运送团伙，抓获组织运送嫌疑人 9 人，偷越国境 Y 国人员 81 人。据悉，该总队今年开展打击非法入境专项整治行动以来，共出动警力 500 余人次，破获组织运送他人偷越国境案 12 起，抓获组织运送者 20 人，偷越国境 Y 国人员 641 名。这些 Y 国人都可以成为本罪的犯罪主体。

偷越国（边）境罪在主观方面是故意，即明知自己的行为是偷越国（边）境，并希望这种结果发生的心理态度。如果行为人不明确或不知道是国（边）境界，而误出或误入的，不能构成本罪。实施本罪的动机是多种多样的，有的是违反了纪律，为了逃避处分；有的是犯了罪，为逃避刑事处罚；有的是为了走私贩毒；有的贪图国外的生活方式等。不同的动机可以作为处罚情节考虑，但不影响犯罪的成立。但一般居民为了探亲访友、赶集、过境耕种、放牧或出国谋生的，或者在边界地区进行生产作业的人员，由于不可抗力进入对方口岸或边境地区避险的，避险原因消除后即刻返回的，一般不宜以犯罪论处，可按我国出入境管理法律、法规的有关规定，给予一定的行政处罚。无论行为人是否意识到自己越境行为的违法性，都不影响其所造成的对出入国（边）境管理秩序的侵害，不影响犯罪故意的成立。

二、偷越国（边）境罪罪数形态的认定

（一）偷越国（边）境罪与非罪的认定

1. 偷越国（边）境罪与违法行为的界限

由于偷越国（边）境的情况比较复杂，一般应作为违法行为由公安机关给予治安处罚，只有情节严重的偷越国（边）境的行为，才能作为犯罪追究行为人的刑事责任。对于“情节严重”，2012 年最高人民法院、最高人民检察院《关于办理妨害国（边）境管理刑事案件应用法律若干问题的解释》第 5 条规定为下列情形：“（一）在境外实施损害国家利益行为的；（二）偷越国（边）境三次以上或者三人以上结伙偷越国（边）境的；（三）拉拢、引诱他人一起偷越国（边）境的；（四）勾结境外组织、人员偷越国（边）境的；（五）因偷越国（边）境被行政处罚后一年内又偷越国（边）境的；（六）其他情节严重的情形。”如果非法越境，情节不严重，不构成犯罪。例如，边境附近居民为了探亲、访友、赶集、过境耕种或谋生等，贪图省事而非法越境的，或者在边境地区误入误出的，以及听信他人谣言蛊惑而偷越国（边）境但情节一般的，均不宜也不应以犯罪

论处。例如，[1] 被告人陈某、吴某均系重庆市南川区人，二人在深圳工作期间，分别认识了马来西亚籍、印度尼西亚籍男友，并谈起了恋爱。后陈某、吴某的男友因各种原因回到各自国内。陈某、吴某为解相思之苦，遂冒用他人身份申领护照，多次从深圳出入境口岸与男友见面。其中被告人吴某于 2003 年 10 月 13 日至 2005 年 12 月 4 日，从皇岗、罗湖出入境口岸，出入印度尼西亚 12 次与男友见面；被告人陈某于 2006 年 8 月 23 日至 2009 年 7 月 20 日，从白云机场、罗湖机场、深圳机场以及黄岗、拱北等出入境口岸，出入马来西亚 18 次与男友见面。2009 年 11 月，被告人陈某、吴某分别到公安机关投案自首。人民法院审理认为，二被告人违反国（边）境管理法规，冒用他人名义，多次出入国（边）境情节严重的行为，已构成偷越国（边）境罪。鉴于其犯罪以后，主动投案自首，在法庭上认罪态度好，有悔罪表现，其偷越（国）边境的目的系与恋人见面，其主观恶性和社会危害不大，遂于 2010 年 1 月依法对被告人陈某（女）、吴某（女）以偷越国（边）境罪分别判处其拘役 3 个月，缓刑 4 个月。吴某非法偷越国（边）境 12 次，陈某非法偷越国（边）境 18 次，无论是按照上述 2002 的司法解释还是 2012 年的司法解释，都远远超过其规定的"偷越国（边）境 3 次以上"，因此，属于情节严重，构成犯罪，虽然她们主观恶性和社会危害不大，但不能以非罪论处。

2. 对于合法出境迂回偷渡行为的定性

合法出境迂回偷渡行为是指持合法的护照、签证出境后，取道中转国，前往目的国的情形，目前我国刑法没有明确规定。有学者认为，从犯罪构成的角度看，偷越国（边）境罪侵犯的客体是我国对出入国（边）境的正常管理秩序，而行为人合法出境迂回偷渡，其违法行为发生在境外，即其行为侵犯的是中转国的国（边）境管理秩序。因此，合法出境迂回偷渡缺乏成立偷越国（边）境罪的客体要件。[2] 另有学者指出，这种情形，行为人以偷越国（边）境为目的，系采取欺骗手段出境，符合偷越国（边）境罪的特征，而且这种情形系当前偷越国（边）境犯罪表现的新特点。因此，对于这种行为，符合《刑法》第 322 条和相关司法解释关于偷越国（边）境罪规定，应当以偷越国（边）境罪定罪处罚。[3] 笔者认为，

---

[1] 李建农．重庆两女子为与异国男友见面偷越边境被判刑［EB/OL］．http：//old. chinacourt. org/html/article/201001/28/393545. shtml.

[2] 袁仙．浅析偷越国（边）境罪的犯罪构成与罪名认定［J］．青春岁月，2010（12）．

[3] 周道鸾，张军．刑法罪名精释［M］．3 版．北京：人民法院出版社，2007：638.

如果行为人以偷越国（边）境为目的，以劳务输出、经贸往来、出国留学、探亲访友等合法、正当的名义，骗取护照、签证出境，出境后以第二国为中转国，然后非法前往第三国，第三国即为行为人实际欲非法滞留的国家，对这种行为依然应当定性为偷越国境。行为人实际上是以合法的形式掩盖其欲偷渡的非法目的，欺骗国家出入境管理机关，违反出入境管理法律法规，符合偷越国（边）境罪的特征。例如，偷渡人员赵某、胡某为达到偷渡至罗马的目的，通过正常途径办理了我国至非洲国家的签证，企图利用搭乘国际航班在瑞士中转的机会非法滞留，再由他人接送偷渡至罗马。显然，赵某、胡某实际上是以合法的形式掩盖其欲偷渡到第三国的非法目的，构成偷越国境罪。

3. 对被遣返的偷渡人员是否应按偷越国（边）境罪论处

对被遣返的偷渡人员是否应按偷越国（边）境罪论处，应当按照不同的情况作出相应的处理。

首先，要正确判断被遣返人员实施偷渡时非法出境的行为是否达到最高人民法院司法解释所规定的情节严重的程度，如果没有达到，则当时的行为就不构成偷越国（边）境罪，被遣返后当然也不能按偷越国（边）境罪论处。2012 年最高人民法院、最高人民检察院《关于办理妨害国（边）境管理刑事案件应用法律若干问题的解释》第 5 条规定的“情节严重”的情形有：①在境外实施损害国家利益行为的；②偷越国（边）境 3 次以上或者 3 人以上结伙偷越国（边）境的；③拉拢、引诱他人一起偷越国（边）境的；④勾结境外组织、人员偷越国（边）境的；⑤因偷越国（边）境被行政处罚后 1 年内又偷越国（边）境的；⑥其他情节严重的情形。在理论上，其他严重情节有如：偷越国（边）境影响国家声誉或引起涉外纠纷等危害后果的；以暴力方法偷越国（边）境的；以暴力、威胁等方法抗拒边防检查的；非法偷越造成恶劣政治影响的；偷越到与我国关系紧张的或敌对的国家以及正与我国交战的国家的；偷越国（边）境动机恶劣的；因违法犯罪为逃避法律追究而偷越国（边）境的；多次偷越国（边）境屡教不改的；国家机关工作人员偷越国（边）境的等。

李某持因私护照到新加坡探亲。1993 年探亲期满后，李某在当地通过一国内“蛇头”以揭换照片形式持伪造的新加坡护照非法入境至日本打工。后李某被日本警方查获遣返回国，当地公安机关对其作出拘留 2 天、罚款 5 000 元的行政处罚。2004 年李某再次持假护照，准备从上海浦东机场至日本，被边检机关查获。

分歧意见：2002 年最高人民法院《关于审理组织、运送他人偷越国（边）境等刑事案件适用法律若干问题的解释》规定，“因偷越国（边）境被行政处罚后 1 年内又偷越国（边）境的”构成偷越国（边）境罪。对李某的行为能否构成偷越国（边）境罪形成两种意见：第一种意见认为，李某从国内出发取道第二国非法进入第三国（即偷渡目的国），其实质是以新加坡为“跳板”达到偷渡的目的，即所谓的“以合法形式掩盖非法目的”，其性质应认定为偷越国境行为，公安机关对其已作过行政处罚，符合“因偷越国（边）境被行政处罚”的情形。所以，其于 1 年内又偷渡，构成偷越国境罪。第二种意见认为，李某 1992 年是持因私护照入新加坡探亲，在这一阶段并无“蛇头”组织、策划偷渡事宜，其本人也没有偷渡他国的犯意，行为人是持合法证件正常出境，并没有实施偷越国境行为。在新加坡探亲期间，在他人的怂恿下，于 1993 年才产生偷渡去日本的想法，并通过当地“蛇头”以揭换照片形式偷渡至日本。应该说，李某偷渡去日本的犯意和行为均在新加坡，其前往日本国是妨害了新加坡与日本国的国境管理秩序，并没有妨害我国的国境管理秩序。因此，李某从新加坡非法进入日本不属于我国法律规定的偷越国境行为。公安机关对李某以偷越国境进行行政处罚是错误的，李某的行为不符合相关司法解释的规定，不构成偷越国境罪。

中国政法大学法学博士王桂萍评析：该案件的定性与行政处罚密切相关，因而需要弄清公安机关对李某以偷越国境作出的行政处罚决定是否正确。《中华人民共和国公民出境入境管理法》第 14 条规定：“对违反本法规定，非法出境、入境，伪造、涂改、冒用、转让出境、入境证件的，公安机关可以处以警告或者 10 日以下的拘留处罚；情节严重，构成犯罪的，依法追究刑事责任。”2003 年 11 月 20 日，李某被日本警方查获遣返回国后，当地公安机关对其作出拘留 2 天、罚款 5 000 元的行政处罚。笔者认为，公安机关的处罚本身没有法律依据，因而是违法的。因为即使李某的行为属于非法出入境，依法也只能处以警告或者 10 日以下的拘留，而不能进行罚款处罚。根据《中华人民共和国行政处罚法》第 3 条的规定：“公民、法人或者其他组织违反行政管理秩序的行为，应当给予行政处罚的，依照本法由法律、法规或者规章规定，并由行政机关依照本法规定的程序实施。没有法定依据或者不遵守法定程序的，行政处罚无效。”既然公安机关的上述行政处罚没有法定依据，就应属于无效的行政处罚。那么李某被无效行政处罚后 1 年内，又冒他人之名持假护照，准备从上海浦东机场非法出境至日本的情形，就不符合“因偷越国境被行政处罚后1年内又偷越国境的”规定的前一个条件，因而不能认定为偷越国境罪。那么，如果公安机关对李某仅处以拘留，因而不违反法律的规定，又当如何处理？笔者认为，如果李某去新加坡前无假道新加坡去日本的目的，则李某因有合法的出境手续，入境为遣返，也不属于非法，所以他的行为不属于非法出进中国国境，因而公安机关如果以非法出进国境对李某进行行政处罚也是无效的，李某不构成偷越国境罪。如果公安机关能够证实李某出国前有假道新加坡偷渡日本的目的，则李某去新加坡就属于偷渡日本行为的一个组成部分，该行政处罚就是正当的，李某的第二次行为就可能构成偷越国境罪。[1]

其次，如果当时的偷越国（边）境行为确实严重，构成犯罪，则还要看是否超过追诉时效，根据我国《刑法》第87条的规定，法定最高刑为不满5年有期徒刑的，经过5年即不再追诉。偷越国（边）境罪的最高法定刑是1年，因而其追诉时效是5年，如果超过5年就不应再受到追诉。有人认为，偷越国（边）境人员偷越国（边）境后直到被遣返，或者直到自行回国，其偷越国（边）境行为一直处于持续状态，因此，对他们就没有所谓的超过追诉时效的问题，均应给予刑事处罚。这实际上涉及对偷越国（边）境行为的既遂与未遂的判断和认识问题。笔者认为，只要行为人成功地偷越了国（边）境，就是既遂，应认为犯罪实施终了，不能把其在国外生活的过程看做偷越国（边）境行为的持续状态。基于此，对偷越国（边）境后被从境外遣返或自行回国的人员，当然应当考虑是否超过了追诉时效的问题。[2]

（二）偷越国（边）境罪与彼罪的认定

1. 偷越国（边）境罪与运送他人偷越国（边）境罪的界限

运送他人偷越国（边）境罪和偷越国（边）境罪的犯罪主体都是一般主体，在犯罪主观方面都是直接故意，犯罪行为的实施都侵犯了国家对国（边）境的正常管理秩序。两罪的区别在于：①犯罪对象不同。运送他人偷越国（边）境的犯罪对象是被偷运的偷渡者；而对于偷越国（边）境的犯罪对象，通说认为本罪没有犯罪对象，少数学者认为犯罪对象是国家对

---

❶ 刘道全．从他国偷渡是偷越国境行为吗——关键看犯意产生于国内还是他国［N］．检察日报，2006-3-22（4）．

❷ 张保平，等．边防刑事执法理论与实务研究［M］．北京：群众出版社，2006：61．

国（边）境的管理活动。②犯罪客观方面的表现形式不同。运送他人偷越国（边）境罪在客观方面表现为，违反国（边）境管理的有关法律、法规的规定，以车、船、航空器等交通运输工具，或者徒步护送、带领等方式，将他人偷运出国（边）境的行为；而偷越国（边）境罪在客观方面则表现为，违反国（边）境管理法规，非法出入国（边）境的行为。③犯罪直接故意的内容不同。运送他人偷越国（边）境罪的直接故意内容是，明知运送他人偷越国（边）境的行为会发生将他人偷越国（边）境，从而破坏国家对出入国（边）境的正常管理秩序的危害结果，但行为人仍决意实施这一行为并希望这一危害结果的发生；偷越国（边）境罪的直接故意的内容是，明知偷越国（边）境的行为违反了国家出入境管理的有关法律、法规的规定，会对我国出入国（边）境的正常管理秩序造成破坏，行为人仍然决意实施这一行为并希望这一危害结果的发生。简言之，运送他人偷越国（边）境罪在主观方面是运送故意，而偷越国（边）境罪则是一种偷越故意。

另外，构成运送他人偷越国（边）境罪，要求行为人明知其运送的是偷越国（边）境的犯罪分子，运送者的运送行为客观上也配合和促成偷越者实现偷越的目的，因此，运送人实际上构成偷越国（边）境罪的共犯。学界一般认为，偷越国（边）境罪法条的内容包含了运送他人偷越国（边）境罪的法条内容，也就是发生了法条竞合现象。其中，偷越国（边）境罪法条是普通法条，运送他人偷越国（边）境罪法条是特别法条，对运送人实施的运送行为，根据“特别法条优先于普通法条”适用的法条竞合处理原则，将以运送他人偷越国（边）境罪定罪处罚，至于被运送的偷渡者，因其行为仅符合偷越国（边）境罪的构成要件，因而如果偷越国（边）境行为的社会危害程度已达到了犯罪的程度，则以偷越国（边）境罪论处；相反，如果偷越国（边）境行为的社会危害程度尚未达到犯罪的程度，则对行为人依照《中华人民共和国治安管理处罚法》的有关规定予以相应的行政处罚。

2. 骗取出境证件后偷越国（边）境的行为的认定

行为人在骗取出境证件后偷越国（边）境的，应按偷越国（边）境罪处理。虽然《刑法》在第319条规定了骗取出境证件罪，但骗取出境证件罪的犯罪构成除了要有以劳务输出、经贸往来或者其他名义弄虚作假骗取护照、签证等出境证件的行为外，还要求有为组织他人偷越国（边）境使用的目的，因此，行为人没有用于组织他人偷越国（边）境的目的，而是为自己偷越国（边）境使用的，则骗取出境证件的行为实际是偷越国（边）境的准备行为，因而应按偷越国（边）境罪论处较为适宜。[1] 例如，[2] 因在境外的生意红火，阙某因在境外逗留时间超过了规定时间，2003 年在返回口岸时便被收缴了护照，并被告知 5 年内不得出入国（边）境。挣钱心切的她，找到好友曾某，借其户口本和身份证办理了一张自己人像的居民身份证，然后拿着曾某的户口本和刚办理的身份证办理了护照。在 2003 ~ 2005 年，阙某冒用曾某的身份先后出入境 8 次。因用曾某身份的护照出入境次数太多，担心大使馆拒签的阙某找到刘某，用同样的手段冒用刘某的信息办理了护照。在 2006 年至 2008 年，阙某冒用刘某的身份先后出入境 6 次。2009 年 11 月，合川区公安民警通过公安信息系统中的人像、个人资料等对比，发现阙某曾持冒用他人身份信息办理的出入境证件出入了中华人民共和国国（边）境，至此，前后共偷越国境 14 次的阙某被立案逮捕。合川区法院经审理后认为，被告人阙某违反出入境管理法规，先后 14 次冒用他人身份在公安机关办理护照，非法出入中华人民共和国国境到马来西亚、印度尼西亚，系偷越国境，情节严重，其行为已触犯国家刑律，构成偷越国境罪。鉴于被告人阙某犯罪后认罪态度较好，且有悔罪表现，依法可酌情从轻处罚并适用缓刑。法院判处阙某犯偷越国境罪，判处拘役 6 个月，缓刑 1 年，并处罚金人民币 2 000 元。本案中，阙某骗取出境证件，不是为了组织他人偷越国（边）境使用，而是为自己出入马来西亚、印度尼西亚做生意，不能构成骗取出境证件罪，应认定为偷越国境罪。

3. 特殊主体的人员偷越国（边）境的处理

偷越国（边）境罪与叛逃罪的共同特点是行为人都实施了非法出境的行为，但却存在着本质的区别：①侵犯的客体不同。本罪侵犯的直接客体是国家对出入国（边）境的管理制度，而后罪则是危害国家安全。②犯罪主体不同。本罪的主体是一般主体，而后罪则是特殊主体即国家机关工作人员。③犯罪场合不同。法律对本罪的实施无特定场合要求，而后罪的实施必须是在履行公务期间擅离岗位，叛逃境外或者在境外叛逃。④犯罪主观故意的内容不同。本罪是偷越的故意，后罪是叛逃的故意。国家机关工

---

[1] 张保平．妨害国（边）境管理犯罪侦查实务［M］．北京：中国人民公安大学出版社，2001：51.

[2] 邹金燕．重庆一居民为挣钱十四次偷越国境被判刑［EB/OL］．http：//www. chinacourt. org/article/detail/2010/01/id/391054. shtml.

作人员在履行公务期间，擅离岗位，偷越国（边）境，危害我国国家安全的，属叛逃性质，违反了《刑法》第109条的规定，虽然也触犯了《刑法》关于偷越国（边）境罪的规定，但国家机关工作人员属于特殊主体，按照特别法优于普通法的原则，应按叛逃罪处理。但国家机关工作人员不是在履行公务期间，不存在擅离岗位的情况，且偷渡行为也没有危害我国的国家安全的，则按偷越国（边）境罪处理。

偷越国（边）境罪与军人叛逃罪也有很多的不同点。①犯罪侵犯的客体不同。偷越国（边）境罪侵犯的同类客体和直接客体都是国家对国（边）境的正常管理秩序；而军人叛逃罪侵犯的同类客体是我国的军事利益，直接客体是国家的国防安全和军人永不叛国的职责。②犯罪客观方面的具体表现形式不同。偷越国（边）境罪在客观方面表现为，违反国（边）境管理法规，偷越国（边）境，情节严重的行为；而军人叛逃罪在客观方面则表现为，在履行公务期间，擅离岗位，叛逃境外或者在境外叛逃的行为。③犯罪主体不同。偷越国（边）境罪的犯罪主体是一般主体，无论中国公民、外国人还是无国籍人均可成为偷越国（边）境罪的犯罪主体；而军人叛逃罪的犯罪主体则只能是现役军人。④犯罪主观故意的内容不同。偷越国（边）境罪是偷越的故意，军人叛逃罪是叛逃的故意。军人在履行公务期间，擅离岗位，偷越国（边）境，危害国家军事利益的，触犯了《刑法》第430条军人违反职责罪中军人叛逃罪的规定，虽然也触犯了刑法关于偷越国（边）境罪的规定，但由于军人是特殊主体，因此，按照特别法优于普通法的原则，应按军人叛逃罪处理。公安边防部队作为执行人民解放军条例条令的现役部队，其官兵如有符合关于军人叛逃罪的犯罪构成行为的，也能构成军人叛逃罪。但现役军人不是在履行公务期间擅离岗位，偷越国（边）境也没有违背职责危害我国军事利益的，应按照偷越国（边）境罪处理。

（三）偷越国（边）境罪与数罪的认定

1. 拉拢、引诱他人一起偷越国（边）境行为的认定

2012年最高人民法院、最高人民检察院《关于办理妨害国（边）境管理刑事案件应用法律若干问题的解释》第1条的规定，如果是在首要分子的指挥下实施拉拢、引诱他人偷越国（边）境行为的，应当以组织他人偷越国（边）境罪论处。可见，拉拢、引诱行为作为构成组织偷越国（边）境罪的一个必要条件，必须是在首要分子的指挥下来实施，否则不能按照组织他人偷越国（边）境罪论处。

那么，如果不是在首要分子的指挥下实施拉拢、引诱行为，应该如何认定呢？2012 年最高人民法院、最高人民检察院《关于办理妨害国（边）境管理刑事案件应用法律若干问题的解释》第 5 条规定，拉拢、引诱他人一起偷越国（边）境的属于构成偷越国（边）境罪所必需的“严重情节”之一。通过以上这两条规定，可以归纳出：如果行为人自己偷越国（边）境，并且同时拉拢、引诱他人和自己一起偷越国（边）境的，该拉拢和引诱行为只是使其行为达到构成偷越国（边）境罪标准的一个必要情节之一，此时，该行为人构成偷越国（边）境罪的实行犯；如果行为人自己不偷越国（边）境，只是出于牟利或者其他目的拉拢、引诱其他人偷越国（边）境的，其行为完全符合偷越国（边）境罪的教唆犯的特征，可以按照偷越国（边）境罪的教唆犯论处。

2. 在实施偷越国（边）境行为的过程中牵连其他行为的处理

行为人偷越国（边）境的动机目的各不相同。其中有一部分人偷越国（边）境是为了进行走私、贩毒等犯罪活动。如 2004 年海南省公安边防总队海警某支队成功查获 1 艘涉嫌偷越国（边）境的“三无”钢质船只，抓获涉嫌偷越国（边）境人员 5 人。经调查，这 5 名涉嫌偷越国（边）境人员均系福建人，他们以非法手段获得这艘濒临报废的铁船，企图偷越国（边）境从事非法走私活动。海警某支队依据 1996 年《刑事诉讼法》第 83 条之规定，对这艘“三无”船只及 5 名人员以涉嫌偷越国（边）境案立案进行处理。[1]

还有一些人在犯罪预备阶段，为了偷越国（边）境而骗取护照、签证等出境证件或者伪造、变造护照、签证等出入境证件；有的为了偷越国（边）境劫持车辆、船舶。为了偷越国（边）境而骗取护照、签证等出境证件的行为，前文已有论及。这几种情况，实际上都属于牵连犯，应按照从一重处的原则处理，鉴于走私犯罪、毒品犯罪、伪造变造公文证件印章犯罪、劫持船舶、汽车犯罪的法定刑都要重于偷越国（边）境罪，当偷越国（边）境罪与上述犯罪发生牵连关系时，一般以走私犯罪、毒品犯罪、伪造变造公文证件印章犯罪、劫持船舶、汽车犯罪的相应罪名定性处罚，就不再按照偷越国（边）境罪进行论处了。[2] 例如，2005 年，越南籍农民杜某颜天天都做着发财梦，虽然挣钱的方式有很多种，但他却选择了走私

---

[1] 海上无硝烟的战争　拦截偷越国（边）境“三无”船［EB/OL］. http：//www.hq.xinhuanet.com/news/2004－11/12/content_3205855. htm.

[2] 张保平，等. 边防刑事执法理论与实务研究［M］. 北京：群众出版社，2006：60.

毒品。2005年杜某颜携带毒品偷渡进入了中国广西东兴市。他刚一上岸，就被防城港市公安边防支队侦察队盯上了。当杜某颜走到某宾馆门口附近时，公安民警迎上前要对其进行盘查。情急之下，杜某颜遂将藏在身上的一包毒品扔到了附近的花圃中，他的这一举动没有逃过公安民警的法眼。被缴获的毒品重111.7克，经刑事科学技术鉴定，从中检出了海洛因成分。法院审理后认为，杜某颜明知是毒品海洛因仍非法从越南偷渡越境携带入中国境内，违反了我国刑法和海关法规及毒品管制法规，加上其逃避海关监管的行为，已构成走私毒品罪。遂依法以走私毒品罪，判处杜某颜无期徒刑，并处没收个人全部财产。一审宣判后，杜某颜不服，向高级法院提起上诉，请求二审法院查明事实，从轻判处。高级法院审理后认为，原判认定事实清楚，证据确凿充分，定罪准确，量刑适当，适用法律正确，审判程序合法，杜某颜的上诉理由不充分，其行为已构成走私毒品罪，依法应予以严惩。高级人民法院依法终审裁定驳回了杜某颜的上诉，作出了维持原判的判决。[1]

3. 本人在自己偷越国（边）境过程中又实施了组织他人偷越国（边）境行为的认定

前文在组织他人偷越国（边）境罪与偷越国（边）境罪的区别中已经论述了“组织他人偷越国（边）境行为与偷越国（边）境行为相互交织，即组织他人偷越国（边）境的行为人自身也参与被组织的共同偷越国（边）境行为的，应当如何定性处理”的问题，这里再简单提及。如果单纯从构成要件上进行比较，两者的界限不难明确。但是在实践中会存在组织他人偷越国（边）境行为与偷越国（边）境行为相互交织的现象，即组织他人偷越国（边）境者本人也参与偷越国（边）境。对于该种情形应如何处理，理论上形成了以下几种观点：观点一认为，在这种情形下，两罪之间存在牵连关系，应当从一重罪处断，即以组织他人偷越国（边）境罪论处；[2] 观点二认为，组织他人偷越国（边）境罪与偷越国（边）境罪是两种不同的行为，应当实行数罪并罚；观点三认为，该种情形下成立吸收犯，应该按照高度行为吸收低度行为的原则，以组织他人偷越国（边）境罪论处。[3] 笔者同意第三种观点。首先，行为人实施了两个相对独立的行

---

[1] 刘兴发，杨秀善．越南农民携毒偷渡中国　上岸被抓被判无期［EB/OL］．http：//case.148365.com/18539.html.

[2] 郭立新，杨迎泽．刑法分则适用疑难问题解［M］．北京：中国检察出版社，2000：313.

[3] 龚培华，肖中华．刑法疑难争议问题与司法对策［M］．北京：中国检察出版社，2002：543.

为，一个是组织他人偷越国（边）境的行为，一个是自己偷越国（边）境的行为；其次，这两个行为之间不存在内在的手段行为和目的行为或者原因行为与结果行为的牵连关系，因此不宜以牵连犯对待；再次，对这两个行为不应数罪并罚，因为这两个行为之间还是存在某些必要的关联。这个特定的关联表现在行为人是在同一个机会里实施了这两个行为。从组织他人偷越国（边）境罪和偷越国（边）境罪所侵犯的客体来看，都是侵犯了国家的出入境管理秩序。既然行为人是在时间较为接近的同一机会里实施了这两个行为，在主观上反映出行为人的同一个反规范的人格态度，在客观上侵犯了同一个客体。因此对这两个行为可以进行包括的单一评价，用其中的重罪来吸收轻罪。❶

三、偷越国（边）境罪的既遂与未遂的区分

对此问题，主要存在三种观点。第一种观点认为，偷越国（边）境到达足以偷越国（边）境的地点的，就可以认定既遂。第二种观点认为，行为人只有偷越国（边）境成功，才能认定是既遂，如果行为人虽然已经着手实施偷越国（边）境行为，但未能偷越成功，那么只能以未遂论处。第三种观点认为，从司法实践情况出发，实践中偷越国（边）境分子被抓获的，一般都是在边境地区还没有越过国（边）境的人员，如果行为人越过了国（边）境才认定为既遂，不利于打击偷越国（边）境犯罪。

笔者赞同第二种观点。因为按照《刑法》第 23 条的规定，犯罪未遂是指已经着手实行犯罪，由于犯罪分子意志以外的原因而未得逞的犯罪停止形态。犯罪未得逞是区别于既遂与未遂的根本标志，因此，偷越国（边）境而没有得逞，当然是犯罪未遂。具体来说，从陆地边界偷越国（边）境的，在越过国（边）界之前被查获的；从空港口岸持伪、假出入境证件企图蒙混过关未能得逞的，或者虽然已抵达对方口岸，但被对方发觉，被原机遣返的；从海港口岸持伪、假出入境证件企图蒙混过关未能得逞的，或者虽然已抵达对方海港，但被对方发觉，被原船遣返的；从海上乘专门运载偷渡人员的船舶偷越国（边）境的，在海上被海警部门查获，或者在进入对方海域时受到对方驱赶被迫返回的，均属于未遂。❷ 如果未从指定口岸、通道偷越（边）境的，以行为人是否跨越我国的国（边）境

---

❶ 王明辉，杜鹃．偷越国（边）境案件的法律适用问题探究［J］．黑龙江省政法管理干部学院学报，2007（2）．

❷ 张保平，等．边防刑事执法理论与实务研究［M］．北京：群众出版社，2006：59.

线作为判断既遂的标准，只要行为人进入或越出我国国（边）境、界河的主航道中心线或我国的实际控制范围，即可认定是既遂。[1] 例如，2011 年 8 月 9 日 16 时许，百色边防官兵接到群众举报后，果断采取行动，在那坡往靖西方向路段距县城 10 公里处，成功从一辆卧铺客车上查获非法入境越南人 23 人和涉嫌组织他人偷越国（边）境的中国籍男子 1 名。8 月 11 日 16 时许，百色边防官兵根据可靠情报，及时出警，成功在广西靖西县城东路海关路口查破一起涉嫌组织他人偷越国边境案，当场查获 15 名越南籍非法入境人员、抓获 1 名涉嫌组织他人偷越国边境中国籍男子农某。[2] 这两个案例中的越南籍偷渡人员是从陆路非法进入我国境内的，其已经越过我国与越南的国境界限，应认定为构成偷越国境罪的既遂。又如，2009 年 9 月 8 日 3 时许，广东省公安边防总队某支队成功侦破一个特大团伙偷渡案，现场抓获涉案人员 11 名，查扣运送小汽车一辆和一艘专用于组织海上偷渡活动的 250 匹马力的快艇。2009 年 7 月初，边防某支队接到群众举报，称近期有人在珠海拱北一带从事偷渡活动。支队经过为期 2 个多月的缜密侦查，确定这是一个境内外“蛇头”相互勾结的偷渡团伙，专门组织、运送大陆“人蛇”偷渡澳门地区以牟取暴利。9 月 7 日晚，侦查人员掌握到该团伙将于 8 日组织一批“人蛇”偷渡澳门的准确消息后，迅速部署抓捕方案。8 日 3 时许，一辆小型面包车缓缓驶到珠海市斗门区湖心路口海堤边，这时海上驶来一艘快艇也慢慢靠到了岸边。夜色之中，车上先后下来 9 名可疑人员。就在他们陆续登上快艇时，守候多时的边防官兵突然出击，迅速将驾驶快艇的男子制伏，当场抓获涉嫌组织运送者 2 名和涉嫌偷渡人员 9 名。据涉嫌偷渡人员交代，6 名男子分别来自湖南、江苏、浙江等地，3 名年轻女子来自黑龙江。“蛇头”诱惑说“澳门赚钱容易”，这些人交了 4 000～5 000 元的偷渡费用后，踏上了偷渡之路。本案中 9 名大陆偷渡人员企图乘专门运载偷渡人员的快艇最后通过水路偷渡到澳门，被早已埋伏的公安边防人员查获，应认定为偷越边境罪的未遂。

四、偷越国（边）境罪共同犯罪的认定

（一）协助他人偷渡的行为的处理

协助他人偷越国（边）境，是认定为偷越国（边）境罪的共犯，还是

---

[1] 袁仙．浅析偷越国（边）境罪的犯罪构成与罪名认定［J］．青春岁月，2010（12）．

[2] 广西百色边防破获特大偷越国境案抓捕 107 人［EB/OL］．http：//news.qq.com/a/20110819/000658．htm．

认定为运送他人偷越国（边）境罪，应当具体问题具体分析。认定的关键点是看协助行为是否具有运送的性质，如果具有运送的性质，就认定为运送他人偷越国（边）境罪；反之，则认定为偷越国（边）境罪的共犯。

如果是为偷越国（边）境人员出谋划策、提供资金、借用交通运输工具、通信工具，但自己并未出面运送的，或者实施其他帮助行为，但并不是运送行为的，应构成偷越国（边）境行为的共犯，根据其情节轻重，决定是按偷越国（边）境罪立案侦查，还是予以行政处罚。例如，偷渡人员徐某、潘某为达到偷渡至意大利的目的，通过正常途径办理了我国至非洲国家的签证，企图利用搭乘国际航班在荷兰中转的机会非法滞留，再由他人接送偷渡至意大利。被告人刘某、崔某先后多次受人指使，由刘某将徐某、潘某等偷渡人员带至浦东机场，并告知他们如何应对安检；由崔某将其购买的徐某、潘某等人的机票送至浦东机场，并帮助徐、潘等人填写出境卡。徐某、潘某等人在登机检查中因形迹可疑被边检人员查获。对被告人刘某、崔某的行为应如何认定，存在两种不同的意见：第一种意见认为，被告人刘某、崔某明知他人偷越国境而故意运送他人出境，其行为构成运送他人偷越国境罪；第二种意见认为，被告人刘某、崔某的行为应认定为偷越国境罪的帮助犯，以偷越国境罪论处。笔者赞成第二种意见。本案的争议焦点是如何看待被告人刘某、崔某带领偷渡人员至机场、告知如何应对安检、送机票等一系列行为，是将这些行为视为具有运送他人偷越国境的性质，还是将其看成是偷越国境罪的帮助犯。首先，徐某、潘某的行为当属偷渡性质。偷越国（边）境罪在客观方面表现为行为人违反国（边）境管理法规，非法出入我国国（边）境，情节严重的行为。偷越国（边）境的手段和方法可以是多种多样的，包括借劳务输出、经贸往来等名义，骗取护照、签证出境，以第二国为中转，前往第三国等手段。其次，两被告人协助偷渡人员偷越国境的行为应当认定为偷越国境罪（共犯）。从刑法对运送他人偷越国（边）境罪罪状的描述来看，运送他人偷越国（边）境在客观上主要表现为行为人使用车、船等交通工具或者徒步带领，将他人非法送出或接入国（边）境的行为。本案两被告人实施了为偷渡人员购买机票、填写出境卡、教授如何应对安检等行为，这些行为尚不具有“运送”的性质，只能看成是协助偷渡人员偷越国境。运送他人偷越国（边）境，最明显的特征是要将偷渡人员送出或接入国（边）境。本案中的偷渡人员在实施整个偷渡过程中均为自行出境，并未依靠两被告人出境。两被告人实施的送机票、代为填写出境卡的行为仅仅是方便了偷渡人员出境，而无法使偷渡人员当然出境；教授应对安检的行为只能看成对偷渡技巧的传授，偷渡人员仍然需要依赖自己的具体作为来达到偷越国境的目的。持第一种观点者主张将本案被告人的行为视为运送，因为刑法及相关司法解释对运送的表现形式未做具体规定，就不应仅仅局限于使用交通工具或者徒步、泅水等直接运送的方式，间接运送也应认定为运送。基于前面的分析，我们不赞成对运送他人偷越国（边）境罪客观方面表现过于扩大解释，而应严格依据《刑法》第321条的表述进行理解。当然，如果本案有证据证实两被告人的帮助行为是组织他人偷越国（边）境犯罪的一个环节，应当认定为组织他人偷越国（边）境罪。但本案缺乏这方面的证据，因而只能认定两被告人的行为构成偷越国（边）境罪（共犯）。[1]

如果行为人不但为偷越国（边）境提供交通运输工具，而且还亲自操纵或驾驶、引领、运送其偷越国（边）境，或利用自己在远洋轮船上工作的方便，或利用自己的小型船舶往来港澳台与内地的方便条件，藏匿或引领偷渡者出入境，则以运送他人偷越国（边）境论。例如，2006年4月20日，宁波公安边防某支队会同宁波边防检查站执勤官兵，在对停泊在宁波港的柬埔寨籍“戴埠一号”轮实施出境边防检查时，发现一个秘密修建的小暗舱，并从暗舱中当场查获4名准备随船偷渡前往韩国的偷渡人员。这4名偷渡人员分别来自福建、山东等地。随后，宁波公安边防某支队和边防检查站对此案展开侦查，抓获了组织偷渡的吉林人金某和金某某。法院作出一审判决：韩国籍船长金某和船员黄某因运送他人偷越国境罪分别被判处有期徒刑1年和10个月，并处罚金、驱逐出境；福建人薛某春和吉林人金某哲、金某国三人因犯组织他人偷越国境罪分别被判处有期徒刑7年、3年、1年零6个月并处罚金；余某兴因犯偷越国境罪被判处有期徒刑10个月，并处罚金。[2]

如果通过向偷渡者提供自己使用的出入境证件，为其偷渡提供方便的，则还要作进一步的分析：如果行为人先将自己的护照等出入境证件通过揭换照片等方式进行变造，然后提供给偷渡者，则构成提供伪造、变造的出入境证件罪；如果行为人提供的是真实的出入境证件，希望偷渡者能侥幸蒙混过关，则按偷越国（边）境的共犯论，根据其情节决定是否以偷

---

[1] 曹坚．偷越国（边）境犯罪的司法适用疑难问题［J］．四川警官高等专科学校学报，2005（6）．

[2] 曾祥生，伯钧，黄伟．外轮暗舱内藏偷渡客　涉嫌偷越国境被判刑［N］．检察日报，2006-10-30（2）．

越国（边）境罪论处，如果情节轻微，不构成偷越国（边）境罪，则按照有关行政法律法规予以行政处罚。[1]

（二）介绍他人偷越国（边）境行为的认定

前文对“介绍他人偷越国（边）境的行为是否属于组织他人偷越国（边）境罪”已经有所论述，主要是从组织他人偷越国（边）境罪展开说明的。这里主要从偷越国（边）境罪的视角重新论述。先看一案例：2009年9日早8时许，惠州边防支队某站教导员周某带领5名官兵巡逻至盐洲大桥附近时发现，有一群外国人形迹可疑，不时拦住路人用英语问路，言语中不时出现“hongkong”一词。巡逻官兵立即对其进行盘查，得知16名外籍人员中有13名孟加拉人、3名斯里兰卡人，身上均无合法有效中国签证，便将他们带回工作站继续调查。经初步审讯查明，16名外籍人员承认了准备偷渡到香港打工的犯罪事实，并供述了偷渡过程。16名南亚籍涉嫌偷渡人员在本国经人介绍，交纳了3 000至5 000美元不等的费用后，从越南非法潜入中国境内；后在2名中国“蛇头”的安排下从深圳乘坐1艘摩托艇出海前往香港，大约在海上漂了4个小时后，摩托艇停靠在一个海滩上，“蛇头”声称已经到达香港，让他们赶紧下船。没想到他们一下船，摩托艇就飞快地离开了。16位“偷渡客”错把惠州当香港，正打算开始“淘金之旅”，却不料问路时被边防官兵抓获，这才知道已上当受骗。[2] 本案中，16名南亚籍涉嫌偷渡人员是经人介绍后非法偷越中国的。所谓介绍他人偷越国（边）境，是指在司法实践中，有些人在偷渡分子和组织他人偷越国（边）境的犯罪分子之间牵线搭桥、居间介绍的情形。对此介绍行为如何认定，理论上存在以下几种观点：观点一认为，应该以组织他人偷越国（边）境罪论处；观点二认为，应当以偷越国（边）境罪论处；观点三认为，介绍人既不是组织者，其本人又未偷越国（边）境，故不宜定罪；观点四认为，介绍他人偷越国（边）境，通常是在偷越国（边）境的组织者和偷越者之间牵线搭桥，对偷越国（边）境的组织者和偷越国（边）境者都是明知的，在此情形下，其介绍行为分别对组织者和偷渡者起到了帮助作用，同时构成组织他人偷越国（边）境罪的共犯和偷越国

---

[1] 张保平．妨害国（边）境管理犯罪侦查实务［M］．北京：中国人民公安大学出版社，2001：54．

[2] 孔博，毛一竹．16位外籍“偷渡客”错把惠州当香港被边防官兵抓获［EB/OL］．http：//news．xinhuanet．com/legal/2009－08/10/content_ 11858204．htm．

（边）境罪的共犯，属于一行为触犯数罪名的想象竞合犯。根据从一重处断的原则，应该认定为组织他人偷越国（边）境罪的共犯。[1] 在以上观点中，观点一和观点二简单地认为介绍他人偷越国（边）境的行为只能构成组织他人偷越国（边）境或者偷越国（边）境中的一个犯罪，其结论有些武断和片面。观点三认为介绍他人偷越国（边）境的行为不构成犯罪，其结论更难以令人接受。比较之下，观点四看到了问题的实质，其结论也较为合理。

在两种相对向的犯罪行为之间进行居间介绍是刑法中的一类较为特殊的犯罪行为，如介绍贿赂的行为、介绍卖淫的行为等等。有些介绍行为，刑法出于惩治犯罪的需要，单独规定了一个罪名，介绍贿赂罪就是一个示例。而有些介绍行为并没有被规定为独立的罪名，如在组织他人偷越国（边）境和偷越国（边）境两种行为之间进行介绍的行为。对于立法上明确规定为独立犯罪的介绍行为，直接按照相应的罪名定罪处罚即可。而对于没有明确规定为独立罪名的犯罪，其法律适用就相对复杂，必须合理地运用刑法原理进行分析。在组织他人偷越国（边）境和偷越国（边）境两罪之间进行介绍的行为，从行为人的主观故意内容和客观行为性质上均具有双重属性：一方面行为人具有组织他人偷越国（边）境的故意，并对组织偷越国（边）境的行为具有帮助作用，另一方面具有偷越国（边）境的故意，并对偷越国（边）境的行为具有帮助作用。但是需要看到的是，这双重的故意内容和行为效果是通过一个行为来实现的，即一个行为触犯了数个罪名，这恰好符合了刑法中想象竞合犯的特征。具体来讲，是一个介绍行为触犯了组织他人偷越国（边）境罪（共犯）和偷越国（边）境罪（共犯）这两个罪名，应该按照从一重处断的原则，在组织他人偷越国（边）境罪和偷越国（边）境罪之间择一重罪处断。[2]

第四节 破坏界碑、界桩罪

一、破坏界碑、界桩罪的概念和犯罪构成

破坏界桩、界碑罪，是指故意破坏国家边境的界桩、界碑的行为。

本罪侵犯的客体是国家对边境界桩、界碑的正常管理秩序。区分国与

---

[1] 龚培华，肖中华．刑法疑难争议问题与司法对策［M］．北京：中国检察出版社，2002：543.

[2] 王明辉，杜鹃．偷越国（边）境案件的法律适用问题探究［J］．黑龙江省政法管理干部学院学报，2007（2）．

国之间的领土疆界，需要一些标志，这就是边国界标志，即为确定国界线走向而设立或确认的人工或天然的标志物。国界标志主要有界标（桩）、附标（桩）、界（附）标方位物、界碑、辅助标志、界路、界树、骑线进、泉、三角点、标高点等。国界标志可以是自然物，如山脉、河流等；在无自然物可选择，或者为了明确国界线在自然物体上某些部位的准确位置的情况下，往往需要采用人工标志。本罪的犯罪对象仅限于由国家确立的国家边境的界碑、界桩。界碑、界桩是指我国政府与邻国按照条约规定或者历史上实际形成的管辖范围，在陆地等接壤地区埋设的指示边境分界及其走向的标志物。界碑、界桩是经我国与领土接壤国精心测量，经我国和接壤国认可的领土分界线的标志，它涉及两国领土范围的问题，任何人不得擅自移动和破坏，否则，就有可能直接造成疆界的乱混，引起两国间不必要的领土纠纷乃至战争，给国家和人民在政治上、经济上造成重大损失，这一点是本罪与破坏公私财物罪的主要区别。

本罪在客观方面表现为非法破坏国家边境界碑、界桩的行为。这里，所谓“破坏”行为，主要是指毁坏、捣毁、盗窃、拆除、损坏、掩埋、移动位置等等。不论采取什么方法，只要使国家边境的界碑、界桩失去了原有的作用，都应视作破坏行为。本罪的行为对象必须是国家国境的界碑、界桩。界碑和界桩没有实质的区别，只是形状不同。国家边境上的界碑、界桩，是设立在与我国领土接壤地区内的、用以划分我国与接壤国疆界的标志物，是标志国家领土范围的标记，它既可以是永久性的，也可以是根据条约规定埋设的，还可以是按照历史形成的管辖范围埋设的。至于界碑、界桩的具体形式如木桩、铁桩、石碑等，均在所不问。

本罪主体是一般主体，即年满 16 周岁以上、具有刑事责任能力的自然人，可以是中国人，也可以是外国人。

本罪在主观方面表现为故意，即行为人明知自己的行为是破坏界碑、界桩并希望或放任这种结果的发生。至于犯罪动机则可能是多种多样的，如有的是为了贪财，有的是为了泄愤，有的是为了报复私仇进行栽赃陷害等，不同的动机对成立本罪不发生影响，但是可以作为量刑情节考虑。过失破坏国家边境界桩、界碑的，不能构成本罪。

二、破坏界碑、界桩罪罪数形态的认定

（一）破坏界碑、界桩罪与非罪的认定

（1）从犯罪对象上讲，其一，破坏界桩、界碑罪的犯罪对象只是界碑

和界桩，即直接或间接地标示了国界线所经过的某些点位的国界标志，而不包附标、界（附）标方位物和其他边界标志。破坏界桩、界碑以外的国界标志，不能构成破坏界桩、界碑罪。但是，需要指出的是，界桩、界碑在实践中有不同的称谓和表现形式：比如在中哈、中吉边界按中俄不平等条约设立的界牌鄂博的国界标志，就属于界桩的范畴；中巴边界的界桩有四种类型，即大型水泥界桩、小型水泥界桩、简易界桩以及带国徽的大型界桩。因此，只要破坏的是直接或间接地标示了国界线所经过的某些点位的国界标志，不论其在实践中的称谓和表现形式，都是可以构成破坏界桩、界碑罪。其二，行为人破坏的必须是处于国家边境的作为直接或间接地标示了国界线所经过的某些点位的国界标志的界桩、界碑。如果行为人破坏的是用于划分国内行政区域或者其他用途的界桩的，就不构成破坏界桩、界碑罪。❶

（2）从犯罪客观行为看，破坏界碑、界桩罪是以非法地对界碑、界桩的拆除、移动等为前提的，因此，如果是经边境两国一致同意，而由有关方面组织人员依法对界碑、界桩进行改变、拆除、移动的，则属于完全合法的行为，不能以犯罪论处。

（3）从犯罪危害程度方面看，根据2000年公安部《关于妨害国（边）境管理犯罪案件立案标准及有关问题的通知》的规定，采取盗取、毁坏、拆除、掩埋、移动等手段破坏国家边境的界碑、界桩的，应当立案侦查。破坏三个以上界碑、界桩的，或者造成严重后果的，应当立为重大案件。因此，对于未达到上述立案标准的破坏国家边境的界桩、界碑的行为，只能按照行政违法行为处理。根据《治安管理处罚法》第33条的规定，有下列行为的，处10日以上15日以下拘留：移动、损毁国家边境的界桩、界碑以及其他边境标志、边境设施或者领土、领海标志设施的；非法进行影响国（边）界线走向的活动或者修建有碍国（边）境管理设施的。

（二）破坏界碑、界桩罪与彼罪的认定

1. 破坏界碑、界桩罪与故意毁坏财物罪的界限

本罪所侵害的对象是特定的界碑、界桩。故意毁坏财物罪侵害的对象很广。本罪与故意毁坏财物罪在犯罪客体、犯罪主观内容等方面也是不同的。破坏界桩、界碑罪与故意毁坏财物罪的区别主要在于：

（1）犯罪客体不同。破坏界桩、界碑罪的客体是国家对国（边）境的

---

❶ 喻海松．破坏界桩、界碑罪之司法适用探析［J］．云南警官学院学报，2006（4）．

管理秩序；而故意毁坏财物罪的客体是公私财产所有权。

（2）犯罪对象不同。破坏界桩、界碑罪的犯罪对象是特定的，是直接或间接地标示了国界线所经过的某些点位的国界标志的界桩、界碑，这些界桩、界碑是指示我国与邻国边境的分界及其走向的标志物，不是一般的公共财物，这也有别于一般的故意毁坏公私财物；而故意毁坏财物罪的犯罪对象是公私财物，其范围虽然很广，但并不包括界碑、界桩在内。

（3）犯罪客观方面不完全相同。在破坏界桩、界碑罪中，对界桩、界碑的破坏可以采取多种方式，如盗取、毁坏、拆除、掩埋、移动等手段；而故意毁坏财物罪的客观方面只能表现为毁灭或者损坏公私财物的行为，不能采用盗取等方式。

（4）犯罪成立条件不同。刑法对破坏界桩、界碑罪的成立未设立情节要求；而刑法要求故意毁坏财物罪的成立必须是数额较大或者有其他严重情节。

（5）犯罪主观方面不同。破坏界桩、界碑罪的主观方面要求认识到了所破坏的是作为国界标志的界桩、界碑；而故意毁坏财物罪的主观方面只需要认识到犯罪对象是他人所有的公私财物即可。

基于上述分析，行为人未认识到是国界标志的界桩、界碑而实施了毁灭或者损坏的破坏行为的，则应当认定为故意毁坏财物罪；行为人明知是国界标志的界桩、界碑而破坏，同时符合了故意毁坏财物罪的构成要件的，由于故意毁坏财物罪与破坏界桩、界碑罪之间是法条竞合关系，应当按照特殊法条即破坏界桩、界碑罪定罪处罚。[1]

2. 破坏界碑、界桩罪与盗窃罪的界限

破坏界桩、界碑罪与盗窃罪的区别主要表现为：

（1）犯罪客体不同。破坏界桩、界碑罪的客体是国家对国（边）境的管理秩序；而盗窃罪的客体是公私财产所有权。

（2）犯罪对象不同。破坏界桩、界碑罪的犯罪对象是直接或间接地标示了国界线所经过的某些点位的国界标志的界桩、界碑；而盗窃罪的犯罪对象是公私财物。

（3）犯罪客观方面不完全相同。在破坏界桩、界碑罪中，对界桩、界碑的破坏可以采取多种方式，如盗取、毁坏、拆除、掩埋、移动等手段；而盗窃罪的客观方面表现为秘密窃取数额较大的公私财物或者多次盗窃、

---

[1] 喻海松．破坏界桩、界碑罪之司法适用探析［J］．云南警官学院学报，2006（4）．

入户盗窃、携带凶器盗窃、扒窃财物的行为。

（4）犯罪成立条件不同。《刑法》对破坏界桩、界碑罪的成立未设立情节要求；而《刑法》要求盗窃罪的成立必须是数额较大或者多次盗窃等。

（5）犯罪主观方面不同。破坏界桩、界碑罪的主观方面要求认识到了所破坏的是作为国界标志的界桩、界碑；而盗窃罪的主观方面只需要认识到犯罪对象是他人的财物即可。

基于以上分析，行为人未认识到是国界标志的界桩、界碑而实施了窃取行为的，则应当认定为盗窃罪；行为人明知是国界标志的界桩、界碑而破坏的，同时符合盗窃罪的构成要件的，属于想象竞合犯，应当从一重罪处断。[1]

3. 破坏界碑、界桩罪与危害国家安全罪的界限

本罪是故意犯罪，至于犯罪动机则可能是多种多样的，如有的是为了贪财；有的是为了泄愤；也有的是为了破坏国家领土完整。1979 年《刑法》第 175 条规定，"故意破坏国家边境的界桩、界碑或者永久性测量标志的，处 3 年以下有期徒刑或者拘役。以叛国为目的的，按照反革命罪处罚"。1997 年修订《刑法》时删除了上述规定，且危害国家安全罪也并非均要求以叛国为目的。不过，破坏界桩、界碑罪与危害国家安全罪仍然存在一定的关联。如果行为人意图危害国家安全，实施了破坏国家边境的界桩、界碑的犯罪，则应当按照危害国家安全罪的相关罪名定罪处罚。因为行为人的上述行为同时符合了危害国家安全犯罪中的相关罪的构成要件和破坏界桩、界碑罪的构成要件，属于想象竞合，应当从一重处断，按照危害国家安全罪的相关犯罪处罚。[2] 但有学者持不同观点，认为即使破坏界碑、界桩的目的是为了破坏国家领土完整，也应当以破坏界碑、界桩罪定罪处罚。[3] 笔者认为，如果行为人以破坏国家安全为目的破坏界碑、界桩的行为只能构成破坏界桩、界碑罪，而不能构成危害国家安全罪的相关犯罪时，则应认定为破坏界桩、界碑罪；如果行为人的行为既构成破坏界桩、界碑罪又构成危害国家安全罪的相关犯罪时，则应以想象竞合犯从一重处断；如果行为人破坏破坏界碑、界桩的行为被某些危害国家安全的犯罪行为的内容所涵盖时，则只应认定为某一危害国家安全的犯罪，不能同时认定为破坏界碑、界桩罪。

---

[1] 喻海松．破坏界桩、界碑罪之司法适用探析［J］．云南警官学院学报，2006（4）．

[2] 喻海松．破坏界桩、界碑罪之司法适用探析［J］．云南警官学院学报，2006（4）．

[3] 周道鸾，张军．刑法罪名精释［M］．3 版．北京：人民法院出版社，2007：639．

（三）破坏界碑、界桩罪与数罪的认定

行为人出于同一个概括的犯罪意图，在一段时间内连续实施了破坏数个界桩、界碑的行为的，则应当属于刑法理论上的连续犯，应当按照一罪从重处断。有学者认为，行为人出于不同的犯罪意图，多次实施了破坏界桩、界碑的行为，或者在较长时间内实施了不具有相关性的数个破坏界桩、界碑的行为的，构成同种数罪，在司法实践中也只按照一罪处断。❶笔者认为，既然出于不同的犯罪意图，则犯罪主观方面是不同的，不应构成同种数罪，而应构成异种数罪，并且数罪并罚，如果行为人出于相同的犯罪故意，多次实施了破坏界桩、界碑的行为，或者在较长时间内实施了数个破坏界桩、界碑的行为的，则构成同种数罪，择一罪从重处断。

行为人如果以偷越国（边）境或者其他犯罪为目的，故意破坏界碑、界桩的，在此种情况下，破坏界碑、界桩与偷越国（边）境或者其他犯罪之间存在牵连关系，故应按照重罪吸收轻罪的原则处理，而不应按数罪并罚的原则处理。

一般认为，如果使用放火、爆炸等危险方法破坏界碑、界桩，已危害或足以危害多数人的生命和重大财产安全的，则属于牵连犯，按从一重罪处罚的原则处理。❷

三、破坏界碑、界桩罪犯罪既遂与未遂形态的认定

对于破坏界桩、界碑罪既未遂的判断标准，刑法学界存在不同的认识。第一种观点主张，破坏界桩、界碑罪的既未遂应当以破坏国（边）境的界碑是否给边境地区的管理和国防外交造成了实际损害为标准，凡造成了实际损害的就是既遂，未造成损害的就是未遂。第二种观点认为，破坏界桩、界碑罪的既未遂应该以是否破坏界桩、界碑并使其丧失原有的作用为标志。❸ 第三种观点基本上赞同第二种观点，但是认为破坏界桩、界碑罪的既遂并不需要达到破坏界桩、界碑并使其丧失原有的作用的程度，只要破坏界桩、界碑并使其效用的发挥受到影响的，即可以认定为既遂。比如行为人出于泄愤报复的动机，用工具将带国徽的大型界桩上的国徽图案挖除的，或者将该界桩敲掉一部分，就应当认定为破坏界桩、界碑罪的既

---

❶ 喻海松. 破坏界桩、界碑罪之司法适用探析［J］. 云南警官学院学报，2006（4）.

❷ 宣炳昭. 刑法各罪的法理与实用［M］. 北京：中国政法大学出版社，2002：308.

❸ 李希慧. 妨害社会管理秩序罪新论［M］. 武汉：武汉大学出版社，2001：359.

遂。因为虽然此时这一界桩的原有的直接或间接标示国界线所经过的点位的作用只是受到了影响，并未完全丧失，但是行为人的上述行为已经对破坏界桩、界碑罪的客体——国家对国（边）境的管理秩序造成了现实的侵害。此外2000年《公安部关于妨害国（边）境管理犯罪案件立案标准及有关问题的通知》也肯定了这一点，规定只要采取盗取、毁坏、拆除、掩埋、移动等手段破坏国家边境的界桩、界碑的，就应当立案侦查，并不需要使界桩、界碑丧失原有的作用。[1] 笔者认为，第一种观点并不现实，以破坏界桩、界碑是否给边境地区的管理和国防外交造成了实际损害为标准不但超出了本罪所要保护的客体，而且还容易导致放纵犯罪分子。第二种观点丧失"作用"说，是以界桩、界碑完全丧失原有的作用为标准，是不科学的。第三种观点受到"影响说"，相对比较合理，但要注意，造成界桩、界碑的效用的发挥受到影响比较轻，犯罪情节轻微的，应当不以犯罪论处，也就没有犯罪既遂未遂之说了。

第五节　破坏永久性测量标志罪

一、破坏永久性测量标志罪的概念和犯罪构成

破坏永久性测量标志罪，是指故意破坏国家边境的永久性测量标志的行为。

本罪侵犯的客体是国家对永久性测量标志的正常管理秩序。测量是从事工农业生产、国防建设和某些科学研究工作的必不可少的手段。在测量工作中，常常需要设置一定的测量标志。永久性测量标志是国家绘制地图和测量的依据，也是工业、农业、国防、科研等发展的不可缺少的依据。擅自移动或者破坏这些测量标志，就会使有关数据资料失去准确性，影响国家的经济建设、国防建设和有关的科学研究工作。所以，有必要加强对测量标志的保护，维护国家对测量标志的正常管理。

本罪侵犯的对象必须是测绘单位在国家建设的地上或地下的永久性测量标志。《测量标志保护条例》第4条规定：本条例所称测量标志，是指：①建设在地上、地下或者建筑物上的各种等级的三角点、基线点、导线点、军用控制点、重力点、天文点、水准点的木质觇标、钢质觇标和标石

---

[1] 喻海松．破坏界桩、界碑罪之司法适用探析［J］．云南警官学院学报，2006（4）．

标志，全球卫星定位控制点，以及用于地形测图、工程测量和形变测量的固定标志和海底大地点设施等永久性测量标志；②测量中正在使用的临时性测量标志。所谓永久性测量标志，是指国家和军队的测量机关或部门在全国各地进行天文、地理、水准、三角等测量工作过程中所设置、建立或者埋没的木标、钢标、三角中心标石、天文点和线的中心标石和水准标志以及地形测图的固定标志等永久性测量标志。永久性测量标志包括各种等级的天文点、重力点、水准点、三角点、破解点、导线点、海控点、炮控点等，有木质的、钢质的、铜质的、石质的等，也包括地形测图的固定标志。近年来设立的人造卫星观测点，也属于永久性测量标志。例如，宜宾县曹某建、伍某贵共谋去弄四川省水文资源勘测局观音水文站设在宜宾县观测断面的水尺来卖废铁。当日下午，曹某建、伍某贵窜至金鸭儿滩观测断面，采取用锤子敲和錾子打的方法，将观音水文站用槽钢制作的用于测量水准的五根水尺撬脱，随后，二人将槽钢卖给陈某某 3 根、朱某某 2 根，获赃款共计 287 元，二人平分挥霍。后 5 根槽钢被公安机关追回并退还了观音水文站。人民法院审理认为，被告人曹某建、伍某贵为获取非法利益，明知是用于测量水准的水尺而故意予以破坏的行为已构成破坏永久性测量标志罪。依法判处被告人曹某建、伍某贵犯破坏永久性测量标志罪，分别判处有期徒刑 6 个月，缓刑 1 年；犯罪所得 287 元，予以没收，上缴国库。本案中，观音水文站设在金鸭儿滩观测断面的铁质水尺即是永久性测量标志，受到国家法律的保护，二被告人采用拆毁窃取的办法将其卖掉换钱，构成本罪。

本罪在客观方面表现为破坏永久性测量标志的行为。所谓破坏，是指拆毁、损坏、毁坏、改变、移动（包括整体移动和部分移动及上下移动）、掩盖、盗窃等，其手段可以是多种多样的，只要其行为足以使上述永久性测量标志丧失其原有作用的，就应视为破坏，构成犯罪。例如，据《检察日报》报道，黑龙江省通河县无业人员王某江，先后两次将黑龙江航道局在松花江流域设立的铁管式测量标志、管式航标杆，从根部割断盗走，给国家造成经济损失 1.7 万元，已对国家财产构成民事侵权。黑龙江省哈尔滨市道外区检察院以王某江涉嫌破坏交通设施罪、破坏永久性测量标志罪，向该区法院提起公诉。同时，为了及时有效地挽回王某江犯罪行为给国家造成的损失，该院民行科就刑事附带民事部分出庭支持起诉。道外区法院对该案公开审理后认为，检察机关指控被告人王某江的罪名成立，其犯罪给国家造成的损失应予赔偿。法院以破坏交通设施罪、破坏永久性测量标志罪判处王某江有期徒刑4年零6个月，同时赔偿其给国家造成的经济损失1.7万元。在本案中，被告人王某江采用割断的方式将在松花江流域设立的、用作永久性测量标志的铁管式测量标志盗走，使其失去了测量的应有作用，符合破坏的含义。司法机关对其立案符合有关立案标准的要求，法院对其判决也是符合法律规定的。按照国务院、中央军委《关于长期保护测量标志的通告》的规定精神，拆迁永久性测量标志，“必须持有省、市、自治区测绘主管部门或军区测绘主管部门的证明函件，经保管单位和保管人验证后”方可进行。凡违背上述精神，非法拆迁永久性测量标志的，也构成本罪。

本罪的主体是一般主体。凡达到刑事责任16周岁的年龄、具备刑事责任能力的自然人均可成为本罪的主体。无论是住在永久性测量标志附近地区的人，还是临时经过的过路人，都可以成为本罪的主体。

本罪在主观方面是故意，即明知是永久性测量标志而故意加以破坏的，才构成犯罪。如果行为人因不知是永久性测量标志而过失加以破坏的，就不能视作故意破坏，也就不构成本罪。例如，张某去山上挖药材，在山上发现一根插在土里面的钢柱子，上面有很多数字，看了一会儿认为这可能是用来测量什么东西的，就继续向前挖药材。在回家路经这根柱子时，张某突然觉得这根柱子很结实，想把它搞回家去，如果被发现，再给拿回来。于是，张某就把它挖出来拿回家了。过了一段时间，张某被公安机关逮捕，经当地检察院起诉，法院以张某犯破坏永久性测量标志罪判处其有期徒刑1年。在本案中，张某在山上盗挖并带回家的钢柱子，上面有很多数字，其应该知道这钢柱子可能是用于某建设或科研的永久性测量标志或工具，但其仍放任自己的行为，破坏了国家对永久性测量标志的正常管理秩序，其行为符合刑法对本罪的规定和本罪立案标准。本罪的犯罪动机是多种多样的，不同的动机对构成本罪并无影响。

二、破坏永久性测量标志罪罪数形态的认定

（一）破坏永久性测量标志罪与非罪的认定

（1）本罪的破坏对象只限于永久性测量标志，这就与一般的故意毁坏财物罪、破坏生产经营罪有明显的不同，也同破坏一般的临时性的测量标志的行为有明显的区别。如果行为人所破坏的是为开挖河道、修建道路而临时埋设的测量标志，如路牌、交通标志或者某临时性测量标志，就不能构成本罪，可给予治安管理处罚，如果破坏的是非测量标志，也不构成本

罪，情节严重的，则可能构成故意毁坏财物罪、破坏生产经营罪、危害公共安全类犯罪等。

（2）过失不构成本罪。如果行为人因不知是永久性测量标志而过失加以破坏的，就不能视作故意破坏，也就不构成本罪。例如，某乙不知路边的钢质觇标为永久性测量标志，而把它拆下拿回家使用，这就属于过失行为，不应以本罪论处。当然这种行为也是错误的，应进行批评教育，有的也可予以行政处分，如果原物能够复原的，可令其恢复原状。

（二）破坏永久性测量标志罪与彼罪的认定

值得注意的是，有些破坏永久性测量标志的行为，虽不构成本罪，却可构成其他犯罪。

对于盗窃永久性测量标志的，由于被盗测量标志本身的经济价值往往不大，侵害的主要不是财产所有权关系，而是国家测量标志特殊作用的正常发挥，通常应按破坏永久性测量标志罪论处。但是，如果所窃测量标志经济价值数额较大，甚至巨大，考虑到此种行为同时触犯盗窃罪名，按盗窃罪处理则处刑更重，能更好地体现罪刑相适应原则，所以应按盗窃罪处理。例如上面提到的某乙窃回的钢质觇标如果价值很大，就可以构成盗窃罪，因为他窃回路边树立的钢质觇标是出于故意，是明知为他人之物而故意窃回，占为己有。

破坏永久性测量标志的行为，有的也可视情节构成故意毁坏财物罪。破坏永久性测量标志罪所破坏的对象仅限于永久性的测量标志，这是该罪与故意毁坏财物罪的重要区别，也是该罪与破坏一般临时性的测量标志所不同的。如果行为人故意毁坏的永久性测量标志价值较大、巨大的，则应以重罪即故意毁坏财物罪论处。

如果行为人破坏的是挖河、修理、铺设管道等工程而临时埋设的测量标志，数额较大或者有其他严重情节的，则按故意毁坏财物罪或者破坏生产经营罪论处。

行为人如果出于推翻国家政权或社会主义制度的目的而破坏永久性测量标志的，则按危害国家安全罪中的相应犯罪论处，而不再以本罪定罪处罚。[1]

---

[1] 周振想．中国新刑法释论与罪案（下）［M］．北京：中国方正出版社，1997：1334.

第三章　毒品犯罪的理论与实务

第一节　走私、贩卖、运输毒品罪

一、走私、贩卖、运输毒品罪的概念和犯罪构成

走私、贩卖、运输毒品罪，是指违反国家毒品管理法规，走私、贩卖、运输毒品的行为。本罪具有如下构成特征：

本罪侵犯的客体是国家对毒品的管理制度和国家对外贸易管理制度以及人民的生命健康。本罪的犯罪对象是毒品。毒品，是指鸦片、海洛因、甲基苯丙胺（冰毒）、吗啡、大麻、可卡因以及国家规定管制的其他能够使人形成瘾癖的麻醉药品和精神药品。毒品从自然属性上可分为麻醉药品和精神药品。《麻醉药品及精神药品品种目录》（2007 年版）中列明了 123 种麻醉药品和 132 种精神药品。麻醉药品是指连续使用后易产生生理依赖性，能形成瘾癖的药品。精神药品是指直接作用于中枢神经系统，使之兴奋或者抑制，连续使用能产生依赖的药品。非经国家指定的部门按照规定的程序审批进行外，任何单位或个人都不能进行麻醉药品和精神药品的生产、运输、供应。行为人走私、贩卖、运输毒品，违反了国家的有关规定，严重侵犯了国家对毒品的管理制度和海关管理制度。

本罪在客观方面表现为行为人实施了走私、贩卖、运输毒品的行为。走私、贩卖、运输毒品犯罪是行为犯。本罪是选择性罪名，行为人只要实施了上述三种行为之一的，即构成本罪。构成本罪时，毒品数量没有要求，无论走私、贩卖、运输了多少毒品都构成犯罪。多次走私、贩卖、运输毒品未经处理的，毒品数量累计计算。未经处理的，既包括未经刑罚处理，也包括未作行政处理。但对于犯罪已过追诉时效的，则毒品数量不再累计计算。毒品数量以查证属实的走私、贩卖、运输毒品的数量计算，不以纯度折算。利用、教唆未成年人走私、贩卖、运输毒品，或者向未成年

人出售毒品的，从重处罚。

本罪的主体是一般主体，自然人和单位都可以成为本罪的主体。根据《刑法》第17条第2款的规定，凡年满14周岁不满16周岁具有刑事责任能力的自然人也可以成为贩卖毒品罪的主体。对于走私和运输毒品犯罪，只有达到16周岁才负刑事责任。自然人既可以是中国人也可以是外国人或无国籍人，既可以是一般公民也可以是国家工作人员。缉毒人员或者其他国家机关工作人员掩护、包庇走私、贩卖、运输毒品的犯罪分子且事先通谋的，依照本罪从重处罚。例如，广东边防总队汕头市边防支队获得报警称，台湾人朱某梅、林某华在东莞市购买了2公斤多海洛因，将于6月6日在汕头市与一名叫傅某义的台湾人进行交易。接报后，汕头边防支队迅速立案侦查。6月6日上午，朱某梅、林某华雇请了一辆“捷达”牌小汽车，携带海洛因从东莞赶往汕头，而准备接货的傅某义也在同一时间从香港乘飞机到达汕头。当这三人正在小汽车内进行毒品交易时，边防官兵当场将他们抓获，同时查获伪装在两个茶叶罐中的圆柱状海洛因9条，重量约995克，并缴获毒资86万元。人民法院以走私毒品罪判其中2人判死刑，缓期2年执行，判1人无期徒刑。本案中，3名台湾人都是达到刑事责任年龄、具有刑事责任能力的中国人，符合走私毒品罪对犯罪主体的要求。

本罪在主观方面表现为故意，即明知自己是在实施走私、贩卖、运输毒品的行为而故意实施。明知包括已经明知或应当明知。行为人虽然声称不知道是毒品，但根据其社会经历、认识能力、毒品的藏放方法和地点、交易价格、联络方式、被查获时的言行表现、同伙的证言等方面综合分析判断，可以得出应当“明知”是毒品的结论。行为人主观上对毒品认识的程度可能有所不同，只要知道了是毒品，即使对其属于哪一种毒品及其成分、毒性大小、效用等不十分明确，仍属于已经“明知”。如果行为人不知是毒品而误带、误运、误售的，不构成本罪。行为人一般具有营利或牟利的目的，牟利目的的实现与否以及牟利多少不影响贩卖毒品罪的构成。关于违法性认识，本罪在主观方面要求行为人认识到自己的行为是非法走私、贩卖、运输毒品的行为，至于所走私、贩卖、运输的是否确实是毒品，不影响本罪的构成。如果行为人出于走私、贩卖、运输毒品的认识和故意而走私、贩卖、运输了主观认为是毒品的药品，但客观上不是毒品，或者如果行为人明知不是毒品却冒充毒品向他人贩卖，骗取钱财的，应根据最高人民法院1994年12月20日《关于适用〈全国人民代表大会常务委员会关于禁毒的决定〉的若干问题的解释》第17条的规定处理，即“明知是假毒品而冒充毒品贩卖的，以诈骗罪定罪处罚。不知道是假毒品而当做毒品走私、贩卖、运输、窝藏的，应当以走私、贩卖、运输、窝藏毒品罪（未遂）定罪处罚”。

二、走私、贩卖、运输毒品罪犯罪构成要件的理解

（一）如何理解走私毒品

走私毒品，是指违反海关管理法律法规，非法运输、携带、邮寄毒品进出国（边）境，逃避海关监管的行为。走私的行为方式主要是输入毒品与输出毒品，此外，对在领海、内海、界河、界湖运输、收购、贩卖毒品，以及直接向走私毒品的犯罪人购买毒品的，视为走私毒品。对于走私毒品入境的行为，只要行为人将毒品带至我国（边）境线内即为本罪的既遂，而不问是否通过海关检查；对于走私毒品出境的行为，只要有证据证明行为人已将毒品带至运输出境的动态过程即为本罪的既遂，而不问是否已将毒品走私出境，如行为人在办理邮寄出境手续时被查获毒品的，应当认定走私毒品罪的既遂。

（二）如何理解贩卖毒品

贩卖毒品，是指有偿转让毒品或者以贩卖为目的而非法收购毒品。贩卖毒品罪应当包括以下两方面的特征：①从交易方面讲，可以是直接卖出，也可以是先买进后卖出。只要是以牟利为目的，即使只有卖出行为，也构成贩卖毒品罪，如行为人将祖传的、自制的、拾来的或者以其他手段所获取的毒品卖出的，均构成本罪；如果是以贩卖为目的买入，尽管还没有来得及卖出，也同样构成贩卖毒品罪。②从有偿性来讲，这种毒品交易行为必须以牟利为目的，至于是批发、零售，或者易货贸易，或者以毒品作为工薪或其他等价品，只要是实质上的有偿转让，即可以构成贩卖毒品罪。贩卖是有偿转让，但行为人交付毒品既可能是获取金钱，也可能是获取其他物质利益；即可能在交付毒品的同时获取物质利益，也可能先交付毒品后获取利益或先获取物质利益而后交付毒品。贩卖毒品获取的对价与毒品的“价值”不一定等值。行为人一般是低价购进高价卖出，也不排除在极少数情况下行为人高价购进低价卖出的情况。但是，如果行为人是无偿将毒品提供给他人，则不能构成贩卖毒品罪。因为在这种情况下，其行为不符合“贩卖”的特征。如果行为人有引诱、教唆、欺骗、强迫他人吸

毒的行为的，则构成《刑法》第353条引诱、教唆、欺骗他人吸毒罪或者强迫他人吸毒罪。如果没有这几种行为，提供给他人的毒品数量达到《刑法》第348条标准的，则其先行持有毒品的行为构成非法持有毒品罪。要求获取毒品“对价”是就一般情况而言的，在某些特殊情况下，行为人即使无偿提供毒品，也构成贩卖毒品罪，这主要是指《刑法》第355条规定的情况，即从事生产、运输、管理、使用国家管制的麻醉药品、精神药品的人员，明知对方是贩毒分子，仍然向其提供国家管制的能使人成瘾的麻醉药品、精神药品的，即使免费提供，也构成贩卖毒品罪。[1]

毒品的来源既可能是自己制造的毒品，也可能是自己购买的毒品，还可能是通过其他方法取得的毒品。贩卖的对方没有限制，即不论对方是否达到法定年龄、是否具有辨认控制能力、是否与贩卖人具有某种关系。如果没有证据证明正在购买毒品者在主观上具有贩卖的目的（如系为自己吸食），而涉毒数量达到了《刑法》第348条规定的最低标准的，应当以非法持有毒品罪定罪处刑。行为人在生产、销售的食品中掺入微量毒品的，应认定为生产、销售有毒、有害食品罪，不宜认定为贩卖毒品罪。贩卖方式既可以是公开的，也要能是秘密的；既可以是行为人请求对方购买，也可能是对方请求行为人转让；既可能是直接交付给对方，也可能是间接交付给对方。常见的贩卖毒品的方式有以下几种：①买入毒品后又转手卖出，或者将盗、抢、骗、捡来的毒品卖出，从中牟利。这是典型的贩卖毒品，也是实践中最常见的一种。只买入少量毒品用于吸食，不卖出的，不属于贩卖毒品。②将家中祖辈、父辈存下来的鸦片等毒品卖出牟利，仍属于贩卖毒品的行为，但处罚时可以酌情从轻。③行为人自行配制、加工毒品又进行销售的。④以毒品易货、支付劳务费用或者偿还债务。⑤赊购毒品进行销售的。⑥有偿提供毒品供他人吸食注射的。这种情形类似于“地下烟馆”，应坚决打击。但如果只是提供场地而不提供毒品，则属于容留他人吸食、注射毒品的行为。⑦居间介绍买卖毒品的，不论是否实际获利，一般均以贩卖毒品的共犯论处。⑧以贩卖为目的委托他人代购代销毒品，或明知贩卖毒品而为其代买、代卖毒品。⑨依法从事生产、运输、管理、使用国家管制的麻醉药品、精神药品的人员，违反国家规定，以牟利为目的，向吸食、注射毒品的人提供国家规定管制的麻醉药品、精神药品

---

[1] 肖晚祥．贩卖、运输毒品罪的司法认定［G］//游伟．华东刑事司法评论（第三卷）北京：法律出版社，2003：104.

的；或者明知对方是走私、贩卖毒品的犯罪分子而违反国家规定向其提供麻醉药品、精神药品的。[1]

（三）如何理解运输毒品

运输毒品，是指违反国家对毒品的管制法规，采用携带、邮寄、利用他人或者使用交通工具等方法在我国领域内将毒品从此地转移到彼地。从结局上看没有变更毒品所在地却使毒品的所在地曾经发生了变化的行为，也是运输毒品。运输行为既包括贩毒集团内部分工的运输行为，也包括贩毒集团以外的人为牟利而替他人运输毒品的行为。在具体认定中，一般包括三种情况：一是有证据证实行为人以长途贩运为目的而实施了携带、邮寄、利用他人或使用交通工具非法运送毒品的行为；如行为人已将毒品带上从事长途运输的交通工具，或带人火车站、候机楼，或者正在办理邮寄外地的手续等行为，均应认定为运输毒品罪的既遂。二是行为人虽系在短途内携带毒品行走或乘车运行，但有证据证明行为人所携带的毒品系以贩卖为目的、且尚未进入交易环节的（即未与购毒者见面着手交易行为的），也可以认定运输毒品罪的既遂。如果行为人随身携带毒品已经进入了交易环节的，则应以贩卖毒品罪的既遂论处。因为从证据角度讲，一般只有在此环节抓获毒品犯罪分子的，才足以认定本罪。倘若行为人随身携带数量较大的毒品，没有证据证实其毒品来源和去向的，则应当以非法持有毒品罪论处。三是有证据证实行为人系受他人雇佣在短途内运送毒品（如作为贩毒者的“特情”能够提供有关的证据），行为人在途中被抓获而雇佣者逃逸的，这时行为人的运送行为既不能作为雇佣者的共犯而认定贩卖毒品罪的既遂，也不能单纯根据其本人的行为尚未进入实际的毒品交易环节而认定贩卖毒品罪的未遂。从证据的可靠性和处罚的适当性上考虑，对此应当认定运输毒品罪的既遂。行为人在长途运行中随身携带数量不大（如海洛因 50 克以下）的毒品，且有证据证明行为人自己也将吸食其中的毒品的，一般应当认定运输毒品罪，酌情从轻处罚。如果确有证据证明行为人所携带的毒品仅用于自己吸食，不会向社会扩散的，可以认定非法持有毒品罪。如果行为人随身携带很少数量的毒品（如海洛因 5 克左右），且有证据证明系供自己吸食的，也可以依法认定为情节显著轻微危害不大的行为，不以犯罪论处。实践中，常见的运输方法主要有肩背马驮，秘密运输；驾驶车辆进行公路运输；利用公共传输社会服务系统如交通运输部

---

[1] 张保平，等．边防刑事执法理论与实务研究［M］．北京：群众出版社，2006：72.

门、邮政部门进行运输；自身携带，租、乘公共运输交通工具运输；引诱、教唆或利用他人运输毒品；冒充军警人员运输等。例如，福建泉州边防支队民警从辖区一家服装批发店得知，一名外地男子多次到服装店购买衣物。让服装店老板感到奇怪的是，做了多年生意，第一次遇到这种不问价格、不问型号、不问款式的顾客。经调查，这名外地男子姓张，曾因贩卖毒品海洛因罪于2005年至2011年入狱服刑。3月24日，张某再次来到石狮购买衣服，购买3大编织袋衣物后，与另一名姓吴的嫌疑人一起住进了酒店。侦查员加紧了对2名嫌疑人的跟踪调查。3月27日下午，2名犯罪嫌疑人驾车，将3个编织袋运送到石狮一家物流公司托运，缴纳托运费用后立即驱车离开。侦查员兵分两路，一路继续跟踪嫌疑人，另一路紧急搜查被托运的编织袋。在物流公司配合下，侦查员从3个编织袋的衣服内共搜出冰毒16公斤。随即，2名犯罪嫌疑人被边防民警抓捕归案。经审讯，吴某和张某交代了打算通过物流将毒品运输到外省，再到外省直接取货的犯罪事实。[1] 本案中，嫌疑人是将冰毒裹藏在托运的服装中，企图利用物流公司运输毒品。

（四）毒品犯罪主观明知及其内容与程度的认定

理解毒品犯罪中主观明知的内容，应当遵循《刑法》第14条中犯罪故意中明知的规定。根据《刑法》第14条规定，成立犯罪故意，行为人应当明知自己的行为会发生危害社会的结果。对于犯罪故意中明知的内容，理论上通常认为包括两个方面：一是行为人对犯罪构成要件事实本身的认识；二是行为人对犯罪构成要件事实的评价性认识。就毒品犯罪来说，所谓对构成要件事实本身的认识，可以简单概括为行为人明知自己走私、制造、运输、贩卖、持有的行为对象为毒品。由于毒品的具体种类较多，又涉及专门的知识，而毒品案件中的犯罪嫌疑人大多为一般不具有专门知识的人，因而在司法实践中，不需要证明行为人明知自己的行为对象究竟为哪一种具体的毒品，只要能够证明其明知自己的行为对象为毒品就可以了。所谓对构成要件事实的评价性认识，虽然理论上存在不同的理解：有的认为是社会危害性认识，有的认为是违法性认识，有的认为既可以是社会危害性认识也可以是违法性认识，但由于毒品犯罪属于行政犯，因此，毒品犯罪中行为人对构成要件事实的评价性认识应当指违法性认

---

[1] 胡苏．福建泉州边防查获16公斤冰毒［EB/OL］．http：//news. xinhuanet. com/local/2012－04/23/c_ 111825190. htm.

识。一般来说，由于禁毒法律法规的宣传以及涉毒案件的报道，社会大众对于毒品系违禁品以及走私、制造、运输、贩卖、持有毒品系违法犯罪行为已经有所认识，通常只要行为人认识到自己的行为对象属于毒品，就可以认定其认识到自己的行为的违法性，因此，在司法实践中，只要有证据证实行为人知道自己的行为对象为毒品，就可以认定其具有毒品犯罪的故意，而不需要再专门证明行为人具有违法性认识。但是，也应注意，实践中确实可能有少数人不知道毒品系违禁品，也不知道走私、制造、运输、贩卖、持有毒品是违法犯罪行为的情况，因而在行为人提出不知道自己持有的某种物品是毒品且不知道持有这种物品的行为是违法犯罪的情况下，要认定行为人具有毒品犯罪的故意，司法机关还应当收集证实行为人具有违法性认识的证据。

毒品犯罪的“明知”，是行为人对毒品性质的一种主观认识，这种主观认识在一般情况下是明确、具体的，但也不排除行为人对所贩卖、运输的毒品仅有概括性认识的情况。在贩卖毒品罪中，行为人仅具有概括性认识的情况一般发生在以下两种场合：一是行为人受他人指使而贩卖毒品。如甲将一小包物品交给乙，要乙将其秘密交给丙，并从丙处取回一笔数额很大的钱。甲没有对乙讲明包里装的是毒品，乙交给丙时丙也没有打开包检验，那么，乙就可能以不“明知”是毒品而进行抗辩。二是陪同贩毒。在陪同贩毒的场合，主犯（即被陪同者）对毒品的性质一般是明知的，但他可能并没有对陪同者讲明自己所贩卖的是毒品。在毒品交易时，陪同者往往站在一边，或者买卖双方在进行毒品交易时并没有当场“验货”，陪同者看不到毒品。在这种情况下，陪同贩毒的人也可能以不“明知”是毒品为由进行抗辩。要判断行为人是否“明知”，就必须综合案件的具体情况进行分析。如果根据当时的具体情况可以判断行为人对所交易的毒品具有概括性认识的，就可以认定其“明知”是毒品。

例如，被告人洪某原因贩卖毒品罪被判过刑，2000 年 2 月 13 日下午，洪某同其熟人孙某在街上相遇，孙某给洪某一个“三五”牌香烟盒，二人一起到上海市舟山路碧波池浴室门口，由孙某按事先联系好的数量及价格与吸毒人员魏某进行毒品交易。在双方进行交易时，洪某站在距二人较远的地方。孙某从洪某处取得其先前给洪的“三五”牌香烟盒交给魏（烟盒内装有 19.4 克海洛因），并从魏处收取毒资人民币 5 000 元交洪某藏匿后，被公安人员当场抓获，并从洪某身上又查获一个藏有 0.8 克海洛因的“红双喜”牌烟盒。检察机关以贩卖毒品罪对洪某提起公诉。洪某在庭审中辩称，他是打算去一饭店内找朋友时在街上与孙某相遇的，他向孙某讨香烟抽，孙某交给他一个“三五”牌烟盒后往外走，他跟随孙某至碧波池浴室门口，孙某与一个他不认识的人交谈后，向他要回“三五”牌香烟，后又交给他5 000元人民币。他并不知道香烟盒内藏有毒品。其辩护人也辩称没有足够证据证明洪某主观上明知“三五”牌烟盒内藏有毒品，因此，洪某的行为不构成贩卖毒品罪。对于孙某给洪某5 000元人民币的行为，洪某辩解说他以前在孙某有困难的时候资助过孙某，现在他刚刑满释放不久，经济困难，他以为这5 000元钱是孙某对他的回报和帮助。但孙某否认洪某以前有过资助他的行为。通过分析可以得知，洪某对“三五”牌烟盒内藏有毒品是“明知”的，至少是一种概括性的明知：①洪某曾经因贩毒被判过刑，而且此次事情发生在其刚刚刑满释放后不久，他对毒品交易的过程和特点是很清楚的。这次他被公安人员当场抓获时，又被公安人员从其身上搜出0.8克海洛因，并且亦是装在一个香烟盒内，更进一步说明洪某熟知毒品交易的过程和特点；②洪某辩称是在其向孙某讨香烟抽时孙某给其“三五”牌烟盒的，即他以为孙某给他烟盒是给他香烟而不是毒品。这一辩解不合情理，因为一般情况下给人香烟只会给一根而不会给一盒，尤其是在路上偶然相遇的情况下更是如此。更重要的是，如果洪某是向孙要香烟抽，在孙给其烟盒后，洪应该当即从烟盒中取烟。如果洪这样做，就会发现烟盒中装的是毒品而不是香烟。如果洪当时没有从烟盒中取烟，则显然与洪自己的辩解和一般情理相违背，说明洪是在讲假话；③当洪某在交易现场看到孙从洪手上取走烟盒交给魏某，并从魏手中取走5 000元人民币这一反常现象时，根据他以前贩毒的经验，完全应当知道这是在进行毒品交易，但他仍然为孙保藏这5 000元毒资。尽管洪对这一行为进行了辩解，但其辩解因被孙某否认而不能成立。综合以上因素，可以认定洪某对“三五”牌烟盒内藏有毒品海洛因具有概括性的“明知”。法院最后以贩卖毒品罪对洪某判处有期徒刑4年，洪某没有上诉。法院在这里对洪某是否“明知”是毒品这一点上，事实上采用了推定认定的方法。所谓推定，是指根据事实之间的常态联系，当某一事实存在时，推导出另一不明事实的存在。已经明确的事实叫“基础事实”，由基础事实推导出来的事实叫“推定事实”。推定的机理表现为基础事实和推定事实之间的普遍的共存关系，即当基础事实存在时，在绝大多数情况下，推定事实也存在。所以，当推定事实无法直接证明或直接证明的社会成本过高时，就可以证明基础事实的存在而间接证明推定事实的存在。[1] 贩卖毒品罪由于犯罪行为的隐蔽性特点决定了不少处于从犯地位的犯罪分子并没有看到所交易的毒品实物，也没有听到主犯向其明确表示要进行毒品交易的情况。在这种情况下，就必须运用推定法则，根据行为时的一系列具体情况来推定行为人是否“明知”是毒品。因为毒品犯罪分子相互之间往往都是心知肚明、配合默契的，行为人往往并不需要用言语表明或看到毒品才知道是毒品。在这种情况下，就不能仅因为行为人没有看到或听到是毒品就一律否定其“明知”，只要根据当时的具体情况能推定出行为人对所交易的东西是毒品即具有概括性认识，就可以认定其“明知”。

在运输毒品罪中，行为人也可能对所运输的毒品只具有概括性明知而不具有明确性明知的情况。比如，行为人是受他人委托而将毒品从甲地带往乙地。委托人没有明确表示要其携带的是毒品，但许诺事成之后给其一笔数额很大以至与其付出的劳动明显不相称的报酬，并要求行为人秘密行事甚至在事后不得泄密等。在这种情况下，行为人尽管对所携带的究竟是什么物品没有确知，但却具有概括性的明知，最起码知道其所携带的是不正常、不合法的东西，如其可能猜测到是文物、黄金或其他违禁品等。如果在这种认识前提下，行为人事实上所携带的是毒品，就应当认定其构成运输毒品罪。如果行为人是受人欺骗而造成事实上帮人运输毒品的后果，则因为行为人对毒品既无明确性明知，又无概括性明知，就不能认定其构成犯罪。比如行为人在上下火车时被人换了包，或贩毒分子以自己携带的行李太多为由请求他人帮忙，在这种情况下，行为人因为主观上对所携带的是毒品缺乏认识，因而也不构成犯罪。[2] 在司法实践中，在许多情况下毒品的所有者和运输者之间并不一定使用明确的“病毒”“海洛因”等字眼，因而运输毒品者往往以自己不知道为由来开脱自己。那么，从哪些方面认定其是否具有明知（间接故意）呢？实践中主要根据行为人的年龄、知识结构、社会阅历等因素来判断，具体可以从以下几个方面进行：①超常的高额费用；②高度隐蔽诡秘的交接方式；③被盘问、检查时的不正常反应和行为；④行为人对毒品的知识和经验；⑤同案人的口供和其他证人证言直接予以证明。[3] 对于运输毒品罪的主观目的，行为人并不需要有牟利的目的，

---

[1] 游伟，肖晚祥．论刑事推定认定及其司法意义［J］．浙江审判，2001（2）．

[2] 肖晚祥．贩卖、运输毒品罪的司法认定［G］//游伟．华东刑事司法评论（第三卷），北京：法律出版社，2003：99．

[3] 张保平，等．边防法制通论［M］．北京：中国人民公安大学出版社，2004：198．

只要明知是毒品而予以运输的，一般情况下就构成运输毒品罪。

关于毒品犯罪主观明知的程度，在司法实践中，对于查获行为人携带毒品但行为人辩称不知自己携带的是毒品的案件，司法机关要认定其行为构成毒品犯罪，当然要收集足够的证据证明行为人主观上确实明知自己携带的是毒品，不能因为证据收集困难就人为降低证明的标准或者采取不适当的推定的方式认定行为人主观上明知自己携带的是毒品。目前司法实践中出现不少行为人携带内藏毒品的其他物品的涉毒案件，虽然行为人辩称不知自己携带有毒品，但司法机关往往根据行为人收取的费用、是否采取了逃避检查的手段、在被查获时是否有异常的表现以及其他情况，就推定行为人知道自己携带的是毒品，而对行为人以毒品犯罪处理。尽管根据案件中的一些异常的事实可以判定行为人知道自己携带的是违禁品，但由于违禁品的种类繁多，因而仅根据一些异常的事实就推定行为人知道自己携带的就是毒品，恐怕是不妥当的。其实，这一问题通过对刑法上“明知”含义的科学理解就可以解决，而不需要采取上述降低证明标准或者推定的方式。在现实生活中，行为与行为结果的联系形式不限于“必然”一种，还包括“可能”的形式。因而在刑法上，不能只将明知自己的行为必然造成危害社会结果这种情况作为犯罪故意，还应当将明知自己的行为可能造成危害社会结果这种情况作为犯罪故意对待。在“可能”联系的情况中，决定行为造成危害社会结果的“可能性”因素有多种，其中应包括行为人因对行为对象的不确切认识而产生的对行为与行为结果之间只有可能性联系的认识。因此，在理解刑法上“明知”行为对象的问题上，可以将“明知”理解为既包括确切地知道行为对象存在，也包括知道行为对象可能存在这两种情况。就上述涉毒品案件而言，虽然不能根据案件中的异常事实直接认定行为人知道自己携带的就是毒品，但由于根据这些异常事实完全可能判定行为人知道自己携带的是违禁品，同时根据社会常识，行为人也知道毒品是违禁品的一种，因而就可以得出行为人知道自己携带的违禁品可能是毒品的结论，进而认定行为人具有毒品犯罪的故意。[1]

（五）犯罪目的的认定

至于犯罪目的，行为人一般是以营利或牟利为目的，但也不能排除其他目的，法律没有要求构成本罪必须以营利或牟利为目的。对于走私毒品罪来说，走私毒品罪的社会危害性及其危害程度，主要反映在对国家毒品

---

[1] 刘志伟．毒品犯罪主观明知的内容与程度及其证明［J］．人民检察，2007（21）．

管理秩序的侵犯、对社会风尚的毒化和对人民身心健康的危害，而并不在于行为者主观上是否具有牟利的目的，以及牟利目的是否实现等方面。事实上，有些走私毒品的犯罪分子将毒品免费提供给青少年，引诱、教唆他人吸食、注射毒品；还有些则是为了自己吸食、注射而走私毒品，在这类情况中，行为人走私毒品虽不具有牟利的目的，仍应以走私毒品罪论处。

对于贩卖毒品罪来说，是否需要有牟利的目的则存在着争议。多数学者认为，贩卖毒品罪主观上除了出于故意以外，还必须以牟利为目的，即贩卖者希望通过非法买卖毒品来牟取暴利，否则不构成贩卖毒品罪。[1] 第一，持这种观点的学者的一个依据是《刑法》第355条中有关于构成贩卖毒品罪必须具有牟利的目的的规定。第二，刑法之所以把贩卖毒品行为犯罪化并予以规制，乃着眼于贩卖毒品行为之社会侵害性及贩卖毒品行为人之主观恶性。第三，贩卖毒品行为应该具备牟利目的也是罪刑均衡原则与谦抑原则的必然结论。第四，从社会评价的角度来看，贩卖毒品罪也应该具有牟利目的。[2]

持否定观点的学者认为，贩卖通常是以营利为目的，但也不尽然。例如，某甲为了吸食而买进大量毒品，后由于种种原因而戒毒，戒毒后低价将剩余毒品卖出。显然难以认定某甲具有营利目的，但其行为仍然构成贩卖毒品罪。[3] 对于贩卖毒品中的非法销售行为，不要求行为人有牟利的目的或别的目的，只要行为人明知是毒品而予以销售，不论其目的、动机如何，均成立贩卖毒品罪。[4] 不能从“贩卖”的字面含义直接推导出牟利是贩卖毒品的主观构成要件，成立贩卖毒品罪不以牟利为目的，并不违反罪刑均衡原则与刑法的谦抑性，相反，成立贩卖毒品罪不以牟利为目的是体系解释的必然结果，从目的解释的角度，可以得出成立本罪不须具有牟利目的的结论。

笔者认为，在绝大多数情况下，贩毒分子从事贩毒活动都具有牟利的目的，但是，构成贩卖毒品罪并不以具有牟利目的为前提。

第一，《刑法》第347条是关于贩卖毒品罪的一般条款，该罪在这一条中与走私、运输、制造毒品罪规定在一起，形成选择性罪名。走私、运输、制造毒品罪不需要有牟利的目的，这是基本上达成共识的。在一个法

---

[1] 于志刚．毒品犯罪及相关犯罪认定处理［M］．北京：中国方正出版社，1999：107.

[2] 谢秋凌，高巍．论贩卖毒品罪之目的［J］．云南大学学报法学版，2006（1）.

[3] 张明楷．刑法学（下）［M］．北京：法律出版社，1997：868.

[4] 邱创教．毒品犯罪惩治与防范全书［M］．北京：中国法制出版社，1997：135.

条所规定的选择性罪名中，如果其中的某些行为不需要有牟利目的，而个别行为又对行为人的主观目的具有特别的要求（需要有牟利的目的），显然会破坏法律条文的内在和谐与平衡。因为一个法律条文把几种行为放在一起作为选择性罪名规定相同的法定刑，就是考虑到其行为具有相同或相似的社会危害性，且几种行为之间互相关联或类似，这说明，法律对它们构成要件的要求应该是基本一致的。走私、运输、制造毒品罪之所以被认为不需要有牟利目的，是因为这几种行为具有严重的社会危害性，行为人没有牟利目的也应该作为犯罪打击。贩卖毒品罪的社会危害性并不比其他行为轻，甚至要重于其他行为（尤其是相对运输毒品罪而言）。因为不管是制造、走私还是运输毒品的行为，其最终的危害结果还是要将毒品流人社会即通过“贩卖”这一环节来实现。既然如此，如果单独规定贩卖毒品罪要有牟利目的，显然是不合理的。可以设想，如果行为人出于报复社会的目的，从甲地高价购买大量毒品，再运输到乙地低价在社会上销售，行为人的运输行为构成运输毒品罪无疑。但是，行为人运输毒品的目的是销售毒品，二者形成手段行为与目的行为的关系，这种目的行为（即销售行为）的社会危害性显然重于手段行为（即运输行为），而行为人的销售行为没有牟利的目的也是肯定的。在我国刑法所规定的毒品犯罪中，走私、贩卖、运输、制造毒品罪是最严重的犯罪，那么很显然，如果社会危害性相对较轻的运输行为构成运输毒品罪，而与之关联的社会危害性相对较重的销售行为却不构成贩卖毒品罪（或仅仅构成较轻的其他罪，如引诱、教唆他人吸毒罪），这无论如何是讲不通的。

第二，认为贩卖毒品罪必须以牟利为目的的学者的另一个主要依据是《刑法》第 355 条规定了“以牟利为目的”。笔者认为，这是因为一些学者对这一条的规定没有进行仔细分析的结果，如果对这一条文的结构进行仔细分析，恰恰可以得出在一般情况下贩卖毒品罪不需要有牟利目的的结论。《刑法》第 355 条前半段规定的是非法提供麻醉药品、精神药品罪，而后半段规定的是走私、贩卖毒品罪，即依法从事生产、运输、管理、使用国家管制的麻醉药品、精神药品的人员，“向走私、贩卖毒品的犯罪分子或者以牟利为目的，向吸食、注射毒品的人提供国家规定管制的能够使人形成瘾癖的麻醉药品、精神药品的”，依照《刑法》第 347 条的规定以走私毒品罪或贩卖毒品罪处罚。立法者在这里将“以牟利为目的”放在“向吸食、注射毒品的人”前面而不是放在“向走私、贩卖毒品的犯罪分子”前面，说明“以牟利为目的”仅仅是用来限制向吸食、注射毒品的人提供麻醉药品和精神药品的情况，即向这类人提供麻醉药品和精神药品的，必须具有牟利目的才构成贩卖毒品罪，而向走私、贩卖毒品的犯罪分子提供麻醉药品和精神药品的，不需要有牟利目的，只要明知对方是走私、贩毒分子而向其提供的，就构成贩卖毒品罪。那么，立法者为什么在这一条里规定向吸食、注射毒品的人提供麻醉药品、精神药品必须是行为人具有牟利目的才构成贩卖毒品罪呢？原因在于这一条文中的主体是特殊主体，他们从事麻醉药品、精神药品的生产、运输、管理、使用则是其合法职业，尤其是其中的“使用者”，如医生，将麻醉药品、精神药品依法提供给病人是他们一种经常性的职务行为，他们如果不是以牟利为目的，仅仅是违反规定向吸毒者提供麻醉药品和精神药品，其社会危害性和人身危险性与社会上的贩毒分子的贩毒行为相比，不可同日而语。但如果其明知对方是贩毒分子仍向对方提供麻醉药品和精神药品，或者以牟利为目的向吸毒者提供，则社会危害性和人身危险性显然严重得多。所以，立法者在这里规定特定主体向吸毒者提供麻醉药品和精神药品必须以牟利为目的才构成贩卖毒品罪是合理的，也是和罪刑相适应原则相符的，但这仅仅是针对特殊主体的一种特殊规定，对于一般主体来说，恰好可以得出构成贩卖毒品罪不需要具备牟利目的的结论。从《刑法》第 347 条的规定来看，也是如此。该条仅仅规定“走私、贩卖、运输、制造毒品的”，构成走私、贩卖、运输、制造毒品罪，没有规定贩卖毒品罪必须以牟利为目的。另外，“牟利目的”是一个在司法实务中非常难以操作和认定的问题。要认定行为人是否具有牟利目的，必须查清贩毒者毒品的购进价是多少，卖出价是多少。而司法实践中，大量的贩毒案件就是在毒品交易环节被破获的，甚至在为贩卖而购买毒品时就被查获，追诉机关一般只能查清被破获的交易环节的相关案情，即一般只能查清贩毒者卖出毒品的价格，而其从上家购入毒品的价格，往往难以查清，或仅仅只有被告人的口供。如果要追诉机关证明贩毒者具有牟利的目的，这可以说是立法对司法的苛求。所以，对于贩卖毒品罪这样一种具有严重社会危害性的犯罪来说，要求具有牟利的目的，从司法操作的层面来说也是不合理的。

贩卖毒品罪一般不需要有牟利的目的，在少数特殊情况下，则要求行为人具有牟利目的才能构成此罪。这除了前述《刑法》第 355 条规定的从事生产、运输、管理、使用国家管制的麻醉药品、精神药品的人员向吸食、注射毒品的人提供国家规定管制的能够使人形成瘾癖的麻醉药品、精神药品构成贩卖毒品罪必须具有牟利目的外，还包括代购毒品的情况。如果有证据证明行为人不是以牟利为目的，为他人代购仅用于其本人吸食的毒品的，不构成贩卖毒品罪，如果数额较大的，可以以非法持有毒品罪处罚。这里以牟利为目的作为构成贩卖毒品罪的构成要件有两个前提：一是行为人必须是事先受人之托，而不能主动为他人代购毒品；二是所购买的毒品仅限于委托人本人吸食，而不能扩散到社会中去。否则，行为人即使没有牟利目的，也构成贩卖毒品罪。之所以在这种情况下要求行为人具有牟利目的才构成贩卖毒品罪，也是考虑到在这种情况下行为的社会危害性和人身危险性都比较小，而贩卖毒品罪打击的重点是那种将毒品流入社会，危害不特定多数人的健康的行为。所以在这种情况下，从罪刑相适应的角度考虑，将“牟利目的”作为行为人构成贩卖毒品罪的要件是合适的。在这种情况下，行为人的行为也不构成运输毒品罪，即运输毒品罪在此也必须以“牟利目的”作为要件。但必须指出的是，行为人在这里应承担一定的证明责任，即其应当证明自己是为他人代购仅用于其本人吸食的毒品，且没有牟利目的。还有一种构成贩卖毒品罪要求行为人必须具有牟利目的的情况，那就是为毒品买主介绍卖主。如果行为人以牟利为目的，如为收取“介绍费”“劳务费”等而为买主介绍卖主，应当以贩卖毒品罪处罚。如果行为人没有牟利目的，则不构成贩卖毒品罪。❶

（六）毒品灭失的情况下对毒品数量的认定

在实践中往往会遇到涉案毒品由于种种原因灭失损毁，仅有其他相关的证据，如证人证言、被告人供述等证据来证明，在这种情形下，如何认定被告人贩卖毒品的数量。笔者的意见是，根据案件的具体情况分析：第一，当在贩卖毒品中买卖双方供述内容一致时，应对一致的部分予以认定；如果双方都供述存在毒品交易行为，只是供述中关于毒品的数量有出入的，认定时应适用“就低不就高”的原则。这是依据刑事诉讼法律中“排除合理怀疑”的证明标准的规定来确定；第二，就已灭失的摇头丸类毒品案件而言，通常在确定摇头丸的数量和种类后，再根据所在地区查获的相关摇头丸案件中，有关同一种类中每粒摇头丸重量，依据“就低不就高”的原则，计算出涉案摇头丸的数量；第三，如果只有被告人的供述，在开庭时被告人又翻供的，不可以只凭被告人过去在侦查机关的供述确定毒品数量。理由是根据我国《刑事诉讼法》相关规定，只有被告人供述，

---

❶ 肖晚祥．贩卖、运输毒品罪的司法认定［G］//游伟．华东刑事司法评论（第三卷）［M］．北京：法律出版社，2003：99－103.

没有其他证据时，不能认定被告人有罪和处以刑罚。对于这种情形，因为没有其他相关证据相互印证，所以不能给予认定。

（七）本罪中“其他毒品数量大”“其他毒品数量较大”“其他少量毒品”的认定

在本罪中毒品数量的大小虽然不影响定罪，但却影响量刑。《刑法》第 347 条依照毒品的数量的大小设置了 3 个量刑幅度，即其他毒品数量大的，处 15 年有期徒刑、无期徒刑或者死刑，并处没收财产；其他毒品数量较大的，处 7 年以上有期徒刑，并处罚金；其他少量毒品的，处 3 年以下有期徒刑、拘役或者管制，并处罚金。刑法和最高人民法院的司法解释根据不同毒品的毒效、有毒成分的大小和多少、吸毒者对毒品的依赖程度的不同对“数量大”“数量较大”“少量毒品”作出了判断标准。但是，刑法和最高法院的司法解释仅对 14 种毒品作出判断标准，与卫生部规定的 737 种管制的麻醉药品和精神药品相比，只是涉毒案件的一小部分，对于在司法实践中遇到《刑法》和司法解释未列明的毒品，该依据什么来确定其判断的标准？对此，最高人民法院发布的《全国法院审理毒品犯罪案件工作会谈纪要》（法［2000］42 号）指出：关于国家管制的刑法未明确规定数量标准的精神药品和麻醉药品的量刑标准，在有关司法解释出台前，审理这些案件时，应有专业部门确定涉案毒品的毒效、有毒成分的大小和多少、吸毒者对该毒品的依赖程度。因条件限制不能确定的，可以参考相关毒品非法交易的价格等因素，决定对被告人的刑罚，判处死刑时应慎重考虑。[1]

三、走私、贩卖、运输毒品罪罪数形态的认定

（一）走私、贩卖、运输毒品罪与非罪的认定

1. 走私毒品罪与合法办理麻醉药品、精神药品进出口业务

根据我国《麻醉药品管理办法》和《精神药品管理办法》的有关规定，有关主管部门指定的单位可以按照国家有关对外贸易的规定，办理麻醉药品、精神药品的进出口业务。为了加强对麻醉药品、精神药品进出口的管理，防止出现偏差，国家对麻醉药品、精神药品进出口的年度计划、用途及具体办理程序等，均作了严格的规定和限制。有关单位依照国家规定办理麻醉药品、精神药品进出口业务的，属于合法行为，不能与走私毒品罪混淆。

---

[1] 郦毓贝．毒品犯罪司法适用［M］．北京：法律出版社，2005：9.

2. 贩卖、运输毒品罪与依法从事运输、管理、使用麻醉药品、精神药品活动

前者是违法犯罪行为，后者是根据医疗、教学、科研的需要，经国家卫生行政主管部门依法特许的合法行为。区别二者的关键在于行为者的行为是否违背国家法律和行政法规的有关规定。违背了药品管理法规的有关规定且符合刑法中对贩卖、运输毒品罪规定的，构成犯罪，反之，则不构成犯罪。例如，周某明在担任武汉某公司董事长兼总经理期间，于2001年3月至2002年5月，故意违反国家有关规定，指使、纵容其销售部经理李某荷（已判刑），采用持无效的咖啡因购用证购买、有证超量购买和无证购买等手段，先后在四川、天津购买咖啡因20次，共计38 350千克。他将咖啡因发运到武汉后，分别全部贩卖给贩毒分子史某中、王某平、陈某杰等人，由这些贩毒分子分别转卖给其他贩毒分子。被告人周某明单位购买和销售咖啡因，非法营业额200余万元，非法获利100余万元。案发后，涉案人员纷纷落网，周某明畏罪潜逃达2年之久，期间为逃避抓捕曾经做整容手术。最终于2005年1月31日被公安机关捕获归案。2006年5月12日，因犯贩卖毒品罪，周某明被法院判处无期徒刑，剥夺政治权利终身，并处没收个人全部财产。

3. 毒品数量多少是否影响定罪和量刑

《刑法》第347条第1款规定："走私、贩卖、运输、制造毒品，无论数量多少，都应当追究刑事责任，予以刑事处罚。"《刑法》第13条第2款规定："但是情节显著轻微危害不大的，不认为是犯罪。"那么该如何协调上述规定之间的关系？其实，上述两条规定并不矛盾。刑法规定情节显著轻微社会危害性不大的，不以犯罪论处，这表明我国刑法的谦抑性原则，但社会危害性缺乏一个明确的评判标准，并主要是一种规范评价，而《刑法》第347条第1款的规定则表明走私、贩卖、运输、制造毒品的行为不属于《刑法》第13条所规定的情节显著轻微的情形，必须以犯罪论处，予以刑事处罚。这里的"予以刑事处罚"不是说一定要判处实刑，也不是说一定要判处刑罚，对走私、贩卖、运输、制造毒品数额极小的，是可以判处缓刑或者在检察机关审查起诉时予以不起所处理，也可以由审判机关予以定罪但免除刑罚。毒品数量是毒品犯罪案件量刑的重要情节，但不是唯一情节。对被告人量刑时，特别是在考虑是否适用死刑时，应当综合考虑毒品数量、犯罪情节、危害后果、被告人的主观恶性、人身危险性以及当地禁毒形势等各种因素，做到区别对待。量刑既不能只片面考虑毒

品数量，不考虑犯罪的其他情节，也不能只片面考虑其他情节，而忽视毒品数量。[1]

4. 毒品的纯度是否影响定罪和量刑

1997 年《刑法》第 357 条第 2 款规定：“毒品的数量以查证属实的走私、贩卖、运输、制造、非法持有毒品的数量计算，不以纯度折算。”由此可以看出，我国刑法不以毒品的纯度作为一个定罪量刑的标准，强调的是毒品犯罪的危害性，以查获的毒品的数量作为适用法律的依据，即使在毒品中掺入非毒品物质，仍计算在毒品数量之内，对毒品的实际数量不以纯度计算。这一规定显示出我国从严打击毒品犯罪的立场和决心。但毒品的纯度在一定程度上决定着犯罪的社会危害性的大小，这在司法实践中是个绕不开的话题。

1991 年 1 月 3 日最高人民法院《关于严格执行〈全国人民代表大会常务委员会关于禁毒的决定〉严惩毒品犯罪分子的通知》首次提到了毒品的定量分析问题。1991 年 12 月 17 日最高人民法院《关于十二省、自治区审理毒品犯罪案件工作会议纪要》对毒品鉴定也作出了规定：“……对毒品犯罪案件中查获的毒品进行鉴定，确定毒品的种类和含量，是办理毒品犯罪案件中的一个十分重要的问题。”之后，1994 年 12 月 20 日最高人民法院《关于执行〈全国人民代表大会常务委员会关于禁毒的决定〉的若干问题的解释》第 19 条明确规定：“对毒品犯罪案件中查获的毒品，应当鉴定，并作出鉴定结论。对被告人可能被判处死刑的案件，必须对查获的毒品做定性、定量鉴定。对毒品的鉴定结论有疑义的，应当补充鉴定或者重新鉴定。海洛因的含量在 25% 以上的，可视为《决定》和本解释中所指的海洛因。含量不够 25% 的，应当折合成含量为 25% 的海洛因计算数量。”该解释首次明确了毒品含量鉴定在可能被判处死刑案件中的重要意义，同时也对我国最常见的毒品海洛因的纯度规定了一个相对标准值，局限在于没有对其他毒品的纯度标准值作出规定。但 1997 年修订后的《刑法》基于当时严峻的毒品犯罪形势，未能吸纳上述规定，相反，作出了毒品数量不以纯度折算的规定。此后，2000 年 4 月 4 日最高人民法院年发布的《全国法院审理毒品犯罪案件工作座谈会纪要》曾作出规定：“根据刑法规定，对于毒品的数量不以纯度折算。但对于查获的毒品有证据证明大量掺假，

---

[1] 高铭暄，马克昌．刑法学［M］．5 版．北京：北京大学出版社，高等教育出版社，2011：591.

经鉴定查明毒品含量较少，确有大量掺假成分的，在处刑时应酌情考虑。特别是掺假后毒品的数量才达到判处死刑标准的，对被告人可不判处死刑立即执行。为掩护运输毒品而将毒品融入其他物品中，不应将其他物品计入毒品的数量。”该纪要明确规定了毒品的数量不以纯度折算，但同时又意识到在特殊情况下毒品含量鉴定的意义。2007 年最高人民法院、最高人民检察院、公安部颁布的《办理毒品犯罪案件适用法律若干问题的意见》第 4 条规定：“可能判处死刑的毒品犯罪案件，毒品鉴定结论中应有含量鉴定的结论。”这一规定进一步在程序上明确了毒品含量鉴定结论在可能判处死刑案件量刑中的重要作用。此后，鉴于大量掺假毒品和成分复杂的新类型毒品不断出现，为做到罪刑相当、罚当其罪，保证毒品案件的审判质量，并考虑目前毒品鉴定的条件和现状，2008 年 12 月 22 日最高人民法院《全国部分法院审理毒品案件工作座谈会纪要》又在此基础上新增了“对涉案毒品可能大量掺假或者系成分复杂的新类型毒品的案件应当做出毒品含量鉴定”的规定。

1997 年《刑法》出台前后，对毒品数量是否要根据毒品纯度进行折算，在确定毒品数量时，是以查获的实际数量为准还是以纯度折算后的数量为准，理论界一直存在着争论。对此，有学者指出，这种完全不考虑毒品纯度，一味以数量定罪量刑的做法是否合理，则不无争议。[1] 这一争论随着司法实践和刑法理论的发展日趋激烈，主要分为肯定说和否定说两种观点。

第一种观点是肯定说，论者主张毒品数量必须以纯度折算，认为对毒品不以纯度折算的立法不符合毒品的危害本质，容易产生不公平现象，在司法实践中容易产生过于追求数量的司法投机主义。毒品不以纯度折算，则在事实上给司法机关留下了唯数额论的投机空间，极易使司法机关在数量的诱惑下进行投机。[2]《全国人民代表大会常务委员会关于禁毒的决定》规定的毒品数量标准是以纯净毒品为依据的。[3] 如不折算成纯净毒品，不仅会导致犯罪人处刑过重的不良后果，而且会出现轻重悬殊的不合理现象。[4] 肯定论者虽然主张毒品数量应该以纯度进行折算，但只是笼统地说折算成纯净毒品，未能提出确切的折算方法或标准。这便不能在理论上形

---

❶ 高巍．贩卖毒品罪研究［M］．北京：中国人民公安大学出版社，2007：117.

❷ 高艳东．规范学视野中毒品刑法泛犯罪化与重刑化的反思［J］．云南警官学院学报，2007（3）．

❸ 喻伟．量刑通论［M］．武汉：武汉大学出版社，1993：562.

❹ 彭凤莲．毒品犯罪专题整理［M］．北京：中国人民公安大学出版社，2008：19.

成充分的说服力，也难以在实践中很好地操作。

第二种观点为否定说，该说认为，毒品数量不以纯度折算，纯度只能作为量刑时考虑的因素。[1][2][3] 对毒品纯度较大的犯罪案件而言，通过人为折算将其纯度含量降低而导致犯罪数量提高，使犯罪人面临高档的法定刑幅度，有违罪刑法定的基本原则；对毒品纯度较低的犯罪案件而言，人为的折算又将导致毒品纯度上升、数量下降，与犯罪之主观意志不相符，有违罪责刑相适应原则，造成罚不当罪；此外所查获的犯罪毒品数量，是行为人主观认同的毒品数量，反映了行为人的主观恶性，同时反映了行为人对其犯罪行为社会危害性的认识程度。按毒品纯度折算数量，有违主客观相一致的原则。[4] 毒品数量多，扩散的范围就越广，导致吸食毒品的人就越多，对社会带来的危害就越大。如果仅仅以毒品纯度计算，势必会造成促使犯罪分子掺假贩卖的情况发生。[5] 若以纯度折算毒品数量，会轻纵毒品犯罪分子。[6] 从目前刑法的规定和实践中的操作来看，我国采用的是否定说，此说在理论界和实务界都有相当牢固的基础和支持人数。

笔者认为，1997 年《刑法》第 357 条第 2 款规定的“毒品的数量不以纯度折算”之规定符合我国从严打击毒品犯罪的立场，在司法实践中有利于司法机关调查取证，节省司法成本，快速打击毒品犯罪。然而，这一规定易造成相关概念混淆与执法尴尬，不符合以事实为依据的司法原则，有悖于罪责刑相适应原则。虽然对毒品纯度进行折算的司法实践取得了很好的效果，但还不够。毒品数量不以纯度折算隐含的意思就是不管是纯毒品还是大量掺假或者含量极低的毒品，刑法上只作定性分析不作定量分析，这实际上是将纯毒品和只是含有毒品的物品不加区别甚至相互混淆。这一结论显然是错误的，因为某物品含有毒品成分并不意味着该物品就是毒品。而对毒品进行鉴定，究其实质就是对毒品进行鉴定。纯度低的毒品不能与纯度高的毒品同等对待，成分复杂的毒品不能与单纯的毒品同等对待，这才是实事求是的办案作风，才符合以事实为根据的司法原则，不能因为从严打击毒品犯罪就一味强调毒品犯罪的危害而忽略不同含量毒品在

---

[1] 刘家琛．新刑法条文释义（下）［M］．北京：人民法院出版社，2002：1940.

[2] 邱创教．毒品犯罪惩治与防范全书［M］．北京：中国法制出版社，1998：245

[3] 马骊华．毒品的种类、数量、含量与罪行关系研究［J］．云南大学学报：法学版，2002（4）.

[4] 赵秉志，于志刚．毒品犯罪［M］．北京：中国人民公安大学出版社，2003：112.

[5] 李希慧．惩治毒品犯罪刑事立法不能滞后［N］．检察日报，2009－6－26（3）.

[6] 张辛陶．毒品犯罪的认定与案例分析［M］．北京：人民法院出版社，2000：132.

毒性（即药理性）上的差别，也不意味着可以将非毒品物质一并认定为毒品，进而对行为人处以更严厉的刑罚。现行刑法“毒品数量不以纯度折算”的规定带有明显的重刑主义倾向，它过于强调从严打击毒品犯罪，进而催生了不正确的立法观念和不公正的司法理念，陷入了恶性循环的怪圈。从现实来看，这一重刑主义的规定并未能阻断毒品犯罪的高发态势，没有达到立法者通过规定严刑峻法来预防和减少毒品犯罪的立法目的。不以纯度折算毒品数量无疑加大了毒品纯度很低的行为人的刑事风险，甚至让行为人对毒品以外的物质承担毒品犯罪的刑事责任，这显然严重背离了罪责刑相适应原则。司法实践中，已经做到了对可能判处被告人死刑的毒品犯罪案件进行毒品含量鉴定，但对其他类型的毒品犯罪案件很少进行含量鉴定与折算，以致有相当一部分案件犯罪人因为没有含量鉴定而受到了不应有的加重处罚。❶ 还有学者指出，1997 年《刑法》之所以作出这样的规定，显然是出于严厉打击毒品犯罪的目的。但事实早已证明，重刑并不能对遏制犯罪起到立竿见影的效果，惩罚犯罪的极限要受到一般预防的制约，超出国民预测范围和理解能力的刑罚，其合理性与实际效果是值得怀疑的。不以纯度计算的做法并没有起到遏制毒品犯罪的预期效果，反而适得其反。另外，不以纯度折算毒品会导致司法实践中很多情形难以得到公正的处罚，难以令国民信服。因此，《刑法》第 357 条第 2 款的规定，存在着值得修改的空间。但在修改立法尚不现实、不成熟的情况下，如何在遵循罪刑法定原则的基本前提下，在刑法理论与司法实践中对这一条进行最大限度的合理解释，则是我们需要努力的目标。❷ 所以，也不能对上述规定作绝对化理解。

对于掺兑、掺假毒品进行定量鉴定是合理的、可行的；对毒品纯度进行分析，目的主要是看它的实际危害的大小，基于罪责刑相适应原则的要求，应当对毒品含量进行鉴定。因此，人民法院在审理毒品犯罪死刑案件时，应当把毒品的含量作为一个重要的量刑情节予以考虑。❸ 对涉案毒品可能大量掺假或者系成分复杂的新类型毒品的，亦应当做出毒品含量鉴定。对于含有两种以上毒品成分的毒品混合物，应进一步作成分鉴定，确

---

❶ 段启俊，潘建．毒品数量不以纯度折算的反思［G］//陈泽宪，贾宇，曲新久．刑法理论与实务热点聚焦（下卷），北京：中国人民公安大学出版社，2010：1603－1607.

❷ 刘夏．贩卖假毒品和掺杂、掺假毒品的性质［G］//陈泽宪，贾宇，曲新久．刑法理论与实务热点聚焦（下卷），北京：中国人民公安大学出版社，2010：1499.

❸ 周道鸾，张军．刑法罪名精释［M］．3 版．北京：人民法院出版社，2007：721.

定所含的不同毒品成分及比例。[1] 在修改立法之前，应当严格遵守罪刑法定原则，对查证属实的毒品数量不以纯度计算，但对于特殊情形，毒品的数量尚未被“查证属实”，应当通过一定的折算方法，先查证出所交易毒品的确切数量：首先，对于非常态（吸食状态）得到的毒品，应当折算为常态来计算数量。其次，如果行为人掺入的是明显被发现并分离的杂质时，就不应当将该部分计入毒品的数量；分离后剩下的毒品数量就是被查证的毒品数量。最后，为了掩护运输、贩卖、走私等行为，而将毒品溶入其他物质的，也不应将其他物品计入毒品的数量，同样要根据价格等因素折算出被查证毒品的数量。综上所述，在通常情况下，只要含有杂质的毒品的纯度处于交易中一般可接受的纯度范围内，就没有必要折算为100%的纯度后再计算数量，而是直接作为被查证的毒品数量。但是，在综合考虑交易价格、市场价格、分离的难易程度、掺杂目的等多方面因素，以含有毒品的全部杂质作为查证毒品的数量，将明显导致对行为人判罚不公平时，应当准确查证出所交易毒品的真正数量。当然，对这部分毒品就无须以纯度进行折算了。[2] 我国刑法规定的毒品数量属于形式上的毒品，只要求某物品具备毒品的外部客观特征，而实质上的毒品则要求毒品有效成分含量达到一定标准。[3] 有学者建议，对毒品数量按纯度折算只需规定一个纯度下限，没有纯度下限的按下限折算，达到纯度下限的则不再折算。毒品纯度低于25%的，应折算为25%的同类毒品。对于成分复杂的毒品纯度的折算，同宗毒品检测出多种毒品成分的，应客观列举，以法律规定量刑幅度最重的毒品数量适用刑罚。新型毒品中没有法定量刑数量标准的，参照国家食品药品监督管理局制定的《非法药物折算表》，折算成海洛因的数量后适用刑罚。[4]

5. 对兼有吸食毒品（以贩养吸）的毒品犯罪行为的认定和处理

以贩养吸，是指行为人既贩毒又吸毒，并以贩毒所得作为其吸毒的主要经济来源。根据有关法律的规定，吸食毒品不构成犯罪，但吸食毒品和

---

❶ 高铭暄，马克昌．刑法学［M］．5版．北京：北京大学出版社、高等教育出版社，2011：591.

❷ 刘夏．贩卖假毒品和掺杂、掺假毒品的性质［G］//陈泽宪，贾宇，曲新久．刑法理论与实务热点聚焦（下卷），北京：中国人民公安大学出版社，2010：1499.

❸ 曾粤兴，蒋涤非．毒品犯罪研究回顾与展望［G］//赵秉志．刑法论丛（第13卷）．北京：法律出版社，2008：441－443.

❹ 段启俊，潘建．毒品数量不以纯度折算的反思［G］//陈泽宪，贾宇，曲新久．刑法理论与实务热点聚焦（下卷），北京：中国人民公安大学出版社，2010：1605－1609.

其他毒品犯罪具有密切的联系。对此，我国相关规定有2000年4月最高人民法院关于《全国法院审理毒品犯罪案件工作座谈会纪要》和2008年最高人民法院关于《全国部分法院审理毒品犯罪案件工作座谈会纪要》。因此，对于吸毒者实施的毒品犯罪要具体问题具体分析，分别进行处理。

（1）吸毒者在走私、贩卖、运输毒品等犯罪过程中被抓获的，有证据证明是为了走私、贩卖毒品的，运输行为从属于走私、贩卖毒品行为，应以走私、贩卖毒品罪定罪处罚。

（2）吸毒者被证明实施贩毒行为的，在其所有的毒品中已被吸食掉的部分不应认定为贩卖毒品的数量，也不认定为非法持有毒品罪，未被吸食的部分应认定为贩卖毒品的数量，但应考虑行为人用于吸食的部分的可能性。

（3）吸毒者在购买、运输、储存用于自己吸食的毒品过程中被抓获的，没有证据证明其实施了其他毒品犯罪，且毒品数量不大的，从有利于行为人的角度考虑，应推定该毒品系为其本人吸食之用，可不视为犯罪。但毒品数量达到一定标准，超过行为人正常吸食量的不能因为行为人是吸毒者而不认定为犯罪，行为人同样应认定为成立运输毒品罪（而非《全国法院审理毒品犯罪案件工作座谈会纪要》指出的非法持有毒品罪）。当然，上述区分的前提是需要科学认定吸毒人员的合理吸食量，该问题是个技术问题，把握时具有一定的难度，实践中司法机关需要结合个案的具体情况，如被告人的经济状况、日常吸食量、以往购买毒品的情况以及当地毒品犯罪的实际情况等综合考虑。[1]

（4）对于以贩养吸的，查获的全部毒品均应以贩卖毒品的数量认定，不能由司法机关扣除行为人可能用于自己吸食的部分，但在量刑时应考虑个人吸食的情节。

从以上几点可以看出，实施毒品犯罪的吸毒者，在罪行同等的情况下受到的处罚可能轻于不吸毒的犯罪人。因此，犯罪嫌疑人是否吸毒将成为部分毒品犯罪量刑轻重的一个情节。按照刑事诉讼的制度规则，任何影响量刑轻重的相关情节都应有事实和证据予以证明，法院才能采用。因此，公安边防部门在办理刑事案件过程中必须如实收集犯罪嫌疑人是否吸毒的证据，并认真核实。

---

[1] 高贵君，竹莹莹．吸毒人员在运输毒品过程中被查获的应如何定罪［J］．人民司法，2008（11）．

6. 特情侦查介入贩卖毒品行为的定性

在破获的贩毒案件中，有些是公安机关安排的内线、侦查人员或被查获的吸毒者，向贩毒嫌疑人约购毒品，从而在交易时将贩毒人员人赃俱获。对利用这种侦查手段查获的涉毒行为应如何认定，实践中的做法不一。有论者认为，一律认定为贩卖毒品罪或者一律不认为是犯罪，是将复杂问题简单化了，应区别不同情况，具体问题具体分析：

（1）如果查明犯罪嫌疑人在此之前确实没有贩卖、运输、走私毒品或者非法持有毒品的行为，只因公安机关怀疑其有毒品犯罪行为，特情人员对其引诱后，嫌疑人出于贪利动机，临时从其他毒贩处购进毒品，当双方交易时被抓获。这种情况下，不论其贩卖行为是否已既遂，均不能以贩卖毒品罪论处，因为这是特情人员精心布置的，不可能造成危害后果，嫌疑人的贩毒故意也不是原来就有的而是被引诱的。如果对嫌疑人定罪，那么引诱其犯罪的人如果定性？同时对其也不能认定为非法持有毒品罪，因为这是司法机关的侦查手段造成的。

（2）如果有证据证实其在被抓获前，嫌疑人并没有贩卖、运输毒品的行为，此次被抓获后，嫌疑人说不清毒品的来源或者拒不说明毒品的来源地，对查获的犯罪嫌疑人拥有的这部分数量较大的毒品的行为，可定为非法持有毒品罪，因其贩毒行为和故意是被引诱产生的，不能认定为贩卖毒品罪，而其非法持有毒品的行为与公安机关的侦查活动没有法律上的因果关系。

（3）犯罪嫌疑人在被查获前虽有贩毒行为，但这次当特情人员向其收购毒品时，嫌疑人正好没有毒品，为了获利而临时从别处购进毒品准备倒卖给特情人员。在这种情况下，对嫌疑人只能以过去进行的贩毒行为定罪处罚，对最后这次查获的“贩毒”不能以犯罪论处，因为此次贩毒行为是被特情人员的侦查行为引诱造成原本处于停止状态的贩毒继续进行的结果。因此，同时也不能认定为非法持有毒品罪。

（4）犯罪嫌疑人在此次被查获前已有贩毒行为，而且当特情人员向其收购毒品时其还拥有毒品，那么，嫌疑人的这次贩毒行为应作为其整个贩毒活动的一个组成部分，此次查获的毒品数量应计入总的贩毒数量以内，对其行为应认定为贩卖毒品罪，因其行为在侦查前已经客观存在，不是由公安机关的侦查行为引诱产生的。[1]

---

[1] 唐凯吉. 几种特殊涉毒案件的定性问题［J］. 人民司法，1995（2）.

7. 毒品案件中特情引诱案件的处理[1]

在毒品犯罪的实践中，存在“特情引诱”这一特殊而又不得不直面的敏感问题。特情引诱犯罪，国外称为“警察圈套”。运用特情侦破案件，是打击毒品犯罪的一种手段。这些特情（俗称“耳目”）打入毒品犯罪分子内部，以经允许的行为，诱使他们犯罪。但实践中又出现了违规使用特情引诱的情况。由于特情引诱涉及在处刑中如何解决罪责刑问题，不能与普通毒品犯罪一样用刑，因此，在司法实践中，应当注意区分三种情形，分别处理。

（1）犯意引诱。指被告人本来没有实施毒品犯罪的主观故意，在特情的引诱下萌发了犯意，进而实施了某种毒品犯罪行为。这又分两种情况：一是被引诱人没有任何犯罪故意；二是被引诱人有其他犯罪故意，如其他侵财型的犯罪故意，但没有毒品犯罪的故意。对于因特情引诱而实施毒品犯罪的被告人，无论其毒品犯罪数量多大，一般应认为构成犯罪，认定为构成贩卖毒品罪，并均应从轻处罚，一般不适用死刑。在同等条件下，对于无犯罪故意的被引诱者的处罚要轻于有其他犯罪故意的被引诱者。

（2）数量引诱。指行为人本来只有实施数量小的毒品犯罪的故意，在特情引诱下实施了数量大的甚至达到可以判处死刑数量标准的毒品犯罪。凡是存在数量引诱情形的，应认定构成贩卖毒品罪，从轻处罚。因为行为人本身就具有实施毒品犯罪的主观故意，特情人员只是在客观上提供了一定的机会与条件，起到一定的推动作用，促使其完成任务。在这种情况下，犯罪故意在先，即使没有被引诱，也会进行贩卖毒品，故意数量引诱不影响行为的定性，但是在量刑时，一般应酌情给予从轻考虑。尤其是经引诱后，毒品数量达到死刑数量标准的，一般不判处死刑立即执行。但并不是案件中有特情人员参与，贩卖数量增加就构成数量引诱，应该根据具体案情判断。

（3）间接引诱。指受特情引诱的被告人的行为又引起了原本没有毒品犯意的其他人产生毒品犯罪故意，并实施了毒品犯罪行为。存在间接引诱的，对被告人的处罚也应酌情从轻考虑。

此外，还有提供机会型引诱。指行为人本来就有毒品犯罪的故意和行为，特情的引诱仅仅是给行为人提供了一个机会，进而发生了犯罪。它不属于特情引诱的范畴，量刑方面一般不予考虑。例如，被告人手里有200

---

[1] 周道鸾，张军．刑法罪名精释［M］．3版．北京：人民法院出版社，2007：713.

克海洛因，正在寻找买主。公安机关怀疑其持有毒品，派特情接近被告人购买了海洛因。这种情况下，行为人有毒品在先，出卖毒品是其本来的意思表示，其毒品不是卖给张三就是卖给李四，特情找他买，仅仅是为其贩卖毒品提供了一个机会。

8. 对毒品种类产生错误认识的处理

毒品的种类不同危害便不同，因此，刑法对不同的毒品作了区别规定。但根据刑法的规定，毒品种类及其数量仅影响量刑，并不影响犯罪的成立，故行为人对毒品种类的认识产生错误的，实际上是对自己的行为在量刑上（或法定刑上）有不正确的认识，依据我国的刑法理论，这种认识错误不影响刑事责任。从另一方面看，如果认为这种情况属于对象错误，也不影响刑事责任。因为行为人只是对毒品的种类产生错误认识，而各种不同种类的毒品都体现相同的社会管理秩序，故行为所侵犯的社会管理秩序内容仍然相同，没有理由对刑事责任产生影响。[1]

（二）走私、贩卖、运输毒品罪与彼罪的认定

1. 运输毒品罪与走私毒品罪的界限

两罪有以下区别：①从犯罪侵犯的犯罪客体来看，运输毒品罪侵犯的客体是国家对毒品的管理制度和国家对毒品运输的管理制度；走私毒品罪侵犯的客体是国家对毒品的管理制度和海关管理制度所形成的毒品管理秩序。②从犯罪客观方面来看，运输毒品罪的运输行为的起止地点均在我国境内，而走私毒品罪当然也有运输行为，但这种运输行为的起止地点跨越国（边）境。运输行为是否跨越国（边）境是运输毒品罪和走私毒品罪的最本质的界限。③从犯罪主体的角度看，运输毒品犯罪的行为人是实施了运输毒品行为的人，而走私毒品犯罪的行为人不一定是直接实施了将毒品走私入境行为的人。如与走私毒品犯罪通谋，为其提供贷款、资金等方便条件的，也可以构成走私毒品罪，而且在一般情况下，运输毒品的行为人不拥有所运输毒品的所有权，而走私毒品的行为人既可以是单纯的替别人跨境运输，也可以是毒品所有者自己走私毒品。[2]

2. 走私、贩卖、运输毒品罪与非法持有毒品罪的界限

非法持有毒品罪，是指违反毒品管理法律及有关行政法规的规定，明知是毒品而私藏或者保存有一定的毒品，数量较大的行为法。走私、贩

---

[1] 张明楷．刑法学（下）［M］．北京：法律出版社，1997：869.

[2] 张保平，等．边防法制通论［M］．北京：中国人民公安大学出版社，2004：199.

卖、运输毒品罪与非法持有毒品罪常常是紧密联系在一起的，走私、贩卖、运输毒品罪与非法持有毒品罪侵犯的主要客体都是国家对毒品的管理制度或管理秩序，犯罪对象都是毒品。行为人实施走私、贩卖、运输毒品的行为都是以非法持有为前提的，走私、贩卖、运输毒品犯罪都必须包含对毒品的非法持有。走私、贩卖、运输毒品罪与非法持有毒品罪之间的区别主要在于犯罪的客观方面和主观方面不同，区别的关键就在于正确认定行为人的意图和目的。①犯罪客观方面不同。走私、贩卖、运输毒品罪，只要有行为即构成犯罪，无论数量多少，都应当追究刑事责任，予以刑事处罚。而构成非法持有毒品罪有法定的数量标准，行为人必须非法持有鸦片 200 克以上、海洛因或者甲基苯丙胺 10 克以上或者其他毒品数量大的，才构成犯罪，达不到法定标准的只能按违法处理。②犯罪主观方面不同。走私、贩卖、运输毒品罪与非法持有毒品罪主观故意的内容不同。前者主观故意的内容十分明确，走私毒品就是要使毒品非法进出国（边）境；贩卖毒品就是要非法销售或者购买毒品转手贩卖；运输毒品就是要使毒品从甲地移动至乙地。后者的主观故意的内容基本上处于一种不确定的状态之中，除了少数是以满足个人吸食、注射为目的外，其他大部分非法持有毒品的目的是不确定的，这种不确定是因为行为人不供述，在司法机关难以查明该毒品的来源和用途，无法认定构成走私、贩卖、运输毒品罪中的任何一种罪的情况下，才认定为非法持有毒品罪。因实施其他毒品犯罪而持有毒品的，按所实施的毒品犯罪定罪处罚，在司法实践中，有证据能够证实已构成走私、贩卖、运输毒品罪中的任何一种罪，即以该罪论处，而不应再定非法持有毒品罪。所以，对于被查获的非法持有毒品者，首先应当尽力调查犯罪事实，查清行为人所持有的毒品的来源及用途，防止行为人避重就轻，逃避惩罚。如果行为人持有的毒品是自己或者伙同他人走私、贩卖的，或者持有的毒品是替他人运输的，即如果经查证是以走私、贩卖或运输毒品为目的而非法持有毒品的，应当以走私、贩卖、运输毒品罪定罪量刑。司法机关只有在经过大量的细致的调查无法确认毒品的来源和用途时，确实难以查实犯罪分子走私、贩卖、运输毒品证据的情况下，才能认定为非法持有毒品罪，即在犯罪分子拒不供认，又无证据认定构成走私、贩卖、运输毒品罪中任何一种罪的情况下，如果非法持有毒品达到构成犯罪的数量标准，才能认定其构成非法持有毒品罪。根据有关解释和会议纪要，吸毒者在购买、运输、存储毒品过程中被抓获，如果没有证据证明实施了其他毒品犯罪行为的，一般不应定罪处罚，但查获的毒品数量大的，就以非法持有毒品罪定罪，但有学者认为应认定为运输毒品罪，还有学者认为仅仅以毒品数量的大小而改变行为性质认定的做法值得商榷。[1]

我国刑法理论一般认为，“持有”既可以是静态的，也可以是移动状态的。那么，当持有毒品在形态上属于后者时，客观上也会存在毒品被转移、移送的问题。那么，该种场合下如何区分运输毒品罪与非法持有毒品罪定罪？我国刑法学理论界代表性的观点主要有以下三种。

第一种观点主要从运输的物理意义上界定二者的界限，认为运输毒品的本质是毒品空间的位移，及毒品从一地转移到另一地。只是这两地之间的距离不能过短，如从同一城区内的一房屋到另一房屋的毒品位移，不能以运输毒品论，应视为转移毒品。[2] 运输毒品罪所处罚的运输毒品行为不适用于距离较近的运输行为。[3] 有的学者甚至根据行政区域来判断距离。

第二种观点重视运输行为的社会意义和功能，并以此为基础区分运输毒品与非法持有毒品。其中，有学者提出，毒品犯罪从种植、收获、提炼、运输（走私）、贩卖、吸食是一个完整的链条，毒品的运输只是其中关键的一环，刑法设立运输毒品罪，目的就在于切断这个链条，阻断毒品向社会流通（可能性）。因此，运输毒品中“运输”的本质在于增强毒品流通性以实现毒品在不同控制者之间的流通。[4] 不具有该种意义的毒品空间位移，不能认定为运输毒品罪。

第三种观点强调运输毒品的流通目的。如有学者认为，改变毒品存在的空间场所并不是运输毒品的必要条件，运输毒品的本质是在一个法域内，行为人以流通毒品为目的，认识到毒品但不明知毒品的用途，采用各种方式流通毒品，并不根据自己的意志使毒品流通于不同的控制者。[5]

其实，我国刑法规定的“运输类型”犯罪并非仅限于运输毒品罪，还有如非法运输枪支、弹药、爆炸物罪和非法运输危险物质罪、运输假币罪等。对于上述犯罪来说，同样会涉及“运输”与“持有”的区分问题，从这个意义上讲，二者的区分在我国刑法学上具有更加普遍的意义。笔者不赞同单纯从空间位移距离远近角度解释运输毒品罪与非法持有毒品罪的界

---

[1] 李运才，魏昌东．论走私、贩卖、运输、制造毒品罪之罪名调整［G］//陈泽宪，贾宇，曲新久．刑法理论与实务热点聚焦（下卷），北京：中国人民公安大学出版社，2010：1490.

[2] 付宝玉．运输毒品犯罪的几个问题［J］．河南公安高等专科学校学报，2002（6）.

[3] 于志刚．毒品犯罪及相关犯罪认定处理［M］．北京：中国方正出版社，1999：10.

[4] 张伟良．运输毒品行为的定性［J］．法制与社会，2008（30）.

[5] 高艳东．运输毒品罪疑难问题研究［J］．广西政法干部管理学院学报，2004（6）.

限。首先，空间位移距离的远近是个不确定的概念，毒品究竟发生多远距离的空间位移，才能判定为“运输”而非“持有”难以确定。以物理空间的位移来机械化地定性是不可科学的，运输不能以距离的长短来定性，而应看是否存在运输毒品罪的实质。而从司法实践看，即使很近距离的毒品空间位移，也不能完全排除运输毒品罪的可能。并且，运输毒品与转移毒品的区别不是客观方面距离的认定，而是主观方面不同。运输毒品的空间距离并不需要作出限定，只要存在空间的位移，就构成运输毒品罪所要求的距离，同时，并不能认为距离较近的毒品转移行为就是转移毒品、毒赃罪，空间距离达到一定程度才构成运输毒品罪。[1] 对于第二种观点和第三种观点，笔者认为其分析问题的思路有值得借鉴之处，但第二种观点强调成立运输毒品罪需要毒品在不同控制者之间流通，是不科学的。即使毒品没有在不同控制者之间流动，符合刑法规定的，也应认定为运输毒品罪。第三种观点强调运输毒品罪在主观上必须“以流通毒品”为目的，实际上是将本罪理解为目的犯，并不符合刑法的规定。[2]

一般意义上，运输指的是“用交通工具把物资和人从一个地方运到另一个地方”的情形。根据我国刑法的规定，运输毒品，指的是明知是毒品而采用携带、邮寄、利用他人或者使用交通工具等方法非法运送毒品的行为。从该定义可见，我国刑法对运输毒品的解释同样遵循了“运输”一词的物理意义，即毒品空间位置的改变。但必须注意的是，运输毒品罪中的“运输”是个刑法学概念，对其含义的理解必须重视其规范意义和本罪承载的社会功能，只有从物理意义和功能意义两个方面界定“运输”的含义，才可能是完整的。从立法旨趣上考察，立法者之所以要规定运输毒品罪，特别是将运输毒品罪与走私、贩卖、制造毒品罪并列规定，并设有死刑，重要原因是立法者认为，“运输毒品的犯罪活动使毒品从生产领域进入到流通领域，并且促进了毒品的非法交易和非法消费。”[3] 也就是说，运输毒品是实现毒品从生产到消费的重要环节。因此，只有毒品的空间位移具有实现和促进商品流通的意义时，才能认定为运输毒品中的“运输”。相反，单纯的毒品空间位移，在不具有实现和促进商品流通的意义时，由

---

[1] 屈钰，钱小平．运输毒品罪法律适用问题探究［G］//陈泽宪，贾宇，曲新久．刑法理论与实务热点聚焦（下卷），北京：中国人民公安大学出版社，2010：1506.

[2] 何荣功．运输毒品认定中的疑难问题研究［G］//陈泽宪，贾宇，曲新久．刑法理论与实务热点聚焦（下卷），北京：中国人民公安大学出版社，2010：1452.

[3] 高贵君．毒品犯罪审判理论与实务［M］．北京：人民法院出版社，2009：207.

于不符合本罪的立法旨趣，该行为只能理解为动态的非法持有，构成犯罪的，也只应成立非法持有毒品罪。那么，司法实践中应如何判断何种情况下的毒品空间位移才具有“实现和促进商品流通的意义”？笔者认为，应当结合毒品的法律性质进行分析。在我国，毒品是违禁品，国家对毒品设有严格的管理制度，毒品不得在社会领域任意流通。当毒品一旦在空间上进入流通领域，如毒品被携带进入机场、高速公路等时，一般即可推论其具有流通意义，属于毒品的运输行为。而只有存在相反地证据能够证明其确实不具有流通意义的，才应被认定为（动态的）非法持有。[1]

3. 运输毒品罪与转移毒品罪的界限

对于转移毒品罪中的“转移”，有学者认为，转移，是指将毒品犯罪分子的毒品从一地转移到另一地，以帮助犯罪分子逃避法律制裁，抗拒司法机关对毒品的追缴。至于行为人采用什么工具和手段转移、转移距离的长短，不影响定罪。[2] 有学者认为，转移是帮助犯罪分子将毒品由此处运往彼处隐藏。[3] 还有学者认为，转移客观上是一种移动毒品的行为，主观上是为了抗拒司法机关对毒品的追缴，帮助犯罪分子逃避法律的制裁。[4] 对于转移毒品的行为，有人以距离的长短来区分，认为短距离的移动是转移，长距离的移动是运输。这种绝对量化的区分标准的不合理之处很明显，很少得到赞成。如有学者指出，运输毒品与转移毒品的区别不是客观方面距离的认定，而是主观方面不同。运输毒品的空间距离并不需要作出限定，并不能认为距离较近的毒品转移行为就是转移毒品、毒赃罪，空间距离达到一定程度才构成运输毒品罪。[5]

从表现在外的客观犯罪行为来看，转移毒品罪与运输毒品罪的行为方式是一样的，都是在国（边）境内的改变毒品的空间位置，其不同之处主要在于犯罪的主观方面和犯罪所侵犯的直接客体。转移毒品罪的主观目的是抗拒司法机关对毒品的追缴，帮助犯罪分子逃避法律的制裁；而运输毒品罪的行为人的目的在于走私、贩卖、制造毒品。也就是说，以帮助其他毒品犯罪分子逃避法律制裁为目的，转移毒品隐藏场所的行为是转移；而

---

[1] 何荣功. 运输毒品认定中的疑难问题研究［G］//陈泽宪，贾宇，曲新久. 刑法理论与实务热点聚焦（下卷），北京：中国人民公安大学出版社，2010：1453.

[2] 蔺剑. 毒品犯罪的定罪与量刑［M］. 北京：人民法院出版社，2000：167.

[3] 杨聚章，沈福忠. 刑法新增罪名研究［M］. 郑州：河南人民出版社，1992：149.

[4] 王作富. 刑法分则实务研究（下）［M］. 北京：中国方正出版社，2003：1790.

[5] 屈钰，钱小平. 运输毒品罪法律适用问题探究［G］//陈泽宪，贾宇，曲新久. 刑法理论与实务热点聚焦（下卷），北京：中国人民公安大学出版社，2010：1506.

如果行为人以走私、贩卖、制造毒品为目的或者正在发生位移的毒品的下一步流向是用来走私、贩卖或者进一步加工制造等，就是运输毒品。转移毒品罪被包庇者实施了走私、贩卖、运输、制造毒品的行为后被包庇的，而事先没有与其同谋，包庇者构成包庇毒品犯罪分子罪；如果有事先的同谋，事后进行包庇的，不是转移毒品罪，而以同谋的毒品犯罪的共犯论，如果构成运输毒品罪，不仅构成了前罪的共犯，同时还构成了运输毒品罪。区分两罪的关键在于尽可能通过客观方面的表现来推断犯罪的主观目的。虽然刑事立法对毒品犯罪有从严处罚的表现，但是也不能为了加大打击而一味地以重罪定性。对于没有充分证据的毒品案件，要遵循疑案从轻、疑案从无的原则。这样并不会发生对其无法惩罚的情况，只要数量达到了一定法定标准，可以定非法持有毒品罪。❶ 另外，“转移”毒品的手段可以是多样化的：有亲自动手转移毒品的，也有在幕后策划、指挥或收买他人进行转移的，还有为毒品提供交通工具或为毒品的转移支付交通费用的等等。“运输”毒品的方式可以是多样化的，如利用海上运输、陆路运输、空中运输中的任何一种方式，或者其中两种以上的联运方式都可以。

例如，被告人段某军于2006年1月12日16时许，在北京市朝阳区三台山路金达物流货运站内，明知邮件内有毒品，持梁某的身份证前来取此邮件，被公安人员当场抓获。经查，邮寄的运动鞋内藏有“冰毒”（甲基苯丙胺）1包（净重48.6克）和“摇头丸”（亚甲二氧甲基苯丙胺）983粒（净重94.8克）。上述毒品已经鉴定并收缴。检察院指控段某军犯转移毒品罪，向法院提出公诉。北京市朝阳区人民法院一审审理认为，被告人段某军明知是毒品而非法持有，其行为已构成非法持有毒品罪；公诉机关指控被告人犯罪的事实清楚、证据确实，但指控被告人犯有转移毒品罪的罪名有误，应予纠正。据此，一审判决：①被告人段某军犯非法持有毒品罪，判处有期徒刑9年，剥夺政治权利1年，罚金1万元；②犯罪工具梁某身份证1张及运动鞋12双，均予以没收。一审宣判后，段某军不服，以毒品不是自己的，不构成非法持有毒品罪为由提起上诉。北京市第二中级人民法院二审审理认为，上诉人段某军受他人指使，明知是毒品，而前往物流货运站提取他人邮寄运输的毒品，其行为已构成运输毒品罪，且运输毒品甲基苯丙胺的数量在50克以上，依法应予惩处。❷ 鉴于段某军受他人

---

❶ 聂慧平，黄福涛．运输毒品罪若干问题研究［G］//陈泽宪，贾宇，曲新久．刑法理论与实务热点聚焦（下卷），北京：中国人民公安大学出版社，2010：1526.

❷ 于同志，吴彬．帮助他人领取邮寄毒品行为之认定［N］．人民法院报，2009-5-15（5）.

指使，在共同犯罪中属从犯，依法对其减轻处罚。原审人民法院根据段某军犯罪的事实、性质、情节以及对于社会的危害程度所作出的判决，审理程序合法，对随案移送的扣押物品的处理正确，但原判定罪不准，适用法律不当，应予纠正。据此，二审改判：上诉人段某军犯运输毒品罪，判处有期徒刑9年，剥夺政治权利1年，罚金1万元；维持原审其他部分判决。

本案的焦点问题是，被告人段某军帮助他人领取邮寄毒品的行为如何定性。对此，公诉机关及一、二审法院分别持不同的处理意见：①转移毒品罪；②非法持有毒品罪；③运输毒品罪。笔者认为，本案定运输毒品罪是正确的。第一，被告人的行为不属于转移毒品。转移毒品罪是指明知是毒品而为犯罪分子转移毒品的行为。该罪侵犯的客体是国家对毒品的管理制度和国家的司法秩序，既属于毒品犯罪范畴，也属于一种特殊的妨害司法（转移赃物）型犯罪，即以帮助其他毒品犯罪分子逃避法律追究为目的而转移毒品。也就是说，在转移毒品罪中，行为人的根本意图不是单纯地使毒品由一地移转到另一地而发生空间位置的物理性变化，而在于由此为犯罪分子逃避法律制裁创造条件、为司法机关追究毒品犯罪制造障碍。行为人在犯罪意图上具有的特定性，是其明显有别于运输毒品罪等毒品犯罪的构成要件之一。就本案而言，现有证据虽然能够证实被告人段某军明知运至物流货站的邮件中有毒品，而持梁某的身份证前往提取邮件。但从段某军的供述及其他证据材料中，均不能得出其领取毒品是为了帮助他人逃避法律制裁或妨害司法机关追缴毒品的认定，故其行为不符合转移毒品罪的主观构成特征，公诉机关的指控罪名不当。第二，被告人的行为构成运输毒品罪，而不是非法持有毒品罪。非法持有毒品是指明知是鸦片、海洛因或者其他毒品而非法持有且数量较大的行为。一般认为，该罪是为了在没有确实充分的证据证实行为人具有走私、贩卖、运输、制造毒品等行为的情况下，为更有利地打击毒品犯罪而规定的一种补漏性罪名。对此，最高人民法院《关于执行〈全国人民代表大会常务委员会关于禁毒的决定〉的若干问题的解释》第3条中有具体说明：“‘非法’是指违反国家法律和国家主管部门的规定。‘持有’是指占有、携有、藏有或者其他方式持有毒品的行为。……根据已查获的证据，不能认定非法持有较大数量毒品是为了进行走私、贩卖、运输或者窝藏毒品犯罪的，才构成本罪。如果有证据能够证明非法持有毒品是为了进行走私、贩卖、运输、窝藏毒品犯罪的，则应当定走私、贩卖、运输或者窝藏毒品罪。”可见，在最高法院的上述司法解释中，已明确了认定非法持有毒品罪的前提，即首先要考察持有毒品的行为是否构成走私、贩卖、运输或窝藏毒品犯罪，只有在不构成上述毒品犯罪或者没有证据证明构成上述毒品犯罪的基础上，才考虑对行为人占有、携有、藏有或者其他方式非法持有较大数量毒品的行为认定为非法持有毒品罪。就本案而言，首先可以确定被告人段某军领取数量较大毒品的行为是没有合法依据的，但是否认定为非法持有毒品罪，应以其行为不构成或者没有证据证明构成运输毒品罪为前提。据段某军供述及在案的其他证据证实，梁某找到段某军，说有一批货过来，是一些“K 粉”，让其帮助取回来，并答应给其 5 克冰毒作为“好处”。据此，可以认定段某军主观上具有帮助他人领取邮寄运输毒品的目的，而客观上其也实施了帮助他人领取邮寄运输毒品的行为。

该解释对“运输毒品”的界定是：“明知是毒品而采用携带、邮寄、利用他人或者使用交通工具等方法非法运送毒品的行为。”可见，在认定运输毒品罪时，应当充分考虑到行为人的主观意图，即其在以交通工具、邮寄、利用他人或者自己携带等方法运输毒品时，所具有的专门为了将毒品从一地移转到另一地的犯罪目的。这就需要结合案件的具体事实，分析判断行为人主观上是否具有将毒品进行空间位移的直接故意。换言之，从其犯罪行为的客观表现来看，是否把毒品从一地移转到另一地作为自身追求的终极目的。如果行为人除了追求毒品空间位移这一直接目的外，其移转毒品是为了追求另一目标，即其所实施的促使毒品发生空间位移的行为是为实现其他犯罪目的服务，如转移毒品最终是为了窝藏、贩卖或者自己吸食等，那么，就应当以在案证据所能证实的行为人最终追求的犯罪目的作为其主观方面的主要内容，来分析认定其转移毒品行为之法律性质。

本案的在案证据证实，被告人段某军为了获取非法利益，受指使而帮助他人完成邮寄运送毒品的行为，即将自外地邮寄过来的毒品领回并送到梁某处，从而完成整个毒品运输活动。而对于梁某得到毒品后如何处理，是贩卖、藏匿，还是自己吸食，段海军并不清楚。可以说，帮助梁某取回邮寄来的毒品，完成毒品运输活动就是段某军领取邮寄毒品行为的直接目的。换言之，段某军为牟取非法利益，明知梁某运输毒品而予以帮助，其帮助他人运输毒品的客观行为与主观故意是一致的，故可以认定其属于他人运输毒品犯罪的共犯，依法应以运输毒品罪对其定罪处罚。

4. 走私、贩卖、运输毒品罪与非法种植毒品原植物罪的界限

所谓非法种植毒品原植物罪是指以获利或者制毒为目的，违反国家有关禁毒法规和毒品原植物种植管制法规，未经国家主管部门的批准，明知

是罂粟、大麻等毒品原植物，而私自种植罂粟、大麻等毒品原植物，情节严重的行为。在这里应强调指出的是，有关司法解释曾将非法种植罂粟达到数量的，按制造毒品罪定罪处罚；现在有关法律将非法种植毒品原植物行为规定为独立罪名，加之“制造”一词有特定含义，故应将两罪加以区别。对于非法种植毒品原植物收货后又加工提炼诸如鸦片、海洛因等毒品，或者出售营利的，则构成吸收犯，可按重行为吸收轻行为的原则，以制造毒品或贩卖毒品罪从重处罚，不应定为非法种植毒品原植物罪和制造毒品罪（或贩卖毒品罪）两个罪，实行数罪并罚。❶

5. 用毒品与货币以外的物质利益或其他非物质利益进行交易的行为的认定

（1）用毒品作为支付手段，用于偿还债务、支付劳务报酬或进行物品交易是否属于贩卖毒品的行为。此种交易方式中付出毒品的一方是将毒品作为一种有价物质，根据毒品非法交易的市场价格进行折算后按照相应的数量交付给对方，从而以毒品代替了本身应由自己支付的现金。接受方本应得到的现金被相应数量的毒品所代替。这种交易本质上是物质利益的物物交换，对于支付方来说，应当构成贩卖毒品罪，对于接受方来说，还要具体分析区别对待。接受毒品的一方如果事前与对方共同商量，事后也接受了毒品，接受方应视为是购进毒品的行为，如果接受毒品用于吸食而没有贩卖的意图，接受毒品违法行为尚不一定构成犯罪，只有毒品数量较大的，才有可能构成非法持有毒品罪，即使接受毒品后在运输、存储过程中被查获，没有证据证明行为人实施了贩卖毒品的行为，也不能按照贩卖毒品罪论处。如果有证据证明接受方接受毒品具有转手倒卖的目的，如积极联系买主、商谈价格、数量、交易地点和交易时间等，则其接受毒品的行为可单独认定为贩卖毒品罪；如果接受人将该毒品非法走私出入境的，则构成走私毒品罪。对于接受方本不愿意接受以毒品代替应得的货币，但由于支付方没有付款能力或虽有能力而拒不付款，为了减轻自己的经济损失无可奈何地接受毒品的情形，接受方的行为不构成贩卖毒品罪，毒品数量较大的可以构成非法持有毒品罪，如果事后接受方又以牟利为目的将所接受之毒品卖出，则其出卖行为可单独构成贩卖毒品罪。❷

关于“以毒易毒”的认定，有学者指出，互易毒品行为与贩卖毒品行

---

❶ 王昌学. 市场经济犯罪纵横论［M］. 北京：法律出版社，2001：464.

❷ 张保平，等. 边防刑事执法理论与实务研究［M］. 北京：群众出版社，2006：88－89.

为之间并非包含关系，而是一种交叉关系，将“互易”毒品行为解释为贩卖，以试图将互易毒品完全纳入贩卖毒品的打击范围，或将其完全不作为犯罪处理，既不符合罪刑法定原则，也与刑法干涉的正当性相违背。❶ 相关的案例如，2012 年 2 月，被告人王某（吸毒人员）在个旧市云锡宾馆附近用 0.4 克“纯冰”（毒品，高纯度甲基苯丙胺）与吸毒人员张某（另案处理）交换了 1.85 克“小马”（低纯度甲基苯丙胺），并将部分“小马”贩卖给他人吸食。同月，王某还在个旧市人民路“盛世英皇”酒吧附近，用 0.4 克“纯冰”抵去其欠他人的人民币 700 元。❷ 对此案的分歧意见是：该案的办理过程中，对王某以毒抵债 700 元的事实定性为贩卖毒品罪并无争议，但对王某与张某进行毒品交换的行为是否构成犯罪存在分歧。第一种意见认为本案构成贩卖毒品罪。因为毒品交易的行为表现为对价销售，该对价不仅可以是金钱，也可以是用毒品换取其他等价物，只要实质上是有价值的交换，就构成贩卖毒品行为。第二种意见认为本案不构成犯罪。因为在毒品互易的时候，毒品的禁止流通性决定了双方的交易仅是为了追求不同毒品的使用价值（即吸食毒品后产生的生理反应），不能一概视为刑法意义上的贩卖。

笔者同意第一种意见。理由如下：本案能否定性为贩卖毒品罪，关键是对毒品案件中的“贩卖”一词的理解。在毒品犯罪中，贩卖的本质是一种有偿的转让行为，即毒品的交易存在对价的关系，尽管毒品的贩卖与巨额利润有关，但这种对价关系的体现，可以是金钱，也可以是以毒换物，或是以毒品支付工资、报酬等。学界和实务界对如何理解贩卖毒品的行为，有着狭义和广义之分。狭义观点认为，贩卖毒品表现为非法转手倒卖毒品或者销售自制毒品的行为。广义观点则认为，贩卖毒品是指非法的有偿转让，包括买卖、交换，或是以买卖为目的而非法收购毒品等行为。结合实践，广义的观点更加符合我国打击毒品犯罪的刑事司法政策。因此，笔者认为，本案被告人王某“以毒易毒”的实施方式虽与一般意义上贩卖毒品罪的实施方式不尽相同，但其以不同种类的毒品相互交换的行为仍构成贩卖毒品罪。毒品犯罪中，毒品这一违禁品可以与其他违禁品或者非法财物互易，如以毒品换购赃物，所以毒品本身完全可以成为交换的载体。在以毒品换毒品这种交易方式中付出毒品的一方，是将毒品作为一种有价

---

❶ 刘艳红，梁云宝．互易毒品行为的刑法处遇［G］//陈泽宪，贾宇，曲新久．刑法理论与实务热点聚焦（下卷），北京：中国人民公安大学出版社，2010：1610－1619.

❷ 苏力，孙亮．“以毒易毒”构成贩卖毒品罪吗［N］．检察日报，2012－11－11（3）.

的物品进行折算后按照相应的数量交付给对方，从而以此种毒品代替了本应用现金去购买的另一种毒品。在此过程中，支付行为人主观上具有用毒品换取物质利益或经济利益的目的，客观上这种交易行为也可以满足互易毒品双方各自的需求，这种交易方式一经双方认可即宣告成立。因此，该案“以毒易毒”的行为可作为认定贩卖毒品罪的采纳标准。

刑法对于毒品犯罪更为注重的是防止毒品在市场上的流通，并通过刑事制裁的方式来遏制。毒品案件中，无论是买卖还是交换，无论是有偿还是无偿，只要是提供毒品造成毒品流通和扩散并且达到一定数量要求的，都应该定性为犯罪。本案中，双方互相交换毒品的方式造成了毒品非法流通的后果，侵犯了国家对毒品的监管制度，其交换行为具有社会危害性。故被告人王某的行为应以贩卖毒品罪定性。

（2）关于在卖淫嫖娼违法活动中，用毒品和肉体进行交易的行为是否存在毒品犯罪的问题。通常情况下，靠卖淫换取的毒品是卖淫者自己吸食或者供给自己的亲人吸食。由于我国现行刑事法律法规将吸食毒品排除在犯罪行为之外，所以无论用金钱还是其他代价换取少量毒品吸食的行为，均不能构成毒品犯罪。如果将卖淫得来的毒品转手贩卖给他人，后一行为可单独构成贩卖毒品罪。如果卖淫者在以卖淫方式换取毒品之前就已经具有事后将其转手贩卖的意图，则其出卖肉体换取毒品的行为已构成贩卖毒品罪。

在上述交易中付出毒品的一方行为人根据吸毒者的卖淫条件购买相应的毒品提供给其吸食，这一行为的实质是在为吸毒者代购毒品，所不同的是代购者从托购者那里得到的不是买毒品的“货款”而是性的交易，其购买毒品的行为不具有贩卖的目的，不应按照贩卖毒品罪认定。当然，这只是针对通常只用少量毒品进行交易的情况而言，如果用于交易的毒品数量大，则可构成非法持有毒品罪。用毒品作为“礼物”赠送给家中有人吸毒的上司，以求获取升迁、调动、晋级等非物质利益的情形，与前述以出卖肉体换取毒品的行为类似，其交付毒品的行为不属于以物质交换为内在特征的买卖关系，不构成贩卖毒品罪，但毒品数量达到一定标准的，可构成非法持有毒品罪。[1]

6. 贩卖假毒品的行为性质及其认定

对于以假毒品进行犯罪的定性问题，最高人民法院于 1994 年 12 月 20 日《关于适用〈全国人民代表大会常务委员会关于禁毒的决定〉的若干问

---

[1] 张保平，等．边防刑事执法理论与实务研究［M］．北京：群众出版社，2006：89－90.

题的解释》第 17 条曾作出规定，即“明知是假毒品而冒充毒品贩卖的，以诈骗罪定罪处罚。不知道是假毒品而当做毒品走私、贩卖、运输、窝藏的，应当以走私、贩卖、运输、窝藏毒品犯罪（未遂）定罪处罚”。据此可具体分析。

（1）行为人不知道是假毒品，将假毒品当做真毒品进行贩卖（不含有任何毒品成分）。因行为人具有贩卖毒品的主观故意，客观上也实施了贩卖毒品的行为，根据主客观相统一原则应认定为贩卖毒品罪，但因行为人认识错误，实际上不可能发生危害社会的结果，但行为的社会危害性是客观存在的，故成立对象不能犯未遂，应适用刑法中关于犯罪未遂的规定处罚。这是司法实践和刑法理论的通说。例如，被告刘某敏在云南省购买 200 克“毒品海洛因”后，伙同被告人吴某学于 5 月底送到都安瑶族自治县澄江乡某村，并以每克 260 元的价格交给黄某店寻找买家，而黄某店通过中间人联系到买主梁某约定以每克 290 元的价格交易。在约定的交易日，吴某学与黄某店带毒品前往金城江区某宾馆一房间，两人正在门口敲门时，早已暗中布控的公安人员冲上来，当场从吴某学的夹克口袋里查获一块 200 克的毒品海洛因可疑物。根据两人的供述，警方顺藤摸瓜将刘某敏抓获。然而，出人意料的是，警方当场并没有从他们身上搜出真正的“毒品海洛因”。经鉴定，刘某敏、黄某店、吴某学合伙运输、贩卖的毒品可疑物其实并不是“毒品海洛因”，而是连 3 名被告事先也不知情的威力巨大的 TNT 炸药。人民法院审理认为，3 名被告有贩卖毒品海洛因的主观故意，其行为已构成贩卖毒品罪；在实施犯罪过程中，由于意志以外的原因，3 被告将炸药当做毒品海洛因贩卖，致使犯罪未得逞，属于犯罪未遂，可以从轻或者减轻处罚。2006 年 10 月，法院一审以贩卖毒品罪判处被告人刘某敏有期徒刑 8 年，并处罚金人民币 12 000 元；黄某店、吴某学各被判处有期徒刑 7 年，分别被判处罚金 10 000 元和 8 000 元。[1]

近年来，有学者对将假毒品当做真毒品进行贩卖的认定提出反对的意见，认为虽然行为人具有贩卖毒品的主观故意，却由于事实上并无毒品存在，属于客体不能这一情形，那么完全没有任何法益侵害危险的贩卖假毒品的行为，更不能成为贩卖毒品罪的实行行为，因此，行为人并不完全具备构成贩卖毒品罪所必需的统一的主客观要件，此“未遂”并非犯罪未

---

[1] 张周来．千里贩毒竟是一包炸药　“吃亏”毒贩依然获罪领刑［EB/OL］．http：//court.gmw.cn/html/article/200610/12/26696.shtml.

遂。根据无危害行为则无犯罪之法理，不能仅凭主观上具有贩卖毒品的故意，就对行为人以贩卖毒品罪（未遂）定罪处罚，否则就是主观归罪思想的余孽。此外，由于行为人主观上存在认识错误，便不存在诈骗罪的主观故意，也不构成诈骗罪。❶

（2）行为人故意用假毒品冒充真毒品进行贩卖，获取非法利益。行为人主观出于骗取钱财的故意，客观上实施了以假充真的欺骗手段，构成诈骗罪，购买方如果以转手倒卖为目的进行收购，可构成贩卖毒品罪。如果行为人以威胁他人身体健康的有毒、有害食品冒充毒品贩卖的，行为人应当构成销售有毒、有害食品罪。如果行为人明知对方购买是为了吸食，却仍然提供对其健康有严重损害的假毒品，不排除行为人至少具有伤害的间接故意，从而成立故意伤害罪。

（3）行为人误把真毒品当做假毒品贩卖。这在刑法理论上称为违法性认识错误，根据刑法理论通说，其不影响定罪，但可影响量刑，行为人构成贩卖毒品罪。

（4）行为人明知是毒品，故意掺入其他成分增加数量而后进行贩卖。例如，行为人将精制毒品稀释后贩卖，或土法加工毒品因提炼不纯而含有较多杂质。行为人故意的内容、犯罪侵犯的客体、犯罪的行为、造成的社会危害后果等证明这种行为仍符合贩卖毒品罪的构成要件，应认定为贩卖毒品罪（既遂）。因为只要贩卖的物品成分中确实含有毒品，那么不论掺假的数量多少，依照《刑法》第 357 条的规定，毒品的数量不以纯度折算，都应按照贩卖毒品罪定罪量刑，不宜认定为诈骗罪。但有学者认为，当行为人持有真正的毒品，并意图贩卖给他人，但却在里面大量掺杂、掺假，意图通过诸如此类手段欺骗买家，从而获得更高额回报的，不能不说行为人在主观上也具有诈骗罪的故意。而掺杂、掺假本身，无疑是变相增加了所贩卖毒品的交易价格，同虚报毒品的价格、种类没有什么实质上的差别。因此，行为人的一个贩卖行为同时触犯了贩卖毒品罪和诈骗罪这两个罪名，成立想象结合犯，应当从一重处断。从一重处断，对于个案，应具体问题具体分析，行为人可能构成贩卖毒品罪也能构成诈骗罪。在实际贩卖的毒品中，绝大多数都并非高纯度的，而是掺有大量的杂质，能否一概认定行为人构成诈骗罪呢？笔者认为，应当结合交易的毒品种类通常情

---

❶ 刘夏．贩卖假毒品和掺杂、掺假毒品的性质［G］//陈泽宪，贾宇，曲新久．刑法理论与实务热点聚焦（下卷），北京：中国人民公安大学出版社，2010：1497.

况下的纯度和行为人告诉买方的纯度进行分析。如果毒品通常的纯度与行为人贩卖的毒品的纯度相差不大，处于一般买家能够接受的范围的，不构成诈骗罪，只是其牟利的一种方式。但是，如果买家要求的毒品纯度与行为人交付的毒品的纯度相差较大时，则应认定行为人构成诈骗罪。通常而言，毒贩的目的是牟利，只要其转手赚取的加价款处于“圈内人”能够接受的一般额度内，也不宜一律认定为构成诈骗罪。[1]

7. 为别人代购[2]毒品的行为的认定

代为购买毒品的行为是指行为人达成毒品交易，代买人向卖毒人买入毒品，再将毒品转给买毒人的行为。在某些案件中，出现了有的行为人为吸毒者帮助代购毒品的情况。有的行为人自己吸毒，在购买毒品时为“毒友”代购，但不取报酬；有的受吸毒者委托到毒贩子手中取货，吸毒者将部分毒品供其享用；还有的代购人代购毒品后收取一定的劳务报酬。对此该如何认定和处理，理论界有不同意见。有学者认为，应以代购人是否牟利作为认定的依据，未牟利的可以非法持有毒品罪论处，凡是牟利的，不论牟利多少都应以贩卖毒品罪论处。还有的学者认为不应以犯罪论处。笔者认为可以区分不同情况分别认定和处理。

（1）如果吸毒者预先支付一定货款由贩毒分子代为进货，或者贩毒分子按照吸毒者的要求先进货后再由吸毒者付款，这种情况表面上是代购毒品，实际上是贩卖毒品的行为，应以贩卖毒品罪定罪，而不考虑是否牟利。

（2）如果行为人在为他人代购毒品后向委托人加价出售或者掺假出售的，应按照贩卖毒品罪定罪处罚。

（3）如果行为人表面上是为他人代购毒品，实际上是为第三人出卖毒品提供帮助的中介人员，则构成贩卖毒品罪。例如，2009 年 2 月 22 日，被告人阎某携带朋友王某和郑某出资的 25 万元人民币至广东省深圳市某酒店，从被告人张某手中以每粒人民币 39 元的价格购买冰毒片 4 000 粒、以每克 320 元人民币的价格购买冰毒 200 克。当日，阎某又用被告人吴某出

---

[1] 刘夏．贩卖假毒品和掺杂、掺假毒品的性质［G］//陈泽宪，贾宇，曲新久．刑法理论与实务热点聚焦（下卷），北京：中国人民公安大学出版社，2010：1499－1502.

[2] 有学者撰文论述了“代购”与“居间”的区别。所谓居间，即第三方在双方之间的一种撮合、牵线搭桥，最终促成双方达成合意或交易。而代购，则是一种单方的委托行为，即托购人单方面委托代购人实施其指定的代买特定物品的行为；代购人在客观上也确实扮演了“居间人”的角色。程建邑．居间贩毒与代为购毒的司法认定［N］．检察日报，2008－12－15（3）.

资的 19.5 万元从被告人张某手中以每粒 39 元人民币的价格购买冰毒片 5 000粒，吴某免去阎某 2 万元人民币欠款作为酬谢。而后，阎某与被告人李某联系，让其帮助将购得的毒品运输回沈阳市，李某在深圳市某货运站以长途货运的方式将上述毒品从深圳市运输至沈阳市。王某、郑某、吴某均系贩卖毒品人员。在本案中，阎某为他人代买毒品的行为，就构成了贩卖毒品罪。

（4）如果代购人在委托人的授意下购买毒品，即使其收取了一定的报酬，也不能认定为贩卖毒品罪，在毒品数量较大时可认定为非法持有毒品罪。例如，吸毒人员张某向江某支付毒资 120 元，要求其帮助寻购海洛因，并答应部分毒品供其免费享用，后江某让王某帮助寻购 0.5 克海洛因并垫付 10 元，当王某将购得的海洛因交付委托人张某时，当场被抓获。对于江某、王某代买毒品的行为能否认定为贩卖毒品的行为，实践中法、检产生较大分歧。法院主张，江某、王某为他人代买海洛因的行为，没有贩卖毒品的主观故意，应以非法持有毒品论处。但是由于海洛因数量未达到《刑法》第 348 条规定的 10 克以上，因而不构成犯罪。检察机关认为，获取免费吸食毒品的行为也属于从中牟利，并且在客观上实施了向他人出售毒品的行为，因此构成贩卖毒品罪。笔者认为，法院的意见是正确的，对于代买毒品者是否构成贩卖毒品罪，首先应分析行为人主观上是否具有贩卖毒品的直接故意，在本案中江某在收取毒资后，为帮助张某顺利买到毒品，甚至垫付毒资为其寻购，对于免费吸食，仅仅是委托人对江某的一种酬谢方式，因此江某、王某并没有贩毒的主观故意，不能以贩卖毒品罪定罪处罚。

（5）如果代购人携带毒品开车或乘坐交通运输工具，在没有证据证明其构成其他犯罪的情况下，其可能构成运输毒品罪或非法持有毒品罪。

8. 体内隐藏毒品进行运输的行为的认定与处理

利用人体藏毒进行毒品运输，是当前我国司法实践中遇到的运输毒品最为常见的方式之一。根据藏毒身体部位的不同，人体藏毒又可分为“体内藏毒”和“体外藏毒”。体内藏毒属于人体藏毒的一种，专指将经过特殊包装的毒品吞入或塞入人的身体内部，如塞入肛门、阴道或吞入腹内，利用人的身体作为毒品的伪装和载体，将毒品从一地运输到另一地的行为。体内藏毒被发现时毒品正处于移动状态，如有证据证明体内藏毒行为人运输毒品的路线跨越了国（边）境，则构成走私毒品罪，否则构成运输毒品罪。例如，2006 年 3 月 6 日，云南男子卓某发将 3 小包用避孕套装好的海洛因塞到肛门内，从云南乘车于当日 18 时许赶至泸州市江阳区长江大桥下与李某某会面。李某某将卓某发带到泸州某宾馆房内，正准备交易时，被公安人员当场抓获。次日，卓某发在公安人员的监控下，从体内排出 3 小包用避孕套包好的白色柱状物共 31 克。经鉴定该白色柱状物为毒品海洛因。2006 年 7 月，四川省泸州市江阳区人民法院院审理认为，被告人卓某发将海洛因藏入体内，专程从云南带到四川省泸州市江阳区，其行为已构成运输毒品罪，判处被告人卓某发有期徒刑 10 年，并处罚金5 000元。

有时行为人自己供认毒品是从境外带到境内的，但案件中没有别的证据证明行为人是从境外入境，根据《刑事诉讼法》的相关规定，仍然只能根据证据证明的事实，即毒品正处于运输过程中的事实，确定相应的罪名。因此，公安边防部门在查缉到涉嫌以人体藏毒方式走私毒品的犯罪嫌疑人时，应当注意收集是否有携带毒品跨越国（边）境的行为。如果有证据证明体内藏毒行为人运输毒品的路线跨越了国（边）境，体内藏毒运输毒品行为人的行为就是走私毒品犯罪而不再是运输毒品犯罪行为，因为走私毒品犯罪的成立，是以发生毒品非法跨境流通的事实为基础的，而毒品的流通，必须通过运输行为才能实现。为使毒品出入境而实施的运输毒品的行为是走私毒品罪的客观方面的表现，侵犯的客体是国家对毒品的管理制度和国家对外贸易管理制度以及人民的身体健康、社会的良好风尚。行为人对同一宗毒品实施了一个犯罪行为，将该毒品从境外走私入境到我国某地或是将毒品从我国走私到境外，其行为就是走私毒品罪。如果行为人在某地购买毒品后以人体藏毒的方式运到另一地贩卖，体内藏毒运输行为人本身就是毒品所有者，既实施了贩卖毒品的行为，又实施了运输毒品的行为，这两种行为既不是牵连行为，也不能相互吸收，其行为既符合贩卖毒品的构成要件，也符合运输毒品罪的特征，应认定为贩卖、运输毒品罪，不实行数罪并罚。贩卖、运输的是同一宗毒品的，该毒品的数量即为犯罪的毒品数量。当然，根据案件具体情况不同，也可能认定行为人构成非法持有毒品罪或者不排除有不成立犯罪的情形。实践中，对于体内藏毒运输被查获的运输毒品案件，对行为人是否明知是毒品的问题一般都可以予以明确确认。如果被告人以不明知腹内之物是毒品进行辩解，可以用其藏匿毒品的方式直接予以驳回。因为要以体内藏毒方式运毒，首先要使毒品进入体内，行为人在吞入毒品时要忍受很大的痛苦，完成吞服的时间也较长，这种藏毒方式以及在肛门、阴道内塞入毒品的运输方式，应当推定

为行为人明知。❶

在刑法理论和实践中，对于2人以上共同以体内藏毒方式运输毒品案件的定罪并无大的争议，不同意见主要是该种场合下行为人是否成立共同犯罪，以及如何认定毒品数量？目前，司法实践多数做法是认定各行为人均成立运输毒品罪的从犯（在有主犯的情况下），按照各自携带的毒品数量承担刑事责任。❷ 但该种做法并没有正面回答从事运输的各行为人是否构成共同犯罪？若构成共同犯罪，属于何种形式的共同犯罪？为何各行为人只对各自运输的毒品承担刑事责任？众所周知，在我国，毒品数量是毒品犯罪案件刑罚裁量的重要情节，但不是唯一情节，但毒品犯罪的特点决定了毒品数量是认定毒品犯罪社会危害性大小的重要标准。在我国现行立法背景下，2人以上共同以体内藏毒方式运输毒品的场合，应如何认定案件的性质和毒品的数量，无疑具有重要的价值。对于以体内藏毒方式运输毒品的实行犯，各行为人究竟是对各自运输的毒品数量承担责任，还是需要根据“部分行为全体责任”的原理，对所有运输毒品数量承担刑事责任，关键在于解决各行为人是否成立运输毒品罪的共同实行犯。对此，笔者持否定态度。共同实行犯，或称共同正犯，是2人以上共同实行犯罪的情形。根据刑法的规定，成立共同实行犯，主观上行为人必须存在共同实行犯罪的意思，客观上必须实施了共同犯罪的实行行为。而共同实行行为的特点在于各行为人的实行行为相互加工、相互补充，形成一个有机整体。在两个以上行为人共同采取体内藏毒方式运输毒品的场合，不可否认在有些场合，行为人主观上对共同实行运输毒品的行为有相互的意思沟通或联络，具备成立运输毒品罪共同实行犯的主观要件。但在客观上，“体内藏毒”是以人体（如阴道、肛门或吞入腹内）作为载体进行的，而“体内”从属于各行为人自身，无法相互利用、加工补充、形成共同原因力成为一个有机整体，所以，不能认为该种情形下行为人客观上存在运输毒品罪的共同实行行为。既然该种场合欠缺构成运输毒品罪（共同实行犯）的客观要件，自然不能认定各行为人构成运输毒品罪的共同实行犯，行为人只应对各自运输毒品的数量承担（实行犯）刑事责任。当然，该种场合下，各行为人不成立运输毒品罪的共同实行犯，并不表明各行为人完全不构成共同犯罪。行为人相互之间可能均成立各自从犯（帮助犯），也可能

❶ 张保平，等．边防刑事执法理论与实务研究［M］．北京：群众出版社，2006：97.

❷ 郑蜀饶．毒品犯罪的法律适用［M］．北京：人民法院出版社，2001：86.

某一行为人除了构成运输毒品罪（单独犯）的同时还构成运输毒品的教唆犯，成立数罪。而无论上述何种情形，只要属于判决宣告前的数罪，我国司法实践一般不实行并罚，在认定行为人成立运输毒品罪（单独犯）的同时，其实施的帮助犯或教唆犯的事实在量刑时作为从重处罚情节予以考虑。❶

9. 零星贩毒的认定与处理

零星贩毒是为了牟取经济利益，故意在长期或短期内多次少量贩运鸦片、海洛因等毒品的非法行为。零星贩毒是大宗贩毒与吸毒者之间的中介和桥梁，对毒品消费市场的存在和发展起到最重要和最直接的作用。有些零星贩毒的犯罪分子同时也是吸毒者甚至是艾滋病、性病或其他病毒的携带者，他们在传播毒品的同时，也自觉或不自觉地将这些严重危害人类健康的疾病传播出去，极大地威胁着人民群众的健康。零星贩毒的特点有：行为人实施的非法贩卖毒品的行为是多次进行的；每次贩卖的毒品是少量的；少量贩卖毒品的行为往往历时较长或者在短期内多次少量地贩卖毒品；更为直接地向吸毒者贩卖一定数量的毒品；零星多次少量地贩卖的绝大多数乃至全部毒品均被吸毒者使用和扩散。

关于零星贩毒的行为，可以分几种情况分别认定：一是对在当场抓获的贩卖零星毒品的案件，应认定为贩卖毒品的犯罪行为，当场查获的毒品数量计入贩毒总数量。若没有证据证明贩毒者还有其他毒品犯罪行为则可以就贩卖少量毒品的行为认定为贩卖毒品罪。二是除了在贩卖现场查获的毒品外，在行为人住处又查获了尚未卖出的毒品，只要证明其正在贩卖该毒品，也不论毒品是自己的还是他人的或者是与他人共同拥有的，只要实施了非法贩卖行为，就是贩卖毒品的行为，这些尚未卖出的毒品就应计入贩毒的数量之内。三是除了在交易现场或犯罪嫌疑人身上以及住处查获的毒品可以认定为贩毒数量外，只要有证据证明其以前也曾卖出过毒品，并能查证的，以前卖出的毒品也计入贩毒数量。❷

（三）走私、贩卖、运输毒品罪与数罪的认定

1. 走私毒品的同时还携带有枪支、弹药的行为性质的认定

行为人在走私毒品的同时，还随身非法携带枪支、弹药、爆炸物的，是按照走私毒品罪和走私武器弹药罪数罪并罚还是只认定为走私毒品罪，

---

❶ 何荣功．运输毒品认定中的疑难问题研究［G］//陈泽宪，贾宇，曲新久．刑法理论与实务热点聚焦（下卷），北京：中国人民公安大学出版社，2010：1448－1449.

❷ 张保平，等．边防刑事执法理论与实务研究［M］．北京：群众出版社，2006：91－92.

按照武装掩护走私毒品的情形从重处罚？一种观点认为，非法携带、运输、邮寄武器弹药进出国（边）境的行为已被刑法规定为另一个独立的罪名，应构成走私武器、弹药罪，因此，对于在走私毒品出入国（边）境的同时，持有枪支弹药、爆炸物的，应以走私毒品罪和走私武器、弹药罪实行数罪并罚。另一种观点认为，《刑法》第 347 条第 2 款规定的走私、贩卖、运输、制造毒品的五种情形中，将“武装掩护走私、贩卖、运输、制造毒品”和“以暴力抗拒检查、拘留、逮捕，情节严重”的情形作为适用该款的一项或几项，不需要同时再认定走私武器、弹药罪，只可作为一个从重处罚的情节在量刑时予以考虑。笔者认为，应结合案件的具体事实和情节，查明携带武器弹药的目的，区分不同情况具体认定一罪还是两罪。

（1）应认定构成走私毒品罪和走私武器、弹药罪两个罪名，实行数罪并罚的情况。行为人具有明显的走私毒品和走私武器弹药的故意，实施了将毒品和武器弹药同时走私出入境的行为，应认定犯了两个罪，不能相互吸收，要依法实行数罪并罚。值得注意的是，行为人在境外购买毒品时接受毒贩赠与的枪支弹药、爆炸物，或者自己另行非法购买枪支弹药，与毒品一同偷运入境。此种情形除了具有将武器弹药从境外移送到境内某地的目的外，还同时具有保证货物和人身“安全”的用意，如果这些枪支弹药是准备流入境内市场获取里利益的，就应定为两个罪名，数罪并罚。

（2）认定为武装掩护走私毒品的犯罪行为，不再认定构成走私武器、弹药罪。一是武装人员与走私人共同进行毒品走私，持有武器的目的是为了护送走私毒品的人员及所持走私的毒品。二是受雇于其他走私毒品人员，从货主处借用枪支弹药、爆炸物，完成走私活动后枪弹归还，武器弹药本身不是走私的对象，而是以护送毒品出入境为目的，枪支弹药等不会因此流入或流出我国。这种情况下，可以按照《刑法》第 347 条第 2 款第 3 项的规定处罚，不再认定为走私武器、弹药罪。[1]

2. 在境内非法收购、贩卖、运输走私进口的毒品的认定和处理

1994 年 12 月 20 日最高人民法院《关于适用〈全国人民代表大会常务委员会关于禁毒的决定〉的若干问题的解释》规定：“直接向走私人非法收购走私进口的毒品，或者在内海、领海运输、收购、贩卖毒品的，以走私毒品罪论处。”根据这一规定，在境内非法收购走私进口的毒品的行为

---

[1] 张保平，等．边防刑事执法理论与实务研究［M］．北京：群众出版社，2006：91－92.

性质应当具体问题具体分析，分不同情况进行认定。第一，收购人并非直接向走私人非法收购走私进口的毒品，也不是在内海、领海、界河、界湖等非法收购，由于不具备走私毒品罪的明知要件，且不符合司法解释的条件，故不应当认定走私毒品罪，而应根据其具体情况定罪处刑。如果是以贩卖为目的的非法收购，应认定贩卖毒品罪；如果不能查明其收购的意图，数量达到法定数额的，可以认定为非法持有毒品罪。第二，在境内直接向走私人非法收购走私进口的毒品的，以走私毒品论。第三，在内海、领海、界河、界湖运输、收购、贩卖毒品的，以走私毒品论。第四，收购人虽然不是直接向走私人收购，但事前与走私人或境外毒贩经过走私的共谋，无论共谋的内容是合伙贩卖毒品，还是双方相互买卖毒品，只要走私毒品的行为是基于共谋的前提而发生，即使走私入境的毒品几经转手才到达收购者手中，参与共谋的人共同构成走私毒品罪。有时走私入境的毒品还没到达最终收受者手中即被查获，只要有确凿的证据证明其参与了共谋，亦不影响对其走私毒品共犯的认定。

直接实施毒品走私行为的人将走私入境的毒品在我国境内进行贩卖，即该行为人对同一宗毒品实施了走私和贩卖两种犯罪行为，只要有相应确凿证据能够证实，应以走私毒品罪和贩卖毒品罪并列确定罪名，即走私、贩卖毒品罪。其他在我国境内非法贩卖走私进口的毒品的行为，除了所贩卖之毒品乃贩卖人通过上述直接向走私人收购或在内海、领海等收购或事前与走私人有共谋而取得外，均应以贩卖毒品罪论处。

直接实施毒品走私行为的人，不论是走私入境不久即在边境附近将毒品交给他人，还是携带走私入境的毒品经长距离运输后深入我国腹地，再与接货人交接，均应认定为走私毒品罪，因为该罪客观方面构成要件中，包含了携带、运输毒品出入国（边）境的行为，所以，对为实现走私毒品犯罪之目的而实施的运输行为，不必再定运输毒品罪。对于在境内直接为走私人运输其走私进口的毒品的行为，是认定走私毒品还是运输毒品，或是同时认定两罪，是单独构成犯罪还是共同犯罪，目前的司法解释中还没有明确规定，根据司法实践的总结并参照有关法学理论，笔者认为可以按照以下情形分别把握。一种情形是：与走私人或境外毒贩及境内毒品买主通谋，负责将走私入境的毒品从我国境内的一地运往另一地的，其运输毒品的行为应视为走私毒品行为活动的一个组成部分，是为达到同一个走私毒品的犯罪故意而实施的行为，故而对该行为应认定为走私毒品罪，而不再同时认定运输毒品罪。此种犯罪是共同犯罪，不论直接走私行为人、货主、买主是否到案，均应根据共同犯罪的规定确定其在犯罪中的地位、作用和情节，作出相应的认定。另一种情形是：对于虽然事先没有通谋，但已明知是走私入境的毒品，仍在境内直接为走私人进行运输的如何定罪，理论界有不同的看法。一种观点认为，有关司法解释中界定的走私毒品罪是："明知是毒品而非法将其运输、携带、邮寄进出国（边）境的行为"，依此解释，以运输形式实施的走私毒品犯罪必须同时具备两个条件：一是明知是毒品而非法运输，二是运输的起、止地点必须跨越国（边）境。在境内从甲地将毒品运至乙地的行为，不具备进出国（边）境的事实，因此不能构成走私毒品罪（事先与走私人通谋共同走私毒品的除外）。据此，在境内为走私人运输走私入境的毒品应当按照运输毒品罪定罪处罚。另一种观点认为，上述司法解释同时规定："直接向走私人非法收购走私进口的毒品，或者在内海、领海运输、收购、贩卖毒品的，以走私毒品罪论处。"这一解释已排除了每一起走私毒品犯罪，都必须有"跨境"行为的限制。在内海、领海运输毒品的行为，从广义上讲与在我国领域内运输毒品同样不具有跨越国（边）境的情节。在境内直接为走私人运输毒品，与在境内直接向走私人收购毒品在性质上是相同的，因此，可以定为走私毒品罪。笔者认为，我国法律和司法解释对于走私毒品行为和以走私论的行为的界定范围中并未包含事先无通谋而为走私人运输走私进口的毒品的行为，根据罪刑法定原则，对此行为，不能套用"直接向走私人非法收购走私进口的毒品……以走私毒品罪论处"的解释，故而不能认定运输人单独构成走私。同时，还要强调，由于事先没有共谋，双方即没有走私毒品的共同故意，所以，在境内接受走私入境的毒品进行运输，也不能与走私人构成走私毒品的共犯。[1]

另外，有学者指出，走私毒品中的"走私"与《刑法》分则第3章第2节"走私罪"中的"走私"不同，虽然二者在渊源上是规定在同一个法条中且犯罪构成相同。我国司法实践中常常停留在将两者合一的传统观点上，即仍然把走私毒品罪作为走私罪的一种特殊表现形式从而错误地把一般走私罪中的规定移植到走私毒品罪中适用。认定走私毒品罪需注意，完全发生在内海、领海中的毒品流通不属于走私毒品行为。许多学者认为，运输毒品的行为必须发生在境内，而且不是发生在领海、内海，否则便构成走私毒品罪行为。这一观点可能受到《刑法》第155条准走私行为按照

---

[1] 张保平，等．边防刑事执法理论与实务研究［M］．北京：群众出版社，2006：84－86．

走私罪论处的影响，其错误性不言而喻。首先，第155条的效力不能及于该条文明示的范围之外，即第155条关于准走私的扩张规定不能适用于《刑法》第347条，因为分则条文的效力不具有普适性。其次，内海和领海都是国家领土的组成部分，在我国领土内运输毒品怎么会构成走私毒品罪？不可能是走私毒品行为。再次，在刑法无明文规定的情况下，从构成要件理论上也不能推出准走私行为可以适用于走私毒品罪的结论。总之，在1997年《刑法》生效之前，上述司法解释有效——直接向走私人非法收购走私进口的毒品，或者在内海、领海运输、收购、贩卖毒品的，属于走私毒品行为。在1997年《刑法》生效之后，上述司法解释不再适用。目前，直接向走私人非法收购走私进口的毒品，或者在内海、领海运输、收购、贩卖毒品的，不一定属于走私毒品行为，应当根据其行为性质具体认定，可能属于贩卖毒品行为，也可能属于运输毒品行为。当然，亦可能属于走私毒品行为。❶

四、走私、贩卖、运输毒品罪犯罪形态的认定

（一）走私、贩卖、运输毒品罪的犯罪预备

我国《刑法》第22条第1款规定："为了犯罪，准备工具、制造条件的，是犯罪预备。"根据这条规定，走私、贩卖、运输毒品罪的犯罪预备是指为实施走私、贩卖、运输毒品犯罪，准备工具、制造条件，但由于行为人意志以外的原因而未能着手实行的犯罪未完成形态。如在走私毒品犯罪中，商定走私路线和方式、探测走私地点等；贩卖毒品犯罪中商定卖给谁、卖什么价格、贩卖时谁贩卖谁望风等；运输毒品犯罪中，准备运输工具、商定运输途中的分工等。预备的目的是为了便于完成走私、贩卖、运输毒品犯罪，这是预备犯罪承担刑事责任的主观基础。预备犯的各种预备行为，其实质就是为着手实行犯罪而制造条件，体现了预备行为的社会危害性，这是预备犯承担刑事责任的客观基础。但是，在实践中，对走私、贩卖、运输毒品犯罪的预备的认定难度很大，如果没有确凿证据，不宜轻易认定。如果各共犯口供一致且能相互印证，获取了为犯罪所准备的毒资、工具等物证和其他相关证据的，则应认定。

---

❶ 高艳东．走私毒品罪的难点研究［G］//陈泽宪，贾宇，曲新久．刑法理论与实务热点聚焦（下卷），北京：中国人民公安大学出版社，2010：1463、1467.

（二）走私、贩卖、运输毒品罪的犯罪既遂与未遂

《刑法》第23条第1款规定："已经着手实行犯罪，由于犯罪分子意志以外的原因而未得逞的，是犯罪未遂。"走私、贩卖、运输毒品的犯罪行为具体表现方式的不同，决定了其犯罪行为既遂与未遂标准的不同及其认定的复杂性。

1. 走私毒品罪的既遂与未遂

走私毒品主要分为输入毒品与输出毒品，只要明确了输入毒品的既遂与未遂标准，输出毒品的既遂与未遂标准就容易解决了。走私毒品的空间路线可以分为陆路、海路和空路三种。三种走私毒品行为方式不同，表明走私毒品罪的既遂与未遂的标准也不相同，但总的标准是使所走私的毒品进入或者离开国（边）境并摆脱边防、海关等边境监管机关的监管为既遂与未遂的界限。就陆路而言，瞒关走私的，应以通过验关为既遂；绕关走私的，应以所走私的毒品跨过边境线为既遂。

关于海路、空路输入毒品的既遂，在外国刑法理论上有5种不同观点：一是领海、领空说，即装载毒品的船舶或航空器进入本国领海或领空时为既遂，否则为未遂。二是登陆说，即将毒品从传播中转移到本国领土内（不问是否保税区）时、将毒品从航空器中转移到地面时为既遂，否则为未遂。三是关税线说，即在毒品经由保税区等海关支配、管理的地域的场合，转移到保税区等之外才是既遂，否则为未遂。四是搬出可能说，即装载毒品的船舶或航空器在本国港口停靠或在机场着陆后，出现可能将毒品转移到船舶或航空器外的状态时为既遂，否则是未遂。五是到达说，即装载毒品的船舶到达本国港口或航空器到达本国领土内时为既遂，否则为未遂。有学者认为，上述第五种观点可以被我国采用，第一种观点将既遂时刻过于提前，而且也不现实；第二至四种观点则使既遂标准过于推后，其中有的标准也不易掌握，不利于与毒品犯罪作斗争，也不符合司法实践，第五种观点则使既遂与未遂的标准适中，而且容易认定。[1] 笔者认为，第五种观点对认定走私毒品罪的既遂与未遂仍然不具体也不容易操作，应分情况而论，就海路而言，存在与上述陆路走私相同的方式，以船舶通过海关的瞒关方式走私的，应以通过验关为既遂；在其他不设立海关等边境检查关口的海岸私自登陆的毒品走私，应以毒品登陆上岸为既遂。就空路而言，通过合法的航空港海关走私的，以通过海关为走私既遂；不通过航空

[1] 张明楷．刑法学（下）［M］．北京：法律出版社，1997：870.

港海关走私毒品的，以飞机私越边境后非法着陆或空投的毒品离开飞机为既遂。❶

2. 贩卖毒品罪的既遂与未遂

犯罪嫌疑人张某某、朱某某，多次以500元每小袋（约0.3克）的价格出售冰毒，共计约4克。2011年10月14日，张某某在外地以1 600元购买约2克冰毒，后联系买毒人方某某，双方谈妥以1 000元购买3小袋子（含袋子约1克）的交易意向。后张某某、朱某某用电子秤分包为8小袋，每小袋约0.3克（含袋子）。当晚在一饭店，双方准备交易时被公安干警抓获，当场搜出8小袋冰毒和电子秤。本案张某某、朱某某以贩卖为目的，先后实施了购买冰毒、寻找买毒者、携带冰毒、参与毒品数量、价格等交易事项的商谈等一系列与贩毒有关的行为，其行为已构成贩卖毒品罪无疑。但张某某、朱某某贩卖的行为，是既遂还是未遂存在争议。

判断贩卖行为是否完成在刑法理论界存在不同的观点。

第一种观点认为，本罪是行为犯而非结果犯，只要行为人已经开始出卖毒品，就齐备了贩卖毒品罪的构成要件，成立犯罪既遂。其理由是，这样理解不仅更符合打击毒品犯罪案件的实践，也与人民法院审判的一贯做法吻合，某些地方法院也持此种观点，认为只要行为人将毒品现实地带入了交易环节的（即贩毒者已将毒品带到购买者面前着手交易的），不论是否完成交易行为，均应以贩卖毒品罪的既遂论处。❷ 只要实施了贩卖毒品的行为，就应视为完成犯罪过程，是犯罪既遂。❸ 贩卖毒品罪的既遂认定应当以毒品是否进入交易环节为准，至于行为人是否已将毒品售出获利或是否已实际成交，不影响贩卖毒品罪既遂形态的认定。❹ 如果有证据证明行为人以贩卖为目的而购买了毒品或正在向贩毒者购进毒品的，亦应认定为贩卖毒品罪的既遂。

第二种观点认为，贩卖毒品以卖出成交为既遂标准，而卖出的认定应以买卖双方意思达成一致也即毒品买卖契约的达成为标志，至于是否已经交货或者已经付费在所不问。❺ 对于采用易货贸易以及赊销方式的，也应以此标准认定。对于不是以购买方式获得毒品而后进行卖出的，如拾捡所

---

❶ 张保平，等．边防刑事执法理论与实务研究［M］．北京：群众出版社，2006：79.

❷ 金泽刚．犯罪既遂的理论与实践［M］．北京：人民法院出版社，2001：347.

❸ 欧阳涛，陈泽宪．毒品犯罪及对策［M］．北京：群众出版社，1993：52.

❹ 黄祥青．浅析贩卖、运输毒品罪的既遂和未遂［J］．政治与法律，1999（3）.

❺ 赵秉志．疑难刑事问题司法对策（第二辑）［M］．吉林：吉林人民出版社，1999：298.

得、祖辈所传，以盗窃、抢夺等非法方式获得的毒品，行为人加以卖出的，当然应当适用上述标准来认定既遂与未遂。❶

第三种观点认为，贩卖毒品以毒品的实际转移给买方为既遂，转移毒品后行为人是否已经获取了利益则并不影响既遂的成立，毒品实际上没有转移时，即使已经达成转移的协议，或者行为人已经获得了利益，也不能认为是既遂。❷ 犯罪分子寻找买主着手实施贩毒行为，但未售出毒品即被抓获归案的，以未遂论；反之，犯罪分子已经将毒品销售出手的，应以既遂论。❸ 采用"赊账"的办法，即由犯罪分子先取走毒品，卖出后再付钱，对这类犯罪分子应以贩卖毒品的既遂论处。并且，如果贩毒分子一次贩卖毒品的数量较大，只要已卖出一部分，对整个犯罪都应以既遂论。❹

笔者同意第三种观点。理由是：①第三种观点更符合"贩卖"一词的含义。相对于《现代汉语词典》,《词源》和《汉语大辞典》的解释更为精当，"贩"是对"卖"字的修饰，"卖"是核心语义，其含义为：出售货物。②第三种观点更符合法律解释规则。从解释学的角度看，法律解释固然有文义解释与伦理解释。在刑法解释过程中不仅要优先适用文义解释，同时要尽量少用甚至不用伦理性解释，特别是对生活用语使用法律用语进行解释时更应如此。"为贩卖而购买"的行为是"贩卖"行为的准备行为，不应将其作为实行行为来看待；"为贩卖而购买"的行为对"贩卖"作出了扩大化的解释，因违背了罪刑法定原则的要求，不应成为一种合理解释，同时这种解释也不是我国刑法理论的通说。③"贩卖"不同于刑法中的"拐卖"。"拐卖"一词是联合型构词，拐与卖的结合才是行为的全部。刑法中的"拐卖"超越了"拐卖"一词的本来含义，是刑法的特殊规定。❺ ④从字面含义来看，贩卖行为是一种将毒品交付他人的行为，是一种实现了毒品转移占有的行为。从实质上来看，贩卖毒品罪之所以为国家所禁止和惩罚，乃因为其具有危害人民健康的危险性，其处罚依据在于贩卖行为会将毒品带入不特定的购买者可支配的范围，使购买者的身体、健康法益受到危害。从规范的目的的观点来看，只要行为人的毒品仍处于持有状态，尚未进一步散布出去，就不能认为贩卖行为已达既遂阶段。因为

---

❶ 张保平，等．边防刑事执法理论与实务研究［M］．北京：群众出版社，2006：79.

❷ 张明楷．刑法学（下）［M］．北京：法律出版社，1997：871.

❸ 赵秉志．毒品犯罪研究［M］．北京：中国人民大学出版社，1993：75.

❹ 桑红华．毒品犯罪［M］．北京：警官教育出版社，1993：154.

❺ 郦毓贝．毒品犯罪司法适用［M］．北京：法律出版社，2005：30－32.

行为人以贩卖的意思买入毒品，只要在还没有进一步贩卖出去时，仍有因己意中止贩卖行为的可能，如将买入的毒品留下来自用，或是将行为转化为其他形式，如无偿让与他人。因此，将贩卖毒品罪既遂程度的界限向前推移，将形成一种一网打尽式的处罚方式。不仅中止未遂犯几乎不可能成了，也使其他一些不法内涵较轻的行为，如使用毒品等因既遂阶段认定的提前一律以较重的贩卖毒品罪加以处罚。[1] 所以，将贩卖毒品罪既遂认定以实际交付的客观标准出发衡量法益侵害的程度和可能性，最终能建构贩卖毒品罪的形态和法益之间的互动关系。[2]

3. 运输毒品的既遂与未遂

云南某边防派出所获悉有1名男子准备运送一批毒品到龙陵县。获此线索后，该所立即对线索分析研判，并及时将有关情况向上级汇报。6月23日边防官兵在乌木寨将涉嫌运输毒品的罗某抓获，当场从一个蛇皮口袋内查获冰毒5 676克。经审问，罗某对其走私毒品的犯罪事实供认不讳。广西边防总队某公安检查站执勤官兵在对1辆由广西宁明县爱店镇开往宁明县城方向的出租车进行例行检查时，发现坐在该出租车后排的男子神色异常紧张，官兵遂要求其下车接受检查，在检查中，官兵发现该名男子所持身份证系伪造，当执勤官兵要求该男子进站部留置室接受进一步调查时，该男子突然挣脱官兵束缚转身就跑，并将随身携带的1个黑色背包扔进路边的草丛中，执勤官兵迅速并该男子制服，并当场从其丢弃的背包中查获高纯度毒品海洛因6块，共计2 299.5克。在铁的事实面前，该男子对其非法贩运毒品的犯罪行为供认不讳。那么，如何认定运输毒品的既遂与未遂呢？

依照我国刑法理论通说，从犯罪既遂形态进行分类的，包括4种形态即结果犯、行为犯（狭义）、举动犯和危险犯。从刑法理论上讲，行为犯与举动犯有着明显的区别。运输毒品罪在理论上讲只能是行为犯（狭义），这也是我国刑法理论界的通说。刑法理论界对行为犯的既遂标准有两种观点：一是以法定的犯罪行为的完成作为既遂的标准；二是以只有当实行行为达到一定的程度时才过渡到既遂状态。目前，理论界和实务界对运输毒品罪的既未遂标准莫衷一是，众说纷纭，主要有以下几种观点。

第一种观点以“起运说”为代表。运输毒品的既遂与否，应以毒品是

---

[1] 王皇玉．论贩卖毒品罪［J］．政大法学评论，2005（84）：260.

[2] 高巍．贩卖毒品罪研究［M］．北京：中国人民公安大学出版社，2007：179.

否起运为准，而不是以毒品是否到达目的地来判断。[1][2][3] 行为人将毒品带离存放地或将毒品交付邮局邮寄即构成既遂，毒品是否运抵目的地不是构成该罪既遂状态的必要要件。[4] 就运输行为而言，应当以毒品起运为既遂。凡是毒品已经起运，进入运输途中，就是既遂，由于行为人意志以外的原因尚未起运的，则是未遂或者预备。[5] 若由于各种原因在起运前被查获而未开始运输状态的，以未遂论。在开始运输状态后，无论行为人所运输的毒品是否运至目的地，或在开始起运后又因各种原因转运回出发地的，对运输毒品罪的既遂无影响。[6] 这种既遂认定标准既与我国刑法严厉打击毒品犯罪的立场一致，也能够体现出立法者对运输毒品罪从严惩处的立法本意。[7]

第二种观点以“到达目的地说”为代表。[8][9] 该说认为，毒品是否到达目的地是区分既未遂的标准，毒品实际运达目的地的为既遂；反之，为未遂。如有学者认为，运输毒品必须到达目的地，才构成既遂（刚起运或托运，或在运输途中尚没有到达目的地的，均为未遂）。[10] 还有学者认为，对于运输毒品，行为人以将毒品从甲地运往乙地为目的，而开始运输毒品时，即是运输毒品的着手，由于行为人意志以外的原因没有到达目的地时，属于犯罪未遂，毒品达到犯罪目的地时为既遂，到达目的地后即使由于某种原因而将毒品运回原地或其他地方的，也是犯罪既遂。[11][12]

第三种观点以“行为一定程度说”或者“合理位移说”作为既遂的标准，即以狭义行为犯的“过程”以及“合理位移”为认定标准。按照行为程度说，犯罪既遂要求运输毒品的行为达到一定的程度。什么是运输毒品的一定程度？运输毒品达到合理的位移，则可视为运输毒品“行为达到一

---

[1] 欧阳涛，陈泽宪．毒品犯罪及对策［M］．群众出版社，1993：52.

[2] 王昌学．市场经济犯罪纵横论［M］．北京：法律出版社，2001：462.

[3] 屈钰，钱小平．运输毒品罪法律适用问题探究［G］//陈泽宪，贾宇，曲新久．刑法理论与实务热点聚焦（下卷），北京：中国人民公安大学出版社，2010：1509.

[4] 黄祥青．浅析贩卖、运输毒品罪的既遂和未遂［J］．政治与法律，1999（3）.

[5] 赵秉志．毒品犯罪研究［M］．北京：中国人民大学出版社，1993：122、132.

[6] 张保平，等．边防刑事执法理论与实务研究［M］．北京：群众出版社，2006：80.

[7] 王武．运输毒品犯罪适用法律研究［J］．上海市政法管理干部学院学报，2001（3）.

[8] 高格．定罪与量刑［M］．北京：中国方正出版社，1999：325.

[9] 刘霞，刘晖．走私、贩卖、运输、制造毒品罪的既遂和未遂形态［J］．山东公安高等专科学校学报，2000（3）.

[10] 王军，等．破解毒品犯罪法律适用难题［J］．人民检察，2004（11）.

[11] 张明楷．刑法学（下），法律出版社，1997：871.

[12] 张明楷．论走私、贩卖、运输、制造毒品罪的几个问题［J］．广东法学，1994（3）.

定程度”。判断运输毒品既遂标准的合理位移是一个总的标准，具体的标准应留给司法机关在个案中加以认定。“合理位移”一般应依据其运输工具的特点、运输距离的远近、运输毒品数量的多少，并结合法益所受到现实侵害的程度来综合加以认定。[1][2]

第四种观点“途中说”认为，无论运输毒品采取何种形式，只要毒品已经在运输途中，就构成既遂（如果刚刚起运或托运的，只能构成未遂）。[3]

第五种观点为“分方式界定说”，该学说以运输毒品的方式来做区别界定，对人毒同行和人毒分离的不同情形设置不同标准。该说认为，人毒同行的运输应采用“到达目的说”，人毒分离的运输应采用“起运说”。[4]

第六种观点为“运输行为实施说”，认为只要行为人实施了运输毒品的行为，无论其是否运达目的地，均应认定为运输毒品罪的既遂。

第一种观点是实践中应用最广的观点，学术界赞成此学说的学者较多。该说将运输毒品的行为当做举动犯[5]或即成犯看待，认为只要行为人着手实施了刑法分则所规定的构成要件中的客观行为，就构成既遂。这虽有利于打击运输毒品的犯罪行为，但在理论上并不周延，体现出过于功利性的特征，在刑法理论上是不合适的。如学者批评道：按照“起运说”的认识，虽然看上去是在论证既未遂的问题，但实质上是将该罪视为举动犯，在基本前提上已经否定了运输毒品罪有未遂的问题，所以该说本质上是一种否定的认识。[6] 运输毒品罪的社会危害性和犯罪人的人身危险性根本达不到以举动犯处理的程度。[7] 还有学者认为，运输毒品行为方式的本质在于使毒品实现了空间位置的变动。假定起运即视为运输的完成，则应当在形态上认定为既遂，那么，刚刚起运与运输到目的地在刑法上都评价为运输毒品罪既遂，这既无法体现罪刑均衡原则，也是对法益原则的违

---

[1] 郦毓贝．毒品犯罪司法适用［M］．北京：法律出版社，2005：34－36．

[2] 杨高峰．贩卖、运输毒品罪既遂标准探讨［J］．江西公安专科学校学报，2005（3）．

[3] 赵秉志，于志刚．毒品犯罪［M］．北京：中国人民公安大学出版社，2002：203．

[4] 聂慧苹．运输毒品罪的法律辨析［J］．山西警官高等专科学校学报，2009（1）．

[5] 王治建，夏强．运输毒品罪的若干问题探讨［G］//陈泽宪，贾宇，曲新久．刑法理论与实务热点聚焦（下卷），北京：中国人民公安大学出版社，2010：1514－1515．

[6] 林亚刚，黄志瑾．运输毒品罪的若干问题［G］//陈泽宪，贾宇，曲新久．刑法理论与实务热点聚焦（下卷），北京：中国人民公安大学出版社，2010：1445．

[7] 屈钰，钱小平．运输毒品罪法律适用问题探究［G］//陈泽宪，贾宇，曲新久．刑法理论与实务热点聚焦（下卷），北京：中国人民公安大学出版社，2010：1508．

背。试想，将毒品起运与将毒品运至目的地两种行为，对于人民健康这种法益的危险并非相同程度，而把不同程度法益侵害的行为方式在犯罪成立时进行相同评价，很明显抛弃了法益原则的界限功能和个别化功能。[1][2] 还有学者论述，该说有其自身的缺陷：在解释通常意义上的毒品运输行为时容易与刑法学基本原理相冲突。首先，汉语中运输的精确含义应当是一个行为的过程而不是一个点，其次，行为人携带毒品在前往目的地途中自动中止运输的成立犯罪中止，而根据该说起运即是既遂，既遂后不能成立犯罪中止，这显然导致刑法基本理论的矛盾，也不利于鼓励犯罪人的悔过自新和司法资源的节约。[3]

第二种观点将运输毒品行为看作过程行为犯，在刑法理论上比较合理，但在判断行为犯既遂标准上又坚持以“犯罪行为完成”作为标准。如果按照这种理论，在司法实践中几乎不存在着运输毒品的既遂犯，因为在多数情况下，运输毒品几乎都是运输途中，若都按照未遂犯处理，则犯罪既遂的规定形同虚设；另外情况下，即使运输已经达到目的，犯罪分子往往会表示其“运输未达到目的”，而运输目的又很难查明，难以用证据固定“何地”是“目的地”而缺乏可操作性，以“目的地到达说”标准就给犯罪分子提供了一个减轻罪责的借口，不利于法律公正的实现。[4]“到达目的地说”是将运输视为一个完整、不可分割的过程，把运输行为的完成视同于运输目的的实现，最终认为行为将毒品按照既定路线转移的行为就是实现了运输毒品的目的，这事实上落入了结果犯的理论窠臼。[5] 这与刑法基本原理相矛盾。过分强调运输行为的完成和运输目的的实现的一致性，忽视运输手段多样化和复杂性，势必有缩小解释的嫌疑，这既与犯罪构成一般原理不相符，客观上也不利于从严惩治毒品犯罪的政策。[6] 因此，以“到达目的地”作为运输毒品罪的既遂标

---

[1] 高巍．略论运输毒品罪几个问题［J］．云南大学学报：法学版，2009（5）．

[2] 陈云东，高巍．我国禁毒刑事政策的正当性危机［G］//陈泽宪，贾宇，曲新久．刑法理论与实务热点聚焦（下卷），北京：中国人民公安大学出版社，2010：1401．

[3] 聂慧平，黄福涛．运输毒品罪若干问题研究［G］//陈泽宪，贾宇，曲新久．刑法理论与实务热点聚焦（下卷），北京：中国人民公安大学出版社，2010：1523．

[4] 屈钰，钱小平．运输毒品罪法律适用问题探究［G］//陈泽宪，贾宇，曲新久．刑法理论与实务热点聚焦（下卷），北京：中国人民公安大学出版社，2010：1507．

[5] 王治建，夏强．运输毒品罪的若干问题探讨［G］//陈泽宪，贾宇，曲新久．刑法理论与实务热点聚焦（下卷），北京：中国人民公安大学出版社，2010：1515．

[6] 聂慧平，黄福涛．运输毒品罪若干问题研究［G］//陈泽宪，贾宇，曲新久．刑法理论与实务热点聚焦（下卷），北京：中国人民公安大学出版社，2010：1523．

准，无疑是不合理的，往往为学界所诟病，在司法实践中也没有按这个标准执行。

第三种观点赞成运输毒品罪属于过程行为犯，其理论依据是“行为适度说”。❶ 该说从表面上看有一定的合理性，但由于判断标准的多重性和不确定性，导致其现实操作性极差。如何才是达到“合理”？这本身很难界定，在实践中又缺乏一个能证明、可操作的客观标准，对此认定将完全依赖司法人员的主观判断，对结果的确认当然也是见仁见智。该观点恰恰重新卷入了其本想极力挣脱的“不可知论”的漩涡。❷ 如同有学者所说，运输本意上是指以恰当方法实现人或者物在空间上的流动的一种活动。在司法实务中，如何认识这种活动是否为“运输”，不可能有一个统一的标准，目前这只能是由司法人员自由心证来解决的问题。应该说，在运输毒品罪为行为的前提下，运输毒品行为实行的程度，只能依赖司法人员依据个案的具体证据所反映的事实，作出符合社会常理的判断，并根据司法实践的经验，得出认定。❸ 还有学者批评道：虽然是意图依据一定的“合理”因素来补充运输行为实行程度，但是，所谓的“合理”因素，事实上是不合理的。很明确的是，在认定是否构成运输毒品罪时，是否利用交通工具、毒品的品种、数量，采取何种方式、方法运输、距离等，都不是认定的依据。那么，能否将上述因素视为“合理位移”判断是否“合理”的依据？例如，能否因毒品的数量少而认为未遂？能否因运输毒品的工具不现代化而认为未遂？这种门槛的限制，实际上等于取消了判断标准，显然是“不合理”的。❹

第四种观点“途中说”与“起运说”“到达目的地说”和“合理位移说”相似，“途中说”兼具前三种学说的某些缺陷。

第五种观点是近年来少数学者提出的。该说有很大的合理性，但也存在一定的不合理之处。如有学者指出，从表面上看好像对运输毒品罪的多种行为方式作了对症下药的分析，但却导致了运输毒品罪存在多个既未遂

---

❶ 杨高峰．贩卖、运输毒品罪既遂标准探讨［J］．江西公安专科学校学报，2005（3）．

❷ 王治建，夏强．运输毒品罪的若干问题探讨［G］//陈泽宪，贾宇，曲新久．刑法理论与实务热点聚焦（下卷），北京：中国人民公安大学出版社，2010：1515.

❸ 林亚刚，黄志瑾．运输毒品罪的若干问题［G］//陈泽宪，贾宇，曲新久．刑法理论与实务热点聚焦（下卷），北京：中国人民公安大学出版社，2010：1445.

❹ 林亚刚，黄志瑾．运输毒品罪的若干问题［G］//陈泽宪，贾宇，曲新久．刑法理论与实务热点聚焦（下卷），北京：中国人民公安大学出版社，2010：1445.

的判断标准，有违刑法基本原理。[1][2]

第六种观点将运输毒品罪客观要件的运输行为从规范层面人为蜕降到事实层面，客观上将运输毒品的预备行为也包罗其中，导致运输行为的外延不当扩大，模糊了一罪名的各种犯罪停止形态间的界限，其局限性昭然。[3]

（三）走私、贩卖、运输毒品罪的犯罪中止

《刑法》第24条第1款规定："在犯罪过程中，自动放弃犯罪或者自动有效地防止犯罪结果发生的，是犯罪中止。"因此，走私、贩卖、运输毒品罪的犯罪中止，就是指行为人在实施走私、贩卖、运输毒品罪的犯罪构成要件的行为过程中，自动放弃走私、贩卖、运输毒品犯罪或者自动有效地防止毒品犯罪结果发生的犯罪未完成形态。犯罪中止与犯罪未遂不同，不是被迫停止，而是自愿放弃犯罪或者自动有效地防止犯罪结果发生。由此可见，走私、贩卖、运输毒品罪的犯罪中止的成立必须具备以下条件。第一，中止的及时性。中止的及时性即必须是在走私、贩卖、运输毒品预备阶段或者已经着手实行犯罪但尚未实现犯罪既遂的过程中。一旦犯罪既遂，犯罪就不再存在中止。另外，犯罪中止只能发生在犯罪预备阶段或犯罪实行阶段。第二，中止的自动性。走私、贩卖、运输毒品的犯罪行为人认为有可能将上述犯罪行为实施完毕的情况下，出于本人意愿而自动地中止了犯罪。需要说明的是，即使客观上其犯罪行为不可能进行到底，但犯罪行为人主观上认为是可能进行到底的，而主动停止犯罪行为，也应该认为是犯罪中止。第三，中止的有效性。中止的有效性即犯罪分子在完成走私、贩卖、运输毒品犯罪行为以前有效地防止了犯罪结果的发生。这里的有效性，是指犯罪分子在预备阶段停止犯罪预备行为或者在实行阶段停止实施行为，从而使犯罪结果没有发生或者防止了犯罪结果的发生。如果犯罪结果已经产生，则构成犯罪既遂，不能构成犯罪中止。第四，中止的彻底性。彻底性要求行为人彻底放弃走私、贩卖、运输毒品犯罪行为，而不是暂时中断或停止犯罪的实施。

另外，就共同犯罪而言，各共犯不仅仅要对自己的行为负责，而且还

---

[1] 王治建，夏强．运输毒品罪的若干问题探讨［G］//陈泽宪，贾宇，曲新久．刑法理论与实务热点聚焦（下卷），北京：中国人民公安大学出版社，2010：1515.

[2] 聂慧平，黄福涛．运输毒品罪若干问题研究［G］//陈泽宪，贾宇，曲新久．刑法理论与实务热点聚焦（下卷），北京：中国人民公安大学出版社，2010：1523.

[3] 王治建，夏强．运输毒品罪的若干问题探讨［G］//陈泽宪，贾宇，曲新久．刑法理论与实务热点聚焦（下卷），北京：中国人民公安大学出版社，2010：1515.

要对其他实行犯的行为负责，一般情况下，某个实行犯犯罪中止的成立，以阻止其他实行犯继续实施犯罪或者有效地防止犯罪结果的发生为必要条件。共同犯罪的主犯在自己中止犯罪行为的同时，还应当阻止其他共同犯罪人继续实施犯罪行为或有效地防止犯罪既遂结果的发生，才能成立犯罪。如果共同犯罪人只是简单地与其他共犯脱离，但未能切断自己已实施的行为与共同犯罪的联系，以致共同犯罪人有条件继续进行或产生犯罪结果，就不能认定为犯罪中止。

五、走私、贩卖、运输毒品罪共同犯罪的认定

（一）走私、贩卖、运输毒品罪共犯的认定与刑事责任的轻重

毒品犯罪中，共犯占有相当比例，这是因为毒品的走私、贩卖、运输、制造和窝藏等犯罪行为，如果由一名犯罪分子孤立进行，很难完成；对毒品犯罪的严厉打击，也迫使犯罪分子不得不组织起来，有分工地共同进行毒品犯罪活动，以逃避打击。毒品共同犯罪，是指二人以上共同故意实施走私、贩卖、运输、制造毒品等犯罪行为。按照共同犯罪的理论，构成毒品共同犯罪应当具备以下条件：①主观方面各个共同犯罪人必须具有共同犯罪的故意。即共同犯罪人明知是毒品而共同进行走私、贩卖、运输、制造、窝藏毒品或者其他毒品犯罪活动。由于毒品犯罪组织严密，并不要求每个共犯彼此都认识或者在一起共同策划，只要共同犯罪人知道自己是在为共同实施某一毒品犯罪行为即可。共同犯罪人对共同实施的毒品犯罪行为所引起的危害社会的结果，都抱着希望或者放任的故意态度。②客观方面必须具有共同实施毒品犯罪的行为。这种行为不仅包括走私、贩卖、运输、制造、窝藏毒品或者其他毒品犯罪行为，而且包括策划、出毒资，为完成毒品活动提供交通、通讯联络工具、住宿、掩护等各种方便的行为。各个共同犯罪人在所实施的毒品犯罪活动中，所处的地位、作用和具体的分工、参与的时间、次数、程度以及出毒资的多少，可能有所不同，但是他们的行为都是为了达到同一犯罪目的而相互配合，因而他们各自的犯罪行为都是整个毒品犯罪活动的必要组成部分。

根据上述条件，以下行为不构成毒品共同犯罪，而应当根据各自行为的性质和情节具体定罪量刑：①毒品犯罪分子出自相同目的，各自出资，同路前往边境地区购买或者运输、走私毒品，各获其利的；②一人故意走私、贩卖、运输毒品，他人被欺骗或者不明真相而为其服务或者受雇佣的；③毒品买卖关系的卖家和买家，以及受毒品犯罪集团操纵而实施分段

运输毒品的上家和下家；④事先没有通谋，事后为毒品犯罪分子窝藏、转移、隐瞒毒品或者毒品犯罪所得财物的；⑤对于同时或者相继被同一雇主雇佣从事同一批毒品运输，且在运输过程中没有形成相互配合、掩护关系的。[1]

同样，走私、贩卖、运输、制造毒品罪，也常常以共同犯罪的形式出现。在审理共同犯罪案件时应当注意以下几个方面的问题：

（1）要正确区分主犯和从犯。区分主犯和从犯，应当以各共同犯罪人在毒品共同犯罪中的地位和作用为根据。要从犯意提起、具体行为分工、出资和实际分得毒赃多少以及共犯之间相互关系等方面，比较各个共同犯罪人在共同犯罪中的地位和作用。在毒品共同犯罪中，为主出资者、毒品所有者或者起意、策划、组织、雇佣、指使他人参与犯罪以及其他起主要作用的是主犯；起次要作用或者辅助作用的是从犯。对于确有证据证明在共同犯罪中起次要或辅助作用的，不能因为其他共同犯罪人未到案而不认定为从犯，甚至将其认定为主犯或者按主犯处罚。只要认定为从犯，无论主犯是否到案，均应依照刑法关于从犯的规定从轻、减轻或者免除处罚。

（2）要正确认定共同犯罪案件中主犯和从犯的毒品犯罪数量。对于毒品犯罪集团的首要分子，应按集团毒品犯罪的总数量处罚；对一般共同犯罪的主犯，应按其所参与的或者组织、指挥的毒品犯罪数量处罚；对于从犯，应当按照其所参与的毒品犯罪的数量处罚。

（3）要根据行为人在共同犯罪中的作用和罪责大小确定刑罚。不同案件不能简单类比，一个案件的从犯参与犯罪的毒品数量可能比另一案件的主犯参与犯罪的毒品数量大，但对这一案件从犯的处罚不是必然重于另一案件的主犯。共同犯罪中能分清主从犯的，不能因为涉案的毒品数量特别巨大，就不分主从而一律将被告人认定为主犯或者实际上都按主犯处罚，一律判处重刑甚至死刑。对于共同犯罪中有多个主犯或者共同犯罪人的，处罚上也应做到区别对待。应当全面考察各主犯或者共同犯罪人在共同犯罪中实际发挥作用的差别、主观恶性和人身危险性方面的差异，对罪责或者人身危险性更大的主犯或者共同犯罪人依法判处更重的刑罚。[2]

（4）对于运输毒品案件中刚刚接到毒品的接货人和实施完运输行为的送货人在犯罪过程中所起作用的认定，应当综合全案情况和被告人所起作用进行分析。对送货人已经完成了由其负责的运输过程，而接货人（货主

---

[1] 周道鸾，张军．刑法罪名精释［M］．3版．北京人民法院出版社，2007：711.

[2] 高铭暄，马克昌．刑法学［M］．5版．北京：北京大学出版社、高等教育出版社，2011：591.

除外）才接触到毒品，其后续行为还未开始或者刚刚开始的，在量刑时要注意区分二者所产生的社会危害性不同，对接货人的处刑一般应较送货人从轻为宜。

（二）居间[1]介绍买卖毒品的性质及其认定

居间介绍买卖毒品，是指行为人自身不拥有毒品，也不向他人购买毒品，而是在毒品提供者和毒品购买者之间传递信息、联系毒品交易，收取佣金的行为。目前从司法实践破获的案件来看，绝大多数毒品案件在购买与销售时，都有居间介绍人的存在，这类人有时甚至多于贩毒分子。居间介绍构成贩卖毒品罪是否以牟利为目的一直都有争议。

1988 年 8 月 12 日最高人民检察院《关于向他人出卖父辈、祖辈遗留下来的鸦片以及其他毒品如何适用法律的批复》指出，帮助出卖毒品的中介人，以共犯论处。1994 年最高人民法院《关于适用〈全国人民代表大会常务委员会关于禁毒的决定〉的若干问题的解释》曾规定："居间介绍买卖毒品的，无论是否获利，均以贩卖毒品罪的共犯论处。"根据此规定，无论居间人是为吸毒者、购毒者还是为卖毒者提供信息、居间介绍的，均构成贩卖毒品罪的共犯。可见，现行刑法颁布以前的司法解释将居间介绍毒品的行为一概作为贩卖毒品罪的共犯。2000 年《全国法院审理毒品犯罪案件工作座谈会纪要》规定"有证据证明行为人不以营利为目的，为他人代为购买仅用于吸食的毒品，毒品数量超过刑法第三百四十八条规定数量最低标准，构成犯罪的，托购者、代购者均构成非法持有毒品罪"。而之后的司法解释性文件却规定得比较模糊，只对明知他人实施毒品犯罪而为其居间介绍的，以相关毒品犯罪的共犯论处，而对于不明知的情形则没有明确说明。例如，2008 年最高人民法院《全国部分法院审理毒品犯罪案件工作座谈会纪要》规定，明知他人实施毒品犯罪而为其居间介绍的，无论是否获利，都应以相关毒品犯罪的共犯论处。

理论界对此也存在争议，概括起来，主要有以下几种观点：第一种观点认为，居间介绍买卖毒品的，无论是否获利，均构成贩卖毒品罪的共犯。[2][3]

---

[1] 有学者认为这里的"居间"非民法意义上的居间，非严格意义上的、法律上的居间，也没有必要区分"居间"与"代购"。参见：范晔．毒品犯罪若干问题探讨［G］//陈泽宪，贾宇，曲新久．刑法理论与实务热点聚焦（下卷），北京：中国人民公安大学出版社，2010：1648.

[2] 赵秉志，于志刚．毒品犯罪［M］．北京：中国人民公安大学出版社，2003：195.

[3] 赵秉志，李运才．毒品共同犯罪的死刑限制［G］//陈泽宪，贾宇，曲新久．刑法理论与实务热点聚焦（下卷），北京：中国人民公安大学出版社，2010：1345.

第二种观点认为，居间介绍买卖毒品行为不构成犯罪。理由是：《刑法》第347条没有明文规定居间介绍买卖毒品的行为就是贩卖毒品犯罪行为。根据罪刑法定原则，对单纯的居间介绍行为不能认定为贩卖毒品罪。另外，居间介绍人的故意，只是在买卖双方之间进行撮合、搭桥的故意，不存在直接进行贩卖的故意。[1] 第三种观点认为，居间介绍买卖毒品的，只有在行为人从中牟利的情况下才能认定为犯罪。居间介绍人与帮助购买人不同，居间介绍人只是在买卖毒品人之间介绍、搭桥，其行为的社会危害性比帮助购买人更轻微。因此，将居间介绍而没有获利的行为人作为犯罪处理是不妥的。[2] 第四种观点认为，司法实践中，居间介绍毒品买卖的情况比较复杂，应当根据案件的具体情况具体分析、区别对待。介绍毒品买卖的形式可以分为三种：第一种是为他人购买毒品而介绍卖主；第二种是为他人出售毒品而介绍买主；第三种是兼具为吸毒者介绍卖主和为卖毒者介绍买主的两种性质的行为。在第一、第二种情形中，无论行为人是否具有牟利目的，均构成贩卖毒品的共同犯罪。在第三种情形中，如果行为人不具有牟利目的，而为他人吸食毒品介绍卖主不宜认为构成犯罪，因为行为人在主观上并没有帮助贩毒者的故意。[3]

第一种观点没有对特殊情况进行具体问题具体分析，太过绝对化。第二种观点以形式的罪刑法定原则为根据，以刑法分则对介绍买卖毒品没有明确规定为由，断然否认介绍买卖毒品构成犯罪，完全不顾刑法总则规定和基本刑法理论妄下结论。根据我国刑法总则关于共同犯罪的规定以及共犯理论，介绍买卖毒品的行为完全可能构成共同犯罪。第三种观点和第四种观点大致相同，有相同之处也有不同之处，都不可取。

笔者认为，对居间介绍买卖毒品的性质，要区分几种情况分别认定：

第一，居间人受贩毒分子委托为其联系毒品买主，从而在两者之间牵线搭桥，促成毒品交易，不管居间人是否从中获利，只要居间人明知委托目的在于贩卖毒品，就应对其行为以贩卖毒品罪的共犯论处。因为居间人明知他人在实施贩卖毒品的犯罪行为，不但主观上具有帮助他人贩卖毒品的故意，客观上也存在帮助寻找买主的行为，而寻找买主正是贩卖毒品活动的一个关键环节，从而实现委托人预期的贩毒目的，所以对这类居间介绍行为应以贩卖毒品罪的共犯论处。例如，2009年秋季的一天，陈某应被

---

[1] 黄泽林．居间介绍买卖毒品是否构成犯罪［N］．法制日报，2001-2-24（7）．

[2] 桑红华．毒品犯罪［M］．北京：警官教育出版社，1993：154．

[3] 王作富．刑法分则实务研究（下）［M］．北京：中国方正出版社，2003：1766-1777．

告人张某的请求为其介绍吸毒人员，陈某将张某带到杨某位于抚顺市顺城区华南花园的家中，张某送给杨某麻古丸2粒，并互留电话号码以便日后交易毒品。2010年2月至4月间，张某以每克450元、每粒60元的价格先后在杨某家中向其贩卖冰毒70克、100克、麻古丸300粒；在沈阳市于洪区宁官靓塑花园向杨某贩卖麻古丸300粒；在抚顺市顺城区格林书院向杨某贩卖冰毒150克、麻古丸200粒。在本案中，陈某只是基于朋友关系为张某介绍吸毒人员杨某，并未从中获利，陈某的居间介绍行为是否构成贩卖毒品罪？笔者认为，陈某受贩毒人员张某的委托为其寻找买毒人杨某，从而在二者之间牵线搭桥，帮助促成毒品交易，不管居间人陈某是否从中获利，只要陈某明知张某让其介绍贩毒人员的目的在于贩卖毒品，对其行为就应以贩卖毒品罪的共犯论处，构成贩卖毒品罪。

第二，为寻购毒品的人提供毒品信息，联系介绍购买毒品，用于贩卖营利，同样构成贩卖毒品罪的共犯。贩卖毒品罪属于刑法理论上的行为犯，即一个实行行为就构成犯罪。如果居间人明知他人买入毒品是为了贩卖仍然为之介绍毒源，则表明居间人与毒贩之间存在着共同的故意，这种居间介绍行为事实上已经成为贩毒分子整个贩毒活动的一个重要组成部分，该行为应以贩卖毒品罪论处。但是，如果居间人主观上不知道他人购买毒品的意图是为了贩卖，因为居间人主观上不存在帮助他人贩卖毒品的故意，则对其行为不按犯罪论处，因为虽然居间人的行为在客观上促成了毒品交易，对贩卖毒品者的贩毒活动起到了帮助作用，具有社会危害性，但是从主观上看，居间人没有明确的帮助贩卖毒品者的直接故意，更多的是为帮助购买毒品者达到消费毒品的目的，主观恶性相对较小，因此对于这种帮助购买的行为原则上不能以贩卖毒品的共犯认定；同时，居间人虽然主观上主要是帮助购买，没有帮助贩卖毒品的直接故意，但对于实现毒品交易也存在着放任的心态，因此，在居间人介绍的人数积累达到一定程度（可以多人为标准）后认定其主观具有较强的帮助贩卖毒品的间接故意，主观恶性较深，社会危害性大，从而应当认定其为贩卖毒品的共犯。❶当然，如果居间人主观上不明知他人购买毒品的意图是为了贩卖而买，那么，居间人原则上除了上述可能构成贩卖毒品的共犯以外，还可能构成非法持有毒品罪。❷

---

❶ 张剑．居间、代购毒品行为如何区分情形具体认定［N］．检察日报，2009-6-22（3）．

❷ 李勇．介绍买卖毒品行为是否构罪应区别对待［N］．检察日报，2007-12-24（3）．

第三，居间人受吸毒者委托，或者未受委托而主动为吸毒者提供毒源信息，帮助吸毒者联系购买用于吸食的毒品。这种情况因居间人没有贩卖毒品的故意，也没有同贩卖毒品犯罪分子进行犯意联络，因而既不能按照单独的贩卖毒品罪处理，也不能按照贩卖毒品罪的共犯处理，一般不以犯罪论。当然，在一定的情况下，不排除居间人单方面帮助他人贩卖毒品的故意，但我国刑法理论界不承认片面帮助犯，故也不能按照贩卖毒品罪的共犯处理，可构成单独的贩卖毒品罪。上述司法解释将所有的居间介绍买卖毒品的行为一概以犯罪论处，也有其不合理之处。[1]

（三）购买毒品者构成贩卖毒品罪之共犯[2]的认定

按照我国刑法的规定，对于贩卖毒品罪，只处罚贩毒者，不处罚购买者。问题是，购买毒品者能否成为贩卖毒品罪的帮助犯或者教唆犯呢？这主要涉及对向犯中的一个重要理论问题，就是立法在规定只处罚对向一方的情况下，对向的另一方是否存在认定为共犯的余地。刑法学界对此存在激烈的争论：第一种观点认为，立法者在规定对向犯时，当然预料到了对方的行为，既然立法者不设立规定处罚对方的行为，就表明立法者认为对方的行为不具有可罚性，如果将对方按照帮助犯或者教唆犯论处，则不符合立法的精神。第二种观点认为，购买者只要参与了贩卖毒品的行为过程，就应以教唆犯或者帮助犯论处。

笔者认为，第一种观点从立法者意图的角度来分析，应该说具有合理性，因为刑法在规定诸如贩卖毒品罪时，并未将购买者的行为设定为犯罪，就表明了立法者的价值选择，如果对于购买者的教唆、帮助行为认定为共犯行为，显然违背了立法者的本意。但一概将教唆、帮助行为排除在共犯之外，也不尽合理。例如，甲购买麻黄碱颗粒供自己吸食，乙听说吸食麻黄碱很刺激、兴奋，遂要求甲卖给其2颗，甲同意并卖给乙，对乙宜认定为贩卖毒品的教唆犯。因为在此种情形下，乙的行为使原本没有贩卖毒品故意的甲实施了贩卖毒品的犯罪行为，乙行为的社会危害性明显严重，不作为犯罪处理不利于打击贩卖毒品犯罪行为。第二种观点的优点在于操作性强，便于认定，即只要购买者参与到贩卖者贩卖毒品的行为过程中，就可以认定为共犯。但该观点容易扩大贩卖毒品罪共犯的处罚范围，不切合立法之本旨。现举两则案例予以说明。案例一：甲欲从他人手中购

---

[1] 郦毓贝．毒品犯罪司法适用［M］．北京：法律出版社，2005：25．

[2] 宁积宇．购买毒品者能否构成贩卖毒品罪之共犯［N］．检察日报，2009-4-26（3）．

买50克海洛因，但手中无资金，遂向乙说明意图并提出向乙借钱，乙表示同意，并要求甲购得后将其中10克卖给其吸食；案例二：乙欲从甲处购买10克海洛因供自己吸食，甲同意并说现在没货，而且现在手头上吃紧，于是乙将购买10克海洛因的钱交给他，后甲用乙的这些钱从丙处购得10克海洛因，然后交给乙，并从中获利1 000元。在案例一中，乙为甲贩卖毒品提供资金帮助，认定为甲贩卖毒品罪中的帮助犯应该没有疑问；但在案例二中，乙完全为了自己吸食为甲提供贩毒资金，这与乙直接向作为第三方的丙处购买毒品实质上是一样的，如果将乙的行为认定为甲贩卖毒品案中的共犯并不符合立法上将购买毒品供自己吸食的情形不作为犯罪评价的本意，故而对此难以认定为贩卖毒品罪的共犯。

通过对上述观点的评析，笔者认为，在购毒者能否成为贩卖毒品罪的共犯问题上，应当严格按照我国刑法理论通说上关于犯罪的“三性”（社会危害性、刑事违法性、应受惩罚性）为标准来把握。购毒者参与贩卖毒品行为在性质及程度上符合此三个标准者，宜认定为贩卖毒品罪的共犯。依据此标准，笔者初步认为，以下2种情形宜认定为贩卖毒品罪的共犯：①购毒者唆使原本没有贩卖毒品意图的人贩卖毒品的。如甲从他人处购得毒品供自己吸食，乙要求其出售一些来吸食。在这种情形下，行为人乙使他人产生贩卖意图，其行为具有社会危害性；教唆他人贩毒也是刑法规定中包含的犯罪情形，具有刑事违法性，而且其社会危害性大，应当受到惩罚。②购毒者为他人贩卖毒品行为提供帮助的，但其提供帮助完全是为了自己购买毒品供吸食的情形除外。

第二节　走私制毒物品罪

一、走私制毒物品罪的概念和犯罪构成

走私制毒物品罪，是指违反国家规定，非法运输、携带醋酸酐、乙醚、三氯甲烷或者其他用于制造毒品的原料或者配剂进出境的行为。

走私制毒物品罪的犯罪客体是国家对醋酸酐、乙醚、三氯甲烷或者其他用于制造毒品的原料或者配剂进出口的管制和国家对外贸易管制。犯罪对象是国家统一管制的醋酸酐、乙醚、三氯甲烷或者其他用于制造毒品的原料或配剂。用于制造毒品的原料或者配剂，既是医药和工农业生产的原料，又是制造毒品不可缺少的物品。我国政府十分重视对制造毒品的原料

或者配剂的进出口管理工作，实行由国家统一归口管理制度，严禁任何单位和个人非法运输、携带制毒化学物品进出国（边）境。

走私制毒物品罪的犯罪客观方面表现为违反国家制毒物品管理法规和海关法规，逃避海关监管，非法运输、携带醋酸酐、乙醚、三氯甲烷或者其他用于制造毒品的原料或者配剂进出国（边）境的行为。违反国家规定，是指行为违反了国家制毒物品管理法规、海关法规和我国参加的有关国际公约。运输制毒物品进出境，是指利用飞机、火车、汽车、船只等交通工具，将制毒物品从境外运入境或由境内运往境外。携带制毒物品进出境，是指过境人员将制毒物品随身带入境或者带出境。制毒物品，是指其本身并非毒品，但可用作辅助原料制造出毒品的物质。运输和携带这两种行为并不要求全部具备，只要实施其中之一者，即可构成犯罪。根据2009年最高人民法院、最高人民检察院、公安部《关于办理制毒物品犯罪案件适用法律若干问题的意见》的规定，明知他人实施走私制毒物品犯罪，而为其运输、储存、代理进出口或者以其他方式提供便利的，以走私制毒物品罪的共犯论处，走私制毒物品行为同时构成其他犯罪的，依照处罚较重的规定定罪处罚。

走私制毒物品罪的犯罪主体是一般主体，包括自然人和单位。自然人是达到刑事责任年龄，具有刑事责任能力，实施了非法运输、携带制毒物品进出境的人。根据刑法的规定，自然人包括我国公民（包括港澳台同胞）、外国人（包括单国籍人和多国籍人）、无国籍人。在禁毒司法实践中，本罪的自然人主体一般是从事制毒物品的生产、经营、进出口、使用等业务或者与制造毒品犯罪活动有密切关系的人员，即“业内人员”，这种特殊身份虽不是作为本罪主体的必备要件，却是禁毒司法中常出现的情形，这一点在认定行为人主观故意方面具有一定的意义。对走私制毒物品罪的单位主体的认定，应该综合考虑以下几个因素：一是对外是否以单位名义进行，二是犯罪行为是否体现单位的意志，三是所得利益是否归单位所得。如果行为人所实施的走私制毒物品犯罪行为是以单位名义进行、体现单位集体意志并且所获得非法利益归单位所有，则属于单位犯罪，反之就是自然人犯罪。但是，在司法实践中，应该注意如果个人为从事走私制毒物品犯罪活动而设立公司、企业实施走私制毒物品犯罪的，或者公司、企业设立之后，以实施走私制毒物品犯罪为主要活动的，不以单位犯罪论处；如果盗用单位名义实施走私制毒物品犯罪，非法所得由实施走私制毒物品犯罪的个人私分，也依自然人犯罪规定定罪处罚。

走私制毒物品罪的犯罪主观方面是故意，即行为人明知是国家管制的用于制造毒品的原料或配剂，而仍携带、运输进出国（边）境的心理态度。根据2009年《关于办理制毒物品犯罪案件适用法律若干问题的意见》第2条的规定，对于走私或者非法买卖制毒物品行为，有下列情形之一，且查获了易制毒化学品，结合犯罪嫌疑人、被告人的供述和其他证据，经综合审查判断，可以认定其“明知”是制毒物品而走私或者非法买卖，但有证据证明确属被蒙骗的除外：①改变产品形状、包装或者使用虚假标签、商标等产品标志的；②以藏匿、夹带或者其他隐蔽方式运输、携带易制毒化学品逃避检查的；③抗拒检查或者在检查时丢弃货物逃跑的；④以伪报、藏匿、伪装等蒙蔽手段逃避海关、边防等检查的；⑤选择不设海关或者边防检查站的路段绕行出入境的；⑥以虚假身份、地址办理托运、邮寄手续的；⑦以其他方法隐瞒真相，逃避对易制毒化学品依法监管的。根据上述司法解释，为了走私制毒物品犯罪而采用生产、加工、提炼等方法非法制造易制毒化学品的，根据《刑法》第22条的规定，以走私制毒物品的预备行为论处。明知他人实施走私制毒物品犯罪，而为其运输、储存、代理进出口或者以其他方式提供便利的，以走私制毒物品罪的共犯论处。

二、走私制毒物品罪犯罪构成要件的理解

（一）走私制毒物品罪中“制毒物品”的范围

走私制毒物品罪中“制毒物品”，是指经常用于制造麻醉药品和精神药品的化学原料或者配剂，或者所提炼、分解毒品所使用的原料及辅助性配料。“制毒物品”在其他法律法规或者规范性法律文件中又称为“易制毒物品”“易制毒化学品”等，其含义是相同的。毒品的生产，有天然获得和化学加工合成两种。绝大多数毒品，是靠制毒物品经过化学加工合成的。制毒物品的种类很多，《刑法》第350条具体列举了司法实践中最常见的醋酸酐、乙醚、三氯甲烷3种，此外，还规定了“或者其他用于制造毒品的原料或者配剂”。那么“其他”包括哪些制毒物品？1988年《联合国禁止非法贩运麻醉药品和精神药品公约》规定了附表一和附表二所列被挪用于非法制造麻醉药品或精神药品的物质。1988年卫生部、对外经济贸易部、公安部、海关总署联合发出了《关于对三种特殊化学品实行出口准许证管理的通知》。

1989年我国全国人大通过了批准的决定，所以，上述物质都应是制毒

物品。1990年全国人大常委会通过了《关于禁毒的决定》。1998年国家环境保护局、国家经济贸易委员会、对外贸易经济合作部、公安部发布了《国家危险废物名录》。1999年对外经济贸易合作部公布的《易制毒化学品进出口管理规定》列出了联合国公约管制的22种易制毒化学品名称及商品编码。2000年国家经济贸易委员会、公安部和国家工商总局印发的《关于加强易制毒化学品生产经营管理的通知》附件一列出了20种易制毒化学品。2002年国家经济贸易委员会公布《危险化学品登记管理办法》。2002年国务院公布《危险化学品安全管理条例》。根据2000年《最高人民法院关于审理毒品案件定罪量刑标准有关问题的解释》第4条的规定，麻黄碱、伪麻黄碱及其盐类和单方制剂、麻黄浸膏、麻黄浸膏粉应属于“其他”的情况。2005年8月26日国务院颁布的《易制毒化学品管理条例》规定了易制毒化学品的具体品种范围。2006年4月国家安全生产监督管理总局公布《非药品类易制毒化学品生产、经营许可办法》、2006年8月公安部公布《易制毒化学品购销和运输管理办法》、2006年9月商务部公布《易制毒化学品进出口管理》、2006年9月商务部和公安部公布《易制毒化学品进出口国际核查管理规定》。2009年最高人民法院、最高人民检察院、公安部《关于办理制毒物品犯罪案件适用法律若干问题的意见》重申“制毒物品”的范围按照国家关于易制毒化学品管理的规定确定，并在量刑数量标准中列出了多种制毒原料和配剂。2011年国家安全生产监督管理总局通过《危险化学品重大危险源监督管理暂行规定》。2012年国家安全生产监督管理总局公布新的《危险化学品登记管理办法》。因此，有些法规规章的制定时间不同，所列的易制毒化学品物品的种类也不完全一致。但无论如何，非法运输、携带法律没有明文规定为制造毒品的原料或者配剂的，就不构成本罪。

（二）对“国家规定”的理解

行为构成走私制毒物品罪的前提条件是违反国家规定。《刑法》第96条规定：“违反国家规定，是指违反全国人民代表大会及其常务委员会制定的法律和决定，国务院制定的行政法规、规定的行政措施、发布的决定和命令。”尽管刑法关于“国家规定”已有专条规定，而且规定的内容应当说已经很明确了，但在司法实践和学理上还是有不同的理解。一种观点认为，“国家规定”就是刑法中明确划定的内容，即全国人民代表大会及其常务委员会制定的法律和决定，国务院制定的行政法规、规定的行政措施、发布的决定和命令。另一种观点则认为，除了《刑法》第96条规定的内容外，在国务院制定的行政法规、采取的行政措施、发布的决定和命令中，存在着授权国务院所属部委制定实施细则、办法的规定，在司法实践中，这部分内容也应当做为“国家规定”的内容对待，只是应当从严掌握，适用中应当注意审查其合法性，确属国务院有关授权范围的规定，才能作为“国家规定”适用。这一观点采取的是一种扩大解释。[1] 还有一种与第二种观点相近似的认识。这种观点认为，“国家规定”除了上述全国人大制定的法律和国务院制定的行政法规、发布的行政措施外，还包括国务院各部委单独发布或联合发布的通知等。[2] 这种观点并不特别要求国务院各部委发布的规定是在国务院有关规定授权的情况下才可以视为国家规定。笔者认为，从刑法典中涉及“违反国家规定”的法条看，行为人所实施的行为必须为国家有关法律、规范所明确禁止。这里的“国家规定”排除了地方各级人大及其常委会制定的地方性法规（包括民族自治地方的自治条例和单行条例以及全国人大常委会授权地方人大及其常委会制定的地方性法规）和国务院各部委制定的部门行政规章以及地方各级人民政府制定的地方性行政规章、规范性文件等。由国务院有关部委制定、经国务院批准并以国务院名义发布的法规性质的文件也属于“国务院制定”的范畴，但是，由国务院有关部委制定并以该部委的名义发布的文件不属于“国务院制定”，没有经过国务院批准并以国务院名义发布的文件也不能视为“国务院制定”，也就不能为“国家规定”的含义所包含。通常学界支持第一种观点，这是罪刑法定原则的要求，也符合《立法法》的规定，有利于防止扩大打击面，维护刑事政策的稳定，那种扩大解释的观点也是一种学理解释，属于无权解释，是无效的，不能作为司法实践中审理案件的依据。

正确把握“国家规定”的内涵和外延，对于定罪量刑非常重要，有时直接涉及罪与非罪的问题，必须慎重对待。例如“原审被告人谢某、梁某涉嫌走私制毒物品罪抗诉一案”[3]：原审被告人谢某、梁某于 2002 年 5 月 5 日、6 月 28 日、7 月 13 日三次共走私盐酸 160 吨。公诉机关认为两被告人的行为触犯了《刑法》第 350 条的规定，构成了走私制毒物品罪，并以此为由向一审法院提起公诉。两被告人以其不知道盐酸为制毒物品为由，辩

---

[1] 周道鸾，单长宗，张泗汉．刑法的修改和完善［M］．北京：人民法院出版社，1997：257.

[2] 周道鸾，张军．刑法罪名精释［M］．北京：人民法院出版社，1998：812.

[3] 许文文．对刑法中“国家规定”的理解和适用——兼评一宗走私制毒物品案的审理［J］．安徽警官职业学院学报，2007（2）.

称其行为不构成犯罪。两被告人的辩护律师则以被告人没有犯罪故意为由，主张两被告人的行为不构成走私制毒物品罪。一审法院审理后认为，两被告人的犯罪故意不是很明显，判决两被告人走私盐酸的行为不构成犯罪。公诉机关不服，提起抗诉。本案控辩双方的争讼焦点是盐酸是否为国家规定的制毒物品。在我国，国务院有关机构单独或联合发布的规章或通知中有关于盐酸为制毒物品的规定，如海关总署每年调整发布的进出口物品管制目录等就明确规定盐酸系国家管制的易制毒物品。但全国人民代表大会及其常务委员会制定的法律和决定，国务院制定的行政法规、规定的行政措施、发布的决定和命令中却没有认定盐酸是制毒物品的内容。《刑法》第350条规定的走私制毒物品罪的罪状明确有“违反国家规定”的内容。如果行为人的行为不存在“违反国家规定”，就不具备走私制毒物品罪的犯罪构成。因“国家规定”没有规定盐酸为制毒物品，所以被告人的行为就不构成走私制毒物品罪。同时，原审二被告人的行为也不构成其他犯罪。因此，二审法院裁定驳回抗诉，维持原判。

1988年《联合国禁止非法贩运麻醉药品和精神药品公约》规定盐酸是制毒物品，我国于1989年加入了该条约，并在逐步履行承诺的禁毒义务。但是，在我国关于盐酸是制毒物品的规定是在部门规章中，国务院多个部委曾单独或联合发布了多个规定或通知，界定了易制毒化学品的种类。至2000年，最高人民法院颁布《关于审理毒品案件定罪量刑标准有关问题的解释》，但未将盐酸解释为“易制毒物品”。2002年国务院通过《危险化学品安全管理条例》，规定危险化学品列入以国家标准公布的《危险货物品名表》（GB12268）；剧毒化学品目录和未列入《危险货物品名表》的其他危险化学品，由国务院经济贸易综合管理部门会同国务院公安、环境保护、卫生、质检、交通部门确定并公布。2005年交通部提出新的《危险货物品名表》（GB 12268－2005）也没有将盐酸列入为“危险货物品”。2005年8月国务院颁布的《易制毒化学品管理条例》规定了易制毒化学品的具体品种范围，在易制毒化学品的分类和品种目录附表中，盐酸属于第三类易制毒化学品。从此，在“国家规定”的层面上，盐酸成为“制毒物品”。2008年由环境保护部、国家发展和改革委员会发布了《国家危险废物名录》，将盐酸列入“危险物品废物”名目中。2009年《关于办理制毒物品犯罪案件适用法律若干问题的意见》规定“制毒物品”的具体品种范围按照国家关于易制毒化学品管理的规定确定，并在量刑数量标准中列出了盐酸。本案发生于2002年，当时盐酸并不属于“国家规定”的“易制毒物品”或者“易制毒化学品”，因此，两行为人并不构成走私制毒物品罪。

三、走私制毒物品罪罪数形态的认定

（一）走私制毒物品罪与非罪的认定

1. 走私制毒物品罪与非罪的界限

区分走私制毒物品罪与非罪的关键有：①是否经过批准，行为人是否持有有效的特殊化学品出口准许证。如果行为人经过国家授权的主管部门批准，取得了有关准许证，办理了相关手续，而运输、携带制毒物品出入国（边）境，则是合法行为，不能认定为犯罪。②是否明知，包括确定的明知和应当知道的明知。行为人已被告知其携带、运输的物品是国家规定管制的制毒物品，或者根据行为人的知识和经验，在具体案件中特定的环境和条件下应该认识到携带、运输的物品是国家规定管制的制毒物品，则构成犯罪。如果运输人、携带人或邮寄人在某种特殊条件下（如受他人的欺骗），根本无法知道所运输、携带或邮寄的物品属于制毒物品的，便不具备走私制毒物品的故意。即使行为人客观上实施了运输、携带、邮寄制毒物品出入国（边）境的行为，一般也不能构成犯罪。当然，如果行为人主观上具有犯罪过失，应当依照刑法所规定的过失犯罪的相关罪名定罪处罚。③如果行为人非法运输、携带、邮寄出入国（边）境的制毒物品的数量没有达到有关司法解释所要求的数量标准，属于数量较小的，则不能认定为犯罪，应以一般走私制毒物品行为处理。但是，如果数量已经接近标准，而行为人又有其他恶劣情节，如系多次走私制毒物品的，或者是以武装掩护走私制毒物品的，或者有暴力抗拒缉私情节的，或者利用未成年人进行走私活动的，也可以以犯罪论处。❶

2. 非法运输、携带制毒物品进出境构成犯罪的数量要求

根据《刑法》第 350 条的规定，构成本罪没有数量上的要求，但这并不是说凡是非法运输、携带制毒物品进出境的行为都构成犯罪。根据《刑法》第 13 条的规定，情节显著轻微，危害不大的，不认为是犯罪。据此，非法运输、携带制毒物品进出境的行为情节显著轻微，危害不大的，不构成犯罪，但应予以行政处罚。根据 2000 年最高人民法院《关于审理毒品案件定罪量刑标准有关问题的解释》第 4 条的规定：“在司法实践中，违反国家规定，非法运输、携带进出境或在境内非法买卖醋酸酐、乙醚、三

---

❶ 李文燕，杨忠民. 刑法学［M］. 北京：中国人民公安大学出版社，2005：554.

氯甲烷或者其他用于制造毒品的原料或者配剂达到下列数量标准的，依照《刑法》第三百五十条第一款的规定定罪处罚：（一）麻黄碱、伪麻黄碱及其盐类和单方制剂五千克以上不满五十千克；麻黄浸膏、麻黄浸膏粉一百千克以上不满一千千克；（二）醋酸酐、三氯甲烷二百千克以上不满二千千克；（三）乙醚四百千克以上不满三千千克；（四）上述原料或者配剂以外其他相当数量的用于制造毒品的原料或者配剂。”根据《刑法》第350条第1款的规定，“数量大”是本罪法定刑升格的条件。什么是“数量大”，刑法没有规定。因为用于制造毒品的化学物品种类繁多，各种化学品在制造毒品过程中所起的作用及需要量各不相同，危害程度也不一样，它涉及一些专门知识，并经过严格的科学论证和实践检验才能确定，所以，刑法难以规定一个统一的标准。按照罪刑相适应的原则，在考虑制毒物品的数量时，要把握以下两点：第一，走私制毒物品不能等同于走私毒品，毒品和制毒物品危害程度和作用各不相同。第二，这些化学物品毕竟又是制造毒品的原料或配剂，因此，认定其数量也要和毒品联系起来考虑。[1] 由于这种因素，上述司法解释规定，违反国家规定，非法运输、携带进出境或者在境内非法买卖用于制造毒品的原料或者配剂，超过前款所列数量标准的，应当认定为《刑法》第350条第1款规定的“数量大”，即①麻黄碱、伪麻黄碱及其盐类和单方制剂50千克以上；麻黄浸膏、麻黄浸膏粉1 000千克以上；②醋酸酐、三氯甲烷2 000千克以上；③乙醚3 000千克以上；④上述原料或者配剂以外其他相当数量的用于制造毒品的原料或者配剂。

（二）走私制毒物品罪与彼罪的认定

1. 走私制毒物品罪与走私毒品罪的界限

走私制毒物品罪与走私毒品罪的行为方式都是走私，且都侵犯了国家对外贸易管制，这是它们的相同之处。两者的主要区别在于：①对象不同。前罪对象只限于制毒物品，即用于制造毒品的醋酸酐、乙醚、三氯甲烷或者其他用于制造毒品的原料或者配剂，它们本身不是毒品；后罪的对象则是鸦片、海洛因、甲基苯丙胺（冰毒）、吗啡、大麻、可卡因以及国家规定管制的其他能够使人形成瘾癖的麻醉药品和精神药品等一切毒品本身。②构成犯罪的标准有所不同。根据有关司法解释，构成本罪一般要求所走私的制毒物品要达到一定的数量标准；而后罪则无论数量多少，原则

---

[1] 藺剑．毒品犯罪的定罪与量刑［M］．北京：人民法院出版社，2000：203．

上都要定罪处罚。③由于两罪在犯罪对象上有明显的不同，因而两罪在犯罪客体、犯罪主观方面的内容和法定刑等方面也有较大的不同。

2. 走私制毒物品罪与走私普通货物、物品罪的界限

走私制毒物品罪与走私普通货物、物品罪的客观方面都具有逃避海关监管出入国（边）境的走私行为，两者的区别主要有：①走私的物品不同。前者走私的是醋酸酐、乙醚、三氯甲烷或者其他用于制造毒品的原料或者配剂等物品，后者走私的是《刑法》第151条、第152条、第347条规定以外的货物、物品。一些化学配剂和原料既可用于制造毒品，也可用于民生事业，这里的区别关键是，这种物品能否用于制造毒品，这些物品是否列入国家主管部门发布的易制毒化学品分类目录，如果列入易制毒化学品分类管理，没有办理相关手续就运输这些物品出入境，而且故意逃避检查，就可以构成走私制毒物品罪。❶ ②起刑的标准不同。根据《刑法》第153条的规定，走私普通货物、物品，偷逃应缴税额较大或者1年内曾因走私被给予2次行政处罚后又走私的，才能追究行为人的刑事责任。而《刑法》第350条所列的制毒物品，在国内市场上的价格相对低廉，若按照走私普通货物、物品的起刑标准计算，势必在很大程度上放纵犯罪。将这种行为单立罪名，则不受《刑法》第153条规定的起刑数额的限制。对走私制毒物品罪的起刑标准，2000年《最高人民法院关于审理毒品案件定罪量刑标准有关问题的解释》第4条作了明确的规定，实践中应遵照执行。

3. 从走私人手中直接购买制毒物品的认定

走私制毒物品者对走私的制毒物品通常有两种处理方式：一是自己用它来制造毒品，二是将它卖掉牟取利益。如果是后一种情况，对于买者来说，则是从走私人手中直接购买制毒物品。这种现象在司法实践中时常发生。根据《刑法》第155条的规定，直接向走私人非法收购国家禁止进口物品的，或者直接向走私人非法收购走私进口的其他货物、物品，数额较大的行为，以走私罪论处，依照刑法分则第3章第2节的有关规定处罚。很明显，本问题中所讲的制毒物品不是第155条中的国家禁止进口的特定的物品，也不是“其他货物、物品”，因为《刑法》分则第3章第2节规定的走私罪的对象是除毒品与制毒物品之外的物品，所以，从走私人手中直接购买制毒物品的行为不能适用该条款，不能构成走私制毒物品罪。但是，如果行为人在境内从走私人手中直接购买制毒物品的，则应适用《刑

---

❶ 张保平，等. 边防法制通论［M］. 北京：中国人民公安大学出版社，2004：201.

法》第350条的规定定罪量刑，即违反国家规定，在境内非法买卖醋酸酐、乙醚、三氯甲烷或者其他用于制造毒品的原料或者配剂的行为，构成非法买卖制毒物品罪，处3年以下有期徒刑、拘役或者管制，并处罚金；数量大的，处3年以上10年以下有期徒刑，并处罚金。如果行为人是在境外从走私人手中直接购买制毒物品的，则不能适用《刑法》第350条按照非法买卖制毒物品罪定罪量刑，因为该条明确规定“在境内非法买卖”醋酸酐、乙醚、三氯甲烷或者其他用于制造毒品的原料或者配剂的，才构成非法买卖制毒物品罪，本条没有对在境外非法买卖制毒物品行为进行规定。[1]

（三）走私制毒物品罪与数罪的认定

1. 走私物品中既有制毒物品又有毒品的认定与处理

对这种情形，应当区分不同情况分别处理。

（1）如果行为人只实施了一个走私行为，走私的物品中既有制毒物品又有毒品的处理。对这种情形，学界存在不同的观点。第一种观点认识行为人的行为构成两个罪，即走私制毒物品罪和走私毒品罪，两罪应数罪并罚，因为走私的犯罪对象不同，但行为人利用了同一走私行为，走私制毒物品行为与走私毒品行为重叠。第二种观点认为，这种情况符合刑法理论上的想象竞合犯的特征，这是学界多数人的观点。行为人只实施了一个走私行为，这个走私行为因走私的两个不同对象而触犯了两个罪名：一是走私制毒物品罪，二是走私毒品罪。对想象竞合犯的处理原则，通说是按行为所触犯的罪名中的一个重罪论处，而不实行数罪并罚。在同一种情况下，从两个罪的处罚看，走私毒品罪的量刑重，因此，应按走私毒品罪定罪量刑。

（2）行为人实施两次以上走私活动，每次走私的物品中既有制毒物品又有毒品，都未经处理，这种情况如何定罪量刑。《刑法》第347条第7款规定，对多次走私、贩卖、运输、制造毒品，未经处理的，毒品数量累计计算。对多次走私毒品未经处理的，尽管从刑法理论上说构成同种数罪，但该款为司法实践指明了做法：不进行数罪并罚，而按照走私毒品罪一罪定罪量刑。当然，毒品数量累计计算可能会导致法定刑升格。如果行为人多次走私，每次走私的物品中既有制毒物品又有毒品，按照第一种情形，每次走私都是想象竞合犯，都应按照走私毒品罪定罪量刑。多次走私，则多次构成想象竞合犯，也应构成多个走私毒品罪。如果只对毒品数

[1] 郦毓贝．毒品犯罪司法适用［M］．北京：法律出版社，2005：116.

量累计计算，然后按照《刑法》第 347 条的规定处罚，那么对走私制毒物品的行为就会完全忽略，与行为人只多次走私单一的毒品行为的量刑结果没有区别，这显然是不合适的。所以，应该按照一重罪从罪处罚的理论，行为人实施两次以上走私活动，每次走私的物品中既有制毒物品又有毒品的，应按照走私毒品罪从重处罚。

（3）如果行为人实施两次走私活动，一次走私的是制毒物品，一次走私的是毒品，如何处理。因为《刑法》第 347 条规定，走私、贩卖、运输、制造毒品，无论数量多少，都应当追究刑事责任，予以刑事处罚。第 350 条对走私制毒物品罪作了规定，2000 年《最高人民法院关于审理毒品案件定罪量刑标准有关问题的解释》第 4 条对此罪规定了定罪的数量标准，即违反国家规定，非法运输、携带进出境或在境内非法买卖醋酸酐、乙醚、三氯甲烷或者其他用于制造毒品的原料或者配剂达到下列数量标准的，依照《刑法》第 350 条第 1 款的规定定罪处罚：“（一）麻黄碱、伪麻黄碱及其盐类和单方制剂五千克以上不满五十千克；麻黄浸膏、麻黄浸膏粉一百千克以上不满一千千克；（二）醋酸酐、三氯甲烷二百千克以上不满二千千克；（三）乙醚四百千克以上不满三千千克；（四）上述原料或者配剂以外其他相当数量的用于制造毒品的原料或者配剂。”走私制毒物品，达到上述数量标准的则构成犯罪。因此，这种情形则分别按照走私制毒物品罪和走私毒品罪定罪量刑，然后实行两罪并罚。

（4）如果行为人实施两次走私活动，一次走私的是制毒物品，另一次走私的既有制毒物品又有毒品的，如何处理。在走私制毒物品构成犯罪的前提下，首先，对两次走私活动分别定罪量刑：将既有制毒物品又有毒品的那次走私按照想象竞合犯的原则处理，按照走私毒品罪定罪量刑；对只走私制毒物品的行为按照走私制毒物品罪定罪量刑。其次，按走私毒品罪与走私制毒物品罪并罚。

（5）如果行为人实施两次走私活动，一次走私的是毒品，另一次走私的既有制毒物品又有毒品的，如何处理。在走私制毒物品构成犯罪的前提下，首先，对两次走私活动分别定罪量刑：将既有制毒物品又有毒品的那次走私按照想象竞合犯的原则处理，按照走私毒品罪定罪量刑；对只走私毒品的那次行为按照走私毒品罪定罪量刑。其次，对两次走私毒品的数量累计计算，按《刑法》第 347 条的毒品数量对应的法定刑幅度量刑。[1]

[1] 郦毓贝．毒品犯罪司法适用［M］．北京：法律出版社，2005：123－124.

2. 走私物品中既有制毒物品又有普通物品的认定与处理

（1）如果行为人只实施了一个走私行为，走私的物品中既有制毒物品又有普通物品的处理。首先判断走私的制毒物品的数量是否达到了最高人民法院在司法解释中所规定的定罪量刑的起点要求以及走私的普通物品的偷逃税额是否达到了《刑法》第153条所规定的定罪量刑的起点要求。根据2000年最高人民法院《关于审理毒品案件定罪量刑标准有关问题的解释》第4条的规定，“违反国家规定，非法运输、携带进出境或在境内非法买卖醋酸酐、乙醚、三氯甲烷或者其他用于制造毒品的原料或者配剂达到下列数量标准的，依照刑法第三百五十条第一款的规定定罪处罚：（一）麻黄碱、伪麻黄碱及其盐类和单方制剂五千克以上不满五十千克；麻黄浸膏、麻黄浸膏粉一百千克以上不满一千千克；（二）醋酸酐、三氯甲烷二百千克以上不满二千千克；（三）乙醚四百千克以上不满三千千克；（四）上述原料或者配剂以外其他相当数量的用于制造毒品的原料或者配剂。”走私制毒物品，达到上述数量标准的则构成犯罪。如果行为人的行为都符合上述要求，其走私行为分别构成了走私制毒物品罪和走私普通货物、物品罪。这种走私行为符合刑法理论上的想象竞合犯，按照通说，应以其中的重罪论处，不实行数罪并罚。比较这两个罪的法定刑，走私普通货物、物品罪的法定刑最高是死刑，因此，应以走私普通货物、物品罪定罪量刑。

（2）行为人实施多次走私活动，每次走私的物品中既有制毒物品又有普通物品的，都未经处理，这种情况如何定罪量刑。《刑法》第153条第3款规定，对多次走私未经处理的，按照累计走私货物、物品的偷逃应缴税额处罚。对多次走私普通物品未经处理的，尽管从刑法理论上说构成同种数罪，但该款为司法实践指明了做法：不进行数罪并罚，而按照走私普通货物、物品罪一罪定罪量刑。当然，按照累计走私货物、物品的偷逃应缴税额处罚可能会导致法定刑升格。如果行为人多次走私，每次走私的物品中既有制毒物品又有普通货物、物品，按照第一种情形，每次走私都是想象竞合犯，都应按照走私普通货物、物品罪定罪量刑。多次走私，则多次构成想象竞合犯，也应构成多个走私普通货物、物品罪。如果只对普通货物、物品偷逃应缴税额累计计算，然后按照《刑法》第153条的规定处罚，那么对走私制毒物品的行为与数量就会完全忽略了，这与行为人只多次走私单一的普通货物、物品行为的量刑结果没有区别，这显然是不合适的。所以，应该按照一重罪从罪处罚的理论，行为人实施两次以上走私活动，每次走私的物品中既有制毒物品又有普通货物、物品的，应按照走私普通货物、物品罪从重处罚。

（3）如果行为人实施两次走私活动，一次走私的是制毒物品，一次走私的是普通货物、物品，如何处理。因为根据走私普通货物、物品罪有关司法解释的规定，偷逃应缴税额 5 万元以上的才追究刑事责任，予以刑事处罚。《刑法》第 350 条对走私制毒物品罪作了规定，2000 年最高人民法院《关于审理毒品案件定罪量刑标准有关问题的解释》第 4 条对此罪规定了定罪了数量标准，即“违反国家规定，非法运输、携带进出境或在境内非法买卖醋酸酐、乙醚、三氯甲烷或者其他用于制造毒品的原料或者配剂达到下列数量标准的，依照刑法第三百五十条第一款的规定定罪处罚：（一）麻黄碱、伪麻黄碱及其盐类和单方制剂五千克以上不满五十千克；麻黄浸膏、麻黄浸膏粉一百千克以上不满一千千克；（二）醋酸酐、三氯甲烷二百千克以上不满二千千克；（三）乙醚四百千克以上不满三千千克；（四）上述原料或者配剂以外其他相当数量的用于制造毒品的原料或者配剂”。走私制毒物品，达到上述数量标准的则构成犯罪。因此，只要行为人实施两次不同的走私活动分别符合法定的定罪标准，则应分别按照走私制毒物品罪和走私货物、物品罪定罪量刑，然后实行两罪并罚。

（4）如果行为人实施两次走私活动，一次走私的是制毒物品，另一次走私的既有制毒物品又有货物、物品的，如何处理。在走私制毒物品构成犯罪的前提下，首先，两种走私行为都符合法定的定罪量刑标准时，对两次走私活动分别定罪量刑：将既有制毒物品又有货物、物品的那次走私按照想象竞合犯的原则处理，按照走私普通货物、物品罪定罪量刑；对只走私制毒物品的那次行为按照走私制毒物品罪定罪量刑。其次，按走私普通货物、物品罪与走私制毒物品罪并罚。

（5）如果行为人实施两次走私活动，一次走私的是普通货物、物品，另一次走私的既有制毒物品又有普通货物、物品的，如何处理。在走私制毒物品构成犯罪的前提下，首先，在两种走私行为都符合法定的定罪量刑标准的条件下，对两次走私活动分别定罪量刑：将既有制毒物品又有毒品的那次走私按照想象竞合犯的原则处理，按照走私普通货物、物品罪定罪量刑；对只走私普通货物、物品的那次行为按照走私普通货物、物品罪定罪量刑。其次，对两次走私普通货物、物品的数量累计计算，按《刑法》第 153 条规定的偷逃应缴税额的数量对应的法定刑幅度量刑。

3. 为制造毒品而走私制毒物品的认定

毒品的生产，有天然获得与化学加工合成两种途径。大多数毒品是利用易制毒化学品经过化学加工合成的。易制毒物品的种类很多，《刑法》第350条列举了司法实践中最常见的醋酸酐、乙醚、三氯甲烷3种。实际上，制造毒品的犯罪分子对制毒物品的需求量非常大，为制造毒品而走私制毒物品的现象在司法实践中是比较常见的，那么，对这种犯罪现象在刑法上如何处理？

《刑法》第347条第1款规定：“走私、贩卖、运输、制造毒品，无论数量多少，都应当追究刑事责任，予以刑事处罚。”第7款规定：“对多次走私、贩卖、运输、制造毒品，未经处理的，毒品数量累计计算。”第357条规定：“本法所称的毒品，是指鸦片、海洛因、甲基苯丙胺（冰毒）、吗啡、大麻、可卡因以及国家规定管制的其他能够使人形成瘾癖的麻醉药品和精神药品。毒品的数量以查证属实的走私、贩卖、运输、制造、非法持有毒品的数量计算，不以纯度折算。”据此，只要制造的毒品是第357条所列的毒品之一，就构成制造毒品罪。对于走私制毒物品罪，就不太一样。尽管《刑法》第350条将走私制毒物品罪设置成行为犯，不要求数量较大才构成犯罪，但2000年最高人民法院《关于审理毒品案件定罪量刑标准有关问题的解释》第4条则规定了构成犯罪的数额标准。所以，如果行为人走私制毒物品的数量达到了上述司法解释规定的标准，行为人就构成了犯罪。此时，为制造毒品而走私制毒物品的行为则构成了两个罪名，即制造毒品罪与走私制毒物品罪，构成牵连犯，依照牵连犯从一重处的原则，应以重罪即制造毒品罪定罪处罚。如果行为人为制造毒品而走私制毒物品，但走私制毒物品的数量没有达到上述定罪量刑的标准，则该行为不成立犯罪，行为人为制造毒品而走私制毒物品的行为则不构成牵连犯，为制造毒品而走私制毒物品的行为只成立制造毒品罪一罪，走私制毒物品的行为则可作为酌定量刑情节予以考虑。根据2009年最高人民法院、最高人民检察院、公安部《关于办理制毒物品犯罪案件适用法律若干问题的意见》的规定，为了制造毒品而采用生产、加工、提炼等方法非法制造易制毒化学品的，根据《刑法》第22条的规定，以制造毒品的预备行为论处。

四、走私制毒物品罪共同犯罪的认定

（一）明知他人制造毒品而为其提供制毒物品的，是否构成共同犯罪

通常情况下走私制毒物品罪的共同犯罪容易认定。而《刑法》第350条第2款规定：“明知他人制造毒品而为其提供前款规定的物品的，以制

造毒品罪的共犯论处。”那么，如何认定行为人的走私制毒物品行为是构成走私制毒物品罪还是制造毒品罪？区分的关键在于行为人的主观方面。因为醋酸酐、乙醚、三氯甲烷或者其他用于制造毒品的原料或者配剂，除了是用化学方法制造毒品不可缺少的物品外，还可以用于制造业和其他工业。行为人如果明知他人非法制造毒品而向其提供制毒物品的，而且该制毒物品是行为人走私入境的，那么行为人的行为不仅构成走私制毒物品罪，其行为还为他人制造毒品提供了便利条件，所以符合共同犯罪的特征：主观上有共同的非法制造毒品的故意，客观上有非法共同制造毒品的行为（只是彼此的分工不同），因此，其行为还构成制造毒品罪。根据第2款的规定，此种情形，对走私制毒物品的行为人按照制造毒品罪的共犯论处，不再单独构成走私制毒物品罪，也不与制造毒品罪实行数罪并罚。如果行为人走私制毒物品后并不是提供给制造毒品者，或者不明知对方是毒品制造者而提供的，都不能与制造毒品者共同构成制造毒品罪，而只能构成走私制毒物品罪。

（二）明知他人为走私而向其提供或者出售制毒物品行为的认定

《刑法》第350条第2款规定：“明知他人制造毒品而为其提供前款规定的物品的，以制造毒品罪的共犯论处。”但对明知他人为走私制毒物品而向其提供制毒物品的如何处理，刑法没有规定。这应区分不同情况具体问题具体分析。

（1）行为人与走私制毒物品者事先通谋，为了他人走私而由行为人向其出售制毒物品。此时，在主观上，行为人与他人有共同走私制毒物品的故意；在客观上，有共同的犯罪行为，共同犯罪行为包括共同预备行为、共同实行行为和部分实施预备行为三种情况。在本问题中，行为人与他人共谋走私制毒物品，行为人出售制毒物品的行为可以理解为是走私制毒物品罪的预备行为，他人的走私行为是走私制毒物品罪的实行行为。因此，行为人明知他人为走私而向其出售制毒物品行为的，行为人以走私制毒物品罪的共犯论处，不管其出售的制毒物品的数量是否达到了最高人民法院司法解释所规定的定罪标准。

（2）行为人与他人事先没有通谋，但行为人明知他人要走私制毒物品而出售制毒物品给他。行为人明知他人要走私制毒物品而向其提供制毒物品，这种情况表明行为人认识到自己在同他人共同犯罪。由于事先没有通谋，所以，他人在收购制毒物品之前是没有认识到行为人和自己在共同犯罪。但是，当他人收购行为人的制毒物品时，彼此之间形成了走私制毒物品的共同故意，不再是单方、片面的犯罪故意，所以，他们之间不成立片面共犯，而是属于事中通谋的共同犯罪，刑法理论上通常称为“事前无通谋的共同犯罪”。因此，此种情况应以走私制毒物品罪的共犯论处。

第四章　扰乱公共秩序罪的理论与实务

第一节　妨害公务罪

一、妨害公务罪的概念和犯罪构成

在组织他人偷越国（边）境的过程中，行为人以暴力、威胁方法抗拒边防、海防、海警、海关等依法执行检查任务的人员进行检查的，是否构成妨害公务罪？行为人如果在组织他人偷越国（边）境的过程中对边防、海防、海警、海关等依法执行检查任务的人员有杀害、伤害等犯罪行为的，是否只构成故意杀人罪、故意伤害罪等罪？行为人在运送他人偷越国（边）境的过程中，以暴力、威胁方法抗拒边防、海防、海警、海关等依法执行检查任务的人员进行检查的，是否构成妨害公务罪？行为人如果在运送他人偷越国（边）境的过程中对边防、海防、海警、海关等依法执行检查任务的人员有杀害、伤害等犯罪行为的，是否要数罪并罚？行为人在走私、贩卖、运输毒品犯罪过程中，以暴力抗拒检查、拘留、逮捕，情节严重的，是否也构成妨害公务罪？

妨害公务罪，是指以暴力、威胁方法阻碍国家机关工作人员依法执行职务或者以暴力、威胁方法阻碍人大代表依法执行代表职务或者在自然灾害和突发事件中以暴力、威胁方法阻碍红十字会的工作人员依法履行职责的行为；或者故意阻碍国家机关、公安机关工作人员依法执行国家安全工作任务，虽未使用暴力、威胁方法但造成严重后果的行为。本罪具有如下构成特征：

本罪侵犯的客体是国家机关、人民代表、红十字会等正常的公务活动。由于《刑法》第277条归属于刑法分则第六章“妨害社会管理秩序罪”的第一节“扰乱公共秩序罪”，因此，该罪的犯罪客体应归属于“公共秩序”的范畴，但公共秩序是该节犯罪的同类客体，而不是第277条的直接客体。“妨害公务罪”的犯罪客体是简单客体还是复杂客体不可一概而论，由于第277条的前3款都使用了“以暴力、威胁方法”的表述，因此该3款罪的犯罪客体是复杂客体，其中主要客体是公务（但具体内容不同），次要客体是公务人员的人身权利；而第4款由于“未使用暴力、威胁方法”，其犯罪客体是单一客体，即公务（国家安全工作任务）。对于“妨害公务”的性质问题，根据立法模式的不同，国外刑法有不同观点。在单一模式下有：①“单纯妨害公务说”，为日本刑法采行。②“反抗国家权力说”，德国刑法属之。③“反抗国家作用说”，加拿大刑法属之。在复杂模式下有：①“妨害国权说”，我国台湾地区“刑法”属之。②“危害国家权威说”，法国刑法属之。③“反抗国家政权说”，俄罗斯刑法属之。④“侵犯公共管理说”，意大利刑法属之。[1] 我国刑法的“妨害公务罪”属于复杂立法模式，归属于“扰乱公共秩序犯罪”，因而从性质上看与意大利刑法的“侵犯公共管理说”最接近。只是从执行公务来看，它总是以主体享有一定的职权（职责）为前提，国家赋予这种职权是以实现国家职能作用为目的，因此，“妨害公务罪”的实质主要是侵犯国家职能、作用的犯罪，但又兼具侵犯社会利益的性质。正是在这个意义上，该罪属于侵犯国家法益的犯罪，而不是侵犯社会法益的犯罪。采用这样一种立法模式（即不严格按照法益进行犯罪分类），是有其深刻的社会背景的。由于我国《刑法》第277条采取的是复杂立法模式，这种模式分类具体、概括全面，因此在司法操作中能根据妨害公务的不同类型对行为人准确定罪，从而有利于保护个人法益，有助于刑法人权保障机能的实现。

所谓“公务”，是指国家机关工作人员和人大代表依法执行职务的活动，红十字会工作人员依法履行职责的活动，以及国家安全机关和公安机关工作人员依法执行国家安全任务的活动。本罪的犯罪对象既不是国家机关工作人员或者人大代表、红十字会工作人员的人身，也不是国家机关、红十字会工作人员依法履行职责所使用的财产设施，而是依法进行的公务活动。本罪的行为对象是正在依法执行职务、履行职责的上述4类工作人员。对于国家机关工作人员，根据《刑法》第93条第1款的规定认定。根据最高人民检察院所作的有关批复，对于以暴力、威胁方法阻碍国有事业单位人员依照法律、行政法规的规定执行行政执法职务的，或者以暴

---

[1] 钊作俊．妨害公务罪比较研究［G］//高铭瑄，赵秉志·刑法论丛（第8卷）．北京：法律出版社，2004：367－371.

力、威胁方法阻碍国家机关中受委托从事行政执法活动的事业编制人员执行行政执法职务的，可以对侵害人以妨害公务罪追究刑事责任。而依法执行职务、履行职责是指该行为不仅内容上合法而且形式上合法，不仅实体上合法而且程序上合法。如果上述人员超越职权范围的活动，或者滥用职权、以权谋私、侵犯国家和群众利益的活动，则不是正常的公务活动，对其进行阻止不能认为成立本罪。如果行为人阻碍军事机关的军人执行职务的，不成立本罪，而成立阻碍军人执行职务罪。

本罪在客观方面，表现为行为人以暴力、威胁的方法阻碍国家机关工作人员依法执行职务或者以暴力、威胁方法阻碍人大代表依法执行代表职务；或者在自然灾害和突发事件中以暴力、威胁方法阻碍红十字会的工作人员依法履行职责的行为；或者故意阻碍国家机关、公安机关工作人员依法执行国家安全工作任务，虽未使用暴力、威胁方法，但造成严重后果的行为。

首先，妨害公务行为，除故意阻碍国家安全机关、公安机关依法执行国家安全工作任务以外，必须是采用暴力、威胁的方法实施。此处的“暴力”，一般是指对侵犯对象的身体实行打击或进行其他人身强制，如捆绑、拘禁、殴打等，但也并非仅限于此。即使暴行不是直接针对本罪对象的人身，而是针对其办公处所或设施实施的，也属于成立本罪所要求的暴力手段。另外，行为人采用以施行催眠术、用药麻醉、用酒灌醉等无形力的方法妨害公务的，也应认定为“以暴力方法”。[1] 暴力行为的基本特征有：行为的强暴性、行为的现实损害性、行为的当场实施性。此处的“威胁”，是指以加害本罪对象或其亲属的人身、破坏其名誉或毁损其财产相恐吓，从而迫使本罪对象不能执行职务或者履行职责。威胁具有以下基本特征：精神强制性、行为的多样性、行为的未然性和可能性、威胁内容实现的时间不特定性。[2]

其次，行为对依法执行职务、履行职责、工作任务的阻碍，既可以表现为迫使本罪对象不能或不敢实施其正常的公务活动，也可以表现为强迫其违背职责，实施依法不应当实施的行为，如迫使公安人员无法制止犯罪行为，又如迫使公安人员放走被抓获的卖淫嫖娼人员。

最后，行为发生的场合是上述人员正在依法执行职务、工作任务或者

---

[1] 赵秉志．扰乱公共秩序罪［M］．北京：中国人民公安大学出版社，1999：45－46．

[2] 张利姚．析妨害公务罪的暴力、威胁手段［J］法学，2004（10）：120．

履行职责期间，特别是当行为对象是红十字会工作人员时，必须是发生在自然灾害或突发事件时。如果行为人在此之前对上述人员实施暴力、威胁或在此之后进行报复的，不能以本罪论，而应当根据具体的情况处理。

在采用暴力、威胁方法阻碍国家机关工作人员和人大代表依法执行职务的活动，或红十字会工作人员依法履行职责的活动时，本罪属于行为犯；在未使用暴力、威胁方法阻碍国家机关、公安机关工作人员依法执行国家安全工作任务时，本罪属于结果犯，即本罪的成立要求有严重后果。

本罪的主体是一般主体，即已年满 16 周岁并具有刑事责任能力的自然人。单位不能成为本罪的主体。如果单位为了本单位的利益，组织人员以暴力、威胁的方法妨害国家机关工作人员依法执行公务，则对单位的主管人员和其他直接责任人以及妨害公务的积极参与者以妨害公务罪论处。

本罪在主观方面是故意，即行为人明知前述 4 种人员正在依法执行任务或履行职责而有意对其实施暴力、威胁予以阻碍，使之不能或不敢正常执行职务或者履行职责，或者明知对方正在依法执行国家安全工作任务，而有意进行阻碍。“明知”包含两层意思：①行为人必须明知自己阻碍的是前述 4 种人员；②行为人必须明知前述人员正在依法履行职务或职责。应当注意“明知”不是“确知”，并不要求行为人确定无疑地认识到上述两点，只要认识到有可能是前述 4 种人员是正在依法执行职务或履行职责即符合本罪主观要件的要求。

二、妨害公务罪犯罪构成要件的理解

（一）“暴力、威胁”的程度

关于暴力、胁迫的程度，存在两个问题。一是暴力、胁迫应达何种程度始成立犯罪。一种观点认为，本罪基本上属于行为犯，即只要行为人一经实施阻碍国家机关工作人员依法执行职务的行为就构成犯罪。至于执行职务的行为是否因此而停止或改变，影响本罪的构成，这是量刑时考虑的情节。[1] 另一种观点认为，实施暴力胁迫行为构成犯罪，以“对执行公务有所妨害为已足”，“并不以现实妨害公务员执行职务为必要”，[2] 即将本罪理解为刑法理论中的抽象危险犯。此外，还有一种具体的危险犯说则认

---

[1] 贾宇，游伟．中国刑法［M］．北京中国政法大学出版社，1997：494．

[2] 鲜铁可，周玉华．论妨害公务罪［J］．中国法学，1998（6）．

为，只有具有造成执行职务困难的现实可能性，才成立本罪。❶ 笔者认为，如果要求有阻碍公务执行的具体危险才构成犯罪，就会放纵犯罪分子肆无忌惮地干扰公务，明显不利于保护公务的执行。所以从保护公务的角度来看，将妨害公务罪视为具体危险犯是不可取的。但是，这并不是说所有的以暴力胁迫手段实施的妨害公务行为都能构成本罪，例如一般的对公务人员的推搡行为，由于连妨害公务的抽象危险都没有，是不宜作犯罪论处的。因此，笔者主张将本罪作为抽象危险犯看待，即构成本罪的暴力胁迫行为，虽不以造成公务不能执行的现实结果为必要，但至少要有阻碍公务人员依法执行职务、履行职责之虞。如果公务人员自身都丝毫不介意，就不应以犯罪论处。这也符合《刑法》总则第 13 条但书的立法精神。❷ 另一个值得探讨的问题是，暴力是否存在强度的限制，也就是说这里的暴力应该限制在什么范围之内。通说认为，本罪的暴力、威胁方法有程度的限制，即行为人采用的暴力方法以造成被害人轻伤为其上限，如果故意造成重伤或死亡结果的，笔者认为，应当属于妨害公务罪与故意伤害罪、故意杀人罪的想象竞合犯，按照“择一重处断”的原则，应以故意伤害罪或故意杀人罪论处。如果过失致人死亡的，则应当按照过失致人死亡罪论处。正如有学者所说的，“广义的暴力，即非法实施有形物理力的所有类型（包括威胁使用暴力）。其暴力的对象，既可以是人，也可以是物；可以是针对被害人本人，也可以是针对在场的其他人，暴力的内容，可包括从一般的殴打、轻微伤害到最严重的故意杀人、故意伤害。例如，武装叛乱、暴乱罪、抗税罪、妨害公务罪、妨害作证罪等犯罪中的暴力和胁迫，就属于广义的暴力。这种最广义的暴力，不以达到直接抑制被害人的反抗的程度为判断的标准。虽然这类犯罪的暴力可以包括所有非法实行的有形物理力，然而，在认定犯罪性质上根据刑法的规定则有不同的要求。具体说，①有些犯罪可以包括最严重的暴力，如刑法的武装叛乱、暴乱罪，可以包括诸如故意杀人、故意伤害、抢劫、强奸等暴力犯罪行为，换言之，该种犯罪暴力本身就是以故意杀人、故意伤害、抢劫、强奸等不特定的暴力犯罪行为为内容的。②如果行为人实行的是超出该种犯罪所能包含的暴力，如在抗税、妨害公务中实施了杀人、重伤害的，则不再构成该种犯

---

❶ 张明楷．外国刑法纲要［M］．北京：清华大学出版社，1999：753．

❷ 杨彩霞．妨害公务罪客观方面若干疑难问题探讨［J］．山西警官高等专科学校学报，2002（3）．

罪，而应以相应的犯罪论处。”❶

2009 年 11 月，成都市发生一起恶性拆迁事件，房屋女主人唐某珍以死相威胁，未能阻止政府组织的破拆队伍，最后“自焚”于楼顶天台，抢救无效死亡。唐某珍的数名亲人或受伤入院或被刑拘，地方政府将该事件定性为暴力抗法，公安机关对涉案人员采取刑事拘留、监视居住等措施。此案引发广泛争议，其争议点主要有二：一为唐某珍及其家人的行为是否是暴力抗法；二为政府的拆迁行为是否合法。这里仅讨论第一个问题。

本案中，死者唐某珍以自杀相威胁，以图阻挠拆迁人员实施拆迁的行为。那么，以自杀、自残、自焚极端行为相威胁对依法执行公务的行为进行妨害是否构成本罪，是否妨害公务罪中的“威胁”?

第一种主张行为人不构成本罪。如果从国家本位主义的思想出发，国家工作人员在执行公务之时，行为人以自杀相威胁，使公务员产生心理上的压力，为了保障行为人（相对人）的生命安全，国家公务人员便会停止或变更执行公务，从而使国家的合法利益受损，侵害国家的正常管理活动。此外，行为人实施自杀行为时主观上具有罪过，明知自己的自杀行为会阻碍国家公务人员对公务的履行，积极地以自杀方式相威胁，追求这种结果的发生。因而，行为人以自杀相威胁的是妨害公务罪的威胁，此种行为应视为妨害公务罪。如果从强调国民个人基本人权的保护的角度出发，认为以自杀相威胁并不具有阻碍国家工作人员执行公务的现实性与紧迫性。公务人员在这种情况下，仍然可以根据公务的要求执行公务。看这种自杀是否是戏言性称谓，并考虑行为人的具体行为样态，加以阻止。这种“威胁”并不是刑法中的威胁，如果认定为本罪的威胁，于公务员执行公务时自杀将会被认定为妨害公务罪。这样会扩大刑罚的处罚范围。基于国民基本人权的保护思想，以自杀相威胁的，不能认定为妨害公务罪中的“威胁”，对这种行为不能以犯罪论处。因此，有学者认为，以自杀相威胁，不能认定为妨害公务罪的威胁。首先从我国刑法立法情况来看，并未规定以“自杀相威胁”为犯罪行为。如果将其认定为本罪的客观方面，就必然与我国刑法确定的罪刑法定原则相悖；其次威胁应是以损害公务人员之利益的恶害相告，不是损害行为人自己的利益相告；再次无论是现行的司法解释或者学理解释都普遍认为威胁是针对公务人员相关利益的损害相告，不包括以自杀相威胁；最后从我国刑法的目的、任务与原则来看，我

❶ 林亚刚．暴力犯罪的内涵和外延［J］．现代法学，2001（6）．

国刑法坚持三大基本原则，并认为犯罪是严重危害社会，具有刑事违法性的并应受刑罚处罚性的行为，而以自杀相威胁的不具有这些条件。因此，在一般情况下该行为无罪。[1]

第二种观点认为行为人构成本罪。有学者认为，分析行为人以自残、自杀相威胁时，应充分考虑到现实情况。比如要看行为人的威胁行为是戏言性称谓，还是决绝的、认真的。不同行为人的具体行为样态是区别对待以自残、自杀相威胁妨害公务行为的着眼点。当行为人在特定场合将自身浇满汽油以即将点燃威胁公务人员，那么其意图就是给公务人员造成心理恐慌，对其施加强大的精神压力。在正常情况下，以一般人的认知看，这种行为产生的消极作用无疑能影响公务人员正常执行公务，因此应该将其纳入到行为对象中，按照妨害公务罪论处。如果行为人只是以扬言要自杀、静坐相威胁而公务人员又完全可以制止其行为并且不会影响到公务的执行时，就不构成犯罪。有学者还给出了以下理由：①威胁的目标是工作人员无疑，威力或武力指向的却可有所不同。笔者以为此威力、武力或权势既可针对别人也可针对自己。持否定观点的学者认为从威胁的字面意思来看，其所针对的对象就是除自己以外的他人。这种看法是由于生活中使用威胁时大多是针对他人，但这并不意味着不存在以自己威胁别人的情况。在方法上是使用武力或威力，在结果上是迫使国家机关工作人员放弃执行职务或不正确执行职务，不可只片面强调针对的对象不同而否认二者的内在联系。②否定观点认为威胁是将他人的人身、财产、隐私等利益置于危险中迫使其放弃正确行为，也只有这种以加害相要挟才足以使他人受到精神强制，而自杀、自伤等不足以使他人受到精神强制，最多可算是恻隐之心，引发的是道德上的不安而非利益上的担忧。笔者以为这种观点在过去管理型政府的背景下是可以说得通的，然而随着我国从管理型政府向服务型政府转变，此观点已无立足之地。行为人以自杀相要挟，并非丝毫未威胁到工作人员。试想，如果在执法过程中行为人以自杀相威胁，工作人员面对人民的生命健康受到损害而不管不顾，一旦造成了严重后果，在网络媒体如此发达的今天，定会被推到风口浪尖，轻则被网友扣上一顶不顾人民死活，眼中只有国家利益的帽子，重则可能丢掉饭碗。因此，工作人员所受到的威胁并非所谓的恻隐之心。③有观点认为自杀、自伤等行为

---

[1] 徐玮，熊莹．从成都前拆自焚案谈妨害公务罪［J］．企业导报，2011（1）下：167. 董邦俊·论妨害公务罪中的“威胁”行为——兼评《北京市信访条例（修订草案）》中“以自杀相威胁”之规定［J］犯罪研究，2008（1）.

本身就是工作人员应当予以处理的情形，如在执行职务中遇到相对人要自杀，妥善地制止或劝阻即可，工作人员并不会因此产生畏惧而放弃公务的执行。笔者以为这是将“在执法过程中行为人以自杀相要挟要求执法人员放弃执行或以行为人意思执行”的一件完整的事件人为地分割开来成为两件貌似无任何关联的事情，是错误的。不能忽视行为人自杀与执行公务之间的关联，否则不利于认清事情的本质，把本是妨害公务的行为定义成一件“想不开欲寻死”的荒唐结论。

笔者认为，刑法理念和价值观的不同，势必会对这个问题作出不同的回答。一般而言，对于在社会生活中较常见的土地征用和房屋拆迁活动中，行政执法的相对人是处于与国家公权力相对抗的弱势的一端，不到万不得已也不会采取极端的自杀方式来表明不满态度或捍卫自身权利，此时不存在现实性与紧迫性去认定自杀行为阻碍公务的执行；又如国家安全机关在执行事关国家利益的安全任务等涉及公共安全利益时碰到此种情形，就不能简单地从基于保护国民个人的基本人权出发而将这种行为出罪。而且现实中确实存在少数的相对人利用这一情形，动辄便以自杀、自残相威胁，为了保护生命安全每次都放弃执行，确也切实影响到公务执行的效率和行政行为的严肃性、权威性，对正常的社会管理秩序造成了很坏的影响。笔者认为，对每个现实中具体行为的样态，能否借用比例原则来应对，通过考虑、权衡国家与公民法益的重要性以及视公务情势的紧迫性来解决这个难题。可国家、公民的各种具体法益是否能进行准确比较，紧急行政的标准又如何界定，且对法律适用的稳定性和司法实践操作会不会造成混乱，这些问题的解决，还需要理论与实践的共同努力。

（二）“国家机关工作人员”“公务”的范围

妨害公务罪的犯罪对象为正在执行公务的国家机关工作人员、全国人民代表大会和地方各级人民代表大会代表以及红十字会工作人员。下面对国家机关工作人员作为本罪对象所涉及的几个问题进行分析。

1. 国家机关工作人员、公务的范围

根据我国《刑法》第 93 条规定，国家机关工作人员与国家工作人员的内涵和外延不同。国家工作人员，是指在国家机关中从事公务的人员，在国有公司、企业、事业单位、人民团体中从事公务的人员和国家机关、国有公司、企业、事业单位委派到非国有公司、企业、事业单位、社会团体从事公务的人员，以及其他依照法律从事公务的人员，以国家工作人员论。而国家机关工作人员仅仅指在国家机关中从事公务的那部分国家工作人员。根据我国《宪法》规定，我国的国家机关包括各级人民代表大会及其常务委员会、国务院和地方各级人民政府以及它们所属的各级行政机关、人民法院、人民检察院、国家主席、国家中央军事委员会，除此之外，其他社会组织都不是法定的国家机关，因而，这些社会组织的工作人员亦非法定的国家机关工作人员。因此，行为人以暴力、威胁的方法阻碍国有公司、企业、事业单位、人民团体中的国家工作人员履行其职责的，一般不能按照本罪论处。比如，以暴力阻碍国有公司的领导对本公司进行管理，以暴力方法阻碍某大学老师对学生进行管理等，都不构成本罪。但近年来，在司法实践中遇到一些新情况：

（1）法律授权规定某些非国家机关的组织，在某些领域行使国家行政管理职权。如根据证券法的规定，证券业和银行业、信托业、保险业实行分业经营、分业管理。证券公司与银行、信托、保险业务机构分别设立。国务院证券监督管理机构依法对全国证券市场实行集中统一监督管理。保险法也作了修改，规定国务院保险监督管理机构负责对保险业实施监督管理，而这些权力过去法律规定是由中国人民银行行使的。

（2）在机构改革中，有的地方将原来的一些国家机关调整为事业单位，但仍然保留其行使某些行政管理的职能。比如，中国气象局、中国地震局、中国科学院等单位都属于国务院直属事业单位，我国法律、法规明确规定了它们在相关行业的行政管理职权，因而这些单位在行使管理职权时就具有行政机关的性质，相应地，在这些单位行使行政管理职权时从事公务的人员，应视为国家机关工作人员。

（3）有些国家机关将自己行使的职权依法委托给一些组织行使。

（4）实践中有的国家机关根据工作需要聘用了一部分国家机关以外的人员从事公务。例如，在基层公安派出所中普遍设立“治安联防队”，其队员不具有国家机关工作人员的身份，但他们却受派出所的委托从事社会治安等公务活动。

上述这些人员虽然在形式上未列入国家机关编制，但实际是在国家机关中工作或者行使国家机关工作人员的权力。行为人对上述这些正在依法执行公务中的人员使用暴力、威胁方法进行阻碍，是否应当按照本罪论处？

而且，目前实践中“两块牌子、一套人马”的现象比较普遍。如烟草专卖局（公司）、粮食局（公司）等部门的工作人员，他们既作为国家机关工作人员从事政府对国家特殊行业的行政管理活动，又作为企业经营者从事生产经营活动。对于这些双重身份的人在从事政府对国家特殊行业的行政管理活动时，也应视为国家机关工作人员。

笔者认为，从立法的实然性看，根据现行立法和罪刑法定原则，在立法机关、司法机关尚未对本罪的犯罪对象作出有权解释之前，在司法实践中，应严格按照我国《刑法》第277条的规定，将本罪的对象限定在国家机关工作人员、各级人大代表和红十字会工作人员之中。但从立法的应然性看，上述第（3）、第（4）类人员具有从事管理社会事务活动的法定资格，只是不具有国家机关工作人员的身份，如果不对他们依法执行职务的行为加以刑法保护，不利于维护国家对社会的正常管理秩序。对此应由全国人民代表大会常务委员会作出扩大的立法解释，将其列为妨害公务罪的犯罪对象。[1]

本罪的犯罪对象是否应包括中国共产党的各级机关、中国人民政治协商会议的各级机关中从事公务的人员？对此，有学者认为，从现实出发，应当将中国共产党的各级机关、中国人民政治协商会议的各级机关中从事公务的人员包括在本罪的对象内。[2] 对此，笔者也持肯定看法。其理由如下：中国人民政治协商会议，尤其是中国共产党在我国的国家管理中拥有公共权力，承担着广泛的社会管理职责。我国是中国共产党领导下的社会主义国家，中国共产党是国家的领导核心，各级党组织在社会生活中发挥着至为重要的作用。尽管我国的政治体制改革目标是党政分开，但是目前党政不分、以党代政的情况仍然存在，在现实生活中，党的各级机关实际上拥有很大的公共权力，其对社会管理的范围相当广泛，这是中国共产党执政的特殊地位决定的，也是我国的客观情况。对于党的各级组织在行使公共管理权力对社会进行管理时，当然应当以刑法作为后盾保障管理活动得以正常进行，对于正在依法执行公务的党的各级机关工作人员使用暴力、威胁方法进行阻碍，也应当按照本罪论处。

另外，国家机关工作人员的亲友可否成为本罪的对象？据我国《刑法》第277条规定，本罪的犯罪对象包括国家机关工作人员、全国人民代表大会和地方各级人民代表大会代表、红十字会工作人员及国家安全机关、公安机关工作人员。但上述4类工作人员的家属和亲友可否成为本罪对象也是有争议的。对此，我国刑法学界多数人认为，作为妨害公务罪对

---

[1] 全国人民代表大会常务委员会对渎职罪主体的立法解释方法值得参考。

[2] 张明楷．刑法学(下)［M]．北京：法律出版社，1997：796.

象的国家机关工作人员本人和亲友是不同的，因为后者不从事公务活动，因此不能成为本罪的对象，如单纯对他们实施侵害行为，不构成妨害公务罪。❶ 有的学者指出，上述 4 种人员的亲友与其本人无论在人身上，还是行为上都是独立的。对亲友的侵害虽然也会影响到本人的情绪和行为，但不能把侵害其亲友的行为作为妨害公务罪论处。❷ 但是也有论著指出，妨害公务罪的对象必须是国家机关工作人员等 4 种人员，或者是他们的家属和亲友。❸ 通过对比，结合我国刑事立法，笔者赞同“不构成妨害公务罪”之说，主要理由有以下几点：首先，现行刑法规定罪刑法定原则，这一原则的精神是“法无明文规定不为罪，法无明文规定不处罚”。因此，对妨害公务罪的犯罪对象范围的确定必须坚持这一原则。依据我国《刑法》第 277 条之规定，本罪之对象仅限于 4 种国家机关工作人员，而不包括他们的亲属和亲友。如果将国家机关工作人员的亲友列为本罪犯罪对象，显然违背罪刑法定原则。其次，犯罪对象是犯罪分子在犯罪过程中施加影响的，并通过这种影响使某种客体遭受侵犯的具体的人或物。妨害公务罪的妨害行为是通过直接对国家工作人员施加影响体现对国家正常管理活动的侵害。尽管国家机关工作人员的亲友与国家机关工作人员关系亲密，但是这些人员的活动与国家机关工作人员应执行的公务没有直接关系。虽然对这些人施加影响会使国家工作人员的情绪、精神产生负面影响，但并不能直接影响到国家的正常管理活动。这种侵害是间接的侵害，而不是直接的侵害；这种侵害是形式上的侵害而不是实质的侵害。因此，笔者认为，将国家机关工作人员的亲友作为本罪的犯罪对象显然是不合理的。此外，一个值得思考的问题是，如果行为人以杀害、伤害国家工作人员的亲友相威胁为手段，阻碍国家工作人员履行职务的。此时，这种行为显然是威胁的手段，构成妨害公务罪。但本罪中国家工作人员的亲友是否是犯罪对象呢？笔者认为这是不可能的。妨害公务罪的客观方面是采用暴力、威胁为手段，对国家工作人员以杀害、伤害其亲友相威胁，正好是本罪客观方面“威胁”的一种方式，其目的仍是妨害国家工作人员履行公务，侵害了国家的正常管理活动。所以国家工作人员的亲友可以成为杀人罪、伤害罪的犯罪对象，但不能成为妨害公务罪的犯罪对象。此外，我国刑法属于国内

---

❶ 高铭暄，王作富．新中国刑法理论与实践［M］．石家庄：河北人民出版社，1986：640 - 641．赵秉志．新刑法教程［M］．北京：中国人民大学出版社，1997：667．

❷ 赵廷光．中国刑法原理（各论卷）［M］．武汉：武汉大学出版社，1992：64．

❸ 方令．认定妨害公务罪的几个问题［J］政治与法律，1983（6）．

法，对于外国国家机关工作人员和红十字会工作人员的妨害不构成本罪。当然，在有些外国人应我国聘请担任我国某机关或红十字会的一定职务，代表我国从事一定的管理活动时，则应视为我国国家机关工作人员或红十字会工作人员。❶

至于公务及其范围，可作下列理解。公务，也有称为职务的。何谓公务或职务，一般认为，由公务员或公职人员依法执行的国家与地方公共团体的事务即为公务。但妨害公务罪中的公务，是仅限于权力性与管理性的职务，还是包括业务性的公务，西方学界存在不同认识。一种观点认为，由于刑法规定了妨害业务罪，那么妨害业务的行为就不构成妨害公务罪。妨害公务罪中的职务只能是权力性与管理性的职务，而不包括业务性的公务。况且，业务性的公务，与民间的业务并没有质的区别。例如，公立大学的教师讲课属于业务性的公务，但它与私立大学的教师讲课没有质的区别。另一种观点则认为，即使是非权力性、非管理性的业务上的公务，只要它具有公共性质，刑法就要保障它正常、顺利、公正地执行，故业务性的公务也应是妨害公务罪的保护法益。这在西方成为一种通说。❷ 对此，笔者认为，研究和界定妨害公务罪中的“公务”，不可脱离各国刑法的规定，如果按照一些国家的规定，“公务”或许可以包括非权力性、非管理性的业务上的事务，如未对“公务”进行具体分类的日本刑法，即可对之进行扩张性阐释。我国刑法虽未分类，但根据第 277 条的规定，只有国家机关工作人员的职务行为才可以成为本罪中的公务行为。国家机关工作人员的职务行为当然属于权力性、管理性的公务行为；人大代表受其所代表的机关是权力机关的性质所决定，其依法执行的代表职务也属于权力性、管理性的公务行为；红十字会工作人员虽然不属于国家机关工作人员，但其在自然灾害和突发事件中的行为属于救死扶伤的职责，既然是一种职责，那么，这种职责是一种义务，也是一种权利，还是一种权力。因此，这种行为虽非国家机关工作人员所为，但又系其职责所必需，其行为也因此属于权力性、管理性的公务。就此而言，所谓公务，当指公务人员、公职人员或者受委托从事公务的人员所实施的具有权力性与管理性的职务，非权力性、非管理性的纯粹业务性、事务性的职务，自不属“公务”之范围。❸

---

❶ 董邦俊，梁远．妨害公务罪的犯罪对象研究［J］．江西公安专科学校学报，2002（70）．

❷ 张明楷．外国刑法纲要［M］．北京：清华大学出版社，1999：749．

❸ 钊作俊．论妨害公务罪的行为客体［J］．河南师范大学学报：哲学社会科学版，2003（3）．

2. 必须是正在执行职务的国家机关工作人员

如果国家机关工作人员不是在执行职务，而是在做别的事情，对他进行妨害，不能定妨害公务罪。在理论上这已是通说。[1] 那么，如何判断国家机关工作人员正在执行职务？对此，有的学者认为应当从以下几个方面进行判断：①时间要素。公务人员在上班时间实施的行为，通常认为是执行公务的行为，在下班后实施的行为则视为非执行公务的行为。②名义要素。公务人员的行为是以其所属的行政主体之名义作出的，视为执行公务的行为；以个人名义作出的，则视为非执行公务的行为。③公益要素。公务人员的行为涉及公共利益的，同公共事务有关的，通常视为执行公务的行为；不涉及公共利益而仅仅涉及个人利益的，则视为非执行公务的行为。④职责要素。公务人员的行为属于其职责范围内的，应认为是执行公务的行为，而不属于其职责范围内的，被认为是非执行公务的行为。⑤命令要素。公务人员的行为是根据其主管领导的命令、指示或委托实施的，视为执行公务的行为，无命令或委托的视为非执行公务的行为。⑥公务标志要素。公务人员在执行公务时佩带或出示能表明其身份的公务标志的，一般被认为是公务行为，反之则属于非执行公务行为。上述6项要素，组合构成确认公务行为的标准。[2] 笔者认为，上述观点值得借鉴，但是在具体认定国家机关工作人员某一行为是否是执行职务的行为时，要注意综合考虑这些相关要素，但不能机械。例如上述的时间要素，就不能绝对地认为只有在上班的时间内实施的行为才是公务行为，其他时间内实施的行为一律不能视为职务行为。比如，某公安人员在下班途中或者上班途中发现有扰乱社会治安的行为而前去阻止，应视其为执行公务的行为。该执行公务的行为，主要应以公益、职责要素来确定。[3]

对于执行公务的国家机关工作人员进行事后的报复，不应当按照本罪论，构成其他罪的，可以按照其他犯罪处理。但是，如果国家机关工作人员执行职务完毕，但尚未离开执行现场的受到暴力侵袭的，如何认定，值得研究。笔者认为，对于上述情况应当具体分析，不应一概认为构成本罪或者不构成本罪。具体而言，应当从主客观两方面进行考察，如果行为人实施暴力侵袭国家机关工作人员的目的在于阻止国家机关工作人员进一步完成职务行为，而且客观上也使得执行职务行为所产生的结果重又恢复到

---

[1] 王作富．中国刑法研究［M］．北京：中国人民大学出版社，1995：645.

[2] 郁忠明．论公务人员的若干问题［J］．中南政法学院学报，1993（4）.

[3] 陈兴良，等．案例刑法教程［M］．北京：中国政法大学出版社，1994：402.

执行前的状态，这种情况应当按照本罪论处。

（三）“依法执行职务”的认定

1. 如何界定合法职务行为

何种行为属于依法执行职务的行为，或者说，具备什么样条件的行为才属于合法职务行为？理论上一般认为合法职务行为要求国家机关工作人员的职务行为不仅实体上合法，而且程序上也应当合法。[1] 笔者认为，具备以下条件的职务行为属于合法的职务行为：

（1）行为的主体合法。比如，行政执法行为的主体必须是依法成立的行政机关，而且实施具体行政行为的人员也必须合法，即实施行政行为的人员必须是在行政机关具有法定职务、法定的资格，并能代表行政机关对外行使职权的工作人员。

（2）职务行为应当符合主体的权限范围，必须在法定的职权范围内实施职务行为，所处理的事项在性质上、地域上、时间上符合其管辖的范围。

（3）职务行为的内容和目的应当合法，即职务行为所涉及的权利、义务，以及对这些权利、义务的影响或处理，均应符合法律、法规的规定和社会公共利益，如果职务行为的内容违反法律的规定和要求，或者职务行为（尤其是行政行为）明显违背法律的目的或公共利益，均应属于不合法行为。

（4）职务行为应当符合法定程序。例如我国刑事诉讼法规定：“进行搜查，必须向被搜查人出示搜查证。”这样，被搜查人要考察搜查行为是否合法，就可以而且应该在受搜查之前首先看其是否持有搜查证。一般说来，持有搜查证的搜查便是合法的，被搜查人就应服从。否则，便是非法搜查，被搜查人可以拒绝接受。

只有上述4个条件同时具备，才能认为该职务行为是合法行为。尤其是上述第二个条件，由于我国机构改革不断深入，国家机构的职能不断进行调整，某一项职权在机构改革前属于此部门，改革后就可能划归其他部门，对于应特别注意。

2. 以什么为标准判断职务行为的合法性

这包括两个方面的问题，第一，由谁来判断公务行为的合法性？对此，刑法理论上存在三种学说：客观说认为，应当由法院通过对法律、法

---

[1] 张明楷．刑法学（下）［M］．北京：法律出版社，2006：796.

规进行解释，作出客观判断。主观说认为，应当根据该国家机关工作人员是否确信自己的行为合法进行判断，如果该国家机关工作人员确信自己的行为合法，则是依法执行职务。折中说认为，应当以社会一般人的见解作为判断合法性的标准。我国有的学者认为，如果采取主观说，合法性便没有标准可言；如果采取折中说，也难以得出正确结论；只有采取客观说才是合适的。在采取客观说的情况下，职务行为是否合法应以实施职务行为时为基准进行判断，即以行为时的具体状况为基础进行客观判断，而不能在事后裁判时为基准进行纯客观的判断。[❶] 笔者认为上述看法是适当的。第二，在客观说的立场上，应以什么时间点为判断公务行为合法与否的基准？对此，有行为时说（缓和的客观说）和裁判时说（纯粹的客观说）的对立。两种观点的对立实质就是妨害公务罪是要保护行为时合法的公务还是保护行为后从客观的立场看合法的公务的对立。实务中经常讨论的典型情况是：警察在执行逮捕时符合刑事诉讼法上的条件，但事后发现抓错了人。裁判时说的主要理由是：虽然逮捕时程序上合法，但最终是抓错了人，从整体法秩序来看终究是违法的；而且，对被逮捕者而言，不能期待其不反抗；采用裁判时说有利于维护法律的公正，有利于维护公民的人权。行为时说的主要观点是：刑法设立本罪的目的是为了保护公务，而公务行为是否合法当然应以实施时为基准进行判断。笔者认为，裁判时说确实有其合理性，但是，从法秩序统一的观点来看，不能认为在诉讼法领域合法的行为在刑法领域被评价为违法，这违反了刑法的“补充性”原理，而且会导致公务行为处于极其不稳定的状态，同样会使人权保障与秩序维持两种法治价值失去平衡。因此，笔者认为采行为时说更合理。[❷]

3. 如何处理伤害后果

对违法执行公务的人员实施伤害，造成的后果如何处理。笔者认为应当分清责任分别处理，即对国家机关工作人员违法执行公务的行为，应当按照有关的法律、法规进行处理，违法执行公务行为给他人人身财产造成损害的，应当承当相应的民事责任、行政责任；行为人对违法执行公务的人员实施伤害，并造成后果的，显然不能按照妨害公务罪论处，构成正当防卫的，按照正当防卫处理，造成重伤害以上结果的，应当根据具体情况考察是否属于防卫过当。

---

❶ 张明楷．刑法学（下）［M］．北京：法律出版社，2000：798.

❷ 黄奇中．“妨害公务罪”若干问题研究［J］．华侨大学学报：哲学社会科学版，2007（2）.

下述案例既与公务行为的合法性相关，又与对行为人主观方面的判断有关。2011 年 2 月 19 日 18 时许，犯罪嫌疑人李某酒后驾车与一辆小型轿车发生追尾后逃逸，正在回家途中的交警高某发现后赶紧驾驶私家车追赶。李某终因车辆损坏无法前行被迫停车，高某说明自己交警身份后要求对方在现场等待处理，但其当时未着警服、亦未携带警察证。李某不听劝阻欲逃跑，遭到阻拦后将高某打伤。经法医鉴定，高某构成轻微伤。犯罪嫌疑人李某后被抓获归案。

公安机关以李某涉嫌妨害公务罪向检察机关移送审查起诉，对于本案处理有两种不同意见。

第一种意见认为，犯罪嫌疑人李某的行为构成妨害公务罪。人民警察法第 19 条规定："人民警察在非工作时间，遇有其职责范围内的紧急情况，应当履行职责。"本案中，高某作为交通警察，在非工作时间未开警车、着警服，亦未携带警察证，但发现交通事故中逃逸的肇事司机后，根据上述法律规定，他应当履行职责，因此高某驾车追赶李某并要求其等候处理的行为系依法执行公务。在高某口头表明身份后，李某仍对其实施暴力阻碍其依法执行公务，并造成高某轻微伤的后果，构成妨害公务罪。

第二种意见认为，犯罪嫌疑人李某的行为不构成犯罪。理由是高某虽为交通警察，但其在追赶、拦截交通事故肇事司机时并未开警车、着警服，亦未携带并出示工作证，而只是口头宣称自己的交警身份，作为执法相对人的李某没有充足的理由相信对方的交警身份。由于行为人缺乏对其侵害对象特定身份的明知，因而成为阻却其成立妨害公务罪主观罪过的事由。由于行为人不具有主观罪过，因而不构成妨害公务罪。

笔者同意第二种意见，理由如下：

第一，从保护法益的价值判断上看"信赖保护"高于"隐形执法"。构成妨害公务罪的前提是所妨害的公务是合法进行的。此处的"合法"意味着国家机关工作人员执行职务的行为不仅实体上合法，程序上也合法。所谓程序合法，是指国家机关工作人员的职务行为必须符合法律规定的条件、方式和程序。《公安机关人民警察证使用管理规定》第 4 条规定："人民警察证是公安机关人民警察身份和依法执行职务的凭证和标志。公安机关人民警察在依法执行职务时，除法律、法规另有规定外，应当随身携带人民警察证，主动出示并表明人民警察身份。"这一规定确立了警察在执行职务时表明身份的制度，这是警察执法的程序合法性要求。

根据行政法中的信赖保护原则，信赖客体一旦形成，行政相对人将对此因素及其结果产生一定的预期，从而选择、调整自己的行为方式，可谓“无预期则无信赖”。普通公民在面临警察执法时，只有在警察履行表明身份的义务后，才可能会自愿接受其作出的行政行为。

根据本案案情，作为行政相对人的犯罪嫌疑人李某无从得知高某交警的身份，其主观上不明知高某是在执行公务，故李某实施的反抗行为无法认定为妨害公务行为。至于《人民警察法》第 19 条的规定确实提供了“隐形执法”的依据，从高某的角度看，其在执行职务期间遭到暴力反抗，那么执法相对人的行为应评价为妨害公务行为。但是，该规定只是约束警察的特殊规定，根据信赖保护原则，不能以此来要求行政相对人。刑事诉讼的核心是被告人（犯罪嫌疑人），认定犯罪事实的基本原则是主客观相一致原则，这里的主观就是指犯罪嫌疑人的主观故意的有无及为何。若以上述规定认定犯罪嫌疑人李某的反抗行为系妨害公务行为，则是典型的客观归罪。

第二，从效力上看“口头告知”缺乏现实根据。关于交警高某的口头告知行为是否能够证明其交警身份，进而证明李某主观上是明知对方在执行公务，笔者认为其结论是否定的。联系当今社会现实，信用缺失现象非常严重，而且公民的法律意识很强，都或多或少具备一定的防备心理。具体到本案中，李某在发生交通事故后逃逸，其深知面临的将是对自己极为不利的后果，所以高某仅仅口头上表明自己系交警的身份是不充分的，无法令人信服的；从李某的角度来看，其不相信高某的交警身份是情有可原的，符合其真实心理的。退一步说，即使李某主观上相信其警察身份，也不影响对其行为定性。

综上，妨害公务罪的主观要件是：行为人必须明知国家机关工作人员正在依法执行职务，而故意以暴力、胁迫方法予以阻碍。本案中，犯罪嫌疑人李某不具有上述主观要件，故不构成妨害公务罪。❶

（四）“执行代表职务”及其具体范围

各级人大代表，根据《宪法》第 57 条、第 96 条以及《全国人民代表大会和地方各级人民代表大会代表法》第 2 条的规定，属于各级人大的组成人员，因而理应属于国家机关工作人员。为此，有论者认为《刑法》第 277 条第 2 款将人大代表排除在国家机关工作人员的范围之外违反宪法规定，理应废除；也有论者认为第 2 款是注意规定，立法的目的是为了提醒

❶ 王景亮.“隐形执法”遇暴力反抗可否认定为妨害公务罪［N］. 检察日报，2012-11-4（3）.

司法人员不要将各级人大代表排除在国家机关工作人员的范围之外。[1] 但是，既然人大代表就是国家机关工作人员，那么第 2 款单独规定的必要性何在呢？笔者认为，由于我国的人大代表采取的是兼职制而不是专职制，人大代表在当选之前，有的本身就来自国家机关，有的则不是国家机关的工作人员（如农民工、私企业主等）。那些本身不是来自国家机关的人大代表，虽然当其履行代表职务时属于人大的组成人员，但众所周知，这种人大代表实际履行人大代表职务的机会很少（除每年开一次会外，其他履行代表职务的情形少之又少），亦即这部分代表与来自国家机关的代表是有很大不同的（如后者是占有机关编制的，而前者则没有这一身份）。在这种情形下，如果不作第 2 款的单独规定，司法人员对其是否属于国家机关工作人员确实容易产生疑问或者将其忽略，而这不利于保障人大代表履行代表职务，也不利于我国的民主法治建设。

人大代表依法执行职务，是指人大代表根据《宪法》和《全国人民代表大会和地方各级人民代表大会组织法》的规定，履行其代表职责。这些职责主要是参加人大会议并审议各国家机关的工作报告，选举“一府两院”的领导人，提出议案以及参加同级人大常委会组织的视察活动等，这与政府等其他国家机关工作人员依照法律和职责所进行的社会管理工作在性质上有十分明显的区别。具体范围有：①出席人民代表大会，参与对国家重大问题或地方性重大事务的讨论和决定。②根据法律规定的程序提出议案，或者提出建议、批评和意见。③提出质询案或者提出询问。④参加诸如代表视察等活动。⑤宣传法制，带头执法，协助宪法和法律的实施。⑥联系群众和原选举单位，倾听意见，列席原选举单位的人民代表大会。

（五）“自然灾害和突发事件”的具体表现形式

《刑法》第 277 条妨害公务罪第三款明确规定了阻碍红十字会工作人员依法履行职责的客观表现，其中规定了妨害公务行为发生的时间条件，即“在自然灾害和突发事件中”。如果不是“在自然灾害和突发事件中”，而是在其他时间，以暴力、威胁方法阻碍红十字工作人员依法履行职责的，则不构成妨害公务罪。

自然灾害概念的内涵和外延比较模糊，范围广泛并且抽象。不同的角度有不同的定义。以人类生存环境为判断标准，所谓自然灾害就是由于自然现象的变动使人类生存环境恶化的事件。一般认为，所谓自然灾害，是

---

[1] 李希慧，黄洪波．妨害公务罪的立法缺陷及其完善［J］．法学，2006（6）．

指由于自然力的破坏，对广大人民群众的生命财产造成或者可能造成重大毁坏的情形。它可分为气象灾害、海洋灾害、洪水灾害、地质灾害、地震灾害、农作物灾害和森林灾害等，其具体表现形式如：山洪、水灾、火灾、地震、台风、风暴潮、干旱、闪电雷击、海啸、水土流失、地面沉陷、泥石流、环境污染、病虫害等，但本罪中的自然灾害应与红十字会及其工作人员救助灾情有关。

对于“突发事件”，《红十字会法》《人民警察法》等许多法律和有关的行政法规以及其他司法解释等都有所涉及，但它的含义和内容没有规定或者不具体，《刑法》第277条规定的“突发事件”又是什么含义呢，相关司法解释也没具体规定和解释，但至少可以肯定地说，它与红十字会及其工作人员依法履行职责有关。

自然灾害和突发事件主要区别是：前者是客观的，不是人为影响造成的，具有不可抗力；后者多是人为原因引起的。两者有时是不易分辨的，这是因为两者同时发生，或是客观因素和人为因素及其行为综合发生作用共同引起的，有些事件既具有自然灾害的特征又具有突发事件的特点，这样的事件就既是自然灾害又是突发事件。在人们的生活、学习、工作、生产和科研中，二者有时并不严格区分，如最高人民法院、最高人民检察院《关于办理妨害预防、控制突发传染病疫情等灾害的刑事案件具体应用法律若干问题的解释》第18条规定：本解释所称“突发传染病疫情等灾害”，是指突然发生，造成或者可能造成社会公众健康严重损害的重大传染病疫情、群体性不明原因疾病以及其他严重影响公众健康的灾害。在此解释中，使用的是“灾害”一词，而国务院发布的《突发公共卫生事件应急条例》第2条将其称为“突发事件”。

《红十字会法》明确规定，中国红十字会是在中国境内依法成立的从事人道主义工作的社会救助团体，奉行国际红十字和红新月运动的基本原则和宗旨，弘扬“人道、博爱、奉献”的红十字精神，致力于“动员人道力量、改善最易受损害群体的境况”。红十字会的法定职责之一，是“协助人民政府开展与其职责有关的活动”，即在自然灾害、突发事件中协助人民政府开展人道主义救助以及人民政府委托的其他事宜，因而不仅人民政府的拨款是红十字会经费的主要来源，而且红十字会的经费使用情况依照国家有关法律、法规的规定，接受人民政府的监督。而在自然灾害和突发事件中，执行救助任务并标有红十字标志的人员、物资和交通工具不仅有优先通行的权利，而且以暴力、威胁方法阻碍红十字会工作人员依法履行职责的，依照刑法有关规定追究刑事责任；阻碍红十字会工作人员依法履行职责未使用暴力、威胁方法的，比照《治安管理处罚法》第 19 条的规定处罚。可见，中国红十字会在自然灾害和突发事件中履行的救助职责，不仅是对国际红十字会基本宗旨的践行，而且是其肩负的协助人民政府开展人道主义救助工作的法定职责所在。由此决定，红十字会工作人员虽非国家机关工作人员编制，但其在自然灾害、突发事件中的职责履行，其实是依法协助人民政府从事的救助管理行为，与《刑法》第 277 条第 1 款、第 2 款、第 4 款所规定的公务活动虽然表现形式各异，运行主体有别，本质上却都是国家公务活动的组成部分。至于红十字会兴办的与其宗旨相符的社会福利活动，虽然在公共服务上弥补了国家公务之不足，具有公务活动的属性，但无论是活动的发起还是活动的组织运作，均缘于公民社会中的社会力量与合作精神且始终秉持奉行独立、自主的原则，从而表现出鲜明的社会公务品质。对于红十字会工作人员社会公务活动职责的依法履行以暴力、威胁方式进行阻碍的，自不会涉及妨害公务的认定。[1]

（六）“安全工作任务”及其表现形式

安全工作任务是国家政治安全、经济安全、文化安全、社会安全和军事安全的部署、计划、安排、运行等。国家安全机关、公安机关执行国家安全工作任务的职责，根据我国《国家安全法》的规定，主要有：①依法行使侦查、拘留、预审和执行逮捕以及法律规定的其他职权。②因侦察危害国家安全行为的需要，根据国家有关规定，经过严格的批准手续，采取技术侦察措施。③依法执行国家安全工作任务时，经出示证件，查验中国公民或者境外人员的身份证明；向有关组织和人员调查、询问有关情况。④依法执行国家安全任务时，经出示相应证件，进入有关场所；根据国家有关规定，经过批准，出示相应证件，进入限制进入的有关地区、场所、单位；查看或者调阅有关的档案、资料、物品。⑤依法执行紧急任务的情况下，经出示相应证件，优先乘坐公共交通工具，遇交通阻碍时，优先通行。国家安全机关为维护国家安全的需要，必要时，按照国家有关规定，优先使用机关、团体、企业事业组织和个人的交通工具、通信工具、场地和建筑物。⑥为维护国家安全的需要，查验组织和个人的电子通信工具、器材等设备、设施。⑦因国家安全工作的需要，根据国家有关规定，提请海关、边防等检查机关对有关人员和资料、器材免检。

---

[1] 田宏杰．妨害公务罪的司法适用［J］．国家检察官学院学报，2010（5）．

（七）“严重后果”的认定

造成严重后果，是构成故意阻碍国家安全机关、公安机关依法执行国家安全任务之妨害公务罪的必备要件。对什么是“严重后果”及其具体内容，目前没有相关的立法解释和司法解释。根据立法本意，严重后果是针对公务而言的，在学理上应是指致使国家安全机关和公安机关执行国家安全工作的活动遭到了严重的妨碍，没有实现预期的目的，没有达到预期的效果或者没有顺利实现工作计划等，而不应包括国家安全机关和公安机关的人身伤亡等，具体如阻碍行为严重影响了国家安全工作任务的完成，使本来能够及时侦破的案件未及时侦破；使危害国家安全的犯罪嫌疑人逃跑、漏网；使公安机关执行追捕、救险、警卫等紧急任务的警车发生故障；致使国家安全机关难以掌握危害国家安全犯罪的证据，以致犯罪分子逃避法律追究；在社会上造成了不良的政治影响；使国家安全和重大利益造成严重损害等。应当注意的是，如果行为人明知他人有间谍犯罪行为，在国家安全机关向其调查有关情况、收集有关证据时，拒绝提供，情节严重，同时又造成严重后果的，应按照法条竞合犯“特别法优于普通法”的处断原则，以拒绝提供间谍犯罪证据罪论处。

三、妨害公务罪罪数形态的认定

（一）妨害公务罪与非罪的认定

1. 本罪与非罪行为的界限

具体区分本罪与非罪的界限需要注意以下几个方面：①划清妨害公务罪与人民群众抵制国家工作人员违法乱纪行为的界限。在现实生活中，有极少数的国家机关工作人员在执行公务过程中利用职务之便，假公济私，滥用职权，违法乱纪，侵害群众的利益，群众对之进行抵制、斗争是应当支持、引导的。在这种情况下，对于公民基于社会公正的立场与违法乱纪的行为进行合法的斗争不仅不能作为犯罪处理，还要予以保护和鼓励。②划清妨害公务罪与人民群众因提出合理要求，或者对政策不理解或者态度生硬而与国家机关工作人员发生争吵、围攻顶撞、纠缠行为的界限。群众围攻、顶撞国家工作人员，通常是由于群众对国家工作人员依法宣布的某项政策、决定、措施不理解、有意见，向国家工作人员提出质问，要求说明、解释、答复，由于情绪偏激、态度不冷静、方法不得当而形成的对国家工作人员的围攻、顶撞行为。在围攻、顶撞过程中，常伴有威胁性语言和类似暴力的推搡、拉扯行为，在客观上妨害了公务。③对于某些群众对正在执行公务或履行职责的前述人员使用轻微暴力、胁迫手段，实施了阻碍行为，但情节显著轻微，尚未达到应受刑罚惩罚程度的，应认为是一般的妨害公务的行为，不能认为成立妨害公务罪。④在行为人故意阻碍国家安全机关、公安机关工作人员依法执行国家安全工作任务的情况下，成立本罪要求有严重的后果。对于“造成严重后果”目前尚无相关的司法解释，但学理上一般是指故意阻碍国家安全机关、公安机关依法执行国家安全任务的行为致使国家安全遭受严重损害或者造成严重的不良影响等。

2. 本罪中的认识错误的认定

“妨害公务罪”的主观罪过是故意。实践中需要讨论的一个问题是，当行为人误将公务人员的合法行为当做非法行为而进行反抗，该行为应如何认定处理？有学者认为，此种情形属于法律的错误，原则上不阻却故意。还有学者认为，如果行为人对正在依法执行任务或履行职责的公务人员的身份发生了错误认识或者行为人对公务人员执行公务的合法性发生了错误认识，而实施了妨害公务的行为，由于行为人产生了事实的认识错误，主观上没有危害社会的意图，即没有认识到其行为及结果的社会危害性，因此不能论以本罪。笔者认为，大陆法系刑法理论上有事实（构成要件）错误和法律（禁止）错误等争论，即如果认为对公务行为的合法性认识属构成要件要素，则认为该错误属于事实（构成要件）错误，如认为该认识属于违法性要素，则该错误属于法律（禁止）错误，如认为该认识属责任要素，则仅可以免责。而我国由于采取的是片面的、一次性完成评价的犯罪成立条件体系，公务行为的合法性属于“妨害公务罪”客观方面的要素，如对其发生认识错误，理应属于事实错误，即应阻却犯罪故意。如有过失且造成严重后果的（如造成公务人员重伤害），可能构成相关犯罪，如无过失，则属于意外事件（假想防卫）。这样处理，符合主客观相统一的犯罪构成原理，有利于实现罪刑法定原则的人权保障机能，同时，又不是无原则地不保护公务，而是在两者间维持了合理的平衡。笔者认为，那种认为“属于法律的错误，原则上不阻却故意”的观点是无原则地保护公务而置公民的自由人权于不顾，与力求在国家权力与公民权利或者在秩序与人权保障之间维持平衡的现代法治精神不符。[1]

---

[1] 黄奇中.“妨害公务罪”若干问题研究［J］. 华侨大学学报：哲学社会科学版，2007（2）.

（二）妨害公务罪与彼罪的认定

1. 妨害公务罪与聚众阻碍解救被收买的妇女、儿童罪的界限

两罪在以暴力、威胁方法阻碍国家机关工作人员执行公务上具有相似性，而且《刑法》第242条将聚众阻碍解救被收买的妇女、儿童的行为分为两种情况定罪处罚：①首要分子以聚众阻碍解救被收买的妇女、儿童罪论处；②其他参与者使用暴力、威胁方法的，以妨害公务罪论处。这说明了两罪之间具有牵连关系，《刑法》第277条与第242条具有竞合关系。

两罪的区别在于：①行为人的主观故意不同，聚众阻碍解救被收买的妇女、儿童罪在主观上要求行为人必须明知国家机关工作人员正在解救被收买的妇女、儿童而加以阻碍，而本罪只要求行为人明知国家机关工作人员或红十字会工作人员正在依法执行职务或履行职责即可；②行为特征不同，聚众阻碍解救被收买的妇女、儿童罪在客观上不仅要求有暴力、威胁方法阻碍公务的行为，而且还必须“聚众”，只是单个人实施或纠集一两个人实施不构成本罪；③主体不同，构成聚众阻碍解救被收买的妇女、儿童罪必须是首要分子，不是首要分子不构成本罪：这里的首要分子是指在聚众阻碍解救被收买的妇女、儿童过程中起组织、筹划、纠集、指挥、煽动作用的犯罪分子；而凡是实施以暴力、威胁方法阻碍公务行为的人都可以构成妨害公务罪。

2. 妨害公务罪与煽动暴力抗拒法律实施罪的界限

本罪与《刑法》第278条规定的煽动暴力抗拒法律实施罪，同属扰乱公共秩序的犯罪，在犯罪手段（暴力）上也具有相似性。而且，在煽动暴力抗拒法律实施的过程中，参与人也可能以暴力、胁迫手段妨害公务。二者的区别在于：①本罪的构成要件不需要“煽动”，只要实施了《刑法》第277条规定的妨害公务行为即可构成本罪。而煽动暴力抗拒法律实施罪则以“煽动”为构成要件，当然被煽动者本人不构成煽动暴力抗拒法律实施罪。②本罪所侵害的是国家机关工作人员依法执行职务的行为，而煽动暴力抗拒法律实施罪侵害的则是国家法律、行政法规的实施。值得注意的是，如果被煽动者在抗拒法律、法规实施过程中以暴力、胁迫手段妨害公务，则直接触犯了《刑法》第277条构成妨害公务罪。例如，某县计划生育委员会派出宣传车宣传计划生育法，某村村民汪某煽动群众暴力抗拒计划生育法的实施，说计划生育法是“害人法”，要村民行动起来砸烂宣传车，少数村民手持扁担、锄头去砸宣传车，村民刁某不顾县、乡干部的劝

阻，执意要砸宣传车，当闻讯赶来的“110”民警予以制止时，刁某竟持械将民警打成轻微伤。显然，村民汪某构成煽动暴力抗拒法律实施罪，村民刁某则构成妨害公务罪。

3. 妨害公务罪与聚众冲击国家机关罪的界限

本罪与《刑法》第290条第2款规定的聚众冲击国家机关罪，都是扰乱公共秩序的犯罪，都会妨害国家机关工作人员的正常公务，都可能使用暴力、胁迫手段，因而有时容易混淆。二者的主要区别是：①本罪不以“聚众”和“冲击国家机关”为构成要件，而聚众冲击国家机关罪则必须聚集3人以上并“冲击国家机关”；②本罪在通常情况下以使用暴力、胁迫手段（妨害“国安”活动的不在此限）为客观要件，而聚众冲击国家机关罪在客观方面并不要求使用暴力、胁迫手段；③本罪在通常情况下并不要求具体的危害结果（妨害“国安”活动的不在此限），而聚众冲击国家机关罪则要求“致使国家机关工作无法进行，造成严重损失”。值得注意的是，在聚众冲击国家机关的犯罪活动中，如果行为人使用了暴力、胁迫手段又该如何定罪呢？笔者认为，在一般情况下应以聚众冲击国家机关罪论处，因为妨害公务罪的最高刑仅为3年以下有期徒刑，而聚众冲击国家机关的首要分子最高刑为10年以下有期徒刑，其他积极故意参加的亦可判处5年以下有期徒刑，均高于妨害公务罪。不过，如果在聚众冲击国家机关的过程中致人重伤、死亡的，则应以伤害罪或故意杀人罪论处。

4. 妨害公务罪与拒不执行判决、裁定罪的界限

拒不执行判决、裁定罪，是指对人民法院的判决、裁定有能力执行而拒不执行，情节严重的行为。妨害公务罪与拒不执行判决、裁定罪亦有一定的相似之处，表现在：①两者都有可能是妨害国家机关正常行使职权、发挥职能的行为；②二者都是故意犯罪，且都有可能存在对抗国家公务活动的故意；③当拒不执行判决、裁定罪表现为行为人以暴力、威胁方法阻碍人民法院的强制执行活动时，其客观行为表现就与妨害公务罪完全相同。二者相区分的关键在于其犯罪的客观方面不同：妨害公务罪通常必须是以暴力、威胁方法实施，且行为人侵害公务人员的行为必须发生在后者依法执行公务期间，而拒不执行判决、裁定罪则不要求必须使用暴力、威胁的方法，可以是能够损害法院裁判约束力、权威性的任何方法，比如欺骗隐瞒、消极抵制、无理取闹等；而且，拒不执行判决、裁定罪也不要求必须发生在人民法院依法执行职务期间。

5. 故意阻碍依法执行国家安全工作任务使用暴力、威胁方法的认定与处理

《刑法》第 277 条规定第 4 款规定：“故意阻碍国家安全机关、公安机关依法执行国家安全工作任务，未使用暴力、威胁方法，造成严重后果的，依照第一款的规定处罚。”如果是以暴力、威胁方法直接阻碍国家安全、公安机关依法执行国家安全工作任务如何认定处理该行为？对此有 4 种观点：

第一种观点认为，该行为不构成犯罪，不能处罚。主要理由是：根据罪刑法定原则的要求，只要法无明文规定，就不定罪不处罚。《刑法》第 277 条第 4 款只规定了“故意阻碍国家安全机关、公安机关依法执行国家安全工作任务，未使用暴力、威胁方法，造成严重后果的，依照第一款的规定处罚。”并没有规定使用暴力、威胁方法阻碍上述机关执行国家安全工作任务时该如何处罚，所以不能处罚该行为。

第二种观点认为，上述行为应该按照《刑法》第 277 条第 4 款的规定从重处罚。因为该行为与《刑法》第 277 条第 4 款相比，在犯罪构成的主体、客体和主观方面都相同，虽然在客观方面不同，但是对不使用暴力、威胁方法都要处罚，对使用了暴力、威胁方法的更应处罚。

第三种观点认为，应该分两种情况处理：没有造成严重后果时，按照《刑法》第 277 条第 1 款处理，即只要实施了暴力、威胁方法，出现足以妨碍国家安全机关、公安机关依法执行国家安全工作任务的危险后果时，即是该罪既遂；造成严重后果时，则按照该条第 4 款从重处罚。其理由是，不能从字面理解法律上是否有明文规定，而应该从实质上分析，该行为是否符合法律规定。❶

第四种观点认为，对该行为直接适用《刑法》第 277 条第 1 款定罪处罚。主要理由是：上述行为与《刑法》第 277 条第 1 款的规定相比，在犯罪构成的客观方面和主观方面都相同，主体也相同；从犯罪对象来看，二者规定虽然不同，但也是普遍与特殊或者整体与部分的关系，即国家公务人员的公务活动包括了“国家安全机关、公安机关依法执行国家安全工作任务”。

就第一种观点而言，虽立足于罪刑法定原则，但对罪刑法定原则的理解未免太片面和机械，“法无明文规定不为罪，法无明文规定不处罚”应

❶ 鲜铁可，周玉华．论妨害公务罪［J］．中国法学，1998（6）．

就整个刑法条文体系而言，而不应局限于某个单独的条或款，以《刑法》第 277 条第 4 款对该行为没有规定来否定该行为构成犯罪，理由是难以成立的。第二种观点以中国古代法制中“举轻以明重”的类推原则来论证，其本身就违背了罪刑法定原则，再则使用暴力、威胁方法但未造成严重后果的阻碍行为与未使用暴力、威胁方法但造成严重后果的阻碍行为在社会危害性方面孰轻孰重也不易判断。第三种观点主张对使用暴力、威胁方法阻碍执行国家安全工作任务的行为在造成严重后果时按照《刑法》第 277 条第 1 款规定从重处罚，而该款规定的适用条件是“未使用暴力、威胁方法”，所以这种主张值得推敲。况且《刑法》第 277 条第 4 款没直接规定法定刑。当然，这也和《刑法》第 277 条前三款所规定的犯罪既遂标准是“行为说”，但对造成严重危害结果的行为如何处罚没有明确规定所形成的立法疏漏有关。笔者认为，要正确处理使用暴力、威胁方法阻碍执行国家安全工作任务的行为，首先应把握《刑法》第 277 条各款之间的内部联系。《刑法》第 277 条第 1 款“以暴力、威胁方法阻碍国家机关工作人员依法执行职务”之规定是妨害公务罪的一般规定。第 2 款、第 3 款规定的行为对象（各级人大代表、红十字会工作人员）和行为所妨碍的内容（代表职务、红字会工作职责）并不是严格意义上的“国家机关工作人员”和“公务”，只是由于其行为方式和行为本质与妨害公务罪的一般规定近似，立法者便将这两款和妨害公务罪的一般规定置于同一条文之中。最高人民法院在确定罪名时将《刑法》第 277 条统一概括为妨害公务罪，于是注释刑法的著作中便根据这一罪名将该条各款所列行为视为妨害公务罪在客观方面的表现形式之一，但这一罪名的确定是否精当，尚值得探讨。[1] 而该条第 4 款同第 1 款相比较而言，国家安全机关工作人员、公安机关工作人员属典型的国家机关工作人员，执行国家安全工作任务的行为也属于典型的“职务”或“公务”行为。可见，两款规定在行为对象和行为所妨碍的内容上是一般与具体的关系，它们的区别体现在行为方式和结果要求上，即后者不要求使用暴力、威胁方法，但却要求造成严重后果。由上述比较分析可见：《刑法》第 277 条第 1 款是妨害公务罪的一般规定，第 2 款、第 3 款从行为对象和行为内容上对第 1 款作了扩大与补充，第 4 款则是从行为方式上对第 1 款进行了适当的补充。由于《刑法》第 277 条第 1 款和

---

[1] 郭立新，杨迎泽．刑法分则适用疑难问题解［M］．北京：中国检察出版社，2000：233－234．

第 4 款规定在行为方式要求上的差异，这两款间的补充关系实际扩大了对妨害执行国家安全工作任务的行为的打击范围，不仅使用暴力、威胁方法的行为要受刑事处罚，对没有使用暴力、威胁方法但造成严重后果的行为也要受刑事追究，体现了立法对国家安全工作的重点保护。当然这种打击范围的扩大也不是无限制的，“造成严重后果”即是对这一扩大了的范围进行适当的限制。同时，这一限制将使用暴力、威胁之外的方法阻碍执行国家安全工作任务但又未造成严重后果的行为排除在刑法的打击范围之外，体现了《刑法》与《治安管理处罚法》《国家安全法》的衔接。

通过对《刑法》第 277 条所规定的 4 款内容的内部联系的分析，笔者认为，对使用暴力、威胁方法故意阻碍执行国家安全工作任务的行为应直接适用《刑法》第 277 条第 1 款（在造成严重后果时，出于立法中没有明确规定加重的法定刑，也应适用该款并从重处罚）。理由是：国家安全机关和公安机关工作人员属国家机关工作人员，他们执行国家安全工作任务的活动属国家机关工作人员的职务活动，行为人所使用的暴力、威胁方法也正是该款规定所要求的。因此，此种类型的阻碍行为完全为《刑法》第 277 条第 1 款所涵括。前述第一种观点以《刑法》第 277 条第 4 款的规定来限制和排斥该条第 1 款规定的适用，既是对罪刑法定原则过于机械和僵化的理解，也是将两款规定之间的补充关系曲解成限制关系。[1] 笔者同意第四种观点。但本罪的暴力、威胁方法有程度的限制，即行为人采用的暴力、威胁方法以造成国家安全、公安机关的工作人员轻伤为上限，如果故意造成重伤或死亡结果的，笔者认为，属于妨害公务罪与故意伤害罪、故意杀人罪的想象竞合犯，按照“择一重处断”的原则，应以故意伤害罪或故意杀人罪论处。

（三）妨害公务罪与数罪的认定

（1）由于本罪行为人阻碍国家机关工作人员依法执行职务往往是用暴力、威胁的方法，因此本罪可能成为其他犯罪的手段，在这种情况下，原则上应视为牵连犯，按照牵连犯“择一重处罚”的原则处理。行为人采用砍杀、放火、爆炸、破坏车辆和仪器设备、破坏会场秩序、偷窃执行公务的标志、伪造虚假的执行通知书等手段阻碍国家工作人员依法执行职务或者阻碍红十字会工作人员依法履行职责的，按照牵连犯“从一重罪处断”

---

[1] 李莉．论阻碍执行国家安全工作任务行为的定罪及刑法完善［J］．江西公安专科学校学报，2002（5）．

的处理原则处理，如行为人使用暴力手段阻碍国家工作人员依法执行职务或者阻碍红十字会工作人员依法履行职责造成国家机关工作人员或者红十字工作人员重伤或因重伤导致死亡的，甚至故意杀害国家机关工作人员的，应按处理牵连犯的原则，以重罪吸收轻罪，按故意伤害罪、故意杀人罪、过失致人重伤罪或者过失致人死亡罪定罪处罚。

（2）如行为人妨害国家工作人员依法执行职务或者阻碍红十字会工作人员依法履行职责同时造成选举遭到破坏、调查工作中止、审讯任务未完成、罪犯逃脱、传染病传播、自然灾害预警迟延、人格受到侮辱、工作、学习或者生产秩序混乱等的，应依照想象竞合犯“从一重处罚”的原则处理。如果刑法另有规定的，应按照刑法的规定处理，如数罪并罚或按其他罪定罪处罚。例如《刑法》第 157 条第 2 款规定：“以暴力、威胁方法抗拒缉私的，以走私罪和本法第 277 条规定的阻碍国家机关工作人员依法执行职务罪，依照数罪并罚的规定处罚。”又如《刑法》第 318 条组织他人偷越国（边）境罪第 1 款第（五）项规定“以暴力、威胁方法抗拒检查的”，处 7 年以上有期徒刑或者无期徒刑，并处罚金或者没收财产。以暴力、威胁方法抗拒检查的，是指对边防、海防、海关等依法执行检查任务的人员采用身体强制或打击，造成一般的伤害或轻伤害的行为或采用暴力相威胁方法抗拒检查。这里以暴力、威胁方法抗拒检查与组织他人偷越国（边）境构成手段行为与目的行为的牵连犯，但刑法将前者作为后者的加重情节，按照组织偷越国（边）境罪的情节加重犯处罚，不按妨害公务罪和组织他人偷越国（边）境罪进行数罪并罚。在实施组织他人偷越国（边）境犯罪的过程中，如果故意采用杀、伤方法抗拒检查，对检查人员有杀害、伤害等犯罪行为的，致人重伤或死亡的，对杀、伤检查人员的，应依法定罪判刑，然后同组织他人偷越国（边）境实行并罚，即按照故意杀人罪、故意伤害罪等罪与组织他人偷越国（边）境罪进行数罪并罚。同样，在《刑法》第 321 条对情节加重犯和数罪并罚的规定与对第 318 条组织他人偷越国（边）境犯罪的规定基本一致。《刑法》第 347 条第 2 款第（四）项规定的“以暴力抗拒检查、拘留、逮捕，情节严重的”也是情节加重犯，同样不能构成妨害公务罪，也不能以故意杀人罪、故意伤害罪等罪定罪处罚，只能认定为走私、贩卖、运输毒品罪一罪。

（3）如果行为人妨害公务的行为同时触犯数个法条，这数个法条之间具有重合或交叉关系时，应成立法规竞合，按照特别法优于普通法或重法优于轻法（以刑法有明文规定为限）的原则处理。例如，在押罪犯之间发生冲突后，有时出现不服民警劝解、管教甚至殴打管教民警的情况。对此，有人认为，行为人是基于一个犯罪意图支配数个不同的罪过，殴打管教民警行为既构成了破坏监管秩序罪，也构成了妨害公务罪，应当按照想象竞合犯的处罚原则，择一重罪处断。也有人认为，该行为系破坏监管秩序罪和妨害公务罪的法规竞合，应按照特别法优于普通法处断原则，认定为破坏监管秩序罪而非妨害公务罪。笔者赞同第二种意见，该行为系法规竞合，应以破坏监管秩序罪定罪处罚。想象竞合与法规竞合之间的根本差别是：当一个犯罪行为同时触犯的数个法条之间存在重合或交叉的关系时，是法规竞合；当一个犯罪行为同时触犯的数个法条之间不存在重合或交叉关系时，是想象竞合。就破坏监管秩序罪和妨害公务罪的法条内容来看，破坏监管秩序罪的罪状描述，既包括在押罪犯聚众闹事等扰乱、破坏监管秩序的行为，也包括殴打监管人员的行为。而殴打监管人员的行为，就自然包含妨害公务的性质。因为监管场所的管教民警，不同于妨害公务罪所描述的其他国家机关工作人员，其依法履行的主要职责就是全天候维护监管场所的秩序，监督促进在押罪犯严格遵守监规，认真接受教育改造。任何对这种监管秩序的破坏，都应该视为对管教民警依法执行职务的妨害。因此，在押罪犯殴打监管人员的行为，就是以暴力的方法对国家机关工作人员依法维护监管场所秩序这一法定职权的阻碍和破坏，故构成了妨害公务的行为。因此，破坏监管秩序罪和妨害公务罪之间存在部分重合的关系，两者之间应当是一种法规竞合而不是想象竞合，应按照特别法优于普通法的原则处断，由于破坏监管秩序是特别规定，妨害公务是一般规定，故在押罪犯殴打管教民警的行为只能适用破坏监管秩序罪，而不宜适用妨害公务罪。[1]

四、妨害公务罪的犯罪既遂与未遂

每个罪名都有其特有的犯罪构成要件，构成要件的不同，其犯罪停止形态也不一样。从妨害公务罪的构成要件来看，笔者认为现行刑法规定的妨害公务罪是存在犯罪停止形态的。所谓犯罪停止形态是指故意犯罪在其产生发展和完成犯罪的过程及阶段中，因主客观原因而停止下来的各种犯罪形态。故意犯罪的停止形态，按其停止下来时犯罪是否已经完成为标准，可以区分为两种基本类型：一是犯罪的完成形态，即犯罪的既遂形

---

[1] 刘继春．在押罪犯殴打管教民警不宜认定妨害公务罪［N］．检察日报，2011－4－1（3）．

态，指故意犯罪在其发展过程中未在中途停止下来而得以进行到终点，行为人完成了犯罪的情形；二是犯罪的未完成形态，即故意犯罪在其发展过程中于中途停止下来，犯罪未进行到终点，行为人没有完成犯罪的情形。抽象危险犯一般认为只要实施了侵害行为就可以构成犯罪，达到既遂状态，也就是故意犯罪的完成形态，完成形态是故意犯罪停止形态的基本类型之一，故《刑法》第277条前3款是存在犯罪停止形态问题的，第4款存在既遂或未遂问题，因为要造成“严重后果”，多数学者认为是结果犯或实害犯，当然存在犯罪停止形态。但对妨害公务罪未遂问题，理论上颇有争议。

有学者认为4款内容都存在未遂问题，①公务执行未遂说，认为行为人实行暴力、威胁，使国家工作人员执行公务的目的未能达到，即构成既遂。②行为说，认为行为人只要在客观上实施暴力或威胁的行为，即构成既遂，并不要求造成公务未能执行的结果。刑法修订后，有学者认为，妨害公务罪既遂与未遂的区分，主要界限在于行为人是否已造成严重后果。若已造成严重后果的，则是既遂，否则，便是未遂。

也有学者认为前3款不存在未遂问题，只有第4款存在。既然修订后的刑法将妨害公务罪分为4款内容分别加以规定，那么本罪既遂与未遂的区分标准问题也就应当分不同条款加以具体分析。《刑法》第277条前3款规定的妨害公务罪，只要行为人客观上实施了暴力或威胁行为即构成既遂，并不要求造成公务之放弃或公务不能执行的结果，因此，其既遂的标准应采用上述“行为说”；至于第4款规定的妨害公务罪，必须造成严重后果，属结果犯，以采用上述“公务执行未遂说”为宜。

还有学者认为4款内容都不存在未遂问题。刑法第277条前3款规定的妨害公务罪不存在未遂形态，依据法条对罪状的描述，刑法第277条前3款规定的妨害公务罪是行为犯，即行为人只要实施了以暴力、威胁方法阻碍国家机关工作人员、人大代表、红十字会工作人员依法执行职务、履行职责的行为，即应当以本罪定罪处罚。但是，阻碍行为情节显著轻微危害不大的（例如暴力、威胁手段轻微，不至于使依法执行公务的人员不能或放弃执行公务的），根据《刑法》第13条的规定，也可以不作犯罪论处。《刑法》第277条第4款规定的妨害公务罪也不存在未遂形态。

笔者认为，《刑法》第277条4款内容在既遂与未遂形态问题上应分而论之，前3款都是以暴力、威胁手段妨害公务的执行，只要行为人采取“暴力、威胁”的方法阻碍了公务的顺利执行，即中断了公务进程，就应认为构成犯罪，立法本意就是为了保护公务的正常执行，所以对前 3 款的规定，不管认为是行为犯或抽象危险犯，还是认为是举动犯，只要行为人以暴力、威胁手段实施了妨害公务的行为就构成犯罪，就只有犯罪的既遂形态，而不存在犯罪未遂、预备、中止的犯罪形态；对于第四款内容，必须发生构成要件规定的一定危害结果才能构成犯罪既遂，行为人不实施暴力、威胁手段，但阻碍公安机关、国家安全机关，造成了“严重后果”，使公务执行人员执行公务的目的未达到，即构成既遂，如果没有使公安机关、国家安全机关执行国家安全工作公务的目的受阻碍，便构成未遂。

第二节　伪造、变造、买卖国家机关公文、证件、印章罪

一、伪造、变造、买卖国家机关公文、证件、印章罪的概念和犯罪构成

伪造、变造国家机关公文、证件、印章、居民身份证的行为通常是被作为实施其他违法或犯罪行为的手段而使用，但由于这些行为直接侵犯了国家机关及其他单位、个人的信誉和正常活动，刑法将这些行为本身就规定为犯罪。如果以此为手段实施的其他违法行为本身不构成犯罪，则仅对这种行为以伪造、变造公文、证件、印章等犯罪追究刑事责任；如果以此为手段实施的其他行为又构成了另外的犯罪，则在这种情况下行为人的行为已构成了两种或两种以上的犯罪，而在这两种犯罪之间又存在手段与目的的关系，这就是刑法理论上的牵连犯，对于牵连犯，刑法理论上的通说认为一般应以一罪从重处罚。正是由于伪造、变造公文、证件、印章、居民身份证的犯罪往往与其他犯罪具有这种牵连关系，1998 年《公安部关于印发〈公安部刑事案件管辖分工规定〉的通知》才规定各侦查部门在办案过程中发现的伪造、变造公文、证件、印章等的犯罪应当一并立案侦查，不再移交。就边防部门而言，由其负责侦查的 4 种妨害国（边）境管理的犯罪的特点所决定，其中涉及的有关伪造、变造公文、证件、印章的犯罪主要是伪造、变造有关出入境证件等的犯罪，而公安边防海警部门在办理主管案件和查获的案件的过程中发现的，虽然不是边防部门主管，但不再移交，而是一并立案侦查，这些案件涉及 3 个罪名：伪造、变造、买卖国

家机关公文、证件、印章罪，伪造公司、企业、事业单位、人民团体印章罪，伪造、变造居民身份证罪。

伪造、变造、买卖国家机关公文、证件、印章罪，是指伪造、变造、买卖国家机关的公文、证件、印章的行为。本罪的构成特征是：客体是国家机关的正常活动，犯罪对象是国家机关的公文、证件、印章。

客观方面表现为行为人实施了伪造、变造、买卖国家机关的公文、证件、印章的行为。本罪是选择性罪名，只要行为人实施了伪造、变造、买卖3种行为之一，便构成犯罪。在司法实践中，对本罪的罪名，可根据行为人实施的具体行为来确定。如行为人只实施了伪造公文的行为，则对行为人定"伪造国家机关公文罪"即可。只有当行为人同时实施了"伪造、变造、买卖国家机关的公文、证件、印章"3种行为的，才对行为人定伪造、变造、买卖国家机关公文、证件、印章罪。例如，2008年4月初，汪某云申请开办了一家小型汽车客运公司，由5台中巴车进行运输。一段时间后，他见客运收入可观，又增购了5台中巴车准备投入营运。但有关部门核发的道路运输证只有5本，后购的车辆没有运输证无法经营。汪某云便通过非法渠道购买了5本假的运输证，分发给后购的5台车使用。6月12日，5台持假证运输的中巴车被交通部门查获。9月22日，汪某云以买卖国家机关证件罪判处有期徒刑1年、缓刑2年。本案中，被告人汪某云只实施了购买5本假道路运输证的行为，没有伪造和变造行为，所以，只应认定为买卖国家机关证件罪，而不应认定为伪造、变造、买卖国家机关公文罪。

本罪主体为一般主体。凡是达到法定刑事责任年龄、具有刑事责任能力的人均可构成本罪。本罪主体包括无任何公文、证件、印章制作权的非国家机关工作人员和国家机关工作人员。从事印铸刻字业的人如无有关国家机关的合法委托，而擅自伪造、变造印章的，应以本罪论处，有制作权的国家机关的工作人员买卖国家机关公文、证件、印章的也构成本罪。[1]

本罪在主观方面只能出于直接故意，间接故意和过失不构成本罪。至于行为人出于何种目的与动机，一般不影响本罪的成立，但是，也不能绝对。比如，行为人为了练习自己的雕刻技术仿照有关国家机关的印章进行雕刻，但是并没有实际使用该印章，或者为了欣赏而雕刻有关机关的印章等，就不应该定罪。因为这种情况下，行为并不会妨害国家机关的正常活动。

---

[1] 张保平，等．边防刑事执法理论与实务研究［M］．北京：群众出版社，2006：109.

二、“伪造、变造”及“国家机关公文、证件、印章”的范围

对“伪造”一词，我国刑法没有作具体的解释，我国理论界目前也仅限于在伪造的个别意义上讨论最狭义的伪造含义。一般认为，在本罪中，所谓伪造，是指无权制作者制作假的公文、证件或印章，既包括根本不存在某一公文、证件或印章而非法制作出一种假的公文、证件和印章，又包括在存在某一公文、证件或印章的情况下而模仿其特征而复印、伪造另一假的公文、证件或印章，以及伪造有关文书、证件、印章的内容，它包括有形伪造和无形伪造两种。就伪造文书而言，除伪造某些特种文书需要模拟真正文书进行仿制外，一般不需要真正文书作为伪造行为的行为客体，只要无制作权人制作成了虚假文书，或有制作权人在制作文书时实施了虚假记载行为，且所制作出来的虚假文书足以使一般人误以为真文书，即构成伪造。[1] 伪造的主体既包括非国家机关工作人员的伪造或制作，又包括国家机关工作人员未经批准而擅自制造。例如，在一起重婚自诉刑事案开庭审理中，被告人当庭拿出了一份民事判决书以及一卷完整的卷宗复印件，作为重要证据出示。然而经过法院查证，这份判决书以及卷宗均系伪造，但判决书和卷宗上所盖的法院公章却是真的。经查，该判决书系被告伪造而成，法院审理后认为，被告人私自制作法院判决书，严重损害国家机关的信誉，情节严重，其行为已构成伪造国家机关公文罪，以伪造国家机关公文罪判处被告有期徒刑5年。法院的判决书属于国家机关公文的范畴，本案中，被告没有制作国家机关公文的权力，其伙同他人私自制作法院的判决书，是擅自制造并且制造的是虚假的文书，即属于伪造。

另外，模仿有权签发公文、证件的负责人的手迹（包括电子签名或者数字签名在内的签名）签发公文、证件的，亦应以伪造论处。

所谓变造，则是对真实的公文、证件或印章利用涂改、擦消、拼接等方法进行加工、改制，以改变其真实内容。

如何界定国家机关的范围呢？我国理论界存在以下几种观点：其一，认为“国家机关”就是指从事国家管理和行使国家权力，以国家预算拨款作为独立活动经费的中央和地方各级组织，具体包括权力机关、行政机关、检察机关、审判机关以及军队系统的各级机构。其二，认为国家机关

---

[1] 黄明儒．论刑法中的伪造［J］．法商研究，2002（3）．

除了上述权力机关、行政机关、司法机关以及军队系统机关以外，还应包括中国共产党的各级机关以及政协的各级机关。其三，主张国家机关应当包括中国共产党的各级机关、国家各级权力机关、行政机关、审判机关、军队中的各级机关、中国人民政治协商会议的各级机关以及一些名为总公司但实为国家行政部门的机构（如石油天然气总公司、电力总公司等）。这种观点认为，根据我国的具体国情，中国共产党作为执政党，所从事的管理活动事关国家的大政方针，所以不能把中国共产党的组织排除在国家机关之外。至于那些名为总公司但实为国家行政部门的机构，并不适用企业的经营机制，而是依靠国家行政拨款、从事行政管理的职能部门，所以其本质上仍属于国家机关。笔者认为，在司法实践中界定“国家机关”的范围，必须基于现有法律的明确规定，即必须具有法律根据。依据我国《宪法》第三章关于国家机构的规定，我国的国家机关应当包括权力机关、行政机关、审判机关（人民法院）、检察机关（人民检察院）以及军事机关。而且，在宪法中，政党和社会团体、企事业单位一样，都是和国家机关相并列的。例如，《宪法》第 5 条第 3 款规定：“一切国家机关和武装力量、各政党和各社会团体、各企业事业组织必须遵守宪法和法律。一切违反宪法和法律的行为，必须予以追究。”尽管从我国的政体和国情来看，中国共产党的各级组织在我国的政治、经济、社会生活各领域中发挥着领导作用，但从其性质上看，它毕竟还是一个政党，而不是国家机构。所以，还是不把中国共产党的各级组织视为《刑法》第 93 条中所指的国家机关为宜。至于目前在我国存在的所谓名为总公司实为国家行政部门的机构，笔者认为更不应视为国家机关。尽管这些部门在计划经济体制之下是作为国家的行政机关存在的，但随着市场经济体制的确立、改革不断深入，作为政企分开的改革要求的具体体现，这些原来的行政管理机关正在逐步地转变成为一种国家的经营管理组织，其管理经济的模式也逐步地摆脱原来的行政管理而转向经济管理。所以，尽管这些组织在目前仍可能具有原来的行政机关的痕迹，但从其性质以及发展来看，把它们视为国家的行政机关是不合适的。在本罪中，由于《刑法》第 375 条第 1 款对伪造、变造、买卖武装部队公文、证件、印章罪和盗窃、抢夺武装部队公文、证件、印章罪作了特殊规定，在适用特殊法优于一般法原则的前提下，伪造、变造、买卖国家机关公文、证件、印章犯罪中的国家机关主要是指前面四种机关。不过，在司法实践中应当注意，上述 4 类国家机关的内设机构如对外并无独立权限，在认定时则应予以排除。

所谓公文，一般是指国家机关制作的，用以联系事务、指导工作、处理问题的书面文件，如命令、指示、决定、通知、函电等。所谓证件，是指国家机关制作、颁发的，用以证明身份、职务、权利义务关系或其他有关事实的凭证，如结婚证、工作证、学生证、护照、户口迁移证、营业执照、驾驶证等。所谓印章，是指国家机关刻制的以文字与图记表明主体同一性的公章或专用章，它包括印影和印形。它们是国家机关行使职权的符号和标记，公文在加盖公章后始能生效。例如，2007 年 12 月，王某的一位朋友受委托为余杭区运河镇一家印刷厂办理房产证，需要到消防大队办理审批手续。王某夸口称自己在消防大队有认识的朋友，好办事。在实际操作过程中，王某无法按照正规途径办理审批。碍于自己在朋友面前应允了此事，好面子的王某就想到了盖假章蒙混过关。于是，他联系了制假人员，以 150 元的价格要求刻制消防大队的印章。3 日后，王某与制假人员见面，授意制假人员加盖私刻的印章。不久，骗局露馅，王某到公安机关自首，法院以伪造国家机关印章罪判处其有期徒刑 6 个月，缓刑 1 年。本案中，被私刻的消防大队对应的印章就是国家机关印章。从一定的角度看，省略文书，例如，检印、订正印、人民法院在判决书上所盖的“本件与原件无异”的骑缝章也都应看作印章。[1] 用于国家机关事务的私人印鉴、图章也应视为印章，因此，伪造负责人的印章，包括私印章，也构成伪造国家机关印章罪，例如，公安局长的私章往往和公章发挥着同样的作用，如在拘留、逮捕证上往往有公安局局长的私章。

三、伪造、变造、买卖国家机关公文、证件、印章罪罪数形态的认定

（一）伪造、变造、买卖国家机关公文、证件、印章罪与非罪的认定

1. 伪造、变造、买卖国家机关公文、证件、印章罪与一般违法行为的界限

区分二者的界限，关键是要看行为的社会危害性是否达到犯罪的程度。虽然《刑法》第 280 条并未规定情节轻重的因素作为区分罪与非罪的标准，但是也并非所有的伪造、变造、买卖国家机关公文、证件、印章的行为一经实施就都构成犯罪，还要根据《刑法》第 13 条但书所规定的精神加以区分。例如，出于个人癖好，临摹国家机关的印章进行收藏的；为

---

[1] 陈洪兵，葛军．伪造罪系列问题研究［J］．北京人民警察学院学报，2005（3）．

了便于子女择优入学，或者为了就业需要而故意涂改户口证件某些信息，尚未造成严重后果的，就可以不认为是犯罪，而根据《治安管理处罚法》的规定给予行政处罚。

2. 伪造已失效的公文、证件、印章或者虚构单位名称、公文、证件、印章的认定

伪造、变造已失效的公文、证件、印章的，如果说明的是未生效的或者正生效的某种事实或者证明某种身份、权利和义务关系，则构成本罪。如果失效的公文、证件、印章尚不为公众所知或者未发布有效的公告，仍构成本罪。如果失效后为公众或者社会所知，则一般不认为构成犯罪。

伪造、买卖虚构的国家机关公文、证件、印章的，如何处理？在实践中，行为人伪造、买卖的公文、证件、印章往往无对应的国家机关，即其伪造、买卖的是虚构的国家机关的公文、证件、印章，对这种情况，有学者认为，这种情况不构成犯罪，因为行为人伪造虚构的国家机关并不存在，自然谈不上侵犯它们的信誉、正常活动。[1] 笔者认为，这一观点值得商榷。我国幅员辽阔，国家机关数量众多，一般群众难以分辨某个具体地区、具体种类的国家机关是真实的还是虚构的，伪造、买卖虚构的国家机关公文、证件、印章的行为与伪造、变造、买卖真实的国家机关公文、证件、印章的行为社会危害性相当，而且国家机关是一个整体概念，伪造、买卖虚构的国家机关公文、证件、印章的行为虽然确实不能对虚构的国家机关的信誉和正常活动造成影响，但却会对真实的国家机关的信誉和正常活动造成侵害，使国家以及代表国家行使管理职能的国家机关在人民群众中的威信降低，甚至有可能造成国家机关的正常活动由于社会成员怀疑其真伪而受到影响。与此相连且更为重要的是，本罪所侵犯的客体除了国家机关的信誉和正常活动之外，还包括国家对社会的正常管理秩序，从这一角度考虑，伪造、买卖虚构的国家机关公文、证件、印章的行为比之伪造、变造、买卖真实的国家机关公文、证件、印章的行为，其对国家正常的管理秩序的危害尤烈，更应予以刑罚处罚。因此，笔者认为，伪造、买卖虚构的国家机关公文、证件的行为应以本罪论处，当然对此种情况以本罪论处需要有立法机关的立法解释。

3. 对于伪造、变造能起到证明作用的个人私章的处理

加盖于公文、证件能起机关证明作用的私人印章的情况较为常见，例

---

[1] 赵秉志．扰乱公共秩序罪［M］．北京：中国人民公安大学出版社，2003：93.

如，行政机关颁布法规、规章、命令，需要加盖行政机关首长的私人名章；最高人民法院、各省、市、自治区高级人民法院死刑执行命令，需要加盖院长的私人名章等。实际上，加盖于国家机关公文、证件能起机关证明作用的私人印章，与国家机关的印章作用相同，都用于国家机关的公务活动，而伪造、变造这些私人印章的，其社会危害性亦与伪造、变造国家机关印章相等，应视为伪造、变造国家机关的印章，以本罪论处。

（二）伪造、变造、买卖国家机关公文、证件、印章罪与彼罪的认定

1. 伪造、变造、买卖国家机关公文、证件、印章罪与盗窃、抢夺、毁灭国家机关公文、证件、印章罪的界限

二者的犯罪的客体、主体、主观方面都是一致的，主要区别在于客观方面的差别，本罪表现为伪造、变造、买卖国家机关公文证件、印章的行为，而后罪表现为盗窃、抢夺、毁灭国家机关公文、证件、印章的行为。如果行为人盗窃、抢夺真实的国家机关公文、证件、印章后加以变造、买卖的，或毁灭买卖的国家机关公文、证件、印章的，应当如何定罪？由于行为人先后触犯两种犯罪，而两者犯罪又具有牵连关系，因此应按牵连犯的原则论处。但二罪的法定刑是一致的，因而笔者认为，应以其中目的行为触犯的罪名论处，如果行为人实施两罪的数个行为没有牵连关系应以二罪并罚。❶

2. 伪造、变造、买卖出入境证件行为的认定

伪造、变造、买卖出入境证件，情节轻微尚未构成犯罪的，根据《中华人民共和国出境入境管理法》的规定，给予行政处罚。如果构成犯罪，则要具体问题具体分析。①伪造、变造中国出入境证件的，侵害了我国国家机关对公文、证件、印章的正常管理活动，损害其信誉，因而构成伪造、变造国家机关公文、证件、印章罪；②买卖我国出入境证件的，构成买卖国家机关公文、证件、印章罪，但对于出售出入境证件的，也可以构成出售出入境证件罪，这属于法条竞合，按照从一重处的原则，按照出售出入境证件罪定罪处罚；另外，如果贩卖的出入境证件是伪造、变造的，应构成提供伪造、变造的出入境证件罪，因为出售出入境证件罪的对象是指真实的护照、签证等出入境证件。③如果伪造、变造、买卖的出入境证件是外国或我国港澳台地区的出入境证件，则不能构成伪造、变造、买卖国家机关公文、证件、印章罪，也不构成出售出入境证件罪，因为这些罪

❶ 赵秉志．扰乱公共秩序罪［M］．北京：中国人民公安大学出版社，2003：103.

名所侵犯的客体都是我国国家机关对公文、证件、印章或我国出入境证件的正常管理活动和信誉，而对伪造、变造、买卖外国或我国港澳台地区台的出入境证件进行定罪则超出了我国刑法的调整范围。对伪造、变造、买卖外国或我国港澳台地区的出入境证件的情况的处理，现在尚无明确的法律依据，在实践中，这种情况大多是作为组织他人偷越国（边）境的一个环节而存在，对于这种在组织他人偷越国（边）境活动中分工伪造、变造、买卖的情况，可以按照组织他人偷越国（边）境罪的共犯论处。

（三）伪造、变造、买卖国家机关公文、证件、印章罪与数罪的认定

1. 为实施其他犯罪或者在实施本罪过程中，其目的或手段同时触犯其他罪名的认定与处理（如诈骗罪、骗购外汇罪等）

本罪是选择性罪名，行为人只要实施了伪造、变造、买卖国家机关公文、证件、印章行为之一的，就构成本罪，但行为人既伪造、变造、买卖国家机关公文、证件，又伪造、变造、买卖国家机关印章的，仍以一罪论处。行为人伪造、变造、买卖国家机关公文、证件、印章进行其他犯罪活动，触犯了其他罪名的，构成了本罪与其他犯罪的牵连犯，应按照牵连犯“择一重处断”的原则处理。行为人为进行其他犯罪活动而伪造、变造、买卖国家机关公文、证件、印章的，其伪造、变造、买卖的行为同时是其他犯罪的“为犯罪准备工具，制造条件”的犯罪预备行为，如果行为人在实施伪造、变造、买卖行为之后实施了其他犯罪行为的，如前文所述，构成本罪与其他犯罪的牵连犯，但如果在实施完毕伪造、变造、买卖行为之后未及进行其他犯罪行为即被抓获或自动停止犯罪的情况，笔者认为，构成本罪与其他犯罪的想象竞合犯，因为此时行为人只实施了一个行为，却触犯了两个罪名，是本罪实行行为与其他犯罪预备行为或预备中的中止行为在观念上的竞合，按照刑法学理论的通说，应构成想象竞合犯，以重罪从重论处。

2. 将伪造的国家机关的公文、证件、印章当做真实的公文、证件、印章出卖的认定

1999年最高人民检察院《关于买卖伪造的国家机关证件行为是否构成犯罪的问题的答复》规定，对于买卖伪造的国家机关证件的行为，依法应当追究责任的，可适用《刑法》第280条第1款的规定，以买卖国家机关证件罪追究刑事责任。因此，如果是伪造了国家机关的公文、证件、印章后，又故意将其当做真实的公文、证件、印章出卖的，应构成伪造、买卖

国家机关公文、证件、印章罪，不实行数罪并罚；如果行为人自己伪造了国家机关的公文、证件、印章，同时将他人伪造的国家机关的公文、证件、印章出卖的，构成了伪造国家机关公文、证件、印章罪和买卖国家机关公文、证件、印章罪两罪，应实行数罪并罚。如果是伪造了国家机关的公文、证件、印章后，为了牟取比出卖行为相对大的高额利润或者获取比出卖行为相对较大经济利益或者其他利益而诈骗他人或者单位、组织的，应构成伪造国家机关公文、证件、印章罪和诈骗罪两罪；如果伪造国家机关的公文、证件、印章是为了诈骗他人财物或者其他利益的，应构成伪造国家机关公文、证件、印章罪和诈骗罪的牵连犯，按照“择一重处断”的原则处理。❶

3. 伪造、变造、买卖国家机关公文、证件、印章罪各选择性罪名的认定

本罪是行为犯，为选择性罪名，故行为人只要实施伪造、变造、买卖三种行为之一便构成犯罪。然而犯罪对象的不同却往往也会影响选择性罪名的确定。例如，伪造国家机关公文、证件往往伴随伪造国家机关印章的犯罪行为。按照传统理论，如果将整个伪造行为看作一个整体，则为想象竞合犯，如果将伪造印章行为看作单独行为，则构成牵连犯。笔者认为，此种情形既不应认定为想象竞合犯，也不能认定为牵连犯，因为国家机关公文、证件一般情况下在加盖国家机关印章后方能生效，故伪造印章的行为应视为整个伪造行为的一个组成部分，只有加盖印章后方为伪造国家机关公文、证件犯罪的既遂，应以伪造国家机关公文、证件罪一罪定罪处罚，而不应按照想象竞合犯和牵连犯从一重处断。当然，为了体现对该种犯罪的打击力度，对行为人在伪造的空白国家机关公文、证件上加盖伪造印章的行为亦不能简单地认定为伪造国家机关公文、证件未遂，而应当认定为伪造国家机关印章罪既遂。在司法实践中，应针对不同情形作不同处理，但总的原则是行为人实施三种行为侵犯对象之一即构成犯罪，在伪造、变造的完整的国家机关公文、证件上加盖伪造印章的行为一般不作单独追究。❷

4. 伪造、变造、买卖特殊国家机关证件的司法认定

司法实践中，对于伪造大量国家机关公文、证件、印章的行为应按照

❶ 张保平. 边防刑事执法理论与实务研究［M］. 北京：群众出版社，2006：110.

❷ 邵金明. 关于伪造、变造、买卖国家机关公文、证件、印章罪司法认定的若干问题研究［J］. 法制博览，2012（9）.

法律规定，一并定罪量刑进行处罚，但由于司法解释对某些特殊国家机关证件作出了特别规定，因此在定罪量刑时要特别予以注意。例如，《关于办理与盗窃、抢劫、诈骗、抢夺机动车相关刑事案件具体应用法律若干问题的解释》第2条规定："伪造、变造、买卖机动车辆行驶证、登记证书，累计三本以上的，依照刑法第二百八十条第一款的规定，以伪造、变造、买卖国家机关证件罪定罪，处三年以下有期徒刑、拘役、管制或者剥夺政治权利。伪造、变造、买卖机动车行驶证书、登记证书，累计达到第一款规定的数量标准五倍以上的，属于刑法第二百八十条第一款规定的'情节严重'，处三年以上十年以下有期徒刑。"而司法实践中，伪造、变造、买卖国家机关证件的起点标准为1件以上，对情节严重的认定标准则为10件以上。由此可见，两种做法在对同种罪名的处罚标准上是不同的，甚至不可以进行比例换算。所以，在对伪造机动车辆行驶证、登记证书的犯罪行为进行处罚时要与其他伪造国家机关证件一同定罪但要分别量刑，再按照数罪并罚的原则酌情决定应当判处的刑罚。[1]

第三节　伪造公司、企业、事业单位、人民团体印章罪

一、伪造公司、企业、事业单位、人民团体印章罪的概念和犯罪构成

在边防执法办案实践中，这种犯罪并不多见，只在组织他人偷越国（边）境案件中，有时行为人为骗取出境证件而偶见伪造公司、企业、事业单位、人民团体印章的行为。

伪造公司、企业、事业单位、人民团体印章罪，是指伪造公司、企业、事业单位、人民团体的印章的行为。本罪的构成特征是：

本罪的客体是公司、企业、事业单位、人民团体的正常活动，犯罪对象是公司、企业、事业单位、人民团体的印章。应当注意，本罪的对象仅仅为公司、企业、事业单位、人民团体的印章，不包括上述单位的证件。在实践中，通过假留学方式组织他人偷越国（边）境的，偶尔可能遇到伪造学历、学位的情况。为依法惩处伪造、贩卖伪造的高等院校学历、学位

---

[1] 邵金明．关于伪造、变造、买卖国家机关公文、证件、印章罪司法认定的若干问题研究［J］．法制博览，2012（9）．

证明的犯罪活动，2001 年最高人民法院、最高人民检察院《关于办理伪造、贩卖伪造的高等院校学历、学位证明刑事案件如何适用法律问题的解释》规定，对于伪造高等院校印章制作学历、学位证明的行为，应当依照《刑法》第 280 条第 2 款的规定，以伪造事业单位印章罪定罪处罚。明知是伪造高等院校印章制作的学历、学位证明而贩卖的，以伪造事业单位印章罪的共犯论处。例如，范某以人民币 200 元的价格贩卖江西师范大学假毕业证 1 本给王某某，被当场抓获。法院审理认为，被告人范某违反国家管理法规，伪造高等院校印章制作学历证明，其行为已构成伪造事业单位印章罪，公诉机关指控的罪名成立。法院以伪造事业单位印章罪判处范某拘役 4 个月。本案中，行为人明知是伪造的江西师范大学毕业证而贩卖，根据上述司法解释，应以伪造事业单位印章罪论处，法院的判决是正确的。

本罪的客观方面，表现为行为人实施了伪造公司、企业、事业单位、人民团体的印章的行为。本罪是选择性罪名，只要行为人实施了伪造印章的行为，就可构成本罪。具体罪名可根据所伪造单位的印章来定，如伪造公司印章罪，伪造公司、人民团体印章罪，等等。例如，被告人司某民以开出租为业，因与他人相撞发生交通事故。因该出租车挂靠在甲公司名下，该公司遂到保险公司办理有关机动车辆险赔款事宜，最终该赔款由司某民所得，但甲公司一直未领到赔款。为了早日拿到赔款，司某民委托他人伪造了甲公司财物印章 1 枚和 1 份盖有该印章的证明，到保险公司领取机动车辆险赔款。后甲公司领取机动车辆险赔款时，被告知该款已被司某民领取。司某民被公安机关抓获归案。法院审理后认为，被告人司某民故意伪造公司印章，其行为已构成伪造公司印章罪，判处拘役 6 个月。本案中，司某民只能构成一个罪名即伪造公司印章罪，不构成伪造企业印章罪、伪造事业单位印章罪或者伪造人民团体印章罪。应当注意，本罪的行为方式仅仅为伪造一种，不包括变造和买卖。对于变造、买卖、盗窃、抢夺、毁灭上述单位印章的行为，不构成本罪，但可能构成其他犯罪。

本罪的主体是已满 16 周岁且具有刑事责任能力的自然人。

本罪的主观方面为故意。至于行为人的犯罪动机与目的如何，一般不影响本罪的成立，但是也不能绝对化。

二、公司、企业、事业单位、人民团体是否限制于法人

1999 年最高人民法院《关于审理单位犯罪案件具体应用法律有关问题

的解释》第1条规定：《刑法》第30条规定的“公司、企业、事业单位”，既包括国有、集体所有的公司、企业、事业单位，也包括依法设立的合资经营、合资经营企业和具有法人资格的独资、私营等公司、企业、事业单位。该解释中的公司、企业、事业单位仅限于《刑法》第30条，是针对构成单位犯罪的主体而言的，其内涵和外延不同于本罪中的公司、企业、事业单位。

本罪中的公司、企业、事业单位、人民团体是行为对象，是对印章享有所有权、使用权、处分权、名誉权等的主体。根据公司法的规定，包括在中国境内设立的有限责任公司和股份有限公司，它们都具有法人资格。公司法人的分支机构、分公司或者隶属部门、分支部门不具有法人的资格，不是公司本身。企业包括私营企业、合伙企业和外资企业，在本罪中没有是否是法人的限制。事业单位属公益组织，如学校、医院、具有行政管理权且单位名称冠以某某局的组织及其下属的某某处，具有行政管理权且单位名称冠以某某委的组织等。人民团体指各种群众团体组织，它是一个泛政治化而且内涵和外延相当模糊的概念，它也不是一个严格的法律概念（有学者认为可用“社会团体”的概念取而代之[1]），它包括中华全国工商业联合会（简称“工商联”）、中华全国归国华侨联合会（简称“全国侨联”）、中华全国台湾同胞联谊会（简称“全国台联”或“台联”）、中华全国青年联合会（简称“全国青联”）、中国和平统一促进会、黄埔军校同学会、欧美同学会、工会、共青团、妇联、协会、基金会、红十字会等，它们其中许多不具有法人资格。刑法对本罪的规定也没有限制上述公司、企业、事业单位、人民团体的法人资格；从刑事政策和犯罪圈的角度考虑，本罪中的公司、企业、事业单位、人民团体也不应该有法人资格的限制。[2]

三、伪造公司、企业、事业单位、人民团体印章罪罪数形态的认定

（一）伪造公司、企业、事业单位、人民团体印章罪与非罪的认定

伪造行为如果构成犯罪，需要符合本罪的4个构成要件。就犯罪客观

---

[1] 吴平．刑法中“人民团体”概念辨析［J］．法律科学，2000（1）．

[2] 赵桂民．扰乱公共秩序和司法活动犯罪司法适用（下）［M］．北京：法律出版社，2006：703－704．

方面而言，只要已将公司、企业、事业单位、人民团体的印章制造、制作出来，就构成本罪的既遂。如果只制造出伪造品的组成部分，如，图案、文字、字母、数字、标志或者色彩等，不能视为伪造行为的完成。只有伪造品的组成部分全部伪造出来并完成剪贴、粘贴、影印、描摹、加工等，使之成为一整体，看似与真的印章一样才可。另外，判断是否达到构成本罪的程度，还要考虑情节。如果伪造情节轻微，如只伪造了一个印章，并且还未使用，则不构成犯罪，可给予行政治安管理处罚。判断情节是否严重，可考虑以下几点：伪造公司、事业单位、人民团体的印章的次数、数量，伪造公司、事业单位、人民团体的印章的手段、仿真程度，伪造公司、事业单位、人民团体印章获得的非法经济利益数额，伪造公司、事业单位、人民团体印章给公司、事业单位、人民团体造成的经济损失和名誉损害，被伪造的印章所属的公司、事业单位、人民团体的性质、经营范围、规模、主管单位、知名度等。[1]

（二）伪造公司、企业、事业单位、人民团体印章罪与数罪的认定

1. 出于其他犯罪目的实施本罪，或在实施本罪过程中其手段触犯其他罪名的认定

本罪是选择性罪名，行为人只要实施了伪造公司印章、伪造企业印章、伪造事业单位印章或者伪造人民团体印章之一的，就构成本罪。行为人伪造公司、企业、事业单位、人民团体印章进行其他犯罪活动，触犯了其他罪名的，构成了本罪与其他犯罪的想象竞合犯，应按照想象竞合犯“择一重处断”的原则处理。行为人为进行其他犯罪活动而伪造公司、企业、事业单位、人民团体印章的，其伪造的行为同时是其他犯罪的“为犯罪准备工具，制造条件”的犯罪预备行为，如果行为人在实施伪造行为之后实施了其他犯罪行为的，如前文所述，构成本罪与其他犯罪的牵连犯，但如果在实施完毕伪造行为之后未及进行其他犯罪行为即被抓获或自动停止犯罪的情况，笔者认为，构成本罪与其他犯罪的想象竞合犯，因为此时行为人只实施了一个行为，却触犯了两个罪名，是本罪实行行为与其他犯罪预备行为或预备中的中止行为在观念上的竞合，按照刑法学理论的通说，应构成想象竞合犯，以重罪从重论处。

---

[1] 赵桂民．扰乱公共秩序和司法活动犯罪司法适用（下）[M]．北京：法律出版社，2006：740.

2. 伪造国家机关印章罪与伪造事业单位印章罪并存的认定

该种情形在伪造普通初级、高级中学毕业证书犯罪中较为常见。行为人一方面出于对我国教育管理制度的无知，另一方面为骗取社会公众的信任，往往在伪造的普通初级、高级中学毕业证书上加盖各类伪造的教育行政主管部门的印章，以示其证件的“真实性”与“权威性”。在司法实践中伪造最多的便是各地“教育委员会”的印章。随着我国政府机构改革的推进，各级教育委员会已相应地更名为教育部、教育厅和教育局，不再使用“教育委员会”的名称，但该名称曾长期使用，在社会公众中拥有较大的威信，且系教育行政主管部门，故伪造相应教育委员会印章的行为应以伪造国家机关印章罪予以定罪处罚，并与伪造事业单位印章罪实行并罚。

对此，有的观点认为，同一伪造证件上存在国家机关和事业单位两个印章，由于国家机关的权威性与特殊性给社会公众对证件属性带来一定的困惑，故应从社会一般公众的理解出发，认定为伪造国家机关证件罪。笔者认为，该观点虽具有一定的合理性，但从目前的法律规定出发，应明确适用并罚原则。①毕业证书和学位证书的性质应由其发证机关的性质来决定，《中华人民共和国教育法》规定了国家实行学业证书制度和学位制度，“经国家批准设立或者认可的学校及其他教育机构按照国家有关规定，颁发学历证书或者其他学业证书”，“学位授予单位依法对达到一定学术水平或者专业技术水平的人员授予相应的学位，颁发学位证书”。由此可见，毕业证书和学位证书是由经国家认可的学校来颁发的，其性质由学校的性质来决定。②对在伪造的毕业证书和学位证书上加盖国家教育行政部门印章的行为以伪造国家机关证件罪和伪造事业单位印章罪实行并罚并不违反一事不再罚的原则。③最高人民法院、最高人民检察院在2001年发布的《关于办理伪造、贩卖伪造的高等院校学历、学位证明刑事案件如何适用法律问题的解释》中规定：“对于伪造高等院校印章制作学历、学位证明的行为，应当依照《刑法》第280条第2款以伪造事业单位印章罪处罚，明知是伪造高等院校印章制作的学历、学位证明而贩卖的，以伪造事业单位印章罪的共犯论处。”由此可见，法律所处罚的并不是伪造学历、学位证明本身的行为，而是为证明学历、学位证书的“真实性”所加盖伪造的颁发单位印章的行为。所以，在对伪造事业单位印章的行为定罪量刑的同时，对伪造国家机关印章的行为进行处罚并无不妥。不仅如此，在其他伪造证件中，也应当具体情况具体分析，对于本身不属于国家机关颁发的公文、证件，即使犯罪分子在伪造时加盖了国家机关的印章，也不能简单地认定为伪造国家机关证件罪，而应当以伪造国家机关证件罪与伪造事业单位印章罪实行并罚。[1]

四、伪造公司、企业、事业单位、人民团体印章罪共同犯罪的认定

行为人意欲伪造公司、企业、事业单位、人民团体的印章而本人又无伪造的技术或者技艺和有关设备、器材等的，串通他人或者委托从事刻画、描摹、印铸、粘贴等业务的人员共同实施伪造行为的，应认定为共同犯罪。如果他人为行为人事后隐藏或者藏匿的，除刑法另有规定外，应按照共同犯罪的相关理论论处。例如，张某购买伪造的某心血管病医院的诊断专用章等印章，并在周某经营的文化用品店内，由张某提供医院病历、住院明细等材料，周某进行修改、打印，再由张某加盖伪造的医院印章后，拿到医院门口进行出售牟利。法院审理后认为，被告人张某、周某结伙非法伪造事业单位印章，其行为已构成伪造事业单位印章罪，依法应予处罚。张某在共同犯罪中系主犯，周某在共同犯罪中起次要作用，系从犯，故法院对其从轻处罚。张某和周某就是伪造事业单位印章罪的共同犯罪。

另外，根据2001年最高人民法院、最高人民检察院《关于办理伪造、贩卖伪造的高等院校学历、学位证明刑事案件如何适用法律问题的解释》的规定，对于伪造高等院校印章制作学历、学位证明的行为，以伪造事业单位印章罪定罪处罚。明知是伪造高等院校印章制作的学历、学位证明而贩卖的，以伪造事业单位印章罪的共犯论处。

第四节　伪造、变造居民身份证罪

一、伪造、变造居民身份证罪的概念和犯罪构成

伪造、变造居民身份证罪，是指违反国家有关居民身份证管理的法规，伪造、变造居民身份证的行为。本罪的构成特征是：

本罪的客体是国家对居民身份证的管理制度。居民身份，是一种表明其与国家、一定的地域和行政管辖范围存在的确定的联系，因而国家通过

[1] 邵金明．关于伪造、变造、买卖国家机关公文、证件、印章罪司法认定的若干问题研究[J]．法制博览，2012（9）．

居民身份证制度来使这种关系形式化，从而公民在办理涉及政治、经济、社会生活等权益的事务时，居民身份证能起到证明身份的作用。本罪的犯罪对象是居民身份证。随着经济的发展，人口的流动日益频繁且呈规模化，居民身份证制度的作用显得尤为重要。国家的身份证管理制度，不仅是社会管理的一种方式，同时也是国家行政权力行使的一个方面。居民身份证不仅是一个公民的本国身份的宣示，而且也是国家对公民管辖权及国家尊严的一种宣示。居民身份证是由国家有关管理部门颁发的、证明一个人的公民身份的证件，它是由国家通过法定的程序签发的。这种证件当然不可擅自伪造、变造，否则就是对国家对于公民的管辖权及国家尊严的一种侵犯。因此，伪造、变造居民身份证是对国家身份证管理制度的侵害，应当受到法律的严厉制裁。正如学者指出的，伪造、变造居民身份证罪的立法目的和本意，并不在于制裁盗窃社会公众个人身份的行为，也不在于保护普通公众的个人人身权利、财产权利，而是在于保护国家机关对于“身份证”的专有制作、颁发权，它的立法追求，是将“身份证”视为了一种类似“公文、证件、印章”类的东西，而不是它背后所代表的公民个人身份，只是从客观效果上讲，刑法在保护国家机关专有制证权力的同时，在客观效果上形成了间接保护社会公众个人身份权利和制裁盗窃普通公众个人身份行为的意外效果。[1] 身份证具有广义与狭义之分。广义的身份证，准确地说，应当是身份证件，它是指一切能够证明一个人的身份的证件。它所证明的公民身份既包括本国公民的公民身份，也包括其他国家公民的公民身份。这些身份证件既包括公民的居民身份证，也包括由各国有关部门签发的公民护照，还包括学生证、工作证、驾驶证等。例如，在有的国家，驾驶证是使用最为广泛的一种公民身份证件。狭义的身份证，则是指由《居民身份证法》所规定的居民身份证。它排除了由其他国家签发的身份证件，也排除了学生证、工作证、驾驶证等在我国适用的其他身份证件。伪造、变造居民身份证罪中的居民身份证就指的是狭义的身份证。[2]

本罪的客观方面，表现为行为人实施了伪造、变造居民身份证的行为。伪造是指公安机关以外的人未经授权冒用公安机关的名义制作居民身份证的行为，变造是指用涂改、抹擦、拼接等方法对公安机关依法制作的居民身份证进行加工改制，改变其原有内容的行为。只要实施了其中一个

---

[1] 于志刚．关于“身份盗窃”行为的入罪化思考［J］．北京联合大学学报：人文社会科学版，2011（1）．

[2] 刘涛．试论伪造、变造居民身份证罪的构成要件［J］．云南大学学报：法学版，2005（3）．

行为即构成本罪，并以其所实施的行为作为罪名，如实施了伪造行为则构成伪造居民身份证罪，实施了变造行为则构成变造居民身份证罪，如同时实施了伪造和变造行为，则构成了伪造、变造居民身份证罪。目前尚无司法解释对伪造、变造多少份居民身份证才构成犯罪作出规定。从刑法条文内容理解，该罪属行为犯，即只要实施了伪造或变造居民身份证的行为即构成犯罪。如果多次伪造、变造居民身份证，数量较大的，或因伪造、变造居民身份证的行为造成严重后果的，应视为情节严重。

本罪的主体是已满16周岁且具有刑事责任能力的自然人。

本罪的主观方面为故意，即明知是伪造、变造居民身份证的行为而实施该行为，并希望或放任该伪造、变造行为的结果实际发生。至于动机、目的如何，是以营利为目的还是其他目的，均不影响本罪成立。

二、伪造、变造居民身份证罪犯罪构成要件的理解

（一）“伪造、变造居民身份证”的认定

根据《居民身份证法》规定，居民身份证是指由公安机关负责印制、管理、颁发的，发放给境内的年满16周岁中国公民以证明本人身份的证件。伪造居民身份证，是指无权制作居民身份证的人或者有权制作者超越法定权限制作虚假的居民身份证的行为。根据《居民身份证法》第6条的规定，居民身份证式样由国务院公安部门制定。居民身份证由公安机关统一制作、发放。1986年公布、1999年修订的《居民身份证条例实施细则》第3条第3款规定，省、自治区、直辖市公安厅（局）可根据需要设立证件制作中心或制证点，并报公安部备案。第23条规定，居民身份证的签发机关是县公安局、不设区的市公安局和设区的市的公安分局。根据《临时居民身份证管理办法》第3条的规定，临时居民身份证具有证明公民身份的法律效力。第4条规定，临时居民身份证式样为聚酯薄膜密封的单页卡式，证件采用国际通用标准尺寸，彩虹印刷，正面印有证件名称和长城图案，背面登载公民本人黑白照片和身份项目。第8条规定，临时居民身份证由县级人民政府公安机关统一制发、管理。因此，除了法定的公安机关以外，其他任何机关、公司、企业、事业单位、团体都无权印制居民身份证，否则就属于伪造居民身份证行为。[1] 但是，公安机关超越法定职权和

[1] 赵桂民．扰乱公共秩序和司法活动犯罪司法适用（下）［M］．北京：法律出版社，2006：709－712.

程序制作虚假信息身份证的行为也是伪造居民身份证。因此，伪造既包括社会上一般人员仿照真实的身份证制作虚假身份证，也包括依法有权制作者为他人办理假姓名、年龄、原籍的居民身份证，具体方法不限。

变造居民身份证，是指用涂改、擦消、拼接等方法，在真的居民身份证上进行变更，改变姓名、年龄、性别、民族、出生日期、住址、身份号码、本人照片、证件的有效期和签发机关等事项内容的行为。《居民身份证法》第 3 条规定："居民身份证登记的项目包括姓名、性别、民族、出生日期、常住户口所在地住址、公民身份号码、本人相片、证件的有效期和签发机关。"公民身份号码是每个公民唯一的、终身不变的身份代码，由公安机关按照公民身份号码国家标准编制。居民身份证虽为公民本人拥有，但不能随意变更，如确实需要变更有关事项，也要向公安机关申请。《居民身份证法》第 11 条第 1 款规定："国家决定换发新一代居民身份证、居民身份证有效期满、公民姓名变更或者证件严重损坏不能辨认的，公民应当申请换领新证；居民身份证登记项目出现错误的，公安机关应当及时更正，换发新证；领取新证时，必须交回原证。居民身份证丢失的，应当申请补领。"由此，无权制作居民身份证的人在真实的居民身份证基础上对居民身份证上所记载的姓名、性别、民族、出生日期、住址的内容采用各种方法进行修改，都属于变造居民身份证的行为。变造包括有形变造和无形变造。

另外，临时身份证的作用与一般身份证的作用相同，仅仅是身份证的有效期限以及制作、签发的具体事项与一般身份证有所不同。因此伪造、变造临时居民身份证的，也应当属于本罪的行为方式之一。

（二）本罪"严重情节"的理解

根据《刑法》第 280 条第 3 款的规定，犯本罪的，处 3 年以下有期徒刑、拘役、管制或者剥夺政治权利；情节严重的，处 3 年以上 7 年以下有期徒刑。因此，在伪造、变造居民身份证案件中，情节严重是适用较重法定刑的条件。所谓情节严重，一般是指：多次或者大量伪造、变造居民身份证的，为牟取非法利益而伪造、变造居民身份证等。[1] 笔者认为，应当注意将成立本罪的有关情节与适用较重刑罚的严重情节区别开。虽然可以认为多次伪造、变造居民身份证属于本罪的严重情节之一，但这里的多次不能仅仅理解为 3 次以上，还应当看是否有其他情节，如每次伪造、变造

---

[1] 高铭暄，马克昌．刑法学［M］．北京：高等教育出版社，北京大学出版社，2000：538.

的居民身份证的数量，比如，行为人每次伪造 1 件居民身份证，一共伪造了 4 次，共伪造了 4 件居民身份证。那么，是否可以认为这属于本罪的严重情节，从而可以在 3 年以上 7 年以下判处刑罚？笔者认为答案应当是否定的。作为伪造、变造居民身份证罪的严重情节，一般包括：行为人以伪造、变造居民身份证为业，或者虽不以伪造、变造居民身份证为业，但长期伪造、变造居民身份证，伪造、变造大量的居民身份证；行为人为了牟取非法利益，比如实施违法行为而伪造、变造居民身份证；行为人伪造、变造居民身份证并使用，造成严重结果的；行为人为他人伪造、变造居民身份证，他人使用该假身份证实施违法犯罪活动，造成严重后果的；伪造、变造居民身份证被查处后，仍然不思悔改，继续伪造、变造居民身份证的；销售伪造、变造居民身份证获取较大非法利益的。

三、伪造、变造居民身份证罪罪数形态的认定

（一）伪造、变造居民身份证罪与非罪的认定

1. 伪造、变造居民身份证罪与一般违法行为的界限

伪造、变造居民身份证罪是行为犯，根据刑法的规定，成立伪造、变造居民身份证罪并不要求情节严重。但是，笔者认为，这也不意味着所有伪造、变造居民身份证的行为都应当按照犯罪论处。因为，根据《刑法》第 13 条有关犯罪概念的但书的规定，情节显著轻微，危害不大的，不认为是犯罪。实践中有的人出于个人爱好，模仿真居民身份证制造样本，但并未使之流入社会而仅是个人收藏的；行为人认为自己的居民身份证字迹不清，擅自开启证件聚酯薄膜密封加以深涂的，或认为证件姓名用字有误，擅自涂改的，或者修改自己身份证上不正确的出生日期，就不应认为是犯罪。因此，尽管刑法没有要求伪造、变造居民身份证情节严重的，才构成犯罪，但是，也应当结合案件的具体情况分析行为的社会危害性大小，社会危害性达到犯罪程度的才应当追究行为人的刑事责任。在情节显著轻微危害不大的特殊情况下，即使行为犯实施的行为在形式上符合法律规定的犯罪概念及其罪状，刑法上也不认为是犯罪。

2. 大量购买伪造居民身份证的认定

司法实践中，对于虽没有伪造、变造居民身份证，但是大量购买居民身份证的行为是否应当按照本罪论处？对此，如何处理，存在不同的看法。一种观点认为，行为人违反国家法律的规定，大量购买并销售居民身份证，其行为给国家对居民身份证的管理造成严重的危害，应当按照伪造

居民身份证罪定罪处罚。另一种观点认为，根据《刑法》第280条第3款的规定，伪造、变造居民身份证罪的实行行为仅仅为伪造、变造两种行为，并不包括购买和销售行为，根据罪刑法定原则，法律没有明文规定为犯罪行为的，不得定罪处刑。因此，追究大量购买居民身份证的行为的刑事责任没有法律依据。笔者认为，上述两种观点有一定的合理性。但是，对于这种大量购买居民身份证的行为，也应当具体案件具体分析，不能够绝对排除这类行为的刑事责任。①根据案件的具体情况，如果购买身份证的行为人在购买居民身份证前并没有与伪造居民身份证的人约定，而是见到谁有伪造的居民身份证就向谁购买，在主观上与伪造居民身份证的人没有形成伪造居民身份证的共同犯罪故意，这种情况下就不能追究购买伪造居民身份证行为的刑事责任。②如果行为人在购买伪造的居民身份证前，就与伪造居民身份证的造假窝点联系，要求为自己伪造一定数目的假身份证，或者为伪造居民身份证提供照片，或者要求伪造居民身份证的人按照自己要求的性别、姓名、年龄等事项伪造居民身份证等。在这种情况下，伪造者与购买者在主观上形成伪造居民身份证的共同故意；客观上，行为人购买居民身份证的行为也为他人伪造居民身份证行为提供了事后的帮助，有的情况下，甚至是唆使或者威胁、逼迫他人伪造居民身份证，具备共同伪造居民身份证罪的成立条件，应当按照伪造居民身份证罪的共同犯罪论处。但是，如果购买参与行为没有刑法规定的构成犯罪的要求和严重危害性时，不能成为帮助伪造行为的必然的部分组成行为时，那么就不能按照刑法总则关于共同犯罪的规定以伪造居民身份证罪的共犯论处。

3. 为购买假身份证提供个人信息是否构成犯罪

小李和小张都是已经毕业的大学生，可是他们尚未取得英语四级合格证书，按照有关规定，如果再不取得英语四级证书，他们将无法拿到学位证书。为此，小李和小张准备找人顶替参加全国英语四级考试。2003年12月上旬，找到替考“枪手”后，他们通过同学小郑，用“枪手”的照片以人民币240元的价格让他人制作了两张假居民身份证。同年12月27日，“枪手”在考试过程中被监考老师发现。公安机关接到报警后将小李、小张抓获。小郑也于当天到公安机关投案自首。对于小郑、小李、小张的行为是否构成伪造居民身份证罪，存在两种不同的意见：一种意见认为，小郑、小李、小张的行为构成伪造居民身份证罪。理由是，身份证必须由公安机关依法制作，制假者无权制作身份证，主观上具有伪造居民身份证的故意，客观上实施了为伪造身份证提供照片、姓名、住址等信息，与制假者共同伪造居民身份证的行为，属于伪造居民身份证罪的帮助犯，应以该罪定罪处罚。另一种意见认为，小郑、小李、小张3人虽然将其照片、姓名、住址提供给制假者，具有帮助制假性质，但身份证的特殊性质决定了提供照片和自然信息是购买假身份证的前提，3人的“帮助”行为实际上并没有超出其“购买”假身份证的行为范围，而刑法并不惩罚伪造身份证的购买者，故3人的行为不构成伪造居民身份证罪。

笔者赞同第二种意见。本案中，小郑、小李和小张的行为是否构成伪造居民身份证罪？实际上涉及的是刑法理论中所说的只处罚一方的对向犯刑事责任的认定问题。在刑法理论上，通说认为对向犯是必要共同犯罪的一种表现形式。但是对向犯的概念不应仅仅局限于必要共同犯罪之中，而应当广义地理解行为之间具有对向关系的一种犯罪形态。刑法规定的对向犯分为3种类型：一是对对向行为的双方都确定相同的罪名，并规定相同法定刑的情况，如重婚罪、串通投标罪。二是法律规定对向行为的双方都构成犯罪，但是却规定不同的罪名，并适用不同的法定刑，如行贿罪和受贿罪、单位受贿罪和对单位行贿罪。三是法律规定对向犯的双方行为人并不一定都构成犯罪，只有一方构成犯罪，而另一方不构成犯罪，只是一般的违法行为，如贩卖淫秽物品牟利罪与购买淫秽物品的行为、贩卖毒品罪与购买毒品的行为，只处罚贩卖者而不处罚购买者。

但是目前学界对于只处罚一方的对向犯类型存在争议：刑法只明确规定对向关系的一方构成犯罪，对另外一方并不明确规定为犯罪，但能否直接根据刑法总则关于共同犯罪的规定作为共犯处理？例如，贩卖和购买淫秽物品行为，法律只规定贩卖一方构成贩卖淫秽物品牟利罪，购买一方并不构成犯罪，对购买一方能否作为贩卖淫秽物品牟利罪的共犯来处罚？笔者认为，对于只罚一方的对向犯，立法者在规定处罚一方时当然预想到了不罚一方的行为，既然刑法不对其行为设立法定刑，就表明刑法认为该行为不构成犯罪，在通常情况下，不能依照刑法总则关于共同犯罪的规定对其进行处罚，因为这种处罚必将明显违背罪刑法定原则。而立法者所能预想到的不可罚行为的表现形式当然只能是这类行为的正常模式，即定型参与模式。每一行为都是有自己的定型模式的，如果参与行为的形式是反常的、过分的，超出了正常的参与行为的正常定型模式，则应当适用总则的共同犯罪的规定。例如，贩卖淫秽物品牟利罪，一般购买者会主动寻找贩卖者，并提出购买的要求，因为在贩卖的范畴里当然的包含有购买的请求，其行为没有超出正常的“贩卖—购买”的定型模式，仍然属于刑法不认为应当处罚的范围之内，所以购买者的行为不应当被追究刑事责任。但是贩卖者的犯罪意思和行为如果是在购买者一再要求、诱惑、帮助甚至胁迫下导致的，那么这种行为就大大超出了“贩卖—购买”的定型模式，应当适用刑法总则关于共犯的规定。例如，购买者唆使原本没有贩卖淫秽物品故意的人贩卖淫秽物品然后自己购买，则可能成立教唆犯。总之，在刑法只规定一方构成犯罪，另一方不构成犯罪的对向犯中，原则上不能将不罚一方的行为直接根据刑法总则的规定按照共犯处理，但当不罚一方的行为超出了刑法所禁止的某行为的正常定型参与模式时，则应当根据刑法总则的规定以共犯论处。

联系本案，认定小郑、小李和小张有罪的理由是，3 人向伪造者提供了照片和个人信息、预付了定金，而照片和个人信息是伪造居民身份证不可缺少的要素，预付的现金实际上是伪造居民身份证所需的成本，故购买人客观上为伪造者提供了帮助行为。此外，行为人主观上有伪造居民身份证的共同故意。但是，如此片面和形式地理解共同犯罪的成立条件并不合适，提供照片和个人信息、预付定金等行为只是购买伪造的居民身份证的不可缺少的行为。易言之，受制于身份证的特殊性质的限制，伪造身份证需要买受人与制作人密切合作，由买受人提供照片、姓名、出生日期、住址等身份信息，如果没有这些行为，购买行为就不可能完成，这些行为是正常的，并没有超出购买伪造的居民身份证行为的定型参与行为的范围。因此，这里的关键是正确区分购买参与行为与帮助伪造行为的界限。而且，刑法分则也并未明确规定购买伪造的居民身份证的行为构成犯罪，恰恰相反，《居民身份证法》第 17 条还明确规定了对“购买、出售、使用伪造、变造居民身份证的”，应给以行政处罚。如果在刑法没有规定对购买行为进行处罚的情况下，利用共同犯罪的理论将之认定为伪造行为的共犯进行处罚，使购买行为与伪造行为相提并论，就会形成不公平的局面，也与刑法谦抑性的刑法理念相违背。因此，笔者认为，本案中对小郑、小李和小张购买伪造的居民身份证的行为不宜认定为犯罪。[1]

4. 具有居民身份证制作权的人伪造、变造居民身份证行为的认定

有居民身份证制作权的人制造虚假的居民身份证也构成本罪。有居民身份证制作权的人在其职权范围内，虽然经过合法手续制作居民身份证，

---

[1] 彭之宇，王志强．为购买假身份证提供个人信息是否构成犯罪［N］．检察日报，2006－12－31（3）．

但因其内容虚假，因而属伪造、变造；如果这类人员超越自己的职务范围，违反有关程序制作居民身份证也属“伪造”。[1] 但有学者持不同意见，认为“伪造”是无身份证制作权的人制作虚假的居民身份证。[2] 这种观点进一步认为，有居民身份证制作权的人在其职权范围内，经过合法手续制作居民身份证的，即使内容虚假，仍不失为真身份证，因而不属于伪造、变造；但是如果这类人员超越自己的职务范围，违反有关程序制作居民身份证即属“伪造”。这种观点的主要理由是，行为人虽有制作居民身份证的职权，但是超越职权范围时则不再具有行使该项职权的权力。笔者不同意这种观点，理由如下：首先，具有居民身份证制作权的人同样可以实施在居民身份证上“故意登载虚假信息”的行为，并且这种行为是一种法律明文规定的违法犯罪行为。这一点从《居民身份证法》第 19 条的规定即可看出。其次，该种观点所采取的“职权”和“合法手续”划分方法，笔者并不赞同。笔者认为，是否构成伪造、变造居民身份证罪，并不取决于行为人的行为是否在其职权范围内，也不取决于行为人的行为是否依据了合法的手续，而是在于行为人是否具有伪造、变造居民身份证的主观故意。笔者认为，即使具有居民身份证制作权的人依据合法手续，并在其职权范围内实施行为，但是只要他是故意的伪造、变造居民身份证，那么行为与犯意就同时存在，其行为就构成本罪中的“伪造”“变造”。而即使具有居民身份证制作权的人并未依据合法手续，只要他没有伪造、变造居民身份证的犯罪故意，那么行为与犯意就没有同时存在，其行为就不能构成伪造、变造居民身份证罪。因此，笔者认为，“伪造”居民身份证既可以是无身份证制作权的人制作虚假的居民身份证的行为，也可以是有身份证制作权的人制作虚假的居民身份证的行为。而变造居民身份证也是一样，其犯罪主体不仅可以是无身份证制作权的人，也可以是有身份证制作权的人。[3]

（二）伪造、变造居民身份证罪与彼罪的认定

1. 伪造、变造居民身份证罪与伪造、变造、买卖国家机关公文、证件、印章罪的界限

居民身份证是公安机关颁发给具有一定资格公民的证件，因而也属于国家机关的证件的一种，但立法者出于对居民身份证制度的有效管理，单

[1] 宋丹，卢勇．居民身份证犯罪的法律适用分析［J］．贵州警官职业学院学报，2009（1）．

[2] 赵秉志．扰乱公共秩序罪［M］．北京：中国人民公安大学出版社，2003：112．

[3] 刘涛．试论伪造、变造居民身份证罪的构成要件［J］．云南大学学报：法学版，2005（3）．

列其为一罪，有利于惩治这类犯罪。二罪的区别表现为：①二罪侵犯的直接客体不同，前者侵犯的客体是国家对居民身份证的管理制度，后罪侵犯的直接客体是国家机关的信誉和正常的管理活动。②二罪侵犯的对象不同，前者是居民身份证，后罪侵犯的对象是国家机关的公文、证件、印章。③二罪的行为手段不同，后罪中除了包括伪造、变造以外，还有“买卖”。如果大量买卖居民身份证，只有在构成共同犯罪的情况下才应以买卖国家机关证件罪论处，予以追究刑事责任。如果购买行为不能成为买卖国家机关证件罪的组成部分行为时或者不符合买卖国家机关证件罪的构成要件时，则不能以买卖国家机关证件罪的共犯论处。

2. 利用“居民身份证”从事犯罪活动的理解

2011 年《居民身份证法》第 16 条规定：“有下列行为之一的，由公安机关给予警告，并处二百元以下罚款，有违法所得的，没收违法所得：（一）使用虚假证明材料骗领居民身份证的；（二）出租、出借、转让居民身份证的；（三）非法扣押他人居民身份证的。”第 17 条第 1 款规定：“有下列行为之一的，由公安机关处二百元以上一千元以下罚款，或者处十日以下拘留，有违法所得的，没收违法所得：（一）冒用他人居民身份证或者使用骗领的居民身份证的；（二）购买、出售、使用伪造、变造的居民身份证的。”第 17 条第 2 款规定：“伪造、变造的居民身份证和骗领的居民身份证，由公安机关予以收缴。”第 18 条规定：“伪造、变造居民身份证的，依法追究刑事责任。有本法第十六条、第十七条所列行为之一，从事犯罪活动的，依法追究刑事责任。”这里的利用“居民身份证”从事犯罪就是指第 18 条第 2 款规定的情形，实际是指第 16 条、第 17 条所列的行为。因此，利用居民身份证从事犯罪活动的行为主要包括：使用虚假证明材料骗领居民身份证从事犯罪活动的行为；出租、出借、转让居民身份证从事犯罪活动的行为；非法扣押他人居民身份证从事犯罪活动的行为；冒用他人居民身份证或者使用骗领的居民身份证从事犯罪活动的行为；购买、出售、使用伪造或变造的居民身份证从事犯罪活动的行为等。对这些行为，要根据犯罪构成要件以及相关的刑法理论科学地认定罪名并依照刑法的规定追究刑事责任。如购买伪造、变造的居民身份证从事诈骗活动，数额较大的，根据其犯罪构成要件认定为诈骗罪，依照刑法第 266 条的规定追究刑事责任。如果行为人仅有《居民身份证法》第 16 条及第 17 条所列行为之一而没有从事犯罪行为的，仅构成违反治安管理的行为，只能按照居民身份证法的规定给予治安管理处罚，不能追究刑事责任。[1]

（三）伪造、变造居民身份证罪与数罪的认定

本罪是选择性罪名，行为人只要实施了伪造、变造行为之一的即以本罪论处，同时实施两种行为的，也以一罪论处，不实行数罪并罚。如果行为人使用伪造、变造的身份证实施其他犯罪的，如何处理？笔者认为，如果行为人伪造、变造居民身份是为了从事其他犯罪的，应按照牵连犯的原则从一重处。比如，行为人使用伪造的居民身份证实施诈骗罪，或者使用变造的居民身份证进行走私，或者使用伪造、变造的居民身份证办理或骗取护照、签证等出入境证件等。伪造身份证行为成为诈骗的手段行为，诈骗他人钱财是行为人伪造身份证的目的行为，属于刑法理论上的牵连犯，应当按照牵连犯的处罚原则处理，即在刑法分则没有特别规定的情况下，“从一重处罚”，按照数罪中最重的一个罪规定的刑罚处理。对其他目的行为，同样依此处理。

如果行为人虽在一定时间内连续实施多个危害行为，但这些行为之间没有牵连关系，则应以数罪论。行为人既有伪造居民身份证的行为，同时又有大量买卖他人伪造的居民身份证的行为，因两种行为没有牵连关系，因而应以本罪和买卖国家机关证件罪两罪并罚。[2] 当行为人在一段时间既有大量伪造居民身份证的行为，同时又有伪造公司、企业、事业单位、人民团体印章的行为，因两种行为之间没有牵连关系，分别触犯不同的罪名，应以本罪与伪造公司、企业、事业单位、人民团体印章罪两罪并罚。例如，[3] 被告人薛某，系无业人员，为非法牟利，招揽制作各种假证。自2007 年 1 月至 10 月，薛某共替他人伪造户口本 6 本、结婚证 3 本、行车证 2 份及养路费缴费凭证 1 份、驾驶证 1 本，伪造国家机关印章 13 枚、居民身份证 8 张，伪造公司、企、事业单位印章 3 枚和中专毕业证 1 份、铁路职工工作证 1 本。法院审理认为，被告人薛某无视国法，伪造国家机关证件、印章，伪造企、事业单位印章，伪造居民身份证，其行为已触刑律，构成伪造国家机关证件印章罪，伪造企、事业单位印章罪，伪造居民身份证罪，应实行数罪并罚。2008 年 5 月 15 日法院以被告人薛元犯伪造国家

---

[1] 宋丹，卢勇．居民身份证犯罪的法律适用分析［J］．贵州警官职业学院学报，2009（1）．

[2] 宋丹，卢勇．居民身份证犯罪的法律适用分析［J］．贵州警官职业学院学报，2009（1）．

[3] 杨艳，匡海燕．无业人员伪造国家证件　触犯法律获刑两年［J/OL］．http://old.chinacourt.org/html/article/200805/16/302046.shtml.

机关证件、印章罪，判处其有期徒刑 1 年，犯伪造企、事业单位印章罪，判处其有期徒刑 6 个月，犯伪造居民身份证罪，判处其有期徒刑 1 年，数罪并罚，决定对其执行有期徒刑 2 年。本案中，行为人分别实施了不同的危害行为，各危害行为之间没有牵连关系，所以，应该数罪并罚。

四、伪造、变造居民身份证罪的既遂

本罪是行为犯，以法定的犯罪行为的完成作为既遂的标志，即以伪造、变造行为的完成为本罪的既遂，而衡量伪造、变造的行为是否完成要看是否将虚假的居民身份证伪造、变造出来。判断是否将虚假的居民身份证伪造、变造出来，可以从两个方面判断：一是主观标准，即其制造时有一系列的工序，如果在未完成全部工序前停止，如基于行为人意志以外的原因则为本罪的未遂，如果基于行为人自己的意志而停止则为本罪的中止；二是客观标准，即是否达到足以乱真的程度。综合两方面考虑，并结合居民身份证证件本身的特征，可以区分伪造、变造居民身份证行为是否完成。[1]

五、为身份证制假者牵线搭桥的认定

邹某是制造假身份证的联络员。他在市区的电线杆、电话亭和商铺的卷帘门上四处张贴制造假身份证的小广告。年仅 15 岁的小松因不满 16 周岁，企业不敢录用他，因此他急需一张假身份证。小松看到广告后拨通了邹某的电话，邹某收取了小松支付的定金后将小松提供的制假信息材料交与他人进行制假。后被公安机关抓获。邹某为“客户”和身份证制假者之间牵线搭桥，但是他没有参与伪造的任何工序，邹某的行为该如何定性？法院认为替他人牵线伪造身份证的行为是为直接伪造居民身份证的犯罪行为创造条件、提供帮助，从而使整个共同犯罪目的得逞，因此应当承担伪造居民身份证共同犯罪的刑事责任。法院以伪造居民身份证罪，判处邹某拘役 4 个月。

替他人牵线伪造居民身份证的行为，应结合刑法理论及有关司法解释予以认定。从犯罪行为系统论的角度而言，替他人牵线伪造身份证的行为是为直接伪造犯罪创造条件、提供帮助，从而使整个伪造居民身份证的共同犯罪目的得逞。因此，行为人基于伪造某一特定对象的共同故意，分工

---

[1] 张保平，等．边防刑事执法理论与实务研究［M］．北京：群众出版社，2006：114.

合作完成从伪造、变造到行使的该类犯罪所有的客观行为，无论伪造者还是使用者及媒介者均应对该类伪造犯罪承担刑事责任。最高人民法院、最高人民检察院2001年7月5日颁布的《关于办理伪造、贩卖伪造的高等院校学历、学位证明刑事案件如何适用法律问题的解释》规定，明知是伪造的高等院校印章制作的学历、学位证明而贩卖的，以伪造事业单位印章罪的共犯论处。这里的“贩卖”，司法实践中一般理解为以营利为目的牵线或实际出卖的行为。故按照上述司法解释的精神，在此类犯罪中，中间介绍、牵线做媒的人亦应作为伪造行为的共犯追究刑事责任。上述规定可以作为处理本案的参照。本案中，被告人邹某收取了小松的制假信息材料后，委托他人伪造了小松的居民身份证，邹某的行为是整个伪造居民身份证犯罪不可或缺的一环，并且其主观上是明知的，因此应以伪造居民身份证罪论处。

第五章　妨害司法活动罪的理论与实务

第一节　伪证罪

一、伪证罪的概念和犯罪构成

伪证罪可以发生在刑事诉讼的任何阶段，在边防、海警部门侦查案件时，有时也会遇到此种犯罪。根据刑法的规定，伪证罪，是指在刑事诉讼中，证人、鉴定人、记录人、翻译人对与案件有重要关系的情节，故意作虚假证明、鉴定、记录、翻译，意图陷害他人或者隐匿罪证的行为。本罪具有如下构成特征：

本罪侵犯的客体是国家司法机关的正常活动。准确地追诉、惩治犯罪，使刑事案件得到正确认定和处理，是司法机关的主要日常工作之一，而伪证行为，无论是陷害他人，使无罪的人受刑罚处罚，还是隐匿罪证，为他人开脱罪责，都必然妨害司法机关的正常活动。

本罪在客观方面，表现为行为人在刑事诉讼中，对与案件有重要关系的情节，作虚假的证明、鉴定、记录、翻译。具体而言，是指证人作虚假证明，鉴定人背离客观事实，制作虚假的鉴定意见（2012 年《刑事诉讼法》将“鉴定结论”修改为“鉴定意见”），记录人和翻译人不按照诉讼参与人的原意和陈述的事实而作虚假的记录和翻译。首先，行为人必须作了虚假的证明、鉴定、记录、翻译。认定证人的证明行为是否属于伪证，应当坚持主客观相统一的原则，既要看证人的主观心理态度，又要看客观上作证行为是否有危害，只有证人出于伪证的故意，其所作证言与事实不符，才能认为是伪证行为。其次，行为人必须是对与案件有重要关系的情节作虚假的证明、鉴定、记录、翻译。最后，行为人必须是在刑事诉讼中作虚假的证明、鉴定、记录、翻译，即行为人在侦查、起诉、审判的整个过程中作伪证，包括公安、检察、国家安全、监狱等机关立案侦查、检察机关审查起诉，直到人民法院一审、二审、再审审理、判决的全过程。本罪是行为犯，即行为人只要在刑事诉讼中对与案件有重要关系的情节实施了伪证行为即可，并不要求实际上影响了案件的结论。

本罪的主体是特殊主体，即只有刑事诉讼中的证人、鉴定人、记录人、翻译人才能成为本罪主体。这4种人都是同刑事诉讼活动密切相关的人。所谓“证人”，是指按照司法机关的要求，陈述自己所知悉的案件事实情况的人；所谓“鉴定人”，是指由司法机关所指派或聘请、具有专门知识或特殊技能，对案件中的某些情节或事实真相作出专门性结论的人；所谓“记录人”，是指为案件的调查取证，询问证人、被害人或审讯犯罪嫌疑人、被告人等活动担任文字记录的人；所谓“翻译人”，是指由司法机关所指派或聘请的、为案件中的外籍人士、少数民族或聋哑人等诉讼参与人充当翻译的人，包括口译人员，也包括书面翻译人员。

本罪在主观方面是故意，即明知是虚假的证明、鉴定、记录、翻译，但为了陷害他人或隐匿罪证，为他人开脱罪责，而故意向司法机关提供。伪证罪的犯罪目的有两种，一是陷害他人，即行为人通过虚构犯罪事实，无中生有或夸大犯罪事实，意图使他人受到不应有的刑罚。二是隐匿罪证，包庇罪犯，即行为人通过隐瞒案件事实或减轻、缩小犯罪事实，意图为他人开脱罪责。两种目的具备一个即可构成伪证罪，不具备这两种特定的目的，就不构成伪证罪。伪证罪“意图陷害他人或隐匿罪证”的犯罪目的是独立于直接故意内容之外的目的性要件。伪证罪的犯罪目的是否合理，学界的争论很激烈。有的认为不合理，应当取消；有的认为不完全合理，但应当保留或修改。目前，大多数学者赞同取消说。

二、伪证罪犯罪构成要件的理解

（一）“重要关系的情节”的认定

本罪在犯罪客观方面的表现要求行为人必须是对与案件有重要关系的情节作伪证。所谓与案件有“重要关系的情节”是指对案件的结论有重要影响的情节，也就是对是否构成犯罪、犯罪的性质、罪行的轻重、量刑的轻重有重要关系的情节，包括定罪情节和法定量刑情节，如足以使无罪的人受到刑事追究或者轻罪重判的情节，或者足以使有罪的人逃避刑事追究或重罪轻判的情节。至于伪证行为是否造成了错判，不影响定罪，可作为量刑的情节予以考虑。“重要关系的情节”主要包括以下内容：①犯罪嫌疑人或被告人的主观犯意是故意还是过失、犯罪动机。②犯罪嫌疑人或被告人是否实施了被指控的犯罪行为以及实施行为的程度及后果如何、影响如何。③行为人的行为手段、行为的时间、地点、实施犯罪时的环境和条件等。④行为人的年龄、刑事责任能力、正当防卫、紧急避险、自首、立功、犯罪未遂、犯罪中止、累犯等法定量刑情节。⑤共同犯罪中被告人所处的地位及作用。⑥被害人的情况，如强奸案件被害人是否是幼女，是否为精神病患者等。⑦犯罪人的一贯表现及犯罪后的态度等酌定量刑情节。当然，不同的案件，哪些是“重要关系的情节”，还要根据个案的具体情况来判断。

（二）“情节严重”的理解

根据《刑法》第305条对伪证罪的规定，伪证罪具有从重情节，犯罪行为情节严重的，要处重刑。根据司法实践，“情节严重”，一般指以下几种情况：①因伪证使无罪的人受到刑事追究或者使犯罪分子逃避刑罚处罚的。②对犯罪的人在严重的犯罪事实上作伪证的。③在一个案件诉讼过程的不同环节多次作伪证或为多人作伪证的。④与犯罪人串通后作伪证或为犯罪人翻案作伪证的。⑤犯罪手段特别恶劣或犯罪动机特别卑鄙的。⑥因伪证造成受害人精神失常、自杀等严重后果的。⑦因伪证使侦查、审判等工作受到严重破坏的。⑧造成冤假错案的，如错捕、错判或者放纵犯罪分子等。⑨因伪证给国家和社会造成特别恶劣影响的等。

三、伪证罪罪数形态的认定

（一）伪证罪与非罪的认定

1. 伪证罪与非罪行为的界限

关于本罪的罪与非罪的界限要注意以下几点：①伪证罪的成立只限于行为人在刑事案件中作伪证，如果行为人在民事案件中作伪证的，不成立本罪。②如果行为人只是就与案件的定罪量刑这一实体处理结果关系不大的情节作伪证的，不成立本罪，因为不会影响到对他人的定罪和量刑，因而也不会产生陷害他人或包庇罪犯的危害结果，因此，也是危害不大的行为。③注意区分伪证与误证。如果证人因记忆错误而致证词失实或者由于对于案件真实情况一知半解，认识不准确，或者道听途说而传闻作证，从而提供了虚假证明的；或鉴定人由于专业技术水平低下、鉴定材料、鉴定设备的原因作出错误的鉴定意见；或记录人由于对业务不熟而出现漏记、错记；或翻译人因业务水平低下而出现错译、漏译的，都因为行为人在主观上并无陷害他人或为他人开脱罪责的故意，所以不成立本罪。④对于虽有伪证行为，但情节显著轻微，危害不大的，不应认定为犯罪。

2. 被害人虚假陈述的认定

关于被害人的虚假陈述能否构成伪证罪，学界争议较大。有学者认为，被害人作虚假陈述的行为应该成为伪证罪的行为类型之一。如张明楷教授认为："伪证罪主体的证人应当包括被害人，诚然，刑事诉讼法明确区分了证人证言与被害人陈述两个概念，但是，这并不意味着刑法理论只能按照刑事诉讼法的规定解释刑法概念；被害人陈述与证人证言都属于证据，被害人完全可能做虚假陈述，事实上也不乏其例；这种行为也具有妨害司法客观公正的危险性，因此本罪行为主体的证人应当包括被害人。"❶还有学者持同样的观点："被害人应当纳入伪证罪的主体范围，在我国和世界各国法律中，被害人陈述都是证据的一种，不同之处仅仅在于我国《刑事诉讼法》将被害人陈述规定为一种独立的证据，而在西方各国、日本以及我国港澳台地区，一般均把被害人陈述作为证人证言。被害人陈述被作为证据使用，实际上反映了被害人在刑事诉讼中具有证人的身份和地位，尤其是在上述将被害人陈述作为证人证言的国家和地区，被害人的证人身份更是毋庸置疑。"❷ 笔者认为此观点值得商榷。

第一，在我国，被害人不宜视为证人。从现行法律规定来看，《刑事诉讼法》第106条第（2）项、第（4）项分别规定"当事人是指被害人、自诉人、犯罪嫌疑人、被告人，附带民事诉讼的原告人和被告人。"而诉讼参与人是指"当事人、法定代理人、诉讼代理人、辩护人、证人、鉴定人和翻译人员。"可见，法律已明确把被害人和证人作为相并列的概念来加以规定，两者的地位是平等的，不可能存在从属关系。另外，《刑事诉讼法》第48条规定了证据的种类，证据有8种类型，其中证人证言、被害人陈述也是并列的证据种类之一，这也从侧面说明了被害人并不属于证人范围，而是与证人并列的诉讼参与人。应当说，目前刑事诉讼理论对证人概念的认识是比较一致的。笔者认为从有利于从学术研究的发展和司法活动正常开展的角度看，对证人概念在刑事法领域内做统一解释是比较恰当的选择。在明确被害人不属于证人范畴的前提下，对被害人的虚假陈述能

---

❶ 张明楷．刑法学［M］．北京：法律出版社，2003：826.

❷ 马克昌，吕继贵，杨春洗．刑法学全书［M］．上海：上海科学技术文献出版社，1993：321.

否成为独立的伪证罪行为类型这一问题，学者之间分歧较大。笔者认为，一般情况下，被害人不宜成为独立的伪证罪主体。被害人在刑事诉讼过程中虚假陈述损害国家审判活动的情况有两种：一是被害人作为受害者，在整个过程中夸大其受侵害的程度，这是常见情形；另外，司法实践中还存在一种特殊情况，即被害人受犯罪嫌疑人一方的威胁或贿买，基于自身利益的考虑同意“私了”，在案件事实的陈述方面出尔反尔，对与案件有重要关系的情节作互相矛盾的陈述，否认犯罪事实。以上两种情况均符合伪证罪的虚假性要件，那么是否应当将被害人纳入伪证罪的主体，而将以上两种情况按伪证罪处罚呢？笔者认为以上两种情况均不宜以伪证罪论处。对于第一种情况，理由是：首先，被害人作为受害者，期待其如实陈述缺乏可能性。被害人出于“趋利避害”的本性，为了在诉讼中得到司法机关更全面的保护，往往在陈述的过程中会倾向于对其受侵害的程度有所夸大，目的是引起司法机关的重视甚至同情。正如学者所说：“被害人是受害者，出于人心最本源的形态，他总是希望将犯罪之人绳之以法，严厉制裁。这种情绪体现在诉讼过程中，就会出现被害人虚假陈述的现象，如若一定要按现行刑法有关伪证罪的立法条文去扩大解释，也许能给个别行为套个伪证罪的罪名，但是这样做违背常识、常理、常情。”❶ 实际上，即使被害人客观上做了带有虚假成分的陈述，其主观上并不以陷害他人为目的，而是为了使损害自己利益的犯罪人受到法律的制裁。尽管这种做法是欠妥当的，不应得到鼓励，但也不宜动辄以犯罪论处。

第二，基于保障人权、公平正义的理念，被害人不应被追究刑事责任。从整体上看，“被害人由于犯罪人的犯罪行为成为第一受害人，国家由于被害人的虚假陈述审判活动受到影响而成为第二受害人。被害人基于自身利益的考量，期望追究犯罪人刑事责任的陈述可能会给国家追究犯罪的正常司法活动造成一定的损害，但如果以此为由追究被害人的刑事责任，就会导致被害人第二次受害。换言之，这会导致作为第二受害者的国家为了片面追求自己的利益，而置作为第一被害人的利益于不顾，甚至将被害人作为国家打击犯罪的手段，这显然违背人们基本的公平正义观念，在社会心理层面是很难取得普遍认可的。”❷ 正因为如此，现代许多国家对证人、鉴定人等与案件无关的人在刑事诉讼中虚假陈述都规定了非常严格

---

❶ 陈忠林．刑法散得集［M］．北京：法律出版社，2003：37.

❷ 李和仁．被害人改变报案时陈述能否构成伪证罪［J］．人民检察，2007（5）.

的刑事责任，而对被害人在刑事诉讼中虚假陈述则持比较宽容的态度。

需要特别说明的是，主张被害人的虚假陈述行为应当成立伪证罪的学者往往举出被害人故意夸大犯罪事实并唆使他人作伪证的案例，以证明如果不扩大伪证罪主体，将会造成不必要的争议，甚至会出现刑法对司法实践约束的空白，最典型的是虚报盗窃数额并指使他人作证的情形。“甲在被告人乙家盗窃人民币 5 000 元。案发后，被害人乙向公安机关谎报被盗人民币 6.5 万元，不仅自己提供一系列虚假证据，还要求其妻为其作虚假证明。该案中，乙的行为并不是捏造犯罪事实，而是夸大了既有犯罪事实的部分情节，因此不能构成诬告陷害罪；妨害作证罪要求行为人必须以暴力、威胁、贿买等方法指使他人作伪证，案例中的乙只是唆使其妻为其作伪证，并未采取暴力、威胁、贿买或者其他同等程度和性质的方法，因此不符合妨害作证罪的构成要件，不能定妨害作证罪。而乙的行为的社会危害性程度已经达到应受刑法处罚的程度，必须受刑法约束。综上，如果不将被害人作为伪证罪主体，将导致法律对类似的案件束手无策。”❶

笔者对此结论存在质疑。即使乙的行为不符合诬告陷害罪和妨害作证罪的犯罪构成，但借此得出要将被害人纳入伪证罪犯罪主体的结论是不妥当的。这是因为，该案中对乙完全可以在不扩大现有伪证罪主体的情况下定罪。乙唆使其妻作伪证，属于教唆他人犯伪证罪的行为，其妻实施了乙教唆的犯罪，应以受教唆的犯罪定罪，因此其妻构成伪证罪，乙作为其妻伪证行为的教唆犯，成立伪证罪的共同犯罪，因此对乙的行为同样以伪证罪定罪处罚。况且，即使乙作为被害人的虚假陈述行为可以成为伪证罪的行为类型，并不能当然得出对乙以伪证罪处罚的结论。这是因为，乙作为案件的被害人，在向公安机关报案的时候作虚假陈述，发生在公安机关立案侦查之前，案件还未进入立案程序，因而不是发生在刑事诉讼的过程中，不符合伪证罪成立的时间条件。由此可见，主张被害人应成为伪证罪主体的学者所谓的典型案例是站不住脚的。

至于被害人同意“私了”的特殊情况，笔者亦认为不应当以伪证罪定罪。“刑罚是不得已的‘恶’，应当体现出谦抑性。被害人是案件的受害人，如在实行恢复性司法的一些西方国家，被害人和被告人本来就可以由司法机关组织面对面的调解和赔偿。由于我国还没有建立恢复性司法制度，结果就出现了被害人在诉讼过程中同意‘私了’的现象。在这种情况

❶ 黄京平．刑法案例教程［M］．上海：复旦大学出版社，2007：462.

下，刑法再将其定罪，与情不合，不利于实现法律效果和社会效果的有机结合”[1]，因此，法律要设法为其出罪。综上，被害人在刑事诉讼中作虚假陈述的行为不宜扩展为伪证罪的行为类型。

（二）伪证罪与彼罪的认定

1. 伪证罪与诬告陷害罪的界限

根据《刑法》第243条的规定，诬告陷害罪，是指捏造事实诬告陷害他人，意图使他人受刑事追究，情节严重的行为。在处理伪证案件时，要划清伪证罪与诬告陷害罪的界限。二者在侵犯客体、客观方面和主观方面都有相同之处，如由于诬告陷害的行为人为了达到陷害他人的目的，常常虚构事实，伪造证据，因此在客观表现形式和主观上与本罪有相同之处，在这种情况下二者的关键区别在于主体不同。两者的区别在于：①在犯罪客体上，伪证罪侵犯的客体则是司法机关刑事诉讼的正常活动，因此，被设置在刑法分则第6章的妨害社会管理程序罪一章之中；而诬告陷害罪侵犯的主要客体是公民的人身权利，因此，设置在《刑法》分则第4章的侵犯公民人身权利、民主权利罪一章之中。②前罪的主体是特殊主体，只限于刑事诉讼关系中的证人、记录人、鉴定人、翻译人，而诬告陷害罪的主体是一般主体，司法实践中多以被害人的身份出现，即行为人是向司法机关告发案件中的被害人或者被害人的法定代理人。③伪证罪包括陷害他人和包庇他人两种情况，诬告陷害罪只能是陷害他人。④前罪只是在与案件有重要关系的个别情节上提供伪证，后罪是捏造整个犯罪事实。⑤前罪的行为发生在整个刑事诉讼中。伪证行为必须发生在刑事诉讼中。行为人伪造、变造、毁灭凭证、隐瞒事实真相的行为，不是发生在司法机关的刑事诉讼活动中，而是在一般责任事故调查处理中，或是在审计、监察等行政活动中发生的，不能以伪证罪论处。如《会计法》第26条规定，单位行政领导人、会计人员和其他人员伪造、变造、故意毁灭会计凭证、会计账簿的，给予行政处分；情节严重的，依法追究刑事责任。审计法也规定，对于弄虚作假、隐瞒事实真相的单位、单位直接责任人员、单位负责人以及其他有关人员，审计机关可予以警告、通报批评，并可酌情处以罚款；审计机关认为应当给予行政处分的人员，移送监察或者有关部门处理；对情节严重，构成犯罪的，由审计机关提请司法机关依法追究刑事责任。《医疗事故处理办法》规定，发生医疗事故或者事件后，丢失、涂改、隐

---

[1] 李和仁．被害人改变报案时陈述能否构成伪证罪［J］．人民检察，2007（5）．

匿、伪造、销毁病案或有关资料，情节严重的，对直接责任人员追究其行政责任；情节严重构成犯罪的，由司法机关依法追究刑事责任。上述法律、法规中提及的情节严重、构成犯罪的行为，虽然在客观上也表现为隐瞒事实真相，毁灭、伪造、隐匿有关资料，但不是在刑事诉讼中，行为所侵犯的客体不同于伪证罪，只能分别情况，以其他犯罪论处。后罪的行为则是在立案侦查之前实行的，并且是引起案件侦查的原因。⑥前者是通过作虚假证明、鉴定、记录、翻译等手段实现的；后者则是作虚假的告发。⑦从行为所针对的对象来看，伪证罪针对的对象则是特定的，只能是进入刑事诉讼程序的人，如犯罪嫌疑人、被告人等；而诬告陷害罪所针对的对象不是特定的，主要是普通公民，且该对象不一定进入刑事诉讼程序之中。⑧从告发的机关来看，伪证罪则只限于向直接办理案件的司法机关提供虚假的事实或作虚假的记录、翻译等，即使在刑事诉讼期间，行为人向司法机关以外的其他任何机关、组织提供虚假的事实，也不能按本罪处理；而诬告陷害罪中行为人既可以向司法机关告发，又可以向其他单位告发。⑨从行为的表现方式来看，伪证罪由于是发生在刑事诉讼过程中，证人证言则由司法机关制作成笔录，鉴定人、翻译人则是受司法机关的指派或聘请，其鉴定、翻译在程序上较为规范，且证人、鉴定人、翻译人不能以化名、匿名形式进行诉讼活动；而诬告陷害罪中，行为人既可以以书面形式，又可以口头形式；既可以署名，又可以匿名、化名。⑩前者的犯罪目的可以是陷害他人，也可以是包庇罪犯，后者的目的只能是陷害他人，使无罪者受到刑事处分。⑪从刑事责任来看，伪证罪的最低刑是拘役，最高刑是7年有期徒刑；而诬告陷害罪的最低刑是管制，最高刑是10年有期徒刑，可见，诬告陷害罪的最低刑低于伪证罪的最低刑，但其最高刑却高于伪证罪的最高刑。

2. 伪证罪与提供虚假证明文件罪的界限

根据《刑法》第229条的有关规定，提供虚假证明文件罪（原名为中介组织人员提供虚假证明文件罪）是指承担资产评估、验资、验证、会计、审计、法律服务等职责的中介组织及其人员故意提供虚假证明文件，情节严重的行为。本罪与提供虚假证明文件罪都存在故意提供虚假证明这一相同之处，但不同之处甚多，其区别主要有以下几个方面：①侵犯的客体不同。伪证罪侵犯的客体是司法机关刑事诉讼的正常活动。刑法理论界对伪证罪客体的论述，可谓众说纷纭、莫衷一是。归纳起来，主要有“复杂客体说”和“单一客体说”两大类。“复杂客体说”认为，本罪既妨碍了国家的正常司法秩序，又侵犯了公民的人身权利。[1] 也有的指出，本罪侵犯的客体主要是司法机关的正常活动，同时也侵犯公民的合法权益。[2] 还要学者认为，伪证罪侵害的客体是复杂客体，既妨碍司法机关的正常活动，又往往侵犯公民的人身权利。[3]“单一客体说”认为本罪的客体是单一客体，但就具体内容看，又有不同的观点，如有的认为本罪的客体是国家机关的正常活动；[4] 也有的主张本罪侵犯的客体是国家司法机关的正常活动；[5] 还有的指出，本罪侵犯的直接客体是司法机关在刑事诉讼中的正常活动。[6] 笔者不赞同“复杂客体说”的观点。从立法规定的复杂客体而言，复杂客体是指一种犯罪行为必须同时侵犯两种或两种以上的社会关系。在伪证罪中确实存在伪证行为既侵犯国家司法机关正常刑事诉讼活动，又侵犯他人人身权利的客观事实，如意图陷害他人而向司法机关作伪证的。但是，由于伪证行为的内涵和外延较为宽泛，不仅仅局限于上述作伪证的情况，以意图隐匿罪证包庇他人而向司法机关作伪证的，同样可能构成伪证罪。在后一种情况下，就不可能存在侵犯他人人身权利的事实，复杂客体自当难以成立。所以，并不是任何形式的伪证行为都必然侵犯公民的人身权利，隐匿罪证的伪证犯罪行为就不侵犯公民的人身权利，但它必须侵犯国家司法机关的正常活动，因而“单一客体说”的观点则是相对科学的。但具体到上述单一客体说的前两种主张，笔者也难以苟同：首先，上述认为本罪的客体是国家机关正常活动的观点，其缺陷是明显的，而应当是国家司法机关。其次，主张本罪的客体是司法机关正常活动的观点，也不尽正确。我国刑法明文规定，成立该罪伪证行为只能发生在刑事诉讼活动中，而将民事诉讼和行政诉讼活动中的伪证行为排除在伪证罪的范围之外，尽管该种立法的合理性值得探讨，但从刑法解释学和刑事司法的角度而言，对伪证罪的认定只能局限于刑事活动之中。因此，上述认为本罪的客体是司法机关正常活动的观点，实质上是将对本罪客体的探讨仅仅停留在同类客体之上，并未深入到对本罪直接客体的认识。由此，根据我国刑法的规定，认为本罪的客体应该是国家司法机关的刑事诉讼的正常活动的

---

[1] 高铭暄，马克昌．刑法学［M］．北京：北京大学出版社、高等教育出版社，2000：555.
[2] 陈明华．刑法学［M］．北京中国政法大学出版社，1999：661.
[3] 赵秉志，田宏杰，于志刚．妨害司法罪［M］．北京：中国人民公安大学出版社，2003：46.
[4] 马克昌，吕继贵，杨春洗．刑法学全书［M］．上海：上海科学技术文献出版社，1993：338.
[5] 肖扬．中国新刑法学［M］．北京：北京中国人民公安大学出版社，1997：555.
[6] 高铭暄，马克昌．刑法学（下）［M］．北京：中国法制出版社，1999：976.

观点，符合我国刑事立法的精神和刑法的相关的规定，是科学的。[1] 提供虚假证明文件罪侵犯的客体是国家对市场中介服务活动的管理秩序和有关公司、股东、发起人、债权人以及社会公众的合法利益。②客观行为的表现方式不同。伪证罪，其行为人行为方式表现在刑事案件的侦查、审判过程中，故意出具虚假的证言、鉴定意见以及翻译文件等。而在提供虚假证明文件罪中，行为人的行为是在公司申请登记或公司经营的验资、验证、评估、审计等的过程中，所出具的虚假证明文件也都是有关公司成立、经营等内容的。③犯罪主体不同。伪证罪中的犯罪主体，是刑事诉讼参与人，包括证人、鉴定人、记录人及翻译人员；而提供虚假证明文件罪的犯罪主体，主要是从事资产评估、验资或验证的评估师、注册会计师、审计师等或者单位。④犯罪主观方面的内容不同。伪证罪主观方面包括意图陷害他人或意图包庇他人使其逃避、减轻法律制裁；而提供虚假证明文件罪是明知是虚假的中介证明文件或者明知被服务对象要其出具的是虚假的中介证明文件而有意提供给他人或者单位，是为了徇私情或者牟取个人或者单位的不正当利益。

在司法实践中，司法机关往往需要就某一具体专业性的问题要求会计师事务所或者审计师事务所作鉴定，如果会计师事务所及其注册会计师、审计师事务所及其审计师故意作出虚假的鉴定意见，应以何罪论处？对于这种情况，有学者认为，如果中介组织人员出于包庇犯罪或者隐匿罪证的目的，即明知其提供的证明将对案件起实质影响作用而仍然提供虚假证明，构成伪证罪；如果出于其他目的则构成提供虚假证明文件罪。[2] 笔者基本同意这一观点，而且笔者还认为，如果中介组织人员提供虚假鉴定意见的目的在于陷害他人，也应以伪证罪论处。

3. 伪证罪与帮助毁灭、伪造证据罪的界限

根据《刑法》第 307 条第 2 款的规定，帮助毁灭、伪造证据罪是指帮助当事人毁灭、伪造证据，情节严重的行为。本罪与帮助毁灭、伪造证据罪的区别主要有：①犯罪客体不同。本罪的犯罪客体是司法机关正常的刑事诉讼活动。法官审理案件的过程就是运用各种掌握的证据去证明待证事实，对案件作出裁决的过程，证据本身的真实性关系到整个诉讼所追求的公平正义、当事人的合法权益、以及国家司法权的正确行使。“伪证”行

---

[1] 何荣功．伪证罪的若干问题探讨［J］．江西公安专科学校学报，2002（9）．

[2] 周洪波，田凯．破坏市场管理秩序犯罪司法适用［M］．北京：法律出版社，2005：331.

为直接危害的是个案的公正性，而最终受到危害的则是整个国家和社会司法权的正当行使，是对国家司法公正性的损害和社会对法律的信仰。帮助毁灭、伪造证据罪的犯罪客体是司法机关的正常的诉讼活动。②客观方面不同。本罪的客观方面表现为，在刑事诉讼中，对与案件有重要关系的情节，故意作虚假的证明、鉴定、记录、翻译。首先，行为人必须有作虚假的证明、鉴定、记录、翻译的行为。所谓作虚假的证明、鉴定、记录、翻译，指证人作了虚假的证明，鉴定人作了不符合事实真相的鉴定，记录人作了不真实的记录，翻译人作了歪曲原意的翻译。其次，虚假的证明、鉴定、记录、翻译的内容，必须是与案件有重要关系的情节，即对案件是否构成犯罪、犯罪的性质或罪行的轻重具有重要关系的情节，包括定罪情节和法定量刑情节。如果伪证的事实无关紧要、对案件的处理影响不大，不能以伪证罪论处。至于伪证行为是否造成了错判，不影响定罪，可作为量刑的情节予以考虑。再次，伪证行为必须发生在刑事诉讼中，即必须是在从公安检察机关立案侦查起诉，人民法院一、二审程序，死刑复核程序，再审程序的判决及刑罚的执行的过程中或者从刑事案件的自诉人提起自诉到法院判决终结以及刑罚执行的过程中作伪证。帮助毁灭、伪造证据罪的客观方面表现为在诉讼活动中帮助当事人毁灭、伪造证据，情节严重的行为。③犯罪行为发生的时间不同。本罪发生在刑事诉讼活动中。有学者认为，《刑法》第 305 条将伪证罪的适用范围仅限于“在刑事诉讼中”，明显偏于狭窄，不利于切实保证司法机关在所有诉讼中正常活动的顺利开展。刑法将伪证罪的适用范围仅限于“在刑事诉讼中”，致使在民事诉讼和行政诉讼中作伪证的犯罪行为就不能认定为伪证罪，司法实践中对此类犯罪也往往束手无策。故建议将伪证罪的适用范围扩大到所有诉讼中，《刑法》第 305 条可修改为：“在诉讼中，证人、鉴定人、记录人、翻译人对案件有重要关系的情节……”，从而协调我国刑法与民事诉讼法、行政诉讼法中对作伪证行为的规定，把民事诉讼和行政诉讼中作伪证的犯罪行为纳入伪证罪的适用范围，最大限度地发挥伪证罪的刑罚作用。另有学者对伪证行为存在的时空范围，从广义和狭义两方面进行了阐述：从广义上讲，伪证罪只能发生于刑事审判中；从狭义上讲，伪证罪只能发生于刑事诉讼过程中。从我国刑法的规定看，这种理解似乎没有差错。但也有学者在仔细研究伪证罪的立法本意及国外立法情况后，认为我国刑法将伪证罪的时空范围仅局限于刑事诉讼中有欠缺之处，应该将此范围扩大至民事、行政诉讼中。从性质上讲，伪证行为是对国家司法权的一种妨害。伪证罪立法最直接、最根本的目的在于维持国家司法秩序和国家审判权的安全，这一点被现代刑法理论和刑事立法实践所普遍接受。从我国新刑法将伪证罪从旧刑法中的“侵犯公民人身权利、民主权利罪”一章调整到新刑法中的“妨害社会管理秩序罪”一章也可以看出我国刑事立法对这一观点的认识和接受。但是，同为国家司法权体系的组成部分，为何民事、行政审判权没有得到与刑事审判权同等的对待呢？这是否意味着在我国的司法权体系中，刑事审判权比民事、行政审判权更为重要呢？答案是否定的。其实，刑事审判、民事审判、行政审判都是国家司法职能的一部分，司法制度上的审判权划分主要是由于其各自的职能有所不同，而并不存在孰轻孰重的问题。我国新刑法在这一点上的缺失，不仅仅影响了伪证罪在具体的规范设计中应有的立法价值，也造成了司法实践中困境的出现。诸如指使他人在民事诉讼和行政诉讼中作伪证将构成犯罪，而自己“亲自”在民事诉讼或行政诉讼中作伪证却不会构成犯罪。[1] 法律的荒谬在此时此刻显得是如此的让人意外！此外，考察国外立法不难发现，世界各国立法尤其是大陆法系国家的立法，很少将构成伪证罪的伪证行为仅限定于刑事诉讼中。日本、法国、瑞士、韩国均未将伪证行为的发生限制在刑事诉讼中，俄罗斯刑法也是如此，只是将刑事诉讼中的伪证行为作为加重处罚的情节加以规定。与我国的立法显得相似的是《牛津法律大辞典》中对“伪证罪”的解释，此书将“伪证罪”解释为：“在刑事诉讼中，已经进行了法律宣誓的证人或译员，故意作他明知是虚假的或他不相信是真实的陈述的犯罪行为。”但是，这并不能表明英美法系国家的刑法只处罚刑事诉讼中的伪证行为。实际上，在英美国家，伪证罪也可以发生在民事诉讼中，而且，普通法以外的制定法常规定在行政等非司法程序中，如申报退税或请发退休金时，行为人故意作虚伪誓言的，也构成伪证罪。所以，学者得出的结论是：无论是从伪证罪的性质看，还是比较世界各国的立法情况，我国刑法中的规定都显得“厚此薄彼”，有违现代法治的“平等原则”。④犯罪发生的程序不同。本罪发生在刑事诉讼活动中，帮助毁灭、伪造证据罪可发生在刑事、民事、行政、经济等活动中。⑤犯罪主体不同。本罪的主体是特殊主体，只能是在刑事诉讼中的证人、鉴定人、记录人、翻译人。后罪的主体是一般主体，即年满16周岁具有刑事责任能力的自然人，均可构成本罪，包括辩护人、诉讼代理人、司法人员，但犯罪主体不包括犯罪者本人。

---

[1] 赵永红．扰乱公共秩序和司法活动犯罪司法适用（上）［M］．北京：法律出版社，2006：11.

冯某某将其有精神病的儿子用家中的拐杖殴打致死，遂找族人帮助掩埋。冯乙、冯丙、冯丁、冯甲等人碍于亲情，在明知冯某某故意杀人的情况下，仍帮助冯某某掩埋了其子的尸体，并帮其毁灭罪迹。冯乙、冯丙、冯丁等人在被公安机关抓获归案以后，均辩解自己没有帮助冯某某掩埋尸体。

在审查起诉过程中，因冯甲已经死亡依法不追究其刑事责任外，对于冯乙、冯丙、冯丁等人的行为如何定罪产生了3种不同的意见。

第一种意见认为，冯乙、冯丙、冯丁等人的行为构成包庇罪。冯乙、冯丙、冯丁等人在归案后，均向公安司法机关作虚假证明，否认帮助冯某某掩埋尸体，而涉案尸体系本案极为重要的刑事诉讼证据。因此，他们的行为属于作虚假证明，符合包庇罪的犯罪特征。

第二种意见认为，冯乙、冯丙、冯丁等人与冯某某没有共同杀人的犯罪故意，不是故意杀人的同案共犯；相对于冯某某故意杀人案件而言就是证人。他们归案以后，均辩解其没有实施掩埋尸体的行为，属于隐匿证据，也是帮助当事人毁灭证据行为的继续。他们帮助当事人毁灭证据的行为，与其隐匿证据的行为是目的与手段的关系，是牵连犯，应当择一重罪处罚。因此，对冯乙、冯丙、冯丁等人的行为，应以伪证罪处罚。

第三种意见认为，冯乙、冯丙、冯丁等人的行为符合刑法规定的帮助毁灭证据罪的犯罪特征，但已超过犯罪追诉的时效，不应再追究他们的刑事责任。

笔者同意第三种意见，理由如下：

第一，冯乙、冯丙、冯丁等人的行为不构成包庇罪。包庇罪的客观行为表现为行为人作假证明包庇犯罪人。包庇罪和帮助毁灭证据罪在侵犯的客体和犯罪客观方面确实存在相互包容、交叉的关系。在1997年新刑法制定以前对于行为人实施的帮助刑事案件的当事人毁灭、伪造证据的行为，均是以包庇罪定罪处罚的。厘清二者的关键，在于行为人是否向司法机关作虚假证明。即如果行为人既帮助隐匿、毁灭、伪造证据，又出于包庇的动机与目的而作假证明包庇被告人、犯罪嫌疑人的，则构成包庇罪；否则，构成帮助毁灭证据罪。因此，本案中冯乙、冯丙、冯丁等人在归案以后，均否认其参与实施帮助当事人掩埋尸体毁灭证据的行为，主观动机上并非是为了帮助当事人冯某某逃避罪责，而是出于为自己推脱罪责。从事实与性质上讲，他们的虚假证明行为并没有影响对冯某某故意杀人犯罪事实的认定。因此，冯乙、冯丙、冯丁等人的行为不符合包庇罪的犯罪特征。

第二，冯乙、冯丙、冯丁等人的行为不构成伪证罪。首先，刑法规定的伪证罪的主观动机与目的是行为人出于为帮助当事人逃避罪责而故意隐匿的，那么惧怕自己受到法律的惩罚而故意说假话的行为，则不符合伪证罪的犯罪动机特征。其次，无论是刑法理论上还是司法实践中，不论行为人处于何种动机与目的而故意说假话，均是以原先所实施的行为定罪处罚，但并非因为故意说假话而以伪证罪处罚。再次，本案冯乙、冯丙、冯丁等人在归案以后，向司法机关作虚假供述的行为，其直接动机就是逃避法律惩罚。如上所述，他们帮助当事人毁灭证据后，再作虚假陈述，并不是目的与手段的关系，不符合刑法理论所规定的牵连行为，不符合伪证罪的犯罪特征。

第三，刑法并无明文规定构成帮助当事人毁灭证据罪的行为是在诉讼活动过程中，也应包括在提起诉讼之前的行为，不能将该行为仅局限于诉讼过程中。因此，本案冯乙、冯丙、冯丁等人的行为，虽发生在公安机关立案侦查之前，但符合帮助毁灭证据罪的特征。然而，该罪的最高法定刑是3年，冯乙、冯丙、冯丁等人的行为已过犯罪的追诉时效，所以不能以帮助毁灭证据罪处罚。

4. 伪证罪与窝藏、转移赃物罪的界限

《刑法》第321条规定：明知是犯罪所得的赃物而予以窝藏、转移、收购或者代为销售的，处3年以下有期徒刑、拘役或者管制，并处或者单处罚金。这是刑法对窝藏、转移、收购、销售赃物罪的规定。据此，窝藏、转移、收购、代为销售赃物罪是指明知是犯罪所得的赃物而予以窝藏、转移、收购、代为销售的行为。本罪与窝藏、转移赃物罪的区别主要有：①犯罪客体不同。本罪的犯罪客体是司法机关正常的刑事诉讼活动。伪证罪妨碍的司法机关的正常活动，是指司法机关的刑事诉讼活动。司法机关的民事诉讼活动、行政诉讼活动不能成为伪证罪的客体要件。《民事诉讼法》第111条规定，诉讼参与人或其他人员伪造、毁灭重要证据，妨碍人民法院审理案件的，以及以暴力、威胁、贿买方法阻止证人作证及指使、贿买、胁迫他人作伪证的，人民法院可以根据情节轻重，予以罚款、拘留；构成犯罪的，依法追究刑事责任。根据《行政诉讼法》第49条规定，诉讼参与人或者其他人员伪造、隐藏、毁灭证据的，或者指使、贿买、胁迫他人作伪证及威胁、阻止证人作证的，人民法院可以根据情节轻重，予以训诫、责令具结悔过或者处一万元以下的罚款、15日以下的拘留；构成犯罪的，依法追究刑事责任。因为刑事诉讼与民事诉讼、行政诉讼性质不同，伪证行为造成的社会危害性大小也有不同，以伪证方式妨碍民事诉讼或行政诉讼活动的，不能直接以伪证罪论处。窝藏、转移赃物罪侵犯的客体是司法机关顺利追缴赃物的活动和司法机关依法进行的刑事侦查、起诉、审判活动。②客观方面不同。本罪的客观方面表现为，在刑事诉讼中，对与案件有重要关系的情节，故意作虚假的证明、鉴定、记录、翻译。帮助毁灭、伪造证据罪的客观方面表现为在诉讼活动中帮助当事人毁灭、伪造证据，情节严重的行为。窝藏、转移赃物罪客观方面的行为表现为窝藏、转移的行为。③犯罪主体不同。本罪的主体是特殊主体，只能是在刑事诉讼中的证人、鉴定人、记录人、翻译人。窝藏、转移赃物罪的主体是一般主体，凡是达到刑事责任年龄、具备刑事责任能力的自然人均可成为窝藏、转移赃物罪的主体。④犯罪主观方面的内容不同。本罪在主观方面必须出自直接故意，即行为人明知自己提供的证明、鉴定、记录、翻译是为了陷害他人或者隐匿罪证而故意实施的行为，并希望这种结果发生。犯罪目的是陷害他人或者隐匿罪证。窝藏、转移赃物罪在主观方面为明知是赃物而予以窝藏、转移。“明知”包括明知确实是赃物和明知可能是赃物两种情况。

5. 伪证罪与包庇罪的界限

包庇罪是指明知是犯罪分子而作假证明予以包庇的行为，和窝藏罪一起规定在《刑法》第310条。伪证罪和包庇罪的区别如下：①犯罪对象不同。伪证罪的犯罪对象是犯罪嫌疑人、被告人，包庇罪的犯罪对象是犯罪分子。②犯罪主体不同。伪证罪是特殊主体，包庇罪是一般主体。③犯罪时间不同。伪证罪发生在刑事诉讼过程中，包庇罪可以发生在犯罪行为实施之后、刑罚执行完毕之前的任何时候。④作假证明的内容不同。伪证罪掩盖或伪造的是与案件有重要关系的情节，包庇罪掩盖的是犯罪分子的全部罪行或重要犯罪事实。⑤主观方面的内容不同。伪证罪主观方面包括意图陷害他人或意图包庇他人使其逃避、减轻法律制裁，包庇罪只能是包庇他人使他人逃脱制裁。虽然刑法没有明文规定包庇罪必须具备某种目的，但是从刑法理论和司法实践来看，一般都认为包庇罪是目的犯（也称意图犯），也就是说独立于主观故意之外还需要有特定的目的——使犯罪的人逃避法律制裁，如果不具有这种目的就不构成包庇罪，即作假证明行为除了有相应的主观故意（即明知是犯罪的人而故意作假证明予以包庇）之外，还要具备特定的目的要素，那就是使犯罪的人逃避法律制裁。目的要素的差异是包庇罪与伪证罪的一个至关重要的区别。包庇罪的目的比伪证罪的目的更加宽泛，前者是使犯罪的人逃避法律制裁，而后者只限于陷害他人或隐匿罪证两种特定目的。隐匿罪证与包庇是不同的概念，虽然隐匿罪证最终的目的仍然是包庇犯罪的人，也就是使犯罪的人逃避应有的法律制裁，但是这种最终目的可以有多种实现方式，但要构成伪证罪则需要通过隐匿罪证的特定方式来实现，也可以说使犯罪的人逃避应有的法律制裁是在隐匿罪证之后更深层次的目的，刑法规定"隐匿罪证"的目的实际上进一步限制了伪证罪的处罚范围。另外，由于隐匿的对象是证据，所以就证人而言，隐匿的罪证应是实物证据，包括以实物形式表现出来的言词证据，比如书面的被害人陈述、证人证言等，而不包括言词证据。这是由证据的性质决定的，言词证据自身的特点决定了其无法被证人隐匿。可以看出，伪证罪的规定主要是从刑事诉讼证据和证明的角度加以考虑，体现了较强的证据意义；而包庇罪则以作假证明为核心涵盖了更广泛的内容。[1]那么，对证人作假证明的行为应如何定性？比较常见的观点认为，此时伪证罪与包庇罪是特殊与一般的关系，按照特殊优于一般的原理，应定伪证罪。笔者认为这种观点有不妥之处，在证人作假证明的情况下，如果具有伪证罪所要求的两种特定目的，则构成伪证罪；如果不具有伪证罪所要求的两种特定目的，而是一般的为了使犯罪的人逃避法律追究，则应构成包庇罪。对于证人故意提供假证言包庇罪犯的，应按照包庇罪的规定处罚。[2]

6. 诬告陷害他人并在刑事诉讼中继续作虚假证明的认定

首先看对"虚假"的理解。关于"虚假"的含义，有学者认为其存在两种情况：一是无中生有，捏造或夸大事实以陷人入罪；二是以有说无，掩盖或缩小事实以隐匿罪证或开脱罪责。[3]也有学者指出，其基本形式有如下几种：一是凭空捏造，说无为有；二是隐匿罪证，说有为无；三是说重为轻或说轻为重；四是包庇、陷害集于一身。以上两种具体主张尽管表述存在差异，但其实质内容并无大的差别，也就是说，在上述论者看来，"虚假"的内涵是指不真实的证明、鉴定、记录、翻译，其外延既包括完全不真实，也包括部分不真实。而对于其认定标准，国外刑法理论和实践，特别是在大陆法系相关国家和地区的刑法理论和实践中有不同的学说：①"客观说"，又称"客观陈述理论"，认为本罪之目的乃在于司法审

[1] 李连华．包庇罪作假证明问题分析［J］．黑龙江省政法管理干部学院学报，2009（2）．

[2] 胡康生，郎胜．中华人民共和国刑法疏议［M］．3版．北京：法律出版社，2006：465．

[3] 张明楷．刑法学（下）［M］．北京：法律出版社，1997：825．

判机关从事诉讼程序之事实认定工作时，不为伪证行为所危害，陈述者之陈述内容若与事实上所发生或存在者互有出入时，则其审判之正确性，即会受到危害。就此而得出结论认为本罪之陈述内容若与客观存在之事实不相符合时，则该陈述即为错误，所有与客观存在之事实不相符合之陈述，即为虚伪之陈述。[1] ②“主观说”，也称“主观陈述理论”，主张陈述者应当将自己经历的事实即自己记忆中的事实原封不动地予以陈述，对陈述内容真实性的判断是法院的任务。因此，按照自己的记忆陈述的，即使与客观事实不相符，也不是虚假的；反之，不按照自己记忆陈述的，即使与客观事实相符合，也是虚假的。我国学者张明楷教授在比较了“客观说”和“主观说”的基础上，提出了“折中说”的观点，认为：“虚假应是违反证人的记忆并且不符合客观事实的陈述，如果违反证人记忆但符合客观事实，就不可能妨害司法活动，不能认定为伪证罪，如果符合证人的记忆但与客观事实不相符，则行为人没有伪证的故意，不可能成立伪证罪。”[2] 此外，在我国刑法理论上，也有其他学者持有类似的看法，如有的主张：“对‘虚假’的判断，应坚持主客观相统一的原则……证人虽然违反自己记忆，但由于陈述的内容与客观事实相符，因此，不可能妨害司法活动，不能认定为犯罪。”[3]

笔者认为，①“客观说”仅以陈述的内容与客观实际是否相符合作为评价的唯一标准，忽视了犯罪主观要件在犯罪成立上的重要地位，在实践中就可能将没有违反自己记忆但作出与客观事实不符的陈述的情况，认定为伪证罪，有违主客观相统一定罪的根本原则。尽管“客观说”在实践中较易认定，从刑法实务的实用性而言，大陆法系许多国家和地区客观说为通说。但因为其存在客观归罪之嫌，故不足取。②现实中即使再精确的记忆的陈述，也不可能还事物的原面貌，由此来看，要求作证的人所述与客观事实完全一致，不仅现实中不可能，而且是强人所难。因此，客观说在理论上的缺陷也是明显的。就“主观说”和“折中说”而言，两者都主张在陈述者不具有伪证故意的情况下，即使其陈述的内容与客观事实相违背，由于欠缺犯罪成立的主观要件，因而不构成伪证罪，它们分歧的焦点在于：当违反证人记忆但符合客观事实时，行为的法律性质应如何判断？“主观说”认为构成伪证罪，“折中说”论者主张不成立伪证罪。“主观

[1] 林山田．刑法特论（下）［M］．台北：三民书局出版社，1994：1008.
[2] 张明楷．刑法学（下）［M］．北京：法律出版社，1997：825.
[3] 李希慧．妨害社会管理秩序罪新论［M］．武汉：武汉大学出版社，2001：224.

说”与“折中说”的上述意见分歧，在笔者看来，究其根源，主要是由于学者们对违法本质认识不同所致。在大陆法系刑法理论上，对违法本质的认识，存在行为无价值和结果无价值的对立。行为无价值论认为，如果行为具有反伦理性、义务违反性，即使没有侵害法益的危险性，也要以犯罪论处；而结果无价值论则主张，如果行为没有侵害法益的危险性，不管行为如何具有反伦理性与义务违法性，也不能以犯罪处罚。[1] 因此，在行为无价值论者看来，陈述者在故意违反记忆的情况下，即使其陈述的内容与客观事实相符合，由于违反了陈述者在诉讼中必须如实陈述的义务，所以，仍然成立伪证罪；而在结果无价值论看来，即使在陈述中行为者故意违反其记忆，但由于其陈述的事实与客观事实相一致，故不可能对法益造成侵害，因此该行为不构成犯罪。关于行为无价值与结果无价值的争论，正如日本著名学者大冢仁所说：“仅从结果无价值的观点尚不能充分地把握违法性的意义。在今日的刑法学上认为法益的侵害、威胁是决定犯罪本质的东西，在论及违法性时，当然必须重视所谓结果的无价值。但是，如前所述，也有不少犯罪的性质仅从结果的无价值尚不能得到充分的说明。即使是根据结果的无价值能够相应理解其性质的犯罪，在论述具体的违法性的意义时，一般也应考虑招致法益的侵害、威胁的行为本身的意义。”[2] 因此，对违法性的理解，只有以结果无价值为基础，将行为无价值和结果无价值结合起来才是可取的。在我国刑法理论上，对违法性本质和根据的认识虽然不存在行为无价值论与结果无价值论的对立，但是，我国刑法理论认为犯罪的成立行为必须存在严重的社会危害性，而社会危害性不仅是主客观的统一，而且，它也是违法性的实质内容，即两者是互为表里，仍然是相统一的。若一种行为只有主观犯意，而无社会危害性、违法性，就不宜认定为犯罪。具体到伪证罪而言，陈述者在违反其记忆但符合客观事实的场合，尽管行为人存在犯罪的主观恶性，但由于其陈述的客观事实与实质事实相一致，决定了其陈述行为不可能对刑法所保护的利益造成客观危害，结果无价值自然就不存在，因而该行为就欠缺成立犯罪的客观事实基础，若以犯罪论处，显然违背我国刑法理论和实践所坚持的主客观相统一原则。综上所述，虚假应该是违反证人的记忆并且不符合客观事实的陈述。[3]

---

[1] 张明楷．法益初论［M］．北京：中国政法大学出版社，2000：205－206．

[2] ［日］大塚仁．犯罪论的基本问题［M］．冯军，译．北京：中国政法大学出版社，1993：133．

[3] 何荣功．伪证罪的若干问题探讨［J］．江西公安专科学校学报，2002（9）．

本罪与诬告陷害罪的界限在前文中已有论述。我国《刑法》第243条第1款对诬告陷害罪进行了规定："捏造事实诬告陷害他人，意图使他人受刑事追究，情节严重的，处3年以下有期徒刑、拘役或者管制；造成严重后果的，处3年以上10年以下有期徒刑。"同条第2款规定："国家机关工作人员犯前款罪的，从重处罚。"同条第3款规定："不是有意诬陷，而是错告，或者检举失实的，不适用前两款的规定。"行为人诬告陷害他人，情节严重的构成诬告陷害罪。行为人在刑事诉讼中继续作虚假证明是诬告陷害行为的继续和延伸，是诬告陷害行为这一整体的一个组成部分，是部分行为，诬告陷害他人必定要做虚假证明，虚假证明行为是为诬告陷害他人成功而做的进一步努力，行为人的行为应视为一个行为，一个行为只能构成一罪，应以诬告陷害罪论处，不宜认定为两罪或以一罪从重处罚。从另一个角度讲，在刑事诉讼中继续作虚假证明的行为也是诬告陷害他人行为的后续行为，应为前一行为吸收，只认定为一行为，以前一行为所构成的犯罪定罪处罚。当然，对于案件证人作伪证陷害他人的，应以伪证罪处理。

四、伪证罪共同犯罪的认定

（一）伪证罪与事前有通谋的共同犯罪的区别

窝藏、包庇行为是在被窝藏、包庇的人犯罪后实施的，其犯罪故意也是在他人犯罪后产生的，即只有在与犯罪人没有事前通谋的情况下，实施窝藏、包庇行为的，才成立本罪。如果行为人事前与犯罪人通谋，商定待犯罪人实行犯罪后予以窝藏、包庇的，则成立共同犯罪。因此，《刑法》第310条第2款规定，犯窝藏、包庇罪，事前通谋的，以共同犯罪论处。在这种情况下，即使共同犯罪所犯之罪的法定刑低于窝藏、包庇罪的法定刑，也应以共同犯罪论处。

（二）共同犯罪成员作有利于同案犯虚假陈述的认定

根据《刑事诉讼法》第118条的规定，在刑事诉讼中，犯罪嫌疑人对侦查人员的讯问，应当如实回答，没有保持沉默的权利。同时，依据刑事诉讼证据理论，犯罪嫌疑人、被告人对自己所实施的犯罪行为的供述和被害人亲历犯罪行为发生的证言或陈述都属于直接证据，具有较强的证明力，能够单独直接证明案件的主要事实，是公安司法机关认定案件事实，对案件进行处理的重要依据。犯罪嫌疑人和被告人为对抗司法机关，随时都有可能以各种手段来妨害正常的司法活动，故意作伪证就是其中最常见的一种。虽然在公诉案件中，犯罪嫌疑人、被告人一般不承担证明责任，也就是没有义务提出证据证明自己无罪，但是犯罪嫌疑人、被告人并不因此而享有沉默权，而且由于其供述和辩解的重要性，所以法律上不能允许犯罪嫌疑人、被告人拒绝回答问题或故意作虚伪陈述，后者一旦产生影响，其危害性与真实陈述的正面作用同样重大。众所周知，犯罪嫌疑人、被告人的供述和辩解存在很大的虚假可能性，并易有反复。在大多数情况下，犯罪嫌疑人、被告人为了逃避罪责，总是企图否认和抵赖罪行，所以，虚假的辩解是比较常见的。由于司法机关本来就要对有关案件事实展开调查工作，因此这种虚假辩解并不会对司法活动造成新的影响，故对其另行追究并无太大意义。但是，如果犯罪嫌疑人、被告人在有罪供述或检举揭发时故意作伪，情况就不一样了。我国《刑法》分别在第 67 条和第 68 条规定了对自首和立功的处理：被采取强制措施的犯罪嫌疑人、被告人和正在服刑的罪犯，如实供述司法机关还未掌握的本人其他罪行的，以自首论，并可从轻或减轻处罚；犯罪分子有揭发他人犯罪行为，查证属实的，或者提供重要线索，从而得以侦破其他案件等立功表现的，可以从轻或减轻处罚。那么如果他们提供了虚假的新情况，又应如何处理呢？如前文所述，犯罪嫌疑人、被告人提供的新情况应属于案件的证据，其有关供述就应该是作证行为。对属于证人证言性质的检举揭发，若故意作伪证，应当可以适用伪证罪进行处理；而对自证其罪的供述或不属证人证言性质的检举揭发，如故意作伪证，刑法则没有作出相应规定。而事实上对于新情况，司法机关总是宁信其有而不信其无的，并且还会据此展开调查，待发现情况不实，则已经使司法成本升高，司法资源遭到浪费。所以这种作伪行为对正常司法活动的妨害是相当大的。[1] 例如，犯罪嫌疑人钱某（某国企负责人）因涉嫌受贿而被拘留，在羁押期间他为了逃避罪责、转移视线，给侦查活动设置障碍，向司法机关作了虚伪供述，言明自己除本案以外还曾收受私企老板李某贿赂十多万元。侦查人员以此为线索开始新一轮调查，在耗费大量时间和精力之后，发现此情况纯属子虚乌有，而钱某则利用这段时间考虑对策，重新加固了思想防线。对此，司法机关一般只是在认定其罪责时，以认罪态度差进行评价，从而达到加重处罚的目的，这就是实践中所谓的“态度刑”，但这种处理方法其实并不合理。在此类案

[1] 赵永红．扰乱公共秩序和司法活动犯罪司法适用（上）［M］．北京：法律出版社，2006：17.

件中，犯罪嫌疑人实际上侵害了两种不同的客体：一是案件本身涉及的社会关系，二是司法机关的正常活动，所以处理起来应当区分清楚，不能一概而论。总之，笔者认为犯罪嫌疑人、被告人故意提供虚假新情况属于伪证行为，其社会危害性已足以构成犯罪，为维护法律尊严，保障正常的司法活动，应可以对其单独立罪。具体来说，可以在我国《刑法》第305条之中增加一款内容，明确规定第二类伪证罪，犯罪主体方面为犯罪嫌疑人、被告人；主观罪过方面为直接故意；客观行为方面为作出了虚假的供述，即提供了虚假的新情况；而目的方面则可概括为妨碍司法公正，不必局限于陷害他人或隐匿罪证。[1]

不过，根据现行刑法的规定，对行为人的伪证行为只能根据刑事法律的有关规定，将其视为辩解或者（虚假）陈述等，证明行为人有罪的责任则是公安司法机关的职责。在共同犯罪中，出于种种原因和考虑，为了某种目的，共同犯罪成员往往对同案的其他犯罪成员作有利于同案犯的虚假陈述，对此也只能视为对其所实施的犯罪的狡辩和对抗公安司法机关侦查和起诉的一种形式，不能依据有关法律认定为伪证罪。

需要注意的是，在司法实践中，同案共犯在多数情况下作为同案被告人一并追诉处理，但实践中也有将共犯彼此分离、另案处理的情况。在分离程序中，共犯的陈述是否具有证人证言的性质，或者说，另案处理的共犯是否可就共同犯罪事实以证人身份到本案作证，指控其他共犯，在理论和实践上存在不同认识。实践中往往将这种情况下的共犯的陈述作为证人证言来对待，而理论界往往将其作为被告人供述来看待。共同被告、特别是同案被告能否互为证人，在理论界主要存在3种不同的认识：[2] 一种认为，同案被告人之间不能互为证人；一种主张，同案被告人检举揭发彼此的犯罪事实，实际上也是就自己了解的有关案情事实向司法机关进行陈述，与其他证人的证言作用是一致的，故可视为证人；还有一种强调，同案被告人原则上不能互为证人，但在特殊情况下或一定条件下，可以成为证人。笔者原则上赞同第三种观点。在刑事诉讼中，单独被告与共同被告，是根据同一诉讼程序中被告人数的单复区分的。当数人依同一程序审理时，即为共同被告。在共同被告的场合，数行为人可能存在实体上的共犯关系，也可能是仅仅基于诉讼便利考虑而予以合并审理的。在数人具有

---

[1] 王沁诚．关于伪证罪的几点认识［J/OL］．苏州市沧浪区人民检察院网，2002，10.

[2] 崔敏．刑事证据理论研究综述［M］．北京：中国人民公安大学出版社，1990：141.

实体上共犯关系时，由于共同犯罪的整体性，决定了其中任何一个被告在供述或辩解自己的罪行时，必然要供述他人在共同犯罪中的行为，不供述他人在共同犯罪中的行为，也就无法供述和充分辩解自己的行为，司法机关也就无从正确认定各行为人在共同犯罪中的地位与作用。因此，对其他行为人犯罪事实的陈述，整体上应当视为是被告人的口供，不能把共同犯罪中各个被告的行为同整个共同犯罪绝对分离，而以证人证言相待；同时，由于共同犯罪的关联性的存在，被告人若如实供述其中任何一人的犯罪事实，都有可能对自己的利益产生不利的影响，所以，刑法就不能期待被告人对共同犯罪事实作出如实的陈述。在具有实体共犯关系的共同被告案件中，由于各被告之间就共同犯罪事实也不得互为证人，当其中任何一个被告人就整个共同犯罪事实作虚假陈述时，没有理由认定该被告成立伪证罪。相反，在共同被告案件中，若一被告与他人不存在实体上的共犯关系时，那么，就其了解的案件事实而言，该被告就具有如实陈述的义务，因此，在为了陷害他人或者隐匿罪证等而作虚假陈述的场合，伪证罪则可以成立。就上述前两种观点而言，第一种观点，未能正确认识共同被告的内涵，混淆了共同被告和刑法上共犯的区别与联系，将刑事诉讼中的共同被告一概视为具有实体上的共犯关系，故不足取。而第二种主张，未能正确理解共同犯罪的整体性和关联性，忽视了共同被告中可能存在实体共犯关系的情况，在实践中可能存在将具有实体共犯关系的一被告人作为他被告人证人的情况予以处理，这不仅与我国刑事诉讼法基本规定不符，也有违刑法的基本理论。另外，在具有实体上共犯关系的共同被告中，若共犯在分案程序中受审的，已审结的被告人可否成为后受审共犯的证人？该问题同样涉及伪证罪主体的认定。对此，我国有学者指出："首先，从实体法律关系看，前后受审的被告人之间实体共犯关系仍然存在，共犯关系并不因一方案件审结而消亡，只要存在实体上的共犯关系，前后两被告人的罪责关系就无法解除。其次，从诉讼程序上看，尽管前一被告案件已审结，但伴随着后一共犯的审理，……前被告虚假陈述有望通过申诉的机会改变生效的判决，指望他如实陈述是不现实的。其特殊性决定了他不能成为伪证罪主体。"[1] 笔者认为，该论者正确地认识和理解了共同犯罪的本质和证人的资格与范围，是可取的。[2]

---

[1] 闵春雷．伪证罪主体研究［J］．国家检察官学院学报，2001，5（2）．

[2] 邹晓翔．伪证罪的若干问题探悉［J/OL］．佛山法院网，2004，4．

（三）教唆他人贩卖假毒品骗取奖金的认定[1]

被告人王某与浦某（另案处理）预谋唆使他人贩毒并向公安机关举报以获取奖励费，并将“头痛粉”伪造成“海洛因”，先后3次以许诺事后给予金钱为诱惑，分别唆使罗某、左某、罗某某（其中罗某某、罗某不满18周岁）参与贩毒，同时向公安机关举报上述贩毒线索。罗某某、左某、罗某在交易“海洛因”时被当场抓获。事后，被告人王某与浦某从公安机关领取举报线索奖励费人民币3 700元。

关于被告人王某的行为如何定性，有以下4种意见：第一种意见认为，王某骗取奖金的行为虽未达到数额较大的标准，但行为性质恶劣，可认定为“有其他严重情节”，构成诈骗罪。第二种意见认为，王某为骗取奖金，诱惑3名青少年贩毒并受到刑事追究，构成诬告陷害罪。第三种意见认为，王某教唆他人贩毒又在侦查阶段提供证言证明3起毒品犯罪的经过，浪费了司法资源，破坏了司法秩序，构成伪证罪。第四种意见认为，王某的行为构成（教唆）贩卖毒品罪。

笔者赞同第四种意见，本案应认定被告人王某构成（教唆）贩卖毒品罪。理由如下：

首先，被告人王某不构成诬告陷害罪。诬告陷害罪要求行为人意图使无辜的人受到刑事追究，本案中罗某某等3人并不知道所贩系假毒品，属在贩毒故意的支配下实施了贩毒的行为，已构成贩卖毒品（未遂）罪，王某举报的系客观发生的犯罪行为，并非捏造事实，不符合诬告陷害罪的客观要件。

其次，被告人王某不构成伪证罪。本案中王某对与案件有重要关系的情节故意作虚假证明，并意图陷害他人，但其只是未如实交代自己教唆他人犯罪的事实，对罗某某等人的行为属如实提供证言。而且事后查实王某系本案的当事人，直接排除了其证人的身份，不符合伪证罪的主体资格，其虚假证明系逃避自身刑事责任的虚假供述行为。

最后，被告人王某构成（教唆）贩卖毒品罪。被告人王某的行为已独立构成贩卖毒品的教唆犯。我国刑法中对教唆犯，并没有作专门的规定，而只是附带规定在共同犯罪章节中，但这并不说明教唆犯是附属于共同犯罪的一种情形。《刑法》第29条第2款规定：“如果被教唆的人没有犯被

---

[1] 杨国章，郑华伟．教唆他人贩卖假毒品骗取奖金如何定性［N］．检察日报，2009－9－16（3）．

教唆的罪，对于教唆犯，可以从轻或减轻处罚。”立法已经明确规定教唆犯并不以共同犯罪为必要，可以独立成罪并具有独立的可罚性。事实上，教唆犯的本质即造意犯，其独立可罚性就在于制造了潜在的犯罪人，从而对社会构成了严重危害的危险性。本案被告人王某采取利诱的方式，唆使本无贩毒犯罪故意的罗某某等 3 人产生了犯罪故意并最终实施了犯罪。根据主客观一致的原则，其教唆行为已经具备独立成罪的基础。由于王某具有诱使他人实施贩毒的明确故意，且罗某某等人最终均实施了贩卖毒品犯罪，王某的行为已独立构成贩卖毒品的教唆犯。

另外，被告人王某的行为同时构成诈骗罪。本案被告人王某从公安机关骗取的奖金为 3 700 元，但根据犯罪所在地浙江省的规定，个人诈骗4 000元以上的，属于“数额较大”。所以，如仅凭数额认定，王某尚不构成诈骗罪。但《刑法》第 266 条将“数额巨大或者有其他严重情节”作为诈骗罪的加重情形，处 3 年以上 10 年以下有期徒刑。对此，笔者认为，刑法规定的本意应理解为：行为人诈骗行为达到“数额较大”但不到“数额巨大”，又有其他严重情节的也构成诈骗罪的加重犯，应在 3 年至 10 年的幅度内量刑。此外，根据该精神，可以拓展理解为行为人的诈骗数额虽未达到“数额较大”，但有其他严重情节的也构成诈骗罪的基本犯。本案被告人教唆他人贩毒并检举的行为，严重妨害了司法并造成了严重的社会危害性，可视为诈骗犯罪构成要件中的“其他严重情节”。

因此，本案被告人王某为诈骗实施了教唆他人贩毒并检举的行为，数行为之间具有目的行为与手段行为的牵连关系，其行为同时触犯了贩卖毒品罪与诈骗罪条款，构成贩卖毒品罪与诈骗罪的牵连犯。根据最高人民法院《关于审理毒品案件定罪量刑标准有关问题的解释》，多次贩毒的，属于“情节严重”，应当判处 3 年至 7 年有期徒刑。本案被告人王某先后 3 次教唆他人贩毒的行为，情节严重，并具有利用、教唆未成年人贩毒的从重情节，依法应当在 3 年至 7 年有期徒刑幅度内从重处罚。故根据牵连犯“择一重处”的处理原则，应认定王某构成贩卖毒品罪。

第二节　辩护人、诉讼代理人毁灭证据、伪造证据、妨害作证罪

一、辩护人、诉讼代理人毁灭证据、伪造证据、妨害作证罪的概念和犯罪构成

辩护人、诉讼代理人毁灭证据、伪造证据、妨害作证罪可以在刑事诉讼的任何阶段发生，但主要发生在审判阶段，在边防、海警部门侦查案件时，有时也会遇到这种犯罪。

辩护人、诉讼代理人毁灭证据、伪造证据、妨害作证罪，是指在刑事诉讼中，辩护人、诉讼代理人毁灭、伪造证据，帮助当事人毁灭、伪造证据，威胁、引诱证人违背事实改变证言或者作伪证的行为。本罪的构成特征是：

本罪侵犯的客体是复杂客体，主要客体是司法机关在刑事诉讼中的正常活动，次要客体是刑事辩护制度，随意客体是公民的人身权利。本罪妨碍的司法机关的正常活动，是指司法机关的刑事诉讼活动。《刑事诉讼法》第42条规定："辩护人或者其他任何人，不得帮助犯罪嫌疑人、被告人隐匿、毁灭、伪造证据或者串供，不得威胁、引诱证人作伪证以及进行其他干扰司法机关诉讼活动的行为。违反前款规定的，应当依法追究法律责任，辩护人涉嫌犯罪的，应当由办理辩护人所承办案件的侦查机关以外的侦查机关办理。辩护人是律师的，应当及时通知其所在的律师事务所或者所属的律师协会。"第52条规定："……凡是伪造证据、隐匿证据或者毁灭证据的，无论属于何方，必须受法律追究。"司法机关的民事诉讼活动、行政诉讼活动不能成为本罪的客体要件。

本罪在客观方面表现为在刑事诉讼中，毁灭、伪造证据，帮助当事人毁灭、伪造证据，威胁、引诱证人违背事实改变证言或者作伪证的行为。当事人，是指《刑事诉讼法》第106条第（二）项所称之当事人，即被害人、自诉人、犯罪嫌疑人、被告人、附带民事诉讼的原告人和被告人。在本条中，主要是指犯罪嫌疑人和刑事被告人。本罪在客观方面表现为3种行为：一是行为人直接或者唆使他人毁灭、伪造证据。二是行为人帮助当事人毁灭、伪造证据。所谓帮助当事人毁灭、伪造证据，是指为当事人就如何毁灭、伪造证据进行出谋划策，提供物资条件、精神资助等行为。但

当事人没有毁灭、伪造的犯意，而由辩护人、诉讼代理人教唆、指使毁灭、伪造证据的，则不能视为帮助行为，对之，应直接以毁灭、伪造证据论。三是行为人威胁、引诱证人违背事实改变证言或者作伪证。所谓威胁，是指以杀害、伤害、毁坏财产、破坏名誉、揭露隐私等方法要挟、恐吓证人，使其提供虚假证言或改变自己已经提供的真实证言。所谓引诱，是指利用金钱、财物、女色等物质利益或精神利益诱惑、勾引证人提供虚假证言或者违背事实改变证言。所谓违背事实改变证言，是指证人变更、否认已向司法机关提供的符合客观情况的实事求是的证言内容。所谓作伪证，是指向司法机关提供虚假的、不真实的、不符合事实真相的证言，如威胁、引诱知道案件真实情况的人作虚假证明；或者让不知道案件真实情况的人作有利于委托人、被代理人的证言等。行为人实施了上述3种行为之一的，即可构成本罪，如果行为人同时实施上述3种行为，只要发生在同一案件的刑事诉讼过程中，不管具体发生在哪一阶段，均成立一罪，不以数罪论处，也不实行并罚。辩护人、诉讼代理人的上述行为还必须发生在刑事诉讼中才能构成本罪。如果不是发生在其中，而是在刑事诉讼前或后，则即使有上述行为也不能以本罪论处。所谓在刑事诉讼中，是指在刑事诉讼的整体过程中，包括立案、侦查、起诉、审判含一审、二审、再审以及执行等各个阶段。

本罪的主体只能是刑事诉讼中的辩护人和诉讼代理人。其他刑事诉讼参与人，以及刑事案件的侦查人员、检察人员、审判人员，不能成为本罪的主体。所谓辩护人，是指接受犯罪嫌疑人、被告人的委托依法为其行使辩护权的人，即律师；人民团体或者犯罪嫌疑人、被告人所在单位推荐的人；犯罪嫌疑人、被告人的监护人、亲友。所谓诉讼代理人，是指公诉案件的被害人及其法定代理人或者近亲属、自诉案件的自诉人及其法定代理人委托代为参加诉讼的人和附带民事诉讼的当事人及其法定代理人委托代为参加诉讼的人。

本罪在主观方面是直接故意。行为人的犯罪动机可能是袒护亲友、挟私报复、贪利图财等，但是不同的动机不影响本罪的成立。对于诉讼代理人、辩护人工作不负责任，疏忽大意，过失毁灭证据的，不构成本罪。“如果行为人由于受到证人的欺骗，或者因调查了解不够深入细致，将一些不能作为证据的事实或者物品误以为是真实的证据而向法庭提供、出示、引用，或者由于行为人意志以外的原因造成证据材料灭失等，由于行为人不是有意伪造证据或者毁灭证据，因而不能以本罪追究行为人的刑事责任。”[1]

二、辩护人、诉讼代理人毁灭证据、伪造证据、妨害作证罪犯罪构成要件的理解

（一）“证据”及证据的真实性的理解以及失实证据与伪造证据的区别

如何界定“证据”的范围涉及该罪的“罪与非罪”问题。在学术界证据的概念是一个颇有争议的问题。但有一点应该明确：该罪是违反刑事诉讼法相关规定引起的刑事责任后果。本罪的“证据”实际上就是刑事诉讼法所规定的“证据”，所以，本罪中的证据指的是刑事诉讼证据。刑事诉讼证据，是指审判人员、检察人员、侦查人员依照法定程序收集和审查属实的，用以确定或者否定犯罪事实，证明犯罪嫌疑人、被告人是否有罪、罪责轻重的一切事实材料。根据《刑事诉讼法》第48条规定，证据，即可以用于证明案件事实的材料。刑事诉讼证据共有8种，即物证；书证；证人证言；被害人陈述；犯罪嫌疑人、被告人供述和辩解；鉴定意见；勘验、检查、辨认、侦查实验等笔录；视听资料、电子数据。以上证据必须查证属实，才能作为定案的根据。凡经查证确实属于采用刑讯逼供或者威胁、引诱、欺骗等非法的方法取得的证人证言、被害人陈述、被告人供述，不能作为指控犯罪的证据或定案的根据。审查证据是否确实，一方面要进行个别审查，即从证据的本身进行审查，如证人与案件是否有利害关系，鉴定意见所根据的资料是否可靠等；另一方面要对全部证据进行综合审查，分析它们彼此之间是否存在矛盾。个别审查和综合审查，既有区别，又有联系，通常是同时进行的。有学者认为，关于刑事诉讼法规定的“证据”，就刑事诉讼法之规定看：一是《刑事诉讼法》第35条将辩护人的“责任”界定为提供有关“材料和意见”，辩护人没有提供“证据”的义务。二是《刑事诉讼法》第41条规定，辩护人向证人或有关单位和个人收集的是“材料”，也不是“证据”。三是搜集证据是司法机关的责任，司法机关收集调取的“材料”才是“证据”。四是辩护人的“材料”被司法机关审查属实，用作定案根据后成为“证据”。综合上述4点会得出结论：只有毁灭、伪造由司法机关收集、调取或被司法机关审查采纳的“材料”才构成“毁灭、伪造证据”；只有证人改变向司法机关所做的“谈话”才构成改变证言；当然证人“作伪证”也只能是向司法机关讲“假话”了。显

---

[1] 赵秉志，田宏杰，于志刚．妨害司法罪［M］．北京：中国人民公安大学出版社，2003：77.

然，上述结论与该罪的立法意图相矛盾，按此推理该条第 2 款的规定也成了问题。造成这种矛盾的原因在于我国立法对“证据”这一概念界定的不一致性。究竟如何界定该罪的“证据”范围，确是一件麻烦事。按刑事诉讼法的界定不行，如果把辩护人、诉讼代理人收集、提供、出示、引用的所有“材料”界定为“证据”，问题就更大：一是辩护人、诉讼代理人自己收集的材料不向司法机关提供而自行毁掉算不算毁灭证据罪？算，符合这一界定，但司法实践中又行不通。二是辩护人、诉讼代理人伪造假材料，但最终放在自己手中，没有提供给司法机关，算不算“伪造证据罪”？不算，与这一界定不符。算，处理不了。三是辩护人、诉讼代理人“引诱”证人向自己作“假证言”算不算“引诱证人”作伪证等。为解决上述矛盾，笔者认为应该明确以下几点：①“毁灭证据的证据”指司法机关已搜集调取或正着手搜集调取的客观证据。②伪造证据是已伪造并向司法机关提供、出示或在法庭上引用的证据。③“证人改变证言”是指证人向司法机关或在法庭上改变自己的谈话。④证人作伪证是指向司法机关作伪证。[1] 根据《刑事诉讼法》第 48 条的规定，证据的概念得以重新界定，不再是《刑事诉讼法（1996）》第 42 条规定的“证明案件真实情况的一切事实”，而是“可以用于证明案件事实的材料”。这种新规定一定程度上解决了上述问题。另有学者认为，毁灭、伪造证据中的证据指的是有形证据，即《刑事诉讼法》第 48 条规定的 8 种证据中属于客观存在的不以人的意志为转移的物证；书证；鉴定意见；勘验、检查、辨认、侦查实验等笔录；视听资料、电子证据共 4 种，对于其余 3 种容易受到人的意志左右的、可能受到外界干扰而变化的证据即证人证言；被害人陈述；犯罪嫌疑人、被告人的供述和辩解，刑法中针对辩护人主观上出于妨害刑事诉讼的目的，使这 3 种证据丧失其证明力。笔者认为，将证人证言、被害人陈述、犯罪嫌疑人、被告人的供述和辩解做成笔录后仍然可以实施毁灭、伪造行为，因为笔录固定下来的证据仍然是证据，只是载体间进行了转换，但不改变证据的实质，所以，不能将上述 3 种证据排除在外。[2]

在我国证据法学上，对于证据的属性，有两性说和三性说，两性说认为证据具有客观性和相关性（关联性），三性说认为证据具有客观性、相关性（关联性）和法律性（合法性），无论哪知学说，都认为证据要有客

---

[1] 谭细军.《刑法》第 306 条之思考［J］. 律师世界，2000（12）.

[2] 赵永红. 扰乱公共秩序和司法活动犯罪司法适用（上）［M］. 北京：法律出版社，2006：20.

观性。所谓证据的客观性，指的是作为证据内容的事实是客观存在的，即证据事实必须真实可靠，而不是主观想象、猜测和杜撰的，而且作为证据内容的事实与案件的待证事实间的联系也是客观的。[1] 证据的客观性从一定意义上就是要求证据要具有真实性。证据的真实性要求证据要反映客观真实情况，是客观存在的，不以人的意志为转移，证据不能是虚假的、伪造的。对证据的真实性要进行审查和判断。判断证据的真实性，一般应从以下几个方面具体分析：①提供证据的证人与违反法律者之间的关系。分析他们之间是否存在利害关系或其他不良动机，及由此导致的提供虚假证据的可能性。如果提供证据的证人与违反法律者之间存在利害关系，那么他们判断事物的角度就有可能失去公正，就有可能提供虚假的证据。②提供证据的证人自身的自然状况，包括年龄、健康状况、认识事物的水平等，鉴别所提供证据的可靠性。由于人们的自然状况不同，对事物的认识能力、鉴别能力就存在差异，所提供的证据的可靠程度就有所不同。③证据因时间、环境和条件的变化是否发生变化，从而鉴别证据的准确性。随着时间的推移，条件、环境的变化，证据本身可能会发生物理的或化学的变化，从而失去本来的面貌。证人还会产生记忆的误差，甚至发生思想或感情上的变化，导致不同证据之间发生矛盾，或者同一证据之间前后发生矛盾。这都会影响证据的准确性、真实性。④传来证据在传述、转抄中是否有差错。⑤调查人员在搜集证据中，是否有工作上的原因造成证据的差错。如询问证人的笔录记载是否有遗漏等。⑥对全案证据进行综合分析，从一证据和其他证据的联系中来判断证据的真实性。

失实证据就是失去客观事实真相的证据，与原来的、客观真实的证据不符。失实的证据产生的原因有人为因素和自然因素，人为因素如证人辨别偏差、证人有过失、证人记忆模糊等从而提供了不准确的、失实的证据，自然因素如证据本身自然风化、在一定条件下证据发生了质变。在提供、出示、引用的证据失实的场合，必须要有伪造证据的故意，才能构成犯罪，不能仅根据证据的真伪，决定是否有罪。伪造证据是通过编造、制造实际上根本不存在的或者通过篡改、歪曲、加工、整理违背事实真相从而改变证明方向的证据。伪造证据是行为人有意实施的，它与失实的证据不同。所以，《刑法》第 306 条第 2 款规定：辩护人、诉讼代理人提供、出示、引用的证人证言或者其他证据失实，不是有意伪造的，不属于伪造

[1] 卞建林．证据法学（修订版）［M］．北京：中国政法大学出版社；2002：56.

证据。

（二）“毁灭、伪造证据”的认定

毁灭、伪造证据的行为是辩护人、诉讼代理人本人直接实施的行为。所谓毁灭证据，是指湮灭、消灭证据，既包括使现存证据从形态上完全予以消失，如将证据烧毁、撕坏、浸烂、丢弃等，又包括虽保存证据形态但使得其丧失或部分丧失其证明力，如玷污、涂划证据使其无法反映其证明的事实等。如果未损害证据的物质形态，而是将证据丢弃于一般人不可能控制的场所，是否属于毁灭证据？如将杀人的凶器丢弃入大海。这种行为虽然没有在物质形态上使证据彻底消灭，但实际上，再次找到该证据的可能性已几乎不存在，这与在物质形态上消灭证据没有本质差异，也应属于毁灭证据。毁灭证据是否包括隐匿证据？隐匿证据包括隐瞒证据和藏匿证据两种情况。前者是一种消极不作为，指行为人明知证据（主要是不利于犯罪嫌疑人、被告人的证据）的存在而不告知公安司法机关。后者是积极作为，指行为人将证据藏匿以使证据难以被发现。如果认为毁灭包括隐匿证据，则既与《刑事诉讼法》的规定相冲突，也会与律师在刑事诉讼中的诉讼职能和保密义务发生冲突。因此，毁灭证据不应包括隐匿证据。

所谓伪造证据，是指编造、制造实际上根本不存在的证据或者将现存证据加以篡改、歪曲、加工、整理，违背事实真相从而使证据改变证明方向。其既可以自己单独实施，也可以指使当事人或者与当事人共同实施，但必须是有意实施。伪造证据是否包括变造证据？通说认为，根据罪刑法定原则，这里的伪造证据不包括变造证据。

帮助当事人毁灭、伪造证据，是指为当事人就如何毁灭、伪造证据进行出谋划策、提供物资条件、精神支持等行为。当事人，是指《刑事诉讼法》第106条第2项所称之当事人，即被害人、自诉人、犯罪嫌疑人、被告人、附带民事诉讼的原告人和被告人。在本罪中，主要是指犯罪嫌疑人和刑事被告人。当事人没有毁灭、伪造的犯意，而由辩护人、诉讼代理人教唆、指使毁灭、伪造证据的，则不能视为帮助行为，对此，应直接以毁灭、伪造证据论。有学者论述道：就辩护人而言，一般是毁灭或者帮助毁灭有罪、罪重的证据；伪造、或者帮助伪造无罪或者轻罪的证据；威胁、引诱证人违背事实改变有罪、罪重的证言或者作无罪、罪轻的证言。就诉讼代理人而言，一般是毁灭或者帮助毁灭无罪、罪轻的证据；伪造、或者帮助伪造有罪或者罪重的证据；威胁、引诱证人违背事实改变无罪、罪轻的证言或者作有罪、罪重的证言。但并不排除相反的情况，即在特殊情况下出现了相反情况的，也不影响本罪的成立。[1]

（三）“威胁、引诱”的认定

“威胁”的具体含义刑法未明确作出规定。一般认为，所谓威胁，是指以杀害、伤害、毁坏财产、破坏名誉、揭露隐私等方法要挟、恐吓证人，使其提供虚假证言或改变自己已经提供的真实证言。威胁证人违背事实改变证言是指以暴力、胁迫或者其他类似的方法使证人因恐惧而将自己曾作出的证言按照他人的意志予以改变；威胁证人作伪证是指以暴力或者其他类似的方法使证人作虚假的证言证词。对于什么是“引诱”，《刑法》也没有作出明确的规定，所以其含义也就过于笼统、模糊，随意性很强。一般认为，“引诱”即引导、诱导。所谓引诱证人，是指利用金钱、财物、女色等物质利益或精神利益诱惑、勾引证人提供虚假证言或者违背事实改变证言。引诱证人违背事实改变证言是指以金钱、物质或者其他利益诱使证人违背真实客观情况改变自己已经作出的证言；引诱证人作伪证是指以金钱、物质或者其他利益诱使证人作出虚假的言词。如何认定引诱，其评判标准是什么？在司法实践中，辩护人采用一些询问技巧询问证人时，能否认定为“引诱”？实际上，引导、诱导很多时候是律师帮助证人回忆经历的情况时的一种技巧和手段，出于善意的引导和诱导是有效果的，也是应当被允许的。如果为了帮助证人回忆所经历的情况而作一些提示、诱导，不能认为是引诱。[2] 当然不排除有的律师去误导证人，但是《刑法》没有对此作出更加具体详细的规定，而是把这种行之有效的技巧统统当做犯罪手段予以禁止和惩罚，这似乎有些不妥。对于司法实践中出现辩护人、诉讼代理人“误导”与“引诱”不易认定的情况，应主要结合相应的其他证据予以判断，考察其是否有犯罪故意，如果不能证明律师在行为时有故意的，就不能认定是犯罪；如果证据不能充分证明其有故意的，同样根据有利于被告原则和疑罪从无的原则予以处理。有学者认为，《刑法》第 306 条中的引诱可以解释为：①是以满足被讯问者某种利益为诱饵，如无根据地告诉被讯问者，如果招供将会受到多大范围的从宽处理，有的甚至以不追究被讯问者的刑事责任相许诺；②是对被讯问者进行暗示性发问，即提问本身包含了期望被讯问者如何回答的内容。引诱的结果，是迫使被讯问者在如实供述和讨好审讯人员之间进行选择。这里的引诱类似于

---

[1] 张明楷．刑法学（下）［M］．北京：法律出版社，1997：827.

[2] 陈明华．刑法学［M］．北京：中国政法大学出版社，1999：662.

诱供。总的来说，引诱的主观方面为故意，行为人必须采用了利益、好处等一般观念中认为足以诱惑证人作出与事实相左的证言的手段，引诱应区别于诱导性询问，本罪中的“引诱”行为应被归为结果犯而不应是行为犯。❶ 其实，本罪的立法旨趣关键在于，辩护人、诉讼代理人采用了威胁、引诱这种足以影响证人意志自由进而导致其不能辨别是非或者不能正确表达的手段以促成刑罚处罚必要性的存在。从这个意义上说，一般性的诱导不足以影响证人的意志自由，不能解释为本罪中的引诱。只有当行为人以某种利益相引诱，使证人在利益权衡中影响了意志的自由表达，才属于本罪中的引诱，至于是物质利益还是非物质利益并不重要。❷

（四）“证人违背事实改变证言或者作伪证”的认定

所谓违背事实改变证言，是指证人变更、否认已向司法机关提供符合客观情况的实事求是的证言内容。这里的“事实”不是一般生活用语意义上的事实，不是审判方眼中的事实，更不是控诉方眼中的“事实”，而是“被法院生效裁判认定的事实”。因为如果裁判没有生效，根据无罪推定的原则，也不存在法律意义上的“犯罪事实”。在案件审理中，如果法院裁判认定的事实与证人向律师提供的证言相一致，既使证人改变了向侦控机关提供的证言，那也意味着证人没有“违背事实”，是不应当追究律师刑事责任的。❸ 从这个意义上讲，以辩护人、诉讼代理人妨害作证罪追究行为人刑事责任的程序必须在原案作出生效裁判之后才能启动。刑事诉讼实践中，在辩护律师会见了嫌疑人、被告人之后，嫌疑人、被告人口供若发生变化即追究辩护律师妨害作证罪的做法，明显地是以侦查、控诉方认定的事实为标准。在辩护律师先前辩护的其他案件尚未经法院审判，就先行追究辩护律师的伪证罪的刑事责任，从程序上证明是以侦查、公诉机关的认定的事实为判断标准。律师伪证罪的判断标准应该是律师的行业标准。辩护律师只要有合理理由认为所提交的证据并非伪证，那么即便所提交证据和客观事实、和司法机关认定的事实有出入甚至有冲突，也不得认定构成律师伪证罪。❹

所谓作伪证，是指向司法机关提供虚假的、不真实的、不符合事实真

---

❶ 余莹莹．对律师伪证罪若干问题的思考［J］．汕头大学学报：人文社会科学版，2009（1）．

❷ 吴江．“律师伪证罪”行为方式规范分析［J］．苏州大学学报，2013（2）．

❸ 汪海燕．律师伪证刑事责任问题研究［J］．中国法学，2011（6）．

❹ 葛同山．辩护律师的真实义务与律师伪证罪［J］商丘师范学院学报，2001（8）．

相的证言，如威胁、引诱知道案件真实情况的人作虚假证明或者让不知道案件真实情况的人作有利于委托人、被代理人的证言等。如何理解“虚假”？主观说认为，虚假陈述是证人有违其记忆所作的陈述。因此，即便证人陈述符合客观事实，但有违自己记忆的，也是作伪证。客观说认为，虚假陈述就是指有违客观真实的陈述。因此，即便证人按照自己的记忆陈述，但如果与客观事实违背，也是作伪证。笔者认为，基于对本罪保护法益侵害可能性（与事实符合的证人证言即使与证人记忆违背，也不会侵犯正常的刑事诉讼活动）和证人证言本身作为证据的意义（在于通过证人正确再现自己五官实际感知的事项，由司法机关判别其中的错觉部分，同时发现真实的材料）两点考虑，对主观说和客观说的折中更加可取。即证人如果明知陈述有违记忆，但却符合事实，不是作伪证；证人如果明知陈述有违记忆，并且与事实违背，属于作伪证；证人如果按照记忆陈述，但却与事实违背，不是作伪证；证人如果按照记忆陈述，并且符合事实，显然不是作伪证。❶ 如果辩护人、诉讼代理人要求证人改变以前的违背事实的证言的，不成立本罪。对于辩护人唆使犯罪嫌疑人、被告人推翻自己曾经作的有罪供述即让其“翻供”或者为其“串供”，《刑法》对此行为并无相应制裁。

通常，证人的认识能力、记忆能力、语言表达能力都是有局限的，证人可能在事情发生的当时对于事情的认识就有误，可能是一段时间以后记忆发生了偏差，还有可能是没有表述清楚自己所经历的情况，更有可能是证人在陈述经历的时候不够客观，不知不觉加入了主观想象，这些原因都将导致证人自认为如实作出的证言与事实不相符。很多时候，在证人回忆曾经经历的事情的过程中，律师为帮助其更好地回忆会为其提供引导和提示。证人在律师的引导和提示下作出的证言可能与事实一致，也可能与事实不一致，应当具体问题具体分析，看是否有主观故意以及目的如何，不能因为律师对证人进行过引导和提示就简单地认为是律师引诱证人改变了证言或者是律师引诱证人作了伪证。❷

（五）“情节严重”的理解

根据《刑法》第 306 条第 1 款的规定，在刑事诉讼中，辩护人、诉讼代理人毁灭、伪造证据，帮助当事人毁灭、伪造证据，威胁、引诱证人违

---

❶ 吴江.“律师伪证罪”行为方式规范分析［J］. 苏州大学学报，2013（2）.

❷ 赵永红. 扰乱公共秩序和司法活动犯罪司法适用（上）［M］. 北京：法律出版社，2006：22.

背事实改变证言或者作伪证，情节严重的，处3年以上7年以下有期徒刑。在这里，所谓情节严重，一般是指犯罪手段狡诈、极其恶劣、残忍，严重妨害刑事诉讼的正常进行的；犯罪目的或者动机十分卑鄙的；毁灭、伪造重大犯罪案件中的证据的；在刑事诉讼过程中多次实施这类行为的；导致无法查明、证实案件事实真相的；导致错判、错捕的；使严重犯罪的被轻判或者放纵的，或者造成犯罪人逃避刑事追究的；使无罪的人受到刑事追究的；导致有关人员自杀的；造成其他严重后果等。

三、辩护人、诉讼代理人毁灭证据、伪造证据、妨害作证罪罪数形态的认定

（一）辩护人、诉讼代理人毁灭证据、伪造证据、妨害作证罪与非罪的认定

关于本罪的罪与非罪的界限要注意以下几点：①本罪是故意犯罪，即明知是证据而予以毁灭或者帮助当事人毁灭，明知不是案件的证据而伪造或帮助当事人伪造；明知证人证言是真实的而威胁、引诱证人改变证言，或者为了不让证人如实作证而威胁、引诱证人作伪证。具体地，区分本罪故意和过失的关键，在于行为人的认识因素和意志因素。因此，司法实践中处理辩护人、诉讼代理人毁灭证据、伪造证据、妨害作证案件时，应当首先注意查明行为人对其实施的毁灭、伪造证据或者诱导他人作伪证行为的性质是否有着明确的认识；其次，应当查清毁灭、伪造证据或者诱导他人作伪证是否违背了行为人的意志。如果行为人由于受到证人欺骗，或者因调查了解不够深入细致，将一些不能作为证据的事实或者物品误以为是真实的证据而向法庭提供、出示、引用，或者由于行为人意志以外的原因造成证据材料灭失等，由于行为人不是有意伪造证据或者毁灭证据，因而，不能以本罪追究行为人的刑事责任。②本罪只能发生在刑事诉讼中，因而辩护人、诉讼代理人在民事诉讼或者行政诉讼中毁灭证据、伪造证据，或者帮助当事人毁灭、伪造证据，威胁、引诱证人违背事实改变证言或者作伪证的，不以本罪论处。③根据《刑法》第13条对犯罪概念中但书的规定，辩护人、诉讼代理人虽有毁灭证据、伪造证据、妨害作证行为，但情节显著轻微，危害不大的，不应认定为犯罪。

（二）辩护人、诉讼代理人毁灭证据、伪造证据、妨害作证罪与彼罪的认定

1. 辩护人、诉讼代理人毁灭证据、伪造证据、妨害作证罪与伪证罪的界限与联系

本罪的主体是刑事诉讼中的辩护人、诉讼代理人。虽然从理论上说，非律师也能担任刑事辩护人、诉讼代理人，但是由于在实际中辩护人的作用更加关键一些、任务更艰巨一些，而且担任辩护人的大多是律师，所以，本条也被俗称为“律师伪证罪”。但这种称呼容易使人产生误解，认为是律师在作伪证。根据《刑法》第305条的规定，伪证罪是指在刑事诉讼中，证人、鉴定人、记录人、翻译人对与案件有重要关系的情节，故意作虚假证明、鉴定、记录、翻译，意图陷害他人或者隐匿罪证的行为。可见，辩护人、诉讼代理人毁灭证据、伪造证据、妨害作证罪与伪证罪在构成特征上有着一些共同或者相似之处：两罪都是纯正身份犯，犯罪主体只能是特殊主体；在主观方面，两罪都是出于故意，过失都不能构成两罪；在客观方面，两罪都表现为在刑事诉讼中，破坏证据制度，妨害刑事诉讼正常顺利进行的行为；其犯罪行为的实施，都对司法机关的正常刑事诉讼活动造成了侵害。因而，有必要分清两罪的界限。根据刑法的有关规定，两罪的不同之处主要在：①犯罪侵犯的直接客体不同。辩护人、诉讼代理人毁灭证据、伪造证据、妨害作证罪侵犯的直接客体是复杂客体，主要客体是司法机关在刑事诉讼中的正常活动，次要客体是刑事辩护制度；司法机关的民事诉讼活动、行政诉讼活动不能成为本罪的发生时空。辩护人、诉讼代理人在刑事诉讼中享有搜集证据、提供证据、当庭质证等权利，因此他们毁灭证据、伪造证据、妨害作证的行为会给司法机关查清案情带来很大的障碍，有时甚至使司法机关无法查清案情真相，导致放纵犯罪分子或冤枉无辜的公民，造成冤、假、错案，严重妨害了司法机关的刑事诉讼活动秩序；同时其行为又违反了《刑事诉讼法》《律师法》等有关辩护制度的规定，破坏了刑事辩护制度。《民事诉讼法》第111条规定，诉讼参与人或其他人伪造、毁灭重要证据，妨碍人民法院审理案件的，以及以暴力、威胁、贿买方法阻止证人作证及指使、贿买、胁迫他人作伪证的，人民法院可以根据情节轻重，予以罚款、拘留；构成犯罪的，依法追究刑事责任。《行政诉讼法》第49条规定：诉讼参与人或者其他人员伪造、隐藏、毁灭证据的，或者指使、贿买、胁迫他人作伪证及威胁、阻止证人作证的，人民法院可以根据情节轻重，予以训诫、责令具结悔过或者处1 000元

以下的罚款、15 日以下的拘留；构成犯罪的，依法追究刑事责任。因为刑事诉讼与民事、行政诉讼性质不同，同是妨害证据行为，妨碍诉讼所造成的社会危害性大小也有不同，妨碍民事诉讼或行政诉讼活动的，不能直接以本罪论处。伪证罪侵犯的直接客体是简单客体，仅限于司法机关的正常刑事诉讼活动。②犯罪对象不同。辩护人、诉讼代理人毁灭证据、伪造证据、妨害作证罪的犯罪对象是刑事诉讼证据，即《刑事诉讼法》所规定的 8 种证据；而伪证罪的犯罪对象仅限于特定的证据，即证人证言、鉴定意见以及与刑事诉讼有关的记录材料、翻译资料等。③犯罪客观方面的表现形式不同。辩护人、诉讼代理人毁灭证据、伪造证据、妨害作证罪在客观方面表现为，在刑事诉讼中，毁灭、伪造证据，帮助当事人毁灭、伪造证据，威胁、引诱证人违背事实改变证言或者作伪证的行为。伪证罪在客观方面表现为，在刑事诉讼中，证人、鉴定人、记录人、翻译人对与案件有重要关系的情节，故意作虚假证明、鉴定、记录、翻译，意图陷害他人或者隐匿罪证的行为。可见，伪证罪不存在威胁、引诱证人违背事实改变证言或者作伪证的情况。④犯罪主体的范围不同。尽管两罪主体都是特殊主体，但是，辩护人、诉讼代理人毁灭证据、伪造证据、妨害作证罪的主体只能是刑事诉讼中的辩护人和诉讼代理人；其他刑事诉讼参与人，以及刑事案件的侦查人员、检察人员、审判人员，不能成为本罪的主体。伪证罪的主体只能是刑事诉讼中的证人、鉴定人、记录人和翻译人。⑤犯罪目的不同。辩护人、诉讼代理人毁灭证据、伪造证据、妨害作证罪的行为人在主观上是出于包庇当事人，使其不受刑事追究的目的；而伪证罪的行为人在主观上既有可能是为了包庇当事人，也有可能是为了陷害当事人。

司法实践中只要紧紧抓住辩护人、诉讼代理人毁灭证据、伪造证据、妨害作证罪和伪证罪的构成特征，两罪的界限是不难把握的。但是，如果辩护人、诉讼代理人教唆、帮助证人作伪证的，对此应当如何处理？笔者认为，这种情况应按法条竞合处理。具体理由如下：

（1）辩护人、诉讼代理人教唆、帮助证人作伪证的，构成伪证罪的共同犯罪。所谓共同犯罪，根据我国《刑法》第 25 条的规定，是指 2 人共同故意犯罪。共同犯罪的成立，要求在主观方面，行为人存在共同的犯罪故意；在客观方面，各共同犯罪行为人的行为是一个有机联系的统一整体。辩护人、诉讼代理人尽管不是伪证罪的犯罪主体，不能单独实施伪证行为，单独构成伪证罪，但这只是就伪证罪的实行行为而言，实际上，不具有特殊主体资格的行为人是可以实施身份犯的教唆或者帮助行为的。在前述情况下，辩护人、诉讼代理人和实施伪证行为的证人在主观上对于作伪证行为的性质以及由此所产生的危害社会、妨害刑事诉讼正常进行的后果是明知的，但各行为人却希望并积极地促成这一危害结果的发生。并且，各行为人知道不是自己一个人在实施犯罪行为，而是与他人共同实施犯罪行为，具体地说，辩护人、诉讼代理人明知自己的行为是在使他人产生作伪证的犯罪故意，或者明知自己的行为是在为他人实施伪证行为提供帮助，而被教唆或者被帮助的证人同样明知不是自己一个人在单独实施犯罪，而是有人在教唆、帮助自己实施伪证行为。也就是说，这种情形下的辩护人、诉讼代理人和证人之间是存在共同伪证的犯罪故意的。此外，辩护人、诉讼代理人和证人还实施了共同伪证的行为。辩护人、诉讼代理人尽管没有实施作为伪证罪构成要件的实行行为即伪证行为，这一行为是由证人实施的，但是，正是因为有了辩护人、诉讼代理人的教唆伪证行为，证人才产生了实施伪证行为的犯罪故意；正是因为辩护人、诉讼代理人的帮助伪证行为，证人的伪证行为才得以顺利实施。可见，辩护人、诉讼代理人的教唆行为、帮助行为与证人的伪证行为不是孤立的，而是目标一致，相互联系，紧密配合，共同构成了一个完整的伪证行为整体。在发生危害结果的情况下，无论是辩护人、诉讼代理人的教唆行为、帮助行为还是证人的实行行为，都是危害结果发生的直接原因，都与危害结果的发生具有刑法上的因果关系，都应当对造成的危害结果承担刑事责任。所以，辩护人、诉讼代理人教唆、帮助证人实施伪证行为的，应当构成伪证罪的共同犯罪。

（2）辩护人、诉讼代理人教唆、帮助证人作伪证的，还应当成立辩护人、诉讼代理人毁灭证据、伪造证据、妨害作证罪。因为，辩护人、诉讼代理人正是法定的辩护人、诉讼代理人毁灭证据、伪造证据、妨害作证罪的犯罪主体，在主观上，对于自己实施的教唆、帮助证人作伪证的行为的性质以及由此可能产生的破坏刑事诉讼正常顺利进行的危害后果是明知的，但行为人却希望这一危害后果的发生，显然，辩护人、诉讼代理人是具备辩护人、诉讼代理人毁灭证据、伪造证据、妨害作证罪的主观故意的；在客观方面，辩护人、诉讼代理人教唆、帮助证人作伪证的行为是完全符合辩护人、诉讼代理人毁灭证据、伪造证据、妨害作证罪的构成特征的。根据主客观相统一的原理，当然应当成立辩护人、诉讼代理人毁灭证据、伪造证据、妨害作证罪。

（3）此种情形实际上属于刑法理论上的法条竞合。法条竞合又称为法规竞合，是指一个犯罪行为，因法律的复杂规定，以致同时违犯数个法律条文（或规定），但仅适用其中一条，排斥其他条文适用的情况。也就是说，一个犯罪行为虽然从外观上看，好像与数条刑法法规都相符合，但由于这些刑法法规构成要件的内容是相互重复的，所以只能从这些法规中适用一条而排斥其他条文的适用。法条竞合本身是单纯的一罪而不是数罪。

上述情形中，辩护人、诉讼代理人出于一个主观故意，在客观上也只实施了一个教唆、帮助证人作伪证的行为，却触犯了辩护人、诉讼代理人毁灭证据、伪造证据、妨害作证罪和伪证罪两个罪名，两个罪名之间，就作伪证这一点而言，存在一种包容与被包容的关系。因而，这种情形实际上已经构成了法条竞合。其中，伪证罪的法条是一般法条，辩护人、诉讼代理人毁灭证据、伪造证据、妨害作证罪的法条是特别法条，根据“特别法条的适用优先于普通法条”的法条竞合的一般处理原则，对于这种情形，最终应以辩护人、诉讼代理人毁灭证据、伪造证据、妨害作证罪定罪量刑。❶

2. 辩护人、诉讼代理人毁灭证据、伪造证据、妨害作证罪与妨害作证罪的界限与联系

《刑法》第307条第1款规定了妨害作证罪：“以暴力、威胁、贿买等方法阻止证人作证或者指使他人作伪证的，处三年以下有期徒刑或者拘役；情节严重的，处三年以上七年以下有期徒刑。”据此，妨害作证罪，是指以暴力、威胁、贿买等方法阻止证人作证或者指使他人作伪证的行为。本罪与妨害作证罪在犯罪发生的时空条件、犯罪行为方式、犯罪主体等方面都有所不同，但也存在许多重合之处：①从犯罪发生的时空看，两罪都可发生在刑事诉讼中。如果不是发生在刑事诉讼中，而是在刑事诉讼之前或之后，或者在民事诉讼、行政诉讼过程中，则即使有上述行为也不能以本罪论处。所谓在刑事诉讼中，是指在刑事诉讼的整体过程中，包括立案、侦查、起诉、包含一审、二审、再审在内的审判和死刑复核程序以及判决的执行等各个阶段。刑事诉讼过程包括公诉案件、刑事自诉案件的诉讼过程。②从犯罪主体上看，本罪的主体是刑事案件中的辩护人和诉讼代理人。辩护人是指接受被告人或其法定代理人的委托，或者经人民法院

---

❶ 田宏杰．辩护人、诉讼代理人毁灭证据、伪造证据、妨害作证罪研究［J］．国家检察官学院学报，2000（4）．

指定，依据事实和法律在审查起诉和审判阶段为被告人进行辩护的人。辩护人包括委托辩护人和指定辩护人。辩护人既可以是律师，也可以是人民团体或者犯罪嫌疑人、被告人所在单位推荐的人，也可以是犯罪嫌疑人、被告人的监护人和亲友。在司法实践中，辩护人主要是律师。所谓诉讼代理人，是指公诉案件的被害人及其法定代理人或者近亲属、自诉案件的自诉人及其法定代理人委托代为参加诉讼的人和附带民事诉讼的当事人及其法定代理人委托代为参加诉讼的人。非辩护人和诉讼代理人不能单独构成本罪。妨害作证罪的犯罪主体是一般主体，自然应当是包括刑事辩护人、诉讼代理人在内的任何人，《刑法》第 307 条第 3 款还明确规定司法工作人员犯妨害作证罪的要从重处罚。③从犯罪客观方面看，都有威胁、引诱证人作伪证的行为。如果辩护人、诉讼代理人在刑事诉讼中，威胁、引诱（如贿买）证人作伪证，二者就发生了法条的竞合。第 306 条是特殊法条，第 307 条是普通法条，依照特殊法优于普通法的原则，应以本罪论处，具体罪名为辩护人、诉讼代理人妨害作证罪。

3. 辩护人、诉讼代理人毁灭证据、伪造证据、妨害作证罪与包庇罪的界限

辩护人、诉讼代理人毁灭证据、伪造证据、妨害作证罪与包庇罪在犯罪构成特征上有一些相似之处，如两罪在主观方面都是出于故意，且都具有包庇行为人使其不受法律制裁的目的；在客观方面都可能表现为毁灭证据、伪造证据、妨害作证的行为；其犯罪行为的实施都可能侵犯了司法机关的正常活动。二者的不同之处主要在于：①犯罪对象不同。本罪的犯罪对象是证据，而包庇罪的犯罪对象是犯罪的人。②犯罪客观方面的表现形式不同。本罪在客观方面表现为，在刑事诉讼中，毁灭、伪造证据，帮助当事人毁灭、伪造证据，威胁、引诱证人违背事实改变证言或者作伪证；而包庇罪在客观方面则表现为，明知是犯罪的人而作假证明予以包庇。③犯罪主体不同。本罪的主体是特殊主体，即只能是本案中的辩护人、诉讼代理人，除此以外的任何人都不能单独成为辩护人、诉讼代理人毁灭证据、伪造证据、妨害作证罪的主体，不能独立地构成该罪；而包庇罪的主体是一般主体，只要是具有刑事责任能力、实施了作假证明包庇明知是犯罪的人的行为的人，都可以构成包庇罪的主体，独立地构成包庇罪。

4. 辩护人、诉讼代理人毁灭证据、伪造证据、妨害作证罪与帮助毁灭、伪造证据罪的界限

《刑法》第 307 条第 2 款规定了帮助毁灭、伪造证据罪：帮助当事人

毁灭、伪造证据，情节严重的，处 3 年以下有期徒刑或者拘役。根据上述规定，帮助毁灭、伪造证据罪是指帮助当事人毁灭、伪造证据，情节严重的行为。本罪与帮助毁灭、伪造证据罪在犯罪发生的时空条件、犯罪主体等方面都有所不同，但也存在许多重合之处：①从犯罪发生的时空看，两罪都可发生在刑事诉讼中。②从犯罪主体上看，本罪的主体是刑事案件中的辩护人和诉讼代理人。帮助毁灭、伪造证据罪的犯罪主体是一般主体，自然应当是包括刑事辩护人、诉讼代理人在内的任何人，《刑法》第 307 条第 3 款还明确规定司法工作人员犯妨害作证罪的要从重处罚。③从犯罪客观方面看都有帮助当事人毁灭、伪造证据的行为。如果辩护人、诉讼代理人在刑事诉讼中，帮助当事人毁灭、伪造证据，二者就发生了法条的竞合。第 306 条是特殊法条，第 307 条是普通法条，依照特殊法优于普通法的原则，应以本罪论处，具体罪名为辩护人、诉讼代理人毁灭证据、伪造证据罪。

5. 辩护人、诉讼代理人毁灭证据、伪造证据、妨害作证罪与徇私枉法罪的界限

本罪与《刑法》第 399 条第 1 款规定的徇私枉法罪也存在相同或相似之处，如二者都发生在刑事司法活动中，在主观方面都是出于故意；在客观方面，徇私枉法罪也可能表现为毁灭证据、伪造证据、妨害作证的行为。两罪的主要区别在于：①犯罪客观方面的表现形式不同。本罪在客观方面表现为，在刑事诉讼中，辩护人、诉讼代理人毁灭、伪造证据，帮助当事人毁灭、伪造证据，威胁、引诱证人违背事实改变证言或者作伪证；而徇私枉法罪在客观方面表现为，司法工作人员徇私枉法、徇情枉法，对明知是无罪的人而使他受追诉、对明知是有罪的人而故意包庇不使他受追诉，或者在刑事审判活动中故意违背事实和法律作枉法裁判。因此，本罪的实施不存在利用行为人职务上的便利条件问题，而徇私枉法罪的实施，则以利用行为人自己直接办理或者主管案件的便利条件为特征。正因为如此，本罪不具有渎职的性质，而徇私枉法罪是一种典型的渎职犯罪。②犯罪主体不同。尽管两罪的主体都是特殊主体，但本罪的犯罪主体是辩护人、诉讼代理人，而徇私枉法罪的主体只能是司法工作人员。③犯罪目的不尽相同。本罪的目的通常是为了放纵犯罪分子，使其不受法律制裁；而徇私枉法罪的主观目的则是出入人罪，既可以是放纵犯罪分子，也可以是使他人受到不应有的刑事追诉或者受到冤判。

（三）行为人在实施本罪时其手段又触犯其他罪名的认定与处理

本罪的主体是辩护人、诉讼代理人，辩护人、诉讼代理人在刑事诉讼中，毁灭、伪造证据，帮助当事人毁灭、伪造证据，威胁、引诱证人违背事实改变证言或者作伪证的，构成辩护人、诉讼代理人毁灭证据、伪造证据、妨害作证罪。辩护人、诉讼代理人的行为必须发生在刑事诉讼中才能构成本罪，这是本罪行为实施的时间条件，也是本罪得以成立的前提条件。为了实施本罪，辩护人、诉讼代理人采用的手段又触犯其他罪名的，如伪造国家机关公文、印章罪、非法拘禁罪、故意伤害罪、诽谤罪、行贿罪等的，应构成牵连犯。所谓牵连犯，是指为实现某一犯罪目的，而其他犯罪的手段行为或者结果行为又触犯其他罪名的犯罪形态。牵连犯的特征是：①行为人追求的最终目的只有1个。②行为人实施了两个以上的行为，即目的行为和手段行为，或者目的行为（又称原因行为）和结果行为，或者目的行为、手段行为和结果行为。③数行为之间存在内在牵连关系。④所牵连的手段行为或者结果行为能够独立成罪，是能够独立符合或者具备犯罪构成要件的行为。但是，不可罚的事前行为不属于牵连犯的手段行为，而不可罚的事后行为则不属于牵连的结果行为。⑤与目的行为相牵连的手段行为或者结果行为必须是触犯其他罪名的行为。对牵连犯的处罚，一般认为，应从一重罪处断，但是法律有明确规定为数罪并罚的情形下，则应按照法律的规定对牵连犯作数罪并罚。按照牵连犯的犯罪理论，在刑事诉讼过程中，如果辩护人、诉讼代理人毁灭、伪造证据，帮助当事人毁灭、伪造证据，威胁、引诱证人违背事实改变证言或者作伪证，犯罪手段又触犯其他罪名的，以处罚较重的罪名定罪处罚。

四、辩护人、诉讼代理人毁灭证据、伪造证据、妨害作证罪既遂与未遂的认定

由于该罪是刑法新设立的罪名，对于该罪有关问题的研究都还开展不够。因而，关于该罪既遂、未遂形态的认定及其与既遂的区分，刑法理论界进行研究和探讨的深度还不够。辩护人、诉讼代理人毁灭证据、伪造证据、妨害作证罪存在犯罪的未遂形态吗？如果存在，其犯罪未遂与既遂区分的标准是什么？如何认定犯罪未遂呢？

所谓犯罪既遂是指行为人故意实施的犯罪行为已经完全具备刑法分则条文规定的全部犯罪构成要件的犯罪形态。犯罪既遂具有下列主要特征：①行为人必须具备犯罪的意思，这是构成既遂犯的前提条件，也是要求行

为人对既遂罪承担刑事责任的主观基础。②行为人必须已经着手实行犯罪，这是构成既遂犯的时间条件。③必须齐备了某种犯罪构成的全部要件，这是构成既遂犯的实质条件。所谓犯罪未遂，根据我国《刑法》第23条的规定，是指已经着手实行犯罪，由于犯罪分子意志以外的原因而未得逞的一种故意犯罪形态。可见，我国刑法中的犯罪未遂形态具有如下3个特征：①行为人已经着手实行犯罪。这是犯罪未遂形态与犯罪预备形态相区别的主要标志。②犯罪未得逞。即犯罪未完成而停止下来。这是犯罪未遂形态与犯罪既遂形态相区别的主要标志。③犯罪停止在未完成形态是犯罪分子意志以外的原因所致。这是犯罪未遂形态与着手实施犯罪以后的犯罪中止相区别的关键。

根据犯罪既遂和未遂的上述几个特征，笔者认为，[1] 辩护人、诉讼代理人毁灭证据、伪造证据、妨害作证罪是存在犯罪的未遂形态的。因为，辩护人、诉讼代理人毁灭证据、伪造证据、妨害作证罪尽管并不要求造成物质性或者有形的犯罪结果，并不要求行为人意图包庇当事人的目的一定实现，但是，辩护人、诉讼代理人毁灭证据、伪造证据、妨害作证罪并不是行为人一着手实施毁灭证据、伪造证据、妨害作证的行为，犯罪就告完成的。按照法律的要求，这种行为是有一个实行的过程的，并且，其行为的实施要求达到一定的程度，才能视为行为的完成。申言之，辩护人、诉讼代理人毁灭证据、伪造证据、妨害作证罪是行为犯，而对于行为犯来说，是存在犯罪的未遂形态与既遂形态的，其犯罪未遂形态与既遂形态的区分，不是看是否发生了物质性的或者有形的犯罪结果，也不是以行为人的犯罪目的即包庇当事人，使其不受刑事追究的目的是否达到，而是以法定犯罪行为的是否完成作为标志的。如果行为人已经实施完毕辩护人、诉讼代理人毁灭证据、伪造证据、妨害作证罪的法定构成要件的实行行为，即毁灭证据、伪造证据或者妨害作证的行为，则构成辩护人、诉讼代理人毁灭证据、伪造证据、妨害作证罪的既遂；如果行为人未能将毁灭证据、伪造证据或者妨害作证的行为实施完毕，则只能论之以辩护人、诉讼代理人毁灭证据、伪造证据、妨害作证罪的未遂。

关于本罪在客观方面表现为选择性的行为，因而在不同的行为形式下，其既遂形态与未遂形态的具体区分标准也有不同，具体可分为以下两

[1] 赵秉志，田宏杰，于志刚．妨害司法罪［M］．北京：中国人民公安大学出版社，2003：85.

种情况：[1] 第一，毁灭、伪造证据或者帮助当事人毁灭、伪造证据的情形。这两种情形下，如果行为人毁灭、伪造证据的行为或者帮助当事人毁灭、伪造证据的行为已经收拾完毕，即已使证据完全灭失或者虽未使证据灭失但已丧失证据的作用或者虚假证据已经制造出来，则成立本罪的既遂；反之，如果行为人已着手实施毁灭或者伪造证据的行为，或者已着手实施帮助当事人毁灭、伪造证据的行为，但由于行为人意志以外的原因，致使行为没有实施完毕，或者证据尚未灭失或者尚未失去证据作用，或者虚假的证据尚未制造出来等，则只能成立本罪未遂。第二，威胁、引诱证人改变证言或者作伪证的情形。这种情况下，只要行为人着手实施了威胁、引诱证人改变证言或者作伪证的行为，不管证人实际上是否改变了证言或者作伪证，均无碍本罪既遂的成立。

五、行为人受司法人员指使为使有罪的不受追诉而实施本罪行为的认定

辩护人、诉讼代理人毁灭证据、伪造证据、妨害作证罪的犯罪主体是辩护人、诉讼代理人，而不包括司法人员。行为人为使有罪的不受追诉，而实施上述行为的，构成辩护人、诉讼代理人毁灭证据、伪造证据、妨害作证罪。2002 年 12 月 28 日通过并实施的《中华人民共和国刑法修正案（四）》对《刑法》第 399 条进行了修改，修改后的《刑法》第 399 条第 1 款规定："司法工作人员徇私枉法、徇情枉法，对明知是无罪的人而使他受追诉、对明知是有罪的人而故意包庇不使他受追诉，或者在刑事审判活动中故意违背事实和法律作枉法裁判的，处五年以下有期徒刑或者拘役；情节严重的，处五年以上十年以下有期徒刑；情节特别严重的，处十年以上有期徒刑。"据此可见，司法人员有上述行为的，根据 2002 年 3 月最高人民法院、最高人民检察院《关于执行〈中华人民共和国刑法〉确定罪名的补充规定》，构成了徇私枉法罪（原名为枉法追诉、裁判罪）。修改后的《刑法》第 399 条第 4 款规定："司法工作人员收受贿赂，有前三款行为的，同时又构成本法第三百八十五条规定之罪的，依照处罚较重的规定定罪处罚。"据此，司法人员又有收受贿赂行为的，可能构成受贿罪而不是徇私枉法罪。根据共同犯罪的理论，如果行为人构成辩护人、诉讼代理人毁灭证据、伪造证据、妨害作证罪，那么唆使者司法人员应以行为人构成

[1] 郭立新，杨迎泽．刑法分则适用疑难问题解释［M］．北京：中国检察出版社，2000：287.

的犯罪论处，因此对司法人员，应以行为人所构成的犯罪即辩护人、诉讼代理人毁灭证据、伪造证据、妨害作证罪定罪处罚。

第三节　妨害作证罪

一、妨害作证罪的概念和犯罪构成

妨害作证罪可以在刑事诉讼的任何阶段发生，在边防、海警部门侦查案件时，有时也会遇到这种犯罪。

妨害作证罪，是指采用暴力、威胁、贿买等方法阻止证人作证或者指使他人作伪证的行为。本罪的犯罪构成特征是：

本罪侵犯的客体是复杂客体，主要客体是国家司法机关的正常诉讼活动，次要客体是公民依法作证的权利。另外，采用暴力、威胁等方法阻止证人作证的，侵犯的随意客体是公民的人身权利，如生命权、身体健康权、人身自由权等。证人证言是最普遍使用的证据，对司法机关及时查明案件事实，正确适用法律有着非同一般的意义和作用。依法作证是证人的一项法定义务。既然法律规定证人有作证的义务，那么就应该依法规定证人相应的权利，其中之一便是证人应该享有能够顺利及时依法作证的环境和条件，也即证人作证享有不受外界非法干扰的权利，享受人身不受侵犯的权利和依法自由作证的权利。对此，我国有关法律也作了规定，例如，《刑事诉讼法》第 6 条规定："人民法院、人民检察院和公安机关应当保障证人及其近亲属的安全。对证人及其近亲属进行威胁、侮辱、殴打或者打击报复，构成犯罪的，依法追究刑事责任；尚不够刑事处罚的，依法给予治安管理处罚。"第 42 条第 1 款规定："辩护人或者其他任何人，不得帮助犯罪嫌疑人、被告人隐匿、毁灭、伪造证据或者串供，不得威胁、引诱证人作伪证以及进行其他干扰司法机关诉讼活动的行为。"第 50 条规定："……必须保证一切与案件有关或者了解案情的公民，有客观地充分地提供证据的条件，除特殊情况外，可以吸收他们协助调查。"《民事诉讼法》第 72 条规定："……有关单位负责人应当支持证人作证。"为了维护法律的尊严，保护国家和人民的利益，保障司法机关正常的诉讼活动和秩序，保障经济建设顺利进行，有必要对妨害作证的各类行为予以犯罪化。关于妨害作证行为的社会危害性，我国立法机关也认为对于妨害作证行为，构成犯罪的，应该依法追究刑事责任。例如，《民事诉讼法》第 111

条规定："诉讼参与人或者其他人有下列行为之一……构成犯罪的，依法追究刑事责任。"该条第（二）项所列的行为之一便是"以暴力、威胁、贿买方法阻止证人作证或者指使、贿买、胁迫他人作伪证的"。我国《行政诉讼法》第49条也作了相同的规定。可见，根据目前我国法律的规定，妨害证人作证的行为，只要达到相当的社会危害性，就构成犯罪，就应该追究刑事责任。为了便于司法实践准确适用刑事法律，及时有效地打击犯罪行为，保障人权和法律的实施，有必要对妨害作证的行为依法以妨害作证罪追究刑事责任。

本罪在客观方面表现为行为人实施了采用暴力、威胁、贿买等方法阻止证人依法作证或者指使他人作伪证的妨害作证行为。①行为人非法劝止、阻止证人依法作证，具体可采用暴力方式如绑架等方法使证人人身自由受到严重限制甚至丧失自由而无法作证；或者以暴力作后盾对证人进行威胁使证人不敢作证；或者采用金钱、财物或其他利益，或许诺钱财或其他利益使证人不愿作证；或者采用引诱、唆使、劝说来说服证人不要作证；还有利用职务等身份迫使从属部下不要作证等等。无论采用何种方式，只要主观上具有故意，客观上实施了妨害证人依法作证的行为，妨害了司法机关正常的诉讼活动，就构成本罪。证人是否被劝止或被阻止而没有作证，或者证人是否接受贿买的金钱、财物，对行为人构成犯罪没有影响。②行为人实施希望他人（不一定是证人）作伪证的行为。行为人具体可用胁迫的手段来实施，可以采用贿买的办法，也可以采用唆使、引诱的方法，还可以采用具他手段如利用职务迫使下属作伪证等。不管采用何种方法、手段，其实质都是一样的，即都是行为人希望他人作伪证，在客观上侵害了司法机关的诉讼活动，因此都是妨害作证的行为，行为人依法构成犯罪。在刑事案件侦查或审判过程中，辩护人、诉讼代理人以各种手段致使证人作伪证这种方式来妨害作证，如果构成犯罪的，应以辩护人、诉讼代理人妨害作证罪论处。

本罪是举动犯，只要实施了妨害作证的行为，均构成犯罪，情节严重是本罪的加重情节。所谓情节严重，主要是指行为人实施的妨害作证行为严重，侵害司法机关正常的诉讼活动，甚至使之无法进行；或者采取的手段极其恶劣；或者产生严重的后果，如造成冤、假、错案；或者行为人经批评教育后，仍继续实施妨害作证行为等。对于那些妨害作证行为情节显著轻微，危害不大，不能认定构成妨害作证罪。例如，证人的亲朋好友怕证人作证后遭报复叫证人不要作证，这种做法虽然是错误的，但是情节轻微，危害不大，不构成妨害作证罪。

对于妨害作证罪来说，还有几点必须指出：其一，行为人只要实施了符合上述构成要件，妨害作证的行为，就构成妨害作证罪且为既遂。至于证人是否被劝止、阻止没有作证，或者是否接受贿买或者接受贿买后是否作证，对成立本罪无实际意义。同样，他人是否因行为人的指使作伪证，或者是否接受贿买或接受贿买后是否作伪证对成立本罪也无实际影响。以上这些情节只是量刑时考虑的因素。其二，妨害作证罪发生的时间、空间较广，既可以发生在诉讼提起以后的诉讼活动中，也可以发生在诉讼提起之前，因为在这一阶段，行为人实施有妨害作证的行为，同样会影响以后即将发生的诉讼活动，也即实质上仍会侵害国家司法机关正常的诉讼活动，同样具有相当的社会危害性，在性质上与在诉讼提起后实施的妨害作证的行为和社会危害性及其程度没有两样。其三，妨害作证罪可以发生在刑事案件、民事案件中，也可以发生在经济案件、行政案件中，这里所说的案件皆是指法律诉讼上的案件，不包括没有进入诉讼的违纪案件、行政案件等。

本罪的主体为一般主体，凡是年满16周岁、具有刑事责任能力的自然人都可以成为本罪的主体。从实践中来看，本罪的主体多为与案件有利害关系的人，如犯罪嫌疑人、被告人的亲戚、朋友，或者民事、行政、经济案件中的当事人。司法工作人员犯本罪的，从重处罚。

本罪在主观方面表现为故意，且为直接故意，即行为人明知自己妨害证人作证或者指使他人作伪证的行为会妨害国家司法机关正常的诉讼活动和他人的作证权利，仍决意实施妨害作证行为，并且希望这种社会危害结果的发生。实施这种行为的行为人通过种种手段使证人不能作证、不愿作证、不敢作证，或者使证人或其他人作伪证，其目的往往是为了包庇或者陷害他人，或者出于个人利益或他人利益。本罪的动机可以多种多样，但不影响本罪的成立。

二、妨害作证罪犯罪构成要件的理解

（一）“证人”的理解以及其与鉴定人[1]的认定

在刑事诉讼法学理论中，证人有狭义和广义之分。狭义的证人是指直接利害冲突双方以外的向司法机关提供自己感受到的案件情况的诉讼参与

---

[1] 赵永红．扰乱公共秩序和司法活动犯罪司法适用（上）［M］．北京：法律出版社，2006：29.

人。广义的证人是指除受审的犯罪嫌疑人及被告人以外的向司法机关提供自己感受到的案件情况的诉讼参与人。在我国，基于证人和被害人在诉讼中的地位、与案件的利害关系等方面的不同，大多数学者持狭义证人说，并且证人只能是自然人，不包括法人和其他组织。但在西方国家，认为被害人属于证人的则几为通说。我国《刑事诉讼法》第 60 条在确定证人范围时，却采用了广义说，即规定："凡是知道案件情况的人，都有作证的义务。"在这一规定中，法律并没有把被害人排除在证人范围之外，只是规定生理上、精神上有欠缺或者年幼，不能辨别是非、不能正确表达的人，不能作为证人。可见，证人是指一切知道案件情况的人。被害人作为被告人侵害的对象，了解案件的经过，从这一点来看，被害人在广义上属于证人范围，同样也负有"作证的义务"。此外，广义证人说也为司法解释所肯定。我国《刑法》第 247 条规定的暴力取证罪，是指司法工作人员使用暴力逼取证人证言的行为。但最高人民检察院《关于人民检察院直接受理立案侦查案件立案标准的规定（试行)》中明确规定："暴力取证罪是指司法工作人员以暴力逼取证人证言、被害人陈述的行为。"由此可见，司法解释采纳了广义证人说，把被害人纳入了证人的范畴。虽然这一司法解释是针对暴力取证罪作出的，但其认为证人包括被害人的内在精神灼然可见。笔者认为，这一司法解释，不仅适用于暴力取证罪，对刑法规定的与证人有关的其他犯罪也同样适用。

在诉讼过程中，鉴定人是司法机关聘请或指派运用自己的专业知识和技能对案件事实中的专门性问题进行鉴别判断、并提供鉴定意见的诉讼参与人。在司法实践中，鉴定人可以分为两类：一是司法机关内部附设的专职鉴定部门或者鉴定人，如药品评审委员会、法医、痕测人员、化验人员等；二是根据需要司法部门临时聘请的鉴定人。2005 年 2 月 28 日第十届全国人民代表大会常务委员会第十四次会议通过、10 月 1 日实施的《全国人大常委会关于司法鉴定管理问题的规定》加强了对鉴定人和鉴定部门的管理。之后，经国务院批准，司法部于 2005 年 9 月 30 日公布施行了《司法鉴定人登记管理办法》，进一步加强了对司法鉴定人的管理和司法鉴定活动。实践中，从事司法鉴定业务的单位和部门越来越多，享有司法鉴定权的单位和部门逐步得到了司法部的确认并予以了公布。鉴定人是否包括单位，笔者在此不论，只讨论鉴定人不是单位的情况，即狭义的鉴定人。

根据证据法学和诉讼法学理论，证据的种类都有证人证言和鉴定意见，并且两者处于并列地位。证人证言的作出者是证人，鉴定意见的作出者是鉴定人。证人和鉴定人都是独立的诉讼参加人，鉴定人与证人存在不同的方面：①鉴定人必须具有鉴定所需要的专门知识和技术手段；而证人只需要了解案件情况，不必具有专门知识。②鉴定人是案件发生后，由公安司法机关指派或者聘请，具有选择性和可替代性；而证人是耳闻目睹案件事实的人，具有不可选择性和不可替代性。鉴定人和证人这两种身份不能并存，如果鉴定人是案件的证人，则其不能再以鉴定人身份参加此案的鉴定工作。鉴定人在法庭上的质证也不是以证人的身份出现的。③鉴定人与案件有利害关系就应当回避；而证人不受与案件有利害关系的限制，证人不存在回避的问题。④鉴定人与证人在诉讼中享有不同的诉讼权利和义务。证人的责任是如实反映其所知道的案件事实情况，只能个别陈述，不能互相讨论研究，无查阅案卷材料的权利，一般情况下也不能作证；而鉴定人的责任是运用自己的专门知识对案件中的某些专门问题作出鉴定意见，由此可以享有相关诉讼权利，履行有关诉讼义务。基于以上所述，笔者认为，证人不能包括鉴定人。

（二）“阻止证人作证”“指使他人作伪证”的理解

本罪的客观表现方式是行为人采用暴力、威胁、贿买等方法阻止证人作证或者指使他人作伪证。阻止证人作证，即对知道案件全部或者一部分真实情况的人，采用殴打、恐吓、利诱等方法，意图使证人无法作证，不敢作证或者不愿作证，阻止证人提供证言。行为人阻止证人依法作证具体可采用暴力方式如绑架等方法使证人人身自由受到严重限制甚至丧失自由而无法作证；或者以暴力作后盾对证人进行威胁使证人不敢作证；或者采用金钱、财物或其他利益，或许诺钱财或其他利益使证人不愿作证；或者采用引诱、唆使、劝说来说服证人不要作证；还有利用职务等身份迫使从属部下不要作证等。在刑事诉讼中，通常表现为阻止证人接受公安、检察、法院等司法机关的调查、询问，以及阻止证人出庭作证。在民事、经济和行政诉讼中，大多表现为阻止证人接受当事人委托的律师的调查、询问，以及阻止证人出庭作证。[1] 无论采用何种方式，只要主观上具有故意，客观上实施了妨害证人依法作证的行为，妨害了司法机关正常的诉讼活动，就构成本罪。证人是否被劝止或被阻止而没有作证，或者证人是否接受贿买的金钱、财物，对行为人构成犯罪没有影响。

对于指使他人作伪证，行为人具体可用胁迫的手段来实施，可以采用

---

[1] 赵秉志，田宏杰，于志刚．妨害司法罪［M］．北京：中国人民公安大学出版社，2003：108.

贿买的办法，也可以采用唆使、引诱的方法，还可以采用其他手段如利用职务迫使下属作伪证等，不管采用何种方法、手段，其实质都是一样的，即都是行为人希望他人作伪证，在客观上侵害了司法机关的诉讼活动，因此都是妨害作证的行为，行为人依法构成本罪。他人包括知道案件真实情况的人和不知道案件真实情况的人。他人是否因行为人的指使作伪证，或者是否接受贿买或接受贿买后是否作伪证对成立本罪也没有影响。指使他人作伪证，既包括本来无罪却伪证其有罪，也包括本来有罪却伪证其无罪，总之是指提供与事实不符的证人证言或其他证据。例如，[1] 李某友夫妇与同村村民王某和因邻里纠纷发生口角，在争执中，李某友用铁锹将王某和面部砍伤。但在案件办理过程中，李某友拒不供认犯罪事实，又无第三人作证，终因证据不足，无法定案，使案件陷入了僵局。派出所经过两个多月的侦查，找到了当时经过现场的目击证人李女士，证实李某友砍伤王某和的犯罪行为。根据证言，派出所将李某友抓获并予以刑事拘留。拘留后，同村村民赵某斌主动出具证言称李女士当时未在现场，致使李某友被取保候审。派出所民警在辖区走访时，了解到赵某斌当日出具的是假证言。并收取了张某芳的好处费 4 000 元，民警迅速将赵某斌抓获。在审讯中，赵某斌交代是李某友家人张某芳、李某祥指使其作伪证。法院分别以妨害作证罪和包庇罪判处李某祥、赵某斌有期徒刑一年零六个月，李某友被依法收监，张某芳因伤住院治疗被依法取保候审。本案中，李某祥采用了给赵某斌 4 000 元好处费的办法指使赵某斌作伪证，应构成妨害作证罪。对某些胆小怕事的人因担心作伪证会得罪甚至招致报复等不利后果，因而劝说好友不要作证，或者出主意编造谎言以应付司法机关的，不宜作犯罪处理。

在他人为证人的情况下，如果行为人在刑事诉讼活动过程之中，出于出入人罪的目的，采用强迫、威胁、唆使等方法使证人作伪证，且证人实施的行为构成伪证罪的，应当如何处理？笔者认为，对此情形应当按照法条竞合的处理原则进行处断。理由如下：首先，因为行为人在主观上具有妨害证人依法履行作证义务的主观故意；客观上，行为人实施了强迫、威胁、唆使等方法使证人作伪证的行为，根据主客观相统一的犯罪构成原理，行为人的行为理应构成妨害作证罪。其次，行为人的行为还应构成伪

---

[1] 佳木斯同江市三村边防派出所成功破获伪证连环案［J/OL］. http://heilongjiang.dbw.cn/system/2010/02/03/052343605.shtml.

证罪的共同犯罪。这是因为根据规定，共同犯罪的成立，不仅要求犯罪主体须为 2 人以上，而且要求各行为人在主观上须具有共同的犯罪故意，客观上实施了共同的犯罪行为，在前述情形下，显然，行为人对其所实施的使证人作伪证的行为性质，以及由此可能发生的促使证人产生作伪证的犯罪故意这一危害结果是明知的，而行为人不仅不采取措施阻止证人产生作伪证的犯罪故意，反而积极地促成并希望这一危害结果的发生。简言之，各行为人在主观上具有共同的伪证故意。客观上，尽管只有证人实施了伪证罪的实行行为，行为人只是实施了使证人产生实施伪证行为的犯罪故意的教唆行为，但由于行为人的教唆行为与证人的实行行为并非各自独立，而是相互依存、紧密联系的，从而共同构成了一个完整的伪证行为。不仅如此，在发生物质性的或者有形的危害结果的情况下，无论是行为人的行为还是证人的行为，都是该结果发生的原因，都与该行为的发生有刑法上的因果关系。最后，尽管行为人所实施的唆使证人实施伪证的行为同时触犯了妨害作证罪和伪证罪两个罪名，但由于规定妨害作证罪和伪证罪的两个法条在关于唆使他人实施伪证行为这一点上，存在包容与被包容的关系，因而这种情形实际上属于刑法理论上的法条竞合现象。根据“特别法条优先适用于普通法条”的法条竞合处理原则，对这种情形应当以特别法条所规定之罪即妨害作证罪论处，至于行为人所触犯的伪证罪法条就不再单独适用。[1]

（三）“情节严重”的理解

情节严重是本罪的加重情节。虽然刑法在本罪中对此作了具体规定，但对于“情节严重”的含义，立法和司法解释都没有一个明确说法，因此在实践中给司法工作者很大的自由裁量空间，往往导致对此条的不用、误用、滥用等。

三、妨害作证罪罪数形态的认定

（一）妨害作证罪与非罪的认定

1. 妨害作证罪与非罪的界限

在司法实践中，认定行为是否构成本罪时，应根据上述犯罪构成特征加以分析，主要是注意两个方面：①本罪是故意犯罪，因而，行为人不是

---

[1] 赵永红．扰乱公共秩序和司法活动犯罪司法适用（上）［M］．北京：法律出版社，2006：30.

有意妨害证人作证，则不能以本罪追究行为人的刑事责任。②虽然《刑法》未明确构成本罪必须达到“情节严重”的程度才能成立，但行为人阻止他人作伪证或者指使他人作伪证，情节显著轻微，危害不大的，一般不以犯罪论处，只需依照有关法律、法规的规定，对行为人进行相应的处理即可。

2. 犯罪嫌疑人、被告人能否成为妨害作证罪主体

陈某等人在赵某强、王某的纠集下，对许某洛等人进行殴打，其中陈某持伸缩棍参与了殴斗。后陈某到派出所投案。在其投案前，指使因聚众斗殴已被判处缓刑的路某等人向公安机关作伪证，后路某等人分别向公安机关作伪证称被告人陈某未参与聚众斗殴，影响了侦查机关正常办案活动。陈某投案后也不承认自己参与聚众斗殴。

在上述案件中，犯罪嫌疑人陈某为了脱逃罪责，指使同案犯人为其作伪证。那么，犯罪嫌疑人、被告人是否构成本罪？此种情况在目前我国司法实践中基本上没有争议，在我国目前的司法实践中，犯罪嫌疑人、被告人只要实施了上述妨害作证的行为，且主观上具有故意的话，基本上都被认定构成本罪。本罪的司法判决也以聚众斗殴罪判处被告人陈某有期徒刑3年6个月；以妨害作证罪判处有期徒刑1年，数罪并罚，决定执行有期徒刑4年。

虽然实践已经有其立场，但作为理论界的一个探讨点，这仍然是值得再进行分析的。对于这种情况，无非就是两种解决方法，一种是肯定其构成妨害作证罪，一种否定其构成妨害作证罪。持肯定观点的人认为，从《刑法》第307条的规定来看，本罪的主体是一般主体；从立法精神来分析，立法上并未将犯罪嫌疑人、被告人所实施的妨害作证排除在刑法规制的范围之外。而实际上，被告人和犯罪嫌疑人为逃避法律制裁，往往不择手段来阻止证人作出对自己不利的证言。如果否认被告人、犯罪嫌疑人可以成为本罪的主体，无疑将使相当一部分社会危害十分严重的妨害作证行为不能纳入到刑法惩治的范围，现行刑法增设妨害作证罪的意义也就大打折扣，证人的合法权益不能得到保障，诉讼活动的正常进行也只能是一句空话。因此，对于被告人、犯罪嫌疑人所实施的妨害作证行为，也应当以妨害作证罪追究其刑事责任。[1] 否定论者认为，当事人犯罪后毁灭证据的行为属于“防御行为”。目前世界上部分国家都认为行为人逃脱罪责的脱逃行为本身不构成犯罪。第三种观点认为，如果犯罪嫌疑人、被告人采取

---

[1] 赵秉志．妨害司法罪［M］．北京：中国人民公安大学出版社，1999：97－98．

一般的嘱托、请求、劝诱等方法阻止他人作证或者指使他人作伪证的，因缺乏期待可能性，而不以妨害作证罪论处。但是，犯罪嫌疑人、被告人采取暴力、威胁、贿买等方法阻止他人作证或者指使他人作伪证的，并不缺乏期待可能性，宜认定为妨害作证罪，但可以从轻处罚。[1] 犯罪嫌疑人或被告人采取一般的嘱托、请求、劝诱等方法阻止他人作证或者指使他人作伪证，实属“趋利避害”的本能所致，故缺乏不妨害他人作证或不指使他人作伪证的期待可能性，从而其行为不构成妨害作证罪；相比之下，当犯罪嫌疑人、被告人采取暴力、威胁、贿买等方法时，则说明他人没有给犯罪嫌疑人、被告人留下“可乘之机”，而犯罪嫌疑人、被告人的“趋利避害”的本能也就变成了“强人所难”，于是其不妨害他人作证或不指使他人作伪证也就具有了期待可能性，故其行为宜以妨害作证罪论处。[2]

理论界是允许也应该有争议存在的，现行司法实践中所实施的做法也并不一定就是正确的。当事人并不具有自证其罪的义务，诉讼中如果存在多名被告人，彼此之间协商之后订立攻守同盟，以脱逃罪责，应当是不成立犯罪的。因为诉讼本身就是一个去伪存真的过程，被告人也承担证明自己有罪的义务，彼此之间订立攻守同盟，并不应当成立犯罪，而是一种诉讼上的策略。但是，必须看到的是，某些犯罪嫌疑人、被告人为了摆脱罪责，主动实施暴力、威胁、贿买等行为，严重影响了诉讼秩序，也对证人、他人产生了严重的侵害。这种行为与攻守同盟是有明显的区别的。犯罪嫌疑人、被告人通过暴力、威胁、贿买等手段阻止证人作证或者指使他人作伪证的行为，确实影响了诉讼的正常进行，行为人为了自己脱逃罪责的理由并不能作为免除其责任的原因。行为的对象也应当可以包括同案犯。因此，被告人、犯罪嫌疑人如果实施了暴力、威胁、贿买等手段组织证人作证或者指使他人作伪证，应当以妨害作证罪定罪处罚。但是在实践中应当区分攻守同盟与妨害作证罪的差别，防止司法机关对于辩方正常诉讼策略予以非法的打击。[3]

不同的案例，不同的案情，但要解决的问题是相同的，同是在共同犯罪中，犯罪嫌疑人、被告人指使同案犯作虚假供述的，是否构成妨害作证罪，司法实践的判决不统一，学者的观点也截然相反。有学者对该问题作

---

[1] 张明楷．刑法学［M］．3版．北京：法律出版社，2007：783.

[2] 马荣春，徐晓霞．期待可能性的本质及其与妨害司法罪的认定［J］．西华师范大学学报：哲学社会科学版，2013（4）.

[3] 钱潇云．论妨害作证罪［D］．上海：华东政法大学，2012.

了进一步的论证。例如，甲、乙、丙、丁因琐事与被害人戊、己发生口角。事后，甲、丙打电话询问被告人王某某是否要殴打戊、己，在得到同意后，甲、乙、丙、丁分别持砍刀、铁棍、木棍等械具对戊、己实施殴打，致戊脾脏破裂并手术切除，经鉴定构成重伤；致己头皮创伤，经鉴定构成轻微伤。案发后，被告人王某某指使甲至公安机关作伪证，谎称所有犯罪行为系甲一人所为。公诉方、被告人及其辩护人等对于被告人王某某及甲、乙、丙、丁构成共同的故意伤害罪，无不同意见，但对于被告人王某某指使同案犯甲包揽罪责、包庇同伙，向公安机关作虚假供述的行为是否构成妨害作证罪，在案件审理过程中，公诉方、被告人及其辩护人等均有不同意见，分歧较大。第一种观点认为，王某某构成妨害作证罪。第二种观点认为，同案犯的供述，对于其他共犯人而言，就是证人证言。因此，共犯人以暴力、威胁、贿买等方法阻止同案犯作供述，或者指使同案犯作虚假供述的，符合阻止他人作证、指使他人作伪证的条件，因而可能构成妨害作证罪。但如果采取一般的请求、利诱等方法阻止同案犯作供述，或者指使同案犯作虚假供述的行为，则因缺乏期待可能性，而不宜以犯罪论处。所以，对于同案犯之间的串供行为，不宜认定为妨害作证罪。[1]因为，犯罪人本来都负有如实供述的义务。当同案犯还可被通过嘱托、请求、劝诱等方法来阻止作供述或作虚假供述，则说明同案犯还是给共犯人留下了“可乘之机”，于是“趋利避害”的本能便使得共犯人阻止同案犯作供述或指使同案犯作虚假供述，仍不具有不妨害他人作证的期待可能性，故其行为不宜以妨害作证罪论处。相比之下，当共犯人采取暴力、威胁、贿买等方法时，则说明同案犯没有给共犯人留下“可乘之机”，而共犯人的“趋利避害”的本能同样也就变成了“强人所难”，于是其不阻止同案犯作供述或不指使同案犯作虚假供述同样也就具有了期待可能性，故其行为宜以妨害作证罪论处。[2]第三种观点认为，王某某指使甲包揽罪责、包庇同伙，向公安机关作虚假供述不能构成妨害作证罪，理由如下。[3]

第一，现代刑事诉讼理念容纳被告人不必自证其罪。刑事诉讼不再是单纯地强调打击犯罪，而是要求打击犯罪和人权保障并重，强调无罪推定、疑罪从无。为了保障这些理念与原则的贯彻落实，有些国家规定了沉

---

[1] 张明楷．刑法学［M］．3版．北京：法律出版社，2007：784.

[2] 马荣春，徐晓霞．期待可能性的本质及其与妨害司法罪的认定［J］．西华师范大学学报：哲学社会科学版，2013（4）.

[3] 何萍．教唆同案犯虚假供述是否构成妨害作证罪［N］．人民法院报，2012－11－28（6）.

默权制度，我国虽然没有明文规定沉默权，但是《刑事诉讼法》第50条明确规定了不得强迫任何人自证其罪。既然现代诉讼理念不得强求任何人自证其罪，证明被告人有罪的责任只能在于控诉方，那么，任何人犯罪之后的不如实供述，甚至进行一定的掩饰和隐瞒是无可厚非的。既然被告人没有如实供述的义务，无义务则无责任，被告人的不如实供述就不应当产生刑事责任。本案中，王某某与甲原本属于共同犯罪，虽然王某某唆使甲包揽罪责、包庇同伙，但是，由于不能要求犯罪人必须要如实供述，那么也就不能期待共同犯罪人之间必须互相揭发、如实相告。王某某的指使行为以及甲向公安机关的虚假供述行为本质上属于共同犯罪人的不如实供述，因此，他们的教唆虚假供述以及虚假供述行为不可能产生刑事责任。再说，《刑事诉讼法》第53条规定，只有被告人口供，没有其他证据相互印证的，不得定罪量刑，定罪量刑的前提是证据之间能够形成锁链，具有证明力。司法机关对被告人的定罪量刑必须广泛搜集证据，被告人口供只是证据种类之一，证据种类还有书证、物证、被害人陈述、证人证言、鉴定结论、视听资料等等，共同犯罪人的不如实供述，并没有阻碍司法机关从其他渠道搜集证据，共同犯罪人之间的相互隐匿与阻碍证人作证、阻碍被害人陈述、阻碍鉴定人作出鉴定结论不具有等价性，前者属于一种不如实供述的行为，不能享受坦白的优惠待遇，而后者是阻挠司法机关获取相关证据，妨碍司法机关正常的诉讼活动。

第二，禁止重复评价原则表明不如实供述不必另外构罪。在《中华人民共和国刑法修正案（八）》中，坦白是非常明确的法定量刑情节。对于坦白行为，可以从轻甚至减轻处罚，那么，对于不坦白是否需要从重处罚？对于虚假供述是否还构成其他犯罪？笔者认为，不坦白作为坦白的对立面，一方面不能享受从轻或者减轻的待遇，另一方面如果还被从重处罚的话，其实是对不坦白行为双重从重了，其不合理性显而易见。坦白是指如实供述，不坦白无非是指不如实供述，不如实供述既包括默不作声，也包括虚假供述。在本案中，王某某与甲、乙、丙、丁实施共同犯罪，事后王某某指使甲向公安机关虚假陈述所有行为系甲一人所为。对于这种指使虚假供述以及虚假陈述的人无需数罪并罚。因为，既然如实供述是一项法定的从轻甚至减轻处罚的情节，那么不如实供述的犯罪嫌疑人、被告人就不能享受这种从宽的待遇，不必从重处罚，只需按照基准性量刑即可，更加不能对不如实供述的行为另外定罪，定性为妨害作证罪或者窝藏、包庇罪。在本案中指使他人虚假供述的王某某除了承担故意伤害罪的刑事责任之外还被定性为妨害作证罪，其实是对其不坦白的行为另作评价了，王某某的不坦白受到了双重从重的评价。如果王某某还另外构成妨害作证罪的话，那么进行虚假供述的甲难道还构成窝藏、包庇罪？一致的观点是甲的虚假供述行为不构成包庇罪。但是，真正进行虚假供述的甲不另外构成包庇罪，而教唆他人虚假供述的王某某反而构成妨害作证罪了？从社会危害性角度考虑，实行行为的社会危害性不比教唆行为的社会危害性轻。因此，正确的做法应当是甲不构成包庇罪，王某某也不应当构成妨害作证罪。

第三，期待可能性理论应当包容当事人的虚假供述。期待可能性是指在行为时从行为人外部环境和条件来考察，能够期待行为人实施合法行为的可能性——如果行为人在行为时具有选择为合法行为的可能性，则具有期待可能性，因而有非难可能性；如果行为人行为时没有选择为合法行为的可能性，即无期待可能性，则行为人即使选择了某种危害社会的行为亦不负刑事责任。在单独犯罪情况下，行为人犯罪后潜逃躲避、向司法机关作虚假供述，甚至毁灭证据、伪造证据等都因缺乏期待可能性而不受处罚，因为很少有人在实施犯罪以后愿意坐以待毙的。单独犯罪的情形如此，共同犯罪也一样。共同犯罪是二人以上共同犯罪，共同犯罪人具有共同的故意、共同的行为。虽然人数众多，但是本质上共同犯罪是一个整体。共同犯罪人在作案时互相配合、互相支持，是一个统一体，作案后不被发现也是共同犯罪人的共同利益。不难理解的是，共同犯罪的犯罪分子在犯罪以后建立攻守同盟，共同抵赖，相互包庇的，这样的行为无异于单独犯罪作案后的潜逃和隐匿，也可以理解成缺乏期待可能性而不必受罚。那么，稍稍有些变化的是，在共同犯罪情形下，有一些同案犯指使其他同案犯作虚假陈述，而另一些同案犯作了虚假陈述，是否有的构成妨害作证罪，有的构成窝藏、包庇罪呢？笔者认为，按照期待可能性理论也不应将这样的行为定罪量刑。其实，前面罗列的这些情形尽管形式上有异，但本质上趋同，都是不如实供述，不管是单独犯罪，还是共同犯罪，不管是建立攻守同盟，还是包揽罪责、包庇同伙。如果建立攻守同盟、共同抵赖不能被认定为构成妨害作证罪或者窝藏、包庇罪，那么，指使他人包揽罪责、包庇同伙的行为更加不能认定为妨害作证罪了。因为，部分人承认罪行比全部抵赖无论是性质上还是程度上都不会更严重，如果全体抵赖被认为缺乏期待可能而不构成犯罪，那么部分承认、部分抵赖的行为怎么可能反而构成犯罪呢？而且，如果犯罪嫌疑人、被告人犯罪后自行藏匿、向司法机关作虚假供述，甚至毁灭证据、伪造证据等因缺乏期待可能性而不受处罚，以比正犯犯罪性低的教唆形式，即指使同案犯作虚假供述怎么可能反而构成犯罪呢？尽管《刑法》第307条第1款设置了妨害作证罪罪名，这个犯罪中的“指使他人作伪证”可以看做是将部分伪证教唆行为正犯化，但是，这里的指使人和被指使人不应当是共同犯罪的同案犯关系，否则就违背了期待可能性理论，而且会轻重倒挂，违背常识、常情和常理。

（二）妨害作证罪与彼罪的认定

1. 妨害作证罪与辩护人、诉讼代理人毁灭、伪造证据、妨害作证罪的界限

两罪的犯罪构成要件存有共同或相似之处，如客观方面都可以表现为威胁、引诱他人作伪证，主观上都出于故意，犯罪行为都对司法机关的正常诉讼活动造成了侵害。尽管两罪极其相似，但两罪毕竟是刑法所规定的性质不同的两种犯罪，二者在发生的时空条件、主体要件等方面均有所不同，因而其不同之处还是比较明显的，主要有：①犯罪侵犯的直接客体不同。虽然两个妨害作证罪所侵犯的同类客体，皆为法机关的正常诉讼活动。但应当注意的是，妨害作证罪所侵犯的是复杂客体，不仅包括正常的司法诉讼活动，而且包括公民依法作证的权利。司法诉讼活动是主要客体，而公民依法作证的权利是次要客体。与此不同的是，辩护人、诉讼代理人毁灭、伪造证据、妨害作证罪所侵犯的客体既有刑事诉讼活动，又有刑事辩护制度。而后者只是刑事辩护活动这一主要客体中的次要客体。②犯罪客观方面的表现形式不完全相同。妨害作证罪客观表现为行为人实施了以暴力、威胁、贿买等手段，或是阻止证人作证，或是指使他人作伪证的行为。辩护人、诉讼代理人毁灭证据、伪造证据、妨害作证罪的客观表现是行为人实施了以下行为之一的行为：一是实施了毁灭证据、伪造证据的行为；二是实施了帮助当事人毁灭证据、伪造证据的行为；三是实施了威胁、引诱证人违背事实改变证言或是作伪证的行为。两罪在具体客观表现形式上存在明显差别，并不相同。③行为发生的空间不同。妨害作证罪可以是发生在民事、经济、行政和刑事诸诉讼活动进行之中，辩护人、诉讼代理人毁灭、伪造证据、妨害作证罪只能发生在刑事诉讼活动进行过程中。④行为发生的时间不同。妨害作证罪可以是发生在诉讼活动进行过程中，也可以发生在诉讼之前的阶段。辩护人、诉讼代理人毁灭、伪造证据、妨害作证罪只能发生在诉讼活动进行过程之中。⑤犯罪主体不同。妨害作证罪的犯罪主体当属一般主体，即凡达到刑法所规定的刑事责任年

龄、具有相应刑事责任能力的自然人（包括犯罪嫌疑人和被告人），实施了法条中所规定的行为，皆可成为该罪的主体，独立成罪。而辩护人、诉讼代理人毁灭证据、伪造证据、妨害作证罪，对主体的要求却是十分严格的。因为此罪属于纯正的身份犯。纯正的身份犯的主体，是特殊主体。能够充当此罪主体的，除了辩护人、诉讼代理人（既可以是律师，也可以是人民团体或者犯罪嫌疑人、被告人、被害人的监护人和亲友，司法实践中主要是律师）外，其他任何人要想成为这个罪的主体都不够格。主体不适格，理所当然地就不能单独构成该罪了。

如果辩护人、诉讼代理人在刑事诉讼中，威胁、引诱证人作伪证，则既触犯了妨害作证罪，又触犯了辩护人、诉讼代理人毁灭证据、伪造证据、妨害作证罪，由于行为人只实施了一个行为，而触犯的这两个罪名的法条在内容上存在包容与被包容的关系，因而成立法条竞合。其中，妨害作证罪的法条是普通法条，而辩护人、诉讼代理人毁灭证据、伪造证据、妨害作证罪的法条属于特别法条。按照“特别法条优先于普通法条适用”的法条竞合处理原则，对这种情况下的行为人应按照辩护人、诉讼代理人毁灭证据、伪造证据、妨害作证罪处罚。

2. 妨害作证罪与伪证罪的界限

根据《刑法》第305条的规定，伪证罪是指在刑事诉讼中，证人、鉴定人、记录人、翻译人对与案件有重要关系的情节，故意作虚假证明、鉴定、记录、翻译，意图陷害他人或者隐匿罪证的行为。妨害作证罪与伪证罪有一些相似之处，如两罪在主观方面都是出于故意，在客观方面，两罪都可以发生在刑事诉讼活动过程中，其犯罪行为的实施，都对司法机关的正常诉讼活动造成了破坏，因而有必要划清两罪的界限。根据刑法的有关规定，两罪主要存在以下不同：①犯罪侵犯的直接客体不同。两罪侵犯的同类客体尽管都是司法机关的正常诉讼活动，但妨害作证罪侵犯的直接客体是复杂客体，既包括司法机关的正常诉讼活动，也包括公民依法作证的权利。这其中，司法机关的正常诉讼活动是主要客体，而伪证罪侵犯的直接客体则是简单客体，仅限于司法机关的正常诉讼活动。②客观方面的表现形式不同。妨害作证罪在客观方面表现为，行为人以暴力、威胁、贿买等方法阻止证人作证或者指使证人作伪证的行为，而伪证罪在客观方面则表现为，在刑事诉讼中，行为人对与案件有重要关系的情节，故意作虚假的证明、鉴定、记录、翻译的行为。③行为发生的时间不同。妨害作证罪可以发生在诉讼提起之前，也可以发生在诉讼过程中，而伪证罪则只能发生在诉讼活动进行的过程之中。④行为发生的空间不同。妨害作证罪可以发生在任何诉讼活动中，包括民事诉讼活动、行政诉讼活动，发案范围较广，而伪证罪则只能发生在刑事诉讼活动中，发案范围较窄。⑤犯罪主体不同。妨害作证罪的主体是一般主体，而伪证罪则是纯正的身份犯，其犯罪主体是特殊主体，只有证人、鉴定人、记录人、翻译人才能成为伪证罪的主体。⑥犯罪主观方面不完全相同。两罪尽管都是直接故意犯罪，但妨害作证罪的故意内容是行为人明知自己妨害证人依法作证的行为会发生妨害司法机关诉讼活动正常进行以及侵犯公民依法作证的权利的危害结果，却希望这一危害结果的发生；而伪证罪的故意内容则是行为人明知作伪证的行为会妨害司法机关刑事诉讼活动的顺利进行，为了陷害他人或者隐匿罪证，却希望这一危害结果的发生。

应当说，这两罪一般不容易发生混淆，但行为人在刑事诉讼活动过程之中，出于出入人罪的目的，采用强迫、威胁、唆使等方法使证人作伪证且证人实施的行为构成伪证罪的，应当如何处理？笔者认为，对此情形应当按照法条竞合的处理原则进行处断。理由如下：第一，因为行为人在主观上具有妨害证人依法履行作证义务的主观故意；客观上，行为人实施了强迫、威胁、唆使等方法使证人作伪证的行为，根据主客观相统一的犯罪构成原理，行为人的行为理应构成妨害作证罪。第二，行为人的行为还应构成伪证罪的共同犯罪。这是因为根据规定，共同犯罪的成立，不仅要求犯罪主体须为 2 人以上，而且要求各行为人在主观上须具有共同的犯罪故意，客观上实施了共同的犯罪行为。在前述情形下，显然，行为人对其所实施的使证人作伪证的行为性质，以及由此可能发生的促使证人产生作伪证的犯罪故意这一危害结果是明知的，而行为人不仅不采取措施阻止证人产生作伪证的犯罪故意，反而积极地促成并希望这一危害结果的发生。简言之，各行为人在主观上具有共同的伪证故意。客观上，尽管只有证人实施了伪证罪的实行行为，行为人只是实施了使证人产生实施伪证行为的犯罪故意的教唆行为，但由于行为人的教唆行为与证人的实行行为并非各自独立，而是相互依存、紧密联系的，从而共同构成了一个完整的伪证行为。不仅如此，在发生物质性的或者有形的危害结果的情况下，无论是行为人的行为还是证人的行为，都是该结果发生的原因，都与该行为的发生有着刑法上的因果关系。最后，尽管行为人所实施的唆使证人实施伪证的行为同时触犯了妨害作证罪和伪证罪两个罪名，但由于规定妨害作证罪和伪证罪的两个法条在关于唆使他人实施伪证行为这一点上，存在包容与被包容的关系，因而这种情形实际上属于刑法理论上的法条竞合现象。根据“特别法条优先适用于普通法条”的法条竞合处理原则，对这种情形应当以特别法条所规定之罪即妨害作证罪论处，至于行为人所触犯的伪证罪法条就不再单独适用。[1]

如果在刑事诉讼活动中，鉴定人、记录人等以暴力、威胁、贿买的方法，就与案件有重要关系的情节指使证人作伪证，并据此制作虚假的鉴定、记录，以使他人逃避法律制裁。这种情况应该如何处理？这种情况下，行为人既实施了妨害作证罪的全部行为，又实施了伪证罪的全部行为。但这种情况与前一个问题的情形有着根本的区别。前一种情形下，行为人的行为虽然触犯了两个罪名，但行为人只实施了一个行为；而在后一种情形下，行为人的行为之所以触犯了两个罪名，是因为行为人一共实施了两个行为。伪证行为是目的行为，妨害作证行为是为达到伪证目的而采取的手段行为，所以，这种情形实际上构成刑法理论上的“牵连犯”。根据牵连犯“从一重罪处断”的处理原则，考虑到伪证罪和妨害作证罪的法定刑完全相同，最终以目的行为所成立的罪名即伪证罪对行为人定罪处罚，至于行为人牵连触犯的妨害作证罪法条就不再单独适用。

3. 妨害作证罪与行贿罪的界限

根据现行《刑法》第389条的规定，行贿罪是指为谋取不正当利益，给予国家工作人员以财物，或者在经济往来中，违反国家规定，给予国家工作人员以财物，数额较大，或者违反国家规定，给予国家工作人员以各种名义的回扣、手续费的行为。妨害作证罪和行贿罪之间的区别界限在一般情形下是十分明显的，具体说来，主要有以下几点：①犯罪客体不同。前者侵犯的直接客体是复杂客体，包括司法机关的正常诉讼活动和公民依法作证的权利。其中，司法机关的正常诉讼活动是主要客体，公民依法作证的权利是次要客体。为了维护法律的尊严，保护国家和人民的利益，保障司法机关正常的诉讼活动和秩序，保障经济建设顺利进行，在本法中增设妨害作证罪已实属必要。对于妨害作证行为，《民事诉讼法》第111条、《行政诉讼法》第49条都有规定。可见，根据目前我国法律的规定，妨害证人作证的行为，只要达到相当的社会危害性，就构成犯罪，就应该追究刑事责任，以便司法机关准确适用刑事法律，及时有效地打击犯罪行为。依法作证是证人的一项法定义务。既然法律规定证人有作证的义务，那么

---

[1] 汪汛．妨害作证罪司法适用问题研究［J］．法学杂志，2003（3）．

就应该依法规定证人相应的权利，其中之一便是证人应该享有能够顺利及时依法作证的环境和条件，也即证人作证享有不受外界非法干扰的权利，享受人身不受侵犯的权利和依法自由作证的权利。对此，我国有关法律也作了规定，例如我国《刑事诉讼法》第50条规定："……必须保证一切与案件有关或者了解案情的公民，有客观地充分地提供证据的条件，除特殊情况外，可以吸收他们协助调查。"《民事诉讼法》第72条规定："……有关单位负责人应当支持证人作证。"所以，本罪暴力、威胁、贿买等方法阻止证人作证或者指使他人作伪证的行为侵犯了公民依法作证的权利。行贿罪侵犯的直接客体则是国家工作人员职务行为的廉洁性。此外，妨害作证罪的同类客体是司法机关的正常活动；而行贿罪的同类客体则是国家机关的正常活动。②犯罪客观方面的表现形式不同。妨害作证罪在客观方面表现为，以暴力、威胁、贿买等方法阻止证人作证或者指使他人作伪证的行为。本罪在客观方面的表现方式有二：第一，行为人采用暴力、威胁、贿买等各种方法阻止证人依法作证。第二，行为人实施指使他人作伪证的行为。"暴力"是指采用殴打、捆绑等方法使证人的人身自由受到严重限制甚至失去自由而无法作证。"威胁"是指以暴力作后盾对证人进行威胁使证人不敢作证的行为。"贿买"是指采用金钱、财物或者其他利益，或许诺钱财或其他利益使证人不愿作证的行为。"等方法"是指暴力、威胁、贿买以外的其他方法阻止证人作证或者指使他人作伪证，如利用药物致使证人丧失作证的能力或者使证人暂时失去作证的时机而不能作证。在实践中，如果行为人虽有妨害作证的故意，且在客观上也有阻止证人作证的行为，但没有使用暴力、威胁、贿买等方法阻止证人作证的，不能以犯罪论处。[1] 行贿罪在客观方面则表现为，给予国家工作人员以财物，或者在经济往来中，违反国家规定，给予国家工作人员以财物，数额较大的，或者违反国家规定，给予国家工作人员以各种名义的回扣、手续费的行为。③犯罪目的不同。妨害作证罪和行贿罪尽管都是故意犯罪，但前者的行为人在主观上往往具有包庇当事人或者陷害无辜的目的；而后者的行为人在主观上则具有牟取不正当利益的目的。

可见，只要把握了它们各自的构成特征，两罪是不难分清的。但是，需要注意的是，如果证人是国家工作人员，用贿买的方法妨害该证人作证的，从形式上看，与行贿罪有相近似之处。行贿罪的根本实质在于利用国

---

[1] 李文燕，杨忠民．刑法学［M］．北京：中国人民公安大学出版社，2005：503.

家工作人员职务上的便利条件为自己牟取不正当利益，而上述情况下，行为人贿买该国家工作人员的目的，是为了利用该国家工作人员的证人身份为自己牟取不正当利益，包括有形利益和无形利益，而不是利用其职务上的便利。因此，这种行为只能构成妨害作证罪，不可能成立行贿罪。[1]

4. 辩护人、诉讼代理人指使他人作伪证的认定

妨害作证罪可以发生在刑事案件、民事案件中，也可以发生在经济案件、行政案件中，这里所说的案件皆是指法律诉讼上的案件，也就是说，妨害作证罪可以发生在刑事诉讼活动中，也可以发生在民事诉讼、经济诉讼或行政诉讼中，范围较广。但是如果在刑事侦查或审判过程中，刑事辩护人、诉讼代理人以各种手段指使他人（不包括证人）作伪证这种方式来妨害作证，如果构成犯罪的，应以妨害作证罪论处。如果是指使证人作伪证，在证人构成伪证罪的情况下，行为人构成伪证罪的共同犯罪，但同时构成了辩护人、诉讼代理人妨害作证罪，应根据法条竞合的原理，以辩护人、诉讼代理人妨害作证罪论处。证人没有构成伪证罪的，刑事辩护人、诉讼代理人的行为则构成辩护人、诉讼代理人妨害作证罪。如果证人是不具备刑事责任能力的人，则辩护人、诉讼代理人单独构成伪证罪或辩护人、诉讼代理人妨害作证罪。在非刑事诉讼中，辩护人、诉讼代理人指使他人作伪证的，应以妨害作证罪论处。

5. 为枉法裁判而指使他人作伪证或阻止他人作证的认定

本罪的主体为一般主体，一般是当事人本人或与其有利害关系的人，利害关系人如犯罪嫌疑人、被告人的亲属、朋友、同事等，或者民事、经济、海事案件中当事人及其亲属、债权人等。《刑法》第 307 条第 3 款规定："司法工作人员犯前两款罪的，从重处罚。"司法人员也可以是本罪的犯罪主体，司法人员指使他人作伪证或阻止他人作证的，可构成妨害作证罪。至于司法人员犯妨害作证罪时是否利用了职务之便，《刑法》未作规定，因此可以不问。[2] 关于枉法裁判行为，《刑法》在第 399 条作了规定。2002 年 12 月 28 日通过并实施的《中华人民共和国刑法修正案（四）》对《刑法》第 399 条进行了修改，修改后的《刑法》第 399 条第 1 款规定："司法工作人员徇私枉法、徇情枉法，对明知是无罪的人而使他受追诉、对明知是有罪的人而故意包庇不使他受追诉，或者在刑事审判活动中故意

---

[1] 赵秉志，田宏杰，于志刚．妨害司法罪［M］．北京：中国人民公安大学出版社，2003：121.

[2] 陈明华．刑法学［M］．北京：中国政法大学出版社，1999：663.

违背事实和法律作枉法裁判的，处五年以下有期徒刑或者拘役；情节严重的，处五年以上十年以下有期徒刑；情节特别严重的，处十年以上有期徒刑。”第2款规定：“在民事、行政审判活动中故意违背事实和法律作枉法裁判，情节严重的，处五年以下有期徒刑或者拘役；情节特别严重的，处五年以上十年以下有期徒刑。”据此可见，司法人员有上述行为的，根据2002年3月《最高人民法院、最高人民检察院关于执行〈中华人民共和国刑法〉确定罪名的补充规定》，分别构成了徇私枉法罪（原罪名为枉法追诉、裁判罪）与民事、行政枉法裁判罪（原罪名为枉法裁判罪）。修改后的《刑法》第399条第4款规定：“司法工作人员收受贿赂，有前三款行为的，同时又构成本法第三百八十五条规定之罪的，依照处罚较重的规定定罪处罚。”据此，司法人员又有收受贿赂行为的，可能构成受贿罪而不是徇私枉法罪或者民事、行政枉法裁判罪。行为人的目的行为是枉法裁判，构成的犯罪是徇私枉法罪或者民事、行政枉法裁判罪，行为人的手段行为是指使他人作伪证或阻止他人作证，构成的罪名是妨害作证罪。行为人为枉法裁判而指使他人作伪证或阻止他人作证，其行为构成了牵连犯。牵连犯是指为实现某一犯罪目的，而其他犯罪的手段行为或者结果行为又触犯其他罪名的犯罪形态。牵连犯的特征是：①行为人追求的最终目的只有一个。②行为人实施了两个以上的行为，即目的行为和手段行为，或者目的行为（又称原因行为）和结果行为，或者目的行为、手段行为和结果行为。③数行为之间存在内在牵连关系。④所牵连的手段行为或者结果行为能够独立成罪，是能够独立符合或者具备犯罪构成要件的行为。但是，不可罚的事前行为不属于牵连犯的手段行为，而不可罚的事后行为则不属于牵连的结果行为。⑤与目的行为相牵连的手段行为或者结果行为必须是触犯其他罪名的行为。对牵连犯的处罚，一般认为，应从一重罪处断，但是法律有明确规定为数罪并罚的情形下，则应按照法律的规定对牵连犯作数罪并罚。按照牵连犯的犯罪理论，对行为人的行为，根据案件的具体情况，应在徇私枉法罪与妨害作证罪或者民事、行政枉法裁判罪与妨害作证罪中择一从重处罚。[1]

（三）妨害作证罪与数罪的认定

1. 因使用非暴力或其他手段（如拘禁）阻止证人作证的认定与处理

非暴力手段如引诱的手段、贿买手段、劝说手段，或者采用给予或者

---

[1] 赵永红．扰乱公共秩序和司法活动犯罪司法适用（上）［M］．北京：法律出版社，2006：33.

许诺金钱、财物或其他利益的手段等，其他手段如非法拘禁、管制等。行为人采取上述手段阻止证人作证的目的是为了包庇或者陷害他人，或者出于个人利益或他人利益，在客观上妨害了司法机关的正常诉讼活动，同时侵犯了公民依法作证的权利，应当构成妨害作证罪。但是，行为人在采取上述手段的过程中，其行为手段又触犯了其他刑法条文的规定，情节严重的，同时还构成其他犯罪，如非法拘禁罪、诽谤罪、诬告陷害罪等，所以行为人的行为应当构成了牵连犯。按照牵连犯的犯罪理论，行为人因使用非暴力或其他手段（如拘禁）阻止证人作证的，构成妨害作证罪和其他犯罪的牵连，应按处罚较重的犯罪定罪处罚。不过，有学者认为，因使用非暴力或其他手段（如拘禁）阻止证人作证而触犯其他罪名的，既构成了妨害作证罪，又构成了其他罪名，应当构成想象竞合犯，应按照处理想象竞合犯的原则，按照其中较重的罪定罪处罚。有学者指出，牵连犯实际上是想象竞合犯的一种，只不过比较特殊，从而从想象竞合犯中独立出来。

2. 在没有进入诉讼前即实施本罪行为的认定与处理

如前所述，本罪发生的时间、空间较广，刑法没有进行限制，既可以发生在诉讼提起以后的诉讼活动中，也可以发生在诉讼提起之前。因为在这一阶段，行为人实施有妨害作证的行为，同样会影响以后即将发生的诉讼活动，也即实质上仍会侵害国家司法机关正常的诉讼活动，同样具有相当的社会危害性，在性质上与在诉讼提起后实施的妨害作证的行为和社会危害性及其程度没有两样。所以，在没有进入诉讼前即实施本罪行为的，行为人的行为仍可构成妨害作证罪。实践中，以发生正在诉讼活动进行过程中为多。例如，王甲酒后无证驾驶轿车，将停在马路边检修摩托车的严某连人带车撞出十余米远，致严某死亡。肇事后，王甲担心会因此丢掉公务员的工作，在逃离现场后即与其大舅子徐某商量，并找来其做生意且有驾照的堂兄王乙，让王乙到公安机关投案替他顶罪。此案后经群众举报，检察院立案监督而真相大白。

本案中对王甲的行为如何定性，存在两种意见：第一种意见认为，对王甲应以交通肇事罪定罪处罚。其在肇事后逃离事故现场已符合交通肇事后逃逸的特征，找人顶罪的目的还是为了逃避法律的追究，应视为交通肇事后逃逸行为的延续，作为一种恶劣情节在量刑时予以考虑。第二种意见认为，对王甲应以交通肇事罪和妨害作证罪数罪并罚。理由是，王甲的行为已符合交通肇事罪和妨害作证罪的犯罪构成要件，而且交通肇事和指使他人为自己顶罪是两种不同的行为，侵害的是两种犯罪客体，不符合法定为一罪或处断为一罪的条件，故应当数罪并罚。有学者赞同第二种意见。本案中对于王甲构成交通肇事罪没有异议，争议的焦点集中在三个方面：一是王甲找人顶罪的行为是否应该包含在交通肇事后逃逸之中；二是这种行为是否已经构成妨害作证罪；三是这两种行为是否为法定为一罪或处断为一罪。

该学者认为，根据有关司法解释的规定，所谓交通肇事后逃逸是指行为人在发生重特大交通事故后，为逃避法律追究而逃离事故现场的行为。依据罪刑法定的原则，不应该扩大它的内涵，将行为人在逃离事故现场之后作出的有一定社会危害性的、需要单独评价的行为也归入其中。更何况，行为人在交通肇事后本应履行由此带来的报警、抢救伤员或财产、维护现场等附随义务以减轻自己的责任，如果行为人选择了“逃离事故现场”的方式来逃避法律追究，不仅不利于事故的处理，而且也体现了行为人对他人生命财产的蔑视，对法律法规尊严的蔑视，具有较为严重的社会危害性。所以，法律才将此情节列为交通肇事罪的加重处罚情节，目的是为了做到罪刑相适应。因此，任意扩大“交通肇事后逃逸”的内涵是不妥的。另外，如果按照第一种意见的逻辑思维，那么，在交通肇事后为逃避法律追究而将现场目击证人杀死灭口的行为不也应视为交通肇事后逃逸的延续吗？很显然，交通肇事罪的刑期无法包容故意杀人行为并以一罪处罚，所以，第一种意见的观点是不正确的。

其次，再来分析一下王甲的行为是否已构成妨害作证罪。关于妨害作证罪，《刑法》第 307 条第 1 款作了规定。本罪的客体是复杂客体，包括司法机关正常的诉讼活动和秩序以及公民依法作证的权利，其中，司法机关的正常诉讼活动是主要客体，而证人依法作证的权利是次要客体。本罪的客观方面表现为，以暴力、威胁、贿买等方法阻止证人作证或指使他人作伪证的行为。其中，指使他人作伪证是指唆使、引诱、劝诱他人作假证明，使了解案件情况的人向司法机关作虚假的证明，或者使不了解案件情况的人假称了解向司法机关作虚假的证明。所谓他人，包括知道案件情况的人和不知道案件情况的人，并不一定仅限于案件中已有的证人。本罪通常发生在诉讼活动之中，即刑事诉讼、民事诉讼或行政诉讼等一切诉讼活动过程中，但也可以发生在诉讼活动之外。因为，对于本罪行为发生的时间、空间，刑法并没有限制，所以，从罪刑法定主义的精神出发，本罪不应当排除在诉讼提起之前的阶段。本罪的主体是一般主体，从司法实践中的情况来看，本罪的主体多为与案件有利害关系的人，如犯罪嫌疑人、被告人的亲戚、朋友；或者民事、经济案件的当事人等。但是，被告人、犯罪嫌疑人自己采取非法手段妨害证人依法履行作证义务的，也应当以妨害作证罪追究其刑事责任。因为，立法增设妨害作证罪的目的是为了给证人依法履行作证义务提供一个良好的外部环境，以保证诉讼活动的正常顺利进行。从立法精神来分析，立法上并未将犯罪嫌疑人、被告人所实施的妨害证人作证的行为排除在刑法规定的范围之外。而实际上，由于证人证言在证据制度中占据相当重要的地位，在一定程度上对被告人、犯罪嫌疑人的命运起着决定性作用，因而，被告人、犯罪嫌疑人为了逃避法律的制裁，往往会不择手段来阻止证人作出对己不利的证言或指使他人作出对己有利的证言。如果否认被告人、犯罪嫌疑人可以成为妨害作证罪的主体，无疑将使相当一部分社会危害十分严重的妨害作证行为不能纳入刑法惩治的范围，那证人的合法权益就得不到完整的保障，诉讼活动的正常进行也只能是一句空话，必将使刑法的权威和尊严极大地削弱。[1] 本罪的主观方面只能是直接故意，即行为人主观上明知对自己实施的妨害证人作证的行为会发生妨害国家司法机关正常诉讼活动和侵犯他人依法作证的权利或人身权利的危害结果，却希望并积极追求这一危害结果的发生。其动机、目的通常是通过种种手段使证人不能作证、不愿作证、不敢作证，或使证人或其他人作伪证，使本人、有关当事人或与本人有利害关系的人，逃避、减轻法律责任或在诉讼中处于有利地位从而获取非法利益。无论出于什么动机、目的，不影响本罪的成立。本案例中，王甲在交通肇事后为逃避法律惩处而唆使交通肇事案案外人王乙到公安机关作自认其罪的虚假证明，以掩盖自己罪行的行为完全符合妨害作证罪的构成要件，理由如下：第一，王甲是已达到刑事责任年龄、具有刑事责任能力的自然人，可以成为本罪的主体；第二，王甲明知自己找人替自己顶罪的行为会妨害司法机关的正常诉讼活动和侵害王乙依法作证的权利，但为了逃避法律追究和保住自己的工作，他又希望这种结果发生，其主观上是一种直接故意的心理态度；第三，王甲的行为确实妨害了司法机关的正常诉讼活动和他人依法作证的权利，若非群众举报和检察机关的监督，就会造成错案；第四，客观方面王甲实施了指使他人（即王乙）作假证的行为。所以，本案例中的王甲的行为构成妨害作证罪。

---

[1] 赵秉志，田宏杰，于志刚．妨害司法罪［M］．北京：中国人民公安大学出版社，2003：110.

最后，再来分析一下对本案中的交通肇事行为和妨害作证行为是该按一罪处罚还是该数罪并罚。根据刑法理论，数行为法定为一罪或处断为一罪的种类为如下几种：惯犯、结合犯、连续犯、吸收犯、牵连犯。很显然这两种行为不属于惯犯、结合犯、连续犯。所谓吸收犯，指事实上存在数个不同行为，其中一行为吸收其他行为，仅成立吸收行为一个罪名的犯罪，它的基本特征是具有数个独立的符合犯罪构成的犯罪行为；数个行为必须触犯不同罪名；数行为之间具有吸收关系，即前行为是后行为发展所经阶段，后行为是前行为发展的必然结果。从吸收犯的最后一个特征可以判断，本案中的两个行为不符合吸收犯的特征，因为本案中的妨害作证行为并不是交通肇事行为发展的必然结果，两者之间没有必然联系。至于牵连犯，刑法理论认为，牵连犯只存在于直接故意犯罪中，过失犯罪不可能构成牵连犯。因此，本案中的两行为不能以一罪处罚。综上所述，对王甲应以交通肇事罪和妨害作证罪数罪并罚。

当然，在司法实践中，也有部分相似的案例的判决结果与上述案例的处理不同。同是交通肇事，情节相似，实质相同，但处理结果却不同。例如，被告人颜某酒后驾驶轿车，与被害人关某发生碰撞，造成车辆损坏、关某受重伤的重大交通事故。肇事后，被告人颜某为逃避法律责任而指使黄某（另处理）现场顶替肇事责任，为其作伪证，后公安机关将颜某抓获。本案中，犯罪嫌疑人颜某实施了妨害作证的行为，但是否要以妨害作证罪和交通肇事罪数罪并罚呢？本案二审最后的判决是犯交通肇事罪，判处有期徒刑 1 年，缓刑 2 年。因为犯罪嫌疑人颜某指使他人作伪证、顶替肇事责任的原因是其意图为逃避法律追究逃离事故现场，而这正是交通肇事罪定罪情节中的一种。也就是说，其妨害作证行为已经为交通肇事中为逃避法律追究逃离事故现场所包含，其行为已经被交通肇事罪进行过一次评价，依照一行为不能重复评价的原则，此时已经不能再适用妨害作证罪了。这一案例也说明了，如果行为人的在犯罪后实施的妨害作证行为，可能为其前罪的犯罪定罪情节所吸收，就依照一行为只能作评价一次的原则不再适用数罪并罚了。问题是，第一，颜某指使他人作伪证、顶替肇事责任的行为是否是是交通肇事罪定罪情节中的一种，是否被逃逸所包含？第二，颜某妨害作证行为能否被他罪吸收？这些问题值得进一步研究。

四、妨害作证罪犯罪形态及罪数的认定

陈某在某镇与卖淫女李某嫖娼，被派出所查获。某县公安局对陈某作

出治安处理裁决，给予警告并罚款5 000元的处罚，陈某不服，向某市公安局申请复议，某市公安局作出维持原裁决的复议决定，陈某又向某县法院提起行政诉讼，并找到查获他的派出所所长以暴力威胁要求为其作未嫖娼的假证言，遭到拒绝；陈某妻子找到本案的证人卖淫女李某用金钱利诱阻止李某出庭作证，李某拒绝坚持要出庭作证；陈某父亲为了帮助儿子，对李某进行殴打，使李某受重伤，无法作证。后经告发，人民法院对陈某及妻子、父亲妨害作证一案进行审理，判决陈某及妻子构成妨害作证罪，其父构成故意伤害罪。[1]

对于上面案例的判决结果，存在众多不同意见，有人认为陈某和其妻按妨害作证罪未遂处理，其父亲应该按故意伤害罪处理；有人认为陈某及其妻按妨害作证罪处理正确，其父构成妨害作证罪和故意伤害罪的牵连犯，按牵连犯的处罚原则处理；还有的认为其父构成妨害作证罪和故意伤害罪想象竞合犯；更有人认为其父构成妨害作证罪与故意伤害罪的法条竞合，按法条竞合处理。上述观点对于陈某和其妻构成妨害作证罪并无异议，但对此罪有无未遂形态有不同的意见；各学者对陈某父亲构成的犯罪存在很大争议，有按牵连犯处理说、法条竞合处理说、想象竞合犯处理说等。总的来说，笔者认为，上述不同观点争论的焦点集中在“妨害作证罪是否存在未遂形态”及“行为人采取暴力方法妨害作证行为时又触犯其他罪名该如何处理”这两个问题上。

（一）妨害作证罪是否存在预备形态

犯罪预备是指在着手实施犯罪前，为犯罪准备工具或者为犯罪制造条件。妨害作证罪是否存在犯罪预备？笔者认为，从刑法理论上来看妨害作证罪似乎存在犯罪预备，而判定预备形态最主要是要确定何为着手行为？就本罪来看，着手行为主要是指开始实施阻止证人作证、指使他人作伪证这一行为或者对证人、他人采取暴力、威胁，贿买等行为，而如找人商量如何妨害作证、准备贿买证人款项、为对证人施暴力作的准备工作等，这些行为就是着手实施犯罪前的准备行为，而非着手行为，可以认定这些行为属于妨害作证罪的预备。但是，由于本罪即使既遂也是轻罪，预备行为社会危害性更小，加之如未着手，很难有充分证据定行为人上述行为是为实施本罪作准备，故对本罪的预备行为不宜定罪。

---

[1] 孟庆华．妨害社会管理秩序罪重点疑点难点问题判解研究［M］．北京：人民法院出版社，2005：308－309.

（二）妨害作证罪是否存在未遂形态

对妨害作证罪是否存在未遂形态刑法学界有两种不同的观点：一种是肯定说，认为妨害作证罪存在未遂形态，其既遂未遂形态的划分，以法定构成要件的实行行为即妨害证人作证的行为是否实行完毕为标准[1]；一种是否定说，认为妨害作证是不存在犯罪未遂形态的，只要实施了妨害作证的行为，就构成妨害作证罪，且为既遂。

对上述两种观点，笔者是赞同肯定说的，即妨害作证罪是存在未遂形态的，从司法实践上看，否定说认为此罪不存在未遂形态是不妥当的，它将行为人一着手实施妨害作证的行为就认定为既遂是不符合立法原意的，况且此罪不是举动犯。根据我国现行刑法的规定，妨害作证罪的成立和既遂并不要求发生有形的、物质性的危害结果；从刑事立法精神上看，妨害作证罪的设立，是为了预防和惩治以妨害证人依法履行作证义务的方式来破坏司法机关正常诉讼活动，目的在于尽量避免行为人所实施的妨害作证行为而出现冤假、错案，因此，妨害作证罪不是结果犯，更不可能是危险犯，所以我国刑法中的妨害作证罪只能是行为犯。所谓行为犯是指以法定的犯罪行为完成作为既遂标志，这类犯罪的既遂并不要求造成物质性的和有形的犯罪结果，而是以行为完成为标准的。但是这里的行为并不是一着手就能完成的，这里的行为要有一个实行的过程，要达到一定的状态才能算是完成，这里行为完成要达到的这个状态与结果犯要求达到的某种结果是完全不同的，这种完成达到的状态并不要求造成某些实质性、有形的结果，而是只要形式上达到这一状态就表示此行为完成，所以这是和结果犯要求的标准根本不同。因此，对本罪既遂的认定应以行为人已经着手实施妨害作证的实行行为并达到一定的状态作为标准，若达到了法律要求的状态就完成了犯罪行为，视为既遂；如果因为犯罪人意志以外的原因未能达到法律要求的状态，就认定为未能完成犯罪构成未遂，具体而言，分为以下两种情况对此罪的未遂形态作认识：

（1）对于以暴力、威胁、贿买等方式阻止证人作证的情况来说，应该以达到证人是否被阻止作证这个状态来判定既遂未遂，至于是否实际妨害了司法机关的正常诉讼活动，是否造成冤、假、错案等这样的结果在所不问，如果证人没有作证（包括不能作证、不敢作证和不愿作证），构成既

---

[1] 赵秉志，田宏杰，于志刚．妨害司法罪［M］．北京：中国人民公安大学出版社，2003：122.

遂，如果证人不屈从于行为人的影响或由于其他行为人意志以外的原因而作证的，构成未遂。

（2）对于指使他人作伪证这种情况而言，应该以是否达到他人作伪证这个状态来判定既遂未遂，如果他人按照行为人指使作了伪证，则构成既遂，如果他人未作伪证的，构成未遂。

通过上述的法理分析，上述案件中被告陈某采用暴力威胁查获他的派出所所长，要求其为他提供未嫖娼的假证言，而遭到拒绝；陈某妻子采用金钱诱惑证人卖淫女李某，企图阻止她去作证，也遭到李某拒绝。根据上面分析，妨害作证罪存在未遂形态，本案中这两种情况属于上面分析中的未遂形态，因此认定本案中被告陈某及妻子都构成妨害作证罪未遂。

（三）本案一罪与数罪的认定

在实践中，行为人采取暴力手段阻止证人作证或指使他人作伪证时，其手段行为往往会触犯其他罪名，比如故意杀害、伤害、非法拘禁等，对于这些形态的罪数认定，理论界存在不同的观点，主要有3种：第一种观点认为构成牵连犯，应按牵连犯的处罚原则，从一重处断；第二种观点认为属于刑法上的想象竞合犯，应按从一重罪的处罚原则处理；第三种观点认为属于法条竞合，应根据特别法优于普通法原则对行为人以妨害作证罪追究其刑事责任。笔者认为，第一种观点认为的牵连犯，实际上是认为妨害作证与暴力两行为分别构成妨害作证罪与故意杀害、伤害或非法拘禁罪等，是属于数罪形态；第二种和第三种观点认为的想象竞合犯和法条竞合，实际上是认为一个对证人的暴力行为同时触犯妨害作证罪与故意杀害、伤害或非法拘禁罪等，是属于一罪形态。第一种观点中的牵连犯与第二种观点中的想象竞合犯在处罚原则上都采用从一重处断原则，因而两观点对行为人的刑罚适用并无影响，但是其适用罪数形态不一样，一种是数罪，一种是一罪，所以还是有必要区别开来。总的来说，理论界不同的观点，归纳起来集中到两点上：一是存在一个行为还是两个行为？二是如果是一个行为，到底是法条竞合还是想象竞合？

（1）行为个数。存在一个还是两个行为，这是区分牵连犯与想象竞合和法条竞合的标准。根据刑法理论，牵连犯是指行为人实施某种犯罪（本罪），而结果行为或方法行为又触犯其他罪名的犯罪形态，构成牵连犯一个必备的条件是具有两个以上的、相互独立的危害社会行为，如果只实施了一个危害社会的行为，则因行为之间的牵连关系无从谈起而不能构成牵连犯；只有实施数个相互独立并且完全具备犯罪构成要件的危害行为，才可以构成牵连犯，如果认定了行为的个数为一个，就不用考虑牵连犯。所谓行为是指基于人的意识支配实施的客观上侵害法益的身体活动，故可以采用这种标准来认定：行为人在一个罪过支配下的一个身体动作造成一种危害社会结果的，是一个行为；行为人的一个身体动作造成数种社会危害结果的，属于一因多果，也是一个行为；行为人在一个罪过支配下数个性质一致的动作造成一种危害结果的，属于多因一果，也是一个行为；行为人在数个罪过支配下实施数个性质不同或相同的举动造成数种危害社会结果的，是数个行为。因此，不管行为人是采用杀害、伤害的手段还是采用非法限制人身自由等手段阻止证人作证或者指使他人作伪证的，实际上都只存在一个动作，行为的个数不管从自然意义还是刑法规范意义上来看均只有一个，所以，不构成牵连犯。

（2）是想象竞合还是法条竞合。此罪采用暴力手段妨害作证，这实际上属于行为人的一个身体动作造成数种社会危害结果，是一个行为，所以牵连犯就被排除在外，因为想象竞合和法条竞合都是实施的一个行为，在这里到底是想象竞合还是法条竞合呢？想象竞合是指行为人基于一个犯罪意图所支配下的数个不同的罪过，实施一个行为而触犯两个以上不同罪名的犯罪形态；法条竞合是指一种犯罪行为因刑事立法对法条的错综复杂规定，导致数个法条所规定的构成要件在其内容上发生交叉或者包容的情况。想象竞合与法条竞合具有联系和区别。联系主要表现在：第一，两者的法律本质都是一罪；第二，两者都是行为人只实施了一个行为；第三，行为人所实施的一个犯罪行为都触犯了不同罪名；第四，两者最终都适用一个法条并且按照一罪处罚。区别主要表现在：两者所属的一个犯罪行为同时触犯的不同罪名的数个法条之间的关系不一样，如果一个犯罪行为所触犯的数个法条之间存在包容或者交叉时，就是法条竞合；如果一个犯罪行为同时所触犯的数个法条之间不存在包容或者交叉关系，就是想象竞合。经过以上的法理分析，本案中被告陈某父为了帮助儿子逃避刑事制裁，采用重伤证人卖淫女李某的暴力手段阻止证人李某作证，同时触犯了妨害作证罪与故意伤害罪，根据上述的分析，陈某父实施的一个身体动作行为（重伤证人行为）触犯了数个不同的罪名（妨害作证罪与故意伤害罪），是一因多果，属于一个行为，而牵连犯的一个必备条件是需要两个以上的、相对独立的行为，所以不能认定为牵连犯按牵连犯处理；陈某父在妨害作证时采用的重伤证人的暴力手段在逻辑上看来，可以认为妨害作证罪将故意重伤罪包含在其概念中，具备法条竞合的关系，但从上面的论述来看，妨害作证罪的法定刑无法完全把故意伤害罪法定刑包含其内，故意伤害的法定刑远远高于妨害作证罪法定刑，为了打击犯罪，惩罚有罪的犯罪分子，遵循刑法中的罪行相适应原则，所以要按照想象竞合犯，从一重罪处之。根据刑法规定，故意伤害致人重伤处3年以上10年以下有期徒刑，而妨害作证罪一般处3年以下有期徒刑或者拘役；情节严重的处3年以上7年以下有期徒刑。明显故意伤害致人重伤是重罪，对此，陈某父应该按故意伤害罪致人重伤处理。

第四节　帮助毁灭、伪造证据罪

一、帮助毁灭、伪造证据罪的概念和犯罪构成

帮助毁灭、伪造证据罪在刑事诉讼的侦查、起诉和审判的各个环节都可能发生，因此，在边防、海警部门侦查案件时，有可能也会遇到这种犯罪。例如，某边防派出所接到协查通报称，涉嫌帮助毁灭、伪造证据的公安部网上逃犯白某正在其辖区一带活动。接到通报后，该所经过摸排，将白某抓获。经查，白某乘坐孙某驾驶的货车时，与行人于某相撞后驾车逃逸，于某死亡，孙某负事故主要责任。事故发生后，白某逃到莱州，将肇事货车进行了修理，之后潜逃回蓬莱。9月，白某被移交潍坊市公安部门处理。

帮助毁灭、伪造证据罪，是指以各种方法帮助当事人隐匿、毁灭、伪造证据，情节严重的行为。本罪的构成特征是：

本罪所侵害的客体是司法机关的正常活动。在司法实践中，帮助当事人毁灭、伪造证据的行为频繁发生，干扰和破坏了司法机关的正常活动。“以事实为根据，以法律为准绳”是我国司法的根本原则。可以说，认定事实是适用法律的基础。由于事实是靠证据来支撑，故又可以说，证据是适用法律的基础的基础。帮助毁灭、伪造证据行为首要的、最直接的侵害客体便是司法机关的正常诉讼活动或诉讼秩序。帮助毁灭、伪造证据行为对司法机关的正常诉讼活动这一客体的侵害不仅表现为压制诉讼程序的正常启动与运行，而且表现为容易促成一审、再审，造成司法资源的浪费。任何帮助毁灭、伪造证据的犯罪行为都无一例外地侵害司法机关的正常诉讼活动这一客体，但在特定情况下，这种犯罪行为还会间接地侵害其他客

体，如伪造他人实施某一犯罪的证据就容易使他人因受刑事强制措施或刑罚处罚而令其人身权利受到侵犯；再如，在民事诉讼中，帮助毁灭、伪造证据往往会使一方当事人遭受败诉而令其合法债权得不到法律保护。因此，在诸如此类的情况下，人身权利或财产权利就成了帮助毁灭、伪造证据的犯罪行为随时可能侵害的客体，即随附客体或随意客体。随附客体或随意客体说明了帮助毁灭、伪造证据的犯罪行为所侵害客体的复杂性，而这种复杂性又说明了该种类型的犯罪行为的社会危害性的复杂性及其严重性。因此，不能说帮助毁灭、伪造证据的犯罪行为只是单纯地侵害司法机关的正常诉讼活动或诉讼秩序这一客体。实际上，实施帮助毁灭、伪造证据罪的行为人往往是以使有关当事人逃避不利的法律后果或使其陷入不利的法律后果为直接动机，而所谓不利的法律后果又总是直接事关当事人的人身权利或财产权利。[1]《刑事诉讼法》第 42 条规定："辩护人或者其他任何人，不得帮助犯罪嫌疑人、被告人隐匿、毁灭、伪造证据或者串供，不得威胁、引诱证人作伪证以及进行其他干扰司法机关诉讼活动的行为。违反前款规定的，应当依法追究法律责任，辩护人涉嫌犯罪的，应当由办理辩护人所承办案件的侦查机关以外的侦查机关办理。辩护人是律师的，应当及时通知其所在的律师事务所或者所属的律师协会。"第 52 条规定："……凡是伪造证据、隐匿证据或者毁灭证据的，无论属于何方，必须受法律追究。"《民事诉讼法》第 111 条规定，诉讼参与人或其他人伪造、毁灭重要证据，妨碍人民法院审理案件的，以及以暴力、威胁、贿买方法阻止证人作证及指使、贿买、胁迫他人作伪证的，人民法院可以根据情节轻重，予以罚款、拘留；构成犯罪的，依法追究刑事责任。根据《行政诉讼法》第 59 条规定，诉讼参与人或者其他人员伪造、隐藏、毁灭证据的，或者指使、贿买、胁迫他人作伪证及威胁、阻止证人作证的，人民法院可以根据情节轻重，予以训诫、责令具结悔过或者处 10 000 元以下的罚款、15 日以下的拘留；构成犯罪的，依法追究刑事责任。将帮助毁灭、伪造证据的行为立法为犯罪，有利于保障司法机关诉讼活动的进行，确保证据的客观、真实、合法，有利于保护有关人员的合法权益，维护社会秩序。

本罪在客观方面表现为帮助当事人毁灭、伪造证据，情节严重的行为。从证据的存在形态和毁灭证据的方式，应把毁灭证据分为物质形态上的毁灭证据和价值形态上的毁灭证据，后者如对磁盘上的犯罪数据进行删

---

[1] 马荣春．论帮助、毁灭伪造证据罪［J］．福建政法管理干部学院学报，2004（1）．

改。当然，物质形态上的毁灭证据同时也就包含着价值形态上的毁灭证据，但价值形态上的毁灭证据不一定伴随着证据的物质形态的毁灭。伪造证据，应作广义理解，即伪造证据包括狭义的伪造证据即无中生有的伪造证据和对真实的证据进行加工以改变其证明价值的变造证据。帮助毁灭、伪造证据的行为应包括：提议或鼓动有关人毁灭、伪造证据或为有关人毁灭、伪造证据出谋划策；为有关人毁灭、伪造证据准备工具、创造条件；与有关人一起毁灭、伪造证据；单独为有关人毁灭、伪造证据；教唆当事人毁灭、伪造证据；接受当事人的教唆为其毁灭、伪造证据。此处的有关人与当事人是两个不等的概念，即在有关人中除了当事人之外，还包括与当事人有一定利害关系的人，因为在现实生活中，在当事人不知情的情况下，接受与当事人有利害关系的人的教唆、指使或利诱而帮助其毁灭、伪造对当事人有利害关系的证据的行为是完全可能发生的。本罪的犯罪对象是证据，包括刑事诉讼证据、民事诉讼证据和行政诉讼证据。本罪为情节犯。帮助当事人毁灭、伪造证据的行为，必须达到情节严重的程度，才能构成本罪。虽有帮助当事人毁灭、伪造证据的行为，但如不属于情节严重，也不能以本罪论处。所谓情节严重，则主要是指帮助当事人毁灭、伪造重要证据的；动机卑劣的；手段恶劣，且嫁祸于人，使刑事罪犯逃脱刑事处罚，造成错案的；多次帮助毁灭、伪造证据或一次帮助毁灭、伪造多种证据的；帮助重大案件的当事人的；帮助毁灭、伪造证据足以影响罪与非罪认定、此罪与彼罪区分的；帮助毁灭、伪造证据足以影响量刑档次或量刑幅度升降的；帮助毁灭、伪造证据足以影响民事或行政案件当事人的诉讼成败或使其诉讼利益受到重大影响的；因其帮助行为导致诉讼活动无法进行、中止的，使侦查、审判工作遭受严重破坏；影响恶劣的；给国家和人民利益造成重大损失的等，具备上述情形之一的，可认定为情节严重。

本罪的主体为一般主体，即年满 16 周岁具有刑事责任能力的自然人，均可构成本罪，包括辩护人、诉讼代理人。根据《刑法》第 307 条第 3 款的规定，司法工作人员犯帮助毁灭证据、伪造证据罪的，从重处罚。这里的司法工作人员的身份对犯罪的成立与否不发生影响，但对量刑发生影响，故此身份非定罪身份或构成身份，而为影响量刑轻重的量刑身份，与本罪的犯罪主体问题不发生联系。

本罪的主观方面是故意，即行为人明知对方是案件的当事人但为了达到帮助当事人的目的仍决意实施帮助其毁灭、伪造证据的行为。行为人在不知情或者上当受骗时，即使客观上实际帮助当事人实施了毁灭、伪造证据的行为，也不能以本罪论处。本罪的犯罪动机多种多样，除了使案件一方当事人逃脱不利的法律后果或使案件另一方当事人陷入不利的法律后果，还会有其他动机，但动机对本罪成立不发生影响。

二、帮助毁灭、伪造证据罪犯罪构成要件的理解

（一）对“帮助”的理解

所谓帮助，是指为当事人毁灭、伪造证据准备工具、扫除障碍、出谋划策、提供条件、撑腰打气、坚定其毁灭、伪造证据信心等，或者与当事人共同或者单独直接实施毁灭、伪造的行为。帮助行为既可以表现为体力上的、物质上的帮助，也可以表现为精神上的、心理上的支持；既可以是在诉讼中，有时也可以是在诉讼前。本罪中的“帮助”和帮助犯中的“帮助”是否同一意义？如果是同一意义，那么，帮助当事人毁灭、伪造证据的，根据《刑法》第27条“在共同犯罪中起次要或者辅助作用的，是从犯”的规定，似乎只构成从犯，而接受帮助的当事人才是主犯。果真应这样理解吗？权威教科书认为，“所谓帮助当事人毁灭、伪造证据，是指为当事人毁灭、伪造证据提供帮助，至于帮助的方式则是多种多样的”。[1] 所以，对于刑法分则专门作出的特别规定，应该按照行为单独构成的犯罪定罪处罚，不能再适用刑法总则的规定。

有学者将“帮助”理解为只是为当事人毁灭、伪造证据创造便利条件的行为。这种理解有失偏颇，会导致对帮助者直接实施毁灭、伪造证据的行为处罚无据，与立法原意不符。[2] 也正如有学者指出的，这里的“帮助”“仅仅意味着不包括当事人本人的毁灭、伪造证据的行为”。因此，在本质上“帮助”是指当事人外的其他人所实施的一切为当事人毁灭、伪造证据的行为。

本罪的行为内容只能是帮助当事人毁灭、伪造证据，即为当事人毁灭、伪造证据提供方便条件，伙同当事人毁灭、伪造证据或者独自、直接替当事人毁灭、伪造证据。否则，不构成本罪。所谓毁灭，是指湮灭、消灭证据，既包括使现在证据从形态上完全予以消失，如将证据烧毁、撕坏、浸烂、丢弃，又包括虽保存证据形态但使得其丧失或部分丧失其证明

---

[1] 高铭暄．新编中国刑法学［M］．北京：中国人民大学出版社，1998：856.

[2] 陈兴良．刑法疑难案例评释［M］．北京：中国人民公安大学出版社，1998：445.

力，如玷污、涂划证据使其无法反映其证明的事实等。所谓伪造，是指编造、制定实际根本不存在的证据或者将现存证据加以篡改、歪曲、加工、整理以违背事实真相。行为人可以毁坏物证、书证；篡改证言，编造证词，串供，消除犯罪现场的痕迹，可以对原证据内容的全部伪造或部分伪造，也可以是制造出原本不存在的“新”证据等。毁灭证据，是指使证据完全消灭或者完全丧失证据的作用。一切致使证据证明力丧失或降低的行为均是帮助毁灭、伪造证据罪中的“毁灭”。[1] 伪造证据，是指制造虚假的证据。实践中，帮助当事人“隐匿”证据的行为时有发生，其具有相当程度的社会危害性。对帮助当事人“隐匿”证据的，能否以犯罪论处？对此，理论上和司法实践中有不同观点，主流观点认为刑法并没有将帮助当事人“隐匿”证据的行为规定在《刑法》第307条第2款中，对之不能以本罪论处，但是，也有学者认为可以构成本罪。笔者赞同主流观点。因为：①“隐匿、毁灭、伪造”是不同的三种行为。如《刑事诉讼法》第52条第4款和《行政诉讼法》第49条第（2）项都有“伪造、隐匿、毁灭证据的”规定，《民事诉讼法》第111条第（1）项则只规定了“伪造、毁灭”证据而没有规定“隐匿证据”，最高人民法院《关于审理黑社会性质组织犯罪案件具体应用法律若干问题的解释》第5条在解释包庇黑社会性质组织罪的“包庇”时，指出它“是指……隐匿、毁灭、伪造证据……”从上述诉讼法和司法解释的规定看，“毁灭、伪造、隐匿”是互不包容的三种行为。从汉语言学的词义上，“隐匿、伪造、毁灭”显然也是三个完全不同的概念。②“法无明文规定不为罪”是罪刑法定原则的必然要求。我国刑法典上共有两个条文明确提到“帮助当事人毁灭、伪造证据”，即《刑法》第306条“在刑事诉讼中，辩护人、诉讼代理人……帮助当事人毁灭、伪造证据，……”和本罪，但它们都没有包括“帮助当事人‘隐匿’证据”的行为。帮助当事人隐匿证据的行为，在司法实践中确实是可能发生的，也具有相当程度的社会危害性，但在刑法没有将它增设为本罪的内容之前是不能以本罪论处的。如果构成其他犯罪的，则以刑法的相关规定定罪处罚。[2] 当然，笔者也持国家立法机关应该将“帮助当事人隐匿证据，情节严重的”规定为犯罪的观点。那么，对帮助当事人“变造”证据的行为，能否以本罪论处？

---

[1] 陈洪兵．帮助毁灭、伪造证据罪探悉［J］．四川警官高等专科学校学报，2004（3）．

[2] 刘杰．帮助毁灭、伪造证据罪若干问题研究［J］．中国人民公安大学学报，2004（3）．

实践中，“帮助”有以下情形：①帮助者有为当事人毁灭、伪造证据出谋划策、提供便利条件的行为，即帮助者为“帮助犯”的。如帮助者主动教唆、指使当事人自己或者其他人为当事人毁灭、伪造证据的，或者为当事人毁灭、伪造证据提供其他各种便利条件的；帮助者受当事人的教唆、指使、引诱等，而为当事人毁灭、伪造证据出谋划策、提供便利条件的。②帮助者伙同当事人共同实施了毁灭、伪造证据的实行行为，即帮助者与当事人勾结，共同、直接地实施毁灭、伪造证据的实行行为，也就是说帮助者与当事人都是毁灭、伪造证据的“实行犯”。如帮助者与当事人勾结，共同将物证、书证等证据资料烧毁。③帮助者独自为当事人实施了毁灭、伪造证据的实行行为。④帮助者唆使当事人毁灭、伪造证据。在这种情况下，行为人并不是教唆犯，而是正犯。[1] ⑤帮助者接受刑事案件的犯罪嫌疑人或被告人的教唆而为其毁灭、伪造证据。在这种情况下，作为刑事案件当事人的犯罪嫌疑人或被告人自身或亲手毁灭、伪造证据尚且缺乏不去毁灭、伪造证据的期待可能性，则其教唆他人为自己毁灭、伪造证据便更缺乏这样的期待可能性了，但案外人或行为人却因具有期待可能性而成立帮助毁灭、伪造证据罪。[2] 可见，不管以何种形式实施帮助，“帮助”都必须是以作为方式实施的。[3]

问题是“帮助”是否以被帮助人有犯罪行为为前提？对此，有学者明确指出“帮助”行为“以被帮助人的犯罪为前提”[4] 或者“以被帮助人的违法犯罪为前提”,[5] 否则就无所谓“帮助”行为。依此观点，其意味着“被帮助人”即当事人是犯罪人或违法犯罪人。笔者揣测，持该观点的学者可能是从我国三大诉讼法的有关规定和认为本罪中的“帮助”只是在当事人毁灭、伪造证据时出谋划策、提供便利条件或与当事人共同实施了毁灭伪造证据的实行行为所致。该观点值得商榷：①诉讼的提起，并不要求争议是因违法犯罪所引起。诉讼是解决各种争议、纠纷或冲突的一种重要方式。在现代社会，诉讼就是国家司法机关在当事人和其他诉讼参与人的参加下，按照法律规定的程序解决各种争议案件的专门活动。议、纠纷或

---

[1] 张明楷．刑法学［M］．3 版．北京：法律出版社，2007：784．

[2] 马荣春、徐晓霞．期待可能性的本质及其与妨害司法罪的认定［J］．西华师范大学学报：哲学社会科学版，2013（4）．

[3] 刘杰．帮助毁灭、伪造证据罪若干问题研究［J］．中国人民公安大学学报，2004（3）．

[4] 鲜铁可．妨害司法犯罪的定罪与量刑［M］．北京：人民法院出版社，1999：62．

[5] 陈正沓．帮助毁灭、伪造证据罪认定中的疑难问题探悉［J］．政治与法律，2003（4）．

冲突，只是人们因利益和态度的不协调和不一致所产生的矛盾。实践中，引起争议的原因可以是因当事人一方或双方的违法犯罪行为，也可以是双方都没有违法犯罪行为，如离婚诉讼、解除收养关系的诉讼就不一定要有违法犯罪行为的存在。②当事人对自己案件的证据予以毁灭、伪造的，并不构成犯罪。的确，我国三大诉讼法都有当事人毁灭、伪造证据构成犯罪的要依法追究刑事责任的规定。因此，有学者认为，从目前刑法规定看，当事人唆使、勾结他人为自己毁灭伪造证据的，与他人构成本罪的共犯，当事人不能独自构成本罪，但建议将《刑法》第 307 条第 2 款修改为“当事人毁灭、伪造证据或者帮助当事人毁灭、伪造证据，情节严重的……”，即认为当事人对自己案件的证据进行毁灭、伪造的，可以构成犯罪。笔者认为该种观点是不当的。首先，中外刑法理论均认为，当事人对自己案件的证据进行毁灭、伪造，是其希望自己在诉讼中处于有利地位的自保性的本能行为，不能期待他不对自己案件的证据进行毁灭、伪造、隐匿。这种行为，属于事后不可罚行为。刑法不处罚它，是因为没有期待可能性。对当事人唆使、勾结他人帮助自己毁灭、伪造证据是否构成本罪，有共犯成立说和共犯不成立说。当事人唆使、勾结他人为自己毁灭、伪造证据与当事人自己毁灭、伪造自己案件的证据相比，它们只是手段不同并没有本质上的差别。既然当事人对自己案件的证据予以毁灭、伪造的因缺乏期待可能性而不能以犯罪论处，同样道理，当事人在此种情形下也缺乏期待可能性，当事人与他人即帮助者之间并不能构成共同犯罪。其次，有关诉讼法虽然有当事人毁灭、伪造证据“构成犯罪，依法追究刑事责任”的规定，但其是否构成犯罪应当以刑法规定为准。诉讼法的上述规定虽属附属刑法规范，但它并没有指出当事人毁灭、伪造证据就是犯罪，只是提示人们如果该种行为在刑法上构成犯罪的话就应该追究刑事责任。然而，我国刑法并没有将之规定为犯罪。因此，依据罪刑法定原则，当事人毁灭、伪造与自己案件有关证据的不是犯罪行为，只是诉讼法上的一般违法行为。③从对帮助行为方式的理解、界定看，在当事人要求帮助者为其毁灭、伪造证据时，尽管有当事人“违法”的前提，但在帮助者主动唆使、勾结当事人或在当事人不知情时独自帮助当事人毁灭、伪造证据的，就难说帮助是以当事人的违法为前提了。所以，“帮助”并不以被帮助人有犯罪行为为前提。[1]

---

[1] 刘杰. 帮助毁灭、伪造证据罪若干问题研究［J］. 中国人民公安大学学报，2004（3）.

（二）对“当事人”的理解及认定

本罪的行为对象是“当事人”。如果不是帮助当事人而是帮助当事人以外的他人毁灭、伪造证据，则不能构成本罪。“当事人”及其具体范围如何界定，直接关系到帮助毁灭、伪造证据的行为是否构成本罪。因为刑法没有对本罪中当事人的范围作出限制性的规定，所以刑法理论普遍认为，“当事人”是指一切诉讼过程中的当事人，包括刑事诉讼、民事诉讼和行政诉讼中的当事人。如有学者认为，不应当狭隘地理解为是刑事案件的当事人，而应当包括民事、经济、行政案件的当事人，因为刑法对本罪行为实施的时空条件并未作严格明确的限制，这样理解当事人是不违背立法原意的。[1] 刑法将本罪作为“妨害司法罪”中的一种，它本身就充分地说明了其所侵犯的社会关系只能或主要是国家司法机关的正常诉讼活动。诉讼活动，本来就有刑事诉讼、民事诉讼和行政诉讼活动三类，因此，“当事人”包括刑事诉讼、民事诉讼和行政诉讼中的当事人就是自然的结论。[2] 依诉讼法及其理论，不同诉讼中的当事人的具体范围是不同的。根据《刑事诉讼法》第106条的规定，“当事人”包括“犯罪嫌疑人、被告人、被害人、自诉人、附带民事诉讼的原告人和被告人”。民事诉讼中的当事人，是指因民事权益发生争议，以自己的名义进行起诉，并受人民法院裁判拘束的利害关系人，狭义上，它是指民事诉讼中的原告和被告；广义上，它包括民事诉讼中的原告、被告、共同诉讼人、诉讼代表人和第三人。[3] 行政诉讼中的当事人，是指以自己名义进行诉讼，与行政案件有直接或间接的利害关系并受人民法院裁判拘束的人，狭义上，它仅指行政诉讼中的原告和被告；广义上，它包括行政诉讼中的原告、被告、共同诉讼人和诉讼中的第三人。[4] 对民事诉讼、行政诉讼中当事人的范围，在本罪中究竟应从广义还是狭义上界定，刑法理论上少有讨论，但有学者指出其“具体包括原告、被告、共同诉讼人和有独立请求权的第三人。”[5] 也就是说，“无独立请求权的第三人”不属于本罪中的当事人。笔者认为，对

---

[1] 赵秉志，田宏杰，于志刚．妨害司法罪［M］．北京：中国人民公安大学出版社，2003：126.

[2] 刘杰．帮助毁灭、伪造证据罪若干问题研究［J］．中国人民公安大学学报，2004（3）.

[3] 田平安．民事诉讼法学［M］．北京：中国政法大学出版社，1999：90－91.

[4] 姜明安．行政法与行政诉讼法［M］．北京：北京大学出版社、高等教育出版社，1999：332－333.

[5] 曹子丹，侯国云．中华人民共和国刑法精解［M］．北京：中国政法大学出版社，1997：285.

“无独立请求权的第三人”是否是本罪中的当事人应依其是否参加诉讼的具体状况来定，即参加诉讼的“无独立请求权的第三人”应视为“当事人”；否则，就不是“当事人”：①“无独立请求权的第三人”并没有被民事、行政诉讼法及其相关理论排除在当事人外。《民事诉讼法》第56条虽然将第三人分为“有独立请求权的第三人”和“无独立请求权的第三人”，但它是将之规定在“当事人”中的；行政诉讼法第27条对第三人只作了笼统的规定，它应当包括有独立请求权和无独立请求权的“第三人”。民事、行政诉讼法学理论认为，不管是何种“第三人”，都是当事人。②参加诉讼的“无独立请求权的第三人”虽不是完全独立的诉讼当事人，但他依法享有相应的诉讼权利，承担相应的诉讼义务。“无独立请求权的第三人”，一旦因申请或被法院通知参加诉讼，常常要辅助本诉讼的一方对抗另一方，在诉讼中具有相对的独立性，如以自己名义参加诉讼，有权选择辅助的一方，独立行使诉讼权利，承担诉讼义务，陈述意见、提供证据，也不受其他当事人的制约，一审判决他承担义务的，要受法院判决的约束，对该判决不服的可以上诉。③“无独立请求权的第三人”并非必然参加诉讼。[1] 由于他只是与他人之间案件的处理结果有法律上的利害关系，其不参加诉讼并不影响他人正常诉讼的进行。

例如，2003年12月某日晚，失主陈某某家中失窃一只保险箱，内有现金及黄金首饰等物，共计价值2万余元。失主报案后，公安机关通过排查，发现被告人刘某某、周某某和梁某某有作案嫌疑。经讯问，三被告人交代，该保险箱系其同乡查某、黄某2人盗窃，盗窃后藏匿在刘某某的暂住处，在取得保险箱内的财物后，查、黄2人指使刘某某把保险箱扔掉毁迹，允诺给予好处费。于是被告人刘某某又叫来周某某和梁某某，3人将保险箱扔到附近河里，事后从查某处取得酬金1 000元。争议的问题：如何理解和认定帮助当事人毁灭、伪造证据罪中的“当事人”？在刑事诉讼活动中，如果当事人身份未能确认，尚未对“当事人”追究刑事责任的，能否追究帮助毁灭、伪造证据行为人的责任？

当事人，既包括刑事诉讼中的被害人、自诉人、犯罪嫌疑人、被告人、附带民事诉讼的原、被告，也包括民事、行政诉讼中的原告、被告、第三人等。刑事诉讼过程中的犯罪嫌疑人、被告人固然是“当事人”，但本案三被告人帮助盗窃犯罪嫌疑人实施毁灭证据的行为时间，发生在盗窃

---

[1] 田平安．民事诉讼法学［M］．北京：中国政法大学出版社，1999：120.

行为实施以后尚未被司法机关发现、立案侦查以前，而且虽然公安机关已对盗窃案立案侦查，但由于查、黄二人的身份不明，能否最终被追究刑事责任还是问题，在这种情况下，能否认定查、黄二人即是诉讼法意义上的“犯罪嫌疑人”，从而为帮助当事人毁灭、伪造证据罪的成立找到罪刑法定的依据呢？

这里涉及两个问题。第一个问题是，在立案前的时段里，涉嫌犯罪的人能否被认定为诉讼法意义的“犯罪嫌疑人”。解决这个问题可以为“帮助毁灭证据的行为可以发生在提起诉讼之前”找到第一层次的理论依据。持否定观点者认为：帮助毁灭证据罪中的“当事人”应当是一个诉讼中的概念。《刑法》第307条第2款虽没有像第306条那样明确规定帮助犯罪的人毁灭犯罪证据的行为必须发生在刑事诉讼过程中才能构成帮助毁灭证据罪，但其使用“当事人”这一概念暗含了上述意思。笔者认为该观点有偏颇之处。理由是：其一，“当事人”的确是一个诉讼概念，但这并不表示帮助犯罪的人毁灭犯罪证据的行为只有发生在刑事诉讼过程中才能构成帮助毁灭证据罪。《刑法》第307条第2款所使用的“当事人”概念，仅是为了明确帮助毁灭证据的对象范围，明确帮助哪些人毁灭证据的行为才能构成帮助毁灭证据罪。在刑事诉讼开始之前实施了犯罪的人，只要通过后续的诉讼程序进行了确认，自然就属于将来刑事诉讼中的当事人。其二，从刑事诉讼法的语词表述中也可以解读出，在侦查机关立案之前，涉嫌作案的人也可被有关单位、个人、公安机关、检察机关认为是“犯罪嫌疑人”，犯罪嫌疑人并非必须经立案程序确认。刑诉法第83条规定：“公安机关或人民检察院发现犯罪事实或犯罪嫌疑人，应当按照管辖范围，立案侦查”；刑诉法第84条规定：“任何单位和个人发现有犯罪事实或犯罪嫌疑人，有权利也有义务向公安机关、检察机关或人民法院报案或举报。”当然，特定的“犯罪嫌疑人”能否成为隐匿毁灭证据罪中的“当事人”，还需要事实确认，那是确认犯罪成立的事实问题。

也许有人会担心，盗窃案的犯罪嫌疑人身份不明尚未被追究刑事责任，却将附随产生的帮助隐匿、毁灭证据者追究刑事责任，不存在追诉的基础，所谓“皮之不存，毛将附焉”。笔者认为这种担心并不成立。在刑事犯罪案件中，帮助当事人隐匿、毁灭证据罪虽以存在原案的犯罪嫌疑人或被告人为前提，但并不要求前者已经被追究刑事责任或必须被追究刑事责任；此外，与包庇罪相区别的是，包庇罪要求“明知是犯罪的人而为其提供隐藏处所、财物，帮助其逃匿或者作假证明包庇”，如果为包庇尚未满刑事责任年龄的人并妨害了侦查活动，按照罪刑法定的要求，也不能定包庇罪。而帮助隐匿毁灭证据并无此前提要求，只要能够证明客观上确实存在原案的犯罪嫌疑人，而行为人又实施了帮助其伪造、毁灭证据的行为，妨害了司法机关的诉讼活动，达到了情节严重的要求，就可以认定为有罪；至于犯罪嫌疑人、被告人最终是否被判有罪并不影响帮助当事人毁灭、伪造证据罪的成立，因为伪造、毁灭证据罪的存在有其独立的重要价值，体现的是对诉讼活动的保障，并不取决于“当事人”有罪或无罪，胜诉或败诉。回到本案，只要有证据证明盗窃的事实及盗窃行为人的存在，不管其身份能否认定，只要在侦查机关已经立案侦查的情况下，则对三被告人而言，都已经为涉嫌犯罪的人实施了帮助伪造毁灭证据的行为，并妨害了诉讼活动的正常有效开展。

三、帮助毁灭、伪造证据罪罪数形态的认定

（一）帮助毁灭、伪造证据罪与非罪的认定

1. 帮助毁灭、伪造证据罪与非罪的界限

区分帮助毁灭、伪造证据罪与非罪的界限，要根据本罪的犯罪构成要件来确定。在实践中主要是要注意两个方面：①行为人是否具有主观上的故意。如果行为人确实不知情，或受当事人的哄骗，上当而为之的，就不能认定是本罪的故意。②行为人帮助当事人毁灭、伪造证据情节轻微、危害不大的，或者经批评教育后停止了行为的继续实施，没有造成严重后果的，则不构成犯罪。

2. 当事人能否构成帮助毁灭、伪造证据罪

第一种观点认为，当事人不能成为帮助毁灭、伪造证据罪的主体，理由主要是基于期待可能性理论，认为求自保是人的本能，不能期待当事人不实施窝藏、毁灭、伪造证据等行为，而其他人是否实施上述行为具有可选择性。湮灭自己的刑事被告案件的证据，由于缺乏期待可能性，不包括在内。[1] 而《刑法》第306条辩护人、诉讼代理人毁灭伪造证据、伪造证据、妨害作证罪、《刑法》第310条窝藏罪都包含了对当事人（犯罪嫌疑人、被告人）无期待可能性的思想。另外，处理期待可能性理论以外，还有利害关系说、事后不可法说。

第二种观点认为，当事人自己实施的毁灭、伪造证据行为应当入罪。

---

[1] 张明楷．外国刑法纲要［M］．北京：清华大学出版社，1999：764.

理由在于：第一，从破坏司法程序的角度分析，发生在刑事诉讼与民事诉讼中的伪证，并无本质区别。第二，从实证的立法例上看，并不是所有国家的刑法都对当事人的妨害证据行为采用不处罚的立场。如《瑞士联邦刑法典》第 306 条的规定、我国台湾地区“刑法”中的伪证罪的规定。

第三种观点认为，民事诉讼中当事人为了非法占有他人财产而毁灭、伪造证据的情形当然应承认有期待可能性，因为民事诉讼和刑事诉讼有很大不同，民事诉讼关于事实的证明责任原则上由当事人自行承担，法院只是裁判者，行为人为了非法利益，不惜破坏正常的诉讼秩序和侵犯他人的合法利益，于情于理于法均为不许，应承认其有期待合法行为之可能性。依据以上理由，既然帮助当事人一方毁灭、伪造证据的行为人可构成独立的犯罪，那么共同犯罪中的主犯——有关当事人则更应受到严厉的刑事处罚，尽管《民事诉讼法》第 111 条有笼统的涵盖，但纵观妨害司法罪的规定，却无相关法条对当事人的伪证行为作出明确的定罪及处罚规定，不能不说是一种立法疏漏。[1]

笔者认为，当事人不能成为帮助毁灭、伪造证据罪的犯罪主体。理由如下：

（1）我国无罪推定原则的确立，在一定程度上肯定了期待可能性理论的存在，因为在刑事诉讼中，不能要求当事人自证其罪是一个普世的准则。而在我国民事诉讼中，《民事诉讼法》第 75 条明确规定：“当事人拒绝陈述的，不影响人民法院根据证据认定案件事实。”刑事诉讼中，被告享有防御权，民事诉讼中，当事人享有对抗对方的权利，尽管伪造证据行为明显地超出了这些权利的范围，构成了对这些权利的滥用，但不足以达到构成犯罪的程度。

（2）罪刑法定原则不承认当事人是帮助毁灭、伪造证据罪的主体。《民事诉讼法》第 111 条虽有当事人毁灭伪造证据“构成犯罪，依法追究刑事责任”的规定，但其是否够罪应当以刑法规定为准，而我国刑法尚无明文规定。诉讼法上的规定虽附属刑法规范，但它并没有指出当事人毁灭、伪造就是犯罪，只是提示人们如果该种行为在刑法上构成犯罪的话就应该追究刑事责任。因此，依据罪刑法定原则，当事人毁灭、伪造与自己案件有关的证据不是犯罪行为，只是诉讼法上的一般违法行为。而刑法的谦抑性原则要求以最小的支出，少用甚至不用刑罚，获取最大的社会效

---

[1] 杨晓静．认定妨害司法罪若干问题小议［J］．山东师范大学学报：社会科学版，2000（5）．

益，该原则无疑也会成为当事人毁灭、伪造证据入罪的一个障碍。

（3）我国现行的基本法律框架，决定了当事人难以成为《刑法》第307条第2款罪名的主体。我国现行基本法律针对妨害民事、行政证据行为的法律措施已经相当完备和严密，比如《行政诉讼法》第59条规定和《民事诉讼法》第111条第（5）项规定的措施不仅涵盖的行为范围比毁灭、伪造证据广泛（包含隐藏证据情形），而且处罚方式灵活多样，便于实施，一般足以惩治和预防出于非法目的而帮助当事人妨害民事、行政证据的违法行为。

（4）当事人毁灭、伪造证据的行为并不是完全不受限制，可以在实体部分对其施以一定程度的“处罚”。首先，法官可以根据其伪证行为得出不利于毁灭、伪造证据方的案件事实认定结论，使得当事人故意伪造证据的行为在事实上没那么容易获益；法官可以在实体处理结果中对当事人的毁灭、伪造证据行为予以考虑。其次，并不能完全排除当事人可能构成其他犯罪，例如，《刑法》第266条的诈骗罪、第243条诬告陷害罪，当事人仍然可能被追究刑事责任。而《刑事诉讼法》第52条第4款中“凡是伪造证据、隐匿证据或者毁灭证据的，无论属于何方，必须受到法律追究”的条文规定恰与上面刑法罪名相互协调，既不存在法律的不协调问题，也不存在法无明文规定不为罪的原则违背。再者，当事人毁灭、伪造证据在一般情况下还是难以逃脱司法程序的识别和控制。除了刑事诉讼法中的强制措施规定，当事人主体通常具备特殊性的特点、法律对证明责任举证的要求及法官对证据真实性的严格审查等，都会成为当事人毁灭、伪造证据行为的阻碍因素。在某种意义上，只要“把关”严密，当事人毁灭、伪造的证据达到其预想效果的概率不高。[1]

3. 在进入诉讼程序前实施上述行为的认定

帮助毁灭罪证的行为是否发生在诉讼中，不是帮助毁灭证据罪成立的必要要件。有学者认为，我国刑法在帮助毁灭证据罪的罪状中使用当事人的称谓，说明必须在诉讼中实施该行为才能构成帮助毁灭证据罪。笔者认为这种观点有失偏颇。第一，我国刑法对一些犯罪限定“在诉讼中”（如伪证罪等），而对帮助毁灭证据罪未作此限定。既然刑法未作此限制，就不能理解为只有在诉讼过程中实施帮助犯罪的人毁灭证据的行为，才能构

---

[1] 徐君龙．案名：黄某帮助伪造证据罪案　主题：能否是帮助毁灭、伪造证据罪的主体［J］．中国检察官，2012（7）．

成帮助毁灭证据罪。第二，在帮助毁灭证据罪的罪状中使用“当事人”这一称谓，正像窝藏、包庇罪中明知是“犯罪的人”一样，实际意义在于明确帮助对象的范围，而且在进入诉讼程序后这些人必将成为当事人。第三，如果对在立案前实施帮助犯罪的人毁灭罪证的行为定包庇罪，对在立案后实施同样的行为定帮助毁灭证据罪，将会出现两罪在主观恶性大小和侵犯司法活动严重程度等方面的定罪倒置现象，有悖罪刑法定和罪刑相应原则。因此，无论是诉讼前还是诉讼中实施帮助犯罪人毁灭证据的行为，不影响帮助毁灭证据罪的成立。[1]

（二）帮助毁灭、伪造证据罪与彼罪的认定

1. 帮助毁灭、伪造证据罪与辩护人、诉讼代理人毁灭证据、伪造证据、妨害作证罪的界限

本罪与辩护人、诉讼代理人毁灭证据、伪造证据、妨害作证罪存在一定的交叉，如主观方面都是直接故意，客观方面都可能表现为帮助当事人毁灭证据、伪造证据，但还是有区别的，主要是：①犯罪客体不同。本罪侵犯的客体是司法机关的正常活动，既包括司法机关正常的刑事诉讼活动，也包括司法机关正常的民事、经济、行政诉讼活动。后罪侵犯的客体是复杂客体，主要客体是司法机关在刑事诉讼中的正常活动，次要客体是刑事辩护制度。②帮助的对象不同。本罪帮助当事人毁灭、伪造证据中的当事人，既包括刑事诉讼中的当事人，也包括民事、经济、行政诉讼中的当事人；而后者的当事人，则仅限于刑事诉讼中的当事人。③毁灭、伪造的证据范围不同。本罪证据既可以是刑事诉讼证据，也可以是民事、经济及行政诉讼证据；而后者则仅限于刑事诉讼包括附带民事诉讼的证据。④对情节的要求不同。本罪必须以情节严重为构成要件；而后者则无这一要求。⑤发生的时间不同。本罪既可以发生在刑事诉讼中，又可以发生在民事诉讼、行政诉讼中，还可以发生在上述诉讼前；而后者则只能发生在刑事诉讼中。在刑事诉讼前，帮助当事人毁灭、伪造证据，构成犯罪的，仍要以本罪治罪科刑，而不是构成后罪。⑥犯罪主体不同。本罪的主体为一般主体，即年满 16 周岁具有刑事责任能力的自然人均可构成本罪，但一般认为不包括当事人本人；而后者为特殊主体，只有刑事诉讼中的辩护人、诉讼代理人才能构成其罪。

---

[1] 康玉海. 认定帮助毁灭证据罪应注意的几个问题［J/OL］. http：//www.chinacourt.org/article/detail/2004/12/id/145280.shtml.

在刑事诉讼中，辩护人、诉讼代理人毁灭、伪造证据，帮助当事人毁灭、伪造证据的，既符合《刑法》第306条辩护人、诉讼代理人毁灭证据、伪造证据罪的犯罪构成，又符合《刑法》第307条第2款帮助毁灭伪造证据罪的犯罪构成，两罪发生了法条竞合。笔者认为，相对于帮助毁灭、伪造证据罪而言，辩护人、诉讼代理人毁灭证据、伪造证据罪仅限于刑事诉讼中，主体仅限于辩护人、诉讼代理人。尽管两罪侵犯的法益均是司法机关正常的诉讼活动，但立法者赋予了辩护人、诉讼代理人毁灭证据、伪造证据罪更多的不法内涵评价，因而配置了更重的法定刑，相当于特别法，两者形成特别法与普通法之间的法规竞合关系，根据“特别法优于普通法”的法规竞合的适用原则，适用特别法按辩护人、诉讼代理人毁灭证据、伪造证据罪定罪量刑，排斥普通法帮助毁灭、伪造证据罪罪名的适用。其他人帮助当事人毁灭、伪造证据，诉讼代理人在民事、行政诉讼中帮助当事人毁灭、伪造证据，情节严重的，均构成本罪。

2. 帮助毁灭、伪造证据罪与包庇罪的界限

我国1979年《刑法》中包庇罪包括帮助犯罪人毁灭罪证的行为，修订后的《刑法》将帮助毁灭罪证的行为作为单独的一种犯罪。《刑法》第310条第1款规定了包庇罪，是指明知是犯罪的人而为其作假证明包庇的行为。

帮助毁灭、伪造证据罪和包庇罪的区别，在理论上有行为说、限制行为说、诉讼阶段说和诉讼类型说。[1] 简单而言，帮助毁灭、伪造证据罪和包庇罪的区别主要有：①犯罪客体不同。帮助毁灭、伪造证据罪侵犯的直接客体是国家司法机关的刑事诉讼、民事诉讼和行政诉讼之秩序，包庇罪侵犯的直接客体是刑事司法机关的刑事追诉和刑罚的执行活动的正常进行。②犯罪客观方面不同。帮助毁灭证据罪表现为帮助当事人毁灭罪证，且情节严重的行为。而包庇罪在客观方面仅表现为向司法机关作假证明包庇犯罪人的行为，即向司法机关提供虚假书面或者口头等证明来包庇犯罪人，也没有情节严重的要求。③发生的诉讼程序不同。前罪可以发生在各种诉讼中，包括在刑事、民事、行政各种诉讼过程中，并不仅限于刑事诉讼过程；后罪只能发生在刑事诉讼中，包括刑罚执行过程。④危害行为的手段有所区别。前罪主要是对证据的伪造和毁灭，而后罪主要倾向通过对犯罪嫌疑人或者被告人进行包庇。⑤帮助对象不同。帮助毁灭、伪造证据

[1] 冯江菊．帮助当事人毁灭罪证行为的认定［J］．河南社会科学，2009（1）．

罪的当事人既包括民事、行政诉讼的当事人，也包括刑事诉讼的当事人，可以是无罪的人作无罪的假证据；而包庇罪中帮助的对象仅指“犯罪的人”。⑥针对的对象不同。帮助毁灭、伪造证据罪所针对的对象既包括刑事诉讼证据，也包括民事、经济、行政等诉讼证据；而包庇罪只限于行为人为掩盖犯罪分子的全部罪行或重要犯罪事实而向司法机关提供虚假证明。⑦犯罪主体不同。帮助毁灭、伪造证据罪的主体是唆使、协助人；而包庇罪中的主体是作假证明的当事人本人。

问题是，实施帮助毁灭罪证行为后，向司法机关作虚假证明的行为，应如何认定？司法实践中，包庇罪包括帮助毁灭罪证的行为，但两罪在客观方面的表现完全不同，关键要看行为人是否具有向司法机关作虚假证明的行为。如果行为人实施帮助犯罪人毁灭证据的行为后，向司法机关提供虚假书面或者口头等证明，从而达到使犯罪人逃避法律追究的目的，应以包庇罪定罪处刑。如刘某明知其子李某故意杀人犯罪，焚烧李某作案时所穿溅有被害人血迹的衣服。侦查机关在对李某故意杀人案进行排查阶段，询问李某的去向时，刘某隐瞒其子故意杀人的犯罪事实。刘某实施了两个独立的犯罪行为，即帮助犯罪人毁灭证据的行为和作假证明包庇犯罪人的行为，构成帮助毁灭证据罪和包庇罪。根据我国刑法吸收犯理论，行为人由帮助毁灭罪证的行为发展成向司法机关作假证明的包庇行为，“前行为可能是后行为发展的必经阶段，后行为可能是前行为发展的自然结果”，[1]两种犯罪行为的行为性质又基本相同。因此，两个犯罪行为之间具有吸收关系[2]，应以一罪论处，即重行为吸收轻行为，向司法机关作假证明包庇的行为性质和法定刑重于帮助犯罪人毁灭罪证据的行为，故对于这种情况应认定为包庇罪。[3]

有人认为，我国刑法在帮助毁灭证据罪的罪状中使用当事人的称谓，说明必须在诉讼中实施该行为才能构成帮助毁灭证据罪。笔者认为这种观点有失偏颇。帮助毁灭证据罪不应当仅仅发生于诉讼过程之中，也可以发生在提起诉讼之前。与伪证罪和辩护人、诉讼代理人毁灭证据、伪造证据、妨害作证罪不同，刑法相关条款并无明文规定帮助毁灭证据罪应是发生在诉讼活动过程中。根据《刑法》第 307 条规定，帮助当事人毁灭证

---

❶ 高铭暄．新编中国刑法学（上）［M］．北京：中国人民大学出版社，1998：269.

❷ 冯江菊．帮助当事人毁灭罪证行为的认定［J］．河南社会科学，2009（1）.

❸ 康玉海．认定帮助毁灭证据罪应注意的几个问题［J/OL］．［2014－01－22］．http：//www.chinacourt.org/article/detail/2004/12/id/145280.shtml.

据，情节严重的，构成帮助毁灭证据罪。而根据《刑事诉讼法》第106条的规定，“当事人”不仅包括被告人，而且包括犯罪嫌疑人。因此，帮助毁灭证据罪不仅包括在诉讼活动中帮助当事人毁灭证据的犯罪行为，也应当包括在提起诉讼之前的帮助犯罪嫌疑人毁灭证据的犯罪行为。如果对在立案前实施帮助犯罪的人毁灭罪证的行为定包庇罪，对在立案后实施同样的行为定帮助毁灭证据罪，将会出现两罪在主观恶性大小和侵犯司法活动严重程度等方面的定罪倒置现象，有悖罪刑法定和罪刑相应原则。因此，无论是诉讼前还是诉讼中实施帮助犯罪人毁灭证据的行为，不影响帮助毁灭证据罪的成立。包庇罪不应包括帮助犯罪的人毁灭证据的行为。根据《刑法》第310条的规定，包庇罪是指明知是犯罪的人而作假证明包庇的行为。对于作假证明是否包括帮助犯罪的人毁灭证据的行为，学术界有两种观点：一种认为，对于作假证明的理解不应作扩大解释，对采用作假证明以外的其他方法实施包庇行为的，不能以包庇罪论处；另一种意见认为，《刑法》第310条规定有所疏漏，为了满足司法实践的需要，可以在不违背立法原意的前提下，对作假证明作扩张解释，否则，将可能放纵本应以包庇罪制裁的犯罪分子。笔者同意第一种意见，作假证明应当严格从字面意义上来理解，而不能任意扩大解释。1979年《刑法》没有规定帮助毁灭证据罪，故以往的刑法理论认为，消灭罪迹与毁灭罪证的行为构成包庇罪。本法增设了帮助毁灭证据罪之后，也有人认为包庇罪包括帮助湮灭罪迹和毁灭罪证的行为。笔者认为，根据刑法的规定，包庇罪应仅限于作假证明包庇的行为，而不包括帮助犯罪人毁灭证据的行为。[1]

（三）帮助毁灭、伪造证据罪与数罪的认定

1. 司法人员为枉法裁判或不使他追诉或诬告陷害而帮助他人毁灭、伪造证据的认定

首先要明确本罪的犯罪主观方面，本罪的直接目的不是为了枉法裁判或不使他追诉，本罪故意的内容是行为人明知对方是案件的当事人但为了达到帮助当事人的目的仍决意实施帮助其毁灭伪造证据。关于本罪的目的，有学者认为本罪的目的是使当事人逃避法律制裁。[2] 对此，笔者认为有失偏颇。诉讼，是解决纠纷、争议或冲突的一种专门活动。诉讼活动的

---

[1] 赵永红．扰乱公共秩序和司法活动犯罪司法适用（上）［M］．北京：法律出版社，2006：43.

[2] 赵秉志，田宏杰，于志刚．妨害司法罪［M］．北京：中国人民公安大学出版社，2003：130.

结果，可能是使有关当事人受到法律制裁，也可能是确认、变更或消灭了某种业已存在的法律关系，还可能是赋予有关当事人某种权益等，即通过诉讼使当事人受到法律制裁只是诉讼活动的结果之一。笔者认为，行为人之所以实施本罪，其总体目的是希望当事人在诉讼中处于有利地位，妨害司法机关的正常诉讼活动；直接目的可能是使当事人逃避法律制裁，使当事人获得某种不当的物质性利益，陷害他人或确认、变更某种法律关系。在认定行为人的直接目的时，应当根据诉讼中的不同当事人和不同的诉讼种类来予以具体确定。如在刑事诉讼中，帮助犯罪嫌疑人、被告人毁灭、伪造证据的，行为人的直接目的应该是使其逃避法律制裁；帮助被害人、自诉人毁灭、伪造证据的，其直接目的则可能是陷害他人。在民事诉讼中，帮助给付之诉的当事人毁灭、伪造证据的，行为人的直接目的可能是使当事人逃避有关法律责任或获取某种不当的物质性利益；帮助确认之诉中的当事人毁灭、伪造证据的，行为人的直接目的是希望法院对产生争议的民事法律关系是否存在或存在的状态产生错误判断；帮助变更之诉中的当事人毁灭、伪造证据的，行为人的直接目的则是希望法院在是否变更或消灭某种业已存在的民事法律关系的判断上发生错误。[1]

本罪的主体为一般主体，包括辩护人、诉讼代理人。一般来说，犯本罪者多是与当事人之间或亲或友，存在密切的利害关系。[2] 犯罪主体不包括犯罪者本人。《刑法》第 307 条第 3 款规定：“司法工作人员犯前两款罪的，从重处罚。”司法人员也可以是本罪的犯罪主体，司法人员帮助他人毁灭、伪造证据的，可构成帮助毁灭、伪造证据罪。司法实践中，司法工作人员往往利用职务上的便利，采取毁灭、伪造证据的方式，徇私枉法、徇情枉法，对明知是无罪的人而使他受追诉、对明知是有罪的人而故意包庇不使他受追诉，或者在刑事审判活动中故意违背事实和法律作枉法裁判，或者在民事、行政审判活动中故意违背事实和法律作枉法裁判，或者在民事、行政审判活动中故意违背事实和法律作枉法裁判。关于枉法裁判行为，《刑法》在第 399 条作了规定。2002 年 12 月 28 日通过并实施的《中华人民共和国刑法修正案（四)》对《刑法》第 399 条进行了修改，修改后的《刑法》第 399 条第 1 款规定：司法工作人员徇私枉法、徇情枉法，对明知是无罪的人而使他受追诉、对明知是有罪的人而故意包庇不使

---

[1] 刘杰．帮助毁灭、伪造证据罪若干问题研究［J］．中国人民公安大学学报，2003（3）.

[2] 周振想．中国新刑法释论与罪案（下）［M］．北京：中国方正出版社，1997：1272.

他受追诉，或者在刑事审判活动中故意违背事实和法律作枉法裁判的，处5年以下有期徒刑或者拘役；情节严重的，处5年以上10年以下有期徒刑；情节特别严重的，处10年以上有期徒刑。第2款规定："在民事、行政审判活动中故意违背事实和法律作枉法裁判，情节严重的，处五年以下有期徒刑或者拘役；情节特别严重的，处五年以上十年以下有期徒刑。"据此可见，司法人员有上述行为的，根据《最高人民法院、最高人民检察院关于执行〈中华人民共和国刑法〉确定罪名的补充规定》，分别构成了徇私枉法罪（原罪名为枉法追诉、裁判罪）与民事、行政枉法裁判罪（原罪名为枉法裁判罪）。修改后的《刑法》第399条第4款规定："司法工作人员收受贿赂，有前三款行为的，同时又构成本法第三百八十五条规定之罪的，依照处罚较重的规定定罪处罚。"据此，司法工作人员的行为，既符合帮助毁灭、伪造证据罪的犯罪构成，又符合徇私枉法罪或枉法裁判罪的犯罪构成。笔者认为，尽管两罪所侵犯的法益可以说都是司法机关正常的诉讼活动，但徇私枉法罪和枉法裁判罪还具有渎职性，实施徇私枉法行为或枉法裁判行为，还直接影响到国家机关的声誉。因此，相对于帮助毁灭、伪造证据罪而言，立法者赋予了徇私枉法罪和枉法裁判罪更多的不法内涵评价，因而配置了更重的法定刑。因此，司法工作人员利用职务上的便利实施毁灭、伪造证据行为，同时符合两罪的犯罪构成时，只能以徇私枉法罪或枉法裁判罪定罪处罚，而不能以帮助毁灭伪造证据罪从重处罚。[1]只有在司法工作人员实施毁灭、伪造证据时没有利用职务上的便利徇私枉法、徇情枉法，不符合徇私枉法罪、枉法裁判罪的犯罪构成时，才能根据《刑法》第307条第3款的规定，以帮助毁灭、伪造证据罪对司法工作人员从重处罚。

《刑法》第243条第1款规定，捏造事实诬告陷害他人，意图使他人受刑事追究，情节严重的，处3年以下有期徒刑、拘役或者管制；造成严重后果的，处3年以上10年以下有期徒刑。同条第2款规定，国家机关工作人员犯前款罪的，从重处罚。同理，司法工作人员具有诬告陷害行为的，构成诬告陷害罪，并且从重处罚。司法工作人员为诬告陷害他人帮助他人毁灭、伪造证据的，构成帮助毁灭、伪造证据罪。这里不存在像司法人员利用职务便利徇私枉法、徇情枉法而侵犯公民民主权利的情况，所以，对司法工作人员的上述行为，应按照想象竞合的理论，以本罪从重处罚。

---

[1] 陈洪兵．帮助毁灭、伪造证据罪探悉［J］．四川警官高等专科学校学报，2004（3）．

2. 帮助毁灭、伪造证据罪与虚假诉讼（诉讼欺诈）

随着经济纠纷及其诉讼的日益复杂化、多元化，在民间借贷，离婚案件一方当事人为被告的财产纠纷，已经资不抵债或已作为被执行人的企业或自然人为被告的财产纠纷，改制中的国有或集体企业为被告的财产纠纷，拆迁区划范围内的自然人作为诉讼主体的分家析产或继承纠纷、关联企业之间的财产纠纷等案件中，虚假诉讼较为常见。虚假诉讼侵害了相关利害关系人的合法权益外，还严重浪费了司法资源，损害了司法的权威和公信力，扰乱了人民法院的正常审判秩序。“虚假诉讼”也称为“诉讼欺诈”“诉讼诈骗”“恶意诉讼”（它们之间是有区别的），一般认为，它是指在诉讼过程中，行为人故意使用虚假的证据、串通他人作伪证等手段，促使裁判者作出错误的裁决，从而占有被害人的财物、财产性利益或者获得非财产性利益的行为。以侵害法益为标准，诉讼欺诈分为两类，一类是财产性诉讼欺诈，另一类是非财产性诉讼欺诈。虚假诉讼主要有两种表现形式：第一，案件双方当事人恶意串通，共同实施损害第三人的合法权益；第二，案件一方当事人通过在诉讼中伪造证据等方式直接侵犯另一方当事人的合法权益。《民事诉讼法》第 112 条规定：“当事人之间恶意串通，企图通过诉讼、调解等方式侵害他人合法权益的，人民法院应当驳回其请求，并根据情节轻重予以罚款、拘留；构成犯罪的，依法追究刑事责任。”第 113 条规定：“被执行人与他人恶意串通，通过诉讼、仲裁、调解等方式逃避履行法律文书确定的义务的，人民法院应当根据情节轻重予以罚款、拘留；构成犯罪的，依法追究刑事责任。”这一规定对虚假诉讼问题做了阶段性的总结，同时对于何种恶意诉讼可能构成犯罪、构成犯罪的究竟如何追究刑事责任，给出了很大的待定空间。《民事诉讼法》涉及的虚假诉讼分两种情况，一是第 112 条规定的侵犯他人合法权益的虚假诉讼，一是第 113 条逃避履行法律文书确定的义务的虚假诉讼。这样的分类是有实际意义的，如果构成犯罪，前者一般构成帮助伪造证据罪，而后者一般构成拒不履行判决裁定罪。[1]

我国刑法对虚假诉讼行为如何定罪处罚，尚无明文规定。在目前司法界及理论界，对虚假诉讼的刑事责任追究很难把握。因“虚假诉讼”被追究刑事责任的屈指可数。诉讼欺诈的行为是否构成犯罪，构成何种犯罪，目前理论界与实务界看法不一致。在司法实务界，各地司法机关在定罪和

---

[1] 卢建平，任江海．虚假诉讼的定罪问题探究［J］．政治与法律，2012（11）．

量刑上标准不一，参差有别，司法实务中，有的法院以妨害作证罪、或帮助伪造证据罪定罪，甚至以妨害作证罪和帮助伪造证据罪认定为两罪，但按照牵连犯处理。[1] 例如，海门市人民法院一审审理查明，钱某强系原恒立公司法定代表人、恒立公司清算组组长。自2004年起，钱某强所在公司与国贸公司因进出口代理合同发生纠纷，恒立公司清算组多次与国贸公司进行民事诉讼。因恒立公司清算组提起的民事诉讼缺乏相关证据，钱某强指使被告人陆某华（系恒立公司员工）虚构买卖合同法律关系，伪造了恒立公司与陆某华订立的订购协议、业务往来对账单等证据，由陆某华为原告、以恒立公司为被告向人民法院提起虚假民事诉讼，致使人民法院作出了错误的民事判决。钱某强将该份民事判决书作为证据在恒立公司清算组与国贸公司之间的多次民事诉讼中使用。2009年3月，钱某强指使陆某华虚构仓储合同转让法律关系，伪造了恒立公司所欠联宇公司的仓储费由钱某强担保的仓储费担保合同、联宇公司将钱某强担保的恒立公司清算组所欠仓储费转让给陆某华的债权转让通知书等证据，由陆某华为原告，以恒立公司清算组、钱某强为被告向人民法院再次提起虚假民事诉讼，致使该院作出错误的民事判决。钱建强将该份民事判决书作为证据在恒立公司清算组与国贸公司之间的民事诉讼中使用。案发后，上述两份错误的民事判决文书均被人民法院裁定撤销。人民法院审理认为，被告人钱某强以唆使、引诱的方法指使他人作伪证，致使人民法院作出错误民事裁判，严重影响了司法机关的正常诉讼活动，损害了司法权威，其行为已构成妨害作证罪，且属情节严重；被告人陆某华帮助上诉人钱建强实施伪造证据的行为，致使人民法院作出错误民事裁判，严重影响了司法机关的正常诉讼活动，情节严重，其行为已构成帮助伪造证据罪。考虑到被告人陆某华在司法机关一般性排查询问中主动交代自己的罪行，是自首，归案后有立功表现，在庭审中自愿认罪，决定对被告人陆某华予以从轻处罚。一审法院遂判决被告人钱某强犯妨害作证罪，判处有期徒刑4年；被告人陆某华犯帮助伪造证据罪，判处有期徒刑1年，缓刑1年零6个月。钱某强不服，向二审法院提起上诉。二审法院遂驳回上诉，维持原判。[2]

对虚假诉讼行为，在刑法理论界，大致上有无罪说，诈骗罪说，敲诈勒索罪说，抢劫罪、妨害司法犯罪说，伪造、变造、买卖国家机关公文、

[1] 苏家成．虚假诉讼中妨害作证罪的认定与处理［J］．人民司法，2012（24）．

[2] 顾建兵，吕敏．两被告人因妨害作证、帮助伪造证据获刑［N］．人民法院报，2013－5－21（3）．

证件、印章罪或盗窃、抢夺、毁灭国家机关公文、证件、印章罪或伪造公司、企业、事业单位、人民团体印章罪，伪造、变造居民身份证罪说，单独增设“虚假诉讼罪”或“诉讼诈骗罪”说等各种观点。[1][2] 有学者认为，《刑法》第307条第1款只适用于当事人以暴力、威胁、贿买等方法阻止证人作证或者指使他人作伪证的情形，而虚假诉讼往往是当事人自己制造伪证，不一定阻止证人作证或指使他人作伪证，即使偶然有，也不一定采取暴力、威胁、贿买等方法。由于是当事人自己作伪证，而不是帮助他人毁灭、伪造证据，不适用第2款的规定。而第3款只能适用于打击帮助虚假诉讼的司法人员，对于当事人更是不相干，所以《刑法》第307条不适合用于惩治虚假诉讼。[3] 还有学者认为，将“诉讼欺诈”行为以妨害作证罪、帮助他人伪造证据罪论处，有待商榷。三者之间既存在相同之处也有明显不同之处。①客体不同：妨害作证罪侵犯的客体是国家司法机关的正常诉讼活动和公民依法作证的权利。帮助毁灭、伪造证据罪侵害的客体是司法机关的正常活动。而诉讼欺诈侵犯的是司法机关的正常活动与公私财产所有权。②客观方面不同：妨害作证罪在客观方面表现为行为人实施了采用暴力、威胁、贿买等方法阻止证人依法作证或者指使他人作伪证的妨害作证行为。帮助毁灭、伪造证据罪在客观方面表现为帮助当事人毁灭、伪造证据。而诉讼欺诈表现为采取虚构诉讼主体，捏造案件事实，伪造证据，隐瞒真相等方式提起民事诉讼，诱使法院作出错误裁判。二者之间存在明显不同之处。[4] 帮助毁灭、伪造证据罪，并不处罚当事人……妨害作证罪也只能评价部分诉讼诈骗行为，对于那些没有利用证人的或未使用特殊手段的，则无法处理。[5] 反对者认为，目前，在刑事立法没有修改的情况下，学术研究的重点是如何在现有条件下通过刑法手段惩治虚假诉讼，这就要在现有刑法规定中寻找具有普遍适用意义的罪名。对于违反修改后的《民事诉讼法》第112条和第113条构成犯罪的，现行刑法中相对比较恰当的规制方式，是以第307条帮助伪造证据罪和第313条拒不执行判决、裁定罪追究刑事责任。虚假诉讼一般来说必然伪造证据，并且当事人往往

---

[1] 王飞跃．论诉讼欺诈取财行为的刑法规制［J］．政治与法律，2012（11）．

[2] 郑泽善．以诈骗罪追究恶意诉讼行为研究［J］．政治与法律，2012（11）．

[3] 刘烁玲．论虚假诉讼及其治理［J］．江西社会科学，2010（2）．

[4] 叶华杰，林恩伟．打击虚假诉讼的刑罚手段不能缺位［J］．宁波广播电视大学学报，2012（3）．

[5] 秦雪娜．论诉讼欺诈的刑法规制［J］．政治与法律，2012（11）．

是合意共同伪造，也就是当事人不仅自己伪造，还帮助其他当事人伪造。所以依据刑法第 307 条第 2 款规定的帮助伪造证据罪追究刑事责任，能对普遍的虚假诉讼追究刑事责任。虚假诉讼中，各方当事人必然事前串通，在诉讼中互为虚假的陈述，即使不刻意伪造物证、书证等形式的证据，虚假的陈述总还是有的，所以帮助伪造证据罪这个罪名基本上能涵盖虚假诉讼的行为。虽然帮助伪造证据罪不能最全面地评价虚假诉讼行为，但至少在目前，从该罪犯罪构成和该条所要保护的司法秩序来看，《刑法》第 307 条可以说是当前惩治虚假诉讼的最佳选择。当然，在虚假诉讼中当事人有可能还会触犯刑法的其他规定，可以根据刑法理论择一重罪惩处。如比较多见的在虚假诉讼中通过伪造印章、公文、身份证等方式伪造证据的情形，就可以根据牵连犯理论从一重罪处罚……被执行人有能力执行法律文书确定的义务却不予执行，并采取与他人恶意串通的方式积极逃避执行，这种行为已经符合了《刑法》第 313 条所规定的拒不执行判决、裁定罪，情节严重的，可以以该罪论处。可以说，修改后的《民事诉讼法》第 113 条只是规定了拒不执行判决裁定的一种具体方式和手段，即与他人恶意串通，通过诉讼、仲裁、调解的方式，这种手段行为很可能会构成其他犯罪。比如帮助伪造证据罪。同时构成两罪的，可择一重罪处罚。[1]

3. 毁灭、伪造证据的手段又触犯其他罪的认定与处理

行为人帮助当事人毁灭、伪造证据的，构成毁灭、伪造证据罪。在行为人帮助毁灭、伪造证据的过程中，毁灭、伪造证据的手段同时很可能构成其他犯罪，或者毁灭、伪造证据的手段是毁灭、伪造证据这一结果所需要的，也会构成其他犯罪。例如，故意伤害罪、窝藏罪、非法拘禁罪、盗窃罪、伪造国家机关公文、印章罪、妨害公务罪、故意毁坏财物罪、转移赃物罪、非法处置扣押的财产罪、非法侵入计算机信息系统罪、放火罪、滥用职权罪等。行为人的行为显然构成了想象竞合犯或者牵连犯，即毁灭、伪造证据罪与其他犯罪的竞合或者牵连。对于行为人的行为，应根据想象竞合犯或者牵连犯的理论，从毁灭、伪造证据罪和其他犯罪中择一从重处罚。

四、帮助毁灭、伪造证据罪共同犯罪的认定

（一）帮助证人伪造、毁灭证据的认定与处理

帮助毁灭、伪造证据罪的帮助对象是当事人，如前所述，当事人是指

---

[1] 卢建平，任江海．虚假诉讼的定罪问题探究［J］．政治与法律，2012（11）．

一切诉讼过程中的当事人，包括刑事诉讼、民事诉讼和行政诉讼中的当事人。证人虽然是诉讼活动的参与人，但它与当事人不同，即使是广义上的当事人，也不包括证人，广义上的证人也与当事人的范围没有交叉。在三大诉讼法及其理论上，证人与当事人是不同的，其分别对应的证人证言与当事人辩解、供述、陈述等是并列的证据种类。

在刑事诉讼中，证人伪造、毁灭证据，作虚假证明，意图陷害他人或者隐匿罪证的，根据《刑法》第 305 条的规定，证人的行为构成伪证罪。在共同犯罪中，证人伪证的，还可能构成其他犯罪。

无论行为人是主动帮助证人伪造、毁灭证据还是在证人的唆使、引诱、请求、威胁、指使下或者证人采用其他方法使行为人帮助证人毁灭、伪造证据，都构成了共同犯罪。在刑事诉讼中，行为人帮助证人伪造、毁灭证据，作虚假证明，意图陷害他人或者隐匿罪证的，都构成了犯罪，即伪证罪。证人为了帮助当事人而伪造、毁灭证据的，行为人又帮助证人伪造、毁灭证据的，除了证人单独构成伪证罪的情况外，证人还可构成帮助毁灭、伪造证据罪，根据共同犯罪的有关理论，行为人相应地也构成帮助毁灭、伪造证据罪。但是，如果行为人是辩护人、诉讼代理人，在刑事诉讼中，其实施上述行为的，则辩护人、诉讼代理人不能再构成帮助毁灭、伪造证据罪，而应以辩护人、诉讼代理人构成毁灭、伪造证据罪论处。在其他共同犯罪的场合，证人帮助他人伪造、毁灭证据的，证人不构成伪证罪、帮助毁灭、伪造证据罪时，证人的行为以他人构成的犯罪论处，行为人又帮助证人伪造、毁灭证据的，对行为人的行为以证人构成的犯罪论处，除非行为人因为身份犯而不能以证人构成的犯罪论处外。如果证人是无刑事责任能力的人或者限制刑事责任能力的人，对行为人的行为，以行为人的行为所构成的犯罪论处，在帮助当事人或者他人毁灭、伪造证据的场合，以当事人或者他人所构成的犯罪论处，如果行为人是身份犯，则以行为人身份犯所构成的犯罪论处。[1]

（二）行为人作为共犯的认定与处理

在行为人与被帮助的当事人是共同犯罪的条件下，行为人帮助毁灭、伪造共同犯罪证据的，能否构成帮助毁灭、伪造证据罪？对此问题，我国学者一般认为，只要毁灭、伪造的证据与自己的犯罪有关，即使所毁灭、伪造的证据也是他人的犯罪证据，也不能追究毁灭、伪造证据行为人的刑

---

[1] 赵永红．扰乱公共秩序和司法活动犯罪司法适用（上）［M］．北京：法律出版社，2006：41.

事责任。作为当事人，出于保护自己的本能，不可避免地会实施毁灭、伪造证据的行为，禁止当事人毁灭、伪造自己的证据不具有期待可能性。正如有学者所言："在共同犯罪中，各个行为人的行为是整个共同犯罪行为的有机组成部分，各个行为人的刑事责任也是整个共同犯罪的刑事责任的有机组成部分，故各个行为人帮助同案犯毁灭或伪造有关共同犯罪的证据，实质就是毁灭或伪造本人犯罪的证据，而行为人毁灭或伪造自己犯罪的证据因是出自自我保护的本能，即缺乏刑法上的期待可能性而不可罚。"❶ 因此，当事人不是毁灭、伪造证据犯罪的主体，行为人，即共同犯罪人也不能成为毁灭、伪造证据犯罪的犯罪主体。

当然，如果毁灭、伪造的证据，与自己的犯罪无关，行为人事先与当事人没有通谋，事后帮助当事人毁灭、伪造证据的，则能构成帮助毁灭、伪造证据罪。

第五节　打击报复证人罪

一、打击报复证人罪的概念和犯罪构成

打击报复证人罪在刑事诉讼的侦查、起诉和审判的各个环节都可能发生，因此，在边防、海警部门侦查案件时，有可能也会遇到这种犯罪。

打击报复证人罪，是指对证人进行打击报复的行为。根据刑法规定，本罪的构成特征是：

本罪侵犯的直接客体是复杂客体，主要客体是国家司法机关的正常诉讼活动，次要客体是证人依法作证的权利。

本罪在客观方面表现为对证人进行打击报复的行为。

本罪的主体为一般主体，凡达到刑事责任年龄且具备刑事责任能力的自然人均可成为本罪主体，单位不能构成本罪。与案件是否有利害关系，不影响本罪的成立，即与案件毫无关系的人，也会成为本罪的主体。

本罪在主观方面是直接故意，即行为人明知自己所实施的打击报复证人的一切行为必然会使证人的权益和司法机关的正常活动受到严重损害，并希望这种结果发生。行为人的行为具有打击报复证人的目的。如果没有报复陷害的目的，而是由于政策水平不高、思想方法主观片面、工作作风

---

❶ 马荣春. 论帮助毁灭、伪造证据罪［J］. 福建政法管理干部学院学报，2004（1）.

简单粗暴、对事实未能查清等原因，对证人处理不当，致使其遭受损失的，属于工作上的失误，不构成犯罪。认定时要看行为人对自己打击报复证人的行为性质是否已经认识到、打击行为是否违背行为人的意志或者受到强迫而不得已、行为人是否处于精神病状态、行为人是否存在过失、行为人的主观恶性的程度等。

二、打击报复证人罪犯罪构成要件的理解

（一）“证人”及范围（如鉴定人、专家证人）的认定

证人是案件得到及时、合法、公正处理的关键因素之一，在有些案件特别是刑事案件中，证人的作用极其重要，对证人打击报复必然会导致证人不敢作证或者作虚假的证明，从而损害了国家机关的声誉，破坏了国家机关的正常活动，同时也侵犯了证人依法作证的权利。为了切实保障宪法赋予公民的权利的实现，《刑事诉讼法》第 61 条规定，人民法院、人民检察院和公安机关应当保障证人及其近亲属的安全。对证人及其近亲属进行威胁、侮辱、殴打或者打击报复，构成犯罪的，依法追究刑事责任；尚不够刑事处罚的，依法给予治安管理处罚。《刑事诉讼法》第 62 条规定：“对于危害国家安全犯罪、恐怖活动犯罪、黑社会性质的组织犯罪、毒品犯罪等案件，证人、鉴定人、被害人因在诉讼中作证，本人或者其近亲属的人身安全面临危险的，人民法院、人民检察院和公安机关应当采取以下一项或者多项保护措施：（一）不公开真实姓名、住址和工作单位等个人信息；（二）采取不暴露外貌、真实声音等出庭作证措施；（三）禁止特定的人员接触证人、鉴定人、被害人及其近亲属；（四）对人身和住宅采取专门性保护措施；（五）其他必要的保护措施。证人、鉴定人、被害人认为因在诉讼中作证，本人或者其近亲属的人身安全面临危险的，可以向人民法院、人民检察院、公安机关请求予以保护。人民法院、人民检察院、公安机关依法采取保护措施，有关单位和个人应当配合。”《检察院刑诉规则》第 163 条规定，人民检察院应当保障证人及其近亲属的安全。询问中涉及证人隐私的，应当保守秘密。对证人及其近亲属进行威胁、侮辱、殴打或者打击报复，构成犯罪或者应当给予治安管理处罚的，应当移送公安机关处理；情节轻微的，予以批评教育、训诫。《公安机关办理刑事案件程序规定》第 70 条规定，公安机关应当保障证人及其近亲属的安全。对证人及其近亲属进行威胁、侮辱、殴打或者打击报复，构成犯罪的，依法追究刑事责任；尚不够刑事处罚的，依法给予治安管理处罚。《刑法》第

308 条对侵犯公民权利的行为规定了打击报复证人罪。

本罪的犯罪对象是证人。根据诉讼法及其理论，证人，是指一切对案件真实情况能起证明作用的人，但不能正确表达意志的人不能作证人。本罪中的证人是指在诉讼过程中已经依法提供证明的证人，包括在各种诉讼过程中依法向法院提供证明的证人以及在刑事诉讼中向公安、检察等司法机关提供证明的证人。知悉案情但尚未作证的人是否为本罪的犯罪对象？笔者认为，对于知悉案情但尚未作证的人，不属于本罪证人的范围。因为行为人打击报复证人的目的或动机就是发泄对证人作证的不满，那么打击报复只能是针对证人作证以后所实施的行为。如果证人还没有作证，行为人便对其实施威胁、暴力等行为，不能认定为打击报复，而应按照妨碍作证行为予以处理。因此，知悉案情但尚未作证的人不是本罪的犯罪对象，但以暴力、威胁等方法妨害其作证的，可以构成妨害作证罪。[1] 庭前提供证言的人，也是证人。[2] 在理论上，对证人的理解存在不同观点。如何界定证人的内涵，其外延是什么，范围是否包括鉴定人、专家证人，与证人相关的问题如何处理，这些问题在理论上和司法实践中都存在，并且分歧较大。

关于证人的内涵，在司法实践中，司法人员对如何理解证人却发生了分歧，主要观点有两种：[3] 第一种观点认为：《刑法》第 308 条规定的“证人”与诉讼法相关条文中规定的“证人”含义完全相同，即证人是知道案件真实情况并具有辨别是非和正确表达能力的自然人，区别于被害人、被告人、鉴定人等其他诉讼参与人的一类诉讼参与人。在诉讼过程中，证人有着独立完整的诉讼地位，承担着特殊的法律义务，并依法享有相应的诉讼权利。第二种观点认为，对于《刑法》第 308 条中规定的“证人”不能作字面理解，不能拘泥于《刑事诉讼法》对证人的规定，而应作扩大解释。具体讲就是，这里的“证人”应理解为向司法机关提供证据的人（即与诉讼法规定含义一致的证人），而不仅仅是向司法机关提供书面或口头证言的人。因此，打击报复证人罪的犯罪对象就不仅包括狭义上的证人，而且还包括《刑事诉讼法》中的被害人，民事、行政案件的原告、第三人以及鉴定人、勘验人。此观点认为，只有对证人作这样的扩大解释，才能

---

[1] 赵秉志，田宏杰，于志刚．妨害司法罪［M］．北京：中国人民公安大学出版社，2003：143.

[2] 郝胡兰，那娜．论打击报复证人罪中“证人”的界定［J］．人民检察，2004（2）.

[3] 鲜铁可．妨害司法犯罪的定罪与量刑［M］．北京：人民法院出版社，1999：73－77.

有效遏制那些对被害人、原告人、鉴定人、勘验人打击报复的行为，满足打击犯罪的需要，保证公民依法行使诉讼权利，保障司法机关诉讼活动的顺利进行。

对于上述两种观点，笔者赞成第一种意见，即对《刑法》第308条规定的证人只能作字面解释，而不应作扩大解释。理由如下：[1]

第一，从打击报复证人罪的立法背景来看，新刑法之所以增设打击报复证人罪，是因为在司法实践中，证人因怕打击报复而不敢作证的情况屡见不鲜，也曾多次出现过证人因作证而遭到报复的事件。这种打击报复证人的行为，具有很大的社会危害性，也妨害了司法机关的正常诉讼活动。《刑事诉讼法》第187条和第188条及民事诉讼证据规则和行政诉讼证据规则要求庭审中证人应当出庭作证，证人必须经过当庭质证才能作为有效证据使用。证人在诉讼中的作用尤显重要，为加大保护证人的合法权益的力度，修订后的刑法增设了打击报复证人罪。在诸多的诉讼参与人中，刑法单独把证人突出出来重点保护，恰恰是因为证人较之其他诉讼参与人更容易成为打击报复的对象。法律虽然规定证人有作证的义务，但却没有强制性规定。《刑事诉讼法》第188条规定了强制证人到庭的情况，但并不是所有案件的所有证人都必须到庭，因此，证人可以出面作证，也可以不出面作证，尤其那些与诉讼结果没有任何利害关系的证人。而一旦这些证人出面作证了，证言对一方不利，那么不利的一方从感情上就无法接受证人的行为，认为自己无端（指没有先前侵害证人的行为）地受到证人的伤害，极容易对证人产生仇视情绪，进而采取打击报复行为。所以，立法者用法律给证人设定作证义务的同时，对证人作证的积极性不能不有所担忧。为鼓励证人作证，就得解除证人的后顾之忧。其中首要的一点就是要保护证人作证后的安全。虽然《刑事诉讼法》第62条、第63条立法为保护证人作证的人身安全和财产利益所采取的一系列保护措施作出了明文规定，但立法者仍有必要把证人单列出来重点加以保护。

第二，从证人与被害人、鉴定人以及勘验人在诉讼中的地位及其与案件处理结果的利害关系来看。被害人与案件处理结果无疑有着最为直接的利害关系，因而即使法律上没有特殊的保护措施，即使知道如实说出真相可能会遭到打击报复，基于对违法犯罪行为的义愤和对自己合法权益的维护，被害人也一般会积极参与诉讼活动，协助法庭调查了解案件真相。至

---

[1] 赵永红．扰乱公共秩序和司法活动犯罪司法适用（上）［M］．北京：法律出版社，2006：45.

于鉴定人和勘验人，虽然与案件处理结果没有什么利害关系，但依法进行鉴定和勘验却是其法定的职责要求，受职责所限，其一般不可能拒绝参与诉讼活动。而证人的情形就不一样了，证人参与诉讼活动，既非与案件处理结果有什么直接利害关系，又不存在什么职责上的要求，而是仅仅履行其法定的作证义务。但这种义务一方面不具有法律上的强制性，另一方面，履行这一义务不仅要耗费证人一定的时间和金钱，而且往往使证人在作证后面临着遭受打击报复的危险。在这样的情况下，如果不给予证人特殊的法律保护，证人不愿意作证或者不敢作证的现象只会有增无减，调查难、取证难的状况就不会从根本上得到改善。由此看来，刑法将本罪的犯罪对象明确规定为证人，而不是包括被害人、鉴定人和勘验人在内的一切诉讼参与人，不是立法上的疏漏，而是实有其特殊的考虑的。[1] 在英美法系，证人的范围非常广泛，泛指一切向法官提供口头证词以证明案件事实的人。英美法系的证人分为非专家证人和专家证人。非专家证人包括当事人、当事人以外的第三人，及其他提供证言的人；专家证人主要有两种，一是鉴定人，二是就专门问题发表专家证词的人。可见，在我国，与英美法系的专家证人相对应的有鉴定人、勘验人、特种领域或专业人员、权威专家或者学者等等，鉴定人和勘验人员是法律规定的区别与证人的人，特种领域或专业人员、权威专家或者学者等也与我国法律上所指的证人不同，他们与案件处理结果没有利害关系，所以本罪中的证人不包括专家证人。

第三，从刑法和诉讼法尤其是刑事诉讼法的关系来看，刑法属于实体法，诉讼法属于程序法，实体法与程序法是内容与形式的关系，二者相互依存密不可分。在司法实践，二者同时并重缺一不可。在同一刑法学体系内，应该有统一的概念用语系统。只有如此，才能进行体系内的沟通对话，相反，如果概念用语系统各异，如前述第二种观点主张的那样，“证人”一词在刑诉法中可以是一种意思，在刑法中又是另外一种意思，那么刑诉法与刑法间的沟通将非常困难，而且更为严重的是司法人员在适用刑法和刑诉法时，必将增加理解和操作的难度，人为地增加了司法成本，从而与司法经济原则完全相背离。所以笔者主张，刑法与刑诉法，及其他诉讼法应有统一的概念用语系统。具体到《刑法》第 308 条，其中规定的证人含义应与诉讼法规定的证人含义是相同的，而不是各有意义。

---

[1] 赵秉志，田宏杰，于志刚．妨害司法罪［M］．北京：中国人民公安大学出版社，2003：141.

第四，从刑法基本原则来看，我国刑法规定的三大原则中，第一个就是罪刑法定原则。该原则的基本含义是“法无明文规定不为罪，法无明文规定不处罚”。作为贯穿刑法的这一原则，应该对刑法分则和适用具有指导意义，既然《刑法》第308条明确规定打击报复证人罪的犯罪对象是证人，那么，对于打击报复证人以外的其他诉讼参与人定打击报复证人罪就于法无据，也严重背离了罪刑法定原则。当然，也有人认为，坚持罪刑法定并不等于对刑法条文就不能作扩大解释。扩张解释是要受到严格限制的，一般应由立法机关或最高司法机关，按照一定程序并以一定的形式作出。对于司法人员在司法活动中随意进行扩张解释则是绝对不允许的。具体到本罪中的证人，在没有立法和最高司法机关对“证人”一词作出新的解释前，司法实践对其进行任何扩张解释都应予以坚决反对。

第五，从实践需要来看，在司法实践中，的确发生过行为人打击报复被害人、原告人等证人以外的其他诉讼参与人的案件，以打击报复被害人为例，如果行为人出于报复被害人的故意而打伤、打死被害人，可分别依照《刑法》第234条、第232条故意伤害罪、故意杀人罪定罪处罚；如果行为人对被害人实施伤害未达到轻伤程度，但情节恶劣、影响极坏的，可以依照《刑法》第293条第（一）项规定，对行为人以寻衅滋事罪定罪处罚；如果行为人是国家机关工作人员利用职务之便，假公济私对被害人以前的控告行为打击报复的，完全可以依照《刑法》第254条规定的报复陷害罪定罪处罚。对于打击其他诉讼参与人的也可以此类推。可见，即使出于打击犯罪的需要，也不必把打击报复证人以外其他诉讼参与人的行为牵强附会地定打击报复证人罪，而是可以依照刑法的其他条款进行处罚的。[1]

另外还有一个问题就是，在对本罪的证人进行解释时是否包括证人亲属？实践中也常发生行为人为报复证人而对证人亲属实施打击报复的案件，为此《刑事诉讼法》第61条中还特别规定：“人民法院、人民检察院和公安机关应当保障证人及其近亲属的安全。对证人及其近亲属进行威胁、侮辱、殴打或者打击报复构成犯罪的，依法追究刑事责任。”可见，立法对证人亲属受打击的情况也很重视。但学界对此看法不同。有的学者认为，打击报复直接针对证人的近亲属的，由于涉及证人，所以应作为是对证人的打击报复；[2] 有的学者则主张，本罪侵害的对象仅指履行作证义

[1] 以上第三、第四、第五点参见王兆峰．打击报复证人罪新论［J］．国家检察官学院学报，1999（1）：20.

[2] 张穹．修订刑法条文实用解说［M］．北京：中国检察出版社，1997：397.

务的人，[1]《刑法》第308条没有规定“近亲属”一词，这表明其旨在缩小打击报复证人罪犯罪对象的范围[2]；另有学者在论证后认为，本罪的犯罪对象除证人外，还应将证人的近亲属也包括在内，但由于现行《刑法》第308条将本罪的犯罪对象明确限定为证人，从严格的罪刑法定主义出发，目前似不宜将打击报复证人近亲属的行为以本罪论处，而只能视其案件的具体情况，符合其他罪犯罪构成的，以其他罪定罪处罚；[3] 还有学者认为，对证人的近亲属打击报复的，应视为对证人的打击报复[4]，通过近年来在各国兴起的证人保护制度的发展，证人保护的对象已经扩大到证人的近亲属了[5]；再有学者认为，对证人以外的其他人进行打击报复的，不构成本罪，证人的亲友也不是本罪的对象，但是通过加害证人亲友的方式打击报复证人，可按本罪处理。笔者认为，本罪所称的证人，不应包括其近亲属。因为行为人出于报复证人的目的，但其打击的直接对象不是证人，而是证人的近亲属，从根本上讲仍然不符合《刑法》第308条的规定，不应随意扩大对证人的解释，所以不能认定为打击报复证人罪。但是，犯罪对象和行为对象毕竟不同，如果毁坏财产或者恐吓、打击证人的近亲属的目的在于打击报复证人，其行为性质也是打击报复证人，可以认定为打击报复证人罪。当然，对于这种情况，可以依法按其他条款进行处罚，如故意伤害罪、故意杀人罪、非法拘禁罪、故意毁坏财物罪、破坏生产经营罪、诬告陷害罪、侮辱罪、诽谤罪、报复陷害罪等。

（二）“打击报复”的认定

胡某因犯故意伤害罪被法院判处有期徒刑1年，吴某芳是此案的证人。“汤师傅也在商业场附近卖东西，胡某把他的眼睛打伤了。”吴某芳回忆说，她也是听其他商家说的，当时派出所民警带她去录了口供。在法院的判决书上，有证人吴某芳的证言。虽然证人名字以吴某代替，但胡某认定就是吴某芳。“这附近只有我们两姐妹姓吴。”吴某芳说。2008年7月，胡某出狱，又开始在商业场周围“出没”。吴某芳说，胡某出狱后找到她，开口就要600元。刚开始，吴某芳选择了忍气吞声，不是帮胡某买包子、烤肉，就是容忍胡某拿烟不给钱。有时吴某芳生意还没开张，胡某就在一

[1] 张穹．刑法适用手册［M］．北京：中国人民公安大学出版社，1997：1094.
[2] 李希慧．妨害社会管理秩序罪新论［M］．武汉：武汉大学出版社，2001：248.
[3] 赵秉志，田宏杰，于志刚．妨害司法罪［M］．北京：中国人民公安大学出版社，2003：143.
[4] 宣炳昭．刑法各罪的法理与实务［M］．北京：中国政法大学出版社，2002：289.
[5] 王进喜．刑事证人证言论［M］．北京：中国人民公安大学出版社，2002：209－241.

旁等着，一旦有人买烟，就直接把烟钱收走。2008 年 11 月 21 日，胡某又来索要 10 元钱未果，就掀翻了烟摊，并打了吴某芳一耳光。之后，胡某还摸出一把长约 15 厘米的弹簧刀对着吴某芳妹妹吴某华比划，最后拿到 50 元钱才作罢。吴某华为保护姐姐，到派出所报了案。检察院以打击报复证人罪和抢劫罪，对胡某军提起公诉。庭审时，胡某军称，掀翻吴某芳的烟摊并打她耳光，都是因为吴辱骂自己是劳改犯。对于检方指控的抢劫罪，胡某军说，案发前几天吴某华卖了包假烟给自己，她自愿赔偿 50 元。法院查实，胡某军为实施报复，对向司法机关提供案件情况的被害人吴某芳实施恐吓、伤害，其行为已构成打击报复证人罪；胡某军以非法占有为目的，采用语言、持刀威胁的方法强行劫取受害人吴某华的钱财，其行为已构成抢劫罪。法院认为，打击报复证人的胡某军在刑满释放 5 年内又犯，属于累犯应从重处罚。法院以打击报复证人罪判处胡某军有期徒刑 6 个月，以抢劫罪判处胡某军有期徒刑 3 年 6 个月，罚金 1 000 元。数罪并罚，执行有期徒刑 3 年 10 个月，罚金 1 000 元。这是成都首例打击报复证人被判刑的案例。

所谓“打击报复”，是指因证人在各种诉讼案件中提供证言证词而对其实施侵害的行为。打击报复的行为种类很多，包括身体上的打击、物质上的占有或者毁坏，精神上的折磨等。打击报复行为多体现为作为，但也包括不作为。有的学者认为，打击报复的方式很多，如制造种种“理由”“借口”，非法克扣证人的工资、奖金等；将证人调往脏、累、苦的岗位工作或者借口将证人调离本单位；给证人降级、降职、降薪；对证人的提职、晋升及职称评定予以压制；开除证人的党籍、公职或者予以解聘解雇；非法关押证人、组织批斗证人；对证人或其近亲属进行骚扰等等，不论行为人采取何种方式，对构成本罪均无影响。[1] 打击报复证人，但情节显著轻微，危害不大的，一般不以犯罪论处，可予批评教育，或者给予相应的行政纪律处分。打击报复证人情节严重的，为量刑上的考虑因素（加重情节）。所谓情节严重，一般是指致使被害人的人身权利、民主权利或者其他权利受到严重损害的；打击报复的手段极其恶劣的；多次对证人进行打击报复的；致人精神失常或自杀的以及造成其他严重后果的等等。

这里需要注意的是，这里的打击报复既包括利用职务上便利的打击报

---

[1] 苏惠渔．刑法学（修订本）［M］．北京：中国政法大学出版社，1999：728－729.

复，也包括没有利用职务上便利的打击报复。[1] 对证人进行打击报复，往往是行为人滥用手中的职权，假公济私，同时，还有一部分是行为人没有利用手中职权而是出于打击报复的目的，对证人采用恐吓、行凶、伤害、侮辱人格、毁坏名誉等手段。

（三）行为人与证人关系的认定

关于本罪的犯罪主体，我国《刑法》第308条未作明确限定。在刑法理论上，有学者主张该罪的犯罪主体为一般主体，即既可能是被作证案件的当事人、嫌疑人或被告人本人，也可能是其家属或亲戚，以及其他人。[2] 也有学者认为，本罪的主体为一般主体，但多为诉讼案件一方当事人的亲友，或者其他与案件的处理有利害关系的人。[3] 比较这两种看法，可以看出二者存在的重大分歧在于：第二种观点主张构成本罪的主体，必须是与案件的处理有利害关系的人。而第一种观点不主张给本罪主体作此规定，即本罪的主体，既可以是与诉讼案件的处理有利害关系的人，也可以是没有利害关系的人。

对于上述两种观点，笔者赞同第一种观点。第一，从立法上看，我国《刑法》第308条对打击报复证人罪的主体资格并未作特殊的限制性规定，即未将本罪的主体限定在与案件的处理结果有利害关系的人的范围之内。而上述第二种观点所作的解释，显然缺乏法律依据。第二，从理论上看，尽管在司法实践中，实施打击报复证人的行为人多是与案件处理结果有利害关系的人，可是这并不排除与案件处理结果无利害关系的人实施本罪的可能性。故此，笔者赞同第一种观点，认为本罪的主体为一般主体，即凡年满16周岁，具有刑事责任能力，对证人实施了打击报复行为的人，都可以成为打击报复证人罪的犯罪主体。也就是说，行为人包括当事人、犯罪嫌疑人、被告人本人，也包括其亲属或者亲戚、朋友、其他人等。根据前面所述，“证人”是诉讼法上的证人，即证人是知道案件真实情况并具有辨别是非和正确表达能力的自然人，是狭义的证人，不包括单位，也不是被害人、被告人、鉴定人等其他诉讼参与人。知悉案情但尚未作证的人，不是本罪的对象。证人，不应包括其近亲属。因此，本罪中的行为人和证人可能存在利害关系，也可能不存在利害关系，可能是与同案有关的人员，

---

[1] 张明楷．刑法学（下）［M］．北京：法律出版社，1997：828.

[2] 赵秉志．新刑法学全书［M］．北京：中国人民公安大学出版社，1997：1013.

[3] 周振想中国新刑法释论与罪案（下）［M］．北京：中国方正出版社，1997：1273.

也可能是没有关系的人员，行为人可能与案件没有关系也可能有关系，行为人可能与证人不认识，也可能非常熟悉，说到一点上，就是行为人与证人没有关系。总之，本罪并不要求行为人与证人存在关系或者联系。❶

（四）打击报复证人罪犯罪主体的认定

《刑法》第308条并没有对打击报复证人罪的主体作明确的规定。在刑法理论上，存在两种不同的主张。有学者认为，本罪的犯罪主体是一般主体，“既可能是被作证案件的当事人、嫌疑人或被告人本人，也可能是其家属或亲戚，以及其他人”；也有学者认为，本罪的主体一般是“诉讼案件一方当事人的亲友、或者其他与案件的处理有利害关系的人。”❷ 以上两种观点的争议在于，构成打击报复证人罪的主体是否必须是与案件处理有利害关系的人。后一种观点主张构成打击报复证人罪的犯罪主体，必须是与案件的处理有利害关系的人；而前一种观点并不主张给本罪的犯罪主体作出此种限定，那么，打击报复证人罪的主体可以是与案件的处理结果毫无利害关系的人。这种分歧的存在，导致对证人实施了打击报复的同一行为人，由于立场不同，就会得出不同的定性。例如，出于朋友义气，行为人为了替涉及案件的朋友出口气，对案件中对其朋友作出不利证言的证人，实施打击报复的行为。这种情况下，如果按照第一种主张，行为人即案件当事人的朋友，也构成了打击报复证人罪。但是如果按照后一种主张，行为人对朋友案件的处理结果并不一定有利害关系，可能只是单纯地出于替朋友出口气的想法，而实施了打击报复证人的行为，该行为则不能按照打击报复证人罪进行论处。笔者认为，是否必须与案件处理有利害关系，并不是打击报复证人罪犯罪主体的一个必要条件，与案件处理毫无关系的人，也可能参与到打击报复证人的行为当中。因此，是否必须与案件处理有利害关系的人，并不影响行为人成为打击报复证人罪的主体。而且，从立法上看，我国《刑法》第308条并未对打击报复证人罪的主体作出特殊性或限制性的规定，即未严格限定打击报复证人罪的主体必须与案件处理有利害关系，否则不能适应打击犯罪的需要，有放纵犯罪之嫌。考虑到实际情况，虽然打击报复证人罪主体大多是与案件处理有利害关系的人，但也存在与案件毫无利害关系的人，因为存在实施打击报复的行为而成为打击报复证人罪主体的可能性。

---

❶ 赵永红．扰乱公共秩序和司法活动犯罪司法适用（上）［M］．北京：法律出版社，2006：49.

❷ 周振想．刑法学教程［M］．北京：中国人民公安大学出版社，1997：592.

案件当事人以外的人，在并无当事人授意的情况下，打击报复证人，是否构成本罪？笔者认为，证人作证受到法律保护，任何人对证人进行打击报复的行为，都同样是对司法机关诉讼活动的妨碍。例如，张某对刘某朋友的抢劫行为进行作证，刘某出于哥们义气，纠集他人，将张某殴打一顿，并扬言如果张某继续作证，将继续报复。此种情况下，刘某虽不是案件的当事人，但其行为仍构成打击报复证人罪。[1]

在共同犯罪场合，共同犯罪人之间因相互作证产生矛盾，事后一方对另一方打击报复的，能否认定为打击报复证人罪？如果共同犯罪人相互质证的犯罪事实是共同犯罪事实，那么犯罪人质证时的发言就不是证言，仍是被告人供述，因此也就不符合证人身份。在此情况下，对共同犯罪人打击报复，就不能定打击报复证人罪，但可以将这种报复行为作为对犯罪分子从重处罚的情节。如果因报复行为造成其他严重后果构成犯罪的，应当实行数罪并罚。如果共同犯罪人在共同犯罪事实以外，对其他共同犯罪人的其他犯罪行为进行作证，那么作证的共同犯罪人就具备了证人资格，对之打击报复的，应以打击报复证人罪论处。[2] 例如，人民法院在开庭审理被告人赵某某（未成年）等 10 人盗窃一案中，因该案共同被告人齐某某当庭指证赵某某等人的犯罪行为，且齐某某在案件侦破过程中有立功表现（揭发同案犯其他犯罪行为并协助公安机关抓获被告人郭某春），从而引起被告人赵某某、郭某春、陈某快、刘某某（未成年）等人不满。当日中午庭审结束后，齐某某与赵某某等人一同被押解回到看守所内，被告人赵某某、郭某春、陈某快、刘某某趁机共同殴打齐某某，致其鼻骨骨折，经法医鉴定损伤程度为轻伤。人民法院认为，被告人赵某某、郭某春、陈某快、刘某某采取暴力殴打的手段对证人进行打击报复，其行为均已构成打击报复证人罪。公诉机关指控被告人赵某某、郭某春、陈某快、刘某某犯打击报复证人罪的罪名成立，应定罪科刑。4 被告人在犯罪过程中，共同殴打证人，作用相当，可根据 4 被告人在共同犯罪过程中所起的作用考虑量刑。被告人赵某某、刘某某犯罪时已满 16 周岁、不满 18 周岁，应当从轻处罚。4 被告人在羁押期间又犯罪，应数罪并罚。被告人刘某某的辩护人关于本案应认定为故意伤害罪的辩护意见与庭审查明的事实不符，不予采纳。依照《刑法》第 308 条，第 25 条第 1 款，第 17 条第

---

[1] 张懿，蒋叙．打击报复证人罪中“证人”身份的界定［N］．检察日报，2012－3－21（3）．

[2] 张懿，蒋叙．打击报复证人罪中“证人”身份的界定［N］．检察日报，2012－2－21（3）．

1 款、第 3 款，第 70 条，第 69 条之规定，判决如下：被告人赵某某犯打击报复证人罪，判处有期徒刑 1 年；……被告人郭某春犯打击报复证人罪，判处有期徒刑 1 年 6 个月……被告人陈某快犯打击报复证人罪，判处有期徒刑 1 年 6 个月……被告人刘某某犯打击报复证人罪，判处有期徒刑一年……一审宣判后，4 名被告人均服判，检察院亦未提出抗诉，判决已发生法律效力。

但是要说明的是，本案中 4 名被告人殴打被害人的行为发生在庭审结束之后，刚刚押解返回看守所的时候，此时空因素决定了被告人的行为不可能构成扰乱法庭秩序罪。同时，本案虽发生于看守所之内，但由于发生殴打行为时被告人在另一案件中的盗窃罪行尚未被人民法院判决有罪，故他们均属于未决犯，也不符合破坏监管秩序罪的主体要件。就本案被告人行为的定性，有如下两个问题值得研究：

（1）打击报复证人罪的对象是否限于诉讼法意义上的证人。本案被殴打致伤的被害人齐某某系盗窃团伙成员之一，其作为同案犯能否成为打击报复证人罪的行为对象是本案的争议焦点。如果认为同案犯也可以具有证人身份，则本案认定为打击报复证人罪不存在障碍，如果认为同案犯不能成为打击报复证人罪的对象，则本案只能考虑认定为其他犯罪（比如被告人刘某某辩护人所主张的故意伤害罪）。按照刑法第 308 条的规定，打击报复证人罪的行为对象是证人，对该证人的内涵和外延，刑法本身未作进一步规定。比较一致的看法是，本罪中的证人不限于刑事诉讼中的证人，也包括民事、行政诉讼中的证人。但是本罪中的证人是仅限于诉讼法意义上的证人（狭义证人），还是也包括狭义证人之外其他提供证据的人（广义证人），则存在不同理解。狭义证人说认为，刑法上对证人这一概念的解释应与诉讼法保持一致，而我国三大诉讼法均将证人和其他提供证据的人分别予以规定。可见，诉讼法上的证人是指与案件无直接利害关系的、向司法机关提供自己知道的案件情况的诉讼参与人，而被害人、犯罪嫌疑人、被告人以及民事、行政诉讼中的当事人，由于其自身牵涉进案件之中，案件裁判结果与其具有直接利害关系，故均不属于证人，不能成为打击报复证人罪的对象。广义证人说主张，法律用语的含义具有相对性，同一概念在不同法律中可以具有不同含义。在刑法中，对证人这一概念的解释不必拘泥于诉讼法的规定，其外延可以超出诉讼法规定的范畴。按照这种观点，不仅诉讼法意义上的证人当然是打击报复证人罪的对象，而且被害人、犯罪嫌疑人、被告人以及民事、行政诉讼中的当事人，乃至勘验人、鉴定人等这些在诉讼法上不具有证人身份的人也可以成为本罪的对象。

笔者认为，在打击报复证人罪的认定中，应坚持狭义证人说，即只有诉讼法意义上的证人才能成为本罪对象。首先，从立法目的考察，设立打击报复证人罪是刑法对证人的一种特殊保护，其所要保护的就是那些原本与案件无直接利害关系但为了履行公民义务而敢于向司法机关作证的人。其次，广义证人说把在诉讼法上不具有证人身份的人解释为打击报复证人罪的对象，实际是对证人这一概念作了扩张解释。当遭到打击报复的对象不具有诉讼法上的证人身份的时候，如果涉案行为可以无争议地被评价为故意伤害罪、侮辱罪或报复陷害罪等其他犯罪，那么就可以直接认定为相应的犯罪，没有必要先对证人概念作扩张解释，赋予被害人证人身份，然后再认定为打击报复证人罪；如果涉案行为不符合其他任何罪名，则说明打击报复的情节较轻，行为的社会危害性尚未达到非动用刑罚制裁不可的程度（但可能对之予以治安处罚），仍然没必要对证人作扩张解释。而且，一旦本罪中证人的概念突破了诉讼法规定的限制，则如何确定扩张解释的边际也将成为问题。如果但凡能和证据扯上关系的人就都可以算作证人的话，那证人的概念将毫无确定性可言。可见，在打击报复证人罪的认定中，应当严格依照诉讼法的规定来解释证人的含义。

（2）同案犯能否具有诉讼法意义上的证人身份。本案争议焦点是同案犯能否同时拥有证人身份。在此，需要再厘清一下同案犯的含义。人们一般在两种意义上使用同案犯这个概念。一种是指某一犯罪行为的共同犯罪人，这可称为共犯意义上的同案犯；另一种是指某一刑事诉讼程序中所有的犯罪嫌疑人、被告人，这可称为诉讼意义上的同案犯。在前者中同案是指某一具体犯罪行为，在后者中同案是指某一具体刑事诉讼程序。共犯意义上的同案犯不一定在同一诉讼程序中处理，在逃的共犯可能在另一诉讼程序中接受审判。此时他们虽然不处于同一诉讼程序中，但仍然是共犯意义上的同案犯。诉讼意义上的同案犯也不一定具有共犯关系。虽然诉讼意义上的同案犯通常都具有共犯关系，但在有的时候，同一刑事诉讼程序的犯罪嫌疑人、被告人之间也可能就该诉讼程序中所涉及的某些罪行不成立共犯关系。例如，同一犯罪团伙涉及多起罪行，而其中的某个团伙成员仅仅参与了部分罪行，对其未参与的罪行，该成员与其他团伙成员不成立共犯关系。又如在所谓事后共犯的场合，所有犯罪嫌疑人也可能在同一诉讼程序中处理，但他们并不具有刑法上的共犯关系。此外，对向犯也经常在同一诉讼程序中被处理，但对向犯尤其是触犯不同罪名的对向犯（如行贿与受贿、出售假币与购买假币）是否具有共犯关系，存在较大争议。如果以广义证人说为理论前提，则无论哪种意义上的同案犯都可以具有证人身份，如果以狭义证人说为理论前提，则同案犯是否具有证人身份只能严格依刑事诉讼法规定进行判断。我国刑事诉讼法不承认所谓的污点证人，就某一特定罪行而言，证人与犯罪嫌疑人、被告人是互斥的关系，不可能某个人既是某一罪行的实施者，同时又是该起罪行的证人。因此，无论是否处于同一诉讼程序，共犯意义上的同案犯都不可能再成为自己参与的犯罪行为的证人。因为共同犯罪人之间的罪行是彼此结合在一起的，指证其他共犯的罪行其实就是交代自己的罪行，所以即便某个共犯的供述内容中涉及其他共同犯罪人的罪行，该供述在诉讼法上的定位也只能属于犯罪嫌疑人、被告人供述和辩解，而不属于证人证言。诉讼意义上的同案犯能否具有证人身份关键是看该同案犯是否与指证对象形成共犯关系，或者说是否参与了自己所指证的罪行。如果犯罪嫌疑人、被告人就自己知道但却没有参与的同案其他犯罪嫌疑人、被告人的罪行向司法机关作陈述，由于指证的罪行没有自身的参与，与自己不存在直接利害关系，就该罪行自己与指证对象也未形成共犯关系，故其所作的陈述应该属于证人证言，而非犯罪嫌疑人、被告人供述和辩解。此时虽然就整个诉讼程序而言他们属于同案犯，但就其未参与的罪行而言，却具有证人身份。

就本案而言，本案的被告人及被害人均系同一盗窃团伙成员，该盗窃团伙经庭审查实的盗窃行为共有7起，被殴打的齐某某参与了其中3起盗窃行为。齐某某在公安机关接受讯问期间，不仅主动供述了自己参与的3起盗窃行为，还向公安机关揭发了其知道但没有参与的团伙其他盗窃行为，并在庭审中指证了这些行为。对于齐某某本人参与的3起盗窃行为，由于其本人是犯罪行为的实施者之一，故其不可能成为这3起盗窃事实的证人，其向司法机关就这3起盗窃行为所作的供述，即便涉及其他同案犯，该供述也只能属于犯罪嫌疑人、被告人供述和辩解，而不属于证人证言。而对于齐某某知道但没有参与的团伙其他盗窃行为，由于其本人没有参与这些犯罪行为，因此尽管其向司法机关所作陈述可能仅仅属于传来证据，但该证据却仍然具有证人证言的性质。可见，与被指证的犯罪嫌疑人、被告人身处同一刑事诉讼程序，并不必然导致指证人丧失证人资格。判断某一刑事诉讼程序中的同案犯能否成为证人，关键是看其指证的罪行是亲身参与的，还是仅仅知道而未参与的。如果是前者，则其不具有证人身份，如果是后者，则其可以成为证人。由上述分析可知，本案被害人齐某某虽然是盗窃团伙成员，属于同案犯，但当其就自己知道而未参与的团伙其他犯罪行为向司法机关作证的时候，即取得了证人身份。被指证的其他犯罪嫌疑人、被告人出于报复目的对齐某某进行殴打，该行为符合打击报复证人罪的构成要件，应以打击报复证人罪定罪科刑。需要指出的是，本案中的殴打行为已经导致轻伤结果，故本案实际构成打击报复证人罪和故意伤害罪的想象竞合犯，应依照想象竞合犯从一重处断的原则论处。按刑法规定，造成轻伤结果的故意伤害罪的法定刑为 3 年以下有期徒刑、拘役或者管制，而一般情节（基本犯）的打击报复证人罪的法定刑为 3 年以下有期徒刑或者拘役。如果作抽象的比较，由于一般情节的打击报复证人罪的起点刑是拘役，而造成轻伤结果的故意伤害罪的起点刑是管制，所以打击报复证人罪是重罪。但根据本案案情，即便以故意伤害罪定罪，也不可能仅仅判处管制，所以以本案案情而论，竞合的两个罪名事实上无法比较轻重。此时应该从犯罪客体入手，看认定为哪种犯罪更准确。本案不仅侵害了被害人的人身法益，而且侵害了国家机关司法活动的正常秩序，由于打击报复证人罪的保护法益可以同时涵盖两者，而故意伤害罪的保护法益却不包括国家机关司法活动的正常秩序，所以认定为打击报复证人罪是最合适的。

三、打击报复证人罪罪数形态的认定

（一）打击报复证人罪与非罪的认定

1. 打击报复证人罪与非罪的界限

打击报复证人罪是行为犯。行为犯是指以法定犯罪行为的完成作为犯罪既遂标志的犯罪。行为犯的既遂并不要求造成物质性的和有形的犯罪结果，而是以行为完成为标志。《刑法》第 308 条并未对打击报复证人罪的基本构成设定情节要件，并未有打击报复的行为造成的结果必须“情节严重”的才构成犯罪的表述，而是将“情节严重”作为本罪的加重构成的要件，也就是说，打击报复证人罪的成立，并不要求造成实质的犯罪结果，而只要行为人完成了打击报复证人的行为，一般就应当构成犯罪。但是，行为人的行为情节显著轻微、危害不大，没有造成严重后果的，符合现行《刑法》第 13 条“但书”规定的特殊情况，则不能对行为人的行为定罪，只能是对其以非罪来处理。

构成打击报复证人罪，其主观上必须要求行为人是基于打击报复证人的目的。如果行为人并不是出于打击报复证人的目的，而是单纯地认为证人所作的证言与事实不符，而对证人采取相对粗暴的态度或手段，在此情况下，行为人并未有打击报复证人的意图，因此，并不能认为行为人构成打击报复证人罪。

2. 构成本罪是否有时间的限制

构成打击报复证人罪是否有时间限制？这里的“时间”是指证人作证到因作证而遭受打击报复之间的时间。中国传统上有“君子报仇，十年不晚”的旧训。实践中也的确发生过证人作证后，过了很多年又遭受打击报复的案件。对于这种作证后过了多年又对证人打击报复的行为是否仍按打击报复证人罪定罪量刑？对此，司法实践中意见不一。第一种观点认为，不应受时间限制。理由是：《刑法》第308条对打击报复证人罪的构成并无时间规定，司法适用时对其他限制于法无据，因此主张证人作证，不管经过多长时间再遭受打击报复，对行为人都应以打击报复证人罪定罪处罚。第二种观点认为，应对构成打击报复证人罪规定一定的时间限制。[1]理由是：刑罚的目的之一在于一般预防，而一般预防作用发挥得好坏，很大程度上依赖于广大公民对立法及司法活动的认识和理解。具体到《刑法》第308条的规定，要使广大公民认识到依法作证是公民的法定义务，打击报复证人作证的行为是犯罪行为，如果对作证与打击报复之间的时间间隔不加限制，作证后经过很长时间遭受打击报复，一般公民很难把以前的作证和证人后来受打击之间建立起联系，从而当法院最后将行为人以打击报复证人罪予以处罚时，很难为一般社会成员所理解，从而使《刑法》第308条的预测、引导和教育功能大大降低。相反，如果把证人作证和证人遭受打击报复之间的时间间隔限定一个较短期限，当证人受打击时，其作证的事实，大家还记忆犹新，这样很容易建立起证人受打击报复是因为以前作过证，对打击报复证人的行为人以打击报复证人罪定罪处罚。社会成员对法院判决就会理解，从而很好地发挥打击报复证人罪立法和司法的宣喻功能，起到良好的一般预防效果。

在上述争议中，两种观点分别从突然和应然角度阐述自己的立场和理由，都有一定的道理。但比较起来，笔者倾向于第一种观点：即对打击报复证人罪不应有时间限制。之所以如此，不仅是因为刑事司法必须严格贯彻刑法所确立的罪刑法定原则，更深层的原因是：对本罪的成立在时间上

---

[1] 赵秉志，田宏杰，于志刚．妨害司法罪［M］．北京：中国人民公安大学出版社，2003：145.

进行限制，首先有违立法的宗旨。从现实情况来看，打击报复证人的行为是否会随着时间的间隔延长，其社会危害性会减少呢？回答是否定的。笔者认为，情况恰恰相反，即随着时间间隔的延长，其社会危害性更大。[1]理由是：同一行为人如果在证人作证后，相对较短时间内因对证人或其亲友作了对行为人不利的证言而怀恨在心，从而对该证人实施打击报复，这种行为虽然于法不容，但从人的自然情感来看，尚有可理解的地方。但是倘若行为人在证人作证后已过了很长时间，不但不认真反思证人作证行为的合理性，从而对证人的行为予以理解，却仍然对证人耿耿于怀，寻找机会实施报复，那么行为人的行为表明：事隔多年，他对自己的或亲友的过错行为没有丝毫的悔改之意。再加上报复证人的恶意，这一切足以表明，行为人的主观恶性较之那种短时间内实施打击报复的行为人恶性更大。既然主观恶习性更大，在客观损害相同的情况下，其社会危害性也将更大。对于这种危害性更大的行为，如果因时间限制而将其排除在打击报复证人罪以外，显然有违立法宗旨，也放纵了犯罪。其次，即使从预防犯罪的角度出发，对打击报复证人罪的构成作时间上的限制也是不合适的。因此，很难想象，这样的立法和司法会产生好的犯罪预防效果。相反，如果不规定时限，那么会让有心报复证人的人意识到任何时候出于对证人作证不满而进行报复行为都是犯罪行为，从而基于对法律的畏惧更有可能放弃报复意图。最后从立法司法上讲，在时间上限制打击报复证人罪的成立，操作起来也有难度。具体表现为：立法上，到底该限定多长的时间才算合适？3 年、5 年还是 10 年？很难有一个科学的标准。在司法上，如果行为人打击报复证人的行为是连续或持续的，而且行为人的持续或连续行为跨越法定的时限，那么在考虑其犯罪情节进行处罚时，将人为地给司法操作带来认定区别的难度，徒然浪费司法资源。综上所述，对于打击报复证人罪的构成应保持《刑法》第 308 条的立法现状，不宜作出时间限制。因此，行为人在证人作证后不管经过多长时间，对证人实施打击报复，都应以打击报复证人罪定罪处罚。[2]

例如，袁某与邻居间因财物权属纠纷向法院提起诉讼。审理中，法院向该村村民委员会法人代表金某进行调查。金某又在对方当事人的要求下，以村民委员会的名义向法院出具一份有关该财物所有权证明的书证，

---

[1] 赵永红．扰乱公共秩序和司法活动犯罪司法适用（上）［M］．北京：法律出版社，2006：48.

[2] 王兆峰．打击报复证人罪新论［J］．国家检察官学院学报，1999（1）.

但该份书证法院最终并未作为定案证据采用。后袁某在这起民事诉讼中败诉，其便将败诉的原因归结于该村民委员会出具的这一份证明所致，进而怀恨在心。袁某拦下驾驶摩托车的金某，用铁锤等物将摩托车油箱、发动机等部件砸坏。经物价部门鉴定其损失价值人民币 1 454 元。袁某在案发后已赔偿了全部损失。[1] 本案中袁某针对金某实施的打击报复行为是否构成打击报复证人罪存在争议。持袁某的行为不构成打击报复证人罪意见的人认为：证人应当是自然人，单位、团体不能成为刑事诉讼中的证人。因此，该村民委员会在民事诉讼过程中向法院出具证明的行为是作证行为，但该村民委员会不能成为刑事诉讼的证人。而且，该村民委员会所作的证明并未被法院作为定案的证据使用，因此，对村民委员会法定代表人的打击报复行为不构成打击报复证人罪。笔者认为，袁某的行为构成打击报复证人罪，其理由是：

第一，袁某打击报复证人犯罪的主观故意是明确的。袁某因为在民事诉讼过程中败诉，因而将败诉的原因归结于村民委员会法定代表人向法院出具的书证所致，并怀恨在心进而产生报复念头。但是从证人作证到遭受打击报复之间间隔时间达 3 年之久，是否影响打击报复证人犯罪的构成。显然，打击报复证人的犯罪构成不应当受到时间长短的限制，只要行为人是基于对证人作证不满而实施的打击报复，而不是出于其他原因的打击报复，其实施打击报复证人犯罪的行为与作证之间便形成刑法上的因果关系，都应当列入刑法评价的范畴。

第二，打击报复证人罪中犯罪所针对的对象问题。

首先，对于《刑法》第 308 条规定的打击报复证人罪中的“证人”只能作字面解释。因为打击报复证人犯罪的对象仅限于证人，而不包括其他诉讼参与人，因而不能作扩大解释。《刑法》第 308 条中规定的“证人”与诉讼法相关条文规定的证人含义完全相同，即证人是知道案情并具有辨别是非和正确表达能力的自然人，从而将被害人、被告人、鉴定人等其他诉讼参与人排除在证人的范围之外。证人在诉讼过程中，有着独立的诉讼地位，承担着特殊的法律义务，并依法享有相应的诉讼权利，因此对证人应严格字面解释的立场，不能与其他种类的诉讼参与人相混淆，从而不恰当地扩大《刑法》第 308 条中规定的“证人”的适用范围，造成出入罪不

---

[1] 周长青．袁某的行为是否构成打击报复证人罪［EB/OL］．［2014 - 02 - 25］．http：//www.chinacourt.org/article/detail/2004/12/id/145280.html.

当的不良后果。

其次，证人是自然人，单位、团体不能成为刑事诉讼中的证人。但是由于《民事诉讼法》第70条（2012年新《民事诉讼法》第72条第1款）规定："凡是知道案件情况的单位和个人，都有义务出庭作证。有关单位的负责人应当支持证人作证。"可以看出，民事诉讼中的证人不仅是自然人还包括单位。因此，某些单位因业务了解案件事实，不是以个人身份作证，而是以单位代表人身份作证。在这种情形下，单位代表人也应当列入证人的范畴予以平等保护。所以，本案中村法人代表金某向人民法院出具的情况说明以及陈述笔录的行为应当认定为向司法机关作证。

最后，证人不仅包括出庭作证的证人，还应包括未出庭作证的证人。证人向司法机关作证陈述其了解的案情，最终其证言并未被司法机关作为定案的证据使用，这种情形在司法实践中是非常普遍的，是否要将他们排除在"证人"的范围之外？在这种情况下，行为人对这一类证人实施打击报复，或者行为人由于主观臆断认为该证人的证言对案件的定案起到决定性的作用，并对之实施打击报复，是否构成打击报复证人罪。本案就属于这种情形，村法人代表金某出具的情况说明以及其陈述的事实，在法院判决时并未被作为定案的证据使用。从立法角度上考虑，这一类证人也应当列入打击报复证人的证人范围之内。其理由是，刑法设立打击报复证人罪将证人单列出来重点加以保护，其立法宗旨就是要保障证人作证后的安全，同时这种保护也是为了维护证人依法作证的正常司法秩序。法律规定证人有作证的义务，但却没有强制性的规定，证人可以作证，也可以不作证，而一旦作证的证言对一方不利，极易使对方对证人产生仇视情绪，进而采取打击报复的行为。证人在向司法机关作证时，并不知道其所陈述的事实能否作为法院定案的证据使用。因此，只有通过立法和司法手段，使公民在头脑中建立起作证—遭受打击报复—惩罚打击报复者三者之间的逻辑联系，才能有效地保护证人作证的人身安全，促进证人依法作证。如果将证人仅局限于出庭作证的证人或者被法院作为定案证据使用的证据的证人这一范围内，与保护公民作证的价值取向是相悖的，其立法价值就会大大降低。

（二）打击报复证人罪与彼罪的认定

1. 打击报复证人罪与故意伤害罪的界限

《刑法》第234条规定了故意伤害罪，即故意伤害他人身体的，处3年以下有期徒刑、拘役或者管制。犯前款罪，致人重伤的，处3年以上10

年以下有期徒刑；致人死亡或者以特别残忍手段致人重伤造成严重残疾的，处10年以上有期徒刑、无期徒刑或者死刑。本法另有规定的，依照规定。据此，故意伤害罪是指故意伤害他人身体，损害他人身体健康的行为。本罪与故意伤害罪在犯罪主体、犯罪主观方面、犯罪客观方面都有一些相似之处，但区别也是明显的：①犯罪客体不同。本罪侵犯的直接客体是复杂客体，主要客体是国家司法机关的正常诉讼活动，次要客体是证人依法作证的权利。关于本罪的犯罪客体，学界认识不一致，如有的学者认为，侵犯的客体是国家司法机关的正常工作秩序和证人的合法权利。[1] 有的学者认为，本罪侵犯的客体是复杂客体，即公民的民主权利和国家司法机关的正常活动；[2] 另有学者认为，侵犯的客体是司法机关在诉讼活动中的正常活动，[3] 或者是国家司法机关的正常活动秩序；[4] 还有学者认为，本罪的客体是证人依法作证的权利；[5] 也有学者认为，本罪的客体是证人的人身权利、财产权利，并因此对司法机关的诉讼活动的正常进行造成妨害等等。笔者认为，本罪的客体是复杂客体，本罪规定在妨害司法罪中，其必然侵犯国家司法机关的正常活动，并且是诉讼活动，这是主要客体。我国宪法规定了包括公民作证权在内的民主权利，所以，同时又侵犯了公民的民主权利，具体、准确来说，就是证人作证的权利，这是次要客体。如果认为是公民的民主权利就太笼统、不准确，因为本罪的犯罪对象是证人，民主权利的范围也比较广，包括批评权、申诉权、控告权和检举权等。至于人身权利和财产权利，则只应算是随意客体，可能受到侵犯，也可能不受到侵犯，不是必然受到侵犯。故意伤害罪侵犯的直接客体是公民的身体健康权利。②犯罪对象不同。打击报复证人罪的犯罪对象仅限于证人，包括各种诉讼中的证人在内；而故意伤害罪的犯罪对象为不特定任何公民，也包括证人。③犯罪客观方面的表现形式不同。本罪在客观方面表现为对证人进行打击报复的行为，打击报复证人的手段没有限制，包括对证人进行殴打、伤害。故意伤害罪表现为实施了损害他人身体的行为，犯罪手段比打击报复证人罪的范围要小，而伤害他人身体仅是打击报复证人罪的手段之一。④犯罪主观方面不同。两罪都是故意，但打击报复证人罪

---

[1] 杨春洗，杨敦先．中国刑法论［M］．2版．北京：北京大学出版社，2001：410.
[2] 苏惠渔．刑法学（修订本）［M］．北京：中国政法大学出版社，1999：728.
[3] 陈明华．刑法学［M］．北京：中国政法大学出版社，1999：664.
[4] 李文燕，杨忠民．刑法学［M］．北京：中国人民公安大学出版社，2005：510.
[5] 王作富．刑法［M］．北京：中国人民大学出版社，1999：440.

只能是直接故意，即行为人明知自己所实施的打击报复证人的一切行为必然会使证人的权益和司法机关的正常活动受到严重损害，并希望这种结果发生；而故意伤害罪的主观方面既可以是直接故意也可以是间接故意，即行为人明知自己所实施的行为会发生伤害他人身体，发生损害他人身体健康的危害结果，却希望或者放任这一危害结果发生的心理状态。

如果行为人采取故意伤害证人身体的方法打击报复证人，对此应如何处理？由于行为人只实施了一个行为，只能构成一罪，因此构成打击报复证人罪和故意伤害罪的法条竞合（有学者认为是想象竞合）。如果行为人致证人轻伤，对于打击报复证人罪来说，应属情节严重，行为人构成了打击报复证人罪，但同时又构成故意伤害罪，由于打击报复证人罪情节严重的，最高刑为7年有期徒刑，而故意伤害罪（轻伤）的法定最高刑只有3年有期徒刑，根据处理包容竞合的原则，按较重的罪处罚，因此按打击报复证人罪的从重情节处罚。如果行为人打击报复证人致证人重伤，则应以故意伤害罪（致人重伤）论处。例如，在某县人民法院开庭审理林某之父涉嫌职务侵占一案中，陈某以证人身份出庭作证，被告人林某到庭旁听。法庭休庭后，林某先离开法院往县政府方向走去，随后，陈某作完证后骑自行车也往同一方向行驶，到县消防大队门口附近，林某抓住陈某自行车，并用拳头击中陈某头部，后经人劝止。案发后，陈某的伤情经某县公安局法医鉴定，属于重伤。某省某县人民检察院指控被告人林某的行为已构成打击报复证人罪，请求依法惩处。被告人林某辩称：公诉机关指控的内容不属实，林某没有动手打陈某，是陈某在后面骂被告人的母亲，并且先动手打其母亲时，林某自卫的，陈某出庭作的是伪证。辩护人的辩护意见：双方是互殴性质，不是打击报复证人，被告人的母亲沈某经法医鉴定属轻微伤害，花去医疗费1 204元。陈某在林某父亲职务侵占一案中作了伪证，作了伪证的证人不受法律保护。因此，被告人林某的行为不构成犯罪，应作无罪判决。

某省某县人民法院经公开审理后认为：在法院审理林某之父涉嫌职务侵占一案中，陈某出庭作证。被告人林某对陈某心怀不满，在陈某回家的路上动手殴打其头部，致其重伤。被告人的行为同时触犯打击报复证人罪和故意伤害罪两个罪名，根据想象竞合犯的处断原则，应当认定为故意伤害罪。公诉机关指控罪名不成立，不予支持。被告人林某犯伤害罪，应依法追究刑事责任。被告人的犯罪行为致被害人遭受的经济损失，应予赔偿。林某犯故意伤害罪，判处林某有期徒刑5年。

本案中，被告人林某实施了对原案证人陈某进行打击报复的行为，即对证人进行伤害的行为。因此，被告人林某的行为完全符合打击报复证人罪的特征。虽然被告人林某是通过对证人进行伤害来达到报复证人的目的，但是，被告人林某的伤害行为，造成了原案证人重伤，其行为又触犯了故意伤害罪。《刑法》第234条规定："故意伤害他人身体的，处三年以下有期徒刑、拘役或者管制。犯前款罪，致人重伤的，处三年以上十年以下有期徒刑；致人死亡或者以特别残忍手段致人重伤造成严重残疾的，处十年以上有期徒刑、无期徒刑或者死刑。本法另有规定的，依照规定。"根据我国刑法理论，对于行为人一行为触犯数个罪名的想象竞合犯，应当从一重罪处理。本案中的被告人林某的一行为，同时触犯了打击报复证人罪和故意伤害罪两个罪名，因而是想象竞合犯。我国刑法对打击报复证人罪规定的量刑是：打击报复证人的，处3年以下有期徒刑或者拘役；情节严重的，处3年以上7年以下有期徒刑。对故意伤害罪规定的量刑是：故意伤害他人身体，致人重伤的，处3年以上10年以下有期徒刑。本案被告人林某殴打证人陈某，致其重伤，属于情节严重。按照打击报复证人罪，最高只能判处7年有期徒刑，而按照故意伤害罪，最高可以判处10年有期徒刑，显然，故意伤害罪比打击报复证人罪要重。按照想象竞合犯从一重罪处断的原则，应当按照故意伤害罪论处。因此，某县人民法院没有采纳检察机关打击报复证人罪的指控，认定被告人林某犯故意伤害罪，是完全正确的。

2. 打击报复证人罪与辩护人、诉讼代理人毁灭证据、伪造证据、妨害作证罪的界限

两罪的不同之处主要是：①犯罪客体不同。本罪侵犯的客体是复杂客体，主要客体是国家司法机关的正常诉讼活动，次要客体是证人依法作证的权利；后罪侵犯的客体虽然也是复杂客体，但主要客体是司法机关在刑事诉讼中的正常活动，次要客体是刑事辩护制度。②犯罪的客观方面不同。本罪客观方面表现为打击报复证人的行为；而后罪客观方面则表现为在刑事诉讼中，毁灭、伪造证据，帮助当事人毁灭、伪造证据，威胁、引诱证人违背事实改变证言或者作伪证。③犯罪行为指向不同。本罪犯罪行为指向证人；而后罪的行为指向刑事诉讼证据。④犯罪行为所针对的诉讼活动不同。本罪既可以针对刑事诉讼活动，也可以针对民事、行政、经济诉讼活动；而后罪则仅发生在刑事诉讼中。⑤犯罪主体不同。本罪的犯罪主体是一般主体，即年满16周岁具有刑事责任能力的自然人均可构成本

罪；而后罪的犯罪主体是特殊主体，只有刑事诉讼中的辩护人、诉讼代理人才能构成。⑥犯罪目的不同。本罪的主观方面是为了打击报复证人；而后罪的犯罪目的是为了包庇当事人或者陷害无辜。

3. 打击报复证人罪与报复陷害罪的界限

我国《刑法》第254条规定：国家机关工作人员滥用职权、假公济私，对控告人、申诉人、批评人、举报人实行报复陷害的，处2年以下有期徒刑或者拘役；情节严重的，处2年以上7年以下有期徒刑。据此，报复陷害罪，是指国家机关工作人员滥用职权、假公济私，对控告人、申诉人、批评人、举报人实行报复陷害的行为。

打击报复证人罪与报复陷害罪的区别有：①侵害的客体不同。本罪侵犯的客体是复杂客体，主要客体是国家司法机关的正常诉讼活动，次要客体是证人依法作证的权利；本罪属于妨害司法罪之类。报复陷害罪侵害的是公民的民主权利，即公民的控告权、申诉权、批评权、举报权。②犯罪对象不同。本罪的犯罪对象是证人。报复陷害罪侵害的对象，只限于控告人、申诉人、批评人、举报人这4种人。③犯罪客观方面不同。本罪在客观方面表现为对证人进行打击报复的行为；既可以是行为人利用手中职权，假公济私，对证人进行打击报复，也可以是行为人没有利用职权而对证人采用恐吓、行凶、伤害等手段进行报复。报复陷害罪在客观方面表现为行为人必须利用职权，假公济私，进行报复陷害。④犯罪主体不同。本罪的主体为一般主体，即凡年满16周岁，具有刑事责任能力，对证人实施了打击报复行为的人，都可以成为打击报复证人罪的犯罪主体，既可能是被作证案件的当事人、嫌疑人或被告人本人，也可能是其家属或亲戚，以及其他与案件无关的人，同时不限于国家机关工作人员。报复陷害罪的主体是特殊主体，限于国家机关工作人员，非国家机关工作人员不能构成本罪，如果国家机关工作人员虽然对他人实行报复，但并没有利用职权则不构成本罪。⑤犯罪主观方面不同。两罪的主观特征都表现为直接故意，但行为人具体的故意内容不同。打击报复证人罪的行为人出于报复证人的目的，明知自己的行为必然会妨害国家司法机关的正常活动和侵害证人的合法权益，却希望这种结果的发生，并且具有打击报复证人的目的。报复陷害罪的行为人则出于报复陷害控告人、申诉人、批评人、举报人的目的，明知自己的行为会侵害上述人等的民主权利，妨害国家机关的管理活动，却希望其结果的发生，并且报复陷害罪具有报复陷害他人的目的。

在司法实践中存在这样的特殊情况：控告人或举报人在控告或举报之

后又在相关诉讼中作为证人。如果国家机关工作人员滥用职权、假公济私，对这种既有控告人或举报人身份，又具有证人身份的人实施打击报复，应当如何处罚？针对这个问题，第一种观点主张，上述情况属于牵连犯的情形，不能适用数罪并罚，只能从一重罪处断，以报复陷害罪论处。第二种观点主张，上述情形下两罪之间存在法条竞合，那么，应依照特殊法优于普通法，以打击报复证人罪处罚。第三种观点主张，这种情形属于法条竞合，但是应当按照重罪吸收轻罪的原则，以打击报复证人罪定罪处罚。笔者认为，这种情形不是牵连犯，因为牵连犯是数行为触犯数犯罪的情形。法条竞合指同一犯罪行为因刑法错综规定，出现数个法条所规定的构成条件在其内容上具有从属或者交叉的情形。打击报复证人罪和报复陷害罪并不具有包容关系，但是交叉关系又在客观上存在，因而符合法条竞合的特征，排除了想象竞合犯的可能。

4. 打击报复证人罪与妨害作证罪的界限

《刑法》第 307 条第 1 款规定了妨害作证罪，即以暴力、威胁、贿买等方法阻止证人作证或者指使他人作伪证的，处 3 年以下有期徒刑或者拘役；情节严重的，处 3 年以上 7 年以下有期徒刑。同条第 3 款规定：司法工作人员犯前两款罪的，从重处罚。据此，妨害作证罪是指以暴力、威胁、贿买等方法阻止证人作证或者指使他人作伪证的行为。

两罪的犯罪主体都是一般主体，犯罪对象都是证人，犯罪主观方面都是故意，都侵犯了国家司法机关的正常诉讼活动和证人依法作证的权利，但两者也有不同之处：①犯罪客观方面的表现形式不同。打击报复证人罪在客观方面表现为采用暴力、威胁等方法对证人进行打击报复的行为，造成的结果可能是身体上的伤害，也可能是精神上的痛苦，或者兼而有之；而妨害作证罪在客观上表现为行为人实施了采用暴力、威胁、贿买等方法阻止证人依法作证或者指使他人作伪证的妨害作证行为，同时，在犯罪方法上要比打击报复证人罪广泛。②犯罪行为的时空范围不同。打击报复证人罪是在证人提供证言之后实施的，即因证人在诉讼案件中提供证言而对其施加侵害；而妨害作证罪行为是发生在证人出庭作证之前以及诉讼活动过程之中。③犯罪对象不同。妨害作证罪针对证人本人；打击报复证人罪还可以是通过加害证人的亲友、毁坏其财产、名誉等各种方式打击证人。

在司法实践中，出于种种原因，行为人往往在以暴力、威胁、贿买等方法阻止证人作证或者指使他人作伪证之后，又对证人进行打击报复，对于这种情况，笔者认为，对行为人的行为应认定为两个独立的行为，因为它们之间不存在数罪中连续犯、吸收犯、牵连犯的情况，行为人的行为分别符合妨害作证罪和打击报复证人罪的犯罪构成，因此，对行为人的行为应以妨害作证罪和打击报复证人罪予以数罪并罚。

（三）打击报复证人罪与数罪的认定

司法实践中，打击报复行为可以直接针对证人的人身、可以通过间接方式侵害证人、可以利用权力迫害证人等。因此，在本罪实施过程中，往往会涉及侮辱、诽谤、伤害、非法拘禁等行为。对此如何处理？有的学者认为，对证人进行打击报复，往往是行为人滥用手中的职权，假公济私，同时，还有一部分是行为人没有利用手中职权而是出于打击报复的目的，对证人采用恐吓、行凶、伤害等手段进行报复。这种具体行为如不能独立构成犯罪，可以本罪论处；如能独立成罪，则应按相应的罪名定罪处罚。[1]有学者认为，打击报复的手段没有限制，但不包括故意导致证人重伤或者死亡的行为，也不包括对证人实施财产犯罪及其他犯罪的行为。[2]另有学者认为，如果行为人的打击报复行为同时构成侮辱罪、故意伤害罪、故意杀人罪的，属于想象竞合犯，应按照想象竞合犯的处罚原则进行处罚，[3]或者认为，这种情形构成牵连犯，按照牵连犯“从一重罪处断”的原则，以行为人所触犯的数罪中较重之罪定罪量刑，行为同时触犯的其他罪名则不再适用。[4]还有学者认为，如这些行为独立成罪的，应按数罪并罚的原则处理。笔者认为，上述观点都有一定的道理，但首先应该确定，不论行为人采取什么方法打击报复证人，都是一行为，一行为只能认定为一罪，因此，就不能适用牵连犯的理论。其次，行为人的一行为触犯的数个法条的内容存在重合，就是法条竞合，如果没有重合关系，则是想象竞合。笔者认为，行为人打击报复证人的行为除了构成打击报复证人罪外还可能触犯故意杀人罪、故意伤害罪、诽谤罪、侮辱罪、非法拘禁罪等，打击报复证人罪的法条与其他各罪的法条之间在内容上存在一定的重合或者交叉等，所以应适用想象竞合犯的理论予以解决。

在刑法理论上，法条竞合是指同一犯罪行为因刑法错综规定，出现数个法条所规定的构成条件在其内容上具有从属或者交叉的情形。法条竞合

---

[1] 苏惠渔．刑法学（修订本）［M］．北京：中国政法大学出版社，1999：729.
[2] 张明楷．刑法学（下）［M］．北京：法律出版社，1997：828.
[3] 赵秉志，田宏杰，于志刚．妨害司法罪［M］．北京：中国人民公安大学出版社，2003：144.
[4] 赵秉志，田宏杰，于志刚．妨害司法罪［M］．北京：中国人民公安大学出版社，2003：154.

所要解决的是在同一个犯罪行为触犯数个法条的情况下，适用哪个法条的问题。这种立法竞合现象，在打击报复证人的场合也时常出现。如行为人为报复证人而对证人实施打击，其打击的手段可能是殴打，也可能是杀死、杀伤，还可能是侮辱、诽谤等。这样就会发生打击报复证人罪与故意伤害罪、故意杀人罪等犯罪竞合的情形，那么，在此场合，对行为人如何定罪处罚呢？根据刑法规定，结合刑法理论可将打击报复证人罪与其他犯罪法条竞合的种类归纳如下：[1] ①包容竞合，又称全部竞合，是指一个罪名概念的外延是另一罪名概念的外延的一部分，但犯罪构成的内容已超出外延窄的罪名概念的情形。打击报复证人罪与《刑法》第264条规定的侮辱罪和诽谤罪即存在包容竞合关系。打击报复证人既可以采取侮辱或诽谤证人的手段，也可以采取诸如殴打、伤害等手段。当行为人为报复证人而采取侮辱或诽谤时，侮辱、诽谤行为就成了打击报复证人罪外延的一部分。从而在这竞合的场合，使《刑法》第308条与第246条之间具有了整体与部分的从属关系。由于法律规定侮辱、诽谤包括在打击报复证人罪的外延之内，那么在竞合的情况下，侮辱、诽谤就失去了独立成罪的意义，而被打击报复证人罪所吸收。②交互竞合，是指两个罪名概念之间各有一部分外延相互竞合。例如，我国《刑法》第234条规定了故意伤害罪，但当行为人出于打击报复证人的故意，故意伤害证人时，就同时触犯了故意伤害罪和打击报复证人罪。这种两罪的交互竞合，不同于包容竞合，两罪之间不存在整体与部分的关系。有互相不能包容于对方的内容。因为打击报复证人不一定都采取伤害证人的手段，而根据《刑法》第308条规定的法定刑，为报复证人而给证人造成严重伤害（甚至致死）的情形，显然不能包容在打击报复证人罪的外延内。换言之，只有伤害程度同《刑法》第308条规定的法定刑相适应的故意伤害行为才可以包容在打击报复证人罪的外延之内。

从上面的归纳分类可以看出，打击报复证人罪与其他不同犯罪可以形成不同的竞合情况。那么，在刑事司法中，就应该针对不同的竞合情形，采取不同的处理原则。根据有关的刑法理论：第一，当打击报复证人罪与其他犯罪形成包容竞合时，应坚持全部法优于部分法的适用原则。如前所述包容竞合的两个法条之间存在吸收关系，其中包容他法条的是全部法，而被他法条包容的法条则是部分法，在这种情况下，应根据全部法优于部

---

[1] 王兆峰．打击报复证人罪新论［J］．国家检察官学院学报，1999（1）：20－21.

分法的原则适用全部法。仍以打击报复证人罪与侮辱罪或诽谤罪的包容竞合为例，由于侮辱、诽谤的行为已为打击报复所包容，立法在设置法定刑时，就已经把这一因素考虑进去了，因而打击报复证人罪的法定刑重于侮辱罪、诽谤罪，倘若当行为人用侮辱诽谤手段打击报复证人时适用部分法，按侮辱罪或诽谤罪定罪处罚，就放纵了犯罪，所以只能适用全部法，以打击报复证人罪定罪处罚，才罚当其罪。第二，当打击报复证人罪与其他罪形成交互竞合时，应当坚持重罪优于轻罪的适用原则。交互竞合的两个法条间存在择一关系，适用时只能适用其一，排除其他，在选择法条时，往往是从一重者适用。以打击报复证人罪与故意伤害罪交互竞合时为例，当行为人故意伤害致人伤害程度不须处以 7 年以上刑罚时，就可按报复证人罪论处，但如果行为人故意致人伤害程度特别严重，以打击报复证人罪定罪处罚轻纵犯罪时，就适用重罪以故意伤害罪定罪论处。[1]

---

[1] 赵永红．扰乱公共秩序和司法活动犯罪司法适用（上）［M］．北京：法律出版社，2006：53.

第六章　侵犯公民人身权利罪的理论与实务

第一节　故意杀人罪

一、故意杀人罪的概念和犯罪构成

故意杀人罪是指故意非法剥夺他人生命的行为。它是侵犯人身权利罪中最严重也是最古老的犯罪。

本罪的客体是他人的生命权利。这是故意杀人罪区别于其他侵犯人身权利罪的最本质特征，也是本罪成为最严重的侵犯公民人身权利的根据所在。公民的生命权利是公民行使其他一切权利的客观基础和前提。在我国，任何公民的生命都平等地受法律保护，凡是有生命之他人，不问其年龄、性别、种族、职业、地位及生理、心理状态如何，均受刑法保护。换言之，故意杀人罪的成立只要求侵害的对象是有生命的人，不管这个人的生命价值、生命能力如何，与行为人的关系如何，即使是刚出生、无法存活的婴儿，是生命垂危即刻可能死亡的病人或老人，是残缺、痴呆者或精神病患者，是待决的死囚，或是行为人的儿女、亲属好友或仇敌等，只要是非法地杀害，就构成故意杀人罪。法律上的生命是指能够独立呼吸并能进行新陈代谢的活的有机体，是人赖以存在的前提。生命的起点以胎儿脱离母体能独立呼吸时始，终点以脑死亡时止。既然侵害的客体是人的生命权利，因此，它的对象只能是有生命的人。毁坏尸体、杀死胎儿的行为由于不侵犯人的生命权利，因而不构成杀人罪。如有些地方出现扒开他人坟墓，割解尸体的行为，显然不构成杀人罪。因为尸体不存在生命权利。但是，对这种行为能不能判罪呢？在我国唐律中有“残害死尸罪”，我国现行刑法没有对这种行为作出专门规定。因此，一般不宜作犯罪处理，可以责令其向死者亲属赔礼道歉，整理好尸体，修好坟墓，进行必要的经济赔偿。但是，应该指出，误把尸体当成活人进行“杀害”，这在理论上叫做对象不能犯，属于对事实认识的错误，应该按照故意杀人罪未遂处理。因为有杀人的故意和行为，只是由于判断的错误，才未达到所预期的结果，当然，这种杀人未遂，在处罚上比一般的故意杀人未遂要轻些。

客观方面表现为非法剥夺他人生命的行为。首先必须有剥夺他人生命的行为。杀人方法有暴力方法、非暴力方法，可以作为方式，也可以不作为方式以不作为行为实施的杀人罪，只有那些对防止他人死亡结果发生负有特定义务的人才能构成，（如母亲不哺乳婴儿，将其饿死。所有这些，都不影响定罪）如果行为人以特定的人为侵害对象，采用放火、投毒、爆炸等方法，危及不特定的多数人人身安全或重大财产安全的，则构成危害公共安全罪。其次，剥夺他人生命的行为必须是非法的，即违反了国家的法律。合法的杀人，如正当防卫的杀人、对死刑犯执行死刑等，不构成本罪。

首先，行为人必须具有剥夺他人生命的行为。剥夺他人生命的行为，在具体表现形式上多种多样，有徒手采用拳打脚踢实施的，也有利用工具、动物或者无责任能力或无过错的人实施的；有的是行为人亲手实施各种剥夺他人生命的行为，有的则是行为人诱骗、诱发、威逼或帮助他人自杀。故意杀人的手段未必都是暴力的，如故意制造恐怖状态将他人恐吓而死的，也可以构成故意杀人罪。从危害行为的基本形式角度来说，故意杀人罪的行为一般表现为作为，但也有以不作为形式实施的。目前司法实践中出现的不作为故意杀人主要有：带儿童去游泳，当儿童溺水发生死亡危险时不予救助致使儿童死亡的；交通肇事后对被害人不予救治而放任死亡的；妻子自缢，丈夫明知却不予解救致妻子自缢身亡的，等等。

其次，剥夺他人生命的行为必须是非法的。这是区分合法行为与故意杀人罪的关键所在。执行死刑命令将死刑罪犯枪决；为了保护国家、社会的利益、本人或者他人的人身、财产或者其他权利而实施正当防卫将不法侵害人杀死等行为，虽然在客观上都是剥夺他人生命的行为，但是法律赋予这些行为合法性，不具有非法的特征，不可能构成故意杀人罪。

最后，直接故意杀人罪的既遂和间接故意杀人罪的，以被害人死亡为要件。但是，只有查明行为人的危害行为与被害人死亡的结果之间具有因果关系，才能断定行为人负直接故意杀人罪既遂或间接故意杀人罪罪责具有客观基础。

本罪主体是一般主体，年满 14 周岁具有刑事责任能力的自然人均可构成。已满 14 周岁不满 18 周岁的人犯本罪，应当从轻或者减轻处罚。

本罪的主观方面出于故意，可以是直接故意也可以是间接故意，即明知自己的行为会发生他人死亡的危害后果，并且希望或者放任这种结果的发生。剥夺他人生命的直接故意，是指行为人明知自己的行为会发生致他人死亡的结果，并且希望这种结果发生的心理态度。剥夺他人生命的间接故意，是指行为人明知自己的行为会发生致他人死亡的结果，并且放任这种结果发生的心理态度。直接故意的行为人往往基于一定的动机，动机是多种多样和错综复杂的，如报复、图财、奸情、拒捕、义愤、气愤、嫉贤妒能、失恋、流氓动机等。动机可以反映杀人者主观恶性的不同程度，对正确量刑有重要意义。例如，某渔船在海域作业过程中，船员王某将同船大副王某打到水中，下落不明。经查，犯罪嫌疑人王某性格内向，自2013年到该渔船工作以来，多次受到同船大副王某的辱骂殴打，一直怀恨于心。嫌疑人王某遂起杀人报复之心，捡起作业使用的铁管重击受害人头部，致其当场昏死过去，犯罪嫌疑人王某恐其不死，又将受害人推入海中。本案中，船员王某就是出于报复的动机，故意用铁管重击大副王某的头部，致其昏死后推入海中的，犯罪嫌疑人王某涉嫌故意杀人罪。

二、故意杀人罪法条中的他“人”的界定

生命是行使所有其他权利的物质基础和前提，每个人的生命都受到法律的同等保护。故意杀人罪，是指故意非法剥夺他人生命的行为。无可非议，故意杀人罪的对象是有生命的“人”。那么对于人的界定很多场合下就关系到罪与非罪的区别。人们通常所知，人的生命，始于出生，终于死亡。那么对于出生和死亡的标准在犯罪的认定上也具有重要的意义。首先，关于出生的标准有分娩开始说（阵痛说）、一部（部分）露出说，全部露出说，独立呼吸说等几种学说的争论。由于分娩开始说即阵痛说对阵痛的难以认定，保护也有过于提前之嫌，通常不被采纳。而全部露出说又有保护过于滞后的批判，所以日本判例通常是采用的部分露出说。在我国，一般是采取独立呼吸说来界定生命的开始。笔者认为，独立呼吸说在一般情况下不会出现问题，但是并不排除胎儿出生但由于特殊原因尚不能独立呼吸的情况，独立呼吸说也会存在保护滞后的怀疑，而采用部分露出说则比较妥当。其次，关于死亡的标准，存在脉搏停止说，呼吸终止说，综合介标准说，脑死亡说的争议。大部分国家在传统上采用了综合标准说，即自发呼吸停止、心脏停止跳动、瞳孔放大作为死亡的标准。最近出现的脑死亡说虽然被一部分国家所提倡，但是由于对于脑死亡的鉴定比较

专业，一般不容易被国民感情所接受，很多学者担心采取脑死亡标准会被非法剥夺他人生命的人恶意利用，但是这并不能成为反对脑死亡标准推行的有力理由。在医学界，采取脑死亡标准的呼声也越来越高，因为脑死亡是不可逆转的，一个人如果确实进入了脑死亡状态，与真正的死亡无异。至于被宣布脑死亡后来却恢复了健康的，只是被宣布为脑死亡却并不是真正的脑死亡。所以只要有一整套完整严格的确认脑死亡的设备，脑死亡标准应该是更为科学的。从器官移植的角度来看，如果不采取脑死亡标准也是很难自圆其说的。虽然目前还存在这样或那样的疑虑，但是有理由相信随着医学鉴定水平的进步，脑死亡学说一定会成为认定死亡标准的通说。

故意杀人罪的对象是有生命的“人”，而胎儿并不是人，所以杀害胎儿的不能按照故意杀人罪处理，堕胎在我国也并不是犯罪。笔者认为，虽然计划生育是我国的国策，但是在实践中存在一些粗暴的执行方法，强制给怀孕妇女堕胎，打催生针，引产、早产现象屡见不鲜，却无法从刑法的角度进行规制，这也是值得反思的。

三、故意杀人罪罪数形态的认定

（一）故意杀人罪与非罪的认定

1. 如何处理大义灭亲性质的杀人

大义灭亲性质的故意杀人是故意杀死自己有严重违法行为或犯罪行为的亲属的行为，常见的是父母杀死作恶多端的儿子。这种行为构成犯罪，但因其动机比较善良，对其可从宽处罚。对于其中符合正当防卫条件的，自应以正当防卫论。

（1）在气愤之下杀死逆子的处理。近些年来，不少地方都发生了这样的案件。一些青少年在外面进行流氓犯罪活动，在家里也是胡作非为，而司法机关也没有及时处理。甚至他们的父母找到公安机关要求处理，也没有得到重视，家长对他们进行教育，他们又不服，蛮横无理，横行霸道，成为家庭以及附近居民中的一害。在这种情况下，有的家长在一气之下把孩子杀掉了。这种杀人与一般的图财杀人、因奸杀人等有很大的区别。对这种案件可以从宽处理，但不能说这种杀人是没有罪的。

（2）因为愚昧迷信而杀死自己亲生子女的处理。有的家长自己有病，却听别人说，是由于儿子的命克自己的命，相信只有除掉他，自己和家里才能得安宁。于是，亲手把自己的孩子杀死，以为这样就能免灾。这种情形，从法律上讲，同样是故意杀人。因为，其子女的生命是受法律保护的，但是，这种杀人，是由于极端的迷信、落后而引起的，杀死的又是自己的孩子，与其他一般的杀人，在情节上有所区别，可以适当酌情从轻处理，但是，也决不能说，这种杀人是无罪的。在这种案件中，对那些利用封建迷信唆使杀人的，也应该追究刑事责任，依法惩处。

2. 堕胎行为的认定

杀死母腹中的胎儿，叫做堕胎，这和故意杀人有本质的区别。因为常说的有生命权利的人，是指在出生后，作为一个独立的生命生活在社会上的人。母体中的胎儿还没有出生，还不是社会的一员，所以杀死胎儿是堕胎。堕胎在我国是不属于犯罪的。相反，从计划生育这一基本国策出发，还是提倡超过生育计划的孕妇实行堕胎的。用什么标准来区分故意杀人与堕胎的界限，是个比较复杂的问题。在学者中，提出了种种学说，如独立呼吸说，断带（脐带）说，一部露出说，全部露出说，阵痛说等等。由于他们用形而上学的方法研究问题，只抓住人在出生过程中的某一局部现象作标准。恩格斯指出，法学家们“绞尽脑汁去发现一条判定在子宫内杀死胎儿是否算是谋杀的合理界限，结果总是徒劳”。笔者认为，故意杀人罪是以有生命的活人为对象的，而在法律上讲，人是社会关系的主体。母腹内的胎儿虽然也是个生命个体，但是他还未得社会关系主体的资格。因此，自然还不能作为故意杀人罪的对象。有的胎儿虽然脱离了母体，但是死胎，也不能成为杀人罪的对象，一般只有在出生之后，经助产医生证明是有生命的活人，才可以成为杀人罪对象。能够独立呼吸，在一般情况下是证明为活人的重要标志，但是也不是唯一的标志。

3. 溺婴行为的认定

妇女把自己刚生下的婴儿杀死（俗称溺婴），如何处理？这种情况和杀死他人的婴儿有所不同。我国刑法上未专门规定溺婴罪，并不说明这种行为不构成犯罪，而是应当认为，它是包含在故意杀人罪之中的，任何溺婴行为都构成犯罪。婴儿不是父母的私有财产，不可以由父母任意杀害。他们的生命受法律保护，不受任何人（包括他们的父母）的非法侵犯。目前，世界上有不少国家，在刑法上对杀害婴儿作了专门规定，但具体处理的方法有所不同。许多国家刑法把妇女杀害刚出生的婴儿，视为特殊的可宽恕的杀人罪，从轻处罚。但是，也有的国家认为，只有杀害婴儿的动机是“掩盖凌辱”或“保全自己或近亲之名誉”，才是作为可宽恕的犯罪的唯一根据，而《罗马尼亚刑法典》第 177 条，只把“母亲由于分娩处于激动状态”，作为杀害刚出生婴儿可宽恕的根据。有些国家还把这种行为限制在规定时间之内实施，才可以减轻处罚。如挪威规定是在分娩后24小时以内，智利规定为48小时以内，西班牙规定为3天，葡萄牙规定为8天。也有的国家（如比利时、联邦德国）认为，只有“非婚的”母亲杀害自己刚生下的婴儿，才能享受这种宽大处理。在我国，溺婴案件时有发生，尤其是在农村。其原因，有的是重男轻女，不愿要女孩；有的是非婚生子女等。但是，由于受传统观念的影响，这种行为很少受到认真地追究。笔者认为，为了保护婴儿的生命，增强群众的法制观念，对这种行为不应当置之不理。当然，这种杀人不同于一般图财杀人、报复杀人，采取从宽处理的原则是适当的。因此，对于父母溺死自己婴儿的行为，一般可从轻处罚；对于其他人出于报复、仇恨等动机而杀死他人的婴儿的，以本罪从重处罚。

4. 自杀案件的认定

法律规定的故意杀人罪，是指故意杀害他人的，而故意杀死自己，即自杀本身，在我国是不构成犯罪的（除了危害公共安全外）。但是，对自杀案件值得注意的是，对导致自杀有关的人，需要加以调查和分析，其中可能有的人应对自杀负刑事责任。从实践中看，自杀的原因是多种多样的，相当复杂的，要具体地分析具体情况，分别处理。

（1）因自己有病，经济困难，或者升学、恋爱不能如愿等等，因而产生悲观厌世的思想而自杀的，怎样处理？这种自杀和任何人没有关系，完全是由于对自己的处境不能正确对待的结果。所以，不能追究其他人的刑事责任。

（2）因合法行为、正当行为、错误行为、轻微违法行为引起他人自杀的，不构成犯罪，但对错误行为应予以批评，对轻微违法行为依法处理。如果行为人实施了正当的行为，接着发生了他人的自杀，怎样处理？在这种自杀事件中，对实施正当行为人，不能追究刑事责任。如果行为人有错误行为或有轻微违法行为，但还不属于违法或不构成犯罪，由此引起了他人的自杀。这种轻微违法行为，一般不是自杀的必然原因，而且对于被害人的自杀，行为人是很难预见到的，因此，对行为人可以作其他处理。

（3）因犯罪行为引起被害人或其亲属自杀的，应把致人自杀的结果作为适用更高法定刑或从重处罚的情节；对他人实施了犯罪行为，例如，强奸、非法拘禁、侮辱诽谤、诬告陷害、暴力干涉婚姻自由、虐待等导致被害人自杀，对行为人应按照刑法的规定定罪处罚，并把自杀作为一个从重情节来对待。

（4）教唆、帮助自杀。教唆自杀行为是指行为人唆使没有自杀意图的人自杀的行为。帮助自杀，是指他人已经有了自杀的意图，行为人帮助他去实现自杀，比如提供自杀工具。这两种情况，同故意杀人有很大区别。因为无论是教唆自杀也好，帮助也好，最后都是自己杀死自己，是由自杀者自己的自由意志决定的，不是被人逼迫下自杀的，所以，教唆或者帮助他人自杀，不同于亲手把他人杀死。但是，这种行为是否构成犯罪呢？有些国家刑法典将此规定为教唆或帮助自杀罪。我国刑法上，对上述行为虽未作出明文规定，但是，不能说这种行为没有社会危害性。因为，即使自杀本身不构成犯罪，不等于故意教唆、帮助他人自杀就毫无危害可言，或者根本不具有可罚性。因为如果没有行为人的教唆和帮助，自杀事件本来不是不可避免的，甚至可以说是完全可以避免的。在司法实践中，一般是按故意杀人罪从轻处理。笔者认为，教唆、帮助他人自杀应当以故意杀人罪论处，但考虑到在教唆、帮助自杀中，自杀者的行为往往起决定作用，因此，应根据案情从宽处罚。如果行为人的行为不很积极，作用不大，主观愿望出于善意，这时可不以犯罪论处。

（5）相约自杀。相约自杀，是指 2 人以上相互约定自愿共同自杀的行为。相约自杀案件情形比较复杂，应当分别情况来处理。①各自产生自杀念头后，相约共同自杀，其中任何人都未对他人进行教唆、帮助自杀。在这种情况下，任何一方对他人的自杀身亡都不能负法律责任。②一方教唆对方自杀，同时表示自己一同自杀。在共同自杀时，被教唆者自杀身死，而教唆者自杀未遂，对教唆者应按教唆自杀处理。③双方相约自杀，一方要求对方先杀死自己，后者应对方要求先将前者杀死，然后自杀，但未能死亡。对杀人者应按受嘱托杀人罪处理。虽然同一般受嘱托杀人有所不同，但从社会危害性上看，没有本质的区别。④双方相约自杀，一方为自杀提供条件，例如，提供毒药，他方利用此条件自杀死亡，而提供条件的未死。对此应当按帮助自杀处理，但可以比一般帮助自杀者处理更宽一些，一般以不追究刑事责任为宜。⑤双方“相约”自杀，一方欺骗另一方自杀的，欺骗者构成故意杀人罪。

5. 故意逼人自杀的认定

逼迫或诱骗他人自杀，即行为人希望自杀人死亡，但为了掩人耳目，逃避罪责，自己不直接动手，而是通过自己的逼迫、诱骗行为促使自杀者自己动手杀死自己，即借助自杀者自己之手达到行为人欲杀死自杀者的目的。行为人的行为与结果之间存在刑法上的因果关系。关键应查明行为人是否确实有刻意追求自杀者死亡的故意，并且其行为在特定环境下是否足以导致他人实施自杀的行为，两者缺一，则就不宜认定为构成本罪。

用强暴的手段，有意识地把被害者置于走投无路的境地，逼使他不得不自杀，这显然是为了达到杀害被害者的目的所采取的特殊手段，应该按照故意杀人罪处理。

但是，应当指出，如果是诱骗精神病人或年幼的儿童自杀，由于这些人缺乏辨认和控制自己行为的能力，应当把这种教唆、诱骗看做是杀人的特殊手段，对行为人应以故意杀人罪论处。

6. 受被害者嘱托而杀死被害者的认定

受嘱托杀人行为，是指受愿意自杀者的嘱托而直接杀死他人的行为。从广义上讲，也是一种帮助自杀行为，但与狭义的帮助自杀不同。前者是亲自动手杀死嘱托者，是故意杀人罪，但可从轻处罚。例如，一个患了癌症的人，不堪忍受痛苦，要求医生把自己杀死。医生觉得此人患了不治之症，活一天多受一天罪，于是答应他的要求，给他打一针，让他中毒死了。有些外国法学家把这种情况叫做“安乐死”。他们认为，一个生命垂危，十分痛苦而无法治愈的病人，要求别人早日结束他的生命，对方出于同情心，应他的要求把他杀死，也就是早日让他结束痛苦。因此，对这种杀人者，不应判刑，甚至有的人认为，这是一种排除违法性的行为。但是，在外国的刑法上，一般未宣布这种行为无罪。相反地，有的国家明文规定，对这种行为应追究刑事责任。例如，《加拿大刑法典》第 14 条规定，“任何人无同意被杀之权利，受其同意而杀人之人不得因其同意而影响其刑事责任。”也有的国家（如瑞士）规定，对这种杀人判处较一般杀人为轻的刑罚。

“安乐死”行为是一种受托杀人行为。但其杀害的对象有一定的特殊性，即患有绝症，不可救药，病人在极度的痛苦中请求他人尽快结束其生命。目前，世界上仅有荷兰法律上有明确规定，安乐死不为罪。我国实践中曾有不作为犯罪处理的案件。但《刑法》并没有规定该行为不为罪。我国学者提出使用“安乐死”的条件是：①病人患有绝症，濒临死亡；②病人处于极度的痛苦之中；③病人真诚嘱托或承诺；④由医生采用文明方法施行。我国近期能否规定“安乐死”不为罪，有待于理论的探讨和伦理上的革新。

但是，笔者认为，不能因此就认为这种杀人行为是合法的。固然，经被害人同意杀死被害人和违背被害人意志杀死被害人，在情节上确有不同，在处理上适当区别对待是必要的、正确的。但是，不能说，因被害人的同意而排除这种杀人的社会危害性和违法性。每个人都有权自由处置自己权利以内的东西，也可以委托别人代为处置，例如，甲委托乙将自己的房屋拆毁，乙不构成故意毁坏财物罪。但是，这种同意必须以不违背法律和公共道德，不危害社会为条件。一个人可以受物主之托而毁掉物主的财物，但是，不能说，被害人要求把他杀死就可以把他杀死。生命是一个人最重要的人身权利，生命只有一次，不能把生命和财产等同看待。救死扶伤，不仅是医务人员的神圣职责，也是每一个公民道义上的责任。即使被害者感到不堪忍受痛苦，主动要求把他杀死，也只能想尽各种办法帮助他减轻痛苦，而不能主动要求把他杀死。如果他是因为精神上的刺激，而产生轻生的念头，就更需要给予他精神上的安慰和鼓励，而不应轻率地把他杀死。因为这样做，不仅会给死者的家庭造成极大的痛苦和困难，而且同社会主义的道德观念相抵触，难以得到社会的同情，在群众中造成不良的影响。因此，纵然是受被害人的委托和要求，而把他杀死，也不能认为是合法的行为。

对于受被害人嘱托而杀人的，一般应当从宽处理。但是，也要注意行为的动机、被害人嘱托的原因、产生的社会影响等情节，具体情况具体处理。对于那种出于牟取非法利益的目的，故意采用迷信或者其他手段欺骗被害人，使被害人受骗而同意让他把自己杀死，这种情况，应该看成是一种恶劣的杀人行为，对杀人者应予以严惩。死者的受蒙蔽的亲属，如果是处于帮助者的地位，应当以杀人的胁从犯论处。

（二）在组织、运送他人偷越国（边）境犯罪行为过程中发生的杀人行为的定性

在组织、运送过程中，组织人、运送人对有严重伤病的被组织人、被运送人有条件救护但却不救护，导致被组织人、被运送人死亡，是属于间接故意杀人还是过失致人死亡？笔者认为，如果能够满足下列条件，应当属于间接故意杀人，否则属于过失致人死亡：其一，被组织人、被运送人的伤病是致命的伤病，如果不能及时救助，就会导致死亡的后果；其二，组织人、运送人对这一后果具有认识能力，以他们的经验和知识能够预见这一后果；其三，组织人、运送人有条件采取救护措施但没有采取。

在使用船舶运送他人偷越国（边）境过程中，当船舶进入或接近目的地的领海时，负责运送的“蛇头”将被运送人驱赶甚至指使打手将其推下船舶，致使淹死，是属于间接故意杀人，还是属于过失致人死亡？笔者认为，这种情况下，行为人一般无剥夺被运送人生命的故意，而且往往是在受到拦截或驱赶时发生的，行为人只是以此举动表示完成了运送的目标，因此，以过失致人死亡论为宜。但如果是在公海，或者没有受到拦截或驱赶，因而落海以后不可能受到救护，则应该以间接故意杀人论处。❶

四、故意杀人罪共同犯罪的认定

（一）“作用”对故意杀人罪中主从犯认定的影响

主从犯的认定需要看各个犯罪行为人在共同犯罪活动中所起作用的大小，或者是主要或者是次要作用，或者是辅助作用。那么如何理解“主要作用”“次要或者辅助作用”呢？

（1）从犯罪行为人的犯意来看。一起共同犯罪案件从发生到产生法益侵害后果会经历三个过程，预谋—实行犯罪行为—产生或者因为某种原因不产生危害后果。在共同犯罪预备阶段，会有犯意的发起者提出犯意以获取其他共犯的认同，然后组织、策划或者共谋犯罪活动的具体实施计划。在这个阶段我们可以采用认定正犯与共犯的判断标准，从意识的支配方面认定，在犯意产生的这个环节，能够利用自己对事物清晰的认识，使其他未产生此犯意的人积极响应并对其施加意识渗透，使得这些共犯在这之后的犯罪阶段沿着自己的犯罪思路实行犯罪活动，并且能够将这些犯罪行为人的行为控制在自己的意料之中的这个或这些犯罪行为人，可以认为他们在共同犯罪活动中起主要作用，可以将其认定为主犯。在故意杀人罪中，非法剥夺他人生命即故意杀人的目的，无论这个目的是出于什么原因，出现死亡结果就是犯罪行为人的犯罪意图。之后的一切犯罪行为都是围绕着这个死亡结果的出现而进行的，犯意之所以重要，是因为它是整个犯罪活动的源头，犯意支撑着整个犯罪活动的持续进行，最终导致犯罪结果的出现，导致合法法益遭到侵犯。这里指的犯意发起者不仅仅是简单地提出一个犯罪的想法，而是作为犯罪意志的支配者、主导者出现的，在他的犯罪意志的支配和控制之下，其他共犯所实施的犯罪行为都在其掌握之中，所以可以说这个犯意的发起者在共同犯罪中，在故意杀人罪中起着主要作用，可以认定为主犯。

（2）从犯罪行为人参与犯罪活动的程度和积极性来看。客观行为上积

---

❶ 张保平，等．边防刑事执法理论与实务研究［M］．北京：群众出版社，2006：137.

极主动参与犯罪活动的犯罪行为人，主观上必定是想要并且努力去实现犯罪目的，犯罪恶性也更大，若此犯罪行为人的行为对整个犯罪活动的影响至关重要，如由于他的缺失会导致整个犯罪活动不能够进行下去或者不能达到预期的犯罪目的，此犯罪行为人的行为在整个犯罪活动中起着决定性支配地位，可以认为他在整个犯罪活动中起到主要作用。如果犯罪行为人主观上的确是想实现犯罪目的，客观上他也积极主动地付出行动，但是由于犯罪行为人本身的能力所限，他的行为对整个犯罪活动的进程乃至结果根本起不到什么作用，或者只是辅助性的作用，认定该犯罪行为人为主犯就欠妥，只能认定为从犯。在故意杀人罪中，只有对被害人的死亡结果负有直接原因的行为人，才可以认为是对犯罪后果起到主要作用，如果仅仅是站在旁边观看，心里想着被害人快些死去，但是又很害怕不敢动手，只能看着其他犯罪行为人实施杀人行为，作为一个故意杀人行为的积极参加者来看，该行为人仍然是处于一个从属的位置，甚至该行为人算不上一个实行犯，更谈不上是故意杀人罪的主犯了。

（3）从各个犯罪行为人导致的犯罪结果来看。共同犯罪行为，是由人与人之间的合作配合，相互协作，共同实施来完成的。由于各个犯罪行为人的能力不同，如不是基于共谋分工原因导致的在共同犯罪中实施不同的犯罪行为，所导致的犯罪结果。换言之，仅仅是因为犯罪行为人自身对该犯罪结果的积极主动追求导致的犯罪结果，其自身在该共同犯罪活动中所处的地位也是不同的。如其中部分犯罪行为人的实行行为直接导致法益侵害后果的产生，对此结果起着决定性的影响，可以认定其为主犯，反之，若部分犯罪行为人的实行行为对于整个法益侵害后果而言，可有可无，或者只是起着辅助性的作用，或者只是提供些作案工具，对整个犯罪进程及结果而言不起支配性作用，即其在整个犯罪活动中的作用较小，为从犯。对于犯罪的处罚，有的是只有出现犯罪结果才处罚，有的是一经着手即作为犯罪进行处罚，对于结果犯而言，导致这个犯罪结果出现的原因力就显得至关重要，对于故意杀人罪而言，不一定出现被害人死亡的结果才作为犯罪处罚，但是如果出现了被害人死亡的这种情形，对于死亡原因的始作俑者，无疑才是故意杀人罪的主犯。

（二）共同实施暴力犯罪中致人死亡案件的处理

在司法实践中，经常会发生 2 人以上共同对他人施加暴力侵害，并且致人死亡的案件，这类情况往往比较复杂，是否构成故意杀人罪？是否每个参与人都应对死亡负责？需要以共同犯罪的基本理论为指导，具体分析案件的情况，要区分共同犯罪与同时犯的界限，区分共同责任与个人责任的界限。

（1）2 人以上共同预谋进行杀害某人，不论是分工由其中一人动手或是同时动手，在同时动手时，不论被害人死在谁的手下，其他共同犯罪人都应负共同杀人罪既遂的刑事责任。例如，甲、乙 2 人共谋杀害丙，商定由甲去执行，一日傍晚甲在路上见前面一行人，以为是丙，乘其不备从背后用石块猛击其头部，当场死亡。甲仔细一看，死者是丁。虽然丁不是其预定的目标，而是由于判断错误造成“误杀”，但不是过失杀人，因为在动手之时，甲是瞄定目标故意实施杀害行为的，而丙和丁的生命权利在法律上是一样的，因此，甲的行为完全符合故意杀人罪的特征，应负故意杀人既遂的刑事责任。乙虽未动手，也并不希望杀死丁，但也应当与甲负同样的刑事责任。因为丁被杀死，完全是甲、乙预谋杀人而造成的结果，乙既然同意或指使甲去杀人，对于甲按计划实施杀人的任何后果，自然都应承担刑事责任。但是，如乙提供凶器，要甲去杀死丙，甲却利用此凶器杀死了自己的另一个仇人，这叫做“共犯过限”，乙对此杀人事件不能承担刑事责任。

（2）2 人以上共同约定对某人实施暴力伤害，但没有杀人的故意，在 2 人同时对该人施加暴力之后，该人因伤重而死，但是，究竟是哪一个人的行为成为致死的直接原因，根本无法查清，对此，所有参与者应共同负故意伤害致死的刑事责任。外国刑法有的对类似情况作了专门规定。如日本刑法第 207 条规定：“二人以上施加暴力致他人受到伤害，在不能辨认所加伤害的轻重，或不能辨认是何人所伤时，虽非共犯也应依共犯的规定处断。”韩国刑法也规定：“数个独立行为共同产生伤害之结果，而不能确知谁为致伤原因者，依共同正犯论处。”

（3）2 人以上共同约定或突发故意殴打、伤害他人，在打斗过程中，有人拿出凶器连续向被害人要害部位猛刺，当场造成死亡，明显看出该人产生了杀人的故意。但其他人既无杀人的意图，也不知该人要杀人，而且由于事出于突然，其他人也未有意识地为其杀人提供帮助，这应当视为“共犯过限”，其他人对杀人不承担刑事责任。

在实践中，流氓团伙寻衅滋事，动辄动刀子捅人，或者流氓团伙之间聚众斗殴，捅死人的案件，时有发生，对此应如何定性？参与者是否共同负杀人罪的刑事责任？这类案件具有一定的特殊性，情况也较复杂，如何处理，在理论上和实践中都有不同看法。有的认为，“对于处理群殴互斗的杀人案件中，如系刺伤足以致命的要害部位以致造成死亡的，按故意杀人罪定罪判刑；如果伤害要害部位，经抢救后脱险的，是故意杀人未遂。”也有的主张对这类动辄捅刀子行凶案件的定性，应当与这类犯罪分子不计后果的特点联系起来考虑。这些“好斗分子”往往身带凶器，一旦引起斗殴，就亮出家伙，捅刀子不计后果。他们主观上并无明确目的，对自己行为的后果持放任态度，属于间接故意犯罪的心理态度，应以其造成的实际危害结果定罪，造成死亡的，是间接故意杀人罪；人未死而被伤害的，定故意伤害罪。按照第二种观点，只要是犯罪团伙目无法规，虽无明确的杀人目的，但不顾他人死活动辄捅刀子行凶，一般对死亡表现为放任态度，因此，致人死亡的不论死于谁的刀下，参与行凶的，都应负杀人既遂的刑事责任；未致人死亡只造成伤害的，共同按伤害罪处理。笔者认为，第二种观点是可取的。值得强调指出的是，对这类案件应当仔细调查分析案件的具体情况，查明行为人是否确实对死亡持有放任态度。如果事实证明，行为人虽是无故寻衅，但确实只对造成伤害结果采取放任态度，完全没有想到会造成死亡，死亡是由于很偶然的原因而引起的，对行为人只能按故意伤害罪处理，不能认定为故意杀人。

（4）2 人以上经过预谋，在约定的时间、地点，共同去实施杀人行为，届时，有的人到达现场，将被害人杀死，有的人却未能赶到现场，参与实施杀害行为，对于只参加了预谋，而未参加实施杀害行为的人，是否按故意杀人既遂处罚？在理论上有不同观点。一种观点认为，参加共同实施杀人的预谋，而未实施杀人行为的，实际只有杀人的预备行为，因此，应当做杀人的预备犯处罚。另一种观点认为，既然有杀人的共同故意，不论由谁执行了杀人计划，都应视为在各共同犯罪人共同“加功”作用之下完成的犯罪，当然应当共同负杀人既遂的刑事责任。笔者认为后一种观点是正确的，当然，有人直接动手杀人，有人没有动手，各自在共同犯罪中的作用不同，在量刑时应当有所区别。

（5）在 2 人以上共同抢劫、轮奸案件中，无杀人的预谋，在实施犯罪过程中，因暴力致被害人受伤，经抢救无效死亡或当场死亡的，不论谁是致死的直接原因，所有参与共同犯罪的人，都应负共同抢劫致人死亡或轮奸致人死亡的刑事责任，这并不是客观归罪。因为，只要有共同犯罪的故意和共同的犯罪行为，并不要求各共同犯罪人对影响量刑的事实情节有所认识。但是，如果在犯罪完成之后，有的人突然产生杀人灭口的恶念，动手把被害人杀死，其他人既无预谋，又未参加，对此只能由杀人者自己承担罪责。

（6）指使他人寻衅滋事，但并未明示或暗示要他人动手杀人，或者为了进行报复，指使他人去“教训”他人时将人杀死，对指使者是否按故意杀人罪处理？有人主张，既然不说明让对方如何行动，那就意味着对后者采取任何行动持有放任态度，因此，前者应对后者由于其指使而实际构成的任何犯罪负共同犯罪的责任。笔者认为，案件情况千差万别，不能主观推定在上述情况下前者一定都对后者杀人采取放任态度，应当根据指使者与被指使者的个人情况，事件的起因，与被害人的关系等等，具体分析指使者有无放任杀人的思想基础，对于后者可能杀人有无预见。如果事实证明前者没有预见，甚至不可能预见后者会杀人，让前者负故意杀人罪的责任，是有违刑法学上主观与客观相统一的原则的。

第二节　故意伤害罪

一、故意伤害罪的概念和犯罪构成

故意伤害罪，是指故意非法地损害他人身体健康的行为。故意伤害罪的犯罪构成要件是：

本罪的客体是他人的身体健康。身体健康是指他人肢体、器官、组织的完整性和正常机能的权利。侵害其他权利如人格、名誉的，不构成本罪。本罪的对象是他人，不包括自己。伤害自己身体的行为不构成本罪。例如，某渔船在海域作业时，船员郭某与安某因琐事发生口角。而后，安某用铁器将郭某打伤。本案中，安某因琐事与郭某发生口角，用铁器将郭某打伤，侵犯了郭某的身体健康权，涉嫌故意伤害罪。

故意伤害罪是非法损害他人身体健康的行为，其结果表现为给他人身体造成伤害。故意伤害，有时可能造成死亡，这无疑也对他人的生命权利造成了损害。但是，由于行为人是故意伤害他人身体健康，并非指向他人的生命权利，因此，仍属于伤害罪的范畴，同故意杀人罪有原则的区别。故意伤害罪侵犯客体中所指的身体，仅指有生命的人的整体，而且是行为人以外的人的身体。人的身体由各种器官组织组成。故意伤害罪侵犯他人的身体健康权利，包括两种情形：一是对人体组织完整性的破坏。如截断他人一根指头，割掉一只耳朵等。二是对人体器官正常机能的破坏。如使肢体瘫痪、神经机能失常、听力减弱、双目失明等。因此，损害他人非身体的有机组成部分，如损坏假肢、打掉义齿等，不可能构成故意伤害罪；

强行剪去他人的毛发、指甲，谈不上对人体组织完整性的破坏，也谈不上对人体器官正常机能的破坏，亦不可能成立本罪。故意伤害罪的对象只能是行为人以外的他人，不包括行为人自己。根据我国的法律规定，有意伤害自己身体的，一般不构成犯罪。只有当自伤行为侵犯了国家和社会利益而触犯了刑法规范时，或者自伤身体作为实施有关犯罪的条件时，才构成犯罪。例如，军人战时自伤身体，逃避军事义务的，应按《刑法》第 434 条规定的战时自伤罪追究刑事责任。

本罪客观方面表现为非法损害他人身体健康的行为。

首先，须有伤害行为。伤害通常表现为作为形式，既可以是直接使用刀、枪、棍、棒、石头、或拳打脚踢等暴力实施，也可以是间接利用未成年人、精神病患者、无过错的人、动物等伤害他人。有的还使用毒物、化学品、放射线、激光等非暴力手段伤害他人。在少数情况下，伤害行为由不作为构成。伤害行为手段通常是暴力性的，但也不排除无形的、非暴力的手段。例如，在某娱乐城门口，3 名蒙面歹徒持枪将受害人郑某击伤，并向其开了 3 枪，致使郑某臀部、腿部等多处中枪。本案中，刘某等人故意伤害郑某的行为手段就是使用枪支，也是一种暴力手段。

其次，伤害行为必须是非法的损害。如果是属于正当行为的伤害，不能以故意伤害罪论处。例如，钱某在某国际假日酒店北部海域潜水时，与看海人员原某发生纠纷，原某操作其驾驶的白色摩托艇螺旋桨将正在水中潜水的钱某打伤。本案中，原某操作摩托艇螺旋桨将正在水中潜水的钱某打伤，是非法行为，不是正当行为，涉嫌故意伤害罪。

最后，本罪的构成要求造成轻伤以上的后果。例如，李某与邻居汪某因生活琐事发生纠纷，李某酒后闯入汪某家对汪某和其对象进行殴打，双方厮打过程中，汪某鼻尖被咬掉，经鉴定为轻伤。又如，陈某茂因虾塘纠纷与陈某信发生争吵，随后在扭打的过程中，陈某信在虾塘边捡起一根木棍将陈某茂脸部打伤。经法医鉴定，陈某茂的伤势构成轻伤。在前一案中，李某将汪某鼻尖咬掉构成轻伤，在后一案中，陈某信用木棍将陈某茂打成轻伤，都符合故意伤害罪对客观危害结果的法定要求。

（1）非法伤害，违反法律规定损害他人身体健康的行为。如果是合法的，如医疗行为、竞技行为、防卫行为，不构成本罪。合法实施的行为而损害他人健康的行为如正当防卫致人身体损害的，大夫为病人手术，切除某一器官的等，不构成本罪。损害健康的行为通常表现为行为人使用暴力方法，采用作为方式，但也不排除使用非暴力方法，或不作为方式。

（2）伤害行为通常表现为作为，如拳打脚踢、使用工具、使用科学技术手段等，也可能是不作为。伤害行为必须是通过外力直接作用于人体，致使他人人体组织的完整性或器官功能受到损害。如果不是以外力直接作用于人体，而是采用其他方式如咒骂致人精神病，一般认为不构成本罪，可按其他罪处理。

（3）伤害的结果从内容上可分为两类，即对身体组织的完整性的破坏和对人体器官正常功能的破坏，如丧失听觉、丧失生殖能力等。从伤害的程度上，伤害结果包括轻伤害、重伤害和伤害致死 3 种情况。最高人民法院、最高人民检察院、公安部、司法部公布的《人体重伤鉴定标准》和《人体轻伤鉴定标准（试行）》对重伤与非重伤的标准有明确的规定，如使人肢体残废、毁人容貌的；使人丧失听觉、视觉或者其他器官机能的；其他对于人体健康有重大伤害的（如使人完全丧失劳动能力，或使他人丧失从事某种职业的能力）。对于伤害致死，行为人的伤害行为是故意的，但对于死亡则出于过失，这种情况仍认定为构成故意伤害罪，不认定为过失致人死亡罪。例如，某渔船在生产作业时，船员陈某传与赵某军因琐事发生扭打，后陈用钢管击打赵头部，致赵重伤并在渔船返回江苏南通吕四港途中死亡。确定是否重伤，是以伤害当时的伤势为准，还是以治疗后的结果为准，有不同看法。笔者认为，一般应以伤害当时的伤势为准，例如，砍断他人 5 个手指，即使由于医疗技术高明，断指再植成功，也应按重伤论处。因为这种伤害完全可以致人终身残废的，而再植手术也不能保证百分之百的成功。但是，对于某些机能性的伤害，在短时间内出现机能障碍，不宜按重伤论处。因为事实上人体器官的机能并未受到严重伤害。

在这里要注意，如果实施伤害行为，由于行为人意志以外的原因而未得逞，没有造成任何伤害结果，应如何处理？有的主张，故意伤害罪无未遂，因此对上述行为不能处罚。在外国也有此立法例。但是，笔者认为，上述观点在我国法律上没有根据，相反地，上述行为完全符合犯罪未遂的特征，不能说一概不能处罚。当然，实践中判处伤害未遂的案件极少见，这一方面是因为有人虽然口喊要伤人，但是否真要伤人，主观意图不易认定；另一方面因为未造成伤害结果，情节轻微，往往不需要给以刑罚处罚。但是，如果证实行为人实施伤害行为，意图给他人造成重伤，因意志以外原因而未得逞，应当依照《刑法》第 234 条第 2 款及《刑法》第 23 条，作为故意重伤未遂处理。

本罪主体是一般主体。其中对故意伤害致人重伤或死亡的，主体为年满 14 周岁。

本罪主观方面具有伤害他人的故意，既可以是直接故意构成，也可是间接故意。例如，某渔船在海上作业时，船员宋某、李某因未及时起床干活，被船长张某责骂继而发生争吵，由于影响生产作业，张某异常恼怒，指使轮机长虞某、水手长贺某教训宋某、李某。虞某、贺某持斧头、铁棍将宋、李 2 人打伤。经法医检验，李某左膝骨碎裂，左脚韧带部分断裂，胸腹部软组织挫伤；宋某左脚踝骨骨折，头部裂伤，初步鉴定 2 人均为轻伤。本案中，犯罪嫌疑人张某、虞某、贺某就是明知用斧头、铁棍打击被害人宋某、李某会造成他们身体健康受到伤害的后果，仍进行击打，显然是持故意的心理态度的。

二、故意伤害罪罪数形态的认定

（一）故意伤害罪与殴打行为的界限

伤害是指伤害他人的身体健康，主要表现为两种情况，一种是破坏身体组织的完整；另一种就是损害人体器官的机能。所谓殴打，是指造成人体的疼痛，但并不伤及人体的健康。当然这里说的不损伤人体的健康，也是相对而言，不是说殴打行为就不会造成任何一点伤害。这样的行为不能构成伤害罪。《刑法》第 13 条规定，行为显著轻微，危害不大的，不认为是犯罪。所以，有些殴打行为，表皮上造成了破坏，但显著轻微，还不足以把它当成是伤害健康的行为。这样的殴打，仍然应当按照《治安管理处罚法》规定，给以治安管理处罚或给予批评教育。但是，值得注意的是，殴打与伤害行为，在形式上有时是一样的。例如，拳打脚踢，有时只造成疼痛，而不使身体受损，有时却可能造成伤害甚至死亡。那么，是否未造成伤害就视为殴打，已造成伤害的就视为故意伤害呢？笔者认为，只看客观后果，而不看有无伤害的故意，是不正确的。因为它违反了犯罪构成理论的主观与客观相统一的原则。由此可见，不能因为后果严重，就认定被告人有伤害的故意。而是根据主客观相统一的原则来认定故意伤害和一般的殴打行为。

（二）故意伤害致死和故意杀人的界限

两者的根本区别在于故意内容的不同：明知自己的行为会引起他人死亡的结果并且希望或者放任这种结果发生的，具有杀人的故意；明知自己的行为会引起他人身体健康受到伤害的结果并且希望或者放任这种结果发生的，具有伤害的故意，即使造成侵害人死亡的结果，也只能认定故意伤害（致人死亡）罪。在具体案件中，应当分析以下各方面的因素：案件的起因；被告人和被害人平时的关系；犯罪有无预谋和准备，以及是怎样预谋和准备的；伤害的部位，一般地说，故意杀人的，总要朝致命的部位打击，而故意伤害的，往往是不选择部位，甚至有意识地避开要害部位；犯罪行为有没有节制，一般地说，故意杀人的，特别是以杀人为目的的，往往表现为行为没有节制，不致被害人于死地不会住手，而故意伤害，因为是以造成对方伤害为满足，不想造成对方的死亡，所以，往往比较有节制；犯罪人的一贯表现，是平时表现很粗暴、凶残、放荡不羁、流氓成性，或者平时比较胆小怕事，比较懦弱、温顺；犯罪后的态度和表现，一般说，故意杀人的，当把人杀死后，他往往表现为一种比较满足的表情，这足以证明他有杀人的故意。如果是故意伤害的，当他知道被害人死亡时，往往表现为惊讶和出乎意外的表情，甚至不相信被害人已经死亡。例如，某渔船在进行海上捕捞作业时，渔船二副秦某让船员郭某分拣鱼货时，双方发生争吵，进而引发争斗。秦某用铁管击中郭某头部，导致郭某重伤后死亡。仅从上文所述来看，尚不能判断出秦某是故意杀人还是故意伤害致死。如果秦某是以杀人的故意用铁管打击郭某要害部位——头部致其死亡，则应认定为故意杀人罪；如果秦某是以伤害的故意用铁管打击郭某头部致其重伤而最终导致死亡，则应认定为故意伤害罪，只不过伤害的结果是致人死亡。同样的案例又如，李某与被害人因渔船相撞起纠纷，用木棍击打被害人头部后逃走，涉嫌故意伤害致人死亡，对其定性，还要根据李某是故意伤害的故意还是故意杀人的故意来认定。

三、临时起意的共同故意伤害犯罪责任认定

在实践中，大量的共同伤害犯罪因琐事而发生人员厮打，各参与人事先来不及预谋，就直接参与到伤害案件中，并造成一方参与人死亡、重伤或轻伤，形成了事实上的共同犯罪。之所以认为这种临时起意的多人实施的伤害行为构成共同伤害犯罪，是因为临时起意的各行为人虽然没有经过事先预谋，但从犯罪的主观要件来看，各共同犯罪人有共同的犯罪故意。他们通过同案人的参与，认识到他们的共同犯罪行为会发生危害社会的结果，但仍决意参与共同犯罪，并希望或放任伤害结果的发生。所以说虽未经过事先预谋，但各参与人形成了事实上的共同故意伤害犯罪。

(1) 共同行为人事前没有共同伤害的故意，也未预料会有明确的伤害

结果，对一般赤手空拳的群殴行为，如造成伤害后果的，对直接后果的实施者和首要分子可定故意伤害罪。对其他参与人一般不宜定故意伤害罪。没有伤害后果的，对首要分子和积极参与者，如具备聚众斗殴罪构成要件的，可定聚众斗殴罪，情节不太严重的，可给予治安管理处罚。

（2）事先未预谋，在具体参与中多人将一人致伤，在被害人为单一客体时，应分析共同参与人的行为与被害人的伤亡之间的因果关系来认定主犯、从犯。如果共同参与人的行为均与被害人的伤亡之间有因果关系，作用相当，则共同参与人视其作用均应认定为主犯，对共同后果负责。实践中，经常发生的情形是其中某一个共同参与人造成被害人的死亡、重伤、轻伤，其他共同参与人的行为与被害人的伤亡没有直接关系，在此情况下，作为共同参与人，亦应对共同后果负责，但视其作用，应认定为从犯，承担从犯的法律责任。

（3）在被告人事先未预谋的共同伤害案件中，如果多名被告人将多名被害人致伤，对加害人的责任认定要根据当时的情况具体处理，其责任承担问题要综合分析。实践中比较复杂的是多人互相间因琐事而发生厮打，导致一方参与人中多人受伤，且伤害程度不同，对此如何准确地进行司法认定，一直是个比较困难的问题。故意伤害属于结果犯，即故意伤害他人构成轻伤或重伤的，构成故意伤害罪；如果构成轻微伤的，则不构成犯罪。故意伤害他人身体如果造成轻微伤的，不能以故意伤害罪未遂为由追究刑事责任。所以如果在伤害过程中各行为人各自伤害的对象都非常明确，而根据当时的情况，确实不能明确知道其他人有足以致人伤亡的后果的，不宜让所有的共同参与人对全部犯罪后果负责，而应区分每个共同参与人的作用，对各行为人应按照各自的结果承担刑事责任，致轻微伤的不构成犯罪。如果行为人均知道当时的情况及使用的工具足以致人伤亡的，并一起实施加害行为，后造成伤害结果的，对直接行为人应定故意伤害罪，对其他人也应以故意伤害罪处罚，但可依法从轻、减轻或免除处罚。

当然，这种情况下多数存在某些实行过限行为。主要是应考察当时其他共犯的主观意志和具体表现。如果确实是其中部分参与人实行过限的，可不追究其他参与者的责任；但如其他参与者在当时表现为积极的作为或是采取对实行犯产生精神上支持或鼓励的不作为，这种行为是临时起意的共同犯罪，不是共犯过限，属于共同犯罪故意的转化，应按共同犯罪处理。

（4）司法实践中争议最大的是，各行为人事先没有预谋，纠集者纠集他人时没有明确讲要打架，纠集者也没有实施伤害他人的行为，而被纠集者实施了伤害行为并造成他人伤亡的后果，对纠集者应怎样处理？笔者认为，在纠集者纠集他人时语言较笼统，没有明讲要斗殴的情况下，其主观故意应是不明确的，要看后来其对情况发展的态度及客观行为，要根据当时的具体情况来具体处理：

如果纠集者纠集时没有明确讲要打架，而后也没有指使被纠集者实施伤害行为，在被纠集者实施伤害行为时，纠集者进行了积极的阻止，说明其叫人来没有伤害的故意，虽然后来造成人员伤亡的后果，纠集者也不应承担共同责任。

如果纠集者纠集时没有明确讲要打架，但在被纠集者实施伤害行为时，纠集者在现场，不进行阻止，放任被其纠集来的人的伤害行为的实施，如造成伤亡后果，纠集者应承担共同责任。

第三节 强奸罪

一、强奸罪的概念和犯罪构成

强奸罪，是指以暴力、胁迫或者其他手段，违背妇女意志，强行与妇女或者幼女发生性行为的行为。其构成要件是：

本罪的犯罪客体是妇女性的不可侵犯的自由权利（又称贞操权），即妇女按照自己的意志决定正当性行为的权利。妇女性自由权，指妇女根据自己的意志发生性行为的权利。犯罪对象是有生命的妇女，既包括成年女性，也包括幼女；既包括已婚妇女，也包括未婚妇女；既包括作风正派的妇女，也包括作风不正派的妇女。犯罪对象是不满14周岁的幼女时，不管幼女是否同意，也不管是否采用了暴力、威胁或其他方法，只要和幼女实施了性交行为，一般都构成强奸罪。例如，12岁小兰报案称，其被庄某蹂躏长达2年多，而且已经怀孕，庄某对其涉嫌强奸的犯罪事实供认不讳，庄某因涉嫌强奸罪被刑事拘留。同时，警方调查了解到，同村的洪某也跟小兰有过性关系。小兰肚中胎儿究竟是谁的还有待鉴定。如果对象是14周岁以上的少女或成年妇女，只有以暴力、威胁或者其他手段强行和妇女发行性交的，才能构成强奸罪。女尸不是本罪的对象。男性，包括男童，不能成为犯罪对象，虽然现实中屡屡发生男性被性侵的事实，但对男性犯罪嫌疑人或女性犯罪嫌疑人，要么以其他犯罪处罚，要么以行政处罚，要么不予处理。

犯罪客观方面表现为以暴力、胁迫或者其他方法，违背妇女意志，强行与之发生性交的行为或者奸淫不满14周岁的幼女的行为。强奸罪中的性交行为是违背妇女意志的，即妇女不同意发生性交，而行为人与之性交。如果妇女同意性交，行为人与之性交，不可能构成犯罪，而不论这种性交关系合法、正当与否。①强奸罪客观上必须具有使用暴力、胁迫或者其他手段，使妇女处于不能反抗、不敢反抗、不知反抗状态或利用妇女处于不知、无法反抗的状态而乘机实行奸淫的行为。②须违背妇女意志。这是强奸罪的本质特征。[1] 认定是否违背妇女意志，也不能以被害妇女作风好坏来划分。如果行为人使用暴力或者胁迫手段强行与生活作风不好的妇女发生性行为的，仍应以强奸罪论处。

有学者认为，区分强奸行为，应以妇女是否有反抗为标准。这种观点是不正确的，通奸当然不会反抗，但不反抗不等于自愿。笔者认为，有的犯罪分子利用妇女处于孤立无援的状态，对其实行威胁，使之不敢反抗，不能说不构成强奸。因为强奸既然是在违背妇女意志的情况下实施的犯罪行为，那么，犯罪分子就必然要采取一种足以使妇女不能反抗或不敢反抗的方法，来达到和妇女发生性行为的目的。因此，查明行为人采用了什么样的方法和妇女发生了或者企图发生性行为对于认定是否构成强奸，具有重要意义。所以，在强奸罪中，妇女意志是否违背不能仅仅以其是否反抗来确定，应该还要考虑妇女能否反抗、是否知道反抗的情况。对于妇女未反抗的情况，不能认定就不违背妇女意志，要具体问题具体分析、区别对待。由于犯罪分子在实施强奸时所采用的手段和所造成的客观条件不同，对被害妇女的强制程度也相应地有所不同，因而被害妇女对犯罪行为的反抗形式和其他表现形式也是不一样的，有的不顾一切进行剧烈地反抗，有的胆战心惊地进行挣扎或者哀求，反抗不明显，有的则瞻前顾后，没有进行反抗等。同时对于妇女反抗的，也不一定完全认定违背妇女意志，因为

---

[1] 关于强奸罪的本质特征，我国刑法理论界存在强制手段说、违背妇女意志说、强制手段加违背妇女意志说等几种观点。近年以来，受女权运动的影响，世界范围内都在对强奸罪进行改革，绝大多数英美法系国家将以“暴力为基础”的传统强奸罪立法模式转变为以“不同意为基础”的强奸罪立法模式，不再要求行为人使用暴力、胁迫，也不要求被害人尽其所能地抵抗。在这种背景下，我国刑法仍然沿袭以“暴力为基础”的传统强奸罪立法模式值得反思。有学者认为，我国应采纳以“不同意为基础”的强奸罪立法模式，将“未经被害人同意”作为强奸罪的本质特征，强奸罪的成立不再要求使用“暴力、胁迫或其他方法”为必要条件，这不仅是顺应国际发展趋势的需要，而且是使同意理论在所有有关私人法益的犯罪中保持统一的需要，更是充分尊重性自主权的需要。参见魏汉涛．强奸罪的本质特征与立法模式之反思［J］．环球法律评论，2012（4）．

在对待“性行为”这一特殊行为时，很多人的心理是极其特殊的，即便是妇女对认识的人的性行为心理持积极态度，也可能表现为表面的轻微反抗等。所以不能仅仅以妇女是否反抗来确定是否违背妇女意志，要根据具体的情况进行具体的分析。

犯罪主体是年满 14 周岁的男子。男性强奸男性不构成犯罪。女性不能成为本罪的实行犯，女性强奸男性不构成犯罪，女性采用某种方法单独强奸女性不能构成本罪。妇女与男子可以成为构成共同犯罪的教唆犯或帮助犯。女性教唆或帮助不满 14 周岁或 14 周岁以上、但无责任能力的男子实施强奸妇女行为的，为间接正犯，可单独成为本罪的主体。

犯罪主观方面是直接故意，而且具有违背妇女意志与之发生性交或者奸淫的目的。违背妇女意志与妇女发生性交时，行为人主观方面表现为强行与妇女发生性交的故意；对象是不满 14 周岁的幼女并且幼女自愿和行为人发生性交时，行为人主观上只有明知对方是不满 14 周岁的幼女时才能构成强奸罪。“明知”包括知道对方确实是幼女和知道对方可能是幼女，后者指虽然不知道对方的实际年龄，但从对方的身材、长相及发育程度等，知道对方可能是幼女。例如，台州市公安边防支队前所边防派出所接到报警，辖区 1 名 12 岁的女孩余某一夜未归不知所踪。经调查，得知余某此前一直在安徽老家读书，一周前放寒假来到台州和打工的父母团聚。办案警察详细询问了余某体貌特征后，立即四处寻找但毫无音讯。14 时许，案情却出现了变化，女孩父母报案称，女儿找到了，但被人性侵犯了。通过询问，办案警察得知犯罪嫌疑人代某年纪不大，余某通过 QQ 聊天认识的。代某经常送点小礼物给余某拉近距离，1 月 29 日晚，代某又送了她一部手机，然后借买手机卡为由将其骗至出租房内实施了性侵。掌握基本案情后，办案人员将代某抓获。本案中，犯罪嫌疑人代某知道女孩余某可能是幼女，仍实施奸淫行为，构成强奸罪。

二、强奸罪的犯罪方法

根据司法实践，构成强奸的方法，主要有下列几种。

（一）暴力方法

暴力方法，指以殴打、伤害、捆绑、卡脖子、按倒、拳打脚踢、强拉硬拽等，制服被害妇女，使其不能反抗。例如，林某与同案人刘某在甘蔗地里，利用殴打、威逼手段，强行对谢某进行奸淫。林某因涉嫌强奸罪被依法逮捕。又如，19 岁的湖南少女易某在一家夜总会打工。某晚凌晨 2

时，她睡在自己的住所，突然听到一阵敲门声。当时，她以为是男朋友下班来找她，也没问就打开了门。但开门却赫然发现，这人是夜总会的老总何某。随后，何某进了房间，并将门锁牢，强行扒去易小姐的衣服进行强奸。

正确理解强奸罪中的暴力，要注意这样几个问题：第一，这里的暴力仅仅是针对被害妇女（即强奸的对象）而言的。如果行为人为了强奸妇女，对该妇女以外的人（如妇女的家属）实施暴力以迫使妇女就范的，实为以胁迫手段实行的强奸。行为人为了强奸妇女对他人实施暴力构成其他罪的，应以强奸罪和其他罪实行数罪并罚。第二，暴力手段从立法原意和司法解释的精神上看，未必在客观上造成被害妇女没有反抗的能力。在具体案件中，暴力手段虽然尚未使被害妇女失去反抗的能力，但对妇女形成一种强制作用，致使妇女恐惧、胆怯而不敢反抗的，也可认定为违背妇女意志而成立强奸罪。第三，这里的暴力，不包括故意杀人在内。故意杀死妇女后又奸尸的，不应认定为强奸罪。

（二）胁迫方法

胁迫方法，指以暴力相要挟，以揭发隐私、毁坏名誉、利用被害妇女有所求等相威胁，达到精神上的强制，使被害妇女不敢反抗。例如，扬言行凶报复、揭发隐私、加害亲属等相威胁，利用迷信进行恐吓、欺骗，利用教养关系、从属关系、职权以及孤立无援的环境条件进行挟制、迫害等，迫使妇女忍辱屈从，不敢抗拒。例如，被告人张某在迪吧包厢娱乐时，骗被害人杨某吃摇头丸，不久杨某出现呼吸困难，张某就以洗热水澡排毒为由，把头晕的杨某带到宾馆。张某以“如不脱衣服，就把杨某的衣服撕毁扔到窗外，让她明天走不出去”相威胁，把杨某按在床上强奸。事后，张某把杨某的外裤放在自己的枕头下，防止杨某逃跑。次日中午，杨某趁张某熟睡时，用浴巾裹身跑出去报警，赶到现场的民警将张某抓获。法院以强奸罪判处被告人张某 3 年有期徒刑。本案中，被告人张某就以将衣服扔到窗外相威胁，使杨某不敢反抗，实施了强奸行为。

（三）其他方法

“其他手段”应达到“使被害妇女无法抗拒”的程度或妇女本身处于“心神丧失”的状态。其他方法指暴力、胁迫以外的方法，如用药物、酒麻醉；冒充妇女丈夫；为妇女治病的名义；乘妇女昏睡、昏迷、重病状态、利用妇女处于孤立无援的状态等，使其不能、不知反抗。例如，冼某经张某霖等人相邀吃夜宵。期间，张某霖等人不断向冼某劝酒，冼终不胜酒力而醉倒。随后，张某霖和李某将她带到某宾馆，因李某垂涎冼某营美色，对醉酒状态下的冼某营实施强奸，冼某营在被强奸过程中苏醒，极力反抗并逃离宾馆。李某因涉嫌强奸罪被刑事拘留。本案中，犯罪嫌疑人李某就是乘冼某营醉酒昏睡的时机实施强奸的。又如，村民蔡某芬为图凉快，大敞门窗酣睡。犯罪嫌疑人蔡某艺乘蔡某芬正在家中熟睡时破门而入，对蔡某芬实施强奸猥亵。后犯罪嫌疑人蔡某艺因涉嫌强奸罪被刑事拘留。本案犯罪嫌疑人蔡某艺是乘被害人熟睡之机实施强奸行为的。

三、强奸罪罪数形态的认定

（一）强奸罪与非罪的认定

1. 强奸与通奸、自愿发生的不正当两性行为的界限

通奸是指有配偶的男女之间或有配偶的一方与另一无配偶的人双方自愿地发生性交的行为。它是男女之间自愿的行为，并不违背妇女的意志，故不构成强奸罪。在男女发生性行为前，既不违背妇女意志，又无勉强女方就范的行为，双方从内心到外部表现形式完全自愿，属典型的通奸行为。即使事后，因被揭穿，女方为保住自己的脸面而告男方强奸，或因女方事后反悔而告男方强奸，均不能定强奸罪。但通奸与强奸之间有时会发生转化：①本来是通奸的，事发后，为了维护名誉而说成是强奸，应定为通奸。②先带有强奸性质，后妇女同意，并多次发生性行为的，应认定为通奸或不正当两性行为。③先通奸后转化为强奸。男女之间一开始自愿发生性交，后由于男子患有疾病或其他原因，女方不再同意与男子发生性交行为的，应认定为强奸。无配偶的男女之间自愿发生的性行为，称之为不正当两性关系。

在此，还有一个恋爱过程中性行为的认定与处理：其一，以结婚为名，骗取女方信任，而发生的性行为不属于强奸。其二，在恋爱过程中，男方为了达到和妇女结婚的目的，强行和女方发生性行为，目的是造成既成事实。后来结婚了或女方原谅了男方，就不属于强奸，没有结婚并当时就告发了的属于强奸。其三，在恋爱过程中，由于一时冲动，要求和女方发生性行为，在女方不同意的情况下，强行与之发生性行为。但事后女方对此表示谅解，二人继续恋爱，后来由于双方感情破裂，女方控告对方曾强奸自己，对此怎样处理？因此，需要注意，未婚男女在恋爱过程中自愿发生的性交行为，双方或者一方有配偶的男女通奸行为，以及有教养关

系、从属关系的男女自愿发生的性交行为等，都不能构成强奸罪。利用职权进行胁迫，违背妇女意志与妇女发生性交的，构成强奸罪；男女双方相互利用，各有所图，女方以肉体作为换取私利的条件，从而发生性交的，属于通奸行为，不能按强奸处理。

2.“半推半就”的奸淫案件的定性

“半推半就”的奸淫案件即女方能反抗但反抗不明显或男方使用暴力不明显，而发生的奸淫案件。所谓半推半就，是指行为人与妇女发生性行为时，该妇女既有“就”的一面即同意的表现，又有“推”的一面即不同意的表现。对这类案件，应当全面审查男女双方的关系怎样，性行为发生的时间、地点、环境条件如何，行奸后妇女的态度如何，该妇女的道德品行、生活作风情况等。如果查明“就”是主要的，则属假推真就，不能视为违背妇女意志而以该罪治罪科刑，因为行为人主观上认为自己的行为并不违背妇女的意志，把“推”的表示视为妇女羞愧的表现，并且没有明显的暴力、胁迫等手段。反之“推”是主要的，行为人明知自己的行为违背妇女的意志，又使用了暴力、胁迫等手段强行与妇女发生性交的，应认定为违背妇女意志，应当以强奸罪论处。对此应以是否违背妇女意志为判断标准。如果妇女被强奸后，痛不欲生、或要控告、或告诉自己的亲人等，足以表明违背妇女意志，可认定为强奸罪，否则不以本罪论。

3. 奸淫精神病妇女或呆傻妇女案件的定性

最高人民法院、最高人民检察院和公安部1984年4月26日颁布施行的《关于当前办理强奸案件中具体应用法律的若干问题的解答》（以下简称《解释》）规定：“明知妇女是精神病患者或者痴呆者（程度严重的）而与其发生性行为的，不管犯罪分子采用什么手段，都应以强奸罪论处。”在司法实践中，对利用被害妇女精神发育不全（即俗称的“傻”）而实施的非暴力强奸犯罪案件，司法机关有的提起了公诉，有的撤销了案件，有的法院判决有罪，有的法院判决无罪。产生执法不统一的根源是对《解释》的理解适用存在较大争议。在理解适用《解释》中存在的主要问题是：一是司法解释规定与精神病司法鉴定标准不对应。《解释》中使用了“痴呆”一词，而作为现行精神病司法鉴定依据的《中国精神病障碍分类与诊断标准》（CCMD-3）中，关于“痴呆”的专业术语是“精神发育迟滞”。该标准对精神发育迟滞的程度细分为4个等级：轻度、中度、重度和极重度。司法解释中“痴呆者（程度严重的）”与精神病司法鉴定标准如何衔接对应未有规定。司法实践中司法机关在委托鉴定机关对被害人的精神发育状况进行鉴定时，通常要求对被害人是否具有性防卫能力一并鉴定。但鉴定中同属中度精神发育迟滞的不同被害人性防卫能力也有不同，有的明显偏弱，有的则无性防卫能力。这就更增加了对被害人是否属“痴呆者（程度严重的）”判定上的困难。二是难以认定犯罪嫌疑人主观上是否“明知”。《解释》中的“痴呆者”并非医学专用术语，只是通常俗语，其涵义十分模糊。而该司法解释对本就概念模糊的“痴呆者”还特别强调要达到“程度严重的”，导致司法实践中对该司法解释理解适用中呈现十分严重的主观随意性。接受咨询的精神病司法鉴定人及相关专家均称，精神发育迟滞是精神障碍疾病的一种，有轻度、中度、重度、极重度之分，但对于精神发育迟滞（中度）是否属于《解释》中规定的程度严重的痴呆者，因无具体的规定不能妄下结论。由此可见，精神病专家都难以判断被害人是否属“痴呆者（程度严重的）”，要认定犯罪嫌疑人、被告人主观上明知就缺乏可操作性。综上，目前存在的主要问题在于“痴呆者（程度严重的）”的认定缺乏客观标准，给司法实践带来较大困惑。[1]

理论上，一般认为，明知对方是精神病妇女或呆傻妇女，而与之发生性行为的，不管采用什么手段，也不问妇女是否“同意”，一般情况下都构成本罪。对于患有青春型精神病的妇女，由于她们有一种对异性的特殊追求，在和男性接触中，有的会表现出主动要求发生性行为，而别人从外表上往往看不出她有精神病。在间歇性的精神病妇女未发病期间，经本人同意与之发生性交的，不成立本罪。如果明知对方有严重精神病，而仍与之发生性关系的，构成强奸罪。例如，某村王某因为家庭十分困难，40 多岁时娶了邻村患有严重精神病的张女，有人向公安机关举报王某娶患精神病的女青年为妻。公安机关接到举报后，查明王某已与张女发生了多次性行为。公安人员将王某抓获，提请检察机关以强奸罪对王某批准逮捕。检察机关在审理此案时产生分歧，有两种不同意见。第一种意见认为王某的行为不构成强奸罪。第二意见认为王某的行为构成了强奸罪。笔者认为，根据上述解释，在本案中，王某是明知张女有严重的精神病，却多次与她发生性行为，所以应构成强奸罪。又如，患有精神分裂症年仅 20 岁女子师小花（化名）因饿捡食充饥时，被好吃懒做年逾 30 却一直未娶上媳妇的李某先看到，李某先遂生邪念，并以妻子名义将其收留。在同村四位农妇

---

[1] 陈胜才，桑骊，沈义．强奸案中“痴呆者”认定标准须统一［N］．检察日报，2007－3－13（4）．

常某芝、张某兰、王某荣、孙某单的帮助下，李某对师某进行了强行奸污。后李某先又多次在家中强行与师小花发生性关系。经精神医院鉴定，师某患有精神分裂症，性自卫能力较差。法院审理后认为，被告人李某先在被告人常某芝、张某兰、王某荣、孙某单帮助下，违背妇女意志，强行与妇女发生性关系，其行为已构成强奸罪，且系共同犯罪。因 4 位农妇在实施犯罪过程中起协助作用系从犯，且认罪态度较好，有悔罪表现，应依法从轻、减轻处罚。人民法院以强奸罪判处四位农妇各有期徒刑 8 个月零 15 天，被告人李某先有期徒刑 4 年。

由于什么是呆傻妇女，缺乏明确的、统一的标准，尤其是呆傻的程度各有不同，不能不注意加以区别。所谓呆傻人通常是指由于先天或后天因素而造成的大脑受损，表现为智能不同程度的减低。其中严重者（如白痴）为无责任能力人，其中度和轻度者并未完全丧失其智能，而是有一定的辨认和控制自己行为的能力。由此可见，同智能低下的人发生性行为，不能一概论为强奸。如果不知道对方的情况，对方又是主动地要求发生性行为的，不构成本罪。如果不顾对方反抗，以暴力、威胁手段奸淫弱智女性，仍构成本罪。例如，60 岁的老汉刘某平以帮忙将稻谷装袋为由将弱智的儿媳妇马军（化名）骗到自己家中，强行与马军发生了性关系。两年后，刘某平趁妻子到医院照料小儿媳之机，进入马军的卧室，与其发生性关系。人民法院审理后认为，被告人刘某平置人伦、道德于不顾，明知儿媳精神发育迟滞，而采取强行手段，在较长时间内先后两次将儿媳奸淫，其行为已构成强奸罪，判处有期徒刑 3 年 6 个月。又如，阿花是个弱智少女，8 月 22 日 22 时许，谭某强迫阿花与其一同到藤桥镇上开房。23 日零时许，谭某不顾阿花的反抗对其实施多次强奸，事后还威胁阿花不准告诉父母或者报警，否则杀了她。7 月某日，谭某还以散步为借口，把阿花骗至林旺滨海路一处水塘边的棚子里强行施奸，事后，谭某威胁阿花不准告诉任何人，否则用棍子打她。犯罪嫌疑人谭某因涉嫌强奸被刑拘。

4. 强奸罪的证据

因为强奸案件一般没有第三者在场（轮奸除外），因此，在认定上往往出现困难。特别是被告人坚决不承认发生了关系的事实，而女方又坚持控告，这对定性是很困难的。应该考虑这类案件的特点，强调一定要找到多少直接证据才能定案，就会有相当数量的强奸案件的被告人得不到惩罚，可能放纵一部分犯罪分子。因为，直接证据无非是直接的人证和物证。这种直接证据，除被害人的陈述外，有的是可以找到的，但是，有时就比较困难。所以，在男女双方各执一词的时候，可以根据大量的间接证据来认定。只要根据被害人陈述的案件经过和提供的证据，以及案件的其他事实，能够排除其他可能，作出确切可靠的结论，即使被告人坚决不肯供认，仍然可以定案。那么，需要考虑哪些事实呢？根据实践经验，主要有以下一些事实，值得考虑：①根据被害人的揭发，是在什么时间，什么地点和条件之下把她强奸的？②妇女当时有无反抗，反抗有无痕迹？③被告人和被害人平日的表现怎么样，妇女平时作风是否一直都很正派，男的作风又如何？④男女双方平时的关系，是素不相识，还是平常关系就比较好，甚至有过暧昧关系？⑤案件是怎样告发的，是被第三者看见后告发的，还是女的自己主动告发的，或者是女方的亲属告发的？⑥被告的口供和妇女的控告有无矛盾，以及妇女的控告前后有无矛盾？总起来说，证据问题是一个比较复杂的问题，要通过大量的调查，进行认真的分析，看哪一方的陈述更合乎逻辑，更可信。要重证据，重调查研究，不轻信口供。不能只凭被告人的口供定案，不能说被告人不承认强奸，就不定强奸。但是，也不能否认，被告人的口供对定案有一定的作用。在不搞逼供的情况下，被告人的口供和被害人的陈述完全一致，即使没有其他的直接证据，也可以定案。

5. 骗奸的认定

7 岁小女孩陈某在自家门口玩耍时，邻居邢某（男，38 岁）见其独自一人，便哄骗陈某到其家中玩耍，随后对陈某实施了强奸。报案后，邢某在家中被警方抓获。经审讯，邢某对犯罪事实供认不讳。邢某因涉嫌强奸幼女被刑拘。

本案实际上是一种骗奸。骗奸，又称为“欺诈型强奸”，是指用欺骗的手段，使被害人对性行为的本质、性行为的发生对象、性行为的发生目的产生错误认识，从而达到发生性行为的情况。美国、意大利、英国、泰国、我国香港地区等国家和地区都有欺诈型强奸罪的规定。我国刑法对此并未有明确规定。在我国骗奸的处理主要是根据 1984 年最高人民法院、最高人民检察院、公安部《关于当前办理强奸案件中具体应用法律的若干问题的解答》，此解答规定有极少数欺骗手段可以构成强奸，它们分属于法律所规定的“胁迫手段”和“其他手段”。如利用迷信进行欺骗，以达到精神强制，让女方不敢抗拒以及“利用或者假冒治病等方法对妇女进行奸淫”等。按照这个解答，在我国构成强奸罪的欺骗手段仅仅限于 3 种：其一，利用迷信手段骗奸；其二，利用或假冒治病骗奸；其三，冒充丈夫骗奸。在骗奸问题上，行为人的手段是“骗”，其手段的核心问题是通过虚构事实、隐瞒真相等方式使被害人产生错误认识。所以完成骗奸的关键问题就是被害人产生错误认识，而这种错误认识是和被害人的原来初衷不一致的，是违背了被害人的本来意志的。所以，骗奸问题追根究底的关键问题还是违背妇女意志问题，即行为人的手段是否达到了违背妇女意志的标准。构成骗奸须要有“骗”的手段、要有被害人发生了错误认识、发生了性行为、发生的性行为须违背妇女意志。被害人的认识错误可以分为3类：被害人对行为人的身份产生错误认识、被害人对性行为的目的产生错误认识和被害人对性行为的性质产生错误认识。例如，钟某某与其妻袁某某一同到某乡镇做泥工时，见常来其住处玩的李某某智力低下且十分听话，袁某某便故意同李某某讲性生活的话题，并提出由钟某某教李过性生活和生小孩的办法。李某某同意后，钟某某即在卧室内当着袁某某的面与李某某发生了性关系。其后，袁某某又以与钟某某发生性关系能帮李某某辨出所怀身孕是男是女，诱骗李某某与钟某某发生了性关系。经精神病学鉴定，李某某精神发育迟滞，案发时无性防卫能力。法院审理后认为，被告人袁某某采用诱骗的方法，帮助其夫被告人钟某某与患有精神发育迟滞的李某某发生性关系，二被告人的行为违背了妇女意志，均已构成强奸罪。本案中，被害人李某某对性行为的目的和性质发生错误认识，钟某某和其妻袁某某利用了李某某精神发育迟滞智力低下的情形，实施了骗奸行为，构成强奸罪。

6. 婚内强奸的认定与处理

婚内强奸是客观存在的家庭暴力行为。考虑到文化、历史、社会、法制等各方面的原因，我国刑法却没有对这种恶劣的暴力行为作出明确的规定。由于我国现行法律对于婚内强奸是否入罪没有给出一个明确的法律界定，所以让司法部门在处理此类案件时也显得无能为力。由于我国在立法上没有对婚内强奸行为是否构成犯罪作出明确的规定，所以当司法部门面对婚内强奸案件的时候往往对于相同的案情却作出完全不同的判决。如1989年河南信阳审结国内首例丈夫强奸妻子案，作了有罪判决。1997年的辽宁“白某峰婚内强奸妻子”案，白某峰强奸妻子被判无罪。1999年12月24日，上海市青浦区人民法院对被告人王某明以违反了我国《刑法》第236条第1款、第72条第1款的规定作出了强奸罪名成立的一审判决，判处其有期徒刑3年，缓期3年执行。王某明在与妻子的离婚诉讼期间，不顾妻子的坚决反对而强行与其发生了性关系，并且手段极其凶狠，对妻子身体和精神造成了极大的伤害。这是我国自 1997 年新刑法实施以来上海市判决的首例婚内强奸案。但是在 2000 年 3 月 23 日，四川省南江县人民法院却对一起类似于王卫明婚内强奸的案件作出了被告人罪名不成立的一审判决。没有一个明确的立法往往放纵了犯罪分子，造成了司法的不公正。

婚内强奸具有 4 个方面的特征：第一，婚内强奸这种恶劣的暴力行为只可能发生在具有合法婚姻关系的夫妻之间，这是认定婚内强奸行为的前提性条件。第二，丈夫对妻子实施强奸行为时，必须是充分利用了他们之间的夫妻关系，并且凭借了配偶这种身份。第三，性交行为必须违背了妻子的意志，这是认定婚内强奸行为的本质特征。第四，婚内强奸行为是丈夫使用暴力、胁迫等强制性手段，强行与妻子发生性交的行为。这种暴力或胁迫的程度应当要达到一种使妻子不能反抗或不敢反抗的程度，才能认定为婚内强奸。婚内强奸行为具有几种具有代表性的表现形式：第一，男女双方已经登记结婚，但尚未举办婚姻典礼，男方强奸女方的行为。第二，夫妻感情破裂，并且长期分居、丈夫强奸妻子的行为。第三，在一审离婚判决生效前，丈夫强奸妻子的行为。第四，妻子身体状况不佳时，丈夫强奸妻子的行为。

随着人权保护思想的深入，妇女婚内的各项权益的保护也越来越被重视。婚内强奸是否构成犯罪，在我国刑法界基本形成了否定说、肯定说和折中说三大学说。否定说为我国刑法学界的主流学说，其认为婚内强奸有别于一般的强奸行为，其发生在夫妻关系存续期间，而婚姻对强迫性性行为有一定豁免作用，丈夫强奸妻子不能也不应该认定为强奸罪。否定说的主要观点有承诺论、暴力伤害论、报复陷害论和道德调整论以及婚内无奸论。肯定说却认为自然权利优先于法定权利，婚内强奸行为侵犯了法律所保护的法益，具有社会危害性，婚内强奸符合强奸罪的构成要件，婚内强奸入罪并不违反我国刑法规定的罪刑法定原则，承认婚内强奸罪有利于保护妇女的权益，有利于打击和遏制家庭暴力，有利于保护和尊重人权，所以婚内强奸构成强奸罪。理论的发展以及人们观念的转变为婚内强奸入罪提供了现实基础，婚内强奸行为入罪有利于为司法提供统一的裁判标准，也符合国际化趋势。否定说完全忽视妇女在婚内拥有的合法权益，是对妇女权利的漠视和践踏。而肯定说也完全没有考虑到婚内关系的存在，将妻子的性自主权过于绝对化。两种学说都不利于保护妇女和家庭和谐。随着时代的进步以及世界各国法学界和司法界对于婚内强奸的重新界定，折中说也就随之产生了。

折中说实质上也是一种否定说，是一种带有限制性的否定说。该说认为婚内强奸并非在任何情况下都构成婚内强奸罪，它只能在某些特定的情况下才能有限成立。婚内强奸构成犯罪除满足犯罪构成4个基本要件外，还必须满足以下两个条件：第一，行为人与受害人之间必须具有合法的婚姻关系；第二，对婚内强奸罪的认定应限定在妻子有合法理由可免除同居义务的条件内。婚内强奸与普通强奸相比，它们有相似的法律特征，但它们之间又存在较大的区别，在认定婚内强奸罪时，除考虑婚内强奸行为发生的目的、动机外，更应着重考虑该行为的社会危害性、主体的特殊性等方面的因素。折中说将婚内强奸从普通强奸中分离开来，有利于打击犯罪和保护妇女权益，同时也起到了促进家庭和谐的作用。有学者在研究了世界主要发达国家对于婚内强奸是否入罪的理论基础上，借鉴近年来这些国家在立法上的突破，提出如下立法建议：在刑法中独立设立婚内强奸罪；将婚内强奸罪设立为自诉案件，不告不理；设立婚内强奸罪的报告期限；引入调解制度和民事侵权制度；对婚内强奸罪的处罚适用宽严相济原则等。随着社会的进步，人们观念的转变，理论研究的发展，妇女维权意识的增强以及立法的日趋完善，婚内强奸罪必然将在法律领域占一席之地。

（二）强奸罪与彼罪的认定

1. 强奸罪与故意杀人罪、故意伤害罪的界限

在以暴力手段实施的强奸罪中，往往伴有被害人遭受伤害甚至死亡的结果，这就需要区分本罪与故意杀人罪、故意伤害罪的界限以及一罪与数罪的界限。如果因为行为人强奸妇女导致被害人性器官严重损伤，或者造成其他严重伤害，甚至当场死亡或者经抢救无效死亡的，只定强奸罪一罪，伤害或死亡的结果作为强奸罪的量刑情节加以考虑。如果行为人在实施强奸的过程中或强奸后，出于报复、灭口等动机，杀死或者伤害被害妇女的，应当分别认定为强奸罪、故意杀人罪或者故意伤害罪，实行数罪并罚。例如，王某因曾多次到被害人庄稼地附近拉土，压坏过受害人的庄稼，引起受害人不满，双方发生过口角。16日下午，他酒后路过受害人劳作的田间，在酒精的刺激下丧心病狂，先对受害人实施强暴，而后残忍地用石头将其砸死。犯罪嫌疑人王某被依法刑事拘留。本案中，王某开始实施了强奸行为，后将被害人用石头砸死，应构成强奸罪和故意杀人罪。

2. 强奸罪与强制猥亵、侮辱妇女罪的界限

强奸罪的未遂与强制猥亵、侮辱妇女罪在客观上都使用了暴力、猥亵

或者其他方法，在具体表现上往往存在相同或者相似之处，如搂抱等。二者的主要区别有：①犯罪客体不同。本罪的犯罪客体是妇女性的不可侵犯的自由权利（贞操权），后罪侵犯的客体是妇女的身体自由权和隐私权、名誉权。②犯罪客观表现不同。本罪客观方面表现为以暴力、胁迫或者其他方法，违背妇女意志，强行与之发生性交的行为或者奸淫不满14周岁的幼女的行为。后罪表现为以暴力、胁迫或者其他方法强制猥亵妇女，或者侮辱妇女的行为。③犯罪主体不同。本罪的犯罪主体是年满14周岁、具备刑事责任能力的男性，后罪是一般主体，凡达到16周岁刑事责任年龄且具备刑事责任能力的自然人均能构成。④犯罪主观方面不同。本罪主观方面是直接故意，而且具有违背妇女意志与之发生性交或者奸淫的目的，而后罪在主观方面表现为故意，通常表现出刺激或者满足行为人或第二者的性欲的倾向，但不具有强行奸淫的目的。

四、强奸罪的既遂与未遂

郭某系间歇性精神病人，在树林带内被一名少数民族男子正欲强奸时被其夫撞见，报警后，犯罪嫌疑人艾某被抓获，艾某对强奸郭某未遂的犯罪事实供认不讳。又如，屈某潜入某村一出租房内，欲对受害人商某进行强奸，在遭其反抗后未遂离开。屈某对自己的犯罪行为供认不讳，因涉嫌强奸被刑事拘留。关于强奸罪的既遂标准，理论界主要有完成说（性欲满足说）、射精说、插入说、接触说几种观点。①完成说，又称性欲满足说，认为行为人奸入并射精，满足了性欲，完成了行为，才是既遂。②插入说，即结合说，认为只要双方的生殖器结合，男方的生殖器插入了女方的生殖器，即为既遂，不以射精为必要。③接触说，只要双方的生殖器有表皮的接触即为既遂，不管是否插入、是否射精。我国刑法理论和司法实践的通说是插入说，目前实际中也均采用插入说，因为在第三种情况下没有对被害妇女的贞操造成实际性的侵害，而第一种观点则对犯罪分子过于宽纵，不利于保护被害妇女的利益。但在奸淫幼女的情况下，由幼女的生理特点所决定以及出于对幼女的特殊保护，其既遂与未遂的标准采用接触说。所以通常认为认定强奸既遂与否应以插入说，即以男女生殖器的结合为标准；但对于奸淫幼女之行为而言，其既遂的标准则应采取接触说，即只要双方的性器官接触，就成立既遂。

五、轮奸的认定

17岁女生莫某某报案称：1月24日晚9时许，一个通过手机微信相识并见过一次面的朋友张某松打电话约她去见另一朋友，莫某某在安铺文化广场附近坐上张某松的摩托车与另一个不相识的男生（刘某生，17 岁），被搭到营仔镇大新围村附近一水闸边，张某松他们叫来多人对其实施轮奸。公安侦查查明：该案涉案在场人员 14 人，均为社会青年，其中 9 人对受害人实施强奸。又如，18 岁的李某和周某是同班同学，平日关系要好。2010 年 9 月的一天下午，周某因被另一名女同学张某"抢走了男朋友"，便邀集好友李某和 5 名男生，把张某骗至县城一小区的出租房内控制。2 名女生先是一起对张某进行威胁、殴打，然后扒掉其衣服，怂恿男生们对其实施强奸。李某、周某离开现场后，张某在房间里先后遭到 4 人轮奸，直到次日早晨 7 时，受害人张某才被允许离开出租屋，遂告案发。2013 年 5 月，女生李某因协助、怂恿几名男生轮奸，检察院依法对其提起公诉，法院以强奸罪判处其有期徒刑 4 年零 2 个月。❶ 又如，福建某边防派出所接到一名 13 岁女孩郑某报警，称其被人从家乡莆田市骗到南安石井镇，后在该镇某出租房内遭到 2 名男子轮奸，并强迫其卖淫。接警后，专案组全力展开侦查，终于在 21 日凌晨将涉嫌拐卖儿童、轮奸幼女、强迫他人卖淫、故意伤害、非法拘禁等罪的 2 名犯罪嫌疑人游某明和游某亮成功抓获。审讯中，嫌疑人游某明交代，他们通过 QQ 聊天在网上结识年轻女孩，并将她们骗至指定地点，先是对女孩实施强奸，随后强迫她们卖淫。在暴力威胁下，女孩们任其 2 人摆布，不少受害人还成了他们的"同伙"，诱骗其他无辜的女孩，此案的受害人郑某就是在好友王某的诱骗下来到石井的。本案中，犯罪嫌疑人游某明和游某亮对 13 岁幼女进行了"轮奸"，构成了强奸罪的加重犯。还如，17 岁女孩刘某在其交往 3 年男朋友的诱骗下，惨遭除男友外的 4 名男青年轮奸。本案中，4 名犯罪嫌疑人在连续的短时间内对同一 17 岁女孩进行了强奸，构成了强奸罪的加重情节"轮奸"。

轮奸，又称集体强奸，是指两名以上的男子在同一较短的时间内出于共同的强奸故意，在违背妇女（包括幼女）意志的情况下，对同一妇女或者幼女先后轮流强行奸淫的行为。轮奸犯罪必须同时符合以下几个条件：①各个行为人主观上必须有共同奸淫的故意；②犯罪主体必须是两名及两名以上男子；③在对象上必须是针对同一个妇女或幼女；④在手段上对妇女表现为违背妇女意志，而对幼女则视情况而定；⑤在时间和空间上轮奸

---

❶ 徐海涛，姜磊．安徽一 18 岁女生协助强奸获刑［N］．新华每日电讯，2013－5－20（2）．

行为人之间的行为具有不间断性、承接性。[1]

刑法学界和实务部门对于轮奸是否存在犯罪未遂的未完成形态，以及在一人奸淫既遂之后，其他同案行为人因意志以外的原因而没有奸淫成功是否能够单独构成强奸未遂等都存在较大的分歧和争议。第一种观点认为，轮奸犯罪不存在既遂、未遂之说。理由是：所谓既遂是指行为已着手实施完成，行为人实现了其犯罪目的共同犯罪；而所谓未遂是指因行为人意志之外的原因导致其犯罪行为未能完成。我国现行《刑法》第236条第3款第（4）项规定“二人以上轮奸的”。这就是说，在我国，轮奸不能作为一个独立的罪名，和奸淫幼女一样，轮奸只是强奸犯罪的一种加重情节。如果轮奸行为本身不能成为独立的罪名，那么就不存在既遂、未遂之说，而只能是轮奸行为是否造成强奸罪的既遂、未遂。[2] 第二种观点认为轮奸犯罪中不存在未遂的情况只存在既遂的情况。[3] 该种观点认为，在两人实施轮奸的场合下，轮奸只能是一种客观事实，应以轮奸行为是否实际发生作为成立的依据。即必须在客观上存在被害人已经被两人以上成功强奸两次以上的事实，只有这样的事实存在，才能认定有“轮奸”的情节。如果一行为人强奸既遂，另一行为人强奸未遂，则不能认定为轮奸。第三种观点认为，轮奸是一种特殊的共同犯罪。该种犯罪与人身性密不可分，其行为有很强的不可替代性。每一个行为人所实施的行为都是为了满足自身的欲望，不管行为人有多少，别人的行为不能代表自己的犯罪目的的实现。这是人身性犯罪与一般犯罪的特殊区别之所在。故仍应存在部分个体未遂或中止的可能，这是对普通共同犯罪中“部分行为全体负责”这一原则的必要例外与补充。甚至有的学者提出的“亲手犯原则”，亲手犯又称亲身犯，一般是指必须由行为人亲自实施犯罪构成的实行行为才能实现的犯罪形态。行为主体与行为之间具有不可分割性或不可替代性是亲手犯的核心内容。通说普遍认为强奸罪、脱逃罪和偷越国（边）境罪等与人身性密不可分的犯罪属于典型的亲手犯。每个实行行为人都具有不可替代性。既然性交行为是行为人的目的行为，那么此种行为就必须要行为人不可替代性的亲身实施才能达到犯罪人的犯罪目的。因此，在轮奸犯罪中也应该区分亲身实施与否并以此区别既遂犯和未遂犯。第四种观点认为，轮奸中不存在部分既遂部分未遂的情况，而是要么整体既遂要么整体未遂。理由

---

[1] 许航．对于强奸罪中轮奸问题的思考［J］．中国检察官，2005（1）．

[2] 廖万里．如何认定强奸案中的轮奸情节［J］．人民法院报，2005（12）．

[3] 于志刚．轮奸犯罪量刑应引入“亲手犯”理论［J］．检察日报，2007－12－01．

是：在轮奸犯罪中任何一个人的行为都是全体共犯人的意志的实现，对轮奸行为是否成立的判断依据不应以行为人是否单独实施了行为，而是应该以被害人是否因任何一个行为人的行为所受到损害来判断是否成立。

笔者赞同第四种说法，认为轮奸行为中应实行“部分实施全体负责”的原则。

第一，轮奸犯罪适用“部分行为全体负责”的原则，更能体现刑法的罪责刑相适应原则。和所有的共同犯罪一样，在轮奸犯罪中，各个行为人之间具有互相补充、互相配合的整体作用。共同犯罪不是若干单独犯罪的简单相加，而是具有更强社会危害性的一种犯罪行为。共同犯罪的各个犯罪人的行为是在一个共同故意的支配下，相互联系、相互支援、相互促进的一个有机整体。每个人的行为不但是自己的行为，同时也是共同犯罪整体行为的一部分，其中任何一个共犯的既遂形态的出现，都包含了其他共犯的协作努力，对参与的共犯，只要其中有人强奸得逞，其余共犯无论强奸是否得逞是否亲自实施，一律以强奸既遂论处。[1] 轮奸行为之所以是加重情节，并不仅仅是因为各行为人之间具有共同的犯意，更重要的是因为客观上会给被害人造成更为严重的危害。这种严重危害性主要表现在：在轮奸犯罪中行为人往往在客观上会形成一种相互支援、相互配合的情形，在这种情形下各个行为人之间即形成了一种无形的心理上的鼓励与支持，无形中壮大了行为人的胆量，助长了行为人的气焰。同样的道理，在犯罪现场，即使行为人并没有直接对被害人实施奸淫行为，但其在场就已经形成了一种对被害人精神上的威慑，严重加剧被害人的恐惧心理，使其绝望而不敢反抗。把轮奸犯罪看成是几个简单性侵犯行为的简单相加，无疑是忽略了轮奸犯罪中共同行为人相互联系、相互促进的整体作用以及其所带来的更大的社会危害性。

第二，共同犯罪通说理论更能有效地打击犯罪保护受害人的利益。在轮奸犯罪中，被害人所受到的伤害不仅仅是身体上的，更严重的是心理上的一种摧残。被害人面对多名男子的暴力、胁迫时，心理往往极度恐惧，对整个被害过程的残酷记忆使受害人经受着巨大的痛苦，而这种痛苦并不因个别行为人没有奸淫成功而有所减少。因此通说理论认为共同犯罪中“部分实施全体负责”的观点，更容易使轮奸犯罪中单个行为人的罪责相

---

[1] 丁强，丁猛. 侵犯公民人身权利、民主权力犯罪司法适用［M］. 北京：法律出版社，2005：360.

一致。毕竟在轮奸犯罪中要区分各个行为人危害的大小是很困难的，而这样做能使这一问题更合理地解决。

第三，共同犯罪的一般性原则并不当然因为亲手犯的特殊性而受到影响。有的学者认为，在亲手犯的犯罪中，各个行为人的行为都具有不可替代的性质。某个行为人个体行为的实现并不必然的表示其他行为人行为的实现。每个行为人都只有在自己亲自实施了犯罪行为并且该行为符合了该罪名的具体犯罪构成要件后才能构成犯罪既遂。因此，在亲身犯罪中，未遂和既遂并存的情况是会出现的。笔者认为这些学者的观点主要是侧重以单个的个体犯罪的构成要件来认识共同犯罪的犯罪问题的。这样做容易造成对共同犯罪的整体性危害考虑不够，因而把共同犯罪等同于单个犯罪的简单相加。这些说法仅注意到在亲手犯的共同犯罪的场合中各个行为人自己的行为对犯罪既遂的不可替代性，却忽视了各个行为人之间相互联系、相互支援、相互促进的整体作用。即使在轮奸犯罪中有部分犯罪人亲自实施了奸淫的行为，有部分行为人因为主观原因或者意志以外的原因没有亲自实施奸淫行为，但是各个犯罪人之间对奸淫行为是达成一种合意的，各犯罪人由于彼此之间的这种合意更加坚定了犯罪决心，共同促进了轮流奸淫行为的完成。因此每个行为人自己的犯罪行为中都必然包含其他共同行为人的行为意志以及行为合力。[1] 更何况，刑法的法益是惩罚犯罪保障人权，目的是为了防止法益所保护的对象受到伤害以及防止危害结果的发生，单个犯罪人的目的是否亲自实现了并不在刑法基本精神的考虑范围内。所以，在轮奸犯罪中，只要有一共同行为人实施了奸淫行为并达到强奸罪的构成要件，那么整个强奸犯罪就达到了既遂状态，毕竟女性性的权利已经受到了实际的损害，而各个犯罪人的奸淫目的是否都亲自单独实现并不包括在内。[2] 所以，即使在亲手犯的共同犯罪中，只要其中一个行为人达到犯罪既遂，就说明刑法所保护的权利已经遭到破坏，那么全体行为人都应该承担犯罪既遂的责任，其他行为人即便由于意志以外的原因未能完成奸淫行为，也不能认定为未遂。不少学者担心如果在轮奸犯罪中适用“部分行为，整体负责”的原则会造成对未能亲手实施完成奸淫行为的行为人不公正处罚，会造成量刑不当及适用法律不当，不能准确地打击犯罪分子。但笔者认为，在轮奸犯罪中适用“部分行为，整体负责”的原则，

---

[1] 王玉杰．轮奸犯罪中的未遂形态［J］．河南大学学报，2010（1）．

[2] 刘之雄．犯罪既遂论［M］．北京：中国人民公安大学出版社，2003：560．

对全体共犯人都以犯罪既遂论处并不会必然导致未能亲身实施奸淫行为的行为人的责任过重。借助于犯罪未遂这种纵向的犯罪形态来减轻对未能亲身实施奸淫行为人的刑法处罚并不是唯一的思考途径。从横向上来说，未能亲身实施奸淫行为的行为人在整个轮奸犯罪中所起的作用比较小，处于次要地位。因此，未能亲身实施奸淫行为的行为人可以成立轮奸犯罪的从犯。这样既能有效避免司法实践和共同犯罪理论的冲突，又在客观上减轻了对未亲身实施奸淫行为的行为人的处罚，真正体现了刑法打击犯罪和保护人权的两个基本原则。

第四节　拐卖妇女、儿童罪

一、拐卖妇女、儿童罪的概念和犯罪构成

拐卖妇女、儿童罪，是指以出卖为目的，拐骗、绑架、收买、贩卖、接送、中转妇女、儿童的行为。拐卖妇女、儿童罪的犯罪构成如下。

本罪侵犯的客体存在争议，通说认为是妇女、儿童的人身安全、自由权利与人格尊严。除了人身不可出卖的权利，被害人的家庭关系也受到了破坏。妇女为14周岁以上的少女和成年妇女，既包括中国妇女，也包括外国妇女和无国籍的妇女。例如，2011年5月，云南文山边防支队历时半年，辗转云南、安徽、河南、江苏、浙江5省，破获了一起特大拐卖境外妇女案，抓获犯罪嫌疑人15名，解救境外妇女8名、境外男婴儿1名，打掉了以侯某、阿荣等为首的家族式拐卖妇女犯罪团伙，切断了一条从云南边境一线拐卖妇女到豫、皖、苏、浙贩卖的地下通道。妇女既可以是痴呆女也可以是妓女。例如，田某前些年因为家境不好，只得与一痴呆女子结婚。婚后由于妻子无法独立地生活、劳动，加上邻居们的流言蜚语，田某逐渐对妻子心生厌恶，产生了要将其卖掉的想法。2005年夏，田某找到陈某（另案处理），将自己卖妻的想法说了，让陈某为其联系买家。陈某随后找到张某、张某某（二人均另案处理）说明了情况。经二人介绍，田某以600元将痴呆妻子卖与王某同居，所得赃款600元由田某与陈某分获。2007年5月，田某被法院以拐卖妇女罪一审判处有期徒刑5年，并处罚金2 000元。又如，2008年1月25日，被告人潘某某在新余火车站遇到刚下车的何某某并与之搭讪。在对话中，被告人潘某某觉得何某某语言古怪，无什么认知能力，遂对其产生歹意，意将其拐卖以收利。随即，潘某某买

了些东西给何某某吃，声称要将其嫁出去，并打电话联系人家。第二天，胡某等几个男人过来看了看何某某后将其带走，当时给了潘某某 200 元人民币，潘某某嫌少又到胡某家里索要了 200 元人民币。何某某经鉴定患有精神分裂症，属无责任能力人。人民法院审理后认为，被告人潘某某以出卖为目的，拐卖妇女 1 名，其行为已触犯刑律，构成拐卖妇女罪，情节严重，对社会损害较大，法院以拐卖妇女罪判处被告人潘某某有期徒刑 7 年，并处罚金 1 万元。儿童指不满 14 周岁的男女儿童，包括不满 1 周岁的婴儿、已满 1 周岁不满 6 周岁的幼儿和已满 6 周岁不满 14 周岁的儿童。当今社会，拐卖 14 周岁以上的男性有呈上升发展的趋势，有着较大的“市场前景”，成年男子也具有被剥削的价值，成为贩卖的对象。在现实的社会中，随着现代社会的不断发展，出现了一些“新兴”需求，男子已逐渐陆续进入到色情市场中“性工作者”的行列。社会不断发展所产生的新的需求重新赋予了成年男子被剥削、利用的价值。随着现代医学的不断进步和飞速发展，许许多多的患者对人体器官供体的大量需求居高不下，也使得成年男子越来越更加可能成为人口拐卖罪的犯罪对象。对拐卖 14 岁以上男性的，虽然不构成拐卖儿童罪，但可根据相关规定和案情构成非法拘禁罪、故意伤害罪、组织出卖人体器官罪定罪处罚或予以行政处罚。

本罪在客观方面表现为拐骗、绑架、收买、贩卖、接送、中转妇女、儿童，或者偷盗婴幼儿的行为。

拐骗，是指以欺骗、利诱等非暴力手段将妇女、儿童拐走，以便出卖的行为。例如，李花以打工为名，将七年级学生春花、妹花（均化名）骗至其姐夫幸某新家，后经幸某新介绍，将春花卖给村民王某为妻，将妹花卖给村民李某为妻，并分别收取王某人民币 16 000 元、李某人民币 15 000 元不等的赃款，从中牟取非法利益。本案中被告人李花出于出卖的目的，以打工为名欺骗春花、妹花将其从云南省拐至安徽省某村，之后将其贩卖，构成了拐卖妇女罪。

绑架，是指以暴力、胁迫或者麻醉方法劫持、控制妇女、儿童的行为。“绑架”应为“劫持”，这种行为和绑架罪中的“绑架”含义并不相同，它仅指以各种手段特别是暴力手段控制被拐卖人的人身、剥夺其人身自由，其目的是出卖，而不包括向被拐卖人的亲属勒索财物或提出非法要求的行为，所以在这种情况下，并不存在双重行为、双重被害人，被害人只有被拐卖人一重，行为人不能构成绑架罪也不能构成牵连犯。根据《刑法》第 240 条的规定，以出卖为目的绑架妇女、儿童的构成本罪。例如，

2008年7月10日晚，杨某敏、张某江、郑某锰蒙面持刀来到武城县一处砖厂，破门进入张甲、范某的住房，将张甲用刀砍伤（后鉴定为轻伤），抢走张甲、范某所生婴儿小张。杨某敏在逃跑过程中被闻讯赶来的群众当场抓获，郑某锰劫持小张越逃跑过程中将其丢弃，后张某江又赶回现场将小张抱走，多方联系卖掉未果。后小张被解救，人民法院认为，三被告人以出卖后获取非法利益为目的，采用暴力手段将婴儿从监护人控制下抢走，其行为已构成拐卖儿童罪。

收买，是指以金钱或者其他财物买取、换取妇女、儿童的行为。贩卖，是指将妇女、儿童当做商品出售给他人以获取非法利益的行为。以出卖为目的收买妇女、儿童或者以出卖为目的收买妇女、儿童后贩卖的，都构成本罪。例如，从1998年初至2004年5月11日，以任某彦等16名犯罪嫌疑人为主的贩卖婴儿团伙从呼和浩特市及周边地区的28家个体诊所，以500元至9 700元不等的价格收买43名婴儿，然后以2 200元至14 800元不等的价格将这些婴儿卖到河北、山东等4个省区市，被贩卖的婴儿最大的出生后5天，最小的出生后2小时。这个团伙非法获利20多万元。法院一审判决，主犯任某彦被判处无期徒刑、剥夺政治权利终身，并没收个人全部财产；其余15人分别被判处有期徒刑，并处5 000元至30 000元不等的罚金。

接送，是指行为人在拐卖妇女、儿童过程中的接收、运送的行为。中转，是指为拐卖妇女、儿童的罪犯提供中途场所或机会。偷盗婴幼儿，是指秘密窃取不满6周岁的儿童的行为。

行为人只要实施上述7种行为之一的，就构成本罪，同时实施两种或两种以上行为的，亦构成一罪，而不实行数罪并罚。拐卖妇女是一种集合行为，可以分解成数个子行为，如拐骗、绑架、收买、贩卖、接送、中转、看管、资助等，刑法之所以将前6种行为在罪状中枚举，而不将看管、资助等行为入罪，就表明每种行为对法益的侵害程度单独都达到了刑法规制要求的强度。❶

本罪的主体为一般主体。即年满16周岁、具备刑事责任能力的自然人，包括中国人、外国人和无国籍多国籍人。外国人或者无国籍人拐卖外国妇女到我国境内的，适用我国《刑法》中关于本罪的规定。例如，缅甸人玛埃莱等6人于2005年以介绍婚姻为名，拐骗多名缅甸国妇女至中国境

❶ 梁立波．拐卖妇女罪认定的两个问题［N］．检察日报，2009－12－21（3）．

内，再分别以不同的价格转手卖出。这个团伙被安徽省公安机关破获，23名缅甸籍妇女被解救。人民法院以拐卖妇女罪分别判处玛埃莱等人无期徒刑和有期徒刑，并判处6名缅甸籍罪犯在服刑期满后驱逐出境。

本罪在主观方面是故意，而且具有把妇女和儿童当做特殊商品予以出卖的目的。以出卖为目的不等于以营利为目的，如出于报复他人的动机而实施拐卖妇女、儿童行为的，就没有营利的目的。

二、拐卖妇女、儿童罪犯罪构成要件的理解

（一）“奸淫被拐卖的妇女”的理解

根据《刑法》第240条的规定，“奸淫被拐卖的妇女”是拐卖妇女罪的加重情节。最高人民法院、最高人民检察院在1992年《关于执行〈全国人民代表大会常务委员会关于严惩拐卖、绑架妇女、儿童的犯罪分子的决定〉的若干问题的解答》中解释说：“奸淫被拐卖的妇女”，是指拐卖妇女的犯罪分子在拐卖过程中，与被害妇女发生性关系的行为。不论行为人是否使用了暴力或者胁迫手段，也不论被害妇女是否有反抗行为，都应当按照该款规定处罚。也就是说，对奸淫的理解是无须违背被害人的意志，这样虽然有利于保护被害人，但不能排除确实被害人自愿与犯罪分子发生性关系的情况的存在，如果再将此行为解释为“奸淫”而适用该加重情节的话很不妥当，不能体现实体正义，因为妇女的性自由是个人的基本权利，有自由处分的权利，任何人不得干涉。但需注意的是，在实践中，有时被害妇女会主动与犯罪分子发生性关系以免遭受人身折磨（如挨打、强迫乞讨、强迫卖淫等），表面上似乎是妇女自愿与其发生关系而实际上仍是违背妇女意愿的。如果被害妇女与犯罪分子在相互接触的过程中确实互有好感进而发展为恋爱关系而自愿发生性关系的，不能算是奸淫。实践中判断是否违背了被害妇女的意志不能简单地从其表面表示的意思出发，应该综合分析，因为此时此刻的被害妇女受到了犯罪分子的控制，处于被动的地位，有时为了改变自身的处境，讨好不法分子而“自愿”与其发生的性行为，应当同样认定为是违背了被害妇女的意志的。所以奸淫被拐卖妇女作为加重情节不应该包括自愿发生性关系的情形。例如，王某从“人贩子”吕某处以3 500元的价格将艾某买下作为妻子。经过一个星期的共同生活，艾某拒绝与王某同床。2009年7月3日，王某酒醉而归，借助酒兴不顾反抗强行与艾某发生性关系。之后，王某多次以性生活为名，要求与艾某发生性关系均受到艾某强烈反对。王某于是通过各种手段将艾某

以4 200元的价格卖给邻村单身汉胡某。本案中，对王某的行为如何认定？

第一种意见认为，直接认定王某的行为构成拐卖妇女罪一罪。[1] 其主要根据是，其一，从主观方面来看，尽管王某对艾某实施了强奸行为，但王某将艾某买回是作为妻子与之正常生活，形成正常的夫妻关系，而性行为正是夫妻关系的实质所在。因此，只能认定王某构成拐卖妇女一罪。

第二种意见认为，行为人王某应当以收买妇女和拐卖妇女罪数罪并罚。[2] 其理由有两点：一方面，从我国《刑法》条文的内在逻辑关系来看，《刑法》第241条规定对收买后的妇女实施的其他犯罪行为单独定罪，并且与之前的收买行为并罚。不能一看到目的行为与手段行为就认定为牵连犯。本案中，行为人王某实施了收买、强奸和出卖3个行为，但是收买行为已经严重侵害了艾某的人身自由及人格尊严。因此，应当单独定罪。至于强奸行为也应当单独定罪并与前罪数罪并罚，但是由于我国《刑法》第240条将其纳入到拐卖妇女、儿童罪的加重情节。因此，将其并入到王某实施的拐卖行为中，作为其加重情节，只认定为拐卖妇女罪一罪。另一方面，从对“奸淫被拐卖妇女”这一加重情节的理解来看，我国刑法条文中规定的奸淫的对象必须是被拐卖的妇女。虽然行为人实施的是收买行为，根据相关条文及相关司法解释可知，拐卖行为包括拐骗、绑架、收买、贩卖、接送、中转6个行为。可见，可以将收买也评价为拐卖，因此，将强奸行为作为之后拐卖的加重情节是合理的。

第三种意见认为，王某应当成立收买被拐卖妇女罪、强奸罪、拐卖妇女罪，三罪数罪并罚。理由有两点：一方面行为人王某对艾某在不同的时间段先后分别实施了收买、强奸和出卖三个行为。尽管是针对同一个犯罪对象，但三个行为侵犯的法益是不相同的。收买行为侵犯了艾某的人身自由；强奸行为侵犯了其性的自主决定权；出卖行为侵犯了其人身自由、人格尊严。尽管我国《刑法》中有特殊规定，但本案中的特殊情况若适用其特殊规定将其只认定为拐卖妇女罪或收买妇女罪一罪，显然不足以更好地保护法益。另一方面，行为人王某实施的3个行为中，收买行为与强奸行为是独立分开的，不能以行为人王某将其买下作为妻子的主观意图作为认

[1] 董邦俊．侵犯公民人身权利、民主权利罪［M］．北京：中国人民公安大学出版社，2010：209.

[2] 鲍雷，刘玉民．侵犯公民人身犯罪疑难案例精析［M］．杭州：浙江大学出版社，2007：164.

定收买行为与强奸行为具有牵连关系的评判依据。否则，容易偏向主观主义，不利于客观公正的评价案件事实。当然，之后的出卖行为也是行为人另起犯意，显然，“出卖”这一行为已经不是收买行为与强奸行为的延续，而也是作为一个独立的犯罪行为侵害了被害人艾某的人身自由、人格尊严。所以，将这三个行为单独认定一罪或是两罪并罚都不足以完全评价此类行为的性质、衡量其责任的范围。只有将其认定为收买被拐卖妇女罪、强奸罪、拐卖妇女罪三罪数罪并罚才能将其完全纳入到刑法保护的范围之中。

以上三种意见，分别从不同角度、不同侧面阐述了各个观点。三种意见争议的焦点在于对强奸行为的归类。如果把强奸行为归入到行为人王某先前实施的收买行为，那么就会得出第三种意见；如果将强奸行为纳入到王某最后实施的出卖行为，那么就会得出第一种意见或是第二种意见，至于这两种意见的区别就在于如何认定出卖之前发生的收买行为与强奸行为之间的关系。如果认为强奸行为与收买行为是独立、并列的关系。那么得出的结论就符合了第二种意见。如果认为这两者是牵连关系（如为了实施强奸行为而采取收买行为），那么就会得出第一种意见。

以上三种意见中，第一种观点将行为人王某的三个行为作为拐卖妇女罪一罪处理的理由有些牵强。因为牵连犯的认定标准是以“通常情况下”具有高度并发性，两种犯罪行为同时发生的概率极高。而不能从行为人的主观目的出发，就将其认定为牵连犯从一重罪处理，就将强奸行为作为拐卖妇女罪的加重情节而只认定为一罪。第二种处理意见虽然看到了这一点，但在评价行为危害性时没有考虑到三个犯罪行为均对被害人的法益造成了不同性质、程度的侵害。不能因同一对象而有所忽略。第三种意见将3个行为分别评价，独立定罪，笔者赞同这种做法，理由如下：

其一，从理解“收买被拐卖妇女、儿童”的角度来看，在我国司法实践中，收买被拐卖妇女后又转手卖出的主要分为三种情形：第一种情形，是行为人在收买妇女之前就具有出卖的意图，只是将收买作为一种手段或先前预备行为；第二种情形，就是行为人在收买妇女时具有“半卖半用”的意图，也就是说，收买人有充足的思想准备，收买后或者将其作为妻子、佣人等“使用”或者将其再次转手出卖。这种情形中，行为人的主观意图不排除出卖，其对出卖与否持不确定的态度。第三种情形，是改变主意，另起犯意。这种情形中，行为人事前没有出卖的目的，收买时也没产生出卖的目的，只是将被收买人作为妻子、佣人、保姆等“使用”，事后由于某种原因才产生出卖的意图。对于这三种情形，我国司法实践中的做法是直接将其作为拐卖妇女罪一罪处理。但笔者并不赞同这种“一刀切”的处理方式。就第一种情形而言，收买行为在先，出卖行为在后。收买行为与出卖行为，均属于刑法分则条文规定的拐卖的6种行为，因此按拐卖妇女罪一罪处理。而第二种情形中，行为人既有出卖的目的也有“使用”的意图，将其按照第一种情形处理也合情合理。对于第三种情形，行为人收买之前和收买之时都没有产生出卖的目的，只是在收买后由于某种原因才另起犯意，产生将被害人出卖的意图。如果将这种情况也按照拐卖妇女罪一罪处理，难免有主观归罪之嫌。因此，笔者认为对于第三种情形不应当按照我国《刑法》第241条第5款之规定处理。而本案例就属于这里的第三种情形，因此，应当将王某的3个行为分别定罪，数罪并罚。

其二，从理解“奸淫被拐卖妇女”的角度来看，本案定性的核心问题就是王某对艾某实施强奸行为的归类、划分。上述第一种意见和第二种意见均认为本案能认定王某构成拐卖妇女罪的关键也在于对“奸淫被拐卖妇女”的理解。这两种意见的根据是我国司法解释的有关规定。奸淫行为包括强奸，而拐卖行为也包括了收买行为在内的6种行为。因而，强奸行为可以评价为奸淫，收买也可以评价为拐卖。所以王某成立拐卖妇女罪。诚然，这两种观点对于奸淫的理解是正确的，但是对于拐卖的理解却是片面的。因为我国《刑法》第240条除了规定客观上的6种行为外，同时还有一个主观条件，就是要求行为人必须具有出卖目的。只有同时满足这两个条件的行为才能被评价为拐卖，否则行为人单纯采取6种行为之一或只是具有出卖意图而没有采取相应措施的都不能认定为拐卖行为。具体就本案而言，王某收买艾某时不具有出卖的意图，出卖目的主要是在其强奸艾某以及艾某不愿与其发生性行为后产生的，因此，不能将这种情况评价为“奸淫被拐卖的妇女”。继而不能适用《刑法》第241条第5款之规定。

此外，笔者认为应当注意一个问题，就是王某强奸艾某的犯意与将艾某出卖的意图产生先后的问题，这个问题虽然细小，但是往往失之毫厘差之千里。具体分为两种情况，首先，倘若王某强奸意图在出卖意图之前，那么也应当将其按照收买妇女罪、强奸罪和拐卖妇女罪数罪并罚处理。因为，一方面，王某强奸艾某时还不具备将其出卖的意图，而且也没有出卖行为，进而不能将其评价为强奸被拐卖的妇女，而评价为拐卖妇女罪一罪；另一方面，行为人收买妇女后又将其强奸的应当数罪并罚。结合这两点笔者认为此种情况应当按照这三罪并罚。其次，如果王某的强奸意图在出卖意图之后产生，则宜按照收买妇女罪和拐卖妇女罪两罪并罚处理，理由与前一方面类似。但值得注意的是，笔者不认为这两种情况按照拐卖妇女罪一罪处理，因为先从收买行为与拐卖行为之间的关系来看，本案中行为人的收买行为与拐卖行为是有明显的“时空间隔”，后面的拐卖行为明显属于另起犯意，换言之，收买行为与拐卖行为不是基于同一个概括的故意或动机产生的，因此不属于法律条文的特殊规定，不能将其按“收买妇女又将其出卖的认定为拐卖妇女罪”来处理。因此，无论强奸意图和出卖意图两者先后顺序如何，都不能将这种情况按拐卖妇女罪一罪来处理。[1]

（二）拐卖妇女、儿童三人以上的认定

我国《刑法》第 240 条规定了 6 种行为。行为人若是对 3 个或 3 个以上的被害人实施这 6 种行为可以有很多种情况：行为人可以是一次拐卖 3 人以上；也可以是多次拐卖妇女、儿童，总数为 3 人以上；还可以是实施上述 6 种行为之一种或数种，但对象总计为 3 人以上的，如拐骗 1 人，绑架 2 人，或贩卖 1 人、接送 1 人、中转 1 人；先收买 1 名被害人又拐骗 2 名被害人；行为人实施了中转 3 人的行为；行为人先后绑架了 2 名被害人又拐骗 1 名被害人等情况。例如，55 岁的赵英（化名）原本是妇产科医生，退休后，赵英在禹城开了家诊所。2010 年，一名未婚孕妇到赵英的诊所就诊，希望赵英能帮她把孩子生下来。考虑到自己没有结婚就有了孩子，以后不好再嫁人，这名未婚妈妈便请求赵英帮忙找个好人家把孩子卖了。想到未婚先孕女子的苦楚，赵英决定帮忙。随后，她将婴儿以 3 万元的价格卖给了一名叫张刚（化名）的男子。事后，产妇家属支付给赵英 3 000元作为报酬。后来，赵英又先后两次将刚出生的婴儿转卖给张刚，共收取了 6 000 元人民币。本案中，犯罪嫌疑人赵英先后实施了三次贩卖行为，贩卖婴儿。

实践中会有很多种情况，比如，如果被拐卖妇女携带自己不满 14 周岁的孩子，应当如何处理？我国司法实践的做法就是看其是否有将其子女作为商品进行买卖、出售的主观意图。如果有，就计入被拐卖人口的总数；反之，则不计入总数。但是，如果被拐卖的妇女是一名待产的孕妇呢？例如，2006 年 7 月，张某伙同陈某打算将本村的智障妇女李某和薛某卖给外

---

[1] 王夺．拐卖妇女、儿童罪的实践难题及解决［D］．沈阳：辽宁大学，2013.

村的田某，此时的李某已经怀孕数月了，就在张某和陈某将李某、薛某卖给田某后，李某产下一婴儿，后案发。本案中，张某和陈某是否成立拐卖妇女罪中“拐卖妇女、儿童3人以上”的加重情节？对此问题有两种不同的观点：

第一种观点认为本案中张某和陈某成立拐卖妇女、儿童罪中“拐卖妇女、儿童3人以上”的加重情节责任。[1] 主要理由是：一方面从行为人张某和陈某的立场上来看，行为人的主观方面具有出卖的意图，并且明知李某怀孕而仍然将其出卖。客观方面，尽管孩子尚未出生，但由于行为人张某与陈某已经对薛某和李某进行了有效的控制，即便是孩子尚未出生但在社会观念意义上也视为受到其控制。所以，此时李某腹中的胎儿应当也计入被拐卖的人数中。另一方面从收买人田某的立场上看，虽然婴儿是在张某、李某卖给田某后才出生的，但买卖双方在商谈的过程中均预料到孩子必然出生，只是时间上或早或晚的问题。如果在买卖商定之后、交付完成之前，李某生下婴儿，显然也在田某的收买范围。因此，应当将买卖行为完成后出生的婴儿计入到拐卖的人数中。

第二种观点与第一种观点截然相反，认为张某和李某不成立拐卖妇女、儿童罪中“拐卖妇女、儿童3人以上”的加重情节责任。主要根据两方面：其一，根据我国刑法及相关决定可知本罪的犯罪对象不包括胎儿。就本案来看，行为人陈某与张某出卖时婴儿尚未出生，只呈现出胎儿的状态，没有独立存在。因此不能就贸然将其视为儿童计入拐卖妇女、儿童的总数之中。这样也不利于保障人权。其二，田某收买李某、薛某后婴儿出生，但这并不必然意味着田某就有收买婴儿的意图。陈某与张某具有出卖婴儿的目的，也可能存在陈某、张某与田某商定出卖李某、薛某，胎儿则不是买卖的主体之一而仅仅是作为李某的“附属物”。况且，出卖行为完成之前，胎儿并未出生，只是在田某收买后才出生。因此，不能将婴儿计入拐卖人口的总数中。

以上两种观点争议的焦点在于出卖行为完成后出生的婴儿能否计入行为人拐卖人口的总数中。第一种观点以实行行为作为出发点，认为行为人对李某“母体”实施了控制行为就必然会控制其腹中的胎儿，属于典型的行为无价值论的观点。第二种观点从行为人的最终结果入手，证明行为人

---

[1] 董邦俊．侵犯公民人身权利、民主权利罪［M］．北京：中国人民公安大学出版社，2010：187.

的出卖行为并未对李某腹中的胎儿、之后出生的婴儿进行实际控制。况且由于在张某和陈某的整个拐卖过程中，婴儿尚未出生，就更谈不上法益侵害了。

笔者认为本罪以第二种意见处理为宜。理由如下：从对“3 人以上”的理解来看，拐卖妇女、儿童罪的 3 人从立法者本意来看应当指的是通过拐骗、绑架、收买、贩卖、接送、中转这 6 种行为实力控制的、现实存在的 3 人或 3 个以上的独立的自然人。换言之，满足拐卖妇女儿童罪中“3 人以上”的加重情节不仅仅要求行为人要实力控制、支配、操纵被害人，还要求这种实力控制是针对“实实在在”“独立自主”的自然人而言，而并非是某种可能的、推测的、观念上的控制。就本案而言，行为人张某与陈某在出卖李某、薛某时，尽管李某怀孕但胎儿尚未出生，而且我国相关司法解释也将儿童的分界标准明文规定下来。很明显，胎儿不属于婴儿，不能为了惩罚犯罪而故意将胎儿评价为婴儿，否则无异于将骨灰评价为尸体，难免有类推解释之嫌。

三、拐卖妇女、儿童罪罪数形态的认定

（一）拐卖妇女、儿童罪与非罪的认定

1. 拐卖妇女罪与借介绍婚姻索取财物行为

由于拐卖妇女罪大多表现为将妇女卖与他人为妻的情况，因而拐卖妇女罪在婚姻关系促成和索取财物上与介绍婚姻索取财物的行为存在共同点，而且本罪的构成又无需违反被害人的意志，那么如何区分本罪与介绍婚姻索取财物行为呢？借介绍婚姻索取财物是指行为人借为男女双方做婚姻介绍人的机会，向其中一方或双方索取财物。这种行为是一般违法行为，不构成犯罪。其区别主要表现在：第一，前者具有拐卖的故意，后者不具有拐卖的故意。是否取得被害人的同意和是否收取“价金”并不是区分本罪和介绍婚姻索取财物行为的关键，两者的区别在于行为人是否具有出卖的故意，即是否将妇女作为商品。如果行为人是为了出卖妇女，那么即使其行为的表现是介绍婚姻，而且妇女也同意缔结婚姻，行为人也是构成犯罪的。当然主观的故意有时候很难认定，只能从其表现来判断。如某丙将甲女介绍给乙男结婚，双方都同意，但是某丙一定要收取 5 000 元，由于乙男没有支付，某丙竟然在婚礼上将甲女强行带走，打算介绍给别人。从某丙的这种行为我们可以看出，介绍婚姻仅仅是一个借口，其真实目的是为了获取财物，某丙事实上并没有把甲女当成一个有自由意志的

人，而是当成了没有意志、由其控制的商品，因此应当构成拐卖妇女罪。第二，前者对被害人实施了拐骗、出卖等行为，被害人一般无选择余地；后者没有实施这种行为，而是为双方牵线搭桥。第三，前者把妇女作为商品出卖，所获取的利润是被害妇女的“身价”；后者则是将一方介绍给另一方，索取“介绍费”，且收取的财物具有酬谢的性质。但是，要注意的是，收取一定的财物并不等于将妇女作为商品。因为介绍婚姻中索取的“介绍费”与出卖妇女所获取的“身价”，在物质形态上都表现为一定的货币或者实物，并且，财物的性质是“身价”还是“介绍费”也无法从男方给付或从财物的数量上加以判断。因为，“身价”或“介绍费”大多数情况下都由男方支付；再如，实践中有些妇女被卖的价钱还不比介绍婚姻者所获得“介绍费”多。事实上，给付财物也并不是一定发生在交易过程中。因此，收取一定的财物并不能作为交易是否发生，即是否将妇女作为商品而出卖的判断依据。第四，前者通常是先拐骗妇女，再寻找买主，标价出卖，或者先找买主，再拐骗妇女，一手交钱一手交人；后者通常是受人之托，为他人物色婚姻对象，待婚事谈成后再索要财物。第五，前者行为人一般与被害人及其家属不熟，被拐卖妇女除个别情况是出于妇女自愿以外，大多数是被欺骗和违背其意志的，即其行为具有强制性、欺骗性；后者介绍人一般是被害人及其家属的熟人或朋友，双方有相互信赖的关系，其介绍行为并没有强制性、欺骗性。第六，拐卖妇女罪侵犯了妇女的人身权利，借介绍婚姻索取财物的行为没有侵犯他人的人身权利。例如，李某龙是农民，越南人黎氏秋商几年前被人贩子从越南贩卖给李某龙为妻，后二人产生从越南贩卖妇女的意图。2004 年 8 月至 2005 年 6 月，李某龙和黎氏秋商先后 5 次分别以 5 000 元至 10 900 元的价格，将 5 名越南籍女子贩卖给农民为妻，共得赃款 4.04 万元人民币。法院认为，被告人李某龙和黎氏秋商以出卖为目的，将多名越南妇女拐骗至中国境内贩卖给他人，其行为已构成拐卖妇女罪，情节严重。在共同犯罪中，李金龙积极联系买主，并将被害人带至出卖地点与买主商讨价格及收取钱款，黎氏秋商采取欺骗利诱等手段，以介绍婚姻为名让被害人书写自愿跟其到中国谋生及寻找幸福的保证后，将被害人从越南拐骗至中国境内贩卖，每笔交易中所收取的钱款均远远超过了实际的旅途费用。2 人贩卖妇女牟取利益的目的明确。2006 年 4 月 6 日，被告人黎氏秋商和李某龙犯拐卖妇女罪，被法院各判处有期徒刑 10 年，均并处罚金 5 万元。

2. 拐卖儿童罪与介绍收养而索取财物的行为

后者是指行为人借为他人介绍收养的机会，向收养的一方索取财物。这种行为是一种违法行为，但不构成犯罪。它们的区别主要是：第一，前者是拐骗、出卖儿童；后者是将儿童介绍给他人收养。第二，前者一般没有经过儿童家长的同意；后者都是经过儿童家长同意的，收养关系最终能否成立，完全取决于儿童的监护人。第三，前者将儿童作为商品买卖，所获的利润是被害儿童的“身价”；后者是将儿童介绍给他人收养，索取“介绍费”，不是将儿童作为买卖对象，行为人是在收养关系自愿成立的基础上索取酬金，数目相对较低。第四，拐卖儿童罪侵犯了儿童的人身权利，借介绍收养索取财物的行为没有侵犯他人的人身权利。

3. 关于亲卖亲案件的认定与处理

樊某、丁某的女儿未婚生育一子，无法抚养。二人商量后，决定将其女儿所生的男婴送给他人。樊某与校某联系，欲将该男婴卖于校某为子并向其索要20 000元。同年4月的一天，两被告人将该男婴交给校某，后校某先后交给樊某20 000元。樊某和丁某各分得10 000元。人民法院审理后认为，二被告人将自己的外孙卖予他人，其行为均构成拐卖儿童罪。又如，毛某与女青年晓玲非法同居生活在一起。晓玲先后为毛某生育两个女儿。毛某自感无力抚养两个孩子，便瞒着晓玲通过接生婆将小女儿3 000元卖给他人。后又以1万元将大女儿卖给本村一村民的亲戚家，毛某因犯拐卖儿童罪，被人民法院判处有期徒刑5年零6个月。

出卖亲生子是否构成犯罪以及何罪一直是理论界和实务界争议的话题，主要有三种观点。第一种观点认为不构成犯罪。因为法律没有明文规定。而根据《刑法》的规定，拐卖儿童罪要求以出卖为目的并实施了拐骗、收买、绑架、接送、贩卖、中转这6种行为之一，其中拐骗是指用欺骗、利诱等手段使儿童脱离家庭或其监护人。绑架是指用强迫手段将儿童处在自己控制之下。收买是指为了再卖高价而从拐卖、绑架儿童的犯罪分子手中买来被害的儿童。贩卖，是指拐卖儿童的犯罪分子将拐骗、收买来的儿童卖予他人的行为。接送或者中转，是指在进行拐卖儿童的途中，负责移送、接转被拐卖儿童的行为。而“出卖亲生子”只有出卖行为，不符合上述的规定，因此不构成犯罪。第二种观点认为构成遗弃罪。父母对亲生子女负有抚养义务，但却为了其他的目的，将子女卖给他人，在客观上形成了有抚养义务而拒不抚养的行为，符合遗弃罪的构成要件。第三种观点认为构成拐卖儿童罪。为了获取利益而将亲生子女出卖，主观上有营利的目的，客观上实施了出卖行为，侵害了儿童的人身自由权，应构成拐卖儿童罪。

对亲卖亲案件的定性和处理，我国不同阶段的相关政策经历过微妙的变化。1999 年 10 月 27 日最高人民法院《全国法院维护农村稳定刑事审判工作座谈会纪要》指出，要严格把握此类案件罪与非罪的界限。对于买卖至亲的案件，要区别对待：以贩卖牟利为目的“收养”子女的，应以拐卖儿童罪处理；对那些迫于生活困难，受重男轻女影响而出卖亲生子女或收养子女的，可不作为犯罪处理；对于出卖子女确属情节恶劣的，可按遗弃罪处罚；对于那些确属介绍婚姻，且被介绍的男女双方相互了解对方的基本情况，或者确属介绍收养，并经被收养人父母同意的，尽管介绍的人数比较多，从中收取财物较多，也不应作为犯罪处理。

2000 年 3 月 20 日高人民法院、最高人民检察院、公安部、民政部、司法部、全国妇联《关于打击拐卖妇女儿童犯罪有关问题的通知》指出，出卖亲生子女的，由公安机关依法没收非法所得，并处以罚款；以营利为目的，出卖不满 14 周岁子女，情节恶劣的，借收养名义拐卖儿童的，以及出卖捡拾的儿童的，均应以拐卖儿童罪追究刑事责任。出卖 14 周岁以上女性亲属或者其他不满 14 周岁亲属的，以拐卖妇女、儿童罪追究刑事责任。例如，李某莲因吸毒被劳教 3 年释放后来到宣威市谋生时，产生了拐卖当地儿童发财的邪念。经过思考，她决定以收养或帮助他人领养的方式在宣威、会泽的一些乡镇组织“货源”，低价收购婴儿，中转后高价卖出，从中牟取暴利。她四处放出帮助超生婴儿找个好人家的消息后，有些家庭不仅不要任何费用，还主动给孩子点钱物做纪念。李某莲只要一转手就可以获利上千元。法院一审以拐卖儿童罪判处被告人李某莲有期徒刑 15 年，并处罚金 2 万元。本案中，犯罪嫌疑人李某莲以营利为目的，借收养或帮助他人领养的名义将 8 名儿童出卖，情节恶劣，构成了拐卖儿童罪。

2010 年 3 月 15 日最高人民法院、最高人民检察院、公安部、司法部《关于依法惩治拐卖妇女儿童犯罪的意见》第 15 条指出，以出卖为目的强抢儿童，或者捡拾儿童后予以出卖，符合刑法第 240 条第 2 款规定的，应当以拐卖儿童罪论处。以抚养为目的偷盗婴幼儿或者拐骗儿童，之后予以出卖的，以拐卖儿童罪论处。该意见第 16 条指出，以非法获利为目的，出卖亲生子女的，应当以拐卖妇女、儿童罪论处。例如，因犯盗窃罪出狱的马某超经人介绍认识了同村年仅 17 岁的赵某。同年 12 月 30 日，按照农村的风俗，马某超和赵某举行了婚礼，但因不到法定结婚年龄，两人没有到民政部门办理结婚登记手续。婚后，因为两人没有挣钱的门路，生活的难题接踵而至，而就在这个时候，他们的女儿降生了。女儿的降生不仅没有给这个家庭带来欢乐和笑语，夫妻两人反而因为经济问题开始发生争执和摩擦。马某超趁妻子赵某回娘家拿东西之际，将女儿以 1.5 万元的价格卖给了“收养人”司某。20 天后，将女儿卖掉后大肆挥霍已身无分文、期间又盗窃作案 5 次、涉案金额达 4 000 元的马某超被公安机关抓获归案。马某超被法院依法以拐卖儿童罪、盗窃罪数罪并罚判处有期徒刑 7 年，并处罚金人民币 2.2 万元。该意见第 17 条指出，要严格区分借送养之名出卖亲生子女与民间送养行为的界限。区分的关键在于行为人是否具有非法获利的目的。应当通过审查将子女“送”人的背景和原因、有无收取钱财及收取钱财的多少、对方是否具有抚养目的及有无抚养能力等事实，综合判断行为人是否具有非法获利的目的。具有下列情形之一的，可以认定属于出卖亲生子女，应当以拐卖妇女、儿童罪论处：①将生育作为非法获利手段，生育后即出卖子女的；②明知对方不具有抚养目的，或者根本不考虑对方是否具有抚养目的，为收取钱财将子女“送”给他人的；③为收取明显不属于“营养费”“感谢费”的巨额钱财将子女“送”给他人的；④其他足以反映行为人具有非法获利目的的“送养”行为的。不是出于非法获利目的，而是迫于生活困难，或者受重男轻女思想影响，私自将没有独立生活能力的子女送给他人抚养，包括收取少量“营养费”“感谢费”的，属于民间送养行为，不能以拐卖妇女、儿童罪论处。对私自送养导致子女身心健康受到严重损害，或者具有其他恶劣情节，符合遗弃罪特征的，可以遗弃罪论处；情节显著轻微危害不大的，可由公安机关依法予以行政处罚。第 19 条指出，医疗机构、社会福利机构等单位的工作人员以非法获利为目的，将所诊疗、护理、抚养的儿童贩卖给他人的，以拐卖儿童罪论处。第 31 条指出，多名家庭成员或者亲友共同参与出卖亲生子女，或者“买人为妻”“买人为子”构成收买被拐卖的妇女、儿童罪的，一般应当在综合考察犯意提起、各行为人在犯罪中所起作用等情节的基础上，依法追究其中罪责较重者的刑事责任。对于其他情节显著轻微危害不大，不认为是犯罪的，依法不追究刑事责任；必要时可以由公安机关予以行政处罚。

4. 本罪是否要求违背被害人的意志

拐卖妇女、儿童罪中，若犯罪对象是儿童，拐卖儿童的犯罪性是没有争议的，因为儿童是不能作出有效同意的，所以关键问题是犯罪对象是妇女时，应该如何处理对待。目前理论界有肯定说和否定说。

肯定说认为，拐卖妇女、儿童罪必须以违背被害人的意志为必要，肯定说中一般又分为两种观点。一种观点认为，人身自由权是拐卖妇女、儿童犯罪所侵犯的客体，行为人通过诱惑、胁迫、欺骗等种种手段，把被拐妇女儿童像商品一样进行交易的前提必须是违背了他们的真实意志，但需特别注意的是不能简单地以被拐卖妇女儿童是否同意作为是否违背他们真实意志的标准。此观点把被害人意志和被害人同意区别开来，两者意思并不等同，也就是说被害人同意被出卖并不能代表被害人愿意被卖的意志，就像生命权不能承诺放弃一样，而需要根据当时所处的具体情况、具体环境来进行综合分析和判断。当被拐卖妇女受到较强的强制时，应当认被定被害人并未作出真实的意思表示其同意被卖，而是在犯罪分子的强制力压制控制的情况下实施的迫不得已的行为，是不能把这种同意当成是被拐妇女的真实意志的。然而当被拐妇女没有受到不法分子控制和压迫时，而是出于本人真实的意愿要求被卖的，应认定为被拐妇女的真实意志。例如，某妇女由于生活比较贫困，希望走出大山去外面嫁个经济条件稍好的家庭，而积极要求将其卖出。在这种情况下，因为是被拐妇女的真实意愿，可以看成是一种相亲的行为，而不宜认定为构成拐卖妇女罪。另一种观点认为，拐卖妇女儿童犯罪通常以“违背被害人的意志”为构成要件，因为这类犯罪的手段毕竟是“拐卖”，若不以“违背被害人的意志”为必要条件，将无法体现出“拐卖”行为的实际特征，而变成了“出卖”行为。“违背被害人的意志”为“显性条件”，即使刑法没有明文规定但也应该注意理解的条件。张明楷教授认为，在现实生活中，一些妇女因为生活贫困等原因，愿意甚至主动让他人将自己出卖，出卖者的行为原则上是不构成拐卖妇女罪的。

否定说认为，法律必须维护公民最基本的人身权利和尊严，不能将人作为特殊商品进行买卖，即便被拐妇女出于某种自身的原因，同意将自己出卖，没有违背她们的真实意志，也不能改变这种行为的犯罪性质，只要以出卖为目的且实施了拐卖妇女、儿童的行为，就应定拐卖妇女儿童罪。[1]拐卖妇女、儿童的行为并不以违背被害人的意志为前提。这种观点认为被拐妇女是不可能作出真正同意的意思表示的，人身的买卖不能由她们决定，不可能发生不违背被害人意志的情况。从维护人的尊严和保护人权的

[1] 刘嘉洛．拐卖妇女、儿童罪中被害人意志［J］．法制与社会，2011（7）．

角度出发，应推定一切的拐卖行为都是违背了被拐妇女的意志的，这样就可以合理解释为什么即使被害人同意将其出卖，而行为人仍然构成拐卖妇女、儿童罪的原因。

笔者认为人格尊严权是本罪要保护的法益之一，人格尊严权是不能进行交易的，就像生命权一样超出了个人法益，不能自主选择，就算被拐妇女同意也不能将这种行为排除在犯罪之外。虽然从人身自由权的角度来看，现实生活中也可能存在不违背被拐妇女意志的少数特殊情况，例如，被害人真心情愿，不排除甚至积极主动的要求别人把自己卖了，如果说这样违背了被害人的意志是牵强的、无理的，但同样不能排除其社会危害性。被害人同意仅仅排除了法秩序规定的法益享有人所具有的处置权以内的伤害行为的违法性。因为这里仅仅涉及他本人自身的利益，而没有涉及他人或其他公众的利益。理论上由于被害人的同意意思表示能够阻却违法必须具备“被害人的同意是出于有益于社会的意图”的条件。但被拐妇女同意不法分子将自己当做特殊商品进行交易，不仅践踏了人权，更不符合公序良俗。因为将人作为特殊商品进行随意买卖，事实上无疑侵犯了人格尊严权，在落实保障人权、尊重人格尊严的现代社会，是不能容忍这种行为存在的，应当认定为犯罪。但要注意的是“自愿被卖”与“违背被害人意志”的社会危害性根本不同，要体现出“宽严相济”的刑事政策，量刑时就应该加以区别对待。有学者认为妇女自愿被卖虽不能免除拐卖者的刑事责任，但可以在量刑时考虑从轻处罚。因此在妇女作出自愿被卖甚至积极主动要求被卖的真实意思的表达情况下，例如，有的妇女因家庭生活困难或在家中受虐待、家庭暴力等不堪忍受精神上的折磨，而急于脱离自己的家庭，主动地让他人将自己拐卖，让自己生活得更加美好，也无可厚非。所以对犯罪分子也应当从轻处罚。

本罪是否以违背被害人意志为要件实质上是被害人的承诺是否阻却行为的违法性的问题。被害人承诺，又被称为被害人认诺、被害人同意，是指行为人对他人侵害自身权利时通过明示或默示的方式表示允许或支持对其不利影响的行为。被害人承诺作为一种排除违法性事由虽然已为国外刑法学界广泛认可，但是我国刑法尚未将其纳入到法律条文的明文规定当中。在刑法上，被害人承诺原理的适用范围是很有限的。在行为人实施拐卖妇女、儿童活动的过程中，能否引入被害人承诺相关理论在我国刑法学界引起广泛争论。例如，林某、周某、万某是某村村民。林某和周某是夫妻，与万某是同乡。万某家境贫寒，父母早逝，与奶奶相依为命。林某和周某为给万某“谋个好人家”于2009年7月征得万某同意，将其卖给邻村木匠田某为妻，二人得款5 000元。后经证实，婚后田某对万某百般刁难，经常虐待她。本案中，万某的同意能否阻却林某和周某成立拐卖妇女罪？

在拐卖妇女、儿童罪中，被害人承诺是否能够阻却违法，核心问题就在于对于法益的界定。对法益认识的内容不同决定了被害人承诺能否阻却违法。对于拐卖人口类犯罪侵犯的法益，我国刑法界也存在很大争议，主要有“单一法益派别”和“多重法益派别”，不同派别内部之间的观点都存在差异。笔者认为拐卖妇女、儿童罪保护的法益是妇女、儿童的人身自由、人身安全以及人格尊严。关于被害人承诺能否作为违法阻却的事由国内外仍是争议不断，我国对此问题也没有一个统一的看法。目前，我国刑法界存在三种学说：第一种学说“肯定说”，其主要认为，被害人基于真实意思所作出的承诺能够阻却拐卖妇女、儿童罪的成立。其中这种学说又包含以下几种观点：其一，基于认为拐卖妇女、儿童罪保护的法益是人身自由，所以，如果妇女、儿童同意了行为人实施的拐卖行为则不构成犯罪；其二，基于构成要件理论，只有违背被害人意志将其出卖的行为才能评价为拐卖，否则便不会涉及对法益侵害的问题。本案按照“肯定说”来看，万某的承诺能够阻却林某和周某构成拐卖妇女罪。第二种学说“否定说”认为，被害人承诺并不是拐卖妇女、儿童罪成立的先决条件，也不是违反阻却的事由。其中包含如下观点：第一，基于人身权利的广泛性和普遍性，在拐卖妇女、儿童的过程中拐卖行为更侧重在侵犯被拐取者的人格尊严和家庭关系，因此，即便是被害人作出真实有效的承诺，但是仍然不可能将已经对人格尊严以及家庭关系造成的侵害恢复原状或是停止侵害。第二，从犯罪构成要件来看，主观方面，只要行为人具有出卖的目的；客观方面，只要行为人实施了拐骗、绑架、收买、贩卖、接送、中转这6种行为之一，就应当认定为拐卖妇女儿童罪。本案按照“否定说”来看，万某的承诺并不能够阻却林某和周某成立拐卖妇女罪。第三种学说“折中说”。该学说认为，只要行为人基于真实的意思内容作出有处分权限的承诺，况且没有危害到他人或社会，那么刑法就不应当加以干预。在处理拐卖妇女、儿童罪的过程中既不应完全赞同“肯定说”从而盲目地将违背被害人意志作为判断本罪成立与否的标准，也不应当对“否定说”全然排斥进而造成法益保护的失衡，而是应当将两者辩证地结合起来，针对拐卖妇女情形时，只要妇女是出于真实的意思表示，就应当认为其承诺有效，可以作为违法阻却的事由；就拐卖儿童情形而言，由于儿童尚不具备完全的辨认能力和识别能力，即便是其作出承诺表示，也应当认为承诺无效，不能将之作为违法阻却事由。本案根据“折中说”来看，万某的承诺是出于自己的真实意思表示，虽然其之后受到虐待，但也能够阻却林某和周某成立拐卖妇女罪。

以上三种学说中笔者赞同第二种“否定说”，认为拐卖妇女、儿童罪的成立不以被害人承诺为前提条件，被害人承诺不能作为本罪的违法阻却事由。即万某的承诺不能阻却林某和周某成立拐卖妇女罪。理由如下：一方面，我国宪法明确将“国家尊重和保障人权”纳入到法律保障范围。而人权又包括生命权、生存权和发展权。其中生存权具体体现为尊严权、自由权以及财产权。被害人承诺可以支配的权利范围能否包括上述权利，笔者认为，生命权是不在其支配范围内的，而自由权和财产权以及发展权是可以放弃的，关键在于尊严权的界分。笔者认为，在高度文明的现代社会，人权意识普遍深入人心，“有尊严地生存”已成为大众心中的“最高理想”，因此，尊严权不应当在被害人承诺的支配范围内，况且保障人权已经入宪，很难再将人格尊严作为行为人可以自主支配的权利而放弃。另一方面，从我国被害人承诺的成立条件来看，有效的被害人承诺主要满足的条件有：主体条件，是指行为人为完全刑事责任能力人；主观条件，是指行为人必须出于真实意思表示；对象条件，是指行为人享有处置权限的事物或权利；时间条件，是指承诺至迟与危害行为同时发生；内容条件，是指行为人承诺的范围不应当违反法律或危害社会。针对拐卖妇女、儿童行为所作出的承诺，如果针对人身自由而言将其作为违法阻却事由是可以的，但是这种将人作为商品进行交易的行为，不仅仅是违反法律的而且更是违背了社会约定俗成的秩序。综上所述，结合以上两点，笔者认为，拐卖妇女、儿童罪与被害人承诺没有必然的联系，被害人承诺不能作为本罪的违法阻却事由。因此，本案中，万某虽然口头同意将自己出卖，表面上其已经放弃了人身自由和人身安全，但是根据笔者所论，尊严权是不可以放弃的。因此，万某的承诺无效，林某和周某仍成立拐卖妇女罪。

与被害人同意相关的一个问题是被拐取人的监护人的同意是否排除违法。在拐卖儿童的场合，如果认为保护法益是监护人的监护权，就存在监护人的同意可以阻却违法的可能。因为监护人的监护权并非拐卖儿童罪的保护法益，因此，从这一点看不存在监护人的同意阻却违法的余地。问题是，监护人同意对被监护人法益的侵害是否有效。成立有效的同意，一般要求该同意必须是由法益的主体本人作出。笔者认为，监护人同意的成立范围是相当有限的，应当就不同的犯罪构成作出具体的判断。在作出判断时，也应考虑该法益对法益主体本人的重要性以及法政策允许的范围。基于人身自由和本来的生活场所的安全对被监护人的重要性，在拐卖儿童以及精神病患者等的场合，不存在监护人的同意排除违法的余地。[1]

5. 已满14周岁不满16周岁的未成年人拐卖妇女、儿童的认定

《刑法》第17条第2款规定："已满14周岁不满16周岁的未成年人犯故意杀人、故意伤害致人重伤或死亡、强奸、抢劫、贩卖毒品、放火、爆炸、投放毒品罪的，应当负刑事责任。"根据《全国人民代表大会常务委员会法制工作委员会关于已满十四周岁不满十六周岁的人承担刑事责任范围问题的答复意见》（以下简称《答复意见》），上述刑法法条规定的8种犯罪，是指具体犯罪行为而不是具体罪名。由于拐卖妇女、儿童的行为不在上述8种行为之内，因此，已满14周岁不满16周岁的未成年人有拐卖妇女、儿童行为的，不构成犯罪。但是《答复意见》同时指出，对司法实践中出现的已满14周岁不满16周岁的未成年人绑架人质后杀害被绑架人，拐卖妇女、儿童而故意造成被拐卖妇女、儿童重伤或死亡的行为，依据刑法应当追究刑事责任。因此，对于行为人在实施拐卖妇女、儿童的行为过程中，所实施的其他犯罪行为，如奸淫被拐卖的妇女、致被绑架人死亡的情况，是否应该追究其刑事责任呢？有观点认为，根据罪刑法定原则，既然强奸妇女行为被作为拐卖妇女、儿童罪的一个加重情节，因此对在拐卖妇女、儿童的过程中实施了强奸行为的，也只能定拐卖妇女、儿童罪，而拐卖妇女、儿童罪不属于已满14周岁不满16周岁的人承担的罪种范围，故在该种情况下，已满14周岁不满16周岁的人不构成犯罪。笔者认为，这种观点是错误的，我们应当视不同的情况分别处理。

第一，已满14周岁不满16周岁的人在实施拐卖妇女、儿童的行为过程中强奸妇女的情况。针对此种情况，由于《答复意见》认为《刑法》第17条第2款规定的8种犯罪是指具体犯罪行为而非罪名，因此并不需要行为人的行为触犯所谓的强奸罪的罪名，而只要其在实施拐卖妇女、儿童行为的过程中同时具备了强奸罪的犯罪构成，就可以追究其刑事责任。这种情况跟《答复意见》中指出的已满14周岁不满16周岁的未成年人绑架人质后杀害被绑架人的情况是类似的。《刑法》第239条规定，"致使被绑架

---

[1] 杨金彪．拐卖妇女、儿童罪的几个问题［J］．现代法学，2004（5）．

人死亡或者杀害被绑架人的，处死刑，并处没收财产”，在该条中故意杀害被绑架人的行为同样由于法条的规定而成为绑架罪的加重情节，根据上面提出的错误观点，在绑架的过程中杀害被绑架人的行为也只能定绑架罪，因此不宜追究行为人的刑事责任。但是《答复意见》却明确了已满14周岁不满16周岁的未成年人绑架人质后杀害被绑架人的，应当追究刑事责任。综上，笔者认为，已满14周岁不满16周岁的人在实施拐卖妇女、儿童的行为过程中强奸妇女的，应当追究其刑事责任。

然而，2003年4月，最高人民检察院作出《最高人民检察院关于相对刑事责任年龄的人承担刑事责任范围有关问题的答复》，明确了“相对刑事责任年龄的人实施了刑法第17条第2款规定的行为，应当追究刑事责任的，其罪名应当根据所触犯的刑法分则具体条文认定。对于绑架后杀害被绑架人的，其罪名应认定为绑架罪”。根据该规定，已满14周岁不满16周岁的人在实施拐卖妇女、儿童的行为过程中强奸妇女的情况，应当构成拐卖妇女、儿童罪。这样就出现一个问题，明明《刑法》第17条第2款只规定已满14周岁不满16周岁的人只对8种犯罪行为承担刑事责任，现在却由于一个既不属于法律也不属立法解释的《答复意见》和一个检察院的答复，就要其承担8种犯罪以外的其他犯罪的刑事责任，这是与罪刑法定原则相违背的。因此，2006年《最高人民法院关于审理未成年人刑事案件具体应用法律若干问题的解释》，在符合罪刑法定原则，又不放纵犯罪的基础上，以司法解释的形式，明确了在这种情况下罪名的确定方法。该解释第5条规定，“已满十四周岁不满十六周岁的人实施刑法第十七条第二款规定以外的行为，如果同时触犯了刑法第十七条第二款规定的，应当依照刑法第十七条第二款的规定确定罪名，定罪处罚”。也就是说，具体罪名的确定，不能离开《刑法》第17条第2款规定的八大犯罪。根据这一司法解释，已满14周岁不满16周岁的人在实施拐卖妇女、儿童的行为过程中奸淫妇女的，应当以强奸罪追究其刑事责任。

第二，已满14周岁不满16周岁的人在实施拐卖妇女、儿童的行为过程中故意杀人或故意致人重伤的情况。这种情况，由于行为人具有杀人或者致人重伤的故意，已经构成故意杀人罪或者故意伤害罪，根据《答复意见》和《最高人民法院关于审理未成年人刑事案件具体应用法律若干问题的解释》第5条的规定，应当以故意杀人罪或者故意伤害罪定罪处罚。

第三，已满14周岁不满16周岁的人在实施拐卖妇女、儿童的行为过程中造成被拐卖的妇女、儿童或者其亲属重伤或者死亡的情况。这种情况比较特殊，行为人的行为虽然在客观上造成了致人死亡或者重伤的结果，但是由于其仅具有出卖的故意，而不具有杀人或伤害的故意，因此不能构成故意杀人罪或者故意伤害罪，也不能追究其刑事责任。这也是《答复意见》明确拐卖妇女、儿童而故意造成被拐卖妇女、儿童重伤或死亡的行为应当追究行为人刑事责任时，强调了“故意”二字的原因。❶

（二）拐卖妇女、儿童罪与彼罪的认定

1. 拐卖妇女、儿童罪与拐骗儿童罪的界限

《刑法》第262条规定的拐骗儿童罪，是指拐骗不满14周岁的男、女儿童脱离家庭或者监护人的行为。本罪与拐骗儿童罪相同之处在于，客观上都实施了拐骗行为，犯罪对象均是未满14周岁的儿童，也都主要采用欺骗、利诱等手段。二者的主要区别在于：①侵犯的客体不同。前者侵犯的客体是儿童的人身自由权利与人格尊严，后者通说认为是他人的家庭关系与儿童的合法权益。②行为方式不尽相同，前者是采取蒙骗、利诱或者其他方法，而后者是在蒙骗、利诱或者其他方法之外，还可能使用暴力、胁迫等手段。③犯罪的动机和目的不同。前者的目的为了出卖；后者则主要是为了供自己或他人使唤、收养或者奴役，而非出卖。由于罪过只存在于行为人的内心，最终只能由客观的事实表现出来，如果没有能够表现罪过的具体的行为，就不能认定行为人某种特定的罪过；罪过也只存在于行为之时，需要依据客观事实作事后的判断，也就是说，罪过的存在与所对应的行为必须是同时存在的，不能凭行为人曾经有过这样的罪过，就对其定罪处罚。因此，要区分拐卖儿童罪和拐骗儿童罪在主观目的上的不同，只能从其行为表现上来区分。在拐卖行为虽然既遂，但尚未出卖受害人就案发，或者是在犯罪未遂的情况下，除非行为人自己承认具有出卖目的，或者有行为人已经与他人谈好价格、与他人进行了出卖的犯意沟通或做了谋划等事实证明行为人有出卖的故意，在没有任何事实证据可以证明行为人具有出卖目的的情况下，只能从轻罪，即以拐骗儿童罪论处。

在实践中，经常出现行为人在婴幼儿的监护人或者看管人不在场的情况下，通过欺骗、引诱等方式使得婴幼儿脱离家庭并将其出卖的情形，此种情形是否可以认定为以出卖为目的偷盗婴幼儿？笔者持肯定的观点。婴幼儿年龄甚小，缺乏认识能力和判断能力。行为人在婴幼儿的监护人或者看管人不知情的情况下将婴幼儿拐骗脱离家庭，这种拐骗行为相对于监护

❶ 杨慧丽．拐卖妇女、儿童罪探析［D］．北京：中国政法大学，2006.

人或看管人来说具有秘密性，实际上属于对监护人或看管人的秘密窃取行为。但是如果行为人在监护人或者看管人在场的情况下，通过欺骗、引诱监护人或者看管人而将婴幼儿带走的，则属于拐骗行为，而不是偷盗行为，不能适用此处的加重处罚情节。

2. 拐卖妇女、儿童罪与绑架罪的界限

本罪中以出卖为目的绑架妇女、儿童或偷盗婴幼儿的方式实施的情形与以妇女、儿童为绑架对象的绑架罪在客观上有相同之处，其主要区别在于：①犯罪客体不完全相同。本罪的客体只是妇女、儿童的人身安全、自由权利与人格尊严；而绑架罪既存在复杂客体（人身自由权利和财产权利）的情况，也存在单一客体的情况。②行为方式不同。本罪表现为拐骗、绑架、收买、贩卖、接送、中转妇女、儿童以及偷盗婴幼儿出卖的行为。本罪的绑架的含义比绑架罪中的绑架的含义要窄。本罪中的绑架只限于暴力、胁迫或者麻醉方法；而绑架罪中的绑架则是采用暴力、胁迫或者其他方法，使得被害人不能反抗、不敢反抗或者不知反抗。[1] 如通过欺骗的方式将被害人置于自己的实力控制之下，属于绑架罪中的绑架，但是不属于拐卖妇女、儿童罪中的绑架。绑架罪表现为使用暴力、胁迫、麻醉方法或者其他方法劫持或以实力控制他人，然后向其近亲属或其他人勒索财物或者提出其他不法要求的行为。③获取的利益不同。本罪是将妇女、儿童出卖获取钱财；而绑架罪是向人质的亲属或利害关系人或有关机关要挟，可为钱财，也可为其他利益。④主观方面的目的不同。本罪的犯罪目的在于将妇女、儿童出卖；而后罪的目的在于向被绑架人的近亲属或他人或其他单位勒索财物或提出其他不法要求。⑤犯罪对象不同。本罪的犯罪对象仅限于妇女、儿童；绑架罪的犯罪对象可以是任何人，包括男子。

对于行为人绑架妇女、儿童勒索财物未逞或提出不法要求得不到满足后，又将妇女、儿童出卖的行为，由于行为人在绑架时的主观目的与拐卖妇女、儿童罪 8 种加重情形之中的主观目的要求不同，因此不能适用该加重情形的规定对犯罪行为人定罪处罚，即不能“以情节严重或特别严重的拐卖妇女、儿童罪定罪处罚”。在学理通说上，绑架罪属于行为犯，只要行为人实施了绑架他人的行为，并使其处于自己的控制之下，就成立既遂，而不论是将被害人劫持离开其本来所在还是让他人离开只剩下被害人。行为人是否在客观上实现了勒索财物或财产性利益或者绑架人质的其

---

[1] 王志远．利用事前状态型绑架罪及其延伸［J］．中国刑事法杂志，2007（6）.

他目的，并不影响绑架罪的既遂。因此，只要行为人已经实施了绑架行为，虽然其未在事实上勒索到财物或提出的不法要求没有得到满足，根据绑架罪的既遂标准，其绑架行为已经既遂。即使其在绑架罪既遂后又将受害人出卖的，该出卖行为已经是在一个新的犯罪故意下——出卖妇女、儿童的故意，实施的一个新的犯罪行为——将受害人卖出，因此构成另一犯罪——拐卖妇女、儿童罪，在两个不同的犯罪故意下实施两个不同的不能竞合的犯罪，对于犯罪行为人而言，应当数罪并罚。另外，行为人以出卖为目的控制了妇女、儿童后，又利用妇女、儿童的近亲属或者其他人对妇女、儿童人身的担忧而勒索财物或者提出其他不法要求的，也应当以拐卖妇女、儿童罪与绑架罪数罪并罚。

3. 拐卖妇女、儿童罪与诈骗罪的界限

一般情况下，拐卖妇女罪与诈骗罪很容易区分，但在实践中，有的妇女与他人合谋，以介绍婚姻或者被“卖”的形式设置骗局，骗取买方财物后逃走，俗称“放鹰”或“放飞鸽”。区别拐卖妇女、儿童罪与上述形式的诈骗罪，应主要把握以下几点：①侵犯的客体不完全相同。前者侵害的主要客体是被害人的人身权利；后者侵犯的客体是他人的财产权。②犯罪客观表现不同。本罪中拐卖妇女的行为通常表现为对妇女采取欺骗、蒙蔽或绑架等手段，将其卖给他人。行为人可以是虚构事实，骗取受害人及其家属的信任，而将受害人予以控制后再行出卖，但行为人虚构事实直接取得的是受害人的人身而不是财物，只有通过对被害人的贩卖，行为人才能最终获得财物。而诈骗罪在客观方面表现为妇女与他人合谋，骗取他人钱财。与前者相比，后者虚构事实的目的就是直接取得财物，妇女实际上是行为人骗取财物的工具。③犯罪目的不同。本罪中拐卖妇女的犯罪目的是通过出卖妇女后获得财物，而诈骗罪的犯罪目的是骗取钱财。④犯罪成立的条件不同。拐卖妇女罪是行为犯，行为人只要实施了拐骗、绑架、收买、贩卖、接送、中转妇女行为之一的，就构成犯罪；而诈骗罪是数额犯，要求数额较大才能构成犯罪。

4. 拐卖妇女、儿童罪与组织、运送他人偷越国（边）境罪的界限

一般而言，这两个罪名是容易区分的，如果犯罪对象是妇女、儿童，同时又具有跨国（边）境的属性，则主要的观察点在于行为人的犯罪目的、行为方式和妇女、儿童的主观意志。根据我国刑法规定，拐卖妇女、儿童罪的犯罪构成是以出卖为目的，并且有拐骗、绑架、收买、贩卖、接送、中转妇女、儿童的行为。而从被拐卖的妇女、儿童的主观意志来看，

具有被迫、被动的属性，组织、运送他人偷越国（边）境的对象则都是自愿的，不管是其出入境行为还是被组织、被运送的行为，都具有自愿的属性。这样的区别也符合《联合国打击跨国有组织犯罪公约》附件二和附件三关于“人口贩运”和“偷运人口”的界定。[1]

《刑法》第318条在规定组织他人偷越国（边）境罪时，其第2款规定：“犯前款罪，对被组织人有杀害、伤害、强奸、拐卖等犯罪行为，或者对检查人员有杀害、伤害等犯罪行为的，依照数罪并罚的规定处罚。”据此，行为人在组织他人偷越国（边）境时，对被组织人（妇女、儿童）有进行拐卖的行为的，按照组织他人偷越国（边）境罪和拐卖妇女、儿童罪数罪并罚。《刑法》第321条运送他人偷越国（边）境罪第3款规定：“犯前两款罪，对被运送人有杀害、伤害、强奸、拐卖等犯罪行为，或者对检查人员有杀害、伤害等犯罪行为的，依照数罪并罚的规定处罚。”据此，行为人在运送他人偷越国（边）境时，对被运送人（妇女、儿童）有进行拐卖的行为的，按照运送他人偷越国（边）境罪和拐卖妇女、儿童罪数罪并罚。这些规定就涉及一罪和数罪问题。例如，[2] 1998年5月间，黄某伟在厦门与我国台湾地区的吴某富相勾结，密谋策划拐骗大陆女青年到我国台湾地区贩卖。吴某富又纠合晋江县的蔡某利参与作案。黄、蔡、吴三人作了严密分工：黄某伟负责物色、组织女青年到泉州大桥下集中，蔡某利准备船只把女青年从大桥下运至大坠岛外海面，吴某富负责指使台轮“裕盛”号在海上接运赴台。1998年6月初，黄某伟到建阳县找王某海，以台商欲在厦门办电脑刺绣厂，招收女工并先送到我国台湾地区或澳门地区培训为名，要王帮助招工。后来，黄、王通过王的侄女张某，找到女青年3人。6月19日，黄、王将3名女青年带到厦门，由王某海安排食宿。6月20日，在黄某伟的指使下，黄某金以自己的身份证为黄某伟办理住宿手续，两人一同住进酒店。黄某伟化名“黄洋一”，冒充台商，坐镇酒店，让黄某金到公共场所散布：“黄台商”要招收女工，先到我国台湾地区培训，回厦门后当技术员，月薪3 000元以上；每介绍一人，可得介绍费5 000元。6月22日，林某利在厦门湖滨公园听了黄某金的话后，当即表示能找到女工，并与黄某伟见面。当天下午，林某利回安溪县老家招到3名女工，6月24日，林某利回到厦门后，又招得女青年1名。6月21

---

[1] 张保平，等．边防刑事执法理论与实务研究［M］．北京：群众出版社，2006：141．

[2] 马勇．黄某等人构成拐卖妇女、儿童罪还是组织他人偷越国（边）境罪［J］．出国与就业，2000（5）．

日，黄某伟到黄某珠家中，要求帮助“介绍女工”。6月23日，黄某珠化名“小娥”到一家私人职业介绍所，以“介绍去电子厂做工，每月3 000元”为名，招得4名年仅15岁的少女，并安排她们住进旅社等候。6月25日中午，根据吴某富的旨意，黄某伟通过黄某金分别通知王某海、林某利、黄某珠，要他们将各自招来的女青年带到泉州大桥下集中，准备偷渡出境。当天下午6时许，上述各人将这11名女青年连同蔡某利招来的2名女青年共13人，带到泉州大桥下集中。当晚8时许驱使13名女青年乘上蔡某明以运货为名雇来的渔船，行至泉州湾海面，换乘蔡某明以运货为名雇来的挂机船，继续行至大坠岛附近海面，偷渡出境。这时，吴某富已乘坐台轮“裕盛”号在那里接应。这13名女青年由蔡某明交给吴某富，被吴带上台轮运到我国台湾地区贩卖，其中9名女青年被卖到妓院强迫卖淫，另4名少女被送到工厂做工。同年6月，黄某伟到石狮市找到陈某显，要陈为其介绍女工去我国台湾地区培训，每介绍10人，可得介绍费10 000元。而后，陈某显纠集吴某准一起见黄某伟，商定每介绍一人，可得介绍费1 200元。7月3日，黄某伟在石狮市指挥、策划“招工”活动。陈某显、吴某准向黄汇报，没有人相信到台湾地区培训这回事，因而没招到人。黄某伟指使他们招“作风不好”的女青年，或者对她们说“到台轮上卖淫”。于是，陈文显、吴天准又纠集他人，在石狮等地以“上台轮卖淫挣钱多”“买走私衣服”等谎言为诱饵，拐骗外地女青年13人。7月7日下午，陈某显等人分别将这13名女青年带到泉州大桥下集中，由黄某伟亲自押送，乘蔡某明以运货为名雇来的渔船，行至泉州湾白屿海面，换乘谢某来的挂机船，行至大坠岛附近海面，登上台轮“裕盛”号，交给吴某富。除1名女青年上台轮后发觉上当，跳回挂机船外，其余12名女青年均被吴锡富等人强行运抵我国台湾地区。

定案结论：案发后，当地人民检察院向当地中级人民法院提起公诉，中级人民法院公开审理，对案犯作出了判决：黄某伟、陈某显的行为构成拐卖妇女、儿童罪，在共同犯罪中起主要作用，是本案的主犯。黄某金、黄某珠、林某利和王某海的行为构成拐卖妇女、儿童罪，是本案的从犯。谢某来的行为构成运送他人偷越国（边）境罪。判决后，黄跃伟以没有与吴锡富密谋策划拐卖大陆女青年，没有纠集其他人拐卖女青年为由，向省高级人民法院提起上诉；黄某金、黄某珠2人以自己主观上不具有拐卖人口的故意为由，向省高级人民法院提起上诉。省高级人民法院经过认真查证后认为：原审对黄某伟、陈某显和谢某来的定罪准确；对黄某金、黄某珠、林某利和王某海的定罪不当，应以组织他人偷越国（边）境罪认定。

案情分析：从本案案情看，根据《刑法》第240条，对黄某伟和陈某显以拐卖妇女、儿童罪认定；根据刑法第321条，对谢某来判处运送他人偷越国（边）境罪，都不难理解。争议主要集中在对黄某金、黄某珠、林某利和王某海的行为认定上是以拐卖妇女、儿童罪认定正确呢？还是以组织他人偷越国（边）境罪认定正确？笔者认为，省高院对黄某金、黄某珠、林某利和王某海4人的定罪是正确的，真理由是：根据刑法第240条和第318条的规定，拐卖妇女、儿童罪和组织他人偷越国（边）境罪在客观方面都有组织犯罪对象偷越国（边）境的行为表现。这种情况下，区别这两罪的关键在于，行为人的行为是否是在出卖所组织的妇女、儿童这一目的的支配下进行的？如果行为人并无出卖被组织的妇女、儿童的目的，而实施了组织他人偷越国（边）境的行为，虽然被组织的妇女、儿童出境后，被他人出卖，对并无贩卖目的而实施了组织被拐卖妇女、儿童偷越国（边）境的行为人，根据主客观相统一的犯罪构成理论，只应以组织他人偷越国（边）境罪一罪认定。在本案中，黄某金受黄某伟的指使，客观上实施了诱骗林某利招收女工和串连黄某珠、林某利和王某海将所招收的女青少年组织起来，偷渡去台湾地区的系列活动，但是，能证明黄某珠在主观上具有出卖妇女、儿童目的的证据不够充分。根据“疑罪从无”的定罪原则，以组织他人偷越国（边）境罪认定黄某金所犯罪行，是正确的。黄某珠是应黄某伟的要求，实施了招收4名少女，并组织这4名少女偷渡去我国台湾地区的行为，能说明其主观上明知这些少女会被出卖的证据同样不充足；因此，以组织他人偷越国（边）境认定更为准确。林某利是在听了黄某金的话后，信以为真，而实施了招收4名妇女的行为，根据黄某金的通知，将所招收的4名妇女组织起来，乘船偷渡去台湾地区。林某利主观上没有出卖妇女的目的，只有组织所招收的4名妇女偷渡去我国台湾地区的故意，理应以组织他人偷越国（边）境罪认定。王某海是在听信黄某伟为台商招收女工到我国台湾地区或澳门地区培训，实施了招收3名女工的行为；又根据黄某金的通知，实施了组织所招收的3名女工乘船偷渡去台湾地区的行为，其主观上也只有组织3名女工偷渡的故意，而没有将3名女工贩卖的目的，至于其所组织的女工出境后，被出卖的结果，不应作为对其定罪的依据。综上所述，理当以组织他人偷越国（边）境罪认定黄某金、黄某珠、林某利和王某海 4 人的行为。[1]

《刑法》第 240 条第 2 款明确规定：“拐卖妇女、儿童是以出卖为目的，有拐骗、绑架、收买、贩卖、接送、中转妇女、儿童的行为之一的。”共同犯罪是指二人以上共同故意犯罪。对于拐卖妇女、儿童犯罪的共犯，应当根据各被告人在共同犯罪中的分工、地位、作用，参与拐卖的人数、次数，以及分赃数额等，准确区分主从犯。对于组织、领导、指挥拐卖妇女、儿童的某一个或者某几个犯罪环节，或者积极参与实施拐骗、绑架、收买、贩卖、接送、中转妇女、儿童等犯罪行为，起主要作用的，应当认定为主犯。笔者认为，黄某伟参与了两次拐骗、接送、贩卖妇女的行为，并且都是共同犯罪，黄某伟在两个犯罪中都积极参与并实施了拐卖行为，其构成了二个拐卖妇女罪，起了主要作用，是主犯。两个拐卖妇女的行为是刑法理论上的连续犯，以一罪定罪从重处罚，即以拐卖妇女罪从重处罚，这里被拐卖的女性最小是 15 岁，不是儿童，因此，罪名只能认定为拐卖妇女罪，法院判决构成拐卖妇女、儿童罪是错误的。在拐卖妇女的过程中，黄某伟还实施了领导、策划、指挥、运送行为，这些行为分别构成了组织他人偷越边境罪和运送他人偷越边境罪，因为黄某伟是将女青年拐卖到我国台湾地区，台湾地区和大陆之间的界限是边境而不是国境，因此，不能认为构成组织他人偷越国（边）境罪和运送他人偷越国（边）境罪，而只能认定为组织他人偷越边境罪和运送他人偷越边境罪，法院的认定是错误的。但是，在两个案件中，黄某伟的运送行为不能单独进行评价为运送他人偷越边境罪，因为运行行为是整个组织偷越边境行为的一环或者是组织行为的组成行为，或者也可以认为运送行为被组织行为吸收。因而，黄某伟这时只构成组织他人偷越边境罪，不再构成运送他人偷越边境罪。那么，是否根据《刑法》第 318 条第 2 款规定的“犯前款罪，对被组织人有杀害、伤害、强奸、拐卖等犯罪行为，或者对检查人员有杀害、伤害等犯罪行为的，依照数罪并罚的规定处罚”，对黄某伟认定为既构成拐卖妇女罪又构成组织他人偷越边境罪，两罪数罪并罚？笔者认为不是，《刑法》第 318 条第 2 款的规定是指行为人在组织他人偷越国（边）境犯罪中，又另外产生拐卖的犯罪故意，这时，行为人构成两个罪，应数罪并罚。但在这两个案件中，无论哪一个案件，黄某伟都只实施了一个行为，不能既构

---

[1] 马勇．黄某等人构成拐卖妇女、儿童罪还是组织他人偷越国（边）境罪［J］．出国与就业，2000（5）．

成拐卖妇女罪又构成组织他人偷越边境罪。其实，黄某伟从始至终都只有一个拐卖妇女的故意和行为，其组织和运送他人偷越国（边）境的行为都是为拐卖服务的，两者形成了一种罪数关系，有学者认为是吸收关系，有学者认为是牵连关系，还有学者认为是想象竞合关系。笔者认为，拐卖妇女的行为是主行为，组织他人偷越边境是次行为，主行为吸收次行为，应以一重罪从重处罚，因此，对黄某伟应认定为拐卖妇女罪，并从重处罚。根据《刑法》第240条规定的“拐卖妇女、儿童三人以上的”“将被拐卖的妇女卖给他人迫使其卖淫的”和“将妇女、儿童卖往境外的”加重情节，对黄某伟应以拐卖妇女罪按第二或第三个量刑档次处罚。在后一个拐卖妇女犯罪中，被告人陈某显的行为构成拐卖妇女，在共同犯罪中起主要作用，是主犯。陈某显的行为同样不构成组织他人偷越边境罪或运送他人偷越边境罪。本案中，被告人黄某金、黄某珠、林某利和王某海实施了组织他人偷越边境的犯罪行为，如果不能够完全证明4人具有出卖妇女的证据，则其应构成组织他人偷越边境罪。吴某富和蔡某利一样，只能构成拐卖妇女罪。

不过，对于拐卖妇女、儿童罪与组织他人偷越国（边）境罪的关系，有学者指出，基于拐卖目的而组织妇女、儿童偷越国（边）境的，应定一罪还是数罪？从现行《刑法》第318条第2款的规定来看，显然应以组织他人偷越国（边）境罪与拐卖妇女、儿童罪两罪，实行并罚。而现行《刑法》第240条却又明确规定，对于将妇女、儿童卖往境外的，应按拐卖妇女、儿童罪的情节加重犯处罚。相同的行为，依照同一部法典的不同法条处罚，结论居然大相径庭，这不仅严重破坏了刑法典内在的协调统一，而且在根本上背离了罪责刑相适应原则的精神实质。因而笔者建议，在将来修改现行刑法典时，应将现行《刑法》第318条第2款中的拐卖予以删除。[1]

5. 拐卖过程中幼女成长为妇女的认定

2007年6月，被告人余某齐、胡某强与杨某思（另案处理）经过预谋，以介绍工作为名，由杨某思将放学回家途中的王某某（女，时年13周岁）拐骗，由余某齐和胡某强将王某某骗至胡某强的家中，准备以20 000元价格，将王某某贩卖给当地村民为妻。2007年8月，余某齐、胡某强先后将王某某（时年14周岁）带至同村谢某国家中贩卖。交易过程

---

[1] 田宏杰，王立君．组织他人偷越国（边）境罪立法规定的反思［J］．法学论坛，2003（5）．

中，胡某强被公安机关当场抓获，次日，余某齐被抓获归案。本案中，余某齐、胡某强应认定构成拐卖妇女罪还是拐卖儿童罪？[1] 人民法院内部出现了三种处理意见：

第一种意见认为，被告人余某齐、胡某强应认定构成拐卖妇女罪。其根据是，从案件事实层面来看，被告人余某齐、胡某强拐卖王某某的目的是将王某某卖给他人作为妻子，由此可以推断其主观目的是拐卖妇女而非拐卖儿童。而出卖时，王某某已满14周岁，在刑法中可以评价为妇女。因此，认定为拐卖妇女罪。

第二种意见认为，被告人余某齐与胡某强应认定为拐卖儿童罪。其理由是，虽然王某某被拐卖时不满14周岁，出卖时已满14周岁，但年龄的跨越对本案的定性是没有影响的。从被告人余某齐、胡某强的主观目的来看，尽管是将王某某卖给他人作妻，而且客观上的确出卖的是已满14周岁的妇女，表面上看应当构成拐卖妇女罪，但深入分析后，就会发现远非如此。第一，从案件事实层面来看，客观上出卖时王某某已满14周岁，但其被拐骗时却不满14周岁。主观方面，被告人余某齐与胡某强是卖做人妻。而且，是将“放学回家途中的王某某拐骗”，由此可以推断被告人是明知王某某不满14周岁的。第二，从法益保护层面来看，王某某被拐卖时不满14周岁，这种行为对王某某的人身自由、身心健康、家庭关系以及社会的良风美俗造成恶劣的影响。这种危害行为给被害人带来的伤害远非拐卖妇女罪所能比拟的。因此，将其认定为拐卖儿童罪。

第三种意见认为被告人余某齐、胡某强构成拐卖妇女、儿童罪。其依据是根据我国“打拐”方面的有关规定。由此可知儿童是指不满14周岁的人。行为人拐卖不满14周岁的应认定为拐卖儿童罪，拐卖已满14周岁的女性，应认定为拐卖妇女罪。具体就本案而言，被告人余某齐、胡维强先是实施拐骗行为后又实施拐卖行为，先前行为实施时被害人不满14周岁，后行为实施时已满14周岁。由于本罪是选择罪名，可以并用，因此，应认定此二人构成拐卖妇女、儿童罪。

以上三种意见各有侧重，争议的焦点在于王某某年龄的跨越对案件定性的影响。第一种处理意见的依据表面上是合理的，实则经不起推敲，因为犯意是在犯罪行为着手时就产生了，之后的行为方式变化，并不影响犯

---

[1] 最高人民法院刑事审判第一庭．拐卖妇女儿童罪典型案例评析及法律法规精选［M］．北京：中国法制出版社，2010：20.

罪意图的变化。本案中，在拐骗时被告人就明知其已经不满 14 周岁，所以认定余、胡二人构成拐卖妇女罪似乎有些不妥。第二种处理意见，观点明确，但理由似乎有些不够充分。第三种观点的依据是正确的。首先，选择性罪名并用时，或对同一对象有两个以上的不同种类的犯罪行为，或者对不同对象实施不同的犯罪行为。若同时构成拐卖妇女、儿童罪，应当有拐骗、绑架、收买、贩卖、接送、中转这 6 个行为中的一种行为。其次，妇女和儿童必须分别是独立的个体，不能是同一个人，最后，必须是以出卖为目的，否则就违背了禁止重复评价理论。所以第三种观点也不妥。

第一种观点只是以出卖时的结果行为作为案件定性的切入点，略有不当。第三种观点有违禁止重复评价理论，不足取。因此，笔者同意第二种观点，理由如下：一方面，罪刑法定原则要求“法无明文规定不为罪，法无明文规定不处罚”。罪责刑相适应原则要求犯罪人所受到的刑事处罚应与其主观恶性、刑事责任以及危害后果相一致。具体就本案而言，妇女和儿童都是弱者，但儿童与妇女相比其意思能力尚不健全，身体发育尚未完全，防卫能力有待提高。因此，将本案中王某某作为儿童保护更能充分体现罪刑法定原则和罪责刑相适应原则。另一方面，从犯罪构成要件来看，认定拐卖儿童罪更为适宜。首先从客观方面看，被告人使用拐骗手段将王某某出卖，出卖行为的发生并不能影响或中断拐骗行为所造成的不法状态。这两个行为的性质是相同的，都属于拐卖。至于王某某年龄跨度的问题，笔者认为，虽然在拐骗时、出卖前是不满 14 周岁的儿童，出卖时成长为已满 14 周岁的妇女，似乎犯罪对象发生了变化，然而，事实却远非如此，无论是不满 14 周岁的女孩还是成长为已满 14 周岁的妇女还是双性人经过手术后变成的妇女，其犯罪对象始终只有一个。从犯罪的客体方面来看，在余、胡二人拐骗王某某时就已经侵害了王某某的人身自由和身心健康。而且，我国理论上通说认为拐卖妇女儿童罪属于继续犯。因而，尽管其后又加入了出卖行为，但并没有侵害新的法益，仍是之前侵害造成不法状态的延续。换言之，对法益的侵害并无影响。从犯罪主观方面来看，拐卖妇女、儿童罪要求主观方面必须是以出卖为目的，是否营利在所不问。从犯罪的发展阶段来看，余、胡着手实施拐骗行为时，就已经产生了出卖目的，此时，王某某还是不满 14 周岁的儿童。虽然，出卖时，成长为已满 14 周岁的妇女，但从犯罪目的的产生阶段来看，无论王某某是否成长为已满 14 周岁的妇女，均不影响余、胡以出卖为目的的故意犯罪意图。综上所述，本案应认定为拐卖儿童罪为宜。[1]

6. 拐卖两性人的认定

实践中，在拐卖妇女、儿童的对象中有一类十分特殊的群体，他们既不属于男人也不属于女人，更不属于儿童，而是生理上具有男人和女人生理特征的“双性人”。在拐卖双性人问题上，我国目前尚无明确的法律规定，因此，也给司法实践活动带来了诸多不便之处。

例如，被告人张某伙同竹某骗被害人王某到四川资阳帮其治病。他们到达安徽省利辛县后，张某和竹某对王某撒谎，说带的钱已经用完了，先安排王某到竹某的朋友家暂时住几天，等凑到钱以后再来接王某治病。事实上竹某已将王某卖给村民谭某为妻。当谭某将王某带回家同居时发现王某有生理缺陷，出于同情，将王某退还。后经人民医院检查诊断，王某是“以男性为主之两性人”。被告人张某的辩护人提出张某拐卖的不是拐卖妇女、儿童罪所保护的对象，而是两性人，其行为不符合法律规定的拐卖妇女罪的构成要件，因此不构成拐卖妇女罪。而法院认为：被告人张某明知王某是年满14周岁的两性人而将其出卖，侵害了王某最基本的人权，具有社会危害性，根据罪刑法定的原则，虽然不能按照拐卖妇女罪来追究，但由于张某将王某视为妇女而拐卖，其行为属于刑法理论上的对象不能犯未遂，且张某的行为已经具备了刑法规定拐卖妇女罪主客观上的所有构成要件，张某只是因为自身一时的疏忽或相关知识的欠缺才导致对象不能犯未遂，以致他想要实施的行为与其实际实施的行为形似而实质有所不同，才没有发生他想象中的犯罪后果，但仍然具有潜在的社会危害性，应当以拐卖妇女（未遂）罪追究行为人的刑事责任。又如，赵某（男，时年29岁）与刘某（女，时年27岁）是夫妻，袁某是刘某的母亲。三人密谋约定趁刘某回娘家探亲之际，由赵某以到乡下散心为由骗取其同事钱某（女，时年26岁）的信任，将钱某带入乡下袁某处，然后由袁某将其卖给同乡单身汉田某为妻。事后发现钱某是双性人（但事前赵某、刘某、袁某均不知情）。本案中，对赵某、刘某与袁某拐卖双性人的行为应如何认定？对于本案中赵某、刘某、袁某的行为定性主要有三种不同的观点：

第一种观点，笔者称之为“无罪说”。[2] 该观点认为，赵某、刘某和袁某不成立犯罪。因为从犯罪客观方面来看，赵某、刘某和与袁某拐卖的

---

[1] 王夺．拐卖妇女、儿童罪的实践难题及解决［D］．沈阳：辽宁大学，2013.

[2] 刘宪权．论我过惩治拐卖人口犯罪的刑法完善［J］．法学，2003（5）.

是双性人，而并非是拐卖妇女罪中的妇女，对象不符合客观方面的要求。其次，从主观方面来看，虽然3人以出卖为目的，并经密谋将钱某骗后出卖，但3人对钱某是双性人的事实是全然不知、毫无预见的。因而，尽管有拐卖行为，但仍然不能将其认定为拐卖妇女罪，只能以无罪对待。最后，如果将该行为认定为拐卖妇女罪有违罪刑法定原则。我国《刑法》第240条规定的拐卖妇女、儿童罪的保护对象只有妇女和儿童，目前尚不包括双性人和成年男性。而且相关司法解释也没有将双性人纳入到保护范围。

第二种观点，笔者称之为“未遂说”。[1] 该观点认为赵某、刘某、袁某的行为应认定为拐卖妇女罪（未遂）。从既遂标准来看，尽管无论是在理论层面还是实践层面上都是充满争议的，但我国目前的通说是以“控制说”来作为拐卖妇女、儿童罪既遂与否的标准。从“控制说”入手，赵某、刘某、袁某3人以出卖为目的将钱某卖给他人作为妻子。即使没有出卖行为也不影响对3人认定拐卖妇女罪的认定。因为“控制说”只要求行为人实施了有效的控制，至于发生在什么阶段、使用什么手段在所不问。但由于客观事实上，钱某确实是双性人，而且在拐卖的过程中3名行为人均不知情。因此，不能将其认定成立拐卖妇女罪的既遂。

第三种观点，笔者称之为“既遂说”。[2] 该观点认为赵某、刘某、袁某的行为构成拐卖妇女罪（既遂）。理由：其一，从认识错误角度看，将赵某、刘某、袁某3人的行为认定为拐卖妇女罪（既遂）更为妥当。根据认识错误理论可知，认识错误在我国主要分为具体事实的认识错误和抽象事实的认识错误。其中抽象事实认识错误包括对象错误和打击错误，而具体事实认识错误分为对象错误、打击错误以及因果关系错误。就本案而言，以具体事实认识错误中的对象认识错误来处理更为适宜。赵某、刘某和袁某3人的行为符合拐卖妇女罪的构成要件，尽管行为人当时不知道钱某是双性人，但将两性人在刑法意义上评价为妇女并未超出拐卖妇女罪的构成要件。因而，可将钱某在拐卖妇女罪构成要件的范围内认定为妇女。其二，从犯罪未遂角度来看，我国刑法理论上界定犯罪行为既遂与未遂是针对客观行为方式而言，并非是犯罪分子的主观目的。也就是说，犯罪分子犯罪意图是否实现、主观目的是否得逞并非界定既遂与否的标准。本案中，

---

[1] 韩轶．侵犯女性人身权利犯罪研究［M］．合肥：安徽大学出版社，2003：130.

[2] 张红．关于拐卖妇女儿童罪的反思［J］．西北法学评论，2010（4）.

不应将出卖目的没有实现就作为认定成立拐卖妇女罪（未遂）的标尺。

以上三种观点中，第一种观点虽然表面上看合理，但按无罪处理难以做到罪责刑统一。第二种观点与第一种观点相比认为这种拐卖双性人的行为构成犯罪是正确的。但以未遂处理显得有些不妥，不能使法益得到更好的保护。第三张观点从认识错误角度展开论证，较为合理地将该行为认定为拐卖妇女罪（既遂）。

在拐卖双性人的问题上，尽管我国刑法还不够完善、尚有空白、纰漏，但也并非无法解决此类问题。通过以上三种观点的分析，笔者支持第三种观点，认为以拐卖妇女罪（既遂）处理为宜。理由主要有①从刑法的解释角度来看，刑法的解释方法有很多种，有文理解释和论理解释等分类，其中，论理解释又分为扩大解释、缩小介绍、补正解释等，但在众多的解释方法中，以文理解释和扩大解释为基本解释方法，经常被采用。文理解释又称平义解释、语意解释，是根据语句的基本含义以及语境的境况分析所作出的解释的一种方法。扩大解释，是指刑法条文的真正含义比条文的字面含义要广，需要扩充解释而使字面含义符合刑法真正含义的一种解释方法。《辞海》等工具书中将双性人解释为由于胚胎的畸形发育而形成的同时具有男性和女性两种生殖器官特征的人。也就是说双性人既有男人的特征，也有女人的特征。因此，对双性人进行扩大解释，将其评价为女人，进而实现将其纳入到拐卖妇女罪的认定中，这样既没有超出公众的合理理解或可预知、接受的范围，又实现问题的顺利解决，一举两得。②从法益保护的角度来看，犯罪的本质在于对法益的侵害。所谓法益，简而言之，就是刑法所保护的利益，包括权利、社会关系等方面。拐卖妇女、儿童罪的法益在理论上有争议，但通说认为是妇女、儿童的人身自由和人格尊严。具体到本案中，赵某、刘某、袁某共同密谋后，由赵某将钱某骗入乡下后已经是本罪的着手，钱某的人身自由和人格尊严已经受到了紧迫威胁，刘某随后用安眠药将其迷晕，严重侵害了其人身自由，再由袁某将其出卖时，对钱某的人身自由和人格尊严的侵害又进一步加深，这步步紧逼的危险、接二连三的侵犯、层层深入的伤害已给钱某的人身自由和人格尊严带来难以弥补的身心创伤。难道仅仅以钱某是双性人就不做犯罪处理或是按未遂犯处理吗？答案当然是否定的，诚然，钱某是双性人，这只是从生理学、生物学的层面来看，但从社会意义、法益保护层面来看，这并不影响将钱某评价为妇女。况且，钱某法益的侵害与赵某、刘某、袁某的行为有直接的因果关系，因此，应当认定三人成立拐卖妇女罪（既遂）。

（三）拐卖妇女、儿童罪与数罪的认定

1. 收买被拐卖的妇女、儿童又出卖的认定

“收买”是拐卖妇女、儿童罪的行为方式之一，而收买被拐卖的妇女、儿童罪在客观方面也表现为“收买”。二者的区别主要在于两个方面：①行为人的主观目的不同，当行为人具有出卖的目的而实施收买妇女、儿童的行为时，应当认定为拐卖妇女、儿童罪，也就是说收买妇女、儿童的行为由于犯罪分子进一步的出卖行为，而直接转化为拐卖妇女、儿童罪，不再以收买妇女、儿童罪定罪处罚。当行为人出于出卖以外的目的，如为了建立婚姻关系、收养关系、奴役、玩乐等而收买妇女、儿童时则应认定为收买被拐卖的妇女、儿童罪。②客观方面不同。收买被拐卖的妇女、儿童罪客观方面只表现为收买行为。在拐卖妇女、儿童罪中，收买行为只是行为人的拐卖行为过程中的一个环节，行为人在收买妇女、儿童后又会将该妇女、儿童出卖给他人。在实践中，关于拐卖妇女、儿童罪与收买被拐卖的妇女、儿童罪的区别还有以下情况值得注意：

（1）行为人在收买时没有出卖的目的，而后产生了出卖的目的并将收买的妇女出卖的，应当如何处理？根据《刑法》第 241 条第 5 款的规定，“收买被拐卖的妇女、儿童又出卖的，按照拐卖妇女、儿童定罪处罚。”有学者认为，该款是关于转化犯的规定。虽然刑法学理论对转化犯的认识有争议，但一般认为，转化犯，是指行为人实施某一较轻的犯罪行为时，因具有特定情形或者具有特殊的犯罪情节从而使其犯罪行为性质发生变化，即使原来的轻罪行为转化为一个较重的犯罪行为，而此行为在处罚时不以原来的行为性质定罪也不实现数罪并罚的规定，而是以这个转化现象在刑法条文中规定的罪名单独定罪处罚。行为人一开始收买被拐卖的妇女、儿童是为了与被害人缔结婚姻、家庭关系，但收买后由于被害人反抗或其他原因，行为人又将被害人出卖的，也应当以本罪定罪处罚。例如，揭某春买下刘某给儿子做老婆。没过多久，揭某春发现刘某有智障，其儿子也十分嫌弃刘某。为了挽回点经济损失，揭某春伙同他人将刘某转卖给蔡某。法院以拐卖妇女罪判处被告人揭某春有期徒刑 3 年，缓刑 3 年，并处罚金 2 万元。笔者认为，对于此种情况应当按照收买被拐卖的妇女、儿童罪与拐卖妇女、儿童罪数罪并罚。行为人基于出卖以外的目的收买被拐卖的妇女、儿童，实际控制被害人人身时则犯罪既遂。行为人后来又产生出卖的目的将所收买的妇女、儿童出卖的，属于另起犯意，构成拐卖妇女、儿童罪。行为人前后两个行为是独立的，并且主观上有两个独立的罪过，应当

数罪并罚。

（2）行为人在收买时具有出卖的目的，而后因各种原因并没有将收买的妇女、儿童出卖，应当如何处理？有学者认为，对于此种情况应以犯意转化后的行为性质来认定，构成收买被拐卖的妇女罪。❶ 也有学者认为，从刑法条文的立法精神分析，对于行为人在实施收买行为时产生主观目的的变化的，刑法是以最终行为作为认定标准的。❷ 所以出于出卖的目的而收买妇女、儿童最终没有出卖的，则认定为收买妇女、儿童罪。在笔者看来，这两种观点都是值得商榷的。犯意转化只能发生在实施犯罪行为的过程中，当犯罪已经既遂、未遂或者中止后，不可能发生犯意转化，此时行为人另起犯意实施犯罪行为的，则应当成立数罪。❸ 行为人出于出卖的目的实施收买妇女、儿童的行为，当实际控制被害人的人身时犯罪已经既遂，不管行为人有没有将妇女、儿童卖出都构成拐卖妇女、儿童罪。尔后行为人对被害人实施其他犯罪行为的，按照其他罪定罪处罚，如果没有实施其他犯罪行为的，则不能定罪处罚。

（3）行为人与拐卖人事先约定收买被拐卖的妇女、儿童的，应当如何处理？这涉及收买被拐卖的妇女、儿童罪与拐卖妇女、儿童罪的共犯的区分。在行为人向拐卖人预约收买妇女、儿童的情况下，行为人并未亲自实施拐卖行为，所以关键在于认定行为人是构成收买被拐卖的妇女、儿童罪还是拐卖妇女、儿童罪的帮助犯与教唆犯。此时，认定行为人与拐卖人的预约收买行为的性质显得尤为重要。如果行为人的预约收买行为使得拐卖人产生了拐卖的故意或者无形中帮助拐卖人坚定了拐卖的故意，那么行为人构成拐卖妇女、儿童罪的教唆犯或者帮助犯。❹ 如果行为人的预约收买行为对拐卖人的拐卖故意没有任何影响，那么行为人只构成收买被拐卖的妇女、儿童罪。例如，行为人与拐卖人约定让拐卖人拐卖具体的、特定的对象，然后自己收买的，行为人的预约收买行为明显属于教唆，应当构成拐卖妇女、儿童罪的教唆犯；如果拐卖人对于是否实施拐卖行为犹豫不决时，行为人预约收买被拐卖的妇女、儿童，强化拐卖人的拐卖故意时，应当认定为拐卖妇女、儿童罪的帮助犯；如果拐卖人已经有了坚定的拐卖的

---

❶ 丁强，丁猛．侵犯公民人身权利、民主权利犯罪司法适用［M］．北京：法律出版社，2006：248.

❷ 刘宪权．打击拐卖人口犯罪的法律对策［M］．上海：上海人民出版社，2003：129.

❸ 张明楷．刑法学［M］．3版．北京：法律出版社，2007：261.

❹ 姚兵．收买被拐卖妇女、儿童罪若干问题探讨［J］．中华女子学院学报，2009（3）.

故意，行为人事先笼统地表达将收买的，只构成收买被拐卖的妇女、儿童罪。

（4）行为人为了收买妇女、儿童，而教唆或者帮助他人拐卖妇女、儿童然后又收买了该被拐卖的妇女、儿童时，如何处理？一种意见认为应当实行数罪并罚。因为教唆、帮助行为与收买行为是两种不同性质的行为，前者不能包括后者。另一种观点则认为应当按照重罪处理，因为二行为之间是有原因与结果的牵连关系。笔者同意第二种观点，行为人参与实施拐卖妇女、儿童行为后，又收买被拐卖的妇女、儿童，虽然两种行为都可单独被刑法评价，但两种不同性质的行为都是出于一个共同的犯罪目的，具有前因后果的内在牵连关系，应按重罪处罚。

2. 行为人在拐卖过程中同时实施了其他犯罪的认定

对于行为人在拐卖妇女、儿童的过程中同时实施了其他犯罪的，应根据不同情况区别对待。

（1）在拐卖过程中因殴打、捆绑等行为过失造成被拐卖的妇女、儿童或者其亲属重伤、死亡或者其他严重后果的，应以本罪论处。造成被拐卖的妇女、儿童或者其亲属重伤、死亡或者其他严重后果的，指的是由于犯罪分子拐卖妇女、儿童的行为，直接、间接造成被拐卖的妇女、儿童或者亲属重伤、死亡或者其他严重后果，但是犯罪分子并没有造成被拐卖的妇女、儿童或者其亲属重伤、死亡或者其他严重后果的故意心态。如由于其采取拘禁、捆绑的手段，导致被害人重伤、死亡或者精神失常；被害人家属在追犯罪分子时车祸身亡；由于虐待而使被害人伤害、死亡；由于犯罪分子的拐卖行为或者侮辱、殴打行为引起被害人自杀、自残等情况。但是如果犯罪分子具有了造成被拐卖的妇女、儿童或者其亲属重伤、死亡或者其他严重后果的故意心态，这种心态可能是由于被通缉或者卖不出去、因遇被害人反抗等各种原因造成，只要其具有杀人或者致人重伤的故意，就应当以拐卖妇女、儿童罪和故意杀人或故意伤害罪数罪并罚。

对于行为人对严重后果负责任的时间范围，还要具体分析。此处的严重后果分为对被害人的重伤、死亡等严重后果和对被害人家属的重伤、死亡等严重后果。那么是否在任何时间内只要有被害人或者被害人家属的重伤、死亡等严重后果发生，行为人就应当对其负责呢？笔者认为应当分情况而论。首先，对于被害人的重伤、死亡等严重后果，只有发生在行为人实际控制被害人的时间内，行为人才对此结果负责。因为只有行为人在实际控制被害人的情况下，才有责任、有义务保护被害人的人身安全，当被害人被转移到收买人手中时，这种保护被害人人身安全的义务、责任也随之转移给实际控制被害人的收买人。所以，当行为人并没有实际控制被害人的时候，发生被害人重伤、死亡等严重后果的，对行为人并不能适用此加重情节加重处罚。其次，对于被害人家属的重伤、死亡等严重后果，不管发生在何时，只要行为人实施拐卖的行为与之有因果关系，那么行为人对此结果就应当负责，但排除另外的原因加入而共同造成重伤、死亡结果的情形。出现被害人家属的重伤、死亡等严重后果时对拐卖妇女、儿童的行为人加重处罚，是从客观危害结果的角度予以规定的，不涉及行为人的主观罪过和保护人身安全的义务，所以只要发生被害人家属重伤、死亡等严重后果，对行为人就应当适用此情节加重处罚。

（2）奸淫被拐卖妇女或诱骗、迫使其卖淫的，应以本罪论处从重处罚。奸淫被拐卖的妇女，是指犯罪行为人在拐卖过程中与被害人妇女发生性交行为，包括使用了暴力、胁迫等手段的强行性交行为，也包括未使用强制手段的性交行为。“奸淫”的认定无需违反被害人意志。

对于诱骗、强迫被拐卖的妇女卖淫，这种情形要求诱骗、强迫卖淫的行为必须发生在拐卖过程中，或者说被害人仍处于行为人控制中，否则就不符合本情形的要求。如果出卖的目的已经实现，被害人已经不再处于行为人的控制中，行为人再诱骗、强迫被害人卖淫的，或者行为人先诱骗、强迫被害人卖淫，事后又起意将其出卖的，则应当以拐卖妇女、儿童罪和引诱卖淫罪或强迫卖淫罪数罪并罚。[1] 如果行为人一次拐卖多个妇女，只要诱骗、强迫其中一人卖淫，就应当认定行为人具有此加重情节。如果行为人多次拐卖妇女，只有在其中一次拐卖妇女的过程中诱骗、强迫被拐卖的妇女卖淫的，对于行为人仍然应当认定为具有诱骗、强迫被拐卖的妇女卖淫的情节加重处罚。

对于将被拐卖的妇女卖给他人迫使其卖淫，这种情形又与上面提到的“出卖的目的已经实现，被害人已经不再处于行为人的控制中，行为人再强迫被害人卖淫”的情形不同，后者的拐卖行为的行为人和强迫卖淫的行为人是同一人，由于在一罪完成之后又产生另一犯罪故意和行为，故数罪并罚。而本情形迫使卖淫的行为人与拐卖人不是同一人，而是由收买人所为，因此不可能构成数罪并罚。将被拐卖的妇女卖给他人迫使其卖淫是否要求行为人主观上具有“明知”？这一问题在理论界存在很大的争议。否

---

[1] 张明楷．刑法学［M］．3 版．北京：法律出版社，2007：654.

定说者认为，不以“明知”为条件。肯定说者则认为，拐卖人应当明知收买人将迫使该妇女卖淫而仍决定将其出卖。笔者赞成肯定说，即行为人主观上必须明知收买人有可能将迫使该妇女卖淫而仍将该妇女卖给收买者的，才能适用这一加重处罚情节。如果行为人确实不知收买人的目的，则根据主客观相一致的原则不能根据本情形对其加重处罚。将被拐卖的妇女卖给他人迫使其卖淫这一加重处罚情节是要求行为人知道“存在”还是“可能存在”，或者两种情况均可？笔者认为，此处的明知只包括行为人知道“可能存在”。当行为人在实施行为时有知道的可能性，这样行为人主观上就具备了加重处罚的可责性。如果行为人确实地知道收买者将迫使被拐卖的妇女卖淫，并将该妇女卖给收买者的，实际上行为人构成了强迫卖淫罪的共犯，并不属于此处的加重处罚情节。当然，如果在拐卖行为实施之前就已经和迫使卖淫的行为人串通，将拐卖而来的妇女用于强迫卖淫，这时两人构成共犯，由于拐卖行为是强迫卖淫行为的手段行为，两罪牵连，从一重罪处罚。

四、拐卖妇女、儿童罪的既遂与未遂

拐卖妇女、儿童罪的既遂与未遂的区分，我国刑法界目前尚无统一的处理意见，实践中遇到疑难问题的处理方式也是各有所异。例如，黎某以帮助同村女青年黄某找工作为由，将黄某哄骗至浙江省某县。黎某联系好买主后准备将黄某出卖，黄某发现情况不对，假借上厕所为由向当地公安机关报案。黄某在拐卖过程中逃脱。本案中，应认定黎某是属于犯罪未遂还是犯罪既遂？关于拐卖妇女、儿童罪的既遂标准问题一直是一个争议性很大的问题，存在以下几种意见：

第一种意见为“单一行为说”，其主要观点是行为人在实施拐卖妇女、儿童的过程中只要实施了我国《刑法》第240条规定的6种行为之一，就应当认定为既遂，与行为人的犯罪目的实现与否以及出卖行为是否完成没有任何关系。[1] 根据这种意见，本案中，应当认定黎某构成拐卖妇女罪（既遂）。

第二种意见为“出卖说”，这种观点主要认为，判断拐卖妇女、儿童罪的既遂标准只有一个，那就是出卖。如果行为人已经将被害人实力控制但尚未出卖，则根据具体情况认定为中止或未遂。反之，若已经将被害人

[1] 赵秉志．中国特别刑法研究［M］．北京：中国人民公安大学出版社，1997：688-689.

卖出，则应认定为既遂。尽管我国《刑法》分则明文规定了拐卖妇女、儿童的6种行为方式，但这只是为了让司法机关工作人员重视拐卖妇女、儿童罪，而且，要针对拐卖妇女、儿童罪的共同犯罪行为实施有效的预防、打击措施，防患于未然。❶ 因此，无论在拐卖妇女、儿童的过程中犯罪形态如何发展，只有被害人被当做商品一样地卖出去，才是本罪既遂的唯一评判标准。根据此观点，本案中，虽然黎某已经实力控制了黄某，但是由于黄某在被卖出之前已经借机逃脱控制，因此，应当认定黎某构成拐卖妇女罪（未遂）。

第三种意见为“三阶段说”，这种意见认为，将我国《刑法》分则中规定的拐骗、绑架、收买、贩卖、接送、中转这6种行为按照行为进程将其划分为3个阶段。首先，是手段行为阶段，包括拐骗行为、收买行为、绑架行为；其次，是中间行为阶段，包括接送行为和中转行为；最后，是结果行为阶段，只有贩卖，即将被害人作为商品卖出。在不同的犯罪阶段，就有不同的既遂认定标准。就手段行为而言，应当将被害人是否被行为人实力控制作为拐卖妇女、儿童罪的既遂与否的评判标准。对于中间行为来说，只有完成接送、中转行为的才认定为本罪的既遂。就结果行为来看，出卖与否是拐卖妇女、儿童罪既遂的唯一标准。❷ 按照上述观点来分析本案，黎某已经将黄某骗到手并实力控制黎某，属于手段行为，而没有过渡到中间阶段以及出卖阶段。因此，应当认定黎某成立拐卖妇女罪（既遂）。

第四种意见为“区分说”，这种意见主要是从犯罪形态的区分入手，认为认定拐卖妇女、儿童罪的既遂标准应当从两方面进行考虑，一方面，对于简单、单一的犯罪形式而言，只有出卖才是认定本罪既遂与否的唯一标准，与行为人是否实施了其他行为无关，与是否实力控制被害人也无关。另一方面，就人员复杂、分工明确的共同犯罪或犯罪集团来看，只要行为人完成了拐骗、收买、贩卖、接送、中转等行为，就应当认定其为既遂。至于被害人是否被出卖对本罪既遂的认定并无影响。按照此种观点，本案中，黎某的行为属于单独犯罪，应当以被害人是否被出卖作为认定其是否成立拐卖妇女罪既遂的标准。由于出卖前被害人黄某已经逃脱，因此，应当认定成立拐卖妇女罪（未遂）。

---

❶ 陈洪兵．拐卖妇女、儿童罪的实行行为只有“拐卖”［J］．辽宁大学学报：哲学社会科学版，2012（4）．

❷ 高西江．中华人民共和国刑法的修订与适用［M］．北京：中国方正出版社，1997：542.

第五种意见为“折中说”，这种观点从犯罪对象的划分出发，将出卖捡拾儿童、出卖亲生子女、收买被拐卖的妇女儿童后又将其出卖这 3 种情况按照“出卖说”处理；对于此外行为人实施的拐骗、绑架、收买、贩卖、接送、中转等情况则以被害人是否被实力控制作为既遂与否的评判标准。[1]具体就本案而言，黎某的行为不符合前述三种情况，所以，应当以实力控制作为认定本罪既遂的标准，尽管黄某脱逃，但是也不影响对既遂的认定。

以上五种意见，就单一行为说来看，拐卖妇女、儿童的行为属于行为犯，出卖与否并不影响其认定。第二种意见与第一种意见针锋相对，认为出卖是认定本罪既遂与否的标准，如果“拐而不卖”则不成立拐卖妇女、儿童罪。第三种意见看似复杂，其实是将统一的、系统的行为方式按作用、性质在体系内部进行逻辑性地排列组合，使原本无序的 6 种行为变得有规律性、层次性。第四种观点从犯罪主体入手，将认定方式分为两个侧面，每个侧面都有不同的既遂认定标准。第五种观点采取折中态度，承认只有三种情况下才按照“出卖说”处理，除此之外均按照通说“控制说”处理。

笔者赞同第五种观点，应当以“控制说”为主，兼采“出卖说”。理由如下：

第一种观点认为，只要行为人实施了 6 种行为中的 1 种，无论被害人是否被出卖都应当认定其成立拐卖妇女、儿童罪。这种观点看似有道理，实则无形之中扩大了刑法的适用范围。比如，行为人只是实施了拐骗儿童的行为，但儿童并未被行为人拐骗，如果按照第一种观点此处的行为人也应当以拐卖儿童罪认定。这恐怕令人难以接受，这种忽略法益的侵害程度、只是单独的以某种行为的外在表现方式来作为本罪既遂与否标准的做法难免有些显失公正，而且也彻底断送了行为人改过自新的机会。

第二种观点认为虽然行为人控制了被害人但这并非既遂的认定标准。只有将其出卖才能认定是既遂。否则即使是实力控制了被害人只能以犯罪未遂处理。第二种观点实际上是夸大了主观目的的作用，没有看到犯罪构成要件的其他方面才会得出这样的结论。本罪虽然是目的犯，但是并不必然要求行为人客观上实施了与其特定目的相匹配的犯罪行为。换言之，有出卖目的并不要求必须有出卖行为。根据我国《刑法》第 240 条可知本罪

[1] 张明楷．刑法学［M］．4 版．北京：法律出版社，2011：799－800.

的“出卖目的”只是行为人犯罪前、犯罪时或犯罪后产生的主观目的、意图。其意图实现与否与犯罪既遂与否的认定并无关系。

第三种观点将这种行为分成有逻辑顺序的三个阶段。表面上看是合理的、有规律可循的，实际上，这种观点只看到了6种为之间的区别而忽视了它们之间的内在联系。手段行为、中间行为与结果行为这三者缺一不可、不能分割。手段行为是中间行为和结果行为的前提条件，没有手段行为就没有后来的中间行为和结果行为；中间行为在手段行为与结果行为之间起到中介、连接的作用，使手段行为得以延续下去，使结果行为与前行为紧密相连；而结果行为则体现并反映了手段行为和中间行为的行为性质、危害程度，作为二者评判的重要参考。如果将这三个行为阶段分别用不同的标准来认定案件，不仅割裂了它们之间的内在联系，而且由于既遂判定标准的不统一，就会造成可操作性不强，从而引起司法实践活动的混乱、不一致。

第四种观点认为应当根据犯罪主体的不同而区分不同的认定标准。但这种观点没有认识到一种犯罪既遂的认定标准只能有一个，而且往往是从犯罪行为的发展态势入手，结合具体情况来认定。无论是单独、简单、单一类犯罪还是复杂的共同犯罪，都是一种犯罪在不同层面的体现。不能因为主体的变化而引起既遂标准的变化。很明显，这种观点将共同犯罪之间的关系对立来看，没有看到共同犯罪成员间的内在联系。这种不同主体决定不同既遂标准的做法是不可取的。

第五种观点以通说“控制说”为主，兼采“出卖说”，灵活并便于在司法实践中操作。其一，这种观点弥补了第一种观点只要求行为人实施6种行为之1就既遂的不足之处，还要求必须达到实力控制的程度。比如，行为人实施了绑架儿童行为，且尚未达到实力控制的程度时就不应认为是既遂。这样，就留给了行为人放弃犯罪的余地，鼓励其自动放弃犯罪行为。其二，这种观点吸收了出卖说的部分内容，使得司法实践中对于“出卖捡拾妇女、儿童”“出卖亲生子女”“收买妇女、儿童后又将其出卖”这3种特殊情况产生的相关问题迎刃而解。在以往的犯罪中，出卖捡拾儿童和收买后又出卖，由于没有实施实力控制，只是单纯将其出卖，若以通说“控制说”来认定，难免有些生硬。如果引入“出卖说”的部分理论，那么就能够做到具体问题具体分析，问题就很容易解决。此前，对于出卖亲生子女问题是否成立犯罪，仍是司法实践中的疑难问题。但如今，我国《刑法》及相关司法解释已经明确规定将其认定为拐卖儿童罪。然而，在这种成立犯罪的情况下，其既遂标准的认定却仍处于争议中。出卖亲生子女与前两种情况相比，略有不同。父母对自己的未成年子女有抚养和监护的义务，但从法益保护的角度看，父母将亲生子女出卖仍应当认定为拐卖儿童罪。但是，由于父母对子女不存在收买的问题，其他行为在司法实践中也难以认定，只有按照“出卖说”才能更好地解决此类问题，这不仅维护了家庭之间的和睦而且还避免了犯罪的发生。其三，“不同阶段决定不同既遂标准”“不同主体决定不同既遂标准”的做法是片面的。从统一性、一致性角度看，既遂标准以通说“控制说”同时吸收解决三种特殊情况的“出卖说”的做法在司法实践中“抓大放小”，既不会扩大刑法条文的适用范围，也不会妨害打击犯罪的力度，便于司法机关工作人员操作。

五、拐卖共同犯罪中帮助、介绍行为的认定

在拐卖妇女、儿童的共同犯罪中有一类行为，《刑法》没有明确规定如何处理，这类行为就是帮助、介绍等中间行为。对于明知是被拐卖的儿童而介绍买卖行为该如何定性呢？有观点认为，明知是被拐卖的儿童而予以介绍买卖的，既帮助了卖方，也帮助了买方；既符合拐卖儿童罪的共同犯罪要件，又符合收买被拐卖的儿童罪的共同犯罪要件，属于一行为触发两个罪名，是想象竞合犯，应当从一重罪定罪处罚——按照拐卖儿童罪追究其刑事责任，但其行为只是在拐卖儿童中起帮助作用、起辅助作用，应认定为从犯。这种观点值得商榷，上述行为到底构成何罪不能一概而论。我国刑法讲究的是主客观相一致原则，即认定一个人的行为是否构成犯罪，应该看其主观上是否有罪过，客观上是否有危害行为。同时，在客观情况相同的情况下，主观罪过不一样，认定的罪名和追究的刑事责任也各异。明知是被拐卖儿童而介绍买卖的，如果主观上介绍人的目的是为了帮助拐卖方卖儿童，显然应当认定为拐卖儿童罪的共犯；但是，如果行为人的目的是为了帮收买方收买儿童，那么应当定收买被拐卖的儿童罪的共犯，而不应定拐卖儿童罪。如果行为人主观上既有帮助拐卖儿童的目的，又有帮助收买被拐卖儿童的目的，那么其一个行为触犯了两个罪名，属于想象竞合犯，应当按照拐卖儿童罪定罪处罚。认定嫌疑人的主观心态，不是单靠嫌疑人供述来认定，而应当依据嫌疑人的客观表现、客观行为等予以综合认定。有学者认为，明知是被拐卖的儿童而帮助介绍买卖的，要认定行为人主观心态，应该从以下两个方面予以把握：其一，是否获利？是

向买卖双方何方获利？虽然明知是被拐卖儿童而介绍买卖的，是否获利不是构成犯罪的必要要件。但如果获利，可以判断出行为人的主观心态。如介绍买卖儿童后，从拐卖方分得赃款，显然可以推断出其主观具有帮助拐卖儿童的目的。如从拐卖方未获取任何利益，而接受了收买方的吃请或利益，那基本可以认定嫌疑人主观上是为了帮助收买被拐卖的儿童。其二，行为人与买卖双方的关系。在没有任何金钱利益的前提下，认定介绍人主观目的是帮助买卖哪一方，与客观上介绍人和买卖双方的关系一样至关重要。如果介绍人和卖方是亲朋好友关系，而与买方没有任何关系，只是帮助打听到买方需要收买儿童的信息，显然，对行为人应当认定为拐卖儿童罪的共犯。相反，如果介绍人跟收买方是亲朋好友关系，和拐卖方没有任何关系，显然，对行为人应当认定为收买被拐卖的儿童罪的共犯。❶ 另有学者认为，对于明知是被拐卖的儿童而介绍买卖的，应构成拐卖儿童罪的正犯，对于明知是被拐卖的儿童而介绍收买的，应构成收买被拐卖的儿童罪的帮助犯。例如，周某与梁某（女）同居期间，因嫌弃梁某与他人所生的婴儿，就想将其卖掉，在梁某不同意的情况下，周某将此事告知吴某并委托吴某介绍买主。吴某又将此事告知其妻子安某。安某得知此事后，通过老乡李某联系买主。后安某到李某家后得知有人愿意以 2 000 元人民币买下婴儿时，即与周某联系，周某同意以此价格出售婴儿，并约定当晚在安某家交易。期间，安某又与李某商谈了欲收取介绍费人民币 400 元一事。当日下午，周某瞒着梁某将婴儿抱到安某处，李某与安某联系，由吴某将李某介绍的买主董某夫妇接到家中后，周将婴儿以约定价格卖掉。而吴某向董某收取介绍费 400 元，后被公安机关查获。本案中，吴某、安某、李某的介绍行为如何认定？

关于本案中，吴某、安某、李某的介绍行为争议的观点有以下几种：❷

第一种观点认为吴某、安某、李某不构成犯罪。主要理由就是罪刑法定原则。根据我国《刑法》第 240 条的规定可知拐卖妇女、儿童罪首先要求行为人主观具有出卖的目的，并且客观上实施了拐骗、绑架、收买、贩卖、接送、中转行为中的一种。只有同时满足这两种条件才能将其行为认定为拐卖妇女、儿童罪。就本案来看，吴某、安某、李某主观上虽然具有出卖的目的，但客观上实施的却是帮助行为、介绍行为，起到中介作用。

---

❶ 李其林，葛毅飞，郑柯．介绍买卖儿童行为不能笼统定性［N］．检察日报，2013－9－2（3）．

❷ 刘西刚．介绍买卖妇女、儿童行为定性研究［D］．吉林：吉林大学，2009．

这种帮助行为、介绍行为、中间行为并没有规定在第 240 条所列举的 6 种行为之中。因此，不宜以犯罪论处。

第二种观点认为吴某、安某、李某成立收买被拐卖儿童共同犯罪中的帮助犯。其主要根据是吴某、安某并未实施拐卖行为，其行为与收买人董某夫妇之间的联系更为密切。因此，认定为收买被拐卖儿童罪处理。

第三种观点认为吴某与安某应认定为拐卖儿童罪的帮助犯、而李某则认定为收买被拐卖儿童罪的帮助犯。这种观点的切入点就是“派别界分”或“阵营划分”的方法。其一，从吴某、安某与周某的关系来看，是周某实现委托吴某寻找买主，而吴某又将此事告知安某。因此，这 3 人属于同一个“拐卖阵营”。其二，从李某与董某夫妇的关系来看，董某夫妇作为收买者，而李某虽然也是找买主但从安某与李某商谈收取介绍费 400 元以及由吴某向董某夫妇收取 400 元来看，可以看出李某与董某夫妇属于“收买派系”。

第四种观点认为吴某、安某、李某属于拐卖儿童罪共同犯罪中的帮助犯。从案件具体事实出发，吴某、安某、李某 3 人的介绍、搭桥的行为都可以认定为是对周某出卖儿童行为的帮助行为。所以，应当将这 3 人的行为认定为拐卖儿童罪的帮助犯。

以上四种观点争议的焦点在于吴某、安某、李某的行为的定性。第一种观点认为吴某、安某、李某的行为不成立犯罪。从表面上看，将三者的行为评价为不符合我国《刑法》第 240 条规定的 6 种行为。但这 3 人的行为已经严重侵害到了儿童的人身自由。周某将梁某不同意出卖婴儿的情况告知吴某后委托其联系买主时，吴某、安某和李某实施的介绍、联系行为已经侵害了其家庭关系，如果不以犯罪论处则显失公正，难以体现刑法保护法益的机能。第二种观点认为安某、李某成立收买被拐卖儿童罪主要是从董某夫妇处收 400 元。但认定此 3 人构成拐卖儿童罪还是收买被拐卖儿童罪的界限不在于向哪一方收钱。如果按照第二种观点吴某、安某、李某从周某手中收到钱，就认定为拐卖儿童罪的帮助犯勉强也说得过去，但若此 3 人既从周某手中收到钱也从董某夫妇手中收到钱，那么根据第二种观点，此三人既成立拐卖儿童罪的帮助犯又成立收买被拐卖儿童罪的帮助犯。这样的结论显然不合理。第三种观点将案件事实分为两个派别，“收买阵营”包括董某夫妇和李某；“出卖阵营”包括周某、吴某和安某。这种观点看似新颖，实际上割裂了吴某、安某、李某 3 人之间的联系，没有看到此 3 人中间行为、中介行为的连贯性和统一性。至于第四种观点无论是周某、安某、吴某、李某的行为从本质上看均可以评价为拐卖行为。只是吴某、安某、李某的介绍行为可以评价为拐卖行为的帮助行为，从而认定3人成立拐卖儿童罪的帮助犯。

笔者认为以第四种观点合理，但不应当将吴某、安某与李某认定为拐卖儿童罪的帮助犯而是作为实行犯。主要理由如下：从拐卖妇女、儿童罪与收买被拐卖妇女、儿童罪的构成要件来看，拐卖妇女、儿童罪的主观构成要件方面要求行为人具有出卖的目的。这也是拐骗儿童罪与拐卖儿童罪的主要区别之一。客观构成要件方面要求具有拐骗、绑架、收买、贩卖、接送、中转这6种行为之一，而针对婴儿的拐卖还包括偷盗行为。收买被拐卖妇女、儿童罪的主观构成要件要求行为人明知其收买的对象是被拐卖的妇女或儿童，仍然具有收买的意图，而且客观方面行为人又实施了收买行为。就本案来看，周某主观上具有出卖儿童的目的，客观上也实施了与拐卖相关的行为，应当认定其成立拐卖儿童罪。董某夫妇主观上明知道婴儿是被拐卖的，客观上也实施了收买行为，因此成立收买儿童罪也是无可厚非的。但吴某、安某、李某的行为如何认定呢？笔者认为从构成要件的角度来看，将吴某、安某和李某的行为评价为中转行为更为适宜，而不宜以帮助犯论处。从客观行为方式来看，中转是指行为人以其固定住所或临时居住地点为中转站、临时藏匿地或临时联络处以配合其他行为顺利实施的中间行为。从本案的具体情况分析来看，为了便于买卖活动的顺利进行，吴某将孩子抱到吴某、安某的家中，而吴某又将李某、董某夫妇接到家中。这样的行为方式与上述6种行为方式中的中转行为非常吻合，即以吴某、安某的家为中转站顺利地实现了将儿童这一“商品”由卖方让渡到买方。所以，应当将吴某、安某、李某的行为认定为中转。进而，认定此3人成立拐卖儿童罪的正犯而非帮助犯。❶

---

❶ 王夺．拐卖妇女、儿童罪的实践难题及解决［D］．沈阳：辽宁大学，2013.

图书在版编目（CIP）数据

涉边防海警刑事犯罪研究/赵桂民，徐宏著．—北京：知识产权出版社，2015.6
ISBN 978-7-5130-3219-3

Ⅰ.①涉… Ⅱ.①赵… ②徐… Ⅲ.①海防—警察—行政执法—案例—中国 Ⅳ.①D924.114

中国版本图书馆 CIP 数据核字（2014）第 281570 号

内容提要

本书案例丰富，边防和海警刑事执法中的案例种类详实多彩，简单案例和复杂案例相结合，复杂疑难案例分析详细、适当。案例列举始终贯穿海警刑事执法思维与理念，将海警刑事执法理论与实务相结合，不断探索，对边防和海警刑事执法中的复杂、疑难、重大问题的解决提出了合法、合情、合理的解决方案和建议，并对相关问题的理解、认定和发展取向提出了展望。

责任编辑：龚　卫　崔　玲　　**责任校对：**韩秀天
封面设计：开　元　　**责任出版：**刘译文

涉边防海警刑事犯罪研究（下册）
SHE BIANFANG HAIJING XINGSHI FANZUI YANJIU（XIACE）
赵桂民　徐　宏　著

出版发行：知识产权出版社有限责任公司　　网　址：http：//www.ipph.cn
社　址：北京市海淀区马甸南村1号（邮编：100088）　　天猫旗舰店：http：//zscqcbs.tmall.com
责编电话：010-82000860 转 8120　　责编邮箱：gongwei@cnipr.com
发行电话：010-82000860 转 8101/8102　　发行传真：010-82000893/82005070/82000270
印　刷：三河市国英印务有限公司　　经　销：各大网上书店、新华书店及相关专业书店
开　本：720mm×1000mm　1/16　　总印张：55.5
版　次：2015 年 6 月第 1 版　　印　次：2015 年 6 月第 1 次印刷
总字数：1205 千字　　总定价：148.00 元（全二册）
ISBN 978-7-5130-3219-3

涉边防海警刑事犯罪研究

（下册）

赵桂民　徐　宏　著

知识产权出版社
全国百佳图书出版单位

目　录

第七章　危害公共安全罪的理论与实务

第一节　破坏交通工具罪

一、破坏交通工具罪的概念和犯罪构成

破坏交通工具罪，是指破坏火车、汽车、电车、船只、航空器，足以使火车、汽车、电车、船只、航空器发生倾覆、毁坏危险，尚未造成严重后果或者已经造成严重后果的行为。该罪的构成特征是：

本罪侵犯的客体是交通运输安全。本罪的对象是正在使用中的火车、汽车、电车、船只、航空器5种大型交通运输工具。

本罪在客观方面表现为破坏正在使用的火车、汽车、电车、船只、航空器，足以使其发生倾覆、毁坏危险，尚未造成严重后果或者已经造成严重后果的行为。

首先，行为人必须有破坏的行为。破坏的方法可以有多种，但对于构成本罪来说，重要的是要查明破坏行为是否有使交通工具发生倾覆、毁坏危险。这里的破坏是指人为地通过外力作用，损害交通工具的整体或重要部件的正常功能。

其次，破坏行为必须是针对正在使用中的交通工具进行。所谓“正在使用中的交通工具”，包括正在运行中的交通工具，也包括虽处于停放状态但已经交付使用，随时都可开动从事交通运输的交通工具，如临时停放在车库、路边、码头、机场上的已经投入交通运输的交通工具。作为本罪犯罪对象的交通工具应当具有以下特点：其一，该工具的使用目的必须是为了交通运输。如果某种工具本身不具有这一功能或者先前曾有这一功能但现在已经丧失了，不能再视为本罪中的交通工具，如已经报废供展览用的火车、汽车、船只、飞机等。其二，针对该工具的破坏行为会危及公共安全。如果针对某种可用于交通运输的工具的破坏行为不会危及公共安

全，那么该行为不构成本罪，同样，该工具也就应当排除于本罪的交通工具的范围之外。如破坏自行车的行为，虽然也可能对骑车人的人身安全乃至财产造成侵害，但对公共安全尚不能形成危险，因而不能视为本罪中的交通工具。其三，破坏交通工具罪中的“交通工具”具有法定性，只限于《刑法》第116条中规定的5种交通工具，即火车、汽车、电车、船只、航空器。船舶按用途的不同可分为：客船和货船；普通货船（杂货船）；集装箱船、滚装船、载驳船（子母船）；散粮船、煤船、兼用船；兼用船（矿石/油船、矿石/散货船/油船）、特种货船（运木船、冷藏船、汽车运输船等）；油船、液化气体船、液体化学品船；拖船、顶推船、驳船、渡船、汽车渡船等。本罪中的船只必须是用于交通运输的船舶。破坏这5种交通工具之外的其他交通工具，如用作交通运输的大型拖拉机，即使会造成危害公共安全的后果，也不应以本罪论处。

再次，破坏行为要针对交通工具中与交通运输安全直接相关的部位进行。

最后，破坏行为必须足以使交通工具发生倾覆、毁坏危险，或者已经造成严重后果，才具备构成本罪的客观特征。如果既没有使交通工具倾覆或者毁坏，也不存在这种危险性，就不应当认定为破坏交通工具罪。例如用石块把列车的玻璃窗砸坏了，或把灯泡砸了，把座椅毁坏了，或者破坏到开不动，这种破坏并不能使列车倾覆和严重的毁坏，对此只能按毁坏公共财物处理，其情节严重的可以按照故意毁坏公私财物罪论处。所谓倾覆，是指汽车、电车翻车，火车脱轨，船只翻沉，飞机坠落等。所谓毁坏，是指烧毁、炸毁、坠毁，或者造成其他无法修复的严重破坏，它不是指任何局部的损害，而是指使交通工具完全毁坏，或者是严重毁坏而不能安全行驶。危险，是指使特定的交通工具发生倾覆、毁坏的现实可能性。所谓“足以发生颠覆、危险”，是指就破坏行为的性质、破坏的方法、破坏的部位等因素加以综合判断，具有发生颠覆、毁坏的现实可能。至于在具体案件中，行为人的行为是否造成了足以发生倾覆、毁坏的危险，应根据其破坏的方法、破坏的部位等具体情况进行判断，必要时要请有关专家进行技术鉴定。根据刑法规定，只要行为人破坏交通工具的行为足以使交通工具发生颠覆、毁坏危险，不论是否实际造成严重后果，均构成该罪。

本罪的犯罪主体为一般主体，即任何达到负刑事责任年龄并具有刑事责任能力的自然人。

本罪的犯罪主观方面为故意。即明知自己的行为可能会使交通工具发生颠覆、毁坏危险而希望或有意识地放任这种结果发生。犯罪的动机可以是各种各样的，如泄愤报复、嫁祸于人、贪财图利等。但是动机如何，并不影响定罪，只可能影响量刑。

二、“交通工具”的认定

“交通工具”的认定不在于其自身是否天然地具备公共性特征，而在于其是否实质地参与到公共交通运输环境中来并具有这一公共环境所赋予的公共性特征，在于其作为犯罪对象被破坏是否可能或者实际地危害到不特定多数人的生命、健康或者重大公私财产的安全。这是认定交通工具性质的基本原则和根本依据，如果某一交通工具本身即具备天然的公共性特征，如大中型客车、火车等，并实际参与到公共交通运输环境中来，则其必然属于破坏交通工具罪的犯罪对象；如果某一交通工具本身不具备天然的公共性特征，如私人所有的交通工具等，但也实际地参与到公共交通运输环境中来，而且在此背景和环境下具备了或曰被赋予了公共性特征，则其也属于破坏交通工具罪的犯罪对象。

交通工具是否必须具备所谓现代化的特征或曰达到现代化的制造和使用标准呢？对此，我国理论界和司法实践的认定并不一致。理论上有不少观点甚至主流观点都认为，破坏交通工具罪中的“交通工具”是指“大型的现代化交通工具”。笔者认为，老式的、传统的、非现代化的交通工具，虽然未必都达到交通工具的现代化制造或使用标准，甚至从本质上看根本不具备所谓的现代化特征，但只要实际参与到公共交通运输环境中来由此具备公共性的背景和环境特征，并可能或实际造成不特定多数人的生命、健康或者重大公私财产安全的危害，都属于破坏交通工具罪中的“交通工具”。因此，交通工具本身是否具有“现代化”特征或者符合所谓“现代化”标准，并不是认定成立破坏交通工具罪中的“交通工具”的必备要件，意即破坏交通工具罪中的交通工具的认定，不要求必须具备现代化特征或曰符合“现代化”标准。[1]

三、破坏交通工具罪罪数形态的认定

（一）破坏交通工具罪与非罪的认定

判断罪与非罪的界限，主要考虑：

---

[1] 闻志强．破坏交通工具罪中“交通工具”的认定研究［J］．贵州警官职业学院学报，2013（4）．

（1）交通工具是不是正在使用期间。使用期间，并不仅指正在行驶或飞行当中，也包括停机待用、停车待用、停放在车库、码头、机场上的车辆、船只、飞机。也就是已经交付使用，随时都可开动执行任务的交通运输工具，都可以属于本罪的破坏对象。如果根本没有交付使用，或者正在工厂车间进行生产，或者刚刚生产出来还没有检验出厂，或者正在进行修理之中，破坏这样的交通工具，一般不产生公共危险。因此，这样的行为，应视为毁坏公私财物的行为。

（2）破坏的方法和部位。破坏应当做广义的理解。不仅是毁坏，而且还包括盗走或者爆炸等行为，改变其性能，使其不能正常运行也属于“破坏”。如挪动一下航标灯的位置，灯仍然亮着，但可能使飞机倾覆；又如在铁轨上放置障碍物由大到小排列使火车倾覆，在列车车厢中放了定时炸弹等。虽然没造成这种后果，但是有这种危险，就应该按《刑法》第116条定罪。所谓关键部位，就是破坏能够影响到行驶安全的部位和机件，如交通工具的操作驾驶系统，制动、刹车系统，导航系统或者破坏其他影响行驶安全的部位，也只有破坏这些关键部位才可能使交通工具发生倾覆、毁坏，进而危害公共安全。如果行为人只破坏了交通工具的座椅、门窗玻璃、卫生设备或者其他不影响安全行驶的辅助设备的，不构成本罪。

（二）破坏交通工具罪与彼罪的认定

1. 破坏交通工具罪与放火罪、爆炸罪的界限

对以放火、爆炸等手法实施的破坏交通工具罪与放火、爆炸等犯罪的界限，有论者认为，二者的区别主要在于侵害对象，即前者侵害的是正在使用的火车、汽车、电车、船只、航空器等交通工具，而后者侵害的对象则是停置不用的交通工具或者其他公私财物和不特定多数人的生命、健康。为保证交通运输安全，我国刑法将正在使用中的特定交通工具作为特殊对象加以保护。行为人无论采用何种手段破坏使用中的上述交通工具，只要足以使之发生倾覆、毁坏危险的，就应当以破坏交通工具罪定罪处罚。如果行为人使用放火、爆炸的手段破坏尚未交付使用的交通工具的，则应当根据具体案情，分别以放火罪、爆炸罪或者故意毁坏财物罪定罪处罚。[1] 对于用放火、爆炸等危险方法破坏特定交通工具，足以危害公共安全的，也应以本罪论处。[2] 另有论者认为，从法条之间的关系来看，用放

---

[1] 周道鸾，张军．刑法罪名精释［M］．3版．北京：人民法院出版社，2007：74.

[2] 李文燕，杨忠民．刑法学［M］．北京：中国人民公安大学出版社，2005：283.

火或爆炸的危险手法破坏交通工具的一个行为，就同时触犯放火罪或爆炸罪与破坏交通工具罪两个罪名，属于一般法与特别法的竞合关系，应该适用特别法，即以破坏交通工具罪论处。还有论者认为，以放火、爆炸方式破坏交通工具，未侵害交通安全以外的其他法律保护的利益和价值的，定破坏交通工具罪，伴随有其他危害结果的，定放火、爆炸罪。[1]

2. 破坏交通工具罪与故意毁坏财物罪的界限

故意毁坏财物罪的对象可以是交通工具，因而应注意区分这种犯罪与破坏交通工具罪的界限。两者的不同之处主要有：①犯罪客体不同。前者侵犯的客体是交通运输安全，而后者侵犯的客体则是公私财产的所有权。②犯罪对象不同。前者的对象必须是正在使用中的交通工具，而后者则无此限制，后者既可以是这些交通工具的一般或者重要部件，也可以是整个交通工具，还可以是其他交通工具。当交通工具未处于使用期间，即使破坏交通工具的设备，也不足以危害公共安全，应以故意毁坏财物罪论处。例如，行为人毁坏的是正在修理或储存在仓库中的运输工具，则侵犯了公私财产所有权，构成故意毁坏财物罪。如果交通工具是正在处于使用期间的，但只破坏交通工具的辅助设施（如门窗、座椅、玻璃、卧具等），不足以危害公共安全的，因为行为人的毁坏行为不影响交通工具的安全行驶或者已经造成交通工具不能行驶的结果，对其应以故意毁坏财物罪论处；反之，就应当对其以破坏交通工具罪处理。

例如，被告人杨某从事旅客运输业，因同行业竞争同夏某产生矛盾，杨某伺机报复夏某。杨某驾驶客运汽车行驶至宾太公路南岗上时，故意倒车撞击停在坡下的夏某所有的客车，导致夏某的客车溜坡，司机及时制动，使车辆幸免倾覆，被撞车辆多名乘客受伤，车辆损坏所造成的损失折合人民币 4 000 元。对被告人杨某的行为如何定性，有三种不同意见：第一种意见认为，被告人杨某故意毁坏他人财物，数额较大，该行为构成故意毁坏公私财物罪；第二种意见认为，被告人杨某故意使用撞车的危险方法，危害公共安全的行为，构成以危险方法危害公共安全罪；第三种意见认为，被告人杨某故意破坏汽车，足以使汽车发生倾覆、毁坏的危险，该行为构成破坏交通工具罪。

有学者同意第三种意见，认为以其他危险方法危害公共安全犯罪和破坏交通工具犯罪，均属于危害公共安全犯罪，这类犯罪侵犯的客体是社会

[1] 周振想. 中国新刑法释论与罪案（上）[M]. 北京：中国方正出版社，1997：633.

公共安全，即不特定多人的生命、健康和重大公私财产的安全。所谓的“不特定”是说这类犯罪的危害性不局限于特定的个人和个别财产，侵害对象所危及的范围，是难以预料和控制发生或足以发生严重后果的可能性和危险性。如果犯罪行为只侵犯某一特定人的人身或特定的公私财产，而不直接危及多人的生命、健康和重大财产安全的，就不能构成危害公共安全犯罪，而应根据其侵犯的客体分别定为故意杀人罪、故意伤害罪、故意毁坏公私财物罪等。被告人杨某的行为侵犯的对象虽然是特定的，即夏某所有的客车，但同时又侵犯不特定多数人的生命、健康的安全，即多名乘客的生命、健康的安全，因此，被告人杨某的行为应构成危害公共安全类的犯罪，不应构成故意毁坏公私财物罪，第一种观点不能成立。依照《刑法》第115条的规定，用危险方法危害公共安全的犯罪，包括放火罪、决水罪、爆炸罪、投毒罪、以其他危险方法危害公共安全罪。其中以其他危险方法危害公共安全罪，是指故意使用与放火、决水、爆炸、投毒等危险性相当的其他危险方法，危害公共安全的行为。而破坏交通工具罪是指故意破坏交通工具，足以使交通工具发生倾覆、毁坏危险，危害交通运输安全的行为，这是一种以交通工具作为特定破坏对象的危害公共安全的犯罪。而用危险方法危害公共安全的犯罪，侵害的对象是正在使用的火车、汽车、航空器等交通工具以外的其他公私财物和不特定多数人的人身和财产安全。为了保证交通运输安全，我国刑法将正在使用的交通工具作为特殊保护对象加以规定，行为人无论采用何种手段破坏交通工具，只要足以使之发生倾覆、毁坏危险，因而危害交通运输安全，均以破坏交通工具罪论处。按照特别法优于一般法的原理，被告人杨某的行为不构成以危险方法危害公共安全罪，因此第二种观点不能成立。被告人杨某的行为构成破坏交通工具罪。从破坏交通工具罪的构成要件来看，破坏交通工具罪的主体为一般主体，被告人杨某符合破坏交通工具罪的主体特征；破坏交通工具罪的主观方面表现为故意，包括直接故意和间接故意，即行为人明知其破坏行为足以造成交通工具倾覆、毁坏的危险，并希望或者放任这种危险的发生。被告人杨某明知其破坏行为足以造成交通工具的倾覆、毁坏的危险，并希望这种危险的发生，属直接故意。破坏交通工具罪的客观方面表现为实施破坏交通工具的行为，并且足以使其发生倾覆、毁坏危险，被告人杨某实施驾车撞击正在使用的交通工具的破坏行为，并导致被撞客车溜坡，足以使其发生倾覆、毁坏危险；破坏交通工具罪侵犯的客体是交通运输安全，即破坏正在使用的交通工具，危及不特定多人的健康和生命的安全。被告人杨某破坏正在使用的交通工具，导致多名乘客受伤，危害了交通运输安全。被告人杨某的行为完全具备破坏交通工具罪的构成要件。[1]笔者认为，在此案例中，杨某的危害行为是针对正在行驶的不特定车辆或人员的生命、健康安全，其故意驾驶汽车撞击他人车辆的危险程度与放火、决水、爆炸、投毒等危害公共安全的危险方法相当。此案的主观方面中杨某没有蓄意破坏对方机动车重要部件的故意，同时也未发生夏某客车重要部件的损坏，只具有撞击对方车辆的故意，且本案中杨某是驾驶机动车撞击对方，符合以危险方法危害公共安全罪的构成要件。[2]

又如，李某、张某均经营客运。某日，张某行车在前，李某随后，在李某准备超车时张某驾车在前阻挡不让其超车。李某趁张某停车拉人时强行超车后，在拉客过程中将自己的车斜停在公路上阻拦张某超车。后李某将车斜停在公路上再次拉客时，张某强行超车，客车轮胎驶出路基引起乘客恐慌。后张某缓慢行车阻挡李某超车，两车行驶至高崖镇街道再次停车拉人时，李某强行超车停在张某车前面，挂倒挡将张某车连撞两次，此时张某车上乘客 30 余人，李某车上乘客 20 余人，引起乘客恐慌并致使张某车前部严重受损，损失 14 000 余元。后两车乘客全部下车，张某为泄私愤，驾驶自己的客车超车至李某车前，将李某客车尾部刮损，并挂倒挡将李某车前部碰坏，致使李某车前部损坏严重，损失 13 000 余元。[3]

对此案的定性，第一种意见认为，张某，李某为了抢拉乘客，相互追赶、竞驶，碰撞构成以危险方法危害公共安全罪。第二种意见认为，李某、张某超车拉客、竞驶，构成危险驾驶罪，撞车行为，构成破坏交通工具罪。第三种意见认为，张某、李某超车、竞驶，李某的撞车行为，构成以危险方法危害公共安全罪，之后张某在两车乘客下车后，碰撞李某的车，使李某的车严重受损，构成故意毁坏公私财物罪。

《刑法修正案（八）》第 22 条规定："在道路上驾驶机动车追逐竞驶，情节恶劣的，或者在道路上醉酒驾驶机动车的，处拘役，并处罚金。有前款行为，同时构成其他犯罪的，依照处罚较重的规定定罪处罚。"也就是说，如果由于危险驾驶行为造成了交通事故等行为，仍然依据交通肇事罪或以危险方法危害公共安全罪定罪、量刑和处罚。"追逐竞驶"指驾驶机

[1] 郝文军．驾车故意撞击客运汽车构成破坏交通工具罪［J/OL］．http：//old.chinacourt.org/public/detail.php？id =268212.

[2] 王有强．浅谈对"汽车碰瓷"犯罪行为的定性［J］．朝阳法律评论，2010（2）.

[3] 王锐，刘艳荣．客车抢拉乘客竞行、撞车行为如何定性［J］．中国检察官，2012（8）.

动车在道路上高速行驶，反复并线，违法超车的行为。追逐竞驶的罪过形式为故意，不要求行为人以赌博竞技或者追求刺激为目的。法律规定“情节恶劣”才构成犯罪，对此行为的判断，应从追逐竞驶的超速情况和可能造成的危害后果等方面进行认定。《刑法》第 114 条与第 115 条规定了以危险方法危害公共安全罪，但没有明确规定具体行为结构与方式，导致“其他危险方法”没有限定，理论上认为“以其他危险方法”仅限于与放火、爆炸等相当的方法，而不是泛指任何具有危害公共安全性质的方法。就本案而言，双方的客车均坐有乘客，在行进的过程中数次互相超车，其中还有被挤出路基的情形出现，严重威胁车上不特定多数人的生命、健康和重大财产损失，这种危险驾驶行为已经具有了侵害法益的具体危险，构成危险驾驶罪和以危险方法危害公共安全罪的法条竞合，择一重罪处罚即以危险方法危害公共安全罪定罪处罚。

是否侵害不特定多数人的生命财产安全是区分故意毁坏公私财物罪与危害公共安全类犯罪的关键。具体就本案而言，第一，趁张某在街道上拉客的时候，李某开着载有乘客的客车去撞张某载有乘客的客车，引起乘客恐慌并致使张某车前部严重受损，造成损失 14 000 余元，此行为足以危害到不特定多数人的生命、健康的安全。因此李某的撞车行为已经构成以危险方法危害公共安全犯罪。第二，李某的撞车行为是故意，破坏的也是正在使用中的交通工具，关键点是李某的行为是否会使车辆发生倾覆、毁坏的危险。笔者认为，对这一问题的判断要根据一定的技术鉴定以及其他的客观条件去判断，如果认定这种撞车行为有使客车发生倾覆、毁坏的现实危险，那么构成破坏交通工具罪与以危险方法危害公共安全罪的竞合。如果只是造成车辆非关键部位的损害，则构成故意毁坏公私财物罪与以危险方法危害公共安全罪的竞合，只能以危险方法危害公共安全罪定罪处罚。根据本案的证据及鉴定，李某的撞车行为只造成车辆的外部损失，关键部位没有受损的危险，在平缓的道路上不足以发生车辆的倾覆、损坏的危险，认定李某的撞车行为按后一种情形定罪处罚。张某在双方乘客都下车的情况下，为泄私愤，又开车撞向李某的车，只造成李某车辆破损，构成故意毁坏公私财物罪。这是另起犯意实施另一个犯罪行为。刑法处罚中，对另起犯意的犯罪行为与前一个犯罪行为实行数罪并罚的方式。张某的前一个行为构成以危险方法危害公共安全罪，后一个撞车行为构成故意毁坏公私财物罪，此二罪应数罪并罚。

3. 破坏交通工具罪与盗窃罪的界限

盗窃罪的对象可以是交通工具，因而应注意区分这种犯罪与破坏交通工具罪的界限。两者的不同之处主要有：①犯罪客体不同。前者侵犯的客体是交通运输安全，而后者侵犯的客体则是公私财产的所有权。②犯罪对象不同。前者的对象必须是正在使用中的交通工具，而后者则无此限制。后者既可以是这些交通工具的一般或者重要部件，也可以是整个交通工具，还可以是其他交通工具。当交通工具未处于使用期间，即使盗窃交通工具上的设备，也不足以危害公共安全，应以盗窃罪论处。例如，行为人盗窃的是正在修理或储存在仓库中的运输工具，则侵犯了公私财产所有权，构成盗窃罪。行为人出于盗窃目的而以毁坏方法破坏非使用中的交通工具，构成盗窃罪与毁坏公私财物罪的牵连犯，对此，应按一重罪处断原则，定为盗窃罪或者故意毁坏财物罪。如果交通工具是正在处于使用期间的，但只盗窃交通工具上的一般设备或者附属设备（如门窗、座椅、玻璃、卧具等），不足以危害公共安全的，由于行为人的盗窃行为不影响交通工具的安全行驶或者已经造成交通工具不能行驶的结果，对其就应以盗窃罪论处；反之，就应当对其以破坏交通工具罪处理。

例如，在奉化到义乌的公路上经常有许多集装箱货车在深夜中行驶，驾驶员为了避免过于疲劳，常常会将车停在路边，然后在驾驶室内休息半个小时到一小时左右。被告人李某利用载重货车驾驶员休息熟睡之机，多次在奉化溪口镇，盗窃停放在公路边的集装箱货车的后车轮，由于集装箱货车的后轮都是双轮运行，其中一轮被盗后不容易被立即察觉，驾驶员睡醒后一般也不会下车检查，就直接发动了汽车，直到到了目的地后才发觉后轮两侧各少了一个。被告人李某盗窃所得的车轮价值16 000元左右。在审理过程中，对被告人李某的犯罪行为如何定性，出现了两种争议意见：第一种意见认为被告人李某构成盗窃罪。被告人李某趁深夜驾驶员熟睡之机，采用秘密手段窃取他人财物，数额较大，其主观上有非法占有他人财物的故意，客观上也没有造成汽车的倾覆后果，双轮运行的车辆在两侧各被盗一轮后，并没有影响车辆的平衡，所以被告人的行为完全符合盗窃罪的行为特征，应该以盗窃罪处罚。第二种意见认为被告人李某的行为构成破坏交通工具罪。理由是车轮直接影响车辆的安全，被告人盗窃车辆的部分轮胎，无疑直接增加了剩余车轮的负荷，虽然没有造成严重后果，但对车辆的运行安全构成了极大的威胁。笔者同意第二种意见。本案被告人李某的犯罪行为到底是属于盗窃犯罪还是破坏交通工具犯罪，关键是被告人的行为有没有足以造成汽车倾覆的危险和有没有破坏交通工具的故意。众所周知，汽车的每个设备部件都是按照严格的设计标准配备，轮胎的结构、强度以及使用气压和速度是经过严格计算确定的，车轮不但要承受高达轮胎自重数百倍的车身重量、加速和制动时的额外应力，还肩负一部分缓解路面冲击力的重任。车辆的转向、加速和制动等驾驶动作都要通过轮胎执行，所以，轮胎承载的不仅仅是整个汽车的负荷，更重要的是承载着驾驶者和乘客的生命安全。出于载重汽车特殊的负荷要求，其后轮一般都是设计双轮运行。被告人李某将停放的载重汽车的双后轮两侧各盗走一个，本来由两个车轮承担的压力就集中到了一个轮子上，在车辆静止不动时可能还不至于影响车辆的平衡，但一旦汽车处于行驶之中，特别是遇到路面不平、弯道、上下坡时，车轮就会受力不均，承受不住压力而爆裂，导致汽车倾覆。本案被告人的盗轮行为，虽然都没有发生车倾人亡的后果，但毫无疑问，这些载重汽车行驶在溪口的盘山公路上，无时无刻都处在车毁人亡的极度危险之中，所以被告人的行为在客观上已经足以使汽车发生倾覆、毁坏的危险。在主观上，被告人一方面盗窃他人财物，有非法占有他人财物的直接故意；另一方面被告人作为一个思维正常的成年人，应该认识到车轮对汽车的重要性，被告人利用驾驶员熟睡的机会也证明了其已经认识到驾驶员醒来之后就会发动汽车，暂时静止的汽车会重新处于行驶之中，完全知道这些车辆属于“正在使用中”的车辆，其行为可能造成车辆在行驶中倾覆或者毁坏的危险，但他采取放任的态度。所以本案中被告人存在两种犯罪故意：非法占有他人财物的直接故意和放任汽车倾覆的间接故意；被告人的行为也符合两种犯罪构成：盗窃罪和破坏交通工具罪。[1] 被告人的一个行为虽然同时触犯了两个罪名，但其足以影响交通工具的安全行驶，危害到司机的人身安全和车辆等财产安全以及其他不特定人的人身和财产安全，更直接地足以危害了公共安全，因此应以破坏交通工具罪定罪处罚，而不应认为构成想象竞合犯以盗窃罪和破坏交通工具罪两罪之中较重的破坏交通工具罪定罪处罚。

4. 破坏交通工具罪与暴力危及飞行安全罪的界限

暴力危及飞行安全罪是指对飞行中的航空器上的人员使用暴力、危及飞行安全的行为。本罪在客观方面表现为对飞行中的航空器上的人员使用暴力，危及飞行安全的行为。本罪的地点是一个法定要件，即只有发生在

[1] 王爱军．本案应定盗窃罪抑或破坏交通工具罪［N］．人民法院报，2013－2－20（6）．

飞行中的航空器上，才构成本罪。本罪侵害的对象是航空器上的人而不是航空器本身。行为的具体方式只限于使用暴力，不包括使用其他方法。

5. 破坏从事交通运输的大型拖拉机的认定

关于本罪的侵害对象，论者众说纷纭。根据刑法的规定，本罪的对象仅限于火车、汽车、电车、船只、航空器。那么，本罪的犯罪对象是否包括用于交通运输的拖拉机？有论者认为，既然刑法明文规定了本罪的5种对象，就不应将拖拉机作为本罪的对象。另有论者认为，从事交通运输的拖拉机与汽车性能相似，例如，其被破坏都可能危害交通运输安全。因此，应对汽车作广义理解，包括用于交通运输的拖拉机在内。但破坏耕种用的拖拉机和自行车、三轮车、手推车等，不足以危害公共安全，不宜定本罪。[1] 破坏摩托车、机动三轮车、拖拉机而危害交通安全的，尽管刑法中没有将这些交通工具列举出来，只要破坏上述交通工具的行为达到了严重危害交通安全的程度，也应定为破坏交通工具罪。[2] 笔者认为，《刑法》已明文规定本罪的犯罪对象是火车、汽车、电车、船只、航空器，排除了拖拉机，因此，破坏上述5种交通工具之外的其他交通工具，如用作交通运输的大型拖拉机，即使会造成危害公共安全的后果，也不应以本罪论处，如果破坏自行车、手推车、三轮车、耕地用的手扶拖拉机等，不足以危害公共安全，则应当以故意毁坏财物罪或破坏生产经营罪论处。

6. 击打行驶中的车辆致人伤亡的定性

王某因与孙某有矛盾，于是想法报复孙某。当王某得知孙某开车要从某处经过时，遂携带木棍到该处等候。孙某开着桑塔纳轿车路过时（当时夜已深，路上没有其他车辆和行人），王某明知车上除孙某外，还有3个人的情况下，用木棍击打轿车副驾驶位置前面的挡风玻璃，慌忙中孙某急打方向盘，结果造成桑塔纳轿车侧翻，致车上李某受伤，后经抢救无效死亡。本案涉及的争议罪名包括破坏交通工具罪、以危险方法危害公共安全罪、故意杀人罪以及过失致人死亡罪等。

笔者认为王某的行为构成故意杀人罪。理由如下：①王某的行为不构成破坏交通工具罪。破坏交通工具罪是指故意破坏汽车等交通工具，足以使汽车等交通工具发生倾覆、毁坏危险，危害公共安全的行为。本案中的王某用木棍打击孙某驾驶的轿车，从打击部位和打击强度上看，并不足以

---

[1] 宣炳昭．刑法各罪的法理与实用［M］．北京：中国政法大学出版社，2002：23.

[2] 周振想．中国新刑法释论与罪案（上）［M］．北京：中国方正出版社，1997：632.

使交通工具发生倾覆危险，虽然最终造成车翻人亡结果，但主要原因是驾车的孙某在王某用木棍打击前挡风玻璃时处置不当所造成的，所以王某的行为不符合破坏交通工具罪的构成要件。②王某的行为不构成以危险方法危害公共安全罪。王某报复的对象是开车的孙某，虽然车上除孙某外还有其他人，但也是特定的车内几个人。从当时的路面情况来看，路上没有行人及其他车辆，危害的对象是车内特定人，故不足以危害公共安全，不符合以危险方法危害公共安全罪的构成要件。③王某的行为不构成过失致人死亡罪。王某作为一个成年人，其应当意识到自己实施的用木棍打击快速行驾的汽车，会造成车翻人亡的结果，不属于疏忽大意没有预见的过失。根据当时的情况，王某也没有凭借自己的能力、技术、经验避免这种结果发生的有利条件，也不属于过于自信的过失。④王某的行为构成故意杀人罪。王某在明知孙某开车路过而携带木棍事先等候，并在孙某开车经过时用木棍打击轿车前挡风玻璃。作为一个正常人，应当知道自己用木棍打击快速行驶的汽车，会严重影响司机安全驾驶，可能造成车翻人亡的严重后果，但其仍积极实施，很明显，其对自己行为的结果持放任的态度，符合间接故意犯罪的特征，构成间接故意杀人罪。[1]

第二节　破坏交通设施罪

一、破坏交通设施罪的概念和犯罪构成

破坏交通设施罪，是指故意破坏轨道、桥梁、隧道、公路、机场、航道、灯塔、标志或者进行其他破坏活动，足以使火车、汽车、电车、船只、航空器发生倾覆、毁坏危险，尚未造成严重后果或者已造成严重后果，危害公共安全的行为。本罪的犯罪构成要件是：

本罪侵犯的客体是交通运输安全，破坏的对象是正在使用中的直接关系交通运输安全的交通设施。

本罪在客观方面表现为使用各种方法破坏轨道、桥梁、隧道、公路、机场、航道、灯塔、标志，或者进行其他破坏活动，足以使火车、汽车、电车、航只、航空器发生倾覆、毁坏危险，尚未造成严重后果或者已造成严重后果，危害公共安全的行为。行为人的破坏行为必须足以使火车、汽

---

[1] 刘建青，乔建设．击打行驶车辆致车翻人亡如何定性［J］．中国检察官，2010（1）．

车、电车、船只、航空器发生倾覆、毁坏危险或者已经发生倾覆、毁坏结果。这里所说的“造成严重后果的”，主要是指犯罪分子实施破坏行为，导致了火车、汽车、电车、船只、航空器发生倾覆、毁坏的结果发生造成了人员的死亡或者造成公私财产的重大毁损，从而危害公共安全的行为。火车出轨、汽车、电车翻车、船只翻沉、航空器坠毁等，这些都属于本款所规定的“造成严重后果”的情况。

本罪主体为一般主体，即可以是任何达到刑事责任年龄、具有刑事责任能力的人。

本罪的犯罪主观方面表现为故意，包括直接故意和间接故意，即行为人明知破坏交通设施会造成交通工具倾覆、毁坏危险，并且希望或者放任这种危险状态或结果的发生。犯本罪的动机多种多样。如出于报复泄愤，图谋隐害，嫁祸于人，贪财图利等。这些不同的个人动机对构成本罪并无影响。例如，经被告人王某提出，被告人徐某强同意，两人携带工具来到三亚凤凰机场龙绕岭山脚处，将中国民用航空三亚空中交通管理站埋在地下的发报台地网线挖出 14.2 米并将铜线盗走卖掉；次日 8 时许，2 人又顺着挖过的地方再次将地网铜线挖出 18.6 米并卖掉；王、徐二人又一次来此挖地网铜线时，被警察当场抓获。人民法院认为，被告人王明、徐明强无视国家法律，为盗窃财物破坏民航空中管理发报站台设施，危害公共安全，其共同行为已构成破坏交通设施罪。宣判后，徐某强对判决不服，以主观上不是故意为由提出上诉。上诉法院认为上诉理由经查不能成立，裁定驳回上诉，维持原判。本案中，上诉人徐某强及原审被告人王某作为具有现代社会生活常识的完全行为能力人，应当认识得到使用中的公共电缆、电线对社会公共用途的重要作用，上诉人及原审被告人主观上虽不具有危害公共安全的直接故意，但为非法盗取财物，放任可能造成危害后果，盗挖盗割正在使用中的地网铜线，足以导致交通工具发生坠毁的危险，符合间接故意的特征，其行为已危害到社会公共安全，构成了破坏交通设施罪，因此，上诉人的上诉理由不能成立。

二、破坏交通设施罪犯罪构成要件的理解

（一）交通设施的理解

交通设施是指为交通系统保障安全正常运营而设置的公路、轨道、隧道、高架道路、车站、机场、灯塔、通风亭、机电设备、供电系统、通信信号、标志等设施。灯塔是建于航道关键部位附近的一种塔状发光航标。

灯塔是一种固定的航标，用以引导船舶航行或指示危险区。现代大型灯塔结构体内有良好的生活、通信设施，可供管理人员居住，但也有重要的灯塔无人看守。灯塔由灯具与塔身构成。塔身可由各种建筑材料构筑，主要是要适应和抵抗风浪等恶劣的自然条件，以保持自身的稳定性和耐久性。塔身高度要适应灯光射程要求。灯具是由发光器和光辐射器两个基本部分构成。现代灯塔的发光能源主要采用电力，发光器的发光体中心位于聚光透镜的焦点，光源辐射出呈球面的光通过聚光透镜成为有一定扩散角的平行光束。灯塔的射程可达30海里左右，光的强度可达数亿烛光。灯光有闪光、定光和明暗光等。光色有红、白或绿、白。通常以红、绿光表示光弧内有障碍物。"航道"是指中华人民共和国沿海、江河、湖泊、运河内船舶、排筏可以通航的水域。航道可分为河航道、限制性航道、宽浅河流航道、山区急流河段航、湖泊和水库航道，其中河航道是指江河、湖泊、水库、渠道和运河内可供船舶、排筏在不同水位期通航的水域。按照《内河通航标准》（GBJ139－90）规定，内河航道分为等级航道（一至七级航道）和七级以下航道。2009年1月施行的新《中华人民共和国航道管理条例》根据航道的地区和专用性，把航道分为国家航道、地方航道和专用航道。"航道设施"是指航道的助航导航设施、整治建筑物、航运梯级、过船建筑物（包括过船闸坝）和其他航道工程设施。"与通航有关的设施"是指对航道的通航条件有影响的闸坝、桥梁、码头、架空电线、水下电缆、管道等拦河、跨河、临河建筑物和其他工程设施。航标是重要的水上交通基础设施，是船舶安全航行的重要指示标志，每一座航标都是在航道部门按照国家的规范和标准，经过科学勘测和研究后进行精确定位而设置的，除了航道管理部门有权设置、撤除和移动外，任何单位和个人都不得擅自移动和改变航标的状态。航标一旦被擅自移动或破坏，其正常功能将不能发挥，就可能造成船舶航行偏离航道，发生船只搁浅、倾覆、碰撞等海损事故，严重威胁公共通航安全。例如，2008年2月20日晚上20时左右，长江宜昌航道局航标遥测遥控监控人员，在监视屏上突然发现"云池3号"红色浮标发生非正常位移，立即通知宜昌航道管理处，派出维护船艇迅速出航巡查。航道管理人员到现场后发现，"云池3号"红色浮标向下游移动了169米，向右移动了30米，原标位航道被一艘非法挖砂船占据进行挖砂作业。航道管理人员怀疑有人擅自移动了航标的位置，随即开展现场定位、拍照取证，并向水上110报警。长航宜昌公安局接到报案后即开展侦察，发现停泊在云池水域的"鄂当阳浚0005号"工程船有重大作案嫌疑。此船白天锚泊在航道外，夜间即出航到航道内进行非法采砂作业。侦查员发现其作业地点恰好是在被移动的“云池 3 号”红浮附近。在掌握相关证据后，长航宜昌公安局将正在非法采砂作业的“鄂当阳浚 0005 号”工程船船长许某以涉嫌破坏交通设施罪予以刑事拘留。据许某交代，20 日晚，为便于“鄂当阳浚 0005 号”工程船在航道内非法采砂作业，他命船员李某将“云池 3 号”红浮沿下游方向移动了 169 米。

轨道、桥梁、隧道、公路、机场、航道、灯塔、标志等交通设施是交通运输安全的基础和保障，一旦遭到破坏，就会严重侵害不特定多数人的生命健康安全、重大公私财产安全和公共交通运输秩序，危害公共安全。所谓正在使用中的交通设施，是指交通设施已经交付使用或者处于正在使用之中，而不是正在建设或正在修理且未交付使用的交通设施或已废弃不用的交通设施。如果破坏的是正在建设、修理而未交付使用的或废弃不用的交通设施，则不构成本罪。因为上述交通设施不处于正在使用的过程中，因而不涉及是否会影响交通工具的安全运行问题，故不构成破坏交通设施罪。对于破坏上述不在使用中的交通设施构成犯罪的，应依法认定为毁坏公私财物或盗窃等犯罪。所谓直接关系交通运输安全，是指直接关系到火车、汽车、电车、船只、航空器的行车、行船、飞行安全。如铁路轨道、地铁隧道、公路、飞行跑道、机场航道、灯塔、信号灯等，交通工具要在这些交通设施上行驶或者要根据其打出的信号指示行驶，也就是说，这些交通设施与交通运输安全有着直接联系，如果对这些交通设施进行破坏，就会直接造成火车、汽车、电车、船只、航空器发生倾覆、毁坏危险，危害公共安全。反之，破坏那些虽然也是交通设施，但不直接关系交通运输安全的交通设施，则不构成破坏交通设施罪，如破坏火车站的候车室、长途汽车站的货仓、机场的候机室等，因其不直接关系行车、行船、飞行的安全，故不能成为本罪的犯罪对象。

从现实生活中来看，对交通设施的对象范围可以具体分为以下 5 种：一是正在使用的铁路干线、支线、地方铁路、专用铁路线路、地下铁路和随时可能投入使用的备用线以及线路上的隧道、折梁和用于指示车辆行驶的信号标志等；二是用于公路运输的公路干线及支线，包括高速公路、国道、省道、地方公路以及线路上的隧道、桥梁、信号和重要标志等；三是用于飞机起落的军用机场、民用机场的跑道、停机坪以及用于指挥飞机起落的指挥系统，用于导航的灯塔、标志等；四是用于船只航行的内河、内湖航道，我国领海内的海运航道、导航标志和灯塔等；五是用于运输、旅游、森林采伐的空中索道及设施等。

（二）“破坏”的认定

所谓破坏，包括对交通设备的毁坏和使交通设备丧失正常功能。例如，破坏海上的灯塔或航标，既可以将灯塔的发光设备砸毁，也可以故意挪动航标的位置，使之失去正常指示功能，从而导致航船发生安全事故。又如发出无线电干扰信号，使正常行使中的交通工具与指挥、导航系统不能联系，致使该交通工具处于极大风险之中的行为等。这些交通设备必须是正在使用的，因为只有破坏正在使用的交通设备才可能危害交通运输安全。如果破坏的是正在修筑的或者已经废弃的交通设施，不应定本罪。破坏交通设备的方法多种多样，如炸毁铁轨、桥梁、隧道，拔除铁轨道钉，抽掉枕木，拧松或拆卸夹板螺丝，破坏公路路基，堵塞航道，在公路、机场路道上挖掘坑穴，拆毁或挪动灯塔、航标等安全标志。这里其他破坏活动是指诸如在铁轨上放置石块、涂抹机油等虽未直接破坏上述交通设备，但其行为本身同样可以造成交通工具倾覆、毁坏危险的破坏结果。例如，自1996年11月至2001年10月3日期间，周某丰先后在淮阴区、沭阳县、泗阳县等境内盗窃正在使用的供电线、供电横担、电表等，共计作案34起。2000年春季的一天晚上，周某丰窜至某村境内钱集闸下游300米处，将固定于河床底部的水位标尺盗走。2001年7月左右的一天晚上，周某丰又将某村境内钱集节制闸上游约800米河道交叉口处正在使用的一只航标灯盗回家中。后周某丰因涉嫌破坏电力设备罪被刑事拘留。法院作出一审判决，以破坏交通设施罪、破坏电力设备罪、破坏永久性测量标志罪三罪并罚，判处被告人周立丰有期徒刑9年。本案中，航标灯是用于指引航向的灯源等，且是正在使用的，而30岁的被告人周某丰明知其是用于指航的灯，而仍采用盗窃的方法将其盗回家中，使航标灯失去了正常的指示功能，其行为符合破坏的含义，危害了社会，应构成犯罪。

（三）“足以”的认定

行为人的破坏行为必须足以使火车、汽车、电车、船只、航空器发生倾覆、毁坏危险或者已经发生倾覆、毁坏结果。也就是说，破坏交通设施会造成两种后果：一种是可能发生的后果；另一种是已经发生的后果。只要造成两种后果之中的任何一种后果，都构成破坏交通设施罪。“足以”是指行为人对交通设施的破坏程度，已达到可以使交通工具发生倾覆或者毁坏的现实可能和危险。行为人的破坏程度是否足以严重危害公共交通运输安全，需要由有关专业部门进行鉴定，不能凭感觉定论。如果行为人的某种行为不足以使火车、汽车、电车、船只、航空器发生倾覆、毁坏危险的，则不构成本罪。

司法实践中，通常从以下两个方面考察某种行为是否足以使交通工具发生倾覆、毁坏危险：一是从破坏的方法看。如果行为人使用了极其危险的破坏方法，如采取爆炸、放火、拆毁的方法破坏交通设施，由于这些破坏方法本身可以使交通设施遭受严重破坏，从而足以使交通工具发生倾覆、毁坏危险。二是从破坏的部位看。破坏交通设施的重要部位就会直接危及交通工具的运输安全。如挖掉铁轨、枕木，卸去轨道之间的连接部件等，这些破坏交通设施重要部位的行为直接关系到交通工具的行驶安全，足以造成交通工具的倾覆、毁坏危险。但是，如果行为人破坏的只是交通工具的附属部位，比如在公路边上采挖少量砂石等，因为这些破坏行为与交通运输安全没有直接联系，不足以使交通工具发生倾覆、毁坏危险，因此不构成破坏交通设施罪。不论采取何种方法，只要足以使交通工具发生倾覆、毁坏危险，就构成破坏交通设施罪的既遂。如果破坏行为不可能使交通工具发生倾覆或毁坏，不危及交通运输安全，不能按本罪处理。具体认定破坏行为是否足以使交通工具发生倾覆、毁坏危险，应当从破坏方法、破坏交通设施的部位等多方面综合考察确定。例如，被告人亓某先后伙同他人在青莱高速公路莱芜车段、沂源鲁村车段破坏交通设施，拆卸高速公路护栏、打开缺口，使多辆大型运输车辆从缺口处下高速公路，并收取好处费。2009 年 11 月 18 日，亓某再次纠集李某、王某等人于 11 月 19 日凌晨在青莱高速公路 234 公里莱芜方向右侧处拆卸高速公路护栏，打开缺口后，使得张某驾驶的超载大型货车从此处下高速公路偷逃费用，车主支付给亓某等人 800 元现金，后被路政稽查人员查获。本案中，亓某私自拆卸高速公路护栏，针对正在使用的高速公路护栏进行破坏，严重影响了高速公路的行车安全和管理秩序，足以引发交通事故，危害公共安全，应当以破坏交通设施罪追究其刑事责任。[1]

（四）“危险”的认定

2008 年 6 月 9 日至 13 日间，被告人陈某伙同李某某（15 岁）先后 3 次在铁路宣庞线宣化站至赵川站间 7 千米处，用扳手、铁锤等工具拆盗正

[1] 刘伟道，刘德国．为逃高速费拆护栏　构成破坏交通设施罪［N］．检察日报，2010－7－24（3）．

在使用中的钢轨接头50KG/M型鱼尾板12块、43KG/M型鱼尾板6块，价值人民币2 352元。2008年6月14日13时许，陈某伙同李某某在上述地点，拆盗43KG/M型鱼尾板15块，价值人民币1 590元。次日14时，陈某伙同李某某在转移赃物时被民警当场抓获。上述4次拆盗行为，造成宣庞线中断行车2小时19分，直接经济损失8 982.18元。另查明，钢轨接头鱼尾板是连接钢轨的重要部件，被拆除后足以造成列车脱轨颠覆的重大交通事故。一审法院经审理认为，被告人陈某以非法占有为目的，盗窃正在使用中的钢轨接头鱼尾板，故意破坏轨道，足以使火车发生倾覆、毁坏危险，尚未造成严重后果，危及了交通运输安全，已构成破坏交通设施罪，判处被告人陈某犯破坏交通设施罪，判处有期徒刑3年，判决已发生法律效力。

（1）依据何标准认定"足以发生倾覆、毁坏危险"。在刑事司法实践中，破坏交通设施罪的争论焦点在于危险的认定标准，即依据何种标准来判断破坏行为是否足以使交通工具发生倾覆、毁坏危险。关于这一问题，目前法律与相关司法解释没有提供任何可供操作的指导性意见，学界也莫衷一是。一种意见认为，上述危险应当是一种现实的、紧迫的危险。这种危险在事物发展的进程中距离结果已经相当接近：根据具体情况，按照客观规律，我们可以预测到除非发生某些突然的变化，危险即将转化成现实的危害结果。据此标准，本案被告人陈某破坏正在使用中的钢轨接头鱼尾板尚且无法认定存在危险，唯有其行为致使钢轨错牙达到12毫米方可判定危险的存在。另一种意见主张，危险应当被理解为破坏行为本身所具有的导致危害结果发生的可能性，即危险是行为的属性。虽然危险是一种客观状态，但由于通常情况下不能明确区分行为的危险与作为结果的危险，故可以根据行为的危险认定行为造成了危险状态。因此，只要破坏行为是针对正在使用的交通设施的整体或重要部件，就可以认定存在危险。据此标准，本案被告人陈某只要实施破坏正在使用的钢轨接头鱼尾板，即可认定存在危险。依照《铁路法》第61条规定，行为人损毁、移动铁路行车信号装置，以破坏交通设施罪处罚。相较于刑法规定破坏交通设施罪需产生危险而言，《铁路法》第61条作为特别刑事罚则，可以被理解为立法机关对破坏交通设施罪危险的解释。笔者认为，破坏交通设施罪的危险作为犯罪构成要件之一，被明确规定在破坏交通设施罪的罪状中，因而这种危险状态就应当如同所有的犯罪构成要件一样需要法官运用证据加以查明，而不允许任何的主观推断。因此，该危险应当被解释为使交通工具发生倾覆、毁坏的现实可能性。这种可能性自行为人实施破坏行为时即存在，因为针对正在使用的交通设施的整体或重要部件实施的破坏行为本身即具有现实的社会危害性，虽然此时距离交通工具倾覆、毁坏的结果尚有一定发展空间，但其与“距离结果相当接近”的“危险”相比不存在本质上的区别。因此，只要破坏行为是针对正在使用的交通设施的整体或重要部件，即可认定存在危险。

（2）是否由专业技术部门认定破坏交通设施罪的危险。在本案审理中，某铁路局安全监察室作为专业技术部门出具了内容为“钢轨接头鱼尾板是连接钢轨的重要部件，被拆除后足以造成列车脱轨颠覆的重大交通事故”的鉴定意见。具有争议的问题是，法院是否只能依据专业技术部门的鉴定意见判定危险的有无？一种意见认为，危险状态的判断作为一项技术性极强的工作，如果仅凭法官依靠自身生活经验加以判断，则往往会偏离客观实际。例如，科学实验表明，钢轨发生错牙达12毫米，列车通过时才有可能发生脱轨、倾覆等后果，而依照一般人的生活经验，显然无法得出如此精确的结论。因此，对危险的判断应当借助具有专门技术知识的专家，以科学法则作为判断标准。另一种意见主张，法律上的危险与科学意义上的危险是不同的概念。刑法作为道德底线，只要行为能够引起公众极大的恐惧感就应当认定具有危险，这种危险只需依靠一般人的生活经验就可以察觉。例如，本案被告人陈某拆盗钢轨接头鱼尾板是具有危险的，因为一般人以生活常识来看，拆卸钢轨接头鱼尾板会造成钢轨损毁，继而发生火车倾覆、毁坏的后果。即使在科学基础上拆卸鱼尾板不一定致使火车倾覆、毁坏，但是足以引起公众极大的不安。因此，法官依靠生活常识和生活经验判定破坏行为是否具有引起危害后果发生的可能性就足够了。笔者认为，刑法中的危险不完全是事实判断问题，还是法律判断问题，即危险的判断还需要根据该行为本身的性质、当前的社会治安秩序等刑事政策因素来决定。法官作为危险的认定主体，便于积极发挥司法职能，根据当前的铁路治安秩序以及刑事政策适当地调整刑法的适用范围。因此，专业技术部门根据调查结果制作的鉴定意见书，应作为法院认定危险的重要证据，但不能作为定罪的决定性意见。法官应当以行为当时存在的全部客观事实为判断材料，并依照刑事政策需要，依靠自身的生活经验，对危险的认定进行自由心证。同时，法院应当加强与相关专业技术部门的沟通协调，建议其仅就犯罪事实方面制作鉴定意见。

综上所述，本案被告人陈某以非法占有为目的，以破坏性手段拆卸正在使用的钢轨接头鱼尾板，不仅在客观上实施了破坏交通设施的行为，并造成足以使火车发生倾覆、毁坏的危险状态，在主观上对其行为可能造成的火车发生倾覆、毁坏的危险状态以及危害后果也持有放任的心理态度，完全符合《刑法》第117条的规定，以破坏交通设施罪追究其刑事责任是正确的。

三、破坏交通设施罪罪数形态的认定

（一）破坏交通设施罪与非罪的认定

破坏交通设施的行为是否足以危及公共安全，是区分行为人的行为是否构成犯罪的关键所在。根据《治安管理处罚法》第35条和其他有关法律法规的规定，破坏交通设施的一般违法行为是指在铁路、桥梁、涵洞、公路、水域航道、堤坝上，挖掘坑穴、放置障碍物、向列车投掷物品、采石取沙、私设道口，损毁、移动指示标志，可能影响交通运输安全，尚不够刑事处罚的行为。区分破坏交通设施罪与上述一般违法行为的关键在于，破坏交通设备的行为是否足以使交通工具发生倾覆、毁坏危险，是否危害交通运输安全。如果破坏行为已经造成或者足以造成交通工具倾覆或毁坏，从而危害交通运输安全的，应以本罪论处；如果破坏行为只是可能影响交通运输安全，但尚未达到足以使交通工具发生倾覆、毁坏危险的严重程度，则属于破坏交通设施的违法行为。

（二）破坏交通设施罪与彼罪的认定

1. 破坏交通设施罪与盗窃罪的界限

两者的不同之处主要有：①犯罪客体不同。前者侵犯的客体是交通运输安全，而后者侵犯的客体则是公私财产的所有权。②犯罪对象不同。前者破坏的对象是正在使用中的保障交通运输安全的交通设施，即轨道、桥梁、隧道、公路、机场、航道、灯塔、标志以及与交通运输安全有关的，正在使用中的交通设施。而后者侵犯的对象比较广泛，包括一般公私财物。③客观方面不同。破坏交通设施罪的客观方面表现为实施了破坏交通设施的行为，无论采用何种方法破坏，只要足可以使交通工具发生倾覆、毁坏危险，就构成本罪。而盗窃罪的客观方面表现为行为人窃取数额较大的公私财物或者多次盗窃公私财物、入户盗窃、携带凶器盗窃、扒窃的行为。④主观故意不同。破坏交通设施罪表现为明知破坏交通设施会造成交通工具倾覆、毁坏而希望或放任这种结果发生；盗窃罪是明知是公私财物而以非法占有为目的，实施窃取财物的行为。⑤刑罚轻重不同。破坏交通交通设施罪是危害公共安全的犯罪，社会危害性要大于盗窃罪，法定刑也比盗窃罪重得多，量刑起点是3年有期徒刑，最高可以判死刑。而且不以被盗窃破坏的交通设施的价值为定罪量刑的标准。

在司法实践中，出于非法占有的目的，盗窃交通设施（如盗窃铁轨上的枕木，偷割使用中的铁路专用电缆，从保障交通运输安全的电气设备上偷拆电子元件等），从而严重危害交通运输安全的犯罪，与盗窃罪容易混淆。两者虽然都是以非法占有为目的，秘密窃取财物，但前者盗窃的不是一般公共财物，而是正在使用中关系到交通运输安全的设施，这种盗窃行为，不仅侵犯财产关系，而且严重危害交通运输安全；同时行为人对其行为可能造成交通工具倾覆或者毁坏的危险大多采取放任态度，即表现为间接故意。因此，这种行为既是盗窃罪，又是破坏交通设施罪，应当按一个重罪即破坏交通设施罪定罪判刑。而盗窃罪窃取的是一般公私财物，或者盗窃未投入使用的交通设备，不影响交通运输安全，其侵犯的客体只是公私财产权利，因此，与上述以盗窃交通设施为目的而构成的破坏交通设施罪，有本质区别。例如，陈某德携带钢锯条在丰沙铁路线上，用钢锯条将正在使用的2根铁路数字信号电缆锯断盗走，虽然2根3米多长的电缆仅价值人民币49.61元，却造成丰沙铁路损失98万元。铁路法院认为，被告人陈某德破坏正在使用中的铁路设施，足以使火车发生倾覆、毁坏危险，尚未造成严重后果，其行为侵犯了交通运输安全，已构成破坏交通设施罪，应予惩处。

又如，李某、莫某、杨其、万某、黄某、秦某、彭某团伙7人在重庆城区购买盗窃需用的铝芯线等工具后，窜至泸渝高速汪营互通处，撬开电缆线检修盖，盗走1 775米和150米长的电缆线，并连夜运往重庆城区销赃，共获赃款3.5万元。该团伙共作案6起，被盗割的电缆线总价值共达30余万元。对此案的定性，第一种意见认为：犯罪嫌疑人李某、莫某等7人的行为涉嫌盗窃罪。其理由是：一是上述犯罪嫌疑人出于故意，具有非法占有公私财物的目的；二是采用秘密窃取的手段，窃取了数额巨大的公私财物的行为。第二种意见认为：犯罪嫌疑人李某等7人的行为涉嫌破坏交通设施罪。其理由是：第一，虽然上述犯罪嫌疑人采用秘密窃取的手段，窃取了公私财物数额巨大的行为，但其窃取的是正在使用中的交通线路；第二，其破坏行为足以使交通工具发生倾覆、毁坏危险；第三，其行为达到了数额巨大，同时又危及了公共安全，破坏了交通设施，形成了盗窃罪与破坏交通设施罪的想象竞合，应按其中一处罚较重的罪定罪处罚。

笔者赞同第二种意见。两罪区别的关键是看作为犯罪对象的设施是否正在使用。对于盗窃、偷割尚未安装完毕或者已经安装完毕但还未正式交付使用的交通设施的，应按盗窃罪处理。已经投入使用，只是由于季节或者维修等原因而暂停使用的交通设施，也应视为是正在使用，如果行为人因盗窃这类交通设施，构成犯罪的，应按破坏交通设施罪定罪处罚。从本案看，李某、莫某、杨某等 7 人因盗窃正在使用中的交通设备而触犯的是破坏交通设施罪，破坏交通设施罪和普通的盗窃罪虽然都是以非法占有为目的，秘密窃取财物，但前者盗窃的不是一般公共财物，而是正在使用中关系到交通运输安全的设施，这种盗窃行为，不仅侵犯财产关系，而且严重危害交通运输安全。犯罪分子偷盗高速公路路产设施，客观上实施了窃取公私财物罪行为，造成了两种危害后果的发生，既侵犯了高速公路上交通设施的财产所有权，构成了盗窃罪；又破坏高速公路上的交通设施，危害高速公路的交通运输安全，构成了破坏交通设施罪。按照特别法优于普通法、重法优于轻法的原则，此类行为应是破坏交通设施罪。

2. 破坏交通设施罪与破坏交通工具罪的界限

破坏交通设施罪和破坏交通工具罪都是危害交通运输安全的犯罪，两者的主要区别在于侵犯的对象不同。破坏交通设施罪侵犯的对象是正在使用中的轨道、桥梁、隧道、公路、机场、航道、灯塔、标志等保证交通工具正常行驶的交通设施，通过破坏这些交通设施来达到引起火车、汽车等交通工具发生倾覆、毁坏危险；而破坏交通工具罪侵犯的对象则直接指向正在使用中的火车、汽车、电车、船只、航空器等交通工具本身，通过破坏交通工具本身，来引起交通工具发生倾覆、毁坏危险。

由于交通设备与交通工具之间的相互依存关系，破坏交通设施往往引起交通工具的倾覆、毁坏，而且这种危害结果的发生通常是行为人所追求的目的；同样，破坏交通工具也常引起交通设备被破坏。在这种情况下，是认定为破坏交通设施罪还是认定为破坏交通工具罪，要视行为的直接指向对象而定。如果行为指向交通设施，直接破坏交通设备，应认定为破坏交通设施罪，其所引起的交通工具的倾覆、毁坏，应视为破坏交通设施，造成严重后果，适用《刑法》第 119 条规定的破坏交通设施罪的结果加重条文。如果行为指向交通工具，直接破坏交通工具，应认定为破坏交通工具罪，其所引起的对交通设备的破坏，也应视为破坏交通工具造成严重后果的情况。

3. 超载超限毁损桥梁的行为的认定

例如，赵某雇佣司机王某驾驶一辆私自加装后拖挂的自卸货车，车货总重266.19吨，严重超载，由南向北行驶至107国道漯河市澧河大桥桥面时，致使该桥第六跨五块桥板断裂脱落。其拖挂车及桥板坠入澧河中，造成澧河大桥桥面严重损坏。经公路管理局认定，该事故造成国家最低直接经济损失136万元。法院审理，认定2人构成过失损坏交通设施罪，判处有期徒刑3年，宣告缓刑3年。又如，陈某驾驶重型自卸货车（车身自重20吨，货物45吨）途经限制重量为10吨的某镇青连大桥（桥头有明示标牌）时，因严重超过该大桥的限制重量，车辆陷入桥中，导致大桥桥面下陷，严重危及公共安全。事后经评估，事件造成损失达400余万元人民币。人民法院审理后认为，陈某已认识到超载通行可能会对大桥的结构安全造成危害，危及交通运输安全，但出于牟利动机放任极有可能出现的危险，应当认定其主观上具有间接故意。在客观方面，其驾驶货车严重超载，导致大桥桥面下陷，对公共交通设施造成严重破坏，足以使过往的车辆发生倾覆、毁坏危险。因此，陈某的行为构成破坏交通设施罪。还如，张某驾驶一辆重达160余吨的严重超载货车，通过北京市怀柔区宝山镇宝山寺白河桥第一孔时将白河桥压塌，造成1 556万余元的重大经济损失。人民法院审理后认为，张某犯交通肇事罪，判处有期徒刑4年，并赔偿北京市交通委员会路政局经济损失，车主曹某父子负连带赔偿责任。

以上3个案件，尽管发案地点不同，造成的经济损失也有差异，但却具有明显之共性。首先，3个案件都是由严重超载而引发；其次，除了嫌疑人自己的车辆倾覆毁坏之外，并未给其他车辆造成实质损害；最后，超载行为都造成了桥梁毁损且损失数额特别巨大。然而正是这些本质上相同的案件，在司法实践中，竟有如此殊异之判决，值得研究。

第一，超载者不构成过失损坏交通设施罪。理由如下：①超载者之行为并未侵害过失损坏交通设施罪之法益。刑法规定各种具体的犯罪是为了保护特定的法益。过失损坏交通设施罪是一种以交通设施为侵害对象的过失危害公共安全罪，其侵害之法益为公共交通安全。对此类案件，仅从犯罪对象即桥梁这种交通设施看，确实因超载而被不同程度毁损，但这并不意味着超载行为一旦造成桥梁毁损就必然对公共交通安全造成实质侵害而构成本罪。在本罪中，公共交通安全并非是指轨道、桥梁、隧道、公路、机场、航道、灯塔、标志等交通设备自身的安全，而是指因为这些交通设施被破坏而借助这些交通设施正常行驶的火车、汽车、电车、船只、航空器及其所运输人员之安全。换言之，只有在超载者之行为不仅造成桥梁毁损，并且祸及在该桥梁上正常通行的车辆，致使发生车辆倾覆或者毁坏之严重危害后果，才能构成本罪。对上述3个案例而言，因为并未发生其他在受损桥梁上正常通行的车辆毁损或者倾覆的严重危害后果，因而也无从侵害公共交通安全，进而言之，认为此类案件构成过失损坏交通设施罪只能是无本之木了。或许有人质疑，对“公共交通安全”的法益侵害，不仅包括已然造成交通事故，还应包括造成潜在的交通事故危险。对此，笔者认为，因为过失损坏交通设施罪是典型的过失犯罪，以车辆船只倾覆毁损之严重危害后果为必备要件，而本罪中之法益侵害，也必须体现这一特征。换言之，本罪中的“公共交通安全”，与破坏交通设施罪之“公共交通安全”在法益侵害的实质层面，还存在一定差异。故而，仅仅是造成潜在交通事故危险，尚不足侵害到本罪之法益。事实上，在司法实践中，超载超限行为几乎很难导致自身之外的其他车辆倾覆，从而对过失损坏交通设施罪的保护法益，即公共交通安全造成实质侵害。因为绝大多数桥梁为钢筋混凝土结构，其构架之韧性相对较强，从桥梁因负载过重而摇摇欲坠到彻底崩塌，其过程相对迟滞，非瞬间即可完成，即便因超载而发生桥梁坍塌的事故，对于高速通行的车辆一般都可以避让，而超载车辆却往往因轮胎卡入破损桥面而无法脱身。故此，通常情况下，超载者因毁损桥梁而造成“其他车辆倾覆或毁坏”之可能性是微乎其微，这也几乎完全否定了超载者因毁损桥梁而构成过失损坏交通设施罪的可能性。②超载者自身车辆毁损不能认定为“致使汽车倾覆或毁坏”。上述列举的3个案例中，虽然并未造成超载车辆之外的其他车辆倾覆或毁坏，但却均出现了超载车辆因桥梁坍塌而受损的情况。因而对于“超载者并未造成汽车倾覆或毁坏”之观点，或许有人会提出如下质疑，即“超载者自身车损也应当认定为致使汽车倾覆或毁坏”。对此，笔者认为，从刑法分则个罪设置来看，保护法益乃刑法之终极目的，而类似上述所列举之案例中的犯罪人之人身乃至财产损失（或可称之为犯罪成本），不宜成为刑法保护之实然性法益。犯罪成本并非刑法所刻意保护之对象，不能将犯罪成本叠加入犯罪损失之内。在上文所列举的3个超载毁损桥梁案中，超载者自身车辆之安全并非刑法所保护的“公共交通安全”，因而超载者自身车辆损失，不能计入事故本身的财产损失，也当然不能认定为“致使汽车倾覆或毁坏”。总之，上述所列举之案件，因为并未侵害过失损坏交通设施罪之法益，因而并不

构成过失损坏交通设施罪。❶

第二，超载者不具有间接故意心态因而不构成破坏交通设施罪。第二个案例中，法院认为陈某对超载通行可能导致大桥结构安全的危害持间接故意的心态，故认定陈某构成破坏交通设施罪。判决理由在于，“首先，犯罪嫌疑人破坏了公路桥梁，危害了交通运输安全，使国家财产和广大人民群众的生命财产遭到损失，侵犯了交通运输安全的社会关系；从犯罪主体来看，犯罪嫌疑人具有资格从事车辆运输行为，是具有刑事责任能力的行为人；从客观方面来看，犯罪嫌疑人实施了破坏公路桥梁的活动，足以使汽车发生倾覆、毁坏等危险；从犯罪主观方面来看，《公路法》是法律，交通部《超限运输车辆行驶公路管理规定》是部门规章，都是经过公布的，人人必须遵守，犯罪嫌疑人应当知道超限运输必须经过批准，否则是不能上路行驶的，但是，其仍然驾车上路，犯罪嫌疑人知道或者应当知道自己的超限运输行为会对公路、公路桥梁造成损害，产生危害交通运输安全的结果，但为了经济利益等原因，对这种结果的发生持放任态度。据此构成要件事实的认定可以得出结论：犯罪嫌疑人的行为构成了破坏交通设施罪（间接故意）。”❷ 该判决得到了相关学者之应和。有学者认为，本案从主观方面分析可知，陈某的心态并非出于过失。过失分为两种，一种是疏忽大意的过失，另一种是过于自信的过失。根据本案具体的客观情形，桥头有明显的标牌标明桥梁对车限制重量仅为10吨，而陈某所驾驶货车总重量达65吨，比桥梁的限制重量多出55吨，在此种严重超重的情形下，货车在桥上通行会损坏桥梁、危及安全的可能性是极大的，也是显而易见的。陈某作为一个成年人和有多年驾龄的司机，不可能不知其危险性，因疏忽大意而没有预见到危险的说法显然难以成立。而且，其也不成立过于自信的过失。因为在危险或危害后果的发生概率极高，而行为人也不具有足以产生“过于自信”的合理避险依据和避免条件，仅凭个人自信感觉而盲目实行一种显而易见的危险行为的情况下，一般应成立间接故意而不成立过于自信的过失。如前所述，货和车的总重量比桥梁限制重量多出55吨，陈某显然不具备合理的避险依据，也不存在确信危害不会发生的条件，并且其未采取任何防范措施，因此，“过于自信”的说法也难以成立。通过客观行为推断主观心态，足以认定陈某在主观上对损坏桥梁并危及公

---

❶ 王伟．超载超限毁损桥梁类案的法律适用［J］．中国检察官，2012（10）．

❷ 葛磊．论犯罪构成要件事实认定的基本方法——以法律思维方式为视角［J］．北京航空航天大学学报：社会科学版，2012（3）．

共安全至少存在放任的意志。据此，可以认定陈某不存在过失心态，不符合成立交通肇事罪和过失损坏交通设施罪所要求的主观要件。而从破坏交通设施罪的构成特征来看，破坏交通设施罪属于危险犯，其犯罪既遂并不要求必须造成交通工具倾覆、毁坏的实际结果，而是以具备法定的客观危险状态为标志，即行为只要足以使交通工具发生倾覆、毁坏危险，无论是否造成交通工具倾覆的严重后果，均构成既遂。当刑法分则规定的罪名属于危险犯时，犯罪的主观方面即应从行为人对危险发生的心态判定，如果行为人放任此类危险发生，则表明行为人存在间接故意。就本案而言，陈某已认识到超重通行可能会对大桥的结构安全造成危害，危及交通运输安全，但其出于牟利动机而放任极有可能出现的危险，应当认定其主观上具有间接故意。在客观方面，其驾驶货车严重超载，导致大桥桥面下陷，对公共交通设施造成严重破坏，足以使过往的车辆发生倾覆、毁坏危险。客体方面，已侵害到交通运输安全。因此，陈某的行为构成破坏交通设施罪（既遂）。[1] 有检察官认为，虽然没有毁坏大桥的故意，但陈某作为货车司机，对车辆及货物的载重情况有明确的了解，而青连大桥桥头处有明显的限重标识，排除了其不知该大桥限制重量的可能。由于造成了大桥损害的后果，严重危及了公共安全，因而陈某构成破坏交通设施罪。

对此观点和结论，有学者批判："从表面上看来，众多网民对构成要件事实的认定并没有错，得出的案件定性结论也都是根据四构成要件理论进行的'法律推理'，但他们分析案件的思维方法和思维过程并不是以刑法规范为出发点，显然不符合法律思维方式的特征，但这仍不妨碍他们运用四构成要件体系，根据自己的情感判断作出的定罪结论，进行披着法律外衣的正当性说明，而且这种论证显得如此合理。然而，当实质判断先于形式判断的时候，在此事实认定的基础上作出的定罪结论，可能会违背刑事法治原则的要求。"[2] 还有学者指出，在此类案件中，超载者所持有的只能是过于自信过失的心态。因为超载者虽然也意识到超载通过限重桥梁会存在一定的风险，但其内心却只能是"轻信此风险不会转化为现实侵害"。因为对于任何一个神志清醒、思维正常的超载者而言，如果发生桥梁坍塌事故，不仅会给桥梁所有权者造成巨额财产损失，而超载者本人的车辆、所载货物，乃至其生命安全也会因为桥梁坍塌而灰飞烟灭。因此，超载者

---

[1] 邓俊．超载可能构成破坏交通设施罪［N］．检察日报，2010－1－16（3）．

[2] 葛磊．论犯罪构成要件事实认定的基本方法——以法律思维方式为视角［J］．北京航空航天大学学报：社会科学版，2012（3）．

对该危害结果的发生并非间接故意中的“漠不关心”或“可有可无”的放任心态，而只能是过于自信过失的心态。进而不可能成立故意性质的破坏交通设施罪。事实上，如果绝对遵照案例二中间接故意之判决，就无法避免得出如下极为乖谬之结论，即只要驾驶超载车辆通过限重桥梁，就应该构成破坏交通设施罪。因为超载者都具有间接故意心态，同时只要驾驶超载车辆通过限重桥梁，都有造成桥梁毁损的现实风险，因此对超载者应当以破坏交通设施罪的危险犯处罚，但这种结论恐怕是任何超载者，甚至是最为苛厉之裁判者都无法接受的。❶

第三，超载者的行为符合交通肇事罪之构成特征。其基本之逻辑构造为行为人违反道路交通管理法规；必须出于过失而发生重大事故，致人重伤、死亡或者使公私财产遭受重大损失的严重后果；严重后果必须由违章行为引起，二者之间存在因果关系。如前文所述，超载者对桥梁毁损只能持有过于自信之过失心态，在此不再论述。①超载行为属于交通违章行为。由于超载车辆荷载远远超过公路和桥梁的设计承受荷载，不仅使得公路、桥梁等交通设施难以达到设计的使用寿命，更有甚者还会对公路、桥梁造成毁灭性破坏。故此，我国先后制定了一些交通运输管理法规，严格限制超载车辆在公路及桥梁等其他交通设施上通行。例如，《公路法》第49条和第50条的规定、《公路管理条例》第26条的规定、《超限运输车辆行驶公路管理规定》第8条的规定、《城市道路管理条例》第28条的规定。不难看出，上文所列举的3个超载案例中，所有的超载车辆均未向交通主管部门审批，也并未采取任何行之有效的技术防护措施，因此其超载行为均违背了上述交通运输管理法规，属于严重的交通违章行为。②超载毁损桥梁属于重大交通事故且造成重大财产损失。根据最高人民法院《关于审理交通肇事刑事案件具体应用法律若干问题的解释》第2条之规定，“造成公共财产或者他人财产直接损失，负事故全部或者主要责任，无能力赔偿数额在三十万元以上的”属于交通肇事罪中的“重大交通事故”。在上文所列举的3个超载毁损桥梁案件中，事故所造成之直接财产损失分别为136万、400万以及1 556万元，远远超过30万元，且业已超过肇事罪的赔偿能力。故此，基本上可以认定，这3个超载毁损桥梁案件都应当属于重大交通事故且造成重大财产损失。③违章超载行为和桥梁毁损之间存在因果关系。在我国，超限超载是造成公路桥梁等交通设施毁损的主要

❶ 王伟．超载超限毁损桥梁类案的法律适用［J］．中国检察官，2012（10）．

原因。在上文所列举的3个案例中，严重超载和桥梁毁损之间的因果关系尤为明显，相关公安交通支队也作出了认定。[1]

四、破坏交通设施罪的既遂与未遂

对于本罪的危险犯，其犯罪既遂并不要求必须造成交通工具倾覆、毁坏的实际结果，而是以具备法定的客观危险状态为标志，即破坏行为只要足以使交通工具发生倾覆、毁坏危险，无论是否造成严重后果，均构成本罪既遂。如果行为人已经着手破坏交通设备，刚刚接触破坏对象，破坏行为尚未实行终了，由于犯罪分子意志以外的原因，如被抓获、制止，没有造成交通工具倾覆、毁坏的危险状态，应视为本罪的未遂。因本罪是实害犯，必须造成危害后果才构成既遂，因意志以外的原因没有造成交通工具倾覆、毁坏的结果的，构成实害犯未遂。

第三节　劫持船只、汽车罪

一、劫持船只、汽车罪的概念和犯罪构成

劫持船只、汽车罪，是指以暴力、胁迫或者其他方法劫持船只、汽车的行为。劫持船只、汽车罪的犯罪构成如下。

劫持船只、汽车罪的犯罪客体是船只、汽车的交通运输安全，即不特定多数旅客和乘务组人员的生命、健康及财产安全。犯罪对象是正在使用中的船只和汽车。船只，是指各种运送旅客或者物资的水上运输工具。汽车，是各种运送旅客或者物资的机动车辆。如果劫持船只、汽车不危及公共安全，则可能构成敲诈勒索罪、故意毁坏财物罪、非法拘禁罪等犯罪。例如，34岁的张某飞因涉嫌妨害作证罪被取保候审后，又未经批准擅自外出到浙江省嵊州市。张某飞在吃午饭时大量饮酒后，以请汪某吃饭未能赴约为由，持刀将汪某打伤。随后，张某飞因向某宾馆老板谢某借钱不成，又持刀赶至某宾馆，砸坏总台显示器，并殴打宾馆工作人员。从某宾馆出来后，张某飞又持刀强行拦下楼某驾驶的出租车，将车上1名女乘客拉下车，以“不好好开车捅死你”相威胁，胁迫楼某开往嵊州市经济开发区嘉塘村、浦口街道棠头溪村，准备找朋友吴某借钱。为了不让出租车公司发

---

[1] 王伟．超载超限毁损桥梁类案的法律适用［J］．中国检察官，2012（10）．

现车内情况，张某飞又将摄像头踢掉，将车前挡风玻璃踢破。结果朋友没能找到，借钱未果。返回途中，张某飞嫌楼某开车太慢，让他停车后张某飞持刀走向驾驶室要自己驾驶出租车。楼某见状十分害怕，趁机逃离。法院一审以劫持汽车罪判处张某飞有期徒刑 6 年，以妨害作证罪判处被告人张某飞有期徒刑 1 年，合并执行有期徒刑 6 年 6 个月。张某飞没有上诉。本案中，张某飞持刀强行劫持出租车，胁迫驾驶员按照自己意图行驶，在驾驶员逃离出租车后，又自己酒后无证超速驾驶该车，对不特定的车内外人员造成了严重威胁，具有较大社会危害性，以劫持汽车罪对其定罪量刑，达到了罪责刑相适应的效果。另外，张某飞大量饮酒后驾驶机动车辆在高速公路上超速行驶，鉴于犯罪时《刑法修正案（八）》还没有生效，不认定他的行为构成危险驾驶罪。

劫持船只、汽车罪的犯罪客观方面表现为以暴力、胁迫或者其他方法劫持船只、汽车的行为。暴力，是指对船只、汽车上的人员，特别是驾驶人员、售票人员，实施捆绑、殴打、伤害等行为，迫使船只、汽车改变方向或自己亲自控制船只、汽车。胁迫，是对船只、汽车上的人员施以精神恐吓和强制，使驾驶、操纵人员不敢反抗，听凭其指挥或自己亲自操纵驾驶。其他方法是指上述暴力、胁迫方法以外的任何其他劫持方法，如使用麻醉品将驾驶人员致醉、致昏等，使驾驶人员处于不能反抗或不知反抗的状态，从而达到劫持船只、汽车的目的。这里的劫持，是指犯罪分子以上述手段按照自己的意志强行控制船只、汽车的行为。例如，因研究的专利技术未被重视，想受到社会关注的被告人于某在发往北京的长途客车上持自制的手枪及爆炸装置威胁车上人员，并将客车劫持横在北京站前街的道路中央，后被公安机关当场抓获。检察机关认为，被告人于某无视法律与社会秩序，公然挑战社会的公权利，行为手段恶劣，给社会造成了危害，危害了公共安全，遂以劫持汽车罪将被告人于某公诉至北京市东城区人民法院。庭审中，被告人于某对公诉机关指控的事实和罪名表示认可，但辩称自己的行为无危害性，希望法院从轻处罚。法院审理后认为，被告人于某能够如实供述自己的罪行，依法对其酌予从轻处罚，以劫持汽车罪判处被告人于某有期徒刑 7 年，剥夺政治权利 1 年。本案中，于某持自制的手枪及爆炸装置威胁车上人员，并将客车控制，就是劫持行为的表现。

劫持船只、汽车罪是行为犯，只要行为人实施了以暴力、胁迫或者其他方法劫持船只、汽车的行为，即构成本罪既遂，而不论其犯罪目的是否实现。劫持进入中国境内的外国人的船只、汽车的，也构成劫持船只、汽车罪。

劫持船只、汽车罪的犯罪主体是一般主体，凡达到刑事责任年龄、具备刑事责任能力的自然人均可构成。既可以由中国人构成，也可以由外国人或无国籍人构成。例如，一伙越南籍犯罪分子盯上了船民黄某停靠在外滩公园河段的桂东兴5391号运输船。3时许，9名年轻男子趁着夜色持刀上船，用刀架在船主和船工脖子上，劫持船只开往越方河岸。附近的中国船民发现情况不对立即报警。边防警察紧急出警，在中国船民的帮助下，当场抓获其中2名犯罪嫌疑人，追回价值6万多元人民币的涉案船只。

劫持船只、汽车罪的犯罪主观方面是直接故意，即行为人明知劫持船只、汽车的行为会造成危害公共交通安全的严重后果而积极实施犯罪行为的心理态度。行为人的目的是劫持船只、汽车。劫持船只、汽车的犯罪目的与动机的内容通常不影响本罪的成立。劫持船只、汽车罪是行为犯，只要行为人实施了劫持船只、汽车的行为，即使没有达到劫持船只、汽车的目的，也不影响该罪名的成立。

二、“船只、汽车”的认定及其范围

第一，这里的“船只”应理解为所有的用于公共交通运输的船只，包括机动船和非机动船。有学者认为，应为较大型的船只和汽车，在江河湖海中，个别人用于钓鱼、捕鱼的木帆船、牛皮划、小舢板等一般不包括在本罪的船只之列。因为这些小船即非用于公共交通运输，装载的人数也很有限，劫持这类船只并不会危及船只交通运输安全。这里的“汽车”，应理解为用于从事公共交通运输的机动车辆，或者其他运载有很多人的机动车，主要是指公共汽车、卡车、卧车等陆地机动运输工具，非机动车辆和小型机动车辆，如两轮摩托、残疾人用的三轮摩托，以及仅能乘坐少数人的小轿车，不属于本罪的犯罪对象。[1] 笔者认为，法律未对作为犯罪对象的船只、汽车作任何限制性规定，既应包括大型的公共交通工具，也应包括小渔船、私家车等在内的小型船只、车辆，只要危及交通运输安全和不特定多数旅客和乘务组人员的生命、健康及财产安全，就应认定为本罪。例如，陈某春伙同其兄窜至布后街停车场，将停放在此的一辆奥拓车盗走后藏匿于三圣街49号，失主发现后立即报警。次日下午4时许，两人到三圣街取车时，守候民警将陈兄抓获。陈某春边逃边从其携带的挎包中掏出

---

[1] 左坚卫，黄娜，周加海．危害公共安全罪司法适用［M］．北京：法律出版社，2007：242.

一把五四式手枪向围捕民警和群众开枪示威。逃到东升街与红星路交叉口时，他又强行上了一辆出租车，途中，陈将司机赶下车，自己开车到东门大桥附近弃车逃跑。后陈在书院南街被抓获。审查中，陈某春交代了自己购买 1 支五四式手枪、1 支小口径枪和 4 把火药枪并藏于家中柜子里的事实。民警迅速到其家中搜查，却发现枪支已被转移。据陈妻官某莉供称，她得知丈夫被抓后将枪支藏到了陈姐家中的花盆里。检察院以劫持汽车罪、盗窃罪及私藏枪支罪依法批捕了陈某春，以包庇罪批捕了官某莉。本案中，行为人陈某春强行劫持的就是一辆小型出租车。

第二，这里的“船只”“汽车”必须是正在使用的船只、汽车，包括正在载客行驶的船只、汽车和停靠在码头、车站已经载客的船只、汽车。虽然停靠在车站、码头准备随时执行运输任务，但尚未载客的船只、汽车，由于没有可供劫持的人员，及时被控制也不会危及公共安全，因而不构成本罪。例如，被告人王某原在石狮市祥芝镇当渔工，后被老板辞退。王某怀疑是杨某面挑拨所致，遂生报复念头。王某纠集被告人杨某酒后分别持菜刀和 2 把大号螺丝刀窜到杨某面的暂住处，将杨某面及前来观看的周某林打成轻微伤。因杨、周的老乡闻讯围追，王某、杨某为逃离现场，采用持菜刀、螺丝刀威胁的手段，拦截林某来正在驾驶的出租车，并强行上车。杨某持螺丝刀坐在副驾驶座，王某坐后座，并用菜刀架在林某来的脖子上，威逼林某来将车开往石狮市区。当车行至宝盖镇仑后村路段环岛时，王某命令林某来将车开往蚶江镇，遭林拒绝后即用菜刀将林的头部砍成轻伤，林某来被砍伤后乘机弃车逃脱。杨某则驾车往蚶江镇方向继续逃窜。当车行至蚶江镇石壁村附近路段时，撞上公路边的电线杆，致该出租车严重毁损。二被告人困于车内，后被公安人员当场抓获。法院判决被告人王某犯劫持汽车罪，判决有期徒刑 11 年，被告人杨某犯劫持汽车罪，判处有期徒刑 10 年。本案中，被告人王某、杨某在实施伤害他人的行为后，为逃离现场而使用胁迫方法拦截正在公路上行驶的车辆，并对驾驶人员实施威胁和伤害手段，逼使车辆改变行驶方向，后又由被告人杨某亲自驾驶车辆并致该车因碰撞而严重毁损，造成重大财产损失，危害公共安全，其行为均已构成劫持汽车罪。

第三，这里的“船只”“汽车”不包括火车、电车。从刑法分则的有关规定来看，火车、电车是与船只、汽车并列的另外两种交通工具，它们之间不存在包容和交叉关系，从罪刑法定原则的要求出发，不能将本罪的犯罪对象扩大到火车、电车。

第四，这里的“船只”“汽车”，不仅包括用于公共交通运输的船只、汽车，还包括公民自用的船只、汽车，如供个人享用的游艇、私家车、货车，都有可能成为本罪的犯罪对象。非公用船只、汽车在承载多人的情况下，一旦遭到劫持，同样会危及公共安全，无论从理论上还是从实践中都无法得出其社会危害性会小于劫持公用船只、汽车所带来的社会危害性的结论，因此，确定某种船只、汽车是否属于本罪中的船只、汽车，不是看它属于公用还是私用，而是看其装载规模是否达到危及公共安全的程度。[1]

三、劫持船只、汽车罪数形态的认定

（一）劫持船只、汽车罪与非罪的认定

司法实践中，在认定某种行为是否构成劫持船只、汽车罪时，主要应把握该行为是否具有相当严重的社会危害性，是否具备本条规定的劫持船只、汽车罪的构成要件。如果行为人没有使用暴力、胁迫或其他方法，或者没有劫持船只、汽车，或者劫持的不是船只、汽车的，都不构成本罪。司法实践中，特别要注意把劫持船只、汽车罪同正当的执行公务行为、紧急避险行为等区别开来。劫持船只、汽车罪中的劫持应是非法的，而不是合法的，如果行为人出于合法目的而强行使用船只、汽车的，不构成劫持船只、汽车罪。例如，人民警察为了抓捕在逃犯罪嫌疑人，强制私营公共汽车驾驶员开车追击的劫持汽车行为，不仅不具有社会危害性，而且是对社会有益的行为，因此，其不构成劫持汽车罪。同样，行为人出于正当的公务活动的需要或者出于紧急避险，而劫持船只、汽车的，也不构成劫持船只、汽车罪。

（二）劫持船只、汽车罪与彼罪的认定

1. 劫持船只、汽车罪与破坏交通工具罪的界限

劫持船只、汽车罪与破坏交通工具罪都是故意犯罪，侵犯的客体都是交通运输安全，但有明显区别：①犯罪客观方面不同。劫持船只、汽车罪的行为人通常采取暴力、胁迫或者其他方法劫持船只、汽车，且一般是在船只、汽车内公然实施的，在劫持船只、汽车的过程中有可能因使用暴力而使船只、汽车遭受破坏，也有可能不造成破坏；破坏交通工具罪的行为人通常是采取盗窃、爆炸等手段破坏船只、汽车等交通工具，一般容易导

---

[1] 左坚卫，黄娜，周加海．危害公共安全罪司法适用［M］．北京：法律出版社，2007：243.

致船只、汽车等交通工具的倾覆或者毁坏，且多是秘密实施的。②犯罪对象不同。劫持船只、汽车罪的犯罪对象仅限于船只、汽车；破坏交通工具罪的犯罪对象则不限于船只、汽车，还包括火车、航空器等。③犯罪主观方面不同。劫持船只、汽车罪的行为人也可能对船只、汽车进行破坏，但其犯罪目的不是为了使船只、汽车发生倾覆或毁坏危险，而是为了劫夺和控制船只、汽车；破坏交通工具罪的行为人是通过破坏船只、汽车等交通工具而使船只、汽车等交通工具倾覆或毁坏。

2. 劫持船只、汽车罪与抢劫罪的界限

两罪的主体都为一般主体，主观方面都是出于故意，客观方面都可表现为暴力、胁迫或者其他方法，但两者还是具有以下本质区别：①所侵犯的客体不同，本罪所侵害的客体为公共安全，包括交通运输安全和不特定乘客的生命健康安全；而抢劫罪的客体则是公私财物的所有权和特定公民的人身健康权利。②在客观方面表现不完全相同。本罪由于意在控制船只、汽车，一旦达到其目的，往往会离船、离车而去，或者将所劫船只、汽车予以毁坏；而抢劫罪由于意在占有所劫之物，通常就会在一段时间继续使用或出卖所劫船只、汽车。如果行为人出于非法占有的目的，劫取正在使用中的船只、汽车，其行为同时触犯本罪，但无需数罪并罚。③所侵犯的对象不同。本罪的对象仅限于正在使用的船只和汽车，而抢劫罪的对象则包括船只、汽车在内的一切有形的动产，对象比本罪广泛得多。④主观目的完全不同。本罪的行为人意在控制船只、汽车按自己的意图行驶，目的不是为了抢劫车船所载货物或者实施海盗行为，而主要是为了逃避法律追究或逃避追捕，让船只、汽车开往其指定的地点；或者以劫持车、船作为要挟手段，让政府答应其提出的某项条件或达到其他犯罪目的等；或者劫持船只、汽车的目的是为了绑架人质等，而不是以获取财物为主要目的。而抢劫罪的目的在于非法占有财物。⑤既遂标准不同。抢劫一般以取得财物控制为标准，而本罪是以是否造成公共危险为标准，即只要实施了劫持汽车的行为，造成公共危险的，即成立既遂，不要求实际造成严重后果。例如，4 月 26 日 6 时 10 分，“琼海 08099 号”船船长许某民给妻子陈某妙打电话称，船在南沙海域作业时出现故障，在海上漂流时被不明身份人员抢劫，并要求陈某妙通知他的堂弟许某夫报警。6 时 30 分许，许某民致电许某夫称，船只被不明国籍武装人员抢劫，对方持有枪支，船上渔货和小艇被抢走，武装抢劫人员还威胁要烧船，武装抢劫人员已离开。就在两人通话时，许德民称，又有一艘不明船舶向“琼海 08099 号”船驶来，他们将可能遭到再次抢劫，随即电话中断，从此失去联系。船上 18 名渔民下落不明。在本案中，武装犯罪行为人以非法占有为目的，以烧船相威胁，持枪将“琼海 08099 号”船上渔货和小艇被抢走，侵犯了渔民的财产所有权和人身权，构成了抢劫罪，而不是劫持船只罪。

3. 劫持火车、地铁、电车的认定与处理

国外已有劫持火车的案例：约有 250 名印度反政府武装 2009 年 4 月 22 日在印度东部恰尔肯德邦劫持一列客运火车，被劫持的火车上约有 700 名乘客。在该事件发生过程中，武装人员未提出任何要求。多家西方媒体认定，武装人员劫持列车旨在破坏选举。反政府武装人员 2006 年 3 月也在恰尔肯德邦劫持过列车。目前我国《刑法》中关于劫持交通工具类犯罪的罪名包括劫持航空器罪和劫持船只、汽车罪，即劫持交通工具类犯罪涉及的公共交通工具只有航空器、船只和汽车。《刑法》对于劫持电车、火车以及和火车运营方式类似的地铁的行为没有设置专门的罪名。虽然航空器、船只、汽车都是平时接触较多的交通出行工具，但是火车和地铁与公众更加密切相关，这两种交通工具承载的人口密度更大，作为载客量极大的交通工具，其运营安全关系到不特定多数人的生命和财产安全，对公共安全的影响与航空器等相比有过之而无不及，一旦发生被劫持的情形，将有可能造成不可估量的严重后果。虽然目前实践中劫持火车和地铁的事件尚未出现，但不排除将来出现的可能，而且劫持这两种交通工具的行为的社会危害性与劫持航空器和船只、汽车的危害性相当，也应当受到刑法的制裁。[1] 刑法学界对劫持火车、地铁、电车等的行为认定，主要有以下观点。[2]

第一种观点认定为劫持船只、汽车罪。持这种观点的学者主张将“汽车”作扩大解释，包括火车、电车、地铁等。这种解释违反了解释学的基本原理，违背了立法者确定罪名的本意，抹杀了法的明确性要求，有违罪刑法定原则，有违常识和普通民众的公众认同以及普遍价值共识。

第二种观点认为构成破坏交通工具罪。然而，由于在犯罪手段和方式、犯罪危害的对象、犯罪的主观目的，将劫持火车、地铁、电车的行为认定破坏交通工具罪，也是不恰当的。

第三种观点认为，在现有劫持火车罪没有明确规定的情况下，可以“以危险方法危害公共安全罪”定罪处罚。[3] 在法律没有明文规定的情况

---

[1] 何珍．交通安全犯罪的罪名体系研究［D］．北京：中国政法大学，2012：43.

[2] 陈旋旋．劫持火车、电车的定罪问题［J］．法制与社会，2009（11）.

[3] 左坚卫，等．危害公共安全罪司法适用［M］．北京：法律出版社，2007：243.

下，倘若现实生活中发生了劫持火车、电车、地铁的行为，较准确的罪名应当是“以危险方法危害公共安全罪”。至少说“以危险方法危害公共安全罪”可以涵盖劫持火车、电车的行为，弥补前两种观点的不足之处。正如学者所言：以危险方法危害公共安全罪所处罚的行为，均是刑法没有明文规定的危害公共安全行为，如果以罪刑法定来限制该罪的适用，必然会导致该罪没有任何适用的余地而成为空设。虽然该罪在构成要件上与罪刑法定观念存在价值上的冲突，但这一问题应由立法予以完善、解决，在目前的情况下，司法机关仍应对劫持火车的行为，以本罪论处。❶

但是，“只有行为人实施危害公共安全的行为所采用的危险方法与放火、决水、爆炸、投放危险物质的危险性相当，并且行为的社会危害性达到违反刑法，应当追究刑事责任的程度，才能按照以危险方法危害公共安全罪论处。”❷ 以危险方法危害公共安全罪的成立要有与放火、决水、爆炸、投放危险物质的危险具有相当性，这一条件制约了“以危险方法危害公共安全罪”的成立。就此可以清楚地得知，放火、决水、爆炸、投放危险物质罪都是以不特定或多数人的生命、健康、重大财产为直接侵害法益，而与之不同的是，劫持火车行为并不必然地以上述法益为直接侵害对象，其最多只是间接地牵涉到这些法益而已，由此决定了其与放火、决水、爆炸、投放危险物质等行为的危险性程度并不具有相当性。因此，寄希望于通过“以危险方法危害公共安全罪”囊括劫持火车行为，仍然存在解释上的困难，有违罪刑法定原则的明确性和限定性要求。❸

第四种观点认为我国刑法应整合相关罪名，增设劫持交通工具罪。❹或者增设“劫持火车罪”❺。这种观点的理由主要有：

（1）就社会现实来说，随着社会和科学技术的发展，现有的一些交通工具也可能被淘汰（如电车的去留问题一直是个争论），将来必将有新类型的交通工具出现，以后出现的交通工具更是会多种多样，刑事立法应当具有一定的前瞻性，在罪名的设置上应当尽量包含未来可能出现的情形，在罪状的表述上可以采取列举与概括的方式，以维持法律的稳定性。

---

❶ 赫兴旺．刑法［M］．北京：中国人民大学出版社，2006：205.

❷ 谭绍木，黄秋生．以危险方法危害公共安全罪中“危险方法”的展开［J］．南昌航空工业学院学报，2005（1）.

❸ 陈伟．空缺与补位：“劫持火车罪”的成立及其论证［G］//赵秉志．刑法论丛．北京：法律出版社，2011（4）：168.

❹ 林风，林虹．我国刑法应当增加劫持交通工具罪［J］．现代法学，1984（4）.

❺ 周其华．刑法典问题之全景揭示［M］．北京：法律出版社，2003：107.

（2）在刑法学理论上，创设“劫持火车罪”不违背刑法的经济性原则，不违背犯罪化与非犯罪化的倾向，不违背宽严相济的刑事政策，与打击恐怖活动的社会形势相一致。❶

（3）在刑法罪名理论上，有学者提出了罪名立法完善的一些方法，比如罪名立法的定量化，可以采用条文单一立法的方法，其中有一个是“行为单一规则”，即“一个条文原则上尽量规定一种行为，对于性质相同的行为也不绝对排除规定在一个条文中的可能性。”❷ 也就是说劫持船只、汽车、火车、电车、航空器的性质是相同的，完全可以一个条文、一个罪名加以涵括。

（4）2001 年最高人民法院、最高人民检察院、公安部《关于旅客列车上发生的刑事案件管辖问题的通知》对旅客列车上发生的刑事案件管辖问题作了详细的规定，这是属于程序问题。劫持火车的行为显然也是属于在旅客列车上发生的刑事案件，在刑事程序上有法可依，然而在实体法上却没有对应的罪名，显然会导致后续的定罪量刑难以进行。

（5）就罪刑设计而言，劫持船只、汽车罪可以与劫持火车、地铁的行为整合为劫持交通工具罪，本罪名中所指的交通工具可以以列举方法限定为船只、汽车、火车和地铁，以防止不适当的扩大解释。在法定刑方面也可以参照现有的劫持船只、汽车罪，规定为两档法定刑，存在结果加重犯的适用情形。具体罪状可以表述“以暴力、胁迫或者其他方法劫持船只、汽车、火车、地铁的，处 5 年以上 10 年以下有期徒刑；造成严重后果的，处 10 年以上有期徒刑或者无期徒刑。”这样劫持交通工具类犯罪在刑法中只存在两个罪名，即劫持航空器罪和劫持交通工具罪，但在交通工具种类的涵盖上已经足够全面。❸

（6）就国际方面看，对劫持国际旅客列车的行为，即使我国能够将罪犯引渡到国内，或者在国内行使普遍管辖权，却不能精确定罪。

4. 现役军人劫持船只、汽车的认定

2011 年修正后的《刑法》第 109 条规定了叛逃罪：“国家机关工作人员在履行公务期间，擅离岗位，叛逃境外或者在境外叛逃的，处五年以下有期徒刑、拘役、管制或者剥夺政治权利；情节严重的，处五年以上十年

❶ 陈伟．空缺与补位：“劫持火车罪”的成立及其论证［G］//赵秉志．刑法论丛．北京：法律出版社，2011（4）：172－175.

❷ 陈兴良．刑法各论的一般理论［M］．北京：中国人民大学出版社，2007：125.

❸ 何珍．交通安全犯罪的罪名体系研究［D］．北京：中国政法大学，2012：43.

以下有期徒刑。掌握国家秘密的国家工作人员叛逃境外或者在境外叛逃的，依照前款的规定从重处罚。”第430条规定了军人叛逃罪：“在履行公务期间，擅离岗位，叛逃境外或者在境外叛逃，危害国家军事利益的，处五年以下有期徒刑或者拘役；情节严重的，处五年以上有期徒刑。驾驶航空器、舰船叛逃的，或者有其他特别严重情节的，处十年以上有期徒刑、无期徒刑或者死刑。”现役军人在履行公务期间，擅离岗位，劫持船只、舰艇、汽车叛逃境外或者在境外叛逃的，无论劫持的是否是军用舰船、军用汽车，如果其行为危害国家安全，则构成叛逃罪，但因其是军人，其叛逃行为必然危害国家军事利益，因此，只能认定为军人叛逃罪。如果其叛逃行为危害了国家军事利益，也只能构成军人违反职责罪中的军人叛逃罪，而不以劫持船只、汽车罪定罪处理。现役军人在非履行公务期间，劫持船只、汽车逃离部队的，应认定为《刑法》第435条规定的逃离部队罪，如果在非履行公务期间劫持船只、汽车叛逃境外，投敌叛变，危害国家安全的，则应以《刑法》第108条规定的投敌叛变罪论处。

（三）劫持船只、汽车罪与数罪的认定

1. 在劫持过程中造成交通事故的认定与处理

劫持船只、汽车罪作为危害公共安全的一种，对行人、船舶、车辆及其他重大公私财产的危害性是本罪的应有之义。如果行为人在劫持过程中强令船只、汽车违章行驶造成交通事故的，构成劫持船只、汽车罪和交通事故罪的想象竞合，应“从一重罪处罚”。因为劫持船只、汽车罪的法定刑要重于交通事故的法定刑，所以仍按劫持船只、汽车罪一罪处罚，不数罪并罚。当然，如果劫持过程中放任多数人员伤亡结果发生的，可以按劫持船只、汽车罪和以危险方法危害公共安全罪的法规竞合犯处理。[1]

2. 劫持过程中伤害、杀害行为的认定

劫持船只、汽车的过程中，行为人如果将驾驶、乘务人员或者其他乘客打死、打伤，而不是因为劫持行为导致撞车、沉船致人死、伤的，则应当以劫持船只、汽车罪与故意杀人罪或者故意伤害罪数罪并罚。[2] 例如，2011年9月底至10月初，糯康犯罪集团的首要分子即被告人糯康、桑康·乍萨、依莱等策划劫持中国船只、杀害中国船员，并在船上放置毒品栽赃陷害船员。2011年10月5日晨，根据糯康授意，在桑康的指挥下，

---

[1] 左坚卫，黄娜，周加海．危害公共安全罪司法适用［M］．北京：法律出版社，2007：251.

[2] 周道鸾，张军．刑法罪名精释［M］．3版．北京：人民法院出版社，2007：90.

翁蔑（另案处理）带领温那、碗香、岩湍、岩梭等人（另案处理）携带枪支乘快艇劫持了中国船只“玉兴8号”“华平号”，捆绑控制13名船员，并将事先准备的8万余克毒品甲基苯丙胺放置在船上，又押运两船继续前行停靠。随后，翁蔑等通知被告人扎西卡、扎波、扎拖波参与武装劫船。两被劫持船只进入泰国水域后，翁蔑、扎西卡、扎波等人向船员开枪后驾乘快艇逃离。而后，按照与依莱、弄罗的事先约定，在岸边等候的部分泰国不法军人向两艘中国船只开枪射击，后登船将中国船员尸体抛入湄公河，造成中国13名船员全部遇难。2011年4月2日，被告人桑康·乍萨、扎西卡、扎波等人受糯康指使，在湄公河挡石栏滩头将中国货船“渝西3号”船长冉某某及老挝金木棉公司的客船“金木棉3号”船长罗某某劫持为人质。2011年4月3日，又在“孟巴里奥”附近水域将中国货船“正鑫1号”“中油1号”“渝西3号”劫持，将15名中国船员扣押为人质。罗某某、冉某某在被关押期间，遭到捆绑、殴打，被迫与老挝金木棉公司和“正鑫1号”出资人于某某联系交钱赎人。4月6日，被告人依莱收到赎金2 500万泰铢后，罗某某、冉某某等人获释。惨案发生后，震惊全国。云南警方迅速启动边境会晤机制，派员急赴事发区域，协助搜寻打捞遇难同胞遗体，并在随后历经10个月的艰苦、缜密侦查，查明了整个案件真相，成功抓获并移送起诉糯康等6名主要犯罪嫌疑人。2012年9月20日，湄公河“10·5”案件在昆明市中级人民法院公开开庭审理。2012年11月6日，云南省昆明市中级人民法院对湄公河中国船员遇害案，即糯康等被告人故意杀人、运输毒品、绑架、劫持船只案进行一审公开宣判，以故意杀人罪、运输毒品罪、绑架罪、劫持船只罪数罪并罚，判处被告人糯康、桑康·乍萨、依莱死刑；以故意杀人罪、绑架罪、劫持船只罪数罪并罚，判处被告人扎西卡死刑；以故意杀人罪、绑架罪、劫持船只罪数罪并罚，判处被告人扎波死刑，缓期2年执行；以劫持船只罪判处被告人扎拖波有期徒刑8年；同时判决6被告人连带赔偿各附带民事诉讼原告人共计人民币600万元。

又如，苏某、罗某与李某国预谋，要借辆车绑架邢某正在上学的儿子，以便向邢某勒索钱财。由于没有借到车，苏某提出抢一辆由女司机开的出租车。3人商定，由苏某、罗某均劫一辆车过去，并且商定由苏、罗2人劫车先行，李某国乘14路公交车去预定的地点接车。4月21日早晨8时许，苏某、罗某均携带绳子、胶带、匕首等作案工具，搭乘李某娟驾驶的出租车。当车行至铁司杆村三队时，罗某均提出要解手，车停后，罗下车打开车的左前门，苏某手持匕首要李某娟下车坐到后排，并拔下车钥匙，等李某国来驾车。此时，铁司杆村的小学教师陈某东路过此地，李某娟下车求救，在陈某东的帮助下，李某娟得以脱身，将车开走。李某国因害怕未坐7点30分的头班车，而坐第二趟车赶到接车地点时，只剩苏、罗2人在约定的地点等候。当苏、罗2人劫车时，李某国还没有到达现场。人民检察院指控被告人苏某、罗某均、李某国犯抢劫罪（未遂），请求依法判处。苏某的辩护人辩称不构成抢劫罪，应定绑架罪。罗某均的辩护人提出，不构成抢劫罪，应属强迫交易罪。李某国辩称，行为不属于抢劫罪（未遂）。人民法院认为，被告人苏某、罗某均、李某国预谋并实施劫持一辆出租车，目的是为绑架勒索而准备作案工具，待作案后再将车交还给出租车驾驶员，其主观上并非要非法占有该汽车，3被告人的行为构成了劫持汽车罪。被告人苏某在劫车犯罪中起主要作用，系主犯；被告人罗某均、李某国系从犯。苏某作案时不满18周岁。3被告人均有法定从轻、减轻处罚的情节。根据刑法的规定，法院判处被告人苏某犯劫持汽车罪，判处有期徒刑4年；被告人罗某均犯劫持汽车罪，判处有期徒刑4年；被告人李某国犯劫持汽车罪，判处有期徒刑3年。

人民法院的判决是正确的。本案的焦点在于被告人的行为性质属于抢劫还是劫持汽车或其他罪；为了绑架而去劫持汽车该如何认定。联系本案可以看到，在客观上被告人对出租车司机采取了暴力威胁的手段，使女司机不敢反抗，劫持了正在使用中的汽车。在主观上被告人实施犯罪不是为了非法占有该汽车，被告人劫持租乘的出租车，其目的是为绑架勒索准备交通工具，作案后再将车归还车主，是欲利用劫持的汽车达到其他犯罪的目的。被告人的行为侵犯的主要也是公路运输中的交通安全。被告人的行为符合了劫持汽车罪的构成。被告人实施了劫持汽车的行为，并已达到控制、支配汽车的目的，其行为已经构成既遂。因此，本案被告人苏某、罗某均、李某国为绑架勒索准备交通工具而劫持出租车的行为构成了劫持汽车罪。

本案不构成强迫交易罪。强迫交易罪，是指以暴力、威胁手段强买强卖商品、强迫他人提供服务或者强迫他人接受服务，情节严重的行为。其与劫持汽车罪有相似之处：在手段上都可能体现出暴力、胁迫的手段，暴力、胁迫行为针对的直接对象都可能指向被害人。但是，①强迫交易罪的暴力、威胁手段目的在于使他人提供或接受商品或服务，促使交易达成；而劫持汽车罪的暴力、威胁手段目的在于控制和支配汽车。②强迫交易罪行为发生在商品交易或服务交易中，虽然是一方强求另一方接受的不平等交易，但行为人与被害人之间有交易事实存在，行为人的行为应当视为一种违背被害人意愿的交易要求；而劫持汽车罪中没有这种交易的存在。③强迫交易罪侵犯的客体主要为社会主义市场经济秩序，而劫持汽车罪侵犯的客体主要是公共安全。本案中被告人与被害人之间的租乘汽车的交易事实发生在暴力威胁行为之前，被告人对出租车司机采取了暴力威胁的手段劫持汽车的行为超出了交易要求的范围，被告人并非要向其购买汽车或者要求其提供运输服务，其目的在于控制和支配汽车，所以被告人具体实施违法犯罪行为时被告人与被害人之间不存在交易。被告人侵犯的主要是被害人的生命、健康及公私财产的安全，而并非市场经济秩序。

三被告人为了绑架勒索而劫持出租车，其行为符合劫持汽车罪的构成要件。但是，被告人劫持出租车的目的是为绑架勒索准备交通工具，劫持出租车行为是绑架犯罪的预备行为。依据刑法罪数理论，如果行为人只实施了一个犯罪行为，这个行为又同时触犯了两个以上不同的罪名，即一行为触犯数罪名，那就是想象竞合犯。本案中，被告人实施了一个劫持出租车的行为，同时触犯了劫持汽车罪和绑架罪两个罪名，符合想象竞合犯的构成特征。被告人等劫持汽车罪为既遂，绑架罪为犯罪预备，想象竞合犯从一重罪处断，不实行数罪并罚，因此应认定构成劫持汽车罪。被告人等的行为不符合牵连犯的构成特征。牵连犯是指犯一罪而其方法行为或结果行为又触犯他罪名的犯罪，行为人必须实施了两个以上可以独立成罪的行为，即方法行为与目的行为，或者原因行为与结果行为，而两个以上犯罪行为之间必须具有牵连关系，并且触犯了不同的罪名。而就本案而言，被告人仅实施了一个劫持汽车的行为，不存在两个以上的行为，因此不能认定构成牵连犯。

第四节　非法制造、买卖、运输、邮寄、储存枪支、弹药、爆炸物罪

一、非法制造、买卖、运输、邮寄、储存枪支、弹药、爆炸物罪的概念和犯罪构成

非法制造、买卖、运输、邮寄、储存枪支、弹药、爆炸物罪，是指违反国家有关枪支、弹药、爆炸物管理法规，私自制造、买卖、运输、邮寄、储存枪支、弹药、爆炸物的行为。其构成特征如下：

犯罪客体是国家对枪支、弹药、爆炸物的管理制度。非法制造、买卖、运输、邮寄、储存烟花爆竹等娱乐性物品，不能以本罪论处。

犯罪的客观方面表现为违反国家对枪支、弹药、爆炸物的管理法规，非法制造、买卖、运输、邮寄、储存枪支、弹药、爆炸物的行为。所谓“非法”，是指行为人制造、买卖、运输、邮寄、储存枪支、弹药、爆炸物的行为违反了国家有关枪支、弹药、爆炸物管理的法律规定。即使有关单位的特别许可证处于正在申请的过程中，只要尚未批准下来便开始制造，也属于非法制造。所谓非法制造枪支、弹药、爆炸物，是指违反国家有关批准，未经有关部门批准，私自制造枪支、弹药、爆炸物的行为。对枪支进行改装，或者非法地为他人进行枪支修配，在实践中也视为非法制造枪支。制作、改装、拼装枪支的，不论是否成功，也不论是否为了出售，均可构成本罪。所以“制造”，应作广义理解，即不仅包括以各种材料进行原始制作，还包括组装、修理、改装和拼装。所谓非法买卖枪支、弹药、爆炸物，是指违反国家有关批准，以金钱或实物作价，非法出卖或者以出卖为目的而购买枪支、弹药、爆炸物的行为。所谓非法运输枪支、弹药、爆炸物，是指未经国家有关部门批准，私自从事运输枪支、弹药、爆炸物的行为。所谓非法邮寄枪支、弹药、爆炸物，是指未经邮政部门检查，或原意逃避检查而通过邮政系统以邮件形式寄运或者在邮件中夹带枪支、弹药、爆炸物的行为。从空间范围看，邮寄也仅限于国内运输。所谓非法储存枪支、弹药、爆炸物，是指明知是他人非法制造、买卖、运输、邮寄的枪支、弹药而为其存放的行为，或者非法存放爆炸物的行为。

行为人只要实施了上述行为之一者，就构成本罪。同时实施本罪中的数个行为，如制造并出售、邮寄，构成一罪，而不是数罪。

犯罪主体是一般主体，包括自然人和单位。

犯罪的主观方面，表现为故意，即明知是枪支、弹药、爆炸物而故意非法制造、买卖、运输、邮寄、储存。如果行为人出于某种原因，的确不知其所制造、买卖、运输、邮寄、储存的是枪支、弹药、爆炸物的，不构成犯罪。

二、非法制造、买卖、运输、邮寄、储存枪支、弹药、爆炸物罪构成要件的理解

（一）“枪支”“弹药”“爆炸物”的界定

枪支、弹药、爆炸物，是本罪法定的犯罪对象。所谓“枪支”是指

1996年《枪支管理法》所规定的，以火药或者压缩气体为动力，利用管状器具发射金属弹丸或者其他物质，足以致人伤亡或者丧失知觉的各种枪支。《枪支管理法》按照使用者的身份和枪支的用途的不同，将枪支分为军用枪支、公务枪支、民用枪支和仿真枪支等其他枪支。根据1995年最高人民法院《关于办理非法制造、买卖、运输非军用枪支、弹药刑事案件适用法律问题的解释》、2001年最高人民法院《关于审理非法制造、买卖、运输枪支、弹药、爆炸物等刑事案件具体应用法律若干问题的解释》和2009年经修改的最高人民法院《关于审理非法制造、买卖、运输枪支、弹药、爆炸物等刑事案件具体应用法律若干问题的解释》中的有关规定，刑法意义上的枪支分类将枪支分为了军用枪支和非军用枪支，非军用枪支的范围与民用枪支、仿真枪支等其他枪支非常接近。按枪支技术标准差别，枪支可分为制式枪支和非制式枪支，军用枪支、公务枪支、民用枪支属于制式枪支，仿真枪支等其他枪支属于非制式枪支。

公安机关、国家安全机关、监狱、劳动教养机关的人民警察，人民法院的司法警察，人民检察院的司法警察和担负案件侦查任务的检察人员，海关的缉私人员，在依法履行职责时确有必要使用枪支的，可以配备公务用枪。国家重要的军工、金融、仓储、科研等单位的专职守护、押运人员在执行守护、押运任务时确有必要使用枪支的，可以配备公务用枪。

民用枪支主要包括射击运动用枪、猎枪（如有膛线枪、无膛线枪、散弹枪、火药枪）、麻醉注射枪、开展游艺活动使用的口径不超过4.5MM的汽步枪等。

中国人民解放军、中国人民武装警察部队和民兵装备使用的枪支是军用枪支。军用枪支主要包括军事系统以及其他担负特殊任务的机关、单位所使用的手枪、步枪、机枪、冲锋枪、火焰喷射器、催泪枪等。例如，❶被告人徐某全以“军事基地”等网名上互联网聊天时认识了网名“枪械”“军工厂”的李某文。徐某全在网上多次从李某文处购买仿制的64式手枪13支，64式手枪弹400余发。徐某全将购买的枪支弹药又通过互联网聊天的方式，向本案其他被告人杨某林、胡某元、李某、史某林等10余人贩卖。杨某林等10余人分别买卖上述枪支1~2支不等，子弹10~70发不等。一审法院经审理后认为，各被告人违反国家关于枪支、弹药的管理法规，非法买卖以火药为动力发射枪弹的非军用枪支均在1支以上，非法买

❶ 肖江峰．军用枪支、军用弹药之认定［J］．人民司法，2008（14）．

卖军用子弹均在10发以上，其行为均已构成非法买卖枪支、弹药罪。其中被告人徐某全、杨某林、胡某元、史某林、李某非法买卖军用子弹均在50发以上，犯罪情节严重。据此，对各被告人均以非法买卖枪支、弹药罪予以定罪量刑。一审宣判后，杨某林、胡某元、史某林、李某等被告人提出上诉，认为没有证据证明本案子弹是装备给军队使用的子弹，一审法院将本案子弹认定为军用子弹有误。二审法院经审理后认为，军用枪支（包括这些枪支所使用的弹药）的范围包括军事系统和非军事系统使用的军用枪支（弹药），子弹是否为军用子弹应依其自身属性认定，而不以是否由军队实际使用为标准，本案各被告人所非法买卖的子弹均为可装备于军队的64式手枪弹，系军用子弹，各被告人违反国家关于枪支、弹药的管理法规，非法买卖以火药为动力发射枪弹的非军用枪支均在1支以上，非法买卖军用子弹均在10发以上，其行为均已构成非法买卖枪支、弹药罪。其中上诉人杨某林、胡某元、李某、史某林、原审被告人徐某全非法买卖军用子弹均在50发以上，犯罪情节严重，依法应予惩处。原审法院根据各上诉人犯罪的事实、犯罪的性质、情节和对于社会的危害程度所作的判决定罪及适用法律正确，量刑均适当，审判程序合法，应予以维持。故驳回各上诉人的上诉，维持原判。

2001年最高人民法院《关于审理非法制造、买卖、运输枪支、弹药、爆炸物等刑事案件具体应用法律若干问题的解释》中使用的军用和非军用的概念，对本罪的定罪、量刑均有重要的影响。但刑法及上述解释均未对枪支、弹药的军用、非军用的概念进行具体的解说，也未规定二者的区分标准，导致实践中产生了不同的认识。本案就是如此，关于涉案的枪支、子弹的具体来源，由于向被告人李某文贩卖枪支、弹药的人未能抓捕归案，侦查机关无法查实。但公诉机关向人民法院提供了中国人民解放军相关部门、部队的证明，认定该批子弹为某兵工厂生产的制式子弹，属军队装备，可装备于中国人民解放军，公安、武警、民兵亦有配备。案件在审理中，关于这批子弹的性质是否应认定为军用子弹就产生较大了争议。一种意见认为：涉案的7.62毫米64式手枪弹均为兵工厂生产，属于我国军队装备的枪弹，应认定为军用子弹，故上述购买者均构成非法买卖枪支、弹药罪。另一种意见认为军用子弹应是指装备给军队使用或备用的子弹，而且必须是已实际装备给军队，而不是仅指属于部队装备。涉案子弹虽确系兵工厂生产的制式子弹，但现有证据不能证明子弹来源于军队，而且可装备部队不等于已装备部队。根据军队的相关证明，7.62毫米64式子弹使用途径具有多样性，在实践中未装备给部队使用、保管的情况下，不能认定涉案的子弹为军用子弹。同时，上述解释之所以将枪支、弹药作出军用、非军用之分，意义在于军用枪支、弹药对于国防的意义与非军用不同，所以应该严格认定，对于非法买卖军用枪支、弹药的行为严厉打击，而对于非军用枪弹区别对待。故上述购买者买卖非军用子弹均不足100发，只能构成非法买卖枪支罪。

笔者认为，第一，上述解释之所以将枪支、弹药区分为军用、非军用，从本质上是着眼于军用枪支、弹药的性能更强，杀伤力明显大于非军用枪支、弹药，对公共安全造成的威胁也更大。而枪支、弹药杀伤力大小、流入社会可能造成的危害大小都是枪支、弹药的自身属性决定的，与枪支、弹药原用途及使用、保管部门无关，并非从非军队系统流出的枪支、弹药威力及社会危害性就一定小。所以把军用枪支、弹药理解为“必须是已实际装备给军队使用和备用”的枪支、弹药失之过窄。相同性能的枪支、弹药仅因为原使用、保管部门不同而给予不同处罚并不妥当。所以，军用枪支、弹药既应包括军队系统所装备枪支、弹药，也应包括配备给非军队系统的与之相同的枪支、弹药。第二，以枪支、弹药的具体保管部门、原使用用途来区分是否为军用枪支、弹药，会造成法律适用上的困难，难以准确、有力地打击犯罪。我国对枪支、弹药的管控向来非常严格，相应的涉枪类的犯罪也比较隐蔽，枪支、弹药的非法流通途径异常复杂。如果认为只有已装备给军队使用或备用的枪支、弹药才是军用枪支、弹药的话，那么认定军用枪支、弹药就必须证明枪支、弹药流失的源头是军队，这势必导致大量的涉军用枪支、弹药案件难以查证和被告人对枪支、弹药来源事实的虚假供述，不利于对涉枪类案件的处理和打击。因此，上述解释对二者划分的范围应该是：法律上规定的公务用枪（包括弹药）及中国人民解放军、中国人民武装警察部队、民兵装备的枪支（包括弹药）属军用枪支（弹药），同时也一定是制式枪支（弹药）；法律上规定的民用枪支（包括弹药）及符合枪支定义的其他枪支（包括弹药）属非军用枪支（弹药），其中民用枪支也属于制式枪支（弹药）。至此，对本案的问题可以作出判断，应该说本案一、二审法院判决的意见是正确的。本案涉及的子弹是六四式手枪配套使用的制式7.62毫米手枪弹，是与装备中国人民解放军、武装警察部队、民兵及公务用枪的64式手枪配套使用的。64式手枪依据上述界定显然属于军用枪支的范围，其配套使用的子弹亦应属军用子弹。另外，64式手枪（包括弹药）可装备军队，说明其具有适应战斗需要的性能、杀伤力，尽管非军队系统也有装备，但并不改变其性能、杀伤力等基本属性。从这个角度讲，本案的子弹也应认定属于军用子弹。[1]

但是，需要注意的是，但随着社会的发展和技术的进步，国家为适应管理社会职能的需要，公务用枪的类型发生了较大变化，前述军用枪支、弹药的划分范围的不足也会逐渐显现。因为公务用枪（包括弹药）与中国人民解放军、中国人民武装警察部队和民兵装备的枪支、弹药的范围之间的交叉关系会日益明显。比如，公安部门近年非常重视装备建设，已经成功研发、列装了一批新型警用装备器材，如 18.44mm 防暴枪弹、38.4mm 防暴枪弹等。这些防暴枪可装备的子弹是多样的，既有杀伤弹，也有动能弹、催泪弹等多种类型。这些新型的非致命性武器装备与中国人民解放军列装的军用枪械、弹药在功能和性质上有较大差别，是否应将其一概列入军用枪支、弹药的范围值得探讨。如果将国家机关装备的这种枪支一概视为军用枪支、弹药，显然也值得商榷。对此，应该适应社会的发展变化，进一步缩小军用枪支、弹药的认定范围。在认定枪支、弹药的性质时，应当坚持围绕枪支、弹药自身属性这一中心，着重考察三个方面：①首先必须是制式枪支，如果为仿制、自制枪支，由于技术条件的限制，其性能、杀伤力一般难与制式的军用枪支、弹药相提并论，不应认定为军用枪支、弹药。②该枪支、弹药是否属于军队列装。凡属于军队列装的枪支、弹药，说明其性能、杀伤力均是适应战斗需要的，不论其可否装备于其他部门或是否实际由何部门使用，均应认定为军用枪支、弹药；而对于不属于军队列装的枪支、弹药，尽管不属于民用枪支，但也不简单地因为其为公务用枪而视为军用枪支、弹药。这里需要指出两个问题，首先不应将这里的军队仅限于中国人民解放军，对于外国军队列装的枪支，应参照同样的标准进行处罚。其次对于军队曾经列装的、随着军队装备的现代化而又被淘汰的枪支、弹药种类，笔者认为只要是在解释出台之后曾经列装的，就应属于军用枪支、弹药。③针对军队列装的部分枪支、弹药本身存在的特殊性（如军队装备教练弹、信号枪弹等）及公务用枪的多样化的情况，认定军用枪支、弹药必须有对该类型枪弹的杀伤力鉴定。符合上述 3 个条件的枪支（弹药）可以认定为军用枪支（弹药），否则应认定为非军用枪支

---

[1] 肖江峰. 军用枪支、军用弹药之认定［J］. 人民司法，2008（14）.

（弹药）。❶❷

仿真枪支则是指各种仿造军用枪支、民用枪支杀伤机理制造的枪支，如土枪、钢珠枪等。例如，❸ 丁某超于2006年8、9月间，先后两次利用其在淘宝网开设的“金翼时尚酷玩”网上商店，以4 250元的价格向高某忠出售3支仿真充气枪，经鉴定，上述气手枪枪支机件完好，均可以正常击发，实弹击发后近距离对人体有杀伤力，后丁某超被查获归案。检察院指控被告人丁某超犯有非法买卖枪支罪。法院经审理认为，被告人丁某超无视国法，为牟私利，违反枪支管理规定，非法买卖以压缩气体为动力的非军用枪支，其行为触犯了刑律，已构成非法买卖枪支罪，判处有期徒刑3年6个月。一审宣判后，丁某超上诉，上诉理由为：其并未直接向高某忠贩卖枪支，原审认定其贩卖枪支的数量不准确，且所贩枪支与真枪有所区别，量刑过重，并申请对起获的枪支是否有杀伤力做重新鉴定。辩护人的辩护意见：丁某超不明知其介绍买卖的枪支是法律禁止买卖的枪支，其缺乏犯罪的主观故意，丁某超的行为不构成犯罪。中级法院驳回丁某超的上诉，维持原判。本案在审理过程中，对被告人丁某超贩卖仿真枪是否构成非法买卖枪支罪有不同意见：第一种意见认为，丁某超并不知道贩卖仿真枪违反刑法禁止规定，不构成非法买卖枪支罪；第二种意见认为，丁某超明知是很可能造成社会危害的枪支而贩卖，构成非法买卖枪支罪。笔者赞成第二种意见。具体理由如下：第一，《枪支管理法》对枪支进行了定义，枪支包括军用枪支、民用枪支、公务枪支、射击运动枪支等。《刑法》第125条中刑法意义上的枪支取决于《枪支管理法》对枪支的界定。所谓仿真枪，根据公安部下发的《关于印发〈仿真枪认定标准〉的通知》规定，是指由县级以上公安机关刑事技术部门负责按照《枪支致伤力的法庭科学鉴定判据》，参照《公安机关涉案枪支弹药性能鉴定工作规定》，从其所发射弹丸的能量进行鉴定而判断是否属于枪支。那么，仿真枪是否可能构成刑法意义上的枪支呢？只要仿真枪符合《枪支管理法》中规定的，应该认定为刑法意义上的枪支。如果将仿真枪一概排除在枪支之外，那么就会使一大批仿真枪流入社会，违反枪支管理规定，可能造成严重的社会危害。在本案中，高某忠购买的仿真枪经过刑事科学技术鉴定，手枪机件完

❶ 肖江峰．军用枪支、军用弹药之认定［J］．人民司法，2008（14）．

❷ 窦云鸽．涉枪支、弹药犯罪中军用枪支、军用弹药的认定问题研究［J］．重庆电子工程职业学院学报，2010（3）．

❸ 罗灿．购买仿真手枪能否认定为非法买卖枪支罪［N］．人民法院报，2009－6－12（5）．

好，均可以正常击发，实弹击发后近距离对人体有杀伤力。因此，本案中的仿真枪在物理特征上能够通过压缩气体正常发射弹丸，在危害性质上能够近距离造成杀伤，属于以压缩气体为动力的其他非军用枪支，可以认定为刑法意义上的枪支。第二，贩卖对人体有杀伤力的仿真枪推定违法性认识。非法买卖枪支罪的主观要件是行为人明知是枪支而故意非法买卖，也就是说，行为人在主观上不仅要预见到买卖枪支可能造成的社会危害，而且要对买卖枪支的违法性具有认识。但是，这里的违法性认识是指刑事违法性认识还是整体法规范的违法性认识呢？笔者认为是对违反整体法规范的认识。一直以来，枪支在我国都被严厉管制。在我国刑法的传统意义上，枪支犯罪都是法定犯，但是自然犯和法定犯之间的界线并不是固定不变的，而是根据社会发展和法治意识而不断变化；随着法律对涉枪犯罪的严厉打击，枪支是被禁止的危险品这一观念已经深入人心，枪支犯罪在很大程度上已经成为自然犯。虽然社会危害性认识和违法性认识有时候可能发生分离，但是在此情况下就一致了。因此，只要行为人能够认识到枪支可能造成的社会危害性，就能够推定行为人对枪支具有违法性认识。丁某超虽然辩称贩卖仿真枪与真枪存在区别，且不明知其介绍买卖的枪支是法律禁止买卖的枪支，但是作为理性的成年人，丁某超明确知道仿真枪可能造成的社会危害性，也就可以推定其是出于“非法”目的而贩卖。

根据《枪支管理法》以及有关的司法解释的规定，刑法意义上的“枪支”不仅包括构造完整的枪支，也包括枪支的主要零部件。换言之，非法制造、买卖、运输、邮寄、储存以及盗窃、抢劫、抢夺、非法持有、私藏枪支主要零部件的，也要以有关的枪支犯罪论处。例如，湖北人杨某、程某、程某某、广东人吴某等 4 名被告人先后在武汉、广东中山制造预充气式气枪零部件，据统计，2010 年 5 月至 2011 年 5 月间，制造气枪零部件 3 660件、小口径运动步枪零部件 4 629 件。杨某等 4 人不仅跨省非法制造枪支，他们还非法买卖枪支，并且买卖枪支的方式也很“时髦”，通常通过网上“购物”、汇款，然后通过快递公司邮寄，快递“帮”他们卖了千余件枪支零部件。2011 年 4 月因出售并邮寄步枪零部件案发。检察机关以非法制造、买卖、邮寄枪支及妨害作证罪分别对 4 人提起公诉，法院进行了审理。[1] 本罪中的“枪支”不仅包括符合国家技术标准、能够安全使用的枪支，也包括某些应当报废但尚能发射弹药的枪支，如退役的枪支、不

[1] 杨肃，扬法宣，沈燕．制销近万枪支零部件［N］．扬州日报，2012－3－11（A03）.

完全符合国家标准的枪支、因制式陈旧、弹药缺乏不能使用的枪支，但完全残坏、根本不能发射弹药的枪支不包括在内。不具有《枪支管理法》规定的枪支的基本物理特征、杀伤机理以及重大危险性的其他“枪”，如冷兵器长矛枪，工具类的射钉枪、焊枪、水枪，喷射毒气、硫酸的枪支，信号枪，电击枪，玩具枪，制作影视剧使用的道具枪等，不属于刑法意义上的“枪支”。[1]

所谓“弹药”，应当是指通过各种军用、民用枪支或者仿真枪支发射的、本身无引爆装置的各种弹药。爆炸物与弹药有何区别，《刑法》及相关司法解释均未作明确规定。国防科学技术工业委员会和中国人民解放军总装备部于2002年11月1日发布的《军品出口管理清单》对弹药范围作了界定，根据清单第3.1条规定，弹药，系使用枪械、单兵或班用战斗发射器及各种身管武器、发射架（筒）发射，利用火药燃气压力或其他能源抛射弹丸及辅件的装置和零部件的总称。在该清单所列第三类军品中，将弹药与地雷、水雷、炸弹及其他爆炸装置分开列举，表明二者显然不属于同一范畴。区别在于爆炸物一般具有独立的破坏功能，不必依赖发射装置，只需引爆即可产生破坏力，而弹药通常必须依赖于发射装置，没有独立的破坏功能。[2] 但这种区别并非刑法上的区别，只能参考，不能绝对化。在刑法理论界，一般认为枪榴弹、手榴弹、炮弹等不属于“弹药”，而属于“爆炸物”，但是，刑事司法实务部门对此都有不同的观点，司法实务部门倾向于将手榴弹、炸弹、炮弹、地雷、手雷等视为弹药。另外，照明弹、烟幕弹、信号弹等，由于其没有杀伤力和破坏性，不宜认为是“弹药”。

所谓“爆炸物”，是指各种能够爆裂，以及具有爆裂性和较大杀伤力、破坏性，能够对公共安全构成威胁和危害的物品。从种类上看，爆炸物大致可以分为军用爆炸物、民用爆炸物和其他利用爆裂原料配制成的炸药与爆炸装置3类。其中，军用爆炸物既包括各种作为常规武器使用的军用爆炸物，如地雷、手榴弹、爆破筒、手雷等，也包括原子弹、氢弹、中子弹等核弹[3]和生化炸弹；民用爆炸物主要包括《民用爆炸物品管理条例》《民

---

[1] 左坚卫，黄娜，周加海．危害公共安全罪司法适用［M］．北京：法律出版社，2007：294.

[2] 胡云腾，徐峰．行为人私自存放爆炸物行为的定性探析［G］//谢望原、赫兴旺．中国刑法案例评论（第一辑）．北京：中国法制出版社，2007：142.

[3] 一般认为，刑法上的核弹具有一定的特殊性，属于危险物质的范围。

用爆炸物进出口管理办法》所规定管制的各类炸药、雷管、导火索、导爆索、非电导爆系统和爆破剂等，但烟花、爆竹等民用爆炸物只要基本不具杀伤力，就不属此处的“爆炸物”❶；其他利用爆裂原料配制成的炸药与爆炸装置，主要有炸药瓶、土制炸药包以及各种土制炸弹等。例如，莫某广将自己保管的村屯级公路建设和水利建设的爆炸物擅自卖给无证开采小煤窑的被告吴某横，共计炸药96千克、电雷管300枚。吴某横将买得的炸药和电雷管100枚用于小煤窑开采。第一次交易后未被发现。2007年1月5日晚，吴某横又以同样理由从被告人莫某广购买得炸药3件共72千克。次日，吴某横用摩托车运载所购得的炸药和电雷管前往驯乐朝阳矿途中，被公安民警查获，当场缴得炸药3件72千克、电雷管200枚。人民法院认为，莫某广非法买卖爆炸物，数量达168千克、雷管300枚，其行为已触犯刑律，构成非法买卖爆炸物罪。依照《刑法》及最高人民法院《关于审理非法制造、买卖、运输枪支、弹药、爆炸物等刑事案件具体应用法律若干问题的解释》有关规定，属情节严重，判处被告人莫某广、吴某横犯非法买卖爆炸物罪，各判处有期徒刑11年，剥夺政治权利2年。又如，2009年8月20日，海南边防总队海警第二支队46046艇在三亚外海海域执行海上巡逻检查任务时发现，犯罪嫌疑人苏某等人驾驶渔船进行炸鱼作业。海警官兵随即对该船实施检查，当场查获“鱼炮”8枚。由于苏某等人涉嫌非法制造、买卖、存储爆炸物，海警官兵依法将3名犯罪嫌疑人带回讯问，并全面展开调查。海警官兵先后在犯罪嫌疑人蔡某、苏某家中查获雷管856枚及导火索11米。在证据面前，3名犯罪嫌疑人对非法制造、买卖爆炸物品及炸取鱼货的犯罪事实供认不讳。此案经三亚市城郊人民法院一审宣判，判决该案被告人蔡某犯非法买卖爆炸物品罪，处有期徒刑10年；判决被告人苏某犯非法制造、买卖爆炸物品罪，处有期徒刑7年；判决被告人苏某某犯非法制造爆炸物品罪，处有期徒刑2年。❷

（二）“运输”的界定

“运输”是将枪支、弹药、爆炸物由一地运往另一地的行为。非法运输枪支、弹药、爆炸物，是指未经国家有关部门批准，私自从事运输枪

---

❶ 对于非法储存使用国家禁止的原料制造的“烟花爆竹”，已经不是普通意义上的烟花爆竹，当然属于爆炸物。因此，只有在满足一定条件时，烟花爆竹才属于“爆炸物”的范围。

❷ 朱卫军，张诚，王红卫．天涯海警销毁一批危险爆炸物品［N］．海南日报，2011－3－31（A8）．

支、弹药、爆炸物的行为。运输的方式方法，并无特别限制，无论是陆运、水运还是空运，无论是利用人力还是利用各种工具均无不可。但通过邮政系统寄运的不在此内。运输的空间范围，一般仅限于我国（大陆）境内，而不包括将上述物品运输进出国（边）境。

（三）“非法储存”爆炸物的理解

在学理上，“非法储存”是指未经国家有关部门批准，私自存放爆炸物的行为。所谓“非法”是指违反法律的规定。这里的法律是广义的，既包括国家的法律法规，也包括违反国家有关部门发布的规章及其他规范性文件。所谓“储存”是指将爆炸物存放于某处的行为。“非法储存”就是违反国家法律规定，未经国家有关部门批准，私自存放爆炸物的行为。

根据2001年最高人民法院《关于审理非法制造、买卖、运输枪支、弹药、爆炸物等刑事案件具体应用法律若干问题的解释》第8条第1款的规定，“非法储存”，是指明知是他人非法制造、买卖、运输、邮寄的枪支、弹药、爆炸物而为其存放的行为。但是，根据2009年修正、2010年实施的新的最高人民法院《关于审理非法制造、买卖、运输枪支、弹药、爆炸物等刑事案件具体应用法律若干问题的解释》第8条第1款的规定，“非法储存”，是指明知是他人非法制造、买卖、运输、邮寄的枪支、弹药而为其存放的行为，或者非法存放爆炸物的行为。新的规定将爆炸物单列，其范围不仅限于非法制造、买卖、运输、邮寄的爆炸物，只要是“非法”就可以。另外，由于刑法典还规定了非法持有、私藏枪支、弹药罪，而且该罪的法定刑与非法储存枪支、弹药罪相比要轻得多，因此，对枪支、弹药而言，这里的储存应权宜理解为大量储藏、存放；少量储藏、存放枪支、弹药的，宜以非法持有、私藏枪支弹药罪论处。但对爆炸物而言，由于《刑法》没有规定所谓的“非法持有、私藏爆炸物罪”❶，因此，不论数量多少，均应以非法储存爆炸物罪论处（情节显著轻微、危害不大的除外）。❷

---

❶ 在一定意义上说，非法持有、私藏爆炸物行为的社会危害性要大于非法持有、私藏枪支弹药行为的社会危害性，更应构成犯罪，因此，立法应严密法网，增设此罪。

❷ 非法持有爆炸物的行为具有严重的社会危害性，理应犯罪化，这种行为不符合非法储存爆炸物罪的犯罪构成，而与非法持有弹药罪具有相同的性质，应当属于持有型犯罪，立法中应当将爆炸物列入非法持有的犯罪对象。参见黄大威．非法持有、私藏枪支、弹药罪的规范缺陷与完善［J］．北方法学，2009（6）．同时，对非法储存爆炸物罪是否属于持有型犯罪，学界也未达成共识。

例如发生于2010年新的司法解释生效前的爆破员私藏爆炸物案：[1] 唐某在某矿业任矿山爆破员期间，私自将9筒炸药（共重1 350克）、9枚雷管及导火索等爆炸物带回家中藏匿。2005年11月22日，唐某的表妹夫罗某（已判刑）以其盖房为由从唐某家中拿走3筒炸药及导火索。次日，公安干警在唐某家中查获炸药6筒、雷管9枚及导火索0.55米。2007年2月5日，公诉机关以唐某犯非法储存爆炸物罪向法院提起公诉。关于唐某的行为是否构成非法储存爆炸物罪，存在两种意见：

一种意见认为，唐某的行为构成非法储存爆炸物罪。理由是：唐某明知炸药是具有杀伤力和破坏力的爆炸物而私自带回家中藏匿，其藏匿的炸药共重达1 350克，且唐某将其中的3筒炸药及导火索提供给罗某，罗某用该炸药进行了犯罪活动，唐某的行为是违反民用爆炸物品管理条例的非法储存爆炸物的行为，同时根据最高人民法院《关于审理非法制造、买卖、运输枪支、弹药、爆炸物等刑事案件具体应用法律若干问题的解释》第1条第1款第（六）项的规定，非法制造、买卖、运输、邮寄、储存炸药、发射药、黑火药1千克以上或者烟火药3千克以上、雷管30枚以上或者导火索、导爆索30米以上的，依照刑法第125条第1款的规定，以非法制造、买卖、运输、邮寄、储存枪支、弹药、爆炸物罪定罪处罚。唐某的行为不仅符合非法储存炸药1千克以上的数量要求，而且造成了一定的危害后果，应当认定构成非法储存爆炸物罪。

另一种意见认为，唐某的行为不构成非法储存爆炸物罪，亦不构成其他犯罪。因为根据最高人民法院《关于审理非法制造、买卖、运输枪支、弹药、爆炸物等刑事案件具体应用法律若干问题的解释》第8条的规定，“非法储存”是指“明知是他人非法制造、买卖、运输、邮寄的枪支、弹药、爆炸物而为其存放的行为”。本案中，唐某虽然明知炸药是爆炸物而带回家中藏匿，但其所储存的爆炸物并非他人非法制造、买卖、运输、邮寄的爆炸物，而是自己私自储存的以合法形式拥有的爆炸物。因此，唐某的行为不构成非法储存爆炸物罪。根据现有法律规定，唐某的行为也不构成犯罪，而仅是违反爆炸物行政管理法规的一般违法行为。

笔者持第二种意见。理由如下：唐某系某矿业矿山爆破员，该矿山所使用的炸药是某矿业经报公安机关审批后，由唐某在领取、使用和保管期

---

[1] 林满山．爆破员私藏爆炸物是否构成非法储存爆炸物罪［N］．人民法院报，2007-4-17（6）．

间，私自将9筒炸药（共重1 350克）、9枚雷管及导火索等爆炸物带回家中藏匿，应当说，是利用职务上的便利，非法占有这些爆炸物，但因其非法占有爆炸物的行为并未触犯刑法的相关罪名，故难以定罪。因为根据最高人民法院《关于审理非法制造、买卖、运输枪支、弹药、爆炸物等刑事案件具体应用法律若干问题的解释》第8条的规定，“非法储存”是指“明知是他人非法制造、买卖、运输、邮寄的枪支、弹药、爆炸物而为其存放的行为”，根据这一条款，成立非法储存爆炸物罪必须同时具备上述三个要件：一是“明知”，即行为人主观上必须明知被储存的对象是爆炸物；二是“他人非法制造、买卖、运输、邮寄的枪支、弹药、爆炸物”，即被储存的爆炸物必须是由他人非法制造、买卖、运输、邮寄而来的；三是“为其储存”，即出于该非法制造、买卖、运输、邮寄爆炸物的他人的需要而为其存放。而唐某所储存的爆炸物是某矿业经报公安机关审批后领取、使用和保管的，系合法途径取得，而非由他人非法制造、买卖、运输、邮寄而来，且唐某私自藏匿爆炸物的目的是为了自己非法占有这些爆炸物而存放，并非为他人存放，故唐某的行为不符合司法解释关于“非法储存”的定义。因此，虽然其违反了民用爆炸物品管理条例的规定，私藏爆炸物达到司法解释规定的1千克以上的数量要求，但根据现有法律和司法解释的规定，其行为并不构成非法储存爆炸物罪，而仅是违反民用爆炸物品管理条例的行政违法行为，应依照有关行政法律法规予以处理，而不能作为刑事犯罪行为予以追究刑事责任，这也是罪刑法定原则的必然要求。综上所述，唐某的行为不构成犯罪，应依据民用爆炸物品管理条例的规定给予行政处罚。

有必要指出，如果此案发生于2010年最高人民法院新的司法解释生效之后，则唐某的行为就是“非法存放爆炸物的行为”，就构成了非法储存爆炸物罪。

三、非法制造、买卖、运输、邮寄、储存枪支、弹药、爆炸物罪罪数形态的认定

（一）非法制造、买卖、运输、邮寄、储存枪支、弹药、爆炸物罪与彼罪的认定

1. 非法制造、买卖、运输、邮寄、储存枪支、弹药、爆炸物罪与违规制造、销售枪支罪的界限

二者在犯罪对象、客观行为、主观方面上均有相同或类似之处。其主

要区别在于：①犯罪的客观方面表现不同。前者在客观方面表现为各种非法制造、买卖、运输、邮寄、储存枪支、弹药、爆炸物的行为。因此，即使犯罪人是依法被确定、指定的枪支制造、销售企业，如果其实施的是《刑法》第126条规定的3种情形以外的非法制造、销售枪支的行为的，也应当以非法制造、买卖枪支罪而不是违规制造、销售枪支罪论处；后者在客观方面只能表现为违规制造、销售枪支的行为，而且其具体形式已为法律所明确规定，即只能是超过限额或者不按照规定的品种制造、配售枪支，制造无号、重号、假号的枪支或非法销售枪支或者在境内销售为出口制造的枪支。②犯罪主体不同。前者的主体是一般主体，包括自然人和单位；后者的主体是特殊主体，即只能是依法被指定、确定的枪支制造企业、销售企业。③犯罪的主观方面不同。后者必须具有非法销售的目的；前者则无此限制。④犯罪对象不同。前者的对象包括枪支、弹药和爆炸物；后者的对象仅限于枪支。

2. 非法储存枪支、弹药、爆炸物罪与非法持有、私藏枪支、弹药罪的界限

当行为对象均为枪支、弹药（广义上弹药包括爆炸物[1]）时，两罪易混淆。①在犯罪客观方面，从行为来看，非法持有、私藏比非法储存的支配性和控制力更强，而且私藏不仅要求藏匿而且拒不交出；从存放量看，一般来讲储存量大于持有量和私藏量。②在犯罪主体方面，从自然人主体看，非法私藏的行为主体是指配备、配置枪支、弹药的条件消除的曾经依法配备、配置枪支、弹药的人员，而非法储存无此要求；从单位主体看，单位可以构成非法储存枪支、弹药、爆炸物罪，而非法持有、私藏弹药罪则无单位犯罪。[2] ③区分二者，关键在于，非法持有、私藏枪支、弹药应有证据表明不是因非法制造、买卖、运输枪支、弹药等犯罪活动（包括盗窃、抢夺、抢劫枪支、弹药的犯罪活动）而持有、私藏枪支、弹药。如果是因非法制造、买卖、运输等犯罪活动而持有、私藏枪支、弹药的，则应当构成本罪，不构成非法持有、私藏枪支、弹药罪。[3] 例如，2012年7月

---

[1] 有学者也建议刑法上的弹药采用广义的概念，即包括爆炸物。参见黄大威．非法持有、私藏枪支、弹药罪的规范缺陷与完善［J］．北方法学，2009（6）．

[2] 王新文，孙泉．非法储存爆炸物罪的司法认定问题研究［J］．山西警官高等专科学校学报，2010（2）．

[3] 高铭暄，马克昌．刑法学［M］．5版．北京：北京大学出版社、高等教育出版社，2011：354.

份，河北张家口市宣化区南大街派出所民警在查处一起案件时，依法对李某家进行检查时，在其家中发现子弹 14 发，李某称这些子弹是其多年前在垃圾中捡拾的。经鉴定，该子弹为我国生产的制式、军警用 56 式 7.62 毫米步枪弹，能够击发。本案争论的焦点在于李某是构成非法储存弹药罪、非法持有弹药罪，还是不构成犯罪？笔者认为，李某的行为不构成犯罪，理由如下：第一，李某的行为不构成非法储存弹药罪。根据 2009 年修正、2010 年实施的新的最高人民法院《关于审理非法制造、买卖、运输枪支、弹药、爆炸物等刑事案件具体应用法律若干问题的解释》的规定，"非法储存"，是指明知是他人非法制造、买卖、运输、邮寄的枪支、弹药而为其存放的行为，或者非法存放爆炸物的行为。因此构成非法储存，必须同时符合 3 个关键要素：一是"明知"；二是"为他人储存"；三是"明知来源非法"。本案中，李某家存放的子弹没有证据证明系为他人存放，也没有证据证明其系非法制造、买卖、运输或邮寄的来源，因此不符合非法储存弹药罪的构成要件。第二，李某的行为不构成非法持有、私藏弹药罪。所谓非法持有，是指不符合配备、配置枪支、弹药条件的人员，违反枪支管理法律、法规规定，擅自持有枪支、弹药的行为。所谓私藏，是指依法配备、配置枪支、弹药的人员，在配备、配置枪支、弹药的条件消除后，违反枪支管理法律、法规规定，私自藏匿所配备、配置的枪支、弹药且拒不交出的行为。枪支、弹药无论是他人赠予的，还是拾来的，或者是曾经合法佩戴，以后应交未交的，只要是未经合法批准而私自持有、隐藏，都属于本罪要求的行为。本案李某的行为不属于私藏行为。李某虽然具有非法持有弹药的行为，但是根据 2009 年修正、2010 年实施的新的最高人民法院《关于审理非法制造、买卖、运输枪支、弹药、爆炸物等刑事案件具体应用法律若干问题的解释》第 5 条第（三）项的规定：非法持有、私藏军用子弹 20 发以上，气枪铅弹 1 000 发以上或者其他非军用子弹 200 发以上的，以非法持有、私藏枪支、弹药罪定罪处罚。李某持有军用子弹 14 发，显然没有达到非法持有弹药罪的追诉标准，因此其行为不构成非法持有弹药罪。[1]

3. 军人非法出卖军队武器装备的认定

现役军人非法出卖军队编配的枪支、弹药、武器装备的，应构成军人违反职责类犯罪，依据军人违反职责罪中的相关犯罪处理。《刑法》第 439

---

[1] 张晓滨．李某储存弹药行为应如何定性［J］．中国检察官，2012（9）．

条规定了非法出卖、转让武器装备罪："非法出卖、转让军队武器装备的，处三年以上十年以下有期徒刑；出卖、转让大量武器装备或者有其他特别严重情节的，处十年以上有期徒刑、无期徒刑或者死刑。"2013 年 2 月 26 日，最高人民检察院、解放军总政治部印发《军人违反职责罪案件立案标准的规定》，自 2013 年 3 月 28 日起施行。其中第 22 条规定，非法出卖、转让武器装备罪是指非法出卖、转让武器装备的行为。出卖、转让，是指违反武器装备管理规定，未经有权机关批准，擅自用武器装备换取金钱、财物或者其他利益，或者将武器装备馈赠他人的行为。据此，军人非法出卖军队武器装备的，不应构成非法买卖枪支、弹药、爆炸物罪，而应以非法出卖、转让武器装备罪定罪处罚。

（二）为恐怖组织、黑社会性质组织实施本罪的认定

为了帮助恐怖组织、黑社会性质组织而非法制造、买卖、运输、邮寄、储存枪支、弹药、爆炸物的，有关行为既构成本罪同时又属于资助恐怖活动组织和黑社会性质组织的行为。资助恐怖活动组织的行为同时构成资助恐怖活动罪，成为想象竞合犯，应当从一重处，即应以本罪论处。至于资助黑社会性质组织的行为，根据现有法律规定并不构成犯罪，也只能以本罪论处。但是，如果行为人是在参加恐怖组织或者黑社会性质组织之后，再帮助恐怖组织、黑社会性质组织非法制造、买卖、运输、邮寄、储存枪支、弹药、爆炸物，根据《刑法》第 120 条第 2 款以及第 294 条第 3 款的规定精神，应当以本罪和参加恐怖组织罪或者参加黑社会性质组织罪并罚。

四、非法储存爆炸物罪的犯罪既遂形态

根据我国刑法分则对各种直接故意犯罪构成要件的不同规定，犯罪既遂主要有结果犯、行为犯、危险犯和举动犯 4 种。对于非法储存爆炸物罪的犯罪既遂形态，理论上有不同的认识，通说观点认为属于行为犯，即以法定的犯罪行为的完成作为既遂标志。犯罪的完成不要求造成物质性的和有形的犯罪结果，而是以行为完成为标志。[1] 另一种观点认为属于抽象的危险犯，不要求具体危险发生，只要行为人实施非法储存爆炸物的行为，

[1] 鲍遂献，雷东生．危害公共安全罪［M］．北京：中国人民公安大学出版社，2003：248．赵志华．枪支、弹药、爆炸物、危险物品犯罪的定罪与量刑［M］．北京：人民法院出版社，2006：108．

就构成犯罪。❶❷ 理论分歧的产生主要是由于行为犯和抽象危险犯都要求实施危害行为，同时又都不要求发生一定的实际结果为犯罪成立的条件。两者的区别在于行为犯强调行为的完成，这个行为要有实行过程，要达到一定程度；而危险犯以法定的客观危险状态的具备为标志，“危险状态”也是以可能发生一定的物质性危害结果为内容。支持通说观点的学者认为非法储存爆炸物罪，只要起存爆炸物即构成犯罪既遂。把“非法储存”行为人为分割成两个阶段即“起存”和“后续储存”，以“起存”行为的完成为既遂标志，而“非法储存”是一个持续的行为过程，可能是很长时间，那么在司法实践中就会出现定性困难和诉讼追诉时效的计算标准方面的问题。

笔者认为，第二种观点更合理，理由有三：第一，在刑法分则中非法储存爆炸物罪属于危害公共安全罪，而危害公共安全罪中除了法律明文规定的过失危害公共安全的行为，必须以造成严重后果为犯罪成立的必要条件以外，故意的行为即使尚未造成严重后果，但只要造成足以危害公共安全的危险状态，就构成犯罪。非法储存爆炸物构成犯罪不要求造成严重后果，必然要求造成足以危害公共安全的危险状态。第二，最高人民法院《关于审理非法制造、买卖、运输枪支、弹药、爆炸物等刑事案件具体应用法律若干问题的解释》和《对执行〈关于审理非法制造、买卖、运输枪支、弹药、爆炸物等刑事案件具体应用法律若干问题的解释〉有关问题的通知》对该罪中爆炸物的具体数量标准和情节规定反映出立法者对本罪的成立不仅需要行为的完成，而且还需要行为对象的数量及有关情节，这些数量及情节标准的背后起决定作用的因素就是能否足以造成危害公共安全的危险状态或造成危害公共安全的危险状态的概率。第三，按照这种观点，非法储存爆炸物的行为只要实施，就可能造成危害公共安全的危险状态，“非法储存”行为表现为持续状态，也正是“危险状态”的存续状态，犯罪的追诉期限从持续状态结束之日起计算，上述两个问题也就会迎刃而解。❸

---

❶ 陈兴良．罪名指南（上册）[M]．北京：中国政法大学出版社，2000：155.

❷ 林亚刚．危害公共安全罪新论［M］．武汉：武汉大学出版社，2001：290.

❸ 王新文．非法储存爆炸物罪的刑法理论分析［J］．山西警官高等专科学校学报，2008（3）.

第五节　非法制造、买卖、运输、储存危险物质罪

一、非法制造、买卖、运输、储存危险物质罪的概念和犯罪构成

1997 年《刑法》第 125 条第 2 款和第 3 款规定了非法买卖、运输核材料罪，《刑法修正案（三）》废除了该犯罪，增设了非法制造、买卖、运输、储存危险物质罪。根据本修正案的规定，非法制造、买卖、运输、储存危险物质罪，是指违反法律规定，未经国家有关部门批准，非法制造、买卖、运输、储存毒害性、放射性、传染病病原体等物质，危害公共安全的行为。非法制造、买卖、运输、储存危险物质罪的犯罪构成如下。

非法制造、买卖、运输、储存危险物质罪侵犯的直接客体是国家对毒害性、放射性、传染病病原体等物质的管理制度，共同客体是公共安全，即不特定多数人的生命、健康和重大公私财产的安全。本罪是涉及危险对象的犯罪，但并不表现为对这种对象的破坏，也不具有投放危险物质等罪一经实施即会同时造成多人死伤或公私财产广泛破坏的特点。将其归入危害公共安全罪中，就在于毒害性、放射性、传染病病原体等危险物质，一旦被犯罪分子控制，有可能危及到广大人民群众的生命安全、国家财产的安全，给社会治安留下极大隐患。[1] 毒害性、放射性、传染病病原体等危险物质一旦落入犯罪分子之手并用于违法犯罪活动，后果将不堪设想。因此，为了维护公共安全，国家必须对毒害性、放射性、传染病病原体等物质的制造、买卖、运输、储存实行统一管理。由于毒害性、放射性、传染病病原体物质其自身具有的危害人身健康的属性，因此国家历来对毒害性、放射性、传染病病原体物质的合理利用（包括生产、运输、储存）都实行严格的管理制度，并且在有关的法律、法规中，对开采、生产、运输、储存、研制开发和合理利用的主体即单位和个人都有明确的规定，任何单位和个人都不得擅自从事上述行为，这也是出于保护人民群众身体健康和公共安全的目的。国家对有资格从事这些工作的单位和个人提出了很高的要求，既要认真做好各种科学研制和利用等工作，又要严格遵守国家有关的法律、法规的规定，严格按制度操作，严格把关，严防这类危险物

[1] 曾静音. 刑法历次修正背景・释义・应用［M］. 北京：中国法制出版社，2006：72.

质从任何渠道流入社会，特别是不能落入犯罪分子或者恐怖分子手中，否则将会对公众和社会造成难以想象的严重后果。任何单位和个人制造、买卖、运输、储存毒害性、放射性、传染病病原体等物质都必须遵守国家有关的规定，国家禁止任何单位和个人非法制造、买卖、运输、储存毒害性、放射性、传染病病原体等危险物质。凡违反国家有关规定，擅自制造、买卖、运输、储存毒害性、放射性、传染病病原体等危险物质，危害公共安全的，都必须运用刑法武器予以严惩。因此，非法制造、买卖、运输、储存危险物质不仅违反毒害性、放射性、传染病病原体物质这些危险物质的管理规定，而且由于毒害性、放射性、传染病病原体物质这些危险物质的巨大破坏性和杀伤力，同时还侵犯了公共安全。

非法制造、买卖、运输、储存危险物质罪的犯罪客观方面表现为非法制造、买卖、运输、储存毒害性、放射性、传染病病原体等物质，危害公共安全的行为。

非法制造、买卖、运输、储存毒害性、放射性、传染病病原体等危险物质的行为必须危害公共安全。根据《刑法》第125条第2款的规定，仅仅实施了非法制造、买卖、运输、储存毒害性、放射性、传染病病原体等危险物质的行为，但未危害公共安全的，不能构成本罪。所谓“危害公共安全”，是指行为导致出现了危害公共安全的危险，或者已经造成了危害公共安全的结果。情节严重，是指非法制造、买卖、运输、储存毒害性、放射性、传染病病原体等危险物质，数量较多的；多次非法制造、买卖、运输、储存毒害性、放射性、传染病病原体等危险物质，屡教不改的；既制造或买卖又运输或储存毒害性、放射性、传染病病原体等危险物质的；非法制造、买卖、运输、储存毒害性、放射性、传染病病原体等危险物质被他人利用，严重危害社会治安的；出于实施其他犯罪的目的非法制造、买卖、运输、储存毒害性、放射性、传染病病原体等危险物质的等。

非法制造、买卖、运输、储存危险物质罪主体为一般主体，包括自然人和单位。达到法定刑事责任年龄、具有刑事责任能力的自然人都可以构成。根据《刑法》第125条第3款的规定，单位也可成为本罪主体。单位非法从事制造、买卖、运输、储存毒害性、放射性、传染病病原体等物质的活动，其主管人员和直接责任人员，应按本罪论处。非法制造、买卖、运输、储存毒害性、放射性、传染病病原体等物质的犯罪主体是依照国家规定不具备制造、买卖、运输、储存上述物质资格的自然人或者单位。

非法制造、买卖、运输、储存危险物质罪主观方面表现为犯罪故意，即明知是毒害性、放射性、传染病病原体等物质而非法制造、买卖、运输、储存，明知自己的行为会发生危害公共安全的危险或结果，并且希望或放任这种危险或结果发生。行为人的犯罪动机可能多种多样，有的为了营利，有的为了实施其他犯罪，不同的动机一般不影响定罪。

二、非法制造、买卖、运输、储存危险物质罪犯罪构成要件的理解

（一）危险物质的界定

犯罪对象包括毒害性、放射性、传染病病原体等物质这些危险物质。所谓“毒害性”物质，主要是指含有毒质、具有毒害作用、能够对人或者动物等有机体产生毒害的有机物或无机物等有毒物质，范围广泛，包括化学性有毒物质、生物性有毒物质和微生物类有毒物质。其中，化学性有毒物质，也称人工合成有毒物质，如砒霜、鼠药、氰化物等；生物性有毒物质又可分为植物性有毒物质如野蘑菇和动物性有毒物质如河豚等；微生物类有毒物质如肉毒杆菌等。“毒害性”物质具体是指哪些物质，在法律条文中没有详细列举。但掌握这一规定的基本原则就是这种毒害性物质足以能够造成公众人身受其毒害，或者使公众赖以生存的自然生态环境和条件受到毒害污染，或者由于毒害物质传播而影响社会等，[1] 从而造成对公共安全的破坏等情况。

所谓“放射性物质”，主要是指铀、镭、钴等能够放出射线、对人或动物产生严重辐射危害导致损伤或死亡的物质，包括可以产生裂变反应或聚合反应的核材料以及用于临床诊断或治疗的放射性核素制剂等放射性药品。核材料是一种用来在原子反应堆中进行核聚变，同时产生原子能的放射性物质，其本身具有放射性，极易对人体造成损害。根据1987年2月8日生效的《核材料实物保护公约》的规定，核材料是指除钚一238同位素含量超过80%者以外的钚；同位素235或233浓缩的铀；非矿石或矿渣形式的含天然存在的同位素混合物的铀；任何含有上述一种或多种成分的材料。此外，根据国务院1987年6月15日发布的《中华人民共和国核材料管制条例》第2条的规定，国家管制的核材料有：铀一235，含铀一235的材料和制品；铀一233，含铀一233的材料和制品；钎一239，含钌一

[1] 曾静音．刑法历次修正背景·释义·应用［M］．北京：中国法制出版社，2006：74.

239 的材料与制品；氚，含氚的取料和制品；锂一6，含锂一6 的材料与制品；其他需要管制的核材料。同时，核材料也是核燃料、核燃料产物和核聚变材料的通称。其中，核燃料是指含有易裂变核素，可以通过自持核裂变链式反应产生能量的材料，它们是金属或化合物形式的钚和铀，含有易裂变核素铀一 325、铀一 233、钚一 239；核燃料产物是指核燃料的演变物；核聚变材料是指锂一6、氚等主要用于核聚变的专用材料。

"传染病病原体等物质"主要是指可能导致传染病防治法规定的各种传染病传播的传染病菌种和毒种。根据我国传染病防治法规定，传染病分为甲、乙、丙三类。甲类传染病是指：鼠疫、霍乱。乙类传染病是指：病毒性肝炎、细菌性和阿米巴性痢疾、伤寒和副伤寒、艾滋病、淋病、梅毒、脊髓灰质炎、麻疹、百日咳、白喉、流行性脑脊髓膜炎、猩红热、流行性出血热、狂犬病、钩端螺旋体病、布鲁氏菌病、炭疽、流行性和地方性斑疹伤寒、流行性乙型脑炎、黑热病、疟疾、登革热。丙类传染病是指：肺结核、血吸虫病、丝虫病、包虫病、麻风病、流行性感冒、流行性腮腺炎、风疹、新生儿破伤风、急性出血结膜炎、除霍乱、痢疾、伤寒和副伤寒以外的感染性腹泻病。

为了防止可能出现投放本条规定的"毒害性、放射性、传染病病原体"以外的其他危害公共安全的物质的犯罪，本条在具体列举"毒害性、传染性"物质后，采用了"等物质"的写法，为打击可能出现的这类犯罪留下了空间。应当说，人类通过科学研究和试验，利用毒害性、放射性、传染病病原体这些物质来造福人类，改善人类的生活条件和提高人类生活水平，并且提高人类与自然和危害人类的各种疾病做斗争的能力，而且随着科学的迅猛发展，可以为人类所利用、所认知的新的物质不断出现甚至被研制合成。这本身说明人类认识世界和改造世界的能力在不断提高。然而，由于这类物质本身所具有的破坏作用，有可能被那些居心叵测的犯罪分子所利用，作为危害公共安全的手段和方法。这就不得不使我们在立法上要更具前瞻性，以适应这类新物质的不断出现和惩罚利用这类物质进行的犯罪活动的需要。因此，《刑法修正案（三)》第 5 条修改《刑法》第 125 条第 2 款时，在规定了"毒害性、放射性、传染病病原体"的同时，还增加了"等物质"的规定。

（二）非法制造、买卖、运输、储存的界定

所谓非法，在本罪中是指违反有关法律规定，未经有关部门批准私自进行的有关行为。由于毒害性、放射性、传染病病原体等物质具有较大的危险性，我国历来重视建立对这些物质的生产、管理制度，关于毒害物质的生产管理的法规如1997年发布、2001年修改的《农药管理条例》；关于放射性物质的生产、管理的法规如1987年发布的《核材料管理条例》、1989年发布的《放射性药品管理办法》、1989年发布的《放射性同位素与射线装置放射保护条例》、我国1989年加入的《核材料实物保护公约》；关于传染病病原体的管理法律如《传染病防治法》《传染病防治法实施办法》《防治布氏杆菌暂行办法》等。这些法律法规对毒害性物质、放射性物质、传染病病原体的制造、买卖、运输、储存等活动作了明确规定。如果经过有关部门许可，但是由于行为人采用欺骗、贿赂等非法手段而得以批准的，此时尽管形式合法，其实质仍属非法，一经查获的，亦应当以本罪的非法论处。

“非法制造”是指除了国家指定的科研、教学、生产单位依法研制上述物质外，任何单位和个人违反法律法规生产、制造、加工毒害性、放射性、传染病病原体等物质的行为。既保护合法研制的正常进行，又要严加管理，以防止恐怖组织和个人非法制造和利用这类物质用于从事恐怖犯罪活动，这也是司法实践中处理这类案件时应当掌握的一项基本原则。

“非法买卖”是指除了国家指定的有关单位和部门，为了科研、生产、防疫等工作的需要而购进或卖出毒害性、放射性、传染病病原体等物质外，任何单位和个人违反规定买卖这类物质的行为。非法买卖毒害性、放射性、传染病病原体等物质是指违反国家对毒害性、放射性、传染病病原体等物质的管制规定，未经国家有关部门批准，以金钱或者实物作价，擅自购买或销售毒害性、放射性、传染病病原体等物质。非法买卖毒害性、放射性、传染病病原体等物质具体有3种情况：一是没有经过国家有关部门的批准而擅自购买或销售毒害性、放射性、传染病病原体等物质，二是超出国家有关部门批准的种类而购买或销售毒害性、放射性、传染病病原体等物质；三是超出国家有关部门批准的数量购买或销售毒害性、放射性、传染病病原体等物质。[1] 买卖包括购买与销售两种行为，行为人只要实施了购买与销售两种行为之一的，即可构成该罪，即为非法买卖毒害性、放射性、传染病病原体等物质，并不要求行为人既实施了非法购买行为，又实施了非法销售行为，才成立非法买卖毒害性、放射性、传染病病原体等物质。非法买卖毒害性、放射性、传染病病原体等物质，既有以金

[1] 曾静音. 刑法历次修正背景·释义·应用 [M]. 北京：中国法制出版社，2006：73.

钱为交换条件的非法买卖，也有以实物为交换条件的买卖；既有个人之间的非法买卖，也有单位之间的非法买卖；还有单位与个人之间的非法买卖。由于毒害性、放射性、传染病病原体等物质的研制和生产是需要一定的科学方法和设备的，是一般单位和个人无法轻易做到的，因此那些恐怖组织和犯罪分子如果想利用这些物质从事恐怖活动，就必然要千方百计地在流通领域中通过购买而得到这些物质。如果不对这些物质在买卖的渠道中严格把关，就会为恐怖分子留下可乘之机，一旦被他们得到这些物质，就会对社会的公共安全埋下重大隐患，对社会公共安全造成不堪设想的严重后果，这也是人们在长期同恐怖活动做斗争过程中得到的深刻教训。例如，2002 年 12 月，李某通过王某（两人均另案处理）从俄罗斯走私入境了 1 公斤核电站使用的低浓度核材料铀 235，随后，李某让自己的朋友安某在哈市寻找合适的买家，想从中获得暴利。可是两三年下来，安某帮忙出售的铀始终无人问津，许多商人一听他出售的是铀 235，便立即摇头。2005 年 11 月，安某通过朋友联系到经商的郭某准备购买，谈好价钱后，郭某预付了 16 万元和一辆现代牌吉普车的车手续作为定金。几天后，郭某从朋友那里得知买卖核材料是违法的，便称铀 235 的含量低，不打算买了。安某将车手续和定金中的 13.6 万元交还给郭某。剩余钱款，安某除了给自己留下几千元作为报酬，剩下的交给了李某。随后，安某继续在市场上寻找买家。找了几年也没找到买家，安某让李某找人对手中的铀进行检测。2008 年 7 月，王某从某县带着一小部分铀到哈市检测的途中被警方抓获，并交代出李某、安某等人的情况，不久，警方将李某抓获。2009 年 10 月，安某在边防检查站被抓获，不久，郭某向公安部门自首。经有关部门检测，几人买卖的铀 235 有效公斤数为 0.00124 公斤。2010 年 9 月，南岗区法院对此案进行审理。法院以非法买卖、储存危险物质罪分别判处安某有期徒刑 3 年，缓刑 4 年；郭某有期徒刑 2 年，缓刑 3 年。

“非法运输”是指未经国家批准或指定的单位，或不具有运输这类物质资格的单位和个人，从事运输这类物质的行为。这里包含两方面的含义：一是没有资格从事运输这类物质的单位和个人从事了运输这类物质的行为。行为人擅自将毒害性、放射性、传染病病原体等物从此地运往彼地，使毒害性、放射性、传染病病原体等物质在空间上发生转移的行为。从运输形式来看，有陆运、水运、空运等。由于毒害性、放射性、传染病病原体等物质是一种危险物质，因而对毒害性、放射性、传染病病原体等物质的运输有严格的技术要求，故一般不可能采取肩挑背扛、随身携带的方式非法运输。从运输的空间范围来看，必须是在我国境内非法运输，不包括非法运输上述物品出入国（边）境的行为。无论其出于何种目的，只要从事了非法运输的行为，就很可能产生两种后果：或者被恐怖分子劫持后获取这类物质而去从事恐怖犯罪活动；或者其运输过程的本身就具有了对社会公共安全构成潜在的危险。因此是必须严格加以禁止的。二是专门从事恐怖活动的组织或犯罪分子个人为了从事恐怖犯罪活动或者雇佣他人或单位（包括有运输资格和没有运输资格）为其运输这类物质的行为，这种情况更是要严加查处的行为。

“非法储存”，是指将有危害公共安全的毒害性、放射性、传染病病原体等物质非法储存的行为。所谓非法储存毒害性、放射性、传染病病原体等物质，是指违反国家有关规定，未经有关部门批准，私自收藏或存积毒害性、放射性、传染病病原体等物质的行为。储存既可以藏在家中，又可以存在他处，如山洞中、他人家里等。不论地点如何，只要属于非法，就不影响本罪成立。

（三）禁用剧毒化学品的范围

2003 年 7 月 18 日，农业部、公安部等 9 个部门联合发布《关于清查收缴毒鼠强等违禁剧毒杀鼠剂的通告》。为配合专项治理行动的开展，2003 年 9 月 4 日最高人民法院、最高人民检察院联合发布了《关于办理非法制造、买卖、运输、储存毒鼠强等禁用剧毒化学品刑事案件具体应用法律若干问题的解释》。该解释已于 2003 年 10 月 1 日起施行。相应地，从该解释施行之日起，凡是此类案件就应当严格按照该解释的规定执行。该解释将“禁用剧毒化学品”的范围限定为毒鼠强、氟乙酰氨、氟乙酸钠、毒鼠硅、甘氟等 5 种剧毒化学品。

有学者认为，《关于办理非法制造、买卖、运输、储存毒鼠强等禁用剧毒化学品刑事案件具体应用法律若干问题的解释》对禁用剧毒化学品的列举范围过小，不能涵盖司法实务案件中的“剧毒化学品范围”。首先，“禁用剧毒化学品”，从字面上看，涵盖范围应当比较广。2003 年 6 月 24 日，国家安全生产监督管理局、公安部等 8 个部门联合发布的《剧毒化学品目录》（2002 年版）中，列举了 335 种剧毒化学品，其中列举了 10 种“国家明令禁止使用的剧毒化学品”、5 种“国家明令禁止使用的农药”和 17 种“在蔬菜、水果、茶叶和中草药材上不得使用的农药”。上述这些农药、杀鼠剂等均属于在不同情况下禁止使用的剧毒化学品，共计有 34 种。所有 335 种剧毒化学品、至少 34 种在不同情况下禁止使用的剧毒化学品应是禁用剧毒化学品的范围。《关于办理非法制造、买卖、运输、储存毒鼠强等禁用剧毒化学品刑事案件具体应用法律若干问题的解释》列举的“禁用剧毒化学品”却只有2003年7月18日农业部、国家安全生产监督管理局等9个部门发出《关于清查收缴毒鼠强等禁用剧毒杀鼠剂的通告》中列举的毒鼠强、氟乙酰氨、氟乙酸钠、毒鼠硅、甘氟等5种“禁用剧毒杀鼠剂”。将“禁用剧毒化学品”的范围限定为毒鼠强、氟乙酰氨、氟乙酸钠、毒鼠硅、甘氟等5种剧毒化学品显然与实际被有关技术规范确认的剧毒化学品的范围不相符合。首先，对于非法制造、买卖、运输、储存使用列入《剧毒化学品目录》剧毒化学品生产的灭鼠药及其他可能进入人民日常生活的化学产品和日用化学品触犯刑律的，都应依法追究刑事责任。其次，从立法上的本意来看，2001年《刑法修正案（三）》第5条对《刑法》第125条第2款进行了修改，增设了非法制造、买卖、运输、储存买卖危险物质罪，并将危险物质划分为3大类，即毒害性、放射性、传染病病原体。毒害性物质是有毒、有害性物质的总称，它包含着多种有毒、有害性物质。《关于办理非法制造、买卖、运输、储存毒鼠强等禁用剧毒化学品刑事案件具体应用法律若干问题的解释》明确将国家明令禁止的5种违禁杀鼠剂毒鼠强、氟乙酰胺、氟乙酸钠、毒鼠硅、甘氟确定为禁用剧毒化学品，这是对《刑法》第125条第2款规定的危险物质的补充，虽没将其他毒害性物质排斥在《刑法》第125条第2款规定的危险物质之外，但却列举范围过小。《剧毒化学品目录》（2002年版）中所有335种剧毒化学品、至少34种在不同情况下禁止使用的剧毒化学品应是禁用剧毒化学品和卫生部2003年《高毒物品目录》中列举的高毒物品，它们和毒鼠强、氟乙酰胺、氟乙酸钠、毒鼠硅、甘氟这5种毒害性物质一样，都是有毒、有害性物质，属于《刑法》第125条第2款规定的危险物质。最后，从行政法规与刑法的衔接来看，2002年3月15日起施行的《危险化学品安全管理条例》第13条规定，任何单位和个人不得生产、经营、使用国家明令禁止的危险化学品。禁止用剧毒化学品生产灭鼠药及其他可能进入人民日常生活的化学产品和日用化学品。第30条中又规定，经营危险化学品，不得经营国家明令禁止的危险化学品和用剧毒化学品生产的灭鼠药及其他可能进入人民日常生活的化学产品和日用化学品。而对生产、经营、使用国家明令禁止的危险化学品，或者用剧毒化学品生产灭鼠药及其他可能进入人民日常生活的化学产品和日用化学品的行为，第57条规定分别由工商行政管理部门、质检部门、负责危险化学品安全监督管理综合工作的部门依据各自的职权予以行政处罚；触犯刑律的，对负有责任的主管人员和其他直接责任人员依照刑法关于危险物品肇事罪、非法经营罪或者其他罪的规定，依法追究刑事责任。可见依照《危险化学品安全管理条例》不仅非法生产、经营使用剧毒化学品生产灭鼠药触犯刑律的，要依法追究刑事责任，而且非法生产、经营使用国家明令禁止的危险化学品或剧毒化学品生产其他可能进入人民日常生活的化学产品和日用化学品触犯刑律的，也要依法追究刑事责任。而《危险化学品安全管理条例》是在《刑法修正案(三)》颁布实施后制定的，它对违反本条例，触犯刑律、依法追究刑事责任的规定，只能与《刑法》第125条第2款的规定相一致，不能独立于《刑法》第125条第2款的规定之外。也就是说，非法制造、买卖、运输、储存国家明令禁止的危险化学品或剧毒化学品包括毒鼠强、氟乙酰胺、氟乙酸钠、毒鼠硅、甘氟在内，可能进入人们日常生活的化学产品和日用化学品，触犯刑律的都应依照《刑法》第125条第2款规定处罚。[1]

例如，2007年12月1日，两个山东人到分宜镇水北金矿一工区，询问被告人欧阳某生是否需要氰化钠，被告人当场用两包样品做实验，证实该物品是氰化钠。被告人同意以20 400元/吨的价格购买。之后被告人电话联系两个山东人送3.5吨氰化钠至分宜县。2007年12月4日，两个山东人用一辆大货车把3.5吨氰化钠运至分宜县城环城西路，被告人支付71 000元货款及运费后，请一辆小四轮将3.5吨氰化钠运至分宜镇水北金矿一工区仓库储存，其后将0.3吨氰化钠用于生产中。2008年1月10日，分宜县公安局治安大队民警对分宜镇水北金矿一工区检查时，发现该矿储有剧毒化工原料氰化钠3.2吨，且核实该矿无剧毒化学品购买、运输、储存许可证，随后将氰化钠予以扣押。2008年9月24日被告人自动投案。分宜县人民法院经审理认为，被告人欧阳某生违反国家对危险物质的管理规定，未经国家有关部门批准许可，非法买卖、运输、储存剧毒化学品，其行为构成非法买卖、运输、储存危险物质罪，公诉机关指控的罪名成立。辩护人关于氰化钠不属于2003年10月1日起施行的最高人民法院、最高人民检察院《关于办理非法制造、买卖、运输、储存毒鼠强等禁用剧毒化学品刑事案件具体应用法律若干问题的解释》规定的5种禁用剧毒化学品，不是非法买卖、运输、储存危险物质罪犯罪对象的辩护意见，法院

---

[1] 付晓畅. 浅析非法制造、买卖、运输、储存危险物质罪［J/OL］.［2013-11-13］. 新浪网 http://news.sina.com.cn/o/2005-10-14/08197165363s.shtml.

认为，氰化钠系2003年6月24日国家安全生产监督管理局、公安部等8个部门联合发布的《剧毒化学品目录》（2002年版）中位于第二位的剧毒化学品，属于非法买卖、运输、储存危险物质罪的犯罪对象，辩护人的辩护意见与法律不符，不予采纳。鉴于被告人有自首情节，依法可以从轻或者减轻处罚，且被告人将氰化钠用于生产，未造成危害后果，分宜县法院故对其酌情从轻处罚，2008年11月17日，分宜县人民法院判决被告人欧阳计生犯非法买卖、运输、储存危险物质罪，被判其处有期徒刑3年，缓刑3年。

又如，[1][2] 陈某霞因王某江（陈某霞丈夫）需要用“毒鱼丸”清理消毒自家虾塘，便按王某江提供的电话联系刘某盛，请求刘某盛提供“毒鱼丸”。随后，刘为王、陈经营的“永盛药店”送来“毒鱼丸”1 300余粒（价格1 950元）。事后，王某江从中取出100粒，一部分用于清理消毒自家虾塘，一部分则以1.6元/粒的价格卖给其妹夫王某刚，同样用于鱼塘消毒。6月，海南省文昌市某中学学生翁某宝以2.5元的价格从陈某霞手中购得1粒“毒鱼丸”，并拿其用来“迷奸”被害人陈某，结果陈某被骗食用后中毒死亡。翁某宝案告破后，公安局从刘某盛处查获“毒鱼丸”2 763粒，从陈某霞、王某江的“永盛药店”查获“毒鱼丸”167粒（经鉴定，上述“毒鱼丸”中均含有氰化钠成分）。另查，刘、王、陈3人买卖“毒鱼丸”，均未获得有关部门许可。人民法院经审理认为，三被告人明知“毒鱼丸”具有毒害性而非法买卖，其行为均已构成非法买卖危险物质罪。一审判决后，刘某盛、王某江不服，提出上诉。刘某盛、王某江的辩护人认为：最高人民法院、最高人民检察院《关于办理非法制造、买卖、运输、储存毒鼠强等禁用剧毒化学品刑事案件具体应用法律若干问题的解释》仅列举了毒鼠强等5种物质属于“禁用剧毒化学品”，该规定实际已对《刑法》第125条所指的“毒害性物质”进行了限制。由于氰化钠不是所列举的5种物质之一，因此，在法无明文规定的情形下，对含有氰化钠在内的“毒鱼丸”等其他剧毒化学品，均不能随意作扩大解释认定其为具有毒害性的危险物质，故刘、王的行为不构成非法买卖危险物质罪。中级人民法院经审理认为，针对毒鼠强等5种剧毒化学品犯罪案件如何适用该解释，不是就《刑法》第125条有关毒害性物质范围进行的解释和界定。

---

[1] 彭志新．“毒害性物质”之确定［N］．人民法院报，2008-6-1（5）．

[2] 孙万怀．买卖毒害性化学品的对象性质［J］．法学杂志，2013（1）．

涉案氰化钠是限用剧毒化学品，实验和使用情况均表明，其具有相当大的毒害性和危险性，极易对环境和人的生命构成重大威胁，加之国家已将其纳入《剧毒化学品管理目录》，故氰化钠应认定为毒害性物质。刘某盛、王某江及陈某霞未经国家有关部门许可，非法买卖含有氰化钠的毒害性物质，其行为已构成非法买卖危险物质罪。据此，依法裁定驳回上诉，维持原判。

笔者认为，第一，本案中，《解释》是不是起到了对非法制造、买卖、运输、储存买卖危险物质罪中所谓“毒害性物质”进行界定和具体解释的作用呢？换句话说，非法制造、买卖、运输、储存买卖危险物质罪中的所谓“毒害性物质”是不是就是指《解释》所列举的这5种物质？答案应该是否定的。首先，两者的表述不同，《解释》采用的是“禁用剧毒化学品”，而《刑法》第125条第2款采用的是“毒害性”（危险物质），“禁用剧毒化学品”的内涵显然要比“毒害性”（危险物质）的内涵小得多。另外，从药理学来讲，毒害性物质应包括化学性有毒物质（如氰化物）、生物性有毒物质（如有剧毒的野蘑菇）和微生物类有毒物质（如肉毒杆菌），而所谓“禁用剧毒化学品”只不过是化学性有毒物质的一种，对“禁用剧毒化学品”的界定，根本不可能涵盖毒害性物质的整个范围。因此，就《解释》的目的和效力来看，它只不过是为了配合剧毒杀鼠剂专项整治行动而对《刑法》第125条第2款所作的一种补充解释，《刑法》第125条第2款所指的“毒害性物质”显然不应限于该《解释》所列举的5种物质。第二，《刑法》对“毒害性物质”采用的是简单表述法，应该说这是立法的一种前瞻性表现。因为人类对“毒害性物质”的认识本来就有一个发展的过程，随着科学的迅猛发展，可以为人类所认知或制造的各种新的毒害性物质会不断出现。为适应各种新的毒害性物质的不断出现和惩罚利用这些物质进行的犯罪活动的需要，在刑法上对毒害性物质进行表述，应该是宜粗不宜细，而应避免采用完全列举的方式，因为无论列举如何周全，从科学上来讲，都不可能穷尽“毒害性物质”的各种表现形式。在认定某一物质是否属于“毒害性物质”时，不可能有一个十全十美的“对照表”，而只能就物质是否具备“毒害性”这一特性来进行判断，且不应对“毒害性物质”进行任何主观限制。第三，认定毒害性物质，还应当考虑立法目的，并参考有关行政法规。《刑法》将非法制造、买卖、运输、储存买卖危险物质罪归入危害公共安全罪中，就在于其侵犯的客体是公共安全。所以，认定“毒害性物质”时，要看该物质是不是具有公共危险性。与此同时，由于该犯罪还侵犯了国家对毒害性、放射性、传染病病原体物质管理的制度，因此，认定是不是“毒害性物质”，还要看该物质是否在生产、流通等诸环节受到法律禁止或限制。药理上的毒害性、危险性与法律上的禁止性或限制性是毒害性物质的几个基本特征。认定某一物质是否为毒害性物质，就应看它是否具备以上几个基本特征。如果某一物质足以造成人或动物受其毒害，或者使公众赖以生存的自然生态环境和条件受到毒害污染，其产生与流通影响公共安全，且法律又对其生产、运输、买卖有限制或禁止性规定的，就可认定该物质是毒害性物质。具体到本案，由于涉案的“鱼毒丸”含有氰化钠，而氰化钠在国家的《剧毒化学品管理目录》中被明确规定为限用的剧毒化学品（买卖需要办理行政许可手续），其毒害性和危险性已有公认，故“鱼毒丸”应属于“毒害性物质”。❶

还如，❷❸❹ 罗某注册成立某化工有限公司并担任法定代表人。为了招揽顾客，罗某建立了公司网站，在明知本公司未取得剧毒化学品经营许可证的情况下，根据顾客需求非法从外地购入剧毒化学品后再行转卖获利。期间，罗某不审查客户有无购买剧毒化学品的资质，先后将迭氮钠、亚硒酸钠、三氯氧磷、氯甲酸乙酯、丙烯腈等剧毒化学品以普通快递的方式销售给有关高校、医院、公司等多家单位。经查，罗某销售的迭氮钠等化学品均被列入公安部等八部委公布的《剧毒化学品目录》，其毒性与“毒鼠强”等禁用剧毒化学品基本相当。对于该案中罗某的行为是否构成非法买卖危险物质罪，司法机关存在两种不同意见：❺ ①“出罪说”，认为罗某的行为不构成犯罪。理由是：首先，罗某非法出售的迭氮钠等化学品虽然毒性较强，但不属于“毒鼠强”等禁用剧毒化学品的范围。其次《刑法》第125条第2款非法买卖危险物质罪“危害公共安全”的罪状表述，该罪属于实害犯；最高人民检察院、公安部在《关于公安机关管辖的刑事案件立案追诉标准的规定（一）》（简称《立案追诉标准（一）》）第2条第（1）至（6）项也规定，除了毒鼠强等5类剧毒化学品以外，非法买卖危险物质的刑事立案追诉标准仅限于造成他人重伤或者死亡、造成直接经济损失10万元以上等实害后果，而该条第（7）项规定的“其他危害公共安全的

❶ 彭志新．非法买卖危险物质罪之毒害性物质的认定［J］．人民司法，2008（12）.

❷ 张勇．非法买卖剧毒化学品刑事案件的认定［J］．云南大学学报法学版，2008（12）.

❸ 汤琳琳．非禁用性剧毒化学品的性质认定——由罗某非法买卖迭氮钠等剧毒化学品引发的思考［J］．法制博览，2013（1）：52.

❹ 孙万怀．买卖毒害性化学品的对象性质［J］．法学杂志，2013（1）.

❺ 在司法机关之间或内部乃至专家讨论时观点都针锋相对，分歧存在于多方面，但根本上还在于对“毒害性物质”范围的界定。

情形”具有兜底性质，但必须与前述六项的社会危害性相当，而罗某的行为没有造成实害后果，不具有相当程度的社会危害性，故不宜认定为犯罪。②“入罪说”，认为罗某的行为构成非法买卖危险物质罪。理由是：首先，刑法中非法买卖危险物质罪的对象并不限于毒鼠强等5类禁用剧毒化学品，罗某非法出售的迭氮钠等化学品也是剧毒化学品，毒性与毒鼠强基本相当，应属于该罪的对象范围；其次，非法买卖危险物质罪与同一法条规定的非法买卖枪支、弹药、爆炸物罪一样，都是危险犯，并不要求造成他人重伤、死亡或者直接经济损失等实害后果，《立案追诉标准（一）》规定的“其他危害公共安全的情形”应当包括危险犯的情形，罗某的行为足以引起不特定或多数人的安全受到威胁和损害，已构成非法买卖危险物质罪。

概括起来，上述案件争议焦点有三：第一，非法买卖危险物质罪的毒害性物质对象范围是否仅限于最高人民法院、最高人民检察院《关于办理非法制造、买卖、运输、储存毒鼠强等禁用剧毒化学品刑事案件具体应用法律若干问题的解释》规定的毒鼠强等5类禁用剧毒化学品？第二，非法买卖危险物质罪是否属于危险犯？或者说，其罪状中的“危害公共安全”是否意味着成立该罪必须造成实害结果？第三，《立案追诉标准（一）》第2条第（7）项规定的“其他危害公共安全的情形”是否必须要求造成实害后果、并与该条前六项中实害结果的社会危害程度相当？以上几点是认定非法买卖禁用剧毒化学品刑事案件的关键。

笔者认为：第一，根据国务院公布的2002年版《剧毒化学品目录》的规定，剧毒化学品是指具有非常剧烈毒性危害的化学品，包括人工合成的化学品及其混合物（含农药）和天然毒素。最高人民法院、最高人民检察院《关于办理非法制造、买卖、运输、储存毒鼠强等禁用剧毒化学品刑事案件具体应用法律若干问题的解释》所规定的毒鼠强、氟乙酰胺、氟乙酸钠、毒鼠硅、甘氟属于《剧毒化学品目录》中的“Ⅰ”类禁用剧毒化学品。顾名思义，剧毒化学品是一种剧毒性的危险化学品；而“禁用剧毒化学品”由“禁用”和“剧毒化学品”两个限定要素构成，只是危险化学品中的一小部分。可见最高人民法院、最高人民检察院《关于办理非法制造、买卖、运输、储存毒鼠强等禁用剧毒化学品刑事案件具体应用法律若干问题的解释》所列举的“毒鼠强”等5种禁用剧毒化学品，不可能涵盖非法买卖危险物质罪的毒害性物质对象范围。然而，毒害性物质在刑法上的概念与其在生活领域中的一般含义是不同的，只有其毒害性达到一定程度、难以预测和控制、足以对公共安全造成危险的物质，才有可能成为刑法规制的犯罪对象。因此，司法机关有必要通过限制性解释，在刑法规定范围内，对非法买卖危险物质罪的犯罪圈进行合理限缩，而不是将所有毒害性物质都纳入其对象范围，这也是由刑法的谦抑性原则所决定的。实践中，司法机关可将最高人民法院、最高人民检察院《关于办理非法制造、买卖、运输、储存毒鼠强等禁用剧毒化学品刑事案件具体应用法律若干问题的解释》针对毒鼠强等5种禁用剧毒化学品的定罪标准作为参照，对非法买卖其他种类毒害性物质的入罪门槛进行具体限定。当然，毒害性物质种类繁多，毒性特征迥异，指望最高司法机关出台司法解释，针对所有毒害性物质系统设计定罪标准，恐怕是不现实的。❶ 况且，影响非法买卖毒害性物质行为危险性的因素不仅仅是毒害性物质对象本身的性质。司法机关应当综合其他情节因素，如行为次数、获利数额、损害后果、社会影响等，对其行为是否达到足以危害公共安全的危险程度作出实质性判断。另一方面，司法解释存在于法律体系之中，不仅其本身也是应当是协调的，与刑法规范、立法解释、司法指导性文件亦应相互协调。从最高人民法院、最高人民检察院《关于办理非法制造、买卖、运输、储存毒鼠强等禁用剧毒化学品刑事案件具体应用法律若干问题的解释》与刑法的关系来看，两者也应当是协调一致的。最高人民法院、最高人民检察院《关于办理非法制造、买卖、运输、储存毒鼠强等禁用剧毒化学品刑事案件具体应用法律若干问题的解释》第6条明确列举了毒鼠强等5种禁用剧毒化学品为其适用对象，意在对近年来比较突出的涉及“毒鼠强”等禁用剧毒化学品犯罪的刑事打击，实际上这种列举不可能是穷尽的，并不排斥其他种类的毒害性物质成为刑法中非法买卖危险物质罪的对象。❷ 因此最高人民法院、最高人民检察院《关于办理非法制造、买卖、运输、储存毒鼠强等禁用剧毒化学品刑事案件具体应用法律若干问题的解释》与刑法并不存在冲

---

❶ 并非所有的有毒化学品都应被纳入最高人民法院、最高人民检察院《关于办理非法制造、买卖、运输、储存毒鼠强等禁用剧毒化学品刑事案件具体应用法律若干问题的解释》的范围。从现实意义上考虑，主要是因为毒性难以评估或难以设定统一标准，司法解释放弃了入罪的打算。制作司法解释时肯认了其他有毒化学品不是不应当有标准，且又不能与上述类化学品等同，但却未确定“定罪量刑标准”，这意味着最高司法机关实际上放弃了对其他对象的管制。参见孙万怀．买卖毒害性化学品的对象性质［J］法学杂志，2013（1）．

❷ 有学者认为，从实然角度来说，买卖5类之外的其他剧毒化学品不应入罪，因为缺乏规则依据；从应然角度来说，将对象设定为禁用剧毒化学品应当相对比较合理，因为这既考虑了有利于被告的原则，同时又是基于行为同质性和法益同质性考量的结果。参见孙万怀．买卖毒害性化学品的对象性质［J］．法学杂志，2013（1）．

突，前者所起到的作用是对后者少部分适用情况的阐明，而不是对刑法规范适用的限制。退一步说，即便是司法解释与刑法条文的规定不一致，甚至发生矛盾，司法机关也应当在适用时对司法解释的相关规定进行“纠偏”或“补正”，使其与刑法条文的本义保持一致，而不能唯司法解释是从，置刑法规范本义于不顾，这是罪刑法定原则的必然要求。根据以上分析，在案例中，罗某非法买卖的迭氮钠等剧毒化学品是毒鼠强等5种禁用剧毒化学品之外的毒害性物质。它们虽然在最高人民法院、最高人民检察院《关于办理非法制造、买卖、运输、储存毒鼠强等禁用剧毒化学品刑事案件具体应用法律若干问题的解释》的适用范围之外，但却在刑法的适用对象范围内，与毒鼠强等禁用剧毒化学品具有同质的危险性，因而可以作为非法买卖危险物质罪的对象。上述案件的认定还涉及非法买卖危险物质罪与非法经营罪的区分。《刑法》第225条及相关司法解释对非法经营罪的对象作出了许多限定，都是经国家法律法规允许专营、专卖或其他限制买卖的物品；该条中的“其他严重扰乱市场秩序的非法经营行为”为兜底条款，并没有排斥毒害性物质。从文义解释角度，包括剧毒化学品在内的毒害性物质可作为非法经营罪的对象。然而，国家明令禁用的剧毒化学品虽然可作为非法买卖危险物质罪的对象，但不能作为非法经营罪的对象，因为其毒害性直接构成了对公共安全的严重威胁，为国家法律法规所禁止，从而被排斥在市场经济活动之外。因此，前述案件中罗某非法买卖禁用剧毒化学品的行为就不具备“扰乱市场秩序”的客体性质，因而不能构成非法经营罪。[1] 但是，买卖非禁止剧毒化学品一般属于刑法中的非法经营行为。买卖限制适用的毒害性化学品实质上是一种未经国家有关部门批准所实施的非法经营行为。也正是因为这样的原因，在罗某一案的追诉过程中，司法机关最初就有依照非法经营罪处理的思路，只不过买卖的化学品数额最终尚未达到非法经营罪的追诉标准而作罢。两种买卖行为之间通常确实存在竞合的关系。一个是危害公共安全犯罪，一个是破坏社会主义市场经济秩序犯罪，是一种市场经营行为。非法买卖危险物质罪的行为并没有侵犯市场而是侵犯了公共安全。在买卖行为与经营行为存在行为和场合竞合之时，因为破坏社会主义市场经济与危害公共安全只能是前后两个不能同时兼容的客体，在构成对市场的侵犯时，如果没有新的行为发生，纯粹的买卖行为并不能构成对公共安全的侵犯。至于行为人将化学品售出

[1] 张勇．非法买卖剧毒化学品刑事案件的认定［J］．云南大学学报：法学版，2011（6）．

后，购买人用于自杀或杀人，要求出售人承担危害公共安全的刑事责任。如果不是出于对刑法理论和规范的误读，则是基于社会效果考量的结果，属于一种客观归罪行为。❶

第二，非法买卖危险物质罪属于危害公共安全的犯罪，在我国刑法分则中，“危害公共安全”是一个泛义概念，其表现形态既可能是一种危险状态，也可能是一种实害结果；某罪名的罪状中包含“危害公共安全”的字面表述，该犯罪行为既可能是危险犯，也可能是实害犯。❷ 究竟属于何种形态，完全取决于立法者是否对其实行“法益保护早期化”，即将法益侵害结果发生之前的行为规定为犯罪。❸《刑法》第125条中第1款和第2款规定的行为并列规定于同一法条，对两款规定的行为应当进行体系解释。从法益侵害的角度，两款行为都具有危害公共安全的危险性质。实际上，在危险社会的背景下，非法买卖危险物质犯罪的危险性比以前更难以预料和控制，对公众安全感的威胁更强；其损害后果的范围更广，社会负面影响更大，与非法买卖枪支、弹药、爆炸物的社会危害性程度往往难分伯仲。特别是对于禁用剧毒化学品来说，其本身就具有足以危害公共安全的危险性，所以直接被国家明令禁止使用，而不需要通过实害结果的发生来作出判断。所以，仅凭“危害公共安全”的文字表述，无法判断出《刑法》第125条第1款中的行为就是危险犯，而第2款中的行为就是结果犯。该条第二款中的“危害公共安全”，实际上是一种提示性规定。毕竟毒害性、放射性、传染病病原体等危险物质品种繁多，性质复杂，不同的危险物质的危险性差异很大，不如枪支、弹药、爆炸物那样更容易让公众判断。因此，立法者特意对危险物质的危险性程度作出“危害公共安全”的提示，即必须造成足以危害公共安全的危险状态，而不是对非法买卖危险物质成立犯罪增加了实害结果的要求。❹ 从最高人民法院、最高人民检察院《关于办理非法制造、买卖、运输、储存毒鼠强等禁用剧毒化学品刑事案件具体应用法律若干问题的解释》第1条第1款、第2条第2款的规定

---

❶ 孙万怀．买卖毒害性化学品的对象性质［J］．法学杂志，2013（1）．

❷ 有学者认为，非法买卖危险物质的行为尤其是非禁用化学品并不必然就危害公共安全。单纯的买卖行为并不是危害公共安全的行为。危险物质的买卖行为本身并不是危害公共安全的行为而是一种交易或经营行为，只有达到“危害公共安全”的时候才能构成犯罪。参见孙万怀．买卖毒害性化学品的对象性质［J］．法学杂志，2013（1）．

❸ 马克昌．危险社会与刑法谦抑原则［J］．人民检察，2010（3）．

❹ 有学者认为，将买卖剧毒化学品的行为认定为抽象危险犯十分武断。孙万怀．买卖毒害性化学品的对象性质［J］．法学杂志，2013（1）．

来看，该行为成立犯罪也只有危险物质对象数量的要求，而没有要求必要造成实害结果。从加大对非法买卖危险物质行为的刑事惩治力度考虑，也有必要将其作为危险犯，实行“法益保护早期化”。在刑法理论上，危险犯被划分为抽象危险犯和具体危险犯，两者的区别在于对危险性的认识。那么，非法买卖危险物质的行为究竟是抽象危险犯还是具体危险犯？在前述案件的认定中，对于非法买卖剧毒化学品的行为属于何种危险犯，需要区分以下两种情况：第一，非法买卖禁用剧毒化学品属于抽象危险犯。最高人民法院、最高人民检察院《关于办理非法制造、买卖、运输、储存毒鼠强等禁用剧毒化学品刑事案件具体应用法律若干问题的解释》第5条规定：“本解释施行之前，确因生产、生活需要而非法买卖毒鼠强等禁用剧毒化学品饵料自用，情节显著轻微，没有造成严重社会危害的，可以依照刑法第13条的规定，不作为犯罪处理；本解释施行之后，即便是确因生产、生活需要而非法买卖毒鼠强等禁用剧毒化学品饵料自用，但没有造成严重社会危害，经教育确有悔改表现的，可以依法从轻、减轻或者免除处罚。”这说明：①在最高人民法院、最高人民检察院《关于办理非法制造、买卖、运输、储存毒鼠强等禁用剧毒化学品刑事案件具体应用法律若干问题的解释》施行之前，非法买卖毒鼠强等5种禁用剧毒化学品的行为存在不成立犯罪的可能性，而认定其构成犯罪必须对其是否足以危害公共安全作出具体判断，因而，其行为属于具体危险犯。②在最高人民法院、最高人民检察院《关于办理非法制造、买卖、运输、储存毒鼠强等禁用剧毒化学品刑事案件具体应用法律若干问题的解释》施行之后，对于行为人非法买卖毒鼠强等5种禁用剧毒化学品行为，可直接断定其危害公共安全而构成犯罪，而不需要考虑是否造成严重危害公共安全的实害结果，因而属于抽象危险犯。同样，如果非法买卖《剧毒化学品目录》所列举的、与毒鼠强具有同质危险性的剧毒化学品或农药，也应当被看做是抽象危险犯。将此类犯罪行为认定为抽象危险犯，体现了国家法律对禁用剧毒化学品高度危险性的安全防范力度，对其涉及的公共安全利益实行提前和周延保护，为刑事司法提供了明确的定罪标准，有利于避免此类刑事案件中具体危险判断上的困难，因而是十分必要的。第二，非法买卖禁用剧毒化学品之外的毒害性物质属于具体危险犯。在现代危险社会中，为了有效保护法益，“法益保护早期化”是必要的，但应根据谦抑原则予以适当限制。在非法买卖剧毒化学品案件中，如果行为人非法买卖的物品不是《剧毒化学品目录》中的禁用剧毒化学品，而是非禁用（限制或允许使用）或非剧毒性的毒害性物质，其行为是否属于危险犯？答案是肯定的。前面指出，最高人民法院、最高人民检察院《关于办理非法制造、买卖、运输、储存毒鼠强等禁用剧毒化学品刑事案件具体应用法律若干问题的解释》并没有将非法买卖危险物质罪的毒害性物质对象限定为“毒鼠强”等5种禁用剧毒化学品，因此，非法买卖其他种类毒害性物质的行为也可能构成非法买卖危险物质罪。然而，对于国家明令禁止使用的剧毒化学品，司法机关和社会公众只需了解其是否属于《剧毒化学品目录》的物品范围即可直接确定其危险性及其程度。但如果行为对象为《剧毒化学品目录》以外的毒害性物质，其行为是否产生了足以危害公共安全的危险，尚需根据行为的数量、次数、用途、方式等因素作进一步具体判断。因此，此种行为属于具体危险犯。根据以上分析，前述案例中的罗某非法买卖的迭氮钠等剧毒化学品属于《剧毒化学品目录》中的禁用剧毒化学品，据此即可足以判断其危害公共安全，从而可认定其构成非法买卖危险物质罪。不过，也不能据此认为，在最高人民法院、最高人民检察院《关于办理非法制造、买卖、运输、储存毒鼠强等禁用剧毒化学品刑事案件具体应用法律若干问题的解释》施行之后，非法买卖极少量的禁用剧毒化学品就成立非法买卖危险物质罪，司法机关对于该种抽象危险犯仍有必要进行实质性解释，仍然要受到《刑法》第13条犯罪概念“但书”的制约。另外，最高人民法院、最高人民检察院《关于办理非法制造、买卖、运输、储存毒鼠强等禁用剧毒化学品刑事案件具体应用法律若干问题的解释》第1条第2款规定：“在非法制造、买卖、运输、储存过程中致人重伤、死亡或者造成公私财产损失10万元以上的”；第2条第2款规定：“在非法制造、买卖、运输、储存过程中致3人以上重伤、死亡，或者造成公私财产损失20万元以上的”。这两款规定对非法买卖禁用剧毒化学品成立犯罪本身都没有具体数量或程度的要求，但要求有致人重伤、死亡或造成公私财产严重损失。但这种实害后果并不是作为非法买卖危险物质罪构件要件的结果，而是判断非法买卖禁用剧毒化学品这种抽象危险犯是否成立犯罪的具体标准，是对非法买卖禁用剧毒化学品行为所作的实质性解释。即使这种实害后果不发生，也有可能构成此种抽象危险犯的未遂。因此，不能据此认为非法买卖禁用剧毒化学品行为属于实害犯。[1]

---

[1] 有学者认为，非法买卖危险物质罪是行为犯、实害犯。参见孙万怀．买卖毒害性化学品的对象性质［J］．法学杂志，2013（1）．

第三，《立案追诉标准（一）》[1] 第 2 条列举了非法买卖、运输、储存危险物质罪的六项立案追诉标准，其中第（3）项规定与最高人民法院、最高人民检察院《关于办理非法制造、买卖、运输、储存毒鼠强等禁用剧毒化学品刑事案件具体应用法律若干问题的解释》第 1 条第 1 款的定罪标准是一致的，都是关于非法制造、买卖、运输、储存禁用剧毒化学品的情形；而其他款项则不限于此，因此，也可适用非法制造、买卖、运输、储存其他毒害性物质的情形。除第 2 条第（3）项之外，其他款项中规定的造成人员重伤或者死亡、造成直接经济损失 10 万元以上等实害后果，只是司法机关所列举的非法制造、买卖、运输、储存危险物质罪的一少部分立案追诉标准，这种列举是不周延的，远没有穷尽所有可能达到刑事立案追诉标准的情形。而且，这种列举式规定不具有排他性，没有排斥该罪名危险犯的存在，或者说，非法制造、买卖、运输、储存禁用剧毒化学品之外毒害性物质的行为成立犯罪不必造成实害结果。《立案追诉标准（一）》第 2 条第（7）项“其他危害公共安全的情形”属于兜底条款。根据前面的分析，既然非法买卖危险物质罪既有抽象危险犯的情形，又有具体危险犯的情形，那么，“其他危害公共安全的情形”就应当包括足以危害公共安全的危险状态。只要这种危险状态与前六项具有同质的危险性，即足以威胁不特定多数人的生命、健康以及重大财产安全，就可视其为“其他危害公共安全的情形”，而不必将后者仅限于发生危害公共安全的实害结果。因此，前述“出罪说”认为除了“毒鼠强”等 5 种剧毒化学品之外，非法买卖毒害性物质的立案追诉标准仅限于造成人员重伤或者死亡、造成直接经济损失 10 万元以上等实害后果，并以此认为罗某的行为不成立犯罪，这种观点是不正确的。在前述案例中，罗某非法买卖“毒鼠强”等 5 种剧毒化学品之外的毒害性危险物质，其行为应构成非法买卖危险物质罪，但不属于最高人民法院、最高人民检察院《关于办理非法制造、买卖、运输、储存毒鼠强等禁用剧毒化学品刑事案件具体应用法律若干问题的解释》的适用对象。司法机关可依据《立案追诉标准（一）》决定是否予以立案追诉，并可参照最高人民法院、最高人民检察院《关于办理非法制造、买卖、运输、储存毒鼠强等禁用剧毒化学品刑事案件具体应用法律若干问题

---

[1] 有学者认为，最高人民检察院、公安部的《立案追诉标准（一）》，根据其发布时的说明：一，其具有部门业务性特征不能延伸至审判阶段，不具有终局性质，对审判显然不具有强制力，更无法对抗司法解释。二，缺乏司法解释应有的稳定性，往往带有应时性，是阶段性的而不是终极性的。孙万怀．买卖毒害性化学品的对象性质［J］．法学杂志，2013（1）．

的解释》的相关规定作为定罪处罚的具体标准。应当说《立案追诉标准（一）》第2条第（7）项兜底条款设置的合理性在于，能够保证法律及司法解释规范的周延性和适用性。但这种规定方式显得过于概括和简单，并没有使非法制造、买卖、运输、储存危险物质罪的立案追诉标准完全明确化，仍需要对其作出进一步解释，这与其本应具有的司法适用性功能无疑是相悖的，实践中有可能使该罪名成为"口袋罪"。罪名的"口袋化"虽然也能起到阻遏此类犯罪的作用，却是以牺牲刑法规范的确定性、突破罪刑法定原则为代价的，故不足取。实际上，刑事立法上的兜底性条款并不足以导致"口袋罪"的出现，而关键在于司法实践中如何理解兜底性条款的范围，如何信守罪刑法定原则，如何根据条文的内在涵义和逻辑进行解释。[1] 根据同类解释规则，《立案追诉标准（一）》第2条第（7）项"其他危害公共安全的情形"只能是指未被该条前六项明确列举而又与其社会危害性程度相当的情形。从司法适用角度，建议最高司法机关在制定类似的刑事司法解释或指导性文件时，应当尽量细化列举式规定，同时，对其中的兜底条款作更明确化的表述，为实践部门判断某行为是否属于其适用范围提供具体指向和客观标准。

当然，有学者认为《立案追诉标准（一）》设定的一些内容本身就违背了科学性，与刑法规定不尽协调。如《立案追诉标准（一）》7项规定中有5项出现了"造成"的表述。"造成"可以分为买卖行为人本人造成和出卖、保管过程中他人造成。前者直接依照相关犯罪处理即可。后者导致的后果则不是买卖行为本身所直接导致，如果依照买卖行为定罪，则实际上处罚的是后果，形式上处罚的却是买卖。上述"毒鱼丸"一案就是适例，王振刚没有因"非法买卖"多粒"毒鱼丸"被定罪。所以"造成"他人死亡这一情节对于翁某宝的定罪应该具有决定性的作用。这种"造成"的认定完全违背了刑法中的因果关系，完全是一种被抛弃的未加修正的条件说的运用结果，纯粹是一种反推的客观归罪，已经大大违背了主客观相一致的刑法基本原理。依照这样的逻辑，在整个销售因果链中，1粒"毒鱼丸"的流转过程如同"击鼓传花"，但结果是不一样的：当鼓槌落下时，所有的经手人都无法豁免责任。这实在匪夷所思，如同"一个馒头引发的血案"。更为让人感到不解的是《立案追诉标准（一）》第6项规定："造成毒害性、放射性、传染病病原体等危险物质丢失、被盗、被抢的"，

---

[1] 孙万怀．以危险方法危害公共安全罪何以成为口袋罪［J］．现代法学，2010（5）．

无论是否出现了危害后果，均予以追诉。其不仅取消了最高人民法院、最高人民检察院《关于办理非法制造、买卖、运输、储存毒鼠强等禁用剧毒化学品刑事案件具体应用法律若干问题的解释》的数额要求，也无视最高人民法院、最高人民检察院《关于办理非法制造、买卖、运输、储存毒鼠强等禁用剧毒化学品刑事案件具体应用法律若干问题的解释》的后果要求，将追诉面进一步放大。而且导致新的不确定性——“丢失”如何理解?“被盗”与“丢失”什么关系?“被骗的”是否应当追诉?更为模糊的是《立案追诉标准（一）》在罗列6项追诉情形之后，意犹未尽，设置了一个兜底条款——“（七）其他危害公共安全的情形”。也正是这一条款无限扩大了追诉范围，彻底导致协调性原则的丧失。在上述罗某案件中，被告人罗某的行为很难从第1~6项中找到追诉依据，但是第7项的规定为定罪带来了转机。司法机关认为，行为人罗某将剧毒化学品贩卖到高校、医院，有相当大的危险性。并且此危险性具有与《立案追诉标准（一）》第1~6项规定相当程度的危险性。这样的论断再次体现了一种游走于最高人民法院、最高人民检察院《关于办理非法制造、买卖、运输、储存毒鼠强等禁用剧毒化学品刑事案件具体应用法律若干问题的解释》与《立案追诉标准（一）》之间的功利观……规则就这样被征服，结果同质性的面纱也都不顾及了。[1]

同样还有一类似的案例“销售剧毒鼠药造成危害的行为是否构成犯罪”：犯罪嫌疑人唐某从事收购肉食生意。2002年11月，唐某购进200余颗“三步倒”剧毒鼠药（氰化物类）。2003年7月17日，许某（案发后外逃）从该点购进20余颗“三步倒”鼠药用于偷狗，并将狗给唐某回收。次日，一女孩误食掺有“三步倒”的食物后中毒身亡。对于本案唐某的行为如何认定，主要存在4种不同意见。

第一种意见认为：唐某的行为构成非法经营罪。理由是：非法经营罪是指，违反国家规定，未经许可经营法律、行政法规规定的专营、专卖物品或者其他限制买卖物品的。本案中，犯罪嫌疑人唐某经营“三步倒”，完全符合上述特征。首先，唐某的经营“未经许可”；其次，“三步倒”系危险化学品，亦系国家法律、行政法规规定的专营、专卖物质。故唐某的行为构成非法经营罪。

第二种意见认为：唐某的行为构成盗窃罪。理由是：盗窃罪是指以非

---

[1] 孙万怀．买卖毒害性化学品的对象性质［J］．法学杂志，2013（1）．

法占有为目的，采取秘密窃取的手段，盗窃他人财物，数额较大或多次盗窃公私财物的行为。本案中，犯罪嫌疑人唐某明知许某等人买入“三步倒”的目的是去偷狗，仍执意卖给对方，且将狗进行回收。根据最高人民检察院对四川省人民检察院《关于事先与犯罪分子有通谋，事后对赃物予以窝藏或者代为销售或者收买的，应如何适用法律的问题的批复》中规定：与盗窃、诈骗等犯罪分子事前通谋，事后对犯罪分子所得赃物予以窝藏、代为销售或者收买的，应按犯罪共犯追究刑事责任。故对许某应定盗窃罪，而唐某则应定盗窃罪共犯。

第三种意见认为：唐某的行为构成非法买卖毒害性物质罪。理由是：《刑法修正案（三）》第5条规定：“将刑法第一百二十五条第二款修正为：‘非法制造、买卖、运输、储存毒害性、放射性、传染病病原体等物质，危害公共安全的，依照前款的规定处罚。’”根据该条规定，违反国家法律规定，未经国家有关主管部门批准，不能买卖、制造、运输、储存毒害性、放射性、传染病病原体等物质。本案中，唐某经营“三步倒”是未经国家主管部门批准，是非法的。“三步倒”属于毒害性物质，因此，唐某的行为应定为非法买卖危险物质罪。

第四种意见认为：唐某的行为不构成犯罪。理由是：第一，唐某的行为不构成非法经营罪。非法经营罪是指违反国家规定，未经许可经营法律、行政法规规定的专营专卖物品的行为。本案中唐某经营的“三步倒”鼠药属于危险化学品。按照《危险化学品安全管理条例》第27条的规定，未经许可，任何单位和个人都不得经营销售危险化学品，而唐某未经许可经营剧毒鼠药，其行为属于非法经营行为。但是按照最高人民检察院、公安部关于非法经营犯罪案件追诉标准的规定，个人非法经营数额在5万元以上，或违法所得数额在1万元以上的，才够追诉刑事责任。唐某经营鼠药只有200余元，显然其行为不构成非法经营罪。第二，唐某的行为不构成盗窃罪。唐某与许某等人事前通谋，盗窃他人的狗，二人应按共犯处理。但在本案中，许某仅有这一次行为，且盗窃狗的价值数额达不到盗窃罪的犯罪起点，也不属于多次盗窃公共财物的行为。第三，修改后的《刑法》第125条第2款规定：非法制造、买卖、运输、储存毒害性、传染性病病原体等有害物质，危害公共安全的，依照前款规定处罚。本案中唐某非法买卖剧毒鼠药，其行为触犯了该条规定，但该条修改后，对买卖多少毒害性等危险物质的数量和金额没有具体规定，也没有相关司法解释。所以，唐某买卖200余颗“三步倒”鼠药的行为是否构成犯罪不能界定。按照“疑罪从无”的原则，只有认为唐某的行为不构成犯罪。

显然，第三种意见是正确的，具体刑法原理和理由分析与上述案例相同，这里不再重复阐述。需要说明的是，剧毒鼠药的化学名称为“四亚甲基二砜四胺”，剧毒鼠药在市场上销售的主要有两种类型，一种是粉末状，包装袋上标有“毒鼠强”“三步倒”“闻到死”“一扫光”等；另一种是瓶子包装的液体，瓶子上标有“比猫灵”和“氟乙酰胺”的字样。剧毒鼠药极易致人死亡，且没有针对性强的特效解药，也很容易二次、三次中毒。

三、非法制造、买卖、运输、储存危险物质罪罪数形态的认定

（一）非法制造、买卖、运输、储存危险物质罪与非罪的认定

虽然本罪没有情节严重才构成犯罪的规定，但是，并非一经实施了非法制造、买卖、运输、储存危险物质的行为，就无例外地构成犯罪，对于情节显著轻微、危害不大的非法制造、买卖、运输、储存危险物质的行为，不宜按犯罪论处。应当指出的是：①“非法制造、买卖、运输、储存毒害性、放射性、传染病病原体等物质”的主体是依照国家规定不具备制造、买卖、运输、储存上述物质资格的自然人或者单位。②区分罪与非罪的界限是看其行为是否危害公共安全。这是考虑到有的毒害性物质涉及范围很广，如日常生活中民间使用相当广泛的灭鼠药等。实践中，未经批准少量制造用以灭鼠虽属非法，但不一定危害公共安全。其中，情节显著轻微危害不大的，可适用《刑法》第 13 条的规定，不以犯罪处理。考虑到有的毒害性物质范围很广，如日常生活中民间使用相当广泛的老鼠药等，不具备制造资格的自然人或者单位少量制造用以灭鼠虽属非法，但也不一定危害公共安全。因此，不一定要定罪处罚，可适用《刑法》第 13 条的规定，以情节显著轻微危害不大，不认为是犯罪处理。

（二）非法制造、买卖、运输、储存危险物质罪与彼罪的认定

1. 非法制造、买卖、运输、储存危险物质罪与危险物品肇事罪、传染病菌种、毒种扩散罪的界限

非法制造、买卖、运输、储存毒害性、放射性、传染病病原体等物质罪与危险物品肇事罪、传染病菌种、毒种扩散罪等的主要区别在于犯罪主观方面不同。非法制造、买卖、运输、储存毒害性、放射性、传染病病原体等物质罪的主体是依照国家规定不具备制造、买卖、运输、储存上述物

质资格的自然人或者单位，主观上表现为故意犯罪。危险物品肇事罪、传染病菌种、毒种扩散罪的主体是依照国家规定取得制造、买卖、运输、储存毒害性、放射性、传染病病原体等物质资格的人或单位，主观上表现为过失犯罪。如医疗、科研教学和生产厂家，如果在生产、储存、运输、使用中违反管理规定，发生重大事故，造成严重后果的，不构成非法制造、买卖、运输、储存毒害性、放射性、传染病病原体等物质罪，而应依照《刑法》第136条危险物品肇事罪、第331条传染病菌种、毒种扩散罪追究刑事责任。

2. 非法制造、买卖、运输、储存危险物质罪与投放危险物质罪的界限

二者的犯罪对象相同，都是危险物质，它们的主要区别在于：①犯罪行为方式不同。本罪是法定的制造、买卖、运输、储存方式，而投放危险物质罪则只能是投放的方式。②犯罪主体不同。本罪的犯罪主体为一般主体，包括自然人和单位。自然人要达到法定16周岁的刑事责任年龄，而后罪的犯罪主体只能是自然人，并且达到14周岁即可。对于明知对方进行投放危险物质的行为而非法出借、赠与危险物质的，不构成本罪，而应当以投放危险物质罪的共犯论处。

3. 非法赠与、出借、邮寄毒害物质行为的处理

《刑法》第125条第2款在规定本罪时，没有将非法赠与、出借、邮寄毒害性、放射性、传染病病原体等物质的行为规定为本罪的客观方面的行为方式。根据罪刑法定原则，对于非法赠与、出借、邮寄毒害物质的行为不能以本罪论处。对于双方出于共同犯罪的故意，一方将这些毒害物质赠与另一方或出借给另一方使用，由另一方进行投毒等犯罪行为的，对其以共同犯罪论处；并非出于共同犯罪的故意而实施行为的，不构成共同犯罪；如果在这一过程中因为过失而发生事故，危害公共安全的，以过失投放危险物质罪定罪处罚，否则，行为人只承担行政责任。对于非法邮寄毒害物质的行为，可以认定为属于非法运输的一种方式，对其以非法运输毒害物质罪定罪处罚。[1]

（三）非法制造、买卖、运输、储存危险物质罪与数罪的认定

非法制造、买卖、运输、储存危险物质罪属于选择性罪名。行为人只要实施非法制造、买卖、运输、邮寄、储存4种行为之一的，或者针对毒害性、放射性、传染病病原体等物质之一实施了行为的，即可构成犯罪，

[1] 王政勋．刑法修正论［M］．西安：陕西人民出版社，2001：351.

并且只构成一罪。即使实施了全部4种行为，或者针对全部几种对象实施了行为，也只构成一罪。如果非法制造毒害性、放射性、传染病病原体等物质以后，又自己运输和贩卖的，只构成非法制造、运输、买卖毒害性、放射性、传染病病原体等物质罪一罪，不实行数罪并罚。

行为人在非法制造、买卖、运输、储存危险物质时，因过失而发生重大事故，致人重伤、死亡的，是想象竞合犯，应以非法制造、买卖、运输、储存危险物质罪定罪处罚。❶

行为人既实施了非法制造、买卖、运输、邮寄、储存枪支、弹药、爆炸物的行为，又实施了本罪行为的，应当实行数罪并罚。

如果行为人明知是走私进口的毒害性、放射性、传染病病原体等危险物质而直接向走私人购买，或者明知是走私人购买毒害性、放射性、传染病病原体等危险物质进行走私出口而卖给走私人，或者在内海、领海收购、贩卖毒害性、放射性、传染病病原体等危险物质，没有合法证明的，则不构成本罪，应以走私类犯罪或以危险方法危害公共安全罪论处。为走私而违反我国的对外贸易管制，逃避海关监管或边防检查，非法运输毒害性、放射性、传染病病原体等危险物质进出国（边）境的，则构成走私类犯罪或以危险方法危害公共安全罪论处。

第六节　交通肇事罪

一、交通肇事罪的概念和犯罪构成

交通肇事罪是指违反交通运输管理法规，因而发生重大事故，致人重伤、死亡或者使公私财产遭受重大损失的行为。

本罪的犯罪客体是交通运输安全。关于本罪的客体，理论上有多种不同的表述，如交通运输安全或者公共安全和交通运输管理秩序或者交通运输的正常秩序和交通运输的安全等。通说认为应该是交通运输安全，即在交通运输中不特定多数人的生命、健康和重大公私财产的安全。这里的交通运输是指公路交通运输和水路交通运输。不特定是相对于特定而言的，它意味着无论肇事行为的侵害对象还是行为所产生的危害后果既具有广泛性又具有不确定性，而行为人在主观上对于自己肇事行为的侵害对象和可

---

❶ 王政勋．刑法修正论［M］．西安：陕西人民出版社，2001：352．

能造成的结果事实上无法具体预见，在客观上也不可能具体控制；但并不是说行为人主观上没有特定的目标，而是说行为的客观后果能够使不确定的多数对象遭受损害。

本罪的犯罪客观方面表现为违反交通运输管理法规，因而发生重大交通事故，致人重伤、死亡或者使公私财产遭受损失的行为。

第一，违反交通运输管理法规。违反交通运输管理法规是指违反国家有关交通运输管理方面的法律、法规及有关主管部门维护、保障公共交通安全的其他规定。交通运输管理法规是指保障交通运输安全有关的各种法规，这里的法规是广义上的，既包括法律也包括行政法规等，例如《公路交通安全法》《海上交通安全法》《高速公路交通管理办法》《城市交通管理规则》《机动车管理办法》《内河避碰规则》《渡口规则》《内河交通安全管理条例》《1972 年国际海上避碰规则》（1972COLREGs）、《海上雾航规则》《海船船员值班规则》《国际船舶安全营运和防止污染管理规则（国际安全管理规则）》等。水上交通运输法规，是指保证水上交通运输正常进行和交通运输安全的规章制度，包括水上交通运输方面的安全规则、章程以及从事水上交通运输必须遵守的纪律、制度等。交通运输管理法规的内容是复杂的、多方面的，不仅仅是有关车、船驾驶人员如何安全操作的规范，与保障交通运输安全密切相关的业务人员的操作规程，还包括货物的装卸等与交通运输安全有关的规范等。行为人只有违反了交通运输管理法律法规，才有可能对自己在交通运输活动中所造成的危害后果负刑事责任。行为人违反海上交通法律法规的行为，既可以表现为积极作为的方式，如酒后开船、无证驾驶、违章操船、超载超宽等，也可以表现为消极的不作为方式，如不显示指示灯、不按规定鸣放雾号等。

本罪中交通运输管理法规主要是指公路、水上交通运输管理法规，但也不能绝对排除铁路、航空、管道交通运输中的各种管理法规。如果非航空人员违反航空运输管理法规，或者非铁路职工违反铁路运输管理法规，因而发生重大飞行事故或者重大铁路运营安全事故，致人重伤、死亡或者使公私财产遭受重大损失，又不能构成其他犯罪，则仍然应当按照本罪处理。[1] 根据最高人民法院《关于审理交通肇事案件具体应用法律若干法律问题的解释》第 8 条第 2 款的规定，在公共交通管理的范围外，驾驶机动车辆或者使用其他交通工具致人伤亡或者致使公共财产或者他人财产遭受

---

[1] 左坚卫，黄娜，周加海．危害公共安全罪司法适用［M］．北京：法律出版社，2007：464.

重大损失，构成犯罪的，分别依照《刑法》第 134 条、第 135 条、第 233 条等规定定罪处罚。

第二，发生重大交通事故。它是指发生车辆、船只碰撞、倾覆、毁坏或其他事故而致人重伤、死亡的严重后果或使公私财产遭受重大损失等。交通肇事罪与一般交通事故的主要区别在于二者的危害后果不同。根据最高人民法院《关于审理交通肇事案件具体应用法律若干法律问题的解释》，重大交通事故是下列 3 种情形之一：死亡 1 人或者重伤 3 人以上，负事故全部或者主要责任的；死亡 3 人以上，负事故同等责任的；造成公共财产或者他人财产直接损失，负事故全部或者主要责任，无能力赔偿数额在 30 万元以上的。交通肇事致一人以上重伤，负事故全部或者主要责任，并具有下列情形之一的，以交通肇事罪定罪处罚：酒后、吸食毒品后驾驶机动车辆的；无驾驶资格驾驶机动车辆的；明知是安全装置不全或者安全机件失灵的机动车辆而驾驶的；明知是无牌证或者已报废的机动车辆而驾驶的；严重超载驾驶的；为逃避法律追究逃离事故现场的。海上重大交通事故，是指发生撞船、翻船、漏油等事故，致人重伤、死亡或者使公私财产遭受重大损失。

例如，在鹤凤滩水域，“涪州 10 号”客轮与冒雾上行的“江龙 806 号”轮发生碰撞，致使“涪州 10 号”轮翻沉江中，船上 64 人全部落水，其中 12 人获救，52 人死亡。经事故调查组调查确认，两轮在突遇浓雾的情况下，冒险航行，未保持正规瞭望，违反交通运输管理规定操作，临危措施不当，是造成事故的直接原因。根据两轮的损失程度及违章行为，“涪州 10 号”轮应负主要责任。事故直接责任人、“涪州 10 号”轮大副张某海，被人民法院以交通肇事罪判处有期徒刑 5 年。又如，2007 年 6 月 15 日 4 时 30 分，石某德驾驶装载河沙的“南桂机 035”号运沙船自广东佛山高明顺流开往顺德。5 时许，该船途经佛山九江大桥附近时，江面出现大雾，石某德未采取停航、择地抛锚的措施，而是盲目冒险航行，且未采取安全航速，疏忽瞭望，在船舶过桥时判断严重错误，把九江大桥施工现场的白灯误认为主航道方向，冒险继续航行。当船行至距离九江大桥约 80 米时，与一个航标发生擦碰，石某德才意识到船舶已经严重偏离主航道，但仍没有采取停船、倒船等有效措施，而是将船头转至九江大桥桥墩间通行，最终导致该船触碰 325 国道九江大桥 23 号桥墩，致使桥面坍塌约 200 米，4 辆汽车、7 名司乘人员和 2 名大桥施工人员坠入江中，9 人全部遇难，并造成重大财产损失。石某德被当地人民法院以交通肇事罪判处有期徒刑，并处罚金10万元。

第三，违反交通运输管理法规与发生重大交通事故事之间存在因果关系。违反交通运输管理法规是发生重大交通事故的前提条件，发生重大交通事故是由违反交通运输管理法律法规引起的，也就是说发生重大交通事故是违反交通运输管理法规的后果。如果行为人有违反交通运输管理法规的行为但并未造成法律要求的上述严重后果，或者有严重后果但行为合乎交通运输管理法规，或者虽然同时有违章行为和严重后果但二者之间无因果关系的，都不应构成本罪。例如，行为人喝酒后在开车正常行使过程中与一辆逆向行驶的摩托车相撞，造成摩托车车主受重伤，两车不同程度地遭受损坏。在本事故中，行为人违反了交通运输管理法规喝酒驾车，发生了重大交通事故，但交通事故不是由行为人引起的而是由于摩托车逆向行驶造成的，因此行为人的违章行为与发生重大交通事故就不存在因果关系，行为人不应构成交通肇事罪。

水上交通肇事行为是水面船只或设施的驾驶或操控者所引发的行为，水上交通肇事行为所引发的后果往往是水上交通事故。水上交通肇事行为与水上交通事故的发生之间具有直接的、现实的因果关系。[1] 实践中发生的水路交通犯罪的表现形式是多种多样的，船舶之间的碰撞事故、船舶单方面的触礁、倾覆事故等，只要事故中的行为人有违反水路交通运输管理法规的行为，且该行为与事故的发生有着刑法上的因果关系，重大事故的发生造成了被害人重伤、死亡或者公私财产遭受重大损失的，即可成立交通肇事罪。如果行为人虽然违反了水上交通运输管理法规，但并未造成法定的严重后果的，则不构成本罪；如果行为人虽然有水上违章行为，也造成了严重后果，但在时间上却存在先行后续的关系的，也不构成本罪。

本罪的犯罪主体是一般主体，即已满16周岁并具有辨认能力和控制能力的自然人，包括直接操纵交通运输工具的人员和不操纵交通运输工具的普通人。实践中主要是前者，它是指一切专门直接从事交通运输业务活动的专业人员，以及与保证交通运输活动安全有直接关系的专业人员，既有国家机关、企事业单位、社会团体等单位内部专门从事交通运输活动的职工，也包括私人或个体工商户雇用的机动车驾驶人员，这些人员同交通运输安全有直接关系，如果违反交通运输管理法规，就很可能会造成重大交通事故。所以本罪的犯罪主体在实践中多为专职司机。单位主管人员、机

[1] 焦雁鹏．论水上交通肇事及其危险行为的入罪标准［J］．法学，2012（9）．

动车辆所有人或者机动车辆承包人指使、强令他人违章驾驶造成重大交通事故，具有特定情形的，也能构成交通肇事罪的犯罪主体。不操纵交通运输工具的普通人如行人，也能构成交通肇事罪的犯罪主体。如果行为人是航空工作人员和铁路工作人员，作为普通公民也可以构成本罪。水上交通肇事罪的主体为一切直接从事水上交通运输业务和保证水上交通运输安全以及非直接从事水上交通运输的人员，应包括下列 4 种从事水上交通运输的人员：水上交通运输工具的驾驶人员、水上交通设备的操纵人员、水上交通运输活动的直接领导人员和水上交通运输活动的指挥人员[1]，如船长、引航员、对船舶碰撞事故负有直接责任的船员等。有学者将水上交通肇事犯罪的主体分为水上工作人员和陆上工作人员两类："（一）水上工作人员：1. 水上交通运输工具的驾驶人员，包括船长、大副、二副、三副；2. 水上交通运输工具上设备的操作人员，包括轮机长、大管轮、二管轮、三管轮。（二）陆上工作人员：水上交通运输活动的指挥人员和水上交通运输活动的直接领导人员。"[2] 另外，还包括船舶所有人（包括船舶经营人、船舶管理人）、船舶上的乘客在一定条件下也能构成交通肇事罪的犯罪主体。上述人员肩负的职责同水上交通运输安全有着直接或间接的联系，一旦不正确地履行自己的职责，就有可能造成重大水上交通事故的发生。

本罪的犯罪主观方面表现为过失，包括疏忽大意的过失和过于自信的过失，即行为人应当预见自己违章的行为可能发生重大交通事故并造成严重后果，但由于疏忽大意而没有预见或虽然预见但轻信能够避免，以致发生了重大交通事故造成了严重后果。疏忽大意的过失如长时间驾车，过度疲劳，因疏忽大意将同方向行驶的骑自行车的人撞倒致重伤。过于自信的过失，如，晚间行为人自信不会发生交通事故而超速行驶，因刹车不及结果将一路人撞伤死。如果在交通运输中因发生意外事故或者不可抗力从而发生重大事故的，如汽车刹车突然失灵或者桥梁突然塌陷或者突发泥石流，造成车毁人亡，则不能认定行为人存在过失。不过，本罪中的过失只是对行为人违章行为所造成的严重后果来说是过失，而对违反交通运输管理法规行为本身，则是故意的，即应当知道而未知道或者明知故犯。如果行为人对自己违反交通运输管理法规可能导致的严重后果持故意的心理态

[1] 朱国斌，宋明祥．论水上交通肇事罪［J］．中国水运，2012（8）．

[2] 苏杨．水上交通肇事的刑法分析及立法完善［D］．大连：大连海事大学，2012．

度，则不能以本罪论处，而必须按照其行为的具体情况，或者按照故意侵犯人身权利的有关犯罪处理，或者按照故意危害公共安全罪的有关犯罪论。

在船舶碰撞法中，过失可分为实际过失和推定过失两大类。推定过失又可分为法律推定过失和事实推定过失。[1] 通过举证证明一方在驾驶船舶或管理船舶方面犯有某种或某些具体的过失，就是船舶碰撞的实际过失。事实推定是人们借助因果关系的原理、逻辑规则或生活经验推断作出的，在处理船舶碰撞案中仍为各国所普遍采用。长期以来，从我国的立法精神来看，同多数海运国家一样，船舶碰撞法律中的法律推定原则是不被承认的。在实践中，对于过失的认定，主要是搜集证据，证明肇事者的行为违反了有关船舶管理和船舶航行等法律法规，并且要证明该行为与发生碰撞事故之间存在因果联系。

二、交通肇事罪犯罪构成要件的理解

（一）“交通运输”的范围

“交通运输”从一般意义上说，包括铁路、公路、水上、航空、管道（石油、天然气）运输。关于交通运输，在交通肇事罪中，它是指航空运输、铁路运输以外的运输，即公路交通运输和水路交通运输。例如，2011年2月15日晚上许，被告人陈某兴驾驶指挥“华龙海”号轮船（陈某兴系船长）从东山港区冬古码头欲开往江苏浏河港。当陈某兴驾驶轮船行驶至东山鸡心屿东面附近海域时，因陈某兴存在瞭望疏忽和判断失误，未能采取避让措施，致使轮船撞上正在海上作业的“闽东渔62636”渔船，造成渔船沉没和渔船上被害人黄某坤、梁某生、张某兵3名渔民掉下海里死亡，直接经济损失71万余元。案发后，经认定，“华海龙”号轮船对本事故负主要责任。被告人陈某兴于2011年10月8日主动到东山公安边防海警大队投案，积极理赔被害人经济损失和财产损失。2012年5月16日，陈某兴因犯交通肇事罪，被法院判处有期徒刑3年。

水路交通在目前可以分为内水和领海，水路交通犯罪的成立要求犯罪行为必须发生在公共交通管理的范围内。关于适用交通肇事罪的水路交通中“水上”的范围，是指海上（包括港口水面）、内河、湖泊等可用于公共交通的水面。封闭水域，通常理解，是指一些不与大江大河等水网地区

---

[1] 司玉琢．海商法专论［M］．北京：中国人民大学出版社，2007：407.

相连接的湖泊、水库，这些湖、库在一定区域内形成了可供船只航行的封闭水域。在这种意义上来说，虽然湖泊水库不与水网相连，但是仍然能够独立承担一定的船舶运输功能，在该水域内航行的船舶承担的也是公共交通的运载，涉及的仍是不特定多数人的生命健康和财产安全，因此仍然属于公共交通管理的范围。在非公共交通水域内的船只发生交通安全事故的，导致人身伤亡事故及造成重大财产损失的，其侵犯的客体不是公共交通运输安全，不能认定为交通肇事罪或者以危险方法危害公共安全罪，而应当根据案件的具体情况定罪量刑。第一，行为人在驾驶船只进行生产、作业过程中，因不服从管理或者违反生产劳动安全等规章制度，以及单位主管人员指使、强令他人驾驶船只违章冒险作业，因而发生重大伤亡事故或者造成其他严重后果的，应当认定为重大责任事故罪或者强令违章冒险作业罪。第二，行为人驾驶船只进行非生产、作业活动，在驾驶过程中因过失行为导致他人死亡的，应当认定为过失致人死亡罪；因过失行为导致他人重伤的，应当认定为过失致人重伤罪；因过失行为导致交通工具被严重损毁的，应当认定为过失损坏交通工具罪。第三，行为人在驾驶船只进行生产、作业的过程中，经有关部门或者单位职工提出后，明知道存在安全隐患，直接负责劳动安全设施的主管人员和其他直接责任人员仍不采取措施，因而致使发生重大伤亡事故或者造成其他严重后果的，应当认定为重大劳动安全事故罪。❶

公海是指国际法上不包括国家领海和内水的全部水域，它不属于国家领土的部分，因此任何国家都不能对其享有主权。公海是供各个国家平等使用的，任何国家和地区的船舶都可以进入公海，由此在公海上也有可能发生各种船舶交通事故，需要确定各方责任承担。对公海的管理主要依靠的是各国缔结的国际公约，如《公海公约》《国际海上避碰规则公约》等，因此在公海上航行的船舶，应当遵守国际公约的相关规定。如果船舶在公海上违反公约的规定，造成船舶碰撞或者发生其他交通事故的，在不涉及外交关系的情况下，仍应按照船舶所属国的法律进行处理。按照我国法律关于交通事故的处理，涉及刑事方面的罪名主要仍是交通肇事罪、以危险方法危害公共安全罪或者过失以危险方法危害公共安全罪。❷

对航空飞行和铁路运营中发生重大事故构成犯罪的，刑法已有专条规

---

❶ 何珍．交通安全犯罪的罪名体系研究［D］．北京：中国政法大学，2012：32－33.

❷ 何珍．交通安全犯罪的罪名体系研究［D］．北京：中国政法大学，2012：33.

定，应按刑法有关专门条款定罪量刑，即《刑法》第131条规定的重大飞行事故罪和第132条规定的铁路运营安全事故罪。相对于普通交通事故而言，重大飞行事故和铁路运营安全事故都是特殊交通事故，分别是由航空人员和铁路职工人员违反航空安全飞行规章制度和铁路安全运营规章制度造成的飞行事故和铁路运营安全事故。既然刑法专门对这两种交通安全事故作出了规定，那么普通交通事故就不再包含航空运输和铁路运输安全事故。因此，本罪的“交通运输”的范围只限于公路交通运输与水路交通运输。但是，这并不排斥一般主体在铁路运输、航空运输中违反保障铁路运营安全、飞行安全的规章制度可以构成交通肇事罪。❶ 同样，铁路、航空人员在非航空运输、铁路运营中即在公路交通运输与水路交通运输违反相关交通运输管理法规，因而发生重大交通事故，致人重伤、死亡或者使公私财产遭受损失的，仍应认定为交通肇事罪。

（二）“交通肇事后逃逸”的理解

例如，停泊在码头卸货的“长阳”轮被一艘不明小船碰撞左侧船舰燃油舱，导致85吨燃油泄漏，污染了近8公里的黄浦江岸线。上海海事局和上海市人民政府动员大量人力、物力清除污染。事发当天，官某华的儿子官某强与雇工陈某高在船上，无证书的陈某高驾驶该轮。当时陈因疲劳过度，边打瞌睡边驾驶，致使“浙长兴货0375”轮一头撞入“长阳”轮。事发后，官、陈两人便驾船全速逃离现场，并把船驶入浙江湖州长兴偏远的虹港造船厂。官、陈两人叫人将撞坏的船头切割后扔掉，并重新安装船头。该两人因涉嫌交通肇事逃逸，被警方刑事拘留并押回上海。人民法院以交通肇事罪判处官、陈两人有期徒刑5年。两人不服判决提起上诉。二审认为，“浙长兴货0375”轮船主及船工违章驾驶造成重大事故又畏罪逃逸，其行为均已构成交通肇事罪，判决肇事船主及船工有期徒刑5年。❷

据统计，2011年1月1日至8月15日期间，全国14个直属海事局和4个地方海事局（浙江、山东、江苏、上海）辖区的水上交通肇事逃逸情况，数据统计结果为：海事系统共接到70起涉嫌船舶肇事逃逸的事故报告，共造成45人死亡，21艘船舶沉没。其中逃逸的肇事船舶被查获的案例44起，目前多数船舶船东已与遇难船舶达成民事赔偿协议，但无移送公安机关追究其刑事责任案例。70起事故中，有10起涉及人员死亡，其中9

❶ 高铭暄，马克昌．刑法学［M］．5版．北京：北京大学出版社，高等教育出版社，2011：359.

❷ 程俊康．略论海上交通肇事涉嫌犯罪案件移送工作［J］．天津航海，2008（2）.

起事故导致38名渔船船员死亡，另外1起导致7名商船船员死亡。10起事故中，有2起未能找到肇事船（1起发生在领海之外，1起发生在内河，分别导致2名和1名渔船船员死亡），其余8起全部查找到肇事船。被查获的肇事逃逸船中，有4艘是外轮（分别导致11、8、8、3名渔船船员死亡），其中有2起发生在领海之外；有4艘是国轮（分别导致7名商船船员、2名渔船船员、2名渔船船员、1名渔船船员死亡）。[1] 例如，2011年3月6日，英籍集装箱船“H”轮从香港驶往上海途中，在浙江台州沿海与浙江温岭籍钢质渔运船“ZY”轮发生碰撞，“ZY”轮沉没，11人死亡失踪。“H”轮当班驾驶员二副在发生碰撞事故后，采取了停船报告船长等措施。船长上驾驶台后，即指令相关船员对自身船舶进行损害检查和四周观察，没有依法履行搜救和向主管机关报告，停船约一个小时后，擅自驶离事故现场。[2]。

对“交通肇事后逃逸”应作广义和侠义两种理解。广义的“交通肇事后逃逸”是指一切在交通事故发生后逃离事故现场的行为。这种意义上的“交通肇事后逃逸”既可能是定罪情节也可能是量刑情节。《刑法》第133条中段规定“交通运输肇事后逃逸或者有其他特别恶劣情节的，处三年以上七年以下有期徒刑”中的“交通肇事后逃逸”属于量刑情节。《最高人民法院关于审理交通肇事案件具体应用法律若干法律问题的解释》第2条第2款第（6）项规定的“交通肇事致一人以上重伤，负事故全部或者主要责任，为逃避法律追究逃离事故现场的，以交通肇事罪定罪处罚”中的“交通肇事后逃逸”属于定罪情节。

狭义的“交通肇事后逃逸”仅指《刑法》第133条中规定的“交通运输肇事后逃逸”的行为。根据《最高人民法院关于审理交通肇事案件具体应用法律若干法律问题的解释》第3条规定，“‘交通运输肇事后逃逸’，是指行为人具有本解释第二条第1款规定和第二款第（一）至第（五）项规定的情形之一，在发生交通事故后，为逃避法律追究而逃跑的行为。”因此，狭义的“交通运输肇事后逃逸”是指行为人在已经具备了构成交通肇事罪的要件后，为逃避法律追究而逃跑的行为。虽然交通肇事，但尚未具备交通肇事罪的要件，逃避法律追究而逃跑的，不属于狭义的“交通运输肇事后逃逸”。水上交通肇事逃逸是指行为人违反水上交通运输管理法

---

[1] 吴文正，李光辉，吴忠华．水上交通肇事逃逸情况分析及对策［J］．世界海运，2012（2）．

[2] 叶国鑫．法网难逃——一起重大水上交通肇事涉嫌逃逸犯罪心理分析与对策［J］．中国海事，2012（8）．

规，发生致人重伤、死亡或使公私财产遭受重大损失的水上交通事故后，为了逃避法律追究而逃跑的行为。水上交通肇事逃逸的具体情节表现为：肇事人明知发生水上交通事故，发现被撞船舶正在下沉或落水船员正在呼救，仍置船员生命安全和财产损失于不顾，逃离事故现场；或者不及时向就近的海事部门、公安部门报警，反而隐匿、毁灭现场证据后逃跑；或者逃离现场的过程中再次发生交通肇事；或者船舶多次发生交通肇事后逃逸，屡教不改的，等等。[1] 海上船舶碰撞事故发生后，当事船舶存在救助、通知和守候的义务，如果肇事者在发生碰撞之后，违反了上述救助和守候义务而故意逃跑时，有可能构成犯罪而被追究刑事责任，即有可能构成交通肇事罪的逃逸行为。

例如，一艘新加坡籍集装箱货轮“科塔那不拉”（KOTA NEBULA）号从上海洋山港开往浙江宁波港，在航经浪岗山东南海域时，由于当时能见度较差、周边作业渔船密集、通航环境复杂，驾驶该轮的缅甸籍二副信某应因违反《1972 国际海上避碰规则》等相关规定，瞭望疏忽，使用自动舵高速穿越航行，在接到船员报告和雷达预警后，未使用安全航速驾驶船舶，未及时判断碰撞危险，采取避碰措施不当，与“浙普渔 75185”船发生碰撞。轮上在船艏工作的水手长等人发现碰撞情况后立即向驾驶台的信某应进行了汇报，然而信某应在接到报告后，没有采取减速、停船等措施，而只是将碰撞情况报告给船长特伟，缅甸籍船长特伟接到船员碰撞报告后，在碰撞事实明确且不危及自身安全的情况下，违反《海上交通安全法》的规定，未指令采取措施及时施救，也未按规定向相关主管机关报告，擅自指令将船头碎玻璃扫入海中，指令信某应驾驶船舶驶离事故海域逃逸，造成“浙普渔 75185”船沉没，7 名船员 4 人死亡、3 人失踪的重大事故。本起事故责任经海事局认定，“科塔那不拉”号轮负有主要责任，二副是主要责任人，船长负有管理过失的责任，且两人系肇事逃逸的责任人。[2][3]

法院审理后认为，两被告人违反海上交通运输管理法规，因而发生致 4 人死亡、3 人失踪的重大事故，情节特别恶劣，且在肇事后逃逸，两被

---

[1] 王丹丹．浅析水上交通肇事逃逸犯罪［J］．中国海事，2006（10）．曹雪雅，曹毅．水上交通肇事案件侦破的探讨［J］．中国海事，2007（5）．

[2] 徐显锋．舟山涉外海上交通肇事案一审宣判［N］．人民法院报，2013－5－8（3）．

[3] 陈勇．浙江海警二支队侦破我国首例外轮海上交通肇事案［J/OL］．［2014－03－15］．http：//news. xinhuanet. com/mil/2013－5－8/c_ 1246813399. htm.

告人的行为均已构成交通肇事罪。2013 年 5 月 7 日，法院一审公开宣判，两人因犯交通肇事罪，分别获刑 4 年和 3 年。❶ 该案是国内首例成功移送司法并追责的涉外海上交通肇事犯罪案件，其成功移送，对警示和遏制我国沿海水域交通肇事逃逸行为有着重大意义；对海事事故调查处理中涉嫌犯罪行为的司法移送影响深远。❷

有学者认为："在 KOTANEBULA 轮碰撞逃逸案件中，二副对于碰撞和逃逸行为负责，而船长对于逃逸和毁灭证据应当负责，故都应被追究刑事责任。对于船舶上的其他人员，如被船长指令清扫碎玻璃毁灭证据的船员，笔者认为，船舶碰撞事故属过失，法律应严惩肇事后的逃逸行为，鼓励救助，所以这些人员无须依刑法追究刑事责任。"❸ 笔者认为，对于除船长之外的毁灭证据的船员，如果这些船员的行为符合妨害司法罪中的帮助毁灭、伪造证据罪、伪证罪、包庇罪的犯罪构成要件的，应构成相关各犯罪。

另外，有学者认为，最高人民法院《关于审理交通肇事刑事案件具体应用法律若干问题的解释》第 5 条规定："'因逃逸致人死亡'，是指行为人在交通肇事后为逃避法律追究而逃跑，致使被害人因得不到救助而死亡的情形。"该解释主要适用于陆路交通，对于船舶碰撞后逃逸的，由于地理位置上的特殊性，证据难以保存，还原现场调查存在诸多困难，有时即使是专业人员亦难以判断受害船舶上的船员死亡是否属于"因逃逸致人死亡"或是事故严重即使得到救助亦无法挽回生命。"KOTANEBULA"轮碰撞逃逸案件中，二副和船长最终被判处 4 年和 3 年有期徒刑，并没有适用《刑法》第 133 条第 3 款的规定。可见，这一规定并不适用于船舶碰撞逃逸案件，法律或司法解释应就逃逸行为作出更适合的规定。❹ 笔者认为，证据收集和保存的困难并不能否定案件的事实，不能以此否定"因逃逸致人死亡"或是事故严重即使得到救助亦无法挽回生命的事实，这些都不是否定适用第 133 条第 3 款规定的理由，虽然海上交通肇事案件有其不同于陆地交通事故的特殊性，最高人民法院《关于审理交通肇事刑事案件具体应用法律若干问题的解释》需要针对海上交通事故作出更明确和详细的适用规定，但也得不出第 133 条第 3 款并不适用于船舶碰撞逃逸案件的结论。

---

❶ 华志波，马延辉．国内首例涉外海事交通肇事案宣判［N］．中国交通报，2013-5-14（3）．

❷ 林谦科，马延辉．国内首例涉外海事交通肇事案件成功移交解析［J］．中国海事，2013（8）．

❸ 冷正珍．海上交通肇事逃逸的刑事责任探析［J］．世界海运，2013（8）．

❹ 冷正珍．海上交通肇事逃逸的刑事责任探析［J］．世界海运，2013（8）．

对于完善司法解释，有学者指出，应出台新的司法解释，弥补《刑法》对“海上交通肇事罪”或“海上交通肇事逃逸罪”没有具体规定的缺憾。在解释中明确海上交通肇事后，明知或应知对方船舶沉没落水人员有死亡的危险而逃离现场的应按故意杀人罪（既遂或未遂）论处。对于刑法应进行修正，在《刑法》中单独设立一款“海上交通肇事罪”。虽然《刑法》第133条规定也适用海上，但该条款对违反交通运输管理法规的面太宽。海上运输碰撞事故相对于陆上运输碰撞事故而言，时空环境的特点决定现场证据保留或完全保留的可能性很小，且有关证据消失很快，船舶的航迹保留也很困难（VTS、AIS的覆盖区除外），这就导致直接有效证据的获取变得非常困难，“海上交通肇事罪”与“道路交通肇事罪”存在明显差异，应区别立法。[1]

（三）“因逃逸致人死亡”[2] 的理解和认定

对什么是“因逃逸致人死亡”，哪些情况属于“因逃逸致人死亡”，目前理论界仍存在不同的认识，并且，“因逃逸致人死亡”的主观方面的“罪过”形式应当是什么，对“因逃逸致人死亡”应当如何认定等等问题，也有不同的意见。最高人民法院《关于审理交通肇事案件具体应用法律若干问题的解释》第5条规定：“因逃逸致人死亡”，是指行为人在交通肇事后为逃避法律追究而逃跑，致使被害人因得不到救助而死亡的情形。根据这一规定，在理解及认定“因逃逸致人死亡”时，应注意以下几个问题。

交通肇事致受害人当场死亡，行为人明知受害人已经死亡，为逃避法律追究而逃逸，不属于因逃逸致人死亡。

交通肇事致受害人当场死亡，行为人不知道受害人已经死亡，为逃避法律追究而逃逸，主观上放任受害人死亡结果的发生，也不属于因逃逸致人死亡。

交通肇事致受害人身受重伤濒临死亡，即使毫不耽搁地进行抢救，受害人也无法生存，行为人为了逃避责任而逃逸，放任死亡结果的发生，也不属于因逃逸致人死亡。

交通肇事后，受害人如果能得到及时救治并不会死亡，行为人却为了逃避法律责任而逃逸，致使受害人因没有得到救治或者没有得到及时救治

---

[1] 施海平．海上交通肇事逃逸原因及法律问题探析［J］．中国海事，2010（12）．

[2] 左坚卫，黄娜，周加海．危害公共安全罪司法适用［M］．北京：法律出版社，2007：472－474．

而死亡，属于因逃逸致人死亡。

交通肇事后，受害人如果能得到及时救治并不会死亡，行为人为了逃避受害人亲友的伤害而逃逸，致使受害人因没有得到救助或者没有得到及时救助而死亡，不属于因逃逸致人死亡。

交通肇事后，行为人为逃避法律追究而逃离事故现场，在逃逸过程中又发生第二次交通事故并致被害人死亡，不属于因逃逸致人死亡。

例如，2004 年 1 月 29 日凌晨，安徽个体船“国香 1 号”轮在上海港一焦化厂装完焦炭后驶往江苏省张家港市。3 时 30 分左右，三副李某金驾船航行至沪东造船厂江面附近，遇左前方同向行驶的“沪盛旺 201”轮，准备追越该轮。在两船相距较近时，“国香 1 号”轮船首右舷与“沪盛旺 201”轮尾部发生碰撞，随后船的右锚勾住“沪盛旺 201”轮的船尾，致使“沪盛旺 201”轮向右侧倾覆。此时，正在休息的“国香 1 号”轮驾驶员罗某红被惊醒，接过船舵提议逃跑，并驾船逃离现场，开往目的港张家港。由于罗、李两人的交通肇事逃逸行为，使得“沪盛旺 201”轮上 6 名船员中的 5 人在船倾覆后当即溺水身亡，另 1 名船员落水后游向附近的东沟建材码头，于 5 时许被人捞起，但送到医院时已死亡，经法医鉴定系溺水死亡。经海事部门调查，认定“国香 1 号”轮对碰撞事故负全部责任。人民法院审理后认为，被告人罗某红和李某金交通肇事后逃逸并致人死亡，已构成交通肇事罪，鉴于罗某红、李某金自首，且民事赔偿已达成调解协议并已履行，依法对两名被告人减轻处罚，分别判处有期徒刑 3 年 6 个月和 3 年。

三、交通肇事罪罪数形态的认定

（一）交通肇事罪与非罪的认定

1. 交通肇事罪与一般交通事故的界限

两者区别的关键在于发生的事故是否重大。本罪以发生重大事故为构成要件，因此，对于有违章行为但未造成重大事故的，不能以本罪论处。这里所谓的重大事故，根据最高人民法院《关于审理交通肇事刑事案件具体应用法律若干问题的解释》，有多项标准供起刑参考，其第 2 条规定：“交通肇事具有下列情形之一的，处三年以下有期徒刑或者拘役：（一）死亡一人或者重伤三人以上，负事故全部或者主要责任的；（二）死亡三人以上，负事故同等责任的；（三）造成公共财产或者他人财产直接损失，负事故全部或者主要责任，无能力赔偿数额在三十万元以上的。交通肇事致一人以上重伤，负事故全部或者主要责任，并具有下列情形之一的，以交通肇事罪定罪处罚：（一）酒后、吸食毒品后驾驶机动车辆的；（二）无驾驶资格驾驶机动车辆的；（三）明知是安全装置不全或者安全机件失灵的机动车辆而驾驶的；（四）明知是无牌证或者已报废的机动车辆而驾驶的；（五）严重超载驾驶的；（六）为逃避法律追究逃离事故现场的。”由上述规定可知，认定构成交通肇事罪重大事故的标准，根据司法解释，上述多项标准具有单一性认定构成犯罪的作用。[1]

上述解释第4条规定：“交通肇事具有下列情形之一的，属于‘有其他特别恶劣情节’，处三年以上七年以下有期徒刑：（1）死亡二人以上或者重伤五人以上，负事故全部或者主要责任的；（2）死亡六人以上，负事故同等责任的；（3）造成公共财产或者他人财产直接损失，负事故全部或者主要责任，无能力赔偿数额在六十万元以上的。”例如，2008年1月30日1时15分许，中海航集团国际航运有限公司所属的“锦源油9”轮从长江口3号锚地东侧起锚，由船长王某国指挥驾驶。王某国未正确使用雷达探测距离，未能发现锚泊于“锦源油9”轮附近的“锦泰顺”轮，直到两船相距约200米，且对碰撞危险判断失误，错误地采取不当避让措施，造成“锦源油9”轮在长江口灯船东南方向约8.3海里处与“锦泰顺”轮发生碰撞，导致“锦泰顺”轮右舷一舱破损进水后沉没。事故造成“锦泰顺”轮上17名船员全部落水，除1人获救外，15人溺水死亡，1人失踪。经上海海事局调查认定，“锦源油9”轮应负这起事故的主要责任。人民法院经审理认为，王某国违反水上交通运输管理法规，在驾驶船舶过程中疏于瞭望并采取不当的避让措施，因而发生重大事故，具有致16人死亡的特别恶劣情节，其行为已构成交通肇事罪。因王某国有自首情节，法院依法从轻处罚，以交通肇事罪一审判处王某国有期徒刑5年。一审判决后，王某国提起上诉。二审法院认为原判决认定的犯罪事实和适用法律正确，量刑适当，审判程序合法，驳回上诉，维持原判。

本案被告人王某国的辩护律师在二审法庭上指出，不应将造成船舶碰撞的责任直接等同于人员致死的责任，海（江）上发生的交通事故与陆上交通事故有本质的区别。海（江）上发生的交通事故受害人死亡的原因多数与交通肇事行为没有直接、必然的因果关系，其死亡的直接原因多数是

[1] 高铭暄，马克昌．刑法学［M］．5版．北京：北京大学出版社、高等教育出版社，2011：361.

自然条件，如天气、海浪等自然因素造成无法及时救助而被溺死、冻死或饿死。从事海上交通运输行业，除要承担陆上交通运输行业的全部风险（如交通肇事导致直接伤害造成人员死亡）之外，还得承担自然灾害，如大风、海浪、船舶碰撞落水无法获得救助等原因所造成的伤害，其执业风险本身就大于陆上交通运输行业。因此，应改判被告无罪。这一辩护理由没有被法院所接受，并且被害人家属和社会公众认为量刑太轻。那么，最高人民法院《关于审理交通肇事刑事案件具体应用法律若干问题的解释》规定的标准适用于水上交通肇事的定罪和量刑是否适当的疑问。换言之，水上交通肇事的定罪和量刑，是否应当与陆上交通肇事的定罪和量刑适用相同的标准？笔者认为，水上交通肇事的定罪和量刑应当考虑水上交通事故的特点，理由有以下几点：第一，水上交通具有比陆上交通更大的风险性。第二，轻易判定船员犯交通肇事罪会对我国船员队伍的稳定甚至航运业的发展带来消极影响。第三，考虑海上交通事故的特殊性符合世界上大多数国家的做法。在其他大多数航运发达国家，通常是追究海上交通事故中肇事船长或船员的行政责任，除存在交通肇事后逃逸、酒后驾驶、故意造成事故等恶劣情节，或者造成特大油污损害、大量人员伤亡等严重侵害公共利益的情形外，追究船长、船员刑事责任的情形不多，而且即使被追究，多处以罚金，而不是处以有期徒刑。[1] 还有学者明确指出，水上交通肇事行为的罪刑标准应优化：水上交通肇事行为的入罪标准应有别于道路交通肇事行为，最高人民法院《关于审理交通肇事刑事案件具体应用法律若干问题的解释》所确定的入罪与量刑标准是较多考察道路交通肇事行为所确立的，与水上交通肇事行为的实际情况存在较大的不适应性；水上交通肇事行为量刑标准也应有别于道路交通肇事行为；应单独解释水上交通肇事行为的罪刑标准。[2]

2. 在非正常的交通运输活动中违章肇事的认定

违反交通运输管理法规的前提条件是在正常的交通运输过程之中，那么，如果行为人在交通运输中从事非正常的交通运输活动，违章肇事造成严重后果的，是否构成交通肇事罪？例如，行为人驾驶机动车辆进行抢劫，在抢劫过程中与他人正常行驶的车辆相撞造成车毁人亡的严重后果或者偷开他人汽车取乐过程中发生重大交通事故，是否构成交通肇事罪？对

---

[1] 胡正良．海事中的行政处罚和刑事责任［J］．海大法律评论，2009：203－204．

[2] 焦雁鹏．论水上交通肇事及其危险行为的入罪标准［J］．法学，2012（9）．

此，学术界存在不同的认识。通行的观点认为应当构成交通肇事罪。交通肇事罪是属于危害公共安全的犯罪，其实质是能同时造成不特定的多数人的死伤或者公私财产的重大损失。至于行为人所进行的交通运输活动是正常的还是非正常的都不能改变其运输活动的实质，因而行为人在非正常的交通运输活动中违章肇事，也不能改变其危害公共安全的本质。因此不能用交通运输活动的正常与否来界定交通肇事罪的范围。根据最高人民法院《关于审理盗窃案件具体应用法律若干问题的解释》的规定，在偷开机动车辆过程中发生交通肇事构成犯罪又构成其他犯罪的，应当以交通肇事罪和其他罪实行数罪并罚。这也从另一个方面证明了在交通运输过程中从事非正常的交通运输活动违章肇事造成严重后果的，应构成交通肇事罪。

3. 水上交通肇事中的下落不明或者人员失踪的认定与处理

2010 年 2 月 3 日 10 时许，被告人林某锦和 9 名船员驾驶“闽连渔 0178”船航行至连江县北茭附近海域时，遇上“兴龙舟 168”轮船，两船呈交叉航行状态，林某锦未履行让路船责任，反而抢速超船。当渔船进入轮船船首盲区后与“兴龙舟 168”轮船发生碰撞，“闽连渔 0178”船上 10 名渔民全部落水，造成 4 名船员死亡、3 名船员失踪的重大事故。后经福州海事局水上交通事故责任认定：“闽连渔 0178 号”船年检已超过有效期，船长林某锦未履行安全生产主体责任，违法出海作业，在航行过程中疏忽瞭望，未履行让路船责任、及早采取适当而有效的避让行动，应对事故负主要责任。“兴龙舟 168”轮负事故次要责任。

本案是一起发生在海上的交通肇事案。此案审理中，引起很大争议，争议的核心问题是被告人林某锦的行为是否构成犯罪，即便构成犯罪，致 3 人下落不明是否能够作为量刑情节。

第一种意见认为，海上交通肇事与陆上交通肇事有很大不同，鉴于我国对水运过程中发生的肇事行为，虽然水上交通运输管理法规中多有“构成犯罪的，依法追究刑事责任”的表述，但从实际处理情况看，此类案件作为刑事案件处理很罕见，交通肇事罪的规定虽不排除水上运输问题，但司法实践中很难掌握，鉴于水上交通肇事的调查处理规定及相应法律法规尚不完善，即使因违章行为发生事故，大多按照海商案件处理，而不按犯罪处理。该种意见认为，林某的行为不构成犯罪，此案应作为一般海商案件处理。

第二种意见认为，林某锦的行为构成交通肇事罪，但不能将受害人下落不明作为量刑情节。理由是，对水上交通肇事法律没有明文规定什么情况属于下落不明，下落不明是否构成刑法上的危害社会结果。

第三种意见认为，林某的行为构成交通肇事罪，且在海上致人下落不明后，下落不明的被害人客观上已经死亡，应将其推定死亡作为量刑情节予以考量。

第四种意见认为，林某的行为构成交通肇事罪，应将致人下落不明作为量刑情节考量，不能将下落不明推定为死亡。

法庭认为，公诉机关指控的罪名成立。被告人林礼锦违反水上交通运输管理法规及国际海上碰撞规则，在航行过程中未履行让船责任采取有效的避让行动，反而抢速超船，因而发生海上重大事故并致4人死亡、3人至今下落不明，情节特别恶劣，该行为已经构成交通肇事罪。连江法院根据《人民法院量刑指导意见（试行）》及福建省高级人民法院依此制定的实施细则，对被告人交通肇事罪的犯罪事实与量刑情节进行了量化分析：根据事故造成的死亡与下落不明人数，确定其基准刑为有期徒刑5年6个月。被告人在案发后虽主动投案，但自侦查至庭审，对其违反海上碰撞规则，抢速超船的主要事实并未如实供述，不符合法律规定自首应当如实供述犯罪事实的要素，故不予认定为自首，不予从轻处罚。但事故后，被告人能积极协助被害人获得赔偿，可酌情从轻处罚，予以减少6个月刑罚量。故公诉机关建议对被告人在有期徒刑4～6年幅度内处刑的量刑意见有理由，法院予以采纳。辩护人提出被告人构成自首的辩护意见没有理由，不予采纳。鉴于事发后，各被害人已获得理赔，予以酌情对被告人从轻处罚。辩护人关于此节的辩护意见理由成立，予以采纳。被害人请求对被告人从重处罚的量刑意见予以酌情采纳。法院根据上述情节判决被告人林礼锦犯交通肇事罪，依法判处有期徒刑5年。

对于失踪人员处理也是一大困难。《刑法》第133条规定的交通肇事罪和最高人民法院《关于审理交通肇事刑事案件具体应用法律若干问题的解释》没有将“人员失踪”作为法定的犯罪后果进行规定，学术理论界与司法实务部门采取了不同的指导意见和应对措施。

第一种观点，站在刑法立场，对“人员失踪”忽略不计。对人员失踪忽略不计在海事行政执法中屡见不鲜，此类案件的处理结果大多只是行政处罚。但是，当实践中出现了大量由于水上交通肇事导致的人员失踪情形时，缺乏明确的法律标准就会造成一些犯罪行为逃避了刑法的制裁，这与维护司法正义无疑是背道而驰的。

第二种观点，引入民法制度，以“宣告死亡”作为定罪依据。例如，彭某驾船运载村民7人横渡河面发生事故，导致金某7岁的女儿入水后未见踪影，经多方寻找未能找到。经金某申请，法院宣告其7岁的女儿死亡。法院认定彭某违反交通运输法规造成一人死亡，其行为构成交通肇事罪，判处有期徒刑一年。这是我国首例将民事上的宣告死亡作为刑事上认定犯罪事实的证据并据以定罪处罚的案件。对此，有学者认为："在刑法没有修改和新的司法解释没有作出之前，解决这个问题最好是采取宣告死亡的办法。"❶ 也有学者认为，"民事上的宣告死亡可以作为刑事上认定犯罪事实的证据"，❷ 对于"人员失踪"的处理，可以比照我国民法通则宣告死亡制度，将宣告死亡结果引入刑法定罪量刑标准当中。

反对者认为，民法中的宣告死亡是一种法律上的推定死亡。宣告死亡只能引起民事关系上的变化，且以实际情形为制约，并不能适用于刑事领域对犯罪后果事实的认定。刑法对失踪人宣告死亡效力的认可，是将一种推定的事实作为量刑依据，严重违反刑法中"疑罪从无"及"罪刑法定"原则的精神。❸ 因此，"宣告公民死亡的法律意义只能锁定在民事法律关系和民事法律领域，而不能逾越这一界限援用到其他法律领域。"❹ 其次，刑法意义上的死亡，不仅意味着自然人生命的终止，同时还可能引起对造成这一死亡结果的肇事者生命权、自由权的剥夺。这种刑罚的实施不同于民事法律关系的变更，是不可回复的。同时，对于刑法意义上的死亡的认定要求必须客观、真实，确定无疑，而不能主观臆测或者推定，这也是刑事证据规则。因此，不宜将民事法律上的宣告死亡制度直接援引到刑法法律领域中，用以确认公民死亡的真实状态。❺ 还有学者指出，根据《民法通则》第23条的规定，公民因意外事故下落不明，自事故发生之日起满2年的，利害关系人可以向人民法院申请宣告死亡。但是现行交通肇事罪定罪量刑的标准并没有涉及人员失踪、下落不明的情形，若待2年之后再依死亡宣告判决书追求肇事者的刑事责任，则达不到及时追究犯罪的目的，显然不符合海事案件的实践，因为船舶碰撞后即使有关部门组织救助，仍有

---

❶ 王茹军. 水路交通肇事犯罪若干问题浅探［J］. 水上消防，2006（4）.

❷ 黄基盛，刘见元. 民事上的宣告死亡可以作为刑事上认定犯罪事实的证据——兼论我国刑事诉讼的证明标准［J］. 广西政法管理干部学院学报，2008（2）.

❸ 赵薇，王慧. 水上交通事故"人员失踪"的刑法定性研究［J］. 苏州大学学报，2013（1）.

❹ 胡夏冰. 民法上的"宣告死亡"是刑法上的"致人死亡"吗［N］. 人民法院报，2006－6－19（4）.

❺ 曹雪雅，曹毅. 水上交通肇事案件侦破的探讨［J］. 中国海事，2007（5）.

人员下落不明，这有待法律和司法解释的进一步完善。[1] 宣告失踪的时间要求不利于适时追诉犯罪，经过民事宣告失踪确认失踪人状态至少需要2年零3个月的时间，如果将其作为认定失踪的证据，在时间上不现实，在这期间对肇事者羁押与否都成问题，如果羁押错误最后无罪释放，则会带来国家赔偿等一系列法律问题；尽管羁押正确也可能面临刑期小于羁押期的问题；并且，民事立法中宣告失踪制度确认失踪人失踪事实的目的在于结束失踪人财产关系的不确定状态，是一种经过法定程序确认的法律拟制事实，并非自然事实，该法律拟制事实的认定或撤销会直接引起民事法律关系的变化，导致权利义务关系的变化或回复。而刑法上失踪的确认是为追究肇事者刑事责任提供犯罪事实依据，虽然可被法律拟制，但是刑罚具有不可替代性和不可回复性。因此，民事宣告失踪制度不宜在刑事诉讼中直接引用，尽管存在先例也不宜效仿。[2]

第三种观点，采用逻辑推理方法，将“下落不明”推定为死亡。这种观点认为，对水上交通肇事遇害者下落不明的，可以根据案件发生的具体情况，如果判明遇害者不可能生存的，可直接认定遇害者已经死亡，对被告人以交通肇事定罪判刑，并可同时提起附带民事诉讼。持不同意见的学者认为，首先，虽然失踪者生还可能性不大，但毕竟不排除生还的可能。水路交通事故中寻找不到失踪者的原因是多方面的，并不仅仅只有失踪者死亡一种可能。落水与死亡的因果联系毕竟是一种高度盖然性的推论，而非必然的结果。其次，刑事上的认定死亡要求证据间形成完整的证据链，排除其他生还的一切可能性。而在实践中，这一操作规范在具体实施时，因为水陆实地环境情况的不同，就可能出现不同的证明标准及证明结果。对于海上犯罪案件，试图通过收集大量的间接证据形成客观完整的证据链，并且符合危害行为与推定死亡结果之间的因果关系的配置，在理论上是可行的，在实践中不仅困难重重，而且会大量浪费国家行政、司法资源。最后，刑罚的不可逆性也要求谨慎司法。所以，从刑法谦抑原则出发，要维护法律的尊严和威信，在尚未发现遇难人的尸体且现有证据无法排除遇难人生还的一切可能性时，不能推定失踪人死亡进而追究当事人的刑事责任，只有这样，才能避免错案的发生。[3]

第四种观点，肯定犯罪事实，将“下落不明”直接认定为交通肇事

---

[1] 冷正珍．海上交通肇事逃逸的刑事责任探析［J］．世界海运，2013（8）．

[2] 赵薇，王慧．水上交通事故“人员失踪”的刑法定性研究［J］．苏州大学学报，2013（1）．

[3] 赵薇，王慧．水上交通事故“人员失踪”的刑法定性研究［J］．苏州大学学报，2013（1）．

罪。最高人民法院研究室《关于遇害者下落不明的水上交通肇事案件应如何适用法律问题的电话答复》（以下简称《电话答复》）指出：“刑事判决认定死亡只能是实际发生的死亡结果，对水上交通肇事案件的遇害者下落不明的，不能推定其已经死亡，只能根据被告人的行为造成受害人下落不明的这一事实，以交通肇事定罪处罚，民事诉讼应另行提起，并经过宣告死亡程序后处理赔偿等民事权益纠纷。”《电话答复》一方面表明了不能将失踪推定为死亡的观点，另一方面又确认可以根据受害人下落不明这一事实，以交通肇事罪追究肇事者的刑事责任。例如，2009 年 8 月 16 日，在长江瑞昌水域发生了一起水上交通肇事案，当事船舶武穴机××号采砂船和“鄂烯水货××号”货船相撞，致使“鄂烯水货××号”货船沉没，船上 7 人以及装载的 1 100 吨煤炭全部落水。落水的 7 人除 2 人自救生还外，其余姚某等 5 人下落不明。法院以长江水域交通事故造成受害人下落不明的危害结果对该案被告人程某某、宋某某以犯交通肇事罪分别判处有期徒刑 3 年，缓刑 5 年。[1]

综上，对于“人员失踪”的刑法定性，前三种观点虽有其合理性，但也都不乏其各自在司法操作上的不足。在交通肇事致被害人落水失踪打捞尸体无果的情况下，既不能排除其生还的可能性，又没有直接证据或完整的间接证据证明其死亡，将其生死不明之状界定为失踪虽是无奈之举，确也只能如此。《电话答复》给司法机关适用法律提供了一个粗略的方案，虽然该电话答复只具有准司法解释的效力，却有效解决了一直困扰着全国涉水行政、司法机关办理水上交通肇事案的一大法律难题。笔者建议通过司法解释将“人员失踪”作为独立的危害后果纳入交通肇事罪当中，细化“人员失踪”作为交通肇事罪入罪的条件和量刑标准，增加司法操作性，有效解决司法适用缺乏法律依据的难题，统一司法标准，以避免各地司法实务部门“花开多朵，各表一枝”的尴尬局面。[2]

（二）交通肇事罪与彼罪的认定

1. 交通肇事罪与以危险方法危害公共安全罪

本罪往往造成人身伤亡的结果，与以驾车撞人的危险方法构成的危害公共安全罪，从结果上看是相同的。两者主要区别在于发生的场合及主观心理态度不同。本罪致人重伤与死亡发生在交通运输过程中，主观上是过

---

[1] 章晖．“8·16 长江水上交通肇事案”一审作出有罪判决［N］．中国水运报，2010-6-18（5）．

[2] 赵薇，王慧．水上交通事故“人员失踪”的刑法定性研究［J］．苏州大学学报，2013（1）．

失，而以驾车撞人的危险方法构成的危害公共安全罪，并非为从事交通运输，并且主观上是希望或放任死伤结果的发生。在城镇街道发生的交通事故，主要是汽车驾驶人员违反交通法规，过失造成他人重伤、死亡或者公私财产遭受重大损失，无论死伤多少人，无论公私财产损失多么大，都只能构成交通肇事罪，不能认定为过失以危险方法危害公共安全罪。但是，如果查明行为人是故意违反交通法规，故意驾驶汽车在街道上横冲直撞，危及不特定多数人的人身安全和公私财产安全，不论是否造成了严重后果，都应当认定为以危险方法危害公共安全罪，依照《刑法》第114条或者第115条第1款处罚，而不构成本罪。根据最高人民法院《关于醉酒驾车犯罪法律适用问题的意见》，行为人明知酒后驾车违法、醉酒驾车会危害公共安全，却无视法律醉酒驾车，特别是在肇事后继续驾车冲撞，造成重大伤亡，说明行为人主观上对持续发生的危害结果持放任态度，具有危害公共安全的故意。对此类醉酒驾车造成重大伤亡的，应依法以以危险方法危害公共安全罪定罪。2009年9月8日司法机关公布的两起醉酒驾车犯罪案件中，被告人黎某全和被告人孙某铭都是在严重醉酒状态下驾车肇事，连续冲撞，造成重大伤亡。其中，黎某全驾车肇事后，不顾伤者及劝阻他的众多村民的安危，继续驾车行驶，致2人死亡，1人轻伤；孙某铭长期无证驾驶，多次违反交通法规，在醉酒驾车与其他车辆追尾后，为逃逸继续驾车超限速行驶，先后与4辆正常行驶的轿车相撞，造成4人死亡、1人重伤。被告人黎某全和被告人孙某铭在醉酒驾车发生交通事故后，继续驾车冲撞行驶，其主观上对他人伤亡的危害结果明显持放任态度，具有危害公共安全的故意。二被告人的行为均已构成以危险方法危害公共安全罪。根据《刑法》第115条第1款的规定，醉酒驾车，放任危害结果发生，造成重大伤亡事故，构成以危险方法危害公共安全罪的，应处以10年以上有期徒刑、无期徒刑或者死刑。具体决定对被告人的刑罚时，要综合考虑此类犯罪的性质、被告人的犯罪情节、危害后果及其主观恶性、人身危险性。一般情况下，醉酒驾车构成本罪的，行为人在主观上并不希望、也不追求危害结果的发生，属于间接故意犯罪，行为的主观恶性与以制造事端为目的而恶意驾车撞人并造成重大伤亡后果的直接故意犯罪有所不同，因此，在决定刑罚时，也应当有所区别。此外，醉酒状态下驾车，行为人的辨认和控制能力实际有所减弱，量刑时也应酌情考虑。被告人黎某全和被告人孙某铭醉酒驾车犯罪案件，依法没有适用死刑，而是分别判处无期徒刑，主要考虑到二被告人均系间接故意犯罪，与直接故意犯罪相比，主观恶性不是很深，人身危险性不是很大；犯罪时驾驶车辆的控制能力有所减弱；归案后认罪、悔罪态度较好，积极赔偿被害方的经济损失，一定程度上获得了被害方的谅解。广东省高级人民法院和四川省高级人民法院的终审裁判对二被告人的量刑是适当的。

水路交通犯罪涉及的主要罪名包括交通肇事罪、以危险方法危害公共安全罪和劫持船只罪。水路交通犯罪侵犯的客体是水上交通安全和不特定多数人的生命健康和财产安全。在水路交通犯罪中，以危险方法危害公共安全罪对交通肇事罪是一种补充关系。交通肇事罪是过失犯罪，且从刑罚的设置上来说，交通肇事罪是一种轻型犯罪，如果行为人交通肇事的行为已经超越了交通肇事罪的评价，则需要适用兜底罪名以危险方法危害公共安全罪。如果行为人违反了水路交通运输管理法规，虽然造成了致人重伤、死亡或者公私财产遭受重大损失的水上交通事故，但是其对损害结果的发生持过失的心理态度，则只能成立交通肇事罪。如果行为人违反水路交通运输管理法规，故意造成后果严重的重大水上交通事故，或者出于其他目的如报复泄愤等，致使船舶碰撞或者发生其他严重事故的，或者使航行安全受到严重威胁的，可以成立以危险方法危害公共安全罪。

2. 交通肇事罪与重大飞行事故罪、铁路运营安全事故罪的界限

本罪与重大飞行事故罪、铁路运营安全事故罪同属重大交通肇事的犯罪。犯罪共同客体均为交通运输安全，主观上也都出于过失，客观上也都以违反保障交通运输安全管理的规章制度并以造成严重后果为要件。其区别主要是：第一，犯罪主体不同。本罪主体为一般主体；而后两罪的犯罪主体为特殊主体，即分别为航空人员与铁路职工，其他自然人一般主体不能构成这两种犯罪。第二，犯罪发生的场合不同。本罪主要发生在公路、水路交通运输过程中（不排除一般主体在特定交通运输领域内可以构成交通肇事罪）；而后两罪分别发生在航空运输与铁路运输活动领域。第三，违反的具体注意义务不同。根据运输领域不同（公路、水上），本罪行为人违反的可以是特定的注意义务，也可以是一般的注意义务；而后二罪违反的只限于从事航空运输、铁路运输领域内特定的注意义务。如果一般主体即非航空人员在航空运输中违反航空运输管理法规，或者非铁路职工在铁路运输中违反铁路运输管理法规，因而发生重大飞行事故或者重大铁路运营安全事故，致人重伤、死亡或者使公私财产遭受重大损失，又不能构成其他犯罪，则仍然应当构成本罪。如果行为人是航空工作人员或者铁路工作人员，作为非特殊主体公民，在公路、水路交通运输中违反相关交通

运输管理法规，因而发生重大交通事故，致人重伤、死亡或者使公私财产遭受损失的，仍应认定为本罪。

3. 交通肇事罪与故意杀人罪或故意伤害罪的界限

在犯罪客体方面，本罪的犯罪客体是交通运输安全，犯罪对象是不特定多数人的生命、健康和重大公私财产的安全，而故意杀人罪或故意伤害罪侵犯的客体是公民的人身权利，具体来说就是公民的生命权和身体健康权，犯罪对象是特定的他人。在犯罪客观方面，本罪表现为违反交通运输管理法规，因而发生重大事故，致人重伤、死亡或者使公私财产遭受重大损失，而故意杀人罪是非法剥夺他人生命的行为，故意伤害罪是非法伤害他人身体健康的行为。在犯罪主体上，本罪是已满16周岁具有刑事责任能力的自然人，而故意杀人罪是已满14周岁并具有刑事责任能力的自然人，故意伤害致人重伤的也是已满14周岁并具有刑事责任能力的自然人。在犯罪主观方面，本罪是过失，而故意杀人罪或者故意伤害罪是故意。如果行为人利用交通工具杀伤了特定的人，则侵害的是他人的生命或者健康权利，不足以危害公共安全的，应以故意杀人罪或故意伤害罪论处。交通肇事后为逃避法律追究，将被害人带离事故现场后隐藏或者遗弃，致使被害人无法得到救助而死亡的，如果行为人的交通肇事行为不构成交通肇事罪，应构成故意杀人罪，如果致使被害人严重残疾的，应构成故意伤害罪。如果行为人先前的交通肇事行为已经构成交通肇事罪，则应当以交通肇事罪和故意杀人罪或者故意伤害罪数罪并罚。交通肇事后，误认为被害人已经死亡，为掩饰其肇事行为，而又实施将其转移、隐藏等行为，致使被害人死亡的，应构成交通肇事罪，不构成故意杀人罪或者故意杀人罪和交通肇事罪两罪。交通肇事后，明知被害人被拖于车下，仍驾车逃逸致使被害人死亡的，应按故意杀人罪论处，不以交通肇事罪论处；如果是故意伤害他人的，应构成故意伤害罪。

4. 非机动交通工具违章肇事的认定

在交通运输中利用非机动交通工具如自行车、三轮车、手推车、畜力车、木帆船、人力游艇等从事交通运输违反交通运输规则造成重大事故的，能否构成交通肇事罪？按照城市交通规则的有关规定，对于使用自行车、三轮车、手推车、畜力车等交通运输工具发生严重事故，造成人身伤亡的，应当构成交通肇事罪，而不宜认为无罪。那么，按照此种规定，在水上用非机动船只从事交通运输违反交通运输规则造成重大事故的，也应构成交通事故罪。因此，在实践中，按本罪处理时须注意的是，只要非机动性交通工具被用来从事交通运输活动并且违反交通运输管理法规，危害公共安全，发生重大事故，致人重伤、死亡或使公私财产遭受重大损失时，才具备构成本罪的条件，否则就不能成立本罪。如果操纵非机动车辆发生重大交通事故，但不会危害公共安全，不会危害不特定多数人的生命、健康和重大公私财产的安全，则不应以本罪论处。如果非机动车辆本身发生事故，造成人员伤亡或者财产损失，通常不会达到危及公共安全的程度或者不会违反交通运输管理法规，因而不可能构成交通肇事罪，而应当以过失致人重伤罪或者过失致人死亡罪论处。[1]

5. 交通肇事后不积极抢救致使被害人死亡或者严重残疾的认定

交通肇事后不但不积极抢救被害人，反而将被害人带离事故现场后隐藏或者遗弃，放任受害人死亡结果的发生，致使被害人无法得到救助而死亡或者严重残疾的，如何处理？对于这种情形，实务部门和理论界存在不同意见，有人认为对行为人应当按照间接故意杀人罪或者故意伤害罪追究刑事责任，有人认为应当以交通肇事罪和故意杀人罪或者故意伤害罪数罪并罚。最高人民法院《关于审理交通肇事案件具体应用法律若干法律问题的解释》第6条规定：“行为人在交通肇事后为逃避法律追究，将被害人带离事故现场后隐藏或者遗弃，致使被害人无法得到救助而死亡或者严重残疾的，应当分别依照《刑法》第二百三十二条、第二百三十四条第二款的规定，以故意杀人罪或者故意伤害罪定罪处罚。”但是，对之前的交通肇事行为应当如果处理没有明确。在这种情形下，行为人实际上实施了两个独立的行为，一个是交通肇事行为，一个是隐藏或者遗弃被害人的行为，根据罪数理论和刑法关于数罪并罚的有关规定，如果行为人的交通肇事行为不构成交通肇事罪，则应当根据隐藏或者遗弃行为所造成的后果，以故意杀人罪或者故意伤害罪定罪处罚；如果行为人先前的交通肇事行为已经构成交通肇事罪，则应当以交通肇事罪和故意杀人罪或者故意伤害罪数罪并罚。

6. 交通肇事罪与驾车过程中发生的过失致人死亡罪

本罪必须发生在交通运输过程之中，而这种交通运输是处在公共交通管理范围内的，在公共交通管理范围内发生交通事故致人死亡的，以交通肇事罪论处。如果在公共交通管理范围外或者说是在非公共交通运输道路上，发生交通事故致人死亡的，就不再构成交通肇事罪，而是过失致人死

---

[1] 左坚卫，黄娜，周加海．危害公共安全罪司法适用［M］．北京：法律出版社，2007：489.

亡罪。如在乡间的小道上发生重大交通事故的，就不应以交通肇事罪论处，而应以过失致人死亡罪论处。在企事业单位内部的公共交通道路上发生重大交通事故的，也应构成过失致人死亡罪，原因就在于企事业单位内部的公共交通不受交通运输管理法规的调整，因此，它们之间区别的关键是是否在公共交通管理的范围内。在最高人民检察院《关于在厂（矿）区内机动车造成伤亡事故的犯罪案件如何定性处理问题的批复》中规定，在厂（矿）区内机动车作业期间发生的伤亡事故案件，应当根据不同情况，区别对待：在公共交通管理范围内，因违反交通运输规章制度，发生重大事故，应按《刑法》第 113 条规定处理[1]，违反安全生产规章制度，发生重大伤亡事故，造成严重后果的，应按《刑法》第 114 条规定处理[2]；在公共交通管理范围外发生的，应当定重大责任事故罪。最高人民法院《关于审理交通肇事案件具体应用法律若干法律问题的解释》第 8 条第 2 款规定："在公共交通管理的范围外，驾驶机动车辆或者使用其他交通工具致人伤亡或者致使公共财产或者他人财产遭受重大损失，构成犯罪的，分别依照刑法第一百三十四条、第一百三十五条、第二百三十三条等规定定罪处罚。"据此，应认定为重大责任事故罪、重大劳动安全事故罪、过失致人死亡罪。

（三）交通肇事罪与数罪的认定

对于行为人交通肇事后，为逃避责任，不顾他人安危，继续驾车超速行驶，以致又撞伤、撞死他人或者造成公私财产重大损失的情况的定性，刑法理论界有不同的几种意见。第一种意见认为，行为人肇事后为逃避罪责，不顾他人的生命财产安全，横冲直撞又造成危害结果，这里出现主观罪过的转化，即由过失转化为故意，对行为人应定故意杀人罪或故意伤害罪或其他相关犯罪。第二种意见认为，行为人的行为可划分为前后两段，前一段行为人构成交通肇事罪显而易见，后一段行为人对撞伤撞死他人的主观罪过为故意，构成故意杀人罪或故意伤害罪，总起来对之实行以交通肇事罪与故意杀人罪或故意伤害罪并罚。第三种意见认为，把行为人的行为划分为两个阶段是对的，但后一阶段是出于逃避罪责的目的，驾驶汽车在公共场所横冲直撞，已构成了对不特定多数人的安全的危害，对行为人应以交通肇事罪与以其他方法危害公共安全罪进行处罚。第四种意见认

---

[1] 即 1997 年《刑法》中的交通肇事罪的规定——作者注

[2] 即 1997 年《刑法》中的重大责任事故罪。——作者注

为，第三种观点虽然分析正确，但过于片面，没有涵盖其他情形，认为可以分为两种情况来探讨：❶

第一种情况是：行为人交通肇事后，为逃避责任而逃逸，在逃逸中又违反交通法规而过失致人重伤、死亡或者造成公私财产重大损失的。这种情况下，成立交通肇事罪的同种数罪，当然，对此不按数罪并罚，而按一罪处理，另罪作为量刑情节来考虑。

第二种情况是：行为人交通肇事后，为躲避他人的拦截，横冲直撞对他人生命财产安全的可能丧失持放任态度，以致又撞伤、撞死他人或者造成公私财产重大损失的。这种情况下，行为人横冲直撞危及的是公共安全，不仅仅是他人的生命、健康权，并且行为人对公共安全的破坏持一种放任态度。所以，行为人后一阶段的行为构成以其他方法危害公共安全罪，而不是故意杀人罪或故意伤害罪。对此，应以交通肇事罪和以其他方法危害公共安全罪实行数罪并罚。

另外，还有两种情况应以交通肇事罪和故意杀人罪实行数罪并罚：一种情况是行为人交通肇事致人重伤后，为逃避罪责或减轻赔偿责任而将被害人杀死的，杀人的手段可以是用车轧死或其他方法。另一种情况是行为人交通肇事致人重伤后，为逃避责任，将被害人遗弃荒郊野外等不易被人发现的地方。

四、交通肇事罪是否存在共犯

交通肇事罪是过失犯罪，根据《刑法》第25条第2款“二人以上共同过失犯罪，不以共同犯罪论处”的规定，交通肇事罪不应当存在共同犯罪的问题。但是，最高人民法院《关于审理交通肇事案件具体应用法律若干法律问题的解释》第5条第2款规定，交通肇事后，单位主管人员、机动车辆所有人、承包人或者乘车人指使肇事人逃逸，致使被害人因得不到救助而死亡的，以交通肇事罪的共犯论处。第7条规定，单位主管人员、机动车辆所有人或者机动车辆承包人指使、强令他人违章驾驶造成重大交通事故，具有本解释第2条规定情形之一的❷，以交通肇事罪定罪处罚。这就意味着交通肇事罪也存在共同犯罪。埋论上对这种规定的认识，争论点在于如何理解解释中的“共犯”，“共犯”是否就是“共同犯罪”。

---

❶ 王作富．刑法分则实务研究［M］．2版，北京：中国方正出版社，2003：166.

❷ 关于构成交通肇事罪的规定——作者注。

无论如何，如果发生上述解释规定的情形的，就要按照解释的规定处理。在刑法理论中，对此问题的观点较多，如共犯论、非共犯论、共犯非共犯区别论、回避论、伪证罪论、包庇罪论、故意杀人或故意伤害教唆犯论、窝藏罪论、间接故意杀人共犯论、遗弃罪论等等。笔者认为，从理论上分析，对这类行为以《刑法》规定第310条规定的窝藏罪论处应更妥当。

五、交通肇事罪与危险驾驶罪的界限

（一）危险驾驶罪的概念和犯罪构成特征

《刑法修正案（八）》第22条规定：在刑法第133条后增加1条，作为第133条之一："在道路上驾驶机动车追逐竞驶，情节恶劣的，或者在道路上醉酒驾驶机动车的，处拘役，并处罚金。有前款行为，同时构成其他犯罪的，依照处罚较重的规定定罪处罚。"最高人民法院、最高人民检察院《关于执行〈中华人民共和国刑法〉确定罪名的补充规定（五）》将此条的罪名确定为"危险驾驶罪"。

危险驾驶罪是指在道路上驾驶机动车追逐竞驶，情节恶劣的，或者在道路上醉酒驾驶机动车的行为。危险驾驶罪的犯罪构成特征如下。

（1）本罪的犯罪客体是公共交通运输安全。《刑法修正案（八）》将危险驾驶罪规定在"危害公共安全罪"一章，那么很显然，此罪侵犯的客体为公共交通运输安全，即危险驾驶的行为危及到了公共安全，给公共安全带来了潜在的危险，即对不特定且多数人的生命、身体或者财产的危险。所谓"交通安全"，是指在交通过程中不特定多数人的生命、健康和重大公私财产等的安全。所谓的"不特定"，是指犯罪行为可能侵犯的对象和可能造成的结果事先无法确定；所谓"多数人"，则难以用具体数字表述。司法实践中，对于危及公共安全的判断要依据行为发生的时空条件进行判断。如果醉驾或追逐竞驶的行为根本不可能危及到公共安全，那么即使有醉驾或追逐竞驶的行为，也不构成此罪。如果行为仅侵犯了特定的少数人的生命、健康或者财产的安全，也不构成此罪。

有学者认为，本罪的犯罪客体是公路交通运输安全及行人人身、车辆及其他公共设施的安全。[1] 犯罪侵害的客体主要是道路交通秩序，同时也

[1] 高铭暄，马克昌．刑法学［M］．5版．北京：北京大学出版社、高等教育出版社，2011：363.

威胁到不特定多数人的生命、财产安全。❶ 本罪侵犯的客体是公路交通运输安全。从《刑法修正案（八）》的法条来看，这里不包括水上及空中交通运输安全。❷ 还有学者认为，该罪所指的“交通”，是指除航空、铁路、水路外的公路交通。危险驾驶罪在水上交通犯罪领域没有适用的空间，危险驾驶罪在罪名设计时将其范围限定于道路上，使得水路和铁路上的危险驾驶行为无法得到刑法的评价。❸ 就危险驾驶罪而言，我国实证法上严格限定了适用范围，并无将之适用于水上或者其他交通领域的可能，水上危险驾驶行为又是“例外”于现行刑法中的危险驾驶罪的。❹ 笔者认为，第一，本罪的交通运输安全的含义已包含行人人身、车辆及其他公共设施的安全，不需重复指明；第二，道路交通秩序不能包含交通安全，交通安全的含义远大于交通秩序，不特定多数人的健康安全也应包含在本罪侵犯的客体内，不仅仅只有生命、财产安全。第三，本罪中的道路交通不能仅指公路交通，不能将水路交通排除在外，正如有学者指出的，危险驾驶罪侵犯的直接客体限于公路、水上和城市交通运输安全。第四，《道路交通安全法》第119条规定的“道路”并未将水路交通排除在道路交通以外，并且该法规定虽在单位管辖范围但允许社会机动车通行的地方也是道路，其包括工厂等特殊场所。最高人民法院、最高人民检察院、公安部发布的《关于办理醉酒驾驶机动车刑事案件适用法律若干问题的意见》第1条第2款规定：“前款规定的‘道路’‘机动车’，适用道路交通安全法的有关规定。”因此，本罪中的道路应包括水路。

（2）本罪的客观方面表现为违反交通运输安全法规，在道路上驾驶机动车追逐竞驶，情节恶劣的，或者在道路上醉酒驾驶机动车的行为。前者俗称飙车，后者俗称醉驾。二者都有人为制造的公共危险性，但尚未发生重大交通事故。❺ 构成此罪要求在客观行为方面要同时满足4个方面的条件。

①行为条件：醉酒驾驶机动车或者驾驶机动车追逐竞驶。这里法律条文采用列举的方式，仅将醉酒和驾驶机动车追逐竞驶的行为入罪。

---

❶ 全国人大常委会法制工作委员会刑法室．中华人民共和国刑法修正案（八）条文说明、立法理由及相关规定［M］．北京：北京大学出版社，2011：71.

❷ 赵秉志．刑法修正案（八）理解与适用［M］．北京：中国法制出版社，2011：191.

❸ 何珍．交通安全犯罪的罪名体系研究［D］北京：中国政法大学，2012：39.

❹ 焦雁鹏．论水上交通肇事及其危险行为的入罪标准［J］．法学，2012（9）.

❺ 高铭暄，陈璐．《中华人民共和国刑法修正案（八）》解读与思考［M］．北京：中国人民大学出版社，2011：90.

第一，醉酒驾驶行为。行为人在道路上驾驶机动车时，必须达到醉酒的标准。何为醉酒？众所周知，醉酒分为生理性醉酒和病理性醉酒，病理性醉酒属于精神病，而生理性醉酒则不属于精神病。根据醉酒的程度，生理性醉酒可分为轻度醉酒、中度醉酒和高度醉酒。其中，轻度醉酒者和中度醉酒者的辨认和控制能力虽有一定程度的减弱但并未丧失，属于完全刑事责任能力人或限制刑事责任能力人；高度醉酒者存在意识障碍，对自己的行为无辨认和控制能力，属于无刑事责任能力人。危险驾驶罪中的醉酒包括生理性醉酒和病理性醉酒。但在病理性醉酒的情形中，要看行为人是否明知自己有病理性醉酒的生理特点，如果明知而故意饮酒使自己陷于病理性醉酒的状态后驾驶机动车，根据“原因自由行为”理论，其仍要承担刑事责任；如果行为人不知道自己有病理性醉酒的生理特点，而饮酒后使自己陷于病理性醉酒的状态后又驾驶机动车行驶，根据“主客观一致”的原则，刑罚不应对此种行为人意志无法控制的行为加以处罚。如学者指出：“考虑病理性和犯罪主观心态不能仅从危害行为及危害结果发生时来分析，而应考虑行为人醉酒前的责任能力状态和对犯罪行为及其结果所指的主观心理态度。”❶

除此之外，在高度醉酒状态下，还要看醉酒的原因行为——如果是行为人自己自愿饮酒而陷于高度醉酒的，则要负刑事责任，否则不承担刑事责任。有学者指出，行为人被他人胁迫在醉酒的状态下驾驶机动车，分两种情况：一种是被他人胁迫服用或注射含有酒精的制品，从而达到醉酒的标准，在不能自控的情况下驾驶了机动车；另一种是行为人在故意或过失达到了醉酒状态后，被人胁迫驾驶机动车的情况。前者是由于其醉酒状态并不是出于行为人的故意或过失；后者是由于行为人处于醉酒状态后，被人强行要求实施驾车行为。因此这两种情况下的行为人都不能构成本罪。需要强调的是，这两种胁迫都必须达到了依当时的情况行为人无法拒绝的程度，但劝酒和行为人醉酒后的建议都不属于胁迫的情况。❷

何为醉驾？根据国家质量监督检验检疫总局和国家标准委员会2004年发布的《车辆驾驶人员血液、呼吸酒精含量阈值与检验》（GB19522—2004）的规定，驾驶人员每100毫升血液酒精含量大于或等于80毫克为醉

❶ 黄杰，李莉．关于危险驾驶罪的法律思考［G］//朱孝清，莫洪宪，黄京平．社会管理创新与刑法变革（下卷），北京：中国人民公安大学出版社，2011：1040.

❷ 赵秉志．刑法修正案（八）理解与适用［M］．北京：中国法制出版社，2011：192.

酒驾车，小于80毫克为饮酒驾车的违法行为，小于20毫克不属于违法行为。实践中，执法部门也是依据这一标准来判断醉酒驾车的行为的。一般情况下在抓获醉驾行为人后公安机关还需再通过抽取血液进行酒精含量检测的方式避免出现误判。从目前披露的各地醉驾入刑的相关案例来看，醉驾的判定标准主要是行为人每100毫升血液酒精含量值。例如，上海某旅行社携大学生团队24人在苏州太湖西山岛分批乘坐快艇从三山岛返回西山岛时，其中一艘搭载8名学生的快艇撞上前面两艘货船间的施拽钢缆发生意外，造成上海大学生4死4伤。事发当天，当地公安机关第一时间对快艇驾驶员抽取血液，进行了乙醇含量鉴定，鉴定报告显示其结果为超出标准值34毫克，确认为酒后驾驶。

对醉驾的判定标准，目前存在主观标准（实质标准）和客观标准（形式标准、法定标准、量化标准）两种标准的争论。主观标准，是指行为人是否处于“醉酒”状态，应按照其本人自身的情况予以测量。客观标准，是指行为人是否处于“醉酒”状态，不论其自身酒量大小，一概适用统一的标准予以衡量。例如，持主观标准的学者认为，醉酒标准应该因人而异，即应综合个人的身高、体重、健康状况、平时的酒量、醉酒的表现等因素确定究竟其摄入多少才为醉酒。同样，也有学者提出，在现有条件下这种判定标准简单有效，但也存在明显缺陷，行为个体对酒精的耐受程度不同，醉酒后对道路、路况、车辆行驶状态的判断也存在差异，如能有效地判定行为人酒后驾驶的现实危害程度再从其醉酒情节、一贯表现等角度综合考虑“出刑入罪”则能更好地体现刑法谦抑性原则。还有学者指出：“醉酒驾驶罪的成立不仅要求行为人血液的酒精含量达到和超过临界值，而且还应当结合其他手段来认定行为人处于醉酒状态……应当以行为人被查获时处于不能正常驾驶的状态为准，而非行为人血液内酒精的含量或所呼出气体中酒精的含量。因为不同的行为主体由于体质存在差异，个人对于酒精的作用抵抗力也不同。”❶ “不同程度的醉酒对‘酒驾’者驾驶车辆的影响程度会有很大差异，并且，不同的人醉酒的反应也各不相同，同时，驾驶技术、行驶的速度、道路的状况等，对事故的发生又有重大影响。”❷ 对刑法中的“醉酒”应当从实质上来理解，即以驾驶者实际上醉酒与否为标准，血液或呼气中的酒精含量对于醉酒的认定只起参

---

❶ 王强军，张心向．危险驾驶罪的行为特征及刑罚适用［G］//朱孝清，莫洪宪，黄京平．社会管理创新与刑法变革（下卷），北京：中国人民公安大学出版社，2011：1001.

❷ 刘明祥．有必要增设危险驾驶致人死伤罪［J］．法学，2009（9）.

考作用。[1] 持客观标准的学者认为应当规定统一的标准统一认定。例如，有学者对持主观标准的观点反驳道："因为个体是千差万别的，法律应该是普适性的，不可能因某个人设立其标准，只能确定一个平均的、相对合理的基准。类似的还有我国刑法关于完全刑事责任能力的年龄规定……要想否定现行法律关于醉酒的规定，除非能证明当前标准与人们的普遍的醉酒情况出现了很大误差，而并非一味地强调个体差异。"[2] 笔者也认为，客观标准与主观标准各有优劣，醉酒驾驶行为入罪的标准应是客观标准，即使个体因饮酒达到"醉酒"程度，完全丧失驾驶能力各有不同，但实务中不应以个体在驾驶中是否处于实际的醉酒状态为标准。"醉酒驾驶机动车"就是指醉酒后在道路上驾驶机动车的行为。醉酒驾驶机动车入罪与酒后驾驶机动车肇事可能入罪不同，前者是故意犯罪，后者可能构成交通肇事罪或者以危险方法危害公共安全罪。

对于《车辆驾驶人员血液、呼吸酒精含量阈值与检验》所规定的标准，有学者认为，此标准是行政法规定的行政违法标准，而刑事违法标准应高于行政违法标准，建议参考国外以及我国台湾地区的标准，通过司法解释进行规定。有学者认为，刑法确定醉驾入罪的标准依据的这一行政规章标准属于行政机关制定的规章，其效力低于法律，将其作为刑事审判、定罪量刑的依据有失妥当。对此，不妨借鉴国外的相关立法，有必要将确定饮酒驾车、醉酒驾车的标准在法律中予以宣布。另外，不妨借鉴国外的做法，通过相关司法解释，允许警方对行为人的醉酒状态进行笔录，并将该笔录作为追究行为人责任的依据。[3] 还有学者认为，在《刑法修正案(八)》出台之后，就存在危险驾驶罪和相关行政违法行为的区别问题……在醉酒行为人入罪之后，应尽快出台新的认定标准，从而解决行政违法行为和刑事违法行为的衔接问题。[4] 另有学者认为，根据《刑法》第96条的规定，"国家质监局和国家标准委并不具备制定刑法意义上'国家规定'的资格，不能构成刑法意义上的国家规定，即这两个部门对'醉酒'的量

[1] 黄丽勤．醉驾型危险驾驶罪司法适用问题研究［G］//朱孝清，莫洪宪，黄京平．社会管理创新与刑法变革（下卷），中国人民公安大学出版社，2011：1268.

[2] 赵秉志．刑法修正案（八）理解与适用［M］．北京：中国法制出版社，2011：190.

[3] 孙平．危险驾驶罪的构成特征与立法完善探析［G］//朱孝清，莫洪宪，黄京平．社会管理创新与刑法变革（下卷），北京：中国人民公安大学出版社，2011：1118.

[4] 李邦友，黄悦，黄雨翼．危险驾驶罪的相关法律问题分析［G］//朱孝清，莫洪宪，黄京平．社会管理创新与刑法变革（下卷），北京：中国人民公安大学出版社，2011：1028.

化并不构成对刑法规定的解释。”❶ 相反的观点认为，《刑法》第 96 条的“国家规定”是指全国人民代表大会及其常务委员会制定的法律、决定及国务院制定的行政法规、规定的行政措施、发布的决定和命令。这是社会规范，而非技术规范。而且，也不能期望由最高权力机关或最高行政机关来制定技术规范，故不能以刑法第 96 条的规定否定上述两部门关于“醉酒”的技术规范构成对刑法规定的解释。因此，前述技术规范可以而且应当成为刑法意义上认定“醉酒驾驶”的依据。❷ 最高人民法院、最高人民检察院、公安部《关于办理醉酒驾驶机动车刑事案件适用法律若干问题的意见》第 1 条第 1 款规定：“在道路上驾驶机动车，血液酒精含量达到 80 毫克/100 毫升以上的，属于醉酒驾驶机动车，依照刑法第一百三十三条之一第一款的规定，以危险驾驶罪定罪处罚。”这与《车辆驾驶人员血液、呼吸酒精含量阈值与检验》规定的醉酒标准是一致的。并且该解释第 6 条还规定：“血液酒精含量检验鉴定意见是认定犯罪嫌疑人是否醉酒的依据。犯罪嫌疑人经呼气酒精含量检验达到本意见第一条规定的醉酒标准，在抽取血样之前脱逃的，可以以呼气酒精含量检验结果作为认定其醉酒的依据。犯罪嫌疑人在公安机关依法检查时，为逃避法律追究，在呼气酒精含量检验或者抽取血样前又饮酒，经检验其血液酒精含量达到本意见第一条规定的醉酒标准的，应当认定为醉酒。”例如，路人王某经过路口时，看到一辆白色小轿车横冲直撞，先是撞了路边的树，随后翻进了沟里。王某担心车内有人受伤，随即拨打了报警电话。民警赶到现场后，看到白色小车车身侧翻，车内只有驾驶员陈某一人，经酒精测试，其酒精浓度达 186mg/100ml，属于醉驾。又如，某交警大队在文屏路口开展交通检查时，一辆小轿车呈 S 形开了过来，警察当即示意该车停车接受检查，在距检查点约 8 米处，该车突然刹车并倒车，车尾直接撞上了附近的花圃，民警继续示意停车，该车却突然加速撞向执勤民警，还好执勤警察闪开及时。随后，该车迅速调头并向厦禾路方向逃逸，被厦禾路往文屏路驶入的车辆堵住。经过酒精检测，30 岁的车主陈某，血液酒精浓度达到 153MG/100ML，

---

❶ 李小波．酒后驾车与醉酒驾车的法律规制与完善——醉酒驾车入罪后的思考［C］．北京：人民法院出版社，刑事法律文件解读，2011（2）．

❷ 任海新，厚天柱．危险驾驶罪司法适用研究［G］//朱孝清，莫洪宪，黄京平．社会管理创新与刑法变革（下卷）［M］．北京：中国人民公安大学出版社，2011：1159．

属醉酒驾驶。陈某被刑事拘留。❶

第二，驾驶机动车追逐竞驶的行为。它是指驾驶机动车（含汽车、电车、两轮、三轮摩托车、拖拉机等机动车辆）在公共道路上违反交通运输法规，追逐竞驶，无视其他正常行驶的车辆及行人的安全，强行超车、超速行驶、干扰正常的交通秩序的行为。

从字面上看，"追逐竞驶"是指驾驶机动车相互追逐或以追求速度为目的驾驶的行为，即通俗意义上的"飙车"行为。❷"飙车"是指以行驶速度和驾驶技术标识"胆识"和技术的另类体现自己能力的危险行为，是自我价值的变相体现，是以（自身和他人）生命安全为代价的危险行为。追逐竞驶是否以两车以上竞相竞速、竞技为必要，有不同的理解。如单独一车展示"车技""胆识"在公路上以远远超过限速行驶的，是否可以构成本罪，还值得进一步研究。有学者明确指出，追逐竞驶实际上是一种共同犯罪，这种共同犯罪的意思联络应发生在追逐竞驶之前，并以明示的方式达成。❸假如仅有1辆机动车在道路上实施飙车行为，即便其具有严重超速等恶劣行为，也不能认定为本罪。❹如果只是行为人驾驶车辆的单一飙车行为，根本不应归入危险驾驶罪的外延之列。❺笔者认为，不应排除单车可以构成本罪。当然，从词义本身看"追逐竞驶"，有相互展示、炫耀速度、技能之意，如只是单独一车，在行进中的高速行驶，或者在车辆进行中穿插行驶的，语意上不是"追逐"，而只能是"竞驶"。但从入罪的意义上看，不应排除单车可以构成本罪，并不能否定一辆车也可以主动实施这种"追逐竞驶"的行为。❻❼现实中一人（单车）"飙车"……与行为人的单复并无太大关系。❽行为人一人是可以构成追逐竞驶并构成

---

❶ 丰晓飞．醉酒驾驶路遇检查　驾车撞向执勤民警［J/OL］．泉州网滚动新闻 www. qzwb. com，201－12－20.

❷ 严格来说，追逐竞驶不能完全囊括飙车的内涵，不能把追逐竞驶与飙车等同起来。

❸ 孙平．危险驾驶罪的构成特征与立法完善探析［G］//朱孝清，莫洪宪，黄京平．社会管理创新与刑法变革（下卷），北京：中国人民公安大学出版社，2011：1116.

❹ 赵秉志．刑法修正案（八）理解与适用［M］．北京：中国法制出版社，2011：190.

❺ 陈伟．危险驾驶罪的立法解读及其完善［G］//北京：朱孝清，莫洪宪，黄京平．社会管理创新与刑法变革（下卷），北京：中国人民公安大学出版社，2011：1167.

❻ 钱叶六．危险驾驶罪的构成要件及其与相关犯罪的界限［G］//朱孝清，莫洪宪，黄京平．社会管理创新与刑法变革（下卷），北京：中国人民公安大学出版社，2011：990.

❼ 王海桥，吴郯光．危险驾驶罪的规范理解及其适用分析［G］//朱孝清，莫洪宪，黄京平．社会管理创新与刑法变革（下卷），北京：中国人民公安大学出版社，2011：1077.

❽ 宣炳昭，酆士维．危险驾驶罪法律适用问题研究［G］//朱孝清，莫洪宪，黄京平．社会管理创新与刑法变革（下卷），北京，中国人民公安大学出版社，2011：1085.

本罪。[1] 追逐竞驶既可能是 2 人以上基于意思联络而实施，也可能是单个人实施。例如，行为人驾驶机动车针对救护车、消防车等车辆追逐竞驶行为的，也可能成立本罪。[2][3] 所以，我们认为“追逐竞驶”，是指在道路上以同行的其他车辆为竞争目标，追逐行驶（可以包括以不知者为其“追逐竞驶”的目标）的行为。实践中可以包括在道路上进行汽车驾驶“计时赛”，或者若干车辆在同时行进中互相追逐，进行竞技或竞驶的行为。如通过相互追逐、穿插车道等进行竞技或者比赛。[4] 所以，“追逐竞驶”并不要求两个或两个以上“追逐竞驶”的行为人存在事前的意思联络，某一具有追逐竞驶故意的行为人以其他正常行驶的车辆为对象，以超速行驶、违规超车的方式引发其他主体在道路上“竞相飙车”的也属于危险驾驶罪规定的“追逐竞驶”行为。如有学者指出：“虽然实践中追逐竞驶行为主要表现为相约飙车的情形，但是这并不意味着所有的追逐竞驶行为人之间都要有意思联络……被追逐竞驶的车辆驾驶人是否也有犯罪故意，或者行为人之间是否有意思联络在所不问。”[5][6] 驾驶者之间有无事先的意思联络在所不问……只要行为人具备违规赶超他人的故意即可，并不要求被超越者受领行为人的赶超意图。[7][8] 追逐竞驶可以是驾驶者与被追逐对象之间没有意思联络，但把被追逐对象作为目标的情形。[9] 在认定追逐竞驶时，不能只考虑驾驶速度，还应当考虑行为人的动机、目的，也就是需要以主客观相结合的标准认定危险驾驶罪中的追逐竞驶行为……主观标准，是指追逐

---

[1] 魏东．危险驾驶罪的司法适用［G］//朱孝清，莫洪宪，黄京平．社会管理创新与刑法变革（下卷），北京：中国人民公安大学出版社，2011：1096.

[2] 高松林，钟文华，王远伟．危险驾驶罪的构成特征与司法认定［G］//朱孝清，莫洪宪，黄京平．社会管理创新与刑法变革（下卷），北京：中国人民公安大学出版社.

[3] 李克勤，卢金有．危险驾驶罪的理解、适用及其完善［G］//朱孝清，莫洪宪，黄京平．社会管理创新与刑法变革（下卷），北京：中国人民公安大学出版社，2011：1145.

[4] 高铭暄，马克昌．刑法学［M］．5 版．北京：北京大学出版社、高等教育出版社，2011：364.

[5] 黄曙，曹晓静．关于危险驾驶罪的若干思考，2011：364. 朱孝清，莫洪宪，黄京平．社会管理创新与刑法变革（下卷），北京：中国人民公安大学出版社，2011：1032.

[6] 王瑞祥．略论危险驾驶罪的认定［G］//朱孝清，莫洪宪，黄京平．社会管理创新与刑法变革（下卷），北京：中国人民公安大学出版社，2011：1061.

[7] 高松林，钟文华，王远伟．危险驾驶罪的构成特征与司法认定［G］//朱孝清，莫洪宪，黄京平．社会管理创新与刑法变革（下卷），北京：中国人民公安大学出版社，2011：1131.

[8] 詹红星．危险驾驶罪的立法解读与反思［G］//朱孝清，莫洪宪，黄京平．社会管理创新与刑法变革（下卷），北京：中国人民公安大学出版社，2011：1186.

[9] 孟昭武，马晓光，刘莉．危险驾驶罪适用问题分析［G］//朱孝清，莫洪宪，黄京平．社会管理创新与刑法变革（下卷），北京：中国人民公安大学出版社，2011：1108.

竞驶的驾驶人以竞技、追求刺激、娱乐或者赌博为目的，寻求个人精神上的刺激性和满足感。❶ 所以，并非所有的追逐竞驶行为都应以犯罪论处，还必须考虑行为人所处的环境、潜在的危险性、行为人心态等情况。

高速危险驾驶行为应区别于危险驾驶罪所规定的“追逐竞驶”行为。高速危险驾驶行为并不一定具有追逐竞驶的特征，其可以在没有追逐竞驶对象的情况下单独完成，并不是所有高速行驶的车辆均构成本罪，不能简单以危险驾驶罪追究其刑事责任，不具有追逐竞驶故意的高速危险驾驶不能认定为犯罪。追逐竞驶，既包括超过限定时速的追逐竞驶，也包括未超过限定时速的追逐竞驶。❷ 如学者认为，“超速行驶”就一定构成本罪？答案应当说是否定的，至少是不能绝对地予以肯定的。❸ 单纯的高速驾驶或者超速驾驶，并不直接成立本罪。❹ 即使是“飙车”，对它的认定也应有一个速度的限制条件，因为既然是“飙车”就有一个追求谁比谁快的动机，否则也谈不上追逐了。这里速度的判定要考虑机动车行驶的空间，在市区和高速公路上行驶，由于道路限速的不同，那么达到“追逐竞驶”的速度条件也是不一样的，具体要多少码还要根据各地情况的不同而加以具体界定。我国《道路交通安全法实施条例》规定，普通公路的最高限速是 30 ~ 70 公里，高速公路的最高限速不超过 120 公里；同时，我国《道路交通安全法》以是否超过规定时速的 50% 为区别标准，分别规定了不同的行政处罚措施，所以超过最高时速多少为达到入罪的标准，还值得立法或者最高司法机关明确。❺ 标准的不明确导致是否入罪的模糊，其弊端显而易见，正如学者指出的：“这种限速规定仅仅是行政法规定上的限速规定，是否达到刑法上‘高速’之要求尚存疑问，这将造成行政法与刑法规制范围的混乱、重叠，易使行政违法犯罪化。”❻

与超速行驶相关的是，低速行驶能否成立本罪？有学者认为：“追逐

---

❶ 黄华平，孔飞．论危险驾驶罪［G］//朱孝清，莫洪宪，黄京平．社会管理创新与刑法变革（下卷），北京：中国人民公安大学出版社，2011：927.

❷ 全国人大常委会法制工作委员会刑法室．中华人民共和国刑法修正案（八）条文说明、立法理由及相关规定［M］．北京：北京大学出版社，2011：72.

❸ 魏东．危险驾驶罪的司法适用［G］//朱孝清，莫洪宪，黄京平．社会管理创新与刑法变革（下卷），北京：中国人民公安大学出版社 2011：1095.

❹ 张明楷．危险驾驶罪及其与相关犯罪的关系［N］．人民法院报，2011 - 5 - 11（6）.

❺ 高铭暄，马克昌．刑法学［M］．5 版，北京：北京大学出版社，高等教育出版社，2011：365.

❻ 宣炳昭，鄞士维．危险驾驶罪法律适用问题研究［G］//朱孝清，莫洪宪，黄京平．社会管理创新与刑法变革（下卷），北京：中国人民公安大学出版社，2011：1096.

竞驶的认定必须以‘超速行驶’为前提。”❶ 追逐竞驶以具有一定危险的高速、超速驾驶为前提，低速驾驶的行为不可能成立本罪。❷ 但另有学者持相反的观点：“……行为人之间的追逐竞驶所可能表现出的追逐、随意变道、加塞、突然并线等行为，而这些行为对公共安全造成威胁并不以行为人超速行驶为前提或必备要件，行为人在正常速度或低速状态下实施的上述行为依然可能危及周围的车辆、行人和公私财产的安全。”❸ 追逐竞驶不等于飙车，追逐竞驶的形式也不限于超高速行驶，追逐竞驶不应该规定最低行驶速度，不同的道路最低时速规定也是不同的，一定条件下，车速不高也可能构成危险驾驶罪。❹ 笔者认为，第二种观点比较合理，追逐竞驶并不能排除低速驾驶的情形。

②空间条件：醉酒驾驶机动车或者驾驶机动车追逐竞驶要在道路上进行。对“在道路上”如何理解，学界存在不同的认识。虽然学者认为行政违法与刑事犯罪毕竟是性质有别的行为类型，完全照搬道路交通安全法的规定来界定刑事犯罪的构成要件，其妥当性仍需要进行分析，但是，笔者认为，既然该罪规定在《刑法》第 133 条之后，作为该条的内容之一，那么这里的“道路”就应该与交通肇事罪中的“道路”范围相一致。《道路交通安全法》第 119 条规定，“道路”是指公路、城市道路和虽在单位管辖范围但允许社会机动车通行的地方，包括广场、公共停车场等用于公众通行的场所。最高人民法院、最高人民检察院、公安部《关于办理醉酒驾驶机动车刑事案件适用法律若干问题的意见》第 1 条第 2 款规定：“前款规定的‘道路’‘机动车’，适用道路交通安全法的有关规定。”据此规定，居民社区内非公共路段，各类单位、组织内允许机动车通行的道路，校内道路、“限行”道路、景区道路及乡村道路等，都是本法中的“道路”，即凡是允许社会机动车通行的地方都可以称之为道路。如果在非公共道路的旷野、沙漠、丘陵、草原、高地、海滩等醉酒驾驶或者追逐竞驶的，则不能以本罪论处。有学者认为，行为人驾驶的地点必须要是在道路上，而不能是工厂里等特殊的场所，也不能是在铁路上、水中或者空中等

❶ 魏东．危险驾驶罪的司法适用［G］//朱孝清，莫洪宪，黄京平．社会管理创新与刑法变革（下卷），北京：中国人民公安大学出版社，2011：1096.

❷ 张明楷．危险驾驶罪及其与相关犯罪的关系［N］．人民法院报，2011－5－11（6）.

❸ 王强军，张心向．危险驾驶罪的行为特征及刑罚适用［G］//朱孝清，莫洪宪，黄京平．社会管理创新与刑法变革（下卷），北京：中国人民公安大学出版社，2011：1000.

❹ 李军，孔文思．危险驾驶罪述要［G］//朱孝清，莫洪宪，黄京平．社会管理创新与刑法变革（下卷），北京：中国人民公安大学出版社，2011：936.

其他空间地点。……在水中驾驶游艇、船舶等，在空中驾驶飞机、直升机、滑翔机……都不能成立本罪。❶ 还有学者认为，"在道路上"只能是在陆地上修筑的道路，而不能是水路或者空中航线，"在道路上"甚至还包括在"铁路上"。❷ 从现有规定来看，行为人醉酒驾驶非机动车、船舶、飞机以及火车等交通工具以及驾驶非机动车、船舶追逐竞驶的行为均不能认定构成危险驾驶罪……在水路上发生醉酒驾驶以及追逐竞驶就不能认定构成危险驾驶罪。❸ 如前关于犯罪客体的论述，笔者对此持否定观点，在此不再重述。

③对象条件：驾驶的是机动车。《道路交通安全法》第119条第（3）项规定："机动车"，是指以动力装置驱动或者牵引，上道路行驶的供人员乘用或者用于运送物品以及进行工程专项作业的轮式车辆。第（4）项规定："非机动车"，是指以人力或者畜力驱动，上道路行驶的交通工具，以及虽有动力装置驱动但设计最高时速、空车质量、外形尺寸符合有关国家标准的残疾人机动轮椅车、电动自行车等交通工具。最高人民法院、最高人民检察院、公安部《关于办理醉酒驾驶机动车刑事案件适用法律若干问题的意见》第1条第2款规定："前款规定的'道路''机动车'，适用道路交通安全法的有关规定。"据此，大型汽车、小型汽车、专用汽车、特种车、有轨电车、无轨电车、摩托车、拖拉机、轮式专用机械车以及拖挂车等属于机动车的范围，而脚踏三轮车、自行车、手推车等人力车以及马车等畜力车等属于非机动车的范围。有学者认为，电动汽车，重量较大、最高速度较高的电动自行车、电动三轮车都应认定为机动车。笔者认为，对此应根据有关法律法规来认定，《道路交通安全法》第119条第（4）项原则性地规定了最高时速、空车质量、外形尺寸符合有关国家标准的电动自行车是非机动车，但其具体标准并不明确。国家标准管理委员会公布的《电动摩托车和电动轻便摩托车通用技术条件》（GB/T24158－2009）在明确规定电力驱动的三轮轻便摩托车属于机动车之外，对于电力驱动的两轮轻便摩托车明确了"20/40标准"，即由电力驱动的最高设计车速大于

---

❶ 赵秉志．刑法修正案（八）理解与适用［M］．北京：中国法制出版社，2011：189、191.

❷ 魏东．危险驾驶罪的司法适用［G］//朱孝清，莫洪宪，黄京平．社会管理创新与刑法变革（下卷），北京：中国人民公安大学出版社，2011：1091.

❸ 梁文彩．危险驾驶罪的理解与适用问题研究［G］//朱孝清，莫洪宪，黄京平．社会管理创新与刑法变革（下卷），北京：中国人民公安大学出版社，2011：1137、1140.

20kg/h 或整车装备质量大于 40kg 的两轮轻便摩托车是电动轻便摩托车，属于机动车的范畴。据此，在道路上驾驶上述“电动轻便摩托车”追逐竞驶、情节恶劣的，或者醉驾此类“电动轻便摩托车”的，则构成危险驾驶罪。行为人若在道路上酒后驾驶非机动车，或驾驶非机动车追逐竞驶，则不在危险驾驶罪的约束范围，造成危害后果或者公共危险的，可能构成其他罪名但不构成危险驾驶罪。

④情节条件：情节恶劣。构成危险驾驶罪要求具有“情节恶劣”的情形。何为“情节恶劣”，法条没有作具体的规定，也尚无权威的司法解释。判断是否“情节恶劣”，参照《道路交通安全法》等相关法律法规，应该结合行为人的主观恶性方面与客观行为方面综合考虑，最主要的是从追逐竞驶造成的危害程度以及危害后果等方面进行认定。行为的危险性主要取决于追逐竞驶的时间、地点、车速、车流、人流等因素。例如，是否为午夜或凌晨，是否在闹市区，是否超过最高限速 50% 以上，车流人流是否很大；危害后果则主要是指未达到交通肇事罪标准的其他严重后果，如严重的交通堵塞、致人轻伤、一定数额的公私财产损失等。这些因素都将影响到追逐竞驶行为是否成立本罪。一般而言，行为人若是以超过该路段限速 50% 以上高速追逐竞驶的话，就已经严重威胁到公众的生命和财产安全。但究竟以什么速度追逐竞驶可以构成本罪所要求的情节恶劣，还需要结合当时的能见度、车流量、道路状况、行人数量等因素综合考虑。[1] 依照立法的本意，这里的“情节恶劣”可以包括但不限于以下情形：①在交通繁忙、行人聚集的街区、道路，驾驶机动车高速追逐竞驶，扰乱交通秩序的；②造成道路拥堵、被封闭或者造成需动用大量警力控制交通秩序的；③由于在道路上驾驶机动车高速追逐竞驶，造成其他人人身财产损失，但尚未构成其他犯罪的；④经警告而拒不改正，或曾因相同原因接受过行政或刑事处罚的后仍在道路上驾驶机动车高速追逐竞驶的；⑤造成其他车辆为躲避追逐竞驶车辆而发生事故；⑥在限速路段，超出限速一倍以上追逐竞驶的；⑦无证、无照、吸食毒品后、严重超载、超宽、超长等伴有其他交通违法行为，在道路上驾驶机动车追逐竞驶的；⑧饮酒后驾驶机动车的这里的；⑨服用精神药物、麻醉药品驾驶机动车的；⑩驾驶改装、拼装或者报废机动车的；⑪驾驶运营载客车的；⑫使用伪造、变造的机动车号牌

---

[1] 赵秉志，赵远．危险驾驶罪论要［G］//朱孝清，莫洪宪，黄京平．社会管理创新与刑法变革（下卷），北京：中国人民公安大学出版社，2011：918、919.

的；⑬故意遮拦、污损或者不按规定安装机动车号牌的；⑭多次进行追逐竞驶的；⑮组织多人追逐竞驶的；⑯在车流量大或者人流量大的时间或者场所追逐竞驶的，等等。“情节恶劣”不包括致人重伤或死亡的情形。因为危险驾驶罪处罚的是醉驾和追逐竞驶的行为，不要求造成严重后果，只要有醉驾或追逐竞驶的行为即构成该罪，如果造成严重后果的，按照交通肇事罪或其他罪名处罚。有学者提出有以下一些特殊情形的定性问题值得研究：①见义勇为者严重超速追逐违法犯罪者的行为，依法不应认定为本罪。②警察、军车、救护车等车辆严重超速的情形，尤其是警车追逃犯等情形，依法不应认定为本罪。③特别紧急情况下的追逐竞驶行为不宜认定为本罪，如为了赶飞机、火车、考试、病危人员就医等情形严重超载，尽管可能也有两辆或者多辆汽车一起追逐竞驶，通常情况下，可能不宜认定为本罪。❶ 由于车辆运送紧急病人、处理特殊紧急事务等情况也需要综合考虑行为人的各种因素，不应一概以危险驾驶罪定罪。❷ 笔者认为，无论是否认定为本罪，都要根据犯罪构成来认定，除了认定为排除社会危害性的行为以外，只要符合犯罪构成要件，就应以犯罪论处，上述情形如果不是犯罪构成要件的内容，不能成为成立犯罪的阻碍条件或除罪条件，当然，上述情形中有的可以作为量刑情节来考虑。

（3）本罪的犯罪主体为一般主体，即达到刑事责任年龄 16 周岁、具备刑事责任能力，应负刑事责任的自然人，包括中国人、不享有刑事豁免权的外国人和无国籍人。具体来说，在本罪中是指任何在道路上行驶的机动车的直接驾驶人，不包括操纵交通设施，领导、指挥交通活动以及管理交通的人员。有学者认为，本罪的主体是特殊主体，即只有驾驶机动车的人才可成为本罪的主体。❸ 笔者认为，特殊主体是指以特殊身份作为要件的主体，身份是指人的出身、地位和资格，是指人在一定的社会关系中的地位，特殊身份则是指刑法所规定的影响行为人刑事责任的行为人人身方面特定的资格、地位或状态，本罪的犯罪主体不是特殊主体，机动车驾驶人并不反映行为人的特殊身份，也不反映行为人在法律上所处的一种特殊

---

❶ 魏东．危险驾驶罪的司法适用［G］//朱孝清，莫洪宪，黄京平．社会管理创新与刑法变革（下卷），北京：中国人民公安大学出版社，2011：1097.

❷ 莫洪宪，杨文博．刑法修正案（八）“危险驾驶罪”之具体认定［N］．检察日报，2011－3－14.

❸ 高铭暄，陈璐．《中华人民共和国刑法修正案（八）》解读与思考［M］．北京：中国民大学出版社，2011：90.

关系，机动车驾驶人是否具有机动车驾驶资格或取得驾驶执照并不反映行为人的特殊资格，无证驾驶或假证驾驶或驾驶证过期、被吊销等而驾驶仍是驾驶机动车，驾驶人不因驾驶资格或驾照的瑕疵而不是机动车驾驶人，事实上也不能否认行为人正在驾驶机动车，行为人是否具备合法的驾驶资格不应影响本罪的成立，将本罪的犯罪主体定为机动车驾驶人只是对一般主体的进一步说明或限制。正如学者所言：“事实上这两种驾驶类型是相互独立而且不同的范畴，醉酒和无资格驾驶没有任何内在联系。从刑法规范上来看，立法者所惩罚的仅仅是醉酒行为，这就意味着机动车驾驶人是否具有合法的驾驶资格并不影响本罪的成立，只要是醉酒驾驶的，原则上都符合本罪的行为特征。”❶ 行为人实际是否具有驾驶技能，是否取得驾驶资格，不影响犯罪之成立。❷ 犯罪主体包括不具有合法驾驶执照的自然人。❸ 无合法驾驶资格的人犯本罪的，应作为处罚的从重情节。❹

根据《刑法》第133条并参考最高人民法院《关于审理交通肇事刑事案件具体应用法律若干问题的解释》的规定，驾驶人的单位主管人员、机动车辆所有人、承包人或者乘车人员强令、唆使驾驶人危险驾驶的可以交通肇事罪的共犯论处。那么在危险驾驶罪中，为追逐竞驶行为提供非法车辆改装的行为人、组织追逐竞驶行为的单位或个人（公路飙车往往与赌博行为牵连）、追逐竞驶行为人的同驾人、明知驾驶人将驾车仍与其共同饮酒的“酒友”（尤其是在驾驶人被“灌酒”的情形下）等与危险驾驶行为存在明显关联，“促成”了危险驾驶行为的出现，并对可能出现的危害后果应当承担先行为义务的主体，是否也应当做为危险驾驶罪的共犯处罚是值得考虑的。如有学者认为，与醉酒行为人构成危险驾驶罪的共同犯罪的行为人包括：明知是实施醉酒行为而为其提供车辆或者酒水的，明知其要开车而予以劝酒的，明知其已醉酒而劝其开车的以及明知属于醉酒驾车而与其同乘的……追逐竞驶构成共同犯罪的行为人包括以下3类：一是追逐

---

❶ 赵秉志，赵远．危险驾驶罪论要［G］//朱孝清，莫洪宪，黄京平．社会管理创新与刑法变革（下卷），北京：中国人民公安大学出版社，2011：917．赵秉志．刑法修正案（八）理解与适用［M］．北京：中国法制出版社，2011：188.

❷ 刘沛谞，吴卓师．比较法视阈下的危险驾驶罪研判［G］//朱孝清，莫洪宪，黄京平．社会管理创新与刑法变革（下卷），北京：中国人民公安大学出版社，2011：976.

❸ 孟昭武，马晓光，刘莉．危险驾驶罪适用问题分析［G］//朱孝清，莫洪宪，黄京平．社会管理创新与刑法变革（下卷），北京：中国人民公安大学出版社，2011：1108.

❹ 孙平．危险驾驶罪的构成特征与立法完善探析［G］//朱孝清，莫洪宪，黄京平．社会管理创新与刑法变革（下卷），北京：中国人民公安大学出版社，2011：1115.

竞驶行为的组织者，二是为改装汽车提供帮助的人，三是共同实施追逐竞驶行为的人。❶ 还有学者认为，醉酒……当行为人本人被定罪处理时，可以对强迫命令人员、教唆者定罪处理；否则，在行为人本人没有被定罪处理的情况下，则不宜对强迫命令人员、教唆人员等定罪处理。❷ 本身不是驾驶人，但强迫、怂恿、帮助驾驶人实施本罪的，构成本罪的共犯。❸ 笔者认为，在上述主体由于自身行为而使得为法律所保护的社会关系处于危险状态之始，其就负有了采取有效措施排除该危险的特定义务，即这类主体负有消除危险驾驶行为的先行为义务，如这类主体采取消极的不作为而使公共交通安全处于现实的危险状态中且这种不作为与发生的危害后果存在紧密关联，那么这类主体就应当承担相应法律责任。但应当注意的是，对于某些明知自身存在生理、心理缺陷不应当驾驶机动车辆上路行驶的特殊主体，如肢体残疾，明知自身对驾驶机动车辆存在心理恐惧仍强行驾驶机动车辆的，其驾驶行为已足以对公共交通安全构成威胁，且存在一定的主观恶性和社会危害性，在现有法律规定下是否应当扩大危险驾驶罪的适用范围应当引起立法者考虑。

（4）本罪的主观方面为故意，即明知自己在道路上醉酒驾驶机动车或者在道路上驾驶机动车追逐竞驶的行为（情节恶劣）危害到交通运输秩序和公共安全，并且希望或放任这种危险状态发生❹的心理态度。本罪的故意包括直接故意和间接故意，并且多是间接故意。基于生活经验，一个具有正常思维的人应当意识到醉酒驾驶和驾驶机动车追逐竞驶会对周围不特定人的生命健康和财产安全造成威胁，因此应当采用各种方法避免这种行为的发生。醉酒一般被认为是原因自由行为，通常情况下行为人都要对酒后的行为承担刑事责任，且多数被认定为故意，醉驾也不例外。从入罪的意义上说，醉酒驾驶和驾驶机动车追逐竞驶都可能有争奇好胜，炫耀自己能力，追求刺激、快乐、兴奋的感觉，表现英雄气概，借此交友获得认同，发泄怒气或挫伤感，表达自己的叛逆及不屈于公权力。借此谋求异性

---

❶ 梁文彩．危险驾驶罪的理解与适用问题研究［G］//朱孝清，莫洪宪，黄京平．社会管理创新与刑法变革（下卷），北京：中国人民公安大学出版社，2011：1139.

❷ 魏东．危险驾驶罪的司法适用［G］//朱孝清，莫洪宪，黄京平．社会管理创新与刑法变革（下卷），北京：中国人民公安大学出版社，2011：1095.

❸ 高铭暄，陈璐．《中华人民共和国刑法修正案（八）》解读与思考［M］．北京：中国人民大学出版社，2011：90.

❹ 刘沛谞，吴卓师．比较法视阈下的危险驾驶罪研判［G］//朱孝清，莫洪宪，黄京平．社会管理创新与刑法变革（下卷），北京：中国人民公安大学出版社，2011：977.

青睐，进行赌博活动等的动机，具体是何动机，不影响行为的性质。

根据刑法立法及理论，主观心理态度有故意（直接故意与间接故意）与过失（疏忽大意的过失与过于自信的过失）之分。就危险驾驶行为的行为人在主观心理状态上，学界争议焦点在于是否间接故意或只是过失。在当前理论和实践中，大多数人认为是前者。“故意说”认为，危险驾驶行为的主观心态既包括间接故意也包括直接故意。[1][2][3][4]“飙车”行为人至少存在间接故意。[5]危险驾驶罪是故意犯罪，这一点没有疑问。[6]有学者从刑法的谦抑性、过失犯理论、刑事责任理论、外国立法例、原因自由理论等角度论证了危险驾驶罪是故意犯。[7]“故意说”中的“间接故意说”认为本罪的主观方面是间接故意并且只能由间接故意构成，如果行为人是直接故意，则不再构成本罪，可能构成其他相关犯罪。例如，有学者论道：“本罪的主观方面应为间接故意，其表现为行为人明知追逐竞驶或醉酒驾驶违反交通法规，使道路交通处于不安全状态，并且放任这种危险状态存在的心理态度。”[8][9]“行为人在可预见其行为危害的情况下放任危害结果的发生，并未尽到注意义务，其主观恶性属于间接故意”，并认为“如果行为人是出于直接故意，以危险驾驶的方式危害公共安全，则此时宜界定为以危险方法危害公共安全罪”。[10]

---

[1] 李克杰．危险驾驶如何入罪还需仔细斟酌［J］．检察风云，2010（18）．石红卫，陆之悦．危险驾驶行为的刑事处罚探析［J］．浙江工商大学学报，2009（5）．

[2] 王海桥、吴郯光．危险驾驶罪的规范理解及其适用分析［G］//朱孝清，莫洪宪，黄京平．社会管理创新与刑法变革（下卷），北京：中国人民公安大学出版社，2011：1077．

[3] 孙平．危险驾驶罪的构成特征与立法完善探析［G］//朱孝清，莫洪宪，黄京平．社会管理创新与刑法变革（下卷），北京：中国人民公安大学出版社，2011：1115．

[4] 吴富丽．危险驾驶罪认定及立法的思考［G］//朱孝清，莫洪宪，黄京平．社会管理创新与刑法变革（下卷），北京：中国人民公安大学出版社，2011：1177．

[5] 谢望原．“飙车”致人死伤行为如何定性［N］．检察日报，2009－8－4（3）．

[6] 戴有举．危险驾驶罪初论——对《中华人民共和国刑法修正案（八）（草案）》第22条之解读［J］．中国刑事法杂志，2011（1）．

[7] 李希慧，李冠煜．试析危险驾驶罪的主观方面，2011（1）．朱孝清，莫洪宪，黄京平．社会管理创新与刑法变革（下卷），北京：中国人民公安大学出版社，2011：1007－1014．

[8] 黄华平，孔飞．论危险驾驶罪［G］//朱孝清，莫洪宪，黄京平．社会管理创新与刑法变革（下卷），北京：中国人民公安大学出版社，2011：930．

[9] 詹红星．危险驾驶罪的立法解读与反思［G］//朱孝清，莫洪宪，黄京平．社会管理创新与刑法变革（下卷），北京：中国人民公安大学出版社，2011：1188．

[10] 郭志璐．关于增设危险驾驶罪的探讨［J］．中南财经政法大学研究生学报，2010（6）．

“过失说”认为，危险驾驶罪只能是过失犯罪。❶危险驾驶罪主观心态上应该是一种过失，如果以故意危险驾驶的心态，可能会触犯《刑法》第115条的以危险方法危害公共罪。❷“危险驾驶罪的罪过是过失，并且过失的内容包括危险状态和轻微的危害结果。”❸还有学者从法条体系、法定刑、检察机关追诉犯罪、司法实践经验、与其他国家的相关规定相契合等不同方面论证了本罪的罪过形式是过失。❹“过失说”中的“过于自信的过失说”认为，危险驾驶罪的主观方面表现为过失，且只能是过于自信的过失，行为人对自己违反交通运输法规的行为可能导致的严重后果已经预见，但自恃具有防止结果发生的有利条件，在主观上对危害结果的发生既不希望也不放任，而是持否定态度的，自信这种结果不会发生，但过高地估计了避免危害结果发生的有利因素，过低估计了自己的错误行为可能导致危害结果发生的程度。具体来说，在道路上驾驶机动车的行为人一般情况下主观意识清醒（吸毒、酒后等情形除外），其主观预见范围应以普通人标准判断，但因机动车可能产生的对其他主体的较高危险性，使得驾驶者自开始驾驶行为之时就应当履行高于常人的注意义务，且通过机动车驾驶培训及日常生活的“耳濡目染”，智识正常的普通人完全有能力预见到“飙车”“醉驾”行为可能产生的社会危害后果。尤其是醉酒驾驶机动车的行为人，其对自己醉酒后的行为状态有一定预知，从认识因素上考察，对其可能危害其他主体生命财产安全的危害后果具有抽象认识；但从意志因素考察，其主观上本不希望也不放任危害结果的发生，对危害后果的发生持否定的排斥态度，但却凭借对自身醉酒程度、驾驶技术及车辆性能的过高估计，自信能够避免危害结果发生。对危害后果的否定态度是本罪主观故意区别于他罪主观故意的重要特征。甚至有学者论述道：“危险驾驶罪的罪过，至多是基于过于自信的过失而犯罪。”❺

“故意+过失说”认为，行为人对于危险驾驶行为性质以及可能发生

---

❶ 温建辉，郭焕云．危险驾驶罪性质的认定［G］//朱孝清，莫洪宪，黄京平．社会管理创新与刑法变革（下卷），北京：中国人民公安大学出版社，2011：1069.

❷ 张兵．风险时代的风险刑法——以《刑法修正案（八）草案》增设“危险驾驶罪”为视角［J］．甘肃政法学院学报，2011（1）.

❸ 金华捷．《刑法修正案（八）》危险驾驶罪具体适用问题的研究［J］．湖南警察学院学报，2011（4）.

❹ 苏雄华．危险驾驶罪之罪过探究［G］//朱孝清，莫洪宪，黄京平．社会管理创新与刑法变革（下卷），北京：中国人民公安大学出版社，2011：1022.

❺ 刘明祥．飙车就是“以危险方法危害公共安全”吗？［N］．检察日报，2009-5-27（3）.

的损害后果，既可以是故意也可以是过失。[1] 但这样就会导致同一法益侵害下故意犯与过失犯的同等处罚，有违“处罚故意为原则，处罚过失为例外”的原则。

笔者认为，本罪在主观上不可能是过失，即不可能意识不到自己醉酒驾驶和驾驶机动车追逐竞驶的行为危及到公共安全，即使在醉酒驾驶的情形下，虽然由于醉酒的原因，其在醉酒状态下会意识不到自己行为的危害性，但是行为人在醉酒之前应当知道醉酒后是不能驾驶的，否则将置自己和他人生命、财产安全于危险境地，如果其执意饮酒以至于达到酒醉状态，借用“原因自由行为”的理论，此种情况下，行为人在自己醉酒后驾驶的主观上仍表现为故意。如果认为是过失，则本罪就成了抽象的过失危险犯，但在过失犯领域向来是坚持结果无价值的，也将突破《刑法》第 13 条但书的入罪限制。

（二）危险驾驶罪与交通肇事罪的界限

危险驾驶罪的增设给人们带来一定的困扰，最大困扰之一就是如何将其与与之相近的交通肇事罪和以危险方法危害公共安全罪区分开来，而这关乎行为如何定性以及量刑处罚的问题。3 个罪名既然都规定在危害公共安全罪一章中，他们最大的共同之处就是侵犯的客体为公共安全。在这里着重论述危险驾驶罪与交通肇事罪的区别。其区别表现为以下几个方面。

（1）犯罪客体。交通肇事罪和危险驾驶罪都属于“危害公共安全罪”一章，所以“公共安全”是交通肇事罪和危险驾驶罪的同类客体。通说认为，所谓公共安全，是指不特定多数人的生命健康和重大公私财产的安全。也有人认为，公共安全是指不特定多人生命、健康、重大公私财产，以及公共生产、生活的安全。还有人认为，公共安全是指不特定多数人的生命、健康、重大公私财产安全以及其他重大公共利益安全。

交通肇事罪和危险驾驶罪侵犯的直接客体，理论上有多种表述，如“交通运输安全”“交通运输的正常秩序和人民生命财产的安全”“交通安全，即与交通有关的不特定人的生命、健康和公私财产的安全。”但结合 1997 年《刑法》第 131 条重大飞行事故罪、第 132 条铁路运营安全事故罪的规定，交通肇事罪和危险驾驶罪侵犯的直接客体限于公路、水上和城市交通运输安全。有学者认为，该罪所指的“交通”，是指除航空、铁路、水路外的公路交通。还有学者认为，交通肇事罪可以发生在所有交通运输

---

[1] 肖中华，王海桥．危险驾驶犯罪行为的刑法界定［J］．法学论坛，2009（6）．

领域，而危险驾驶罪只限于在陆路交通中的公路交通领域内。❶ 危险驾驶罪的客体是道路交通安全……从严格意义上说，交通肇事罪的客体包含了危险驾驶罪的客体。不难看出，危险驾驶罪的客体包含面更小却更为具体。❷ 如前所述，笔者不认同此种观点，认为两罪侵犯的客体都应当是公路和水路交通运输。总之，从理论上来说，交通肇事罪和危险驾驶罪的客体是完全相同的，都是公路和水路交通运输安全。

（2）犯罪客观方面。交通肇事罪规制的犯罪行为是一般危险驾驶行为，而危险驾驶罪规制的犯罪行为是严重危险驾驶行为，两种行为的危险性不同，后者重于前者。两者在行为方式、是否要求危害结果上存在不同。

①行为方式上不同。危险驾驶罪的客观方面只包括其中两种行为：一种是在道路上驾驶机动车追逐竞驶的行为，而且这种行为必须“情节恶劣”才能构成危险驾驶罪；另一种行为是在道路上醉酒驾驶机动车的行为。根据新的《道路交通安全法》，交管部门对饮酒与醉酒的处罚是有区别的，但对饮酒与醉酒的认定标准却一直没有明确。国家质量监督检验检疫总局 2004 年 5 月 31 日发布的《车辆驾驶人员血液、呼气酒精含量阈值与检验》国家标准（GB19522－2004），为交管部门依法认定酒后驾车这一交通违法行为提供了依据。驾驶人血液中的酒精含量大于（等于）20 毫克/100 毫升、小于 80 毫克/100 毫升的行为属于饮酒驾车，含量大于（等于）80 毫克/100 毫升的行为属于醉酒驾车。2013 年最高人民法院、最高人民检察院、公安部《关于办理醉酒驾驶机动车刑事案件适用法律若干问题的意见》第 1 条中规定：“在道路上驾驶机动车，血液酒精含量达到 80 毫克/100 毫升以上的，属于醉酒驾驶机动车”，这与《车辆驾驶人员血液、呼吸酒精含量阈值与检验》规定的醉酒标准一致。例如，陈某跟自己的领导吃饭时，一起喝了不少白酒。饭后，陈某送领导回家，在领导所居住的小区内，陈某开着车撞上了小区内绿化带的护栏。小区保安要求车上人员将被撞护栏维修好。双方争执不下，陈某的领导拿起电话报了警。警察调解时发现陈某满身酒味，经酒精测试仪检测，陈某每 100 毫升血液酒精含量达 154 毫克，属严重醉驾。陈某根本没有取得驾驶证。陈某因涉嫌危险驾驶罪被警方采取刑事强制措施。在驾驶机动车过程中制造为社会所不容许的交通危险的行为包括无证驾驶、超速驾驶（包括飙车）、酒后驾驶

---

❶ 高铭暄，马克昌．刑法学［M］．5 版．北京：北京大学出版社，高等教育出版社，2011：365.

❷ 赵秉志，赵远．危险驾驶罪论要［G］//朱孝清，莫洪宪，黄京平．社会管理创新与刑法变革（下卷），北京：中国人民公安大学出版社，2011：920.

（包括醉酒驾驶）、疲劳驾驶、吸食毒品或服用镇静类药物后驾驶、超载驾驶、明知是存在安全隐患的车辆而驾驶等行为。但是，危险驾驶罪只包括其中两种行为。至于其他行为，如果构成犯罪，不能以危险驾驶罪论处，只能以交通肇事罪论处。而交通肇事包括一些违反交通安全管理法律法规的行为，如闯红灯、酒后驾车、追逐竞驶、无证驾驶、酒后、吸食毒品后驾驶、明知是安全装置不全或者安全机件失灵的机动车辆而驾驶、明知是无牌证或者已报废的机动车辆而驾驶、严重超载驾驶等。

②是否要求出现危害结果或情节恶劣不同。危险驾驶罪的两个犯罪行为中，前者是行为犯、情节犯，后者是危险犯，只要有追逐竞驶的行为且情节恶劣或者醉酒驾驶行为就构成本罪，不要求造成实际的危害结果。虽然《刑法修正案（八）》规定追究醉酒驾驶机动车的刑事责任，没有明确规定情节严重或情节恶劣的前提条件，但根据《刑法》总则第13条规定的原则，危害社会行为情节显著轻微危害不大的，不认为是犯罪。所以，对在道路上驾驶机动车追逐竞驶或醉酒驾驶机动车的行为需要追究刑事责任的，要注意与行政处罚的衔接，防止可依据《道路交通安全法》行政处罚的行为，直接诉至法院追究刑事责任。因此，根据刑法理论和刑事司法实践，应当区分不同情节的醉酒驾驶行为，判断其是否具有严重的社会危害性，从而作出不同的处理。当然，对于是否只要有醉酒驾驶的行为发生就一律构成危险驾驶罪，学界和实务界尚存争议：一种观点认为，立法上并不要求以情节严重或情节恶劣为前提，所以只要行为人实施了醉酒驾驶机动车的行为，无论情节如何、是否严重，均成立犯罪，“醉驾的情节”仅能作为量刑的情节，对于定罪没有任何影响。如学者认为：“总之，以总则第13条来断定作为危险犯的醉酒驾驶犯罪中的危险，是与立法规范和精神都不相符的。”❶ “‘但书’条款是立法标准而不是司法标准，在立法时就应当把情节显著轻微危害不大的行为排除在犯罪构成之外。因此，既然《刑法修正案（八）》明确规定‘在道路上醉酒驾驶机动车的’行为构成犯罪，就表明立法者认为，醉酒驾车不是‘情节显著轻微危害不大的’行为，不能不予定罪。”❷❸ 还有学者担心，如果醉驾入刑与否要视情节、

---

❶ 夏勇．作为情节犯的“醉酒驾驶”犯罪［G］//朱孝清，莫洪宪，黄京平．社会管理创新与刑法变革（下卷）［N］，北京：中国人民公安大学出版社，2011：1257.

❷ 戴玉忠．醉酒驾车犯罪相关法律规定的理解与适用［N］．检察日报，2011－6－20（3）.

❸ 黄丽勤．醉驾型危险驾驶罪司法适用问题研究［G］//朱孝清，莫洪宪，黄京平．社会管理创新与刑法变革（下卷），北京：中国人民公安大学出版社，2011：1268.

社会危害性而定，那么在现实的国情下，所谓情节和后果极可能异化成权力和关系，视情节、后果而定极有可能异化成视权力大不大、关系近不近而定，存在司法擅断的空间。另一种观点认为，醉驾是否构成犯罪不可一概而论，不能“一刀切”地将醉酒驾驶行为一律认定为危险驾驶罪，“醉驾的情节”应当做为定罪考虑的因素，对符合刑法总则第 13 条规定的情节显著轻微危害不大的醉酒行为，可以不认定为犯罪。如学者认为，从刑法总则和分则的规定看，可以适用“但书”的规定。[1] 作为犯罪的具体类型，不但要符合危险驾驶罪的具体犯罪构成，还须符合严重社会危害性特征。[2] 最高人民法院张军副院长认为，虽然《刑法修正案（八)》规定追究醉酒驾驶机动车的刑事责任，没有明确规定情节严重或情节恶劣的前提条件，但根据《刑法》总则第 13 条规定的原则，危害社会行为情节显著轻微危害不大，不认为是犯罪。[3] 判断醉驾行为是否构成犯罪时，除应根据《刑法》第 133 条之一作形式判断外，还必须对犯罪的社会危害程度进行整体把握，即进行实质判断，只有同时符合形式要件和实质要件的行为才可认定为犯罪。[4] 根据刑法总则第 13 条规定的原则，在危险驾驶罪的具体适用中对于情节显著轻微危害不大的醉酒行为，可以通过行政处罚加以制裁，没有必要将其纳入刑罚调整的范围。[5] 笔者认为，第一种观点有失偏颇，第二种观点所蕴含的将实质上不值得处罚的醉驾行为予以出罪的精神是值得肯定的。[6] 醉酒驾驶型危险驾驶罪认定时应当受到《刑法》第 13 条但书的制约……如果行为人醉酒后驾驶的情节显著轻微，也可以并且也应当适用《刑法》第 13 条但书的规定而不认为是犯罪……综合考虑行为人的醉酒驾驶机动车对公共安全造成危险的可能性大小、潜在危险的严重程度等，如果确属符合情节显著轻微危害不大的，可以不认为是危险驾驶罪。[7] 对于醉酒驾驶“情节显著轻微”时，因其不符合总则规定而自始被

---

[1] 戴玉忠．醉酒驾车犯罪相关法律规定的理解与适用［N］．检察日报，2011 -6 -20（3）.

[2] 赵秉志，张伟珂．醉驾入罪的法理分析［N］．检察日报，2011 -5 -17.

[3] 张军．正确把握危险驾驶罪的构成条件［N］．人民法院报，2011 -5 -11（1）.

[4] 秦新承．醉驾案件若干司法问题研究［G］//朱孝清，莫洪宪，黄京平．社会管理创新与刑法变革（下卷)，北京：中国人民公安大学出版社，2011：1283.

[5] 柴建桢，牛文欢．危险驾驶罪适用问题与对策研析［G］//朱孝清，莫洪宪，黄京平．社会管理创新与刑法变革（下卷)，北京：中国人民公安大学出版社，2011：1027.

[6] 钱叶六．危险驾驶罪的构成要件及其与相关犯罪的界限［G］//朱孝清，莫洪宪，黄京平．社会管理创新与刑法变革（下卷)，北京：中国人民公安大学出版社，2011：992.

[7] 王强军，张心向．危险驾驶罪的行为特征及刑罚适用［G］//朱孝清，莫洪宪，黄京平．社会管理创新与刑法变革（下卷)，北京：中国人民公安大学出版社，2011：1004.

排除于犯罪之外，就不存在刑法分则的适用问题。[1] 虽然《刑法修正案（八）》中存在醉酒驾车行为“无条件”入罪的规定，其实司法上的定罪判刑，还必须遵循刑法总则的相关规定。例如，《刑法》第 13 条、第 37 条……醉酒驾驶等危险驾驶行为在何种情况下属于“情节显著轻微危害不大”还没有一个可行的、具体的判断标准，亟待有关机关作出明确的解释，从而使“醉驾犯罪”与“醉驾违法”有一个更加明确、具体的界定标准……主要可以考虑以下因素：行为人血液中酒精含量、行为人醉酒的程度、醉酒的原因、醉酒驾驶持续的时间、醉酒驾驶的路程、醉酒驾驶的路段、醉酒驾驶的次数等因素。[2]

交通肇事罪则要求造成重大事故，致人重伤、死亡或者使公私财产遭受重大损失，因此，交通肇事罪为结果犯、实害犯。虽有违章事实，但未造成法定的严重后果，只能由交通管理部门依法处理，不构成犯罪。为了使司法机关在办案中具体掌握上述结果要件的统一标准，最高人民法院《关于审理交通肇事刑事案件具体应用法律若干问题的解释》对交通肇事罪的定罪量刑的量化标准，作了一系列规定。规定达到下列标准，即构成交通肇事罪：①死亡 1 人或者重伤 3 人以上，负事故全部或者主要责任的；②死亡 3 人以上，负事故同等责任的；③造成公共财产或者他人财产直接损失，负事故全部或者主要责任，无能力赔偿数额在 30 万元以上的。④致 1 人以上重伤，负事故全部或者主要责任，并具有下列情形之一的，以交通肇事罪定罪处罚：A. 酒后、吸食毒品后驾驶机动车辆的；B. 无驾驶资格驾驶机动车辆的；C. 明知是安全装置不全或者安全机件失灵的机动车辆而驾驶的；D. 明知是无牌证或者已报废的机动车辆而驾驶的；E. 严重超载驾驶的；F. 为逃避法律追究逃离事故现场的。

《刑法修正案（八）》发布之后，有人对危险驾驶罪仅“处拘役，并处罚金”的处罚力度提出质疑，认为处罚太轻，起不到惩罚的目的。撇开量刑轻重不谈，这种观点将危险驾驶罪的客观要件与交通肇事罪混淆了，

---

[1] 李永升，李涛．生命的守护还是疏离——评醉驾入刑的情节［G］//朱孝清，莫洪宪，黄京平．社会管理创新与刑法变革（下卷），北京：中国人民公安大学出版社，2011：1224.

[2] 王瑞祥．略论危险驾驶罪的认定［G］//朱孝清，莫洪宪，黄京平．社会管理创新与刑法变革（下卷），北京：中国人民公安大学出版社，2011：1063. 对“情节显著轻微”的理解，学者间存在不同的意见，参见张凯，张君．“醉酒驾车”情节显著轻微的理解与适用一文。甚至有学者指出，社会危害性的评判需要进一步的标准，这个标准应当由谁、什么时候、依据什么来制定呢？无论如何，都要给社会一个有助于增进法治的解释和理由。石晶．醉驾入刑的尴尬［J］. 读书，2011（6）.

没有意识到危险驾驶罪不要求造成一定的危害结果，只要有危险驾驶的行为和情节严重即构成犯罪，可见，与交通肇事罪相比，危险驾驶罪的入罪“门槛”是较低的。

（3）犯罪主体。危险驾驶罪的主体与交通肇事罪的主体不完全相同。交通肇事罪的犯罪主体范围比危险驾驶罪的犯罪主体范围宽泛。危险驾驶罪的主体是一般主体，只能是在道路上直接驾驶机动车的人员。交通肇事罪的主体是一般主体，既可以是交通运输人员，也可以是非交通运输人员，在司法实践中主要是指从事交通运输的人。无论是否是交通运输人员，只要在交通运输过程中违反交通运输管理法规，成重大事故，致重伤、死亡或者公私财产重大损失严重后果的，就构成交通肇事罪。所谓交通运输人员，一般是指专门从事交通运输活动的专业人员以及与保障交通运输活动安全运行具有直接关系的专业人员，其中包括交通工具的操纵人员（如驾驶员），交通运输活动的指挥、调度人员，交通安全设施的操纵、管理人员等。什么是非交通运输人员？在理论上有 3 种观点：第一种观点主张，非交通运输人员是指交通运输人员以外的一切人员，包括行人、乘车人及其他交通参与人；第二种观点主张，非交通运输人员是指虽然没有合法手续，但从事正常交通运输的人员；第三种观点主张，非交通运输人员包括 3 种人：从事交通运输工作，但尚未取得特定业务资格的人，如实习驾驶员；并非从事交通运输工作，但具有驾驶资格的人；既不从事交通运输工作，也不具有驾驶资格的一切人员。第二种观点一般认为是通说。既然 1997 年《刑法》没有规定交通肇事罪的主体，那么对交通肇事罪而言，交通运输人员与非交通运输人员的区分已没有实际意义。但对于危险驾驶罪而言，交通运输人员与非交通运输人员的区分是有现实意义的。也就是说，危险驾驶罪的主体是一般主体，即在道路上直接驾驶机动车追逐竞驶的交通运输人员或在道路上醉酒直接驾驶机动车的交通运输人员，其他非直接驾驶机动车辆的交通运输人员不能成为危险驾驶罪的主体，但非交通运输人员仍然可以成为机动车辆的直接驾驶人。

（4）犯罪主观方面。危险驾驶罪是故意犯罪，在主观上是故意，即明知自己在道路上醉酒驾驶机动车或者在道路上驾驶机动车追逐竞驶的行为危害到公共安全而希望或放任这种状态的发生，其对危害结果的发生持积极追求或者听之任之的态度，主观故意的内容是危险结果，即行为人认识到并且希望或者放任具体的公共危险结果的发生。其一，危险驾驶人员明知不准在道路上醉酒驾驶机动车和不准在道路上驾驶机动车追逐竞驶；

其二，危险驾驶人员明知自己的行为可能发生危害社会的结果而希望或放任这种结果的发生。也就是说，在违反交通管理法规方面是直接故意，在放任危害结果发生方面是直接故意或间接故意。

交通肇事罪是典型意义上的过失犯罪，主观上只能是过失，包括疏忽大意的过失和过于自信的过失。因为驾驶人正常情况下不可能希望和放任一种危害结果的发生，只是存在应当预见自己违反交通运输管理法规的行为可能发生重大交通事故，出现重伤、死亡或者使公私财产遭受重大损失的严重后果，但由于疏忽大意而没有预见或者已经预见而轻信能够避免，以致发生严重后果的心理态度。但对于违章驾驶的主观态度则是故意，但也可能是过失，即行为人对于违反交通运输管理法规是明知的或是驾驶失误导致的。如此理解的话，危险驾驶罪中的醉酒驾驶和追逐竞驶行为便属于交通肇事罪中的违章驾驶行为，因此，由这两种行为造成实害结果发生的，只要行为人对实害结果仅有过失时，就完全符合交通肇事罪的构成要件。而危险驾驶罪的法定刑为“拘役，并处罚金”，如果按照危险驾驶罪处理，显然处刑较轻，违背了罪责刑相一致原则。因此，对于这种情形，由于出现的实害结果已经超出了危险驾驶罪的规制范围，不能适用危险驾驶罪，而应当认定为交通肇事罪。此时的交通肇事罪如同于基本法，而危险驾驶罪则可以看成为补充法，根据基本法优于补充法的原则，只适用基本法，以一罪论处。

（5）量刑上不同。危险驾驶罪的法定刑比交通肇事罪规定的轻。危险驾驶罪的刑法处罚最高为拘役，交通肇事罪则包括有期徒刑等刑罚种类，而普通交通肇事罪的法定最高刑是有期徒刑 3 年，肇事后逃逸或有其他特别恶劣情节的，可处 7 年有期徒刑，因逃逸致人死亡的可处 15 年有期徒刑。与交通肇事罪相比，危险驾驶罪是一种较轻的犯罪，因为毕竟没有发生危害后果，而交通肇事罪则要求造成严重的后果，由此带来量刑上的差别。最高人民法院《关于审理交通肇事刑事案件具体应用法律若干问题的解释》对交通肇事罪的定罪量刑的量化标准进行了统一规定。2013 年最高人民法院、最高人民检察院、公安部《关于办理醉酒驾驶机动车刑事案件适用法律若干问题的意见》第 2 条中对醉酒驾驶机动车从重处罚情形作了规定：“（一）造成交通事故且负事故全部或者主要责任，或者造成交通事故后逃逸，尚未构成其他犯罪的；（二）血液酒精含量达到 200 毫克/100 毫升以上的；（三）在高速公路、城市快速路上驾驶的；（四）驾驶载有乘客的营运机动车的；（五）有严重超员、超载或者超速驾驶，无驾驶资格驾驶机动车，使用伪造或者变造的机动车牌证等严重违反道路交通安全法的行为的；（六）逃避公安机关依法检查，或者拒绝、阻碍公安机关依法检查尚未构成其他犯罪的；（七）曾因酒后驾驶机动车受过行政处罚或者刑事追究的；（八）其他可以从重处罚的情形。”例如，陈某在喝了两瓶啤酒后，欲到一亲戚家串门。陈某不顾自己没有驾驶资格，酒后驾驶无牌照的摩托车与林某驾驶的轿车发生刮擦，手臂受伤。边防警察闻到陈某满身酒气，经检测，陈某的血液酒精浓度为271.87mg/100ml，属醉酒驾驶机动车，并且是无证驾驶、驾驶无牌照机动车，属于依法从重处罚的情形。

（三）对《刑法》第133条之一第2款的理解

《刑法》第133条之一第2款规定："有前款行为，同时构成其他犯罪的，依照处罚较重的规定定罪处罚。"也就是说，一旦危险驾驶行为引起交通肇事，那么危险驾驶罪就会被后面更为严重的罪名所吸收，即重行为吸收轻行为，从重处罚。但该条款只是解决了非两罪并罚问题，但对于危害驾驶行为的实害犯如何定性却予以回避。这一问题曾在2008年孙某铭醉酒驾车案和2009年胡某飙车案中因判决结果的巨大反差引起广泛争议，相类似的危险驾驶行为前者判处以危险方法危害公共安全罪，后者判处交通肇事罪。醉酒驾驶或追逐竞驶所引起的恶性交通事故，导致其行为定性游离于交通肇事罪与以危险方法危害公共安全罪之间。在这里，笔者仅介绍几种观点。

有学者认为，危险驾驶罪的增加，使交通肇事罪的构成产生了变化。交通肇事罪分为了两种类型：[1] ①作为单纯过失犯的交通肇事罪，即不以危险驾驶罪为前提的交通肇事罪。如未取得驾驶资格而驾驶机动车过失致人伤亡的，属于单纯的过失犯。这种行为在日常生活中可以说是“故意”的，但不成立刑法上的故意，既不是结果加重犯，也不是所谓复合罪过。②作为危险驾驶罪的结果加重犯的交通肇事罪。危险驾驶是故意犯罪，但危险驾驶行为过失造成他人伤亡，符合交通肇事罪的犯罪构成的，应以交通肇事罪论处。此时，行为人对基本犯（危险驾驶罪）是故意，对加重结果为过失，从而成为结果加重犯。危险驾驶是从交通肇事罪脱离出来的一个特殊犯罪，而交通肇事罪是一个典型的过失犯罪，在违反交通运输管理法规，发生重大事故，致人死亡、重伤或使公私财产发生重大损失情况下才构成犯罪。因此，按法理分析，危险驾驶应是过失犯罪。但是，从立法原意来看，危险驾驶将结果犯改成行为犯，强调行为人的主观意图，因

[1] 张明楷．危险驾驶罪及其与相关犯罪的关系［N］．人民法院报，2011－5－11（6）．

此，危险驾驶罪就成了故意犯罪。但有学者并不赞同此观点，认为危险驾驶罪并不是交通肇事罪的一部分，二者是相互独立的罪名，即使根据第133条之一第2款的规定，一部分危险驾驶行为应当依照交通肇事罪定罪处罚，也不能说危险驾驶罪影响了交通肇事罪的构成。❶

有学者认为，本罪与交通肇事罪是一种排斥关系，表现在罪过形式的对立上。❷ 但有学者认为，立法将醉酒驾车犯罪的规定作为规定交通肇事罪的《刑法》第133条之一，是对原规定的补充。交通肇事罪中有相当一部分案件是醉酒驾车造成的，《刑法修正案（八）》以立法的方式扩大了醉酒驾车行为的惩治范围。❸ 同样，有学者认为，危险驾驶罪与交通肇事罪是一种补充关系，而非排斥关系。危险驾驶行为人对违章行为均是“明知故犯”，而交通肇事行为人对违章行为往往是“明知故犯”，但也可能是“不意误犯”；危险驾驶罪是危险犯，以一定的危险状态的存在作为构成犯罪的基本要件，而交通肇事罪是结果犯，以一定的实害结果的存在作为构成犯罪的基本要件。当危险驾驶行为具有致人伤亡的危险，但尚未造成他人伤亡的实害结果的，应当构成危险驾驶罪，而不构成交通肇事罪。复杂的是，如果危险驾驶行为具有致人伤亡的危险，而且又造成他人伤亡的实害结果的，究竟是构成危险驾驶罪，还是交通肇事罪？在这种情形下，由于危险驾驶行为具有致不特定的多数人伤亡的危险，已经充足犯罪构成要件，因而构成危险驾驶罪；同时，由于该行为又造成了不特定的多数人伤亡的实害结果（以行为人对该实害结果系过失为限），因而又构成交通肇事罪。但由于行为人只实施一个危险驾驶行为，因而这属于“一行为触犯数罪名”的情形，应当按照想象竞合犯的处理原则，以其中的重罪（交通肇事罪）定罪处罚。❹❺❻❼ 不过，有学者认为，将前后两个阶段的行为当

---

❶ 张健，朱建华．危险驾驶罪法律适用问题研究［G］//朱孝清，莫洪宪，黄京平．社会管理创新与刑法变革（下卷），北京：中国人民公安大学出版社，2011：1105.

❷ 李希慧，李冠煜．试析危险驾驶罪的主观方面［G］//朱孝清，莫洪宪，黄京平．社会管理创新与刑法变革（下卷），北京：中国人民公安大学出版社，2011：1015.

❸ 戴玉忠．醉酒驾车犯罪相关法律规定的理解与适用［N］．检察日报，2011－6－20（3）.

❹ 叶良芳．危险驾驶罪的立法证成和规范构造［J］．法学，2011（2）.

❺ 钱叶六．危险驾驶罪的构成要件及其与相关犯罪的界限［G］//朱孝清，莫洪宪，黄京平．社会管理创新与刑法变革（下卷），北京：中国人民公安大学出版社，2011：996.

❻ 向朝阳，高小青．危险驾驶罪司法认定问题研究［G］//朱孝清，莫洪宪，黄京平．社会管理创新与刑法变革（下卷），北京：中国人民公安大学出版社，2011：1057.

❼ 宣炳昭，鄢士维．危险驾驶罪法律适用问题研究［G］//朱孝清，莫洪宪，黄京平．社会管理创新与刑法变革（下卷），北京：中国人民公安大学出版社，2011：1089.

做两个行为，分别认定危险驾驶罪和交通肇事罪也未尝不可……数罪并罚有其必要。[❶] 我国台湾地区也有学者认为，对于酗酒驾车肇事致人死亡的行为，由于酗酒驾车在前，肇事在后，所以是二行为触犯二罪名。[❷] 还有学者认为，危险驾驶行为与交通肇事行为阐释了不同的社会意义……在危险驾驶肇事的情形中，实际是二行为触犯二罪名，并非一行为触犯二罪名。换言之，在此情形中，应实行数罪并罚，而非从一重罪处断……“有前款行为，同时构成其他犯罪的，依照处罚较重的规定定罪处罚”的规定只可运用于危险驾驶罪与以危险方法危害公共安全罪的关系之中，而不能适用到危险驾驶罪与交通肇事罪之关系中。[❸] 另有学者认为，严格来说，对于这种情形应按危险驾驶罪和交通肇事罪数罪并罚，不过，由于交通肇事罪的司法解释未作相应修改，目前仍只能把醉酒驾车作为交通肇事罪的量刑情节或者定罪情节。还有学者认为，应当按照吸收犯的处理原则定罪处罚，即以交通肇事罪定罪处罚。

有学者认为，通过观察总结刑法修正案和现行刑法规定的内在逻辑、已有的相关司法解释和实践做法，可以归纳出一些带有规律性的刑法解释论结论。①对于危险驾驶行为仅发生一次交通事故的情形，以交通肇事罪定性处理为原则，以危险方法危害公共安全罪定性处理为例外。②对于危险驾驶行为连续发生第二次乃至多次交通事故的情形，以以危险方法危害公共安全罪定性处理为原则，以交通肇事罪定性处理为例外。[❹] 但是，有学者认为，一旦这两种危险行为引发严重的交通肇事，应“以危险方法危害公共安全罪为原则、而以交通肇事罪为例外”的定罪模式处理，之所以采取这种操作模式的原因在于刑法将这两种危险驾驶行为已经入罪，本身说明该类型行为转化为实害犯的概率非常高且后果相当严重。显然，醉酒驾驶或追逐竞驶所发生严重交通事故的几率已经超出了过于自信过失的范畴，成为一种常态而非偶然性现象。因而行为人一旦实施醉酒驾驶或追逐竞驶客观上就已经进入了一种放任状态，一般不具备侥幸避免危害结果发生的自信可能。因而可以推定驾驶者在明知实施危险驾驶行为可能引起的

---

❶ 黄丽勤．醉驾型危险驾驶罪司法适用问题研究［G］//朱孝清，莫洪宪，黄京平．社会管理创新与刑法变革（下卷），北京：中国人民公安大学出版社，2011：1272.

❷ 林东茂．刑法综览［M］．北京：中国人民大学出版社，2009：392.

❸ 李凯．危险驾驶罪理解与适用——基于关联罪名的比较考察［G］//朱孝清，莫洪宪，黄京平．社会管理创新与刑法变革（下卷），北京：中国人民公安大学出版社，2011：1156.

❹ 魏东．危险驾驶罪的司法适用［G］//朱孝清，莫洪宪，黄京平．社会管理创新与刑法变革（下卷），北京：中国人民公安大学出版社，2011：1099.

严重后果情况下仍然去实施这种行为，说明被告人对自身实施危险行为的故意，刑法的提前介入以避免更为严重后果发生正是对这种放任心态的回溯证明，否则不会仅将这两种行为而没有增加其他危险驾驶行为以个罪的形式单列罪名条款。况且危险驾驶本身是一种方法上的强调，其逻辑上衔接的一般应是以危险方法危害公共安全罪。从一定意义上说，危险驾驶罪是交通肇事罪与以危险方法危害公共安全罪之间的过渡性罪名。当然，如果严重交通肇事后果的发生并非源于情节严重或情节恶劣的醉酒驾驶和追逐竞驶行为，在此情况下说明行为人对危害结果的发生存在过失，应以交通肇事罪来认定，唯有此，才符合主客观相一致的原则和罪责刑相适应原则的要求。也就是说，只有严重醉酒驾驶和追逐竞驶方能展示行为人的主观恶性和人身危险性，深究之是行为人对他人生命和健康法益的漠视，因而在此危险驾驶情况下往往以危险方法危害公共安全罪来处理，这种操作模式与2009年最高人民法院出台的《关于醉酒驾车犯罪法律适用问题的意见》主旨相吻合，该意见规定："醉酒的人犯罪，应当负刑事责任。行为人明知酒后驾车违法、醉酒驾车会危害公共安全，却无视法律醉酒驾车，特别是在肇事后继续驾车冲撞，造成重大伤亡，说明行为人主观上对持续发生的危害结果持放任态度，具有危害公共安全的故意。对此类醉酒驾车造成重大伤亡的，应依法以以危险方法危害公共安全罪定罪。"显然，醉酒驾车者和追逐竞驶者明知这种放任心态会高盖然性地导致危害后果，却以所谓"侥幸能够避免"推责于过于自信过失，这并不符合客观实际。

有学者认为，当危险驾驶造成严重后果后，与交通肇事罪和以其他方法危害社会公共安全罪相衔接，符合立法者的意图，也在行为人的预见范围内，是刑法罪责刑相统一的表现。①危险驾驶罪不能与交通肇事罪衔接的质疑。对于危险驾驶与交通肇事罪的衔接问题，有一些观点认为："由于危险驾驶罪是故意犯罪，当出现严重后果时，其主观状态也是明知而放任的间接故意，显然不能与以过失为特征的交通肇事罪相衔接。"基于这种观点，在讨论危险驾驶罪的罪名衔接问题之前，对危险驾驶罪的主观方面的罪过形态作出判断非常必要。现阶段，大多学者甚至法院判决都认为醉酒驾车尤其是造成重大伤亡事故的醉驾行为其主观罪过为间接故意。基于这一前提，很多学者就得出危险驾驶罪的主观罪过属于故意且是间接故意。以此为依据，他们推导出危险驾驶罪造成严重后果后，不能以交通肇事罪定罪处罚，因为其主观罪过形态不同。这种观点有失偏颇。危险驾驶罪包括两个行为，仅仅从其中一个行为——醉酒驾车是间接故意就推断危险驾驶罪的主观罪过只存在故意未免过于片面。危险驾驶罪的主观罪过既可以是故意也可以是过失。至于何种情况下是故意，何种情况下是过失，应该遵循主客观相一致的标准综合分析。醉酒驾车尤其是造成重大伤亡事故的醉驾行为其主观罪过为间接故意，这一观点已经被众多学者所接受，且在司法实践中也得到了广泛的运用。但是不能以此直接得出危险驾驶罪的主观罪过就是故意的结论。因为在危险驾驶罪的另一个行为“追逐竞驶”中，行为人也存在过失的主观罪过。“过于自信的过失一个最重要的特征是行为人轻信能够避免危害结果的发生。”从条文中可得知，“追逐竞驾”的行为要构成本罪有一个条件限制，即“情节恶劣”。虽然其不同于犯罪后果，但是一个行为要达到“恶劣”始终是有一个“度”来衡量，这当中难免存在行为人轻信自己的行为没有达到“情节恶劣”这一个“度”的情况。行为人的这种轻信就是一种过于自信的过失。当然，过于自信的自我认识不能是行为人无中生有的主观臆想，必须反映在客观现实中，不能脱离行为时的客观条件。危险驾驶罪的主观罪过形式，既可以是故意也可以是过失。②危险驾驶罪与两罪的衔接规则。危险驾驶罪与交通肇事罪，危险驾驶罪与以危险方法危害公共安全罪，既不是想象竞合也不是法条竞合的关系，他们是 3 个独立的犯罪。当危险驾驶由行为犯转变成结果犯，由危险性变成现实危害后，危险驾驶罪与交通肇事罪，危险驾驶罪与以危险方法危害公共安全罪的衔接显然都是没有问题的。该学者认为，考虑危险驾驶罪造成严重后果的罪名衔接问题，首先应当区分行为人是故意还是过失，如果是过失，以交通肇事罪定罪处罚；故意则应该与以危险方法危害公共安全罪相衔接。交通肇事是典型的过失犯罪，以危险方法危害公共安全罪则属于故意犯罪。交通肇事罪的法定刑一般低于以危险方法危害公共安全罪的法定刑，这也符合我国重点惩罚故意犯罪的一般原则。

有学者对危险驾驶罪的竞合与转化，分成了三种情况进行了论述。①危险驾驶罪是否存在与交通肇事罪的法条竞合。有观点认为，危险驾驶罪与交通肇事罪之间应当是法条竞合的关系。[1] 危险驾驶罪和交通肇事罪的关系是交叉竞合型的法条竞合，处理原则为重法优于轻法，以交通肇事

---

[1] 黄杰，李莉．关于危险驾驶罪的法律思考［G］//朱孝清，莫洪宪，黄京平．社会管理创新与刑法变革（下卷），北京：中国人民公安大学出版社，2011：1039.

罪定罪处罚。[1] 但有观点认为，危险驾驶罪规定的在道路上醉酒驾驶机动车的行为与交通肇事罪存在法条竞合。但依据《刑法》133 条之一及最高人民法院《关于审理交通肇事刑事案件具体应用法律若干问题的解释》第 2 条规定，醉酒后驾驶且致 1 人以上重伤，负事故全部或者主要责任的情形应当属于危险驾驶罪的结果加重犯，危险驾驶罪拘役刑的刑罚处罚以不足以评价行为人的严重危害结果，这种情形符合交通肇事罪的犯罪构成，应当以交通肇事罪进行处罚。在这种情况下，危险驾驶罪存在向交通肇事罪的“转化”，而两个条文对犯罪行为的描述并不存在交叉关系，所规范的是同种犯罪行为下的不同后果，两罪不存在法条竞合关系。另有学者认为，若醉驾没有造成任何实质损害结果或者造成的危害结果小于交通肇事罪所要求的结果，则按照危险驾驶罪定罪处罚，交通事故只能作为量刑情节考虑。②危险驾驶罪的想象竞合。在道路上驾驶机动车追逐竞驶，情节恶劣的，或者在道路上醉酒驾驶机动车但尚未造成交通肇事罪所规定严重后果的行为，不具有适用交通肇事罪进行评价的刑罚当罚性，尚不足以构成交通肇事罪。但行为人交通肇事后逃逸的逃逸方式与危险驾驶罪相关联。例如，醉酒驾驶构成交通肇事罪后又驾车逃逸的，其逃逸行为是危险驾驶罪与交通肇事罪法定刑升格的竞合。[2] 这种情况下，醉酒驾车逃逸的行为既符合危险驾驶罪的犯罪构成，又符合交通肇事罪的犯罪构成，一行为触犯数罪名，属于危险驾驶罪与交通肇事罪的想象竞合关系。由于适用交通肇事罪的法定刑重于危险驾驶罪，对于该行为应以交通肇事罪论处，适用交通肇事罪的法定刑，而非危险驾驶罪。[3] 但有学者认为，交通肇事后以危险驾驶的方式逃逸的，同样成立危险驾驶罪和交通肇事罪的法条竞合犯，根据重法优于轻法的处罚原则，应以交通肇事罪定罪处罚。[4] 但较为特殊的是，如行为人在因追逐竞驶行为已造成一定社会危害后果，构成交通肇事罪后又超速逃离肇事现场的，因其已明确认识到追逐竞驶、超速驾驶行为可能对社会不特定主体造成的严重危害，其对行为的社会危害后

---

[1] 张健，朱建华．危险驾驶罪法律适用问题研究［G］//朱孝清，莫洪宪，黄京平．社会管理创新与刑法变革（下卷），北京：中国人民公安大学出版社，2011：1106.

[2] 高松林，钟文华，王远伟．危险驾驶罪的构成特征与司法认定［G］//朱孝清，莫洪宪，黄京平．社会管理创新与刑法变革（下卷），北京：中国人民公安大学出版社，2011：1132.

[3] 刘沛谞，吴卓师．比较法视阈下的危险驾驶罪研判［G］//朱孝清，莫洪宪，黄京平．社会管理创新与刑法变革（下卷），北京：中国人民公安大学出版社，2011：981.

[4] 张健，朱建华．危险驾驶罪法律适用问题研究［G］//朱孝清，莫洪宪，黄京平．社会管理创新与刑法变革（下卷），北京：中国人民公安大学出版社，2011：1106.

果持放任态度，应认定为其具有以其他危险方法危害公共安全的主观故意。但能否以“以危险方法危害公共安全罪”评价行为人犯罪行为的关键在于，如何判断危险驾驶行为是否具有与放火、爆炸相当的具体公共危险。只有在行为人的犯罪行为造成了现实的针对不特定主体的生命财产安全的可能危险时才能够以“以危险方法危害公共安全罪”评价行为人的犯罪行为。③危险驾驶罪、交通肇事罪、故意杀人罪的“转化”。通常可将交通肇事罪作为危险驾驶罪的结果加重形态，在危险驾驶罪的拘役刑不足以评价行为人的严重危害时适用交通肇事罪的刑罚对行为人的客观行为进行评价。但考虑到最高人民法院《关于审理交通肇事刑事案件具体应用法律若干问题的解释》第6条规定了交通肇事罪消极逃避救护义务情形下向故意伤害罪的转化，那么在行为人的危险驾驶行为转化为交通肇事罪后又实施“二次碾压”或如“药家鑫式”的故意杀人行为的，是否应当以交通肇事罪+故意伤害/故意杀人罪“双重”评价行为人的危害行为，抑或简单地依照“转化犯”理论以一罪评价？在我国刑法理论上，关于转化犯之含义，学界莫衷一是。具体到危险驾驶罪到交通肇事罪再到故意杀人罪的转化，笔者认为，从法益角度分析，危险驾驶罪所侵犯的客体是公共交通安全，其刑罚当罚性体现在行为人对社会不特定主体所造成的可能危险；交通肇事罪处罚的则是违反交通规章制度的情形下已造成的严重社会危害，其针对的犯罪对象已具体到现实的特定主体的人身和财产损失，从危险驾驶罪到交通肇事罪的犯罪后果是一个从“抽象”到“具象”，从不特定主体到特定主体的“细化”过程，行为人主观故意上不存在认识因素和意志因素的转化，其主观上对危害结果的发生始终持否定的排斥态度。危险驾驶罪到交通肇事的“转化”实质上是对行为人所造成危害后果的客观评价，立法者主要是从刑罚位阶的角度进行考量，将长期以来已经造成了严重社会危害的“飙车”“醉驾”行为从行政处罚上升到刑罚，以刑罚的形式表明对“飙车”及“醉驾”行为的否定性评价态度。这种所谓的“转化”并非转化犯范畴的“转化”，实为刑罚的升格。但过失犯罪与故意犯罪的转化除刑法明确规定外，所应当考量的应当是行为人主观故意是否存在“转化”？行为人所实施行为是否具有一贯连贯性？及行为与客观危害后果间的因果关系？笔者认为，危险驾驶罪到交通肇事罪的转化属于结果加重型的法定刑升格，而在出现实施“二次碾压”或如“药家鑫式”的故意伤害、故意杀人行为的情形时，因行为人主观故意已发生明显的改变；其行为已丧失连贯性，发生了从驾车行为到故意伤害行为的转变；行为人的最终危害后果与其最初的危险驾驶行为之间已不存在直接的必然的可信的因果联系；本质上两行为属于性质不同、所侵害法益不同的两个行为，具备以不同性质罪刑对其进行评价的条件。且对于某些特殊的以一罪不足以评价行为人严重社会危害性的情形，如行为人交通肇事后又对被害人实施了故意伤害行为，但仅造成被害人轻伤以下伤害后果。在这种情况下，行为人误以为已达到犯罪目的（实行终了的未遂），但因主观认知出现误差导致未遂，但人身危险性、社会危害性以不足以单纯适用故意伤害罪（未遂）的基本刑进行评价。综上，危险驾驶罪作为一种新出现的常见罪名，在适用过程中应当注意行为人主观意识上对客观危害后果的否定性排斥态度，注意行为人犯罪构成主观方面的转化及转化前后行为与危害后果的关联，才能正确区分危险驾驶罪、交通肇事罪、故意伤害/杀人罪、以危险方法危害公共安全罪等关联罪名，以正确适用刑罚处罚。至于有观点提出的“区别对待醉驾”，笔者认为，在实现“刑罚平等”和“罪刑相适应”的基本前提下，具体考量不同社会环境对刑法谦抑性的要求，区别对待不同行为人主观恶性与客观危害性，最大限度地兼顾刑法的社会保护和自由保障的两大价值才是“飙车”及“醉驾”入刑的应有之意。

还有学者通过具体案例分析认为危险驾驶罪与交通肇事罪是吸收犯的关系。醉酒驾车构成犯罪后，又醉酒驾车撞死人，是按危险驾驶罪、交通肇事罪数罪并罚，还是只定一罪呢？例如，杨某酒后驾驶变型拖拉机，因未注意观察路面动态，遇情况未及时采取措施，所驾车辆右前侧碰撞前方同向行驶的徐某所驾驶的电动自行车后侧，致徐某及乘坐人吴某跌倒，吴某当场死亡，徐某颅脑受伤。事故发生后，杨某驾车逃离现场。当日，公安机关在杨某家中将其抓获。经鉴定，被害人徐某的伤情程度构成重伤；被告人杨某血液中的乙醇含量为261毫克/100毫升血。经海安县公安局交通巡逻警察大队认定，被告人杨某在本起事故中，对被害人吴某承担主要责任，对被害人徐某承担全部责任。被告人杨某归案后，能如实供述肇事事实，其近亲属代为赔偿了被害方部分经济损失人民币61 600元。事故发生后，被害人徐某及被害人吴某近亲属另行向法院提起民事赔偿诉讼，双方就交强险之外的经济损失达成协议，并已履行完毕，同时取得了被害方的谅解。案件审理过程中，对本案定二罪数罪并罚，还是定一罪的问题，争议较大。一种观点认为，全国人大常委会将酒驾入罪后，危险驾驶罪与交通肇事罪是并列的两个罪种，醉酒驾车亦不必然导致交通事故，故而二者相互独立，应当数罪并罚。另一种观点认为，酒后驾车发生事故，两者前后紧密相连，应本着重罪吸收轻罪原则，定交通肇事一罪处罚。海安县法院审理后认为，被告人杨某醉酒后驾驶机动车，构成危险驾驶罪；被告人杨某违反交通运输管理法规，发生致一人死亡、一人重伤的重大事故，且对被害人吴某承担主要责任，对被害人徐某承担全部责任，其行为又构成交通肇事罪。醉酒驾车是交通事故发生所经阶段，二者存在密切的联系，同时醉酒驾车亦是违反交通运输管理法规的行为，为交通肇事罪构成要件所包含，应本着重罪吸收轻罪的原则，按照交通肇事一罪定罪处罚。被告人杨某肇事后逃逸，依法应在3年以上7年以下幅度内量刑。案发后，被告人杨某如实供述自己的罪行，可以从轻处罚。被告人杨某醉酒后驾驶机动车辆，可酌情从重处罚；其与被害方达成协议，并取得谅解，且庭审过程中认罪态度较好，均可酌情从轻处罚。据此，2011年10月14日，江苏省海安县法院，判决被告人杨某犯交通肇事罪，判处有期徒刑3年。

评析：本案主要涉及按一罪处罚还是按数罪并罚的问题。《刑法修正案（八）》首次将醉酒驾驶、飙车以“危险驾驶罪”入刑。驾驶人员的血液中乙醇含量超过80mg/100ml的，即为醉酒。醉酒驾驶机动车在道路上行驶，将会被判处拘役1个月至6个月，并处相应罚金。《刑法修正案（八）》施行后，醉酒驾车又发生交通肇事犯罪，是定一罪处罚还是二罪数罪并罚问题浮上水面。对此问题，法律和司法解释并无明确规定。从刑法理论上而言，数个相互关联的犯罪行为处断为一罪，主要有3种情况，即连续犯、牵连犯、吸收犯，就看此类案件能否视为3种情形之一。连续犯是指基于同一或者概括的犯罪故意，连续实施性质相同的独立成立犯罪的数个行为，触犯同一罪名的情况。如实施数个行为，都是盗窃行为，构成盗窃罪的连续犯，此时只定一个盗窃罪，而不是数个盗窃罪。危险驾驶罪与交通肇事罪罪名不同，当然不属此类情形。牵连犯是指为了一定的目的实施某种犯罪，其方法行为或结果行为又触犯其他罪名的犯罪类型。如果行为人主观上不具有牵连的意思，或者数行为间在一般人看来不具有目的与方法或原因与结果关系的，则不能认为是牵连犯。同时，牵连犯的主要犯罪行为是目的犯，归属故意犯罪。交通肇事罪与危险驾驶罪比较，其属于主要犯罪行为，但交通肇事罪却是过失犯罪，因而危险驾驶罪与交通肇事罪的关系亦不能列入牵连犯范畴。吸收犯是指数个犯罪行为，其中一个犯罪行为吸收其他的犯罪行为，仅成立吸收的犯罪行为一个罪名的犯罪形态。吸收犯具有如下特征：（1）吸收犯必须具有数个犯罪行为。这是吸收犯成立的前提。因为吸收犯的特点是一个行为吸收其他行为，如果没有数个行为，就谈不到吸收与被吸收的问题，从而也就无所谓吸收犯了。(2) 吸收犯的数个行为之间必须具有吸收关系。这是吸收犯成立的关键。所谓吸收，即一个行为包容其他行为，只成立一个行为构成的犯罪，其他行为构成的犯罪失去存在的意义，不再予以定罪。一个犯罪行为之所以能够吸收其他犯罪行为，是因为这些犯罪行为通常属于实施某种犯罪的同一过程，彼此之间存在密切的联系。例如，前一犯罪行为可能是后一犯罪行为发展的所经阶段，或后一犯罪行为可能是前一犯罪行为发展的自然结果，或者在实施犯罪过程中数个行为之间具有其他密切关系。据刑法学理论，吸收关系主要 3 种：①重行为吸收轻行为。这里所说的行为的轻重，主要是根据行为的性质来区分的，重行为在行为的性质上较轻行为严重，前后的行为有轻重之别时，轻行为应为重行为所吸收。例如非法制造枪支、弹药，事后藏于家中的，非法制造行为在性质上重于私藏行为，此时非法制造枪支、弹药行为吸收私藏枪支、弹药行为，行为人只成立非法制造枪支、弹药罪。②实行行为吸收预备行为。预备行为是实行行为的先行阶段，尽管并非每种具体犯罪都有预备行为，但是许多犯罪往往是经过预备然后转入实行行为的。在这种情况下，预备行为为实行行为所吸收，仅依实行行为所构成的犯罪定罪。例如，先伪造信用卡，之后使用伪造的信用卡诈骗大量财物的，伪造信用卡是信用卡诈骗罪的预备行为，根据实行行为吸收预备行为的原理，此时仅依信用卡诈骗罪定罪处刑，而不再追究行为人伪造金融票证罪的刑事责任。③主行为吸收从行为。主行为和从行为，是根据共同犯罪人在共同犯罪中的分工或作用来区分的。在我国对共同犯罪人分类规定的情况下，主犯或教唆犯的行为属主行为，从犯的行为是从行为。据此，先教唆他人犯罪，后又帮助他人犯罪，帮助行为为教唆行为所吸收，应以教唆犯罪论处。我国刑法理论界一致认为，对吸收犯，应依照吸收行为所构成的犯罪处罚，不实行数罪并罚。我国司法实践中在追究吸收犯的刑事责任时也是按照这一原则来操作的。我国刑法规定，违反交通运输管理法规，因而发生重大事故，致人重伤、死亡或者使公私财产遭受重大损失的，构成交通肇事罪。从概念中可见，违反交通运输管理法规是构成交通肇事的重要条件，醉酒驾车属于违反交通运输管理法规的行为之一。如果醉酒驾车行为在自身定罪中使用一次，另在交通肇事定罪时再使用一次，等于一个行为在定罪量刑中二次重复使用，从而使一个行为受到双重处罚，这违背法律最基本的公平原则。因为根据法律基本原则，除法律有特别规定外，一个行为只能接受一次处罚。考虑到醉酒驾车引发交通肇事时，醉驾与肇事两个行为前后紧密相连，贯彻于同一过程，前一犯罪行为是后一犯罪行为发展的所经阶段，符合吸收犯基本特征，结合公平原则，此种情形应根据吸收犯原理，将危险驾驶罪吸收到交通肇事罪中，以交通肇事罪定罪量刑，醉酒驾车不再另行定罪，只作为量刑情节。

第八章　侵犯财产罪的理论与实务

第一节　抢劫罪

一、抢劫罪的概念和犯罪构成

抢劫罪，是指以非法占有为目的，以暴力、胁迫或者其他方法强行劫取公私财物的行为。抢劫罪的犯罪构成如下：

抢劫罪的客体是财产权利和人身权利，所以理论上称为复杂客体。本罪主要侵犯公私财产所有权，同时侵犯被害人的人身权利。侵犯客体的双重性是本罪与其他侵犯财产罪或大多数侵犯公民人身权利罪相区别的主要标志。这种罪之所以排在侵犯财产罪的首位，作为最严重的侵犯财产罪，原因就在这个地方。有的国家在刑法典中，把抢劫罪放在侵犯人身权利罪一章中，原因就是更强调这种犯罪对人身权利的危害性。而我国刑法则认为，决定本罪性质的主要因素，在于它对财产权利的侵犯，因此列入侵犯财产罪。本罪侵犯的对象，是各种公私财物和他人的人身。抢劫对象包括有形物与无形物，动产与不动产，电力、煤气、天然气、电信码号等，违禁品、赃物，欠条等。例如，林某伙同他人对受害人实施抢劫，抢走受害人诺基亚手机 1 部，现金 600 元人民币，摩托车 1 部，涉案金额 6 000 元。公安机关将其列为网上在逃人员。

本罪在客观方面表现为行为人以暴力、胁迫或者其他方法，当场强行劫取他人财物的行为。抢劫的方法有暴力、胁迫，也有其他使被害人不能抗拒的方法，就是说，不单纯是暴力、胁迫的方法。暴力，是指对被害人进行身体打击或者强制，如殴打、捆绑、禁闭、伤害等。由于行为人使用暴力的目的是排除被害人的反抗以劫取财物，因此，暴力的程度如何一般不影响抢劫罪的成立。为占有他人财物而当场故意杀死被害人，应以抢劫罪论处。这就是说，暴力方法包括故意杀人。具体来说，对于暴力主要可以从以下 4 个方面加以理解：①暴力必须是在取得财物的当场实施的；②暴力必须是针对被害人的身体而采取的打击或强制；③暴力是向财产持有人为之；④暴力是犯罪分子有意识实施的，也就是说，犯罪分子自觉、积极地利用暴力手段为排除被害人的反抗并抢走财物创造条件。所谓胁迫，是指以立即对被害人实施暴力相威胁，实施精神强制，使被害人恐惧而不敢反抗，被迫当场交出财物或者任财物被劫走的手段。对胁迫主要可从 3 个方面来理解：①胁迫必须是当面向被害人发出；②胁迫的内容必须是以立即实施暴力相威胁；③威胁的暴力是现实的，如果被害人不答应要求，就会立即付诸实施。其他方法，是指暴力、胁迫以外的使被害人不知反抗或丧失反抗能力的方法，如用酒灌醉、用药物麻醉、使用催眠术、电击或用石灰迷眼等。行为人处于不知或不能反抗的状态，必须是行为人实施了“其他方法”造成的。如果不是行为人以某种行为使被害人处于不能反抗或不知反抗的状态，而是行为人利用由被害人由于自己的原因（自己喝醉、正在熟睡、因病昏迷等）或其他原因（被他人打昏、撞伤等）所致不能反抗的状态乘机掠夺其财物的，只能构成盗窃罪或其他罪，不能构成抢劫罪。

犯盗窃、诈骗、抢夺罪，为窝藏赃物，抗拒逮捕或者毁灭罪证而当场使用暴力或者以暴力相威胁的，根据《刑法》第 269 条的规定，也应按《刑法》第 263 条抢劫罪定罪处罚。

本罪的主体是一般主体，已满 14 周岁、具有刑事责任能力的人均可以成为本罪的主体。例如，杨某（13 岁）和翁某（14 岁）报警称，其在酒吧附近遭到持甩棍、玩具枪等工具的 2 名少年抢劫，1 辆电动车和 2 部手机当场被抢走。当天 22 时许，翁克某（15 岁）和赵某（15 岁）向报警称，其在码头遭到持甩棍、玩具枪的 2 名少年抢劫，43.5 元现金和 1 部黑色小米手机、1 部康佳手机被抢走。1 天之内在辖区连续发生两起抢劫案，引起了边防派出所的高度重视。经过对现场的侦查和 4 名受害人的讲述，以及大量走访摸排，专案组很快确定了这 2 起案件系同一伙人所为，并逐渐锁定了犯罪嫌疑人系符某（男，14 岁）和王某（男，14 岁）。在确定犯罪嫌疑人的身份信息后，专案组将符某和王某抓获。经审讯，2 名犯罪嫌疑人对实施抢劫的犯罪事实供认不讳，经公安局批准，2 名犯罪嫌疑人被依法刑事拘留。

本罪在主观方面是故意，并且以非法占有为目的。故意的内容表现为明知是他人财物，而有意使用暴力、胁迫或者其他方法非法转归自己或者第三人占有。如果行为人主观上没有非法占有公私财物的目的，例如抢回自己被骗的财物，或者因与他人发生债务或财产纠纷而采取强行夺取对方财物的方法用作抵债，不构成本罪。在实践中，有人因与他人发生债务或财产纠纷，采用强行夺取对方财物的方法，用以抵债或作抵押，迫使对方归还自己的财物，是属于讨债、索物方法不当，一般不能以抢劫罪论处，因为其并不具有非法占有他人财物的目的。

二、抢劫罪犯罪构成要件的理解

（一）“入户抢劫”的认定

这是指行为人用各种非法手段进人公民家中实施抢劫的行为。入户抢劫是近年来抢劫罪中的常见多发情形。这里所说“户”，应理解为居民住宅，不包括“室”等其他场所，如单位的办公楼、学校、医院、旅馆、宾馆、超市、公共娱乐场所等，否则，有悖立法原意。对“入户”不能仅理解为进入住宅房间或者室内。对于抢劫独门独院居民住宅的，只要行为人进入了住宅院内，也应视为“入户抢劫”。户或住宅的标准是什么？最高人民法院《关于审理抢劫案件具体应用法律若干问题的解释》第 1 条规定：“刑法第二百六十三条第（一）项规定的‘入户抢劫’，是指为实施抢劫行为而进入他人生活的与外界相对隔离的住所，包括封闭的院落、牧民的帐篷、渔民作为家庭生活场所的渔船、为生活租用的房屋等进行抢劫的行为。对于入户盗窃，因被发现而当场使用暴力或者以暴力相威胁的行为，应当认定为入户抢劫。”最高人民法院《关于审理抢劫、抢夺刑事案件适用法律若干问题的意见》第 1 条规定关于“入户抢劫”的认定应当注意以下 3 个问题：一是“户”的范围。“户”在这里是指住所，其特征表现为供他人家庭生活和与外界相对隔离两个方面，前者为功能特征，后者为场所特征。一般情况下，集体宿舍、旅店宾馆、临时搭建工棚等不应认定为“户”，但在特定情况下，如果确实具有上述两个特征的，也可以认定为“户”。二是“入户”目的的非法性。进入他人住所须以实施抢劫等犯罪为目的。抢劫行为虽然发生在户内，但行为人不以实施抢劫等犯罪为目的进入他人住所，而是在户内临时起意实施抢劫的，不属于“入户抢劫”。三是暴力或者暴力胁迫行为必须发生在户内。入户实施盗窃被发现，行为人为窝藏赃物、抗拒抓捕或者毁灭罪证而当场使用暴力或者以暴力相威胁的，如果暴力或者暴力胁迫行为发生在户内，可以认定为“入户抢劫”；如果发生在户外，不能认定为“入户抢劫”。上述规定界定了户的两个本质特征：一是供他人家庭生活，即家庭日常生活性和私人专属性；二是与外界相对隔离，即相对封闭性，同时也区分了“入户抢劫”和“在户抢劫”，还对盗窃转化为抢劫的情形进行了规定。

根据上述规定可知，“入户目的的非法性”强调的是行为人主观心理的不法性，既使行为人以合法形式入户，但若入户时具有非法意图，仍属“非法入户”，只不过是以合法形式掩盖非法行为。分析行为人入户目的的非法性，还应考虑行为人对“户”的认识意识，即行为人对“户”必须具有故意概念上的“明知”。行为人的抢劫等犯意应形成于入户之前或入户之时。2011 年一天深夜，嫌疑人张某（男）因赌债被李某、王某等三四人持刀追赶，在慌乱中张某躲进一幢楼房，然后趁一住户开门倒垃圾之机，强行进入被害人钱某（女）房间内，恰巧，当晚，被害人钱某邀请其朋友赵某（女）来做客。嫌疑人张某进入房间内持水果刀威胁被害人及其朋友不要出声，并告知自己是来避债的，不会伤害她们，等债主离开自己就会走了。期间，嫌疑人与两被害人进行聊天，并在房间内抽烟喝水，约两小时后，嫌疑人推测债主已走，就准备离开，并向两被害人索要钱财，被害人不愿意给，嫌疑人殴打被害人一巴掌，并用被子蒙住被害人，在房间内翻找钱财，最后拿走被害人钱某 800 元钱及 1 部手机，拿走被害人钱某朋友赵某 900 元钱及 1 部手机。本案中，嫌疑人张某以躲债为目的非法强行进入被害人住宅，在房间内临时起意，以暴力手段索要被害人财物，从嫌疑人张某的主观心态和客观行为推断其已构成抢劫罪，从入户抢劫的目的性推断并不符合入户抢劫中非法目的。在司法实践中，还存在暴力或者胁迫从户外持续到户内的情况。如行为人在户外对被害人实施暴力、胁迫等手段行为，然后逼迫、跟踪被害人到家中取财，实行非法占有的目的行为。对此，行为人明显具有入户抢劫的故意，而且在户内使用了暴力或者威胁，被害人在住宅内的权利也受到了行为人的侵犯，应当以入户抢劫论处。如果暴力或者暴力胁迫发生在户内或者作用于户内的被害人，但行为人本人却没有进入户内，这样的情形应认定为“入户抢劫”。对于转化型入户抢劫，客观上必须有在户内当场实施暴力或者以暴力相威胁的行为，主观上是为了窝藏赃物、抗拒抓捕或者毁灭罪证；如果行为人的目的不是为了窝藏赃物、抗拒抓捕或者毁灭罪证的，就不能转化为入户抢劫，例如，出于临时转变的强行非法占有财物的目的，当场以暴力或者暴力威胁手段来非法夺取财物，此时完全具备典型的入户抢劫主客观构成特征，应直接认定为“入户抢劫”；如果行为人先行实施盗窃、诈骗、抢夺行为后，不是出于窝藏赃物、抗拒抓捕或者毁灭罪证的目的，而是出于灭口、报复等其他动机杀害、伤害他人的情况，这实质是单独的一种故意和行为，应对杀害或者伤害行为单独定罪，再与先前的盗窃或者诈骗、抢夺罪行实行并罚。

认定是否属于“入户抢劫”，应以实施抢劫时场所主要功能特征作为依据，对于场所的功能特征原则上应以被抢之前的状态加以判断。现实生活中各种“前店后院”式的场所规模有大小之别，其内部布局往往也存在差异，有的房屋占地面积较大，房间前后用砖墙或其他障碍物隔开，经营者生活和经营的区域划分比较明显；有的房屋则空间狭小，经营者生活和经营的区域在空间上难以明显划分。判断进入“前店后院”式的场所的抢劫行为是否属于“入户抢劫”，首先应当考查场所内部生活和经营区域是否相对分离，如果相对分离，则行为人为实施抢劫进入经营者生活区域进行抢劫的，属于“入户抢劫”；进入经营区域的，不得认定为“入户抢劫”；其次，对于内部生活和经营区域没有比较明显划分的应当抓住行为人实施抢劫行为之时的场所的功能特征，即应以行为时“前店后院”式的场所究竟是经营场所还是生活场所为标准来判断这些场所是否属于“户”：如果在营业期间，这些场所是名副其实的“经营场所”，不特定的人员也均可以来此场所自由进出，不与外界相对隔离，故不宜认定为“户”；如果处于非营业期间，这些场所则为经营者或其他从业人员生活居住的、与外界相对隔离的场所，行为人以抢劫的犯意进入其中抢劫应当认定为“入户抢劫”。[1] 例如，某日晚，某甲、某乙到某县某镇北湾供销社伺机作案，二人翻墙入院，某甲用剪钳剪坏供销社后门锁，值班人员苟某被惊醒后立即大声呼喊。二人便寻声找到值班室，踢开房门，闯入房内，对苟某进行殴打、威胁，从桌子抽屉中找到钥匙打开保险柜，抢走保险柜中现金500元，并将香烟、酒、床单、衣服等商品装入袋中后逃离现场。后经公安人员勘查现场，此值班室既有保险柜、办公桌等办公用品，也有灶具、案板、菜刀、电视、被褥等生活用品。经询问苟某，其除了上班时间在此房间收取货款外，节假日时间一直居住在此生活。案例中，被害人苟某所在的供销社值班室既是生产经营场所，又是家庭生活场所，在夜晚或非营业时间，仅属于家庭生活场所，具有户的特征。因此，某甲、某乙二人深夜非法进入苟某所在的值班室实施抢劫，应认定为入户抢劫。“前店后院”

[1] 王战梅．浅论司法实践中“入户”的认定［N］．天津政法报，2010－9－28（3）．

式的经营场所多为公民私人开设，没有严格的作息时间规定，所以开始营业、停止营业或者开始休息、停止休息时间的分界点并不明晰。对于生产经营和生活居住功能同时都具备的场所能否认定为“户”，如有的公民在其开办的食品店、小卖部、修理店、手工作坊中起居生活，白天是经营场所，夜晚是住宿休息的场所，并且，这些场所大多有工商机关核发的营业执照，证实该处不是住宅，而是营业场所。对此，应当具体分析其是否具有家的属性。如果确不能明显分开生产经营和生活居住场所，那么在营业时间内，此类场所中的他人可以自由进出，则是属于开放的公共场所，显然不具备户的特征；而在营业活动停止后，不允许他人随意进出，此时它就成了只为家庭居住生活功能所用场所并与外界相对隔离，理应认定为“户”。但是，如果在该场所处于关门歇业、休息的状态时，“户”内的住户为了卖东西将房门打开时，已经表明该场所又重新进入了公开营业状态，已不具有“户”的典型特征，此时抢劫不应认定为“入户抢劫”。如果店主正在为开门营业而整理货物、摆设广告招牌、擦拭门窗时，应视为尚处于非营业状态向营业状态转化的“过渡期”，此时行为人进入该场所实施抢劫的，应认为是在非营业期间进入，属于“入户抢劫”；而如果店主正在为关门休息而整理盘点货物、收拾广告招牌等，应视为营业状态向非营业状态转化的“过渡期”，此时仍应认定为营业期间，行为人进入该场所不能视为“入户”。另外，正常营业期间的短暂歇息时间，如午休期间，不能被视为非营业期间，行为人在此段时间进入该场所抢劫的，不能认定为“入户抢劫”。行为人抢劫经营者或其他从业人员随身财物的，应当以行为人进入的区域是生活区域还是经营区域而作出不同认定，只能把进入生活区域的抢劫行为认定为“入户抢劫”；如果场所内部生活和经营区域无明显划分，不论行为人抢劫的是店堂商品或现金，还是经营者或其他从业人员的随身财物，均应以是否发生于营业期间而作出不同认定，对于在非营业期间进行抢劫的，应认定为“入户抢劫”。因此，除了考虑场所特征和功能特征之外，时间特征也是重要的参考因素，另外，有学者还认为，不能单纯根据场所是否处于夜间关门歇业、休息的状态，作为认定“户”的标准，还是应该综合全部因素考虑，主要看案发当时该场所是具有公开性的营业场所，还是与外界相对隔离的家庭生活场所，还应考虑行为人针对的犯罪目标是营业场所还是住宅，其犯罪意图和指向是什么等。[1]

---

[1] 朱敏．谈“入户抢劫”的司法认定［J］．六盘水师范高等专科学校学报，2007（2）．

进入居住场所抢劫正在赌博的赌资，居所仅仅具备了“户”的表面特征，其实质上已超出了“户”的范畴，超出了家庭生活起居的实际承载功能，属于一个聚众赌博的场所，不具备住宅的私密性，该住所在抢劫发生时已经不再是单纯的“户”了。例如，汤某、苏某等人在褚某家中以“青儿”的形式进行赌博。被告人陆某等人得知这一情况后，遂结伙采用持刀威胁等手段，至褚某家劫得褚某、汤某、苏某等人的人民币1 000余元及摩托罗拉手机1部。本案被告人实施抢劫行为时主观上明确指向的是参赌人员，在得知褚某家正在设局赌博后，事先商议好抢劫参赌人员；客观上也仅以参赌人员为抢劫对象，所劫取的赃款、赃物全部为参赌人员的财物，未另外危及户内财产；尽管被告人对居民住所内的人员实施了抢劫，但是，由于被告人主观上没有对住户实施抢劫的犯罪故意，客观上也没有实施针对住户及财产抢劫的行为，实际上是进入赌博场所，而非家庭生活场所，户主褚某被抢时的身份也表现为参赌人员，而非家庭成员，故不能认定为入户抢劫。

近亲属包括家庭成员之间进入成员居室内实施抢劫，是否构成“入户抢劫”应当分两种情形进行讨论：第一种情形，即家庭成员独自进入自己或者近亲属居室内实施抢劫的，可不以“入户抢劫”论处。第二种情形，即家庭成员指使或者伙同他人进入自己或者近亲属居室内进行抢劫的，应以“入户抢劫”论处，这是因为其他人与被害人并不具有近亲属的血缘或姻亲关系，其非法进入他人住宅实施抢劫的行为，当然侵犯了他人的住宅权、财产权和人身权，而根据共同犯罪“罪责共负”的原则，指使人也应以“入户抢劫”论处。

集体宿舍一般情况下是用于休息和群体活动的场所，他人可以自由出入，居住者不能把整个房间视为自己的排他场所，其心里感觉与家还是有很大的差别。而且，集体宿舍不具备“户”的属性中供家庭生活、居住所用并与外界相对隔离的特征，一般不宜以“户”对待。例如，魏某、张某共谋趁学校刚开学，学生手上都有生活费，利用女学生胆小、不敢反抗的心理，到某高中女生宿舍抢劫。二人准备丝袜和匕首等作案工具后潜入某高中女生宿舍楼。之后用丝袜套头，从窗户翻入一女生宿舍，持刀威胁，劫得6名学生现金1 500余元。本案中的学生宿舍不能认定为“户”。一些企业、事业单位的厂区既作生产使用，又作为少数职工居住的房舍，个别规模较小的企业、事业单位存在“以厂为家”的经营管理方式，即企业经营者或职工在企业所在区域既从事生产、经营、管理，又居家生活，对于厂区内为员工建造的集体宿舍，因其缺乏与外界相对隔离的特征，不宜认定为“户”，对于在厂区内建造的供家庭居住的房屋，则因其同时符合生活居住功能和与外界相对隔离的特征，应认定为“户”。

现实中存在“户中户”或者“户中室”的抢劫，其属不属于入户抢劫？这种情况是基于工作、友情等原因居住在一户，对这种情况，司法实践中争议很大。如行为人甲与被害人乙同居一套单元房但各住一室从而各成一户的，甲于某晚为了抢劫敲开乙的门实施抢劫的行为是否应认定为入户抢劫？被害人、行为人各居一室，各自成户，行为人为了抢劫进入被害人的房间，入户与抢劫具有牵连关系，但毕竟位于同一单元房内，仍然生活在共同的空间内，这为行为人实施犯罪提供了一定的可能性与便利，这一点与真正的入户抢劫存在根本不同；另外，因为是共同的生活空间，造成被害人的私密空间对于行为人来说，相对隔离性就差了很多，一般情况下，行为人进出被害人房间比较方便和容易。由此可见，此种抢劫要比以实施抢劫为目的，进入他人住宅进行抢劫的犯罪行为在主观恶性方面要小得多，人身危险性、社会危害等方面也小得多，故从立法目的角度讲，不宜将此种情形的抢劫认定为入户抢劫。例如，陈某在歌厅认识了做生意的王某，由于王某出手大方，陈某认定王某很有钱，顿生抢劫之意。为了顺利实施抢劫，陈某特意租住了王某所住的四居室中的一室。一天晚上，陈某以借东西为由进入王某房间后，持刀威胁王某抢得王某金项链 1 条和 3 500 元现金逃离现场。笔者认为，对于合租者而言，虽然他们各自独居一室，和其他租住者相对隔离，但在一般情况下，客厅、厨房、卫生间都是共用的，因此他们是同“户”而不同“室”，而“户”与“室”是有区别的，因此，陈某的行为是一般抢劫，而不是“入户抢劫”。另外，借住的他人住所也应当认定为“户”；同住人单独抢劫另一同住人的不构成入户抢劫，但假装陌生人入户或者伙同他人入户对另一同住人实施抢劫的，应当认定为入户抢劫。因为，首先，对被害人而言，非同住人以抢劫等犯罪目的入户对另一同住人实施抢劫，后者家庭生活安全性、私密性以及住宅不受侵犯的权利就被实际侵害了，尽管有同住人的参与，但这种实际侵害也已经发生，并不因同住人的参与而消减。其次，同住人与其他非同住人系共同犯罪，应当对不超出其犯罪故意的犯罪后果承担共同的刑事责任，因此，同住人也应当对其他非同住人所造成的侵犯他人家庭生活安全性、私密性的加重后果承担刑事责任。至于同住人是带领他人入户还是帮助他人入户，则只是分工的不同，不影响入户抢劫的认定。[1]例如，张某芬与张某新系朋友。张某新来京鉴定文物，受邀暂住张某芬家中。张某芬伙同被告人张某、崔某达、崔某忠，在张某新所住房间内，对张进行殴打并抢走其藏传佛教唐卡一轴（经鉴定价值6 500元）。后张某芬、张某、崔某达被查获，崔某忠在家人陪同下主动投案。人民法院判决各被告人构成抢劫罪，且系入户抢劫。对此判决，有学者持不同见解，认为户内成员教唆、帮助他人进入户内抢劫的，虽然他人可能成立入户抢劫，但户内成员仅承担普通抢劫罪的刑事责任。[2]现在城市比较流行的合租单元房，如果不是主要用于家庭生活或私人生活的经营之用，就不是刑法意义上的“户”。例如，被告人季某与随某等5人（其他4人另案处理）至张某等4人（均为同乡）为打工和日常生活而合租的农民房，剪断门锁进入房间欲将一批布匹偷走，后因被在隔壁房间睡觉的刘某等人发现，遂采取言语威胁、用砖头砸人（致王某轻微伤）等方法，强行将布11余卷劫走，赃物价值人民币8 107.5元。法院判决被告人季某犯抢劫罪，但不是入户抢劫。本案中的“户”是张某等人主要为工作之便而不是主要为家庭生活或私人生活而合租的房屋，张某等人是同乡关系，不是家庭成员，彼此生活在同一房间，几乎没有个人隐私的空间，不是“户”。又如，2007年7月15日，周某因“缺钱花”，决定伙同王某开等3人抢劫某区一家汽配公司的员工宿舍。由于周某以前在这家公司上过班，临抢劫前，周某找来未成年的表弟张某（化名）顶班，自己远程遥控。随后，王某开弄到汽配公司宿舍的钥匙，并买来两把砍刀。7月18日下午16时，周某、王某开在附近的网吧等候接应，王某富、王某东、张某则去宿舍抢劫。3人利用钥匙进入宿舍后，张某在门口望风，王某富、王某东持刀将宿舍内2名员工砍伤，并将员工身上的2部移动电话抢走。案发后，经法医鉴定，1名受伤员工的人腿被砍出长达12厘米的伤口，且左腿骨折。经警方查明，员工宿舍为单间出租房，除了有床之外，宿舍里卫生间、厨房等设施一应俱全。本案中，该员工宿舍为单间出租房，带有厨房和卫生间，宿舍中的员工平时就是以此为生活场所，并在其中吃住。另外，员工宿舍是一个独立的房间结构，与外界相对隔离。但是，在里面生活的两个员工却不是家庭成员关系，因此这个宿舍不是“供他们家庭生活使用的”。法院判

---

[1] 罗鹏飞，肖志勇．伙同他人到本人住所抢劫同住人应认定为入户抢劫——北京一中院裁定张荷芬等抢劫案［N］．人民法院报，2009-9-4（5）．

[2] 张明楷．论入户抢劫［J］．现代法学，2013（5）．

决周某等人的行为不是入户抢劫，而是一般抢劫。

四合院落虽然有一定的封闭性，在安全防范上也有一定的措施和保障，但由于四合院内各住户对该区域有共享的权利，该区域又是群体活动及休闲的公共场所，具有一定的开放性，并不是每户均拥有完整的占有、使用、支配的权利，他人出入该场所的限制并不严格，人们在该区域内也不享有私生活的完全自由；同时，行为人在该场所内实施抢劫，将面临四合院落内各住户的集体反抗，被害人并非处于孤立无援的境地，抗拒犯罪侵害的能力也会因可能获得支援而有所增强。因此，四合院落与“户”还是存在明显区别，其本质特征类似于集体宿舍，也不宜认定为“户”。

居民楼道因具有公用性，虽有一定的日常生活性也不能看作“户”，但随着人们生活方式的变化，有些居民为加强防盗在楼道口设置了一道铁门，在这种封闭的楼道中如果发生抢劫，该如何认定？司法实践中有分歧。有人认为，居民对楼道采取了措施限制他人任意进入，该楼道因具有相对封闭性而应视作“户”的一部分，在该楼道内实施抢劫应认定为“入户抢劫”。反对意见认为，该楼道虽然具有相对封闭性，表面上符合“户”的场所特征，但该楼道毕竟不是用于家庭生活的主要场所，使用该楼道的各住户均可自由出入，在该楼道内实施抢劫的危害性与危险性，和进入集体宿舍抢劫类似，所以，这种封闭的居民住宅区楼道也不能认定为“户”。事实上，现实中的院子、楼道一般分为两种：一种是独家居民的私人宅院、楼道，即属于一户人家的院子、楼道。这种院子、楼道的一个特点是，院子、楼道与住宅紧密相连，实为住宅的一部分，属于住宅的自然延伸；另一种是多家居民共有的院子、楼道，如城市中常说的大杂院以及商品房的共用楼道，这种院子、楼道的一个特点是，院子、楼道与各家的住宅联系不紧，或者说院子、楼道不是各家住宅的一部分，而是属于共用的部分。比较一下这两种不同的院子、楼道就可发现，第一种院子、楼道是“户”的自然延伸，不是公共场所，外人不得擅自进入，具有“户”的场所特征和功能特征；而第二种院子、楼道是整个大建筑物的一部分，它实际上是数家共用的一个场所，外人在得到其他“户”之居住者同意的情况下也能进入，居住者的排他性权利受到限制。由此可见，第一种院子、楼道相对比较封闭，属于住宅的一部分，而第二种院子、楼道则不太封闭，排他性权利受限制，因此，进入第一种院子、楼道抢劫的，可视为“入户抢劫”，而进入第二种院子、楼道抢劫的，则不能视为“入户抢劫”。

行为人以抢劫的意图进入公民住宅后实施抢劫，但是抢劫的对象并非住宅主人而是前来拜访、玩耍、临时逗留在住宅内的其他人。对此，能否认定为“入户抢劫”？司法实践中争论较大。第一种观点认为，“入户抢劫”的对象只能是户主，理由是：对户主以外的其他人实施抢劫，虽然也侵犯了户主的住宅安全，但没有侵犯户主的人身与财产权，尽管也侵犯了其他人的人身与财产权，但“户”保护的应该是户主本人的人身与财产权。反对意见认为，行为人以抢劫的故意“入户”后，不问青红皂白就抢劫了在“户”之人，虽然没有抢到“户”主，但是却属于刑法上的犯罪对象认识错误，不影响对行为人按“入户抢劫”来定罪与处罚，况且要行为人准确辨认是否“户”主后再抢劫也是没有生活常理根据的。司法实践中，大多数情况下行为人“入户”时所持的抢劫的故意属于是概括的故意，即对抢劫的对象是没有具体的认识的，只要在“户”内就可以成为犯罪对象。第二种观点认为，“入户抢劫”的“户”不应限于被害人的住宅，对于进入公民住宅抢劫任何人的财物的，都应当认定为“入户抢劫”。理由是：刑法条文没有将“户”明文限制为被害人的“户”，“入户抢劫”犯罪不仅严重侵犯了他人的财产权利、身体健康和生命权利，而且也侵犯了他人的居住安全，只要是“入户”实施了抢劫，就必然侵犯到他人的财产权利、身体健康和生命权利以及居住安全。反对意见认为，对于进入公民住宅抢劫任何人的财物的，都应当认定为“入户抢劫”，则有失偏颇，刑法条文虽然没有将“户”明文限制为被害人的“户”，但也不能因此而扩大为只要是“入户”了，然后抢劫了就认定为“入户抢劫”，刑法设立“入户抢劫”的目的，不仅仅是强调“户”的封闭性特征，而且更强调的是“户”的功能特征即家居性，在犯罪对象认识错误的情况下，居住者的“户”内财产权和人身权也是受到威胁的；另外，如果行为人“入户”目的确实为了抢劫某非“户”成员，而后实施了抢劫行为，对实际居住者“户”内财产权和人身权没有造成威胁的情况下，是不能认定为“入户抢劫”的。笔者认为，如果行为人以抢劫的概括故意“入户”，实施抢劫的对象无论是谁，都按照“入户抢劫”处理；如果行为人以抢劫具体的非“户”成员为目的，“入户”后抢劫的，就不能认定为“入户抢劫”。例如，被告人吴某、曾某、甘某经合谋后窜至季某家，谎称与其素不相识、正在季某家做油漆工的安徽老乡周某欠其人民币 1 000 元未还。吴某首先殴打周某，之后，吴某、曾某对周某的胸、腿部拳打脚踢，被告人甘某在旁以语言相威胁，逼迫周某交出钱款。后周某向季某借得人民币 1 000 元交给吴某。本案中，针对油漆工实施的抢劫，尽管被告人闯入了居民住所，但对于被害人而言，“户”不过是一个工作场所，不具有家庭生活之实质内容，故不应认定为入户抢劫。

入户抢劫的犯罪分子的入户行为，在实践中往往是到居民住宅破门撬锁，危害非常严重，这种入户行为本身就已构成《刑法》第245条规定的非法侵入住宅罪，只是由于抢劫罪的入户行为是其抢劫行为的手段行为的一部分，根据刑法处理牵连犯的一般原则，只以抢劫罪一罪从重处罚，不必再以抢劫罪和非法侵入住宅罪实行并罚。

（二）“在公共交通工具上抢劫”的认定

公共交通工具主要是指从事旅客运输的各种公共汽车、电车、出租车、客运列车、客运轮船、客运飞机等正在运营中的交通工具。公共交通工具往往载客较多，在它上面实施抢劫，一则说明抢劫犯的主观恶性较大；二则因公共交通工具正在行进途中，可能给在公共交通工具上的旅客、司机、乘务员等多人造成人身或者财产上的重大损失，甚至危及交通安全，因而危害特别严重。最高人民法院《关于审理抢劫案件具体应用法律若干问题的解释》第2条规定：“刑法第二百六十三条第（二）项规定的‘在公共交通工具上抢劫’，既包括在从事旅客运输的各种公共汽车，大、中型出租车，火车，船只，飞机等正在运营中的机动公共交通工具上对旅客、司售、乘务人员实施的抢劫，也包括对运行途中的机动公共交通工具加以拦截后，对公共交通工具上的人员实施的抢劫。”2005年最高人民法院《关于审理抢劫、抢夺刑事案件适用法律若干问题的意见》第2条关于“在公共交通工具上抢劫”的认定中规定：“公共交通工具承载的旅客具有不特定多数人的特点。根据《抢劫解释》第二条规定，‘在公共交通工具上抢劫’主要是指在从事旅客运输的各种公共汽车、大、中型出租车、火车、船只、飞机等正在运营中的机动公共交通工具上对旅客、司售、乘务人员实施的抢劫。在未运营中的大、中型公共交通工具上针对司售、乘务人员抢劫的，或者在小型出租车上抢劫的，不属于‘在公共交通工具上抢劫’。”

（1）在小型出租车上抢劫是否属于“在公共交通工具上抢劫”？小型出租车属于社会一般意义上的公共交通工具。小型出租车虽然具有公共性和营运性的特征，也是为不特定的公众服务的，但是一旦小型出租被顾客租用，就不再承载其他乘客了，这时它就有了“专有”“私有”的性质，不再具有公共性。另外，从司法实务上看，抢劫出租车的犯罪一般是针对出租车司机的，即使是针对出租车进行抢劫或抢劫过程中致使被害司机重伤、死亡，也完全可以适用抢劫罪的其他加重情形。

（2）校车、单位的班车、小区的“楼巴”是否是交通工具的范围？主要存在3种观点。否定论者认为，公共交通是指供公众所使用的交通工具，因而校车、单位班车等供单位内部使用的交通工具并非公共交通工具。肯定论者认为，对在公共交通工具上的抢劫行为作为加重情节，是因为这种抢劫行为的危害性更大，在刑法将人的人身、财产权抽象为社会利益进行保护时，更应该注意其多数性。多数是“公共”的核心，所以校车、单位班车应当看做公共交通工具。折中论者认为如果单位班车、校车经过城市街道或乡村公路，则应该视为公共交通工具，因为它具有了和公共汽车同样的性质；如果只在单位内部或校园内运行的则不视为公共交通工具。笔者同意肯定论的观点：从立法本意看，立法者加大对“在公共交通工具上抢劫”行为的惩罚力度最重要的原因是该行为危害到了公共安全。否定论者认为单位班车、校车服务的对象具有特定性，其实，虽然单位班车、校车接待的都是内部人员，是特定的，但事实上每次坐在上面的人并非是固定的，也具有不特性，而且有些单位的班车、校车并没有完全否定外面的人乘坐。最后，单位班车和校车也是为多数人服务的。这和“小型出租车”“私车”有明显区别。它所代表的也是多数人的利益，具有公共性，因此也应受到平等的保护。折中主义论将班车和校车在不同路段作了区分，这显然是不合理的。“在公共交通工具上抢劫”是为保护公共利益而作的立法评价，是一种地点加重情形。很难想象将其放在不同地方，不同路段会得出不同的量刑标准。[1] 当然，如果单位班车、校车仅从事类似于将职工、学生在单位、学校内部从车间、教室运送到食堂等活动，因为其不具有社会公共性，不应该认定为“公共交通工具”。

在公共交通工具上抢劫，应当包括行为人本身就在该公共交通工具上，对旅客、司机、乘务人员实施的抢劫，也包括行为人对运行途中的公共交通工具加以拦截后上车实施的抢劫。如果行为人只是在交通工具下胁迫，让车上的人交出财物，行为人并未上车，或者威逼乘客下车在车下实施抢劫，第一种观点认为应按一般抢劫论处，第二种观点认为也认定为“在公共交通工具上抢劫”。如有学者认为，行为人在公共交通工具内直接进行抢劫的，在交通工具停靠的时候，在车下使用暴力、威胁或者其他方式对车上的乘客进行抢劫的，将公共交通工具拦截之后登车进行抢劫的，

---

[1] 王敏．浅议在公共交通工具上抢劫［J］．知识经济，2010（8）．

以及将公共交通工具拦截之后将乘客驱赶下来，在交通工具之下进行抢劫，而自己没有登上交通工具的，都应当认定为“在公共交通工具上抢劫”。对于后两种情形，行为人的抢劫行为（暴力、威胁）作用于交通工具之上的人，因此，将之解释为“在”公共交通工具“上”抢劫没有超出刑法条文应该具有的含义，没有超出国民预测的可能性。[1] 因为无论劫财行为发生在车上还是在车下，其侵害的客体都是一样的，即不特定多数人的人身权和财产权，此外也对交通运输安全和公共安全造成侵害，这也是立法者对其加重评价的原因，并且行为人的主观恶性和人身危险性都是相同的，根据最高人民法院《关于审理抢劫案件具体应用法律若干问题的解释》中“包括对运行途中的机动公共交通工具加以拦截后，对公共交通工具上的人员实施的抢劫”，这里并没强调劫财行为是发生在“车上”。因此，将其理解为劫财行为不论发生在“车上”或“车下”，只要是针对运营中公共交通工具内的人实施抢劫行为都视作“在公共交通工具上抢劫”，这样理解也不会超越一般人可预测的可能性。[2] 对于下列情形，不应该认定为“在公共交通工具上抢劫”：行为人在交通工具旁边等待，等乘客离开公共交通工具后对之进行抢劫；行为人无事生非、故意挑衅引诱乘客离开公共交通工具之后进行抢劫；行为人本人在车上，对车下的人实施抢劫等。另外，如果行为人将公共交通工具作为抢劫的工具，驾驶公共交通工具进行抢劫的，也不能认定为“在公共交通工具上抢劫”。

（3）在公共交通工具上只针对“特定人”的抢劫行为是否为“在公共交通工具上抢劫”？在“公共交通工具上抢劫”是否要求具有公然性？在公共交通工具上抢劫手段是否限于暴力和威胁？如对“特定乘客”使用麻醉方法进行抢劫，而周围的人对此并不知情；在火车的厕所中针对个别乘客抢劫的，而其他乘客并不知情。例如，李某乘坐旅客列车期间，与许某（女，19 岁）搭话后相识。23 时 30 分许，许某去厕所，李某尾随趁她从厕所开门出来之机，将她堵在厕所内并把门反锁，欲与她发生性关系。遭到反对后，李某对许某进行言语威胁和打耳光，强行与她发生了性关系。之后，李某又强行让许某掏出现金 990 元及价值 2 300 余元的 1 部手机，装在自己口袋内。随后，李某再次强行与许某发生性关系。两人从厕所出

---

[1] 田坤．“在公共交通工具上抢劫”的刑法分析［J］．法治论丛，2008（6）．

[2] 王敏．浅议在公共交通工具上抢劫［J］．知识经济，2010（8）．

来回到各自座位。后许某向乘警报案，李某被抓获。[1] 对此案学界存在不同的观点：肯定李某的行为属于在公共交通工具上抢劫的观点大体上概括为对“在公共交通工具上抢劫的”作为加重情节的立法本意的认识；社会危害性不是具体个案定罪量刑的标准；旅客列车厕所属公共场所而非“秘密空间”；在公共交通工具上的厕所抢劫具有“公然性”；李某的厕所抢劫案适用文义解释等方面提出的。否定李某的抢劫行为属于在公共交通工具上抢劫的观点，大致是李某的抢劫行为不符合在公共交通工具上抢劫的本质特征；列车厕所这样的秘密空间不应包括在加重抢劫情节之内；李某行为不符合罪刑相适应的适用原则；对列车厕所抢劫应作目的性限缩解释等。如有学者论述道：首先，本案中李某是在火车上的厕所这种特殊的极其封闭的环境里，在火车车厢中所有人都不知情的情况下，只针对被害人一个人实施的抢劫行为。李某侵害的对象不包括旅客列车上的其他人。他没有破坏车厢中的其他乘客的正常乘坐秩序，也没有让列车上其他的乘客产生恐惧，更没有破坏车厢中司乘人员的在火车上的正常工作，车上除受害人外，其他的人并没有受到公然的威胁和恐吓。李某在厕所中对受害人的抢劫行为，不具有“公然性”。李某在主观上避开“众目睽睽”，没有蔑视公序良俗之意。而这些恰恰与在公共交通工具上抢劫的立法本意是不相符的。其次，李某在厕所内实施的抢劫行为使得民众对社会安全的信赖破坏影响不大。鉴于李某这种抢劫行为的不公开性和隐蔽性，李某的抢劫行为所达到的社会危害性并没有达到刑法加重处罚的程度，则不能加重对李某的刑罚。李某的抢劫不应当被视为在公共交通工具上的抢劫。再次，对于列车上的全部旅客来说，厕所的确是一个公共场所。但是，旅客列车上的厕所在一个特定的时间，也就是对于上厕所的人进入厕所的那一刻起，厕所在这个时候就成了上厕所的这个特定的人的“秘密空间”“私人空间”。旅客列车上的“公共区域”和“秘密空间”的抢劫应区别对待。对旅客列车上的厕所等“秘密空间”作目的性限缩解释是合理的。最后，在本案中，李某的抢劫行为是秘密的行为，它是在火车上的厕所中发生的，而且是在对火车上的其他乘客没有任何惊动的情况下进行的抢劫。既然李某主观上没有公然抢劫车厢中的乘客的意图，在客观上也没有实施抢劫车厢中其他乘客的行为，显然，李某的行为不是公然的抢劫，可以认为李某

[1] 冉小毅．在旅客列车厕所中抢劫是否属在公共交通工具上抢劫［N］．人民法院报：理论与实践周刊，2006－2－15（B4）．

抢劫行为没有公然性，没有严重影响到旅客列车上的正常的司乘秩序，没有危害到公共交通安全。因此，他的行为不应当被视为在公共交通工具上抢劫的抢劫加重行为。[1] 同样有学者认为用麻醉方法对个别乘客实施的抢劫，其给其他乘客造成的心理恐慌和现实危害要远远小于使用暴力、胁迫方法实施的抢劫，因此如果只是针对“个别乘客”使用麻醉方法实施的抢劫行为，如果情节较轻可不适用该加重条款。司法实务界也有截然不同的判例。笔者认为，该案应认定为“在公共交通工具上抢劫”。第一，最高人民法院《关于审理抢劫案件具体应用法律若干问题解释》并未要求要符合此加重情节必须对在车上每个人均实施抢劫行为，这也不符合实际情况。第二，无论是法条还是上述司法解释均未对抢劫的手段和方法作出限制，规定的只是量刑情节。第三，在公共交通工具上使用麻醉方法对特定人，或用暴力、胁迫方法只针对特定人所实施的抢劫行为所造成的大众恐慌心理其实是一样的。立法者目的是考虑到了交通运输安全，才对发生在公共交通工具上发生的行为加重评价。第四，无论是在车上用麻醉的方法或是在列车的厕所里对特定乘客抢劫的，其主观恶性都是严重的，抢劫罪是目的犯，其本意是为了非法获得更多的钱财，而只针对了特定受害人，是基于客观环境考虑（怕惊动他人被发现等），并非其主观恶性小。[2]

（4）认定“在公共交通工具上抢劫”是否要求交通工具实际搭载多数乘客？第一种观点认为，认定“在公共交通工具上抢劫”应该要求公共交通工具搭载多数乘客。对于实践发生的在小型出租车上或者没有乘客的公共交通工具上抢劫司售人员财物的行为，不应当认定为抢劫罪的加重处罚情节。[3] 第二种观点认为，该交通工具上实际搭载的乘客的人数的多少与认定该情形下的抢劫行为构成在公共交通工具上抢劫无关。也就是不问乘坐人员多少，也不问实际抢了多少人，只要该行为发生在公共交通工具上，就应当认定为在公共交通工具上抢劫。因为，只有这样才能有效地打击这种严重侵犯人身、财产权利的行为。笔者认为，认定“在公共交通工具上抢劫”不应该要求该车上实际承载了多名乘客。第一种观点不足取，这种观点的错误在于狭隘地理解了“在公共交通工具上抢劫”的社会危害性的维度。刑法对“在公共交通工具上抢劫”规定较重的法定刑原因是多方面的，而很重要的原因就在于其对道路交通安全的影响，这种影响并不

---

[1] 袁毅．关于“在公共交通工具上抢劫”的思考［D］．北京：中国政法大学，2009：9－14．

[2] 王敏．浅议在公共交通工具上抢劫［J］．知识经济，2010（8）．

[3] 黄祥青．论抢劫罪情节加重犯的认定与刑法限制解释方法的运用［J］．法律适用，2005（8）．

会因为交通工具上乘客的多寡而发生变化。如果认为交通工具上没有乘坐多数乘客就不应认定为“在公共交通工具上抢劫”，可能造成对此种情形打击不力的后果。况且，如果采用这种观点，如何认定“多数”又成为一个问题，3 个乘客算多数还是 5 个乘客算多数？因此，不论公共交通工具上乘客多少，甚至有没有乘客，只要行为人在正在运营中的公共交通工具上抢劫就应当认定为“在公共交通工具上抢劫”。例如，行为人在没有乘客的正在行驶中的公共交通工具上对售票员或者司机进行抢劫的，应该认定为“在公共交通工具上抢劫”。❶

（5）在从事旅客运输的“黑车”上抢劫属不属于“在公共交通工具上抢劫”？有学者认为，“黑车”没有经过国家有关机关批准，应该排除在“公共交通工具”的范围之外。❷ 笔者认为在未经法定程序批准从事旅客运输的机动车上进行抢劫的，应该认为属于“在公共交通工具上抢劫”。第一，刑法对“在公共交通工具上抢劫”规定较重的法定刑目的在于保护乘客和公共利益，这与车辆是否合法运营没有任何关系。交通运输工具是否经过有关部门的批准，是否取得了营运的资格，它只有行政许可法上的意义，但并无刑法意义上的区别，并未因此得到特别的刑法评价。第二，黑车运营的违法性与实施抢劫的违法性是相互独立的，乘坐黑车的乘客的人身财产权利不因黑车运营的违法性而被折损。黑车进行营运行为，其是具有违法性的，但并不能因此就否定在其上发生的抢劫行为的违法性，不能因此影响到抢劫行为违法性的判断，所以不影响被认定为抢劫罪的加重情节。第三，“黑车”从性质上仍然属于公共交通工具，只不过是非法的公共交通工具而已。乘客在乘坐交通工具的时候也往往难以区分该交通工具是否合法。刑法之所以对“在公共交通工具上抢劫”进行特别的评价，其关注的基点是不特定的人员搭乘和正在从事营运，并不在于该交通工具的运营本身是否合法，而在于其运营的公共性。刑法应平等地保护每个公民的人身权利和合法的财产权利，平等地保护搭乘交通工具的司乘人员的人身和财产权利，乘坐黑车的乘客的人身财产权利不因黑车运营的违法性而被折损，不能因此就得到区别对待。第四，在“黑车”上实施的抢劫行为，除了黑车本身的身份之外，抢劫行为的各项犯罪构成要件与在合法营运的公共交通工具上抢劫没有本质区别，行为人自身可能都未必知道所抢

---

❶ 田坤.“在公共交通工具上抢劫”的刑法分析［J］. 法治论丛，2008（6）.

❷ 李华，绍民. 对抢劫“黑车”司机财物的行为如何适用法律［J］. 上海检察调研，2000（5）.

劫的对象是黑车，如果因此反而得到较轻的刑罚，明显违背了罪责刑相适应的原则。[1] 因此，在从事旅客运输的“黑车”上抢劫的，仍然属于“在公共交通工具上抢劫”。

（6）抢劫的对象是否包括交通工具本身？有的学者认为抢劫的目的行为所指向的对象是交通工具之外的财物，是针对在公共交通工具上的人员及所载财物实施的，不应包括抢劫公共交通工具本身。如果行为人为了劫取交通工具本身，而采取暴力手段驱赶走或杀害交通工具上的人员，以夺取交通工具的，不能认定为“在交通工具上抢劫”。[2] 还有学者认为，行为人抢劫公共交通工具本身的，如果达到了数额巨大，应当适用《刑法》第263条第1款第（4）项规定的“抢劫数额巨大的”这种情形。持不同观点的学者认为应该分情况进行讨论：如果公共交通工具上有乘客或者司驾人员，那么就可以认定为“在公共交通工具上抢劫”。因为在这种情况下，其社会危害性与在公共交通工具上抢劫普通财物没有区别，甚至更严重。并且，抢劫行为的确发生在公共交通工具之上，没有将此行为解释为排除于“在公共交通工具上抢劫”之外的充足理由。如果公共交通工具上没有乘客或者司驾人员，行为人对司机使用暴力、威胁或者其他方式取得车钥匙抢走公共交通工具的，不应该认定为“在公共交通工具上抢劫”。[3] 笔者认为，上述两种情况，无论抢劫针对的是乘客或者司驾人员还是司机，不应以人员进行区分，都应认定为“在公共交通工具上抢劫”。

（7）关于发生在公共交通工具上转化型抢劫能否成立加重犯。理论界有两种观点：一种观点认为，“在公共交通工具上抢劫”仅指直接在公共交通工具上抢劫，不包括转化型抢劫；因为在转化抢劫罪中实际是由一个较轻的犯罪转化成了较重的抢劫罪。如果再次适用抢劫罪的加重构成，有对同一行为“重复评价”之嫌，不利于被告。这与刑法有利于被告原则不符。另一种观点认为，在公共交通工具上抢劫不仅包括直接在公共交通工具上抢劫，也包括转化型抢劫。还有观点认为，行为人在交通工具之上或者之下犯盗窃、诈骗、抢夺罪后被被害人或者其他乘客发现后为窝藏赃物、抗拒抓捕或者毁灭罪证而在交通工具之上当场使用暴力或者以暴力相威胁的，应该认定为“在公共交通工具上抢劫”。但是，如果行为人在公共交通工具之上犯盗窃、诈骗、抢夺罪后，在交通工具之下当场使用暴力

[1] 曹之华．“在公共交通工具上抢劫”若干法律问题研究［D］．兰州：兰州大学，2011：12.

[2] 刘明祥．论抢劫罪的加重犯［J］．法律科学，2003（1）.

[3] 田坤．“在公共交通工具上抢劫”的刑法分析［J］．法治论丛，2008（6）.

或者以暴力相威胁的，不应该认定为“在公共交通工具上抢劫”。笔者认为，在公共交通工具上发生的转化型抢劫也适用“在公共交通工具上抢劫”加重条款。在交通工具之上或者之下犯盗窃、诈骗、抢夺罪，在交通工具之上当场使用暴力或者以暴力相威胁的，是“在公共交通工具上抢劫”，并且在交通工具之上犯盗窃、诈骗、抢夺罪后在交通工具之下当场使用暴力或者以暴力相威胁的，也是“在公共交通工具上抢劫”。理由在于：其一，转化型抢劫是抢劫罪的特殊形态。转化犯实际上是行为人在实施某一犯罪行为时，由于主客观要件发生了明显改变，导致以该罪评价已不可能，从而依法按照与其存在竞合关系的另一关联重罪定罪量刑。其二，无论是在公共交通工具上转化型抢劫还是一般抢劫，其危害性都是一样的，甚至转化型抢劫危害性更大。其三，根据最高人民法院《关于审理抢劫、抢夺刑事案件适用法律若干问题的意见》第 5 条，行为人实施盗窃、诈骗、抢夺行为，未达到“数额较大”，为窝藏赃物、抗拒抓捕或者毁灭罪证当场使用暴力或者以暴力相威胁，情节较轻、危害不大的，一般不以犯罪论处；但入户或在公共交通工具上盗窃、诈骗、抢夺后在户外或交通工具外实施上述行为的。可从《刑法》第 269 条规定，以抢劫罪定罪处罚。这可以理解为如果在交通工具上使用暴力或胁迫的则可以按“在公共交通工具上抢劫”认定。[1]

（三）“抢劫银行或者其他金融机构”的理解

银行，包括国家银行，也包括民营银行和外国在我国境内设立的银行。这里的其他金融机构，是指银行以外的依法从事货币资金的融通和信用的机构，如证券公司、保险公司、信托投资公司、融资租赁公司、企业集团财务公司等。抢劫银行或者其他金融机构，是指行为人侵入银行或者其他金融机构所在建筑物内对其财物进行的抢劫，也包括对正在行驶途中的这些单位所属运钞车辆中的财物等实施的抢劫。银行和其他金融机构承担着货币的发行与回笼，存款吸收和贷款发放，现金流通和转账结算，金银外币、有价证券的买卖等多种任务，是国家动员和分配社会闲散资金的必经渠道，又是国家对经济进行宏观调控的重要环节。抢劫银行或者金融机构的行为一旦得逞，抢劫的钱物数额往往非常巨大，且常伴随着严重的暴力行为，社会危害性极为严重。最高人民法院《关于审理抢劫案件具体应用法律若干问题的解释》第 3 条规定：刑法第 263 条第（3）项规定的

---

[1] 王敏．浅议在公共交通工具上抢劫［J］．知识经济，2010（8）．

“抢劫银行或者其他金融机构”，是指抢劫银行或者其他金融机构的经营资金、有价证券和客户的资金等。抢劫正在使用中的银行或者其他金融机构的运钞车的，视为“抢劫银行或者其他金融机构”。

（四）“多次抢劫或者抢劫数额巨大”的认定

在逃人员张某，曾在多省有数次抢劫、抢夺犯罪行为，为躲避公安机关追逃辗转到椒渔冷 87028 船上做小工，被某区公安局刑警通过信息分析梳理发现踪迹后抓获。又如，陈某曾因抢劫罪被判入狱 14 年，2010 年被释放。但陈某出狱后不思悔改，2011 年在城区内持刀疯狂作案 15 起，涉案金额近 3 万元。还如，2013 年 5 月份以来，京沈高速公路辽宁段的服务区内接连发生抢劫案，多名过路司机和乘客被抢，在社会上造成了恶劣影响。2013 年 6 月 18 日某边防派出所接到 110 指令称，京沈高速公路塔山高速服务区北区发生抢劫案件。第一时间赶到现场的边防官兵经与报案人张某核实后，将藏匿在服务区一处垃圾场内的犯罪嫌疑人郭某抓获，当场搜查到涉案的弹簧刀。经民警进一步讯问，郭某交代了伙同于某多次作案的犯罪事实。于某下落不明。通过多方调查，了解到于某准备偷逃出境，追逃小组远赴距案发地千里之外的云南省将计划出逃到缅甸的犯罪嫌疑人于某成功抓获。两名犯罪嫌疑人供述，自 2013 年 5 月初以来，多次在京沈高速公路凌海、盘锦、兴城、绥中、塔山等服务区以“送”平安符的方式，抢劫过往司机和乘客的财物，先后作案 50 余起。多次抢劫，是指在一定时期内抢劫 3 次以上，对于抢劫犯中的惯犯、屡犯来说，由于其在一定时间内多次犯罪，除了主观恶性大之外，对社会治安秩序造成严重威胁，有时尽管实际抢劫到的财物总额可能并不很大，但是严重影响社会的安宁，社会危害性很严重。因而对多次抢劫的，作为抢劫罪的严重情形之一处罚。

这里的另一种情形是抢劫数额巨大的。刑法虽然没有把抢劫数额较大作为抢劫罪构成的要件，但本罪作为最严重的一种侵犯财产罪，其抢劫的财物的数额大小，反映出抢劫行为对公私财物所有权的危害程度，从一个方面决定着抢劫罪的轻重。抢劫数额巨大，应当做为抢劫罪的一种严重情形。至于这里所说的“数额巨大”的具体数额起点，最高人民法院《关于审理抢劫案件具体应用法律若干问题的解释》第 4 条规定：《刑法》第 263 条第（4）项规定的“抢劫数额巨大”的认定标准，参照各地确定的盗窃罪数额巨大的认定标准执行。最高人民法院、最高人民检察院、公安部《关于盗窃罪数额认定标准问题的规定》规定，个人盗窃公私财物“数额巨大”，以 5 000 元至 20 000 元为起点。各省、自治区、直辖市高级人民法院、人民检察院、公安厅（局），可以根据本地区经济发展状况，并考虑社会治安状况，在上述数额幅度内，共同研究确定本地区执行的盗窃罪“数额巨大”的具体数额标准，并分别报最高人民法院、最高人民检察院、公安部备案。最高人民法院、最高人民检察院《关于办理盗窃刑事案件适用法律若干问题的解释》的规定，盗窃公私财物价值 30 000 元至 100 000 元以上的，应当认定为《刑法》第 264 条规定的“数额巨大”。各省、自治区、直辖市高级人民法院、人民检察院可以根据本地区经济发展状况，并考虑社会治安状况，在前款规定的数额幅度内，确定本地区执行的具体数额标准，报最高人民法院、最高人民检察院批准。在跨地区运行的公共交通工具上盗窃，盗窃地点无法查证的，盗窃数额是否达到“数额巨大”，应当根据受理案件所在地省、自治区、直辖市高级人民法院、人民检察院确定的有关数额标准认定。盗窃国有馆藏三级文物的，应当认定为《刑法》第 264 条规定的“数额巨大”。最高人民法院《关于审理抢劫、抢夺刑事案件适用法律若干问题的意见》规定：“抢劫信用卡后使用、消费的，其实际使用、消费的数额为抢劫数额；抢劫信用卡后未实际使用、消费的，不计数额，根据情节轻重量刑。所抢信用卡数额巨大，但未实际使用、消费或者实际使用、消费的数额未达到巨大标准的，不适用‘抢劫数额巨大’的法定刑。为抢劫其他财物，劫取机动车辆当做犯罪工具或者逃跑工具使用的，被劫取机动车辆的价值计入抢劫数额；为实施抢劫以外的其他犯罪劫取机动车辆的，以抢劫罪和实施的其他犯罪实行数罪并罚。”如，一位刘姓女士从银行出来后，骑在电动车上被 2 名男子驾驶摩托车从侧后方撞倒，抢走女装手提包 1 个，内有价值 15 万元的名表、手机，以及银行卡、已填好面额的转账支票、发票等物。民警通过追寻嫌疑人逃跑路线，将 2 人一举抓获。经审讯，2 名犯罪嫌疑人于 17 日凌晨刚刚从柳州来到东兴。他们携带牛角刀、盗车撬棍等作案工具，打算在东兴实施盗车或抢劫，好好“捞一票”，没想到作案不足 3 小时就落了网。

（五）“抢劫致人重伤、死亡”的认定

某海警第一支队接到渔民报警称，山东威海镆铘岛东 15 海里海域发现一艘倾翻油船。经调查得知，该油船上有 3 名船员，他们被诱骗到海上进行柴油交易，结果船主的 16 万元现金和部分柴油被抢走。油船在拖拽过程中倾翻，造成 1 名船员死亡。专案组很快查明，某渔船船主张某及其船员毕某涉嫌犯罪。同时，有关治安监控信息显示，案发当晚，张某的渔船出过海，具有重大作案嫌疑。案件线索清晰后，警方迅速采取行动实施抓捕。犯罪嫌疑人毕某、孙某、冯某等先后被抓获，被以涉嫌抢劫罪向检察院提请批准逮捕。在使用暴力、胁迫或者其他方法抢到财物后，出于灭口或报复等其他动机又故意杀死被害人的，以及在实行抢劫罪后，当时没有暴露，以后被人发觉，而故意杀死检举揭发人、抓捕他的人的，不属于这里的“抢劫致人死亡”，应对犯罪分子以抢劫罪和故意杀人罪实行并罚。这里所说的致人重伤、死亡，是指行为人在抢劫过程中，因使用暴力或者其他方法而直接导致被害人重伤、死亡。一般认为，抢劫致人重伤、死亡的特征有：客观上出现了致被害人重伤、死亡的结果；这种重伤、死亡的结果是由抢劫的暴力或者其他方法等手段行为所直接造成的，两者之间存在因果关系；行为人对这种严重结果的发生在主观上有罪过，[1]一般是过失，但也可以是间接故意，甚至直接故意杀人，即抢劫包括杀人故意和致人死亡的过失。

第一个问题：“抢劫致人死亡”是否包括故意杀人的情形，我国刑法理论界主要有3种观点。第一种观点认为，抢劫致人死亡是指因抢劫而过失致人死亡，不包括故意杀人。第二种观点认为，抢劫致人死亡一般是故意伤害而过失致人死亡，也有可能是间接故意致人死亡，但不包括故意杀人。第三种观点认为，抢劫致人死亡包括因抢劫过失和故意（含直接故意与间接故意）致人死亡。笔者持第三种观点，这是因为：第一，在理论上，“抢劫致人死亡”包括故意杀人的情形完全符合我国的犯罪构成理论。从主观方面看，无论行为人是为劫取财物而预谋故意杀人，还是为制服被害人反抗而故意杀人，行为人的犯罪目的或者说最终的犯罪目的只有一个，就是非法占有财物，故意杀人只是为占有财物创造条件；从客观方面来看，行为人实施了杀人和取财两个行为，其中杀人是手段行为，取财是目的行为，手段行为服务于目的行为，目的行为依赖手段行为得以实现，两者有机结合，密不可分。如果将该行为认定为抢劫罪和故意杀人罪，实行数罪并罚，则杀人行为既是故意杀人罪的构成要件，又是抢劫罪的构成要件，违背了对同一行为不得重复评价的原则。第二，从立法本意上看，“抢劫致人死亡”的含义并不仅限于过失。在我国刑法中，“致人死亡”只是表明行为与死亡结果之间的因果关系，而不能直接表明行为人的罪过形式。刑法规定“致人死亡”的条款有很多，行为人对死亡结果有的只能是

[1] 在我国刑法学界有3种观点：过失说、故意说和基本过失例外故意说。这涉及是否承认故意的结果加重犯的概念。

过失，有的对致人死亡的结果既可以是过失，也可以是故意。外国刑法对抢劫致人死亡中的故意杀人和过失致人死亡存在不同的立法。由于我国刑法并未把抢劫罪中的过失致人死亡与故意杀人分别规定，也未单独规定抢劫杀人罪，[1] 因此，将我国刑法抢劫罪中的“抢劫致人死亡”理解为包括故意杀人，符合立法原意。第三，我国《刑法》第263条规定的抢劫罪所采用的暴力手段并未排除故意杀人。由于我国《刑法》并未对该暴力行为的程度作任何限制，因此，只要行为属于暴力的范畴，又是当场针对被害人人身实施并用以排除被害人反抗的，都应当属于抢劫罪的暴力行为，当然包括故意杀害被害人以排除其反抗的行为。可以这样定义：抢劫罪中暴力行为的内涵是侵犯公民人身自由权、健康权直至生命权的强暴行为，其外延包括从身体强制、捆绑、殴打、伤害直至杀害的一系列表现形式。只不过在抢劫罪基本构成中的暴力与加重构成中的暴力在程度上应有所区别，即基本构成中的暴力手段仅限于轻伤害，而加重构成中的暴力才包含故意杀人的内容。[2] 第四，对抢劫致人死亡只定抢劫罪不会轻纵犯罪人。比较抢劫罪和故意杀人罪的法定刑不难发现：《刑法》第263条规定对于抢劫致人死亡的，最高刑可以判处死刑，并处罚金或者没收财产。而且，在实践中，如果没有法定或酌定从轻情节，以故意杀人为手段进行抢劫的，一般都处以最高刑。而《刑法》第232条规定的故意杀人罪的法定最高刑也是死刑，且并未附加财产刑。因此，对于实施抢劫杀人的犯罪人以抢劫罪论处，完全可以做到罪责刑相适应，而不必有轻纵犯罪分子的顾虑。[3] 根据《刑法》第269条的规定，犯盗窃、诈骗、抢夺罪，为窝藏赃物、抗拒抓捕或者毁灭罪证而当场使用暴力或者以暴力相威胁的，构成转化的抢劫罪，因行为已转化成抢劫罪，如果行为人当场使用的暴力手段直接导致被害人、抓捕他的人重伤或者死亡的，也应属于“抢劫致人重伤、死亡”。

因为行为人对死亡结果缺乏预见可能性，对诸如司法实践中发生的下列情况，不应视为“抢劫致人死亡”：对于因行为人的抢劫行为导致被害

---

[1] 刘明祥．财产犯罪比较研究［M］．北京：中国政法大学出版社，2001：111.

[2] 赵秉志．侵犯财产罪［M］．北京：中国人民公安大学出版社，2003：55.

[3] 李萍．“抢劫致人死亡”疑难问题探讨［J］．人民检察，2008（17）．但不能因此认为抢劫致人死亡的法定刑与故意杀人罪持平，甚至高于故意杀人罪。抢劫罪的手段行为能否包括故意杀人，与抢劫故意杀人的是定抢劫罪还是故意杀人罪，不是同一个问题。陈洪兵．论“抢劫致人重伤、死亡”［J］．法学论坛，2013（5）.

人自杀的；被害人因行为人在抢劫中的威吓、殴打导致疾病发作，或者因抢劫受轻伤，后因医护人员的疏忽而导致死亡的；行为人在实施抢劫的过程中，被害人因受威吓、躲避攻击而失足掉下阳台、楼梯、涵洞、悬崖致死，或者慌乱中在马路上被汽车撞死等。虽然发生了被害人死亡的结果，但由于这样的结果是常人难以预见的，因而就不应要求行为人承担抢劫致人死亡的责任，在处罚时只能将被害人死亡的结果作为一般性的后果严重加以考虑。这是罪责刑相适应原则的要求。

第二个问题：抢劫致人死亡中“人”的范围，是否仅限于抢劫行为的被害人，各国刑法的规定并不完全相同。如俄罗斯刑法明文规定仅限于抢劫行为的被害人，而日本、韩国等多数国家的刑法并无这样的限制。我国理论界的认识也不一致，有的论者认为仅指抢劫行为的被害人，另有论者认为不限于抢劫行为的被害人，应还包括其他无辜人员，如被害人的近亲属或有利害关系的人、抓捕人、无关的旁人或路人。笔者认为，只要是在实施抢劫的当时，由抢劫的行为直接引起了死亡结果的发生，不论死者是不是抢劫的被害人，都应以抢劫致人死亡论。将抢劫致人死亡作为抢劫罪的结果加重犯而加重行为人的法定刑，主要是因为其抢劫行为造成了较之一般抢劫更为严重的危害后果，至于死伤者是否为被害人，对于衡量社会危害性的程度并没有实质性的影响。而且，从实践来看，在转化型抢劫罪的场合，行为人实施暴力的对象通常是被害人以外的其他抓捕人，如果将该种情形排除于抢劫致人死亡以外，显然既违事理，也不符合罪责刑相适应的原则，从而背离了立法的初衷。[1]

但是，抢劫致人死亡中“人”的范围，是否包括行为人本人或者同案犯，学者存在不同的观点。有学者认为，抢劫致人死亡中的“人”的范围不包括抢劫同案犯，抢劫行为人对被害人实施暴力时，误杀了同案犯；或者抢劫犯之间因内讧而造成死亡结果的，由于这种死亡结果与在抢劫中造成其他无辜人员死亡在性质上是完全不同的，因而不能认定为“抢劫致人死亡”。[2] 持反对观点的学者认为，“抢劫致人死亡”的“人”，既包括被害人，也包括同案犯。[3] 例如，甲乙 2 人共谋抢劫丙，在抢劫现场，甲对丙实施暴力，最终结果却是导致同案犯乙死亡。对于乙的死亡，犯罪人甲是否要承担抢劫罪的刑事责任？如需承担，对甲能否认定为“抢劫致人死亡”？

---

[1] 李萍.“抢劫致人死亡”疑难问题探讨［J］. 人民检察，2008（17）.

[2] 李萍.“抢劫致人死亡”疑难问题探讨［J］. 人民检察，2008（17）.

[3] 蔡雅奇.“抢劫致人死亡”应包括致同案犯死亡［N］. 检察日报，2013－6－17（6）.

对此，理论界和实务界的第一种观点是，作为共犯人的甲无需对乙的死亡承担刑事责任，更不能认定甲属于“抢劫致人死亡”。在抢劫中因打击偏差误伤（杀）同伙与一般情况下造成其他无辜人员重伤、死亡在性质上是完全不同的，不能认定为“抢劫致人重伤、死亡”。第一，不属于具体事实认识错误中的“打击错误”，不适用法定符合说。抢劫者与抢劫行为本来所意欲打击的对象（被害人等）不在同一犯罪构成之内，也不符合刑法理论中的“打击错误”所要求的“同一犯罪构成内的错误”。第二，不符合共同犯罪理论。假设误伤（杀）同伙属于“抢劫致人重伤、死亡”，那么在出现致同伙重伤的情况下，则应对抢劫者处以加重的法定刑，而根据共同犯罪“部分行为全部责任”的原理，就意味着被误伤的同案犯自己也应与加害人共同承担“抢劫致人重伤”的加重法定刑，这显然是不合理的。❶ 第三，抢劫罪的共犯人的生命法益不值得保护。抢劫罪保护的法益是抢劫犯以外的其他人的财产权利和人身权利，而不包括抢劫犯自己以及同伙，抢劫致人死亡的场合也不例外，即抢劫犯的生命法益不受刑法保护。❷ 第四，根据刑法分则的解释原理与解释规则，也可得出抢劫致人死亡中的“人”不包括行为人及其同伙的财产权利和人身权利。从刑法规范的目的来看，刑法虽然对抢劫致人死亡中的“人”没有明确规定，也没有指出必须是“他人”，但从设置抢劫致人死亡的结果加重构成的目的来看，立法显然是为了保护财产所有人、占有人、保管人或者是与之有利害关系的第三人的财产权利和人身权利，而不是为了保护行为人自身的财产权利和人身权利。

当然，抢劫者为了劫取财物而实施暴力，造成同伙伤亡的侵害行为出于非法原因，因此其对于同伙的法益所受侵害，应当负刑事责任，有人认为应按抢劫罪与相关犯罪数罪并罚。也有学者认为，在认定行为人构成抢劫罪（基本犯）一罪的前提下，对造成同案犯重伤或死亡这一结果，应在该罪基本犯的法定刑量刑幅度内作从重处罚，从而使处罚结果既重于一般的抢劫，反映刑法的否定性评价，又轻于“致人重伤、死亡”的加重犯法定刑，体现其较之略轻的社会危害性。❸

理论和实务界的第二种观点，认为上述观点是错误的。第一，这是具体的事实认识错误问题。所谓具体的事实认识错误是指，行为人所认识到

---

❶ 邓俊．共同抢劫误伤同伙不应认定“抢劫致人重伤”［N］．检察日报，2011－2－25（3）．
❷ 刘飞．致同伙死亡是否“抢劫致人死亡”［N］．检察日报，2009－7－26（3）．
❸ 邓俊．共同抢劫误伤同伙不应认定“抢劫致人重伤”［N］．检察日报，2011－2－25（3）．

的事实与最终发生的事实，虽然并非一致，但没有超出同一犯罪构成的范围，即行为人只是在某个犯罪构成的范围内发生了对事实的认识错误。对于具体的事实认识错误，现在的通说是应根据法定的符合说进行判断，即行为人所认识到的事实与实际发生的事实只要在犯罪构成范围内是一致的，即只要二者属于同一种法益，就应认定为犯罪的既遂。法定的符合说最典型的一个例子就是：主观上想杀张三，最终却导致李四的死亡，虽然张三与李四并非同一人，但二者至少在生命法益这一范围内是相同的。因此，无论最终死亡的是张三还是李四，行为人的杀人行为都是犯罪既遂。因为刑法并不保护某一特定被害人的生命，而是保护同一类人的生命，无论最终是谁死亡，其生命法益都是相同的。对于上述案例，根据法定的符合说，既然致被害人丙死亡的情形应认定为“抢劫致人死亡”，那么，致同案犯乙死亡的情形也应认定为“抢劫致人死亡”。因为，无论是被害人丙还是同案犯乙，其生命法益都是相同的，都是刑法所保护的对象。第二，那种认为“抢劫犯的生命法益不值得保护”的观点更是值得商榷，因为它混淆了抢劫罪与故意杀人罪这两个罪名犯罪客体的差异。抢劫罪虽可能同时侵犯生命权和财产权这一复杂客体，但其主要客体仍然是财产权。造成被害人死亡只是抢劫罪的附随结果之一，所以，即便是一个罪大恶极的抢劫犯，在其实施抢劫行为时，其生命法益依然是值得刑法保护的。杀死同案犯，依然属于“抢劫致人死亡”的情形，应加重处罚。当然，抢劫罪共犯人如果在抢劫既遂以后，因分赃不均而相互杀害，则是典型的另起犯意的故意杀人行为，应另行成立故意杀人罪。[1]

（六）“冒充军警人员抢劫”的认定

军警人员，是指军人和警察，军人是指中国人民解放军、中国人民武装警察部队的现役军官（警官）、文职干部、士兵及具有军籍的学员。警察是指我国武装性质的国家治安行政力量，包括公安机关、国家安全机关、海关缉私部门、监狱的人民警察和人民法院、人民检察院的司法警察以及其他警种警察。“冒充军警人员抢劫”的规范含义，有客观说和主观观说两种不同观点。客观说认为，所谓冒充，是指通过着装、出示假证件或者口头宣称的行为，即采用穿着军警人员制服，驾驶悬挂军警号牌、警灯、警报等专用标志的车辆，携带出示枪支、警棍、戒具等军警专用装备，佩戴、显示假军警工作证件，口头宣称自己是军警人员等手段，表明

[1] 蔡雅奇.“抢劫致人死亡”应包括致同案犯死亡［N］. 检察日报，2013－6－17（6）.

自己军警人员身份的行为。只要行为人抢劫时有冒充军警人员的行为表示，无论被害人对这种冒充行为是以假当真还是未被蒙骗，都不影响这一情形的认定。如有学者认为，“冒充军警人员抢劫不以被害人相信行为人是军警人员为前提，只要行为人是故意冒充军警人员抢劫，即使被害人不相信或怀疑其身份，亦属冒充军警人员抢劫。”❶ 主观说认为，所谓“冒充”通常是指通过出示假证件、假标志、假着装的方式，向被害人表明自己是军警人员，不应当仅有口头宣称。除了抢劫时有冒充军警人员的行为表示外，还要求被害人对这种冒充行为信以为真。“口头宣称”自己是军警人员的行为，没有达到出示假证件、假标志、假着装对被害人的精神强制程度，甚至难以使人相信其军警人员的身份，故不属于“冒充”行为。可见，主观说对“冒充”外延的理解窄于客观说。笔者赞同客观说，“冒充军警人员抢劫”加重处罚情形的立法旨意，在于对“是否冒充”的打击而非对“是否冒充成功”的打击，即只要一旦“冒充军警人员”实施抢劫行为，至于被害人是否对其“军警人员”的身份信以为真，则在所不问。就主观说而言，从司法实践的角度来看，将“冒充”限定为“行为人的冒充行为必须达到使被害人信以为真的程度”不具有可行性，这样一来，被害人胆量大小影响到“冒充”行为的成立与否，致使这一情节的认定因人而异。何况，被害人当时的心理活动难以查实证明，这种认定方法具有明显的态意性和主观性。❷ 行为人冒充军警人员主要是实施查处违法犯罪行为，如查处赌博、卖淫嫖娼、吸毒贩毒、查缉走私行为、查扣假军车等。行为人冒充军警人员的身份虽然对其侵占非法财物如赌资、违禁品、违法所得等犯罪目的的实现具有一定作用，但是，其获取财物的主要手段是凭借当场实施的暴力或者暴力胁迫，对方交出财物或者任其抢走财物有误认其为军警人员的因素，但更重要的是惧怕其暴力，甚至在已经对行为人的真实身份发生怀疑或看出系冒充时，也不敢反抗。

（1）对于此种军警人员冒充彼种军警人员实施抢劫，是否属于“冒充军警人员抢劫”？对此，学界存在两种不同观点。狭义说认为，冒充军警人员抢劫，指以假充真，即不具备现役军人、武装警察和人民警察身份的人，假冒这些人员实施抢劫。至于具备上述身份的人员，不存在冒充军警人员抢劫的问题。此种观点认为，“冒充”仅指“以非充当是”。广义说认

---

❶ 陈兴良，周光权．刑法学的现代展开［M］．北京：中国人民大学出版社，2006：603．

❷ 王树茂．“冒充军警人员抢劫”相关问题辨析［J］．中国检察官，2010（10）．

为，冒充军警人员抢劫是指假冒现役军人、武装警察、公安机关和国家安全机关的警察、司法警察等身份，即无上述人员的身份。例如，无业人员冒充人民警察，或者是有此种军警人员身份冒充另一种军警人员的身份，例如，士兵冒充警察，[1][2] 军人冒充警察抢劫，警察冒充军人抢劫，此军种军人冒充彼军种军人抢劫，此警种警察冒充彼警种警察抢劫，同军警种下级冒充上级抢劫等。此种观点认为，“冒充”包括“以非充当是”和“以此充当彼”两种情形。上述两种观点，狭义说不当地缩小了“冒充”的外延，不符合刑法条文的规范目的。从立法旨意来看，“冒充军警人员抢劫”加重了对被害人的精神强制，容易得逞犯罪，并且严重损害了军警人员的形象，社会危害性远远大于一般犯罪主体实施的抢劫行为，据此，刑法将其规定为抢劫罪的8种加重法定刑的情形之一。将“此种军警人员冒充彼种军警人员实施抢劫”认定为“冒充军警人员抢劫”，符合文理解释原则和刑法的规范目的，是忠于法律的正当解释。笔者赞成广义说，该说既符合刑法的规范目的，又没有超越刑法条文的含义范围。至于“上级（高级）军警人员冒充下级（低级）军警人员”是否属于“冒充”的问题，有学者认为这种现象在司法实践中是不可能存在的，从逻辑上也是讲不通的，这种情形发生的概率极小，没有研究的必要。笔者认为，虽然发生概率极小，但不能否认现实司法实践中不可能存在，例如行为人误认为自己的警监警衔比中尉军衔级别小而冒充中尉抢劫，或者具有警监警衔的行为人因某种原因穿了中尉的军装进行抢劫，都应认定为冒充军警人员抢劫。

（2）对于军警人员显示其军警的真实身份实施抢劫的，是否也属于“冒充军警人员抢劫”？例如，某县一派出所民警王某与无业青年苏某商议以“抓嫖”为名到旅社抢劫旅客财物。某日凌晨1时许，王某穿好警服，拿起一支电警棍，并让苏某也换上一套警服并戴上一副手铐，两人来到该县某镇“抓嫖”。几经踩点，王、苏二人决定对“幸福旅社”动手。二人径直进入旅社大门后，王某声称自己是警察要例行查房，并以警棍威胁，逼迫旅社服务员面向墙壁蹲下，然后从服务台抽屉内取出500元放入自己的裤袋。苏某则径直冲上二楼，也声称自己是警察，命令旅客开门接受检查，并拿出手铐相威胁，强行搜检旅社房间、旅行袋和衣物，将搜到的钱共计1 200元装入自己腰包。后经被害人报案，王某和苏某相继落网。对

---

[1] 王作富．刑法分则实务研究［M］．3版．北京：中国方正出版社，2007：1083.

[2] 陈兴良、周光权．刑法学的现代展开［M］．北京：中国人民大学出版社，2006：603.

本案有分歧意见：第一种意见认为，王某和苏某都成立抢劫罪，但王某只适用基本的法定刑，苏某则适用加重的法定刑。因为苏某不是警察，其声称自己是警察而实施的抢劫行为，符合“冒充军警人员抢劫的”这一抢劫罪中的法定刑升格情节；而王某是警察，刑法没有规定警察显示其真实身份抢劫也要加重处罚，因而只适用基本法定刑。第二种意见认为，王某和苏某都成立抢劫罪，并都适用加重的法定刑。检察机关以抢劫罪冒充军警人员抢劫加重情节起诉。在理论上，学界存在不同意见。

第一，有学者认为，刑法之所以将“冒充军警人员抢劫”规定为加重处罚的情形，一是因为军警人员受过特殊训练，其制服他人的能力高于一般人，故冒充军警人员抢劫给被害人造成的恐怖心理更为严重，因此易于得逞。二是因为冒充军警人员抢劫，将严重损坏国家机关的形象。然而，真正的军警人员显示军警人员身份抢劫时，不但同样具备这两个理由，而且真正的军警人员抢劫时，对国家机关形象的损坏更为严重。❶ 据此，“冒充军警人员抢劫”行为，不仅包括假冒军警人员抢劫，还包括军警人员显示其真实身份抢劫。从实质上说，军警人员显示其真实身份抢劫比冒充军警人员抢劫，更是提升法定刑的理由。然而刑法使用“冒充”一词如果说“冒充”包括假冒与充当，其实质是使被害人得知行为人为军警人员，则可以将军警人员显示其真实身份的抢劫认定为“冒充军警人员抢劫”，但这种解释是否超出了国民的预测可能性，是否属于类推解释，还大有研究的余地。❷ 还有学者认为，从解释论上讲，“冒充”军警人员抢劫可以扩张解释为包括“充当”军警人员抢劫。因为：将“冒充”扩张解释为包括“充当”，没有超过刑法用语可能具有的含义范围；刑法在使用“冒充”一词的同时，也使用假冒一词，这正是“冒充”并不等同于“假冒”的重要证据，“冒充”不仅包括“假冒”，还另有“充当”之义。❸ 此种观点把军警人员显示其真实身份实施的抢劫，也解释为冒充军警人员抢劫。这种观点秉承实质解释论的立场，虽然符合刑法的规范目的，但不符合“冒充”语词的含义，超出文理解释的“射程”之外，就是持此说的学者本人也不敢断然下结论，尚有“是否属于类推解释”之疑虑。

第二，有论者认为，刑法把“军警人员抢劫”规定为加重处罚情节，

---

❶ 张明楷．刑法分则的解释原理［M］．北京：中国人民大学出版社，2004：238.

❷ 张明楷．刑法学［M］．2 版．北京：法律出版社，2003：758.

❸ 李豫川、张理恒．财产犯罪疑案四则［G］//朱孝清，莫洪宪，黄京平．社会管理创新与刑法变革（下卷），北京：中国人民公安大学出版社，2011：1766－1767.

这是立法缺陷。按照形式逻辑，要证明冒充军警抢劫不应加重处罚，必须先论证真正军警（以军警身份）抢劫不应加重处罚是合理的。在认可立法本意的前提下，应是“举轻以明重”而非“举重以明轻”：既然冒充军警抢劫都加重处罚，真正军警人员（以军警身份）抢劫更应加重处罚。后者未作为加重处罚情节，可能是立法疏漏，但不能以此来否定立法已经考虑到的应当加重处罚的情节。既然（轻的）冒充军警人员抢劫的被规定为加重犯，那么（重的）军警人员抢劫的也“当然”适用加重法定刑。[1] 还有学者也认为，与假冒军警身份抢劫相比，军警人员显示其真实身份抢劫，不仅完全具有前者加重法定刑的理由，而且在违法和责任两方面都表现得比前者还要严重：在违法性方面，军警抢劫对军警人员形象和声誉的损害具有不可挽回性；在有责性方面，军警抢劫具有特定的义务违反性。由于军警人员本来具有保护公民生命财产安全的职责，却反过来侵犯公民财产安全，故军警人员的抢劫行为严重违反了由其特定身份所赋予的法律义务，也具有比普通人抢劫更重的可罚性。基于罪刑相适应的基本原则，以及“举轻以明重”的原则，既然假冒军警抢劫行为认定为抢劫罪的加重处罚情节，危害更严重的军警抢劫行为也应当适用“冒充军警人员抢劫的”法定加重情节规定。[2] 有学者主张将军警人员抢劫行为作为抢劫罪加重处罚情节之一。[3] 自军警人员实施犯罪开始，其已不再具备军警人员的实质条件，已不再是军警人员，那么，其抢劫过程中以某种方式宣示自己是军警人员的，则完全符合“冒充军警人员抢劫”的规定，直接适用加重法定刑即可。[4]

第三，另有论者认为，军警人员显露真实身份实施抢劫，应当按照一般抢劫行为处理，从实质正义的角度看，假冒行为损害的法益较真正的军警抢劫行为损害的法益大，其主观恶性较大，应予较重惩罚。真正的军人是纪律严明、管理严格的特殊主体，实践中实施抢劫犯罪行为非常罕见，立法没有必要专门予以规定。真正的军警人员抢劫时，其社会危害性不如冒充军警人员抢劫时大。[5] 从法益侵害程度来看，无论是主观恶性、社会

---

[1] 付立庆．论军警人员抢劫行为之法定刑适用［J］．法学杂志，2007（4）．

[2] 张理恒．警察伙同他人抢劫应当如何量刑［N］．检察日报，2010－8－8（3）．

[3] 刘艳红．冒充军警人员实施抢劫罪之法定刑设置疏漏［J］．法学，2000（6）．

[4] 曲新久教授于2009年3月26日做客中国政法大学研究生院“法治中国”系列论坛时的观点。

[5] 刘明祥．论抢劫罪的加重犯［J］．法律科学，2003（1）．

影响，还是抢劫罪自身特点，都很难得出军警人员抢劫的法益侵害性比冒充军警人员抢劫大的结论。那么，军警人员抢劫的，直接适用基本法定刑即可，现行立法对军警人员抢劫的规定并不存在立法缺陷，对“冒充”无需进行扩张解释。[1] 况且，基于目前立法现状，从形式正义角度看，对于军警人员显露真实身份实施抢劫的行为按照“冒充军警人员抢劫”情形处罚，违反了罪刑法定原则。

笔者认为，将“军警人员显露真实身份实施抢劫”认定为“冒充军警人员抢劫”，不符合文理解释原则和罪刑法定主义的要求。如果军警人员没有显露身份实施抢劫行为，既没有对被害人造成特殊的精神强制，也没有损害军警人员的形象，应当按照一般（主体）抢劫行为处罚，这是毫无疑义的。“军警人员显露真实身份实施抢劫”行为，由于刑法并没有将此单独规定为加重处罚情形，此种情形又不能解释为“冒充军警人员抢劫”，如果按照一般（主体）抢劫行为处罚，虽然符合形式正义的立场，却违反了实质正义的要求。在现行立法规定的现状下，对于“军警人员显露真实身份实施的抢劫”，应当在基本法定刑幅度内把此种情形作为酌定从重的量刑情节考虑。[2]

（3）行为人在冒充军警人员实施抢劫行为的过程中表露自己的真实身份或被被害人识破其假身份时，可否认定为“冒充军警人员抢劫”？主要有以下不同的观点：

第一种观点认为，只要行为人抢劫时有冒充军警人员的行为表示，无论被害人对这种冒充行为是否以假当真还是未被蒙骗，都不影响认定“冒充军警人员抢劫”。这种观点目前占统治地位。

第二种观点认为不应当认定为“冒充军警人员抢劫”。如有学者明确提出，对于行为人在冒充军警人员实施抢劫行为的过程中表露自己的真实身份或被被害人识破其假身份的情形，不应当认定为“冒充军警人员抢劫”。[3] 因为在抢劫过程中由于表露了自己的真实身份或被被害人识破了其假身份，冒充军警人员这种行为在抢劫过程中所起的作用微乎甚微或起不了任何作用，且不可能对军警人员造成不良影响。如果对这种冒充军警人员的抢劫行为适用加重法定刑，就会违背立法初衷。例如，王某和雷某预

---

[1] 白利勇．军警人员抢劫的法定刑适用问题新论［J］．福建警察学院学报，2010（5）．

[2] 王树茂．“冒充军警人员抢劫”相关问题辨析［J］．中国检察官，2010（10）．

[3] 宋歌．“冒充军警人员抢劫”之立法缺陷及司法救济［J］．延边大学学报：社会科学版，2004（3）．

谋冒充值勤民警进行抢劫，在一偏僻胡同截住张某并对他说：“我们是警察，检查你是否携带违禁品，把包给我们。”张某不肯接受“检查”，王某强行扭住张某的胳膊，并叫雷某夺下张某的包。张某说：“你们哪像公安人员，简直是强盗！”王某见张某已被控制，就答道：“你猜对了，我们不是公安局的，就想弄点钱花！”雷某从张某包里掏出现金2 300元后，与王某一起逃离现场。此案中，王某和雷某在实施抢劫实行行为过程中虽然冒充过公安人员，但遭到张某的怀疑时又向被害人表明自己并不是公安人员，所以张某不可能对公安人员产生憎恨感。换言之，王某和雷某冒充公安人员的行为不能对警察队伍造成不良的影响。实质上，这种抢劫行为的社会危害程度与一般抢劫犯罪没有两样，如果适用加重法定刑，就必然违背罪刑相适应原则。显然，这不是立法者所追求的效果。又如，周某无意中发现在其所在市区一菜市场附近有一处传销窝点，便由此产生了不法的念头。由于传销人员自知传销属于违法行为，因此周某便计划，若自己冒充警察进入传销窝点佯称进行检查，便可利用传销人员对警察产生的恐惧心理，轻易地取得传销人员的财物。某晚，周某伙同钟某在未身着警服的情况下，冲进传销窝点所在的民房内，看到了一群正在接受洗脑的传销人员，于是便对着他们大声喊叫：“我们是公安，现在全部蹲下，把你们手机和身份证都拿出来放桌上！”屋内十几个传销人员听到是警察，均吓得蹲下并将手机、现金等物品按两人的指示放置在桌子上。此时，周某与钟某仍怀疑有些人没有将自己所有财物交出，便逐个对传销人员进行搜身。在两人对传销人员王某进行搜身时，王某便质问周某与钟某究竟是否是警察，并提出要查看两人工作证件。两人没准备伪造证件，无法提供，传销人员见此，便肯定周某与钟某属冒充警察，于是一拥而上将两人控制住，并打电话报了警，公安民警随即赶到将两人抓获。一审法院经审理认为，被告人周某、钟某以非法占有为目的，冒充军警人员抢取他人财物，其行为已构成抢劫罪，由于意志以外原因未得逞，属未遂可从轻处罚。法院认为，冒充警察最起码应该着装或者有假工作证、械具等外部表面特征。本案中周某、钟某只是有偶尔语言表述，并没有警察执行公务过程中应具备的最起码的外部特征，仅宣称是警察只是对被害人的语言威胁，不构成法定意义上的冒充警察。遂对周某、钟某以抢劫罪，各判处有期徒刑8年，并各处罚金2万元人民币。笔者认为，周某与钟某两人虽口头上假冒公安人员，但未身着警服，也未伪造相关证件进行显示，被害人在其抢劫过程中就已得知2人是冒充的警察，其行为既未给军警形象带来不良的影响，也未使普通民众信以为真。其违法行为虽包含冒充行为，但其冒充军警的行为并未产生其特有的危害结果，其危害结果与一般抢劫行为无异，故只能定为普通的抢劫罪。❶

第三种观点认为应具体分析。有学者认为应该视案件的具体情况而有所区别，不可一概而论。首先，对于行为人在冒充军警人员实施抢劫行为的过程中表露自己真实身份的情形，不应认定为“冒充军警人员抢劫”。其次，对于行为人在冒充军警人员实施抢劫行为的过程中被被害人识破其假身份的情形也要区别对待。如果行为人之冒充行为足以让普通民众信以为真，只不过因具体的被害人具有特殊的军警专业知识，轻易地从行为人的着装上面看出了破绽，从而识破了行为人的假军警身份，对于这种情形，仍应当认定为“冒充军警人员抢劫”；如果行为人之冒充行为过于拙劣，例如，披头散发、长发过肩或袒胸露乳等同真正的军警人员之装束明显不同，很难使普通民众信以为真。那么在这种情形下，即使行为人在主观上具有“冒充军警人员抢劫”的故意，如口头上声称自己是军警人员，也不能认定为“冒充军警人员抢劫”。❷

（4）实施抢劫实行行为之前或者实施完抢劫实行行为（包括实行行为的完成和未完成）之后，冒充军警人员但实施抢劫实行行为时未冒充军警人员的，如何认定？一种观点认为不应认定为“冒充军警人员”抢劫。如有学者认为，行为人为了冒充军警人员抢劫，准备军警服装、军警人员工作证等足以表明军警人员身份的物品，这属于抢劫预备行为。行为人在抢劫预备阶段冒充军警人员，但未把冒充行为延续到实行阶段时，也不能认定为“冒充军警人员抢劫”。因为“冒充军警人员抢劫”中的“冒充军警人员”状态必须出现在“抢劫”实行阶段，否则，“冒充军警人员抢劫”不能成立。例如，鲁某产生抢劫犯意后，搭乘女出租车司机金某驾驶的出租车，叫金某将车开到郊区一个偏僻的地方，金某不肯。鲁某为了麻痹金某，掏出伪造的公安人员工作证给金某看，并声称去执行任务。金某信以为真，将车开到鲁某指定的地点。当车停下后，鲁某原形毕露，称自己并不是公安人员，让金某赶紧把身上的钱全部交出来，否则就杀死金某。金某只好将其携带的360元钱交给鲁某。在此案中，鲁某冒充公安人员把金某引到偏僻的地方后，在实施抢劫实行行为之前已经表明自己不是公安人

❶ 刘晓佳．论冒充军警人员抢劫的法律适用［D］．辽宁大学，2011：12.

❷ 蒋九久．“冒充军警人员抢劫”的问题研究［J］．学理论，2011（20）：72.

员，其冒充公安人员的行为没有持续到抢劫行为的实行阶段。因此，不能以金某冒充公安人员为由认定为“冒充军警人员抢劫”，而应当按照一般抢劫犯罪处理。[1] 又如，行为人甲穿着借来的警服走在大街上显威风，被乙看到，乙误认为甲就是一名警察。第二天，乙又在大街上碰见甲，甲见财起意，便对乙实施了抢劫行为。在该虚拟案例中，被害人乙在被抢劫时，虽然认为甲是警察，但是甲在抢劫当时并未穿着制服，也未以其他行为方式冒充警察，那么就不能对甲的抢劫行为认定为“冒充军警人员抢劫”。行为人使用暴力、胁迫或者其他方法取得财物后，出于种种目的冒充军警人员的行为属于抢劫后行为。在这种情况下，抢劫行为已经结束，冒充军警人员是事后行为，也就是说，抢劫行为在先，冒充军警人员行为在后。行为人冒充军警人员的行为对前面已经发生的抢劫行为起不到任何作用，因此，行为人使用暴力、胁迫或者其他方法取得财物后出于其他目的冒充军警人员时，就不应认定是“冒充军警人员抢劫”。例如，甲对乙实施了抢劫后的第二天，二人在大街上再次相遇，此时甲身着借来的警察制服，乙见后误认为甲就是一名警察，而未敢声张。这种情形因为甲的抢劫行为已经实施完毕，且其在抢劫时也没有冒充警察的行为，那么对甲当然不能认定为构成冒充军警人员抢劫。[2]

（5）冒充军警人员以“执法”手段取得被害人持有的财物时，不能一概认定为“冒充军警人员抢劫”。行为人冒充军警人员以“执法”手段取得被害人持有的财物时，一般利用被害人的某种行为缺陷。否则，行为人即使冒充军警人员“执法”，被害人也不会把自己的财物交给行为人。此时，应根据行为人取得财物的具体方法认定其行为性质：

第一，冒充军警人员的行为人在“执法”过程中使用暴力或以暴力相威胁的方法取得财物时，不论被害人持有的财物性质如何，由于其行为完全符合抢劫罪的构成要件，都应当认定为“冒充军警人员抢劫”。例如，谭某、马某、赵某冒充缉私警察，鸣枪威胁走私香烟的金某等 8 人，“扣押”了用于走私的船只和船上的全部香烟，总价值 17 万余元。在此案中，谭某等人虽然冒充了缉私警察，但使用直接威胁金某等人的人身安全的方法取得金某等人财物，应当认定为“冒充军警人员抢劫”。

第二，冒充军警人员的行为人在“执法”过程中并未使用暴力或以暴

---

[1] 宋歌．“冒充军警人员抢劫”之立法缺陷及司法救济［J］．延边大学学报：社会科学版，2004（3）：38．

[2] 李晓艳．论“冒充军警人员抢劫”［D］．湘潭：湘潭大学，2008：13．

力相威胁，只是以被害人持有的财物来源不合法或者其来源虽合法，但用于违法活动为“执法”依据，采用“文明执法”的方式取得被害人持有的财物时，被害人也认为“军警人员”扣押其持有的财物是一种正当的职务行为，所以只好将其持有的财物交给军警人员，自认“倒霉”。行为人冒充军警人员的目的就是想利用军警人员职务行为的正当性和被害人自认“倒霉”的心态轻取财物。因此，行为人冒充军警人员依照其“职责”以“文明执法”的方法取得被害人持有的财物的行为完全符合招摇撞骗罪的构成要件，应认定为招摇撞骗罪。❶ 还有论者认为可能构成敲诈勒索罪。笔者认为，如果行为人仅仅通过单纯地冒充军警人员执行查处违法犯罪的公务行为的方式侵占非法财物，未对被害人实施暴力或者暴力威胁行为，被害人仅仅基于其冒充的军警人员的身份而交出或自动放弃非法财物，符合《刑法》第279条规定的招摇撞骗罪或者第372条规定的冒充军人招摇撞骗罪以及第266条规定的诈骗罪的构成特征的，应以招摇撞骗罪、冒充军人招摇撞骗罪或者诈骗罪论处，不应定为抢劫罪。如果行为人使用了不是暴力、胁迫的方法而是使用威胁的方法，则可能构成敲诈勒索罪。例如，杨某、梁某到柳州找黄某玩耍时，商议冒充警备纠察人员实施诈骗。经过一番准备后，杨某和梁某身着由黄某购买来的警备纠察人员服饰装备，前往一家小区停车场，以柳州市军分区警备纠察人员的身份，声称要对陈某驾驶的车辆进行检查。因陈某无法出示任何有效证件，杨某和梁某便以陈某的车辆没有合法手续为由，将该车辆查扣，并马上开走。当天10时许，杨某和梁某将这辆车子开到一家洗车处，黄某到来后即将陈某的车牌换下。接着，梁某有事急着先走了。正当杨某和黄某要交付洗车费用时，公安民警赶到，2人当场被抓获。骗取的这辆车了也被当场缴获。随后，公安民警在黄某的协助下将梁某抓获归案。经评估，该车子价值2.8万元。人民法院审理后认为，杨某、梁某和黄某以非法占有为目的，冒充军人招摇撞骗，骗取他人财物，其行为已构成冒充军人招摇撞骗罪。❷ 在共同犯罪中，杨某和梁某起主要作用，应按照其所参与的全部犯罪处罚。黄某起次要作用，是从犯，依法应当从轻处罚。黄某协助公安机关抓获同案犯梁某，有立功表现，依法可以从轻或者减轻处罚。3名被告人都自愿认罪，可酌情从轻处罚。法院以冒充军人招摇撞骗，分别判处杨某和梁某

---

❶ 宋歌．“冒充军警人员抢劫”之立法缺陷及司法救济［J］．延边大学学报：社会科学版，2004（3）：38．

❷ 朱秋敏．假冒军人查扣车　骗取财物领徒刑［N］．法治快报，2009－11－19（8）．

有期徒刑1年6个月，判处黄某有期徒刑10个月。本案中，杨某等3人合谋冒充柳州市军分区警备纠察人员的身份，通过查扣他人的车辆的方式骗走车子，企图占为己有，并已实际非法控制和占有，其行为符合冒充军人招摇撞骗的犯罪特征，故应按刑法的相关规定予以惩罚。

又如，张某等行为人发现假冒军人的现象较多，为了挣快钱，私自买来军装、军帽，缀上领花、肩章和帽徽，冒充军队纠察执勤人员，以查“假冒军车”为名，先后扣押假冒军车十多台，开具假“暂扣车证明”，叫被害人到军区接受处理。行为人将车辆低价卖给他人，共获赃款20多万元，公安机关以涉嫌抢劫罪将其刑事拘留。[1] 就该案的定性，主要有如下争议：第一种观点认为构成抢劫罪。理由是行为人身穿军服，冒充军人纠察查车扣车，行为人一般在行车途中将事主放下，事主在精神上受到威胁而产生恐惧，不敢反抗，客观上表现为胁迫，符合抢劫罪中以胁迫方式抢劫的情形，不仅侵犯了被害人的财产权，还对被害人的人身安全构成了威胁，是典型的冒充军人抢劫。笔者认为，认定行为人是否冒充军警人员抢劫，关键要看作案时行为人是否当场对被害人实施人身暴力或胁迫的方式来获取财物，即取得财物的主要方式是靠“强行劫取”还是靠“骗取”。如行为人获取财物的主要手段是凭借当场实施的暴力或胁迫，被害人交出财物不仅因为误认行为人为军人，更重要的是惧怕其暴力，则属冒充军人抢劫。如行为人仅仅通过冒充军人，以查处假军车为名非法侵占财物，没有对被害人实施暴力或以暴力相威胁的行为，被害人误认行为人为军人而交出或自动放弃车辆，则不构成抢劫。本案中行为人主要是通过“骗”的方式来获取财物的，并未对被害人使用抢劫罪所规定的暴力或暴力威胁行为。行为人假借检查车辆证件将被害人的车拦停后，欺骗被害人称他们是军区纠察将车拦下并开走，被害人误以为真而交出车辆，后来拿着假“暂扣条”到军区办理领车手续时才知受骗，以“骗取”的方式查扣假军车的行为不应认定为冒充军警人员的抢劫罪。第二种观点认为构成招摇撞骗罪。笔者认为，这种观点是错误的，主体条件不符合“冒充国家机关工作人员”的身份条件。第三种观点认为构成诈骗罪。行为人冒充军人查车的行为符合诈骗罪“虚构事实、伪造真相”的行为特征。“冒充”行为通常是指通过出示假证件、假着装、假标志的方式，向被害人表明自己是军队纠察，没有这一套东西，被害人是不会相信的，并且这种假的服装、标

[1] 朱珍华．冒充军人查扣假军车行为之定性［J］．法制与社会，2013（1）．

志、证明已经足以达到以假乱真的程度，被害人认为扣车者就是军人。这种情况下，该冒充行为发挥其应有的功效，不存在胁迫问题，因此构成诈骗罪。第四种观点认为构成冒充军人招摇撞骗罪。理由是：本案犯罪嫌疑人身穿军服、佩带纠察袖章、驾驶假军牌汽车、出具军区警备司令部暂扣证等行为，具有欺骗性。被害人不是因为被暴力胁迫，而是基于行为人的“军人”身份而交出或自动放弃非法财物的。2005 年最高人民法院《关于审理抢劫、抢夺刑事案件适用法律若干问题的意见》规定：冒充正在执行公务的人民警察，以抓卖淫嫖娼、赌博等违法行为为名非法占有财物的，没收赌资或者罚款的行为构成犯罪的，以招摇撞骗从重处罚；在实施上述行为中使用暴力或暴力威胁的，以抢劫罪定罪处罚。根据该司法解释的立法精神，区别抢劫和招摇撞骗最主要的标准是行为人取得财物主要凭借的是暴力、胁迫还是假冒身份的欺骗手段。虽然该司法解释不能直接适用于本案，但其立法精神可以作为本案定性的参考。对冒充军人的上述相类似行为，应认定为冒充军人招摇撞骗罪。此外，该行为即便是符合诈骗罪的特征，但因《刑法》第 266 条关于诈骗罪有“本法另有规定的，依照规定”，冒充军人属于刑法对特别情形的规定，因此应定冒充军人招摇撞骗罪。笔者认为，行为人所实施的行为同时触犯了我国刑法规定的诈骗罪和冒充军人招摇撞骗罪，属想象竞合犯。依刑法理论，想象竞合犯应择一重罪量处，因行为人的犯罪情节以诈骗罪定罪较重，因此应认定为诈骗罪。根据上述从一重罪处断的原则，并结合本案的综合情况，本案定性为诈骗罪更准确。本案中行为人作案犯罪金额达 20 多万元，跨多地区作案，所得赃款均被挥霍花光，作案次数多，严重侵犯了军队的威信及正常活动，行为人的行为符合 1996 年最高人民法院《关于审理诈骗案件具体应用法律的若干问题的解释》（2011 年已修改）中的规定情形，应认定为诈骗的数额特别巨大，情节特别严重，应处 10 年以上有期徒刑或无期徒刑。如定冒充军人招摇撞骗罪，本案属情节严重的情形，应处 3 年以上 10 年以下有期徒刑。可见，根据本案的具体情况，认定为诈骗罪，其量刑重于冒充军人招摇撞骗罪，择一重罪处罚，应依诈骗罪定罪处罚。对于某些复杂案件，部分涉案犯罪行为人的作案数额均只到诈骗罪所规定的数额巨大，这时量刑与冒充军人招摇撞骗罪的法定刑轻重相同，那么应该如何处理呢？根据刑法理论，案件定性应做到全案相统一的原则，因此也应认定为诈骗罪。本案中，犯罪嫌疑人实施的犯罪行为不仅侵犯了军队的威信，还严重侵犯了公民的财产权利，多次作案、流窜作案，社会影响恶劣，其犯罪的社会危害性较大，如按特定诈骗罪定罪处罚，即以冒充军人招摇撞骗罪定罪量刑，不符合我国刑法中的罪刑相当的原则，不利于准确、有效地打击犯罪。如认定为诈骗罪则量刑相对较重，符合罪责刑相适应原则。根据该刑法理论出发，应定为诈骗罪。

第三，当被害人违法行为与其持有的财物之间没有任何关系时，由于军警人员无权扣押被害人持有的财物，所以冒充军警人员的行为人取得财物的方式只能有以下两种：一是当着被害人的面指出其行为缺陷，并以交付公安机关、被害人单位等部门处理相要挟，使被害人交出财物，将其占为己有；二是行为人发现被害人的违法行为后，被害人怕被交付有关部门处理，主动将财物交给行为人，即向“军警人员”行贿。在前一种情况下，由于行为人使用要挟手段取得了被害人的财物，其行为完全符合敲诈勒索罪的构成要件，应认定为敲诈勒索罪。在后一种情况下，行为人并没有实施要挟行为，而是被害人主动将财物交给了行为人，行为人主要是利用其“军警人员”身份骗得了被害人的财物，其行为符合招摇撞骗罪的构成要件，应认定为招摇撞骗罪。[1] 当然，也可能构成冒充军人招摇撞骗罪。

（6）实施抢劫实行行为时，虽冒充了军警人员但并未将其作为抢劫手段，不应认定为“冒充军警人员抢劫”。冒充军警人员，客观上表现为行为人通过着装、出示假证件等方法向被害人表明自己的“军警人员”身份的行为。但是，“冒充军警人员抢劫”中的“冒充军警人员”不仅要具备上述行为，而且还要具备主观要件，即行为人冒充军警人员主观上必须具有抢劫公私财物目的。如果行为人在实施抢劫犯罪时虽冒充了军警人员，但并非出于抢劫目的，那么，就不能认定是“冒充军警人员抢劫”，只能认定为一般抢劫，否则就会客观归罪。例如，全某是警校学生，全某的同学关某为了体验当警察的感觉借穿其警服，便与另一同学吴某上街。吴某发现妇女金某拎手提包，便对关某说“我用刀威胁那个女的，你把包夺下来!”吴某用刀威胁金某后，关某抢下金某手提包（包内有现金 2 000 余元）后二人逃离现场。又如，金某为了伺机盗窃，着公安服装冒充检查户籍的公安人员随意进入他人住宅，一旦发现无人就“顺手牵羊”。当金某进入汪某家偷 1 部手提电脑出来时，被赶回家里的汪某堵在屋里。汪某觉得可疑，要核实金某的身份并夺金某手中的手提电脑时，金某便用拳头殴

[1] 宋歌.“冒充军警人员抢劫”之立法缺陷及司法救济［J］. 延边大学学报：社会科学版，2004（3）.

打汪某的头部致其倒地后携带手提电脑逃离现场。在以上两个案例中，关某和金某的行为虽然都构成抢劫罪，而且犯罪时都冒充了公安人员，在客观上对被害人起到一定的“威慑”作用，但不能认定为“冒充军警人员抢劫”。因为关某和金某冒充公安人员的目的均不是抢劫他人财物。关某当初冒充公安人员的目的是为了体验当警察的感觉，后来未脱警服参与了抢劫犯罪，主观上没有将“冒充军警人员”作为抢劫手段，应认定为普通抢劫。金某冒充公安人员的目的是为随意进入民宅作掩护和便于逃脱，即没有将“冒充军警人员”当做抢劫罪的手段。❶

（7）在共同抢劫犯罪中，个别共犯冒充军警人员的，如何处理？有学者认为，在抢劫共同犯罪案件中，不能因为个别共犯者冒充军警人员，对其他共犯者一律认定为“冒充军警人员抢劫”。第一，在有预谋的抢劫共同犯罪中，各共犯者预谋冒充军警人员实施抢劫，即使只有其中个别共犯者冒充军警人员，但是其他各共犯者具有冒充军警人员实施抢劫的故意，并且在抢劫过程中均利用了行为人所冒充的军警人员身份而取得财物，那么就应当将所有共同犯罪人认定为“冒充军警人员抢劫”，从而适用从重法定刑。第二，在无预谋的抢劫共同犯罪中，个别共犯者冒充军警人员的情况下该如何认定，需要分情况讨论：①如果个别共犯者当着被害人的面把自己冒充为军警人员，而其他共犯者对此未表示任何态度。这就意味着其他共犯者在主观上具有利用“军警人员身份”而实施抢劫的故意，如果冒充军警人员之行为人在共同犯罪中起到了关键作用，那么就可以将整个共同犯罪认定为“冒充军警人员抢劫”。②个别共犯者在其他共犯人员不知情的情形下，而对被害人冒充军警人员的，只能认定该个别共犯成立“冒充军警人员抢劫”，适用从重法定刑，其他共犯者成立抢劫罪，适用基本法定刑。因为在这种情形下，个人共犯者冒充军警人员已经超出了其他共犯者共同犯罪的故意范围，当然也就不能对其他共犯者适用加重的法定刑。③个别共犯者当着被害人和其他共犯者的面，表示所有共犯者都是军警人员，而其他共犯者均表示不是军警人员的，只能认定该个别共犯成立“冒充军警人员抢劫”，对其个人适用加重法定刑。由于其他共犯者明确表示自己不是军警人员，所以对其不能按“冒充军警人员抢劫”处理。④个别共犯者当着被害人和其他共犯者的面，自己冒充军警人员，而其他共犯

---

❶ 宋歌.“冒充军警人员抢劫”之立法缺陷及司法救济［J］. 延边大学学报：社会科学版，2004（3）.

者有意或无意地向被害人表示个别共犯者系冒充的，从而使被害人识破个别共犯者之虚假身份的，只能将全部共同犯罪人认定为抢劫，适用基本法定刑。❶ ⑤个别共犯者当着被害人的面表示自己和其他共犯者均冒充为军警人员，而其他共犯者对此未表示任何态度。在这种情况下，其他共犯者不仅默认了个别共犯者本人的冒充行为，而且还默认了个别共犯者将自己冒充为军警人员的行为，说明其冒充军警人员抢劫的意图很明显，所以应当将共同犯罪的性质确定为“冒充军警人员抢劫”的行为。❷

（七）“持枪抢劫”的认定

海南省“琼临高×号”等6艘渔船在北部湾海上分界线中越共同渔区中方一侧正常作业时，遭3艘身份不明的武装船只抢劫，中国渔船被抢310张渔网及一批渔货，价值人民币300余万元，并遭开枪袭击。某海警支队在得到渔民报警后赶到现场解救，3艘武装船只首先开枪，并投掷手雷和炸药。中国海警在表明身份、鸣枪示警无效的情况下，被迫自卫还击，双方发生激烈交火。最终，中国海警将3艘越南抢劫船中的1艘拦截在中方海域内，另外两艘抢劫船逃往越南海域。交火中，8名越南抢劫分子被击毙，8人被抓获，中国海警缴获冲锋枪1支，手枪套1个，子弹88发。在中国海警登船前，越南抢劫分子将其余武器扔入海中。中国海警某艇被击中3处，1人受伤，中国“琼临高×号”渔船被击中8处。这是一起严重的海上武装抢劫案件。经审讯，被抓获的抢劫人员自供为越南人，对作案事实供认不讳，并供称此前已在北部湾水域对中国渔船进行了4起武装抢劫。中方执法部门经过核查，充分证明这是越南武装人员在中国海域对中国渔船实施的有预谋的武装抢劫。案发后，中方按照中越领事条约的规定，及时向越方进行了详细领事通报，并已安排了越方领事官员探视。

“持枪抢劫”不同于“携枪抢劫”，携带可以是明示也可以是暗示，对行为人如何使用枪支没有特别的要求，“持枪”更注重的是行为人在客观上使用枪支进行抢劫，或要求该枪支在客观上对被害人造成了精神上的压力，其范围明显要窄于携枪行为。为抢劫而携带枪支，从携带枪支的目的分析有下列3种情形：为了在实施抢劫过程中一旦遇到强力反抗时就亮出

---

❶ 蒋九久.“冒充军警人员抢劫”的问题研究［J］学理论，2011（20）.

❷ 宋歌.“冒充军警人员抢劫”之立法缺陷及司法救济［J］.延边大学学报：社会科学版，2004（3）.

枪支或开枪排除阻碍；为了顺利实施抢劫而在着手实施抢劫时就亮出枪支或开枪进行威胁；为了在抢劫后的逃跑过程中一旦遇到追捕时开枪实施阻击。以上3种情况中只有第二种情况属于实施抢劫过程中使用了枪支，其他2种情形只具有使用枪支的可能性，一旦预想的情况出现才会转化为现实性。换言之，为抢劫而携带枪支并不等于为抢劫而使用枪支。持枪抢劫应当是指行为人为达到抢劫的目的而使用枪支的行为。那么如何理解“使用枪支”的含义呢？使用枪支是指行为人为了达到一定目的而故意向对方显露枪支或开枪射击，以让被害人感受到枪支的杀伤功能和威慑功能的行为。因此，抢劫中使用枪支的行为通常包含2种行为：抢劫中开枪以制服被害人；为了达到抢劫目的而故意向对方显露枪支以给被害人造成心理恐惧致其不敢反抗。例如，通常所说的“把枪拿出来吓唬吓唬他”也是一种使用枪支的行为，但这种使用枪支的行为并不是发挥了枪支的杀伤功能，而是发挥了以杀伤功能为基础的威慑功能。[1] 最高人民法院《关于审理抢劫案件具体应用法律若干问题的解释》第5条中规定：“刑法第二百六十三条第（七）项规定的‘持枪抢劫’，是指行为人使用枪支或者向被害人显示持有、佩带的枪支进行抢劫的行为。”无论行为人是否实际使用了枪支不影响对此情形的认定。但如果行为人携带枪支而未向对方显露或仅仅是口头上表示有枪，即带枪而未使用，或者行为人并未实际持有枪支而是口头上表示有枪，从主观目的和客观行为的一致性以及社会危害性角度考虑，则均不属于刑法规定的持枪抢劫，否则容易造成刑罚过重而与罪责难以相当。因此，为抢劫而携带枪支并不一定就属于持枪抢劫，是否属于持枪抢劫要从行为人的主观目的和客观行为的一致性上进行判断。如果行为人到案后交代携带枪支的目的是为了在抢劫过程中起到威慑作用，但客观上行为人并没有持枪进行威胁或伤害，那么就不能认定是持枪抢劫。

最高人民法院《关于审理抢劫案件具体应用法律若干问题的解释》第5条中规定：“‘枪支’的概念和范围，适用《中华人民共和国枪支管理法》的规定。”因此，行为人所持的枪支，应当是属于公安机关制定的有关枪支管理法中规定的枪支范围。如果行为人以假作真，如手持仿真枪、假枪等，则也不属于“持枪抢劫”。对此，学术理论界有截然不同的观点。肯定说认为，持仿真枪、假枪等抢劫应认为是“持枪抢劫”。“持假枪抢劫”构成抢劫罪的加重情形具有合法性和合理性，理由有：刑法解释合目

---

[1] 庞志毅，孙荣山．如何认定“持枪抢劫”［N］．江苏经济报，2010－10－13（B03）．

的性原则使然、抢劫罪的犯罪性质使然、主客观相统一原则使然、假枪和真枪实现“持枪抢劫”既遂可能性完全相等性使然、社会法治需要使然。[1]主流观点否定说排除了持假枪抢劫构成持枪抢劫，认为行为人持假枪抢劫的，按照普通抢劫罪定罪处罚，不构成抢劫罪的加重犯即持枪抢劫。否定说的理由有罪刑法定原则、罪责刑相适应原则、主客观相统一原则、社会危害性等。根据最高人民法院《关于审理抢劫案件具体应用法律若干问题的解释》和《枪支管理法》对枪支的规定，从“火药”到“压缩气体”，从“金属弹丸”到“其他物质”，再从“致人伤亡”到“丧失知觉”，认定是否构成“持枪抢劫”，既要考虑其武器动力，也要考虑其发射状态，以及可能引发的危害后果。这些构成要件“一个也不能少”，否则就偏离法律本意。也就是说，如果持没有杀伤力的仿真枪，只能按普通抢劫罪论处……法律并没有“持刀抢劫罪”，可见“持枪抢劫”罪具有特定目的，不能随意扩大其范围……只能先从源头修改法律，而不是随意对仿真枪抢劫严打严判。[2] 笔者基本认同否定说，但是，对于仿真枪、假枪也要作具体分析，如其杀伤力及危险性的有无及大小、发挥的是枪支本身的作用还是作为某一犯罪工具的作用、枪支的外形及对其他人的外感等。综合考虑以上因素，可将部分仿真枪或假枪视为“真枪”。

持枪抢劫的行为人的主观恶性大，对公民人身权利包括健康权、生命权的威胁也很大，具有严重的社会危害性，而且行为人的持枪行为本身往往已构成《刑法》第128条规定的非法持有枪支罪[3]。若行为人所持的枪支系非法制造、买卖、盗窃、抢夺、抢劫而来的，则不仅应追究其持枪抢劫的刑事责任，对其非法制造、买卖、盗窃、抢夺、抢劫枪支的行为也应认定为相应的犯罪，实行并罚。

（八）“抢劫军用物资或者抢险、救灾、救济物资”的理解

“抢劫军用物资或者抢险、救灾、救济物资”是由于犯罪对象的特殊从而加重其法定刑的。2013年2月26日，最高人民检察院、解放军总政治部印发《军人违反职责罪案件立案标准的规定》，该规定第38条规定：本规定中的“军用物资”，是除武器装备以外专供武装力量使用的各种物

[1] 王强军．“持假枪抢劫”应构成抢劫罪的加重情形［N］．检察日报，2008-5-26（3）．

[2] 陈爱和，王永刚．持仿真枪抢劫不能等同于“持枪抢劫”［N］．检察日报，2009-5-6（6）．

[3] “持枪”中的“持”不同于持有型犯罪的“持有”，持有型犯罪的“持有”是指违反刑法规定，故意对法定违禁品进行事实上或法律上支配、控制的行为，其表现形式多样。

资的统称，包括装备器材、军需物资、医疗物资、油料物资、营房物资等。这里的军用物资，是指除枪支、弹药、爆炸物以外的所有军事用品。抢劫枪支、弹药、爆炸物的，应当认定为《刑法》第127条规定的抢劫枪支、弹药、爆炸物罪。这里的抢险、救灾、救济物资，是指抢险、救灾、救济用途已经明确的物资，包括正处于保管、运输或者使用中的。刑法之所以对这些物资进行特殊保护，是因为如果这些物资在需要使用的时候一旦缺少，就有可能造成较大甚至巨大的损失。“抢险、救灾、救济物资”如果正在使用或者有可能在较短的时间内就要使用，其所体现的利益是重大的，值得刑法对之配置较高的法定刑进行特殊保护。但有学者认为，如果是平时所准备的“抢险、救灾、救济物资”以备急用，一般情况下在短时间内不可能使用的，不应属于抢劫罪中规定的的“抢险、救灾、救济物资”。

要指出的是，对于“救济”物资的范围要正确界定。例如，一部分社会救济所使用的物资，包括为希望工程捐献的图书、衣服，过年过节下发的一些慰问品等，不应视为这里的“救济”物资。

“抢劫军用物资或者抢险、救灾、救济物资”是否要求行为人主观上明知？一种观点认为，刑法规定上述物资为加重情节，只是因为其客观危害性更大，必须予以严惩，与行为人明知与否无关。大多数学者认为，必须以行为人明知是有这些特定用途的物资为成立条件，如果事前或者事中并不知道其特殊用途，则不能构成本项加重犯。笔者同意大多数学者的观点，对于抢劫军用物资或者抢险、救灾、救济物资的，必须查明行为人是否明知为这些物资而抢劫，如果行为人事前或者事中并不知道所抢劫的是这些物资，不属于这种情形，同时，这种明知不仅包括确定的明知，而且包括概括的明知。

三、抢劫罪罪数形态的认定

（一）抢劫罪与非罪的认定

抢劫罪是一种性质严重的犯罪，对于公民人身及公私财产安全具有极大的危害性。因此，我国刑法对抢劫罪在数额或情节上没有作限制性规定。但这并不意味着认定抢劫罪根本无须考虑财物的数额及犯罪情节。一般情况下，只要行为人实施了以暴力、胁迫或者其他方法劫取公私财物的行为，就要认定为犯罪。但是，如果使用轻微的威胁或者暴力，没有造成任何危害后果，抢少量财物的，不能按犯罪处理。

第一，抢劫罪是侵犯财产罪中危害性最大、性质最严重的犯罪，在一般情况下，凡是以非法占有为目的，用暴力、胁迫或者其他方法，强行夺取公私财物的行为，就具备了抢劫罪的基本特征，构成了抢劫罪。立法上没有抢劫的数额和情节的限制性规定。但是依照《刑法》第13条的规定，情节显著轻微危害不大的行为，不认为构成了抢劫罪。例如，青少年偶尔进行恶作剧式的抢劫，行为很有节制、数额极其有限，如强索少量财物，抢吃少量食品等，由于情节显著轻微，危害不大，属于一般违法行为，尚不构成抢劫罪。

第二，因为婚姻、家庭纠纷，一方抢回彩礼、陪嫁物，或者强行分割并拿走家庭共有财产的，即使抢回、拿走的份额多了，也属于民事、婚姻纠纷中处理方法不当的问题，不具有非法强占他人财物的目的，不构成抢劫罪。

第三，为子女离婚、出嫁女儿暴死等事情所激怒，而纠集亲友多人去砸毁对方家庭财物，抢吃粮菜鸡猪，属于婚姻家庭纠纷中的泄愤、报复行为，一般应做好调解工作，妥善处理，不要作为抢劫论处。

（二）抢劫罪与彼罪的认定

1. 转化的抢劫罪的认定

根据《刑法》第269条的规定，犯盗窃、诈骗、抢夺罪，为窝藏赃物、抗拒逮捕或者毁灭罪证而当场使用暴力或者以暴力相威胁，以抢劫罪定罪处罚。适用《刑法》第269条，应具备3个条件，行为人必须首先实施了盗窃、诈骗、抢夺行为，这是适用《刑法》第269条的前提条件。根据有关司法解释的精神，盗窃、诈骗、抢夺财物未达到数额较大，但为窝藏赃物、抗拒抓捕或者毁灭罪证而当场使用暴力或者以暴力相威胁，情节严重的，可以按照抢劫罪处罚；如果使用暴力或以暴力相威胁情节不严重、危害不大的，不认为是犯罪。适用《刑法》第269条，应该具备以下三个条件：

（1）被告人首先是实施了盗窃、诈骗或抢夺，这是适用第269条的前提条件。如果没有实施上述任何一种行为，就不发生适用第269条的问题。但对于条文上所说“犯盗窃、诈骗、抢夺罪”如何理解，看法有分歧。一种意见认为，盗窃、诈骗，抢夺行为必须达到已构成犯罪的程度，即非法取得财物的数额较大，才能适用本条来处理。否则，即使后来使用暴力，也不能按这条处理。笔者认为，对于《刑法》第269条上说的“犯盗窃、诈骗、抢夺罪”，应当从主观与客观的结合上去理解，即不仅考虑客观上是否达到了构成犯罪的数额较大的程度，而且要考虑行为人主观上具有犯盗窃、诈骗、抢夺罪的故意，即不是为了实施小偷小摸的行为。但是，不能说既使有犯盗窃、诈骗、抢夺罪的故意，只要客观上未达到数额较大的程度，就不能适用《刑法》第 269 条处理，因为本条所指的是一种行为性质的转化，是由盗窃、诈骗、抢夺转化为抢劫的。而按照刑法对抢劫罪的规定，立法者并没有强调定抢劫罪要数额较大，所以，对这类转化的案件，也不应强调必须是数额较大，才能向抢劫罪转化。根据有关司法解释，如果行为人实施盗窃、诈骗、抢夺行为，虽然未达到数额较大的标准，如果当场对财物的所有人、保管人或者经手人实施暴力或者以暴力相威胁，情节严重的，也可以以抢劫罪定罪处罚。

（2）在实施了盗窃、诈骗、抢夺之后，当场使用了暴力或者以暴力相威胁。实施暴力或者以暴力相威胁的当场性，是盗窃、诈骗、抢夺罪转化为抢劫罪的关键条件。当场是指正在作案的现场或者虽然离开了现场，但还处在被追赶中。在这种情况下，实施了暴力或以暴力相威胁，就认为是当场使用了暴力或以暴力相威胁。如果在作案后，在其他时间和地点实施了暴力或以暴力相威胁，就不应该按《刑法》第 269 条处理。这种暴力和威胁本身构成什么罪就按照《刑法》的规定定罪处理。

（3）实施暴力和威胁的目的，是为了窝藏赃物、抗拒抓捕或者毁灭罪证。这里的逮捕，不是指经法院决定或检察机关批准的由公安机关执行的逮捕。因为在一般情况下，正当犯罪分子在作案时，不可能事先准备好逮捕证。所以，这里的逮捕应当理解为一般的抓捕，包括群众对他的扭送在内。这里的窝藏赃物，通俗的解释，就是护住赃物，不让别人夺回去。毁灭罪证，就是为了毁灭自己犯罪的痕迹或者其他证据，而对别人实施暴力或以暴力相威胁。如果不是出于以上目的实施暴力或威胁，不能按《刑法》第 269 条处理。

2. 抢劫罪与故意杀人罪的界限

抢劫罪与故意杀人罪，是两个性质不同的犯罪。它们之间的主要区别在于：①客体要件不同。前者的客体是复杂客体，既侵犯了公私财产所有权，又侵害了公民的人身权利；后者的客体是单一客体，即公民的生命权。②犯罪目的不同。前者是为了非法占有公私财物，侵犯公民的人身权利，是非法占有公私财物的一种手段，二者之间存在目的与手段的内在联系；后者的犯罪目的，是非法剥夺他人的生命权利。由于这些区别的存在，在司法实践中，二者的界限一般是不会发生混淆的。但二者之间又存在一定的联系，这些联系表现在：

（1）抢劫罪虽然主要是侵犯公私财产的所有权，但同时又侵犯了公民的人身权利，而公民的人身权利包括公民的生命权。因此，抢劫罪的客体要件与故意杀人罪的客体要件间存在包容关系。

（2）抢劫罪的行为方式是暴力、胁迫或者其他方法，故意杀人罪的行为方式，可以是暴力的，也可以是非暴力的，因此，在犯罪的行为方式上，二者之间也存在交叉关系。

（3）抢劫罪一般是先使用暴力、胁迫或者其他方法，而后取得财物，使用暴力、劫取财物者是故意的；故意杀人罪，行为人杀人后，劫走被害人的财物的情况也是很常见的，其杀人、劫物也都是故意的。因此，在这方面二者也有相似之处。对抢劫杀人案件的定性，要根据案件的特点，具体案件具体分析，不能一概而论。从司法实践看，抢劫杀人案件主要有3种情况：

第一，先杀人后抢劫的案件，即事先只有非法剥夺他人生命的目的，而无抢劫他人财物的目的，抢劫财物是在杀人以后对其亲属实施的，或者杀人以后，见财临时起意又将其生前财物拿走的案件。基于杀人的故意，实施杀人的行为，构成故意杀人罪，后又基于非法占有被害人财物的故意，实施了抢劫的行为，构成抢劫罪或盗窃罪。这两个罪之间没有内在的牵连关系。类似这类案件，应定故意杀人罪和抢劫罪或盗窃罪，实行两罪并罚。

第二，在实施抢劫财物过程中先杀人后劫物的案件，即在抢劫财物过程中，先将财物的所有人、经管人杀死，剥夺其反抗能力，当场劫走其财物，杀人是劫走财物的必要手段的案件。虽杀人在先，劫取财物在后，但都发生在抢劫过程中，而且杀人是劫取财物的必要手段。因此，应定抢劫罪。行为人在抢劫过程中，由于遭到被害人的反抗，临时起意将被害人杀死，或者使用暴力，过失致被害人死亡的，应以抢劫罪论处。抢劫财物后，为了保护赃物、抗拒逮捕、毁灭罪证，当场又杀人的，其杀人行为在性质上属于呈延续状态的抢劫的一种手段行为，因而涵盖于一个刑法意义的抢劫行为之内，故应对其作为抢劫罪的一个法定加重情节认定和处罚。

第三，抢劫以后又杀人的案件，即为杀人灭口、报复或其他动机而杀死被害人。杀人灭口等行为，与抢劫没有内在联系，杀人并非劫得财物的手段，杀人行为也就不再是抢劫罪构成的一部分，因此是两个独立的犯罪，应分别定抢劫罪和故意杀人罪，实行两罪并罚。

根据上述分析，对于抢劫杀人案件的定性要把握两条界限：一是杀人是否发生在抢劫财物过程中；二是杀人是否是抢劫财物的必要手段，是否与非法占有公私财物之间存在目的与手段的内在联系。如果杀人行为发生在抢劫过程中，而且是抢劫财物的必要手段，应定抢劫罪；如果杀人行为发生在抢劫财物过程之外，或者虽与抢劫财物过程有联系，但与抢劫财物无内在联系，应定故意杀人罪。

3. 抢劫罪与绑架罪的界限

暴力抢劫与绑架在以下几个方面存在不同：①手段不同。抢劫是以暴力手段当场施加于被害人，暴力与谋财几乎同时发生，劫财在同一时间、同一地点；绑架罪则是以暴力手段绑架、扣押人质，如果其目的未达到，则会残害或杀死人质，是持续的暴力犯罪，勒索财物一般不具有“当场性”。②被害人不同。抢劫罪的被害人只限于在场人员，绑架罪的被害人包括人质和被勒索者或单位，存在“双重被害人”。③数额不同。抢劫罪当场劫财，能抢多少是多少，绑架罪则往往是勒索巨款，少数是其他非法要求。④主观方面不同。抢劫罪中，行为人一般出于非法占有他人财物的故意实施抢劫行为；绑架罪中，行为人既可能为勒索他人财物而实施绑架行为，也可能出于其他非经济目的实施绑架行为。总之，抢劫罪是当场施暴，立即劫财，绑架罪是绑架勒索，持续作案。在刑事审判实践中，被告人控制被害人并通过被害人向其家属索要钱财的情形比较复杂：有的是通过被害人转达勒赎请求，以使被害人亲属确信其被控制的事实并增加威慑力量；有的是明确要求被害人不能暴露其被控制的事实，使被害人家属误以为其因正当事由需要钱财而提供；有的是笼统要求被害人向其家属索要钱财，对于被害人以何种名义索要钱财并不在意。对此，必须区别情况，区别对待。前两种情形的结论比较明确，以是否胁迫第三人为标准，应分别以绑架罪和抢劫罪定性。对于第三种情形，由于被告人是否胁迫第三人处于不确定状态，可根据被害人与其家属的沟通情况视情定性：如果被害人告知家属其因人身被控制而要钱，则被告人构成绑架罪；如果被害人并未告知家属其人身被控制，即使被害人家属感知，在无证据证实被告人有明确的胁迫第三人的主观犯意和客观行为的情形下，应以抢劫罪定罪处罚。[1]

---

[1] 付鸣剑，牛克乾．本案构成抢劫罪还是绑架罪［N］．人民法院报，2010－11－18（7）．

根据最高人民法院《关于对在绑架过程中以暴力、胁迫等手段当场劫取被害人财物的行为如何适用法律问题的答复》，行为人在绑架过程中，又以暴力、胁迫等手段当场劫取被害人财物，构成犯罪的，择一重罪处罚。最高人民法院《关于审理抢劫、抢夺刑事案件适用法律若干问题的意见》规定："绑架过程中又当场劫取被害人随身携带财物的，同时触犯绑架罪和抢劫罪两罪名，应择一重罪定罪处罚。"

有学者认为，最高人民法院的上述答复解决了司法实践中这样一种情形：行为人出于绑架意图，对被绑架人采取暴力、胁迫或其他手段使被绑架人处于自己的控制下后，再一次采取暴力、胁迫等手段，当场劫取被害人的财物，后一次实施的采取暴力手段劫取被害人财物的行为构成犯罪的，在绑架罪和抢劫罪中择一重罪处罚。行为人在绑架过程中当场夺取被害人的财物，是行为人控制了被绑架人的人身自由后，从其身上夺走财物。行为人夺走财物前，并没有再次对被绑架人实施暴力行为，而是利用了被害人被绑架后处于不能反抗的情形夺取其财物，夺取财物的行为并不能构成抢劫罪。因此，最高人民法院答复的适用范围仅限于行为人实施的行为既构成绑架罪，同时还构成抢劫罪的情况，而不能适用于行为人在绑架期间夺取被害人的财物的情形。如果行为人公然夺取被害人随身携带的财物的情形构成抢夺罪，则对其应以绑架罪和抢夺罪数罪并罚。[1]

4. 抢劫罪与敲诈勒索罪的界限

抢劫罪，是指以非法占有为目的，以暴力、胁迫或者其他令被害人不能抗拒的方法，当场强行劫取公私财物的行为。敲诈勒索罪，是指以非法占有为目的，对被害人使用威胁或者要挟的方法，强行索取公私财物数额较大的行为。据此，抢劫罪和敲诈勒索罪具有如下区别：①行为的方法不同。抢劫罪的行为方法既可以是暴力，也可以是威胁，还可以是其他强制手段；敲诈勒索罪的行为方法则只能是威胁或者要挟。②威胁的内容不同。虽然抢劫罪的胁迫方法和敲诈勒索罪威胁、要挟方法，同属于精神强制方法，但是其内容还是有明显的差别。抢劫罪的胁迫只能是以实施暴力相威胁；敲诈勒索罪的威胁或者要挟则既可以是暴力威胁，也可以是以揭发隐私、毁人名誉相威胁，还可以是以毁坏财物、栽赃陷害、设置困境相威胁等内容。③威胁内容实现的时间、地点不同。抢劫罪必须是以当场实现威胁的内容相恐吓，敲诈勒索罪的威胁内容则不具备当场实现的特点。

[1] 李士德，张子勇．绑架期间夺取财物行为的认定［J］．中国检察官，2008（12）．

④威胁的效果不同。抢劫罪中的威胁，是为了使被害人当场受到精神强制，使其完全丧失反抗的意志，达到不能反抗的程度；敲诈勒索罪中的威胁，是为了使被害人产生恐惧感和压迫感，但是并没有达到使被害人不能反抗的地步，只是达到不敢反抗的程度。⑤索取财物的时间不同。抢劫罪具有当场实施暴力或者以暴力相威胁，当场劫取财物的特点；敲诈勒索罪则既可以是当场索取财物，也可以是日后取得财物。⑥对强索财物的数额要求不同。抢劫罪的成立对劫取财物的数额没有要求，敲诈勒索罪的成立则要求强索财物的数额较大。⑦犯罪对象不同。抢劫罪占有的财物只能是动产；敲诈勒索罪占有的财物可以是动产，也可以是不动产。⑧侵害的客体不同。抢劫罪除使用威胁手段外，还使用暴力或者其他方法，因而往往同时侵害了被害人的人身权利；敲诈勒索罪，不使用暴力或者“其他方法”，因而不侵害公民的人身权利。⑨主观故意的内容不同。抢劫罪故意的内容是抢劫；敲诈勒索罪故意的内容是敲诈勒索。

根据最高人民法院《关于审理抢劫、抢夺刑事案件适用法律若干问题的意见》规定，行为人冒充正在执行公务的人民警察“抓赌”“抓嫖”、没收赌资或者罚款的行为，构成犯罪的，以招摇撞骗罪从重处罚；在实施上述行为中使用暴力或暴力相威胁的，以抢劫罪定罪处罚。行为人冒充治安联防队员“抓赌”“抓嫖”、没收赌资或者罚款的行为，构成犯罪的，以敲诈勒索罪定罪处罚；在实施上述行为中使用暴力或暴力相威胁的，以抢劫罪定罪处罚。例如，齐某东伙同金某川、王某等人经预谋后，金某川穿警服，王某等穿治安队员制服，携带警棍、对讲机、手铐等作案工具，驾车来到一间小店。齐某东等见范某、文某夫妇等数人在店内打麻将，即以抓赌为由，喝令他们蹲下并进行搜身，抢走范某、文某夫妇现金约 4 200 元后离开。此后近 4 个月内，齐某东等人以上述同样手法作案 10 起，案涉金额 2 万多元。后该作案团伙成员相继被警方抓获，当场缴获警服、治安队员制服、治安巡逻头盔、警棍、手铐等作案工具及全部赃物、赃款。❶对此案的定性，有 3 种不同意见。第一种意见：齐某东等人假冒国家机关工作人员的身份进行诈骗，应定招摇撞骗罪。第二种意见：齐某东等人身穿警服，冒充警察，带着警棍、手铐等去抓赌，是利用受害人有“违法”行为，必须配合“警察执法”。使用搜身等行为，是为了证明他们是警察，不应视为对范某、文某实施了暴力行为，而应视为一种勒索财物的行为，

❶ 陈茂华，黄彩华．冒充警察搜身抢走财物应如何定罪［N］．人民法院报，2009-7-15（6）．

故应定敲诈勒索罪。第三种意见：齐某东等人以非法占有为目的，当场实施暴力相威胁，迫使范某、文某当场交出财物或夺走其财物，应定抢劫罪。笔者认为，招摇撞骗罪，是指为谋取非法利益，假冒国家机关工作人员的身份或职称进行诈骗，损害国家机关的威信及其正常活动的行为。招摇撞骗罪主观恶性一般限制在“骗”的范围，使被害人自愿愿地交出财物。本案中，范某、文某是被迫而不是自愿交出财物，故不应定为招摇撞骗罪。有意见认为，警察抓赌过程中必然会搜身，故冒充警察的被告人对被害人搜身，是基于警察的特定职权执法的一种诈骗手段，不应理解为暴力。笔者认为，只有司法机关拥有搜查权，其他任何机关、团体和个人无权对公民的人身、住宅进行搜查。警察对违法犯罪人员身体进行搜查应依法向被搜查人出示搜查证。只有在执行拘留、逮捕任务时，遇到紧急情况，侦查人员才可以不用搜查证进行搜查。对公民进行身体搜查应当持有搜查证，对妇女的搜查还应由女性工作人员进行。搜查的情况应当写成笔录，由侦查人员和被搜查人或其家属、邻居、其他见证人签名或盖章。本案被告人齐某东等人虽穿了警服，但没有出示警察执法的搜查证，就直接对受害人进行搜身并拿走钱财，应视为一种没有任何执法特征的直接侵犯范某、文某人身权利的暴力行为，而并非基于警察的特定职权执法的一种手段。因此，本案中，被告人进店后就逼被害人蹲下拿出钱财，并且采取搜身的手段拿走被害人钱财，其行为已完全符合抢劫罪的特征。综上，被告人齐某东等人身穿警服、治安队服，携带警棍、手铐等作案工具，到路边小店以抓赌为名抢走受害人的财物，不是利用人民警察的身份执法使受害人自愿地交出财物的招摇撞骗行为；也不是利用受害人打麻将违法来威胁索要公私财物的敲诈勒索行为；而是一种冒充警察当场实施威胁、暴力手段并当场取得财物的抢劫行为，故应定抢劫罪。

又如，甲（22 岁）、乙（30 岁）均属社会闲散人员。某日，甲打电话给乙，称其表弟在网吧被人抢劫，要去网吧找那个抢劫的人，并约定在某网吧见面。随后，甲、乙来到某网吧，甲未着制服，拿出一张制式的“某某市公安局经济开发区治安巡逻大队执勤证”，对正在上网的被害人丙说：“我们是某某派出所的，前两天有个抢劫的有点像你，现在带你去辨认一下。”之后，甲、乙将丙带上一辆的士车，在车上甲叫丙将身上的东西拿出来，丙即把身上的 115 元现金和 1 部手机（价值 675 元）交给甲和乙。甲、乙将丙带进另一网吧，然后甲佯装打电话叫人来辨认而走出网吧，趁机与乙一起逃离现场，所得赃款赃物共同消费。2007 年 1 月 6 日下午 3 时许，甲、乙又以同样的手段作案一次，获取现金 40 元和 1 部手机（价值 1 144元）。[1] 对甲、乙的行为如何定性，存在 3 种不同的意见。第一种意见认为，甲、乙在作案中向丙出示公安执勤证，并谎称系公安人员，该行为属冒充警察的行为；甲、乙又以丙与所谓的抢劫犯长相相似，带丙前去辨认为由，将丙带离现场并令丙交出财物，2 人的语言和行为对丙在精神上形成了强制，丙在此情形下是被迫交出财物，不同于招摇撞骗中受蒙骗自愿交出财物。甲、乙以非法占有为目的，冒充警察，采用胁迫手段强行索取他人财物，其行为符合抢劫罪的构成要件，并应按冒充军警人员抢劫的加重情节进行处罚。第二种意见认为，甲、乙在主观上具有谋取钱财的目的，客观上采取冒用警察执勤证件，假冒公安人员身份，谎称丙有抢劫嫌疑，欺骗丙主动交出财物，其行为侵犯了公安机关的形象、威信和社会公共秩序，构成了招摇撞骗罪。第三种意见认为，甲、乙以非法占有公私财物为目的，虽有冒充警察的行为，但主要是采用栽赃陷害的方式对丙进行要挟，迫使丙交出财物，其行为构成了敲诈勒索罪。笔者同意第三种意见，即甲、乙的行为应定敲诈勒索罪，理由如下：第一，甲、乙没有当场实施暴力、胁迫，丙的精神也没有受到完全强制。根据抢劫罪和敲诈勒索罪在客观方面的不同，可以得出甲、乙不构成抢劫罪的结论。首先，甲、乙没有对丙实施暴力威胁，而是以冒充警察栽赃陷害相要挟。在本案中，甲、乙自始至终没有针对丙的人身实施暴力威胁，只是以丙与抢劫犯长相相似，可能要受到法律的追究相要挟，给丙的心理造成一定的压力，迫使丙交出身上的财物，故不符合抢劫罪以暴力手段取得财物的特征。其次，甲、乙威胁的内容不是在当场予以实施，而是在将来可能会实施。甲、乙自称派出所的公安人员，认为丙像抢劫犯，要将丙带走进行辨认，这一系列话语对丙的心理是一种威胁，其威胁的内容是丙可能涉嫌犯罪，可能受到法律追究。但丙是否涉嫌犯罪，是否会受到法律追究不能在当场实现，而是将来得到查证后可能会出现的结果，因此，甲、乙的行为不符合抢劫罪将威胁的内容当场予以实施的特征。再次，在甲、乙没有对丙实施暴力威胁或者其他人身强制行为的情况下，丙既可以拒绝甲、乙的要求，也可以向的士司机求助。丙只是因为突然遭到甲、乙的盘问并被带离现场，感到害怕而被迫交付财物，因此，其精神并非完全受到强制，也未达到不能反抗的程度，即丙在决定是否交付财物上尚有考虑和选择的余地。由于

---

[1] 尹驰．对一起冒充警察谋取钱财案件的定性探讨［J］．时代人物，2008（5）．

甲、乙没有实施明显的暴力行为，也没有当场实施威胁的内容，又没有使被害人受到精神强制达到完全丧失反抗意志的程度，因此本案不应认定为抢劫罪。第二，丙没有“自愿”处分财产的行为。区分招摇撞骗罪与敲诈勒索罪的关键是被害人是否有“自愿”处分财产的行为。本案中甲、乙虽有假冒警察身份，虚构丙与所谓的抢劫犯长相相似的行为，但甲未着警服，也未出示工作证件，只是拿出一张制式的“执勤证”宣称自己是公安派出所的，不足以让被害人相信其警察的身份而主动交出财物，这与假冒警察身份行骗有明显区别。甲、乙取得财物的主要手段是以栽赃陷害相要挟，迫使丙交出财物。丙明知自己没有抢劫，主要是害怕甲、乙将其当做抢劫嫌疑人对待，故在甲的勒令下不自愿地将身上的财物交出。因此甲、乙的行为不符合招摇撞骗罪的构成要件。第三，甲、乙的行为构成敲诈勒索罪。本案中甲、乙明知实施要挟而索取他人财产的行为会引起他人丧失数额较大的财物的危害结果，却决意实施这一行为并希望非法占有数额较大的财物，符合敲诈勒索罪的主观特征。该罪客观方面表现为对被害人实施威胁或者要挟的方法，迫使其交付数额较大的公私财物并实际占有的行为。本案中甲冒充警察以丙与所谓的抢劫犯长相相似相要挟，给予丙心理上的强制，使其不敢反抗，迫使丙交付财物并非法占有，符合敲诈勒索罪客观方面的构成要件。敲诈勒索罪侵犯的客体为复杂客体，不仅侵犯了公私财产所有权，还侵害到他人的人身权利或者其他权益。本案甲、乙不仅非法占有他人的财物，而且采用要挟的方法造成他人心理上的恐惧和精神上的强制，同时侵犯了他人的人身权利。综上，甲、乙的行为符合敲诈勒索罪的构成要件，应认定为敲诈勒索罪。

还如，黄某听说王某平时送货时会顺便偷着运输一些国家保护野生动物出售，便想着王某自知运输国家保护野生动物违法，故自己在其运送时即使“明抢”，王某也不敢报警，遂打起了冒充军警“黑吃黑”的主意。黄某将自己的想法告诉了几个平时总和他在一起喝酒的朋友，大家一拍即合。于是，他们买来伪造的警服、迷彩服，还找人将货车喷涂上“执法”等字样，一切准备就绪。2011 年 2 月 23 日，黄某伙同几名男子身着假警服，驾驶假警车，在王某平时送货的必经之路等待王某，遇到王某后，黄某用车上的喇叭喝令王某停车，王某将车停下，黄某与另外几名男子就假装要查车。王某自知自己运输国家保护野生动物属违法行为，便上前说好话，不让黄某等人查车，黄某佯装若不让查车，就要“抓”人“回去调查”，王某见要抓自己回去调查，吓得弃车逃跑。黄某等人从而劫得这些珍贵野生动物并得以出售。[1] 此案有不同的争议：第一种观点认为：行为人身着假警服、驾驶假警车，在王某运输货物的过程中，冒充军警人员查车，并声称若不让查车，就要“抓”人“回去调查”，其行为已达到普通抢劫罪所要求的“暴力、胁迫”的程度，并使被害人王某由此行为产生畏惧，从而弃车逃跑，行为人最终达到对他人财物非法占有的目的，故行为人的行为应属于冒充军警人员抢劫。第二种观点认为：行为人虽冒充了军警人员意图“黑吃黑”，但在这过程中，行为人并未使用暴力、胁迫等方式，仅是口头上吓唬了几句，被害人就弃车逃走，其行为连基本的抢劫罪都够不上，更不能算是抢劫罪的加重情节。此行为应构成敲诈勒索罪，其冒充军警人员的行为作为从重处罚的情节。第三种观点认为，《刑法》第263条规定，“以暴力、胁迫或者其他方法”，冒充军警人员抢劫属“其他方法”，也就是说有了冒充军警人员的行为不需要使用暴力、胁迫方式就已达到普通抢劫罪的强度，即行为人只要冒充军警人员，且目的是抢劫，不需要行为人的行为达到暴力、胁迫的程度，其行为就应认定为冒充军警人员抢劫。此观点虽在结论上与第一种观点相同，但在理由上却完全不同。笔者认为，本案中的黄某等人虽身着假警服，驾驶假警车，在王某平时的必经之路等待其通过时进行拦截，并佯装要求查车，扬言若王某不让查车，便“抓”人“回去调查”，但黄某等人期间并未使用暴力，也没有采取任何抑制王某反抗的行为，或使王某不能反抗的手段。在整个过程中，一方面，黄某等人仅是因王某自知其从事违法行为，而交出财物，在被害人王某看来，对方也是警方在正常地办案，并未因此而损害军警人员的形象；另一方面，行为人黄某等人的行为并未达到抢劫罪的暴力、胁迫程度。从主观方面来看，黄某等人虽有非法占有他人财物之目的；但从客观方面来看，黄某等人并未使用暴力、胁迫等手段。故黄某等人的行为不能构成抢劫罪，更不能适用冒充军警人员抢劫加重情节，应认定为敲诈勒索罪更加妥当。

如果行为人冒充军警人员利用“执行公务”对被害人进行敲诈勒索未遂，可能产生犯意转化成抢劫。例如，一无业人员甲听一外地的朋友说他们单位同事乙正在为儿子考军校的事犯愁，于是就设法从朋友口中问出了乙的住址等情况，然后买了身假军装，并伪造了相关证件，几天后来到乙家，说自己是某军校的招生干部，如果给他3万块钱，可以为乙的儿子办

---

[1] 刘晓佳．论冒充军警人员抢劫的法律适用［D］．沈阳：辽宁大学，2011：12.

理军校入学手续。但乙的儿子前一天刚收到了那所军校的录取通知书，于是乙就拒绝了甲的要求。甲一计不成又生一计，就威胁乙说："我是专门为你儿子的事来的，这一趟不能白跑，你得给我 2 000 块钱路费，否则你儿子到学校，我有他好看的。"乙认为甲并不认识自己的儿子，不可能对儿子构成威胁，于是仍不理睬甲的要求，并让甲离开。甲见乙家没有旁人，就怒目圆睁、扬着拳头说："我不能白跑，今天你必须给我 2 000 块钱，否则我就不客气了。"乙自认为不是甲的敌手，怕受到伤害，就给了甲 2 000 块钱，甲欣然离开。此案涉及了冒充军人招摇撞骗、敲诈勒索、冒充军人抢劫 3 个主观罪过的转化，行为人最初欲实施冒充军人招摇撞骗，在未遂的情况下转化为敲诈勒索，敲诈勒索不成又转化为冒充军人抢劫，整个案件自始至终，行为人的假军人身份都没有被被害人识破，故应将行为人按照冒充军人招摇撞骗罪、敲诈勒索罪、抢劫罪（冒充军警人员抢劫）进行数罪并罚。

四、抢劫罪犯罪既遂与未遂的界限

某公安边防总队海警一支队接到渔民举报，附近海域有大批小渔船正在抢劫 1 艘渔船。海警立刻前往事发现场，发现 7 艘小渔船 10 多人手持砍刀、长茅、铁叉等凶器，抢劫"粤阳西 31149"渔船作业渔网里的渔货。海警官兵在高音喇叭警告和鸣枪警告无效的情况下，用高压水炮对哄抢渔船进行冲击，20 多分钟后，成功控制了实施抢劫的 7 艘小渔船，船上 15 名涉案人员束手就擒。据了解，被抢的"粤阳西 31149"号渔船被砍破渔网 10 多张，损失 10 多万元。被抓获的 15 名涉嫌海上抢劫人员年龄最大的 59 岁，最小的才 12 岁，均系临高县某村渔民，他们长期在该海域从事团伙抢劫过往的外省捕捞渔船活动，严重干扰了北部湾正常的渔业生产秩序，也扰乱了海上治安环境。本案中，海上抢劫渔货的犯罪嫌疑人被抓获，符合刑事责任年龄的犯罪嫌疑人的抢劫行为构成了犯罪未遂。又如，60 岁老人魏某报案称，其被一个叫金某的男子以介绍婚姻为由骗至树林内，金某持刀抢走其 1 张身份证和 1 张有 1 万余元的银行卡。同时，金某恐吓称如取款未果，将再次找回老人魏某。接到报警后，该所民警迅速赶往现场展开侦查。通过对发案现场的研究分析及老人供述给金某的是错误密码的实际，加之魏某有金某的联系方式，民警勾画出犯罪嫌疑人的体貌特征和犯罪心理，推断犯罪嫌疑人将会再次联系魏某。对此，民警果断决定采取"引蛇出洞"的方法，安排受害人魏某不定期联系金某。果不其然，嫌疑人金某打来电话威胁索取银行密码。对此，民警嘱咐受害人保持稳重，拖住嫌疑人，并要求嫌疑人到营盘镇街上的碰头，告诉其密码。随后，该所立即部署警力成功将嫌疑人抓获，当场收缴了抢劫使用的刀具及受害人魏某的身份证和银行卡。本案中，犯罪嫌疑人金某构成抢劫罪未遂。关于抢劫罪既遂与未遂的区分标准，是法学界和司法实践中争论的一个重要问题。主要有以下几种观点：

（1）财产控制论或财物占有说。这种观点认为抢劫罪属于侵犯财产罪，因此，应当和其他侵财犯罪一样，以行为人是否取得财物为既遂与未遂的标准。

（2）人身侵犯论或侵犯认识权利说。这种观点认为抢劫罪是复杂客体，不仅侵犯财产权利，而且侵犯人身权利。因此，不论财物是否到手，只要侵犯了被害人的人身权利，就是抢劫既遂。既未抢到财物又未造成人身伤害的，才可认定为抢劫未遂。

（3）区别对待论。这种观点认为，抢劫罪是双重客体，应根据刑法的规定分别而论，在不同的情况下以不同的标准区分既遂与未遂。属于基本罪状及轻刑级别的，以行为人是否实际占有公私则物为标准。但具有第263条规定的8种情节之一的抢劫罪，是加重构成的抢劫罪。后者又区分为两种不同观点：其一认为，只要抢劫行为具有其中任何一种加重情节，无论财物是否到手都应视为抢劫既遂；其二认为，抢劫致人重伤、死亡的，是结果加重犯，不存在未遂问题；情节加重犯则仍然以是否抢得财物作为区分既遂与未遂的标准。

（4）结合犯区别对待说。该观点认为，应以是否属于结合犯而对既遂与未遂的区分掌握不同的标准。抢劫罪前半段的轻伤和后半段的致人重伤、死亡的情况是结合犯，其他则不是结合犯。对属于结合犯的抢劫罪，抢夺财物行为本身有可能未得逞，但不论是否抢夺到财物，只要侵犯人身的行为构成了独立罪名，均应以抢劫罪既遂论；对不属于结合犯的抢劫罪，应以是否取得财物为既遂与未遂区别的标准。

（5）法益衡平且区别说。2005年最高人民法院《关于审理抢劫、抢夺刑事案件适用法律若干问题的意见》第10条规定：“抢劫罪侵犯的是复杂客体，既侵犯财产权利又侵犯人身权利，具备劫取财物或者造成他人轻伤以上后果两者之一的，均属抢劫既遂；既未劫取财物，又未造成他人人身伤害后果的，属抢劫未遂。据此，刑法第二百六十三条规定的8种处罚情节中除‘抢劫致人重伤、死亡的’这一结果加重情节之外，其余7种处罚情节同样存在既遂、未遂问题，其中属抢劫未遂的，应当根据刑法关于加重情节的法定刑规定，结合未遂犯的处理原则量刑。”可见该解释认为抢劫罪是双重客体犯罪，应当在不同的情况下以不同标准区分既遂和未遂。这里提出了以犯罪客体为理论依据，以轻伤以上的结果为实践标准的新标准。由此可以看出最高人民法院偏向于以抢劫罪的所谓犯罪客体作为区分抢劫罪既遂、未遂的主要标准，并以是否造成人体伤害为辅助依据。[1] 上述司法解释出台后，学界对该认定标准存在反对和肯定两种观点。

笔者认为，区分抢劫罪的既遂与未遂，应当以抢劫罪的犯罪构成要件是否具备，即法定的犯罪结果是否已经造成为标准。抢劫罪的犯罪构成有基本的和加重的两种形态，因而，其既遂、未遂标准应分别考察。

第一，当犯罪事实属于基本的犯罪构成时，以行为人所实施的行为是否取得财物或对他人造成伤害结果为标准。那种认为“虽然抢劫行为侵犯人身权利和财产权利，但是，刑法将它规定为侵犯财产罪，表明其主要客体是财产权利，侵犯人身只是占有财物的手段。因此，不能以人身权利是否被侵犯为标准”的观点是值得商榷的。就《刑法》第 263 条第 1 款规定的抢劫罪的基本构成而言，抢劫罪的既遂，具体应包括：其一，既劫取财物又造成他人轻伤以上后果，构成抢劫罪既遂。其二，只要最终取得财物，则不论对人身伤害造成何种后果，可以是轻伤以上（包括重伤、死亡），也可以是轻微伤害甚至可以仅仅是不造成任何人身实质性伤害的威胁行为，均构成抢劫罪的既遂。其三，只要造成他人轻伤以上后果的，则无论最终是否取得财物，均构成抢劫罪的既遂。正因为此，所以《刑法》第 263 条规定的“抢劫致人重伤、死亡的”不存在未遂。同样只要抢劫致人重伤或死亡的结果出现，也无须考虑是否劫取财物，抢劫罪就是既遂，而且适用结果加重的量刑幅度。

第二，对于具有《刑法》第 263 条规定的 8 种情形之一的抢劫罪，属于结果加重犯和情节加重犯。“抢劫致人重伤、死亡的”，是《刑法》第 263 条第 2 款的结果加重犯。按一般观点，结果加重犯是不存在未遂的，也就是说，只要实施了抢劫行为，并且已经造成了重伤、死亡的结果，就完全具备了该规定的全部要件，应视为犯罪既遂，至于财物是否抢到手，

[1] 杨兴培．抢劫罪既遂、未遂的司法解释质疑［J］．政法论坛，2007（6）．

不影响既遂的构成；❶ 在没有产生加重结果的情况下，就应当按照抢劫罪一般情节来区分抢劫行为的既遂与未遂。其余 7 种情节加重又可以分为场所或地点加重、对象加重、次数、数额加重和手段加重，这 7 种情节加重存在既遂、未遂形态。在抢劫罪情节加重犯的既遂与未遂的区分中，只要没有产生轻伤以上结果的，都应当以是否抢得财产作为标准，没有抢到财产的，是情节加重犯的未遂，抢到财产的，就构成情节加重犯的既遂。也就是说，对于抢劫罪情节加重犯的既遂未遂问题仍应结合普通抢劫罪既遂未遂的成立标准去界定。那种认为“当行为人的行为属于本条所规定的加重情节之一时，已具备加重形态的全部要件，无论行为人是否抢到财物，应是犯罪既遂”的观点是不可取的。

窃取部分财物之后被人发现，又接着采用暴力、胁迫手段强取，也构成抢劫罪，这种抢劫是“突变抢劫”，同事后抢劫罪有相似之处，但事后抢劫是为了防止被抓捕或被夺回财物而实施暴力、胁迫行为的。“突变抢劫”则往往在采用暴力、胁迫后，又有进一步的夺取财物的行为，德日刑法理论认为，开始的行为构成盗窃罪，后来的行为成立抢劫既遂，后者吸收前者。这种“突变抢劫”也同样是以实施暴力、胁迫行为时为着手时期，以进一步取得财物为既遂的标志。但是，如果窃取财物被人发现后，又实施暴力、胁迫行为，想要夺取财物，而未能进一步夺取到财物，这是抢劫既遂还是未遂？在日本刑法理论界，肯定与否定两种观点都有。❷ 笔者认为，应该认为是抢劫未遂，因为取得财物只是盗窃行为的结果，与暴力、胁迫行为并没有因果关系，仅有暴力、胁迫行为，而没有在此基础上夺取到财物，仍然只能视之为抢劫未遂。

第二节　盗窃罪

一、盗窃罪的概念和犯罪构成

《刑法修正案（八）》第 39 条规定：将刑法第 264 条修改为：“盗窃公

---

❶ 在我国，关于抢劫致人重伤、死亡的既遂与未遂，除司法解释所持的无未遂的立场外，还有取财标准说、死伤结果发生说、基本犯既遂结果加重犯未遂与基本犯未遂结果加重犯既遂说。有学者认为，抢劫致人重伤、死亡存在基本犯未遂与加重犯未遂两种未遂犯情形。司法解释的错误在于，将抢劫致人重伤、死亡的未遂与抢劫致人重伤、死亡的处罚混为一谈。是否存在未遂，与之后如何处刑，是相关却又不同的问题。陈洪兵．论“抢劫致人重伤、死亡”［J］．法学论坛，2013（5）．

❷ 刘明祥．财产犯罪比较研究［M］．北京：中国政法大学出版社，2001：131．

私财物，数额较大的，或者多次盗窃、入户盗窃、携带凶器盗窃、扒窃的，处三年以下有期徒刑、拘役或者管制，并处或者单处罚金；数额巨大或者有其他严重情节的，处三年以上十年以下有期徒刑，并处罚金；数额特别巨大或者有其他特别严重情节的，处十年以上有期徒刑或者无期徒刑，并处罚金或者没收财产。”

盗窃罪，是指以非法占有为目的，秘密窃取数额较大的公私财物或者多次盗窃、入户盗窃、携带凶器盗窃、扒窃公私财物的行为。

本罪侵犯的客体是公私财产的所有权。犯罪对象是公私所有的各种有价值的财物，但是，刑法另有规定的，依照规定（如盗窃商业秘密的，不以盗窃罪论处，在符合侵犯商业秘密罪的其他构成要件时，以侵犯商业秘密罪论处）。作为盗窃对象的财物，包括动产；有体物、无体物（如电力、煤气、天然气、热能等）；公共财产、个人财产。例如，甲公司的KAICHENG号货船满载旧金属从日本航行至宁波，并于当晚在宁波港七里屿锚地休整等待进港。锚泊期间，船主张某与岸上同伙取得联系后，在深夜利用小船将18吨旧金属偷运上岸，销售后获得近10万元赃款。次日，甲公司卸货验收时发现货物数量不对，遂报警。接警后，警方迅速锁定张某等11人为犯罪嫌疑人。经过思想教育和引导，其中5名犯罪嫌疑人自首，另6名犯罪嫌疑人潜逃，后被抓获。本案中的18吨旧金属显然是动产、有体物。盗窃本人已被司法机关等依法扣押的财物、或已交付他人合法持有的本人财物，均可构成本罪侵犯的对象。根据《刑法》第265条规定，他人通信线路、他人电信码号，是一种特殊的盗窃对象。以牟利为目的，盗接他人通信线路，复制他人电信码号，或明知是盗接、复制的电信设备、设施而使用的，以盗窃罪定罪处罚。根据《刑法》第196条的规定，盗窃信用卡并使用的，以盗窃罪定罪处罚。根据《刑法》第210条的规定，盗窃增值税专用发票或者可以用于骗取出口退税、抵扣税款的其他发票的，依照盗窃罪的规定定罪处罚。偷拿自己家的财物或者近亲属的财物，一般可不按犯罪处理；对确有追究刑事责任必要的，处罚时也应与在社会上作案的有所区别。窃取本人已被依法扣押的财物的，或者偷回本人已交付他人合法持有或者保管的财物，以致他人因负赔偿责任而遭受财产损失的，以盗窃罪论处。刑法所特殊保护的物品不能成为盗窃罪的对象，如武器弹药、古文化遗址、古墓葬等，盗窃上述物品的，应作为其他犯罪处理。根据最高人民法院、最高人民检察院《关于办理盗窃刑事案件适用法律若干问题的解释》的规定：“盗窃毒品等违禁品，应当按照盗窃罪处理的，根据情节轻重量刑。”

本罪在客观方面表现为秘密窃取数额较大的公私财物或者多次盗窃、入户盗窃、携带凶器盗窃、扒窃公私财物的行为。

秘密窃取，是指行为人采取自认为不会被财物的所有人、保管人、经手人察觉的方法，将财物非法占有的行为。根据财物的形体不同，盗窃财物有3种形式：其一，对可移动之物，秘密转移到自己控制之下；其二，通过传输系统加以使用和消耗；其三，盗接他人通信线路，复制他人电信号码或者明知是盗接、复制的电信设备、设施而使用。根据最高人民法院《关于审理扰乱电信市场管理秩序案件具体应用法律若干问题的解释》第8条的规定，盗用他人公共信息网络上网账号、密码上网，造成他人电信资费损失数额较大的，依照《刑法》第264条的规定，以盗窃罪定罪处罚。秘密窃取具有主观性、相对性和一贯性的特点。“主观性”是指行为人主观上自认为是在秘密窃取，既使客观上已被他人发觉或注视，不影响盗窃性质的认定。“相对性”指秘密窃取是相对于财物所有人、保管人、经手人而言的。在秘密窃取财物时既使被他人发觉或暗中注视，不影响盗窃罪的成立。“一贯性”是指秘密窃取贯穿整个行为的始终。如果在窃取时遇到了被害人的抵抗而改用暴力，犯罪的性质就由盗窃罪转化为抢劫罪。秘密窃取，可以是被害人不在场时实施；也可以是物主在场，乘其不备时实施。秘密窃取的方式是多种多样的，常见的有撬门破锁、翻墙入院、扒窃掏包、顺手牵羊等。这些窃取方式的共同特点是，随着窃取行为的实施，被窃财物在空间上发生位置移动。较为少见的是利用电子计算机、照相器材、复印机等手段实施盗窃行为。这些窃取方式，与前述的方式不同，可以在不取走原物的情况下达到窃取财物的目的。例如，5位渔船船长到海警二支队报警称，他们的5艘渔船在作业时相继被盗176张三层流刺渔网，价值约11万元。接警后，海警二支队经过近1个月的艰苦努力和缜密侦查，成功抓获犯罪嫌疑人周某军、桂某勋。经查：周某军、桂某勋等人驾驶琼临高02256号渔船从三亚港前往514渔区撒网作业，但渔货收获甚少。便商议盗窃渔网以弥补损失，驶船至邻近的537渔区，组织指挥船员两次秘密盗取三层流刺渔网共46张，后返回三亚港将渔网交由周某军的妻子黄某芬变卖。黄某芬将以为是捡到的渔网裁剪后卖给苏某寿夫妇，苏某寿夫妇再转卖给林某。黄某芬根据周某军的要求，按每人每张渔网报酬5元的标准，付给船员每人230元酬劳。4月24日，周某军、其子周某松和桂某勋将所盗渔网裁剪后剩下的浮子、铅块和少量起网绳搬上了桂某勋的琼临高 04001 号渔船，由桂运回临高准备用于织造新网，大部分起网绳则被周某军混杂藏匿在其琼临高 02256 号渔船舱内。上述赃物后被民警搜获，价值约 2 万元。经审讯，周某军、桂某勋对以上犯罪事实供认不讳。这是全国边防海警部队成功运用 2007 年《公安机关海上执法规定》破获的首起海上盗窃渔网案。[1]

盗窃数额是指行为人窃取的公私财物的数额。根据 2013 年最高人民法院、最高人民检察院《关于办理盗窃刑事案件适用法律若干问题的解释》的规定，数额较大，是指盗窃公私财物价值人民币 1 000 ~ 3 000 元以上，各省、自治区、直辖市高级人民法院、人民检察院可以根据本地区经济发展状况，并考虑社会治安状况，在解释规定的数额幅度内，确定本地区执行的具体数额标准，报最高人民法院、最高人民检察院批准。特殊情况下，盗窃公私财物，具有下列情形之一的，"数额较大"的标准可以按照解释规定的标准的 50% 确定。盗窃国有馆藏一般文物，应当认定为"数额较大"。计算被盗财物的数额，应指被盗的直接损失数额，不包括间接损失数额，也不是指盗窃犯销赃所得的数额。关于计算财物的价格，应当按照作案时间和地点的国家主管部门核定的国营商业的零售价格计算，不是盗窃犯低价销赃的价格。但是，应当指出，被盗的财物有各种不同性质和特点，一般应当按质论价。就是说，盗窃商品和尚未使用的物资，应按上述零售价格计算；属于残次品，应按残次品的价格计算；属于下脚料，应按下角料的价格计算；属于应当折旧的物资，应当按折旧以后的价额计算。价格不明或者价格难以确定的物品，应委托有关主管部门，按照被盗物的实际情况估价。盗窃货币或外汇兑换券，其数额应以票面数额计算。例如，1999 年 3 月份，陈某等人合伙出资 95 万元从泉州石狮购买了"源达 8 号"船，将该船挂靠在连江县黄岐海运公司，从事油料运输。由于经营不善，"源达 8 号"一直都处于亏损状态，为了能扭亏为盈，陈某等人打起了"歪主意"。2006 年 4 月份，陈某与周某将污油舱与船头左边第一个货油舱之间的连接管道打通，并安装了两个阀门，控制油料进出货油舱和污油舱。2007 年 2 月 6 日，福建省边防总队雇用该船运输油料。陈某和周某等人利用事先改好的连接管道，偷偷抽取 12. 1 吨油料到污油舱内储存起来。该船返回黄岐后，周某等人将这些柴油卖出，获赃款 5 万多元。同

---

[1] 海南海警部队海上执法　南中国海上筑起钢铁长城［J/OL］. http：//www. hi. chinanews. com/news/2008 - 12 - 15/1607. html.

年 8 月 23 日，该船再次受雇于福建省边防总队运油，周某等人又一次采取同样手法从中窃取了价值约 9 万多元的油料。8 月 28 日该船返回黄岐后，准备将这些油料卖出时，被黄岐边防所当场查获。检察院以涉嫌盗窃罪对两“油耗子”进行批捕。[1] 本案中的盗窃数额，已超出了数额较大的标准，无疑符合盗窃罪的数额要求。

本罪的主体是一般主体，即年满 16 周岁、具有刑事责任能力的自然人。行为人包括中国人和外国人、无国籍人。例如，渔民何某像往常一样驾驶渔船打鱼。深夜，何某发现距离他的渔船 10 米远处停泊着一艘木质渔船，船上的 3 名男子正在用带钩的竹竿将他傍晚撒下的渔网往自己的渔船上拉。何某立即打开强光手电筒向窃贼照去。这伙窃贼慌张启动发动机逃向深海。何某发现木质渔船是常见的越南渔船。次日清晨，在整理完剩下的渔网后，何某驾着渔船往家里赶。途中遇到在我国海域逗留的昨晚 3 个窃贼驾驶的越南渔船。遂报警。海警支队调遣摩托艇赶往事发海域进行围捕，根据受害人提供的线索，执勤官兵很快在我国海域发现了目标渔船。遂将犯罪嫌疑人制服，在船舱内搜出窃贼还没有来得及处理的渔网近 60 张、2 把用来作案的工具剪刀和 1 根一头带钩的竹竿。经审讯，这伙窃贼以裴某为头目，召集了同村的黄某、吴某共 3 名成员，他们均是越南籍渔民。这伙窃贼潜入中国境内偷盗渔民的渔网拿回越南国内卖给别人。由于涉嫌偷越国（边）境和盗窃渔网，裴某等 3 名外籍犯罪嫌疑人被中国警方依法刑事拘留。11 月 23 日，广西边防总队海警第二支队举行海上盗窃赃物返还交接仪式，将追缴的 69 张价值 2 万多元渔网悉数归还给 5 名渔民。[2] 本案中，实施盗窃的犯罪嫌疑人皆为越南国籍人。2013 年最高人民法院、最高人民检察院《关于办理盗窃刑事案件适用法律若干问题的解释》第 13 条规定：“单位组织、指使盗窃，符合刑法第二百六十四条及本解释有关规定的，以盗窃罪追究组织者、指使者、直接实施者的刑事责任。”根据刑法的规定，邮政工作人员私自开拆邮件而窃取财物的，以盗窃罪论处，从重处罚。

本罪在主观方面是故意，并且以非法占有为目的。具有非法占有的目的，其中包括转归自己或第三者占有。误把公私财物当做自己的财物拿走，或者私自将他人物品拿走，用完即归还的，不构成盗窃罪。至于行为

---

[1] 余峰．“油耗子”改装运油船偷油被批捕［N］．中国水运报，2007－10－17（4）．

[2] 黄治宇，石佰华，刘家威．妄想不劳而获　最终黄粱梦碎［N］．边防警察报，2012－12－8（4）．

人将公私财物非法占为己有后如何处置，是据为己有，还是赠予他人，甚至是归集体非法占有的，不影响盗窃罪的成立。例如，公安海警部队承担海上执法职能以来，海警二支队陆续接到宁波港外锚地废旧金属材料运输船舶频繁被盗的报警，但是盗窃团伙作案隐蔽，并且海上抓捕难度大。海警二支队成立了专案组进行海上排查，通过数月广泛走访和秘密监控，以王某为首的海上盗窃团伙逐渐浮出水面。随着对盗窃团伙作案情况的深入掌握，2008 年 7 月 17 日凌晨，海警二支队决定拉网，根据预案组织了 80 余名官兵、一艘海警艇、一艘大吃摩托艇在宁波港内外蹲点设伏，展开专项打击行动。在抓捕过程中，意外发现在以王某为首的团伙盗窃作案的同时，另一盗窃团伙也在附近海域驾船作案。支队果断调整作战部署，在确保原定行动计划不受干扰的前提下，紧急调遣驻舟山的海警艇参战。此路海警通过海上监控组的引导，巧妙利用时间差和空间差，在盗窃团伙作案得手返航途中实施抓捕，抓获 10 名盗窃嫌疑人，查扣运输船 1 艘，缴获赃物铜、铝、不锈钢等废旧金属材料 1.66 吨。随后，以王某为首的盗窃团伙在作案后返航途经设伏地点时也被一举擒获，抓获犯罪嫌疑人 7 名，查扣运输船 1 艘、岸上前来接货车辆 2 辆，缴获赃物铜、铝、不锈钢等废旧金属材料 2.7 吨。[1] 显然，本案行为人都是以非法占有为目的盗窃废旧金属材料。

二、盗窃罪犯罪构成要件的理解

（一）“多次盗窃”的认定

渔民刘某、马某和朱某 3 人在营口鲅鱼圈附近海域所下的地笼网具多次被盗，经济损失高达 10 万余元。辽宁海警一支队抽调精干警力组成专案组，全力开展侦查。办案人员秘密前往大连、营口、葫芦岛等地的渔港码头开展细致摸排。随即，一个以徐某为首，沈某、刘某等人共同参与的犯罪团伙逐渐浮出水面。根据掌握的线索，专案组成员研究制定了周密的抓捕方案，于 8 月 7 日晚在盖州市仙人岛码头将这个团伙成功控制，并在其盗窃使用的渔船上现场搜出地笼网具 3 300 个，铁锚 114 口。经初查，徐某几人心存侥幸心理，对盗窃的违法事实拒不承认，再加上作业地笼网具及铁锚种类繁杂、购买渠道众多，失主一时难以确认，侦查工作一度陷入僵局。随即，专案组召开案情分析会，决定将办案人员兵分两路，一路继

---

[1] 吴张军，陈勇. 浙江海警二支队连端两大海上盗窃团伙［N］. 人民公安报，2008 -7 -28（7）.

续对4名犯罪嫌疑人进行政策攻心，细致调查取证；另一路前往连云港、唐山、葫芦岛、锦州等地调查取证，对查获的地笼网具及铁锚的来源、特征、型号及其唯一性组织进行辨认和指认，从而积累了大量人证、物证。最终，在铁证面前，4名犯罪嫌疑人对其多次盗取他人地笼网具的犯罪事实供认不讳。

多次盗窃，根据1998年最高人民法院《关于审理盗窃案件具体应用法律若干问题的解释》的规定和2010年最高人民法院《人民法院量刑指导意见（试行)》的表述，是指1年内入户盗窃或者在公共场所扒窃3次以上。由于《刑法修正案（八)》对《刑法》第264条的修改，这一解释不再具有合理性。因为入户盗窃、扒窃已经成为不同于多次盗窃的独立类型，不能将其作为对多次盗窃的要求。换言之，多次盗窃，只要求多次的普通盗窃，而不要求多次的特殊盗窃。[1] 2013年最高人民法院、最高人民检察院《关于办理盗窃刑事案件适用法律若干问题的解释》第3条第1款规定，2年内盗窃3次以上的，应当认定为“多次盗窃”。这里的“2年”是指每次盗窃行为的时间间隔，即2年是2周年而不应理解为“当下2年”，因而这里的2年可以是跨年度，但仍然限制在2周年的期限内。

“多次”是量词，用于反复出现或可能反复出现的事情。对“次”的认定，即对何为“一次行为”的认定，我国《刑法》及有关司法解释都没有加以明确界定，刑事司法实践中也颇有争议。具体认定标准上，我国刑法学界提出了一些具体规则，可以分为一元论与多元论。

一元论主张认定次数的标准只以与行为有关的其中一个因素作为标准，一元论具体包括主观标准理论和客观标准理论两种。主观标准理论认为，所谓次数的多少是基于行为人意思表示作出的多少而定。客观标准理论认为次数的认定要根据行为作出的次数、发生结果的次数、时间、地点等客观因素来断定。例如，有学者认为，2005年6月最高人民法院《关于审理抢劫、抢夺刑事案件适用法律若干问题的意见》对多次抢劫持限制态度，因为多次抢劫是法定刑升格的条件。但是，对于多次盗窃，却不能作出如此限制的解释，因为刑法原则上将盗窃罪的成立限定为数额较大的情形时，明显过于缩小了刑罚处罚范围，反过来说，刑法第264条规定多次盗窃是为了扩大盗窃罪的处罚范围。在同一时间、同一地点针对同一被害

---

[1] 张明楷.《刑法修正案（八)》实施问题研究［J］. 政治与法律，2011（8）.

人所实施的盗窃，就是一次盗窃。在同一地点盗窃3位被害人财物的，应认定为多次盗窃。在不同时间、不同地点盗窃同一被害人的财物的，也是多次盗窃。对于“次”应当根据客观行为认定，而不能根据行为人的主观心理状态认定。多次盗窃中的“多次”是构成要件的客观要素，但是，不应当要求行为人认识到“多次”这一要素，因为行为人记忆力的强弱不能直接决定是否成立犯罪。但这不否定要求行为人具有“盗窃”的故意、要求行为人在每次盗窃时都认识到自己在实施盗窃行为。❶

多元论不区分主观标准与客观标准，多元论认为事物有其多面性，单独用一种因素确定次数多寡缺乏理论和实践的合理性，判断次数标准应以多种因素的综合作为次数认定的标准。判断的关键主要有二：一是行为人在主观上具有一致性的行为意思；二是客观上多个行为具有时间与空间的密集关系。二者须同时具备，才能认定多个行为成立一次行为。对时间上的连续性，有的学者认为“次”应以自然的盗窃行为过程为标准，行为人将一个盗窃行为由始至终予以推进或者实行完毕的，视为一次盗窃。反对的观点认为，将“次”判断为针对某一对象的自然盗窃过程的完毕认定为一次盗窃的观点不妥，因为：首先，从立法意旨来判断，从刑事处罚的根据角度看，“多次盗窃”的处罚着重揭示或规制的应当是盗窃行为人的主观危害性或曰人身危险性，即行为人是否形成“盗窃习性”。对于行为人“在特定时空范围内”（即在一个相对较短的时间段落里和相对同一的空间范围内）反复实施的相同盗窃行为，因其相对缺乏认定多次盗窃的实质根据，故不宜认定为“多次盗窃”。2005年最高人民法院《关于审理抢劫、抢夺刑事案件适用法律若干问题的意见》第3条，对“多次抢劫”的认定，“在一次犯罪中对居民楼中的几户居民连续实施入户抢劫的，一般应认为为一次犯罪”进一步证明了这一观点。其次，从司法认定层面透视，不能单纯以自然盗窃行为的单复或者盗窃被害对象的多寡作为认定盗窃行为次数的标准。❷最后，是否构成一次，还需要考虑和遵循罪数形态理论，特别是徐行犯、接续犯、连续犯理论。

多次盗窃中每次是否有量的要求，应当如何判断？一种观点认为，“多次盗窃”应以行为犯认定，不计数额，只要1年内实施了3次以上盗窃行为，就构成盗窃罪。另一种观点认为，多次盗窃中的每次应以数额较

❶ 张明楷.《刑法修正案（八）》实施问题研究［J］.政治与法律，2011（8）.

❷ 康平生，郭娇玉.“多次盗窃”理解和适用［J］.山西煤炭管理干部学院学报，2011（4）.

大财物为目的，没有取得较大数额财物意图的多次小偷小摸行为不宜认定为犯罪。因为，第一，多次盗窃构成犯罪虽然没有盗窃数额较大的限制，但根据《刑法》第13条关于“情节显著轻微危害不大的，不认为是犯罪”的规定，不应将那些虽实施了多次盗窃但累计数额很小，社会危害性没有达到相当程度的行为均认定为犯罪，因此，多次盗窃的起刑标准可以在低于一般盗窃的“数额较大”的前提下，根据当地的经济发展状况来确定。❶第二，对多次盗窃数额极小财物的行为没有刑罚处罚的必要。第三，从诉讼经济的角度考虑，对数额极小的盗窃行为追究刑事责任也是对司法资源的浪费。第四，在目前警力不足的情况下，可能会面临选择型执法的问题，造成新的不公，因此，建议将“多次盗窃”累计达到数额较大，作为“多次盗窃”入罪的条件。❷

对于“多次盗窃”是否要求每次行为均构成犯罪？实践中有人主张，参照2005年最高人民法院《关于审理抢劫、抢夺刑事案件适用法律若干问题的意见》的规定认为，对多次盗窃中“多次”的认定应以行为人实施的每一次盗窃行为均已构成犯罪为前提。反对者认为，这种解释对“多次抢劫”持限制态度，这也是值得肯定的。但对于“多次盗窃”却不能作出如此限制的解释，“多次盗窃”并不以行为人实施的每一次盗窃行为均构成犯罪为前提，如果达到标准的则可以直接适用“数额较大”，没有必要再纳入“多次盗窃”来评价。❸如有学者认为，成立多次盗窃，也不要求行为人实施的每一次盗窃行为均已构成盗窃罪，多次盗窃不以行为人具有盗窃的惯常性为前提，既不要求客观上达到所谓惯窃的程度，也不要求行为人具有盗窃的习癖。❹

“多次盗窃”中是否包含盗窃未遂？实践中，对于盗窃预备、中止和未遂行为能否计入盗窃次数存在争议。对此，有学者认为，多次盗窃不以每次盗窃既遂为前提。❺《刑法修正案（八）》和相关解释将“多次盗窃”单独列为盗窃罪的行为类型，主要是考虑到“多次盗窃”足以反映出行为人的主观恶性及盗窃习性。只要行为人着手实施犯罪，就已经构成“一次”盗窃，即便因为意志以外的原因未能得逞，也不影响其盗窃次数的认

---

❶ 李振林．盗窃罪中的法律拟制问题研究［J］．西南政法大学学报，2011（2）．

❷ 康平生，郭娇玉．“多次盗窃”理解和适用［J］．山西煤炭管理干部学院学报，2011（4）．

❸ 张勇．盗窃罪司法解释新论［J］．河北法学，2013（10）．

❹ 张明楷．《刑法修正案（八）》实施问题研究［J］．政治与法律，2011（8）．

❺ 张明楷．《刑法修正案（八）》实施问题研究［J］．政治与法律，2011（8）．

定。就盗窃预备而言，由于其危害性小于未遂，并且在侦查取证方面存在一定难度，因此，除非其以珍贵文物等财物为目标，对其一般不予惩罚。只有性质匹配且易于查证的盗窃既遂和未遂行为才可计入盗窃次数，而预备行为不宜计入盗窃次数。[1] 就盗窃中止而言，除了证明存在困难因素之外，其反映出行为人主观恶性减弱，如果没有造成损失，一般也不计入盗窃次数。还有学者认为，从司法实践看，盗窃预备和盗窃中止一般是不受处罚的……多次盗窃中的“次”，虽然不包括盗窃预备与中止的情形，但完全可以包括盗窃未遂的情形，即便3次均为盗窃未遂，也应认定为多次盗窃。[2] 总之，通说认为，“多次盗窃”包含盗窃未遂。

在“多次盗窃”的次数认定中，是否将一年内受过行政处罚的盗窃行为包含在内，理论中和实践中均存在争议。一方面，如果将受过行政处罚的次数认定为多次盗窃中的一次盗窃行为，那么，一个行为受到了两次法律评价，显然违背法律的正义精神。另一方面，根据禁止重复评价的原则，认定行为人不构成犯罪，相比其他没有受过行政处罚而认定为构成多次盗窃的行为人，又违背法律的公平原则。有学者认为，对“次”的限定，应坚持排除计数原则，即应将已经行政处理或民事处理的盗窃行为的作案次数予以排除。[3] 笔者认为，首先，从法条的字面解释来看，“多次盗窃”中并不排除受过行政处罚的盗窃行为。“多次”中包括未受行政处罚的情形，也包括已受行政处罚的情形。其次，刑法对“多次盗窃”的惩罚主要在于重复行为所体现的人身危险性，受过行政处罚后，继续实施同样的行为，证明行为人的人身危险性更大。最后，我国刑法中的一些犯罪的构成是以是否受过行政处罚为提前。可见，受过行政处罚的行为再次受到刑法的评价，是我国法律所允许的。所以“多次盗窃”中应当包括受过行政处罚的情形。[4]

（二）“入户盗窃”[5] 的认定

1998年最高人民法院《关于审理盗窃案件具体应用法律若干问题的解释》第4条规定，对于1年内入户盗窃或者在公共场所扒窃3次以上的，应当认定为“多次盗窃”。这是对“入户盗窃”行为性质认定的较早的规

---

[1] 黄祥青．认定多次盗窃的事实与法理依据［J］．人民司法，2009（9）．

[2] 陈洪兵．特殊盗窃行为类型的认定［J］．金陵法律评论，2012（秋）．

[3] 李振林．盗窃罪中的法律拟制问题研究［J］．西南政法大学学报，2011（2）．

[4] 康平生，郭娇玉．“多次盗窃”理解和适用［J］．山西煤炭管理干部学院学报，2011（4）．

[5] 对“入户”和“户”的理解见抢劫罪中“入户抢劫”的相关部分。

定，行为次数是构成盗窃罪的关键因素。1999 年 10 月最高人民法院《全国法院维护农村稳定刑事审判工作座谈会纪要》指出："'入户盗窃'的'户'，是指家庭及其成员与外界相对隔离的生活场所，包括封闭的院落、为家庭生活租用的房屋、牧民的帐篷以及渔民作为家庭生活场所的渔船等。集生活、经营于一体的处所，在经营时间内一般不视为'户'。"2000 年最高人民法院《关于审理抢劫案件具体应用法律若干问题的解释》第 1 条规定：《刑法》第 263 条第（1）项规定的"入户抢劫"，是指为实施抢劫行为而进入他人生活的与外界相对隔离的住所，包括封闭的院落、牧民的帐篷、渔民作为家庭生活场所的渔船、为生活租用的房屋等进行抢劫的行为。从内容上看，上述 2 个司法文件对"户"的介绍的内涵基本一致。2005 年《最高人民法院关于审理抢劫、抢夺刑事案件适用法律若干问题的意见》中关于"入户抢劫"的认定：根据最高人民法院《关于审理抢劫案件具体应用法律若干问题的解释》第 1 条规定，认定"入户抢劫"时，应当注意以下 3 个问题：一是"户"的范围。"户"在这里是指住所，其特征表现为供他人家庭生活和与外界相对隔离两个方面，前者为功能特征，后者为场所特征。一般情况下，集体宿舍、旅店宾馆、临时搭建工棚等不应认定为"户"，但在特定情况下，如果确实具有上述两个特征的，也可以认定为"户"。二是"入户"目的的非法性。进入他人住所须以实施抢劫等犯罪为目的。抢劫行为虽然发生在户内，但行为人不以实施抢劫等犯罪为目的进入他人住所，而是在户内临时起意实施抢劫的，不属于"入户抢劫"。三是暴力或者暴力胁迫行为必须发生在户内。入户实施盗窃被发现，行为人为窝藏赃物、抗拒抓捕或者毁灭罪证而当场使用暴力或者以暴力相威胁的，如果暴力或者暴力胁迫行为发生在户内，可以认定为"入户抢劫"；如果发生在户外，不能认定为"入户抢劫"。上述不同时期的 3 个司法解释和规范性文件中对"入户盗窃"中的"户"和"入户抢劫"中的"户"范围界定虽然表达方式有所不同，但没有实质上的区别。

上述司法文件对认定盗窃罪中的"入户盗窃"具有重要的参考价值。"入户盗窃"是《刑法修正案（八）》新增的犯罪行为。入户盗窃不仅侵犯了公民的财产，还侵犯了公民的住宅，并对公民的人身安全形成严重威胁，其社会危害性要明显大于普通盗窃，应当予以严厉打击。根据《刑法修正案（八）》的规定，"入户盗窃"行为认定盗窃罪已经不受行为次数的限制，原则上实施了 1 次"入户盗窃"行为，也应当依照盗窃罪定罪处罚，这无疑是降低了盗窃罪的入罪“门槛”。[1] 例如，丰某在北京市某小区地下室，见有一户房门虚掩，便进入该房间实施盗窃，被当场抓获。王某一出租房，实施盗窃时被当场抓获。丰某、王某2人入户盗窃时因被他人发现而未得逞。法院经审理后以盗窃罪判处两被告人拘役2个月，罚金1 000元（这里笔者无意对此案及其处理结果进行评论）。2013年最高人民法院、最高人民检察院《关于办理盗窃刑事案件适用法律若干问题的解释》第3条第2款规定，非法进入供他人家庭生活，与外界相对隔离的住所盗窃的，应当认定为“入户盗窃”。基于保持法律解释的稳定性和连续性，对“户”的理解宜秉持上述立场，在认定“入户盗窃”时，可以并应当借鉴“入户抢劫”的相关规定，作出同样的界定，以尽量保持相同法律概念含义的统一。据此，在认定“入户盗窃”时，应当注意以下几个问题。

（1）“户”的范围。“户”在这里是指住所，其特征表现为供他人家庭生活和与外界相对隔离两个方面，前者为功能特征，后者为场所特征。一般情况下，集体宿舍、旅店宾馆、临时搭建工棚等不应认定为“户”，因为集体宿舍、旅店宾馆、临时搭建工棚等场所虽然也与外界相对隔离，但是公共性较强，不能像户那样给公民带来安全感，也不用于家庭生活，所以，不宜认定为“户”。但在特定情况下，如果确实具有上述两个特征的，也可以认定为“户”。因此，笔者认为，“入户盗窃”中所说的“户”，是指供公民日常生活并与外界相对隔离的场所，包括用于生活的与外界相对隔离的封闭的院落，为家庭生活租用的房屋，牧民的帐篷、渔民生活的渔船，经改造的生活汽车，用于生活的地下室或树上的房子等，不包括办公场所和商业场所等其他封闭的公共的室内场所。

（2）“入户”目的的非法性。根据上述司法文件，进入他人住所须以实施盗窃等犯罪为目的。对如何理解“入户”目的的非法性，学界存在不同的观点。[2][3][4] 那么，行为人为实施盗窃以外的其他犯罪行为进入他人住所后，临时起意实施了盗窃行为的，能否成立“入户盗窃”？有学者认为，

---

[1] 赵秉志．刑法修正案（八）理解与适用［M］．北京：中国法制出版社，2011：314.

[2] 罗猛．“入户抢劫”若干问题研究［C］．刑事司法指南（第1辑），北京：法律出版社，2011：25.

[3] 王建平，张繁荣．新类型盗窃研析——以〈刑法修正案（八）〉新增内容为视角［G］//朱孝清，莫洪宪，黄京平．社会管理创新与刑法变革（下卷），北京：中国人民公安大学出版社，2011：1771.

[4] 赵秉志．刑法修正案（八）理解与适用，北京：中国法制出版社，2011：315.

应当将“入户”区分为以犯罪为目的的入户和以非犯罪的目的入户两种类型。行为人入户前虽无盗窃的意图，但已有其他犯罪目的，且敢于入户实施，表现出很大的主观恶性及人身危险性，同时也对公民住宅的生活安全构成严重威胁，因此，入户后临时起意盗窃，同样严重破坏被害人对家的安全感，其危害性并不比持盗窃故意入户的小。对其以入户盗窃论处，符合刑法规定“入户盗窃”的意图。[1][2] 相反的观点认为，为其他犯罪目的入户后而产生窃取财物的犯意的，一般不认定为“入户盗窃”。[3] 笔者同意后一种观点。而以非犯罪的目的进入他人住所，在户内临时起意实施盗窃的，一般户主事前没有恐惧感，并且都有一定的防备可能，其主观恶性、人身危险性及社会危害性都较以犯罪为目的入户的为轻，应按一般盗窃罪处理，不宜视为“入户盗窃”；从行为人角度讲，因为行为人以正当理由进入他人住宅时，对他人居住安宁并无侵犯，即便其在户内实施盗窃行为，也只是一般盗窃。那种不分入户的目的，将入户后实施了窃取财物的行为一概认定为“入户盗窃”的观点是不科学、不合理的，也是不可行的。问题是，行为人以犯罪的故意入户实施了2个以上的犯罪行为，针对这些犯罪行为，法律都规定有通过“入户”方式实施的，应定罪如何处罚？有学者认为，要从重或加重处罚。例如，行为人以抢劫故意入户实施抢劫后，又实施了盗窃行为，如果将行为人的行为认定为“入户抢劫”和“入户盗窃”，可能存在将一个行为进行两次评价的问题。对此，可依照“从重处断”的原则，将行为人“入户”的行为纳入一个处罚更重的犯罪行为中考量，在认定行为人“入户”后实施的其他犯罪行为时，不再考虑“入户”因素。[4]

（三）“携带凶器盗窃”的认定

甲、乙二人骑摩托车到某饭店门口时，看到丙将其老板丁的皮包放在

---

[1] 肖中华，孙利国．谈《刑法修正案（八）》中盗窃罪的新变化［G］//朱孝清，莫洪宪，黄京平．社会管理创新与刑法变革（下卷），北京：中国人民公安大学出版社，2011：1750.

[2] 王建平，张繁荣．新类型盗窃研析——以《刑法修正案（八）》新增内容为视角［G］//朱孝清，莫洪宪，黄京平．社会管理创新与刑法变革（下卷），北京：中国人民公安大学出版社，2011：1771.

[3] 王建平，张繁荣．新类型盗窃研析——以《刑法修正案（八）》新增内容为视角［G］//朱孝清，莫洪宪，黄京平．社会管理创新与刑法变革（下卷），北京：中国人民公安大学出版社，2011：1771.

[4] 肖中华，孙利国．谈《刑法修正案（八）》中盗窃罪的新变化［G］//朱孝清，莫洪宪，黄京平．社会管理创新与刑法变革（下卷），北京：中国人民公安大学出版社，2011：1750.

门口小车副驾驶室内，转身走向饭店内。于是，二人就商量盗窃该皮包，并由乙停车在饭店门口，在对面出口的路边接应，甲步行过去，用砖头敲碎车窗玻璃，打开小车副驾驶室的车门，拿走了放在副驾驶室内的皮包就迅速往乙的方向逃跑。甲在逃跑时被丙发现并追赶，当甲跑到乙的附近时，将皮包扔在地上，准备逃窜。此时，及时赶至的便衣民警将犯罪嫌疑人甲、乙抓获，并当场从甲的身上缴获1支猎枪及3颗子弹（其中1颗子弹已上膛）。经鉴定，甲持有的猎枪是一支自制猎枪，有正常发射能力。该案中，犯罪嫌疑人甲非法持有枪支、携带枪支进行犯罪，属于携带凶器盗窃的行为。携带凶器盗窃是《刑法修正案（八）》新增的犯罪行为。行为人携带凶器盗窃，往往有恃无恐，一旦被发现或者抓捕时，则使用凶器进行反抗。这种行为以暴力为后盾，不仅侵犯了他人的财产，而且对他人的人身形成严重威胁，携带凶器进行盗窃本身潜在的危害可能会导致更为严重的危害后果，应当予以刑事处罚。正如学者所论："有鉴于携带凶器的盗窃随时可能转化成抢劫或者伤害甚至杀人行为，对其加重入罪机会，也体现了刑法对公民人身安全的特殊保护，其立法理由也是充足的。"[1]

2000年最高人民法院《关于审理抢劫案件具体应用法律若干问题的解释》第6条规定：《刑法》第267条第2款规定的"携带凶器抢夺"，是指行为人随身携带枪支、爆炸物、管制刀具等国家禁止个人携带的器械进行抢夺或者为了实施犯罪而携带其他器械进行抢夺的行为。2005年最高人民法院《关于审理抢劫、抢夺刑事案件适用法律若干问题的意见》第6条规定，"携带凶器抢夺"，是指行为人随身携带枪支、爆炸物、管制刀具等国家禁止个人携带的器械进行抢夺或者为了实施犯罪而携带其他器械进行抢夺的行为。行为人随身携带国家禁止个人携带的器械以外的其他器械抢夺，但有证据证明该器械确实不是为了实施犯罪准备的，不以抢劫罪定罪；行为人将随身携带凶器有意加以显示、能为被害人察觉到的，直接适用《刑法》第263条的规定定罪处罚；行为人携带凶器抢夺后，在逃跑过程中为窝藏赃物、抗拒抓捕或者毁灭罪证而当场使用暴力或者以暴力相威

---

[1] 王学沛．对盗窃罪修改的理论思考［G］//朱孝清，莫洪宪，黄京平．社会管理创新与刑法变革（下卷），北京：中国人民公安大学出版社，2011：1758. 但有学者认为，盗窃罪立法修正所新增的盗窃行为入罪与社会危害性理论相悖，与罪刑法定、罪责相适应原则相悖，造成了司法可行性的困惑、与治安管理处罚法适用的冲突与困惑，周光清．盗窃罪立法修正：缺陷与困惑［G］//朱孝清，莫洪宪，黄京平．社会管理创新与刑法变革（下卷），北京：中国人民公安大学出版社，2011：1779－1781.

胁的，适用《刑法》第267条第2款的规定定罪处罚。上述司法解释和规范性文件中对“携带凶器抢夺”的认定，对认定盗窃罪中的“携带凶器盗窃”具有重要的参考价值，认定“携带凶器盗窃”时，可以并应当借鉴“携带凶器抢夺”的相关规定，以尽量保持相同法律概念含义的统一。[1] 2013年最高人民法院、最高人民检察院《关于办理盗窃刑事案件适用法律若干问题的解释》第3条第3款规定，携带枪支、爆炸物、管制刀具等国家禁止个人携带的器械盗窃，或者为了实施违法犯罪携带其他足以危害他人人身安全的器械盗窃的，应当认定为“携带凶器盗窃”。据此，在认定“携带凶器盗窃”时，应当注意以下几个问题：

（1）行为人在实施盗窃行为时，携带了凶器。“凶器”，顾名思义，是用于行凶的器具。我国台湾地区有学者概括道：凶器，系指对人之生命与身体具有高度危险之工具，如刀、枪、炮弹等。[2] 大陆学者认为，所谓“凶器”，是指在性质上或者用法上，足以杀伤他人的器物。凶器必须是用于杀伤他人的物品，与犯罪工具不是等同概念，故仅具有毁坏物品的特性而不具有杀伤他人机能的物品，不属于凶器。[3] 凶器和犯罪工具之间存在包含与被包含关系，凶器的范围要远远小于犯罪工具，仅限于其中实际用于或者意图用于侵害人身的物品。[4] 某一器具能够认定为“凶器”应当是一种建立在器具性质基础上的事后判断，即犯罪行为发生以后结合器具性质判断是否为“凶器”，而不能把行为人随身携带的所有能够伤人、破坏财产的器具都称之为凶器。[5] 因此，盗窃罪之“携带凶器盗窃”中的“凶器”是指枪支、爆炸物、管制刀具等可用于实施暴力的器具。根据2013年最高人民法院、最高人民检察院《关于办理盗窃刑事案件适用法律若干问题的解释》的规定，该解释将凶器区分为两类，对凶器的认定采用了“客观危险＋主观用途”标准，应当从客观危险和主观用途两方面对携带

---

[1] 有学者认为，从司法解释的协调性来考虑，对“携带凶器盗窃”与“携带凶器抢劫”中的“凶器”的内涵理解应当是相同的，王建平，张繁荣．新类型盗窃研析——以《刑法修正案（八）》新增内容为视角［G］//朱孝清，莫洪宪，黄京平．社会管理创新与刑法变革（下卷），北京：中国人民公安大学出版社，2011：1772. 还有学者认为，不管是从语言表达的准确性还是司法解释的协调性来考虑，同一词语的理解不宜存在内涵上的差异，对两个“凶器”的理解应该是相同的。赵秉志．刑法修正案（八）理解与适用［M］．北京：中国法制出版社，2011：317.

[2] 林山田．刑法特论（上）［M］．台北：台湾三民书局，1978：239.

[3] 张明楷．刑法学［M］．北京：法律出版社，2007：719.

[4] 陈志军．“携带凶器盗窃”的司法认定［J］．法学，2013（8）：139.

[5] 赵秉志．刑法修正案（八）理解与适用［M］．北京：中国法制出版社，2011：316.

凶器盗窃之“凶器”作限制解释，仅限于存在人身侵害具体危险的器械，国家禁止个人携带的器械也不例外，应当将纯粹打算用于破除财物防护设施或者其他便利于盗窃实行用途的其他器械排除在“凶器”之外。对于携带其他器械盗窃的认定，不能像携带凶器抢夺那样，单纯以是否出于实施犯罪的目的而携带作为认定标准，而应当做更为严格的限制解释。[1] 行为人随身携带国家禁止个人携带的器械以外的其他器械盗窃，但有证据证明该器械确实不是为了实施犯罪准备的，不以盗窃罪定罪。对上述“携带其他器械进行盗窃”中的“其他器械”应作实质理解，应理解为与枪支、爆炸物、管制刀具等国家禁止个人携带的器械具有类似性质的对他人人身安全具有高度攻击性的、高度危险性的工具，不能把行为人携带的一般犯罪工具也认定为“凶器”。例如，作案之钳子、起子为一般家庭常用工具，其本身非凶器，而被行为人携带盗窃，只为备行窃之工具，且经用以启开铁窗，自难谓携带凶器行窃。[2] 因为，从立法的意图来说，刑法特别规定了“携带凶器盗窃”，就是因为行为人携带了凶器，一方面增加了被害人的人身危险性，另一方面也能保证行为人的盗窃行为更顺利地实施，增强了行为人犯罪的信心和决心。所以，如果行为人携带其他工具，意图以暴力或者暴力威胁阻止或制服被害人反抗的，也应认定行为人的行为成立“携带凶器盗窃”。对于携带“国家禁止个人携带的器械”和“其他器械”以外的日常使用的普通器械进行盗窃，是否属于“携带凶器盗窃”，学界存在不同意见，如有学者认为，关键在于使用该器械是否为了实施盗窃犯罪，如果是，则属于携带凶器盗窃。[3] 笔者认为，如果行为人携带普通器械是作为行窃之作案工具使用，则不是“携带凶器盗窃”而是一般的盗窃，如果是作为以暴力或者暴力威胁被害人或其他人的工具，则是“携带凶器盗窃”，如果既把普通器械当做行窃之作案工具使用又把它作为以暴力或者暴力威胁被害人或其他人的工具，则也是“携带凶器盗窃”。

“携带凶器盗窃”，是指行为人随身携带枪支、爆炸物、管制刀具等国家禁止个人携带的器械进行盗窃或者为了实施犯罪而携带其他器械进行盗窃的行为。只要行为人在盗窃时随身携带有上述器械，不管其是否作为盗

---

[1] 陈志军．“携带凶器盗窃”的司法认定［J］．法学，2013（8）．

[2] 林山田．刑法特论（上）［M］．台北：台湾三民书局，1978：239.

[3] 王建平，张繁荣．新类型盗窃研析——以《刑法修正案（八）》新增内容为视角［G］// 朱孝清，莫洪宪，黄京平．社会管理创新与刑法变革（下卷），北京：中国人民公安大学出版社，2011：1772.

窃作案工具，都应认定为“携带凶器盗窃”。携带，是指在从事日常生活的住宅或者居室以外的场所，将某种物品带在身上或者置于身边附近，将其置于现实的支配之下的行为。携带不同于持有，持有的本质属性是支配性，是事实上的支配，侧重用一种状态，而携带既具有支配和控制特征也具有随身特征，但其本质属性是随身性，其空间特征强于支配和控制特征，不仅是事实上的支配而且还具有随时使用性。

（2）行为人在实施盗窃行为时，没有使用凶器。这里的“没有使用凶器”，是指行为人在实施盗窃行为时没有对人使用凶器。携带凶器盗窃时，虽然要求行为人认识到自己随身携带了凶器，但不要求行为人具有随时对人使用的意思。与携带凶器抢夺一样，携带凶器盗窃，不要求行为人显示、暗示凶器，更不要求行为人对被害人使用凶器。❶ 没有对人使用凶器不是说不可以把凶器当做作案工具，如果当做作案工具，仍然是“没有使用凶器”的含义。如果行为人在实施盗窃时，用随身携带的凶器撬开门窗、砸开锁具等以使盗窃行为能顺利实施的，不能认定行为人使用了凶器。构成盗窃罪的“携带凶器盗窃”，是指行为人携带凶器进行盗窃而未使用的情况，如果行为人在携带凶器盗窃时，为窝藏赃物、抗拒抓捕或者毁灭罪证而当场使用凶器施暴或者威胁的，根据《刑法》第 269 条的规定，应当以抢劫罪定罪处罚。❷

（3）行为人携带凶器的目的是防止他人反抗，保证自己的盗窃行为能顺利实施。可以说，行为人携带凶器盗窃的行为，实际上就是抢劫罪的预备行为，行为人携带凶器时，在心理上做好了两种准备，即如果盗窃行为顺利，不使用凶器当然是最好的结果；如果自己的盗窃行为被他人发现，自己就用随身携带的凶器压制被害人反抗、抓捕，以保证自己的盗窃行为能顺利实施。❸ 对于犯罪预备行为，除了特殊情况外，我国一般予以犯罪认定但不予刑事处罚。对于携带凶器盗窃，因其对被害人等的人身权利存在潜在危险，比单纯侵害财产权利的一般盗窃行为危害更大，所以，应当限定为在盗窃的实行阶段携带凶器。在预备阶段“携带凶器”的危害性与一般盗窃并无太大差异，不宜将其作为“携带凶器盗窃”包含的内容，这

---

❶ 张明楷.《刑法修正案（八）》实施问题研究［J］. 政治与法律，2011（8）.

❷ 全国人大常委会法制工作委员会刑法室. 中华人民共和国刑法修正案（八）条文说明、立法理由及相关规定［M］. 北京：北京大学出版社，2011：141.

❸ 肖中华，孙利国. 谈《刑法修正案（八）》中盗窃罪的新变化［G］//朱孝清，莫洪宪，黄京平. 社会管理创新与刑法变革（下卷），北京：中国人民公安大学出版社，2011：1750－1751.

种情形仍然符合一般盗窃的犯罪构成。

（四）“扒窃”的认定

马某在一菜市场的水果摊前用随身携带的镊子窃取他人裤包内 1.5 元零钞后被捉获，公安机关根据《刑法修正案（八）》的规定依法将其拘留，后移送至人民检察院提起公诉，人民法院判处马某有期徒刑 6 个月。1998 年施行的最高人民法院《关于审理盗窃案件具体应用法律若干问题的解释》第 4 条规定，对于一年内入户盗窃或者在公共场所扒窃 3 次以上的，应当认定为“多次盗窃”。扒窃行为往往采取掏兜、割包等手法，严重侵犯公民财产和人身安全，扰乱公共秩序；扒窃行为人技术性强，多为屡抓屡放的惯犯，应当予以严厉打击。对于应否将“扒窃”行为入罪，学术界及社会各界存在争议。扒窃是《刑法修正案（八）》新增的犯罪行为。此次刑法修订，取消了扒窃行为入罪的次数要求，规定扒窃行为入罪的门槛极低，除了扒窃行为本身外，没有附设任何数额、次数、情节的限制，只要是扒窃行为，不论是否携带凶器，也不论数额多少，原则上均应定罪处罚。如有学者指出：从刑法条文表述上看，扒窃不受“携带凶器”的限定。盗窃与扒窃是一对具有上下位阶关系的属种概念……携带凶器扒窃的行为就当然适用“携带凶器盗窃”的规定……扒窃是一种不附加任何情节条件的独立的犯罪类型。[1] 当然，扒窃入刑并不意味着所有扒窃行为均无一例外地都要定罪处刑，因为其还要受到《刑法》总则第 13 条“但书”的限制。[2]

由于扒窃与一般的盗窃在行为特征上有一定的区别，对前者作出合理的认定对于正确适用法律尤为重要。[3] 扒窃的具体含义是什么？《现代汉语

---

[1] 李豫川，张理恒．财产犯罪疑案四则［G］//朱孝清，莫洪宪，黄京平．社会管理创新与刑法变革（下卷），北京：中国人民公安大学出版社，2011：1762.

[2] 赵秉志．刑法修正案（八）理解与适用［M］．北京：中国法制出版社，2011：319. 有学者指出，这多少有些从根本上颠覆了传统刑法理论中少量盗窃不入罪的观念。王学沛．对盗窃罪修改的理论思考［G］//朱孝清，莫洪宪，黄京平．社会管理创新与刑法变革（下卷），北京：中国人民公安大学出版社，2011：1759. 有学者认为，对于“入户盗窃、携带凶器盗窃、扒窃”入罪处罚仍要有“数额”的限制，见王建平，张繁荣．新类型盗窃研析——以《刑法修正案（八）》新增内容为视角［G］//朱孝清，莫洪宪，黄京平．社会管理创新与刑法变革（下卷），北京：中国人民公安大学出版社，2011：1774 – 1175. 还有学者认为，盗窃罪立法修正所新增的盗窃行为入罪与社会危害性理论相悖，与罪刑法定、罪责相适应原则相悖，造成了司法可行性的困惑，与治安管理处罚法适用的冲突与困惑，周光清．盗窃罪立法修正：缺陷与困惑［G］//朱孝清，莫洪宪，黄京平．社会管理创新与刑法变革（下卷），北京：中国人民公安大学出版社，2011：1779 – 1781.

[3] 赵秉志．刑法修正案（八）理解与适用［M］．北京：中国法制出版社，2011：317.

词典》对“扒窃”的解释是：从别人身上偷窃财物。[1] 有学者指出，“扒窃”一词不是法律用语，而是公安机关特别是一线民警在工作总结时常用词汇，按照公安部门的理解，“扒窃”就是在公共交通工具上，或在车站、码头等公共场所，行为人采用秘密窃取的方式，获取他人身上财物的行为。还有学者认为，“扒窃”这个词以前仅限于侦查学和犯罪学中使用，经过这次刑法修正后它将转化为刑法学上的一个术语，这个词的含义是能够界定的。[2] 2013 年最高人民法院、最高人民检察院《关于办理盗窃刑事案件适用法律若干问题的解释》第 3 条第 4 款规定：“在公共场所或者公共交通工具上盗窃他人随身携带的财物的，应当认定为‘扒窃’。”由于扒窃行为与一般的盗窃行为相比存在犯罪地点上的差异，因此，扒窃一般是指在公共交通工具上或在车站、码头、商场等公共场所窃取他人随身携带的财物的行为。[3] 笔者认为，一般而言，可以将“扒窃”概括为：以非法占有为目的，在公共场所或者公共交通工具上采用相对秘密的窃取方式窃取他人随身携带的财物的行为。扒窃行为与其他普通盗窃行为相比，在犯罪地点和行为方式及行为对象上都存在差异，具体来说，在认定“扒窃”行为时要注意以下几点。

（1）“扒窃”行为必须发生在公共场所。例如，余某普在北京西站趁旅客列车检票人多拥挤之机，从一名男旅客兜内扒窃人民币 45 元。张某卫在北京西站趁旅客列车检票人多拥挤之机，从一名男旅客兜内扒窃人民币 50 元。两名被告人均因盗窃罪被北京铁路运输法院依法判处拘役 3 个月，并处罚金 1 000 元。“公共场所”是认定“扒窃”是否成立的构成要件要素，所以，“公共场所”范围的认定，对认定“扒窃”是否成立十分关键。《现代汉语词典》解释：“公共”，是指属于社会的，公有公用的；“场所”，是指活动的处所。[4] 应当注意的是，上述“公有公用”中的“公有”不能理解为公共场所必须为国家或集体所有，一些产权为私人所有，但面向社会公众被用于公益或经营的场所，也应当为公共场所。车站、码头、民用航空站、商场、广场、公园、影剧院、展览会、网吧、饭店、运动

[1] 中国社会科学院语言研究所词典编辑室．现代汉语词典［M］．北京：商务印书馆，2005：1014．

[2] 陈丽平，李吉斌．扒窃行为是否入罪存争议［N］．法制日报，2011-1-7．

[3] 黄太云．刑法修正案解读全编［M］．北京：人民法院出版社，2011：114．

[4] 中国社会科学院语言研究所词典编辑室．现代汉语词典［M］．北京：商务印书馆，1996：143，435．

场、景园、游览胜地、娱乐官场等公共的活动场所都属于公共场所。公共场所是一个与个体场所相区别对应的定义，通常认为的公共场所是指向全体公民公开开放进行相关社会活动，并可以自由出入往来的场所。目前，关于“扒窃”行为中“公共场所”的界定主要有两种观点。其中一种观点认为，公共场所是“不特定多数人可以进入、停留的场所以及有多数人在内的场所”。另一种观点认为，扒窃行为中的“公共场所”是指不特定多数人可以进入的场所。笔者认为，无论是从“公共场所”的实质内涵出发，还是从解决扒窃司法适用的难题，对扒窃行为构成要素进行限制解释的角度出发，都不宜将“有多数人在内的场所”定义在扒窃行为的“公共场所”范围之内。笔者认为，公共场所具有两个要素，第一个是功能要素，应当以场所的使用权而非所有权作为判断标准，应当以是否准许社会公众进入作为判断依据，不能以在其中从事公共活动作为认定公共场所的功能要素；第二个是时间要素，符合功能要素的场所，并非在任何时间都可以被认定为公共场所。某个场所只有在其向公众开放期间才能被视为公共场所，不能将行为时有第三人在场作为认定公共场所的必要条件。

公共场所和公共交通工具之间并不是并列关系，而是包含与被包含关系，公共交通工具具有公共场所的本质特征，是公共场所的一种特殊类型。立法者和司法解释制定者并非意图改变二者之间的包含与被包含关系，而只是将公共交通工具这一司法实践中此类犯罪案件最为常见多发的场所进行明确列举，只是予以强调。公共交通工具是指为不特定多数的公众提供客运交通服务的交通工具，这是其功能要素。根据有关司法解释，公共交通工具只包括机动交通工具，不包括非机动交通工具。非机动车交通工具如果符合一般公共场所的两个特征的，可以认定为一般的公共场所。公共交通工具只包括大、中型交通工具，不包括小型交通工具。案件所涉及的公共交通工具的运营人是否具有营运公共交通工具的资质，不影响公共交通工具性质的认定。公共交通工具的时间要素是“在运营中”，其不同于“运行中或使用中”，并且也不以行为时公共交通工具上有第三人为必要。[1]

（2）“扒窃”行为的对象是他人随身携带的财物。例如，甲在某餐厅与朋友就餐时，顺手将外套脱下并挂在所坐的椅子靠背上。乙趁甲与其朋

---

[1] 陈志军，翟金鹏．扒窃行为特征与追诉标准的司法认定研究［J］．中国人民公安大学学报：社会科学版，2013（3）．

友聊天不注意之际，从椅子背后走过并将甲衣服中的钱包窃走（钱包内有现金9 000余元）。又如，马某在公交车上将被害人挎包内钱包从内侧小兜内转移到挎包大兜内，但最终未将钱包盗窃出挎包便被抓获，后以盗窃罪未遂被批准逮捕。所谓携带，是指在从事日常生活的住宅或居室以外的场所，将某种物品带在身上或者置于身边附近，将其置于现实的支配之下的行为。何种财物可以界定为“随身携带”，主要有以下几种不同的理解。第一种观点是物理接触说，认为随身携带的财物是被害人放置在穿着的衣服口袋之中，紧密附着于身体或背包之中的财物。这种观点意味着“随身携带的财物”仅限于受害人放置在身上的财物，其他任何情形都不属于随身携带。如有学者认为，这里的“随身携带的物品”应当仅限于受害人放置在身上的财物，除此之外，虽在其可控范围之内但是并没有放在身上的物件，不能以此称之。[1]笔者认为，这种理解过于狭窄，是将携带的含义进行了缩小解释和限制解释，不可取。携带是持有的一种表现形式。手拿财物、怀中放有财物、将财物置于衣服口袋、将财物置于随身的手提包等容器中、将财物放于推着的自行车手推车等车辆中的行为无疑属于随身携带财物。第二种观点是随时支配可能性说，是指被害人放在身上或者放置于其随时都可以对其进行使用支配的身边的财物。这种观点所承认的“随身携带的财物”范围较前一种观点有了一定程度的扩大，增加了类似于放置、悬挂在身体附近的背包、衣物等距离人身较近，能够随时随地支配并触碰的财物。第三种观点是目光可能可及说，这一说法较第二种观点又进行了一定的扩大，除了被害人放在身上或放在随时可以触及的身体附近，还包括了被害人目光可以监督的范围之内的一切财物。笔者认为，从扒窃入罪的立法理由角度出发，扒窃行为侵害的法益不仅包括被害人的财产所有权，还因为扒窃行为人与被害人近距离的身体接触对人身造成的潜在危险，可能进一步造成对人身权益的侵犯，由此看来，第三种观点目光可能可及说由于缺乏近距离的人身接触性，违背了立法将扒窃入罪的立法意图，存在扩大“随身携带财物”的范围的嫌疑。而第一种观点的物理接触说又过分地限制了扒窃行为的范围，不利于立法目的的实现。因此，从解释“扒窃”直接入罪正当性，解决司法困境，对扒窃进行限制解释的角度出发，笔者认为第二种观点更适宜为扒窃行为“随身携带财物”的范围，既符合扒窃自身语言含义，也符合《刑法修正案（八）》对公民人身安全

[1] 赵秉志．刑法修正案（八）理解与适用［M］．北京：中国法制出版社，2011：318.

特殊保护的立法目的，更符合司法适用的实际要求。但需要注意的是，在第二种观点“放置于其随时都可以对其进行使用支配的身边的财物”的认定中，还需要对这种可“随时支配的身边”范围作出进一步的认定，即何种距离范围之下、何种情形之下可以认定为“随时支配的身边”。

李跃（化名）见被害人康军飞（化名）趴在电脑前睡觉，其头部附近放着1部诺基亚手机，李跃趁康军飞不注意，将该手机盗走离开。被害人报案后经公安机关查看监控录像，李跃被当地公安机关抓获，并对盗窃手机的事实供认不讳。经鉴定，该手机价值368元。扒窃的财物是否限于体积微小的物品或大件物品？一种观点认为，扒窃的财物不限于体积微小的财物，可以是大件物品。如有学者认为，将他人身边的自行车偷走的行为，应认定为扒窃。将他人火车货架上的体积较大的行李盗走的行为，也属于扒窃。[1] 另一种观点认为，扒窃的对象应限定于体积微小的财物，不包括大件物品。如有论者认为，因为扒窃的对象是他人随身携带的财物，只有较小的财物才可以随身携带，才可以成为扒窃的对象，不具有随身携带可能的较大的财物，不能成为扒窃的对象。[2] 扒窃的特点之一就在于其手段的隐蔽性，而且作案过程大都十分短暂，如果盗窃体积较大的物品，动作幅度一般较大，行为的外在特征比较明显，容易为他人所发现，不符合扒窃的一般特征。当然可能存在这种情况，如行为人趁被害人不注意将被害人带在身边的大件行李打开后窃取其中的财物，这种情况可以认定为扒窃，但行为人的目标也只是其中的体积微小的财物，而不是整个行李。[3] 笔者认为，第一种主张比较可取，因为，首先，财物能否随身携带和其体积大小并无必然的关系。在现代技术条件下，借助其他工具随身携带大件物品不但可能，而且非常普遍。例如，用手推车、平板车、拉杆箱包等随身携带大件物品。所偷财物的大小是和包容物的大小相对而言的。现行的司法解释所谓的扒窃对象既不要求被盗财物存在外在的包容物（包裹、容器等），也不限于体积微小的物品，可以是大件物品，只要其能够被随身携带即可。[4]

---

[1] 张明楷.《刑法修正案（八）》实施问题研究［J］. 政治与法律，2011（8）.

[2] 肖中华，孙利国.“扒窃”犯罪成立要素的合理界定——侧重于行为无价值论的基本立场［J］. 政治与法律，2012（9）.

[3] 马晓燕，文韬，李佶励. 扒窃犯罪的法律适用探讨［J］. 河南警察学院学报，2013（5）.

[4] 陈志军，翟金鹏. 扒窃行为特征与追诉标准的司法认定研究［J］. 中国人民公安大学学报：社会科学版，2013（3）.

（3）“扒窃”行为方式的相对秘密性。普通的盗窃行为一般是趁人不备，采取秘密的方式窃取他人财物，在实施盗窃行为时，常常是没有任何人发现行为人在实施盗窃行为，至少行为人自以为自己正在实施的盗窃行为，没有任何人知道。“扒窃”的秘密性，具有相对性，相对的仅是被害人，对于在公共场所的其他人，往往是公开的，因此，完全可能公开扒窃。行为人在公众场所实施“扒窃”行为，常常是在众目睽睽之下进行的，行为人也常明知自己的“扒窃”行为是能被在场的其他人看见的。例如，刘某在北京市381路公交车上，从被害人放在脚下的手提袋内盗窃掌上电脑1台，价值人民币380元，后以涉嫌盗窃罪被批准逮捕。实际上，扒窃行为方式的秘密性，不是认定“扒窃”成立的必要条件，只要行为人在公共场所盗窃了他人随身携带的物品，就可以认定行为人的“扒窃”行为成立，但“扒窃”的这一特点有助于更好地认定“扒窃”。

（4）“扒窃”的成立要以行为人实施了“扒窃”行为为必要。只要行为人实施了“扒窃”行为，不论行为人有没有实际窃取到财物，都应认定行为人的行为成立犯罪。问题的要点是，如何认定行为人实施了“扒窃”行为？通常认为，当行为人的手接触被害人口袋的外侧时，才是着手（客观说）。❶ 笔者认为，行为人只要将自己的手或其他扒窃工具伸至他人可能放置财物的物体之内，就成立“扒窃”犯罪，至于被“扒窃”者可能存放财物的物体内是否有财物，行为人是否实际窃取了财物，对认定“扒窃”犯罪是否成立没有影响。但如果行为人只是以“扒窃”的意图进入公共场所，还没有实施“扒窃”行为的，或行为人只是拿出扒窃工具，还没有开始实施“扒窃”行为的，不能认为行为人的行为构成“扒窃”。❷

（五）对盗窃罪犯罪对象的属性的理解

关于盗窃罪犯罪对象的属性的分析与研究意义重大，属于盗窃罪应当解决的本质问题之一。虽然刑法典明确规定盗窃罪的犯罪对象是“公私财物”，也并未对此加以任何限制。但是，事实上并不是一切公私财物都可以成为盗窃罪的对象，作为刑法中的“财物”与日常生活观念中的财物并不完全等同。日常用语中的“财物”是指“钱财和物资”。它既不表示一

---

❶ 张明楷．外国刑法纲要［M］．北京：清华大学出版社，2007：546.

❷ 肖中华，孙利国．谈《刑法修正案（八）》中盗窃罪的新变化［G］//朱孝清，莫洪宪，黄京平．社会管理创新与刑法变革（下卷），北京：中国人民公安大学出版社，2011：1752－1753.

种权利，也不表示某种义务，只表示单纯的物。而刑法中的“财物”除表示物本身的含义外，还表示对该物的一种法律关系，即所有权关系。盗窃罪的犯罪对象不仅是社会财产关系的体现者，而且还受到盗窃罪主、客观方面本质特征的制约。

抛开动产与不动产、有形物与无形物等特殊情况之争，笔者认为，根据中国刑法典和有关司法解释的精神，结合中国的具体国情和独有的历史传统，作为盗窃罪的犯罪对象必须同时具有以下几个方面的共性特征：

（1）具有经济价值性。关于财物有无价值及其判断标准，国外刑法理论曾经提出许多标准，较有代表性的是“主观说”，具体而言，只要财物的所有权人自认为其合法财物具有实际效用，便属于具有价值。根据“主观说”学者们的观点，即使某一特定物品没有交换价值，只要有感情价值、使用价值，比如毛发、书信、日记、身份证号等，也可以成为盗窃罪的对象。笔者认为此种观点显属不妥，因为判断物品的价值的标准，只能是客观的，不能依人们的主观评价决定，更不能依失主或盗窃者主观认识来判断，否则将置犯罪人的合法权益于不顾，显失公平。

盗窃罪的犯罪对象应当具有经济价值性，为我国刑法学界诸多学者所认同。但是也有学者认为，作为盗窃罪犯罪对象的财物应当具有价值，但不是应当具有经济价值。价值包括多方面内容，概括起来有客观价值和主观价值两类。前者如经济价值、历史价值、科学价值、艺术价值等，后者如感情价值等。论者认为，某一特定物品如果仅仅具有主观价值而不具有客观价值，则该财物缺乏财产的一般属性，不能成为盗窃罪的对象。而客观价值则能够满足一般人的物质文化需要，客观价值以经济价值为主要内容，同时包括了诸如历史、科学、艺术等具有客观标准的价值。例如，珍贵文物，其价值不在于它含有多少经济利益，而在于它的历史、科学、艺术价值上。笔者认为，虽然某些财物基于国家角度来看，可能不存在官方价值，但是却实际有其经济价值的体现。例如文物、毒品等物品，虽然不可能出现为官方所承认的价值，但是却有其实际的市场价格，也可以称之为“黑市价格”。另外，基于以下分析，笔者也认为盗窃罪的犯罪对象应当具有经济价值：其一，从立法要求上讲，盗窃罪犯罪构成的标准之一是“数额较大”，这里的数额是指体现为价格的数额较大。因此，盗窃罪的犯罪对象必须具有经济价值性，无法直接计算价值数额或者无法折价计算价格数额的物品显然难以成为盗窃罪的犯罪对象。其二，从司法操作上来分析，在我国最高司法机关所作的司法解释中，对刑法典所规定的盗窃罪的认定，基本上是以被盗窃财物的经济价值大小来衡量罪与非罪、重罪与轻罪的界限。所以，没有经济价值的物品，难以成为盗窃罪的对象。其三，从词义上分析，我国《刑法》第264条规定，盗窃罪的犯罪对象是公私财物，这种观点也是中国刑法理论界的通论。而没有经济价值的物品，难以称为“财物”，充其量只能称为物品。其四，从犯罪主体的主观方面来分析，盗窃罪的行为人在主观上是希望通过秘密窃取他人财物，从而满足其物质或精神需要。这就决定了作为犯罪人选择的“盗窃罪对象”应当具有一定的客观价值，否则不仅不能满足犯罪人的需要，而且也不会给被害人造成损失。

笔者认为，对于某种物品的经济价值性有无和大小的判断，必须注意以下几个方面的问题：其一，判断标准的客观性。通常认为经济价值是指能够用客观的价值尺度衡量的经济效用。某种物品是否具有经济价值，主要通过市场供求关系等因素来体现。但是经济价值不等于市场价格，市场价格只是价值的货币表现形式。某些禁止流通物，如珍贵文物等，不能因为它们不能进入流通领域，没有价格，就否定其经济价值。其二，判断标准的现实性和历史性。具体而言，能够带来潜在经济效用的某种物品，也应当视为具有经济价值性，同时，此种判断应当基于犯罪对象当时所处的历史环境。在我国进行经济体制改革前，在经济体制上长期实行高度集中的计划经济体制。在此期间，我国曾大量发行无票面价格的各种计划供应票证，如粮票、布票、油票等。这些计划票证虽然只是某种商品的计划供应凭证，本身不带有经济价值，但在市场供求关系的作用下，实际上它们已具有一定的潜在的经济价值。既然是具有经济价值，当然可以成为盗窃罪的对象。对于此种情况，我国司法机关曾作过大量的司法解释，也相应在具体操作中依法处理过大量具体的案件。其三，判断标准的发展性。必须承认，经济价值性并不是一成不变的，而是随着历史和社会现实的发展变化，以及社会经济制度、政治制度和对某一特定物品的供需量的变化而相伴随发展变化的。因此，某种物品可能在某一时期具有较高的经济价值，而在另一时期则可能具有较小的经济价值甚至不再具有经济价值，这也是和社会发展趋势以及市场供求关系相联系的。这类物品在我国是大量存在的，例如前述的粮票、布票等计划供应票证。其四，判定财物有无价值，不能以有无价格为依据。价格只是价值的货币表现，它只有在交换领域才存在。而有些物品不能投入流通或一般不投入流通，这些物品就没有价格，却仍有价值。例如稀世国宝、珍贵名画等无价之物就不能认为不属于财物。其五，判定财物有无价值应按照立法规定和社会一般情况来理解，至于失主或盗窃者主观认识如何，并无意义。因为对构成犯罪与否的判断属于国家对危害行为的否定性评价，每个犯罪的构成要件的含义都是由立法者根据社会一般理解预设在法律之中。司法者只能依据立法的精神和社会一般认识来理解法律，必须摆脱当事人看法的影响，才能做到司法公正。

（2）具有可支配性。能够被人们所控制和占有的财物必须是依据五官的功能可以认识的有形的东西。控制和占有是事实上的支配。这种支配不仅仅是单纯的、物理的、有形的支配。有时占有是一种社会观念，必须考虑到物的性质，物所处的时空等，要按照社会上的一般观念来决定某物有没有被占有。有时既使在物理的或有形的支配达不到的场合，从社会观念上也可以认为是占有。盗窃行为的本质特征在于通过自己的非法占有而排除他人的占有权，从而影响到他人对特定财物的所有权的行使。因此，中国刑法理论界的通论认为，盗窃罪必须以“非法占有为目的”。而这一为主观和客观要求的“占有”一词，表明盗窃罪的犯罪对象必须是能够为行为人所占有，即具有为行为人所支配的可能性。从另一个角度来分析，盗窃行为的特征在于，行为人通过秘密窃取的方式，非法占有不属于自己所有的公私财物，换言之，即通过排除他人对财物的支配关系，建立自己的非法支配关系。从这一方面来讲，盗窃罪的犯罪对象必须具有可支配性，这一特征决定了盗窃对象必须是人力可控制、支配的财物。随着科学技术的发展，无形物也能够被人们所控制，也就能够成为盗窃罪侵犯的对象，如电力、煤气、电话号码等。如果某一物品是不能为人力所控制、支配的，既使其具有经济价值和使用价值，也不能成为盗窃罪的对象。比如阳光、风力、空气等自然能源和电波、磁力等就不能成为盗窃罪侵犯的对象，因人类现在还不能有效地控制和支配它们，所以它们虽有很高的使用价值和经济价值，但至少在当前不具备为人力所控制和支配的可能性，因而不能成为盗窃的对象。如果某一特定财物不能为任何人所实际控制，无法体现出对其所拥有的所有权，则行为人所实施的盗窃行为就在实质上未排除任何人对该财物的支配，也未侵犯任何形式的公私财物所有权，那么就不可能构成盗窃罪。

（3）只能是动产而不能是不动产。盗窃罪的犯罪对象只能限于动产，这一点虽然未被我国刑事立法所明确规定，但是却为中国刑法理论界的多数人所认同，在中国刑法理论界也基本上属于通论。同时，司法实践中也对不动产能否成为盗窃罪的对象持否定态度。民法理论上把财物分为动产和不动产：可移动的是动产，不能移动或者移动后损失经济价值的是不动产。各国刑法几乎都将动产列为盗窃罪的对象，至于不动产是否可以成为盗窃罪的对象，在刑法理论上一直争论不休。国外刑法学界有肯定说、否定说、犹豫说，意见长期不能统一，但从整体上来看，否定说占上风。

我国刑法没有对盗窃罪的对象作出动产与不动产的区分，因此关于不动产能否成为盗窃对象的不同意见时有出现。有人认为不动产也能成为盗窃罪对象的理由是：其一，动产与不动产是财物在客观上的物质表现形态，刑法规定的盗窃对象是“公私财物”，并没有限制为动产。其二，盗窃罪的构成并不以财产的转移为必要条件，行为人窃占不动产后，虽然原物并没有移动，但原物主实际上已无法行使所有权，合法财产权利受到严重侵犯。这种秘密占有他人不动产的行为与一般盗窃动产的犯罪并无本质上的区别，因而应以盗窃罪论处。笔者认为，盗窃罪的对象只能是动产，不动产不能成为盗窃罪的对象，这是出于3个方面的考虑：其一，盗窃犯罪行为的本质特征决定其行为所指向的对象只是动产。众所周知，盗窃罪客观方面的特征表现为“秘密窃取”的行为，这一特征使盗窃对象的范围只限于动产。动产因其可移动性，可用“窃取”手段非法占有；不动产因其不可移动性，不能用“窃取”手段占有，只能“窃占”。窃取和窃占这两个概念，在行为特征上是有明显区别的。其二，不动产不可能通过犯罪人的简单盗窃行为而加以占有并因此而排斥原所有人的占有。不动产所有权关系的转移或变更，必须通过严格的法律程序才可能完成。由于这一点，窃占不动产的行为往往是通过欺骗手段而非秘密手段来进行的。在没有骗取到“合法”的法律手续之前，行为人对不动产既使已行使事实上的控制，但并不能排除物权人的有效控制。因此，从严格意义上，窃占不动产的行为与盗窃行为是有区别的，它实际上是一种侵占行为。其三，社会观念很难将窃占不动产的行为归结为盗窃行为。具体而言，如果将窃占不动产的行为全部定为盗窃性质，与社会一般价值观念所认同的“盗窃”很难归同，同时使得民法与刑法的衔接问题也很难解决。尽管近年来侵占国家、集体和私人所有的人不动产的情况越来越严重，只有民事手段调整显然不够，应该把不动产纳入刑法的保护范围，对侵占不动产情节严重的行为予以刑事制裁。但是，这个问题还是通过立法增设新的罪名解决为妥，任意扩大解释现有盗窃罪的对象范围，只能造成司法实践和刑法理论上的混乱。

（4）犯罪对象的相对法定性。所谓相对法定性，是指法律虽然未明确规定哪些财物不属于盗窃罪的犯罪对象，但是却以法条明示的形式规定某些财物不能成为盗窃罪的犯罪对象，因而某些特定物品虽然具有上述3个特征，但由于刑法典的特殊规定导致其本身不能成为盗窃罪的犯罪对象，因而既使行为人盗窃这些特定对象的，也不能以盗窃罪论处，而构成其他犯罪。除此以外，其他物品因法律未作排除性规定而可以成为盗窃罪的犯罪对象。根据我国刑法的规定，所有单独设立盗窃性犯罪的法条，其所列的物品均不能成为盗窃罪的犯罪对象，例如，盗窃枪支、弹药、爆炸物的，虽然行为人可能出于窃取财物的目的，但由于盗窃的对象是特定对象，因此，应以盗窃枪支、弹药、爆炸物品罪论处而不能构成盗窃罪，所以，枪支、弹药、爆炸物不能成为盗窃罪的犯罪对象。因为上述犯罪虽然侵犯了财产所有权关系，但同时还侵犯了其他社会关系，立法者考虑到这些社会关系的特殊性和重要性，而作出特别规定。这些特别条文与有关盗窃罪的条文就形成了特别法与普通法的法条竞合关系，按照特别法优于普通法的适用原则，应当优先适用特别法。在我国刑法中此类法定排除的物品较多，如国有档案、正在生长的林木、尸体、武器装备、军用物资、古人类化石、古脊椎动物化石等。而且从目前的立法趋势来看，此类盗窃罪法条竞合型的立法选择，随着社会财富多元化的发展趋势及刑法对社会保护制度的细化，将继续呈增长之势。例如，对于盗窃尸骨以出卖的行为，在1997年刑法修订通过之前，理论界认为它在教学、科研等方面是有价值的，就是说它在某种意义上也属于一种具有经济价值的财物，因此对盗窃尸体的行为，可以以盗窃罪依法追究刑事责任。但新刑法典将盗窃尸体的行为单独加以规定，因而此类犯罪依法《刑法》第302条应以盗窃尸体罪论处。

（5）为他人所占有。作为盗窃罪犯罪对象的公私财物，必须是由他人所实际占有的财物。此处涵盖两层意思：其一，“他人所有”的含义。《刑法》第264条所列的“公私财物”实际是指“他人的财物”。他人，即行为人以外的人。包括自然人和法人。但是如前所述，“他人的财物”不能仅仅单纯地理解成他人拥有的、所有的财物，而是指他人实际合法占有的财物，无论该财物的所有权是否属于此种“他人”所有。如此理解基于如下理由：首先，我国《刑法》第91条第2款明确规定：“在国家机关、国有公司、企业、集体企业和人民团体管理、使用或者运输中的私人财产，以公共财产论。”这里所言“管理、使用或者运输”都有占有的含义。既然由国家或集体占有之私人财产以公共财产论，那么由他人占有之财物当然属于“以他人财物论”的范畴，这显然属于情理之中。其次，盗窃他人占有之物，实际上是侵犯了他人财产所有权。我国《刑法》第 91 条之所以规定由国家或集体占有的财产以公共财产论，主要是考虑到如果这类财物被盗，则承担“管理”“使用”“运输”责任的国家或集体就当然负有赔偿的责任。基于同样道理，盗窃为他人占有但是并非为他人所有的财物，也应当以盗窃罪论。其二，对于他人占有的自己之物的窃取。盗窃犯不可能盗窃自己的财物，他所盗窃的对象是“他人的财物”。虽然是自己的财物，但由他人合法占有或使用，亦视为“他人的财物”。如寄售、托运、租借的物品。但有时也有这种情况，由自己合法所有、使用、处分的财物，也应视为“他人的财物”。遗忘物是遗忘人丢失但知其所在的财物，大多处于遗忘人支配力所及的范围内，其所有权或占有权仍属于遗忘人，亦视为“他人的财物”。遗失物是失主丢失而又不知其所在的财物。行为人拾得遗失物，应按《民法通则》处理，一般不构成犯罪。无主物是被所有人抛弃的财物、无人继承的遗产等。占有无主物，不构成犯罪。被人抛弃的财物归先占者所有。占有无人继承的遗产应退还给国家或集体。埋藏物、隐藏物不是无主物。所以，在他人占有期间的，也应视为他人的财物，因而也可以成为盗窃罪的对象。但是，对于此种情况应当具体情况具体对待，不能认为凡秘密窃取他人占有的行为人自己的财物，都构成盗窃罪。是否成立盗窃罪，还要结合行为人窃取财物的主观目的而定：如果行为人实施的秘密窃取行为是为了借此向他人（占有人）索取赔偿，则其行为实际上属于以非法占有为目的的盗窃，应当以盗窃罪追究刑事责任；相反，如果行为人秘密窃取只是为了与被害人开个玩笑，并无借此索取赔偿之意，因欠缺非法占有的故意，而不得以盗窃罪论处。

例如我国海警 2007 年 12 月行使刑事侦查权以来的第一起海域打捞沉船盗窃案“海上盗捞第一案”（又称“海上梁丽案”“水下许霆案”“还是许霆案”）[1][2][3][4][5]，此案也是浙江省、全国、世界首例海上盗捞案。2008 年 3 月 13 日凌晨，天道酬勤国际海运公司所属的外籍“NEWHANGZHOU”

---

[1] 葛东方、张庆霞．打捞他人沉船财物是盗窃吗？［N］．中国交通报，2009－11－19（3）．

[2] 沈雁冰．“海上盗捞第一案”引发法律争议［J］．法律与生活（上），2009（8）：13－15．

[3] 李林．对“中国海上盗捞第一案”的法理分析［J］．公安教育，2010（4）．

[4] 沈雁冰．一个渔业村的转型之痛［J］．法律与生活（上），2009（8）：17－19．

[5] 马新茹．台州市打捞沉没物案的法律分析［J］．兰州大学 2011 年法律硕士学位论文。

（新杭州）货轮载运价值5 000多万的钢材9 100余吨从天津开往越南胡志明市，途经大陈岛海域时，遇到大风浪，因机舱进水沉没。

吴某宝将消息提供给黄某健，并签订合作协议，沉船经纬度是从台州海事局一位中层干部手中得来，合作协议亦是由海事局工作人员起草。2008年5月初，从事海上打捞作业的“信宏168号”和“康顺9号”从福建省连江县筱埕镇定海村出发打捞沉船上的钢材。5月5日开始打捞沉船钢板。后被浙江省台州市海事局发现并向浙江边防总队海警一支队报案。

2008年5月7日，工程船“康顺9号”黄某健、孙某恩、陈某旺等17名犯罪嫌疑人因在台州海域打捞沉船钢材被台州海警抓获。人民检察院指控，“康顺9号”于5月5日开始打捞，至8日凌晨被控制时，黄某健4次将打捞钢材出售共得人民币228.21万元，现场查获钢筋钢板共199.13吨，估价约人民币912 193元。“新杭州号”沉没后，船主向保险公司申请了理赔，同时，为减少损失，船主也委托了舟山的打捞公司对沉船进行探摸，还立即报告给海事部门，并申请打捞，且制定了详细的打捞方案准备打捞，船主并没有放弃所有权，而被告人是有组织，事先商量、预谋，被打捞上来的钢材也都是新的，被告人明知是有主物继续打捞，应定为盗窃罪。公诉方的理由有：

第一，行为人的盗捞行为符合盗窃罪的犯罪构成。被告人黄某健、孙某恩等17人以非法占有为目的，结伙采取秘密方式窃取他人财物，数额特别巨大，犯罪事实清楚，证据确实充分，应当以盗窃罪依法追究其刑事责任。

第二，我国享有刑事管辖权。船上人员均为中国人，两艘工程船又挂靠在中国公司，理应管辖。

第三，“康顺9号”工程船并无打捞许可证，属非法打捞行为。

第四，2007年施行的《公安机关海上执法工作规定》第4条规定，“对发生在我国内水、领海、毗连区、专属经济区和大陆架违反公安行政管理法律、法规、规章的违法行为或者涉嫌犯罪的行为，由公安边防海警根据我国相关法律、法规、规章，行使管辖权。”

第五，我国对毗连区享有实质上的、全面的属地管辖权。根据《联合国海洋法公约》第2部分第4节、第5部分、第6部分分别对沿海国家对毗连区、专属经济区、大陆架的管辖权问题作出的规定和我国通过国内法对其进行的具体规定，专属经济区和大陆架虽然不同于领海，沿海国不享有完全的主权权力，但我国对所属区域仍享有广泛的经济和环境保护等方面的管辖权。国际法赋予沿海国家享有在经济和环境方面对专属经济区和大陆架的管辖权，实质上就是赋予沿海国家对专属经济区和大陆架享有较全面的管辖权。至于毗连区，国际法在地理上将其定义为毗连领海、从领海基线量起不超过24海里的区域（我国将其具体定义为连接领海的12海里宽的水域），并且赋予沿海国对毗连区享有两项管制权：一是防止在其领土或领海内违反其海关、财政、移民或卫生的法律和规章（我国国内法增加安全一项）；二是惩治在其领土或领海内违反上述法律和规章的行为。毗连区本身就是专属经济区的一部分，既然沿海国家对专属经济区可以享有实质上的、全面的属地管辖权，那凭什么就对沿海国家在毗连区的管辖权加以限制呢？实质上，我国对毗连区的管辖权中的上述5项权能是在专属经济区管辖权基础上的叠加。❶

第六，我国政府对发生在所属毗连区、专属经济区和大陆架的各种与经济和环境有联系的事项都具有管辖权，对为预防或制止在领土、内水和领海实施上述5项违法行为而现仍处在毗连区的人或事项具有管辖权，该打捞沉船钢材案件发生在毗连区内，因此，我国政府对该案享有属地管辖权。

第七，本案中塞拉利昂对其沉没于中国毗连区的船舶不再享有属地管辖权。国际法的确把船舶和飞机定义为一个主权国家流动的国土，对于航行于我国领海、毗连区、专属经济区和大陆架的外籍船舶，对于在船舶内部发生的案件，只要没有影响我国国家和人们的利益，我国政府一般是不管辖的，由船籍国管辖。案件中的船舶属于塞拉利昂，如果它是在航行水面上船舶内部发生盗窃、抢夺等案件，一般由塞拉利昂实施属地管辖。现在的问题是，船舶已经沉没，沉没的船舶是否仍然属于其国土的延伸呢？目前没有直接的规范性文件可以参考。沉没的船舶与沉没于海底的其他任何财产没有任何区别，因此，对于沉船还以流动的国土来看待，是没有任何法理依据的。联合国《保护水下文化遗产公约》规定，对于在毗连区、专属经济区和大陆架，甚至公海打捞的沉船沉物，如果不能确定来源，适应先占原则，这一点也可以间接说明海底沉船不再具有国土性，否则，一国的国土难道可以适应先占？❷

第八，海底沉船沉物的所有人虽然对其失去实际控制，但并没有因此

---

❶ 李林．对“中国海上盗捞第一案”的法理分析［J］．公安教育，2010（4）．

❷ 李林．对“中国海上盗捞第一案”的法理分析［J］．公安教育，2010（4）．

而丧失所有权。我国1957年《打捞沉船管理办法》第7条规定，沉船所有人在下列情况下丧失沉船的所有权：①妨碍船舶航行、航道整治或者工程建筑的沉船，在申请打捞期限以内没有申请或者声明放弃，或者打捞期限届满，而没有完成打捞；②前项规定以外的其他沉船自沉没之日起一年以内没有申请打捞，或者完工期限已经届满，而没有打捞。该条在字面上确实是规定船主超过规定的期限没有打捞或没有成功打捞而“丧失所有权”，但实质上船主丧失的不应该是所有权，而应该是请求权，因为该条所规定的期限不应该是所有权的期限，而应该是消灭时效，只有请求权才存在消灭时效。因此，沉没物不是无主物，沉没物的所有人不会因对沉没物失去控制而丧失所有权，但可以因超越消灭时效期限而失去请求权或胜诉权。既然沉没物不是无主物，那么打捞者打捞出的沉船沉物就应该归还物主，除非法律明文规定可以归打捞者所有，比如，我国颁布的《关于外商参与打捞中国沿海水域沉船沉物管理办法》第15条第（2）项的规定。当然，打捞者在归还物主时有权要求偿付打捞费用。

庭审中，17名被告人对海上打捞钢材的事实均无异议，但均否认了公诉机关的指控，认为打捞沉船货物不属于盗窃。多位被告人的辩护律师做无罪辩护。辩护人的辩护意见主要有：

第一，沉船位置无船看守也无浮标标注，处于脱离控制状态。依海事惯例，可通过设置浮标或者设置打捞区或者禁捞标记的方式宣示有关权利人对沉没物的控制，而沉没船舶周围未设置任何浮标，亦未设置禁捞标记，更未划定打捞区等，沉船物处于未被占有状态。

第二，该案的钢筋是沉到50米海下的东西，尽管所有人对船舶的所有权没有消灭，但对船舶失去了控制，属于脱离控制物或脱离占有物。正如学者所言：“而此案中的沉船是远离领海基线22海里的毗连区，茫茫大海海平面之下50米，这种大自然具体环境，决定了其物理空间上与物主没有一定的结合关系，而完全是不相关的相距甚远的物理空间，物主无法按常规占有对其实施控制，客观环境决定了不具备物主占有的空间条件。船舶沉没之后，尽管所有人对船舶的所有权没有消灭，但除非及时地以人力重新占有、控制，其对船舶自然就失去了控制……沉没物属于无人占有的物，不能成为盗窃罪的对象。”[1] 脱离控制的财物，不是盗窃行为的对象。被告人所打捞的该沉船物，当时没有人实际占有和控制，不论脱离占有的

[1] 杨燮蛟．打捞海底沉没物的行为是否构成犯罪的法理分析及思考［J］．学理论，2010（8）．

沉没物价值是一千、一万，还是价值十亿、百亿，都是不可能构成盗窃对象的。打捞脱离控制物的行为，不能构成盗窃罪。

第三，本案打捞的沉船沉物，属于国际法上的沉没物，适用民法上的遗失物。在民法理论上，对沉没物还没有专门的权威阐述，但有人将其归入无主物这个范畴。相比较而言，沉没物与遗弃物、埋藏物在含义上更接近一些，但并不完全相同，因此，在法律上不能找到沉没物属于无主物的理论依据和法规依据。

第四，打捞行为不符合盗窃罪犯罪客观方面的要求。从秘密窃取的秘密性方面说，康顺9号和信宏168号打捞船从事海上打捞沉没物，其行为是公开进行的。两艘打捞船只昼夜作业，且长期进行打捞本案中的沉没物，这样公开的行为显然不构成秘密性特征。从秘密窃取的相对性方面说，这样公开地打捞沉没物，没有证据表明其行为不被保管人、所有人或者经手人发现。从秘密窃取的自我性方面说，对于他们而言，这种海上打捞不是第一次，是长期公开进行的，在他们看来这种行为就类似于陆地上的拾荒行为，更不是违法行为。由此可知，本案的打捞行为不符合秘密窃取的秘密性、相对性和自我性。这样也就证明本案中打捞沉没物的行为不符合盗窃罪中的客观方面要件构成。[1] 被告人的打捞行为应属于拾得行为。

第五，未经审批的打捞行为，只具有行政法上的程序违法性，刑法未规定非法打捞罪，所以不能认为是犯罪，只能说是一个手续未齐备、违反行政法规的非法打捞行为。被告的违法之处唯独在打捞之前没有向海事主管部门申请批准，而这种擅自打捞行为也只能属于行政违法。根据1957年《打捞沉船管理办法》第10条规定，如果擅自打捞的被告能够主动将打捞物交与港口管理机关，不但不会受到处罚，反而还可以得到一定的奖励。上交的有奖，对不上交的打捞，要追究民事或行政法上的责任，但不可能超越民事行政责任层次自接将其升格为犯罪处理。[2] 因此，被告的海上擅自打捞行为不是犯罪。

第六，打捞行为具有实质上的社会有益性，显然不构成盗窃。按照我国有关法律法规规定，本案沉没船舶装载的是大量钢材，属于运营性船舶，其沉没的地点是我国领海之外的管制海域，依法应该及时打捞，即属于海事局规定的“海中沉没物应予及时清除”情形，在国际上，打捞沉船

[1] 马新茹．台州市打捞沉没物案的法律分析［D］．兰州：兰州大学，2011：6.

[2] 杨燮蛟．打捞海底沉没物的行为是否构成犯罪的法理分析及思考［J］．学理论，2010（8）.

行为也都是鼓励的。该案处理的自始至终，货主没有出现，承担理赔的保险公司也没有出现，而且被告实际打捞的钢材只占沉没总量的1/5不到，但案件从立案到宣判1年多的时间，船主事实上并没有组织打捞，因此，被告的海上打捞行为并没有侵害他人和社会的利益，相反，恰恰是一种有益于社会的行为。我国制定的《打捞沉船管理办法》和《关于外商参与打捞中国沿海水域沉船沉物管理办法》对打捞沉船沉物的行为都是给予鼓励的。

第七，如果说被告的行为一定构成了犯罪的话，那也是其在打捞出沉没钢材以后，私自将其出售占为己有的行为，而且要把该行为定侵占罪，还有一个前提条件是“拒不交出”，如果被告在海警要求其交出的情况下如实交出，也不构成侵占罪。该案当中并没有被告拒不交出钢材的证据。打捞海上沉没物的行为不符合非法占为己有的主客观双重要件的标准，并且不符合拒不退还、拒不交出的要件要求。就是说本案中打捞沉没物的行为不符合侵占罪客观方面要件的全部构成。此外，我国刑法中侵占罪属于告诉才处理的自诉罪，本案沉没物的所有人或者管理人没有提起诉讼，因此，“康顺9号”和“信宏168号”船员打捞海上沉没物的行为不构成侵占罪。[1]

第八，如果将未经行政审批、未经物主许可情况下实施的打捞脱离控制的沉没物的行为定性为盗窃，则等于明确：对此类打捞行为应一律以刑法来调整，我国民法和物权法关于拾得遗失物构成不当得利的规定则只能适用于陆地而不适用于海域。这显然是在错误理解法律。刑法中所有财产性犯罪都是以民法的所有权制度规定作为立法基础的，本案能否构成犯罪，应当从民法的层面先加以分析，只有当这种行为已经违反并超越了民法调整的范围，才有可能进入到刑法领域……没有经过物主同意的擅自打捞普通沉没物的行为，能否构成民法上的侵权也是不确定的，更不能进入到刑法的评价领域……擅自打捞的行为也没有超出民法的调整范围，没有必要通过刑法加以评价，以至于需要运用刑罚来加以惩罚。[2]

第九，不放弃所有权与事实上或社会通常观念上的占有和控制，是风马牛不相及的两码事，遗失物主人不放弃所有权，还在积极寻找，甚至悬赏，仍不能将拾得行为定性为盗窃。

---

[1] 马新茹．台州市打捞沉没物案的法律分析［D］．兰州：兰州大学，2011：9.

[2] 杨燮蛟．打捞海底沉没物的行为是否构成犯罪的法理分析及思考［J］．学理论，2010（8）.

第十，沉船地是我国的毗连区，在毗连区内我国不享有刑事管辖权。沉船地点在台州海域大陈岛以外22海里处，属于我国的毗连区。毗连区指在领海外而又与领海毗连，由沿海国对海关、财政、移民和卫生等特定事项行使管辖权的一个海域。依照我国《海洋环境保护法》和《领海及毗连区法》等的规定，只有当"违反安全、海关、财政、卫生或者入境出境管理的法律、法规的行为"出现，海警和公安才能行使管制权。本案中，打捞的并不是文物，既没有证据证明该打捞行为污染了海洋，也不存在上述的5种情形。该案被告的行为是一个发生在毗连区的纯粹的行为，与国家的主权利益不相干系。退一步讲，即便海警可以不问目的而在毗连区内独立行使上述5项权力，该案当中被告对于一起普通的沉没物的打捞行为也不属于上述5项权力的范畴。因此，海警对该案的管辖是超越法定权限。

第十一，打捞行为本身未违反公安行政管理法律或涉嫌犯罪，对发生在毗连区内的本案，公安机关没有管辖权。公安海警等部门的介入，与法不合。

第十二，在刑事管辖权上，属地管辖是一个根本原则，属人管辖是次要的。打捞行为应为发生在塞拉利昂国土上。船舶系一国领土的延伸，本案件的船舶沉没于我国毗连区，在法律地位上除我国享有限制的管辖权外，相当于公海。沉船"新杭州号"所属公司天道酬勤国际海运有限公司是在巴拿马登记注册，而该船舶登记地却在塞拉利昂。在该船舶（未解体）上的打捞钢材的行为在法律上可视为在塞拉利昂国土上的行为。

第十三，如果构成犯罪，需符合双重标准。船上人员为中国人，按属人管辖原则，我国公民在我国领域外犯罪的，要追究刑事责任，要符合双重标准。其一，我国的刑法规定必须是犯罪的；其二，行为地法律也应当认为是犯罪的。两者缺一不可。一般国家鼓励打捞沉船，擅自打捞不作为犯罪处理。在塞拉利昂是否将该类打捞行为作为犯罪处理，是公诉机关必须证明的内容。公诉机关未证明该内容，公诉管辖权依据不足，更不能以盗窃罪追究责任。而且，依据刑事诉讼法以属地管辖为根本的原则，塞拉利昂的属地管辖应该比中国的属人管辖享有优先权。再退一步讲，如果认定我国和塞拉利昂对该案均等享有刑事管辖权，那么，为了避免主权纠纷，也应该首先通过外交途径解决管辖冲突。

第十四，本案被告人没有违反《打捞沉船管理办法》。《打捞沉船管理办法》只适用于领海和内河的沉船，不适用于毗邻区的沉船及打捞管理。按照这一法规，在满足一定条件下，领海和内水范围之内的沉船所有权会依法丧失，显然，毗连区内的沉船所有权，更加容易丧失。[1]

法庭上，原船主是否占有沉没的货物，成为庭上争议的焦点。

2009 年 7 月 15 日，台州市椒江区人民法院再次开庭审理“康顺 9 号”船员涉嫌盗窃一案，当庭作出一审宣判，认定为盗窃罪，17 名被告人分别被判处 1 年 6 个月至 14 年不等的刑期，并处 4 万元到 15 万元不等的罚金。

2008 年 4 月份，张某方、程某江等 8 人得知沉船消息后，联系到福建工程船“信宏 168 号”打捞船和 13 名股东组织打捞，先后打捞沉船中的钢筋 1 387 吨，并通过郑某明与伍某达销售出去。2009 年 5 月 4 日，检察院向法院提起公诉。公诉机关认为，被告人张某方等 23 人以非法占有为目的，结伙秘密窃取沉船“NEW HANGZHOU”轮所载钢筋约 1 387 吨，合计价值人民币 662.3605 万元，数额特别巨大，应以盗窃罪追究其刑事责任。被告人伍某达、郑某明明知是盗窃所得的钢筋而予以收购并销售，应以掩饰、隐瞒犯罪所得罪追究其刑事责任。

被告辩护人辩称本案发生在我国的毗连区，不能根据刑法规定的属地原则归台州椒江区法院管辖。另外，即便对该案享有刑事管辖权，被告人黄某坚等行为亦不构成盗窃罪。主要原因有：①被告人不存在盗窃的犯意，不符合盗窃罪的主观要件；②钢材系无人控制之因自然力脱离控制之物，不能成为盗窃罪之客体；③本案的打捞行为不符合盗窃罪之秘密性；④被告人擅自打捞他人沉没物行为的社会危害性小，不具有刑事违法性；⑤本案被告人的行为属于单位行为，不应作为自然人个人行为处理。

法院审理认为，盗窃罪的客体是保护财物占有的稳定状态，对财物的支配或控制既可以是物理上的，也可以是观念上的。被告人的打捞行为改变了沉没物的空间位置，导致所有权人对该财物丧失控制力，已严重侵害了法益。本案被告人采用被单遮盖住船号，利用夜间、雾天打捞等行为，符合盗窃罪秘密窃取的客观特征。被告人将打捞上来的钢筋及时销赃，盗窃犯意明显。本案的犯罪实施地虽属毗连区，但其犯罪预备行为及销赃行为都发生在台州市椒江区内，故椒江区人民法院享有管辖权。“信宏 168 号”船系个人合伙出资，且违法所得归个人所有，不符合单位犯罪的主体条件。海上沉船的所有权保护期限为 1 年，这是对海上打捞的特殊性的考虑，但本案案发时距沉船日仅 2 月余，所有权人未明示放弃，故所有权应予保护。海上行为的特殊性应由法律的特别规定为依据，在无法律特别规

---

[1] 杨燮蛟．打捞海底沉没物的行为是否构成犯罪的法理分析及思考［J］．学理论，2010（8）．

定的情况下，应适用刑法的一般原理及规定。最后，经法庭审理，一审法院作出判决，以盗窃罪分别判处被告人吴某杰等21人有期徒刑11年到2年不等，有的同时被判处缓刑，并处罚金30万元到8万元不等；以掩饰、隐瞒犯罪所得罪分别判处吴某达、郑某明有期徒刑3年，缓刑4年，并处罚金人民币30万元。被告不服一审判决，依法向台州市中级人民法院提起上诉。

经过台州市中级人民法院二审，驳回被告人黄某的上诉，但同时改变一审判决，新增判处黄某岳等7名被告人缓刑。“信宏68号”案二审裁定：①撤销浙江省台州市椒江区人民法院2009台椒刑初字第229号刑事判决。②发回浙江省台州市椒江区人民法院重新审理。重审结果在保持原来盗窃罪认定的基础上增加了缓刑人数。

对此案的评论，有专家认为，捞取未明示所有关系的沉没物不应视为盗窃。台州沉船打捞案的核心问题在于所涉财产是否能够成为盗窃罪的犯罪对象。作为盗窃罪犯罪对象的财产的支配性，不仅是指一种权利状态，还要求这种权利状态必须以一定方式公示出来。否则，如果按照社会或行业观念，能够认定财产处于失去控制、失去占有的状态，那么行为人获取该财产的行为不能够认定是犯罪。比如拾得遗失物、遗留物，只能产生民法上责任，与刑事无关。本案的涉案沉没物未设标记、未雇人看守，也未有其他形式的公示行为表明其占有，那么，按照社会或行业观点，可以理解为脱离了占有、控制状态。沉船后船主立即向海事部门交了30万元的油污处理费，让打捞公司出具打捞方案和打捞价格等行为，只能表明船主没有放弃沉没物的所有权。但是获取脱离控制状态的有主财产并不能认定为盗窃。比如一个乘客不小心把一包财物丢到出租车上，出租车司机明知道乘客是谁，但是并没有归还，而是把财物拿到家中，也不能定出租车司机盗窃罪。因为乘客下车后这些财物已经处于丧失控制状态。同样，在本案中，船主的行为也并不能改变沉没物已经脱离控制的事实，那么嫌疑人理应不构成盗窃罪。[1] 还有学者针对目前的刑事司法，尖锐地批评道：对这种本不应该构成犯罪的案件，将其所谓的社会危害性进行无限地拔高放大，然后上纲上线，定为重罪予以严惩，在我们这个崇尚强势手段解决争议的思维定式依然存在，习惯于使用高端手段处理问题的国度里却具有必然性。擅自打捞行为以盗窃罪起诉折射出一个明显的司法心态，表明了罪

---

[1] 葛东方，张庆霞．打捞他人沉船财物是盗窃吗？［N］．中国交通报，2009－11－19（3）．

疑惟轻、疑罪从无的司法原则在我们的司法实践活动中真正落到实处还有较长的一段路要走。对于这类稀奇古怪的疑难案件是否构成犯罪，我们的司法活动需要用一种平和的心态去审慎对待，需要通过犯罪具有的二次性违法特征原理进行循序渐进地评价，同时更需要有一种坚持罪疑惟轻、疑罪从无原则的宽容胸怀，才能得出一个较为令人信服的结论。这是一个法治社会必须拥有的一种人文关怀和价值取向，也是我们这个已经想要踏上法治之路的国度必须要支付的社会代价。[1] 笔者完全赞同上述专家学者的意见，打捞案不仅表明打捞行为不仅不构成犯罪，而且证明了不受约束的司法滥用和跋扈的危害比非法打捞对社会的危害更大，而且让社会付出得更多，浪费了社会资源。

三、盗窃罪罪数形态的认定

（一）盗窃罪与非罪的认定

1. 盗窃罪与一般违法行为的界限

盗窃公私财物，数额未达到较大标准，也不具备多次盗窃这一要求的，不应认为是犯罪，属于一般违法行为，必要时可给予治安行政处罚。应当注意的是，盗窃公私财物数额大小、次数多少，是决定盗窃行为社会危害程度的重要因素，但不是唯一因素，区分罪与非罪的界限，要把上述因素同案的原因、手段、社会影响、行为人的一贯表现、作案动机等相结合，进行综合分析判断。盗窃未遂，情节轻微的，一般不定罪处罚。但如果以数额巨大的财物，或者国家珍贵文物等为目标，既使盗窃未遂，或者实际所得价值较小，也应定罪处罚。对某些具有小偷小摸行为的，因受灾生活困难偶尔偷窃财物的，或者被胁迫参加盗窃活动没有分赃或分赃甚微的，可不作盗窃罪处理，必要时，可由主管机关予以适当处罚。把偷窃自己家的或近亲属财物的行为与社会上的盗窃犯罪行为加以区别。根据2013年最高人民法院、最高人民检察院《关于办理盗窃刑事案件适用法律若干问题的解释》第7条的规定，盗窃公私财物虽数额较大，行为人认罪、悔罪，退赃、退赔，且具有下列情形之一，情节轻微的，可不起诉或者免予刑事处罚；必要时，由有关部门予以行政处罚：具有法定从宽处罚情节的；没有参与分赃或者获赃较少且不是主犯的；被害人谅解的；其他情节轻微、危害不大的。

---

[1] 杨燮蛟．打捞海底沉没物的行为是否构成犯罪的法理分析及思考［J］．学理论，2010（8）．

有学者指出，入户盗窃、携带凶器盗窃、扒窃3种行为与一般盗窃行为相比，只是在盗窃数额不足法定最低标准时，上述3种行为与一般盗窃行为的定性存在差异，上述3种行为构成盗窃罪不受犯罪数额和次数的限制。因此，既使行为人以上述3种方式窃取的财物数额低于盗窃罪成立的最低数额标准，也应当认定为盗窃罪，仍然应当追究其刑事责任。当然，如果行为人的犯罪数额等情节符合《刑法》总则第13条“但书”规定的，可以不以盗窃罪论处。❶ 还有学者认为，对于“入户盗窃、携带凶器盗窃、扒窃”入罪处罚仍要有“数额”的限制，“数额”标准应当一致。虽然存在入户窃取财物、携带凶器窃取财物、扒窃财物的行为，但是对于数额太小或者没有财产损失的盗窃行为，并不能造成严重破坏他人财产利益的结果。本着刑法谦抑原则，对于该行为的处罚就应有所节制，这也是我国违法行为处罚体系（即治安处罚）与刑事处罚体系应当合理衔接的要求。❷ 笔者认为，“入户盗窃、携带凶器盗窃、扒窃”并不意味着所有“入户盗窃、携带凶器盗窃、扒窃”行为均无一例外地都要定罪处刑，其入罪不但要有盗窃的“数额”限制，而且还要有犯罪结果、危害后果、犯罪情节等多方面的限制，并且，“入户盗窃、携带凶器盗窃、扒窃”还要受到《刑法》总则第13条“但书”的限制，如果情节显著轻微危害不大的，不认为是犯罪，不应以盗窃罪定罪处罚。

2. 偷拿自己家里或者近亲属的财物的处理

根据2013年最高人民法院、最高人民检察院《关于办理盗窃刑事案件适用法律若干问题的解释》，偷拿家庭成员或者近亲属的财物，获得谅解的，一般可以不认为是犯罪；追究刑事责任的，应当酌情从宽。因此，盗窃自己家里或近亲属的财物，一般可不按犯罪处理。对确有追究刑事责任必要的，在处理时也应同在社会上作案有所区别。近亲属指夫、妻、父、母、子、女、同胞兄弟姐妹。盗窃近亲属的财物应包括盗窃分居生活的近亲属的财物，盗窃自己家里的财物，即包括共同生活的近亲属的财物，也包括盗窃共同生活的其他非近亲属的财物。家庭成员勾结外人盗窃自己家里的或近亲属的财物，属于共同盗窃行为。构成盗窃罪的，应依法追究刑事责任。这种情况对家庭成员也要与社会上其他同案犯区别对待。

---

❶ 赵秉志．刑法修正案（八）理解与适用［M］．北京：中国法制出版社，2011：319.

❷ 王建平，张繁荣．新类型盗窃研析——以《刑法修正案（八）》新增内容为视角［G］//朱孝清，莫洪宪，黄京平．社会管理创新与刑法变革（下卷），北京：中国人民公安大学出版社，2011：1774－1175.

盗窃亲属的财物即亲属相盗能否构成盗窃罪或者是否追究刑事责任？在肯定盗窃罪成立的前提下，是否与一般盗窃罪区别对待或是否减免处罚？美国、英国、加拿大、日本、德国、法国、意大利、奥地利等国刑法都对亲属相盗做了特别规定，使之与一般盗窃罪区别开来，但也并非是将亲属相盗作为独立的罪名，而是做特别处理。至于处理方式，各国刑法又有所不同，主要有采取自诉原则、不予定罪、免于处罚、采取自诉与免于处罚相结合的原则。我国刑法对亲属相盗没有明文规定，但相关司法解释和判例却体现了亲属相盗与一般盗窃的处理的区别。各国刑事立法与司法对亲属相盗予以特别对待的理由何在，这是理论上颇有争议的问题。在德日等大陆法系国家刑法理论界，主要有以下几种学说：可罚的违法性阻却事由说、责任阻却事由说、人的处罚阻却事由说。❶ 我国通说认为，家庭成员或近亲属之间的盗窃与普通盗窃不完全相同，这种盗窃发生的原因是多方面的，对家庭成员或近亲属之间的盗窃，一般不宜按犯罪处理，但也不能完全不管，处理时应与社会上作案的有所区别。对亲属相盗作有别于一般盗窃的处理，有多方面的原因或理由，有学者分别从被盗财物的性质、被害人的感受、行为人的违法性认识、社会公众的态度、刑事政策的立场进行了分析，认为对亲属相盗在刑法中明文规定作为自诉案件处理（即告诉乃论），处罚时采取减免刑罚的从宽政策，这可能是最佳选择。❷

3. 偷开汽车行为的处理

偷开机动车辆案件的情况比较复杂，应按不同情况作出处理。①以非法占有为目的，偷开机动车辆，变卖或留用的，应按盗窃罪定罪处罚。②为练习开车、游乐等目的，多次偷开机动车辆，并将机动车辆丢失的，以盗窃罪定罪处罚。③为盗窃其他财物，盗窃机动车辆当犯罪工具使用的，被盗车辆的价值计入盗窃数额，按照盗窃罪定罪处罚。④为实施其他犯罪而偷开机动车辆当犯罪工具使用后将偷开的机动车辆送回原处或停放到原处附近，车辆未丢失的，按其所实施的犯罪从重处罚。⑤为实施其他犯罪，在偷开机动车辆过程中发生交通肇事构成犯罪，又构成其他罪的，应当以交通肇事罪和其他罪实行数罪并罚。⑥多人多次为取乐而偷开汽车，严重扰乱社会秩序的，对首要分子，可以按聚众扰乱社会秩序罪论处；因而发生交通事故的，应按交通肇事罪处罚。⑦偷开机动车辆又故意

---

❶ 张明楷．外国刑法纲要［M］．北京：清华大学出版社，1999：605－607.

❷ 刘明祥．财产犯罪比较研究［M］．北京：中国政法大学出版社，2001：167.

造成车辆损坏的，按照《刑法》第275条规定的故意毁坏财物罪定罪处罚。⑧为取乐而偷开汽车的，如果情节不严重，可按一般违法行为对待。⑨偶尔偷开机动车辆，情节轻微的，可以不认为是犯罪，可按一般违法行为处理。

（二）盗窃罪与彼罪的认定

1. 盗窃罪与危害公共安全罪中有关犯罪的界限

行为人以非法占有为目的而盗窃，但行为对公共安全造成了危害的，构成有关危害公共安全的犯罪，如偷电线的行为，盗窃正在使用中的交通工具的重要零部件的行为等。盗窃行为达到了数额较大，但没有危及公共安全的，只构成盗窃罪。盗窃广播电视设施、公用电信设施价值数额不大，但是构成危害公共安全犯罪的，以危害公共安全的犯罪定罪处罚。盗窃行为达到了数额较大的标准，同时又危及公共安全的，如盗窃广播电视设施、公用电信设施等同时构成盗窃罪和破坏广播电视设施、公用电信设施罪的，这种情况形成了想象竞合，择一重罪处罚，如盗窃使用中的电力设备，同时构成盗窃罪和破坏电力设备罪的，择一重罪处罚。

2. 盗窃罪与其他犯罪的界限

这里主要是涉及盗窃罪与盗伐林木罪，盗窃枪支、弹药、爆炸物罪，盗窃公文、证件、印章罪，盗掘古文化遗址、古墓葬罪，非法获取国家秘密罪，破坏生产经营罪，侵犯商业秘密罪，贪污罪，盗窃武器装备、军用物资罪等特殊盗窃罪的界限，它们是法条竞合的关系。如果不是盗伐生长中的林木，而是盗窃已经采伐下来的木料的，或者偷砍他人房前屋后、自留地上种植的零星树木数额较大的，则应构成盗窃罪。①故意盗窃枪支、弹药、爆炸物或公文、证件、印章的，因盗窃的是刑法规定的特定对象，故依法应定盗窃枪支、弹药、爆炸物罪或盗窃公文、证件、印章罪，不以盗窃罪论；如果在盗窃到的手提包中意外地发现放有枪支、弹药，因无盗窃枪支、弹药的故意，仍应以盗窃罪论处；如果盗窃拎包后发现内有枪支、弹药而又私藏的，则又构成私藏枪支、弹药罪。但是，如果犯罪分子又利用这些物品进行其他犯罪活动的，应将其他犯罪与盗窃罪数罪并罚。盗窃墓葬，窃取数额较大的财物，应以盗窃罪论处；虽未窃得财物或窃得少量财物的，如情节严重，也应以盗窃罪论处；如果窃取少量财物，情节轻微的，可由公安机关酌情给予治安处罚，盗掘古文化遗址、古墓葬的，应依《刑法》第328条之规定处理。对盗窃珍贵文物的，如果仅属窃取，应定盗窃罪；在盗窃过程中破坏珍贵文物、名胜古迹的，可以按盗窃罪或者故意损毁珍贵文物罪、故意损毁名胜古迹罪中的一重罪从重处罚。②窃取支票骗兑现金或者骗购物品的犯罪性质。窃取他人购买的旅行支票，模仿失主签字，骗兑现款或者骗购物品的，窃取单位盖过章的空白支票，填写收款单位和金额，骗购物品的，如果数额较大，一般构成盗窃罪。行为人虽然使用了欺骗手段，但他采用秘密窃取手段取得支票是决定性的，而兑现或购物是继续完成盗窃行为，最终受损失的是丢失支票个人或单位。所以，仍应构成盗窃罪，而不构成票据诈骗罪。如果盗窃犯勾结他人冒充签发支票的个人或单位人员去兑现或购物的，后者如果知道支票是偷来的，构成盗窃罪的共犯；如果不知道支票是偷来的，他冒名顶替，虚构事实，采用欺骗方法占有财物则可定为票据诈骗罪。根据《刑法》第 210 条第 1 款规定，盗窃增值税专用发票或者可以用于骗取出口退税、抵扣税款的其他发票的，依照本条的规定定罪处罚。根据《刑法》第 253 条第 2 款规定，邮政工作人员私自开拆或者隐匿、毁弃邮件、电报而窃取财物的，依照本条的规定即本罪定罪从重处罚。盗窃信用卡并使用的，根据《刑法》第 196 条第 3 款规定，应以盗窃罪治罪。盗窃数额应当根据行为人盗窃信用卡后使用的数额认定。将电信卡非法充值后使用，造成电信资费损失数额较大的，依照《刑法》第 264 条的规定，以盗窃罪定罪处罚。盗用他人公共信息网络上网账号、密码上网，造成他人电信资费损失数额较大的，依照《刑法》第 264 条的规定，以盗窃罪定罪处罚。③使用投毒、爆炸方法偷鱼的犯罪性质问题。如果是出于盗窃的目的，毒死或炸死较大数量的鱼，将其偷走，未引起其他严重后果的，应定为盗窃罪；如果不顾人畜安危，向供饮用的池塘中投放大量的剧毒药物，或者向堤坝、其他公共设施附近的水中投掷大量炸药，严重危害公共安全，致人重伤、死亡或者使公私财物遭受大损失的，应定投毒罪或爆炸罪；如果是为了偷鱼或挟私报复，向鱼塘内投放大量剧毒药物，严重污染水质，毒死整塘的鱼，使集体的或个人承包的养鱼生产遭到严重破坏，损失惨重的，应定破坏生产经营罪，同时还应查明毒物或炸药的来源，抑牵连犯有其他罪的，则应从一重罪惩处。如果盗窃行为是以破坏生产经营为目的，应以破坏生产经营罪论处；但是，如果被盗物品数额巨大，同时也破坏了生产经营的，按照想象竞合犯的处理原则，择一重罪处罚，以盗窃罪论处，因为盗窃数额巨大的，其法定刑重于破坏生产经营罪。盗窃技术成果等商业秘密的，按照《刑法》第 219 条的规定定罪处罚。国家工作人员利用职务上的便利窃取公共财物的，应以贪污罪定罪处罚。军职人员盗窃武器装备或者军用物资的，应认定为盗窃武器装备、军用物资罪。

四、盗窃罪的未遂与既遂

关于盗窃罪的未遂与既遂的区分，在国内外刑法学者中，历来是众说纷纭。其主要主张有，①接触说（触手说），即行为人用手触及目的物为既遂，反之为未遂；②取得说（控制说），即以把赃物移置安全地带，实际为犯罪分子所控制为既遂，反之为未遂；③转移说，即只要将赃物移离现场，不论犯罪分子是否确实取得，即为既遂，反之为未遂；④移入支配说，即将赃物移入支配之下为既遂，反之为未遂。⑤损失说；⑥藏匿说；⑦失控说；⑧失控加控制说。笔者认为应采取第⑧种观点，盗窃是侵犯财产所有权的行为，其危害性具体表现在使财物的所有者失去行使占有、使用、处分等权能的条件。因此，一般以将公私财物移置于物主的控制范围之外隐藏，即使盗窃犯未及时取走就被查获，也应视为既遂。但应当指出，由于作案的时间、场所不同，所谓控制范围如何确定，是比较复杂和困难的。有特定控制范围标志的，如院墙、铁丝网等，一般较容易判断。但是，如果是机关大院、大工厂、企业等，里边有许多单位和建筑，不能说只有越过整个大院、厂区的最外一层院墙，才视为脱离控制范围，而是只要使财物脱离了直接保管该项财物的人员控制范围，使其不易发现该财物，就应视为既遂。至于放在街道、公路、野外的财物，其控制范围是多大，没有明确标志，一般可以根据物主在该处发现财物被盗并收回财物所能达到的最大范围为控制范围。

五、海盗犯罪

（一）海盗罪的概念和构成特征

海盗，即海上的强盗，意思是指专门在海上抢劫其他船只的犯罪者。按通常的理解，所谓海盗行为就是在海上进行武装抢劫的行为。海盗打乱了海上运输的正常秩序，对国际贸易带来了灾难性的影响。海盗行为的历史可以追溯到3 000年前。其实，自人类开始航海活动以来，海盗行为就是困扰海运交通安全的首要问题之一。资本主义原始积累时期海盗行为最为猖獗。尽管人类社会已经步入了21世纪，但海盗问题仍没有得到根除，甚至在近年来有愈演愈烈的趋势，许多国际重要航道上都有海盗的踪迹。当今世界，海盗活动大致可分成“亚洲一般型”“西非/南美型”“恐怖分子型”“东南亚组织犯罪型”4种类型。现代海盗依然出没于世界“五大恐怖水域”——索马里沿岸、红海和亚丁湾一带、孟加拉湾沿岸及马六甲海峡和整个东南亚水域。其中，东南亚和东北非的海上是目前世界上海盗最猖獗的海域。近年来，索马里海域已经成为世界上最危险的海域之一，索马里海盗已成为一大国际公害。“海盗”并不存在共同的定义，海盗行为原始的和严格的定义是指一艘私有船舶在公海上以劫夺的意图对另一艘船舶所作的任何未经授权的暴力行为，但国际法上的海盗行为有其特定含义，且可能与一国国内法认可的海盗行为不同。1982 年《联合国海洋法公约》第 101 条和第 102 条给海盗行为下的定义为：（a）私人船舶或私人飞机的船员、机组成员或乘客为私人目的，对下列对象所从事的任何非法的暴力或扣留行为，或任何掠夺行为：①在公海上对另一船舶或飞机，或对另一船舶或飞机上的人或财物；②在任何国家管辖范围以外的地方对船舶、飞机、人或财物；（b）明知船舶或飞机成为海盗船舶或飞机的事实，而自愿参加其活动的任何行为；（c）教唆或故意便利（a）或（b）项所述行为的任何行为。军舰、政府船舶或政府飞机由于其船员或机组成员发生叛变并控制该船舶或飞机而从事第 101 条所规定的海盗行为，视同私人船舶或飞机所从事的行为。

海盗犯罪是一种公认的古老的国际犯罪。它严重地破坏了公海秩序，危害海上运输事业的安全和发展。自 17 世纪以来就成为各国行使普遍管辖权的对象。防止和惩治公海上的海盗犯罪，是 19 世纪以来习惯国际法上的一贯主张，但国际社会没有就惩治海盗行为订立有关的条约。最早涉及海盗行为规定的是 1937 年的《尼翁协定》及其后的《尼翁补充协定》，但这两个协定关于海盗行为的界定并没有获得国际社会的普遍接受。[1] 联合国主导订立的国际反海盗法规是整个国际反海盗机制的基础，主要包括国际公约和联合国安理会相关决议两部分，其中国际公约是起长效作用的部分，而安理会相关决议则直接为成员国的反海盗活动规定了职责，提供了合法性。[2] 1958 年 4 月 29 日有关国家在日内瓦签署的《日内瓦公海公约》，把 19 世纪以来习惯国际法中惩治海盗的规则加以明确化，使之更具规范性，形成了人类历史上第一个惩治海盗犯罪的国际公约。在此基础上，1982 年《联合国海洋法公约》沿用了《日内瓦公海公约》关于海盗定义的规定，并要求所有国家尽最大可能进行合作，以制止在公海上或在任何

---

❶ 李强．论海盗行为的惩治——中国打击索马里海盗的国际法思考［G］//薛刚凌．中国军事法学论丛（2009 年卷：总第三卷），北京：中国方正出版社，2010：150.

❷ 薛茹．国际反海盗军事安全合作的法律问题［G］//陈耿．军事法论丛（第 9 辑）北京：军事科学出版社，2010：502.

国家管辖范围以外的任何其他地方的海盗行为。这两个公约中关于制止和惩治海盗行为的规定就构成了防止和惩治海盗罪的一般国际法规则。❶ 在1988 年的罗马会议上，国际社会通过了《制止危及海上航行安全非法行为公约》，该公约成为国际反海盗活动所依赖的另一个重要国际法律文书。尽管这一公约详细列举了危害航海安全的罪行清单，但它们与国际法上的海盗行为是有区别的。❷ 此外，2005 年的《制止危及海上航行安全非法行为公约》和《制止危及大陆架固定平台安全非法行为议定书》中包含有反恐、防扩散内容，也在国际反海盗事务中发挥一定的作用。2008 年 6 月以来，针对索马里海盗，联合国安理会应索马里过渡联邦政府请求，依据《联合国宪章》第 7 章有关规定，先后通过了 1816、1838、1846 和 1851 号等 4 项决议，呼吁关心海上活动安全的联合国会员积极参与打击索马里海盗的行动。这些公约、议定书和安理会决议为各国和国际组织的反海盗活动提供了合法性和动因。但遗憾的是，目前联合国对于国际反海盗合作仅止于授权，而缺乏更进一步的监督、协调机制。

国际法为各国合作打击海盗行为提供了法律基础，但并没有对如何惩治这种行为规定具体的措施，惩治海盗行为主要依靠各国国内法的规定。实际上，尽管海盗行为一直以来都被认为是违反了国际法的行为，很多国家的国内法已将海盗行为纳入其中。最早对海盗行为进行立法的是 1536 年英国的《海上犯罪法》，英国还建立了海事法院专门负责处理海事问题，其中就包括惩治海盗行为。后来，法国、美国、加拿大等国纷纷将有关海盗的法律规范加以系统化，成为其国内法的重要部分。❸ 目前，世界上多数国家都有关于海盗罪的规定，但在立法形式上存在较大不同，罪名和内容不尽相同，行使管辖权的条件也不一致。有的国家或地区将海盗罪规定在统一的“刑法典”中，如俄罗斯和我国台湾地区明文规定了“海盗罪”；有的则规定在单行刑法中，如美国宪法明确规定本国法院可以直接适用美国加入的国际条约中的有关条款，所以美国已经有本国法院接受本国海军捉住的海盗嫌犯并进行审理、判处刑罚的案例；有的国家把海盗罪的范围划得较宽（如英国把海上资敌的行为、贩卖奴隶的行为也规定为海盗罪），

---

❶ 王军敏．关于制止、惩治海盗罪的国际法规则［J］．中国党政干部论坛，2009（4）．

❷［英］詹宁斯·瓦茨．奥本海国际法（第 1 卷第 2 分册）［M］．王铁崖，等，译．北京：中国大百科全书出版社，1998：181．

❸ 薛茹．国际反海盗军事安全合作的法律问题［G］//陈耿．军事法论丛（第 9 辑）．北京：军事科学出版社，2010：502．

有的则把其范围界定得较窄；有的国家既规定了国内法上的海盗罪，也规定了国际法上的海盗罪，如加拿大刑法；有的则规定了一个统一的海盗罪。纵观各国海盗罪的立法情况，可以看出其在以下几个方面和国际法上的海盗罪存在差别。第一，国际法上海盗罪的犯罪地点限于公海或其他不属于任何国家管辖的区域，而国内法上的海盗罪一般不限于此，在本国海域也可构成海盗罪。第二，国际法上的海盗罪必须是出于私人目的才可构成，而国内法上的海盗罪可以是出于政治目的。第三，在国际法上，军舰、政府船舶或者政府飞机由于船员或机组成员叛变不构成海盗罪，只有同时从事海盗行为的，才构成海盗罪。但有些国家规定，上述人员叛变行为本身即构成海盗罪，而不管其是否实施了海盗行为。

海盗罪是国际法中各国有权行使普遍管辖权的一项国际罪行。根据《联合国海洋法》第 101 条的规定，它是指私人船舶或私人飞机的船员、机组成员或乘客为私人目的，在公海上对另一船舶或飞机，或对另一船舶或飞机上的人或财物，或者在任何国家管辖范围以外的地方对船舶、飞机、人或财物所从事的任何非法暴力或扣留行为，或任何掠夺行为。国际海盗犯罪构成特征：

第一，海盗罪所侵犯的客体是海上公共秩序，表现为严重破坏公海秩序，危害海上运输作业的安全和运输事业的发展。海盗犯罪所侵犯的直接客体一般是海上交通安全、人身权利和财产权利。所谓海上公共秩序是指由国际海洋法调整的，旨在建立和维护世界各国人民跨国性海上活动的正常、安全、有序的状态。海盗犯罪不仅严重破坏国际海洋公约和国际惯例，还危及海上交通安全，危害人身和财产安全。

海盗犯罪所侵害的对象是公海上的任何另一公有或私有船舶或飞机，或者船舶或飞机上的人或财物。只有当一只船舶或一架飞机上的人员对另一只船舶或另一架飞机以及其上的人员或财物实施非法的暴力抢劫、扣留或掠夺时，才构成海盗罪。如果船上船员或乘客对是在同一只船舶上或同一架飞机内实施类似行为，则不属于海盗行为。私人船舶或飞机曾被用以从事任何海盗行为并且该船舶或飞机仍在犯有该罪行的人员的控制之下，或者处于主要控制地位的人员意图利用船舶或飞机从事海盗行为，该船舶或飞机即被视为海盗船舶或海盗飞机。[1]

第二，海盗罪在客观方面主要表现为对另一船舶或飞机以及其上的人

---

[1] 张智辉．国际刑法通论［M］．北京：中国政法大学出版社，1999：214．

或财物非法使用暴力，进行抢劫、扣留或掠夺等行为；明知船舶或飞机成为海盗船舶或飞机的事实而自愿参加海盗活动的任何行为（如果行为人被迫参加则不构成犯罪行为）以及教唆或故意便利海盗活动的任何行为。可见，虽然国际海盗行为可以分解为众多具体行为，但构成国际海盗犯罪行为的国际刑法法定行为有 6 种，即非法暴力的行为、非法扣留的行为、掠夺的行为、自愿参加的行为、教唆的行为、故意便利的行为。所谓“非法暴力的行为”是指违法对船舶、飞机采取打击、拦截、劫持、爆炸、放火等暴力，导致船舶、飞机停泊、降落或者改变航向，或造成船舶、飞机毁损的行为，以及违法对船舶、飞机上的船员、机组人员和乘客采取杀害、伤害、殴打、捆绑、绑架等暴力行为。暴力行为不一定是既遂行为。所谓“非法扣留的行为”是指使用暴力以外的其他手段对船舶、飞机及其承载的船员、机组人员、乘客和财物扣留不放的行为，具体手段包括催眠、麻醉、胁迫等。所谓“掠夺的行为”是指抢劫或抢夺船舶、飞机所载财物和船员、机组人员、乘客私人财物的行为。所谓“自愿参加的行为”是指明知是海盗行为而自动参加的行为。所谓“教唆的行为”是指故意引起他人实行海盗犯罪意图的行为。所谓“故意便利的行为”是指明知他人所进行的是海盗行为而故意提供方便的行为。

海盗罪必须是发生在公海上或无管辖区即任何国家管辖范围以外的海域上（包括专属经济区）的犯罪行为。如果是发生在某个主权国家领海内的海盗行为，则不构成作为国际犯罪的海盗罪。在国际法中将在国家管辖范围内发生的类似行为排除在外，这表明了国际公约尊重各国主权，不干涉各国国内管辖的事项，这是符合普遍的国际法准则的。❶

第三，海盗罪的主体，依据《日内瓦公海公约》第 15 条、第 16 条及《联合国海洋法公约》第 101 条、第 102 条的规定，必须是私人船舶或私人飞机的船员、机组人员或乘客。军舰、政府船舶或政府飞机上的船只或机组人员一般不能成为海盗罪的主体，但是军舰、政府船舶或政府飞机上的船员或机组人员在发生叛变并控制了该船舶或飞机而从事海盗行为时，可以视同私人船舶或飞机上的人员。在这种情况下，其犯罪的目的也被视为私人目的，这些人员也可以成为海盗罪的犯罪主体。

第四，海盗罪的犯罪主观方面是故意。按照《日内瓦公海公约》第 15 条、《联合国海洋法公约》第 101 条的规定，海盗罪在主观上只能由故意

---

❶ 王秋玲．国际公约中海盗罪构成要件的修改与完善［J］．中国海商法年刊，2008（1）．

构成，并且必须是为私人目的。本罪不要求有掠夺的意图。所谓私人目的，是相对于政治目的而言的，将海盗行为与海上恐怖行为区分开来。在现代国际实践中，海盗行为有时被用来谴责某些国家的军舰奉命违反国际法攻击别国船只的行为，但是这种行为由于具有复杂的政治因素，因而不属于作为国际犯罪的海盗罪。[1] 海盗罪只是为了私人目的而实施海盗行为，这种私人目的通常主要表现为意图抢劫和掠夺另一船舶或飞机上的财物，也可以是由于敌意或报仇而激起。私人目的概念外延极广，几乎可以包容除政治目的以外的所有目的，在这个意义上，私人目的实际上就是私人行为的动机，因此几乎可以忽略不计，这也是海盗罪主观方面的一大特征。

但是，就目前的实践来看，国际法中关于打击海盗行为的规定仍然存在空白点，而这些空白不利于国际反海盗军事安全合作。这些空白体现在：第一，国际公约将海盗罪仅限于私人目的的犯罪，致使许多带有政治性目的的海盗行为不适用海盗罪，为政治性的海盗活动创造了免责的空间。尤其是海上恐怖主义是否应该在海盗罪的范围之内依然不甚明朗。第二，国际公约将海盗罪仅限于船舶或航空器之内的劫掠行为，而排除了来自非船舶或航空器的劫掠行为。第三，国际公约将海盗罪实施的范围仅限于公海与任何国家管辖圈之外的水域，而排除了各国管辖水域内海盗罪的适用，这造成的问题是当一些国家无法在自己水域内控制海盗犯罪时，国际社会无法为进出该国水域的商船提供必要的保护。[2]

（二）海盗犯罪的相关理论与实务问题

第一，只有当私人船舶或私人飞机上的人员对另一船舶或飞机以及其上的人员或财物实施非法的暴力、扣留或掠夺时，才构成海盗罪。如果是在同一船舶上的人员实施上述行为，如船员或乘客实施杀害人命、抢劫财产、劫持船舶等刑事犯罪，因为不属于对另一船舶的行为，因此，不是国际法上的海盗行为，属于船旗国国内法的管辖范围。正在飞行中的航空器内的任何人，如乘客或机组人员，使用暴力、暴力威胁或任何其他恐吓方式，非法劫持或控制正在飞行中的航空器的行为，属于劫机罪。

第二，公约规定的海盗行为限于发生在公海上或在任何国家管辖范围以外的地方的海盗行为。在国家管辖海域或领海内发生的海盗行为，属于

---

[1] 张智辉．国际刑法通论［M］．北京：中国政法大学出版社，1999：214.

[2] 薛茹．国际反海盗军事安全合作的法律问题［G］//陈耿．军事法论丛（第9辑）．北京：军事科学出版社，2010：504.

各个国家的国内法问题，由国内法作出规定。国内法中的海盗罪和国际法中的海盗罪在犯罪地点、犯罪动机等方面有所差异：第一，在犯罪地点上，国际法中的海盗罪限于在公海或不属于任何国家管辖的地方，而国内法中的海盗罪一般限于本国领海内；第二，在犯罪主观方面，国际法中的海盗罪必须是出于私人目的而不能是出于政治目的，而国内法中的海盗罪不限于此，出于政治目的，也可以构成海盗罪。

第三，传统海盗的目的只是为了抢劫财物，而现代海盗与恐怖势力的联手构成了对世界安全的更大威胁。海盗和恐怖分子的身份变的并不是那么截然分开了，有时候两者是合二为一，不仅抢劫财物，而且对抗政府、制造混乱；油轮和商船，军舰、码头、港口、旅游胜地乃至居民聚集区都可以成为他们的袭击对象。

第四，对海盗罪的管辖原则与惩治措施。现代国际社会在刑事司法领域普遍奉行罪刑法定原则，惩治海盗的前提条件就是在成文的国际法立法文件中界定海盗犯罪并且赋予有关各国对海盗犯罪的刑事管辖权。《海洋法》第105条规定，在公海上，或在任何国家管辖范围以外的任何其他地方，每个国家均可扣押海盗船或飞机以及为海盗所夺取并在海盗控制下的船舶或飞机，逮捕船上或机上的人员并扣押船上或机上的财物。扣押国的法院可判定应处的刑罚，并可决定对船舶、飞机或财产所应采取的行动，但受善意第三者的权利的限制。应当指出，历史上国际社会在处理被海盗掠夺的船舶或其他财物的问题上，形成了“盗行为不改变所有权”习惯规则，即海盗的掠夺、扣留等行为并不剥夺或改变被其掠夺、扣留的财物的合法所有者对这些财产的权利，若将这些财物从海盗那里夺回，则应交还原合法的所有人。[1] 这里的“原合法的所有人”就是所谓的“善意的第三者”。关于海盗船舶或飞机，按照以前的习惯国际法规则，海盗船舶或飞机自动丧失其国籍，不受任何国家的保护。而《联合国海洋法公约》对上述习惯国际法规则进行了编纂，规定船舶或飞机虽已成为海盗船舶或飞机，仍可以保有其国籍，国籍的保留或丧失由原来给予国籍的国家的法律予以决定。

按照《联合国海洋法公约》的规定，在公海上或其他任何无管辖区，每个国家均可扣押海盗船舶或海盗飞机或为海盗所夺取并在海盗控制下的船舶或飞机，可以逮捕船上人员并扣押船上财物。对于发生海盗行为而进行的扣押，只可由军舰、军用飞机或其他有清楚标志可以识别的为政府服

---

[1] 林欣．国际刑法问题研究［M］．北京：中国人民大学出版社，2000：94.

务并经授权的船舶或飞机实施。在其实施扣押时，必须有确信的理由和可靠的证据。如果没有足够的理由而扣押涉嫌海盗行为的船舶或飞机，扣押国应向船舶或飞机所属的国家负担因扣押而造成的任何损失或损害的赔偿义务。对于实施海盗罪的人员，扣押国的法院可以判定应处的刑罚，并可决定对船舶或飞机或财产所应采取的行动，但受善意第三者的权利的限制。当然，由于海盗行为而进行的扣押，只可由军舰、军用飞机或其他有清楚标志可以识别的为政府服务并经授权扣押的船舶或飞机实施。

第五，对海盗罪的审理。海盗犯罪尚没有纳入国际刑事法庭直接审理范围。根据联合国倡导或主持订立的国际刑法公约，国际社会可以在一定范围内对国际犯罪直接进行审判，国际刑法学界称之为直接审理。在当代国际社会，所谓直接审理又区分为如下两种形式：其一，依据《国际刑事法院规约》（1998），由设在海牙的常设国际刑事法院对灭绝种族罪、反人类罪、战争罪和侵略罪 4 种核心罪行进行审判；其二，根据联合国安理会决议，为解决特定问题成立国际法庭审理国际犯罪案件。显然，第一种直接审理形式仅仅针对 4 种核心罪行，所以常设的国际刑事法院不能受理海盗犯罪案件。此外，美国等若干国家至今没有加入或批准《国际刑事法院规约》，这无疑在事实上限制了国际刑事法院刑事管辖权之范围。关于第二种直接审理方式，二战结束时，国际社会曾经组建了纽伦堡国际军事法庭、远东国际军事法庭，审判战争罪犯。此后，联合国安理会曾先后通过决议，成立了前南斯拉夫问题国际法庭、卢旺达问题国际法庭等特别刑事法庭，审理灭绝种族罪、反人类罪等国际罪行。然而，包括前述 1816（2008）号决议在内的历次联合国安理会会议都未曾就海盗犯罪直接审理问题作出决定。易言之，没有任何一个国际刑事法院（或法庭）能够受理针对海盗国际犯罪的起诉。所以，2008 年 6 月以来，有关国家海军在亚丁湾水域捉住海盗嫌犯之后无法交付国际刑事法院（或法庭），除非本国法律允许把他们带回本国审判，否则就只能“放虎归山”。鉴于上述事由，笔者以国际刑法研究者之视角，建议国际社会组建海盗犯罪特别国际刑事法庭，直接受理对海盗嫌疑人的起诉。[1]

（三）中国与海盗犯罪

1. 对海盗犯罪的管辖

中国海岸线绵长，海盗活动自古有之，“海贼”“洋匪”的记载不绝于

---

[1] 于阜民．反海盗国际行动与刑事管辖权问题［N］．检察日报，2009－6－29（3）．

史。大致说来，东汉至宋元时期山东胶州湾至渤海湾为早期海盗活动的主要海域，后来，东南地区社会经济长足发展，海盗活动南移到东南沿海。明清时期，比较典型的海盗是明代的倭寇和清代的旗帮海盗，他们的活动已有境外势力的渗透，初显国际犯罪的雏形。

近年来，中国东南沿海及东南亚海域海盗犯罪活动日趋猖獗，恶性案件频繁，而且海盗犯罪案情复杂，涉及面广，涉外因素多，国际影响大，危害严重，受到国际海事组织的密切关注。而中国《刑法》目前尚未设立海盗犯罪罪名，有关制裁国际海盗犯罪规范在中国《刑法》总则中的体现，实际上属于刑法适用程序的规定。我国现行《刑法》在总则第9条就国际犯罪普遍管辖权问题规定："对于中华人民共和国缔结或者参加的国际条约所规定的罪行，中华人民共和国在所承担条约义务的范围内行使刑事管辖权的，适用本法。"虽然我国已经批准了《联合国海洋法公约》、罗马公约及议定书，但我国司法机关对于海盗犯罪案件不享有刑事管辖权。在法律层面上，我国刑法与国际刑法尚未做到全面衔接。具体说，我国刑法上至今没有规定海盗犯罪，既然没有海盗罪之罪名，依国际条约享有的关于海盗犯罪的刑事管辖权就无法有效行使。按照我国《刑法》第9条规定，依据国际条约"行使管辖权的适用本法"，而本法中尚没有可以援引适用的罪名，则刑事管辖权由此落空。这就某种程度上影响了打击海盗力度。由于国内法里没有定义，很多海盗被抓到后如果其行为不能用其他法律来处置，就可以不受惩罚而被释放。

有学者指出，我国对海盗行为可以依照国际法及我国刑法关于普遍管辖权的规定，直接以海盗罪定罪处刑。但是，由于我国刑法没有海盗罪的规定，如何量刑就成为问题，而且这也不符合罪刑法定的原则。[1] 因此，目前只能采取通过分解海盗行为以比照刑法分则有关规定的办法对其适用刑法。但具体以什么罪名加以惩处，还要看海盗的犯罪行为具体表现为何种形式。海盗具体行为相对于中国刑法而言，有的是犯罪行为，有的属于违法行为，但前者明显居多。例如，国际海盗行为中的"非法暴力的行为"在中国刑法分则上主要体现为：故意杀人、故意伤害、故意毁坏财物、绑架、破坏交通工具、劫持航空器、劫持船只、暴力危及飞行、爆炸、放火等；"非法扣留的行为"和"掠夺的行为"分别体现为：非法拘

---

[1] 罗笙，卢卫彬．从海军索马里护航看非战争军事行动——涉外非战争军事行动的法理思考［G］//中国政法大学．中国军事法治前沿论坛论文集：国家武装力量的新职能与多样化军事任务．［出版者不详］：355.

禁和抢劫、抢夺。而“自愿参加的行为”“教唆的行为”和“故意便利的行为”主要体现为中国刑法总则中规定的共同犯罪的行为。从海盗行为的目的来看，都是为了劫取财物而实施海盗行为的，因此根据我国《刑法》的规定几乎所有的海盗行为都可构成抢劫罪。同时，海盗分子在实施海盗行为的时候行为样态具有复杂性，有的行为可能就被包含在抢劫罪的犯罪构成之内，如在抢劫过程中致人重伤、死亡的；但有些行为不能被抢劫罪所包含，如抢劫之后又杀人的。对于这种情况，就要根据具体案件中海盗分子具体的行为方式，判断其是否构成其他犯罪，然后根据罪数的理论和有关数罪并罚的原则确定其罪名和判处的刑罚。所以，我国法学界有观点主张我国司法机关以《刑法》中明文规定的故意杀人罪、抢劫罪等罪名适用于海盗嫌疑人。如学者认为，“从惩处犯罪的角度而言，我国刑法完全可以满足打击惩治海盗行为的需要，充分履行我国承担的国际义务。因为无论是1982年《联合国海洋法公约》还是1988年《制止危及海上航行安全非法行为公约》均只要求缔约国对海盗行为设立罪名并定罪处罚，而没有必须设立‘海盗罪’的硬性规定。”[1] 国内刑法中虽然没有海盗罪的罪名，但是对于有管辖权的海盗行为，则可以根据具体的犯罪情况以故意杀人罪、故意伤害罪、抢劫罪、绑架罪、劫持船只罪等罪名起诉。[2][3][4][5] 而笔者认为，这个方案在多数场合是不会行之有效的，采取上述适用方法虽然也能解决绝大多数海盗行为的定罪问题，但这种方法是在我国没有海盗罪规定情况下不得已的办法，这种方法存在多方面的弊病：

第一，采取这种方式处理海盗行为，将本来统一的海盗行为分拆为数个独立的行为，使得人们误以为海盗罪就是几个相关罪行的简单相加。但整体虽然由部分组成，却并非部分的简单相加，它具有不同于各个部分的性质。对于海盗行为来说，现在虽然可以将它分解为抢劫罪、故意杀人罪

---

[1] 李强．论海盗行为的惩治——中国打击索马里海盗的国际法思考［G］//薛刚凌．中国军事法学论丛（2009年卷：总第三卷）．北京：中国方正出版社，2010：158.

[2] 薛茹．国际反海盗军事安全合作的法律问题［G］//陈耿．军事法论丛（第9辑）．北京：军事科学出版社，2010：502.

[3] 汪保康、林婧婧．我军舰海外护航的若干法律探索［G］//中国政法大学．中国军事法治前沿论坛论文集：国家武装力量的新职能与多样化军事任务［出版者不详］．338.

[4] 邢广梅．索马里海盗概括及反海盗军事行动涉法研究［G］//中国政法大学．中国军事法治前沿论坛论文集：国家武装力量的新职能与多样化军事任务［出版者不详］．347.

[5] 吴又幼．论海军打击海盗行动中武装冲突法的适用［G］//中国政法大学．中国军事法治前沿论坛论文集：国家武装力量的新职能与多样化军事任务［出版者不详］．567.

等，但抢劫罪、故意杀人罪等并不能揭示海盗行为的本质。在犯罪构成中，反映一种犯罪本质属性的是犯罪客体。作为海盗罪，其犯罪客体是海上交通运输安全，具体表现为海上运输中有关人员的人身安全、财产安全和海上交通运输秩序。而采取上述方法所适用罪名的犯罪客体则分别为生命权、健康权、财产权等。如对海盗行为经常适用的抢劫罪，其客体为公私财产所有权和公民的人身权利。所以，目前的处理方法会使人们误解海盗行为的性质，降低对海盗行为危害性的认识。

第二，采取上述方法，定罪处刑的过程比较繁琐，在对相关行为定性时容易出错。即使定性正确，由于对海盗行为常常还要数罪并罚，就会使不同的法官对相同的海盗行为作出不同的刑罚宣告。而且，繁琐的定罪处刑过程使得整个刑事诉讼的时间大大延长，效率降低，不利于对海盗行为的打击。[1]

第三，不利于对海盗行为的威慑，不能发挥罪名的预防犯罪的功能。罪名体现了国家对某种行为的否定性评价和对行为人的谴责，为了避免这种否定评价和谴责，只有规范自己的行为不触犯相应罪名，所以罪名能起到给人们提供一种行为标准的作用。由于我国刑法没有海盗罪的规定，就使得罪名在对海盗行为进行威慑方面的作用不能得到应有的发挥。[2]

第四，起诉、举证困难。根据罪刑法定原则，我国国内司法机关不能以海盗罪的罪名对犯罪嫌疑人进行起诉和审判。并且，抓捕海盗往往是在海盗快艇以武力威胁、追逐商船而尚未登船的过程中，一旦海盗登船就会迅速地扣押人质而使问题复杂许多，然而面对在海盗追逐商船的时段抓到的海盗嫌犯，检察官很难举证证明嫌疑人杀人、抢劫的故意。在客观方面，该时段嫌疑人的行为显然谈不到杀人、抢劫之既遂。

第五，不能进行司法引渡。一般援引《刑法》规定的故意杀人罪和抢劫罪等罪名进行定罪量刑时，这些罪名不能作为行使普遍管辖权的国际犯罪，难以实现国家之间的司法引渡。[3]

---

[1] 李强．论海盗行为的惩治——中国打击索马里海盗的国际法思考［G］//薛刚凌．中国军事法学论丛（2009年卷：总第三卷）．北京：中国方正出版社，2010：159.

[2] 郭玉川．我国刑法该如何规定海盗罪［N］．检察日报，2009－1－23（3）.

[3] 汤瑞．中国军队域外执行多样化军事任务的国际法依据与行为规范——以打击海盗活动为视角［G］//中国政法大学．中国军事法治前沿论坛论文集：国家武装力量的新职能与多样化军事任务，［出版者不详］：362.

2. 国内法与国际法上的海盗罪

海盗犯罪已经成为中国现实的、巨大的，而不是潜在的、微小的安全威胁；中国是有关制裁国际海盗犯罪国际刑法公约的缔约国，中国《刑法》承认了惩治国际犯罪普遍管辖原则，按规定应当承担打击国际海盗行为的义务。因此，中国刑法增设海盗犯罪法条，已经具备了现实性、必要性、普遍性和国际性。为有力惩治海盗犯罪，我国刑法应当在海盗犯罪刑事管辖权行使领域与国际刑法衔接，加强立法，增设“海盗罪”，规范制裁海盗犯罪行为。如学者呼吁：“考虑到海盗行为的特殊性，也希望全国人大常委会能够通过刑法修正案或决定的方式，正式设立‘海盗罪’，以使中国能够更有效地惩治海盗，履行国际义务。”[1] 以外国刑事法立法例为鉴，建议在我国刑法上增设“海盗罪”之罪名，在增设“海盗罪”时，一方面应参考国际法上海盗罪的概念和构成，但同时又不能完全囿于其规定，因为国际法和一国的国内法律规范的调整范围和目的并不完全相同。有学者建议我国刑法中的“海盗罪”可规定为：“海盗罪是指非法使用暴力、胁迫或其他使人不敢反抗或不能反抗的手段，强行掠夺在海上航行中的船舶或航空器，或其中财物的行为。”[2] 另有学者建议规定：“私人支配的船舶或飞机，在我国领海或公海上持武器威胁、追逐我国船舶或者对我国船舶上的人员施行强暴、抢劫、勒索赎金的，为海盗罪，处死刑、无期徒刑或3年以上有期徒刑。”由此，我国公民、法人的人身、财产权益将得到更切实有力的法律保障，如若更多的国家依此修订本国刑法，则在全世界海域大幅度消减乃至根除海盗犯罪的努力必将成效卓著。我国学者认为，我国立法规定的“海盗罪”即国内法上的“海盗罪”与国际法上的海盗罪不同，体现在如下犯罪构成特征上：

（1）犯罪客体为海上交通运输安全。海盗行为采取暴力等手段劫取海上运输工具或其上的财物，绑架人质、勒索财物，严重危害了海上运输的安全，影响海上秩序的稳定。海盗罪的犯罪对象是海上的船舶或飞机及船舶上的人或物。这和国际法上海盗罪的犯罪对象不完全一致。国际法上海盗罪的犯罪对象是另一船舶或飞机，或其上的人或物，如果是对同一船舶或飞机及其上的人或物实施暴力行为的，就不构成海盗罪。但在现实中，很多海盗分子都是先采取各种措施“合法”进入某一船舶或飞机后实施海

---

[1] 李强．论海盗行为的惩治——中国打击索马里海盗的国际法思考［G］//薛刚凌．中国军事法学论丛（2009年卷：总第三卷）．北京：中国方正出版社，2010：159.

[2] 郭玉川．我国刑法该如何规定海盗罪［N］．检察日报，2009－1－23（3）．

盗行为，如果认为仅对另一船舶或飞机或其上的人或物实施抢劫、杀害等暴力及其他行为的才构成海盗罪，显然不利于打击海盗犯罪。

（2）犯罪客观方面表现为在我国领海、毗连区、专属经济区、公海或在任何国家管辖范围以外的地方对船舶、飞机及其所载的人或物实施非法的暴力、胁迫及其他使人不敢反抗或不能反抗的手段，强行劫取在海上航行中的船舶或航空器，或其中财物的行为。虽然《联合国海洋法公约》规定的海盗罪的犯罪地点仅限于公海和在任何国家管辖范围以外的地方，但这是属于对国家主权的尊重。作为我国的刑事立法来说，完全可以将发生在我国领海及其他有管辖权的海域的海盗行为规定为海盗罪。其具体的行为方式和上述国际法的规定是一致的，即也包括“非法的暴力行为、扣留行为和掠夺行为”。

（3）犯罪主体是民用船舶或飞机上的船员、机组人员或乘客，军舰、军用飞机、政府船舶、政府飞机上的人员不能成为本罪的犯罪主体。但已发生叛变并实际控制了军舰、军用飞机、政府船舶或政府飞机的船员或机组成员，意图或实际利用该军舰、军用飞机、政府船舶或政府飞机从事海盗行为的，可以成为海盗罪的主体。

（4）犯罪主观方面为故意，包括直接故意和间接故意。国际法上海盗罪要求行为人必须是出于私人目的，私人目的主要表现为意图抢劫或掠夺另一船只或飞机或其上的财物。如果是出于政治目的，则不构成海盗罪。笔者认为，我国刑法上的海盗罪应参考多数国家立法例，不限于私人目的，即使是出于政治目的，也构成本罪。同时，在自愿参加海盗船舶或飞机的活动而构成海盗罪的情况下，行为人主观上必须明知船舶或飞机成为海盗船舶或飞机的事实，如果行为人根本不知道这种事实，则不构成海盗罪。[1]

---

[1] 郭玉川．我国刑法该如何规定海盗罪［N］．检察日报，2009-1-23（3）．

第九章　走私罪的理论与实务

第一节　走私武器、弹药罪

一、走私武器、弹药罪的概念和犯罪构成

走私武器、弹药罪，是指违反海关法规、逃避海关监管，非法携带、运输、邮寄武器、弹药进出国（边）境的行为。

走私武器、弹药罪侵害的客体是国家对武器、弹药的禁止进出口制度，犯罪对象是武器、弹药。所谓武器、弹药，是指各种具有直接杀伤力、破坏力的器械、装置或其他物品。“武器、弹药”的种类，参照《海关进口税则》及《禁止进出境物品表》的有关规定确定。根据《禁止进出境物品表》的规定，既包括各种军用武器、弹药和爆炸物，如手枪、步枪、冲锋枪、机枪等常规武器，核武器、化学武器、细菌武器等现代化武器，枪弹、炮弹、炸弹、地雷、手榴弹等弹药；又包括各种类似军用武器的枪支、弹药和爆炸物，如射击运动用的枪支，狩猎用的散弹枪及其子弹等。

走私武器、弹药罪在客观方面表现为违反海关法规，逃避海关监管，非法携带、运输、邮寄武器、弹药进出国（边）境的行为。逃避海关监管，是指采用各种方法，躲避海关的监督、检查，企图将武器、弹药通过国（边）境。本罪中走私行为的形式主要有：绕关的走私行为，即不经过海关和边境哨卡检查站；通关的走私行为，即通过海关进出境，但采用假报、伪报或者藏匿等手段，瞒过海关的监督、检查，偷运、偷带或者邮寄武器、弹药；准走私行为（间接走私），即不是直接进出境的走私行为，而是下列行为：直接向走私人非法收购国家禁止进口的武器、弹药的；在内海、领海、界河、界湖运输、收购、贩卖国家禁止进出口的武器、弹药的。根据2000年最高人民法院《关于审理走私刑事案件具体应用法律若干问题的解释》的规定，“内海”包括内河的入海口水域。例如，据法制

网2012年6月11日报道：“近日，在公安部组织协调下，中美执法部门联手成功破获特大跨国走私武器弹药案。在国内，该案曾由上海海关缉私局与上海市公安局有关部门联手侦查，先后在全国16个省区市抓获犯罪嫌疑人23名，缴获各类枪支93支（其中制式枪支66支）、子弹5万余发及大量枪支配件。在美国抓获包括一名美国国民警卫队参谋军士在内的犯罪嫌疑人3名，缴获准备运往中国的各类枪支12支。此案堪称新中国成立以来罕见的大规模武器弹药走私案。在国内，共17人被判刑，这17名被告人，平均年龄33岁，最年轻的只有24岁，其中多人曾担任公司法定代表人、财务总监等职，大部分人因个人爱好涉案。”2012年10月8日，检察机关就本案提起公诉。2012年11月28日、29日，上海一中院公开开庭审理此案。2013年6月6日，上海一中院一审宣判：被告人王某犯走私武器弹药罪、非法买卖弹药罪、非法持有枪支弹药罪，数罪并罚决定执行死刑，缓期2年执行，剥夺政治权利终身，并处没收个人全部财产。法院同时判决其余16人分别因走私枪支弹药、非法买卖弹药、非法持有枪支弹药等罪名分获15年至1年7个月不等的有期徒刑或缓刑，其中9人并处剥夺政治权利4年至1年不等，1人并处没收财产10万元人民币；查扣在案的枪支、弹药等违禁品予以没收，违法所得予以追缴。原来，2011年8月25日下午3点，一件由美国纽约发往浙江台州申报品名为“扩音器”的快件引起了上海浦东国际机场海关关员的注意。X光机的图像呈现为一台家用音箱，但音箱空腔的地方却塞满了管状金属构件。而且从传送带上取下该快件时，一个人根本搬不动。几名海关关员把此疑点重重的包裹打开后，发现音箱内部藏有几样黄色胶带包裹的物品，后经过鉴定，这批物品为手枪9支，其他配件可组装成步枪2支，枪支配件3件。案情重大，上海海关缉私局与上海市公安局立即成立“8·25”案联合专案组，立即在全国范围内展开侦查。据调查，32岁的浙江台州犯罪嫌疑人王某通过网络论坛与在美国的福建籍中国留学生林某富（绰号“老五”）认识。通过“老五”从境外将枪弹及配件夹藏于各类物品中走私入境，王某在境内收货后将货物分装快递至国内各地买家，并将收到的货款汇给本案另一名犯罪嫌疑人林某（“老五”之姐），再由她电汇给在美国的“老五”。侦查人员很快抓获了王某和“老五”之姐林某。在王某的家里，侦查人员缴获各式枪支和管制刀具，其中管制刀具24把，枪支23支、子弹2 000多发。王某被捕后，在美国的“老五”也从网络论坛上消失了。为彻查此案，2011年10月，公安部通过国际刑警组织对“老五”发出红色通缉令，并向美国海关执法局驻北京办公室通报上述案情，要求与美方开展旨在摧毁该犯罪集团的联合调查行动。2012 年 1 月，中美双方在上海召开联合执法会议。美方派出海关与移民执法局国土安全调查组与上海海关缉私局、上海市公安局联合专案组会晤。经中美双方调查，由于“老五”等在美国不具备购买枪支的合法资格，这些涉美走私枪支系“老五”通过美国当地某保安人员为中介非法购买，随后“老五”就通知王某在网上寻找国内买家。美方于 5 月 20 日在北卡罗来纳州采取突击行动，逮捕了该犯罪集团主犯、现任美国国民警卫队参谋军士约瑟夫·蒂波塞，现场缴获其准备运往中国的 12 支枪支。“老五”林某富和其女友同时被抓获。❶❷❸❹

走私武器、弹药罪的犯罪主体为一般主体，既包括自然人，也包括公司、企业、事业单位、机关、团体等单位。

走私武器、弹药罪在犯罪主观方面必须出于故意，即明知是武器、弹药而仍然非法携带、运输、邮寄，企图使之进出国（边）境。如果行为人不知自己所携带、运输或邮寄的是武器、弹药，则不能以本罪论处，构成犯罪的，应以他罪如走私普通货物、物品罪等处罚。至于其目的，一般是为了牟利，但是否具有这种目的，并不影响本罪成立。

二、走私武器、弹药罪犯罪构成要件的理解

（一）走私武器、弹药罪行为对象的认定

广东省广州××信息科技有限公司使用亦得代购网为客户提供从国外代购指定商品并收取服务费的商业服务。被告人刘某负责经营管理亦得代购网，并从 2008 年 10 月起担任广州××信息科技有限公司法定代表人。刘某明知从国外代购气枪铅弹违法，仍指示本公司人员接受被告人翟某某、孙某某委托，从美国代购气枪铅弹并采取伪报品名的方法报关入境，再通过国内快递邮寄给委托人。2008 年 4 月至 2009 年 3 月，先后为翟某某代购气枪铅弹 5 046 发（其中 4 246 发被海关查扣），为孙某某代购1 773 发（其中 123 发被海关查扣）。该被查扣的 4 369 发气枪铅弹，经鉴定均为制式气枪弹。杭州市人民检察院以被告人刘某、翟某某、孙某某的行为构

❶ 金懿．“扩音器案”宣判［J］．中国海关，2013（7）．

❷ 陈显君．中美联手成功破获特大跨国走私武器弹药案［N］．人民公安报，2012-6-12（1）．

❸ 陈显君．境外枪弹瞒天过海利剑出鞘斩除黑网［N］．人民公安报，2012-6-13（4）．

❹ 黄庆畅、张洋．跨境卖军火 快递成帮凶［N］．人民公安报，2012-6-13（11）．

成走私弹药罪，向杭州市中级人民法院提起公诉，提请法院依法惩处。浙江省杭州市中级人民法院审理认为，被告人刘某作为广州××信息科技有限公司的负责人，明知气枪铅弹系违禁物品，仍违反国家关于禁止弹药进出境的海关监管制度及国家枪支弹药管理法规，指示本公司人员接受被告人翟某某、孙某某委托，从境外代购制式气枪弹，并逃避海关监管运输入境；被告人翟某某、孙某某明知气枪铅弹系违禁物品，仍违反国家有关法律规定，委托广州××信息科技有限公司从境外代购制式气枪弹入境，三被告人的行为均已构成走私弹药罪，且走私弹药的数量均特别巨大。鉴于本案存在走私气枪铅弹大部分被查获、无证据证明走私的铅弹被用于违法犯罪活动、被告人认罪态度好等特殊情况，可依照相关法律规定减轻处罚，遂作出如下判决：①被告人刘某犯走私弹药罪，判处有期徒刑 10 年，剥夺政治权利 1 年，并处罚金人民币 20 000 元；②被告人翟某某犯走私弹药罪，判处有期徒刑 8 年，并处罚金人民币 15 000 元；③被告人孙某某犯走私弹药罪，判处有期徒刑 3 年，缓刑 5 年，并处罚金人民币10 000元；④现扣押于杭州海关缉私局的被告人孙某某“Z”字牌气步枪 1 支予以没收，上缴国库。并依法对三被告人的刑事判决逐级报请最高人民法院核准。一审宣判后，被告人刘某、翟某某不服，分别向浙江省高级人民法院提出上诉。经审查，浙江省高级人民法院认为，三被告人的行为均构成走私弹药罪，原判定罪正确，审判程序合法。鉴于被告人的主观恶性、危害后果等案件特殊情况，对三被告人均可在法定刑以下判处刑罚。原判对被告人孙某某量刑适当，对刘某、翟某某适用减轻处罚并无不当，唯量刑仍偏重。被告人刘某、翟某某上诉及其一审辩护人提出原判量刑过重，要求从轻改判的部分意见成立，予以采纳。遂于 2010 年 7 月 6 日撤销杭州市中级人民法院事判决中对被告人刘某、翟某某的量刑部分，维持其余部分，即以走私弹药罪判处被告人刘某有期徒刑 5 年，并处罚金人民币20 000元；判处被告人翟某某有期徒刑 3 年，缓刑 5 年，并处罚金人民币 15 000 元；判处被告人孙某某有期徒刑 3 年，缓刑 5 年，并处罚金人民币 10 000 元，并依法报请最高人民法院核准。最高人民法院复核认为，一审判决认定的事实清楚，证据确实充分，定罪准确。第二审判决量刑适当。遂于 2010 年 8 月 17 日作出裁定，核准浙江省高级人民法院事判决。❶

走私武器、弹药罪的犯罪对象是武器、弹药，但由于刑法没有明确规

❶ 陈增宝，沈荣华．以网络邮购形式走私气枪铅弹的刑罚考量［J］．人民司法，2011（2）．

定，因此，对武器、弹药的种类存在争议，主要有以下几种意见：第一种意见认为，本罪的武器、弹药应指军用的枪支、弹药，不包括民用猎枪、气枪、火药枪等。第二种意见认为，本罪中的武器、弹药应指《枪支管理法》和《民用爆炸物管理条例》中规定的各种枪支、弹药及爆炸物品，具体包括手枪、步枪、冲锋枪、机枪射击运动的各种枪支，用于狩猎的线瞠枪、散弹枪、火药枪，用于麻醉动物的注射枪、发射金属弹丸的气枪以及上述枪支使用的弹药；炸药、雷管、导火索、非电导爆系统、起暴药、爆破剂、黑火药、烟火剂、民用信号弹及烟花爆竹等。第三种意见认为，对于作为走私犯罪对象的武器、弹药的范围，应紧密联系走私犯罪所侵犯的国家对外贸易管制这个客体来认识。根据《海关法》《枪支管理法》《民用爆炸物品管理条例》和《民用爆炸物进出口管理办法》等法律、法规以及我国参加或承认的有关国际公约的规定，有些武器、弹药绝对不能进出口，有些武器、弹药限制进出口，对于猎枪、体育用枪或某些民用爆破器需要进出口的，则应事先经过有关部门的批准。违反上述规定的，即破坏了国家的对外贸易管制。具体到本罪，作为本罪对象的武器，大可包括各种军用舰艇、飞机、坦克、装甲车乃至核武器、化学武器、细菌武器等，小可包括各种普通枪支；作为本罪的弹药，包括与上述枪支配套使用的枪弹以及手榴弹、炸弹、地雷等。[1] 第四种意见认为，“武器、弹药”主要指军用武器、弹药和爆炸物，包括各种军用舰艇、飞机、战车、枪、炮、弹药、地雷、手榴弹，以及《禁止进出境物品表》中规定的其他武器、弹药。《枪支管理法》第 33 条规定：“国家严格管理枪支的入境、出境。”因此，民用枪支也应是本罪的犯罪对象之一。武器指各种常规军用武器和其他军用武器。弹药是指与军用武器紧密联系的具有杀伤能力特殊功能的枪弹、炸弹、手榴弹、地雷等爆炸物品的总称。[2] 2000 年最高人民法院《关于审理走私刑事案件具体应用法律若干问题的解释》（下称《走私案件司法解释》）第 1 条规定，《刑法》第 151 条第 1 款规定的“武器、弹药”的种类，参照《海关进口税则》及《禁止进出境物品表》的有关规定确定。但是，《禁止进出境物品表》规定禁止各种武器、弹药，而《海关进口税则》也并没有规定武器、弹药的种类。所以，如何界定武器、弹药，仍然是认定走私武器、弹药的关键。笔者认为，应从以下几个方面来界定。

---

[1] 韩春雁，朱春阳．新刑法与走私犯罪［M］．北京：西苑出版社，1998：37－39．

[2] 王作富．刑法分则实务研究（上）［M］．北京：中国方正出版社，2001：305．

（1）关于军用武器、弹药。所有军用武器、弹药均属于走私武器、弹药罪的犯罪对象。关于这一点，理论界和实践界均无异议。

（2）关于民用武器、弹药。首先，民用武器、弹药可以成为走私武器、弹药的犯罪对象。最高人民法院的《走私案件司法解释》把走私武器、弹药罪的武器、弹药区分为军用和非军用，就说明民用武器、弹药可以成为本罪的犯罪对象。上述第一种观点就不正确。问题是，是否所有的民用武器、弹药都是走私武器、弹药罪的犯罪对象？笔者认为，不能一律把民用武器、弹药视为走私武器、弹药罪的犯罪对象。因为民用武器、弹药不同于军用武器、弹药，而民用武器、弹药本身也存在很大差别，有些威力很大，与军用武器无异，而有些民用武器则威力很小。国家禁止进口武器、弹药，根本目的在于维护社会稳定，以防这些武器、弹药流落民间危害公共安全。所以，走私武器、弹药不仅仅侵害了国家对外贸易管制秩序，更主要的是危及公共安全。因此，民用武器、弹药能否成为走私武器、弹药罪的对象，关键是看它能否危及公共安全。[1] 上述有观点把所有民用武器、弹药都包括在本罪犯罪对象之内是不正确的，而有观点仅从国家对外贸易管制的角度来界定走私武器、弹药罪的犯罪对象，显然也是不够的。比如民用的麻醉用枪、烟花爆竹、黑火药等就不应是走私武器、弹药罪的犯罪对象。

（3）关于爆炸物。有观点把爆炸物包括在走私武器、弹药罪的对象中。从理论上讲，爆炸物与武器、弹药无异，危害性相同。从字义上讲，爆炸物也可以包含在武器之中，尤其是军用爆炸物。上述有观点把爆炸物包含在弹药中，是不正确的。弹药只能是武器所用的弹药，附属于武器，本身并没有独立的攻击性；而爆炸物则是独立的具有攻击性的物品，并不依附于它物。我国刑法也把弹药和爆炸物并列规定。虽然从字义上可以将爆炸物解释为武器，但是，《禁止进出境物品表》则把武器、弹药和爆炸物品并列规定。而最高人民法院《走私案件司法解释》又规定，“武器、弹药”的种类，参照《海关进口税则》及《禁止进出境物品表》的有关规定确定。这样，爆炸物很难解释为走私武器、弹药罪的犯罪对象。

（4）关于仿真武器。仿真武器属于国家禁止进口的物品。根据海关总署《关于将仿真武器列为禁止进出境物品的公告》的规定，所称仿真武器系指具有攻击、防卫等性能的下列物品：各种类型仿真手枪式电击、催泪

---

[1] 周洪波，田凯．走私武器、弹药罪司法疑难问题探讨［J］．中国刑事法杂志，2003（6）．

器；各种类型的仿真枪械及弹药；具有攻击、防卫性能的其他仿真武器、弹药；上述以外的其他类似械具。对于走私仿真武器的认定，在刑法界存着在两种不同的观点。第一种观点认为，本罪中的武器不包括仿真武器，对走私仿真武器情节严重的，可按照走私普通货物、物品罪论处。[1] 第二种观点认为，虽然仿真武器有别于真武器，但它毕竟有攻击性能，且仿真武器也是国家禁止进出口的物品，不存在应缴税额的问题，应对武器作扩大解释，仿真武器也是武器。走私仿真武器应定性为走私武器、弹药罪。[2] 对于上述两种不同的观点，笔者认为，无论在合理性还是合法性方面，第二种观点都值得商榷。第一种观点既符合法律法规规定，又体现罪刑相适应的意蕴，是可取的。理由是：首先，仿真武器属于国家禁止进口的物品。海关总署《关于将仿真武器列为禁止进出境物品的公告》已有明确规定。其次，对走私仿真武器，最高人民法院《关于审理走私刑事案件具体应用法律若干问题的解释》规定，走私管制刀具、仿真枪支数量大，构成犯罪的，应按《刑法》第153条规定的走私普通货物、物品罪处罚。也就是说，把仿真枪支排除在武器、弹药范围之外。之所以排除，主要是因为仿真武器虽然具有一定的攻击和防卫性能，无论在概念、性能和对公共安全的实际危害性等方面都与武器、弹药有实质性的区别。

仿真武器的税额如何计算？仿真武器是国家禁止进出境的物品，不存在应缴税额问题。而根据刑法规定，走私普通货物、物品罪的法定刑设置以行为人偷逃的应缴税额为标准，那么，如何对走私仿真枪支的行为进行具体的量刑？笔者认为，虽然仿真武器没有法定的税率，但是，仿真武器也不是法定的免税物品。那么，如果运送其进出境的行为现实发生，行为人纳税的义务和可能就不能完全被排除。为此，可以类比与仿真武器性质最为相近而且具有法定税率的物品进行应缴税额的计算。因为仿真武器属于禁止进出境的物品，那么，以限制进出境的物品的税率作为参照标准是妥当的。同时，限制进出境的物品的税率不一，出于存疑有利于被告的原则，应当按照其中最低的税率来计算仿真武器的应缴税额。这种解决方式是在罪刑法定主义的边界内尽可能实现刑法正义的路径，不排除会轻纵罪犯或放纵罪犯的可能。同时，将走私违禁物品和普通物品同列为一条文中，而某些违禁品则单独构成其他犯罪，不无商榷之处。对于现行刑法关

---

[1] 张明楷．刑法学［M］．2版．北京：法律出版社，2003：591－592.

[2] 赵秉志．中国刑法案例与学理研究（第三卷）［M］．北京：法律出版社，2001：58－59.

于走私罪的规定本身存在的技术性问题和处罚漏洞，已有提出各种立法完善的建议。例如有的学者认为，应当增设走私其他禁止进口物品罪。有的学者认为，《刑法》第151条、第347条与第350条没有必要因犯罪对象不同加以区分，应当将后两条归入前者。笔者认为，以上两种观点都具有相当的借鉴意义，前者属于局部条文的增设，具有较强的操作性，后者更为彻底，但如此伤筋动骨地刑法修订，恐怕在短期内是无法实现的。因此，就解决目前走私其他违禁品的认定问题而言，可以先采用第一种立法意见。[1]

（5）关于武器的散件。走私武器的散件能否构成走私武器罪？武器的散件是指组装武器的零部件。最高人民法院《关于审理走私刑事案件具体应用法律若干问题的解释》规定，走私成套枪支散件的，以走私相应数量的枪支计；走私非成套枪支散件的，以每30件为一套枪支散件计。显然，走私武器散件的，可以构成走私武器罪。

（6）关于制造武器的原材料。走私可用于制造武器弹药的原材料的，有学者主张："如果其目的在于制造武器弹药，或为制造武器弹药者提供原材料，应定走私武器、弹药罪。反之，其目的是作其他用途或目的不明的，可作走私一般货物处理。"[2] 也有学者主张可以将其作为走私武器、弹药的行为来看待，但在处罚时可以考虑适当从轻。[3] 还有学者认为，依据罪刑法定原则，对上述行为只能以走私普通货物、物品罪来处理。笔者认为，第一种观点和第二种观点显然违背罪刑法定主义，因为制造武器、弹药的原材料与武器、弹药是性质完全不同的两回事。只有第三种观点符合现代法治精神，因此，唯有第三种观点是可取的，对于走私可用于制造武器、弹药的原材料的行为只能以走私普通货物、物品罪来处理。

（二）概括的走私故意与对象认识错误的界限

概括故意，是指行为人明知自己的行为会发生危害社会的结果，只是对侵害对象范围与侵害性质的认识尚不明确的心理态度。概括的走私故意与对象认识错误有一定的联系，但也有区别。概括的故意是指行为人具有犯罪的故意，但对自己所实施的行为对象具有不明确的认识。不过，对于

---

[1] 申敏．走私武器、弹药罪争议问题探析［J］．淮北煤炭师范学院学报：哲学社会科学版，2010（2）．

[2] 张穹．新刑法罪与非罪此罪与彼罪的界限［M］．北京：中国检察出版社，1998：70.

[3] 黄京平．破坏市场经济秩序罪研究［M］．北京：中国人民大学出版社，1999：176.

概括的故意，无论行为对象是什么，都不影响行为人的行为意志。例如，行为人去偷一个仓库，但是他对仓库里面有什么东西并不清楚，但是不管什么东西，他都会偷。也就是说，尽管他对行为对象不明确，但他对行为对象能够容忍，也即不管对象是什么，都是他所希望的。对象认识错误则是指行为人认为所侵害的是甲对象，而实际侵害的是乙对象。在概括的故意中，行为人有时也存在对象认识错误，比如行为人盗窃某人的钱包，他本以为是钱，可当打开钱包看，没有钱，只有一些金银首饰。但是，虽然与自己预想的不一样，不过金银首饰也是他所想要的。就是说，在概括故意中的对象认识错误中，行为人对实际的行为对象也是容忍的，即这种认识错误并不影响其意志因素。概括的故意与对象认识错误的区别就在于：①概括故意中，尽管行为人对行为对象认识不明确，但这些对象都在其认识之中，行为人也知道自己对对象认识不清楚；而对象认识错误中，行为人对对象不是认识不清楚，而是发生错误认识。②概括故意中，行为对象不影响行为人的意志因素，即无论对象是什么，行为人都不会改变自己的意志；而在对象认识错误中，则会影响行为人的意志决定。比如，行为人把甲当成乙杀了，如果他知道所杀的是乙，则就不会实施杀人行为了。③对于概括故意，对象的不同，不会影响其犯罪的成立，也不影响罪名，也即根据实际对象来确定罪名。但对于对象认识错误，则会影响犯罪的成立，也可能影响罪名。对于属于犯罪构成要件的对象的认识错误，影响犯罪的成立以及罪名；但对于不属于犯罪构成要件的对象的认识错误，则对定罪不发生影响。

就走私武器、弹药罪来说，概括的故意是指行为人具有走私的故意，并且行为人对走私的具体对象不明确，但无论是什么，都不影响行为人走私的故意。从认识因素上说，行为人对任何走私对象已经涵盖在行为人所能认识到的对象范围内。也就是说，尽管行为人不知道走私的具体是什么，但行为人对此有一个模糊的范围，实际的走私对象在其模糊认识之内。从意志因素上说，行为人对这个模糊范围的对象都持容忍的态度，也即只要是这个范围内的对象，行为人都是希望或放任的态度，不会影响其意志决定。而走私对象认识错误，是指行为人认为自己走私的是甲物品，而实际上是乙物品。这包括构成要件的错误和非构成要件的错误。前者如把武器、弹药当成普通货物，后者如把武器当成弹药等。走私的概括故意与走私对象的认识错误的区别在于：认识因素上，走私的概括故意的行为人不是发生了认识错误，而是认识不明确或认识模糊，但实际的对象在其认识之中。比如行为人不知道走私的对象是甲还是乙，但实际的对象甲也在其认识之中。而对象认识错误的行为人不是认识模糊，而是认识错误，确实把甲当成乙了。意志因素上，无论实际走私对象是什么，都不影响概括故意行为人的意志。比如，无论走私的是甲，还是乙，行为人都会实施走私行为。而对象认识错误则有可能影响行为人的意志。例如如果行为人知道走私的不是乙，而是甲，他就可能不会实施走私行为了。❶

当然，对于走私的概括故意和对象认识错误，最高人民法院、最高人民检察院、海关总署《关于办理走私刑事案件适用法律若干问题的意见》规定："走私犯罪嫌疑人主观上具有走私犯罪故意，但对其走私的具体对象不明确的，不影响走私犯罪构成，应当根据实际的走私对象定罪处罚。但是，确有证据证明行为人因受蒙骗而对走私对象发生认识错误的，可以从轻处罚。"也有观点据此认为，"所谓对象认识错误，是指行为人因蒙骗等原因对其携带、运输进出境的货物物品的性质发生错误认识，即将走私的货物物品认为合法的进出境的货物物品""在行为人认识到其走私的对象为走私货物、物品的大前提下，不管行为人对实际的走私对象是否发生错误，同属于概括的主观故意问题。在这种情况下，即行为人确实将走私对象甲误认为对象乙，仍然应当根据实际的走私对象定罪，只是在一定的条件下可以从轻处罚。当然，这里的前提是行为人已经认识到其所携带、运输的是走私货物、物品，否则就不能认为其具备走私概括故意。只有在根本不存在走私故意的前提下讨论对象认识错误问题才有意义。"❷ 显然，该观点将走私概括故意和对象认识错误混淆，也把犯罪构成要件的对象认识错误和非犯罪构成要件的对象认识错误混淆。该意见的前一部分，即关于概括的走私故意的规定是合理的。作为走私的概括故意，首先行为人必须有走私的故意，其次行为人主观上具有不明确的认识。但是，其第二部分的"但书"规定，即关于认识错误的规定是不合理的。刑法理论的通说认为，犯罪构成要件的对象认识错误，影响犯罪的成立，或者影响罪名的认定；而对于非犯罪构成要件的错误，则不影响定罪。该意见第二部分的规定，行为人不是认识不明确，而是认识错误，不属于走私的概括故意。据此，就不能把此当成走私的概括故意来处理。既然属于对象认识错误，就应该按照对象认识错误的理论来处理。否则就违背了主客观相统一的定

❶ 周洪波，田凯．走私武器、弹药罪司法疑难问题探讨［J］．中国刑事法杂志，2003（6）.

❷ 苗有水．最高人民法院、最高人民检察院、海关总署关于办理走私刑事案件适用法律若干问题的意见的理解与适用［J］．刑事审判参考，2002（4）.

罪原则。比如，行为人想偷钱，可打开包一看，是枪支，吓坏了，便把包一扔，逃跑了。对行为人就不能按盗窃枪支罪处理。再如，某一走私运输人在接受货主的请求从境外运送一批“电脑零件”到境内，在接受请求时运输人还特意向货主表示：“只接受运输电脑零件的活，其他的活如带响的（枪支）、白的（毒品）、黄的（淫秽物品），我都不干，那太容易掉脑袋。”事实上托其运输的是被货主早已按电脑零件外包装伪装好而里面藏有大量散件枪支的集装箱，在运输过程中这些物品被查获。对该案，按照前述意见的规定，就得认定为走私武器罪；而按照刑法理论，只能按照走私普通货物、物品罪处理。对于犯罪构成要件的对象认识错误，国外也有规定，如日本刑法第 38 条第 2 款规定：“实施应属于重罪行为，但行为时不知属重罪的事实的，不得以重罪论处。”德国刑法典第 16 条第 2 款规定：“行为人行为时误认为具有较轻法定构成要件，对其故意犯罪仅能依较轻法规处罚。”

三、走私武器、弹药罪罪数形态的认定

（一）走私武器、弹药罪与非罪的认定

走私武器、弹药罪与非罪的认定，主要注意以下几点：①区别走私武器、弹药罪与非罪的关键是正确界定武器、弹药的范围。作为本罪犯罪对象的武器、弹药，一般应理解为军用武器、弹药，但不限于军用武器、弹药。如果仅仅走私一般治安管理刀具、自制猎枪、火枪、比赛用气枪、火药枪等，偷逃应缴税额较小的，则不宜以犯罪论处，根据有关规定对其予以适当的行政处罚。②走私武器、弹药数量、情节、后果等如果符合《刑法》第 13 条规定的属于情节显著轻微，危害不大的，则不以犯罪论处。至于具体的情节标准，则应根据有关司法解释的规定确定。例如，2012 年，满洲里海关全力开展“国门之后”行动，全年查获走私武器弹药类案件 7 起，其中，刑事案件 4 起、行政案件 3 起，累计查获气手枪 1 支、气枪用气瓶 3 支、枪用瞄准镜 1 个、枪用瞄准镜托 1 个、枪用瞄准镜用橡胶配件 1 个、枪用套管 1 个、气枪用弹丸 775 发、子弹 4 787 发。[1]

（二）走私武器、弹药罪与彼罪的认定

1. 走私武器、弹药罪与非法持有、私藏枪支、弹药罪的界限

非法持有、私藏枪支、弹药罪是指违反枪支管理规定，未依法取得持

---

[1] 姜薇．满洲里一年查获 7 起走私武器弹药案［J］中国海关，2013（1）．

枪资格而持有枪支、弹药或者私自藏匿枪支、弹药，拒不交出的行为。二者在犯罪构成上的区别如下：①犯罪客体上。前者侵犯的是国家对枪支、弹药的管理秩序，后者侵犯的是国家的对外贸易管理秩序。②犯罪对象上。前者的范围要比后者狭窄，仅限于武器中的枪支。后者的犯罪对象是武器、弹药。“武器”概念宽于“枪支”，包括枪支，不限于枪支。还包括军用的或类似军用的各种枪炮、化学武器等。③犯罪客观方面上。前者是非法持有、收藏枪支、弹药，既可以是积极作为，也可以是持有状态。后者则表现为非法运输、携带、邮寄武器、弹药、逃避海关监管，是积极的实行行为。

实践中，有两种情况使得二者难以区别：一种情况是行为人走私武器、弹药后进行携带或私藏。这种情况比较多见。行为人走私进来武器、弹药后，如果是自用，自然要携带；如果是卖给他人，在没有交货前，也自然要私藏。对这种情况，刑法理论认为是吸收犯，走私行为吸收了后来的携带或私藏行为，只按吸收行为，即走私行为处理。这主要是因为被吸收行为是吸收行为的必然附带行为，没有独立性。例如，1996 年至 2004 年，展某波曾先后担任长春市工商局朝阳分局副局长、长春市工商局稽查大队队长、长春市工商局经济违法稽查分局局长。这期间展某波曾多次指使他人实施违法犯罪活动，欺压群众。1998 年 6 月，展某波因涉嫌行贿罪、挪用公款罪被羁押，他出来恢复原职后，伙同他人开始经商牟利，并纠集社会人员为其充当打手和保镖，聚敛钱财，并渐渐形成了以展某波为首的黑社会性质组织。展某波还于 2003 年 8 月和 2004 年 2 月从国外走私两支气手枪和铅弹 1 500 发，并非法持有 2 支民用枪支。吉林省高级人民法院在辽源市中级人民法院二审公开宣判了原长春市工商局经济违法稽查分局局长展某波“涉黑”案。展某波因犯走私武器弹药罪、受贿罪、贪污罪、组织领导黑社会性质组织罪等多项罪名，数罪并罚，决定维持一审的无期徒刑判决。另外涉案的 10 余名被告被分别判处 15 年有期徒刑至缓刑的不同刑罚。另一种情况是行为人携带武器、弹药通关或绕关走私的情形。这种情况，笔者认为构成想象竞合犯，应从一重罪处断。因为行为人的整体行为（携带武器、弹药走私行为）触犯了两个不同罪名，符合想象竞合犯的特征。

2. 走私武器、弹药罪与非法携带枪支、弹药、管制刀具、危险物品危及公共安全罪的界限

非法携带枪支、弹药、管制刀具、危险物品危及公共安全罪指非法携

带枪支、弹药、管制刀具或者爆炸性、易燃性、放射性、毒害性、腐蚀性物品，进入公共场所或者公共交通工具危及公共安全、情节严重的行为。二者在犯罪构成上的区别如下：①犯罪客体。前者侵犯的客体是公共安全，后者侵犯的是国家的对外贸易管理秩序。②犯罪对象。前者的对象包括枪支、弹药、管制刀具或者爆炸性、易燃性、放射性、毒害性、腐蚀性物品，后者的对象是武器、弹药。③犯罪客观方面。前者表现为非法携带枪支、弹药、管制刀具、危险物品进入公共场所或公共交通工具，危及公共安全，一般发生在境内，不存在境外问题。后者表现为非法运输、携带邮寄武器进出国（边）境，其特点是跨越国（边）境。

实践中，行为人携带武器、弹药进入海关的行为牵涉这两个罪。对这种情况，如果行为人是出境或入境，应按照走私武器、弹药罪处理；如果行为人非为出境进入海关，比如行为人就在海关附近居住，经常在海关逗留、游荡，如果其携带枪支，则就构成非法携带枪支危及公共安全罪。这里应注意的是，并非携带枪支出入境的，均一律构成走私武器罪。枪支虽然不允许进出口，但并非不准携带进出境。《枪支管理法》规定，经批准携带枪支入境的，入境时应当凭批准文件在入境地边防检查站办理枪支登记，申请领取枪支携运许可证件。经批准携带枪支出境的，出境时应当凭批准文件向出境地海关申报，边防检查站凭批准文件放行。《出境入境边防检查条例》也规定，出境、入境的人员携带或者托运枪支、弹药，必须遵守有关法律、行政法规的规定，向边防检查站办理携带或者托运手续。未经许可，不得携带、托运枪支、弹药出境、入境。

3. 走私武器、弹药罪与非法制造、买卖、运输、邮寄、储存枪支、弹药、爆炸物罪的界限

非法制造、买卖、运输、邮寄、储存枪支、弹药、爆炸物罪，是指违反法律规定，擅自制造、买卖、运输、邮寄、储存枪支、弹药、爆炸物的行为。走私武器、弹药罪，是指违反海关法规、逃避海关监管，非法携带、运输、邮寄武器、弹药进出国（边）境的行为。二者在犯罪构成上的区别表现为以下几方面：①犯罪客体上。前者侵犯的是国家对枪支、弹药、爆炸物的管理秩序，后者侵犯的是国家的对外贸易管理秩序。②犯罪对象上。前者的犯罪对象是枪支、弹药、爆炸物，不仅包括军用枪支、弹药、爆炸物也包括一般民用枪支、弹药、爆炸物。后者的犯罪对象是武器、弹药，其中武器包括枪支，但又不限于枪支。③犯罪客观方面。前者表现为违反国家有关枪支、弹药、爆炸物管理的法律、法规、非法制造、

买卖、运输、邮寄、储存枪支、弹药、爆炸物的行为。这种行为发生在境内，因此不存在违反海关法逃避海关监管问题。后者表现为违反海关法，逃避海关监管，非法运输、携带、邮寄武器、弹药进出境的行为，其特点是跨越国（边）境，只有在准走私的情况下，才在境内发生。④主观方面不同。非法制造、买卖、运输、邮寄、储存枪支、弹药、爆炸物罪的行为人知道自己仅是在境内买卖、运输、邮寄枪支、弹药、爆炸物，不是跨境交易。而走私武器、弹药罪的行为人知道自己是跨境买卖、运输、邮寄武器、弹药，并且知道这为国家所禁止。因此，二者在主观认识内容上是不同的。

实践中，二者易混淆之处是准走私武器、弹药行为。准走私武器、弹药行为包括直接向走私人非法收购国家禁止进出口的武器、弹药的行为和在内海、领海、界河、界湖运输、收购、贩卖国家进出口的武器、弹药的行为。是不是客观上实施了这两种行为均构成走私武器、弹药罪？笔者认为不能。准走私武器、弹药罪要求行为人必须明知武器、弹药是走私进来的，或者明知自己是在内海、领海、界河、界湖运输、交易武器、弹药。否则，就应按照非法运输、买卖枪支、弹药、爆炸物罪定罪量刑。不然，如果不问主观故意内容，一律按照走私武器、弹药罪处理，就是客观归罪。

（三）走私武器、弹药罪与数罪的认定

1. 走私武器后运输、买卖的情形的认定与处理

这种情况是指行为人将武器走私进境后又在境内运输、买卖该武器。对此，应分两种情况：一是走私武器后又在境内运输该武器而没有买卖的情形。这种情况属于牵连犯，应从一重罪处断。因为境内运输行为是走私行为的必然结果，二者存在原因与结果的关系，符合牵连犯的特征。二是走私武器后又在境内买卖的情形。对此应分两种情况处理：①行为人出于出售目的而走私武器而后又出售的，这构成牵连犯，应从一重罪处断。出售行为是目的行为，走私行为是方法行为，二者具有方法与目的的牵连。②行为人为自用而走私，但走私后又产生出售意图并出售的。对这种情况应数罪并罚。因为两行为之间是独立分离的关系，虽然客观上走私行为成为出售行为的方法行为，但行为人主观上并不存在牵连意图。[1]

2. 恐怖活动组织走私武器、弹药行为的定性

“恐怖组织”，是指 3 人以上为了长期、有计划地实施恐怖活动而建立

---

[1] 周洪波，田凯．走私武器、弹药罪司法疑难问题探讨［J］．中国刑事法杂志，2003（6）．

起来的犯罪组织，是犯罪集团的一种。构成恐怖组织必须具备以下特征：①主体必须是 3 人以上，这是恐怖组织在人数上的最低限度。实践中，恐怖组织的人员少则几十人，多则几百人、上千人，规模大小不等。②恐怖组织必须以实施恐怖活动为目的。恐怖组织成立以后，以实施各种各样的恐怖活动为目的，极大地危害公共安全。③恐怖组织具有严密的组织性。其成员固定且内部存在领导与被领导的关系，有组织者、领导者，有骨干分子，还有一般成员，各司其职，等级森严、纪律严密，有一套成文或不成文的“律规”，组织性非常强。④恐怖组织具有一定的稳定性。即恐怖组织自建立以后，在较长时间内反复多次进行恐怖活动，其实施完一次恐怖活动后，恐怖组织不是被解散了，而是继续存在，继续实施新的恐怖活动。⑤恐怖组织具有极大的社会危害性和危险性。它既不同于盗窃、走私、贩毒等犯罪集团，也不同于某些间谍、特务组织，它是犯罪集团中危害最大的犯罪组织之一。

《刑法》第 120 条规定：“组织、领导和积极参加恐怖活动组织的，处三年以上十年以下有期徒刑；其他参加的，处三年以下有期徒刑、拘役或者管制。犯前款罪并实施杀人、爆炸、绑架等犯罪的，依照数罪并罚的规定处罚。”所以，对于恐怖组织走私武器、弹药的，应当数罪并罚。如果行为人是恐怖活动的组织者，则按组织恐怖组织罪和走私武器、弹药罪并罚；如果行为人是恐怖组织的领导者，则按领导恐怖组织罪和走私武器、弹药罪并罚；如果行为人是恐怖组织的参加者，则按参加恐怖组织罪和走私武器、弹药罪并罚。

3. 走私武器、弹药过程中抗拒缉私行为的认定

《刑法》第 157 条第 2 款规定：“以暴力、威胁方法抗拒缉私的，以走私罪和本法第 277 条规定的阻碍国家机关工作人员执行职务罪，依照数罪并罚的规定处罚。”尽管如此，笔者认为，对于在走私武器、弹药过程中，抗拒缉私行为应分如下几种情况来处理：①按照走私武器、弹药罪和妨害公务罪数罪并罚。这种情况是指行为人的走私武器、弹药行为构成犯罪，并且行为人又采取暴力、威胁方法抗拒缉私。由于行为人既实施了走私武器、弹药行为构成犯罪，同时又采取暴力、威胁方法实施了阻碍国家机关工作人员执行职务的行为，因而既构成了走私武器、弹药罪，又构成妨害公务罪，所以实行数罪并罚。②仅构成走私武器、弹药罪。这种情况是指行为人的走私武器、弹药行为构成犯罪，但行为人虽然抗拒缉私却没有采取暴力、威胁手段，其抗拒缉私行为就不构成犯罪。因为根据《刑法》第

277 条的规定，阻碍公安机关、国家安全机关以外的国家机关工作人员依法执行职务的，必须是采取暴力、威胁方法才构成犯罪。③仅构成妨害公务罪。这种情况是指走私武器、弹药行为不构成犯罪。虽然刑法没有规定走私武器、弹药罪必须具备“情节严重”才构成犯罪，但也并非只要走私武器、弹药就构成犯罪。对于情节显著轻微，危害不大的，不以犯罪论处。[1]

4. 走私武器、弹药且有行贿行为的认定

对此应分两种情况来处理：一种情况是行为人为走私武器、弹药而行贿。对这种情况应从一重罪处断，因为这种情况完全符合牵连犯的成立条件。首先，行为人主观上存在牵连意图，即行为人是为了走私武器、弹药而行贿，行为人认识到自己的行贿行为与走私武器、弹药行为之间存在方法与目的的关系；其次，行为人实施了两个行为，即行贿行为和走私武器、弹药行为，且两个行为之间存在牵连关系；最后，这两个行为均独立地构成犯罪，即分别构成行贿罪和走私武器、弹药罪。

另一种情况是行为人实施走私武器、弹药行为后，为了逃避海关、司法人员的追究而行贿。在这种情况下，行为人主观上出于两个犯意，即走私武器、弹药的故意和行贿的故意，这两个犯意之间不存在联系；客观上实施了两个犯罪行为，即走私武器、弹药行为和行贿行为，这两个行为之间也不存在联系。对这种情况应数罪并罚。值得说明的是这种情况不构成牵连犯，这是因为行为人主观上不具有牵连意图，其所实施的走私武器、弹药行为和行贿行为之间没有方法和目的关系，也没有原因和结果的关系。一般而言，方法行为要先于目的行为，所以行为人的行贿行为不是其走私武器、弹药行为的方法行为；而行贿更不可能是走私武器、弹药的当然结果，因此走私武器、弹药行为和行贿行为之间也没有原因和结果的关系。

5. 走私武器、弹药时为抗拒缉私致人重伤、死亡的认定

对这种情况，首先是抗拒缉私致人重伤、死亡的属于想象竞合犯，应从一重罪处断，然后再与走私武器、弹药罪数罪并罚。这是因为想象竞合犯，是指行为人基于一个犯罪意图所支配的数个不同的罪过，实施一个危害行为，而触犯两个以上异种罪名的犯罪形态。抗拒缉私致人伤害、死亡的情况正是行为人基于一个犯罪意图——抗拒缉私所支配的两个不同罪过——抗拒缉私故意和杀人故意或杀人过失、伤害故意、重伤过失，实施

---

[1] 周洪波，田凯．走私武器、弹药罪司法疑难问题探讨［J］．中国刑事法杂志，2003（6）．

一个危害行为——抗拒缉私行为即暴力行为或者说致人伤害、死亡行为，而触犯两个异种罪名——妨害公务罪和故意杀人罪或过失致人死亡罪、故意伤害罪、过失致人重伤罪的犯罪形态。[1]

第二节　走私核材料罪

一、走私核材料罪的概念和犯罪构成

走私核材料罪，是指行为人违反海关法律、法规和规章制度，逃避海关监管，非法运输、携带、邮寄核材料进出境的行为。走私核材料罪的犯罪构成如下。

走私核材料罪侵犯的客体是国家对外贸易管制中对核材料禁止进出口的规定和制度。核材料，是核燃料、核燃料产物、核聚变材料的通称，是指铀、钚等可以发生原子核变或聚合反应的放射性材料，根据我国1989年1月10日加入的《核材料实物保护公约》的规定，它是指：钚，但钚—238同位素含量超过80%者除外；铀—233；同位素235或233浓缩的铀；非矿石或矿渣形式的含天然存在的同位素混合物的铀；任何含有上述成分的材料。其中，同位素235或233浓缩的铀，是指含有同位素238的丰度比大于天然存在的同位素235对同位素238的丰度比的铀。《核出口管制条例》规定了核出口管制清单。

走私核材料罪客观方面表现为违反国家对外贸易中对核材料禁止进出口的规定和制度的行为，逃避海关监管，采取非法运输、携带、邮寄等方法将禁止进出口的核材料运进或运出海关。逃避海关监管，是指采用各种方法，躲避海关的监督、检查，企图将核材料通过国（边）境。本罪中走私行为的形式主要有：绕关的走私行为，即不经过海关和边境哨卡检查站；通关的走私行为，即通过海关进出境，但采用假报、伪报或者藏匿等手段，瞒过海关的监督、检查，偷运、偷带或者邮寄核材料；准走私行为（间接走私），即不是直接进出境的走私行为，而是下列行为：直接向走私人非法收购国家禁止进口的核材料的；在内海、领海、界河、界湖运输、收购、贩卖国家禁止进出口的核材料的。例如，2002年12月，李某通过王某（两人均另案处理）从俄罗斯走私入境了1公斤核电站使用的低浓度

---

[1] 周洪波，田凯．走私武器、弹药罪司法疑难问题探讨［J］．中国刑事法杂志，2003（6）．

核材料铀235，随后，李某让自己的朋友安某在哈市寻找合适的买家，想从中获得暴利。直至2009年，安某都没将核材料铀235卖出。2009年10月，安某在边防检查站被抓获。2010年，南岗区法院以非法买卖、储存危险物质罪判处安某有期徒刑3年，缓刑4年。本案中，李某、王某应构成走私核材料罪。

走私核材料罪的犯罪主体为一般主体，个人和单位都可以构成本罪的主体，个人包括中国公民、外国公民、无国籍公民，单位包括中国境内的所有内资、外资和合资企业、团体、机关等。

走私核材料罪在主观上是故意的，即明知自己的行为是违反国家有关规定，走私国家禁止进出口的核材料而仍然非法携带、运输、邮寄，企图使之进出国（边）境。例如我国首例贫化铀走私回国案：刘某某、王某华、王某军均是阿克苏人，其中王某华、王某军是兄弟俩，3个人常年做跨国废品收购生意。2006年8月，刘某某、王某华在吉尔吉斯的比什凯克市一家废品收购站收购废钢铁时，发现一奇特的金属固体，外形呈椭圆形状，金色并略带其他色彩，奇怪的是一发生碰撞就会火花四溅，真可谓“金光四射”，废品店老板也不知其是何物。刘某某、王某华仔细打量后断定此物肯定是个宝，运回国内可以赚一笔，经讨价还价，最后以2 000美元的价格购得该物。宝物重达274公斤，比较醒目。由于刘某某、王某军长期做跨国废品收购生意，他们对道路非常熟悉。由王某华负责找车将宝物藏入收购的废钢材中，当宝物运至吐尔尕特口岸附近时，由刘某某、王某军在国内租一辆微型汽车，抄小路绕过吐尔尕特海关，逃避海关监管将此物运回。3人将“宝物”走私入境后运至阿克苏市刘某某的岳父家存放。让他们惊喜的是，宝物在夜晚熄灯后竟是莹光闪闪，王某华将从该宝物上切割下来的一部分放在卧室床边，时常把玩。之后，刘某某、王某华、王某军多方联系买主，均因宝物身份不明，价钱难以确定，无法出售。2007年年初，3人决定请人鉴定宝物。刘某某想从宝物上取一小块做样品，没想到切割一小块样品竟然用了三四天，光锯条就断了几十根！刘某某、王某华、王某军因此更加信服这是宝物的魅力。王某军决定亲自将样品送到北京，找专家鉴定评估宝物价值。王某军再三考虑，选择了清华大学，他认为清华大学具有权威性，能更准确地估出宝物的价值。为防止样品在路上丢失或被盗，王某军将这个不明身份的宝物样品用胶带粘在身上，日夜不离身，不敢有丝毫懈怠。2007年9月，鉴定结果出来了，宝物被鉴定出为贫化铀，具有辐射性，属国家禁止流通、使用的核废料。清华大学立即向有关部门报案，温宿县公安局将3名犯罪嫌疑人抓获，并查明了案件事实。刘某某3人也因涉嫌走私核材料罪被公安机关刑事拘留。案件经过立案侦查最后起诉到了阿克苏温宿县检察院。检察机关认为，走私核材料罪和走私固体废物罪的主观方面都必须是故意，必须明知是核材料或固体废物，而本案3名犯罪嫌疑人显然不知情；并且该物质经权威部门鉴定为贫化铀，具有辐射性，但不是核材料，3人的行为显然不能定走私核材料罪和走私固体废物罪。温宿县人民检察院在温宿县公安局提请逮捕后，依法作出了不批准逮捕的决定。2008年8月19日，刘某某等人接到阿克苏地区温宿县人民检察院不批准逮捕决定通知书。刘某某、王某华、王某军3人虽然不构成犯罪，但是，他们的行为却给社会带来了不小的危害，给国家处理该物体带来了难题。因为贫化铀虽然不是核材料，但是具有放射性，是有害物质。

二、走私核材料罪与彼罪的认定

第一，如果行为人受他人之托走私普通货物、物品，委托人在其中夹带了核材料，但行为人并不知道，则主观上没有走私核材料的故意，不应当以走私核材料罪定罪处罚，只能认定为走私普通货物、物品罪。

第二，走私核武器罪与走私核材料罪的区别就在于走私的对象不同。走私核武器属于走私武器的范畴，虽然核武器是由核材料制造的，但核材料只是核武器的一个组成部分，核材料与核武器是两个不同的概念。

第三节 走私假币罪

一、走私假币罪的概念和犯罪构成

走私假币罪，是指违反海关法规，逃避海关监督、管理，非法运输、携带、邮寄伪造的货币出入境内的行为。走私假币罪的犯罪构成如下。

走私假币罪侵犯的客体是国家对外贸易中对假币禁止进出口的制度和国家金融管理秩序。货币，是指可在国内市场可以或者不可以流通或者兑换的人民币、境外货币。伪造的货币，即假币，假币是指仿造人民币或外币等真币的用纸大小、形状、线条、图案、文字、颜色、票面值、设定编号等通过印刷、复印、石印、手描、照相等方法制作的以假充真的货币。假货币包括伪造的任何国家或者地区的货币，尤以可自由兑换币为伪造的对象。货币面额以人民币计。走私伪造的境外货币的，其面额以案发时国家外汇管理机关公布的外汇牌价折合人民币计算。

走私假币罪的客观方面表现是违反海关法律、法规，逃避海关监督管理，非法运输、携带、邮寄假币进出境的行为。逃避海关监管，是指采用各种方法，躲避海关的监督、检查，企图将假币通过国（边）境。本罪中走私行为的形式主要有：绕关的走私行为，即不经过海关和边境哨卡检查站；通关的走私行为，即通过海关进出境，但采用假报、伪报或者藏匿等手段，瞒过海关的监督、检查，偷运、偷带或者邮寄假币；准走私行为（间接走私），即不是直接进出境的走私行为，而是下列行为：直接向走私人非法收购国家禁止进口的假币的；在内海、领海、界河、界湖运输、收购、贩卖国家禁止进出口的假币的。例如，2007 年 3 月上旬，被告人罗某宏受我国台湾地区的陈某林（另案处理）之托，欲寻找渔船将 1 箱牌九从金门运送到厦门，为此找到被告人苏某万帮忙。苏某万将此事告诉严春闻（另案处理）后，严某闻表示可以找人将货从金门专船运到厦门，并与罗某宏商定运费为人民币 3 600 元；罗某宏则向陈某林报价为人民币 7 200 元。同时，苏某万还让其金门朋友杨某耀在金门接转货物。此后，陈某林及其朋友“志忠”告诉罗某宏牌九中夹藏假人民币，不能让人拆开，并承诺如再将假币从厦门安全运到珠海，即可获得酬劳人民币 20 000 元。在货物运抵厦门之前，罗某宏也将牌九内夹带假币的事实告诉了苏某万，并答应从报酬中分给苏某 110 000 元。同月 12 日，“志忠”将人民币 7 500 元汇入罗某宏的银行卡内，次日，罗某宏将其中人民币 4 000 元转入严某闻的银行卡内作为运货费用。同月 15 日凌晨，根据严某闻的安排，“陈先生”（另案处理）在金门向杨某耀提货，并将货物从金门运到厦门。“陈先生”与严某闻在交接货物时，发现货物内有假人民币。同月 27 日，严某闻将上述我国台湾地区产牌九 13 副、假百元人民币 952 500 元上交给厦门市公安边防支队。同年 6 月 23 日，罗某宏、苏某万被公安机关抓获归案。福建省厦门市人民检察院指控被告人罗某宏、苏某万以牟取非法利益为目的，在明知从金门运到厦门的货物中夹带有伪造的人民币的情况下，违反海关法规，逃避海关监管，指使他人从金门运输伪造的人民币 952 500 元到厦门，情节特别严重，其行为已构成走私假币罪。2008 年 2 月 13 日，福建省厦门市中级人民法院一审判处被告人罗某宏犯走私假币罪，判处有期徒刑 11 年，并处没收个人财产人民币 12 万元。被告人苏某万犯走私假币罪，判处有期徒刑 10 年，并处没收个人财产人民币 10 万元。

走私假币罪的犯罪主体是一般主体，即具备刑事责任能力，达到刑事责任年龄的中国籍、外国籍、无国籍公民和单位都可能构成走私假币罪。

走私假币罪在主观上是故意，即行为人明知自己的行为是违反海关法律、法规，逃避海关监管、破坏对外贸易秩序和金融管理秩序而希望这种故意行为实现的行为。

二、走私假币罪罪数形态的认定

（一）走私假币罪与非罪的认定

本罪系行为犯，一般情况下，只要行为人出于故意实施了走私伪造的货币的行为，就可构成本罪，原则上都要判处相应的刑罚。认定走私假币行为的罪与非罪界限，主要应从以下两个方面入手：

第一，走私假币数额、数量的多少。根据最高人民检察院、公安部《关于公安机关管辖的刑事案件立案追诉标准的规定（二）》的规定，走私伪造的货币，总面额在 2 000 元以上或者币量在 200 张（枚）以上的，应予立案追诉。对于走私假币数量很小，且具有其他情节较轻的情况，被海关人员检查出后，认罪很诚恳，在这种情况下，可以根据《刑法》第 13 条规定的但书“情节显著轻微危害不大的，不认为犯罪”的规定，不作刑事处罚，但可由海关依照有关的海关法规给予必要的行政处罚。

第二，行为人是否明知是伪造的货币。只有行为人明知是伪造的货币而携带、运输、邮寄进出境的，才能以本罪论处。携带伪造的货币进出境，如果确实不知是假币的，由于缺乏犯罪的故意，故而不能构成走私假币罪。如果行为人携带了大量货币，不知是假币，但没有按规定如实申报的，也不能以本罪论处。当然，是否明知是假币，不能单凭行为人的陈述或辩解，而要根据案件实际情况及相关证据依法加以认定。在边境贸易中误收了假币，事后虽知是假币，但行为人为了挽回自己的损失而将假币携带入境准备再行使用的，不应以走私假币罪论处，数额较大的，可以持有、使用假币罪论处。由于不知情而为他人携带或夹带伪造的货币进出国（边）境的，不应以犯罪论处。[1]

（二）走私假币罪与运输假币罪的界限

运输假币罪，是指违反国家货币管理法规，明知是伪造的货币而在国

---

[1] 马克昌．经济犯罪新论：破坏社会主义市场经济秩序罪研究［M］．武汉：武汉大学出版社，1998：124.

内进行运输的行为。从这两个罪的构成要件来看，除了在主观方面相同外，其他方面都有些不同：①侵犯的客体不同。前者侵犯的客体是国家海关的监督管理制度和国家的货币管理制度；而后者侵犯的客体则只是国家货币管理制度。②客观方面不同。前者的客观方面，表现为行为人违反海关法规、货币管理法规，逃避海关监管，非法运输、携带、邮寄货币的行为；而后者的客观方面，则表现为行为人违反国家货币管理法规，明知是伪造的货币而在国内进行运输，数额较大的行为。③犯罪主体不同。前者的犯罪主体既可以是达到刑事责任年龄并具有刑事责任能力的自然人，也可以是单位；而后者的犯罪主体，则只能是达到刑事责任年龄并具有刑事责任能力的自然人，而单位不能成为本罪的主体。走私假币进入国内后，又实施了出售、运输同一宗假币行为的，如何处理？有学者认为此种行为实际上是走私假币行为的延续，仍应以走私假币罪论处，不应再定其他罪。另有学者认为，这种情况属于牵连犯，应按照处理牵连犯的原则，从一重罪处断，即以走私假币罪定罪处罚，而不定走私假币罪和出售、运输假币罪两个罪，因为境内运输假币的行为是走私假币行为的必然结果，二者存在原因与结果的关系，符合牵连犯的特征。

第四节　走私文物罪

一、走私文物罪的概念和犯罪构成

走私文物罪，是指违反海关法规，逃避海关监管，非法运输、携带、邮寄国家禁止出口的文物出境的行为。走私文物罪的犯罪构成如下。

走私文物罪侵犯的客体是国家禁止出口制度。犯罪对象是国家禁止出口的文物。所谓文物，是指遗存于社会、埋藏于地下、水下具有历史、科学、艺术价值的人类的历史文化遗物。1982 年制定、2013 年第 3 次修正的《文物保护法》对文物作了具体规定。作为走私对象的文物并非包括上述所有文物，而只是国家禁止出口的文物。所谓国家禁止出口的文物，是指具有重要历史、艺术、科学价值的文物，包括珍贵文物和其他国家禁止出境的文物。

走私文物罪在客观方面表现为违反海关法规，逃避海关监督，非法携带、运输、邮寄国家禁止出口的文物出国（边）境的行为。逃避海关监管，是指采用各种方法，躲避海关的监督、检查，企图将文物通过国

（边）境，具体是指在不设海关的边境线上非法运输国家禁止出口的文物出境，或者虽然经过海关，但以藏匿伪装、假报过境货物等手段，非法运输、携带、邮寄国家禁止出口的文物出境的行为。根据《文物保护法》规定，文物出口和个人携带出境都必须事先向海关申报，经国家文化行政管理部门指定的省、自治区、直辖市文化行政管理部门进行鉴定，并发给许可证。具有重要历史、艺术、科学价值的文物，除经国务院批准运往国外展览的以外，一律禁止出境。本罪中走私行为的形式主要有：绕关的走私行为，即不经过海关和边境哨卡检查站；通关的走私行为，即通过海关出境，但采用假报、伪报或者藏匿等手段，瞒过海关的监督、检查，偷运、偷带或者邮寄文物；准走私行为（间接走私），即不是直接出境的走私行为，而是在内海、领海、界河、界湖运输、收购、贩卖国家禁止出口的文物的。走私文物的行为是一种单向而非双向的行为，只有运输、携带、邮寄国家禁止出口的文物出境的才能以本罪定罪处罚。如果行为人未经批准将境外的文物擅自带入国（边）境内的，偷逃应缴税数额较大的，有可能构成《刑法》第153条规定的走私普通货物、物品罪，而不以走私文物罪论。

走私文物罪的主体为一般主体，既可以是单位，也可以是个人。

走私文物罪在主观方面是故意，即行为人明知所运输、携带、邮寄的是国家禁止出口的珍贵文物，通关出口会造成国家文物非法出境的后果，并希望或放任这种危害结果的发生。在对走私文物犯罪的直接故意进行认定中，必须论及的是推定方法的运用。由于刑法上的“明知”是行为人对自己行为的一种主观认识，在走私文物案件中，除了有证据证明嫌疑人已经对文物进行过鉴定却故意隐瞒不报的情况，如果行为人拒不承认，司法机关很难证明其走私文物的主观故意。这就需要引入推定规则，以查证属实的基础事实来对行为人对走私文物“明知”的心理状态进行认定。文物的特殊性及对其认定的法律要式性，在犯罪构成的主观方面限定了嫌疑人心理状态的形式，在法定机构作出结论以前，多数嫌疑人仅能认识到物品可能是文物，相应的意志因素只能是放任这种结果发生，即构成走私文物犯罪的间接故意。[1]

二、国家禁止出口的文物的范围

本罪的对象是特定的，即国家禁止出口的文物。准确界定犯罪对象，

---

[1] 杨涛．走私文物犯罪主观方面认定问题研究［J］．公安研究，2007（2）．

是认定本罪的难点之一。文物是指人类历史上遗留下来的，在社会上或埋藏在地下的一切有价值的遗迹和遗物。根据2013年《文物保护法》规定，在中国境内下列具有历史、艺术、科学价值的文物，受国家保护：①具有历史、艺术、科学价值的古遗址、古墓葬、古建筑、石窟寺和石刻；②与重大历史事件、革命运动和著名人物有关的，具有重要纪念意义、教育意义和史料价值的建筑物、遗址、纪念物；③在历史上各时代珍贵的艺术品、工美术品；④重要的革命文献资料以及具有历史、艺术、科学价值的手稿，古旧图书资料等；⑤反映历史上各时代、各民族社会秩序、社会生产、社会生活的代表性实物；⑥具有科学价值的古脊椎动物化石和古人类化石同文物一样受国家的保护。但是，并非所有的国家保护的文物均为本罪的对象，本罪的对象是国家禁止出口的文物。根据《禁止进出境物品表》的规定，禁止出口的文物是指珍贵文物以及其他国家禁止出境的文物。

珍贵文物是指具有重要历史、艺术、科学价值的文物。所谓文物的历史价值，是指其能够反映历史上特定时期的社会生产和生活状况及生产力发展水平，与重大历史事件或著名历史人物有关，能够作为历史发展的实物证据的历史证明作用。文物的艺术价值，是指其能够反映历史上不同时期不同民族的艺术水平或工艺水平，或者是超过其做成时代一般水平的艺术精品，以及历史上著名艺术家或著名工匠的作品所具有的特殊历史意义和审美意义。文物的科学价值，是指其能够作为历史科学或其他科学的研究对象，或是能够为科学研究提供实物史料佐证的意义。根据海关总署《关于修订〈中华人民共和国禁止进出境物品表〉和〈中华人民共和国限制进出境物品表〉重新发布的通知》的规定，“珍贵文物”，是指国家馆藏一、二、三级文物。文化部2001年颁布的《文物藏品定级标准》也规定，文物藏品分为珍贵文物和一般文物。珍贵文物分为一、二、三级。具有特别重要历史、艺术、科学价值的代表性文物为一级文物；具有重要历史、艺术、科学价值的为二级文物；具有比较重要历史、艺术、科学价值的为三级文物。具有一定历史、艺术、科学价值的为一般文物。

根据《文物藏品定级标准》的规定：一级文物定级标准是：①反映中国各个历史时期的生产关系及其经济秩序、政治秩序，以及有关社会历史发展的特别重要的代表性文物；②反映历代生产力的发展、生产技术的进步和科学发明创造的特别重要的代表性文物；③反映各民族社会历史发展和促进民族团结、维护祖国统一的特别重要的代表性文物；④反映历代劳动人民反抗剥削、压迫和著名起义领袖的特别重要的代表性文物；⑤反映历代中外关系和在政治、经济、军事、科技、教育、文化、艺术、宗教、卫生、体育等方面相互交流的特别重要的代表性文物；⑥反映中华民族抗御外侮，反抗侵略的历史事件和重要历史人物的特别重要的代表性文物；⑦反映历代著名的思想家、政治家、军事家、科学家、发明家、教育家、文学家、艺术家等特别重要的代表性文物，著名工匠的特别重要的代表性作品；⑧反映各民族生活习俗、文化艺术、工艺美术、宗教信仰的具有特别重要价值的代表性文物；⑨中国古旧图书中具有特别重要价值的代表性的善本；⑩反映有关国际共产主义运动中的重大事件和杰出领袖人物的革命实践活动，以及为中国革命作出重大贡献的国际主义战士的特别重要的代表性文物；⑪与中国近代（1840~1949 年）历史上的重大事件、重要人物、著名烈士、著名英雄模范有关的特别重要的代表性文物；⑫与中华人民共和国成立以来的重大历史事件、重大建设成就、重要领袖人物、著名烈士、著名英雄模范有关的特别重要的代表性文物；⑬与中国共产党和近代其他各党派、团体的重大事件，重要人物、爱国侨胞及其他社会知名人士有关的特别重要的代表性文物；⑭其他具有特别重要历史、艺术、科学价值的代表性文物。另外，该《文物定级标准》还对一级文物的定级标准进行举例：①玉、石器。时代确切，质地优良，在艺术上和工艺上有特色和有特别重要价值的；有确切出土地点，有刻文、铭记、款识或其他重要特征，可作为断代标准的；有明显地方特点，能代表考古学一种文化类型、一个地区或作坊杰出成就的；能反映某一时代风格和艺术水平的有关民族关系和中外关系的代表作。②陶器。代表考古学某一文化类型，其造型和纹饰具有特别重要价值的；有确切出土地点可作为断代标准的；三彩作品中造型优美、色彩艳丽、具有特别重要价值的；紫砂器中，器形完美，出于古代与近代名家之手的代表性作品。③瓷器。时代确切，在艺术上或工艺上有特别重要价值的；在纪年或确切出土地点可作为断代标准的；造型、纹饰、釉色等能反映时代风格和浓郁民族色彩的；有文献记载的名瓷、历代官窑及民窑的代表作。④铜器。造型、纹饰精美，能代表某个时期工艺铸造技术水平的；有确切出土地点可作为断代标准的；铭文反映重大历史事件、重要历史人物的或书法艺术水平高的；在工艺发展史上具有特别重要价值的。⑤铁器。在中国冶铸、锻造史上，占有特别重要地位的钢铁制品；有明确出土地点和特别重要价值的铁质文物；有铭文或错金银、镶嵌等精湛工艺的古代器具；历代名人所用，或与重大历史事件有直接联系的铁制历史遗物。⑥金银器。工艺水平高超，造型或纹饰十分精美，具有特别重要价值的；年代、地点确切或有名款，可作断代标准的金银制品。⑦漆器。代表某一历史时期典型工艺品种和特点的；造型、纹饰、雕工工艺水平高超的；著名工匠的代表作。⑧雕塑。造型优美、时代确切，或有题记款识，具有鲜明时代特点和艺术风格的金属、玉、石、木、泥和陶瓷、髹漆、牙骨等各种质地的、具有特别重要价值的雕塑作品。⑨石刻砖瓦。时代较早，有代表性的石刻；刻有年款或物主铭记可作为断代标准的造像碑；能直接反映社会生产、生活，神态生动、造型优美的石雕；技法精巧、内容丰富的画像石；有重大史料价值或艺术价值的碑碣墓志；文字或纹饰精美，历史、艺术价值特别重要的砖瓦。⑩书法绘画。元代以前比较完整的书画；唐以前首尾齐全有年款的写本；宋以前经卷中有作者或纪年且书法水平较高的；宋、元时代有名款或虽无名款而艺术水平较高的；具有特别重要价值的历代名人手迹；明清以来特别重要艺术流派或著名书画家的精品。⑪古砚。时代确切，质地良好、遗存稀少的；造型与纹饰具有鲜明时代特征，工艺水平很高的端、歙等四大名砚；有确切出土地点，或流传有绪，制作精美，保存完好，可作断代标准的；历代重要历史人物使用过的或题铭价值很高的；历代著名工匠的代表作。⑫甲骨。所记内容具有特别重要的史料价值，龟甲、兽骨比较完整的；所刻文字精美或具有特点，能起断代作用的。⑬玺印符牌。具有特别重要价值的官私玺、印、封泥和符牌；明、清篆刻中主要流派或主要代表人物的代表作。⑭钱币。在中国钱币发展史上占有特别重要地位、具有特别重要价值的历代钱币、钱范和钞版。⑮牙骨角器。时代确切，在雕刻艺术史上具有特别重要价值的；反映民族工艺特点和工艺发展史的；各个时期著名工匠或艺术家代表作，以及历史久远的象牙制品。⑯竹木雕。时代确切，具有特别重要价值，在竹木雕工艺史上有独特风格，可作为断代标准的；制作精巧、工艺水平极高的；著名工匠或艺术家的代表作。⑰家具。元代以前（含元代）的木质家具及精巧冥器；明清家具中以黄花梨、紫檀、鸡翅木、铁梨、乌木等珍贵木材制作、造型优美、保存完好、工艺精良的；明清时期制作精良的髹饰家具；明清及近现代名人使用的或具有重大历史价值的家具。⑱珐琅。时代确切，具有鲜明特点，造型、纹饰、釉色、工艺水平很高的珐琅制品。⑲织绣。时代、产地准确的；能代表一个历史时期工艺水平的具有特别重要价值的不同织绣品种的典型实物；色彩艳丽，纹饰精美，具有典型时代特征的；著名织绣工艺家的代表作。⑳古籍善本。元以前的碑帖、写本、印本；明清两代著名学者、藏书家撰写或整理校订的、在某一学科领域有重要价值的稿本、抄本；在图书内容、版刻水平、纸张、印刷、装帧等方面有特色的明清印本（包括刻本、活字本、有精美版画的印本、彩色套印本）、抄本；有明清时期著名学者、藏书家批校题跋、且批校题跋内容具有重要学术资料价值的印本、抄本。㉑碑帖拓本。元代以前的碑帖拓本；明代整张拓片和罕见的拓本；初拓精本；原物重要且已佚失，拓本流传极少的清代或近代拓本；明清时期精拓套帖；清代及清代以前有历代名家重要题跋的拓本。㉒武器。在武器发展史上，能代表一个历史阶段军械水平的；在重要战役或重要事件中使用的；历代著名人物使用的、具有特别重要价值的武器。㉓邮品。反映清代、民国、解放区邮政历史的、存量稀少的；新中国成立以来具有特别重要价值的邮票和邮品。㉔文件、宣传品。反映重大历史事件，内容重要，具有特别重要意义的正式文件或文件原稿；传单、标语、宣传画、号外、捷报；证章、奖章、纪念章等。㉕档案文书。从某一侧面反映社会生产关系、经济秩序、政治秩序和土地、人口、疆域变迁以及重大历史事件、重要历史人物事迹的历代诏谕、文告、题本、奏折、诰命、舆图、人丁黄册、田亩钱粮簿册、红白契约、文据、书札等官方档案和民间文书中，具有特别重要价值的。㉖名人遗物。已故中国共产党著名领袖人物、各民主党派著名领导人、著名爱国侨领、著名社会活动家的具有特别重要价值的手稿、信札、题词、题字等以及具有特别重要意义的用品。

二级文物定级标准是：①反映中国各个历史时期的生产力和生产关系及其经济秩序、政治秩序，以及有关社会历史发展的具有重要价值的文物；②反映一个地区、一个民族或某一个时代的具有重要价值的文物；③反映某一历史人物、历史事件或对研究某一历史问题有重要价值的文物；④反映某种考古学文化类型和文化特征，能说明某一历史问题的成组文物；⑤历史、艺术、科学价值一般，但材质贵重的文物；⑥反映各地区、各民族的重要民俗文物；⑦历代著名艺术家或著名工匠的重要作品；⑧古旧图书中具有重要价值的善本；⑨反映中国近代（1840～1949 年）历史上的重大事件、重要人物、著名烈士、著名英雄模范的具有重要价值的文物；⑩反映中华人民共和国成立以来的重大历史事件、重大建设成就、重要领袖人物、著名烈士、著名英雄模范的具有重要价值的文物；⑪反映中国共产党和近代其他各党派、团体的重大事件，重要人物、爱国侨胞及其他社会知名人士的具有重要价值的文物；⑫其他具有重要历史、艺术、科学价值的文物。

三级文物定级标准是：①反映中国各个历史时期的生产力和生产关系及其经济秩序、政治秩序，以及有关社会历史发展的比较重要的文物；②反映一个地区、一个民族或某一时代的具有比较重要价值的文物；③反映某一历史事件或人物，对研究某一历史问题有比较重要价值的文物；④反映某种考古学文化类型和文化特征的具有比较重要价值的文物；⑤具有比较重要价值的民族、民俗文物；⑥某一历史时期艺术水平和工艺水平较高，但有损伤的作品；⑦古旧图书中具有比较重要价值的善本；⑧反映中国近代（1840—1949）历史上的重大事件、重要人物、著名烈士、著名英雄模范的具有比较重要价值的文物；⑨反映中华人民共和国成立以来的重大历史事件、重大建设成就、重要领袖人物、著名烈士、著名英雄模范的具有比较重要价值的文物；⑩反映中国共产党和近代其他各党派、团体的重大事件，重要人物、爱国侨胞及其他社会知名人士的具有比较重要价值的文物；⑪其他具有比较重要的历史、艺术、科学价值的文物。

根据海关总署《关于修订〈中华人民共和国禁止进出境物品表〉和〈中华人民共和国限制进出境物品表〉重新发布的通知》的规定，"其他禁止出境的文物"，是指有损国家荣誉、有碍民族团结、易引起边界争端，在政治上有不良影响的文物。根据文化部、对外贸易部制定的《关于文物出口鉴定标准的几点意见》的规定，禁止出境的文物有：①1949 年以前制作、生产或出版的具有一定历史、科学和艺术价值的文物、图书，原则上一律禁止出口；②革命文物，不论年限原则上一律禁止出口；③凡是有泄露国家机密，或歪曲、丑化我国人民，或政治上有不良影响的文物、图书，一律禁止出口；④少数民族的文物，1949 年以前生产的暂时一律不许出口；⑤凡属于社会主义革命和建设时期，具有高度政治意义和艺术水平的艺术创作、原手稿等，原则上禁止出口。

文物不同于赝品。行为人故意走私赝品或仿造的文物的或者走私不具有重要历史、艺术、科学价值的文物的行为的性质认定，因为行为人在主观上并不具有走私文物出境的故意，且作为走私文物罪犯罪客体内容之一的文物出口管理制度也没有受到侵害或遭受侵害的潜在危险，因此不构成走私文物罪。但若行为构成诈骗罪或走私普通货物物品罪，则应按照《刑法》相关条款追究刑事责任。

三、走私文物罪罪数形态的认定

（一）走私文物罪与非罪的认定

1. 走私文物罪与非罪的界限

区分走私文物罪与非罪，应当从主观方面与客观方面两方面把握。①从客观方面看，行为人是否存在逃避海关监管的行为。对于熟悉通关程序的人员，携带应该申报的物品而选择无申报通道出境的，就属于逃避海关监管。②在主观方面，如果行为人没有犯罪故意，即行为人不知其携带的是文物，或者不知其携带的文物是国家禁止出口的，即使其客观上具有运输、携带或邮寄国家禁止出口的文物过境的行为，也不能认为其构成本罪。如果行为人知道一定是或可能是国家禁止出口的文物而运输、携带或邮寄的，即使不知道该文物的具体等级，也不影响其主观故意的成立。③从走私对象方面，主要看行为人走私的文物是否属于国家禁止出口的文物。根据《文物保护法》规定，文物出口或个人携带文物出境都必须先向海关申报，经国家文化行政管理部门指定的省、自治区、直辖市文化行政管理部门进行鉴定并发给出口许可凭证才能出境，可见并非所有的文物都禁止出境。只要是国家禁止出口的文物，不论行为人通过何种途径取得，均不影响其成为本罪的对象。如果行为人违反海关、逃避海关监管、运输、携带或邮寄的文物并非国家禁止出口的，只能认为其行为是一般走私行为，而不能认为是走私文物罪。④不以营利为目的而携带少量三级文物之外的国家禁止出口文物出境的，可以不以犯罪论处。[1][2]

2. 走私兼具文物性质的珍贵动物制品的行为的认定

走私文物罪的行为方式具有单向性的特点，也就是《刑法》只规定在携带禁止出境文物出境的情形下，以走私文物罪处罚。而对于文物进境的情况则没有规定，即将境外文物带至境内的，并不违反国家法律。《禁止进出境物品表》把文物作为禁止出口和限制出口的物品，并不禁止或限制文物进口，其出发点是重点保护我国文物，防止流失境外。那么，走私文物进境的行为，在行为人构成犯罪的前提条件下，则有可能构成走私普通货物、物品罪。

---

❶ 马克昌．经济犯罪新论：破坏社会主义市场经济秩序罪研究［M］．武汉：武汉大学出版社，1998：128.

❷ 李文燕，杨忠民．刑法学［M］．北京：中国人民公安大学出版社，2005：321.

实践中，行为人将既是文物又是珍贵动物制品的物品携带入境的案例时有发生，对该类行为能否定罪，如何定罪存在疑问。2004 年 6 月 12 日，犯罪嫌疑人郑某将 2 根非洲象牙雕刻品用塑料泡沫包装后放置在其携带的蓝色拎包内，从法国抵达上海浦东国际机场，入境时选走无申报通道。海关工作人员例行检查时将其查获。经上海野生动植物鉴定中心鉴定，该雕刻品系由整根非洲象象牙雕刻而成；另经上海市文物管理委员会鉴定，上述象牙制品是民国时期的文物。有观点认为，虽然郑某携带的象牙制品是文物，从携带文物入境的角度讲，其行为尚不构成犯罪，但该文物同时又是象牙制品，我国自参加了关于保护濒危物种国际公约后，对非法携带象牙制品进出境的行为，除非有合法的进出境许可证或者证明书，否则一律予以处罚。另一种观点则认为，该案有其特殊性，郑某所携带的象牙制品是文物，应当鼓励将流失国外的中国文物通过民间途径流入国内，若将郑某的行为作为犯罪处理，社会效果并不理想。

根据《濒危野生动植物种国际贸易公约》规定，非洲象属《国际贸易公约》附录二中所列的动物物种，属于我国《刑法》第 151 条第 2 款规定的“珍贵动物”，因此，非洲象象牙制品属于《刑法》中的“珍贵动物制品”。我国《野生动物保护法》规定：“出口国家重点保护野生动物或者其产品的，中国参加的国际公约所限制进出口的野生动物或者其产品的，必须经国务院野生动物行政主管部门或者国务院批准，并取得国家濒危物种进出口管理机构核发的允许进出口证明书。”犯罪嫌疑人郑某携带 2 根非洲象象牙进境，既没有出口国的出口许可证，也没有允许进口的证明书，仅仅凭借其在法国拍卖行的发票不能证明其进出境行为符合国际公约及我国法律规定，其行为违反了上述禁止性规定，应当认定携带象牙制品非法入境。根据上海市相关案例的审理情况及濒危物种进出口办公室上海办事处的有关答复，对走私具有文物性质的珍贵动物制品的行为均以走私珍贵动物制品罪予以定罪处罚。上海市高级人民法院《刑事法律适用问题解答(二)》指出：“携带文物进境未申报的，依照刑法第一百五十一条第二款及海关有关行政法规的规定，不应追究刑事责任。但携带的物品是文物的同时，又属于珍贵动物制品，入境时未申报的，仍应以走私珍贵动物制品罪定罪，出于自用目的的，在量刑时可酌情从轻处罚。”依据《刑法》的规定，走私珍贵动物制品罪规制的是出境与入境两方面的行为。行为人将境外的具有文物性质的珍贵动物制品未经允许带入境内，如果将其行为视为携带文物入境，则不能认定是犯罪；如果将其行为视为走私珍贵动物制品入境，则应当认定是走私珍贵动物制品罪。笔者认为，对走私具有文物性质的珍贵动物制品入境的行为，在一定情况下可考虑不予定罪，这样更符合《刑法》分则设置走私珍贵动物制品罪与走私文物罪的立法目的。从刑事政策的角度看，对携带这类具有文物性质的珍贵动物制品入境的行为不予定罪，符合国家利益。当然，考虑到此类文物兼具有珍贵动物制品的属性，《刑法》是否介入须具备一定的限制条件。《刑法》对走私文物罪与走私珍贵动物制品罪规定了不同的犯罪构成，显然体现了对这两类物品入境的不同规制。对文物入境，国家持鼓励和保护的态度，而对珍贵动物制品入境，国家则依据有关国际公约的精神予以限制。《刑法》之所以不禁止文物入境，旨在鼓励国民通过合法途径获取中国流失海外的文物，并促使这些文物回归祖国。以珍贵动物制品为原料制成的文物，其文物的价值已经远远超过珍贵动物制品的价值。当行为人携带入境的具有文物性质的珍贵动物制品，其具有文物这一自身的特殊属性已经远远超过珍贵动物制品的普通属性，应首先将其视为文物，这样更符合国家利益。同时，要充分考虑到行为人获取此类物品的方式和主观目的，这对恰当评价行为性质具有重要意义。建议在符合如下条件之一时，携带具有文物性质的珍贵动物制品入境的行为可不以犯罪论处：①珍贵动物制品购买地允许交易，入境人员通过拍卖等正常方式取得珍贵动物制品的；②入境人员出于收集流失文物、收藏等非牟利目的而携带此类物品入境的。[1]

（二）走私文物罪与彼罪的认定

1. 走私文物罪与倒卖文物罪的界限

倒卖文物罪是指以牟利为目的，倒卖国家禁止经营的文物，情节严重的行为。二者在犯罪构成上的区别如下：

（1）犯罪客体不同。走私文物罪的犯罪客体是国家对外贸易管理秩序，倒卖文物罪侵犯的是国家对文物的保护和管理秩序。

（2）犯罪对象不同。走私文物罪的对象是国家禁止出口的文物，包括珍贵文物和其他国家禁止出口的文物；倒卖文物罪的对象是国家禁止经营的文物。根据《文物保护法》第51条的规定："公民、法人和其他组织不得买卖下列文物：①国有文物，但是国家允许的除外；②非国有馆藏珍贵文物；③国有不可移动文物中的壁画、雕塑、建筑构件等，但是依法拆除的国有不可移动文物中的壁画、雕塑、建筑构件等不属于本法第20条第4

---

[1] 刘正强．走私文物犯罪的司法认定［J］．人民检察，2008（8）．

款规定的应由文物收藏单位收藏的除外；④来源不符合本法第五十条规定的文物。”第50条规定：“文物收藏单位以外的公民、法人和其他组织可以收藏通过下列方式取得的文物：①依法继承或者接受赠与；②从文物商店购买；③从经营文物拍卖的拍卖企业购买；④公民个人合法所有的文物相互交换或者依法转让；⑤国家规定的其他合法方式。文物收藏单位以外的公民、法人和其他组织收藏的前款文物可以依法流通。”

（3）犯罪客观方面不同。走私文物罪在客观方面表现为违反海关法规，逃避海关监管，非法运输、携带、邮寄国家禁止出口的文物出境；倒卖文物罪在客观方面表现为违反国家文物保护法规，倒卖国家禁止经营的文物的行为。倒卖国家禁止经营的文物，是指以出卖为目的而非法收购、销售、运输、转手买卖国家禁止经营的珍贵文物或一般文物。包括两种情况：一种是无权从事文物经营活动的单位或者个人从事上述经营业务，从中牟利；另一种是经营国家不允许自由买卖包括拍卖的文物。

（4）犯罪主观方面不同。走私文物罪不要求行为人具有特定的目的，倒卖文物罪要求行为人必须以牟利为目的。

2. 走私文物罪与非法出售、私赠文物藏品罪的界限

非法出售、私赠文物藏品罪是指违反文物保护法规，国有博物馆、图书馆等单位将国家保护的文物藏品出售或者私自送给非国有单位或个人的行为。二者在犯罪构成上的区别如下：

（1）犯罪客体不同。前者是国家对外贸易管理秩序，具体是国家对外贸易管制中有关禁止文物出口的管理秩序。后者侵犯的客体是国家对文物的保护和管理秩序。

（2）犯罪对象不同。前者是国家禁止出口的文物。后者的对象是国家保护的国有博物馆、图书馆等单位的馆藏文物。

（3）犯罪的客观方面不同。前者表现为违反海关法规，逃避海关监管，非法运输、携带、邮寄国家禁止出口的文物出境。后者客观上表现为将馆藏的国家保护的文物藏品出售或者私自送给非国有单位或者个人的行为。

（4）犯罪主体不同。前者是一般主体，可以是自然人，也可以由单位构成。后者是特殊主体，只能由国有博物馆、图书馆等收藏有国家保护的文物藏品的单位构成。

司法实践中，虽然二者主观上也都是故意，对象都是文物，但仍较易区别，不会发生混淆。不过，非法出售、私赠文物藏品的行为使国家对国

有馆藏的所有状态遭受破坏，使该文物不在国家的控制之下，而是转到非国有单位或个人（须具有中国国籍，不包括外国人和无国籍人）手中，这种情况下很可能导致国有馆藏文物的失控，尤其是流失到国外。这时就往往与走私文物的行为发生联系，如何评价行为人的行为，体现罪责自负原则和罪责刑相一致原则才是司法实践中的关键。一般情况下，私赠文物藏品行为牵涉不到走私文物罪，但如果行为人即国有博物馆、图书馆等收藏有国家保护的文物藏品的单位出于走私的目的，比如与走私分子相勾结，将文物藏品以赠送的方式转移给走私分子进行走私，则该单位就可构成走私文物罪的共犯。不过，其私赠文物藏品的行为也同时触犯了私赠文物藏品罪，对此应按照想象竞合犯处理。当然，如果单位没有走私的目的，仅是将文物藏品私赠或出售给了非国有单位或个人，之后又被走私的，该单位不承担走私文物罪的责任。即使其直接将文物藏品出售、赠送给了走私分子，因欠缺主观上的共同犯罪故意，也不应追究其走私文物罪的责任。在这两种情况下，只应定非法出售、私赠文物藏品罪。不过，如果单位在内海、领海、界河、界湖贩卖文物藏品，就不问其主观故意，按照走私文物罪定罪处罚。因为在这些地点交易就足以表明其明知对方是走私分子。当然，这里的文物藏品还必须是国家禁止出口的文物，否则，也只能按照非法出售文物藏品罪论处。

3. 走私文物罪与非法向外国人出售、赠送珍贵文物罪的界限

非法向外国人出售、赠送珍贵文物罪是指违反文物保护法的规定，将收藏的国家禁止出口的珍贵文物私自出售和私自赠送给外国人的行为。私自出售，是指将自己收藏的国家禁止出口的珍贵文物有偿出卖给外国人；私自赠送，是指无偿将国家禁止出口的珍贵文物的所有权转移给外国人。二者在犯罪构成上的区别如下：

（1）犯罪客体不同。前者侵犯的是国家对外贸易管理秩序，准确说是国家对外贸易管制中有关禁止文物出口的管理秩序。后者的客体是国家对文物的保护和管理秩序。

（2）犯罪对象不同。前者的对象是国家禁止出口的文物包括珍贵文物和其他禁止出境的文物。后者的对象是珍贵文物，其范围较前者要窄。

（3）客观方面不同。前者表现为违反海关法规，逃避海关监管，非法运输、携带、邮寄国家禁止出口的文物出境。后者表现为私自出售或私自赠送珍贵文物给外国人的行为，这种行为发生在我国境内。

司法实践中，注意以下几种情况：①行为人不知该外国人为走私文物

者，为了牟利或其他目的或者出于友情等因素，将其收藏的国家禁止出口的珍贵文物有偿卖出或无偿赠送外国人的，则对行为人仅以非法向外国人出售、赠送珍贵文物罪定罪。②行为人明知向其收购国家禁止出口的珍贵文物的外国人是走私分子，或者明知该外国人为走私分子而仍将珍贵文物赠予的，客观上有造成文物流失的可能性，主观上是一种放任心理，属于间接故意，但因行为人缺少与该外国人在主观上的共同犯罪的故意，所以对其不应以走私文物罪的共犯处理；即使行为人主观上具有直接故意，即希望该外国人将文物走私出境，因无犯意上的联系，属于刑法理论中的“片面共犯”，仍然不应将其作为走私文物罪的共犯。所以，只要行为人与走私分子无事前通谋或主观上共同走私的目的，无论其主观心理状态如何，对其都应以非法向外国人出售、赠送珍贵文物罪处理。另外，行为人如果在内海、领海、界河、界湖将收藏的国家禁止出口的珍贵文物私自出售给外国人的，也仅构成非法向外国人出售珍贵文物罪。根据《刑法修正案（四)》规定，在内海、领海、界河、界湖运输、收购、贩卖国家禁止进出口物品的，以走私罪论。但是，贩卖是指买进货物再卖出以获取利润。也就说，在内海、领海、界河、界湖销售文物构成走私文物罪，必须是购买来的文物。如果是自己收藏的文物，自然不构成走私文物罪。至于在何处购买，则在所不问。

4. 走私文物罪与故意损毁文物罪的界限

故意损毁文物罪是指故意损毁国家保护的珍贵文物或者被确定为全国重点文物保护单位、省级文物保护单位的文物的行为。二者在犯罪构成上的区别如下：

（1）犯罪客体不同。前者的客体是国家的对外贸易管理秩序，后者的客体是国家对文物的保护和管理秩序。

（2）犯罪对象不同。前者的犯罪对象是国家禁止出口的文物，包括珍贵文物和其他禁止出境的文物，后者的对象是珍贵文物和全国重点文物保护单位、省级文物保护单位的文物，二者有交叉，也有不同。

（3）客观方面不同。前者表现为违反海关法规，逃避海关监管，非法运输、携带、邮寄国家禁止出口的文物出境的行为。后者客观上表现为毁损珍贵文物或者被确定为国家重点文物保护单位、省级文物保护单位的文物的行为。毁损，是指捣毁、拆除、焚烧、挖掘、爆炸、污损等行为，包括文物价值全部或部分遭到损坏。

（4）主观故意不同。前者是走私的故意，即将文物盗运出境；后者是毁损的故意，即使文物丧失其价值。

5. 走私古脊椎动物化石、古人类化石的认定

古生物化石不是文物，能否视同为文物保护，应依据有关法律规定予以确定。依照文物保护法，古脊椎动物化石、古人类化石可以视同为文物，因此，具有了文物的价值，国家是将其作为一种拟制的文物而予以保护的。这就表明，古生物化石具有古生物化石与文物的双重属性。[1] 所以，走私古脊椎动物化石、古人类化石这两类古生物化石可能构成走私文物罪。除此之外的其他古生物化石如无脊椎动物化石等，因《文物保护法》没有规定与文物受同等保护，故走私此类古生物化石的行为就不能以走私文物罪追究行为人的刑事责任，但可能构成走私普通货物、物品罪。但是，并不是走私所有的古脊椎动物化石、古人类化石都构成走私文物罪。全国人大常委会2005年12月29日通过的《关于〈中华人民共和国刑法〉有关文物的规定适用于具有科学价值的古脊椎动物化石、古人类化石的解释》（以下简称《化石解释》）表述如下："全国人民代表大会常务委员会根据司法实践中遇到的情况，讨论了关于走私、盗窃、损毁、倒卖或者非法转让具有科学价值的古脊椎动物化石、古人类化石的行为适用刑法有关规定的问题，解释如下：刑法有关文物的规定，适用于具有科学价值的古脊椎动物化石、古人类化石。"据此，并不是所有的古脊椎动物化石、古人类化石都是刑法中的文物，也就是说，并不是所有的古脊椎动物化石、古人类化石都受到刑法的保护，刑法视为文物并保护的古脊椎动物化石、古人类化石必须具有另外的特性，即具有科学价值，只有"具有科学价值"的古脊椎动物化石、古人类化石才是刑法中的文物，才受到刑法的保护。

例如，被告人蓑某某未经申报，携带分装在2个行李箱中的一批古生物化石，准备从北京首都机场海关出境。海关关员当场将蓑某某则查获。经鉴定，蓑某某则携带的古生物化石中有1件古脊椎动物化石视同国家二级文物，1件古脊椎动物化石视同国家三级文物。对此案的定性，有不同的观点。本案争议的焦点是走私古生物化石的行为究竟应如何定性。对此，存在3种意见：[2]

第一种意见认为，古生物化石不是文物，不能成为走私文物罪的犯罪对

[1] 刘正强．走私文物犯罪的司法认定［J］．人民检察，2008（8）．

[2] 谭劲松．走私古脊椎动物、古人类化石应认定走私文物罪定罪处罚［N］．人民法院报，2007－5－21（5）．

象，从罪刑法定原则出发，走私古生物化石的行为不可能构成走私文物罪。

第二种意见认为，古生物化石虽不是文物，但其珍贵程度不亚于文物，同样应受刑法保护，且国家文物局的权威鉴定亦肯定了本案涉及的古生物化石可以分别视同为国家一、二、三级文物，故古生物化石可以视同为文物，成为走私文物罪的犯罪对象。

第三种意见则认为，古生物化石不是文物，能否视同为文物，与文物受同样的刑法保护，应依据有关法律的规定予以确定，其中古脊椎动物化石、古人类化石可以视同为文物，但除此之外的其他古生物化石就不能视同为文物。理由如下：①古生物化石不是文物。文物是人类通过自身活动所形成的、反映人类社会一定时期的历史文化风貌、对研究人类文明发展史具有研究价值的物品。只有经过了修饰、加工等人类活动后的物品才能成为文物。而古生物化石则是古代生物的遗体、遗物或遗迹埋藏在地下，经过自然界漫长演化后所形成的跟石头一样的东西，是自然界长期演化的结果，与人类活动无关。从本质上看，古生物化石，同石油、煤炭等一样，是一种自然资源。从我国管理和保护古生物化石的有关规定也可以得出古生物化石不是文物的结论。在我国，负责古生物化石管理和保护的是国土资源部及地方各级政府地质矿产主管部门（古脊椎动物化石和古人类化石例外），而负责文物管理和保护工作则是国家文物局及地方各级文物行政主管部门。可见，古生物化石在我国是作为一种自然资源而不是文物加以管理和保护。国土资源部1999年下发的《关于加强古生物化石保护的通知》第1条明确指出："古生物化石是人类史前地质历史时期赋存于地层中的生物遗体和活动遗迹，包括植物、无脊椎动物等化石及其遗迹化石。古生物化石是重要的地质遗迹，它有别于文物，是我国宝贵的、不可再生的自然遗产，具有极高的科学研究价值"。综上，古生物化石并非就是文物。②古生物化石能否视同为文物取决于有关法律的规定。一个语词的刑法含义与其生活含义不一定完全一致。在对刑法中语词进行解释时，首先要查看刑法或相应立法、司法解释中对该语词是否有明确的规定，如果有，就应依照这些规定来界定该语词的内涵与外延；如果没有相应规定，则应以其他法律、法规的规定为参照来明确该语词的内涵及外延。只有当法律、法规均无相应规定时，方可在语词通常含义的基础上，结合有关立法精神和刑法基本原理，确定该语词的刑法含义。按照上述原则，在界定走私文物罪中"文物"这个语词的内涵及外延时，首先就应找寻有无法律对文物的内涵及外延作了相应规定。作为规定文物管理、保护的专门性法律，文物保护法明确规定了受国家保护的文物的范围及相应制度，同时明确了与文物一样受国家保护的物品的范围。《文物保护法》第2条第3款明确规定“具有科学价值的古脊椎动物化石和古人类化石同文物一样受国家保护”。也就是说，文物保护法在界定“文物”的保护范围时，除了包括通常意义上所称的“文物”外，还包括了“古脊椎动物化石、古人类化石”这些未包括在非通常意义上的“文物”范围内的物品。“同文物一样受国家保护”意味着这些化石被国家视同为文物，与文物同等地受《刑法》保护。故所有以文物为对象的犯罪行为，如果针对的是上述化石，同样也构成文物犯罪，如走私文物罪虽以文物为犯罪对象，但如果走私上述化石，同样可构成走私文物罪。这一点在全国人大常委会《化石解释》中已得到确认。但古生物化石除了上述的古脊椎动物化石、古人类化石外，还包括植物化石、非脊椎动物化石等。而依据《文物保护法》的规定，古生物化石中只有古脊椎动物化石和古人类化石才被视同为文物，与文物受同等保护，即只有走私古脊椎动物化石或古人类化石才能以走私文物罪定罪处罚，而走私其他古生物化石，即便这些古生物化石更为珍贵，按照罪刑法定原则，也不能以走私文物罪定罪处罚。因为它们并未被文物保护法划入“文物”的保护范围之中。

本案中，蓑某某则涉嫌走私的古生物化石共计149件，经国家文物局鉴定，其中：澄江生物群化石111件（6件视同一级文物，71件视同二级文物，10件视同三级文物），脊椎动物化石26件（1件视同二级文物，1件视同三级文物），无脊椎动物化石12件（3件视同一级文物、4件视同二级文物）。公诉机关依据上述鉴定结论，认定蓑某某则走私视同国家一级文物的古生物化石9件，二级文物的76件，三级文物的11件，走私文物情节特别严重。但经法院审查，发现上述化石中能视同为文物的古脊椎动物化石中仅1件视同二级文物，1件视同三级文物，其余的均属于文物保护法中没有被规定为与文物同等保护的其他古生物化石，依据罪刑法定原则，尽管这些化石比本案中的古脊椎动物化石更珍贵，更具科学研究价值，也不能将这些化石记入走私文物的数额中，作为量刑依据。由于蓑某某则走私的古生物化石中包括1件视同为二级文物、1件视同为三级文物的古脊椎动物化石，法院最终依据蓑某某走私这2件古脊椎动物化石的情况，认定蓑某某犯走私文物罪，且走私文物情节严重。北京市第二中级人民法院认定，被告人蓑某某在中华人民共和国领域内，违反中华人民共和国海关法规和文物保护法律法规，逃避海关监管，携带视同文物的古脊椎动物化石出境，行为已构成走私文物罪。

6. 行为人向走私分子收购文物行为的定性

《刑法修正案（四）》规定，直接向走私人非法收购国家禁止进口物品的，或者直接向走私人非法收购走私进口的其他货物、物品，数额较大的，以走私罪论处。但是，《禁止进出境物品表》没有把文物列为禁止进境物品。这样，对于向走私分子收购非法进境的文物就不构成走私文物罪。笔者认为，对此可以分如下几种情况处理：①行为人明知是走私进来的文物而收购的，如果数额较大，可以按照走私普通货物、物品罪定罪处罚；如果文物属于国家禁止经营的范围，且行为人出于贩卖目的而收购的，则构成走私普通货物、物品罪与贩卖文物罪（预备犯）的想象竞合，从一重罪处断。②如果行为人不知是走私进来的文物而收购，且行为人不存在贩卖目的的，不构成犯罪；如果行为人存在贩卖目的，且文物属于国家禁止经营范围的，构成倒卖文物罪。如果文物不属于国家禁止经营范围的，行为人也不构成犯罪。③行为人在内海、领海、界河、界湖收购国家禁止出境的文物，按照走私文物罪处理；如果收购的是一般文物，且数额较大，没有合法证明的，按照走私普通货物、物品罪定罪处理。因为《刑法修正案（四）》规定，在内海、领海、界河、界湖运输、收购、贩卖国家禁止进出口物品的，或者运输、收购、贩卖国家限制进出口货物、物品，数额较大，没有合法证明的，以走私罪论。根据《禁止进出境物品表》的规定，“一般文物”属于限制出境物品。

7. 行为人向走私分子销售文物行为的定性

对行为人向走私分子销售文物行为，可以分以下几种情况处理：①行为人将收购来的国家禁止经营的文物销售给走私分子的，按照倒卖文物罪定罪处罚。②行为人与走私分子存在共谋，将国家禁止出口的文物销售给走私分子的，构成倒卖文物罪与走私文物罪（共犯）的想象竞合，按照走私文物罪处理。如果是一般文物，则按照走私普通货物、物品罪共犯论处。③行为人在内海、领海、界河、界湖出卖国家禁止出口的文物，如果文物是行为人收购而来，则构成倒卖文物罪和走私文物罪想象竞合，按照走私文物罪处理；如果文物是行为人合法收藏的珍贵文物，购买者是外国人的，则按照非法向外国人出售珍贵文物罪处理；如果购买者是走私分子，存在共谋的，按照走私文物罪处理，不存在共谋的，不构成犯罪。④行为人在内海、领海、界河、界湖贩卖一般文物，数额较大，没有合法证明的，按照走私普通货物、物品罪处理。

8. 在走私过程中导致文物损毁的认定

由于毁损的原因不同，可分以下几种情况处理：①行为人为毁灭罪证而毁损文物的情况。对此，由于行为人主观上出于两个故意：走私故意和毁损文物故意，客观上实施了两个独立的行为，并且两个罪过之间，两个行为之间不存在法律上的联系，所以应数罪并罚。如果文物属于国家禁止出口的文物，且属于国家保护的珍贵文物或者被确定为全国重点文物保护单位、省级文物保护单位的文物的文物，则按照走私文物罪和故意毁损文物罪数罪并罚；如果不属于国家保护的珍贵文物和被确定为全国重点文物保护单位、省级文物保护单位的文物，但属于国家禁止出口的文物，只能按照走私文物罪定罪处理。如果文物属于一般文物，则只能按照走私普通货物、物品罪处理。②行为人在走私过程中因过失而导致文物毁损的，可以参照上述情况处理。只是在构成故意损毁文物罪的地方，这里构成过失损毁文物罪。

（三）走私文物罪与数罪的认定

1. 走私的既有国家禁止出口的文物又有一般文物的认定

对此可分两种情况处理：①如果在一次走私中既有国家禁止出口的文物，又有一般文物的，构成走私文物罪和走私普通货物、物品罪的想象竞合犯，根据具体情节，择一重罪处断。这主要是因为行为人仅实施一个走私行为，但同时触犯了两个不同罪名，符合想象竞合犯的特征。②如果行为人多次走私，有时走私国家禁止出口的文物，有时走私一般文物的，则按照走私文物罪和走私普通货物、物品罪进行数罪并罚。

2. 盗窃文物后又走私出境的行为的认定

盗窃文物后又走私出境的，这是走私文物罪中最常见的情形。实践中，走私文物犯罪一般是境内外不法分子互相勾结，通过形成盗、藏、运、销“一条龙”的犯罪网络完成的。对此如何处理，应具体情况具体分析。如果行为人先出于盗窃文物的故意，实施了盗窃文物行为后又实施走私文物的行为的，这时应该认定行为人存在两个犯罪故意，分别构成盗窃罪和走私文物罪，实行数罪并罚。如果行为人在主观上出于一个犯罪故意，即为了达到走私的目的，先实施盗窃然后又走私的，应视为牵连犯，从一重罪处断。一般情况下，应以走私文物罪论处，但若在走私未遂的情况下，按盗窃罪定罪处罚。另外，如果行为人盗窃文物后未来得及走私被抓获的，构成盗窃罪与走私罪（预备犯）的想象竞合，按照盗窃罪处理。

如果行为人不是直接盗窃文物，而是盗掘古文化遗址、古墓葬获取文物而后走私的，则按照盗掘古文化遗址、古墓葬罪和走私文物罪依照上述处理盗窃文物后走私的情形进行处理。盗掘古文化遗址、古墓葬罪，是指违反文物保护法规，盗掘具有历史、艺术、科学价值的古文化遗址、古墓葬的行为。古文化遗址、古墓葬，是指清代以前古文化遗址、古墓葬及辛亥革命以后与著名事件有关的名人墓址、遗址和纪念地。其中古文化遗址包括历史留存下来的建筑物、石窟、地下城轮等；古墓葬包括皇帝及其嫔妃的陵墓、历史上著名人物的陵墓、革命烈士的陵墓等。对于行为人在盗掘古文化遗址、古墓葬的过程中，又同时造成了珍贵文物损毁的，既触犯了盗掘古文化遗址、古墓葬罪，又触犯了故意损毁文物罪，构成想象竞合犯，从一重罪处断。

第五节　走私贵重金属罪

一、走私贵重金属罪的概念和犯罪构成

走私贵重金属罪，是指违反海关法规，逃避海关监管，破坏国家对外贸易管理，非法运输、携带、邮寄黄金、白银或者其他国家禁止出口的贵重金属出国（边）境的行为。走私贵重金属罪的犯罪构成如下。

走私贵重金属罪所侵害的客体是国家对外贸易管制中的对贵重金属禁止出口的监管制度。黄金、白银和其他贵重金属是我国宝贵的资源和重要财富，必须严格保护和管理。犯罪对象是黄金、白银或者国家禁止出口的其他贵重金属。其他贵重金属，在这里是指除黄金、白银之外的诸如铂、铱、锇、钌、铑、钛、钯等为国家禁止出口的贵重金属。贵重金属，是指具有高价值性或稀有性的金属，一般的非贵重金属或虽为贵重金属但尚未为国家禁止出口的，则不能构成本罪对象。贵重金属，不仅指其自然本身，而且还包括含有贵重金属成分的各种制品、工艺品等。根据法律规定，贵重金属具体包括：①矿藏生产金银和冶炼副产金银；②金银条、块、锭、粉；③金银铸币；④金银制品和金基、银基合金制品；⑤化工产品中含的金银；⑥金银边角余料及废渣、废液、废料中含的金银；⑦铂、铱、钌、铑、钛、钯等其他贵重金属。

走私贵重金属罪在客观方面表现为违反海关法规，逃避海关监管，将黄金、白银或其他贵重金属非法携带、运输、邮寄出国（边）境的行为。逃避海关监管，是指采用各种方法，躲避海关的监督、检查，企图将贵重

金属通过国（边）境。本罪中走私行为的形式主要有：绕关的走私行为，即不经过海关和边境哨卡检查站；通关的走私行为，即通过海关出境，但采用假报、伪报或者藏匿等手段，瞒过海关的监督、检查，偷运、偷带或者邮寄贵重金属；准走私行为（间接走私），即不是直接出境的走私行为，而是在内海、领海、界河、界湖运输、收购、贩卖国家禁止出口的贵重金属的。本罪的行为方式也只限于出口，不包括进口。走私贵重金属的行为是一种单向而非双向的行为，如果行为人未经批准将境外的贵重金属擅自带入国（边）境内的，偷逃应缴税数额较大的，可能构成《刑法》第 153 条规定的走私普通货物、物品罪，而不以走私贵重金属罪论。例如，上海首例走私贵重金属案：[1] 被告人陈某 1979 年出生于我国台湾地区，澳大利亚联邦国籍，大学文化，任国内某商业管理公司副总。2013 年 7 月 27 日上午，被告人陈某至上海浦东国际机场，欲搭乘中国国际航空公司航班前往我国台湾地区，出境时未向海关申报任何物品，后被安检人员从其随身携带的电脑包中查获黄金制品 2 900 克。检察机关认为，被告人陈某违反中华人民共和国海关法规，逃避海关监管，走私黄金出境，情节较轻，应以走私贵重金属罪追究刑事责任。庭审中，被告人称，“那些黄金是我 2012 年 6 月订婚时亲戚朋友给的礼物，当时奶奶生病，我急着回台湾，因为不清楚国内法律规定，以为这些是自己的东西，就没有申报。我并没有故意隐藏夹带，被检查出来后也主动承认这是黄金，主观上并没有恶意。我现在感到很后悔，也很抱歉，我愿意承担法律带来的任何后果。”陈某对检察机关指控的犯罪事实和罪名均无异议。陈某的辩护人也表示，陈某系初犯，具有自首情节，犯罪的主观恶性与社会危害性均不大，希望法庭对其判处缓刑。2014 年 1 月 7 日，上海市第一中级人民法院一审公开开庭审理。合议庭评议后认为，被告人陈某违反中华人民共和国海关法规，逃避海关监管，在未向我国海关申报的情况下，携带 2 900 克黄金出境，依照《刑法》第 151 条第 2 款之规定，其行为已构成走私贵重金属罪，情节较轻，依法应处 5 年以下有期徒刑，并处罚金。鉴于陈某能主动至侦查机关接受调查，并能如实供述自己的犯罪事实，应认定其具有自首情节。结合本案的事实、性质、情节以及陈某在法院审理过程中已预缴罚金等，决定对其从轻处罚。法院当庭宣判被告人陈某因犯走私贵重金属罪，被判处有期徒刑 2 年 6 个月，缓刑 2 年 6 个月，并处罚金 10 万元；查扣在案黄金

[1] 孟伟阳，潘静波．上海首例走私贵重金属案当庭宣判［N］．法制日报，2014－1－8（8）．

制品予以没收。陈某未当庭提出上诉。

1月8日，陈某的辩护律师向上海市第一中级人民法院提出了陈某不构成走私贵重金属罪的律师意见，认为法院的判决是不正确的，偏离了刑法的规定，违反了法律精神。理由如下：第一，刑法罪名“走私贵重金属罪”以犯罪对象“禁止出口”为前提，而黄金不属国家禁止出口货物或禁止出境物品。根据《刑法》第151条第2款的规定，构成“走私贵重金属罪”的前提必须是该贵重金属属于国家禁止出口的货物或物品。而我国是否有规定该案所涉物品“黄金制品”属于禁止出口呢？没有。我国对于出口的货物在管制上设定禁止、限制、自由三种措施。对于前两项均有明确的政策或法律规定，由商务主管部门或由其会同其他有关部门制定并发布目录（禁止进出口目录、限制进出口目录）。关于黄金及其制品，不属于“禁止出口”货物目录，按规定只需向中国人民银行申请办理“黄金及其制品进出口准许证”。同时，我国对于旅客个人携带出境的物品在管制上也设定了禁止、限制、自由三种措施。对于前两项均有明确的政策或法律规定，由海关、国家质检总局在各自职权范围内制定并发布目录。关于黄金及其制品，不属于该两部门规定列入禁止出境的物品目录。既然黄金及其制品不属于“禁止出口”，也不属于“禁止出境”，则不存在“走私贵重金属罪”所设定的前提，不能适用《刑法》第151条第2款以“走私贵重金属罪”追究刑事责任。第二，涉案物品非涉税物品，也不存在触犯其他走私罪罪名情况。经查阅《进出口税则》，黄金及其制品没有出口关税，也就是说，当事人在其行为构成逃避海关监管的情况下，也不可能构成走私普通货物、物品罪。至此，当事人既不构成涉税走私罪（走私普通货物、物品罪），也不构成非涉税走私罪（走私贵重金属罪）。第三，该案当事人其行为如认定为走私也只能是应受海关行政处罚的走私行为，而不是受刑事处罚。《海关法》对走私行为的构成作出了明确规定。在这些行为中，有的可能触犯刑律，有的不可能构成犯罪，也就是说不是所有的走私行为都应受到刑事处罚。基于以上一、二点，本案当事人其行为如认定为走私，也属于一般走私行为（逃避国家许可证管理），受海关行政处罚，而不是受刑事处罚。因此，法院判决是错误的，应严格依法予以纠正。

笔者认为，根据我国有关法律法规的规定，黄金是国家限制进出口的金属，不是国家禁止出口的金属，我国没有属于禁止出口的黄金，《刑法》第151条第2款对黄金的规定与其他法律法规的规定相冲突。因此，本案中，陈某的走私黄金的行为不构成走私贵重金属罪。但是，虽然国家对黄金没有出口关税的规定，并不表明不能构成犯罪，如果符合刑法对走私普通货物、物品罪规定的构成要件，则构成走私普通货物、物品罪，如果不符合，则是一般走私行为，应受到海关行政处罚。

走私贵重金属罪的主体属一般主体，即达到刑事责任年龄具有刑事责任能力的自然人均可构成本罪，单位亦可成为本罪主体。自然人包括中国人、外国人和无国籍人。

走私贵重金属罪在主观方面是故意，即明知属于国家禁止出口的黄金、白银或其他贵重金属仍然决意携带、运输、邮寄其出境。

二、走私贵重金属罪罪数形态的认定

（一）走私贵重金属罪与非罪的认定

首先，要看行为人对于运输、携带、邮寄出境的物品是否是贵重金属有无明确的认识，如果不知道是贵重金属，即使有携带、运输、邮寄贵重金属出境的行为，也不可认为构成走私贵重金属罪。其次，要看走私贵重金属的数量，尽管走私贵重金属原则上都构成犯罪，但这也不可绝对化，如果走私贵重金属数量极少，而且综合全案来看属于情节显著轻微、危害不大的情况，可不认为是犯罪。

（二）走私具有文物价值的贵重金属与走私文物行为的性质的区分

在实践中，由于有些文物本身就是金银或者大部分由金银构成，而有些金银本身就具有文物价值，因此，二者有必要加以区分。《金银管理条例》第 2 条规定："属于金银质地的文物，按照《中华人民共和国文物保护法》的规定管理。"所以，走私金银和走私金银质地的文物所违反的法规是不同的，走私金银，违反的是《金银管理条例》；而走私金银质地的文物，则违反了《文物保护法》，因此，二者所侵犯的客体也是不同的，对走私金银质地的文物，应按走私文物罪定罪处罚，不再以走私贵重金属罪论处。[1]

第六节 走私珍贵动物、珍贵动物制品罪

一、走私珍贵动物、珍贵动物制品罪的概念和犯罪构成

走私珍贵动物、珍贵动物制品罪，是指违反海关法规，逃避海关监

---

[1] 宣炳昭．刑法各罪的法理与实用［M］．北京：中国政法大学出版社，2002：66.

管，非法携带、运输、邮寄国家禁止进出口的珍贵动物或其制品进出国（边）境的行为。走私珍贵动物、珍贵动物制品罪的犯罪构成如下。

走私珍贵动物、珍贵动物制品罪侵犯的客体是国家对珍贵动物及其制品禁止进出口的管理制度。犯罪对象是国家禁止进出口的珍贵动物及其制品。珍贵动物及其制品还必须为国家禁止进出口，才能成为本罪对象。

走私珍贵动物、珍贵动物制品罪在客观方面表现为违反海关法规，逃避海关监管，非法携带、运输、邮寄国家禁止进出口的珍贵动物及其制品，进出国（边）境的行为。这种走私行为包括直接走私、间接走私和以走私共犯论处的行为。本罪属选择性罪名，具体可分解为走私珍贵动物罪、走私珍贵动物制品罪。既走私了珍贵动物又走私了珍贵动物制品，也只构成本罪一罪，不能实行数罪并罚。例如，被告人周某从阿拉伯联合酋长国迪拜搭乘航班于2006年1月22日抵达上海浦东国际机场，入境时选走无申报通道，在海关工作人员例行检查时，发现周某随身携带的行李箱内有4根未经申报的象牙。经询问，周某立即如实交代了其携带象牙入境的事实。后经鉴定，这些象牙系非洲象象牙，共计价值人民币100万元。法院经审理认为，被告人周某违反海关及野生动物保护法规，携带国家禁止进出口的非洲象象牙入境，其行为已构成走私珍贵动物制品罪。因没有证据证明周某主观上具有走私牟利的故意，且周某具有自首情节，法院最终判处其有期徒刑4年，并处罚金人民币5万元。又如林某等走私熊胆案：2010年1月19日，中国公民林某、齐某出境至俄罗斯境内，从一俄籍男子处分别购买11只熊胆和4只熊胆，并由林某将15只熊胆委托殷某帮助带回国。次日，林某又交给殷某10只熊胆。殷某于21日将熊胆藏匿于其驾驶的货车发动机与扶手箱间的夹层内，从虎林口岸走私进境。齐某还于当天从虎林口岸旅检通道进境时携带虎牙2枚。经国家林业局野生动植物检测中心、黑龙江省价格认证中心鉴定，该批熊胆总价值人民币50万余元；2枚虎牙价值12万元。本案中，辩方提出，俄罗斯境内允许珍贵动物制品交易，且被告不具有牟利目的，以及价格鉴定过高。法院判决，3被告人犯走私珍贵动物制品罪，并分别判处相应的有期徒刑和罚金。

走私珍贵动物、珍贵动物制品罪的犯罪主体为一般主体，年满16周岁具有刑事责任能力的自然人及单位都可以构成本罪而成为本罪主体。自然人包括中国人、外国人和无国籍人、多国籍人。例如，2013年4月2日上午8时，一辆外籍货车在黑河口岸入境后停靠在黑龙江省公安边防总队黑河边防检查站候检区域，迟迟不办理入境边防检查手续，引起了边检人员的注意。当边检人员对货车车厢进行检查时，发现拖挂车底部隐藏着一个夹层，在夹层内藏有大量黄色包装袋包裹的物品，其中藏匿着大量鹿茸和动物毛皮。鉴于案情重大，黑河边检站执勤人员立即上报案情，并将涉案外籍司机予以控制。该站指挥中心随即指令监护中队对口岸限定区域进行封锁，增派30多名警力参与搜索走私物品，口岸联检单位也迅速赶来配合查处，并请来专业拆卸人员，将车厢底部夹层进行拆解，最终从夹层中取出包裹180余个，包裹内装有走私鹿茸66公斤、动物毛皮8 116张。4月10日，经国家林业局野生动植物检测中心鉴定，这些动物毛皮分别是水獭皮8张、雪兔皮56张、赤狐皮15张、水貂皮61张、麝鼠皮7 976张。据东北林业大学野生动物保护专家介绍，水獭是国家二级保护动物，属限制捕猎对象。雪兔是国家二级保护动物，列入国家重点保护野生动物名录。

走私珍贵动物、珍贵动物制品罪的主观方面是故意。判断行为人是否具有故意，主要应从行为人是否认识到对象为珍稀动物或珍贵动物制品、是否具有逃避海关监管的故意等方面进行认定。对于行为人否认具有故意的，应当综合全案证据进行审查认定。

二、走私珍贵动物、珍贵动物制品罪犯罪构成要件的理解

（一）珍贵动物及其制品的范围

珍贵动物，是指国家重点保护的珍贵稀有的陆生、水生野生动物，不仅包括具有重要观赏价值、科学研究价值、经济价值以及对生态环境具有重大意义的珍贵野生动物，也包括品种数量稀少、濒危绝迹的濒危野生动物；既可以是我国特产的，亦可以是虽不属于我国特产但已在世界上列为珍稀濒危种类的动物。根据国务院1988年12月10日的《国家重点保护野生动物名录》，属于珍贵动物的有256个种或种类，如大熊猫、金丝猴、猕猴、文昌鱼、白唇鹿、扬子鳄、丹顶鹤、天鹅、野骆驼等。国家林业局于2003年2月颁布的《国家重点保护野生动物名录》又作出了新的调整和补充。根据2009年《野生动物保护法》的规定，国家重点保护的珍贵动物分为一级保护动物和二级保护动物。依照2000年《关于审理走私刑事案件具体应用法律若干问题的解释》（以下简称《解释》），珍贵动物的范围，是列入《国家重点保护野生动物名录》中的国家一、二级保护野生动物和列入《濒危野生动植物种国际贸易公约》附录一、附录二中的野生动物以及驯养繁殖的上述物种。走私《濒危动植物种国际贸易公约》附录

一、附录二中的动物及其制品的，参照本解释附表中规定的同属或者同科动物的定罪量刑标准执行。有学者指出，由于《解释》附表是按照《国家重点保护野生动物名录》中所列的一、二级保护动物单独规定每一种动物数量标准的，未参照《濒危野生动植物种国际贸易公约》区分纲、目、科、属、种的方式，使《濒危野生动植物种国际贸易公约》中规定的有些珍贵动物在该附表中无法一一对应，出现《解释》附录中没有与《濒危野生动植物种国际贸易公约》同属或者同科的动物，或者同时有二个或二个以上同属或者同科的动物，且该二个或二个以上的同属或者同科的动物分属我国一级、二级保护动物，故各种动物数量认定标准不一，以致难以准确归类认定犯罪情节。目前，通过《濒危野生动植物种国际贸易公约》与《国家重点保护野生动物名录》的简单对比，就能发现存在诸多无法准确参照的情形。此外，附表只规定了走私野生陆生动物的数量认定标准，而没有规定水生野生动物的数量认定标准，显然不够完整。例如，在张某某走私苏卡达陆龟案中，该案承办人经查发现《解释》附表中规定有我国原产的 4 种龟（分别为国家一级保护动物四爪陆龟及国家二级保护动物凹甲陆龟、彩臂金龟及叉犀金龟），而该 4 种龟涉及两种量刑标准，但该案已有证据中并无相关机构确认苏卡达陆龟应参照附表中何种动物的标准，故要求侦查机关补充提供材料。侦查人员联系濒危动物相关管理部门后，该部门亦称无法归类。后经承办人查阅资料发现，苏卡达陆龟与四爪陆龟、凹甲陆龟均属陆龟科但不同属。故再次要求侦查机关咨询濒危动物有关管理部门及野生动植物鉴定中心，并要求海关归类部门提供进一步的说明，后侦查人员回复称野生动物鉴定人亦确定苏卡达陆龟与四爪陆龟系同科不同属物种，但鉴定人无法亦无资质确认参照附表中何种动物标准，濒危动物有关管理部门表示其只负责将鉴定人鉴定出的物种归入《濒危野生动植物种国际贸易公约》附录。办案人员认为在无权威机构确认物种可参照性的情况下，由检察机关自行确定不妥，故以情节较轻认定本案，法院判决认可起诉意见。[1]

珍贵动物制品，是指珍贵动物毛皮、羽毛、骨、内脏、血、肉、角、卵、精液、胚胎等制成的标本、食品、药品、服装、装饰品、工艺品、纪念品及其他物品，如虎皮袄、虎骨酒等。只有珍贵动物的制成品、半制成

---

[1] 曹坚，樊彦敏．走私珍贵动物及其制品犯罪案件司法实践问题研究［J］．政治与法律，2012（7）．

品才属于走私珍贵动物制品罪的犯罪对象的范畴。[1]《濒危野生动植物种国际贸易公约》明确规定，野象象牙属绝对禁止贸易的物种。中国作为该公约缔约国之一，严格按照公约和中国野生动物保护法规的规定，将象牙列为我国禁止入境的物品，对于非法收购、运输、出售和走私象牙及其制品的违法犯罪行为一直以来都是给予严厉打击。依照刑法和相关司法解释规定，走私象牙数额达到20万元以上的可处10年以上有期徒刑或者无期徒刑，并处没收财产。如首例大宗象牙制品走私案，[2] 2009年5月10日，武汉海关在天河机场对旅客行李进行查验时，发现旅客董某某的行李箱和手提袋的X光图像多处呈可疑阴影。经仔细查验，海关工作人员从董某某的行李中发现大量疑似象牙制品以及动物角、孔雀石等物品。5月11日，董某某被武汉海关缉私局刑事拘留。经调查，从2001年至被抓获前，董某某一直在刚果（金）首都金沙萨从事电子产品贸易。在金沙萨，董某某得知从非洲贩卖象牙制品到中国能够牟取高额利润，虽明知是违法行为，董某某仍然收购了大量象牙制品，并通过电邮联系国内买家。董某某交代，其第一次收购是在2008年12月底，买了12公斤象牙制品，但在转运过程中，被香港海关查扣，4万多元人民币因此血本无归，他心疼不已。2009年5月8日，董某某又买了些象牙和象牙制品，企图再次带回国倒卖。董某某考虑到自己是武汉人，对武汉比较熟悉，怀有侥幸心理的他选择从香港直接去武汉。然而，事情没有他想象得那么顺利，在通过安检时，海关人员将其携带的象牙制品查获。经鉴定，董某某携带入境的125件象牙制品共重7 805克，价值人民币325 210元。2009年7月28日，武汉市检察院以走私珍贵动物制品罪将董某某起诉至法院。

（二）国家禁止进出口珍贵动物的含义

根据有关规定，属于禁止进境物品范畴的动物是指带有危险性病菌、害虫及其他有害生物的动物；属于禁止出境物品范畴的动物是指濒危的和珍贵的动物；属于限制进境物品范畴的动物是指濒危的和珍贵的动物。由此可见，禁止与限制在海关行政法规中有着不同的含义，就动物而言，国家禁止进境的动物一般是那些可能对我国环境、卫生安全造成危害的动物物种，而不包括濒危和珍贵的动物，濒危和珍贵的动物仅属于禁止出境和

---

[1] 黄星航，罗家庆，韦金碧．走私珍贵动物骨架应认定为走私珍贵动物制品罪［N］．人民法院报，2005－2－1．

[2] 花耀兰，周晶晶，曾嵘．野象象牙绝对禁止贸易［N］．检察日报，2009－8－9（1）．

限制入境物品范畴，体现了国家对本国濒危和珍贵动物从严保护的政策态度，同时也兼顾对世界其他国家濒危和珍贵动物的保护。刑法规定的走私珍贵动物罪明确指出其犯罪对象是珍贵动物，且是国家禁止进出口的珍贵动物，但依相关规定，珍贵动物是不被禁止进境的，最多属于限制进境。❶刑法规定的走私珍贵动物罪中“国家禁止进出口的珍贵动物”与有关海关法规存在不一致之处。有学者认为，从刑法立法本意理解，刑法规定走私珍贵动物罪目的在于保护珍贵动物，依法规范珍贵动物的国际交易行为，对那些未经国家许可而擅自将珍贵动物走私入境的行为予以严厉打击。因此，刑法规定的走私珍贵动物罪中的“国家禁止进口的珍贵动物”，专指未获得国家有关部门的许可而擅自将珍贵动物走私入境，这里应将“国家禁止”的对象范围扩大理解至珍贵动物。❷ 笔者认为，这种违反作为刑法前置法律法规的规定，随意解释扩大《刑法》的观点违反了罪刑法定原则，是错误的。也许论证也认识到自己的观点所存在的问题，又提出“当然，为了使刑事法律与行政法规相协调，如能将刑法走私珍贵动物、珍贵动物制品罪修改表述为‘走私国家限制进口或禁止出口的珍贵动物及其制品的’，在理解和执行法律时就不易出现偏差。”笔者认为，这种立法建议是可取的。

三、走私珍贵动物、珍贵动物制品罪数形态的认定

（一）走私珍贵动物、珍贵动物制品罪与非罪的认定

区分本罪与非罪的界限应当从以下几个方面把握：①从主观方面看，行为人首先是出于故意。行为人必须明知属于珍贵动物或其制品仍非法携带、运输、邮寄进出国（边）境，才能构成本罪。如果行为人的确不知道其所携带、运输、邮寄过境的是珍贵动物及其制品，即其主观上没有故意，不能认为其构成走私珍贵动物、珍贵动物制品罪。②从客观方面看，行为人是否逃避了海关监管。如果行为人已向海关如实申报，则不具备客观方面的要件，不能以犯罪论处。如果没有逃避海关监管，但也没有按照海关法律法规如实向海关申报，而非法携带、运输、邮寄进出国（边）境

---

❶ 因为刑法与其他法律规定的冲突，造成刑法规定的禁止进口的珍贵动物不存在，按照相关法律法规，珍贵动物属于限制进口的动物。在司法实践中，存在二审法院判决被告人无罪的案例。如福建厦门某进出口公司走私珍贵动物、珍贵动物制品案，文号：（2006）琼刑终字第 25 号。但是，对大多数类似案例，法院都认定构成走私珍贵动物、珍贵动物制品罪。

❷ 曹坚．走私珍贵动物、珍贵动物制品犯罪的认定［J］．法学，2007（3）．

的，则应认定为逃避海关监管，应构成本罪。③从犯罪对象上看，行为人走私的是否是珍贵动物及其制品。只有行为人非法携带、运输、邮寄珍贵动物或其制品进出国（边）境的行为才构成本罪，如果行为人携带、运输、邮寄的是国家并不禁止进出口的普通野生动物或其制品进出国（边）境，则不能以犯罪论处。如果行为人走私行为的对象只是一般的动物及其制品，一般不以犯罪论处。当然，如果其走私一般动物及其制品，偷逃应税数额较大，可以构成走私普通货物、物品罪。[1] 此外，根据最高人民法院、最高人民检察院、海关总署《关于办理走私刑事案件适用法律若干问题的意见》第7条的规定，走私珍贵动物制品的，同时具有下列情形，情节较轻的，一般不以犯罪论处：①珍贵动物制品购买地允许交易；②入境人员为留作纪念或者作为礼品而携带珍贵动物制品进境，不具有牟利目的的。

（二）走私珍贵动物、珍贵动物制品罪与彼罪的认定

1. 走私珍贵动物、珍贵动物制品罪与非法狩猎罪、非法捕捞水产品罪的界限

非法狩猎罪是指违反狩猎法规，在禁猎区、禁猎期或者使用禁用的工具、方法进行狩猎，破坏野生动物资源，情节严重的行为。非法捕捞水产品罪是指违反保护水产资源法规，在禁渔区、禁渔期或者使用禁用的工具、方法捕捞水产品，情节严重的行为。本罪与后两罪的区别主要在于：①犯罪对象不同。本罪只限于国家重点保护的珍贵、濒危野生动物，后两罪的犯罪对象则指非国家重点保护的野生动物，包括《野生动物保护法》第9条第2款规定的地方重点保护的野生动物。②犯罪客观方面不同。只要行为人实施了走私国家重点保护的野生动物的行为，即构成本罪；而后两罪必须是在禁猎区、禁猎期、禁渔区、禁渔期或者使用禁用的工具、方法进行狩猎、捕捞，并且达到情节严重的程度才构成犯罪，否则，情节较轻的，则属违法行为。[2]

2. 走私珍贵动物、珍贵动物制品罪与非法收购、出售珍贵、濒危野生动物、珍贵、濒危野生动物制品罪的界限

2014年2月底，绥芬河市公安边防大队获得线索，有人要贩卖走私的虎骨，大队立即组织力量跟踪布控，最终发现黑龙江省东宁籍男子郝某从

---

[1] 赵秉志．刑法修正案（八）理解与适用［M］．北京：中国法制出版社，2011：231.

[2] 王昌学．市场经济犯罪纵横论［M］．北京：法律出版社，2001：538.

他人手中购买了一批走私虎骨，正在绥芬河市寻找买家。随即，绥芬河市公安边防大队与哈尔滨海关缉私局、绥芬河海关缉私分局联合成立专案组开展侦查，初步掌握了郝某与另外一名涉案人员王某参与非法走私虎骨及熊掌等珍贵动物制品的犯罪事实。3 月 11 日凌晨，专案组人员在绥芬河市和东宁县两地分别开展行动，抓获犯罪嫌疑人郝某及王某，并在搜查现场查获疑似虎骨 10.93 公斤、冰冻熊掌 30 只共 47.19 公斤。经审查，2013 年 11 月，犯罪嫌疑人王某以 16 万元人民币价格从 1 名外籍入境货车司机手中购买了一批虎骨和熊掌，后以 22 万元人民币的价格将虎骨转卖给郝某，郝某随后准备再次联系买家进行交易牟利。4 月 1 日，黑龙江省绥芬河市公安边防大队从黑龙江省绥芬河市海关缉私分局获悉，经国家林业局野生动植物检测中心鉴定，3 月 11 日由绥芬河市公安边防大队与哈尔滨、绥芬河海关联合破获的一起重大走私珍贵动物及制品案件中，办案人员查获的 8.93 公斤虎骨为一级保护野生动物虎的骨骼，30 只熊掌为二级保护野生动物亚洲黑熊和黑熊熊掌。非法收购、出售珍贵、濒危野生动物、珍贵、濒危野生动物制品罪是指违反野生动物保护法规，非法收购、出售国家重点保护的珍贵、濒危野生动物及其制品的行为。它与走私珍贵动物、珍贵动物制品罪在犯罪对象上有一致之处，且在客观方面，走私珍贵动物及其制品的犯罪分子往往具有收买、倒卖的行为表现，故而二罪有一定相似之处。关键在于两罪侵犯的客体和客观方面不同。①犯罪客体不同。走私珍贵动物、珍贵动物制品罪侵犯的客体是国家对外贸易管制，而非法收购、出售珍贵、濒危野生动物、珍贵、濒危野生动物制品罪侵犯的客体则是国家对野生动物资源的保护制度。②犯罪客观方面不同。走私珍贵动物、珍贵动物制品的行为一般跨越国（边）境，其本质属性是非法通关；非法收购、出售珍贵、濒危野生动物、珍贵、濒危野生动物制品罪一般发生在我国境内，本质属性在于非法收购、出售。实践中，行为人在内海、领海、界河、界湖运输、收购、贩卖国家禁止出口的珍贵动物及其制品，或者走私集团的成员分工在国内负责收购珍贵动物及其制品以及受走私团伙的收买、指使，帮助收购珍贵动物及其制品，这些行为均应认定为走私珍贵动物、珍贵动物制品罪，而不是非法收购、出售珍贵、濒危野生动物、珍贵、濒危野生动物制品罪。

3. 走私珍贵动物、珍贵动物制品与非法猎捕、杀害珍贵、濒危野生动物罪的界限

非法猎捕、杀害珍贵、濒危野生动物罪是指行为人违反狩猎法规、方法，非法猎捕、杀害珍贵、濒危野生动物，破坏野生动物资源的行为。二

者在犯罪对象、主体、主观方面等有相同或相似点，但也存在以下区别：第一，犯罪客体不同。前罪的犯罪客体是国家对珍贵动物及其制品禁止进出口的管制；后罪的犯罪客体是国家对珍贵、濒危野生动物的保护及其监管秩序。第二，犯罪对象不完全相同。前罪仅指珍贵野生动物及其制品；后罪是列入《国家重点保护野生动物名录》中的野生动物。第三，客观危害行为不同。前罪是违反海关法规，逃避海关监管，非法携带、运输、邮寄国家禁止进出口的珍贵动物或其制品进出国（边）境的行为；后罪是违反国家野生动物保护法律、法规，未经许可而实施猎捕、杀害珍贵、濒危野生动物的行为。如果犯罪分子为了牟取暴利，在猎捕、杀害珍贵动物后，又将珍贵动物的皮毛走私出境，说明其前后产生了两种犯罪故意，实施了两种犯罪行为，故应按非法猎捕、杀害珍贵、濒危野生动物罪和走私珍贵动物、珍贵动物制品定罪并实行数罪并罚。如果行为人猎捕、杀害珍贵、濒危野生动物的目的是为了走私珍贵动物、珍贵动物制品以牟取利益，则按照牵连犯的处理原则，以从一重罪论处，即应当按走私珍贵动物、珍贵动物制品罪从重处罚。❶

第七节 走私国家禁止进出口的货物、物品罪

一、走私国家禁止进出口的货物、物品罪的概念和犯罪构成

1997 年《刑法》第 151 条第 3 款规定：“走私国家禁止进出口的珍稀植物及其制品的，处五年以下有期徒刑，并处或者单处罚金；情节严重的，处五年以上有期徒刑，并处罚金。”2009 年 2 月 28 日第十一届全国人大常委会第七次会议通过并实施的《刑法修正案（七）》第 1 条：将《刑法》第 151 条第 3 款修改为：“走私珍稀植物及其制品等国家禁止进出口的其他货物、物品的，处五年以下有期徒刑或者拘役，并处或者单处罚金；情节严重的，处五年以上有期徒刑，并处罚金。”2009 年最高人民法院、最高人民检察院《关于执行〈中华人民共和国刑法〉确定罪名的补充规定（四）》将 1997 年《刑法》第 151 条第 3 款（《刑法修正案（七）》第 1 条）的罪名确定为：走私国家禁止进出口的货物、物品罪（取消走私珍稀植物、珍稀植物制品罪罪名）。

---

❶ 王昌学．市场经济犯罪纵横论［M］．北京：法律出版社，2001：531、852.

走私国家禁止进出口的货物、物品罪是指违反海关法规，逃避海关监管，非法运输、携带、邮寄珍稀植物及其制品等国家禁止进出口的其他货物、物品进出国（边）境，破坏国家对外贸易管理制度的行为。

近年来我国古生物化石滥挖、滥采、贩卖情况趋于突出，走私外流情况也日益严重，这导致我国失去大量宝贵的地质遗产，对科学研究造成不可估量的损失。海关办理古生物化石走私案件在法律上遇到的难题主要是：全国人大常委会2005年12月《关于〈中华人民共和国刑法〉有关文物的规定适用于具有科学价值的古脊椎动物化石、古人类化石的解释》，将古脊椎动物化石、古人类化石纳入文物范畴进行刑事保护，但对于走私上述两类化石以外的、有科学研究价值的无脊椎动物、古植物化石的行为很难适用该解释的规定追究刑事责任。此外，近些年来不法分子走私国家明令禁止进出口的来自境外疫区的动植物及其产品（大多是冷冻的鸡肉、牛肉等冻品）的案件屡有发生，对人们的身体健康和社会经济秩序具有严重的危害性。例如，2006年8月11日，福建海警35001艇紧急出航查缉一起海上走私冷冻品案，经过3天3夜的海上守候，14日早上，官兵们发现了一艘形迹可疑的外籍货船，并以迅雷不及掩耳之势，将可疑船只闪电般予以控制。经检查，该船无法提供合法的入关申报手续及货运单，满载的12个集装箱，装载鸡翅、鸡爪、鸡腿等冷冻品300多吨被依法收缴，价值500多万元人民币。来自境外疫区的动植物产品系国家禁止进境货物，属于非涉税货物，通常不能以走私普通货物罪认定处理。但一旦走私入境，又必须处理，只能对此类案件以走私普通货物罪认定，以偷逃税额作为认定罪与非罪的标准。计算走私疫区动物及其产品的完税价格及涉税额，关系到案件的定性。实践中，来自疫区的动植物及其产品买卖双方通常为口头商定，不签订书面合同和协议，很难确定其实际成交价格。走私人在境外实际收购价常常较低，海关估价却只能以同类非疫区的动植物及其产品的国内销售价格为基准，又使评估价高于实际成交价格，给缉私执法带来一定的风险隐患。即便如此，走私境外疫区的动植物及其产品的社会危害性远比走私一般应税货物的社会危害性严重，仅仅以其偷逃税额的大小区分罪与非罪和量刑，不足以体现其行为的社会危害性，也有失公正。

鉴于古植物化石、无脊椎动物化石和来自境外疫区的动植物及其产品属于国家禁止进出口的货物、物品，考虑到走私这类货物、物品虽然其社会危害性没有走私武器等社会危害性大，但也确需追究刑事责任，只不过在刑罚上可以轻一些；又考虑到随着我国社会、经济形势的发展变化，国家禁止进出口的货物、物品，还会不断有所调整，因此，《刑法修正案（七）》只对第151条第3款做了修改，以概括式的罪状表述："走私珍稀植物及其制品等国家禁止进出口的其他货物、物品的，处五年以下有期徒刑或者拘役，并处或者单处罚金；情节严重的，处五年以上有期徒刑，并处罚金。"这样，将走私《刑法》第151条第1款、第2款、第3款具体列举以外的其他所有国家禁止进出口的货物、物品的行为都包括进来了。

走私国家禁止进出口的货物、物品罪侵犯的客体是国家对外贸易管理制度中对珍稀植物及其制品等国家禁止进出口的其他货物、物品的海关监管进出国（边）境制度。对外贸易管制是指国家根据社会建设的需要，对进出口货物及其他物品的种类、数量实行控制和监督的制度。犯罪对象是珍稀植物及其制品等国家禁止进出口的其他货物、物品。例如，2014年3月21日，山东公安边防总队济南边防检查站在执行航班检查任务时，查获一起特大涉嫌走私贩卖珍稀野生动植物制品案。现场缴获各类珍稀野生动植物制品37种，涉案金额近百万元，此案是济南口岸查获的首例走私珍稀野生动植物制品案件。

走私国家禁止进出口的货物、物品罪在客观方面表现为行为人违反海关法和保护珍稀植物及其制品等国家禁止进出口的其他货物、物品的法律法规，逃避海关监管或边防检查，非法携带、运输、邮寄国家禁止进出口的珍稀植物及其制品等国家禁止进出口的其他货物、物品进出国（边）境的行为。违反海关法及有关法律法规，是指违反国家对外贸易管制的各种法律、法规，如海关、外贸、进出口物品和关税管理法律、法规。违反海关等法律法规是构成走私犯罪的前提条件。国家对外贸易管制是通过海关监管来实现的。海关监管的主要内容包括经设关的地点进出境制度、海关现场管理制度、后续管理制度和保税管理制度。逃避海关监管，是指逃避海关的监督和检查。由于珍稀植物及其制品等国家禁止进出口的其他货物、物品不存在偷逃关税问题，也就不存在变相走私行为。其走私形式表现为以下几种：第一，通关走私，这是指走私分子通过海关进出境，但同时采用假报、伪报或者藏匿等欺骗手段，瞒过海关的监督、检查，偷运、偷带或者邮寄珍稀植物及其制品等国家禁止进出口的其他货物、物品。这种走私形式往往是小批量走私，多表现为随身携带或藏匿在其他货物中进行走私。第二，绕关走私，即走私分子绕过国家海关或者边境哨卡检查站进行走私活动。绕关走私具体包括从非设关港口、码头偷卸和陆路边境走私进出境。陆路边境走私进出境主要是利用边境陆路接壤地带和冬季边境界河冰封的天然条件，不向海关申报，直接将货物、物品走私进出境。这在我国边境地区比较普遍。绕关走私是走私禁止进出口货物、物品的常见走私形式。第三，准走私，也叫间接走私、牵连走私，即不是直接进出境的走私行为，而是下列行为：①直接向走私人非法收购国家禁止进口物品的，或者直接向走私人非法收购走私进口的其他货物、物品，数额较大的；②在内海、领海、界河、界湖运输、收购、贩卖国家禁止进出口物品的。本罪属选择性罪名，如果走私了国家禁止进出口的货物、物品其中之一的，则根据对象分别以走私国家禁止进出口的货物罪或走私国家禁止进出口的物品罪定罪处刑。既走私了国家禁止进出口的货物又走私了国家禁止进出口的物品的，也只构成本罪，无需数罪并罚，罪名则为走私国家禁止进出口的货物、物品罪。例如，2011 年 3 月 12 日，被告人于某某与朝鲜民主主义人民共和国（以下简称“朝鲜”）的一名走私人员取得联系并约定走私东北红豆杉原木事宜后，雇佣同村村民张某某（另案处理）、于某某（另案处理）及个体司机司某某（另案处理）驾驶的轻型货车，于 3 月 13 日零时许在临江市大湖街道葫芦套村黑砬子附近的中朝边境鸭绿江边从朝鲜走私进境东北红豆杉原木 47 根（重量 2 420 千克），被长白海关缉私人员当场查获。经鉴定，走私的红豆杉原木价值人民币 12 100 元。吉林省白山市中级人民法院经审理认为，被告人于某某违反海关法规及珍稀植物制品管理法规，从境外走私入境东北红豆杉原木，其行为构成走私国家禁止进出口物品罪。2011 年 12 月 1 日，白山市中级人民法院判决被告人于某某犯走私国家禁止进出口的物品罪，判处有期徒刑 1 年，缓刑 1 年，并处罚金人民币 2 万元，扣押在案东北红豆杉原木 2 420 千克，予以没收。本案中，被告人于某某故意违反海关法和关于保护东北红豆杉原木的珍稀植物法律法规，逃避海关监管或边防检查，夜里零时许伙同他人从朝鲜非法运输国家禁止进出口的东北红豆杉原木 47 根（重量 2 420 千克，价值人民币 12 100 元）进境，侵犯了国家对禁止进出口的珍稀植物进出国（边）境制度，破坏国家对外贸易管理制度的行为，应构成走私国家禁止进出口的物品罪。

走私国家禁止进出口的货物、物品罪的主体为一般主体，既包括自然人也包括单位。例如，1999 年 9 月 10 日至 2001 年 11 月，汉德公司吴某、李某、齐某、明某某明知云南红豆杉属国家一级保护植物，国家禁止采集、收购、出售，但为牟取巨额利润，以汉德公司名义非法收购云南红豆杉树皮提取物萃料 5 519. 313 公斤，金额 6 841 057. 84 元。外购紫杉醇半成品 10 765. 475 克，金额 5 403 963. 99 元，非法收购总金额 12 245 021. 83 元。吴某、李某、齐某等人从 1999 年 9 月 10 日至 2001 年 11 月，采用以欺骗方式骗取出口批文实施出口和更换品名报关实施出口两种方式，共走私紫杉醇成品 67. 9755 公斤，共计人民币 96 351 526. 05 元。2002 年 10 月 22 日检察机关以非法经营罪和偷税罪提起公诉。法院审理认为，汉德公司以获取非法利润为目的，违反国家有关规定，非法收购国家一级保护植物红豆杉树皮制品萃料，严重扰乱了市场经济管理秩序，之后又采取骗取出口许可证和假报品名的手段，逃避海关监管，非法向国外出售紫杉醇。其行为分别构成非法经营罪和走私珍稀植物制品罪。2002 年 11 月 14 日，昆明市石林县人民法院对云南汉德生物技术有限公司非法经营及走私珍稀植物制品案作出一审判决：被告单位云南汉德生物技术有限公司犯非法经营罪和走私珍稀植物制品罪，判处罚金人民币 2 000 万元；被告人吴某判处有期徒刑 18 年，并处罚金人民币 200 万元；被告人李某判处有期徒刑 9 年，并处罚金人民币 10 万元；被告人齐某判处有期徒刑 7 年，并处罚金人民币 8 万元；被告人明某某犯非法经营罪，判处有期徒刑 3 年，缓刑 4 年，并处罚金 5 万元。对被冻结和扣押的款项及存放于云南汉德生物技术有限公司的紫杉醇 13. 1 千克予以追缴、没收、上交国库。因为此案发生于 2009 年《刑法修正案（七）》通过之前，判决也在《刑法修正案（七）》通过之前，因此，法院适用的罪名是走私珍稀植物制品罪是正确的。

走私国家禁止进出口的货物、物品罪的犯罪主观方面是故意。根据《刑法》第 156 的规定，与走私国家禁止进出口的货物、物品的犯罪分子通谋，为其提供贷款、资金、账号、发票、证明，或者为其提供运输、保管、邮寄或者其他方便的，以走私国家禁止进出口的货物、物品罪的共犯论处。对于“通谋”的理解，2002 年最高人民法院、最高人民检察院、海关总署《关于办理走私刑事案件适用法律若干问题的意见》第 15 条规定：“通谋是指犯罪行为人之间事先或者事中形成的共同的走私故意。下列情形可以认定为通谋：（一）对明知他人从事走私活动而同意为其提供贷款、资金、账号、发票、证明、海关单证，提供运输、保管、邮寄或者其他方便的；（二）多次为同一走私犯罪分子的走私行为提供前项帮助的。”

关于本罪的概括故意与对象认识错误，理论界认为，概括故意是指行为人具有犯罪的故意，但对自己所实施的行为对象具有不明确的认识。不过，对于概括的故意，无论行为对象是什么，都不影响行为人的行为意志。对象认识错误则是指行为人认为所侵害的对象是甲，而实际侵害的是乙对象。就走私国家禁止进出口的货物、物品罪来说，概括的故意是指行为人具有走私国家禁止进出口的货物、物品的故意，并且对走私的具体货物、物品不明确，但无论走私对象是什么货物、物品，都不影响行为人走私国家禁止进出口的货物、物品的故意。而走私国家禁止进出口的货物、物品罪的对象认识错误，是指行为人认为自己走私的是这种国家禁止进出口的货物、物品，而实际上是那种国家禁止进出口的货物、物品。对于走私的概括故意和对象认识错误，最高人民法院、最高人民检察院、海关总署《关于办理走私刑事案件适用法律若干问题的意见》明确规定："走私犯罪嫌疑人主观上具有走私犯罪故意，但对其走私的具体对象不明确的，不影响走私犯罪构成，应当根据实际的走私对象定罪处罚。但是，确有证据证明行为人因受蒙骗而对走私对象发生认识错误的，可以从轻处罚。"

二、走私国家禁止进出口的货物、物品罪犯罪对象的认定

本罪的犯罪对象是珍稀植物及其制品等国家禁止进出口的其他货物、物品。我国是《濒危野生动植物种国际贸易公约》的成员国。珍稀植物是指国家重点保护的、原生的、天然生长的珍稀植物和原生的、天然生长的并具有重要经济、科学研究、文化价值的濒危、稀有植物，如苏铁树、桫椤、珙桐等。我国 1984 年国务院环境保护委员会公布的《中国珍稀濒危保护植物名录》规定了几百种珍稀植物。例如，土沉香又名牙香树、白木香，属于瑞香科土沉香属物种，是一种特有的珍贵药用植物，树干受真菌侵入后产生树脂成为中药"土沉香"。由于它可以被药用或被用作香料，因而在内地遭到大肆砍伐，濒临灭绝。国家为了保护土沉香，在林业部公布的国家重点保护野生植物目录中将其列为二级保护植物，载入《中国保护植物红皮书》和《广东省珍稀濒危植物图谱》。然而近年来，不法分子又将罪恶之手伸向境外，到香港的山区等地砍伐土沉香，再走私到内地。2014 年 2 月 26 日，驻守珠澳边界的广东公安边防五支队破获一起走私珍稀动植物制品案，查获走私土沉香、虎骨一批，合计约 15 公斤。当天晚上，该支队巡逻哨兵在珠海湾仔边防警戒区发现有人从澳门一侧往珠海这边递送物品，形迹较为可疑。哨兵迅速朝其跑去，将珠海这边接递包裹的嫌疑人控制，并在现场发现 6 个包裹。经检查，3 个包裹内装的都是一些特殊的木料，并伴有香味，另外 3 个包裹里面则是大小形状不一的骨头。后经初步鉴定，包裹内装的木料为国家二级保护野生植物土沉香，而另外

查获的骨头属于国家一级保护野生动物制品虎骨。本案犯罪嫌疑人涉嫌走私国家禁止进出口的货物、物品罪。又如，2005年5月23日，深圳皇岗海关查验关员在口岸空车道抽查陈某驾驶入境的货车时，发现他的车厢里藏着一个鼓鼓囊囊的编织袋，打开袋口发现里面装有几十块深褐色的木块状物品。敏锐的海关人员怀疑这是某种珍稀植物制品，立即将陈某连人带物予以扣留，移送深圳海关缉私局皇岗分局处理。经广东省林业科学研究院鉴定，这些木块均为土沉香，属于《濒危野生动植物种国际贸易公约》附录II中列名的受保护植物，也是我国二级重点保护野生植物。据陈某交代，5月23日上午，他在香港受人指使走私土沉香入境，并商定走私成功后可获得500元港币的“代工费”。当天下午，陈某驾驶着藏有20公斤土沉香的货车从皇岗口岸申报空车入境，被海关当场抓获。6月15日，深圳市人民检察院以涉嫌走私珍稀植物及其制品罪批准逮捕陈某。7月7日，陈某被移送检察院审查起诉。据了解，由于以前的国内动植物保护法规保护的范围只包括境内的土沉香，没有包括从境外走私入境的土沉香，海关根据当时的执法依据，只能按照走私普通货物的行为处理此类案件。但走私分子一次走私土沉香的数量有限，一般均在40公斤以下，因而依照走私普通货物行为对走私分子的打击处理相对较轻。但从2005年1月12日起，包括土沉香在内的所有瑞香科沉香属物种成为修订后的《濒危野生动植物种国际贸易公约》附录列明的保护物种。因此，海关从即日起依照这一新的执法依据，按走私珍稀植物及其制品罪侦办走私土沉香入境案件，从而加大了打击力度。[1] 本案因发生于2009年《刑法修正案（七）》通过之前，因此，适用的罪名不是国家禁止进出口的货物、物品罪。还如，2007年9月4日中午，我国台湾地区人陈某德欲乘坐航班从厦门高崎国际机场出境经澳门回台北市。在机场出境过程中，陈某德选择无申报通道通关，其所携带的行李经海关X光机时，被查获沉香木0.976千克。归案后，被告人陈某德还供述其于2006年间委托他人走私沉香木34.6千克入境，寄放在广东省潮州市开元寺。厦门海关缉私局经侦查缴获上述34.6千克沉香木。经福建闽林司法鉴定中心鉴定；上述沉香木均属瑞香科（Thymelaeaceae）沉香属（Aquilaria）沉香（Aquilaria malaccensis），列入《濒危野生动植物种国际贸易公约》附录II；产地为国外（东南亚）；价值分别为人民币

---

[1] 杨阳腾，郑汉军．首宗走私珍稀植物土沉香案件在深圳被起诉［N］．经济日报，2005-8-4（14）．

4 392元、23 100 元，共计人民币 27 492 元。2007 年 9 月 4 日陈某德因涉嫌犯走私珍稀植物制品罪被刑事拘留，同年 10 月 8 日被逮捕。于 2007 年 11 月 21 日厦门市人民检察院向厦门市中级人民法院提起公诉，指控被告人陈某德犯走私珍稀植物制品罪。法院认为，被告人陈某德违反海关法规及珍稀植物制品管理法规，逃避海关监管，非法运输、携带国家禁止进出口的珍稀植物制品沉香木 35.576 千克进出境，价值人民币 27 492 元，其行为已构成走私珍稀植物制品罪。起诉指控罪名成立。

珍稀植物制品是指利用珍稀植物加工制作的标本、药材、工艺品及其他制成品。“等”字说明除了珍稀植物及其制品以外，还包括其他货物、物品，如旧汽车、切割车、侵犯知识产权的货物、来自疫区的动植物及其产品、反动宣传品等禁止进出口的货物、物品。禁止进出口的其他货物、物品是指除了《刑法》第 151 条第 1 款和第 2 款、第 152 条、第 347 条所规定的货物、物品以及珍稀植物及其制品以外的国家禁止进出口的货物、物品。虽然 2002 年最高人民法院、最高人民检察院、海关总署《关于办理走私刑事案件适用法律若干问题的意见》第 8 条明确规定“走私刑法第一百五十一条、第一百五十二条、第三百四十七条、第三百五十条规定的货物、物品以外的，已被国家明令禁止进出口的货物、物品，例如旧汽车、切割车、侵犯知识产权的货物、来自疫区的动植物及其产品等，应当依照刑法第一百五十三条的规定，以走私普通货物、物品罪追究刑事责任”，但自从《刑法修正案（七）》通过之后，因不存在偷逃税率的计算问题，所以，不应以走私普通货物、物品罪定罪处罚。[1] 有学者直接指出，既然是禁止进出口货物、物品，怎么能以走私普通物、物品罪追究刑事责任呢？[2]

根据贸易管理制度措施的不同，我国将进出口货物、物品分为自由限制和禁止 3 大类。目前，国家已经颁布了《禁止进出境物品表》《限制进出境物品表》《禁止进口货物目录》《禁止出口货物目录》等详细目录。实行许可证和配额管理的限制进出口货物目录也由对外贸易管理部门按规定进行公布。这里需要指出的是：第一，禁止进出口的货物、物品不以上述目录为限，我国其他法律法规也零星规定了一些禁止进出口货物、物品，如《知识产权海关保护条例》第 3 条规定：“禁止侵犯知识产权的货

---

[1] 楼伯坤.《刑法修正案（七）》对走私罪修改引发的冲突及其解决［J］. 政治与法律，2009（11）.

[2] 翁凯一. 走私国家禁止进出口其他货物、物品罪若干问题探讨［J］. 中国检察官，2009（9）.

物进出口。”此外，来自疫区的动物和动物产品、旧汽车等也是国家明令禁止进出口的货物、物品。第二，限制和禁止货物、物品的目录并不是一成不变的，国家每年都会根据政治、经济发展的需要对上述目录进行调整。第三，在特殊情况下，只要持有权机关颁发的有效的特殊许可证件，如濒危物种进出口允许证、麻醉药品进出口准许证等仍然可以进出口禁止类货物、物品。[1]

三、走私国家禁止进出口的货物、物品罪罪数形态的认定

（一）走私国家禁止进出口的货物、物品罪与非罪的认定

区分走私国家禁止进出口的货物、物品罪与非罪的界限，要注意以下几点：①走私国家禁止进出口的货物、物品罪的犯罪对象是除了《刑法》第 151 条第 1 款和第 2 款、第 152 条、第 347 条所规定的货物、物品以外的珍稀植物及其制品等国家禁止进出口的其他货物、物品。2001 年以来，我国公布了 6 批禁止进口货物目录、5 批禁止出口货物目录。因此，凡是正在生效的国家有关法律、法规以及相关国家机关发布文件明令禁止进出口的商品，都应认为是国家禁止进出口的。凡是在司法实践中走私的对象不是上述货物目录所列范畴的，不能以该罪处理。②根据《刑法》第 151 条第 3 款的规定，行为人只要实施了走私珍稀植物及其制品等国家禁止进出口的其他货物、物品的行为，不论数量多少、情节轻重，都构成走私国家禁止进出口的货物、物品罪。国家林业局与公安部 2001 年联合发布了《关于森林和陆生野生动物刑事案件管辖及立案标准》规定了走私珍稀植物、珍稀植物制品案的立案标准。当然，对于一些情节显著轻微、危害不大的走私国家禁止进出口的物品的行为，按照《刑法》第 13 条但书的规定，不认为是犯罪，但可予以行政处罚。

（二）走私国家禁止进出口的货物，物品罪与数罪的认定

1. 武装走私国家禁止进出口的货物、物品的行为的认定

《刑法》第 157 条第 1 款规定：“武装掩护走私的，依照本法第一百五十一条第一款的规定从重处罚。”司法实践中，通常有两种情况：一是携带武器掩护走私但未使用武器；二是携带武器掩护走私并在遇到缉私检查、追捕时使用武器抵抗。根据本条规定，无论犯罪分子是否使用了武

[1] 吴红艳．我国走私罪立法的缺陷及其完善［J］．中国刑事法杂志，2005（6）．

器，只要是武装掩护走私的，即应依本条之规定处理。如果使用武器进行抵抗，致人伤亡的，应以故意杀人罪、故意伤害罪与本罪实行数罪并罚。❶对武装掩护走私国家禁止进出口的货物、物品的行为，只要犯罪分子携带武器武装掩护，无论是否使用武器或者是否来得及使用武器，都不影响本条的适用。武装掩护走私国家禁止进出口的货物、物品，是与非武装走私国家禁止进出口的货物、物品相比更为严重的行为，社会危害性更大，所以，对武装走私国家禁止进出口的货物、物品的行为，依照《刑法》第151条第1款从重处罚。第151条第1款将量刑幅度分为3个档次，本款所说的从重处罚是根据情节轻重在相应的量刑档次内从重，而不是在该档的量刑幅度以外从重。另外，《刑法》对武装掩护走私有特别规定的，应根据特别规定处罚，如对武装掩护走私、贩卖、运输、制造毒品的，应根据《刑法》第347条第2款的规定进行处罚。❷

2. 抗拒缉私行为的认定

《刑法》第157条第2款规定："以暴力、威胁方法抗拒缉私的，以走私罪和本法第二百七十七条规定的阻碍国家机关工作人员依法执行职务罪，依照数罪并罚的规定处罚。"据此，走私行为已经构成犯罪，又以暴力、威胁方法抗拒缉私，才能数罪并罚。如果走私行为尚不构成犯罪，以暴力、威胁方法抗拒缉私，依照《刑法》第277条规定的妨害公务罪论处。具体到走私国家禁止进出口的货物、物品罪，可以分为以下几种情况考虑：①构成走私国家禁止进出口的货物、物品罪。这种情况是指行为人在抗拒缉私中没有采取暴力、威胁，其抗拒缉私行为就不构成犯罪。因为根据《刑法》第277条的规定，阻碍国家安全机关、公安机关以外的国家机关工作人员依法执行职务的，必须是采取暴力、威胁方法才构成犯罪。②构成妨害公务罪。这种情况是指根据《刑法》第13条但书的规定，行为人虽有走私国家禁止进出口的货物、物品的行为，但情节显著轻微，危害不大，不认为是犯罪。此种情况下，行为人实施了暴力抗拒缉私的行为，符合妨害公务罪的犯罪构成。③按照走私国家禁止进出口的货物、物品罪和妨害公务罪数罪并罚。这种情况是指行为人的走私国家禁止进出口的货物、物品的行为构成犯罪，并且行为人又采取暴力、威胁方法抗拒缉私的。❸

---

❶ 赵秉志．刑法修正案最新理解适用［M］．北京：中国法制出版社，2009：41.

❷ 全国人大常委会法制工作委员会刑法室．《中华人民共和国刑法修正案（八）》条文说明、立法理由及相关规定［M］．北京：北京大学出版社，2011：108.

❸ 赵秉志．刑法修正案最新理解适用［M］．北京：中国法制出版社，2009：42.

第八节　走私淫秽物品罪

一、走私淫秽物品罪的概念和犯罪构成

走私淫秽物品罪，是指违反国家海关法律法规、规章制度，逃避海关监督管理，以牟利或者传播为目的，非法运输、携带、邮寄淫秽的影片、录像带、录音带、图片、书刊或者其他淫秽物品进出境的行为。走私淫秽物品罪的犯罪构成如下。

走私淫秽物品罪侵犯的客体是国家对外贸易制度中禁止进出口淫秽物品的规定，直接违反国家关于禁止淫秽物品的存在和流通的法律规定。淫秽物品，是指具体描绘性行为或者露骨宣扬色情的淫秽性的书刊、影片、影碟、录像带、录音带、图片、淫秽用具、用品及其他淫秽物制品。其他淫秽物品，是指除淫秽的影片、录像带、录音带、图片、书刊以外的，通过文字、声音、形象等形式表现淫秽内容的影碟、音碟、电子出版物等物品。淫秽物品具有淫秽性、违法性、反伦理性、载体性。有关人体生理、医学知识的科学著作不是淫秽物品，包含有色情内容的有艺术价值的文学、艺术美学作品不视为淫秽物品。

走私淫秽物品罪的犯罪客观方面表现为违反海关法律法规，逃避海关监管，非法将国家明令规定禁止存在和流通的淫秽的影片、录像带、录音带、图片、书刊或者其他淫秽物品运输、携带、邮寄进出国境的行为。违反海关法规，主要是指违反了海关法及国家其他有关禁止淫秽物品进出口的规定，如《关于严禁淫秽物品的规定》《关于严格查禁淫秽物品进出口的实施办法》《关于认定淫秽出版物及色情出版物的暂行规定》等法规规章。逃避海关监管，是指采用各种方法，躲避海关的监督、检查，企图将淫秽物品通过国（边）境。本罪中走私行为的形式主要有：绕关的走私行为，即不经过海关和边境哨卡检查站；通关的走私行为，即通过海关进出境，但采用假报、伪报或者藏匿等手段，瞒过海关的监督、检查，偷运、偷带或者邮寄武器、弹药；准走私行为（间接走私），即不是直接进出境的走私行为，而是下列行为：直接向走私人非法收购国家禁止进口的淫秽物品的；在内海、领海、界河、界湖运输、收购、贩卖国家禁止进出口的淫秽物品的。例如，2002 年 6 月 10 日凌晨 3 点，广东边防海警二支队接到举报，称有一艘从香港起航、装载约 200 万张淫秽光碟的走私船驶往粤

东海域。海警二支队随即一方面监视走私船的行踪，一方面指示驻汕尾海警三大队派艇拦截。海警部队冒着倾盆大雨和七级以上大风驶到惠东一带海域时，发现正在附近卸货的走私船只，现场抓获 3 名走私分子。走私分子开始还持锄头、木棍企图阻止海警上船，见此招不灵又开出 50 万元高价，要求海警“放其一条生路”，而遭严厉拒绝。走私船员最后还企图打开船底的海底门，以沉船逃避打击，也未得逞。海警将走私船押回码头后清点发现，船上总计有淫秽及盗版光碟 114 万多张，价值近千万。又如，2007 年 5 月 28 日 21 时许，广东边防总队六支队一大队一中队副中队长带领哨兵在南山区沙河口边境地段巡逻时，发现几条黑影在边境地段快速走动，并很快消失在黑夜中。副中队长根据多年查私工作经验判断，该伙人肯定正在进行违法犯罪活动，于是一边组织哨兵对该地段进行排查，一边用对讲机将这一情况向大队汇报，并请求组织官兵前往增援。经过长达两个多小时的搜查，最终在沙河口西地段查获 138 箱约 22 万张淫秽光碟。

走私淫秽物品罪的主体为一般主体，包括自然人和单位。

走私淫秽物品罪在主观上是故意，而且必须以牟利或者传播为目的。

二、走私淫秽物品罪犯罪构成要件的理解

（一）“淫秽物品”的认定

本罪的犯罪对象为淫秽物品。《刑法》第 152 条并没有直接给出“淫秽物品”的概念。对“淫秽物品”一词的界定在《刑法》第 367 条，其规定，本法所称的“淫秽物品”，是指具体描绘性行为或者露骨宣扬色情的淫秽性的书刊、影片、录像带、录音带、图片及其他淫秽物品。有关人体生理、医学知识的科学著作不是淫秽物品，包含有色情内容的有艺术价值的文学、艺术作品不视为淫秽物品。可见，作为“物品”的定语，“淫秽”具有以下几个标签：①具体描绘性行为；②露骨宣扬色情；③诲淫性；④非科学性；⑤非艺术性。其中，①②为选择性标签，至少择其一，而③④⑤则同为必选性标签。这个概念看似清楚，但实质上把握起来并不明确，“色情”一次概念不清，“诲淫性”标准模糊，科学性与艺术性认定困难。[1]

1988 年 12 月新闻出版署发布实施的《关于认定淫秽出版物及色情出

[1] 蒋苏淮．走私淫秽物品罪司法认定困境与出路［J］．江西警察学院学报，2011（3）．

版物的暂行规定》对淫秽出版物提出了一个比较具体的认定标准，即整体上宣扬淫秽行为，具有下列7种内容之一，挑逗人们的性欲，足以导致普通人腐化堕落，而又没有艺术价值或者科学价值的出版物，就是淫秽出版物：

（1）淫亵性地具体描写性行为、性交及其心理感受；

（2）公然宣扬色情淫荡形象；

（3）淫亵性地描写或者传授性技巧；

（4）具体描写乱伦、强奸或者其他性犯罪的手段、过程或者细节，足以诱发犯罪的；

（5）具体描写少年儿童的性行为；

（6）淫亵性具体描写同性恋的性行为或者其他性变态行为，或者具体描写与性变态有关的暴力、虐待、侮辱行为。

（7）其他令普通人不能容忍的对性行为的淫亵性描写。

根据上述“淫秽物品”的定义和认定标准，淫秽物品分为以下几类：

（1）淫秽音像制品，如电影胶片、电视片、录像带、幻灯片、激光视盘或者淫秽录音带、唱片、激光唱盘等；

（2）淫秽读物，如原版的境外淫秽书刊画报，境内出版社出版的外国、港澳台淫秽色情小说，境内不法分子翻印制作的港澳台淫秽小册子以及翻印的中国古代淫秽书籍、淫秽抄本；淫秽宣传品；

（3）淫秽图照，如诲淫的裸体男女或男女性交、变态性行为的图片；

（4）淫秽实物，即实物本身就是淫秽物品，而不是指印有图画的实物；

（5）淫药，参见卫生部、公安部、海关总署联合发布的《关于严格查禁淫药的通知》附件《淫药品种表》；

（6）淫秽游戏软件，它是以计算机和游戏机作为演示和传播媒介的；

（7）其他淫秽物品。

司法实践中，还可以根据一定的司法程序对难以认定是否淫秽物品的进行认定。对此，1987年12月最高人民法院、最高人民检察院、公安部、新闻出版署、电影电视部、国家工商局联合颁布的《依法查处非法出版犯罪活动工作座谈会纪要》明确指出：“关于淫秽物品的鉴定问题，与会同志一致同意鉴定淫秽出版物时，司法机关应委托当地省、自治区、直辖市出版主管部门组织具有专门知识和一定政治素养的人进行鉴定。淫秽出版物的鉴定必须有三名以上出版主管部门指派，经司法机关聘请的人进行，鉴定后，应写出鉴定书；鉴定人、指派鉴定的单位应在鉴定书上签字或者加盖印章，鉴定书应当具体地写明鉴定意见（2012 年新《刑事诉讼法》将“鉴定结论”修改为“鉴定意见”）的根据……”

（二）“以牟利或者传播为目的”及犯罪主体的认定

走私淫秽物品罪是我国《刑法》规定的目的犯，其直接故意目的是行为人希望通过走私淫秽物品行为产生危害社会的结果，其特定犯罪目的是牟利或传播。这二者属于不同层面的犯罪目的。走私淫秽物品行为的直接目的是走私淫秽物品罪的直接故意的意志因素，属于浅层的犯罪心理；牟利或传播是支配行为人实施走私淫秽物品行为的心理动因，又是行为人实施走私淫秽物品行为的最终目的，属于深层的犯罪心理。这二者不是同一层次的心理。

以牟利为目的，指走私淫秽物品是行为人为了出卖、放映、租借、出租、展示或用其他方式牟取非法钱财、利润或者其他非法物质利益。以传播为目的，是指行为人走私淫秽物品是为了在社会传播、扩散。行为人最终是否实现这一目的，均不影响本罪的构成。本罪是以后行为作为犯罪目的的犯罪，因此，要认定行为人具有“以牟利或者传播为目的”就必须能够证明行为人在实现淫秽物品走私后已实施或者必然会实施传播（包括有偿与无偿）行为。在实践中，遇有下列情形，行为人的目的应该是清楚的：①行为人携带的淫秽物品中，有大量相同或重复性物品；②有证据证明，行为人在走私前已做好了传播（包括有偿与无偿）的准备——如事前已预售或做广告宣传；③在多次走私过程中，已证明其中一次走私后传播行为，而其余各次均与已证明的行为在购买、走私以及传播等环节相同。然而，在司法实践中，对“目的”的认定主要依赖于口供，或仅依赖口供。[1] 例如，2007 年 2 月广州市中级人民法院一审判决的加奴走私淫秽物品案。根据判决书记载，法庭基于（也仅基于）被告人加奴本人供述，认定被告人加奴将其购买并已装入两个行李箱的 1 471 张光盘交给阿马杜·桑巴和阿卜杜·乌杜为其带回加蓬，以便在加蓬出售牟利。结合证人阿卜杜及桑巴的证言，以及上述二人机票复印件、广州白云机场海关查验记录、广州海关出具的抓获经过、缴获的光盘照片、被告人辨认笔录、扣押物品清单、广州海关缉私局鉴定结论、被告人加奴的护照复印件等证据，法庭最终认定，加奴无视我国法律，违反海关法规，逃避海关监管，以牟

---

[1] 蒋苏淮．走私淫秽物品罪司法认定困境与出路［J］．江西警察学院学报，2011（3）．

利为目的，委托他人携带淫秽光盘出境，其行为已构成走私淫秽物品罪。假设涉案的 1 471 张光盘中无重复碟（这一点判决书并未提及，但确实未将此作为推定明知的理由），而加奴本人拒不承认或事后翻供，否认其委托他人携带淫秽光盘出境是出于“在加蓬出售牟利”的目的，那么侦查机关该如何应对，司法机关又将作出何种判决？更何况，仅靠加奴口供即认定其具有“牟利或者传播的目的”亦是不合适的。对口供的采用应适用补强规则，即为了保护犯罪嫌疑人的权利，担保口供的客观，防止案件事实的误认，要求有其他证据与口供相互印证，方可将该口供作为定案根据。而本案中，显然未提及与该口供之印证证据。对口供的强调与依赖亦使错误讯问，乃至刑讯逼供成为可能。类似案例但判决结果完全相反的案例如，2009 年 6 月间，我国台湾地区人王某在过关时被发现携带的移动硬盘中有近 40G 的涉嫌淫秽视频文件，遂被缉私部门以涉嫌走私淫秽物品罪立案侦查。该案在庭审中，控辩双方的争议焦点主要集中在 3 个方面：第一，行为人是否具有“以传播或牟利为目的”？控方认为，被告人携带相关视频文件入境，是以传播为目的的，而被告人则辩解，移动硬盘中的相关视频文件是供本人及其他常驻该市的我国台湾地区商人观看，其对象为特定群体，不符合“以传播或牟利为目的”这一走私淫秽物品罪主观方面要件。控方认为，“常驻该市的我国台湾地区商人”符合多数人之要求，同时，“常驻该市的我国台湾地区商人”并非一个严格意义上的排外性组织，如果仅因其对象相对固定即认为其不符合“传播”之对象要件，那么，对那些小录像厅或者会员制会所传播淫秽视频的案件也将无法认定，因为不论场所档次如何，其播放的对象都是相对固定的。第二，是否属于淫秽物品？被告人和辩护人认为，尽管大部分视频文件中出现裸露，但并非通篇裸露，同时，应将这些视频更多的视为艺术作品，而非淫秽物品。第三，淫秽物品的数量认定。控方根据海关缉私局鉴定结论对移动硬盘中的淫秽视频数量做了认定，而辩护人和被告人认为，视频文件不属于司法解释中的“其他淫秽物品”，因此，数量认定有误。最后，法庭经审理认为，对淫秽物品的认定仍采信海关缉私局鉴定结论，但王某携带淫秽视频文件的目的为供自己及其他常驻该市的我国台湾地区商人观看，“常驻该市的台湾商人”是一个特定的群体，供其观看，不会导致淫秽物品在社会上的散布、流传，故而，认定王某行为不具有传播的目的，最终作出无罪判决。[1]

---

[1] 蒋苏淮．走私淫秽物品罪司法认定困境与出路［J］．江西警察学院学报，2011（3）．

关于行为人对其走私的具体对象不明确的案件的处理，2002 年最高人民法院、最高人民检察院、海关总署关于《办理走私刑事案件适用法律若干问题的意见》第 6 条规定：“走私犯罪嫌疑人主观上具有走私犯罪故意，但对其走私的具体对象不明确的，不影响走私犯罪构成，应当根据实际的走私对象定罪处罚。但是，确有证据证明行为人因受蒙骗而对走私对象发生错误的，可以从轻处罚。”2006 年最高人民法院《关于审理走私刑事案件具体应用法律若干问题的解释（二）》第 5 条规定：“普通货物、物品或者废物中藏匿刑法第一百五十一条、第一百五十二条、第三百四十七条、第三百五十条规定的货物、物品，构成犯罪的，以实际走私的货物、物品定罪处罚；构成数罪的，实行数罪并罚。”例如，2009 年年初，被告人叶某受雇负责从香港走私进口的盗版光盘的接货工作。2009 年 4 月 20 日，叶某的老板委托某代理进出口公司以一般方式向某海关申报进口一个 15 尺货柜石灰粉时，被海关查验发现货柜石灰粉桶内夹藏了 350 800 张光盘，叶某按照老板指示准备接货时被海关当场抓获。经鉴定，有 5 000 张光盘属淫秽物品，走私盗版光盘经海关核税部门核定，偷逃税款人民币 153 800 元。公诉机关经过审查，认为叶某具有走私的主观故意，客观上实施了走私非淫秽光盘和淫秽光盘的行为，构成走私普通货物罪、走私淫秽物品罪，并向人民法院提起公诉。公诉机关检控的理由主要有：根据 2002 年最高人民法院、最高人民检察院、海关总署《办理走私刑事案件适用法律若干问题的意见》第 6 条的规定，走私犯罪嫌疑人主观上具有走私犯罪故意，但对其走私的具体对象不明确的，不影响走私犯罪构成，应当根据实际的走私对象定罪处罚。但是，确有证据证明行为人因受蒙骗而对走私对象发生错误的，可以从轻处罚。公诉机关认为，本案被告人从事走私犯罪活动，虽然不明确走私的具体对象，但其主观具有走私的故意，在没有证据证明其是被“蒙骗”而产生认识错误的情况下，其也应对特定特品的走私负刑事责任。被告人叶某的辩护人认为，叶某的行为仅构成走私普通货物罪，理由如下：《刑法》第 152 条规定：“以牟利或者传播为目的，走私淫秽的影片、录像带、录音带、图片、书刊或者其他淫秽物品的，处……”，2002 年广东省高级人民法院《关于办理破坏社会主义市场经济秩序犯罪案件若干具体问题的指导意见》中第 3 条规定，“走私特定货物的犯罪，行为人除了具有走私的故意外，主观上还必须明知走私的对象是毒品、假币、淫秽物品、枪支弹药等特定物品。”由此可见，走私淫秽物品罪除要求行为人主观上为故意之外，还要求行为人明知走私的对象是淫秽物品且有牟利或者传播的目的。本案中，被告人叶某对淫秽物品的这个客观事实没有认识，其主观上并不明知走私光盘中夹藏有淫秽光盘，更谈不上以牟利或者传播为目的，这些已成为其行为不能成立走私淫秽物品罪的阻却事由，故认为该罪名不成立。法院最终基于以上的事实与根据将被告人叶某的行为认定为走私普通货物罪一罪，并予以刑事处罚。

笔者认为，本案叶某所工作的公司如果以牟利或者传播为目的走私淫秽光盘，并有证据证明，则构成单位犯罪，应以走私淫秽物品罪对公司定罪，并对单位判处罚金，对单位直接负责的主管人员即叶某的老板判处刑罚，但由于直接责任人员叶某（必须在认定叶某是直接责任人员的条件下）不知走私的对象有淫秽物品并且没有牟利或者传播的目的，也没证据证明，因此，叶某不能构成走私淫秽物品罪。又由于叶某所在的公司构成了走私普通货物罪，因此，应对公司判处罚金，对公司直接负责的主管人员即叶某的老板判处刑罚，对公司直接责任人员叶某（必须在认定叶某是直接责任人员的条件下）也判处相应的刑罚。在公司不构成走私普通货物罪的条件下，不能对叶某单独定罪处罚，因为叶某是公司职工，履行公司的业务职责。因此，法院的判决是有问题的。在上述条件下，叶某所在的公司同时实施了两种犯罪行为，构成了走私淫秽物品罪和走私普通货物罪，应该数罪并罚，对叶某的老板也应数罪并罚，但对叶某只能以走私普通货物罪定罪处罚。

另外，根据《刑法》第 156 条对走私共犯的规定和 2002 年最高人民法院、最高人民检察院、海关总署《办理走私刑事案件适用法律若干问题的意见》第 15 条的规定，对“与走私罪犯通谋”的理解应是：通谋是指犯罪行为人之间事先或者事中形成的共同的走私故意。下列情形可以认定为通谋：（一）对明知他人从事走私活动而同意为其提供贷款、资金、账号、发票、证明、海关单证，提供运输、保管、邮寄或者其他方便的；（二）多次为同一走私犯罪分子的走私行为提供前项帮助的。在本案中，如果某代理进出口公司与叶某所在的公司在事先或者事中形成共同的走私淫秽光盘的故意，则某代理进出口公司与叶某所在的公司构成走私淫秽物品罪的共犯。如果某代理进出口公司与叶某所在的公司在事先或者事中形成共同的走私非淫秽光盘的故意，则它们构成走私普通货物罪的共犯。如果某代理进出口公司与叶某所在的公司通谋既走私淫秽光盘又走私非淫秽光盘，则它们共同构成走私淫秽物品罪和走私普通货物罪的共犯。对各个犯罪行为人主观方面走私故意的认定，还应根据上述意见第 5 条的规定，走私主观故意中的“明知”是指行为人知道或者应当知道所从事的行为是走私行为。具有下列情形之一的，可以认定为“明知”，但有证据证明确属被蒙骗的除外：①逃避海关监管，运输、携带、邮寄国家禁止进出境的货物、物品的；②用特制的设备或者运输工具走私货物、物品的；③未经海关同意，在非设关的码头、海（河）岸、陆路边境等地点，运输（驳载）、收购或者贩卖非法进出境货物、物品的；④提供虚假的合同、发票、证明等商业单证委托他人办理通关手续的；⑤以明显低于货物正常进（出）口的应缴税额委托他人代理进（出）口业务的；⑥曾因同一种走私行为受过刑事处罚或者行政处罚的；⑦其他有证据证明的情形。

在实践中，还有这样一种认识，即只要证明行为人曾因走私淫秽物品或传播淫秽物品而受到处罚，再次实施走私淫秽物品的行为，便可推定其具有“牟利或传播”的目的。笔者不赞同这种观点。行为人因走私淫秽物品而受过行政或刑事处罚，又有同样行为的，只能说明其违法性认知，这属于犯罪故意的认识因素范畴，并不能直接说明犯罪目的。同样的，曾传播淫秽物品（不论牟利与否）也不能直接说明其走私淫秽物品行为就一定具有“以牟利或者传播为目的”。

三、走私淫秽物品罪罪数形态的认定

（一）走私淫秽物品罪与非罪的认定

区分走私淫秽物品罪与非罪应重点从以下几个方面予以把握：①在主观方面，走私淫秽物品罪须具有故意和牟利或传播的目的才能构成。首先，如果行为人不知道其所运输、携带、邮寄进出境的是淫秽物品，而认为只是一般物品，即使其故意以藏匿、伪装、瞒报、伪报或其他方式逃避海关监管，因为这种故意内容不是走私淫秽物品罪的故意内容，故而不能认为是走私淫秽物品罪。如果走私物品的数量又较小，只能认定为一般走私行为。其次，即使故意逃避海关监管，运输、携带、邮寄淫秽物品进出境，但行为人主观上不具有“以牟利或者传播为目的”，其携带的淫秽物品入境是为了自己使用，为他人代买、赠友等，则属一般的违法行为，不应以走私淫秽物品罪论处。再次，如果行为是出于过失，确实不知其所运输、携带、邮寄的物品是淫秽物品而进出境的，也不能构成本罪。②在客观方面，如果行为人所走私的并非淫秽物品，不能认定构成本罪，走私一些格调不高，对人们身心健康有一定毒害，但整体上看不属于淫秽物品的物品，一般不构成犯罪。③从数量上看，尽管本罪的成立不要求数量限制，但如果行为人走私淫秽物品的数量微不足道，且从整个案情来看属于情节显著轻微，危害不大的情况，一般不宜以犯罪论处。④应当正确界定淫秽物品的范围。对于描写男女正当爱情生活，宣传有关男女生理卫生知识的书刊和图片，以及医务工作者为了业务工作需要制作的裸体像和生殖器标本等，都不能视为淫秽物品。走私这些物品的，不能认定为构成本罪。

（二）走私淫秽物品罪与彼罪的认定

1. 走私淫秽物品罪与制作、复制、出版、贩卖、传播淫秽物品牟利罪的界限

所谓制作、复制、出版、贩卖、传播淫秽物品牟利罪，是以牟利为目的，制作、复制、出版、贩卖、传播淫秽物品的行为。它与走私淫秽物品罪在犯罪对象以及主观目的上有一致的地方，而且，走私淫秽物品罪的犯罪分子往往也具有制作、复制、出版、贩卖、传播等行为表现，所以两罪有相似的地方。但两罪所侵犯的客体有很大的差异，制作、复制、出版、贩卖、传播淫秽物品牟利罪侵犯的客体是国家对于文化市场的管理秩序和社会道德风尚，而走私淫秽物品罪的客体是国家对外贸易管制，客体的差异是两罪区别的关键。所以，凡是以牟利或传播为目的，直接向走私人非法收购淫秽物品的；在内海、领海运输、收购、贩卖淫秽物品的；走私分子逃避海关检查进入国内以后，自己出卖淫秽物品的；走私集团的成员分工在国内负责制作、贩卖淫秽物品的；受走私团伙的收买、指使、帮助制作、贩卖淫秽物品的，对上述这些行为，因为侵犯的是国家对外贸易管制，所以应认定为走私淫秽物品罪。

如果行为人走私的是这一批淫秽物品，为牟利贩卖、传播的是另一批淫秽物品，则应当定走私淫秽物品罪和贩卖、传播淫秽物品牟利罪，实行数罪并罚。对于行为人走私淫秽物品后以该宗淫秽物品为牟利贩卖、传播的行为，学界存在不同的观点。第一种观点是吸收犯说。该观点认为，在走私后又传播该淫秽物品并构成犯罪的应以吸收关系处理，因走私淫秽物品罪是重行为，传播淫秽物品罪是轻行为，只能以走私淫秽物品罪吸收传播淫秽物品罪处理，即只能以走私淫秽物品罪论处。第二种观点是牵连犯说。持该种观点的学者认为，犯罪分子走私淫秽物品后继而进行传播，其法益的侵害性实已超出了走私淫秽物品罪所要保护的法益范围，因此，只有对“传播”这种特定目的的实现进行另外的刑法评价，才为妥当。实施走私淫秽物品罪的犯罪分子继而传播该淫秽物品以实现其传播的特定目的的

情况中，走私淫秽物品行为是手段行为，传播淫秽物品行为是目的行为，二者之间存在着手段行为与目的行为的牵连关系，因而构成牵连犯，应以牵连犯从一重论处。尽管以牵连犯论处也是以一重罪处断，但由于它可以对特定目的实现行为（传播淫秽物品罪）在目的犯（走私淫秽物品罪）之外进行独立的刑法评价，并且在选择一重罪的基础上从重处罚，因而能明显地体现特定目的实现与未实现之间在刑法上评价的区别，从而避免了以吸收犯论处的缺陷。❶ 第三种观点是数罪并罚说。如有学者认为，行为人以牟利、传播为目的，从境外走私淫秽物品，然后在境内贩卖、传播走私入境的淫秽物品的，应当实行数罪并罚。首先，行为人的行为侵犯了两个不同的法益：走私淫秽物品行为侵犯的是对外贸易管理秩序；在境内贩卖、传播的行为侵犯的是国家对文化市场和性风尚的管理秩序。其次，行为人的行为完全符合两个犯罪即走私淫秽物品罪与贩卖、传播淫秽物品牟利罪的构成要件。即行为人实施了两种不同性质的行为，具有两种犯罪的故意与目的，完全符合数罪的标准。最后，或许有人认为，这种情况也属于牵连犯，但本文认为，即使承认牵连犯概念，对牵连关系也应采取类型论说，即根据刑法规定与司法实践，将牵连犯的手段与目的、原因与结果的关系类型化；只有具有类型化的手段与目的、原因与结果的关系时，才存在牵连关系。例如，非法侵入住宅杀人的，宜认定为牵连犯［如果不承认牵连犯概念，则可将这种情况认定为想象竞合犯，但非法盗窃枪支后杀人的，不宜认定为牵连犯（虽然枪支经常用于杀人，但盗窃枪支并不是杀人的通常手段行为）］。❷ 第四种观点是后续行为说。如有学者认为，这种行为属于走私淫秽物品罪的后续行为，不应当再定贩卖、传播淫秽物品牟利罪，而应当只定走私淫秽物品罪一罪。笔者赞同通说，即牵连犯说。

例如，被告人何某原系某制药厂网络管理员，2003 年 3 月，何某在网上向台湾人吴某购得淫秽光盘 26 张，由吴某从我国台湾地区邮寄给何某。何某收到淫秽光盘后，将这些淫秽光盘作为母盘进行复制，共复制了 771 张淫秽光盘并销售至北京等地，得赃款人民币 61 893 元。2003 年 4 月至 5 月，被告人何某又让吴某分两次从我国台湾地区邮寄淫秽光盘 89 张，均被海关查获并扣押。2003 年 5 月 21 日，海关缉私局将何某抓获。对被告人何某如何定罪存在 3 种不同意见。第一种意见认为，被告人何某违反海关

❶ 彭辅顺．目的犯的目的研究［J］．河北法学，2004（11）．

❷ 张明楷．论短缩的二行为犯［J］．中国法学，2004（3）．

法规，逃避海关监管，以牟利为目的，走私国家禁止进口的淫秽光盘，应当以走私淫秽物品罪追究其刑事责任。被告人何某以牟利为目的复制淫秽光盘并向国内销售，情节严重，应当以复制、贩卖、传播淫秽物品牟利罪追究其刑事责任。故被告人何某的行为构成走私淫秽物品罪及复制、贩卖、传播淫秽物品牟利罪，应予数罪并罚。第二种意见认为，被告人何某虽然有走私淫秽物品的行为，但其并未通过该走私的淫秽物品以出售等形式直接牟利，其行为不构成走私淫秽物品罪，只能以复制、贩卖、传播淫秽物品牟利罪论处。第三种意见认为，被告人何某以走私淫秽物品为手段，通过复制走私的淫秽物品进行贩卖牟利，根据牵连犯罪的理论，其行为构成复制、贩卖、传播淫秽物品牟利罪，不构成走私淫秽物品罪。

笔者认为，何某第一笔走私行为因数额不符合立案标准不构成犯罪，应予以行政处罚。对何某的第二笔走私行为，如果何某走私国家禁止进口的淫秽光盘不以牟利为目的，或者没有证据证明其具有牟利为目的，则不构成走私淫秽物品罪，在具有牟利目的的条件下仅仅构成复制、贩卖、传播淫秽物品牟利罪；如果何某以牟利为目的（在有证据证明的条件下）走私国家禁止进口的淫秽光盘，则构成走私淫秽物品罪，并且构成复制、贩卖、传播淫秽物品牟利罪，两罪成立牵连犯，笔者同意第三种意见。因为，第一，本案符合数罪理论。本案被告人何某以牟利为目的，违反海关法规，逃避海关监管，通过邮寄的手段进口淫秽物品，符合走私犯罪特征。虽然，何某尚未利用同宗走私物品直接通过出卖、传播等方式牟利，但走私的行为是存在的，且第一笔数额亦不足立案标准，无需追究刑事责任。关键在于被告人何某还有第二笔走私行为，且司法实践中，只要行为人主观上具有牟利目的，客观上实施了通关行为被当场查获的，虽无后续行为仍视为走私行为完成，也就是说是否存在后续行为，并非构成走私犯罪的决定性条件。第二种不构成走私犯罪的意见不能成立。第二，本案符合牵连犯特征。就本案而言，从表面上看，是两个犯罪行为，即走私淫秽物品和复制、贩卖、传播淫秽物品牟利，但实际上，这两个行为有一个相同点即主观上都是以牟利为目的，走私淫秽物品犯罪的主观故意是牟利，复制、贩卖淫秽物品也是出于牟利。牵连犯的主要特点在于行为人的数个行为是围绕一个犯罪目的实施的。本案关键在于被告人何某究竟是否出于一个犯罪目的。事实上，何某并没有直接贩卖走私进口的淫秽物品牟利，其牟利故意的实现是通过复制该批走私进口的淫秽物品进行贩卖而达到的，走私进口淫秽光盘只是其复制、贩卖牟利的一种手段，其犯罪目的只有一个，如果对其按两罪数罪并罚，对其“牟利”的犯罪故意实际就是重复评价，既处罚了其走私进口淫秽物品牟利的故意，又处罚了其复制、贩卖淫秽物品牟利的故意，不符合刑法原理。只有在被告人贩卖了走私进口的部分淫秽物品直接牟利，将另一部分复制后再贩卖牟利，才可对被告人进行数罪并罚，因为在这种情况下，被告人出于数个犯罪故意，实施了数个犯罪行为，故而符合实质数罪的特征。认定两者之间构成牵连关系还在于走私淫秽物品的行为与复制贩卖该物品具有从属关系。本案被告人何某是通过走私手段获取淫秽光盘再行复制，前者与后者间具有从属性。故第一种构成数罪的意见也不恰当。第三，按照牵连犯的一般原理，行为人的主观意识中直接实现犯罪目的的犯罪行为是主行为，为实现犯罪目的创造条件的行为是从行为。本案中走私淫秽物品罪和复制、贩卖、传播淫秽物品牟利罪的法定刑及相关刑度完全一样。根据牵连犯的理论，应以其目的行为所触犯的罪名对其定罪处罚，即认定被告人何某构成复制、贩卖、传播淫秽物品牟利罪。[1]

2. 走私淫秽物品罪与传播淫秽物品罪的界限

走私淫秽物品罪与后种犯罪的主要区别在于侵犯的客体不同。前者侵犯的客体主要是海关监管制度；后者侵犯的客体是对社会的管理制度和社会主义社会风尚。如果行为人走私淫秽物品后以该宗淫秽物品进行非牟利性传播，这种行为属于走私淫秽物品罪的后续行为，为走私淫秽物品罪所吸收，不应当再定传播淫秽物品罪，而应当只定走私淫秽物品罪一罪。如果行为人走私的是这一批淫秽物品，进行非牟利性传播的是另一批淫秽物品，则应当定走私淫秽物品罪和传播淫秽物品罪，实行数罪并罚。

四、走私淫秽物品罪的既遂与未遂

有论者认为，区分本罪的既遂和未遂的标准，因走私方式的不同而有所不同。如果是采用运输工具夹藏、伪报、瞒报的手段试图通关走私，而在海关检查中被查获的，应以走私淫秽物品罪未遂论处；反之，在海关检查中未被查获的，已经通过关境后被查获的，以走私淫秽物品罪既遂论处。行为人牟利或者传播的目的是否实现，不影响对走私淫秽物品罪既遂和未遂的认定，不能因行为人未将淫秽物品销售牟利或者传播就认定走私

---

[1] 邓林，于刚，张世杰．利用走私的淫秽物品进行复制后贩卖——此案应当如何定性［N］．人民法院报，2004－1－5.

未遂。如果行为人是通过海上偷运或陆地绕道等绕关方式走私淫秽物品的，从淫秽物品进入我国国（边）境时起，即构成走私淫秽物品罪既遂。行为人从境外获得淫秽物品后，运至我国领海海关监管区被查获的，以走私淫秽物品罪既遂论处。[1]

第九节 走私废物罪

一、走私废物罪的概念和犯罪构成

走私废物罪是2002年《刑法修正案（四）》增设的犯罪。根据《刑法修正案（四）》的规定，走私废物罪，是指违反海关法规和废物污染环境防治法规，逃避海关监管，将境外固体废物、液态废物和气态废物运输进入国境，情节严重的行为。走私废物罪的犯罪构成如下。

走私废物罪侵犯的客体是国家的海关监管制度、环境保护制度和国家禁止境外固体废物、液态废物和气态废物进境制度。犯罪对象是国家禁止进境的废物。这里讲的废物不是一般废物，而是特指的固体废物、液态废物和气态废物。例如，2007年11月11日凌晨，周某、杨某驾驶船在香港南丫岛北面附近海面，从一艘不知名的趸船上过驳一批固体废物后行至江门水域。江门海关缉私局根据情报，在海上通过雷达扫描发现了该船只，随即对其进行追缉，并从该船上查获走私废电池40吨，废电线路板103吨。经江门出入境检验检疫局鉴定，船上的143吨货物属国家禁止进口的固体废物。2008年5月5日，广东省江门市中级人民法院对江门海关查获的走私固体废物进境案作出判决，被告人周某、杨某分别被判处有期徒刑8年和6年。又如，被告人吴某某是货船船长。2012年8月21日，被告人吴某某利用货船到香港特别行政区运输废杂纸之机，私自在香港特别行政区柴湾装卸区以港币300元/桶的价格购买了20桶无合法单证的废机油。次日，吴某某将该20桶废机油装载到货船的后甲板，与合法承运的600吨废纸一并返航回江门。同月23日早上到达江门高沙港，在抛锚在附近水域排队等待海关、商检等部门检查期间，被告人吴某某用电话联系了李某某以人民币14 600元的价格来收购该批废机油。双方于同月24日凌晨4点交易完毕，随后被缉私人员查获。经统计，现场查扣废机油20桶，经过磅

---

[1] 宣炳昭. 刑法各罪的法理与实用［M］. 北京：中国政法大学出版社，2002：69.

共重3.97吨（含油桶皮重），油桶的皮重为每油桶皮重18千克，油桶皮重共360千克。由此计算得出被告人吴某某非法走私废机油3.61吨。经检验，该批废机油属于国家禁止进口的危险性废物。2013年12月18日，广东省江门市中级人民法院，被告人吴某某无视国家法律，逃避海关监管将境外国家禁止进口的危险性废物运输进境贩卖，情节严重，其行为已构成走私废物罪。

走私废物罪客观方面表现为行为人实施了逃避海关监管，将境外固体废物、液态废物和气态废物运输进境的行为，且达到了“情节严重”的程度。逃避海关监管，是指采用各种方法，躲避海关的监督、检查，企图将废物通过国（边）境。本罪中走私行为的形式主要有：绕关的走私行为，即不经过海关和边境哨卡检查站；通关的走私行为，即通过海关出境，但采用假报、伪报或者藏匿等手段，瞒过海关的监督、检查，偷运、偷带或者邮寄废物；准走私行为（间接走私），即不是直接出境的走私行为，而是下列行为：直接向走私人非法收购国家禁止进口的废物的；在内海、领海、界河、界湖运输、收购、贩卖国家禁止进口的废物的。“境外”是指我国大陆地区以外，包括国外以及我国的香港、澳门、台湾地区。根据《刑法》第339条第3款的规定，以原料利用为名，进口不能用作原料的固体废物、液态废物、气态废物的行为，也构成走私废物罪。例如，2010年5月间，越南被告人黄某伙同4人驾驶装载20个集装箱进口旧挖掘机、汽车切割件等货物的越南海防中发商业运输有限公司（以下简称“中发公司”）下属的“中发16”的船，伺机将船上的货物运往中国境内。5月15日21时许，黄某收到指令，负责驾驶“中发16”船将进口货物非法运载至中国广西北海后企图与走私老板联系偷卸。5月16日3时30分，该船航行至北部湾海域中国境内时被中国海警查获。经对“中发16”船进行检查，该船所装载货物无任何合法手续，20个集装箱柜内装有进口汽车切割件、拆解件及旧挖掘机、叉车等货物一批。经商检部门鉴定，汽车切割件、拆解件为固体废物，重量为86.97吨。经海关关税部门计核，旧挖掘机、叉车共67件，偷逃应缴税额人民币830 423.45元。广东省湛江市中级人民法院审理认定被告人黄某犯走私废物罪和走私普通货物罪，应数罪并罚。

对于走私废物后的处置行为或者造成环境污染事故的行为如何处理，《刑法》没有规定，2006年最高人民法院《关于审理走私刑事案件具体应用法律若干问题的解释（二）》将造成重大环境污染事故的行为或者造成重大环境污染事故且后果特别严重的行为认定为构成走私废物罪，并且是走私废物罪“情节特别严重”的情形，将走私禁止进口的废物行为和进口废物后造成重大环境污染的行为视为同一种行为，即都是走私废物罪的行为，超越了立法规定，违反罪刑法定原则。

走私废物罪的犯罪主体是一般主体，包括自然人和单位。自然人包括中国人、外国人、无国籍人。这里的单位主要是指具备一定条件的废物进口单位和废物利用单位。当然也不排除其他没有废物进口、利用资格的单位。例如，2011 年 11 月 17 日，越南被告人裴某某驾驶铁壳船装载废轮胎从越南经北仑河运至中国东兴市罗浮江，准备到一处非设关码头卸货。当日 17 时 35 分许，裴某某驾船行至东兴市罗浮江红石沟附近河段时，被东兴海关缉私分局民警依法查获，当场缴获废轮胎及其切片 21.82 吨。经中国检验认证集团广西有限公司鉴定，被查获的 21.82 吨废轮胎及其切片为中国禁止进口的固体废物。2012 年 4 月 25 日，广西壮族自治区防城港市中级人民法院认为，被告人裴某某故意违反中华人民共和国海关法规，逃避海关监管，将废轮胎及其切片从越南走私进入中国境内，其行为已构成走私废物罪。

走私废物罪的主观方面是故意，即明知是固体废物、液态废物和气态废物却逃避海关监管，将其偷运入境，走私进口。行为人的犯罪动机或为牟利、贪利或为利用，但不影响本罪的成立。如果受外方欺骗，将固体废物、液态废物、气态废物误认为是普通货物、物品偷运入境的，则构成走私普通货物、物品罪。

二、“废物”的范围

2005 年 6 月 28 日，广西钦州市渔民刘某发雇请钦州市渔民钟某德到其桂钦渔油 0023 号船上工作，帮忙到越南运输走私货物入境，商定每月由刘某发支付钟某德工资 700 元，每次拉货成功返回另外奖励 200 元。同年 7 月 1 日上午，刘某发、钟某德二人驾驶桂钦渔油 0023 号船到越南四屯港附近海域，从一艘铁壳船上过驳了 984 台废旧电脑显示器到其所驾驶的船上。7 月 7 日，二人驾船返回钦州。当日 18 时 15 分，该船在北部湾海域被海南海警第一支队查获。该批废旧电脑显示器总重量为 18.42 吨，经鉴定属国家禁止进口的废物。2005 年 12 月 30 日，被告人刘某发、钟某德分别被海口市中级人民法院各判处有期徒刑 3 年，并分别各被并处罚金人民币 5 000 元。又如，2007 年 2 月 10 日傍晚，广东海警一支队深圳四大队接到命令：一艘运载200多吨洋垃圾的走私船将穿越巡逻海域，立即进行堵截。8名海警官兵登上一艘摩托艇驶离深圳土洋码头，在大海里颠簸了近5个小时后，一艘千吨级的铁壳船出现在官兵眼前。广东边防海警命令立即停船接受检查，但铁壳船拒不停船，反而加速逃窜。官兵们顶着风浪，与上千吨的庞然大物来回周旋，待机实施跳帮。经过多次短兵相接，海警官兵奋不顾身跳上了铁壳船，载有近2 000包旧衣物和数百台废旧家用电器的“惠贸运X”铁壳船终于束手就擒。

废物，通常被称为“洋垃圾”，该废弃物会造成环境污染或是病原体载体。根据2013年《固体废物污染环境防治法》的规定，固体废物，是指在生产、生活和其他活动中产生的丧失原有利用价值或者虽未丧失利用价值但被抛弃或者放弃的固态、半固态和置于容器中的气态的物品、物质以及法律、行政法规规定纳入固体废物管理的物品、物质。工业固体废物，是指在工业生产活动中产生的固体废物。生活垃圾，是指在日常生活中或者为日常生活提供服务的活动中产生的固体废物以及法律、行政法规规定视为生活垃圾的固体废物。危险废物，是指列入国家危险废物名录或者根据国家规定的危险废物鉴别标准和鉴别方法认定的具有危险特性的固体废物。2013年《固体废物污染环境防治法》规定：“禁止进口不能用作原料或者不能以无害化方式利用的固体废物；对可以用作原料的固体废物实行限制进口和自动许可进口分类管理。”“国务院环境保护行政主管部门会同国务院对外贸易主管部门、国务院经济综合宏观调控部门、海关总署、国务院质量监督检验检疫部门制定、调整并公布禁止进口、限制进口和自动许可进口的固体废物目录。”因此，固体废物应包括国家禁止进口的固体废物和国家限制进口的可用作原料的固体废物。国家限制进口的可用作原料的固体废物的具体种类，按照《国家限制进口的可用作原料的固体废物目录》执行。未列入《禁止进口固体废物目录》，也未列入《限制进口类可用作原料的固体废物目录》《自动进口许可类可用作原料的固体废物目录》的固体废物不属国家禁止进口的废物，不是本罪所指的废物。2013年《固体废物污染环境防治法》规定：“液态废物的污染防治，适用本法；但是，排入水体的废水的污染防治适用有关法律，不适用本法。”液态废物、气态废物，是指根据国家统一规定的方法鉴别认定的具有有毒性、易燃性、爆炸性、腐蚀性、化学反应性、传染性之一性质的，对人体健康和环境能造成危害的液态废物和置于容器内的气态废物。

本罪的犯罪对象是属于国家禁止进口的固体废物、液态废物和气态废物。有学者认为，该罪的犯罪对象为境外的固体废物包括我国禁止进口的不能用作原料的固体废物，也包括限制进口可以用作原料的固体废物。[1][2] 2006年最高人民法院《关于审理走私刑事案件具体应用法律若干问题的解释（二）》将国家限制进口的可用作原料的废物列入了本罪的犯罪对象，并且规定走私国家限制进口的可用作原料的固体废物、液态废物分别达到一定的数量是走私废物罪的“情节严重”。笔者认为，上述学者的观点是错误的，同时，上述司法解释不但扩大了立法对犯罪对象规定的范围，而且突破了立法规定的“情节严重”应有的内容，将两者不同的行为视为同一种，即都是走私废物罪的行为，是一种越权解释，应为无效。

三、走私废物罪罪数形态的认定

在关于走私废物罪与彼罪的认定上：

1. 走私废物罪与非法处置进口的固体废物罪的界限

两者的区别有：①前者逃避海关监管，后者则不逃避海关监管。②前者处罚的是走私行为，后者处罚的是将固体废物在我国境内倾倒、堆放、处置的行为。③犯罪对象不同，前者的犯罪对象是国家禁止进口的固体废物、液态废物和气态废物，后者的犯罪对象是境外的固体废物，是属于限制进口和允许进口的固体废物。

如果行为人走私固体废物后，并在我国境内倾倒、堆放、处置的，一种观点认为，行为人既构成走私废物罪又构成非法处置进口的固体废物罪，应当实行数罪并罚或者按照牵连犯处理。如有学者认为，如果其进行走私就是为了把我国当做“垃圾处理场”，就是为了把固体废物、液态废物和气态废物在我国境内非法倾倒、堆放、处置的，则说明其走私行为与非法处置固体废物的行为存在牵连关系，应当以走私废物罪与非法处置进口的固体废物罪的牵连犯论处，从一重处；如果其走私固体废物、液态废物和气态废物是为了出卖，但因未找到买主，就将其非法在我国境内倾倒、堆放、处置的，则由于其走私行为与非法处置行为不存在牵连或吸收关系，成立走私废物罪与非法处置进口的固体废物罪二罪，实行并罚。[3]

---

[1] 徐丰果．与废物有关的犯罪之构成分析及立法建议［J］．中南林业科技人学学报：社会科学版，2008（1）．

[2] 曹绍锐，张胜英．走私废物罪司法认定研析［J］．中共郑州币委党校学报，2005（5）．

[3] 周珂，尹兵．我国走私废物罪的构成分析及立法建议［J］．河南省政法管理干部学院学报，2009（4）．

如果行为人走私固体废物并在我国境内倾倒、堆放、处置的，则既构成走私废物罪，又构成非法处置进口的固体废物罪，应当实行并罚。❶ 第二种观点认为，非法处置进口的固体废物犯罪处置的是固体废物，并且是进口的，而不是走私的，不能认定构成非法处置进口的固体废物罪。笔者认为，根据两罪的上述区别，第二种观点是对的。对此上述问题，有学者指出，对于走私废物罪而言，还缺乏一个相应的后续罪名与之相衔接。❷

如果行为人走私限制进口和允许进口的固体废物，则构成走私普通货物罪。行为人走私限制进口和允许进口的固体废物后，如果还有机会和能力将固体废物在我国境内倾倒、堆放、处置，则要考虑行为人走私的目的分别以牵连犯、数罪并罚等情况处理。有学者认为，如果没有逃避海关监管将固体废物运入国境的，构成擅自进口固体废物罪。❸笔者认为，如果行为人将国家禁止进口的固体废物运入国境，无论是否逃避海关监管，都构成走私固体废物罪；如果行为人将国家限制或允许禁止进口的固体废物运入国境，逃避海关监管，则构成走私普通货物罪；如果行为人将国家限制或允许禁止进口的固体废物运入国境，没有逃避海关监管，则不构成犯罪，应受到行政处罚；如果行为人未经有关部门许可，将国家限制或允许禁止进口的固体废物运入国境，没有逃避海关监管，但造成重大环境污染事故的，则构成擅自进口固体废物罪；如果行为人没有逃避海关监管，违反国家规定，将国家限制或允许禁止进口的固体废物运入国境内倾倒、堆放、处置的，构成非法处置进口的固体废物罪。上述观点不区分固体废物是禁止进口还是限制或允许进口，一律认为构成擅自进口固体废物罪是错误的。

2. 走私废物罪与擅自进口固体废物罪的界限

两者的区别在于：①侵犯的客体不同。前者侵犯的主要是国家海关监管制度；后者侵犯的则是国家防止固体废物污染的环境保护制度。②客观方面不同。前者表现为逃避海关监管的行为，后者则不逃避海关监管。③前者属于行为犯，行为人只要走私废物就构成犯罪；而后者则是结果犯，要求造成重大环境污染事故，致使公私财产遭受重大损失或者严重危害人体健康。④犯罪对象不同。前者走私的废物应当是国家禁止进口的废物，包括固体废物、液态废物和气态废物；而后者进口的则是国家限制进

---

❶❸ 周道鸾．析走私废物罪的构成［N］．人民法院报，2003－9－1．

❷ 陈肖明．我国废物犯罪立法问题研究［J］．中山大学学报论丛，2006（3）．

口和允许进口的固体废物，如果将这些固体废物进口做原料，必须经国务院有关部门批准。

有学者认为，将二者做如此细致的区别是没有必要的，这两个罪名本身应该是一个罪名。首先，上述区别事实上都是非常小，将犯罪对象区分为禁止进口和限制进口、允许进口是多此一举的；对于犯罪客体，事实上擅自进口就已经违反了海关的监管制度；对于客观特征而言，事实是擅自进口的行为与走私行为，二者没有实质意义上的区别，而对于擅自进口固体废物罪是否造成重大的环境污染，是需要斟酌的。因此，做这样的区分徒增刑法的条文的繁琐和复杂，有违刑法立法的经济性。其次，走私废物罪处在第二章第二节走私罪中的位置是很尴尬的。走私废物罪虽是归类于走私罪，但是其社会危害性更主要的是破坏了中国的自然环境，而不是偷逃关税；❶❷❸❹ 况且，这个走私罪名不副实，在走私罪中所有的走私行为都是包括了违反海关法规，逃避监管，将相应物品运输或者携带、邮寄进出国（边）境，但是唯独这个罪名只包括了进人国境，说明了这个罪根本就不是纯走私罪。综上所述，将二者作出区分是不合理的。该学者建议将两个罪名合并到擅自进口固体废物罪中，将罪名修改为非法进口废物罪，❺❻ 这样才真正摆正了非法进口固体废物犯罪行为的位置。而且非法既包括了走私禁止进口的废物，还包括了进口限制进口和允许进口的废物。将固体废物修改为废物，处置走私废物没有一个罪名与之衔接的问题，就自然解决了。❼ 笔者认为，这两个罪的区别是明显的，保护的法益是不同的，将犯罪对象不区分为禁止、限制和允许进口是不符合社会现实需要的，擅自进口和走私是不同的概念，不过，确实如论者所言，走私废物罪的立法位置是尴尬的，立法需要对我国的废物犯罪、废物走私犯罪、废物污染环境犯罪进行整体反思、重新设计和科学规范。

---

❶ 高铭暄．刑法肄言［M］．北京：法律出版社，2004：371.

❷ 周珂，尹兵．我国走私废物罪的构成分析及立法建议［J］．河南省政法管理干部学院学报，2009（4）.

❸ 杨兴，谭涌涛．环境犯罪专论［M］．北京：知识产权出版社，2007（141）.

❹ 梁争．我国走私废物犯罪的现状及治理［J］。社会科学家，2011（12）.

❺ 周珂，尹兵．我国走私废物罪的构成分析及立法建议［J］．河南省政法管理干部学院学报，2009（4）.

❻ 徐丰果．与废物有关的犯罪之构成分析及立法建议［J］．中南林业科技人学学报：社会科学版，2008（1）.

❼ 陈肖明．我国废物犯罪立法问题研究［J］．中山大学学报论丛，2006（3）.

第十节　走私普通货物、物品罪

一、走私普通货物、物品罪的概念和犯罪构成

走私普通货物、物品罪，是指违反海关法规，逃避海关监管，非法从事运输、携带、邮寄除毒品、制毒物品、武器、弹药、核材料、伪造的货币、国家禁止出口的文物、黄金、白银和其他贵重金属、国家禁止进出口的珍贵动物及其制品、珍稀植物及其制品等国家禁止进出口的其他货物、物品、国家禁止进出口的淫秽物品、国家禁止进口的固体废物、液态废物、气态废物以外的其他货物、物品，进出国（边）境，或者未经海关许可并且未补缴应缴税额，擅自将批准进口的保税货物或者特定减免税进口的货物、物品，在境内销售牟利，偷逃应缴税额数额较大或者情节严重的行为。走私普通货物、物品罪的犯罪构成如下。

本罪所侵犯的客体是国家对外贸易管制。其对象是除了以下货物、物品以外的一切货物与物品：武器、弹药、伪造的货币，国家禁止出口的文物、黄金、白银和其他贵重金属，国家禁止进出口的珍贵动物及其制品，珍稀植物及其制品等国家禁止进出口的其他货物、物品，国家禁止进出口的淫秽物品、毒品、国家禁止进口的固体废物、液态废物、气态废物等货物、物品。这些货物、物品主要有两类：一是国家限制进出口的货物、物品，即国家对其进出口实行配额或者许可证管理的货物、物品，如烟、酒、汽车、摩托车、电视机、电冰箱、计算器、个人电脑、外币及有价证券、通信保密机、无线电收发报机、贵重中药材及其成药等；二是国家不禁止、不限制进出口但应缴纳关税的货物、物品，如服装、精矿、海蜇、淡水鱼、虾、土特产品等出口物品；陶瓷、塑料、化妆品、玻璃制品、造纸原料等进口物品。例如，2013 年 11 月 12 日，一艘巴拿马籍货轮船员李某在没有经过边防检查的情况下，私自将从韩国购买的化妆品和香烟秘密地搬到船尾，欲交易给早已等候多时的买家王某，这一幕早就被隐藏在附近的江苏边防总队连云港边检站便衣警官尽收法眼，正当李某从王某手上拿回一大包现金时，边检警官迅速出动控制了 2 名疑犯，当场查获走私韩国化妆品、香烟 8 箱，现金 5 万元。

本罪在客观上表现为违反海关法规，逃避海关监管，走私《刑法》第 151 条、第 152 条、第 347 条以外的其他货物、物品进出境的行为。根据

走私普通货物、物品罪行为方式的具体不同，走私普通货物、物品罪可以区分为以下几种情况。

（1）非法运输、携带或邮寄武器、弹药等违禁品以外的其他货物、物品进出境。根据《刑法》第 153 条的规定，只有非法运输、携带或邮寄武器、弹药、核材料、伪币、珍贵动物及其制品、贵重金属、珍稀植物、淫秽物品、废物等违禁品之外的其他货物、物品的，才构成走私普通货物、物品罪。普通货物、物品主要是指应纳税的、国家限制或允许进出口的货物、物品。对于这类物品，国家并不禁止进出口，但根据国民经济发展和社会发展的需要，又必须通过征收关税对其需求进行适当的调节。一般来说，只要对我国国计民生不发生重大影响，对我国国内经济发展不发生重大影响的货物、物品，如我国的服装、土特产品，国外的玻璃制品、化妆品等都可以自由进出口，但是必须依法缴纳关税。例如，2008 年 10 月 8 日，海南海警二支队一举查获由香港开往三亚的“风发 1G8”号船所载 37 个集装箱内装载的汽车、游戏机、电子芯片等走私货物，金额高达 1 800 余万元。又如，被告人徐某某为香港籍渔船“CM62951A”的船长，被告人徐某某、徐某某、苏某某为该船船员。在船长徐某平指挥下，该船在香港加装红色柴油驶往东莞南沙附近海域进行售卖。2010 年 4 月 27 日，该船在深圳妈湾矾石水道附近被广东省公安边防总队海警第一支队拦截，现场查获走私的红色柴油 34.16 吨，现场抓获徐某平、徐某清、徐某明、苏某某。经深圳出入境检验检疫局工业品检测技术中心鉴定，该批红色柴油为 0#柴油；经深圳海关审单处计核，该批红色柴油偷逃税款为人民币 76 154.68元。广东省深圳市中级人民法院根据上述事实和犯罪证据认为，被告人徐某平、徐某清、徐某明、苏某某违反海关法规，逃避海关监管，偷运柴油入境，其行为均已构成走私普通货物罪。在共同犯罪中，徐某平作为船长，起主要作用，属主犯，依法应当按照其所参与的或者其所组织、指挥的全部犯罪处罚；徐某清、徐某明、苏某某受雇作为船员，起次要作用，系从犯，依法应当予以从轻处罚。四被告人归案后认罪态度均较好，可以酌情从轻处罚。2010 年 10 月 13 日，深圳市中级人民法院依照《刑法》的规定，一审判决被告人徐某平、徐某清、徐某明、苏某某犯走私普通货物罪，各判处有期徒刑 1 年，并处罚金人民币 60 000 元，缴获的红色柴油 34.16 吨依法予以没收，上缴国库。宣判后，原审被告人徐某平不服，提出上诉。2010 年 11 月，广东省高级人民法院裁定驳回上诉，维持原判。

（2）擅自出售保税货物、特定减免税货物、捐赠进口货物和物品牟利，以及假借捐赠名义进口货物、物品。此类走私是后续走私，又称变相走私。①未经海关许可并且未补缴关税，擅自将批准进口的来料加工、来件装配、补偿贸易的原料、零件、制成品、设备等保税货物在境内销售牟利。根据我国《海关法》的规定，保税货物是指经海关批准未办理纳税手续进境，在境内储存、加工、装配后复运出境的货物。按照国际贸易惯例，保税货物必须在一国境内储存、加工、装配后再复运出境。保税货物入境时未缴纳关税，因此不能像其他国内商品一样可以在市场上流通，如果因客观情况发生变化，保税货物不能复运出境需转入国内市场销售的，必须事先经过海关批准并补缴应当缴纳的海关关税和工商税，如果行为人不经允许擅自采取隐瞒、欺骗手段在境内出售的，偷逃进口纳税的行为实际就是一种变相的走私行为。根据 2002 年最高人民法院、最高人民检察院、海关总署《关于办理走私刑事案件适用法律若干问题的意见》第 13 条的规定，这里的“销售牟利”，是指行为人主观上为了牟取非法利益而擅自销售海关监管的保税货物、特定减免税货物。该种行为是否构成犯罪，应当根据偷逃的应缴税额是否达到《刑法》第 153 条及相关司法解释规定的数额标准予以认定。②未经海关许可并且未补缴关税，擅自将捐赠进口货物、物品或者其他特定减免税货物、物品在境内销售牟利。根据《海关法》的规定，所谓“特定减税、免税进口的货物、物品”，是指经海关许可进口并酌情减征、免征关税的下列货物、物品：①经济特区等特定地区进口的货物；②中外合资企业、中外合作企业、外资企业等特定企业进口的货物；③有特定用途的进口货物、物品；④用于公益事业的境外捐赠物品。特定减免或者免税的范围和办法由国务院规定。根据上述规定，国务院批准的海关总署《对进出经济特区的货物、运输工具、行李物品和邮寄物品的管理规定》和《关于中外合资经营企业进出口货物的监管和征免税规定》都分别对经济特区进口的减免税货物、物品和中外合资经营企业进口的免税货物、物品作了具体规定。此外，属于特定减税、免税货物的还包括企业为进行技术改造而必须引进的仪器、设备；学校、科研机构专为教学科研而用的某些设备、器材等。根据《海关法》及其他海关法规的规定，特定减免税货物、物品，只能用于特定地区、特定企业或按特定用途使用。因为对这些货物、物品实行减税或者免税，是国家为了促进经济发展或其他社会发展需要而给予某些地区或单位的优惠政策，这些货物、物品的流通、使用就必须受到一定的限制，不能任意让其流入市场，否则就等于境内任何地区、单位都可以通过这一渠道减税或免税进口货物，这势必破坏国家的对外贸易管制，影响国家经济建设，因此我国法律将擅自出售特定减免税货物、物品规定为走私行为予以惩治。如果确实需要在境内销售上述货物、物品，必须报经海关许可并补缴应当缴纳的海关关税和工商税，否则也属于偷逃进口纳税的行为，是一种实质上的走私行为。

（3）间接走私普通货物、物品行为。根据《刑法》第155条的规定，下列行为是走私普通货物、物品的行为：直接向走私人非法收购走私进口的国家非禁止进口的一般货物、物品，数额较大的，或者在内海、领海、界河、界湖运输、收购、贩卖国家限制进出口的货物、物品，数额较大，没有合法证明的。这种间接走私行为又可称之为准走私行为或者牵连走私行为，因为这类行为的主体并没有直接从事走私活动，但其行为又与走私有很密切的联系，甚至有的行为人与走私分子之间达成了一种默契。由于这些行为的存在，使走私的货物、物品得以迅速销售、扩散，使走私分子的目的得以实现，因而这类行为与走私行为一样对国家外贸管制造成破坏，情节严重的也应以走私普通货物、物品罪论处。上述行为中，“直接向走私人非法收购”是指明知对方是走私分子，并且直接向其非法收购走私进口的其他货物、物品，或者直接向走私人非法收购走私进口的国家非禁止进口货物、物品。直接向走私人非法收购时，必须明知所收购的货物、物品是走私人走私进口的，如果确实不知道是走私进口的货物、物品而购买的，不能构成此罪。“直接向走私人非法收购”表明是买私人和走私人之间的第一手交易，如果是买私人购买走私货物、物品后的第二手交易，不能构成此罪。内海、领海都属于中华人民共和国的领域范围，而界河、界湖是我国与外国接壤分界的河流、湖泊。在内海、领海、界河、界湖运输、收购、贩卖国家限制进出口的货物、物品，如香烟、酒类、贵重中药材等，除了没有合法证明以外，还必须达到数额较大的程度，才能以本罪论处。所谓“没有合法证明”是指行为人在内海、领海运输、收购、贩卖国家限制或允许进出口的物品而没有国家指定的机关出具的必要证明，也就是说，不符合我国的进出口许可证制度。根据我国法律规定，进出口商品一般必须从国家指定机关领取进出口许可证制度，但经国家批准有权经营进出口业务的单位，在其批准的经营范围内，可以凭进出口单证进出境，既无“许可证”又无“单证”的，即属没有合法证明，行为人的行为构成走私；“海关单证”是指进出口货物、物品时向海关进行申报的专用单证，如报税单等；“进出口许可证”是指国家商务或外贸管理机关签发的允许货物、物品进口或出口的凭证。例如，2010 年 1 月 21 日，家住福建省石狮市的吴某某与“邱某”“胡某杰”（均另案处理）合伙购买了一艘由浙岭渔运 702 号改装成的油船，由吴某某进行管理。之后吴某某招募蔡某榜为船长、蔡某进等 5 人为船员，并对油船进行整修，为出海走私柴油作准备。同年 2 月 21 日 21 时许，吴某某指使蔡某榜等人驾驶油船从福建出发前往某海域向一大油轮走私柴油 150 吨，后售予浙岭渔 23242 号等 9 条渔船。之后吴某某指使蔡某榜至原海域向大油轮再次走私柴油 140. 48 吨。吴某某在将走私柴油销售后，通过他人告知家住浙江温岭的黄某某，黄再通知家住温岭市的庄某某向各买油渔船的家属收取油款，油款通过银行汇至吴某某账户。经过台州海关缉私分局核实，浙岭渔运 702 号油船总计走私柴油数量为 290. 48 吨。经台州海关关税部门核定，涉嫌偷逃税款人民币 68. 9 万余元。12 月 2 日，浙江省台州市中级法院认为，被告人吴某某等人违反海关法规，逃避海关监管，通过海上走私柴油并销售给境内渔船，其行为均已构成走私普通货物罪。

（4）帮助走私。根据《刑法》第 156 条的规定，与走私罪犯通谋，为其提供贷款、资金、账号、发票、证明，或者为其提供运输、保管、邮寄或者其他方便的，以走私罪的共犯论处。此类帮助行为人是帮助犯。另外，除了走私帮助犯以外，根据共同犯罪理论，走私共犯还有走私犯罪的教唆犯等，如水客、看水族等。

（5）武装掩护走私和抗拒缉私。根据《刑法》第 157 条的规定，武装掩护走私的，构成本罪，但要按照第 151 条第 1 款的规定处罚；以暴力、威胁方法抗拒缉私的，以走私普通货物、物品罪和妨害公务罪数罪并罚。武装掩护走私，是指携带武器装备或者组织武装力量为走私提供掩护的行为。武装掩护走私既可以是携带武器装备进行掩护也可以是组织多人形成武装力量进行掩护。组织武装力量掩护走私并不一定要配备武器。认定是否武装掩护走私，要根据人员的数量和所携带的武器的种类及杀伤力来进行判断。一般来说，一人或多人携带杀伤力较大的武器如枪支、弹药是武装掩护走私，多人携带一般武器如棍棒等掩护走私也属于武装掩护走私，不过如果这个团体是临时招募，组织化程度不高，所携带的工具攻击性也不是太强的话，就不能构成武装掩护走私。武装掩护走私只要携带武器即可，并不要求使用该种武器。所谓“以暴力、威胁方法抗拒缉私”是指对依法查处走私活动的海关人员、武装警察、公安人员、工商行政管理人员等使用暴力方法或者威胁方法，抗拒、阻挠缉私的行为。武装掩护走私和暴力抗拒缉私在很多情况下是掺杂在一起的。行为人如果携带武器走私，但武器并没有被使用，那么这种行为就是掩护走私，反之，若武器被使用，则要认定为暴力抗拒缉私；在组织武装力量掩护走私的情况下，则要看是否对缉私人员使用暴力。未使用暴力的，是武装掩护走私，使用暴力的，是暴力抗拒缉私。无论武装掩护走私还是抗拒缉私，必须以行为人构成走私普通货物、物品罪为前提。

如果行为人多次走私未经处理，必须按照累计走私货物、物品的偷逃应缴税额计算和处罚。应当注意的是，“多次”是二次还是三次，其间隔时间是多长，法律规定不明确。“多次走私”是否要求每次都构成犯罪?笔者认为，这里并不要求每一次走私都要独立构成犯罪。“未经处理”是何机关处理且作出何种处理，法律规定也不明确，一般而言，所谓“未经处理”是指既没有受过审判机关的刑事处罚，也没有受过海关或者公安、工商等机关的行政处罚。2000 年最高人民法院《关于审理走私刑事案件具体应用法律若干问题的解释》将“对多次走私未经处理的”，解释成“是指对多次走私未经行政处罚处理的”。如何累计偷逃应缴税额，特别是对既有既遂又有未遂的情况，如果计算累计偷逃应缴税额，法律规定仍不明确。上述问题有待立法的完善或相关部门的解释。

本罪的主体要件为一般主体，即达到刑事责任年龄且具有刑事责任能力的自然人。自然人可以是我国公民、外国人或者是无国籍人。单位也能成为本罪的犯罪主体。根据 2002 年最高人民法院、最高人民检察院、海关总署《关于办理走私刑事案件适用法律若干问题的意见》第 18 条的规定，具备下列特征的，可以认定为单位走私犯罪：①以单位的名义实施走私犯罪，即由单位集体研究决定，或者由单位的负责人或者被授权的其他人员决定、同意；②为单位牟取不正当利益或者违法所得大部分归单位所有。根据单位人员在单位走私犯罪活动中所发挥的不同作用，对其直接负责的主管人员和其他直接责任人员，可以确定为一人或者数人。对于受单位领导指派而积极参与实施走私犯罪行为的人员，如果其行为在走私犯罪的主要环节起重要作用的，可以认定为单位犯罪的直接责任人员。根据第 14 条的规定，对《刑法》第 155 条第（二）项规定的实施海上走私犯罪行为的运输人、收购人或者贩卖人应当追究刑事责任。对运输人，一般追究运输工具的负责人或者主要责任人的刑事责任，但对于事先通谋的、集资走私的、或者使用特殊的走私运输工具从事走私犯罪活动的，可以追究其他参与人的刑事责任。

本罪的主观方面只能由故意构成，过失不构成本罪。如果行为人没有走私的故意，即缺乏偷逃关税款的故意，即使行为人有逃避海关监管的行为，也不属走私行为，一般是由于行为人不懂《海关法》的有关规定或者疏忽大意而该报未报或者漏报、错报关税的过失造成的，应由海关依照海关行政法规作行政处理。在实践中，行为人一般具有牟取非法利润或利益为目的，但本罪并不以牟利的目的作为构成本罪的要件。

二、同时走私多种货物、物品的认定

此处走私的“多种货物、物品”指的是性质不同的货物、物品，即是分属于走私特定物品和走私普通货物、物品罪的货物、物品。在司法实践中，犯罪分子的走私对象往往是不确定的，一人既走私普通货物、物品，又走私文物、淫秽物品等数种不同对象的情况并不少见。对于行为人既走私普通货物、物品又走私其他特定物品的案件就存在是按一罪还是按数罪处理的问题。笔者认为，必须根据不同的情况分别予以探讨。第一种情形是：行为人一次性同时走私多种货物、物品且单独都构成犯罪。对于该种情形的处理，一种观点认为是按想象竞合犯处理，也有人认为应数罪并罚。其理由是按照法律行为说的有关理论，这种一次走私行为应为数个行为。第二种情形是：行为人一次走私了普通货物、物品，另一次走私了其他特定物品，且都构成犯罪。对于此种情形，应按数罪并罚处理，这是没有争议的。第三种情形是：行为人一次走私了普通货物、物品，另一次也走私了普通货物、物品，且都构成犯罪。对于此种情形按一罪处理，也是没有争议的。因为按现行的刑法理论，对同种数罪，是不数罪并罚的。因此，争议的焦点集中在第一种情形。对于第一种情形，笔者认为，一次走私行为同时走私多种货物、物品不是想象竞合，不能按想象竞合犯处理。想象竞合犯是指一个犯罪行为而触犯数个罪名的犯罪。具体来说，是指基于一个犯意的发动，实施一个犯罪行为，侵犯数个客体，成立数个罪名的情况。而一次走私行为同时走私数种物品，并不符合想象竞合犯的特点。首先，一次走私行为同时走私数种货物、物品，不是基于一个犯意。每个走私罪的客体是不同的，社会危害性也有区别，行为人在一次走私行为同时走私数种货物、物品时，具有不同的社会危害性，对此，其是有认识的，如走私淫秽物品罪、走私武器、弹药罪的社会危害性与走私普通货物、物品罪的社会危害性显然不同，因此，即使行为人同时走私上述所有物品，也不能说是基于同一犯意。其次，想象竞合犯侵害的法益应该具有一体性或某种程度的关联性。一次走私行为同时走私数种物品所侵害的法益不具有一体性，各法益之间也没有必然的联系。最后，以想象竞合犯处理不能体现罪刑相适应原则。从罪刑相适应的角度来看，对一次性同时走私多种货物、物品的，如果对行为人只按其中的一罪从重处罚，则对走私其他货物、物品行为体现不出否定性评价，在量刑上也会受到一定限制，不能对行为人予以适当处罚。

笔者认为，一次走私行为同时走私多种货物、物品的行为符合多个犯罪构成要件，应数罪并罚。理由如下：首先，一次走私行为同时走私多种货物、物品是在同一机会下实施的行为，属于并发关系的数罪。并发关系的数罪是指行为人以数个犯罪的意思，实施数个行为，分别构成犯罪，具备数个犯罪构成，其先后或同时发生的犯罪，并合发生在判决宣告前的情况。一次走私行为同时走私多种货物、物品的情况即是行为人以数个犯罪的意思，实施数个行为，分别构成犯罪，具备数个犯罪构成，其同时发生的犯罪，并合发生在判决宣告前的情况。其次，一次走私行为同时走私多种货物、物品在刑法规范上应评价为数个行为。这里的“一次走私行为”其实严格来讲指的是“一次报关行为”，从走私行为的角度来讲，应是数个走私行为，只不过数个走私行为在“报关”这一点上具有交叉重合。但走私行为是一个过程，不能因为几个行为在一个点的重合就否认行为的个数。一般认为，所谓一个行为，不是从构成要件的评价上看是一个行为，而是基于自然的，在社会观念上被认为是一个行为。但是这里的一个行为与触犯数个罪名相关联，因此，除了进行社会一般观念的理解外，还要进行某种程度的规范评价。从规范意义上讲，一次性同时走私多种货物、物品的行为是几个走私行为共同进行，一次性报关，违反了多个法规范，理应按数罪处理。再次，一次走私行为同时走私多种货物、物品反映的是行为人的多个犯意，侵害的也是多个客体。行为与客体具有一一对应的关系。走私罪是一个类罪而不是一个罪名，根据行为对象的不同而分为不同的罪名，各罪名代表的法益不同，侵害的客体也不同，因此，行为人走私多种物品时，所侵害的法益也就不同，而且，行为人认识到走私的是不同物品，那么其主观故意也是多个。最后，这种处理方式是有司法解释依据的。2006 年最高人民法院《关于审理走私刑事案件具体应用法律若干问题的解释（二）》第 5 条规定，对在走私的普通货物、物品或者废物中藏匿《刑法》第 151 条、第 152 条、第 347 条、第 350 条规定的货物、物品，构成犯罪的，以实际走私的货物、物品定罪处罚；构成数罪的，实行数罪并罚。虽然本条所适用的情形是走私一种对象时藏匿其他对象，但与同时走私数种对象并无本质区别。对此种情形，是“以实际走私的货物、物品定罪处罚；构成数罪的，实行数罪并罚”。也就是说对于走私的所有物品，凡是达到犯罪的程度的，即应定罪，构成数罪的，实行数罪并罚。[1]

例如，2000年3月23日，由被告人林某汉与陈某某、林某基、林某桂出资成立长荣公司，并由林某汉任法定代表人，经营范围包括代理各类商品的进出口。2005年五六月份，被告人唐某某与被告人林某汉经事先合谋，决定以较低价值的货物品名向海关申请报关，而在进口货物中夹藏、瞒报一些价值较高的品种，以此方式来偷逃关税。被告人林某汉并将此走私方法逐一告诉了被告人韦某某、李某某、何某某（均为长荣公司及天悦公司的职员）。2006年5月10日至12日，被告人唐某某从香港组织了9个集装箱货柜进口，并委托梧州天悦贸易有限公司代理进口。梧州天悦贸易有限公司以一般货物贸易的方式代理进口，并于同月16日以生粉、西米、白砂糖等普通货物的名义向梧州海关申请报关。在整个进口环节中，梧州天悦贸易有限公司负责具体的报关事项，其中被告人林某汉作为梧州天悦贸易有限公司的实际操控者，负责安排公司员工的被告人韦某某、李某某、何某某的具体工作；被告人韦某某则负责制作假的报关单证（主要是合同、发票及装箱单），被告人李某某负责联系报关事项；被告人何某某负责财务和公章管理。2006年5月16日，梧州天悦贸易有限公司缴纳了货物进口税款人民币82 045.65元。2006年5月17日，梧州海关缉私分局获取线报后决定对梧州天悦贸易有限公司代理进口的上述9个集装箱货柜进行彻底开箱检查，发现其中4个集装箱内夹藏有大量未向海关申报的鹿茸、燕窝、冬虫夏草、蛤蚧、鲍鱼等食品91种，另外5个集装箱内夹藏有旧电脑显示器、旧电脑主机、旧电视机等旧电器一批。经梧州出入境检验检疫局检验鉴定，上述旧电器属国家禁止进口的废物。经海关核定，该批旧电器共重60.813吨，涉案的食品应缴税额为274万余元，偷逃税额265.85万余元。法院经审理认定被告人唐某某和广西梧州天悦贸易有限公司为牟取非法利益，违反海关法规、逃避海关监管，偷逃应缴税额人民币265.85万余元及走私国家禁止进口的废物60.813吨。2007年9月25日，广西梧州市中级人民法院对“5·17”走私案作出一审判决，认定被告人唐某某、林某汉、韦某某、李某媚、何某某均犯走私普通货物罪、走私废物罪。

[1] 路红青．论走私普通货物、物品罪［D］．武汉：武汉大学，2010：85－87．

第十章 危害国防利益罪的理论与实务

第一节 阻碍军人执行职务罪

一、阻碍军人执行职务罪的概念和犯罪构成

阻碍军人执行职务罪，是指以暴力、威胁方法阻碍军人依法执行职务的行为。本罪具有如下构成特征。

本罪侵犯的客体是军职人员的正常执行职务活动和军人的身体健康和人格权利。前者是主要客体。军人依法执行职务，是加强国防和军队建设，保卫国家的需要和具体表现。《国防法》第53条规定："公民和组织应当支持国防建设，为武装力量的军事训练、战备勤务、防卫作战等活动提供便利条件或者其他协助。"第59条规定："现役军人依法履行职责的行为受到法律保护。"阻碍军人依法执行职务的行为，违反国防法律规定的公民国防义务，直接危害国防利益。在《刑法》中规定本罪，对以暴力、威胁方法阻碍军人依法执行职务的行为给予刑事制裁，有助于确保《国防法》的上述规定得以贯彻实施，为军人依法履行职责的行为提供强有力的法律保护。犯罪对象必须是正在依法执行职务的军人。所谓军人，依照《刑法》第450条的解释，是指中国人民解放军的现役军官、文职干部、士兵以及具有军籍的学员和中国人民武装警察部队的现役警官、文职干部、士兵及具有军（警）籍的学员，执行军事任务的预备役人员和其他人员以军人论。预备役人员，是指编入民兵组织或者经过登记服预备役的公民。其他人员，是指在军队和武警部队的机关、部队、院校、医院、基地、仓库等队列单位和事业单位工作的正式职员、工人，以及临时征用或者受委托执行军事任务的地方人员。已经复员、退伍、转业的军人，由于其不再履行军事职责，故不属于本罪侵害对象的范围。有观点认为，阻碍军人执行职务罪侵害的对象是一般军人，不包括指挥人员、值班、

执勤人员。[1] 笔者认为这种观点值得商榷。阻碍执行军事职务罪侵害的对象是军事指挥人员或者值班、值勤人员，其犯罪主体是军人。非军人以暴力、威胁方法阻碍指挥人员、值班人员、值勤人员执行职务的，只能构成阻碍军人执行职务罪定罪，不能构成阻碍执行军事职务罪。因此，阻碍军人执行职务罪侵害的对象应包括指挥人员和值班人员、值勤人员，只是当犯罪主体为军人时，鉴于刑法作了特别规定，应以阻碍执行军事职务罪论处。[2][3]

本罪在客观方面表现为以暴力、威胁方法阻碍军人依法执行职务的行为。

本罪的主体是一般主体，即凡达到刑事责任年龄16周岁，具备刑事责任能力的自然人均可成为本罪的主体，包括非军人和军人。中国公民、外国人或无国籍人都可成为本罪的犯罪主体。如果是军人阻碍执行军事职务，由于《刑法》第426条作了特别规定，与本条形成法条竞合关系，对之应当依照特别法条即阻碍执行军事职务罪治罪科刑，而不按本罪定罪论处。但是，当军人阻碍指挥人员、值班人员、值勤人员以外的其他军人执行职务时，则不构成《刑法》第426条规定的阻碍执行军事职务罪，而应该按照本罪定罪处罚。

本罪在主观方面出自故意，即行为人明知对方系正在依法执行任务的军人并且阻碍其依法执行职务会造成危害国防利益的后果，却故意以暴力、威胁方法加以阻挠，希望或者放任这种危害后果的发生，以致对方停止、放弃、变更执行职务或者无法正常执行职务的心理态度。行为人大多出自直接故意，过失不构成本罪。在实践中，行为人阻碍军人依法执行职务的动机可能是多种多样的，有的是为了保全自己的私人利益，有的是为了泄愤报复，有的是因为与军人有仇恨，有的是为了逃避法律责任，有的是为了庇护他人，有的是出于政治目的等。但是，具体动机的不同不影响本罪的成立，但可以当做量刑情节予以考虑。

二、阻碍军人执行职务罪犯罪客观方面的理解

第一，行为人必须使用了暴力、威胁的方法。所谓暴力，一般认为是指对依法执行职务的军人的人身进行袭击或者强制的方法，通常表现为攻

---

[1] 高铭暄．刑法学：下编［M］．北京：中国法制出版社，1997：1089.

[2] 赵秉志．中国刑法案例与学理研究：第二卷［M］．北京：法律出版社，2004：258.

[3] 黄林异．危害国防利益罪［M］．北京：中国人民公安大学出版社，2003：38.

击、殴打、伤害、捆绑、拘禁等有形力，同时还包括用酒灌醉、用药物麻醉、施用催眠术等无形力以及强行毁坏财物的行为。正如学者所言："就我国《刑法》中阻碍军人执行职务罪的'暴力'而言，亦作广义理解，即不仅包括直接暴力，还包括间接暴力；不仅包括有形力，也包括无形力。""有形力与无形力一样，都有导致军人执行职务活动无法正常顺利进行的重大危害性或者实际危害性，并且其与对军人依法执行职务活动造成干扰和破坏的危害结果之间有着明显的因果关系，因此也应视为本罪所称的暴力。"[1][2][3] 关于无形力，有学者指出：对军人施用催眠术、用酒灌醉、用药物麻醉等方法使军人处于不能反抗或者不知反抗的状态的行为与干扰和破坏军人依法执行职务活动的危害结果之间具有明显的因果关系，因此，亦应当视为阻碍军人执行职务罪中所称的"暴力"。[4] 中国人民解放军军事法院将本罪的暴力解释为"实施捆绑、拘禁、殴打、伤害及其他危害人身安全和限制人身自由的行为，以及强制毁坏财物的行为"。[5] 根据该解释，暴力的方法并不局限于有形的方式，只要能够危害人身安全、限制人身自由即可。而且，以用酒灌醉、用药物麻醉等无形形式阻碍军人依法执行职务活动的社会危害性并不比用捆绑、拘禁、殴打、伤害方式阻碍军人依法执行职务活动的社会危害性小。这样扩大解释既不会给犯罪分子逃脱罪责提供可乘之机，又不会超出广大民众对暴力的合理理解范围。值得注意的是，不管是有形的暴力还是无形的暴力，都必须与干扰和破坏军人依法执行职务活动的危害结果之间有明显的因果关系。[6]

对于暴力的指向，理论界有不同的观点：一种观点认为暴力所指向的对象仅限于军人本身，仅是直接暴力。若对军人本人以外的第三人或者物品施加暴力的，则为本罪的另一犯罪手段即"威胁"；另一种观点认为暴力所指向的对象不仅包括军人本人的身体，还包括其他人或者军人所有或者使用的物品。前者是直接暴力，后者是间接暴力。[7][8] 目前，

---

[1] 张保平，等．军事刑法研究［M］．北京：解放军出版社，2006：260.

[2] 赵秉志．中国刑法案例与学理研究：第二卷［M］．北京：法律出版社，2004：264.

[3] 黄林异．危害国防利益罪［M］．北京：中国人民公安大学出版社，2003：48.

[4] 叶希善．危害国防利益罪办案一本通［M］．北京：中国长安出版社，2007：3.

[5] 中国人民解放军军事法院．中华人民共和国危害国防利益罪军人违反职责罪注释［M］．北京：解放军出版社，1999.

[6] 李永生．侵犯国家法益的犯罪研究［M］．北京：知识产权出版社，2012：151.

[7] 赵秉志．中国刑法案例与学理研究：第二卷［M］．北京：法律出版社，2004：264.

[8] 叶希善．危害国防利益罪办案一本通［M］．北京：中国长安出版社，2007：3.

后种观点为大多数学者所赞同，并在日本和我国台湾地区得到了司法判例的支持。

笔者认为，后一种观点部分是可采纳的，阻碍军人执行职务罪的暴力一般是针对依法执行职务的军人本人身体实施的，在特殊情况下，强行毁坏与执行职务相关财物的，如砸坏枪支、推倒岗亭、破坏车辆等，从而严重阻碍军人依法执行职务活动的，也属于本罪的“暴力”所涵括的行为，构成阻碍军人执行职务罪。因此，本罪的“暴力”不仅包括针对军人本人身体所实施的危害军人人身安全和限制人身自由的行为，而且包括强行毁坏与军人依法执行职务相关的财物的行为，但不包括针对军人本人以外第三人的行为，如果针对军人以外的第三人或者他人，无论其是与军人有某种亲密关系的人还是军人的近亲属，只能认为是威胁而不是暴力。实施暴力的结果，不仅使军人无法履行职务，而且有的还造成军人伤亡的后果。威胁，是指行为人对依法执行职务的军人以杀害、伤害、毁坏名誉、揭露隐私、侵害财产等方式进行要挟或恫吓，实行精神强制、心理压制，迫使依法执行职务的军人产生心理恐惧甚至屈服，不能、不敢、放弃或者无法正常履行其应当履行的职责和执行的任务。至于军人是否已真的因此而产生了畏惧或屈服，则在所不问。威胁既可以是直接的也可以是间接的都不影响威胁本身的实质。威胁既可以当其面进行，也可以通过电话、书信、传真或第三人转告等方式进行，其企图加害的对象，既可以是军人本人，亦可以是军人的近亲属。另外，日本和我国台湾地区刑法理论还对威胁阻碍军人执行职务罪之胁迫与“警告”的区别作了研讨。[1][2] 阻碍，是指行为人通过暴力、威胁等各种方法对军人依法执行职务造成障碍，使军人不能正常地、顺利地行使自己的职权，履行自己的职责。阻碍既表现为军人不能、不敢进行或者被迫停止、放弃自己所正在或需要执行的职务，以致无法完成任务，亦表现为其被迫变更或改变依法应当执行或从事的职务的内容。有学者指出，阻碍军人执行职务也可表现为迫使其违背职责和意愿实施不应实施的行为。[3] 如果行为人实施的暴力行为或者威胁行为与军人不能依法执行职务没有因果关系，则不成立本罪。对于暴力、威胁须达到何种程度始成立阻碍军人执行职务罪，即关于暴力、威胁的强度，理论上

---

❶ 赵秉志．中国刑法案例与学理研究：第二卷［M］．北京：法律出版社，2004：265.

❷ 黄林异．危害国防利益罪［M］．北京：中国人民公安大学出版社，2003：50.

❸ 钱寿根，王继．军事刑法学［M］．北京：国防大学出版社，2007：238.

有抽象危险说、具体危险说、实害犯说、行为犯说，[1][2] 这里不再展开论述。例如，某年春节过后，从东方市火车站外出务工的人员激增，市政府请求武警支队派官兵协助检查危险品，维持车站秩序。同年2月18日，川付乡农民张某国等一行10人准备南下广州。在进入火车站广场时，被武警战士宋某、徐某宏2人拦住，要求张某国等人接受危险物品检查。张某国由于刚坐出租车被“宰”正满腔怒气，因此拒绝接受检查，并扬言要揍宋、徐2人一顿。当宋某再次要求张接受检查时，张出手便打，其同伙也相继动手将宋、徐打倒在地，并把2人跟指挥中心联系的步话机摔坏，把值勤用的军用摩托车砸毁。后来，在铁路公安人员的协助下，才将张某国等10人抓获。本案中，张某国等人明知武警战士宋、徐2人是依法执行检查职务，但却以暴力方式加以阻碍，使得武警战士不能顺利地执行职务，因而构成了阻碍军人依法执行职务罪。

第二，行为的指向必须是正在依法执行职务的军人。依法执行职务中所依据的“法”，在内涵上应是指一切具有约束力的、有关军人依法执行职务的规范，其外延不仅包括宪法、法律、军事法规等规范性法律文件，还包括军队条令、条例、规定等规范性法律文件和非规范性文件。如何判断军人执行职务行为是否合法呢？对此，日本和我国台湾地区的刑法理论有不同的看法，主要有实质说、形式说、实质加形式说，实质加形式说认为军人执行职务行为合法应是指该行为不仅内容上合法，而且形式上合法，不仅实体上合法，而且程序上合法。实质加形式说认为，只有同时符合以下3个要素的才能认为是依法执行职务：一是军人执行职务的行为必须是在该军人抽象的（或一般的）职务权限之内，二是军人必须具有实施该职务行为的具体的职务权限，三是军人的职务行为必须具备法律规定的必备的重要条件、方式和程序。实质加形式说是日本和我国台湾地区刑法理论界的通说，该说也得到了我国大陆刑法学界的普遍赞同。[3] 如果针对的不是正在依法执行职务的军人，不构成本罪。

关于“执行”，本罪中的执行应当是指军人代表所在军事单位或部队的特定意志对人或物施加影响的行为。执行职务，是指军人根据其所担任的职务和所执行的任务而进行的职责活动，如军人指挥防卫作战、组织军事训练、组织演练、战备勤务、巡逻守卫、执勤押运、教学科研、后勤保

[1] 赵秉志．中国刑法案例与学理研究（第二卷）［M］．北京：法律出版社，2004：265.

[2] 黄林异．危害国防利益罪［M］．北京：中国人民公安大学出版社，2003：50－51.

[3] 黄林异．危害国防利益罪［M］．北京：中国人民公安大学出版社，2003：40－41.

障、医疗救治、抢险救灾以及军人执行其他任务、活动等。

依法执行职务，是指军人依照上级合法军事命令或者军队条令、条例等军事法律法规的规定根据其所担任的职务和所执行的任务而行使职权或履行职责的职务活动。依法执行职务包括3个方面的要素。①执行职务的行为是合法的行为。这是阻碍军人执行职务罪成立的前提条件。如果军人所执行的职务本身就是非法的，属于超越其职权的活动或者违背上级命令所进行的活动，对其进行阻碍，则不构成本罪。合法性是本罪的社会危害性存在的一个十分重要的前提。在大陆和台湾地区刑法理论中，关于阻碍军人执行职务罪之成立是否应以军人执行职务行为具有适法性为必要条件，主要有积极说、消极说和折中说3种观点。❶ 目前，各国立法、刑法学说多采积极说。这些学说实质上强调和重视国家威信和国家利益的国家本位主义思想与注重国民个人基本人权、讲求依法治国的思想在刑法领域内斗争的一个反映。❷❸ 我国刑法学界通说认为，对国家威信的维护和国家利益的保护，绝不能以牺牲人民合法权利、破坏法治思想为代价。具体而言，阻碍军人执行职务罪必须以军人执行职务行为合法为必要条件；如果军人所谓的“执行职务”行为违法，则不仅得不到法律的保护，而且国家还赋予了公民对这种违法行为依法抑制、斗争的权利，情节严重者甚至要论以犯罪。❹❺ ②执行职务的行为是在执行职务过程中和执行职务范围内的行为。军人执行职务过程是指军人依法执行职务的期间，它是行为人构成本罪的时空条件。这个时间段应是指从执行职务的准备开始到执行行为最终完成或结束的整个过程，这个过程可划分为执行前的准备阶段和实际执行阶段这是两个有机联系、不可分割的组成部分。需要强调的是，就具有一体性和连续性的执行职务行为而言，不能将其分割、分段进而分别判断其职务行为的开始与终了，而应当从整体上认定其职务行为的开始与终了，即使外观上暂时中断或者偶尔停止，也应认为是在执行职务的过程中。❻ 例如，执行戒严任务的军人在巡逻执勤中，虽偶与他人聊天，而非在休憩状态者，乃是与执行职务密切联系的待机状态，此时，虽从外观上

---

❶ 黄林异．危害国防利益罪［M］．北京：中国人民公安大学出版社，2003：38.

❷ 赵秉志．中国刑法案例与学理研究（第二卷）［M］．北京：法律出版社，2004：259.

❸ 黄林异．危害国防利益罪［M］．北京：中国人民公安大学出版社，2003：39.

❹ 马克昌，等．刑法学全书［M］．上海：上海科学技术文献出版社，1993：365.

❺ 张穹．刑法适用手册（中册）［M］．北京：中国人民公安大学出版社，1997：1007.

❻ 张明楷．刑法学（下）［M］．北京：法律出版社，1997：798－799.

看，任务执行处于中断状态，但仍应视为是在执行职务的过程中。军人执行职务通常有事项和场所上的范围，此即抽象的职务权限，如果超出了这种一般的职务权限，则不能认为是依法执行职务；但军人如何分担内部事务，不影响其内部权限。虽然有抽象的职务权限，但超越了具体的职务权限，其职务行为也不能称为是合法的。③依法执行职务的行为有一定的判断标准和标识。应当由谁来判断军人执行职务的行为是合法的？对此，日本刑法理论界有主观说、客观说和一般人标准说3种学说，客观说主张由法院通过对法律进行解释，作出客观判断。客观说得到了我国刑法学界较为一致的赞同。[1][2] 但必须注意，法院的判断必须以军人执行职务时的客观情况为基准，而不能以事后之纯客观事实为基准，并且，军人、阻碍者或者其他人对执行职务行为时的某些事实认识是否正确，不应当影响法院对执行职务行为合法性的判断，对于因有关当事者主观上之认识错误所导致的对军人执行职务行为的合法性的判断差错，应当依照刑法理论中有关认识错误的原理来解决。[3][4] 那么，在形式上，如何判断军人是依法执行职务。一般而言，衡量职务行为的性质要综合考虑以下因素进行判断：时间因素、名义因素、目的因素、职责因素、命令因素、公务标准因素等。

第三，行为必须阻碍了军人依法执行职务。阻碍军人依法执行职务，是指对军人依法执行职务造成障碍，使其不能顺利执行职务，如推翻或者烧毁军车，从而使执行职务的军人受阻等。

例如，1999年7月25日，吉林省靖宇县气象局高某某驾车与本单位6名职工到花园口镇珠宝村扶贫。中午喝完酒后，高一行驾车返回靖宇，途中经过某部营房时，已醉态百出的高仗着与某部队领导熟悉，让司机将车开往部队营区，准备在部队吃完晚饭后再回县城。小车在经过部队营区北大门时，高不听执勤哨兵要求其停车登记的指挥，直闯军营。哨兵立即走下哨位拦阻。不料高恼羞成怒，亲自驾车冲向哨兵。哨兵及时躲闪，随即向部队紧急报告。硬闯进军营的高某驾车在部队营区内转了一圈后未找到领导，又驾车从北大门冲出，驶向西大门。在西门外营区公路上，已经接到命令的警卫战士强行将车拦住，并宣讲军事禁区的有关规定，双方由此发生争吵并厮打在一起。在厮打过程中，丧失理智的高竟发动车往前开，

---

[1] 赵秉志．刑法争议问题研究（下卷）［M］．郑州：河南人民出版社，1996：451－452.

[2] 张明楷．刑法学（下）［M］．北京：法律出版社，1997：798.

[3] 赵秉志．中国刑法案例与学理研究（第二卷）［M］．北京：法律出版社，2004：262.

[4] 黄林异．危害国防利益罪［M］．北京：中国人民公安大学出版社，2003：43.

将部队战士杨某飞撞倒，车前轮从战士杨某飞身上轧过（未造成严重伤害后果）。另一职工付某某则用木棒打在战士张某伟的左耳部，造成脑震荡，左颅中空窝骨折，伤害程度构成轻伤。❶

在本案中，对于高的行为如何定罪有不同意见。一种意见认为高公然驾车撞伤他人，其行为已经构成故意伤害罪，应当按照《刑法》第234条的规定定性处罚；另一种意见认为高的行为已经构成寻衅滋事罪，应当按照《刑法》第293条定性处罚；第三种意见认为高的行为已经构成阻碍执行职务罪，适用《刑法》第368条。笔者同意最后一种意见。阻碍军人执行职务罪是刑法设置危害国防利益罪的一种犯罪行为。该罪是指非军职人员利用暴力、威胁方法，对依法执行军务的军职人员进行妨碍、阻挠的行为。所谓“暴力”，是指对军人实施殴打、捆绑、伤害等行为；“威胁”是指以杀害、伤害或毁坏其使用的军事物资、设施、装备，损害名誉等相要挟。“阻碍军人依法执行职务”，就是非军职人员使用暴力或者以暴力手段相威胁等方法，人为设置障碍阻止军人依法履行军务的行为。其中的“依法”，既包括依据国家的宪法和法律的规定，也包括依据军队的军事法规、规章等。从本罪的立法精神看，阻碍执行职务罪不需要以危害后果为构成要件，行为人只要以暴力、威胁手段实施了阻碍军人依法履行职责的行为，即构成犯罪。因此，根据《刑法》第368条第1款关于“以暴力、威胁方法阻碍军人依法执行职务的，处3年以下有期徒刑、拘役、管制或者罚金”的规定，本案中高某某的行为已经触犯刑律，应当受到法律制裁。1999年12月26日，当地司法机关认定高的行为已经构成阻碍执行职务罪，依法判处其有期徒刑2年，缓刑3年。

三、阻碍军人执行职务罪罪数形态的认定

（一）阻碍军人执行职务罪与非罪的认定

区分阻碍军人执行职务罪与非罪的界限，应注意以下几点。①客观上行为人是否实施了暴力、威胁手段。虽然阻碍了军人依法执行职务，但未采用暴力、威胁方法而是一般的劝阻、纠缠、发牢骚、讲怪话、吵骂、态度生硬或者有轻微顶撞行为的，或者对军人执行职务中的违法侵犯公民、集体或国家合法权益的行为予以抵制的，不能认定为犯罪。②行为人主观上有无故意阻挠军人依法执行职务的目的。如果行为人虽然知道是军人但

❶ 张建田．高局长阻碍执行职务罪［N］．检察日报，2001-3-6（6）．

不知道其正在依法执行职务，或者误认为其所执行的职务是不合法的，从而进行了阻碍，由于行为人主观方面欠缺故意犯罪中的明知要素，不能以本罪论处。虽然以暴力、威胁方法阻碍军人依法执行职务，但不知是正在依法执行职务的军人，也不能认为是犯罪。这种情况应当依照认识错误的刑法原理，不以犯罪论处，如果构成其他罪的，则以其他犯罪定罪处罚。③对象上是否是执行职务的军人。如果行为人不知其所侵害的对象是军人，则不能以本罪论处。虽然以暴力、威胁方法阻碍了军人，但军人不是执行职务的军人，不属于阻碍军人执行职务的情形的，也不能构成阻碍军人执行职务罪。即使对正在依法执行职务的军人实施了暴力或者威胁行为，也还应从其他方面分析其犯罪情节、后果等，如果行为确实属于情节显著轻微危害不大的，根据《刑法》第 13 条的规定，也不应认为构成犯罪。

（二）阻碍军人执行职务罪与彼罪的认定

1. 阻碍军人执行职务罪与妨害公务罪的界限

两罪在主观心理状态方面是相同的，都是基于故意；在客观方面都是以暴力和威胁方法为犯罪手段，实施了阻碍执行职务的行为；二者主体相同，都是一般主体，即可以是任何达到法定刑事责任年龄、具有刑事责任能力的人；犯罪形态相似，均为行为犯[1]。其区别主要在于：①侵害的客体不同。阻碍军人执行职务罪侵害的同类客体是国防利益，直接客体是体现国防利益的军职任务的依法正常执行活动与军人的人身权利，前者是主要客体。妨害公务罪侵害的同类客体是社会管理秩序中的公共秩序，直接客体是国家机关、人大代表、红十字会等正常的公务活动。②犯罪客观方面不完全相同。阻碍军人执行职务罪客观方面要求行为人必须采用暴力、威胁的方法实施犯罪行为。而妨害公务罪的客观方面并不完全要求采取暴力、威胁的犯罪行为方式。其中，对于阻碍国家机关工作人员依法执行职务的活动，阻碍人大代表依法执行代表职务的活动和阻碍红十字会的工作人员在自然灾害和突发事件中依法履行职责的活动，要求行为人必须采用暴力、威胁方法，而对于故意阻碍国家机关、公安机关工作人员依法执行国家安全工作任务的行为，并不要求必须采用暴力、威胁方法，未使用暴力、威胁方法但造成严重后果的，就构成妨害公务罪。③侵害的对象不同。阻碍军人执行职务罪侵害的对象是军人；妨害公务罪侵害的对象是国家工作人员，包括国家机关工作人员、全国人民代表大会和地方各级人民

[1] 赵秉志. 刑法相邻相近罪名界定与运用［M］. 长春：吉林人民出版社，2000：1305.

代表大会的代表以及红十字会工作人员。需要指出的是，军人与国家机关工作人员的区别并不是绝对的，即军事机关的工作人员同时也可以说是国家机关的工作人员，所以本罪与妨害公务罪之间存在交叉关系。本罪与妨害公务罪是法条竞合的关系，两罪在犯罪构成要件上存在交叉关系。由于本罪是特别法，应当根据特别法优于一般法的原则处理，对阻碍军人执行职务的，应认定为本罪，不得适用妨害公务罪。但如果行为人的主观认识发生错误，将军人误认为是其他国家机关工作人员，或者误认为其他国家机关工作人员是军人，则在主客观相统一的原则下来认定其犯罪性质。❶

2. 阻碍军人执行职务罪与阻碍执行军事职务罪的界限

阻碍执行军事职务罪，是指以暴力、威胁方法阻碍指挥人员或者值班、值勤人员执行职务的行为。两罪侵犯的直接客体相近，均为国防利益、军事利益；犯罪行为都体现为暴力、威胁手段；犯罪主观方面都是故意；犯罪形态上都属于行为犯。其主要区别是：①客体不同。前者的同类客体是国防利益，直接客体是军职人员的依法正常执行职务的活动与军人的人身权利，后者的同类客体是军事利益，侵犯的是军事指挥、值班、值勤秩序。②犯罪对象不同。前者的犯罪对象是所有依法执行职务的军人，包括指挥人员和普通士兵；后者的犯罪对象仅指依法执行职务中的指挥人员和值班、值勤人员，不包括其他军人。③犯罪主体不同。前者的犯罪主体是一般主体，包括军人和非军人；而后者的犯罪主体是军人。当军人阻碍指挥人员、值班人员、值勤人员执行职务时，则同时符合阻碍军人执行职务罪和阻碍执行军事职务罪的犯罪构成，这种情况属于法条竞合，按照特别法优于普通法的处理原则，应以阻碍执行军事职务罪论处。当军人阻碍指挥人员、值班人员、值勤人员以外的其他军人执行职务时，就应该按照阻碍军人执行职务罪定罪处罚，而不构成阻碍执行军事职务罪。非军人以暴力、威胁方法阻碍指挥人员、值班人员、值勤人员执行职务，不能构成阻碍执行军事职务罪，只能构成阻碍军人执行职务罪定罪。例如，被告人梁某是个体饭店老板。其弟梁某某因害怕艰苦，从部队逃离回家，被梁某收留在饭店担任“大堂总管”。当部队派其弟所在连队的指导员和文书找到梁某某，欲带梁某某回部队时，梁某竟纠集了几个“小兄弟”前来围攻、阻止。他们将指导员和文书围在中间推来搡去，致使两人领章、帽徽被撕扯掉，脸部和臂部被抓伤，梁某某趁机逃脱。此案中，梁某不是军

❶ 陈明华. 刑法学［M］. 北京：中国政法大学出版社，1999：739.

人，其故意以暴力方法阻碍部队执行职务的军人依法将梁某某带回部队，已经构成了阻碍军人执行职务罪。

（三）阻碍军人执行职务罪与数罪的认定

1. 阻碍军人执行职务致使军人伤亡的认定

使用暴力方法阻碍军人执行职务时，可能会造成被伤害军人轻伤、重伤甚至死亡的后果。在这种情况下，应根据《刑法》的立法精神、刑法的原则、司法解释的原则和相关刑事政策进行处理。如果行为人使用暴力方法阻碍军人执行职务，致使军人轻伤的，应以本罪论处，轻伤视为阻碍军人执行职务罪的构成内容，可以把轻伤作为犯罪的从重情节对待。如果行为人阻碍军人依法执行职务使用暴力故意致军人重伤、死亡的，有学者认为，应直接按照故意伤害罪、故意杀人罪定罪处罚。有学者认为，此种情况属于刑法理论的想象竞合犯，按重罪处罚，即应当分别定为故意伤害罪（致人重伤）、故意杀人罪。[1][2] 如果行为人使用暴力阻碍军人依法执行职务，过失致使军人重伤、死亡的，或者在阻碍军人依法执行职务的过程中抢夺、抢劫枪支、弹药或其他武器装备的，其行为同时触犯阻碍军人执行职务罪和过失致人重伤罪、过失致人死亡罪、抢夺枪支、弹药罪、抢劫枪支、弹药罪等罪名。这种情况属于一行为触犯数罪名的想象竞合犯，应当按照从一重罪原则处断，即应按照处罚较重的罪名定罪处罚。

例如，某部招待所位于营区一角，与营区有围墙隔开，主要用于接待军内人员，并对地方提供有偿服务。一天，上级首长视察部队，入住该招待所，部队在招待所周围部署了警卫分队。晚上9点多，地方人员张某驾车来招待所找人，值勤的战士小王和小赵见张某所驾车辆不属免检范围，就根据警卫规定命令张某停车，并向其告知有接待任务，无关人员不得入内。张某不听劝说，企图驾车闯岗，被小王和小赵强行拉下车盘查。张某下车后，掏出手机叫来了十几名“朋友”，对小王和小赵围攻殴打，致小王重伤，并将赶来处理问题的警卫干部胡某打成轻伤。当地公安机关对以张某为首的几名肇事人员刑事拘留。[3] 在张某等人构成何种犯罪的问题上，引发了讨论。有的认为，张某带头闹事，将执勤的战士打伤，严重扰乱了

---

[1] 张保平，等．军事刑法研究［M］．北京：解放军出版社，2006：264.

[2] 黄林异．危害国防利益罪［M］．北京：中国人民公安大学出版社，2003：56.

[3] 毕煜，孟耀军．阻碍战士执行职务，为何以故意伤害罪论处［N］．检察日报，2005－11－5（3）.

军事管理区的秩序，应以聚众扰乱军事管理区秩序罪定罪处罚；有的认为，张某以暴力手段阻碍战士执行警卫任务，已经构成了阻碍军人执行职务罪；有的认为，招待所不属军事管理区范围，张某等人的行为构成聚众扰乱社会秩序罪；有的认为，张某等人随意殴打他人，严重扰乱公共场所秩序，构成寻衅滋事罪。

笔者认为，张某等人的行为属于想象竞合犯，应以故意伤害罪定罪处罚。

第一，张某等人的行为不构成扰乱军事管理区秩序罪。根据《军事设施保护法》和其他相关规定，军队对外有偿服务的招待所应与军事管理区有明显的围墙、铁丝网或者界线标志分隔。由此可见，对地方有偿服务的军队招待所并不是军事管理区的一部分。张某等人围攻执勤战士，但并没有“致使军事管理区工作无法进行”，仅仅是干扰了招待所的正常秩序，所以张某等人的行为不构成聚众扰乱军事管理区秩序罪。

第二，张某等人的行为不构成聚众扰乱社会秩序罪。《刑法》第290条所指的“社会秩序”是指特定范围内的社会秩序，主要是指国家机关和人民团体的工作秩序，企业单位的生产和营业秩序，事业单位的教学和科研秩序等。聚众扰乱社会秩序罪要求行为人为了实现自己的某种无理要求或者借机发泄不满情绪，以聚众闹事的形式，扰乱上述单位的秩序，向政府等有关机关、单位、团体施压，致使工作、生产、营业和教学、科研活动无法进行，并造成严重损失。该招待所虽属于军队事业单位，张某等人聚众扰乱了招待所正常的营业秩序，但并不是为了向军队或政府施压，仅仅是为了显示威风，也没有造成停业等严重损失的后果，所以，张某等人的行为也不构成聚众扰乱社会秩序罪。

第三，张某等人的行为也不构成寻衅滋事罪。寻衅滋事罪是指在公共场所无事生非，起哄闹事，殴打无辜，横行霸道，破坏社会秩序的行为。根据《刑法》第293条第1款的规定，寻衅滋事罪主要包括以下4种情形：一是随意殴打他人，主要是无故、无理殴打他人，情节恶劣的；二是追逐、拦截、辱骂、恐吓他人[1]，情节恶劣的；三是强拿硬要或者任意毁损、占用公私财物，情节严重的；四是在公共场所起哄闹事，造成公共场所秩序严重混乱的。行为人主要是通过上述行为追求精神上的刺激，填补精神空虚。张某等人殴打警卫战士，主要目的在于报复警卫战士，所以不能用寻衅滋事罪来定罪处罚。

[1] 2011年2月《刑法修正案（八）》增加“恐吓他人”，并增设了第2款。——笔者注

第四，张某等人的行为既构成阻碍军人执行职务罪（原文为“阻碍执行军事职务罪”，这是作者笔误造成的——笔者注），又构成故意伤害罪，是两罪的想象竞合犯。《国防法》第59条规定，现役军人依法履行职责的行为受法律保护。阻碍军人执行职务是指阻碍军人执行军队条令、条例、规章制度以及上级决议、指示、命令所赋予军人的各项任务。警卫战士执行上级首长临时住地安全的警卫任务，是执行军人职务的一种形式。一般来说，判定阻碍军人执行职务的行为是否构成犯罪，应从以下几个条件判断，一是看行为人主观上是否有故意阻挠军人执行职务的目的；二是看客观上行为人是否实施了暴力、威胁的手段；三是看军人是否因行为人的暴力和威胁停止、放弃、变更执行职务或无法执行职务的后果。本案中，张某纠集多人，使用暴力手段，对警卫战士围攻殴打，致使战士无法正常执行职务，情节比较严重，影响比较恶劣，具有严重的社会危害性，无论在主观上还是客观上都符合阻碍军人执行职务罪的构成要件。但从本案的具体情况分析，张某等人的围攻殴打的暴力行为，既造成了1名战士重伤，又阻碍了战士执行上级下达的任务，这一行为产生了两种后果，触犯了两个罪名，即故意伤害罪和阻碍军人执行职务罪，是这两个罪的想象竞合犯。司法实务中，对想象竞合犯一般是从一重罪处罚。《刑法》第368条第1款的规定，犯阻碍军人执行职务罪的，处3年以下有期徒刑、拘役，管制或罚金；而《刑法》第234条规定，犯故意伤害罪致人重伤的，处3年以上10年以下有期徒刑。显然故意伤害罪的刑罚重于阻碍军人执行职务罪，故对张某和其他积极参加的人员，应当以故意伤害罪论处。

2. 走私人员抗拒边防武警缉私的认定

对走私人员以暴力、威胁方法阻碍、抗拒、对抗边防军人的检查、搜查等依法缉私的行为，应如何处理，有学者认为，这时行为人已经构成走私犯罪，同时也构成了阻碍军人执行职务罪，为了强调打击走私行为的危害性，应该实行数罪并罚。[1][2] 还有学者认为，以走私罪的相关罪名与阻碍军人执行职务罪数罪并罚。[3][4][5] 笔者认为，以走私相关罪名与阻碍军人执行职务罪实行数罪并罚是正确的，其间接法律依据应是《刑法》第157条

[1] 叶希善．危害国防利益罪办案一本通［M］．北京：中国长安出版社，2007：17.

[2] 北京市律师协会．军事犯罪案件律师辩护指引［M］．北京：北京大学出版社，2012：43.

[3] 陈明华．刑法学［M］．北京：中国政法大学出版社，1999：739.

[4] 王作富．刑法［M］．北京：中国人民大学出版社，1999：490.

[5] 李文燕，杨忠民．刑法学［M］．北京：中国人民公安大学出版社，2005：575.

第 2 款的规定。

四、阻碍军人执行职务罪既遂与未遂标准的认定

有学者认为，根据《刑法》第 368 条第 1 款的规定，阻碍军人执行职务罪不存在犯罪既遂、未遂的问题，只存在构不构成犯罪的问题。也就是说，如果行为人已经对军人实施暴力、威胁行为的，则应认为已经发生阻碍军人依法执行职务，即已构成阻碍军人执行职务罪，而如果行为人尚未实施暴力、威胁行为的，则应当依法不认定为犯罪，从而失去了阻碍军人执行职务罪之未遂、中止、预备形态存在的价值和余地。因此，也不存在既遂与未遂的问题了。[1][2] 还有学者认为，关于本罪的既遂、未遂与中止，理论上不存在三者的区分。[3]

目前，理论界关于本罪的既遂标准主要有以下几种观点。

第一种观点是“行为说”，认为行为人只要在客观上存在着阻碍军人执行职务的行为，即构成既遂，并不要求造成职务未能执行的结果或者不需有阻碍结果的发生。[4][5][6] 如学者认为，阻碍军人执行职务罪属于行为犯，只要行为人在客观上实施了暴力、威胁方法阻碍军人依法执行职务的行为，足以阻碍军人依法执行职务，不论其是否造成严重后果，均应视为已符合本罪的客观构成条件。[7][8] 鉴于军人执行职务活动往往涉及重大的军事行动、军事计划等国防利益，为了保护军人依法执行职务活动的顺利进行，应当以“行为说”作为本罪既遂的标准，因此，行为人只要实施以暴力、威胁方法阻碍军人依法执行职务的行为，就构成本罪的既遂。[9] 这种学说实际上是将阻碍军人执行职务罪理解为了刑法理论上的行为犯。

第二种观点是“危险说”，其又分为“抽象危险说”和“具体危险说”。“抽象危险说”，认为阻碍军人执行职务罪属于刑法中的抽象危险犯，一般认为只要对军人实施暴力、威胁行为就存在一般的危险，即存在军人

---

[1] 张保平，等．军事刑法研究［M］．北京：解放军出版社，2006：264.
[2] 黄林异．危害国防利益罪［M］．北京：中国人民公安大学出版社，2003：57.
[3] 李永生．侵犯国家法益的犯罪研究［M］．北京：知识产权出版社，2012：156.
[4] 郭立新，杨迎泽．刑法分则适用疑难问题解［M］．北京：中国检察出版社，2000：394.
[5] 张保平，等．军事刑法研究［M］．北京：解放军出版社，2006：260.
[6] 赵秉志．中国刑法案例与学理研究（第二卷）［M］．北京：法律出版社，2004：264.
[7] 赵秉志．中国刑法案例与学理研究（第二卷）［M］．北京：法律出版社，2004：266.
[8] 黄林异．危害国防利益罪［M］．北京：中国人民公安大学出版社，2003：51.
[9] 叶希善．危害国防利益罪办案一本通［M］．北京：中国长安出版社，2007：16.

职务行为阻碍的可能性时就构成犯罪既遂。[1] 如学者认为，暴力、胁迫行为只要有阻碍军人依法执行职务之虞即可，不以其职务相强胁而不能执行为必要。[2] 此说是将阻碍军人执行职务罪理解成刑法理论上的抽象危险犯。“具体危险说”认为，阻碍军人执行职务罪中暴力、威胁的强度，与执行职务的性质、样态等存在某种相对关系，其须达到使军人不能适当地执行职务，或显有困难的程度，始足当之；完全不审视对职务执行之影响，认为一有暴力、威胁即成立阻碍军人执行职务罪，有悖于阻碍军人执行职务罪意在保护军人依法执行职务而非单纯保护军人的目的。此说实质上是把阻碍军人执行职务罪当做刑法理论上的具体危险犯。

第三种观点是“执行职务未遂说”，认为行为人实施暴力、威胁方法阻碍军人依法执行职务，使军人执行职务的目的未能达到，即构成既遂。这种学说是以目的是否达到为标准来认定既遂与未遂的。

第四种观点是“实害后果说”，认为阻碍军人执行职务罪中的暴力、威胁须达到迫使军人不能或者放弃执行职务，或者违背其职责和意愿实施依法不应当实施的行为之程度。这种观点是主张将阻碍军人执行职务罪看成刑法理论中的实害犯。

第二节 阻碍军事行动罪

一、阻碍军事行动罪的概念和犯罪构成

阻碍军事行动罪，是指故意阻碍武装部队军事行动，造成严重后果的行为。本罪具有如下构成特征。

本罪侵犯的客体是武装部队的军事行动及其秩序。军事行动，是指为达到一定政治目的而有组织地使用武装力量的活动，即军队 3 人以上战斗组织的军事活动。武装部队的军事行动是上述部队或民兵组织为防御和抵抗侵略，粉碎颠覆政府、分裂国家的阴谋，保卫国家主权安全和领土完整所进行的具体活动。它既包括和平时期的战争准备活动如兵力、兵器的部署和调配，预定战场如军事设施、工地的建设活动，军事训练及演习，平定叛乱、暴乱，实施戒严、突发事件抢险救援等，又包括战争时期的战

---

[1] 黄林异．危害国防利益罪［M］．北京：中国人民公安大学出版社，2003：57．

[2] 鲜铁可．论新刑法中的危险犯［M］．北京：中国检察出版社，1997：294－295．

争、战役及战斗等。根据《国防法》第53条的规定，公民和组织应当支持国防建设，为武装力量的军事训练、战备勤务、防卫作战等活动提供便利条件或者其他协助。阻碍武装部队军事行动造成严重后果的行为，违反了国防法律规定的公民国防义务，严重妨害了国防和军队建设，直接危害国防利益。本罪的犯罪对象为武装部队，武装部队包括中国人民解放军的各种部队、中国人民武装警察部队、预备役部队和民兵组织。本罪的犯罪对象不能是武装部队中的某个人。

本罪在客观方面表现为阻碍武装部队的军事行动，造成严重后果的行为。阻碍武装部队的军事行动的具体方法除了暴力、威胁外，还包括其他一切可能妨害武装部队的军事行动的方法。阻碍既可以采取暴力、威胁的方法，如围攻、殴打、掷石块、抢劫、抢夺枪支、砸毁军用车辆，以揭露隐私、毁坏财产、加害人身等相要挟等，又可以采取非暴力、威胁方法，如设置路障、静坐躺卧等；既可以采取积极的作为方式，如设置路障，煽动群众围堵，在军事行动区域包括陆地、空中、水域构筑违法建筑或障碍物，在净空区设置影响飞行或观察的障碍物，在军事行动区域饮用水中投入有害的物质，停水、停电、停气，用电波干扰军事通讯或军用计算机工作，阻止部队通过等，又可以采取消极的不作为方式，如负责排除障碍的有关人员明知有障碍而不加排除造成军事行动阻碍。本罪是结果犯，行为人实施阻碍武装部队的军事行动的行为，必须造成严重后果的，才能构成犯罪。所谓严重后果，如造成军事任务不能完成、造成重大人员伤亡或财产损失，造成大量的非战斗减员，造成武器装备、军事设施、军事通信、军用物资严重毁损，造成重大政治影响，贻误战机，战时造成战斗或战役失利，严重影响抢险救援的按时顺利完成等。不论其采取何种方法，只要行为人的行为实质会造成军事行动的阻碍并且产生严重后果的，即可构成本罪。如果行为人的阻碍行为没有造成严重后果，就不构成此罪。行为人的阻碍行为与严重后果之间存在因果关系。行为人的危害行为必须造成阻碍武装部队军事行动的严重后果，即严重后果的出现是由于行为人实施了阻碍军事行动的行为。换句话说，行为人的危害行为直接的必然的引起了严重的危害结果的发生，二者之间是引起与被引起的关系。如果危害行为与严重的危害后果之间不具备这种引起与被引起的关系，则不成立本罪。例如，1997年夏天，某武警部队奉命执行紧急抢险救灾任务，途经吕某菜地时不慎将地膜碰坏，吕某在收到赔偿费后仍不准部队通过，并指使其亲友围攻，致使部队延误时间，造成严重后果。本案中，吕某明知武警部队执行紧急任务而采取纠缠、指使亲友围攻等方法故意阻止，致使部队延误时间，造成了严重后果，应该构成阻碍军事行动罪。

本罪的主体是一般主体，即凡年满16周岁、具备刑事责任能力的自然人均可成为本罪的主体，包括军人和非军人。自然人既可以是我国公民，也可以是外国人和无国籍人。

本罪在主观方面出自故意，即明知是武装部队的军事行动而进行阻碍，对其产生的危害国防利益的后果持希望或者放任的心理态度。有观点认为行为人必须具有阻碍武装部队军事行动的目的。[1] 笔者认为此种观点有失偏颇。这不仅因为《刑法》第386条第2款并没有对阻碍军事行动罪的主观方面作出特别规定，如此理解于法无据，而且，上述观点将出于放任态度的阻碍武装部队军事行动排除出阻碍军事行动罪，亦不符合这一犯罪的实际状况。过失不构成本罪。如果行为人不知自己的行为阻碍了武装部队的军事行动，则不构成本罪。如果行为人先前并不知道是军事行动但后来知道仍加以阻碍的，则应视为有本罪故意而可构成本罪。[2] 在实践中，行为人阻碍军事行动的动机可能是多种多样的，有的是为了保护私人的财产等合法利益，有的是为了泄愤报复，有的是出于个人恩怨，有的是出于政治目的等。但是，具体动机的不同不影响本罪的成立，但可以当做量刑情节予以考虑。例如，刘某所在的农村驻扎着解放军某部，由于刘某曾经同该部队一名战士发生过激烈争执，因而一直对部队存有报复之心。2008年5月初，部队接到上级通知，准备开赴山区进行一次大规模的军事演习。刘某得知后，决心在部队出发时设置障碍、制造困难。5月7日凌晨，他在部队必经之路的一个拐弯处堆上青石断木。凌晨3时，部队出发。由于天还未亮，加之车速很快，先行的军车撞到了刘某设置的障碍上，造成军车严重损坏，司机重伤。这一突发事故阻碍了全部队的行动，直到次日中午，才清除所有障碍。经侦查，公安机关将刘某抓获。本案中，刘某明知自己阻碍军事行动的行为可能造成严重后果，仍故意实施设置障碍，阻碍武装部队的军事行动的行为，构成了阻碍军事行动罪。[3]

---

[1] 黄太云.《中华人民共和国刑法》释义与适用指南［M］. 北京：红旗出版社，1997：552.

[2] 钱寿根，王继. 军事刑法学［M］. 北京：国防大学出版社，2007：241.

[3] 北京市律师协会. 军事犯罪案件律师辩护指引［M］. 北京：北京大学出版社，2012：44.

二、阻碍军事行动罪罪数形态的认定

（一）阻碍军事行动罪与非罪的认定

本罪罪与非罪的界限，主要有以下情况：①要注意把群众的不满情绪与本罪行为区别开来。部队在军事行动过程中，因损害群众的合法权益，引起群众的不满，要求部队妥善处理、予以赔偿，因此而延误部队行动的，不宜以本罪论处。②要注意把群众的过失行为与本罪区别开来。由于群众的过失行为，在客观上阻碍了部队军事行动造成严重后果的，不能以本罪论处。③虽然有故意阻碍武装部队军事行动的行为，但尚未造成严重后果的，也不构成本罪。[1] ④阻碍的对象是否是武装部队。本罪要求阻碍的对象是武装部队整体而不是武装部队的个别人或少数人。从司法实践来看，阻碍武装部队军事行动，往往由少数人煽动、蒙骗一些不明真相的人参与。对那些受蒙骗参与活动的一般人员，也不能按犯罪处理。

（二）阻碍军事行动罪与彼罪的认定

1. 阻碍军事行动罪与武装叛乱、暴乱罪的界限

《刑法》第 104 条规定了武装叛乱、暴乱罪。武装叛乱、暴乱罪是指采取武装对抗的形式，反叛国家和政府，进行对抗的行为。本罪与武装叛乱、暴乱罪在诸多方面都存在相似，如犯罪主体都是一般主体，客观方面都可能表现为以暴力的方式实施犯罪行为，而且实践当中也可能发生以武装叛乱、暴乱的方式阻碍军事行动的情况。但是，二者的区别还是比较明显的，主要表现为：①侵犯的客体不同。本罪侵犯的直接客体是武装部队的军事行动及其秩序，同类客体是国防利益；而武装叛乱、暴乱罪侵犯的客体是国家安全和稳定。②犯罪客观方面不同。本罪的行为方式可以是暴力、威胁，也可以是非暴力、威胁方法的其他方法，而武装叛乱、暴乱罪在大多数情况下采取暴力的方式实施。本罪的成立要求造成严重后果，而武装叛乱、暴乱罪不要求必须造成严重后果，只要行为人实施了组织、策划或者实施武装叛乱、暴乱行为之一的，即可构成犯罪。③犯罪主观方面不同。虽然两种犯罪的主观上都是故意，但是二者的犯罪目的不同。本罪的犯罪目的一般不是危害国家安全，但是武装叛乱、暴乱罪的行为人主观上一般都是以危害国家安全为目的。

---

[1] 杨春洗，杨敦先．中国刑法论［M］．2 版．北京：北京大学出版社，2001：427.

在策划、组织、煽动群众暴力阻碍武装部队的军事行动中，与国家和政府进行公开的武力对抗的，其行为则同时触犯了武装叛乱、暴乱罪和阻碍军事行动罪，属于想象竞合犯，应当按照从一重罪处断的原则，以武装叛乱、暴乱罪论处。有学者认为，以武装叛乱、暴乱方式阻碍军事行动，属于牵连犯，应按照处理牵连犯的原则，从一重罪处罚，即以武装叛乱、暴乱罪定罪处罚。[1][2] 如果仅仅是策划、组织、煽动群众用非暴力的手段阻碍武装部队的军事行动的，并且造成严重后果的，则只能以本罪论处。但是，行为人在阻碍武装部队的军事行动的过程中，策划、胁迫、勾引、收买武装部队人员、人民警察、民兵进行武装叛乱或者武装暴乱的，其行为则分别构成本罪和武装叛乱、暴乱罪，应当进行数罪并罚。[3]

2. 阻碍军事行动罪与阻碍军人执行职务罪的界限

两罪在犯罪同类客体、犯罪主体、主观方面相同，两者的区别主要在于：①侵犯的客体和对象不同。本罪侵害的客体是武装部队的军事行动及其秩序；而阻碍军人执行职务罪侵害的客体是军职人员的正常执行职务的活动和军人的人身权利。本罪的犯罪对象是武装部队，通过军人个人或军用武器装备、军用物资用于武装部队；而阻碍军人执行职务罪的犯罪对象仅限于正在依法执行职务的军人，是武装部队中执行某一项任务的少数人。②犯罪的客观方面的内容不完全相同。本罪的客观方面表现为阻碍武装部队的军事行动，造成严重后果的行为；而阻碍军人执行职务罪的客观方面表现为以暴力、威胁方法阻碍军人依法执行职务的行为。③犯罪的客观方面的手段不相同。本罪对犯罪手段没有任何要求，不限于暴力、威胁手段，无论任何手段，只要对军事行动具有阻碍作用即可；而阻碍军人执行职务罪以暴力、威胁方法为手段要件。④在危害结果的程度上，本罪属于结果犯，发生严重后果是构成本罪的必要条件；而阻碍军人执行职务罪属于行为犯，有无危害结果只是量刑时要考虑的因素，而不会影响到犯罪的成立。[4]

3. 阻碍军事行动罪与阻碍执行军事职务罪的界限

阻碍执行军事职务罪，是指以暴力、威胁方法阻碍指挥人员或者值班、值勤人员执行职务的行为。两罪在犯罪客体、犯罪主观方面相似，其

---

[1] 周道鸾，张军．刑法罪名精释［M］．3 版，北京：人民法院出版社，2007：768.

[2] 黄林异．危害国防利益罪［M］．北京：中国人民公安大学出版社，2003：64.

[3] 李永生．侵犯国家法益的犯罪研究［M］．北京：知识产权出版社，2012：45.

[4] 陈明华．刑法学［M］．北京：中国政法大学出版社，1999：740.

主要区别是：①犯罪客体不同。本罪的犯罪客体是武装部队的军事行动及其秩序；后罪侵犯的客体是军事指挥、值班、值勤秩序。②犯罪对象不同。本罪的犯罪对象是武装部队，通过军人个人或军用武器装备、军用物资用于武装部队；后罪的犯罪对象仅指依法执行职务中的指挥人员和值班、值勤人员，不包括其他军人，更不是武装部队。③犯罪客观方面不同。本罪的犯罪客观方面表现为阻碍武装部队军事行动，造成严重后果的行为；后罪则是以暴力、威胁方法阻碍指挥人员或者值班、值勤人员执行职务的行为。前罪没有要求必须采用暴力、威胁方法进行阻碍，后罪要求必须以暴力、威胁方法阻碍。前罪要求造成严重后果才构成犯罪；而后罪的基本犯则没有此要求。④犯罪主体不同。本罪的主体是一般主体，包括非军人和军人；而后罪的犯罪主体是军人，非军人不能成为犯罪主体。

三、阻碍军事行动罪犯罪形态的认定

阻碍军事行动罪是结果犯，其犯罪行为既遂与未遂的标准是阻碍军事行动的完成并出现了严重的危害后果。如果行为人已经完成了阻碍军事行动的行为，并出现了法定的严重后果，就是犯罪既遂。至于何为阻碍行为的完成，有观点认为，不以行为人是否实际达到了阻碍军事行动的目的为准，只要行为人的行为明确表达了阻碍军事行动的意思，就是完成了阻碍军事行动的行为。[1] 笔者认为这种观点不妥，阻碍军事行动的行为是否完成，应以行为人是否达到了阻碍军事行动的目的为标准。因为只有行为人完成的阻碍行为造成了“严重的后果”才构成犯罪。“严重的后果”必须是以达到“阻碍军事行动的目的”来实现的，而行为人的行为只是明确表达了阻碍军事行动的意思未必就造成严重的后果，也就不一定会构成犯罪。[2]

如果行为人已经着手实行阻碍军事行动的行为，但是，由于意志以外的原因而未完成，或者犯罪行为已经完成但是没有出现法定的严重的危害后果，则成立犯罪未遂。

行为人为了阻碍武装部队的军事行动而准备犯罪工具、制造条件，但是，由于意志以外的原因而使行为人未能着手实行具体犯罪的，是本罪的犯罪预备，对于预备犯，根据《刑法》第 22 条的规定，可以比照既遂犯

---

[1] 黄林异．危害国防利益罪［M］．北京：中国人民公安大学出版社，2003：64.

[2] 张保平，等．军事刑法研究［M］．北京：解放军出版社，2006：269.

从轻、减轻或者免除处罚。

如果行为人已经着手实施阻碍军事行动的犯罪行为，但是由于行为人自动放弃犯罪或者自己采取措施自动有效地防止了犯罪结果的发生，未能完成阻碍军事行动的行为，则构成犯罪中止。

四、阻碍军事行动罪共同犯罪的认定

司法机关在适用《刑法》第368条第2款的规定认定犯罪时，要注意阻碍军事行动罪比较常见的是共同犯罪。共同犯罪是指二人以上共同故意犯罪。依照《刑法》总则关于共同犯罪的规定，对在阻碍军事行动犯罪中起组织、策划、指挥作用的首要分子或者组织、领导、指挥阻碍军事行动的犯罪分子或者积极参加阻碍军事行动犯罪活动的骨干应认定为主犯。对在阻碍军事行动犯罪中起次要或者辅助作用的犯罪分子，应认定为从犯，应当从轻、减轻处罚或者免除处罚。对于被胁迫参加阻碍军事行动犯罪的，应认定为胁从犯，应当按照其犯罪情节减轻处罚或者免除处罚。对教唆他人实施或参与阻碍军事行动犯罪的，应当按照其在共同犯罪中所起的作用分别认定为主犯、从犯，分别处罚。教唆不满18周岁的人参加阻碍军事行动犯罪的，应当从重处罚。如果被教唆的人没有犯被阻碍军事行动罪的，对于教唆犯，可以从轻或者减轻处罚。

第十一章　渎职罪的理论与实务

第一节　放纵走私罪

一、放纵走私罪的概念和犯罪构成

放纵走私罪是指海关工作人员为贪图钱财、袒护亲友或者其他私情私利，徇私舞弊，违反法律规定，明知是走私行为而予以放纵，使之不受查究，情节严重的行为。放纵走私罪的犯罪构成如下。

本罪侵犯的客体是国家的海关监管制度和海关缉私的正常管理秩序。海关是国家的进出境监督管理机关。它依照我国《海关法》和其他法律、法规，主要从事监管进出境的运输工具、货物、行李物品、邮递物品和其他物品，征收关税和其他税、费，查缉走私等海关业务。加强海关的管理，对维护国家的主权和利益，促进对外经济贸易和科技文化交往，保障社会主义现代化建设，具有重要作用。海关工作人员徇私舞弊，放纵走私，不仅纵容走私违法犯罪行为，破坏了海关监督秩序，使国家海关法律、法规的顺利实施受到严重干扰，还损害了国家机关特别是海关的威信。《海关法》第56条规定，海关工作人员放纵走私的，根据情节轻重，给予行政处分或者依法追究刑事责任。

犯罪客观方面表现为海关工作人徇私舞弊，放纵走私，情节严重的行为。

第一，行为人具有徇私舞弊的情节。徇私是徇私情、私利以及牟取其他不正当利益等，包括“牟取本单位私利”。海关工作人员徇私舞弊行为，首先必须是利用职务之便进行的。所谓利用职务之便，是指利用职权或者与职务有关的便利条件。职权是指本人职务范围内的权利；与职务有关的便利条件是指虽然不是直接利用职权，但是利用了本人的职权或地位形成的便利条件。徇私舞弊的方法，通常表现为收集、制造提供假证据材料，篡改、毁灭证实真相的证据材料，歪曲事实，或者通风报信、私放、窝藏走私分子或者私放走私货物进出国（边）境等方法，纵容走私违法犯罪活动。

第二，行为人实施了放纵走私的行为。放纵，是指不受约束或者管束，任其作为的行为。所谓走私行为是指《海关法行政处罚实施细则》第3条、第4条规定的行为。放纵走私，是指负有管制、缉查走私行为的海关人员，对走私行为采取放任不管、任其走私的行为。放纵在司法实践中的表现多种多样：过关时故意不检查；在检查中发现走私时，故意隐瞒不报，使走私人得以过关；对应当征收关税和其他税费的不征收；对应当查缉的走私货物、物品和走私活动行为不予查缉等。值得强调的是，放纵走私不仅包括放纵走私犯罪，而且包括放纵一般走私违法行为，这意味着只要被放纵者的行为属于走私行为，且达到一定的法定情节，无论其行为是否构成犯罪，放纵者的行为即可构成犯罪，因此，被放纵的是走私罪还是一般走私行为，都不影响本罪的成立。徇私舞弊，放纵走私，其既包括明知是走私货物而私自放行，也包括应当没收走私货物、物品、违法所得而不予没收，应当予以罚款的不予罚款；既包括放纵走私犯罪分子，也包括放纵不构成犯罪的走私行为人。需要注意的是，海关工作人员徇私舞弊，放纵走私的行为，一般只能发生在侦查或者查处阶段。

第三，放纵走私的行为达到情节严重的程度。海关工作人员徇私舞弊、放纵走私的行为只有在情节严重时才构成犯罪，所谓情节严重，主要是指：多次放纵走私；放纵多名走私行为人；放纵走私犯罪分子；放纵走私行为造成严重后果的；放纵走私造成恶劣社会影响的等。情节严重的行为，主要表现为海关工作人员，出于徇私情、图私利的动机，有法不依，有章不循，利用职权，对具有走私行为和走私犯罪的人故意包庇、放纵，对应该查处的不予查处、应该处罚的不予处罚、应该依法移交司法机关追究刑事责任的不移交的行为、不征收关税等。情节特别严重，是指放纵重大的走私犯罪分子、放纵走私给国家造成特别巨大的经济损失等。

犯罪主体是特殊主体，即海关工作人员。这里的“海关工作人员”是指在我国海关机构中从事公务的人员，即国务院设立的海关总署及在对外开放口岸和海关监管业务集中的地点设立的依法行使职权的海关机构中从事公务的人员。“海关机构”主要是指国务院设立的海关总署以及在对外开放的口岸和海关监管业务集中的地点设立的依法独立行使职权的海关机构。我国目前主要在以下地点设立海关机构：①开放对外贸易的港口；②边境火车站、汽车站和主要国际联运火车站；③边境地区的陆路和江河上准许货物和人员进出的地点；④国际航空站；⑤国际邮件互换局（站）；

⑥其他对外开放口岸和海关监管业务比较集中的地点；⑦国务院特许或者其他需要设立海关的地点。在以上地点设立的海关机构中从事公务的工作人员，如果实施了徇私舞弊、放纵走私，情节严重的行为即构成本罪。另外，根据《国务院关于缉私警察队伍设置方案的批复》中关于管理体制的规定可以推定，缉私警察也包括在依法行使职权的海关机构中从事公务的人员，如果其放纵走私，理应在放纵走私罪的主体之列。有学者认为，作为本罪的犯罪主体的海关工作人员包括海关系统的公务员和海关内部的工勤人员，[1] 笔者认为，将海关内部的公勤人员统一认定为本罪的犯罪主体是不科学的。

犯罪主观方面是故意，即行为人明知自己徇私舞弊、放纵走私行为是违反有关法律规定的，会给国家造成严重损失，而仍然为之，对这种后果的发生持希望或放任这种结果发生的态度。过失不构成本罪。行为人的犯罪动机有的是徇私，有的是为了贪图钱财等不法利益，有的是因碍于亲朋好友情面而徇私舞弊，有的是出于报复或嫉妒心理而徇私舞弊等。

二、放纵走私罪罪数形态的认定

（一）放纵走私罪与非罪的认定

区分本罪与非罪的界限，需要注意以下几点：①“情节”是否“严重”是区分罪与非罪的界限。“情节严重”是指多次实施徇私舞弊，放纵走私的行为或者由于徇私舞弊，放纵走私的行为，致使公共财产、国家和人民的利益遭受重大损失的情形。②如果行为人主观上不是明知，而是由于其业务知识、经验不足，或者是调查研究不够充分，工作作风不够深入，思想方法简单等造成认识偏颇而发生的错误行为，即使造成一定危害后果的，一般也不构成犯罪，如果情节严重或者造成重大后果而构成其他犯罪的，应以其他相应犯罪论处。

（二）放纵走私罪与彼罪的认定

1. 放纵走私罪与玩忽职守罪、滥用职权罪的界限

海关工作人员严重不负责任，对应当发现的走私行为没有发现，造成严重后果的，应以玩忽职守罪处罚。两罪的主要区别在于：①本罪的主体只能是海关工作人员，而后罪的主体不仅包括海关工作人员，而且包括其

---

[1] 孔勤．析“海关工作人员徇私舞弊，放纵走私罪”［J］．中国海关，2000（4）．

他国家机关工作人员。②犯罪主观方面不同。本罪在主观方面必须出于故意且具有徇私目的；而后罪的主观方面只能是过失。如果海关工作人员出于过失，玩忽职守而致走私行为得以放纵，则只有给公共财产、国家和人民利益造成重大损失时才能构成犯罪，但不是本罪，而是构成玩忽职守罪。

放纵走私罪也是一种滥用职权的行为，其犯罪构成特征与滥用职权罪一致，但由于《刑法》第397条明文规定“本法另有规定的，依照规定”，因此，对海关工作人员放纵走私的滥用职权行为，应按《刑法》第411条规定的放纵走私罪定罪处罚，而不能按照《刑法》第397条规定的滥用职权罪定罪处罚。如果海关工作人员出于过失，没有徇私目的，而滥用职权放纵走私的，则只有给公共财产、国家和人民利益造成重大损失时才能构成犯罪，应以滥用职权罪论处。

2. 放纵走私罪与徇私舞弊不移交刑事案件罪的界限（海关工作人员在办理走私案件中，对应当移交司法机关的案件不移交的认定）

两罪虽然在犯罪客体、犯罪行为和犯罪主体和犯罪主观方面相同或相似，但也存在以下明显的区别：①犯罪客观方面不同。本罪表现为徇私舞弊，放纵走私，情节严重的行为；而后者则表现为徇私舞弊，对依法应当移交司法机关追究刑事责任的不移交，情节严重的行为。显然，本罪一般是纯正的不作为，即对走私行为完全不采取措施，予以放纵；后者则对走私行为作了处罚，只不过是应当移交司法机关而未移交。②犯罪对象不同。本罪犯罪对象为走私分子，既可以是具有走私行为但不构成走私犯罪的一般违法分子，又可以是走私犯罪分子；而后者则必须是走私犯罪分子，否则，即不可能构成其罪。③犯罪主体不同。本罪犯罪主体仅限于海关工作人员；而后者则为行政执法人员，包括前者在内但比前者广泛得多。

海关工作人员在办理走私案件中，发现走私行为构成走私罪，应当移交司法机关追究刑事责任但徇私舞弊而不移交，其行为性质如何认定？笔者认为，这种情况应分2种情况区别对待。①如果海关工作人员在办理走私案件的过程中，发现走私行为可能构成走私罪，却徇私舞弊，既不将案件移交司法机关追究刑事责任，也不按海关法作出处理，应认定放纵走私罪。②海关工作人员徇私舞弊，明知走私行为构成犯罪，应当移交司法机关追究刑事责任而徇私舞弊不将案件移交司法机关追究刑事责任，而是按海关法作出处理或者枉法处理，以罚代刑，情节严重，构成犯罪的，则应认定为徇私舞弊不移交刑事案件罪。实质上也是一种“徇私舞弊，放纵走私”的犯罪行为。但其与本罪的“放纵走私”又有一定的不同。本罪的“放纵”行为是对走私行为不作任何处理，而后罪的“放纵”行为，则可能是行政执法人员对走私行为的降格处理，以行政处罚代替追究刑事责任等，从社会危害性上讲，比本罪的“放纵”行为要轻一些。因而在实践中，应当按照《刑法》第402条规定的“徇私舞弊不移交刑事案件罪”来定罪处罚。理由是：①放纵走私罪的本质在于，明知是走私犯罪而故意放行的行为，就是说，作为海关工作人员对于走私行为没有做任何处理，而是听之任之。这种情况当然也就谈不上移交司法机关处理的问题。与放纵走私罪相比，徇私舞弊不移交刑事案件罪的本质在于，对本应移交司法机关处理的构成犯罪的案件不移交而是以海关法处理了事，从而干扰了正常的法律秩序，也姑息了走私犯罪。因此，是否按照海关法进行处理，是法律设定的两罪区别的关键所在。②在放纵走私罪中，由于确实放纵了走私，社会危害性严重。而在徇私舞弊不移交刑事案件罪中，虽然没有按规定移交司法机关处理，但还是依照海关法作出了一定的处理，行为的社会危害性相对轻一些。因此，放纵走私罪的法定刑重于徇私舞弊不移交刑事案件罪，是符合罪责刑相适应原则的。[1]

例如，某海关缉私警察对黄某走私普通货物案件（已达刑事案件立案标准）进行查处过程中，黄某送给缉私大队队长李某10万元，要求给予关照。李某收钱后，将黄某已涉嫌构成走私罪的案件仅以罚款了事。次年8月，上级主管部门清理违法犯罪案件时，为避免黄某走私一案被移送司法机关处理，李某私自更改情节、数据，隐瞒事实，使该案未被移送。对李某的行为如何定性？第一种意见：李某的行为构成放纵走私罪。因为李某的行为属于海关工作人员徇私舞弊，放纵走私行为，情节严重，其行为符合放纵走私罪的犯罪构成要件。第二种意见：李某的行为构成徇私舞弊不移交刑事案件罪。因为李某属于海关工作人员，即属于行政执法人员的一种，其徇私舞弊，对依法应当移交司法机关追究刑事责任的不移交，情节严重，符合该罪犯罪构成要件。笔者同意第二种意见。理由是，徇私舞弊不移交刑事案件罪与放纵走私罪的主要区别在于罪名间的客观方面，前者不移交，实际上也是一种放纵行为，放纵的必须是刑事案件，常常采取

[1] 谢玉童．对边境管理渎职犯罪中若干问题的司法研究［G］//陈明华，朗胜，吴振兴．刑法热点问题与西部地区犯罪研究，北京：中国政法大学出版社，2003：1486.

的是“大事化小”（即以罚代刑）或者“小事化了”的方式解决；而后者放纵行为常常是不作任何处理，放纵的既可以是走私罪行为，也可以是一般走私违法行为。如果行为人既不将案件移交司法机关追究刑事责任也不按海关法作出处理，应当认定为放纵走私罪；如果行为人不将案件移交司法机关追究刑事责任，但按海关法作出处理的，应当认定为徇私舞弊不移交刑事案件罪。

3. 放纵走私罪与放行偷越国（边）境人员罪的界限

本罪与后罪的主体都可以是海关工作人员，主观上都是故意，且有明确的徇私动机，在客观方面都表现为把非法出入境行为作为合法行为予以放纵。但本罪的犯罪客体是海关监管活动，而后罪的客体则主要是国（边）境管理秩序；本罪放纵的是走私行为，而后罪放纵的则是非法进出国（边）境的行为。

4. 非海关工作人员放纵走私行为的认定

根据《刑法》第411条的规定，放纵走私罪的主体仅限于海关工作人员，对于其他党政机关、公安边防人员等其他国家机关工作人员的放纵走私罪行为，不能以此罪予以处罚。笔者认为，对于其他党政机关、公安边防等国家机关工作人员的放纵走私行为，可依照《刑法》第397条滥用职权罪或者是玩忽职守罪处理，以排除打击走私渎职犯罪的这一法律真空地带。因为放纵走私罪相对于滥用职权罪和玩忽职守罪讲，放纵走私罪是特殊主体，滥用职权罪和玩忽职守罪则是一般主体，二者也是特殊与一般的关系，当没有特殊法条时，应适用一般法条。[1] 另外，对于海关缉私警察，由于管理体制的原因，应视为海关工作人员，不再视为公安人员，其放纵走私的，以放纵走私罪处理。

（三）海关工作人员受贿后放纵走私或者放纵走私过程中受贿行为的认定

例如，被告人周某，男，35岁，某海关海上缉私队队长。被告人李某，男27岁，某海关海上缉私队队员。1998年5月，周某在带领缉私队执行任务时，在某海域拦截住一艘可疑船只。上船后，周某和李某在搜查时，在船只的底部发现几只包装完好的箱子。这时船主过来，看周围没有别人，往周某和李某的口袋里各塞2 000元，周某和李某没有再检查便走

---

[1] 路红青. 海关工作人员犯走私罪、放纵走私罪、受贿罪认定问题解析 [J]. 法律适用，2008（5）.

出船舱，并告诉其他缉私队员没有发现走私物品，致使该走私船只装运的2 000多部走私移动电话入境，给国家造成重大关税损失。人民检察院以涉嫌放纵走私犯罪，对周某和李某立案侦查并提起公诉。又如，2003年至2007年，西双版纳海关原关长高某在任勐腊海关关长期间，利用职务之便，多次收受贿赂，放纵走私。2007年8月25日，高某调任西双版纳海关关长不久，西双版纳州人民检察院反贪局对其立案侦查。西双版纳州中级人民法院审理查明，高某无视国法，非法收受他人财物706 250元人民币（含26 250元受贿香烟价值），放纵他人走私5次的行为已触犯刑律，构成受贿罪和放纵走私罪。高某对被查获的巨额财产不能说明来源，构成巨额财产来源不明罪。法院审理查明，勐腊海关监管科原科长匡某某非法收受他人现金人民币12万元，徇私舞弊，放纵走私天然橡胶100吨，造成国家税款流失367 807.66元的行为已构成受贿罪和放纵走私罪。

对这类案件的处理，理论界有不同的认识，司法实践中的处理也是不同的。2002年最高人民法院、最高人民检察院、海关总署《办理走私刑事案件适用法律若干问题的意见》第16条第2款规定："海关工作人员收受贿赂又放纵走私的，应以受贿罪和放纵走私罪数罪并罚。"虽然司法解释对此予以明确，但对于海关工作人员受贿后又放纵走私的，是认定为受贿罪还是认定为受贿罪与放纵走私罪数罪，理论与实践界均有不同认识。

（1）对于海关工作人员在放纵走私过程中，收受或者索取走私人财物，但并无走私之共同故意和行为，应当如何处理？

第一种观点认为，应认定为受贿罪，海关工作人员受贿以后放纵走私的行为，属于受贿罪中的为他人谋取利益的内容，即属于受贿罪的构成要件之一，不需要再单独评价为放纵走私罪，否则就违反了"禁止双重评价"的原则。[1]

第二种观点认为，这属于牵连问题，不宜定受贿罪和放纵走私罪，实行数罪并罚，应当按照牵连犯的处理原则择一重罪，按刑罚较重的罪来定罪处罚，理由是收受或索取走私人财物这一行为的目的是为了放纵走私，也就是说收受或索取贿赂是放纵走私的一个客观要件，所以，对放纵走私的这一客观行为只能作出一次评价，而不能作出重复评价。这里有两个问题需要研究：第一个问题是为何要择一重罪处罚？第二问题是为何要择一重罪而从重处罚？为何要择一重罪处罚呢？这是因为海关工作人员收受或

[1] 何立功．走私罪若干司法问题探析［J］．广西社会科学，2002（3）．

索要走私分子的贿赂后，为走私分子提供非直接参与走私的便利条件，使其走私行为得以完成。在这种情况下，海关工作人员的行为不仅构成放纵走私罪，而且还构成受贿罪，属于刑法理论中的牵连犯问题。按照牵连犯的原则处理本案的理由有三：①符合牵连犯的一般理论。构成牵连犯，必须要求具有两个以上的相对独立的危害社会行为。这是牵连犯的客观外部特征所要求的。换言之，行为人只有实施了数个相对独立并完全具备犯罪构成要件的危害社会行为，才可能构成牵连犯。这种数个相对独立的危害社会行为之间，必须有牵连关系。牵连关系，是指行为人实施的数个危害社会行为之间具有手段与目的或原因与结果的内在联系。此类案件的走私分子的行为动机是贪图贿赂，其原因行为是受贿，结果行为是放纵走私，受贿行为与放纵走私行为存在原因行为与结果行为的牵连关系，而且这种原因行为与结果行为都具有严重的社会危害性，分别符合受贿罪与放纵走私罪犯罪构成。因此，应当按照牵连犯处理，择一重罪处罚。②1997 年《刑法》否定了数罪并罚的做法。1988 年全国人民代表大会常务委员会《关于惩治贪污罪贿赂罪的补充规定》（下称《补充规定》）第 5 条第 2 款曾规定："因受贿而进行违法活动构成犯罪的，依照数罪并罚的规定处理。"但该补充规定在 1997 年《刑法》生效后被废止，同时，全国人大常委会对此也未另作规定。这表明 1997 年《刑法》对受贿而构成其他犯罪进行数罪并罚的做法持否定态度。③1997 年《刑法》有按牵连犯处理的规定。1997 年《刑法》第 399 条第 3 款规定："司法工作人员贪赃枉法，有前两款行为（徇私枉法罪和枉法裁判罪）的，同时又构成本法第 385 条规定的犯罪（即受贿罪）的，依照处罚较重的规定定罪处罚。"这一规定虽然是针对受贿罪与徇私枉法罪和枉法裁判罪发生牵连关系的情况，但也表明对因受贿而又触犯其他罪名的牵连关系是倾向于择一重罪处罚而不是数罪并罚的立法态度。为何要择一重罪而从重处罚呢？这是因为牵连犯有别于单纯的一罪，其社会危害性及主观恶性明显重于单纯的一罪。因此，按照罪责刑相一致的原则，对牵连犯要择一重罪从重处罚。

第三种观点认为，对于这类案件，对海关工作人员定受贿罪和放纵走私罪，实行数罪并罚。理由是"受贿罪的法益是职务行为的不可收买性，故国家工作人员索取、收受财物之前或者之后，实施了不正当的职务行为，构成其他犯罪的，应当实行数罪并罚"。[1] 具体而言，一是，受贿罪的

---

[1] 张明楷．法益初论（修订版）[M]．北京：中国政法大学出版社，2003：640.

客观构成要件分为两种，一种是索贿的，不要求为他人谋取利益；另一种是收受贿赂，并为他人谋取利益的。如果索贿又放纵走私的，则符合两罪的构成要件，应数罪并罚。如果收受贿赂后放私，根据传统客观说的标准，就应当只构成受贿罪。受贿罪作为一个罪名，具有不同的行为方式，如果以一种行为方式行为构成一罪，而以另一种行为方式行为则构成两罪，不符合刑法原理。受贿罪的客体是职务行为的不可收买性，不论是否为他人谋利益，只要是利用职务上的便利，收受了他人贿赂，就表明了为他人谋取利益，也就已经构成了受贿罪；或者利用职务上的便利，索取他人财物的，也已构成了受贿罪，并不以为他人实际谋取利益为构成要件。二是，《刑法》第 399 条第 3 款规定："司法工作人员贪赃枉法，有前两款行为的，同时又构成本法第 385 条规定的犯罪的，依照处罚较重的规定定罪处罚。"在《刑法》总则没有明文规定的情况下，分则的规定既可能是特别规定，也有可能是注意规定，这取决于该分则的规定是普便适用的，还是只能在特殊场合适用。笔者认为应当将该条款理解为特别规定，因为如果是普遍适用的规则，就应当在受贿罪后另外加一款，即受贿后又构成其他犯罪的，应当依照处罚较重的规定定罪处罚。这样就成为一条普遍适用的规则，而没有必要在第 399 条另外规定。[1] 例如，殷某某，原系上海市吴淞海关人事教育科科员。1998 年 4 月至 8 月，殷某某在上海市吴淞海关出口科负责审单工作期间，利用职务便利，明知李某、张某某利用来料加工贸易方式搞假出口进行走私，仍对李某所提供的出口货物报关单证所列明的来料加工化工产品不予抽查，即在出口货物报关单上加盖其本人的工号章，在登记手册上加盖"沪关保验讫"章，致使李某提供的出口货物报关单证全部予以空审通过。在此期间，殷某某为李某等人空审登记手册 18 本 41 票，致使李某、张某某等人利用假出口走私化工原料 3 000 余吨，偷逃关税、增值税合计人民币 1 200 万余元。在此过程中，殷某某先后 4 次收受李某共计 7 万元人民币。上海市二中院在审理此案中认为，殷某某身为海关人员明知走私还予以放纵，给国家造成特别巨大的经济损失，构成放纵走私罪；他在此期间又收受走私分子的贿赂 7 万元，构成受贿罪。2001 年 6 月 19 日，法院以殷某某犯放纵走私罪，判处其有期徒刑 4 年；犯受贿罪，判处其有期徒刑 3 年，决定两罪并罚，执行有期徒刑 6 年。这是上海市首例

---

[1] 路红青．海关工作人员犯走私罪、放纵走私罪、受贿罪认定问题解析［J］．法律适用，2008（5）．

以放纵走私罪定罪量刑的刑事案件。

又如，[1]被告人缪某原系上海市外高桥保税区海关稽查科调查员。1997年4月17日，上海市外高桥保税区海关发现上海益申贸易有限公司副总经理钱某某涉嫌通过吴某某等人购买福建省南平海关进料加工手册走私涤纶长丝，即与外高桥保税区公安处联合立案展开调查，并将吴某某抓获，缴获了部分走私的涤纶长丝，钱某某则在逃。同年6月，作为该案承办人之一的被告人缪某某在认识了钱某某之后，缪明知钱系在逃的走私犯罪嫌疑人而未履行其调查职责，反而告诉钱其住址已被海关及公安部门查明，正在追捕他。由于缪某的行为，致使钱某某未被及时抓获，钱将其走私的108吨涤纶长丝变卖，造成偷逃国家关税和增值税68万余元至今未被追缴的后果。1998年4月，被告人缪某在得知钱某某将其以进料加工方式进口的198吨印度芝麻内销的情况下，不仅不履行其稽查走私的工作职责，反而联系他人为钱提供伪造的出口报关单据。意图将这批进口加工原材料予以核销，以掩盖钱的走私行为。由于缪某的行为，致使钱某某走私198吨印度芝麻的行为未能被及时发现，造成偷逃国家关税及增值税32万余元至今未能追缴的后果。在此过程中，缪某还利用职务便利，收受钱某某所送的贿赂人民币1万元。

定性分歧：在办理此案过程中，围绕缪某的犯罪行为，触犯了哪些刑法条款，该定一罪还是数罪，存在以下几种不同的看法。

第一种意见认为缪某的行为构成放纵走私罪，但持该看法的有两种截然不同的理由。①《刑法》第411条规定："海关工作人员徇私舞弊，放纵走私，情节严重的，处五年以下有期徒刑或拘役；情节特别严重的，处五年以上有期徒刑。"显然本案中缪某的行为符合放纵走私罪的特征。至于在案中缪某利用职务之便，收受走私嫌疑人所送贿赂人民币1万元的情况，这只是缪某放纵走私的一个"徇私"情节，"徇私"包括收受贿赂。而刑法及"两高"解释在"徇私"问题上没有对数额加以规定，因此认为这种属于"法条竞合"的情况，根据特殊条款优先适用的一般法理原则，对"徇私"情节不单独认为是受贿，而作为放纵走私罪的从重情节加以处罚。②缪某在履行职务过程中，不但利用职务便利收受贿赂，而且徇私舞弊放纵走私，同时触犯了《刑法》第411条之规定和第385条规定，构成放纵走私罪和受贿罪。由于缪某的犯意仅有一个，因此其行为符合刑法理

[1] 王教生．接受贿赂、放纵走私该如何定罪？[J]．犯罪研究，2000（2）．

论中有关牵连犯的特征。根据法理中牵连犯的一般处罚原则："重罪吸收轻罪"，且这一精神在《刑法》第399条第3款已有体现，结合本案的实际情况，其所犯的放纵走私罪情节严重，还造成国家税款重大损失的后果，该罪的量刑应该高于其受贿情节，根据"从一从重处罚"的一般做法，以处罚较重的放纵走私罪对缪某定罪量刑较为妥当。

第二种意见认为缪某的行为同时构成放纵走私罪和受贿罪。其理由是：本案中缪某实施了放纵走私的行为，造成国家税款的重大损失；同时还利用职务便利收受贿赂，且达到受贿罪的立案标准。虽然犯罪嫌疑人的犯意是唯一的，但他所实施的犯罪手段和造成的犯罪结果又都不是唯一的，而犯罪手段和犯罪结果又是衡量一罪还是数罪的标准，所以犯罪嫌疑人显然同时构成放纵走私罪和受贿罪，并且在《刑法》第411条中也没有"重罪吸收轻罪"的有关规定。因此应根据《刑法》第69条之规定，对缪某以放纵走私罪和受贿罪数罪并罚。

笔者倾向于后一种意见，即缪某的行为同时触犯了《刑法》第411条和第385条之规定，同时构成放纵走私罪和受贿罪，主要理由如下：①缪某的行为符合放纵走私罪的特征。首先，缪某系海关工作人员，符合放纵走私罪的主体要求；其次，缪某的主观方面是故意的，其明知自己的行为会造成走私嫌疑人逃避处罚和国家税款重大损失的后果，显然是明知而为之；再次，客观方面缪某为走私嫌疑人通风报信，并帮助走私嫌疑人掩盖其走私行为，造成国家税款重大损失，情节严重；最后，缪某的行为侵犯国家海关正常的管理活动。综上所述，缪某的行为已经构成放纵走私罪。②缪某的行为同时符合受贿罪的特征。首先，缪某的海关工作人员身份，属于刑法规定的国家工作人员范畴，即符合受贿罪的主体要求；其次，主观方面缪某也是明知而为之，明知自己的行为已损害了其职务行为的廉洁性、侵犯国家机关正常管理活动的行为；再次，客观方面缪某利用查缉走私的职务便利收受走私嫌疑人的贿赂，数额较大，并为其牟取不正当利益，造成国家税款的重大损失；最后，缪某的行为显已损害了国家工作人员行为的廉洁性，侵犯国家机关的声誉和正常管理活动。因此缪某的行为已经构成受贿罪。总之，无论从犯罪手段还是从犯罪结果上看，缪某的行为均已触犯放纵走私罪和受贿罪，应按刑法的有关规定予以数罪并罚。③关于"法条竞合"的观点，笔者不赞同放纵走私罪与受贿罪"法条竞合"，认为这对法律的认识是不够全面的。虽然放纵走私罪中的"徇私"情节包括收受钱物，但笔者认为那仅是收受钱物未达到犯罪标准的情况，一旦达到犯罪标准便应认定为受贿犯罪，否则有悖刑法“罪刑相适应”基本原则；另外，从两罪量刑情况看，受贿罪显然高于放纵走私罪，受贿罪最高可判处死刑，而放纵走私罪最高只能判处15年有期徒刑，试想如果一名犯罪嫌疑人因收受巨额贿赂（罪及死刑）而放纵走私，以“法条竞合”的观点来适用特别条款——最高可判15年有期徒刑的放纵走私罪，这显然与“罪刑相适应”基本原则背道而驰。④关于牵连犯罪的提法，笔者持赞同的态度。不过，对于牵连犯罪如何处罚，是“重罪吸收轻罪”定一罪还是数罪并罚，法学界和司法界有不同的观点和看法。1997年《刑法》第399条第3款规定：“司法工作人员贪赃枉法，有前两款行为的，同时又构成本法第三百八十五条之罪的，依照处罚较重的规定定罪处罚。”该款指的是司法工作人员因贪赃枉法，犯该条前两款罪（即徇私枉法罪和枉法裁判罪）中任一的同时又构成受贿罪的，选择其中量刑比较重的罪来定罪量刑。该款的规定充分体现了牵连犯罪“重罪吸收轻罪”的一般处罚原则。显然立法者已经考虑到渎职犯罪会发生牵连受贿犯罪的情况。虽然新《刑法》第399条第3款中使用了“重罪吸收轻罪”的处罚原则，但不能认为它对其他渎职犯罪中牵连受贿犯罪的情况全部适用，因为这样不符合立法本意。首先，“重罪吸收轻罪”仅是法理学有关牵连犯的一条一般处罚原则，它也不是唯一的一种处罚原则。另外，该处罚原则并未写入新刑法总则，显然不是普遍适用的法律规定；其次，新《刑法》第399条之所以适用“重罪吸收轻罪”处罚原则是立法者根据社会形势、犯罪情节及该罪量刑情况、社会危害性等具体情况作出的。由于其他渎职罪条文显然与该条文情况有所区别，因此不能一概而论；最后，对其他渎职犯罪牵连受贿犯罪的情况以数罪并罚的方式处罚，符合刑法的“罪刑法定”基本原则。罪刑法定原则指的是只有法律将某种行为规定为犯罪，才能依法对这种行为定罪量刑；如果法律没有规定的，则不能对此行为定罪量刑。因此在实际操作中，应严格按照法律规定。对于渎职犯罪中牵连受贿犯罪的情况，如法律有特别规定，就按照特别规定处罚；如没有特别规定，应依照新《刑法》第69条第1款的规定，对此类犯罪进行数罪并罚。只有这样做才与刑法“罪刑法定”的基本原则相符。

浦东新区人民检察院对缪某以放纵走私罪和受贿罪提起公诉，浦东新区人民法院作出如下判决：“一、被告缪某犯放纵走私罪，判处有期徒刑2年6个月；犯受贿罪，判处有期徒刑6个月。决定执行有期徒刑2年6个月。”判决后，缪某没有上诉。综上所述，笔者认为在法律没有特别规定的情况下，对于渎职犯罪中牵连受贿犯罪情况，一般以数罪并罚的方式加以处罚较为妥当，这样做才符合刑法的立法本意和基本原则。

前述案例是发生在2002年以前的，并在2002年以前定罪处罚的。根据2002年最高人民法院、最高人民检察院、海关总署《办理走私刑事案件适用法律若干问题的意见》第16条的规定，海关工作人员收受贿赂又放纵走私的，应以受贿罪和放纵走私罪数罪并罚。在司法实践中，司法机关也是根据这一司法解释处理相关案件的。发生在2002年后的相似的案例又如[1]，2008年展某通过网络向境外购买呼机、电脑等物品，货物在通关时4次被海关国际邮件监管中心工作人员王某查获。货物被查获后，展某通过王某的熟人刘某前后送了王某钱物5 000余元，将货物要回。后展某向王某允诺，从2008年6月开始，每走私1台电脑给王某好处费400元，每走私1台手机给王某好处费50元，在查验的时候请王某睁一只眼闭一只眼。案发后，经查，展某走私偷逃关税共计14万余元，从2008年6月其通过刘某共向王某付好处费达3万多元。

分歧意见：一种意见认为，对于王某的行为，应当以放纵走私和受贿数罪并罚；另一种意见认为，对于王某2008年6月以前的行为，应当以放纵走私和受贿数罪并罚，对于其2008年6月以后的行为，应当以走私普通货物罪的共犯定罪处罚。

评析：笔者同意第一种意见。本案中，对王某在2008年6月以前查获货物后收受贿赂予以发还的行为，按放纵走私和受贿数罪并罚，没有异议。关键是2008年6月以后的行为，持第一种观点的同志认为根据现行法律和司法解释的规定，负有特定监管义务的海关工作人员徇私舞弊，利用职权，放任、纵容走私犯罪行为，情节严重的，构成放纵走私罪。放纵走私行为，一般是消极的不作为。海关工作人员收受贿赂又放纵走私的，应以受贿罪和放纵走私罪数罪并罚。王某后期的行为是收取好处费后在查验时睁一只眼闭一只眼，属消极履行查禁义务，符合上述司法解释中的“消极不作为”的特征，好处费既是其前期收取贿赂行为的自然延续，也是放纵走私罪中“徇私舞弊”的具体体现。

即使承认王某2008年6月以后的行为构成走私普通货物罪的共犯，那么从理论上说，也属于“部分共犯的想象竞合”，亦即王某的行为从一个角度看是某一共同犯罪（走私普通货物罪）的一部分，但从另一个角度而

---

[1] 汤涛．放纵走私与共同走私的区别［N］．检察日报，2009-11-22（3）．

言，又符合其他罪名（放纵走私罪）的全部构成要件。两者之间存在一种想象竞合的关系，想象竞合犯的处理原则，是“从一重罪处断”。具体到本案中，重罪是指“放纵走私”。根据《刑法》第153条的规定，走私货物、物品偷逃应缴税额在5万元以上不满15万元的，处3年以下有期徒刑或者拘役，并处偷逃应缴税额1倍以上5倍以下罚金；而根据《刑法》第411条的规定，海关工作人员徇私舞弊，放纵走私，情节严重的，处5年以下有期徒刑或者拘役。本案中，因为展某涉嫌走私的金额不到15万元，如果以走私普通货物罪的共犯对王某予以定罪，反而会出现处刑较轻的情况。二是从主犯和从犯的角度分析，如果对王某单独以放纵走私定罪，则不存在主、从犯的问题；如果对王某以走私普通货物的共犯来定罪，王某的行为只能认定为“放纵式”的帮助行为，应当属于从犯，对于从犯，应当从轻、减轻处罚或者免除处罚。对王某以放纵走私和受贿数罪并罚，显然较以走私普通货物罪的共犯处理更重。

就犯罪客体而言，走私普通货物犯罪侵犯的客体是国家对普通货物、物品进出口的监督管理制度和关税征管制度；而放纵走私罪侵犯的客体则是国家的海关监督制度和海关部门的威信。具体到本案来说，王某的行为既破坏了国家的海关监管秩序，其收受贿赂的行为还侵害了国家工作人员的职务廉洁性，既“渎”又“贪”，严重败坏了海关执法部门的形象。而从对犯罪行为评价的完整度来说，放纵走私罪中的“放纵”行为特征潜在地包含了对走私普通货物行为的一种帮助，以此罪名能够更完整、更准确地评价王某的行为。[1] 本案中，我们认为王某的行为侵犯了两种客体，两种客体不存在交叉或者重合关系，因此，不应认为是想象竞合关系，不应从一重处罚或者从一重从重处罚，而应数罪并罚。

（2）受贿但没放私。如果有证据能够证明行为人收受贿赂后的行为不能认定为是构成放纵走私的行为的，则行为人的行为只能认定为受贿罪，而不能同时认定为放纵走私罪。当海关工作人员利用职权或者与职务有关的便利条件，索取走私人员的财物，或者收受走私人员的财物并承诺放私，但实际上并没有实施放私行为时，海关工作人员的行为构成单纯的受贿罪。当然这种情况比较少，但也不能说没有。比如有些走私犯罪分子为了走私行为的顺利实施，提前给予海关工作人员贿赂，但其在走私时该海关工作人员并未当班查验通关，该海关工作人员也没有放纵过该走私犯罪

[1] 汤涛．放纵走私与共同走私的区别［N］．检察日报，2009－11－22（3）．

分子的走私行为，甚至没有想放纵该走私犯罪分子的走私行为，这时该海关工作人员应只认定为受贿罪。[1] 例如，检察院起诉意见书认定：叶某在担任某海关统计科过录表审核员期间，明知走私犯罪嫌疑人王某等利用来料加工贸易方式，以假出口进行走私化工原料活动，仍应允王的要求，利用职务便利，对王某提供的出口报关单证数据内容的过录表不予审核，使王某等人多次走私，偷逃关税共计 1 200 万元。期间，叶某还收受王某给予的贿赂款。因此，叶某的行为涉嫌放纵走私罪和受贿罪。辩护人认为：海关出具的“叶某的岗位与岗位职责”的证明，即叶某登记过录表的行为属于事后统计，即运输货船已经开走，叶某才能拿到表格进行统计，叶某不具有利用职务便利、对明知是走私货物而私自放行的放纵走私、且情节严重的行为。根据现有证据，不能认定叶某放纵走私罪。律师交换意见书提出两个观点：第一，叶某的行为不能认定放纵走私罪；第二，叶某在司法机关尚未掌握其受贿犯罪事实的情况下，即向司法机关交代了全部受贿事实，应认定为自首。检察院依法采纳了辩护人的意见，仅以受贿罪向人民法院提起公诉。又如：[2] 某检察院反贪部门认定高某利用海关工作之便，按走私分子李某的要求，在明知其进行走私活动的情况下，却故意不履行审核、查验职责，包庇纵容，放纵走私，致使走私分子偷逃关税 1 200 余万元。此外，高某还收取走私分子李某的好处费 9.75 万元。后来，检察机关以高某的行为涉嫌放纵走私罪及受贿罪，将其逮捕。辩护人认为：第一，尽管高某在海关统计科担任统计工作，但本案中没有证据足以证明李某走私出关时，高某正好当班。而仅凭有关的工作记录，也无法证明高某有放纵走私的主观故意，无法证明其在客观方面实施了放纵走私的危害行为。因此，由于不符合放纵走私罪必须具备的四个法定条件之一，高某涉嫌放纵走私的罪名难以成立。第二，在司法机关掌握高某受贿的犯罪事实之前，他已主动向司法机关交代，所以高某具有自首情节。经过与检察院起诉科承办人员交换意见后，公诉人认同并采纳辩护人的辩护意见。最终，法院依照法律和事实，认定高某仅犯有受贿罪。同时，因高某还具有自首情节，法院依法对他予以从轻处罚。

（3）如果海关工作人员在放纵走私过程中，收受或者索取走私人财物，具有走私的共同故意和行为的，应当如何处理？①对于走私犯罪分子

---

[1] 路红青．海关工作人员犯走私罪、放纵走私罪、受贿罪认定问题解析［J］．法律适用，2008（5）．

[2] 李小华．他的行为是否构成放纵走私罪［N］．解放日报，2005－1－14．

在实施走私犯罪行为过程中被海关工作人员查获，通过贿赂、诱惑等手段，海关工作人员滥用职权予以放纵的行为，根据刑法理论，这属于事中通谋的共同犯罪——无身份者与有身份者实施走私罪的共同犯罪故意是在着手实行犯罪之时或在实行犯罪之中通过有身份者共同参与犯罪或者为他人犯罪提供帮助而形成；走私罪共犯之间的意思联络主要表现为犯罪行为之间的相互配合；即使走私罪的共同犯罪故意是在实行犯罪过程中形成，而有身份者的帮助行为却是在实行犯的行为完成后才实施，海关工作人员仍然应当按走私罪的共犯论处。[1] ②海关工作人员除了放纵走私外，还直接参与走私活动的策划、组织、事后销赃、利益分成等，显然这种既直接参与走私又收受走私犯贿赂的行为性质不同于走私罪中单纯的受贿行为，该行为也不仅仅只是受贿罪或放纵走私罪，而是走私罪与受贿罪的并罚。[2]

三、放纵走私罪共同犯罪的认定

（一）放纵走私罪与走私罪共犯的界限

海关工作人员在明知他人实施走私犯罪而予以放纵的情况下，对海关工作人员渎职的行为究竟应当认定为渎职罪还是他人所犯走私之罪的共犯呢？目前在理论界存在各种不同的观点和主张。

第一种观点认为，海关工作人员事前与走私罪犯通谋为走私罪犯提供方便的，应认定为走私罪的共犯，而不能认定为放纵走私罪。其主要理由是《刑法》第156条的规定，即“与走私罪犯通谋，为其提供贷款、资金、账号、发票、证明，或者为其提供运输、保管、邮寄或者其他方便的，以走私罪的共犯论处。”此外，2002年最高人民法院、最高人民检察院、海关总署《办理走私刑事案件适用法律若干问题的意见》（以下简称《意见》）第16条第1款规定：“依照刑法第411条的规定，负有特定监管义务的海关工作人员徇私舞弊，利用职权，放任、纵容走私犯罪行为，情节严重的，构成放纵走私罪。放纵走私行为，一般是消极的不作为。如果海关工作人员与走私分子通谋，在放纵走私过程中以积极的行为配合走私分子逃避海关监管或者在放纵走私后分得赃物的，应以共同走私犯罪追究刑事责任。”据此，海关人员与走私犯罪分子事先通谋，相互勾结，利用

---

[1] 孙奕军．走私与放纵走私交织状态下的罪名确定［N］．检察日报，2007-11-9（3）．

[2] 路红青．海关工作人员犯走私罪、放纵走私罪、受贿罪认定问题解析［J］．法律适用，2008（5）．

职权为走私犯罪分子提供方便，在放纵走私过程中以积极的行为配合走私分子逃避海关监管，故意使走私行为得逞的，或者在放纵走私之后分得赃款的，其实质上是海关人员和走私犯罪分子共同实施的犯罪行为，只不过分工不同，故应当以走私罪的共犯论处，以共同走私犯罪追究刑事责任，而不能认定为放纵走私罪。“事先有无通谋”是区分本罪与走私罪共犯的界限。

第二种观点则主张海关工作人员只要利用职权，徇私情、徇私利，故意违背事实和法律，弄虚作假，隐瞒事实，放纵走私，情节严重的，均应根据《刑法》第411条规定认定为放纵走私罪。其理由是，现行刑法实际上是将某些共同犯罪中与职务相联系的部分实行行为、帮助行为单独列为渎职罪，从而使某些渎职罪如放纵走私罪与走私罪的共犯形成了法条竞合关系，根据特别法优于普通法的原则对海关工作人员应以放纵走私罪论处，而不应定性为走私罪的共犯。❶

第三种观点认为，在这种情况下，渎职者的渎职行为实际上兼有渎职罪构成要件和共犯构成要件的双重性质，属于想象竞合犯形态，依照想象竞合犯的处罚原则，对行为人应择一重罪处断。❷ 在理论上符合想象竞合犯的特征，对之应根据想象竞合犯的处罚原则择一重罪处断，这也符合罪责刑相适应原则和刑法从严治吏的立法精神。❸

笔者认为，评价上述诸种观点及司法解释不能脱离现行刑法规定及共同犯罪理论。首先，《刑法》第156条之走私罪共犯的规定并不能完全涵盖放纵走私罪。例如有学者指出，《刑法》第411条的内容包含了走私罪的部分实行行为和走私罪的帮助行为，具有共同走私行为和明知他人走私的事前、事中帮助行为，当然可以成立共同犯罪。但是，对于走私实行行为终了，但走私结果未发生或未实现，而采取的事后帮助走私或放纵走私的行为，依照共同犯罪的一般理论，不构成走私罪的共犯。换言之，放纵走私罪与走私罪之间并不具有必然的共同犯罪关系。如果认为《刑法》第156条能够适用于《刑法》第411条，那么《刑法》第411条就没有存在的价值。❹ 其次，根据《刑法》第411条的规定，放纵走私罪以“徇私舞

---

❶ 沈宇峻．放纵走私罪与走私罪共犯认定中的若干疑难问题［J］．华东政法学院学报，2003（4）．

❷ 肖中华．渎职罪认定中的几个共性问题［J］．法学论坛，2001（5）．

❸ 杜国强．渎职罪共犯及其相关问题研究［J］．法学，2005（12）．

❹ 龚培华．渎职罪立法及司法适用研究［J］．犯罪研究，2000（5）．

弊”为必备构成要件，因此该罪在客观方面并不限于消极的不作为，海关工作人员完全可以利用职务之便采取积极的作为方式帮助走私分子逃避海关监管，故《意见》实际上是对法条作了不当的限制解释，不仅在逻辑上自相矛盾，而且在理论上也站不住脚，不利于打击此种犯罪。❶ 最后，根据我国的共犯理论，认定海关工作人员是否构成走私罪的共犯，关键在于查明行为人与走私犯罪分子是否具有共同的走私故意和共同的走私行为。据此我们可以对放纵走私罪与走私罪的共犯分以下几种情况进行区分。

第一种情况：海关工作人员与走私犯罪分子事先并无通谋，只是明知他人实施走私行为，而出于徇私情、私利等原因不依法查纠，对走私犯罪采取放任态度的。有人认为海关工作人员构成共同走私与放纵走私的想象竞合，应从一重处断。笔者认为，此种情况，在刑法理论上类似于片面共犯，根据我国的刑法理论，不能因为海关工作人员明知并在客观上起了帮助作用而定为走私罪的共犯，而应认定海关工作人员构成放纵走私罪，因为双方并没有共同的走私故意和走私行为。也可以认为，对于这种帮助行为，《刑法》已明确将之规定为特别犯罪，即放纵走私罪，根据特别法优于普通法的原则，应认定为放纵走私罪。❷

第二种情况：海关工作人员与走私犯罪分子事先通谋，并在走私过程中利用本人职务之便积极配合，放纵走私的。根据共犯理论，海关工作人员的行为一方面构成走私罪的共犯，另一方面也符合放纵走私罪的犯罪构成，属于一行为触犯两个罪名，在理论上属于法条竞合，对之应根据特殊法优于普通法的处罚原则，按照放纵走私罪定罪处罚。如果《刑法》没有规定放纵走私罪，为了防止海关工作人员逃脱处罚，而按共同走私处理也未尝不可，但既然《刑法》已作了特殊规定，就应以特殊规定来定罪处罚。❸上述第一种观点依据《刑法》第 156 条的规定将海关工作人员事前与走私罪犯通谋为走私罪犯提供方便的行为认定为走私罪的共犯是违背特殊法优于普通法的原则的。《刑法》第 156 条的规定没有以列举式列明提供“放纵走私”这种通关帮助的，以走私罪的共犯论处，而且“其他方便”也不应当包括海关工作人员的“放纵走私”这种通关帮助，因为《刑法》第 411 条已明确海关人员放纵走私的行为一独立罪名，是一特殊法条，优

---

❶ 沈宇峻．放纵走私罪与走私罪共犯认定中的若干疑难问题［J］．华东政法学院学报，2003（4）．

❷❸ 路红青．海关工作人员犯走私罪、放纵走私罪、受贿罪认定问题解析［J］．法律适用，2008（5）．

于普通法条的适用。上述第二种观点认为是法条竞合关系，这是正确的，《刑法》已将海关人员的放私行为予以单独规定，虽然符合共同犯罪的一般原理，但由于《刑法》对此已作了特殊规定，根据法条竞合犯的处理原则，应以特殊规定对行为人定罪处罚，并且依特殊规定并不会放纵犯罪。

但是，如果海关工作人员并未利用自己的职务之便，而只是利用自己熟悉海关工作流程等条件为走私分子通风报信，帮助犯罪分子逃避海关监管的，对其应以走私罪的共犯论处。❶ 相反的观点认为，放纵走私包括两种行为方式：查私过程中的放纵走私和走私过程中的放纵走私。查私过程中的放纵走私是指走私行为实施完毕以后，缉私人员在缉查走私的过程中，海关工作人员为走私人员通风报信，以种种手段阻挠缉查走私的行为，或者在追查走私犯罪的过程中，海关工作人员为走私分子开脱，应追究其刑事责任而不予追究的情形。此时，海关工作人员放纵走私罪又与渎职罪形成法条竞合，因为放纵走私罪是特殊法条，根据特殊法条优于普通法条的原则，对海关工作人员应认定为放纵走私罪。❷

第三种情况：犯罪分子在走私过程中被查获，通过向海关工作人员说情，海关工作人员予以放行的，对这种情况应分别进行处理：如果海关工作人员明知是或可能是走私行为，只是出于徇私情、私利或对领导不满伺机泄愤报复等原因而予以放行的，对其应以放纵走私罪论处。如果其明知是走私行为，而接受他人的请托，并利用本人职权积极帮助走私分子逃避海关监管或者约定事后分赃的，这时海关工作人员的行为就成了走私行为的一部分，从而使海关工作人员成为走私罪的共犯，同时海关工作人员的行为也触犯了放纵走私罪，对其应依照想象竞合犯的处罚原则择一重罪处罚。

第四种情况：一些海关工作人员除了放纵走私外，还直接参与走私活动的策划、组织、事后销赃、利益分成等，显然这种既直接参与走私又收受走私犯贿赂的行为性质不同于走私罪中单纯的受贿行为，该行为也不仅仅只是受贿罪或放纵走私罪，而是走私罪与受贿罪的并罚。海关工作人员除了作为走私团伙的人员参与走私外，在查私过程中，还为其他走私团伙成员开脱，不追究其刑事责任的行为，对海关工作人员是否还要认定为走私罪与放纵走私罪？还是认为其后的放纵走私是不可罚的事后行为？笔者

---

❶ 孙奕军．走私与放纵走私交织状态下的罪名确定［N］．检察日报，2007－11－9（3）．

❷ 路红青．海关工作人员犯走私罪、放纵走私罪、受贿罪认定问题解析［J］．法律适用，2008（5）．

认为还是应该数罪并罚而不能视为不可罚的事后行为，因为对于不可罚的事后行为是侵犯的同一法益，海关工作人员走私后自己逃避查获的行为不另外处罚，但对于积极为其他同案犯开脱的行为则属于侵犯了其他法益，应当数罪并罚。[1]

第五种情况，在走私犯罪达到了犯罪未遂或者预备状态之后，走私犯罪分子作为共犯教唆、帮助海关工作人员实施放纵走私行为的情况下，走私犯罪分子不构成放纵走私罪共犯，而仅构成走私罪。由走私犯罪分子实施的走私罪可能涉及教唆海关工作人员帮助其逃避刑事追诉的行为，但这应属于走私罪实施完毕后的不可罚的事后行为，是对不法状态的继续性利用或延展性保持，并未侵害新的法益，故不能将之认定为放纵走私罪的帮助犯、教唆犯等共犯形式。放纵走私罪的共犯行为如是为走私罪的结果而实施的行为，尽管与走私罪分割开来看，其本身也是可以从放纵走私罪共犯的角度进行刑事归责，但对于走私犯罪分子而言，走私罪是主要行为，渎职罪共犯是次要行为，根据主要行为的构成要件，事后行为已经得到了包括性评价，在刑法上就不存在成立放纵走私罪共犯的问题。[2]

关于本罪与走私罪共犯的界限的案例如，被告人高某，男，48 岁，山东省济宁市人，原济南海关副关长。1997 年 1 月 14 日被逮捕。被告人刘某，男，36 岁，山东省五莲县人，原济南海关调查处副科长。1997 年 1 月 14 日被逮捕。山东省济南市人民检察院以被告人高某犯走私普通物品罪，被告人刘某犯放纵走私罪，向济南市中级人民法院提起公诉。起诉书指控：被告人高某伙同他人走私物品价值 2 100 余万元、偷逃税额 370 余万元，构成走私普通物品罪。被告人刘某明知是走私物品予以放行，构成放纵走私罪。请予依法判处。被告人高某及其辩护人辩称：高某没有参与走私，只是放纵走私，请求公正处理。被告人刘某的辩护人辩称：刘某的行为是在高某的指使下实施的，且认罪态度好，要求对其从轻处罚。

济南市中级人民法院经审理查明：1994 年夏季，被告人高某经人介绍认识了香港达升贸易公司总经理李勇健（在逃），此后二人交往频繁。1996 年春，李勇健为与济南亨得利钟表眼镜有限公司合作经营进口手表，找到被告人高某商量不报关直接从香港走私进口手表，高表示同意。之后，李勇健先后 2 次将 575 只瑞士产梅花、欧米茄、雷达牌手表从香港空

---

[1] 路红青．海关工作人员犯走私罪、放纵走私罪、受贿罪认定问题解析［J］．法律适用，2008（5）．

[2] 孙奕军．走私与放纵走私交织状态下的罪名确定［N］．检察日报，2007－11－9（3）．

运至济南入境。受高某的指使，身为监管科副科长的被告人刘某明知该批货物未办理任何报关手续，却2次放行。经济南海关核定，该批手表价值人民币1 774 746. 24元，偷逃关税763 494. 8元。案发后，济南海关从济南亨得利钟表眼镜有限公司扣留了尚未售出的手表272只，价值人民币962 903元。1996年8月，被告人高某和李某某一起来到卡西欧浪潮通信电子有限公司，高某要求该公司与李某某合作进口传呼机散件，李某某则向该公司提出可将从日本进口到青岛再由青岛发往济南的传呼机散机改由从日本直发香港，由他负责将货物自香港进口到济南。该公司以这样做必将增加运费为由不同意，李某某便提议在报关时可将关税高的传呼机成套散件（税率25%）伪报成关税低的集成电路（税率6%），降低报关费用，用以弥补增加的运费，高某当即表示同意。同年9月15日至12月6日，李某某先后12次将47 200套传呼机成套散件伪报成集成电路入境。第一次进货时，高某还亲自到济南机场接货。被告人刘某受高某的指使，也先后3次去接货，以使货物不受查验顺利通关。经济南海关核定，该批货物共价值人民币19 867 110. 3元，偷逃关税3 019 800. 9元。案发后，济南海关扣留了5 000套传呼机成套散件；对已进入生产销售环节无法扣留的42 200套，依法追缴了3 060 875元的货款。

济南市中级人民法院认为，被告人高某在担任济南海关副关长期间，违反海关法规，伙同他人进行走私，走私货物价值和偷逃税额均超过法定犯罪数额，走私的物资系成批量的、且用于生产、销售领域，而非小量生活用品，故其行为构成走私普通货物罪，公诉机关指控其犯走私普通物品罪属定性不当。1988年1月21日全国人大常委会通过的《关于惩治走私罪的补充规定》第4条第1款第（一）项规定："走私货物、物品价值在五十万元以上的，处十年以上有期徒刑或者无期徒刑，并处走私货物、物品价值一倍以上五倍以下罚金或者没收财产……"。1997年10月1日施行的《刑法》第12条规定："本法施行以前的行为……如果当时的法律认为是犯罪，依照总则第四章第八节的规定应当追诉的，按照当时的法律追究刑事责任，但是如果本法不认为是犯罪或者处刑较轻的，适用本法"。《刑法》第153条第1款第（一）项规定："走私货物、物品偷逃应缴税额在五十万元以上的，处十年以上有期徒刑或者无期徒刑，并处偷逃应缴款额一倍以上五倍以下罚金或者没收财产……"。高某的行为无论依补充规定，还是依刑法规定，都是犯罪行为，两相比较，刑法是以偷逃应缴税额量刑，比补充规定以走私货物价值量刑要轻。因此，对高某的犯罪行为，应当依照刑法第 153 条第 1 款第（一）项的规定处罚。同时，依照《刑法》第 57 条第 1 款之规定，应当并处剥夺政治权利终身。高某及其辩护人关于没有参与走私、只是放纵走私的辩护意见，经查：高某参与走私，有其多次供述，供述的情节与证人证言一致，有伪报品名的报关单书证和济南海关查扣的走私手表、传呼机成套散件等物证在案证实，高某还亲自到机场为李勇健接运走私货物，证据确实充分，其辩解和辩护人的意见没有事实根据，不予采纳。被告人刘某身为海关工作人员，违反海关法规，徇私舞弊，明知是走私行为却予以放纵，情节严重，其行为触犯了《刑法》第 411 条的规定，公诉机关指控其犯放纵走私罪成立。鉴于被告人刘某是在高某的指使下实施的犯罪行为，其辩护人要求从轻处罚的意见，可以采纳。据此，济南市中级人民法院于 1998 年 9 月 9 日判决：被告人高某犯走私普通货物罪，判处无期徒刑，剥夺政治权利终身，并处没收个人财产人民币 2 250 万元、金项链 2 条、金戒指 2 枚；被告人刘某犯放纵走私罪，判处有期徒刑 3 年。

第一审宣判后，被告人高某仍以原辩解理由向山东省高级人民法院提出上诉。其辩护人以高某“一贯表现尚好，犯罪后真诚悔过”为由，要求对其从轻或减轻处罚。山东省高级人民法院经审理认为，一审认定上诉人高某、原审被告人刘某的犯罪事实清楚，证据确实充分。高某身为海关工作人员，置国家利益于不顾，伙同他人走私，偷逃关税数额巨大，情节特别严重。高某的犯罪事实经查证据确凿，不容抵赖。高某的犯罪行为，严重破坏了国家对外贸易管理制度，应予严惩，其上诉理由不能成立。高某的辩护人认为应对其从轻或减轻的辩护意见，没有事实和法律依据，不予采纳。原审适用法律定罪准确，量刑适当，审判程序合法。据此，山东省高级人民法院依照《刑事诉讼法》第 189 条第（一）项的规定，于 1998 年 11 月 19 日裁定：驳回上诉，维持原判。

分析：在案件处理过程中，对于高某构成走私普通货物罪没有争论，但是对刘某行为的性质则产生了疑问。第一种观点认为，刘某作为海关工作人员，利用职务上的便利，徇私舞弊，放纵走私，造成了严重的后果，应当按照放纵走私罪定罪处罚。第二种观点认为，刘某有查禁走私行为的法定职责，在明知是走私物品并有能力履行其职责却没有履行，导致他人走私行为顺利完成，是以不作为的方式构成走私普通货物罪，应当按照走私普通货物罪定罪处罚。

点评：笔者认为第一种观点是合理的，刘某不构成走私普通货物罪。[1]以下两种观点虽然也认为刘某不构成走私罪，但是理由却值得商榷：①一种观点认为刘某没有和走私犯罪分子李某进行共谋，所以不构成走私普通货物罪。该观点以刑法第156条的规定为依据。刑法第156条规定，与走私罪犯通谋，为其提供贷款、资金、账号、发票、证明，或者为其提供运输、保管、邮寄或者其他方便的，以走私罪的共犯论处。然而，该理由不成立。首先，刑法第156条是提示性规定，而不是特别规定。换言之，即使没有刑法第156条的规定，根据共同犯罪的一般原理，与走私罪犯通谋并提供便利的，毫无疑问地构成走私罪的共犯。其次，成立走私罪的共犯也不一定要和走私犯罪分子进行通谋，因为存在走私犯罪的片面共犯。所谓片面共犯是指共同行为人的一方有与他人共同实施犯罪的意思，并且参与犯罪，而他人却不知情的共同犯罪形态。片面共犯，尤其是片面帮助犯，在刑法理论上是得到认可的。因此，刘某在明知是走私货物的情况下，即使没有和走私罪犯李某通谋却不履行缉私职责而放行的，仍然可以构成走私罪的共犯。所以，以刑法第156条为依据否定刘某构成走私普通货物罪是行不通的。②另外一种观点认为，放纵走私罪和走私普通货物罪之间是法条竞合关系。立法者将海关工作人员利用职务上的便利条件帮助走私罪犯走私的行为独立化，单独规定了放纵走私罪，所以，放纵走私罪是特殊规定，按照特别法优于一般法的适用规则，应当按照放纵走私罪定罪处罚。然而，放纵走私罪与走私犯罪相比较，放纵走私罪的法定刑较轻，并且放纵走私罪要求“情节严重”才能构成犯罪，这说明放纵走私罪是轻罪。那么立法者规定放纵走私罪的目的只能是为了轻纵海关工作人员的犯罪行为，而轻纵海关工作人员的渎职行为不但没有现实的依据而且还与从严治吏的刑事政策根本矛盾。所以，该观点同样不具有解释论上的合理性。

笔者认为，刘某不构成走私普通货物罪的根本原因在于刘某的行为不符合不作为的成立条件。传统刑法理论认为，不作为构成犯罪在客观方面需具备以下3个条件：①行为人负有特定的作为义务；②行为人有能力履行特定义务却没有履行；③行为人没有履行特定义务造成危害结果的发生。根据传统刑法理论，第二种观点是有道理的。然而传统刑法理论本身

---

[1] 陈鹏展．海关工作人员放纵走私造成严重后果是放纵走私罪还是走私普通货物、物品罪［N］．人民法院报，2005-3-22.

是值得反思的。当前刑法理论认为，上述 3 个条件仅仅是不作为构成犯罪在客观方面的必要条件，却不是充分条件；成立不作为犯罪在客观方面除了上述 3 个条件外，还要求不作为和作为在构成要件上具有相同的价值。这就是不作为犯罪的等置性问题。

不作为犯罪可以分为纯正的不作为犯和不纯正的不作为犯。纯正的不作为犯是指刑法明确规定只能以不作为的方式构成的犯罪，如遗弃罪。对于纯正的不作为犯而言，由于刑法已经作了明确的规定，在法律上的等价性已经获得圆满的解决，所以就没有必要进行等置。而不纯正的不作为犯就不同了。不纯正的不作为犯是指以不作为的形式构成通常以作为的形式实施的犯罪。然而，不作为和作为之间是存在差异的。作为可以直接引发向侵害法益方向发展的因果关系，并能够支配、操纵这一因果关系。而不作为显然不具备这一特性，在自然意义上不作为和危害结果之间没有因果关系，即使在规范意义上，不作为也仅仅是利用向侵害法益方向发展的因果关系而已，本身不具备支配、操纵因果关系的特性，在因果关系发展过程中处于从属性地位。

不作为和作为存在结构性的差异是客观事实。国外立法者尊重这一事实，明确将价值等置规定为不纯正的不作为犯的成立条件之一。如德国刑法典第 13 条规定："对属于刑法所规定的构成要件之结果，不防止其发生者，依该法规处罚之；但以依法必须保障不发生结果且其不作为与因作为而实现法定构成要件之情形相当者为限。"在日本刑法典虽然没有明确规定，但是日本司法者通过判例明确指出对不纯正的不作为犯的进行等置是成立犯罪的必备要件。

由于不作为和作为在结构上存在差异，而不纯正的不作为犯本质上是属于"不作为"，要符合以"作为"为模本的构成要件，就必须加入一定的要素，使得不纯正的不作为犯在价值的天平上获得平衡。但是加入何种要素，如何实现平衡却有不同的主张。一种观点认为应当从主观方面着手，即要求行为人或者出于卑劣的动机或者对危害结果的发生具有高度认识或者对危害结果的发生具有坚定的意志，以弥补不纯正的不作为犯在结构上的间隙。然而，作为和不作为的等置在本质上是对行为的客观方面进行衡量判断，行为人的主观罪过是在客观方面等置之后才予以考虑的问题，两者不是同一层面上的问题。而且，过分地倚重行为人的主观心理罪过，一方面增加了司法实践操作的难度，另一方面也可能导致法官判断的恣意。所以，这种观点并不妥当。另外一种观点认为既然不作为和作为的差异主要表现在因果关系上，那么不真正不作为犯为了跨越这种构造上的差别而同作为犯在构成要件上等价值，就必须是限定于不作为者具有原因设定的场合。换言之，只有行为人在实施不作为以前已经设定了向侵害法益的方向发展的因果关系，才可能成立不作为犯罪。这种方法一方面直接填补了不纯正的不作为犯在结构上的间隙，另一方面又是依据事实判断来明确界定不真正不作为犯的成立范围，在犯罪的客观方面内解决不纯正不作为犯的等置问题，客观性强并易于操作。因而该观点是恰当的，并成为刑法理论中的主流观点。

本案中，刘某虽然没有履行查禁走私物品的法定职责，但是由于刘某并没有设定走私犯罪因果关系的发展方向，只是被动地、消极地不履行法定职责，这和以作为方式实施走私犯罪的行为之间在构成要件上无法等同。因此，刘某并不构成走私普通货物罪。

（二）“在放纵走私之后分得赃款”的理解

根据《关于办理走私刑事案件适用法律若干问题的意见》的规定，如果海关工作人员与走私分子通谋，在放纵走私过程中以积极的行为配合走私分子逃避海关监管或者在放纵走私之后分得赃款的，应以共同走私犯罪追究刑事责任。

渎职犯罪往往是与经济犯罪相伴相随的，实践中海关工作人员放纵走私后，一般都会从走私分子那里获得经济利益，通常是以贿赂的形式出现，贿赂资金的来源又往往是走私者从赃款中分配，那么当这种情况出现时，怎样区分和理解“分赃所得”呢？对此有两种不同的看法：一种意见认为，只要海关工作人员符合上述《关于办理走私刑事案件适用法律若干问题的意见》规定的“与走私分子通谋”的前提条件，那么只要在放纵走私中从走私分子那里获利，就可以认定为走私罪的共犯，而不论其获利的形式；另一种意见认为，对于海关工作人员放纵走私后的获利，应严格依照其获利的性质和形式予以区分，不应一概以“分赃所得”论。

笔者同意后者，因为走私罪的犯罪行为人一般都具有牟取非法利润或者其他非法利益的犯罪目的，这是犯罪行为人走私犯罪主观故意的外在表现形式之一。而放纵走私的特征主要表现为犯罪行为人屈从私情，利用本人的职权放纵走私，是与职权紧密相连的；在两者的利益分配上，也存在较大的差距，走私罪共犯的利益一般是共有的或相对稳定的分配方式，是参与者犯罪后所应得的部分，而行为人放纵走私后的获利是以一种感谢形式出现。放纵走私的犯罪目的是为徇私情，而非走私牟利，因此笔者认为大多数的海关工作人员放私得利案件不宜以“在放纵走私之后分得赃款”认定。[1] 有学者甚至认为，放纵走私之后分得赃款的，认定为是一种事后受贿行为更贴切，属于受贿且放纵走私的行为，应认定为受贿罪与放纵走私罪。[2]

第二节　办理偷越国（边）境人员出入境证件罪

一、办理偷越国（边）境人员出入境证件罪的概念和犯罪构成

办理偷越国（边）境人员出入境证件罪是指负责办理护照、签证以及其他出入境证件的国家机关工作人员，对明知是企图偷越国（边）境的人员，予以办理出入境证件的行为。本罪的犯罪构成如下。

本罪侵犯的客体是国家的出入境管理制度或者国家出入境证件管理机关对国（边）境的正常管理活动或秩序。国家对出入境的人员实行严格的管理制度，对维护国家的主权、安全和社会秩序，保护公民出入境的正当权益，促进国际交往，有着十分重要的意义。《公民出境入境管理法》和《外国人入境出境管理法》（这两部法律已被2012年第十一届全国人大常委会第27次会议通过、自2013年7月1日起施行的《中华人民共和国出境入境管理法》代替）明确规定了我国的出入境管理制度和出入境管理人员的职责。出入境管理人员违反职责，对明知是企图偷越国（边）境的人员，予以办理出入境证件的，就直接侵害了国家的出入国（边）境管理制度，会给国家安全和社会管理秩序造成严重的损害。因此，对这种渎职行为必须予以刑事制裁。

办理偷越国（边）境人员出入境证件罪的犯罪对象是用于偷越国（边）境的出入境证件。这些证件包括：①护照。所谓护照，是指一国主管机关发给本国公民出国履行公务、旅行、在外居留、经商等，用以证明其国籍和身份的证件，包括外交护照、公务护照和普通护照。②签证。所谓签证，是指一国国内或驻国外主管机关在本国公民或外国公民所持有的护照或者其他旅行证件上签证、盖章，表示准许其出入本国国（边）境或者过境的手续。③其他出入境证件。这里的其他出入境证件，是指除护

---

[1] 沈宇峻．放纵走私罪与走私罪共犯认定中的若干疑难问题［J］．华东政法学院学报，2003（4）．

[2] 路红青．海关工作人员犯走私罪、放纵走私罪、受贿罪认定问题解析［J］．法律适用，2008（5）．

照、签证以外其他用于出入国（边）境或过境的证明性文件，主要包括边防证、海关证、海员证、过境通行证、港澳同胞回乡证等。

本罪在客观方面表现为在办理护照、签证以及其他出入境证件的过程中，对明知是企图偷越国（边）境的人员，予以办理出入境证件的行为。

偷越国（边）境是指非经一国有关主管机关批准，通过不正当手段出入或者穿越该国国（边）境的行为。越境，指越过国（边）境。其中，国境是我国和邻国的国境线；边境是指我国实行有效管理的区域即大陆与属于我国领土但未对其实施有效管理的澳门、台湾地区以及大陆与香港地区的分界线。越境必须持有有效的护照、签证或其他诸如边境公务通行证、过境通行证、港澳同胞回乡证等出入境证件。如果没有上述证件或虽有上述证件但为伪造或变造或者超过有效期限的出入境证件而越境的，则都是偷越国（边）境。如果对企图偷越境人员办理出入境证件，即可构成本罪。所谓“办理”，在本罪中是指对于不符合条件的企图偷越境人员，利用职务，非法签发护照、签证等有效证件的行为。

构成本罪，须利用职务上的便利。所谓利用职务，是指利用自己职务范围内的权力，以及地位形成的便利条件。如果没有利用职务，就不可能构成本罪，构成犯罪的，应以他罪如伪造国家机关证件罪等论处。办理出入境证件是指有关主管机关依照出入境管理规定，经审查合格后，为申请出入境者提供可以放行的有效证件。本罪中的办理出入境证件是指为偷越国（边）境的人员发放有效的出入境证件。情节严重，是指行为人多次或者给多人或者给多次企图偷越国（边）境人员办理出入境证件的；给犯有其他罪行的企图偷越国（边）境人员办理出入境证件的；为索贿或者受贿办理出入境证件的，造成严重后果的等。例如，2004 年 10 月初，港澳地区警方在开展名为“阳光”的集中整治行动中，抓获 51 名来自内地的卖淫女。根据签证编号，公安部发现这些签证均属嘉峪关市所办，将此案确定为特大案件，要求嘉峪关市有关部门查办。嘉峪关市公安、检察部门立即展开调查，查明此案系嘉峪关市公安局出入境管理科民警邢某某所为。2005 年 1 月，邢某某被嘉峪关市检察院批准逮捕。据邢供认，从 2004 年 6 月到 7 月，湖北籍无业人员刘某找到他，要求办几个去港澳地区的通行证，刘打着商贸活动的幌子，先后为多人办理通行证手续，并向每人收取好处费。刘某交代，其在深圳海关看到有许多办理签证的小广告，就根据小广告上的电话打了过去，对方说能办理签证，每个签证给他 200 元好处费。他便拿了几个往来港澳通行证号码和持证人身份证号码，找到了邢。签证办完后，刘按照远远高于正常收费的标准，每个签证给邢 100 元“手续费”。法院认为，被告人邢某某违法为非本地籍人员办理签证 336 份，其中 51 份签证流入到卖淫女手里，其他大部分说不清去向。被告人刘某出售出入境证件，情节严重。

本罪的主体要件为特殊主体，只能由负责办理护照、签证以及其他出入境证件的国家机关工作人员构成，如外交、外事、公安等有关的人员。根据我国出入境管理有关法律、法规的规定，负责办理护照、签证以及其他出入境证件的国家机关是公安部、公安部授权的地方公安机关和外交部、外交部授权的地方外事部门以及港务监督局或者港务监督局授权的港务监督部门。公安机关和外事部门在国内办理签证、证件的分工，原则上是外交和公务护照的签证由外交部和地方外事部门办理；普通护照的签证由公安机关办理。因而，能够成为办理偷越国（边）境人员出入境证件罪的犯罪主体的，就只能是上述国家机关中负责办理护照、签证等出入境证件的国家机关工作人员。

本罪在主观方面是犯罪故意，即明知他人是企图偷越国（边）境的人员，明知自己的行为是办理偷越国（边）境人员出入境证件的行为，并且希望或放任自己给其办理出入境证件这一危害社会的行为的心理态度。构成本罪须以明知为要件，如果工作不负责任、疏忽大意、审查不严等原因而错误地为企图偷越国（边）境人员办理了出入境证件，则不构成本罪。但对于严重不负责任，草率从事，造成严重后果的，应当按玩忽职守罪论处。对“明知”的认定，不能仅凭犯罪嫌疑人、被告人的口供，而应根据案件的整个过程、情节予以全面的分析，只要能证明行为人知道或者应当知道对方是企图偷越国（边）境的人员仍予以办理出入境证件的，应可以认定为“明知”。本罪不要求必须以营利为目的。其动机是各种各样，有的可能是出于私利，有的是出于亲友情面等。过失不构成本罪，如后果严重的，可以玩忽职守罪论处。例如，何某某、张某某办理偷越国（边）境人员出入境证件案：何某某，原系某县公安局纪委书记、副政委。张某某，系某县村民。2001 年 1 月，张某某通过他人介绍认识朴姓、董姓 2 个北方人，2 人向张某某提出，想利用该县居民的身份资料办理去韩国的护照。张某某同意帮忙，并将该县籍居民吴某某等 3 人的身份资料提供给 2 个北方人，据此制造了 3 张假居民身份证。同年 1 月 31 日，张某某凭这 3 张假身份证及赴韩邀请函领取了 3 份“中国公民出国申请表”，以吴某某等 3 人的名义填好后，交给该县公安局出入境管理科接待员孙某某受理。

孙要求申请人本人办理，张某某即通过时任该县公安局副政委且分管出入境工作的何某某出面说情，致使3名申请人未按规定亲自到出入境管理科缴验身份证等户籍资料的原件。何某某明知3名东北籍公民企图偷越国境去韩国，出于私情，滥用职权，仍然为此3人办理了3份去韩国的出国护照，致使该3名东北籍公民凭此护照偷越国境到韩国，其中1人至今未回国。2000年3月，张某某通过何某某，用同样的手段以其妻沈某某等5人的名义又办理了5份去韩国的护照。此后，该5份护照拿到韩国驻上海领事馆签证时未能签出。2004年12月，何某某、张某某犯办理偷越国（边）境人员出入境证件罪。本案中，作为某县公安局纪委书记、副政委的何某某，当张某某要求其办理出国申请表和出国护照时，其明知要办理的出入境证件的人员是企图偷越国（边）境的人员，并且明知自己为企图偷越国境的人员办理出入境证件的行为会给国家对出入境证件的管理工作造成破坏，仍出于私情，滥用职权，办理了相关证明和护照，在犯罪主观方面明显是故意的态度。

二、办理偷越国（边）境人员出入境证件罪在主观上的“明知”的认定

办理偷越国（边）境人员出入境证件罪在主观方面只能由故意构成，具体地说，办理偷越国（边）境人员出入境证件罪的行为人在主观上是一种明知是企图偷越国（边）境的人员而给予办理出境证件的心态。这其中都涉及边境管理工作人员在主观上的“明知”问题。

关于犯罪主观方面的“明知”问题，我国刑法学界已经有了比较一致的观点，明知不等于确知，对于故意犯罪来说，有的只要认识到大概是或可能是怎样的事实就够了。在我国刑法学界，关于办理偷越国（边）境人员出入境证件罪的主观方面的具体内容，有着不同的认识，有人认为，这种犯罪的主观故意只能是直接故意，就是说，只有在追求或者希望的心理状态下，才能构成办理偷越国（边）境人员出入境证件罪。与此不同的观点则认为，间接故意也可以构成此罪，因为，犯罪故意由认识因素和意志因素两方面的内容所决定。所谓认识因素，是指行为人对其行为性质及行为结果的认识；而意志因素，是指行为人对其行为的实施以及结果的发生所持的心理态度。办理偷越国（边）境人员出入境证件罪的认识因素包括两个层面：一是对行为事实的认识，就是说，明知自己要办理的出入境证件的人员是企图偷越国（边）境的人员；二是对行为结果的认识，就是

说，明知自己为企图偷越国境的人员办理出入境证件的行为会给国家对出入境证件的管理工作造成破坏。通常对于上述认识因素不难认定。但是，如果在上述认识因素的前提下，行为人追求或者希望危害结果的发生的，构成本罪无疑，而如果行为人在明知对方有可能是企图偷越国境的人员，却不加调查核实，就为其办理了出境证件，对于这种情况如何处理，存在不同意见。

笔者认为，这种情况属于间接故意的形态，也可以成立办理偷越国（边）境人员出入境证件罪。从“明知”的内容上说，行为人明知申请人可能是企图偷越国境的人员，根据有关法律法规不能为其办理护照、签证等出入境证件，否则，就会对国家的出入境管理工作造成破坏，但行为人却对这一危害结果的发生持一种放任态度。笔者想要强调的是，司法人员在办理偷越国（边）境人员出入境证件罪的办案过程中，应该对全案的所有证据材料进行全面、客观的分析研究，不能仅凭其口供定案，只有在有足够的证据证明行为人知道或者应该知道对方是企图偷越过境的人员，而仍予以办理出境证件的，才能认定行为人是“明知”。至于行为人的动机是什么，通常情况下，不影响犯罪的成立，只能作为量刑的情节加以考虑。[1]

例如，被告人张某，原系上海市公安局出入境管理处受理科民警，1999年上海市虹口区人民检察院指控被告人张某犯办理偷越国（边）境人员出入境证件罪，于2000年4月20日向上海市虹口区人民法院提起公诉。经审理查明，被告人张某于1998年上半年至1998年底，因女朋友邹某（另案处理）的请托，先后受理及托他人受理由刘某（另案处理）所送的代他人申办出国护照的材料，使多人凭虚假材料，骗得了出国护照，刘、邹亦从中牟取利益。1999年初，张发现刘送的材料有假，怀疑刘系从事护照生意的“黄牛”后，对从中得益的邹讲：“这样下去要出事的，领导强调‘黄牛’送来的材料是不好受理的。”由于邹继续要张从中帮忙，张于1999年4月至5月间，仍违反申请护照应由申请人送交材料并接受询问的规定，先后受理刘某等人不符合申办出国护照条件人员所送的虚假材料，为11人骗得出国护照。案发后，经鉴定，上述材料分别由刘某、费某某参与伪造。案发后，张某向其单位的纪委如实交代了犯罪事实，有自首情

[1] 谢玉童．对边境管理渎职犯罪中若干问题的司法研究［G］//陈明华，朗胜，吴振兴．刑法热点问题与西部地区犯罪研究，北京：中国政法大学出版社，2003：1488.

节。法院认为，根据查明的事实证明被告人张某在明知刘某是办出入境护照的“黄牛”，在为不具备出境条件的人办理护照的申请，其中材料有假，不仅张某发现过，而且其他民警在代张受理中也发现过，然而，张在最后办理的11份材料经鉴定证明均含有虚假内容，作为多年从事出入境管理工作的张某应当知道如何验证，应当知道刘某送的材料可能含有虚假内容，应当知道这些申请人办理护照的目的是为了非法出境。本案被告人张某行为有充分、确凿的证据相印证，已符合犯罪构成要件，被告人及辩护人的意见与事实不符，不予采纳。案发后，张能向单位纪委交代犯罪事实。庭审中，对明知是企图偷越国（边）境人员这一问题，虽避重就轻，但最后还是做了有罪供述，应视为自首，可从轻处罚。为维护国家出入境管理制度不受侵犯，上海市虹口区人民法院于2000年6月1日作出刑事判决，判决被告人张某犯办理偷越国（边）境人员出入境证件罪，判处有期徒刑3年。被告人张某不服，提出上诉。

三、办理偷越国（边）境人员出入境证件罪罪数形态的认定

（一）办理偷越国（边）境人员出入境证件罪与非罪的认定

1. 办理偷越国（边）境人员出入境证件罪与非罪的界限

办理偷越国（边）境人员出入境证件罪在主观方面是故意，行为人明知对方是或者可能企图偷越国（边）境的人员的情况下，予以办理出入境证件的，才构成本罪。因此，如果行为人不是明知，而是由于工作不负责任，审查不严格，或者由于业务不熟悉，被企图偷渡者所蒙骗，没有识破企图偷渡者的意图，进而为其办理了有关手续，不构成上述犯罪。但是，不按本罪处理，并不意味着就不会构成犯罪，对于其中严重不负责任，草率行事，造成严重后果的，应当按照玩忽职守罪论处，对于未造成严重后果的，可由所在单位或部门视情节的程度给予相应的行政处分。总结起来说，办理偷越国（边）境人员出入境证件罪在罪与非罪的界限上，主要应从以下两方面来考虑：①犯罪主观方面。就是看是否存在犯罪的故意，如果连间接故意都没有，则不能构成上述犯罪。②犯罪客观方面。本罪为行为犯，行为人只要为企图偷越国边境的人员办理了护照、签证等出入国边境证件的行为，不论其是否造成他人偷越国（边）境的结果，除情节显著轻微，危害不大，不认为是犯罪的以外，都构成本罪。主要是看情节是否严重，如果情节不严重，可以不以犯罪处理。例如，被告人肖某，男，30岁，某市公安局出入境管理科工作人员。检察机关以其办理偷越国境出入

境证件罪对肖某提起公诉。一审法院经公开审理查明：被告人肖某自1995年1月至1995年4月，在负责办理出入境人员护照的工作中，利用职权，先后为刑满释放并企图偷越出境的吴某等人违法办理了因私出国护照3本，并收取贿赂1 500余元。吴某等3人拿到护照后，于1995年7月在某港口城市登上一远洋货轮，企图偷越处境，被抓获。被告人肖某因此案发。由于上述案件发生在1995年，因此，适用的法律是1994年3月5日生效的全国人民代表大会常务委员会《关于严惩组织、运送偷越国（边）境犯罪的补充规定》，定的是办理偷越国境罪。如果肖某的行为发生在1997年《刑法》修订之后，根据新《刑法》第415条的规定，其行为则应以办理偷越国境人员出入境证件罪定性。本案中被告人身为负责办理护照、签证以及其他出入境证件的国家工作人违反有关规定，明知吴某等人为刑满释放并企图偷越出境的人员却利用职权违法为其办理因私出国护照3本，并收取贿赂，情节严重。因此，无论从主观方面，还是从客观方面看，都没有理由不以犯罪论处。

2. 间接故意能否构成办理偷越国（边）境人员出入境证件罪

办理偷越国（边）境人员出入境证件罪在主观方面是否包括间接故意？这对于划清罪与非罪的界限十分关键，也是在实践中不得不正面进行回答的问题。笔者认为，间接故意可以构成办理偷越国（边）境人员出入境证件罪。对此，应该从两个层面对这个问题加以分析。①在事实层面，这种情况是否存在？笔者认为，这种情况是客观存在的。从办理偷越国（边）境人员出入境证件罪的客观方面的具体环节分析：办理出入境证件是指，边境管理工作人员审验申请出入境人员按照出入境管理规定所提交的各种文件、手续是否真实、有效、完备，是否符合出入境的条件。审验合格的，发给出入境证件，否则，不予发放。如，按照《公民出入境管理法》的规定，对属于刑事案件的被告人和公安机关或者人民检察院、人民法院认定的犯罪嫌疑人，被判刑正在服刑的人，正在被劳教的人，以及国务院有关主管机关认为出境后将会对国家安全造成危害或者对国家利益造成重大损失的人，不予发给出境证件。如果当事人所提供的出入境证件中明明白白地显示出上述情况，但是边境管理工作人员因为收取了当事人贿赂或者其他好处，或者是出于朋友义气或者亲情等，总之，行为人的目的和动机都比较明确，只要是能够查明存在这些目的，则在主观上是直接故意，构成办理偷越国（边）境人员出入境证件罪无疑。不能排除存在这种情况，种种迹象表明申请人可能是企图偷越国境的人员，只是尚没有绝对把握，但是，还是为其办理了护照、签证以及其他出入境证件，放任对国家出入境证件的管理工作的破坏。比如，根据边境管理的常识与其本人的工作经验判断，某人的身份证明文件很可能是伪造的，但是，某边境管理工作人员出于对领导的不满，既不报告上级，也不对当事人进行相应的进一步盘问，听之任之，为其办理了出入境证件。笔者认为，这种情况不仅在理论上是存在的，在实践中也是完全可能发生的。②接下来的问题是，对于上述事实，应否进行刑事追究？笔者认为，这是个规范的问题，完全是个价值判断的问题。作为有关边境管理工作人员应当忠于职守，尽职尽责，保护边境的正常管理秩序，不仅对确切知道是偷越国境的犯罪分子要严加防范，对于哪些出境手续存在瑕疵，按照其经验已经判断出可能是偷越国境的犯罪分子，也应积极地加以控制与防范，就是说，即使不存在诸如事先的贿赂等原因，但确实能辨别出对方可能是偷越分子而放任其偷越的，也没有理由不加以追究。至于拿什么证据来证明有关管理人员是否明知对方可能是偷越分子，则是另一类问题，即诉讼中的证明问题了。❶

（二）办理偷越国（边）境人员出入境证件罪与彼罪的认定

1. 办理偷越国（边）境人员出入境证件罪与骗取出境证件罪的界限

办理偷越国（边）境人员出入境证件罪和骗取出境证件罪的共同点是，二者的直接客体具有很大的相似性，二者侵犯了国家机关对出入境证件的管理活动，都侵犯了国家对国境的正常管理秩序。此外，二者的犯罪对象都包括护照、签证等出入境证件。二者的区别主要是：①在客观方面，办理偷越国（边）境人员出入境证件罪表现为，为企图偷越国境的人员非法办理出入境证件；而骗取出入境证件罪则表现为，为组织他人偷越国境而弄虚作假，以劳务输出、经贸往来或者其他名义骗取出境证件的行为。②在主体方面，办理偷越国（边）境人员出入境证件罪的主体是特殊主体，即负责办理护照、签证等出入境证件的国家机关工作人员，单位不能成为本罪的主体；而骗取出境证件罪的主体属于一般主体，既包括自然人，也包括单位。在妨害国境管理相关的犯罪中，骗取出境证件罪是唯一的可以由单位构成的犯罪。③在主观方面，办理偷越国（边）境人员出入境证件罪的主观方面既可以是直接故意，也可以是间接故意；与此不同，骗取出境证件罪的主观方面只能是直接故意。此外，骗取出境证件罪的主

❶ 谢玉童．对边境管理渎职犯罪中若干问题的司法研究［G］//陈明华，朗胜，吴振兴．刑法热点问题与西部地区犯罪研究，北京：中国政法大学出版社，2003：1487.

观方面还具有以骗取的出境证件为组织他人偷越国境使用的目的。

在司法实践中，比较难以处理的是，当负责办理护照、签证等出入境证件的国家机关工作人员与其他人或者单位合谋，共同实施骗取出境证件的行为，这种“里应外合”的行为如何定性？笔者认为，这种情况下，应当分别按照各自所触犯的罪名定罪处刑，既不能笼统地定一个办理偷越国（边）境人员出入境证件罪，也不能笼统地定骗取出境证件罪。[1]

2. 办理偷越国（边）境人员出入境证件罪与组织他人偷越国（边）境罪、运送他人偷越国境罪的界限

上述3个罪有较多相同之处，在主观方面都出于故意，它们的客体都包含了国家对国（边）境的正常管理秩序，其区别主要有以下几点。①犯罪客体。办理偷越国（边）境人员出入境证件罪侵犯的客体是国家出入境证件管理机关对国（边）境的正常管理秩序或活动。而组织他人偷越国（边）境罪和运送他人偷越国（边）境罪的直接客体是国家对国（边）境的正常管理活动。②犯罪客观方面。办理偷越国（边）境人员出入境证件罪的客观方面表现为，明知对方是企图偷越国境的人而为其非法办理出入境证件的行为；而组织他人偷越国（边）境罪和运送他人偷越国（边）境罪的客观方面表现为，通过动员、拉拢、串连等方法，有组织、有计划地安排他人偷越国（边）境，或者用交通工具、步行等方式，护送、带领、运送他人偷越国（边）境的行为。③犯罪主体。办理偷越国（边）境人员出入境证件罪的犯罪主体是特殊主体，是国家出入境管理机关中负责办理护照、签证等出入境证件的工作人员；组织他人偷越国（边）境罪和运送他人偷越国境罪的犯罪主体均为一般主体，只要达到刑事责任年龄、具有刑事责任能力的自然人就可以构成这两个罪。④犯罪主观方面。办理偷越国（边）境人员出入境证件罪既可以由直接故意构成，也可以由间接故意构成。而组织他人偷越国（边）境罪的主观方面只能是直接故意，运送他人偷越国境罪的主观方面既可以是故意也可以是过失。

在理论上讲，以上3个罪的区别比较清楚，但问题是，当出入境管理机关中负责办理护照、签证等出入境证件的工作人员与组织、运送偷越国境的犯罪分子相勾结，实施办理护照、签证等出入境证件以及放行偷越人员行为时，如何定罪。有学者认为，应按照组织他人偷越国（边）境罪、

---

[1] 谢玉童．对边境管理渎职犯罪中若干问题的司法研究［G］//陈明华，朗胜，吴振兴．刑法热点问题与西部地区犯罪研究，北京：中国政法大学出版社，2003：1489.

运送他人偷越国境罪定罪处罚，而不应定为办理偷越国（边）境人员出入境证件罪。[1] 笔者认为，应当按照他们各自实施的行为分别定性。

3. 办理偷越国（边）境人员出入境证件罪与玩忽职守罪、滥用职权罪的界限

办理偷越国（边）境人员出入境证件罪与玩忽职守罪、滥用职权罪都属于渎职罪，其中，前一个罪属于特殊的渎职罪，后两个罪属于一般的渎职罪，其具体区别如下。①在客体方面，办理偷越国（边）境人员出入境证件罪侵犯的直接客体是国家出入境证件管理机关对国（边）境的正常管理秩序；而玩忽职守罪和滥用职权罪的直接客体是国家机关的正常管理活动。②在犯罪客观方面，办理偷越国（边）境人员出入境证件罪表现为，为企图偷越国境的人员非法办理出入境证件的行为；而玩忽职守罪和滥用职权罪则表现为，不履行或者不正确履行职责，或者滥用职权、超越职权，致使公私财产和国家与公民利益遭受重大损失的行为。③在犯罪主体上，办理偷越国（边）境人员出入境证件罪的犯罪主体是特殊主体，即特定的国家机关工作人员，是负责办理护照、签证等出入境证件的国家机关工作人员；而玩忽职守罪和滥用职权罪的犯罪主体在范围上包括一切国家机关工作人员在内，但在现实生活中，主要是那些担负领导职务的国家机关工作人员。在理论上讲，玩忽职守罪和滥用职权罪的犯罪主体在范围上比办理偷越国（边）境人员出入境证件罪的犯罪主体要广。④在主观罪过上，办理偷越国（边）境人员出入境证件罪既可以由直接故意构成，也可以由间接故意构成，过失不能构成；刑法学界通说认为，玩忽职守罪只能由过失构成，滥用职权罪既可以由间接故意构成，也可以由过失构成。

在司法实践中，存在这样一种情况，行为人明知对方可能是企图偷越国（边）境的人员，但是，却马马虎虎、疏忽大意、审查不严、不尽职责，没有认真审查核实，就为对方办理了出入境证件，造成严重后果的，或者滥用权力、超越职权范围，违反规定，不依法查实，指使他人办理，违规处理，违法决定，办理了出入境证件的，这种情况下，如何处理？笔者认为，一方面，行为人构成了玩忽职守罪或滥用职权罪，另一方面，行为人又构成了办理偷越国（边）境人员出入境证件罪，两者之间构成了法条竞合，根据特别法优于普通法的原则，对上述国家机关工作人员应按照

---

[1] 谢玉童. 对边境管理渎职犯罪中若干问题的司法研究［G］//陈明华，朗胜，吴振兴. 刑法热点问题与西部地区犯罪研究，北京：中国政法大学出版社，2003：1490.

办理偷越国（边）境人员出入境证件罪定罪处理。

例如，被告人何某（男），现年34岁，临湘市人，大学文化，原系岳阳市公安局出入境管理科民警，一级警司。因涉嫌办理偷越国（边）境人员出入境证件罪，2004年12月13日，何某被岳阳市公安局刑事拘留，12月27日由平江县检察院决定逮捕。平江县人民检察院指控，被告人何某犯办理偷越国境人员出入境证件罪，于2005年4月22日向平江县人民法院提起公诉。平江县人民法院审理查明：被告人何某自1999年至2004年任岳阳市公安局出入境管理科民警期间，先后在刘某建指使下，为他人非法办理出国护照64本。1999年，何某通过他人认识符某康（现已取保候审），符提出出高价要何某帮其办理护照，并称刘某建已答应帮忙。何某自1999年底至2000年上半年在没有面见申请人、明知是异地办证、明知出国理由与真实目的不一致的情况下，由本人受理，刘某建审批，共非法为符永康办理罗某珍、袁某、邹某香、张某元等人的4本护照。被告人何某在没有面见申请人、明知户籍资料是虚假的情况下，应胡某辉（已逮捕）的请求，自2003年年底至2004年上半年共分3批为胡某辉非法办理护照56本。事后，恐事情败露，刘某建指使何某将出国后的护照回收38本。2003年11月，胡某辉找到何某要其帮忙办理护照，并称刘某建已答应。何某得到刘某建的同意后，受理10份“中国公民因私出国申请”，并由刘某建审批，非法为胡办理金某燕等10人的护照。2004年1月，胡某辉事先跟刘某建讲好后，将24份《中国公民因私出国（境）申请表》及相关资料交给何某，何经过刘某建的审批同意后，非法为企图偷越国境人员邵某新等24人办理护照24本。2004年3月胡某辉事先跟刘某建讲好后将22份《中国公民因私出国（境）申请表》及相关资料交给何某，何某经刘某建审批同意，非法为企图偷越国境人员胡某多等22人办理护照22本。法院还查明，2004年2月，何某应深圳某旅行社经理刘某隆（在逃）的请求，明知他人企图偷越国境，而在刘某建的审批同意下，为刘某隆办理邱某兰等4人的护照4本。后4人在偷渡出关时，被深圳边防查获。法院认为：被告人何某身为负责办理护照、签证及其他出入境证件的国家机关工作人员，明知他人企图偷越国境而为其非法办理护照，其行为已触犯刑律，构成办理偷越国境人员出入境证件罪。在共同犯罪中，被告人何某受岳阳市公安局出入境管理科原科长刘某建的指使，起次要作用，属从犯，应从轻或减轻处罚。被告人何某犯罪后认罪态度好，在尚未采取强制措施前能主动交代其犯罪事实，可以认定为自首，亦可从轻或者减轻处罚。法院一审判决：被告人何某犯办理偷越国境人员出入境证件罪，判处拘役6个月。

被告人王某涓（男）现年32岁，原系岳阳市公安局出入境管理科技术员，2004年12月13日被刑事拘留，同月27日被逮捕。2005年4月28日，岳阳市岳阳楼区人民检察院指控被告人王某涓犯有滥用职权罪，向岳阳楼区人民法院提起公诉。检察机关指控，2004年4月至9月，王某涓受科长刘某建指使，利用其担任技术员的职权，在明知有关法律法规规定不准异地办理出国护照、且本地又违规收取一定数额费用的情况下，仍积极想办法，采取非正常手段，违规办理98份申请护照的电脑初步录入，对其中57份没有人口信息的申请采取避开人口信息网拦截的方法使其顺利通过，并按每本5 000元共计收取460 000元非法所得进入该科小钱柜，且由其保管，造成违法犯罪人员和有非法移民企图等依法不能出境的人员获得了出国护照。法院审理查明，2004年4月的一天，刘某建将一叠已由其审批的护照申请表等材料交给王某涓，告知这是违规收取了赞助费的，要其以李某（出入境管理科主任科员）的工号和密码进行初步录入，并要李某将其工号和密码告诉他。王某涓在明知自己没有进行护照申请的初步录入的职权，且该科又违规收取一定数额赞助费的情况下，根据刘某建指示，对这批护照申请表进行了电脑初步录入。此后至2004年9月，刘某建又先后多次将已由其审批的护照申请表等材料交给王某涓，要其作电脑初步录入。录入过程中，王某涓发现部分申请人没有人口信息，刘某建要其想办法录入。王某涓便运用其所学专业知识，采取利用他人人口信息，避开人口信息网拦截的方法，使其顺利通过电脑初步录入。自2004年4月至9月，王某涓根据刘某建的指示，共办理98份护照申请的电脑初步录入，其中57份无人口信息。98人中，已有48人偷渡出国境，其中1人为违法人员，另有44人因被边防部门发现扣押护照未出境，其中2人为违法人员。岳阳楼区人民法院认为，被告人王某涓作为公安机关出入境管理部门的工作人员，在原科长刘某建指示下进行护照申请的电脑初步录入，且在录入过程中，对没有人口信息的异地人员的申请，运用所学专业知识，采取利用他人人口信息的方法使其顺利通过，使不应当在岳阳地区办理护照的人员，在岳阳地区取得护照，给国家利益造成重大损失，其行为已构成滥用职权罪。被告人王某涓实施的行为仅是护照办理过程中的一个环节，仅起了次要作用，系从犯。王某涓到案后如实供述案件事实，认罪态度较好。根据本案事实，可认定王某涓的犯罪情节轻微，可对其免予刑事处罚。据此，法院作出一审判决：被告人王某涓犯滥用职权罪，免予刑事处罚。笔者认为，本案中，被告人王某涓的行为既构成了滥用职权罪又构成了办理偷越国境人员出入境证件罪，对其行为应认定为办理偷越国境人员出入境证件罪而不是滥用职权罪。

（三）办理偷越国（边）境人员出入境证件罪与数罪的认定

负责办理出入境证件的国家机关工作人员往往出于贪财、徇私等动机，才实施了上述犯罪行为，因此，在实践中，行为人在实施办理偷越国（边）境人员出入境证件罪中，其犯罪原因或者目的行为往往可能又触犯其他罪名。比如，行为人因受贿而为企图偷越国境的人办理出入境证件，这种情况下，行为人在构成办理偷越国（边）境人员出入境证件罪的同时，又构成了受贿罪。最高人民法院曾于 1993 年 9 月 24 日下发了《关于严厉打击偷渡犯罪活动的通知》，规定行为人收受他人贿赂，为企图偷越国（边）境的人员办理出入境证件或者予以放行的行为，既触犯受贿罪，又触犯了本罪，实行数罪并罚，并从重处罚。笔者认为，这种情况属于刑法中的牵连犯，应按照“从一重罪处断”的原则处理。当办理偷越国（边）境人员出入境证件罪与所牵连的犯罪行为的法定刑相同时，应按照其目的行为所触犯的罪名定罪量刑。例如，某市公安局出入境管理处工作人员李某，在 1998 年 4 月办理一批输出劳务人员的出国护照时，发现这批人员中，有 7 人不符合规定，其中 3 对是夫妻关系，2 人有偷越国（边）境的记录。李某在审查这些情况后，不予办理。后由于出境人员托人到李某处说情，并送给李某 1 万元以及名烟、名酒等物品。李某在利益的驱动下，为这批人办理了出国护照，致使 7 人非法出境，造成恶劣影响。人民检察院以办理偷越国（边）境人员出入境罪对李某立案侦查并提起公诉，人民法院也据此判决李某构成办理偷越国（边）境人员出入境证件罪。本案中，李某是因为受贿而为出入境人员办理了出国护照，受贿是原因行为，办理偷越国（边）境人员出入境护照是结果行为，明显符合牵连犯的特征，应当按照牵连犯的处理原则，以一重罪处理。根据受贿罪的量刑，李某应被处以 1 年以上 7 年以下有期徒刑，根据办理偷越国（边）境人员出入境罪的量刑规定，李某的犯罪行为属于情节严重的情况，应处以 3 年以上 7 年以下有期徒刑。相比较而言，办理偷越国（边）境人员出入境罪是重罪，应以办理偷越国（边）境人员出入境罪定罪处罚，司法机关也是以办理偷越国（边）境人员出入境罪提起公诉和判决的。

行为人明知是偷越国（边）境的人员而向其出售护照、签证以及其他出入境证件的，其行为同时触犯办理偷越国（边）境人员出入境证件罪和《刑法》第320条规定的出售出入境证件罪2个罪名，应按照法条竞合的原则，从一重罪处罚，不实行并罚。行为人明知偷越国（边）境的人员是犯罪的人而为其办理出入境证件的，其行为同时触犯办理偷越国（边）境人员出入境证件罪和窝藏罪两个罪名，构成想象竞合犯，应从一重罪处罚，不实行并罚。❶

第三节 放行偷越国（边）境人员罪

一、放行偷越国（边）境人员罪的概念和犯罪构成

放行偷越国（边）境人员罪，是指边防、海关等国家机关工作人员，明知对方是偷越国（边）境人员，予以放行的行为。放行偷越国（边）境人员罪的犯罪构成的特征如下。

本罪侵犯的客体是国家出入境管理制度或国家对国（边）境的正常管理秩序和边防、海关等机关的正常活动。海关是进境出境的监督管理机关，海关人员有权查阅进境出境人员的证件。人员出境入境时，应向边防检查站出示证件，边防检查站人员对未持有护照等出入境证件、持无效出入境证件、持伪造、涂改、冒用的出入境证件或拒绝交付出入境证件的人员有权不予放行，这是边防、海关等国家机关工作人员的权力，也是其必须履行的职责。如果海关、边防等国家机关工作人员不履行职责，对明知是偷越国（边）境的人员私自放行，则构成了犯罪。

本罪在犯罪客观方面表现为边防、海关等国家机关工作人员，利用职务之便，对明知是偷越国（边）境的人员，予以非法放行他人偷越国（边）境的行为。利用职务之便，是指利用主管、经管、经手办理护照、签证或负责审查、核对护照、签证等出入境证件的职务之便。如果国家工作人员没有利用职务之便，而以其他方法帮助他人偷越国（边）境的，应按偷越国（边）境罪的共犯论处。非法放行他人偷越国（边）境，是指违反规定，为企图偷越国（边）境人员签发护照、签证等有效出入境证件，或者不履行检查出入境的职责，对偷越国（边）境人员予以放进或放出的行为。“予以放行”是指边防、海关等国家机关工作人员经查验申请出入

---

❶ 周道鸾，张军．刑法罪名精释［M］．3版．北京：人民法院出版社，2007：911.

境者的有关有效证件后，准许其出人通过国（边）境的行为。“偷越国（边）境”是指非经一国有关主管机关批准，通过不正当手段出入或者穿越该国国（边）境的行为。本罪的犯罪对象是偷越国（边）境人员，无论其是否持有出入境证件，也不论其持有的出入境证件是伪造的、变造的还是失效的，只要明知是偷越国（边）境的人员而予以放行的，即可构成本罪。

本罪的犯罪主体是特殊主体，即海关、边防等国家机关的工作人员。行为人必须是具备边防、海关等国家机关的工作人员身份，并负有检验出入境护照、签证及其他出入境证件责任的人员，否则不构成本罪。“边防、海关等国家机关工作人员”是指在边防、海关等机构中从事公务的国家机关工作人员。其中，本条所称“边防”即边防机构，是为保卫国家主权、领土完整和安全，防御侵犯和防止人员非法偷越国（边）境，在边境地区为采取防卫措施而设立的机构。“海关”是指根据国家规定，对进出国境的货物、邮递物品、旅客行李、货币、金银、证券和运输工具等进行监督检查、征收关税及其他税费并执行查禁走私任务的国家行政管理机关。“海关工作人员”是指在我国海关机构中从事公务的人员，即国务院设立的海关总署及在对外开放口岸和海关监管业务集中的地点设立的依法行使职权的海关机构中从事公务的人员。例如，张某某，男，1971 年出生，汉族，中专文化，原系某市出入境边防检查总站入境检查一队检查员。张某某在某市国际机场出入境边防检查总站入境检查一队任检查员期间，为牟私利，在明知他人企图偷越国境的情况下，为使偷越国境人员顺利入境，在无人入境的情况下，分别于 1999 年 12 月 13 日和 14 日，在裴某某提供的 8 本中华人民共和国证照及入境登记卡上，加盖了入境验讫章，并伪造了入境记录，录入电脑存档。14 日，当张某某在电脑上录入第 5 本证照的入境资料时，被当场发现。2000 年 6 月，张某某犯放行偷越国境人员罪，被判处有期徒刑 1 年 6 个月。

本罪在犯罪主观上的表现是故意，即对明知是采取持伪造或者变造的护照、偷渡等手段偷越国（边）境的人员，明知放行偷越国（边）境的人员的行为会给国家对国（边）境的正常管理秩序造成破坏，而故意对持有超期、涂改、非本人证件等无效出入境证件的偷越国（边）境的人员不予收缴、制止、扣留，却放行任其偷渡、偷越、恶意闯关等，不采取法律措施加以制止以维护国门的尊严，主观上对严重的法律后果持希望或者放任这一危害结果发生的态度。本罪不要求必须以营利为目的。其动机是各种各样，有的可能是出于私利，有的是出于亲友情面、徇私枉法、徇私舞弊等。过失不构成本罪，如后果严重的，可以玩忽职守罪论处。例如，钟某（某省边防总队某边防检查站政委）接到某市个体户王某的电话，求其帮忙关照一个经某口岸到哈巴罗夫斯克签证的22人劳务团，并表示事成之后亏不了钟某。钟某在意识到可能有偷越国（边）境人员掺杂其间的情况下，为图谋私利，答应了王的要求，并安排本站检查科科长江某，让其关照该出国劳务团。某日上午，江某、何某在进行出入境人员检查时，发现这22名出境人员中个别人的护照有问题。江某就打电话请示钟某，钟某答复江某予以放行。几天后，俄方发现这22名入境人员系持用假护照，便将其全部遣返回国，钟某接到当日值班科长刘某的电话报告后，便派检查员何某开车将这22人从口岸接回，并让何某将护照全部还给偷越国（边）境人员，并全部放掉。检察机关以放行偷越国（边）境人员罪对钟某立案侦查并提起公诉。人民法院也以此罪作出有罪判决。

二、放行偷越国（边）境人员罪在主观上的“明知”的认定

放行偷越国（边）境人员罪在主观方面只能由故意构成，具体地说，放行偷越国（边）境人员罪的行为人在主观上是一种明知是企图偷越国（边）境的人员而予以放行的心态。这其中都涉及边境管理工作人员在主观上的“明知”问题。首先，关于犯罪主观方面的“明知”问题，我国刑法学界已经有了比较一致的观点，明知不是确知，对于故意犯罪来说，有的只要认识到大概是或可能是就可以了。其次，按照关于明知的基本界定，放行偷越国（边）境人员罪的行为人在主观方面是一种明知是偷越国（边）境的人员而放行的心态。就是说，行为人明知放行偷越国（边）境的人员会给国家对国（边）境的正常管理秩序造成破坏，却希望或者放任这一危害结果发生。如果是过失实施了上述放行行为，不能构成本罪。对放行偷越国（边）境人员罪主观方面中“明知”的判断，不能仅凭被告人的口供，因为，通常情况下，被告人总是会避重就轻，说自己并不知道事情的真相，还可能辩解说，自己业务水平有限，工作能力低，根本无法识破对方的意图等。所以，在办案中，要根据案件的整个过程、情节予以全面的分析，只要有足够的证据证明行为人是知道或者应该知道对方是偷越国（边）境的人员而予以放行的，就可以定放行偷越国（边）境人员罪。放行偷越国（边）境人员罪主观方面的犯罪动机也是多种多样的，如贪图

钱财、徇私情等，动机不同，不影响放行偷越国（边）境人员罪的成立。[1]

三、放行偷越国（边）境人员罪罪数形态的认定

放行偷越国（边）境人员罪在主观方面是故意，行为人明知对方是或者可能是企图偷越国（边）境的人员的情况下，将其放行的，才构成本罪。因此，如果行为人不是明知，而是由于工作不负责任，审查不严格，或者由于业务不熟悉，被企图偷渡者所蒙骗，没有识破企图偷渡者的意图，进而为其办理了有关手续，不构成上述犯罪。但是，不按本罪处理，并不意味着就不会构成犯罪，对于其中严重不负责任，草率行事，造成严重后果的，应当按照玩忽职守罪论处，对于未造成严重后果的，可由所在单位或部门视情节的程度给予相应的行政处分。总结起来说，放行偷越国（边）境人员罪在罪与非罪的界限上，主要应从以下两方面来考虑：①犯罪主观方面。就是看是否存在犯罪的故意，如果连间接故意都没有，则不能构成上述犯罪。②犯罪客观方面。本罪为行为犯，行为人只要对企图偷越国边境的人员予以放行通过，不论其是否造成他人偷越国（边）境的结果，除情节显著轻微，危害不大，不认为是犯罪的以外，都构成本罪。当然，如果情节不严重，可以不以犯罪处理。情节严重，是指行为人多次放行偷越国（边）境人员的；放行偷越国（边）境人员多的；因受贿或者索贿而放行他人出入境的；情节恶劣或者造成严重后果的等。

（一）放行偷越国（边）境人员罪与彼罪的认定

1. 放行偷越国（边）境人员罪与组织他人偷越国（边）境罪、运送他人偷越国（边）境罪的界限

以上3个罪有较多相同之处，在主观方面都出于故意，它们的客体都包含了国家对国（边）境的正常管理秩序，其区别主要有以下几点。①犯罪客体。放行偷越国（边）境人员罪侵犯的客体是边防、海关等管理机关对国（边）境的正常管理秩序或活动和边防、海关等机关的正常活动。而组织他人偷越国（边）境罪和运送他人偷越国（边）境罪的直接客体是国家对国（边）境的正常管理活动。②犯罪客观方面。放行偷越国（边）境人员罪的客观方面表现为，明知对方是企图偷越国境的人而将其放行的行

---

[1] 谢玉童．对边境管理渎职犯罪中若干问题的司法研究［G］//陈明华，朗胜，吴振兴．刑法热点问题与西部地区犯罪研究，北京：中国政法大学出版社，2003：1488.

为；而组织他人偷越国（边）境罪和运送他人偷越国（边）境罪的客观方面表现为，通过动员、拉拢、串连等方法，有组织、有计划地安排他人偷越国（边）境，或者用交通工具、步行等方式，护送、带领、运送他人偷越国（边）境的行为。③犯罪主体。放行偷越国（边）境人员罪的犯罪主体是特殊主体，是边防、海关中负责出入境审查工作的国家机关工作人员；组织他人偷越国（边）境罪和运送他人偷越国境罪的犯罪主体均为一般主体，只要达到刑事责任年龄、具有刑事责任能力的自然人就可以构成这个罪。④犯罪主观方面。放行偷越国（边）境人员罪既可以由直接故意构成，也可以由间接故意构成。而组织他人偷越国（边）境罪的主观方面只能是直接故意，运送他人偷越国境罪的主观方面既可以是故意也可以是过失。

在理论上讲，以上3个罪的区别比较清楚，但问题是，当边防、海关等机关中负责出入境审查工作的国家机关工作人员与组织、运送偷越国境的犯罪分子相勾结，实施非法放行偷越国（边）境人员的行为时，如何定罪？笔者认为，如果海关、边防等国家机关工作人员与组织或运送他人偷越国（边）境的犯罪分子相勾结，实施组织他人偷越国（边）境或运送他人偷越国（边）境，非法放行偷越国（边）境的行为，则应属于组织他人偷越国（边）境罪或运送他人偷越国（边）境罪的共犯，因此，应依照组织他人偷越国（边）境罪或运送他人偷越国（边）境罪定罪处罚。但有学者认为，应当按照他们各自实施的行为分别定性，海关、边防等国家机关工作人员构成本罪，组织、运送他人偷越国（边）境的犯罪分子构成组织他人偷越国（边）境罪或运送他人偷越国（边）境罪。

如果海关、边防等国家机关工作人员与组织或运送他人偷越国（边）境的犯罪分子相勾结，实施组织他人偷越国（边）境或运送他人偷越国（边）境的行为，但并没有实施非法放行偷越国（边）境的行为，则其仅是组织他人偷越国（边）境罪或运送他人偷越国（边）境罪的共犯，只能依照组织他人偷越国（边）境罪或运送他人偷越国（边）境罪定罪处罚。

例如，倪某，系某市出入境边防检查总站原工作人员，主要从事该站机要、调研工作。在此之前，倪某曾在市出入境边防检查总站下属的某机场出入境边防检查站工作多年。1999 年春节，倪某因私到福建时，认识了福建人周某（另行处理）。1999 年 10 月，又通过周某介绍结识了张某、陈某（均已以组织他人偷越国（边）境罪判处徒刑）。2002 年 2 月，张某、陈某、周某合伙，欲冒用他人我国台湾地区护照、台胞证等证件，组织 2

名偷越国（边）境人员从该市机场出入境口岸偷渡出境至美国。按照事先约定，同年3月，陈某把2名福建籍偷渡人员从福建带至该市；由张某负责安排2名偷渡人住宿，为偷渡人购买赴美机票和偷渡时穿着的服饰；由陈某指导两人进行熟记证件内容等偷渡技巧训练，并带2人通过边检护送赴美。之后，倪某于3月3日下午，应张某之约，至该市友谊商城底楼咖啡厅，并应张某的要求观察2名偷渡人是否像我国台湾地区人，能否顺利通过边检偷渡出境；并于3月10日下午，按约至该市机场国际出发厅接应张某、陈某等人实施偷渡。倪某向机场边值队长领取了临时通行证后，带领陈某及2名偷渡人进入机场联检大厅。当张某带2名偷渡人持冒名我国台湾地区的护照、台胞证在外交礼仪通道等候验证时，倪某见进行验证的检查员龚某是他的警校同学，就进入验证台，故意与龚某聊天，分散龚的注意力，并对龚谎称证件已给当值队长看过，从而使2名偷渡人通过了边检。由于龚某认为这3人有非法出境嫌疑，事后即向当值队长汇报。经边防人员检查，将欲乘班机离境赴美的上述3人查获。[1]

争论焦点：这是一起国家边防机关工作人员参与组织他人偷越国（边）境的案件，如何定罪有两种意见：一种意见认为，倪某的行为构成放行偷越国（边）境人员罪；另一种意见认为，倪某的行为构成组织他人偷越国（边）境罪。持前种意见者认为，倪某身为国家边防机关工作人员，利用职务便利，进入边检区域，将偷越国（边）境人员放行出境，其行为已经构成《刑法》第415条规定的放行偷越国（边）境罪。持后种意见者认为，倪某虽为国家机关工作人员，但其职务并没有产生将偷渡人员放行的能力，在本案中倪某仅利用了自己是上级机关工作人员的身份进入了边检区，利用与验证员熟悉的关系进入验证台，分散验证员注意力，使偷渡人员通过边检。因而，倪某的行为并不符合放行偷越国（边）境人员罪客观方面要件。纵观本案始末，倪某和张某、陈某、周某一样，在本起组织偷越国（边）境人员出境过程中负担整个组织他人偷越国（边）境犯罪行为中为可或缺的一部分，其行为已构成《刑法》第318条第1款规定的组织他人偷越国（边）境罪。

以上两种意见的主要分歧在于：如何认定倪某行为的性质：即倪某是否利用了其职务便利，实施了放行偷越国（边）境人员出境的行为，是否

---

[1] 平文．简析放行偷越国（边）境人员罪的界定［J］．浙江省政法管理干部学院学报，2001（1）．

符合放行偷越国（边）境人员罪客观方面要件。

分析研究：按照刑法理论，渎职罪是一类典型的职务犯罪，它是指国家工作人员利用职务上的便利或者玩忽职守，妨害国家机关的正常活动，致使国家和人民的利益遭受重大损失的行为。以主观方面为标准，该类犯罪可划分为故意渎职犯罪和过失渎职犯罪两类，体现在客观方面分别为行为人利用职务便利实施犯罪和在履行职务过程中玩忽职守而导致犯罪两种形式。但无论是故意渎职犯罪还是过失渎职犯罪行为，其逻辑前提是行为人必须“有职可渎”，这样行为人才有可能实施渎职犯罪；行为人没有法律规定的职务，属“无职可渎”的情况，这样行为人是不能构成渎职犯罪的。而且，在此前提下，行为人的犯罪行为必须是利用其职务产生的地位和权力形成的能力而实施，才能构成渎职犯罪。也就是说，即使行为人具有法律规定的职务，但其实施的犯罪行为与职务无关，也不能构成渎职犯罪。因此，可以说这种职务特征是正确认定渎职犯罪的灵魂。但在司法实践中，法官要准确地把握好这一界限是有一定难度的。

在我国现行刑法体系中，放行偷越国（边）境人员罪是被规定在《刑法》分则第九章渎职罪一章之中。《刑法》第415条规定：“……边防、海关等国家机关工作人员，对明知是偷越国（边）境的人员，予以放行的，处三年以下有期徒刑或者拘役；情节严重的，处三年以上七年以下有期徒刑。”因而，作为渎职犯罪的一种，在放行偷越国（边）境人员罪的定罪时，也要牢牢抓住渎职犯罪的职务特性这一关键点来把握。该罪的客观方面要件表现为行为人对偷越国（边）境人员予以放行的行为。可见，构成该罪需要符合3个条件：首先，放行的对象必须是偷越国（边）境的人员（也就是偷渡人员），如果放行的对象不是偷渡人员，则不能构成该罪；其次，行为人必须实施了非法放行偷越国（边）境人员的行为，采取了积极的作为或消极的不作为行为，对出入境人员不履行检查的职责，将偷渡人员放进或放出国（边）境；第三，虽然《刑法》第415条并没有明确规定行为人要“利用职务便利”，但该罪作为渎职罪的一种，其自然是要求行为人利用了职务便利，否则不能构成渎职罪。

本案的案情符合上述3个条件中的第一个条件，正确审理本案的关键在于准确判断倪某的行为是否符合其他两个条件：

第一，倪某的行为是否属于“放行”行为？实践中，“放行”有两种表现：一种是负责验证等工作的边检人员，直接违反有关边防管理规定使原本不能合法出境的偷渡人员出境；另一种是具体负责验证等工作的边检人员的上级，命令、指示具体负责验证的工作边检人员将原本不能合法出境的偷渡人员放行出境。本案中，倪某采取故意与正在在验证的检查员、警校同学龚某聊天，与龚某寒暄、拉家常等方式分散龚某的注意力和谎称证件已给当值队长看过等手段，使两偷渡人通过了边检。可见倪某并没有采取作为或不作为行为，违反检查职责将偷渡人员放出境，而是采取了蒙骗、分散注意力等方法影响他人，让偷渡人员蒙混过关而出境。这种行为显然不属“放行”行为之列，只能是掩护偷渡行为。

第二，倪某的行为是否利用了职务便利？放行偷越国（边）境人员罪是渎职犯罪的一种，其逻辑前提是行为人必须具备实施放行偷越国（边）境人员出境的能力，且这种能力必须是基于行为人的职务而形成。具体来说，就是行为人的职务必须负有对出入境人员进行审查、验证并予以放行的权利和能力，如其担任的职务并没有使其拥有实施放行偷越国（边）境人员出境的能力，是不能构成此罪的。如在边防站从事档案管理、后勤服务的工作人员，本身不具备这种职务，即使符合资格也不能构成此罪。

本案的倪某在作案时，确实是某市出入境边防检查总站工作人员，而他作案地点该市机场出入境边防检查站又系其工作单位的下属单位。但问题是倪某在该市出入境边防检查总站从事的是机要和调研工作，机要工作主要是处理文件等涉及机密的秘书工作，调研工作主要是采集、编写情况动态等调查研究工作，这两项工作都不包含有出入境边防检查的内容，因而在职务上，倪某并没有实施放行偷越国（边）境罪的能力，不具备实施放行偷越国（边）境犯罪行为的先决条件。实际上，在本案中，倪某的行为也的确不是利用职务产生的地位和权力形成的能力而实施的。倪某领取临时工作证进入边检区域，是凭借倪某系该边检站的上级机关的工作人员的身份；进入边检台是利用他与正在边检的边检员龚某为警校同学的熟人关系；在边检台单是采用蒙骗、分散验证员注意力等方法影响验证员正常验证，与其职务也无关。因而，倪并没有利用职务便利。

综上所述，倪某的行为显然不符合放行偷越国（边）境人员罪客观方面要件，因而不构成放行偷越国（边）境人员罪，第一种意见是不正确的。综合本案倪某的行为，主观上明知张某、陈某等人欲组织他人偷越出国境，还积极参与，客观方面到机场国际出发厅，帮助张某、陈某等人实施偷越国（边）境，其行为确已构成《刑法》第318条第1款规定的组织他人偷越国（边）境罪，因而第二种意见是正确的。

2. 放行偷越国（边）境人员罪与玩忽职守罪、滥用职权罪的界限

放行偷越国（边）境人员罪与玩忽职守罪、滥用职权罪都属于渎职罪，其中，前一个罪属于特殊的渎职罪，后两个罪属于一般的渎职罪，其具体区别如下。①在客体方面，放行偷越国（边）境人员罪侵犯的直接客体是边防、海关等管理机关对国（边）境的正常管理秩序或活动和边防、海关等机关的正常活动；而玩忽职守罪和滥用职权罪的直接客体是国家机关的正常管理活动。②在犯罪客观方面，放行偷越国（边）境人员罪表现为将企图偷越国境的人员予以非法放行的行为；而玩忽职守罪和滥用职权罪则表现为，不履行或者不正确履行职责，或者滥用职权、超越职权，致使公私财产和国家与公民利益遭受重大损失的行为。③在犯罪主体上，放行偷越国（边）境人员罪的犯罪主体是特殊主体，即特定的国家机关工作人员，是边防、海关等国家机关中负责出入境审查工作的国家机关工作人员；而玩忽职守罪和滥用职权罪的犯罪主体在范围上包括一切国家机关工作人员在内，但在现实生活中，主要是那些担负领导职务的国家机关工作人员。在理论上讲，玩忽职守罪和滥用职权罪的犯罪主体在范围上比放行偷越国（边）境人员罪的犯罪主体要广。④在犯罪主观方面，放行偷越国（边）境人员罪既可以由直接故意构成，也可以由间接故意构成，过失不能构成；刑法学界通说认为，玩忽职守罪只能由过失构成，滥用职权罪既可以由间接故意构成，也可以由过失构成。

在司法实践中，存在这样一种情况，行为人明知对方可能是企图偷越国境的人员，但是，却马马虎虎、疏忽大意、审查不严、不尽职责，没有认真审查核实，就放其通过关卡、海关等出入境口岸，造成严重后果的，或者滥用权力、超越职权范围，不依法检查，指使他人放行，违法决定，违规放行的，这种情况下，如何处理？笔者认为，一方面，行为人构成了玩忽职守罪或滥用职权罪，另一方面，行为人又构成了放行偷越国（边）境人员罪，两者之间构成了法条竞合，根据特别法优于普通法的原则，对上述国家机关工作人员应按照放行偷越国（边）境人员罪处理。

例如，2003 年，香港居民陈某因为将 1 名持假美国护照的福建籍小男孩从香港带到北京，在入境检查时被北京机场边防检查人员发现，随后陈某被遣返出境，并被列为边控对象，禁止入境，时限为 2003 年 4 月 24 日至 2008 年 6 月 30 日。2003 年 5 月 19 日，陈某试图从深圳罗湖口岸入境，被罗湖边检站禁止入境，并依法扣留了其回乡证。为了进入内地，陈某通过中间人“阿俊”联系到以前曾有过几次接触的朋友——深圳沙头角出入

境边防检查站一级警司黄某，说是自己的回乡证不慎丢失了，但有急事需要回内地处理，请黄某帮助其进入内地。黄某一口答应，并将自己当班的时间、当班的通道，通过“阿俊”告诉陈某。2003 年 5 月 23 日早晨 8 点半，陈某从香港进入深圳沙头角口岸验证大厅，选择了由黄某当班的 4 号通道排队候检，当轮到陈某时，陈某觉得香港的“八达通”卡和回乡证有些相似，便拿出“八达通”卡递给当班的黄某“检查”，黄某见到是陈某即心领神会，装模作样的拿着卡在电脑验证机上比划了一下，就让陈某进入了内地。2005 年 9 月 20 日，陈某准备从福州飞往香港时，被福州机场边检站查获，黄某帮助其进入内地一事案发。深圳市人民检察院渎职侵权检察处对黄某立案侦查后，将案件交由盐田区人民检察院公诉科起诉。

2006 年 2 月 21 日下午，由深圳市盐田区人民检察院提起公诉的黄其森放行偷越国边境人员一案，在盐田区人民法院开庭审理。在庭审中，黄某的辩护律师为黄某作无罪辩护，他说黄某内心认为自己只是越权帮助一个丢了回乡证的朋友进入内地而已，并不知道陈某是已经被列为禁止入境的边控对象，如果说黄某知道陈某是边控对象，就绝不会帮助其入境的。因此律师认为黄某的主观恶性并不严重，只是一般的越权办事，属于违反工作纪律的行为。针对律师的辩护，承办该案的检察官指出，我国为了维护国（边）境秩序的稳定，国务院特别颁布实施了边防检查条例，黄某身为从事边防检查工作近二十年的边防警察，对陈某谎称回乡证丢失一事根本没有加以核实，仅仅因为其是朋友，就帮助其通过边境。黄某的行为是无视我国边防检查条例的存在，就算陈某真的只是属于丢失回乡证的人员，也应该通过补办证件，或者其他特别的审批程序方可让其入境，黄某根本无权决定陈某能否入境，黄某帮助陈某入境是超越了自己权限的行为，属于滥用职权的行为，而我国《刑法》第 415 条特别规定了“放行偷越国（边）境人员”罪，就是为了严肃执行边防检查条例，保持国（边）境的正常秩序，制约边防检查人员，使其能够严格执行工作程序，严禁滥用其职权。最后，法庭当庭作出判决，检察院指控的黄某犯放行偷越国（边）境人员罪罪名成立，依法判处黄某有期徒刑 6 个月。

（二）放行偷越国（边）境人员罪与数罪的认定

边防、海关等出入境检查机关的国家机关工作人员往往出于贪财、徇私等动机，才实施了上述犯罪行为，因此，在实践中，行为人在实施放行偷越国（边）境人员罪中，其犯罪原因或者目的行为往往可能又触犯其他罪名。比如，行为人因受贿而对企图偷越国境的人予以放行，这种情况下，行为人在构成放行偷越国（边）境人员罪的同时，又构成了受贿罪。最高人民法院曾于1993年9月24日下发了《关于严厉打击偷渡犯罪活动的通知》，规定行为人收受他人贿赂，为企图偷越国（边）境的人员办理出入境证件或者予以放行的行为，既触犯受贿罪，又触犯了本罪，实行数罪并罚，并从重处罚。有学者认为，此种情况属于刑法理论上的吸收犯，应按不同情形，分别认定为放行偷越国（边）境人员罪或受贿罪等。❶ 笔者认为，这种情况属于刑法中的牵连犯，应按照“从一重罪处断”的原则处理。当放行偷越国（边）境人员罪与所牵连的犯罪行为的法定刑相同时，应按照其目的行为所触犯的罪名定罪量刑。

行为人明知偷越国（边）境的人员是犯罪的人予以放行的，其行为同时触犯本罪和窝藏罪两个罪名，构成想象竞合犯罪，应从一重罪处罚，不实行并罚。❷

❶ 周振想．中国新刑法释论与罪案（下）［M］．北京：中国方正出版社，1997：1671.

❷ 周道鸾，张军．刑法罪名精释［M］．3版．北京：人民法院出版社，2007：912.

主要参考文献

一、著作类

[1] 张保平．海警执法理论与实务［M］．北京：群众出版社，2011.

[2] 李佑标．海上执法工作实务指南［M］．北京：中国人民公安大学出版社，2013.

[3] 张保平，等．边防刑事执法理论与实务研究［M］．北京：群众出版社，2006.

[4] 张保平．边防刑事案件侦查的理论与实践［M］．北京：中国人民公安大学出版社，2004.

[5] 田宏杰．妨害国（边）境管理罪［M］．北京：中国人民公安大学出版社，2003.

[6] 宣炳昭．刑法各罪的法理与实用［M］．北京：中国政法大学出版社，2002.

[7] 龚培华、肖中华．刑法疑难争议问题与司法对策［M］．北京：中国检察出版社，2002.

[8] 张保平．妨害国（边）境管理犯罪侦查实务［M］．北京：中国人民公安大学出版社，2001.

[9] 张保平，等．边防法制通论［M］．北京：中国人民公安大学出版社，2004.

[10] 周道鸾，张军．刑法罪名精释［M］．3 版．北京：人民法院出版社，2007.

[11] 郭立新，杨迎泽．刑法分则适用疑难问题解［M］．北京：中国检察出版社，2000 版。

[12] 李希慧．妨害社会管理秩序罪新论［M］．武汉：武汉大学出版社，2001.

[13] 周振想．中国新刑法释论与罪案［M］．北京：中国方正出版社，1997.

[14] 于志刚．毒品犯罪及相关犯罪认定处理［M］．北京：中国方正出版社，1999.

[15] 张明楷．刑法学［M］．3 版．北京：法律出版社，1997.

[16] 郦毓贝．毒品犯罪司法适用［M］．北京：法律出版社，2005.

[17] 高铭暄，马克昌．刑法学［M］．5 版．北京：北京大学出版社、高等教育出版社，2011.

[18] 高巍．贩卖毒品罪研究［M］．北京：中国人民公安大学出版社，2007.

[19] 赵秉志，于志刚．毒品犯罪［M］．北京：中国人民公安大学出版社，2003.

[20] 陈泽宪，贾宇，曲新久．刑法理论与实务热点聚焦（下卷）［M］．北京：中国人民公安大学出版社，2010.

[21] 蔺剑．毒品犯罪的定罪与量刑［M］．北京：人民法院出版社，2000.

［22］王作富．刑法分则实务研究［M］．北京：中国方正出版社，2003.
［23］王昌学．市场经济犯罪纵横论［M］．北京：法律出版社，2001.
［24］金泽刚．犯罪既遂的理论与实践［M］．北京：人民法院出版社，2001.
［25］李文燕、杨忠民．刑法学［M］．北京：中国人民公安大学出版社，2005.
［26］张明楷．外国刑法纲要［M］．北京：清华大学出版社，1999 版。
［27］赵秉志．扰乱公共秩序罪［M］．北京：中国人民公安大学出版社，2003.
［28］赵桂民．扰乱公共秩序和司法活动犯罪司法适用(下)［M］．北京：法律出版社，2006.
［29］黄京平．刑法案例教程［M］．上海：复旦大学出版社，2007.
［30］陈明华．刑法学［M］．北京：中国政法大学出版社，1999.
［31］赵秉志，田宏杰，于志刚．妨害司法罪［M］．北京：中国人民公安大学出版社，2003.
［32］周洪波，田凯．破坏市场管理秩序犯罪司法适用［M］．北京：法律出版社，2005.
［33］赵永红．扰乱公共秩序和司法活动犯罪司法适用》（上）［M］．北京：法律出版社，2006.
［34］林山田．刑法特论［M］．台北：台湾三民书局出版社，1994.
［35］张明楷．法益初论［M］．北京：中国政法大学出版社，2000.
［36］（日）大塚仁．犯罪论的基本问题［M］．冯军，译．北京：中国政法大学出版社，1993.
［37］卞建林．证据法学(修订版)［M］．北京：中国政法大学出版社，2002.
［38］孟庆华．妨害社会管理秩序罪重点疑点难点问题判解研究［M］．北京：人民法院出版社，2005.
［39］陈兴良．刑法疑难案例评释［M］．北京：中国人民公安大学出版社，1998.
［40］田平安．民事诉讼法学［M］．北京：中国政法大学出版社，1999.
［41］姜明安．行政法与行政诉讼法［M］．北京：北京大学出版社、高等教育出版社，1999.
［42］曹子丹，侯国云．中华人民共和国刑法精解［M］．北京：中国政法大学出版社，1997.
［43］张穹．刑法适用手册［M］．北京：中国人民公安大学出版社，1997.
［44］杨春洗，杨敦先．中国刑法论［M］．2 版．北京：北京大学出版社，2001.
［45］丁强，丁猛．侵犯公民人身权利、民主权力犯罪司法适用［M］．北京：法律出版社，2005.
［46］董邦俊．侵犯公民人身权利、民主权利罪［M］．北京：中国人民公安大学出版社，2010.
［47］刘宪权．打击拐卖人口犯罪的法律对策［M］．北京：上海人民出版社，2003.

[48] 张明楷．刑法学［M］．4版．北京：法律出版社，2011.
[49] 左坚卫，黄娜，周加海．危害公共安全罪司法适用［M］．北京：法律出版社，2007.
[50] 周其华．刑法典问题之全景揭示［M］．北京：法律出版社，2003.
[51] 陈兴良．刑法各论的一般理论［M］．北京：中国人民大学出版社，2007.
[52] 林亚刚．危害公共安全罪新论［M］．武汉：武汉大学出版社，2001.
[53] 曾静音．刑法历次修正背景·释义·应用［M］．北京：中国法制出版社，2006.
[54] 司玉琢．海商法专论［M］．北京：中国人民大学出版社，2007.
[55] 全国人大常委会法工委刑法室．中华人民共和国刑法修正案（八）条文说明、立法理由及相关规定［M］．北京：北京大学出版社，2011.
[56] 赵秉志．刑法修正案（八）理解与适用［M］．北京：中国法制出版社，2011.
[57] 朱孝清，莫洪宪，黄京平．社会管理创新与刑法变革（下卷）［C］．北京：中国人民公安大学出版社，2011.
[58] 刘明祥．财产犯罪比较研究［M］．北京：中国政法大学出版社，2001.
[59] 陈兴良，周光权．刑法学的现代展开［M］．北京：中国人民大学出版社，2006.
[60] 张明楷．刑法分则的解释原理［M］．北京：中国人民大学出版社，2004.
[61] 黄太云．刑法修正案解读全编［M］．北京：人民法院出版社，2011.
[62] 张智辉．国际刑法通论［M］．北京：中国政法大学出版社，1999.
[63] 赵秉志．中国刑法案例与学理研究（第三卷）［M］．北京：法律出版社，2001.
[64] 黄京平．破坏市场经济秩序罪研究［M］．北京：中国人民大学出版社，1999.
[65] 黄林异．危害国防利益罪［M］．北京：中国人民公安大学出版社，2003.
[66] 张保平，等．军事刑法研究［M］．北京：解放军出版社，2006.
[67] 叶希善．危害国防利益罪办案一本通［M］．北京：中国长安出版社，2007：3.
[68] 中国人民解放军军事法院．中华人民共和国危害国防利益罪军人违反职责罪注释［M］．北京：解放军出版社，1999.
[69] 李永生．侵犯国家法益的犯罪研究［M］．北京：知识产权出版社，2012.
[70] 钱寿根，王继．军事刑法学［M］．北京：国防大学出版社，2007.
[71] 赵秉志．刑法相邻相近罪名界定与运用［M］．北京：吉林人民出版社，2000.
[72] 鲜铁可．论新刑法中的危险犯［M］．北京：中国检察出版社，1997.
[73] 黄太云．《中华人民共和国刑法》释义与适用指南［M］．北京：红旗出版社，1997年。

二、期刊报纸类

[1] 田宏杰．组织他人偷越国（边）境罪法律适用疑难问题研究［J］．法律适用，2003（7）.
[2] 曹坚．偷越国（边）境犯罪的司法适用疑难问题［J］．四川警官高等专科学校学

报，2005（6）.
［3］王明辉，杜鹃．偷越国（边）境案件的法律适用问题探究［J］．黑龙江省政法管理干部学院学报，2007（2）.
［4］许利飞，周凯．组织他人偷越国（边）境罪罪数问题研究［J］．人民司法，2005（2）.
［5］龚培华．妨害国（边）境犯罪司法问题研究［J］．人民检察，2001（11）.
［6］游伟，肖晚祥．论刑事推定认定及其司法意义［J］．浙江审判，2001（2）.
［7］刘志伟．毒品犯罪主观明知的内容与程度及其证明［J］．人民检察，2007（21）.
［8］李希慧．惩治毒品犯罪刑事立法不能滞后［N］．检察日报，2009-6-26（3）.
［9］黄祥青．浅析贩卖、运输毒品罪的既遂和未遂［J］．政治与法律，1999（3）.
［10］鲜铁可，周玉华．论妨害公务罪［J］．中国法学，1998（6）.
［11］杨彩霞．妨害公务罪客观方面若干疑难问题探讨［J］．山西警官高等专科学校学报，2002（3）.
［12］林亚刚．暴力犯罪的内涵和外延［J］．现代法学，2001（6）.
［13］黄奇中．“妨害公务罪”若干问题研究［J］．华侨大学学报：哲学社会科学版，2007（2）.
［14］李希慧，黄洪波．妨害公务罪的立法缺陷及其完善［J］．法学，2006（6）.
［15］黄明儒．论刑法中的伪造［J］．法商研究，2002（3）.
［16］刘涛．试论伪造、变造居民身份证罪的构成要件［J］．云南大学学报法学版，2005（3）.
［17］宋丹，卢勇．居民身份证犯罪的法律适用分析［J］．贵州警官职业学院学报，2009（1）.
［18］殷勇，张弦生．帮助当事人掩埋尸体并作虚假陈述的行为定性［J］．中国检察官，2009（8）.
［19］吴江．“律师伪证罪”行为方式规范分析［J］．苏州大学学报，2013（2）.
［20］马荣春，徐晓霞．期待可能性的本质及其与妨害司法罪的认定［J］．西华师范大学学报：哲学社会科学版，2013（4）.
［21］马荣春．论帮助、毁灭伪造证据罪［J］．福建政法管理干部学院学报，2004（1）.
［22］陈洪兵．帮助毁灭、伪造证据罪探悉［J］．四川警官高等专科学校学报，2004（3）.
［23］刘杰．帮助毁灭、伪造证据罪若干问题研究［J］．中国人民公安大学学报，2004（3）.
［24］冯江菊．帮助当事人毁灭罪证行为的认定［J］．河南社会科学，2009（1）.
［25］卢建平，任江海．虚假诉讼的定罪问题探究［J］．政治与法律，2012（11）.
［26］王兆峰．打击报复证人罪新论［J］．国家检察官学院学报，1999（1）.
［27］张懿，蒋叙．打击报复证人罪中“证人”身份的界定［N］．检察日报，2012-

3－21（3）.
[28] 王伟．超载超限毁损桥梁类案的法律适用［J］．中国检察官，2012（10）.
[29] 葛磊．论犯罪构成要件事实认定的基本方法——以法律思维方式为视角［J］．北京航空航天大学学报：社会科学版，2012（3）.
[30] 肖江峰．军用枪支、军用弹药之认定［J］．人民司法，2008（14）.
[31] 黄大威．非法持有、私藏枪支、弹药罪的规范缺陷与完善［J］．北方法学，2009（6）.
[32] 彭志新．“毒害性物质”之确定［N］．人民法院报，2008－6－1（5）.
[33] 孙万怀．买卖毒害性化学品的对象性质［J］．法学杂志，2013（1）.
[34] 张勇．非法买卖剧毒化学品刑事案件的认定［J］．云南大学学报法学版，2011（6）.
[35] 焦雁鹏．论水上交通肇事及其危险行为的入罪标准［J］．法学，2012（9）.
[36] 曹雪雅，曹毅．水上交通肇事案件侦破的探讨［J］．中国海事，2007（5）.
[37] 冷正珍．海上交通肇事逃逸的刑事责任探析［J］．世界海运，2013（8）.
[38] 赵薇，王慧．水上交通事故“人员失踪”的刑法定性研究［J］．苏州大学学报，2013（1）.
[39] 王敏．浅议在公共交通工具上抢劫［J］．知识经济，2010（8）.
[40] 田坤．“在公共交通工具上抢劫”的刑法分析［J］．法治论丛，2008（6）.
[41] 陈洪兵．论“抢劫致人重伤、死亡”［J］．法学论坛，2013（5）.
[42] 李萍．“抢劫致人死亡”疑难问题探讨［J］．人民检察，2008（17）.
[43] 蔡雅奇．“抢劫致人死亡”应包括致同案犯死亡［N］．检察日报，2013－6－17（6）.
[44] 邓俊．共同抢劫误伤同伙不应认定“抢劫致人重伤”［N］．检察日报，2011－2－25（3）.
[45] 王树茂．“冒充军警人员抢劫”相关问题辨析［J］．中国检察官，2010（10）.
[46] 宋歌．“冒充军警人员抢劫”之立法缺陷及司法救济［J］．延边大学学报：社会科学版，2004（3）.
[47] 康平生，郭娇玉．“多次盗窃”理解和适用［J］．山西煤炭管理干部学院学报，2011（4）.
[48] 李振林．盗窃罪中的法律拟制问题研究［J］．西南政法大学学报，2011（2）.
[49] 康平生，郭娇玉．“多次盗窃”理解和适用［J］．山西煤炭管理干部学院学报，2011（4）.
[50] 陈志军．“携带凶器盗窃”的司法认定［J］．法学，2013（8）.
[51] 陈志军，翟金鹏．扒窃行为特征与追诉标准的司法认定研究［J］．中国人民公安大学学报：社会科学版，2013（3）.
[52] 李林．对“中国海上盗捞第一案”的法理分析［J］．公安教育，2010（4）.

[53] 杨燮蛟．打捞海底沉没物的行为是否构成犯罪的法理分析及思考［J］．学理论，2010（8）．
[54] 周洪波，田凯．走私武器、弹药罪司法疑难问题探讨［J］．中国刑事法杂志，2003（6）．
[55] 刘正强．走私文物犯罪的司法认定［J］．人民检察，2008（8）．
[56] 蒋苏淮．走私淫秽物品罪司法认定困境与出路［J］．江西警察学院学报，2011（3）．
[57] 徐丰果．与废物有关的犯罪之构成分析及立法建议［J］．中南林业科技人学学报：社会科学版，2008（1）．
[58] 周珂，尹兵．我国走私废物罪的构成分析及立法建议［J］．河南省政法管理干部学院学报，2009（4）．
[59] 陈肖明．我国废物犯罪立法问题研究［J］．中山大学学报论丛，2006（3）．
[60] 周道鸾．析走私废物罪的构成［N］．人民法院报，2003－9－1．
[61] 路红青．海关工作人员犯走私罪、放纵走私罪、受贿罪认定问题解析［J］．法律适用，2008（5）．
[62] 汤涛．放纵走私与共同走私的区别［N］．检察日报，2009－11－22（3）．
[63] 龚培华．渎职罪立法及司法适用研究［J］．犯罪研究，2000（5）．
[64] 沈宇峻．放纵走私罪与走私罪共犯认定中的若干疑难问题［J］．华东政法学院学报，2003（4）．
[65] 肖中华．渎职罪认定中的几个共性问题［J］．法学论坛，2001（5）．
[66] 杜国强．渎职罪共犯及其相关问题研究［J］．法学，2005（12）．
[67] 陈鹏展．海关工作人员放纵走私造成严重后果是放纵走私罪还是走私普通货物、物品罪［N］．人民法院报，2005－3－22．
[68] 孙奕军．走私与放纵走私交织状态下的罪名确定［N］．检察日报，2007－11－9（3）．
[69] 王夺．拐卖妇女、儿童罪的实践难题及解决［D］．辽宁大学，2013．
[70] 何珍．交通安全犯罪的罪名体系研究［D］．中国政法大学，2012．
[71] 刘晓佳．论冒充军警人员抢劫的法律适用［D］．辽宁大学，2011．
[72] 马新茹．台州市打捞沉没物案的法律分析［D］．兰州大学，2011．